LaTeX

Band 1: Einführung
3., überarbeitete Auflage

Helmut Kopka

LaTeX

Band 1: Einführung
3., überarbeitete Auflage

ein Imprint der Pearson Education Deutschland GmbH

Die Deutsche Bibliothek – CIP-Einheitsaufnahme

Ein Titeldatensatz für diese Publikation ist bei
Der Deutschen Bibliothek erhältlich.

Die Informationen in diesem Buch werden ohne Rücksicht auf einen eventuellen Patentschutz veröffentlicht. Warennamen werden ohne Gewährleistung der freien Verwendbarkeit benutzt. Bei der Zusammenstellung von Texten und Abbildungen wurde mit größter Sorgfalt vorgegangen. Trotzdem können Fehler nicht vollständig ausgeschlossen werden. Verlag, Herausgeber und Autoren können für fehlerhafte Angaben und deren Folgen weder eine juristische Verantwortung noch irgendeine Haftung übernehmen.
Für Verbesserungsvorschläge und Hinweise auf Fehler sind Verlag und Herausgeber dankbar.

Alle Rechte vorbehalten, auch die der fotomechanischen Wiedergabe und der Speicherung in elektronischen Medien. Die gewerbliche Nutzung der in diesem Produkt gezeigten Modelle und Arbeiten ist nicht zulässig.

Fast alle Hardware- und Softwarebezeichnungen, die in diesem Buch erwähnt werden, sind gleichzeitig auch eingetragene Warenzeichen oder sollten als solche betrachtet werden.

Umwelthinweis:
Dieses Buch wurde auf chlorfrei gebleichtem Papier gedruckt.
Die Einschrumpffolie – zum Schutz vor Verschmutzung – ist aus umweltverträglichem und recyclingfähigem PE-Material.

10 9 8 7 6 5 4 3 2
05 04 03 02

ISBN 3-8273-7038-8
© 2000 by Addison-Wesley Verlag
Korrigierter Nachdruck 2002 bei Pearson Studium,
ein Imprint der Pearson Education Deutschland GmbH
Martin-Kollar-Straße 10–12, D-81829 München/Germany
Alle Rechte vorbehalten
Lektorat: Irmgard Wagner, Planegg, irmgard.wagner@munich.netsurf.de
Korrektorat: Andrea Stumpf, München
Herstellung: Kunigunde Huber, khuber@pearson.de
Satz: Helmut Kopka
Druck und Verarbeitung: Bercker Graphischer Betrieb, Kevelaer
Printed in Germany

Vorwort

Textbearbeitung durch einen Rechner mit dem Ergebnis des Ausdrucks in Buchdruckqualität ist durch die Entwicklung geeigneter Programme in den letzten Jahren möglich geworden. Einige dieser Programme entstanden als spezielle Auftragsarbeiten von Großdruckereien oder von Herstellern von Setz- und Druckmaschinen und entziehen sich einer verbreiteten Nutzung. Allgemeinere Bedeutung hat das Satzprogramm TEX gefunden. DONALD E. KNUTH von der Stanford University begann Mitte der 70er Jahre mit der Entwicklung von TEX. Erste brauchbare Ergebnisse wurden bereits 1978 mit der Version TEX78 erzielt, an deren Verbesserung jedoch kontinuierlich weitergearbeitet wurde, bis schließlich mit TEX82 eine stabile Version bereitgestellt wurde.

Seit dieser Zeit hat TEX weltweite Verbreitung gefunden und ist inzwischen für nahezu jeden Rechnertyp und jedes Betriebssystem verfügbar, angefangen vom Großrechner bis hin zum PC. Einer der Gründe für die Verbreitung liegt sicher darin, dass DONALD E. KNUTH das Programm zum öffentlichen Eigentum (public domain) erklärt hat. Hinzu kommt, dass das Programm in der Pascal-Metasprache WEB entwickelt wurde und der Original-Quellenkode eine ausführliche Dokumentation mit umfassenden Erläuterungen enthält. Dies erst machte die Anpassung an verschiedene Rechner und Betriebssysteme mit vertretbarem Aufwand möglich.

Das Satzprogramm TEX kann nahezu alle Aufgaben lösen, die bisher dem traditionellen Beruf des Setzers vorbehalten waren. Dies schließt den Satz von komplexen mathematischen Formeln und umfangreichen gerahmten Tabellen ein. Aber ebenso wie der Beruf des Setzers eine mehrjährige Ausbildung verlangt, setzt der erfolgreiche Einsatz von TEX erhebliche Fachkenntnisse, sowohl von Programmiertechniken wie von Satz und Druck, voraus. Im Vergleich zu den üblichen Programmiersprachen erweist sich der Befehlssatz von TEX als überaus umfangreich. TEX kennt rund 900 Befehle, von denen etwa 300 Basisbefehle darstellen, aus denen weitere 600 Makrobefehle, teilweise mit wählbaren Parametern, abgeleitet wurden. Man vergleiche dies mit der Anzahl der Befehle und Sprachstrukturen etwa von C, Pascal oder FORTRAN.

Zwischen dem Autor und dem Setzer ist bei einer Verlagspublikation zusätzlich noch der Layouter eingeschaltet, der dem Manuskript die logische Gliederung entnimmt und hieraus ein Layout erarbeitet, das die logische Gliederung in eine dem Leser entgegenkommende grafische Aufbereitung umsetzt. Diese Aufgabe verlangt Expertenwissen und eine fast künstlerische Kreativität.

Ein wirklich erfolgreicher und zufriedenstellender Einsatz von TEX setzt somit Programmierkenntnisse, Fertigkeiten der Satztechnik und grafische Kreativität, verbunden mit dem Wissen über deren psychologische Wirkung beim Leser, voraus. Unter diesen Voraussetzungen bliebe die Erstellung eigener Druckvorlagen einem kleinen Kreis begnadeter Alleskünstler vorbehalten.

LESLIE LAMPORT hat mit L^AT_EX ein Werkzeug zur Verfügung gestellt, mit dem auch wir arbeiten können. Statt mit T_EX-Befehlen die Arbeit des Setzers vornehmen und gleichzeitig die Kreativität des Layouters in entsprechende T_EX-Anweisungen umsetzen zu müssen, braucht der Anwender nur die logische Struktur anzugeben. Dazu gehört z. B. die Mitteilung, wann ein neues Kapitel oder ein neuer Abschnitt beginnt, welche Textstellen hervorzuheben sind, ob ein Inhaltsverzeichnis automatisch mitzuerstellen ist und Ähnliches mehr.

L^AT_EX übersetzt die angegebene logische Struktur in die gestaltenden T_EX-Befehle, mit denen der Text dann bearbeitet wird. Zusätzlich stellt L^AT_EX eine Reihe von Layout-Stilen zur Verfügung. Mit der Auswahl eines geeigneten Layout-Stils wird gleichzeitig das grafische Design professionell gestaltet, ohne dass der Anwender eigene Angaben über passende Schriftarten und Schriftgrößen hinzufügen muss.

Das vorliegende Buch soll die Nutzung aller L^AT_EX-Möglichkeiten vermitteln. Diese gestatten selbstverständlich auch individuelle Textformatierungen. Der Anwender sollte jedoch die angebotenen Standardformate bevorzugen, da diese das grafische Design von Fachleuten verwirklichen, mit denen der Normalanwender kaum erfolgreich konkurrieren kann.

Ich möchte an dieser Stelle LESLIE LAMPORT danken, der mit vielen Anregungen und konstruktiver Kritik am Zustandekommen dieses Buches beteiligt war.

Helmut Kopka, Juli 1988

Vorwort zur Herausgabe der Buchserie L^AT_EX

Der Vorläufer dieses Buches mit dem Titel „L^AT_EX – Eine Einführung" erlebte zwischen 1988 und 1993 vier Auflagen, wobei die vierte Auflage mit den Erscheinungsjahren 1992 und 1993 eigentlich aus zwei eigenständigen Ausgaben bestand, zwischen denen es deutliche Textumstellungen und Ergänzungen gab. Als Ergänzung zur Einführung erschien 1990 ein zweites Buch mit dem Titel „L^AT_EX-Erweiterungsmöglichkeiten" und dem Untertitel „Mit einer Einführung in METAFONT", das zwischen 1990 und 1993 in drei jeweils deutlich erweiterten Auflagen herauskam. Dabei kam es zunehmend zu Überschneidungen zwischen beiden Büchern, die überdies immer voluminöser wurden und in ihren Ergänzungen über die Zielrichtung der Buchtitel hinausgingen. Dies hatte zur Folge, dass Leser/innen der Bücher auch mit Darstellungsstoff konfrontiert wurden, der dem aktuellen Nutzungsbedürfnis nicht oder noch nicht zum Zeitpunkt des Einstiegs in L^AT_EX entsprach.

Auf Anregung des damaligen Präsidenten der deutschsprachigen T_EX-Anwendervereinigung, JOACHIM LAMMARSCH, schlug mir der Verlag vor, L^AT_EX in Form einer dreibändigen Buchserie zu präsentieren:

Band 1: L^AT_EX-Einführung
Band 2: L^AT_EX-Ergänzungen – mit einer Einführung in METAFONT
Band 3: L^AT_EX-Erweiterungen

Der vorliegende Band 1 geht weitgehend auf das ursprüngliche Buch „L^AT_EX – Eine Einführung" zurück und beschränkt sich nun auf die Vorstellung des internationalen L^AT_EX-Standards, lediglich ergänzt um die Darstellung von german.sty zur Einbindung deutscher Besonderheiten in die L^AT_EX-Bearbeitung. Letztere muss man für deutschsprachige Anwender, und an diese richtet sich das Buch, als zu *unserem Standard gehörend* betrachten.

In Bezug auf den internationalen L^AT_EX-Standard ist die Vorstellung in Band 1 aber *vollständig*. Sie schließt somit BIBT_EX und MAKEINDEX ein, da diese L^AT_EX-Ergänzungen vom Programmautor LESLIE LAMPORT selbst stammen oder unter seiner aktiven Mithilfe entstanden und von ihm zum Bestandteil des LaTeX-Gesamtpakets erklärt wurden.

Unmittelbar nach Drucklegung der 1. Auflage von Band 1 erschien auf den öffentlichen TeX-Fileservern die neue LaTeX 2_ε-Version, zunächst als Probeversion und ausdrücklich als solche gekennzeichnet. Nach einer halbjährigen Erprobungsphase mit Behebung einer Reihe von Fehlern und Schwächen wurde im Juni 1994 die LaTeX 2_ε-Probeversion zur Standard-LaTeX-Version erklärt. Die neuen Eigenschaften von LaTeX 2_ε wurden deshalb zunächst in Kapitel 1 von Band 2 nachgetragen. Mit den Neuauflagen von Band 1 erscheinen die Grundeigenschaften von LaTeX 2_ε nunmehr sachgerecht in der Einführung.

Der Einführungsband 1 schließt ab mit Hinweisen zur TeX-Installation und der Erstellung der erforderlichen Formatfiles im Anhang F. Bei der Zufügung dieses 46seitigen Anhangs befand ich mich in einem Konflikt: Er gehört im engeren Sinne sicherlich nicht zum Stoffbereich einer LaTeX-Einführung. Alle mir bekannten Bücher über TeX und seine Makropakete gehen stillschweigend von der Annahme aus, dass ein lauffähiges TeX-Programm mit den erforderlichen Zusatzwerkzeugen im Rechner des Anwenders existiert. Dies war in den Anfangsjahren von TeX und LaTeX auch sachgerecht, da TeX damals zunächst in den Rechenzentren der Hochschulen und Forschungsinstitute bereitgestellt wurde. Alle bei der Installation eines TeX-Systems vorausgesetzten Kenntnisse und auftretenden Probleme stellten sich nicht dem Anwender, sondern dem entsprechenden Experten des Rechenzentrums.

Inzwischen hat sich das Anwenderprofil deutlich geändert. Die Mehrzahl der TeX- und LaTeX-Anwender betreibt das Programm auf einem PC. Für nahezu alle Individualrechner (IBM-PCs und kompatible, Atari, Amiga, Macintosh und UNIX-Workstations) stehen sowohl kommerzielle wie auch kostenlose PD- (Public Domain) oder SW- (Shareware) TeX-Pakete zur Verfügung. Dokumentation und Installationshilfen sind je nach Programmquelle unterschiedlich hilfreich.

Der typische TeX-Einsteiger will das Programm auf dem eigenen Individualrechner betreiben und die eigenen Kenntnisse auf die Nutzungsbedürfnisse beschränken und nicht mit komplexen Wechselbeziehungen zwischen den diversen Programmteilen einer TeX- und LaTeX-Installation konfrontiert werden. Das Programmsystem wurde vermutlich als Diskettensatz beschafft oder von einem Kollegen kopiert, was bei den PD- und SW-Produkten auch erlaubt ist. Je nach beigefügter Dokumentation und Installationshilfe kann sich die Installation für den Einsteiger als schwierige Hürde erweisen. Auch wenn die eigentliche Installation ohne Probleme gelingt, meldet das Programm eventuell beim ersten Aufruf, dass es gewisse Teile nicht findet und damit die Bearbeitung abbricht.

Die Ursache für eine solche Meldung kann tatsächlich darin liegen, dass der Diskettensatz für die Installation zwar das ausführbare TeX-Programm bereitstellt, die für den praktischen Ablauf aber zwingend erforderlichen Zusatzwerkzeuge, wie bestimmte Zeichensatzfiles und Makropakete, aus anderen Quellen beschafft werden müssen, ohne dass dies in der beigefügten Dokumentation explizit gesagt wird. Häufig liegt die Ursache für die genannte Fehlermeldung aber darin, dass bestimmte Programmteile zwar vorhanden sind, aber für die Nutzung mit dem beigefügten Spezialprogramm INITEX, von dem der Einsteiger bis dahin noch nie etwas gehört hat, aufbereitet werden müssen. Ich hoffe, mit dem Anhang F auch dem Anfänger bei seinem Einstieg in TeX auf dem eigenen PC behilflich zu sein.

Band 2 der Buchserie über LaTeX beginnt mit der Vorstellung von LaTeX-Ergänzungen, die in ihrer Wirkung in Zukunft Bestandteil von LaTeX 3 werden und die bereits heute in Form allgemein zugänglicher Ergänzungspakete genutzt werden können. Die Standardzeichensätze einer LaTeX-Installation waren primär auf Anwendungen aus dem mathematischnaturwissenschaftlichen Bereich zugeschnitten. Mit der Ausbreitung auch auf geisteswissenschaftliche Anwendungen treten zunehmend Anforderungen auf, die damit nicht zu erfüllen sind. Inzwischen existieren für nahezu alle Sprachen und Sonderfälle, wie z. B. zur Schachdokumentation oder zum Musiknotensatz, geeignete Zeichensätze. Band 2 stellt eine Vielzahl solcher ergänzender Zeichensätze vor, wobei sich die Ergänzungen in Richtung LaTeX 3 als ganz besonders hilfreich erweisen. Auch die Einbeziehung von PostScript-Zeichensätzen in die LaTeX-Bearbeitung wird angesichts der immer häufiger verwendeten PostScript-fähigen Drucker in Kapitel 5 vorgestellt. Die Nutzung von Zeichensätzen für den Musiknotensatz zusammen mit einem geeigneten Ergänzungspaket wird in Kapitel 4 beschrieben.

Band 2 stellt weiterhin die Möglichkeiten zur Einbindung von Bildern und Grafiken vor, die entweder aus völlig anderen Programmquellen stammen oder mit TeX-eigenen Mitteln, wie mit PiCTeX, erzeugt werden. Er schließt ab mit einer Einführung in METAFONT in Kapitel 8. Angesichts der Vielzahl der vorgestellten Zusatz-Zeichensätze ist dies eine folgerichtige Ergänzung, da die Installation der Zusatz-Zeichensätze bei vielen Anwendern aus den Quelldateien zu erfolgen hat, womit der Programmaufruf von METAFONT mit geeigneten Einstellparametern zwingend notwendig wird. Band 2 wendet sich also an Anwender, die über die Möglichkeiten einer Standard-LaTeX-Installation hinausgehen wollen, ohne hierzu in die Tiefen der Programmierung zur Entwicklung von Eigenerweiterungen steigen zu müssen.

Für solche Entwicklungen ist schließlich der Band 3 gedacht. Er stellt LaTeX in seinen internen Strukturen vor, ergänzt um eine Darstellung der wichtigsten TeX-Strukturen. Mit diesen Kenntnissen werden dann anschließend Beispiele für anwendereigene LaTeX-Erweiterungen vorgestellt. Ebenso werden Interna des BIBTeX-Programms angesprochen, aus denen der Anwender weitere BIBTeX-Stilfiles zur variablen Gestaltung von Literaturverzeichnissen erstellen kann.

Jede TeX-Installation kennt weitere TeX-Zusatzwerkzeuge, von denen ich hier beispielhaft das Programm `patgen` nenne. Mit diesem Programm kann man für jede Sprache ein TeX-spezifisches Trennmusterfile erstellen, indem als Eingabe ein Trennlexikon der entsprechenden Sprache herangezogen wird. Band 3 stellt in seinem Anhang alle TeX-Standard-Zusatzwerkzeuge vor und beschreibt deren Anwendung und Eigenschaften.

Ich habe zu den vorausgegangenen LaTeX-Büchern eine Vielzahl von Zuschriften mit Anregungen und konstruktiver Kritik erhalten, für die ich mich, soweit die Briefe nicht direkt beantwortet wurden, an dieser Stelle bedanke. Viele der bei der Neuausgabe vorgenommenen Korrekturen und Ergänzungen gehen auf solche Zuschriften zurück. Ich würde mich freuen, wenn auch die neue Buchserie den Leserkontakt fortsetzt. Wie in der Vergangenheit werde ich, soweit mir das möglich ist, auch weiterhin alle sachlichen Anfragen beantworten.

Sehr hilfreich war die spontane Bereitschaft einiger Leser und Kollegen, bei der Neuausgabe Korrektur zu lesen. Ich möchte mich hierfür, auch im Namen zukünftiger Leser, ganz besonders bei DR. GÜNTER GREEN, Universität Kiel, DR. JOHANN STRUTZ, Universität Klagenfurt, VOLKER SCHAA, Darmstadt, HEINZ KUSZNIER, Linz, DR. PETRA RÜBE-PUGLIESE, Berlin, THOMAS LAUKE, Berlin, STEFAN BARTELS, Hamburg, bedanken.

Ebenso möchte ich mich hier beim ehemaligen Präsidenten der deutschsprachigen TeX-Anwendervereinigung, JOACHIM LAMMARSCH, Universität Heidelberg, bedanken. Sein Vorschlag zur Neuausgabe der LaTeX-Buchserie in drei Bänden war begleitet von einem detaillierten Strukturierungsvorschlag, den ich zur Grundlage der Stoffaufteilung genutzt habe.

Helmut Kopka, September 1993, November 1995 und 1996

Nachtrag zum Vorwort zur 3. Auflage der LaTeX-Einführung

Entsprechend der LaTeX-Entwicklungsgeschichte bezog sich die erste Auflage des Einführungsbandes dieser Buchserie noch auf LaTeX 2.09. Die Erstvorstellung von LaTeX 2_ε erfolgte deshalb zunächst in der Anfangsauflage von Band 2, die mit der zweiten Auflage der Einführung sachgerecht dort ihren Niederschlag fand. In dieser zweiten Auflage und ihren korrigierten Nachdrucken der LaTeX-Einführung wurde sowohl LaTeX 2.09 als auch LaTeX 2_ε vorgestellt, so dass es sich eigentlich um eine Einführung in beide LaTeX-Versionen handelte. Auf den letztjährigen Treffen der deutschsprachigen TeX-Anwendervereinigung wurde ich zunehmend aufgefordert, die Einführung auf LaTeX 2_ε zu beschränken, da LaTeX 2.09 inzwischen als überholt anzusehen ist und dessen parallele Einführung für LaTeX-Neueinsteiger didaktisch erschwerend wirkt.

Mit der 3. Auflage der LaTeX-Einführung bin ich dieser Aufforderung gefolgt, was mir umso leichter fiel, als LaTeX 2_ε über den sog. LaTeX 2.09-Kompatibilitätsmodus verfügt. Damit werden alte LaTeX-Eingabedateien, die zur Bearbeitung mit LaTeX 2.09 vorgesehen waren, von LaTeX 2_ε als solche erkannt und so bearbeitet, wie das früher der Fall war, ohne dass der LaTeX 2_ε-Anwender die Bearbeitungs- und Eingabeunterschiede für LaTeX 2.09 kennen muss.

Letzteres wäre in gewissem Umfang nur dann erforderlich, wenn alte LaTeX 2.09-Eingabetexte modifiziert und anschließend im LaTeX 2.09-Kompatibilitätsmodus bearbeitet werden sollten. Für solche exotischen Aufgaben kann bei Bedarf der Befehlsindex dieses Buches herangezogen werden, der in lexikalischer Ordnung alle LaTeX-Befehle, einschließlich derjenigen aus LaTeX 2.09, mit einer entsprechenden Kennzeichnung vorstellt und in Kurzfassung erläutert.

Eine weitere deutliche Überarbeitung erfuhr der Anhang F für die 3. Auflage der LaTeX-Einführung. Die Hinweise zur Installation von TeX-Systemen auf PCs beschränkten sich bei den bisherigen Auflagen auf drei kostenlose Public Domain- bzw. Shareware-Angebote unter MS-DOS sowie einer Ergänzung für OS/2. Mit dem Siegeszug von MS-Windows als vorherrschendes Betriebssystem für PCs bedurften die Installationshinweise für TeX-Systeme dringend der Ergänzung für die moderneren 32-bit-Windows- und Linux-Betriebssysteme, was mit der 3. Auflage nun erfolgt. Dabei wurden gleichzeitig die bisherigen Vorstellungen von mehreren TeX-Systemen unter MS-DOS auf das gebräuchlichste emTeX-System reduziert.

Diese Ergänzung der Installationshinweise für weitere PC-Betriebssysteme erhält ihre Berechtigung und Nützlichkeit auch durch die dem Buch beigefügte CD-ROM. Diese enthält für die wichtigsten Betriebssysteme von Workstations und PCs lauffähige TeX-Systeme, die beim Anwender auf sein Rechnersystem kopiert und genutzt werden können. Für die Bereitstellung dieser CD-ROM danke ich SEBASTIAN RAHTZ, der zur Einhaltung der Terminvorgaben durch den Addison-Wesley-Verlag für die 3. Auflage dieser Einführung dem Verlag eine Vorläuferversion für die endgültige TeX-Live 5c CD-ROM der TeX-Anwendervereinigungen bereit und zur Verfügung gestellt hat.

Gleichzeitig danke ich der zuständigen Lektorin des Addison-Wesley-Verlags, Frau Irmgard Wagner, die mit großem Entgegenkommen meinen Änderungs- und Terminwünschen nachkam und damit ganz wesentlich am zügigen Zustandekommen dieser deutlich überarbeiteten Neuauflage beteiligt war.

Helmut Kopka, März 2000

Inhaltsverzeichnis

1 Grundlagen — 1
  1.1 TeX und LaTeX — 2
  1.2 LaTeX-Entwicklungsgeschichte — 3
  1.3 Erläuterungen zum vorliegenden Text — 4
  1.4 Text und Befehle — 5
  1.5 Grundstruktur eines LaTeX-Files — 6
  1.6 LaTeX-Bearbeitungsmodi — 7
  1.7 Die Erzeugung eines LaTeX-Dokuments — 8
  1.8 Hinweise für Autoren — 9

2 Befehle und Umgebungen — 11
  2.1 Befehlsnamen und Befehlsargumente — 11
  2.2 Umgebungen (environments) — 13
  2.3 Erklärungen (declarations) — 13
  2.4 Maßangaben — 14
    2.4.1 Feste Maße — 14
    2.4.2 Elastische Maße — 15
  2.5 Sonderzeichen — 15
    2.5.1 Die Eingabe der Umlaute und des ß — 15
    2.5.2 Anführungsstriche — 16
    2.5.3 Trenn-, Binde-, Strecken- und Gedankenstriche — 17
    2.5.4 Der Druck von Befehlszeichen — 17
    2.5.5 Die Sonderzeichen §, †, ‡, ¶, © und £ — 17
    2.5.6 Sonderbuchstaben in Fremdsprachen — 17
    2.5.7 Akzente — 18
    2.5.8 Ligaturen — 18
    2.5.9 Das Datum — 18
    2.5.10 Vorgriff auf german.sty — 18
  2.6 Zerbrechliche Befehle — 19
  2.7 Übungen — 20
  2.8 Anmerkungen zur LaTeX-Philosophie — 24

3 Dokumentklassen und Seitenstil ... 25

3.1 Die Dokumentklasse ... 25
3.1.1 Dokument-Standardklassen ... 25
3.1.2 Klassenoptionen ... 26
3.1.3 Einstellparameter für einige der vorstehenden Klassenoptionen ... 28
3.1.4 Ergänzungspakete ... 29
3.1.5 LaTeX 2.09-Kompatibilitätsmodus ... 30

3.2 Der Seitenstil ... 31
3.2.1 Kopfdeklarationen ... 32
3.2.2 Seitennummerierung ... 32
3.2.3 Makropaket-Exporte ... 33
3.2.4 Zeilen- und Absatzabstände ... 34
3.2.5 Seitendeklarationen ... 35
3.2.6 Ein- und zweispaltige Seiten ... 36

3.3 Dokumentuntergliederung ... 37
3.3.1 Die Titelseite ... 37
3.3.2 Die Zusammenfassung – der Abstract ... 39
3.3.3 Die fortlaufende Untergliederung ... 40
3.3.4 Der Anhang ... 42
3.3.5 Zusätzliche Buchuntergliederungen ... 42
3.3.6 Die Bearbeitungsklasse proc ... 43

3.4 Das Inhaltsverzeichnis ... 43
3.4.1 Automatische Eintragungen ... 43
3.4.2 Der Ausdruck des Inhaltsverzeichnisses ... 44
3.4.3 Zusätzliche Eintragungen ... 44
3.4.4 Weitere Verzeichnisse ... 45

3.5 Formatierungshilfen ... 45
3.5.1 Zeichen- und Wortabstände ... 45
3.5.1.1 Der . (Punkt) und das Satzende ... 46
3.5.1.2 Frenchspacing ... 46
3.5.1.3 Die Zeichenkombination "`" und "'" (kleiner Zusatzzwischenraum) ... 46
3.5.1.4 Italic-Korrektur ... 46
3.5.1.5 Die Ausschaltung von Ligaturen ... 47
3.5.1.6 Einfügung beliebiger Zwischenräume ... 47
3.5.1.7 Einfügung von .... und ⎯⎯ Sequenzen ... 48
3.5.2 Zeilenumbruch ... 48
3.5.2.1 Die Befehle \\ und \newline ... 48
3.5.2.2 Weitere Zeilenumbruchbefehle ... 49
3.5.3 Absatzabstand ... 49
3.5.4 Absatzeinrückungen ... 50

INHALTSVERZEICHNIS

	3.5.5	Seitenumbruch	50
		3.5.5.1 Normale Textseiten	50
		3.5.5.2 Seiten mit Bildern und Tabellen	51
		3.5.5.3 Zweispaltige Seiten	51
		3.5.5.4 Doppelseitiger Druck	51
		3.5.5.5 Selektive Seitenhöhenänderung	52
		3.5.5.6 Eingeschränkter Umbruch	52
		3.5.5.7 Einige Anmerkungen zu manuellen Formatierungshilfen	53
3.6	Trennungshilfen		54
	3.6.1	Direkte Trennungshilfen	54
	3.6.2	Erzeugung einer Trennungsliste	55
	3.6.3	Vermeidung von Trennungen	55
	3.6.4	Zusatzinformation über Trennungen	56

4 Texthervorhebungen   57

4.1	Änderung der Schrift		57
	4.1.1	Umschaltung für Schrifthervorhebungen	57
	4.1.2	Die Wahl der Schriftgröße	58
	4.1.3	Zeichensatzattribute	59
	4.1.4	Zeichensatzbefehle mit Textargumenten	62
	4.1.5	Zeichensatzauswahl mit LaTeX 2.09	63
	4.1.6	Zusätzliche Schriften	64
	4.1.7	Zeichensätze und Symbole	65
4.2	Textausrichtungen		66
	4.2.1	Zentrierter Text	66
	4.2.2	Einseitig bündiger Text	66
	4.2.3	Beidseitig eingerückter Text	67
	4.2.4	Verseinrückungen	68
4.3	Aufzählungen		69
	4.3.1	Beispiel itemize	69
	4.3.2	Beispiel enumerate	69
	4.3.3	Beispiel description	70
	4.3.4	Verschachtelte Aufzählungen	70
	4.3.5	Änderung der Markierungen	72
	4.3.6	Literaturverzeichnis	73
4.4	Allgemeine Listen		75
	4.4.1	Die Standardmarke	75
	4.4.2	Die Listenerklärung	76
	4.4.3	Beispiel für eine benutzergestaltete Liste	77
	4.4.4	Listendefinitionen als neue Umgebungen	78
	4.4.5	Triviale Listen	79
	4.4.6	Verschachtelte Listen	79

4.5 Regelsätze 80
4.6 Tabulatorsetzungen 81
    4.6.1 Grundlagen 81
    4.6.2 Musterzeile 81
    4.6.3 Tabstops und linker Rand 82
    4.6.4 Weitere Tabulatorbefehle 82
    4.6.5 Zusatzbemerkungen 83
4.7 Boxen 85
    4.7.1 LR-Boxen 85
    4.7.2 LR-Box-Speicherungen 86
    4.7.3 Vertikale Verschiebungen von LR-Boxen 87
    4.7.4 Absatzboxen und Teilseiten 87
    4.7.5 Positionierungsprobleme bei vertikalen Boxen 90
    4.7.6 Balkenboxen 91
    4.7.7 Verschachtelte Boxen 92
    4.7.8 Box-Stilparameter 93
4.8 Tabellen 94
    4.8.1 Die Konstruktion von Tabellen 94
    4.8.2 Die Änderung des Tabellenstils 96
    4.8.3 Beispiele von Tabellenkonstruktionen 97
    4.8.4 Gleitende Tabellen 104
4.9 Fußnoten und Randnotizen 106
    4.9.1 Standardfußnoten 106
    4.9.2 Abweichungen vom Standard 106
    4.9.3 Änderung des Fußnotenstils 107
    4.9.4 Fußnoten in unerlaubten Modi 108
    4.9.5 Fußnoten in Minipages 109
    4.9.6 Randnotizen 109
    4.9.7 Stilparameter für Randboxen 111
4.10 Ausdruck von Originaltext 111
    4.10.1 Standardausgabe 111
    4.10.2 Das Ergänzungspaket alltt.sty 112
    4.10.3 Das Ergänzungspaket shortvrb.sty 113
4.11 Kommentare im Eingabetext 113

5 Mathematische Formeln   **115**
5.1 Mathematische Umgebungen 115
5.2 Die Hauptkonstruktionselemente 116
    5.2.1 Konstanten, Variablen und ihre Verknüpfungen 116
    5.2.2 Hoch- und Tiefstellungen von Zeichen 117
    5.2.3 Brüche 117
    5.2.4 Wurzeln 118
    5.2.5 Summen und Integrale 118
    5.2.6 Fortsetzungspunkte – Ellipsen 119

INHALTSVERZEICHNIS

- 5.3 Mathematische Symbole 120
  - 5.3.1 Griechische Buchstaben 120
  - 5.3.2 Kalligraphische Buchstaben 120
  - 5.3.3 Binäre Operationssymbole 121
  - 5.3.4 Vergleichssymbole und deren Negation 121
  - 5.3.5 Pfeil- oder Zeigersymbole 122
  - 5.3.6 Verschiedene sonstige Symbole 122
  - 5.3.7 Symbole in zwei Größen 123
  - 5.3.8 Funktionsnamen 123
  - 5.3.9 Mathematische Akzente 124
- 5.4 Weitere Konstruktionselemente 125
  - 5.4.1 Automatische Größenanpassung von Klammersymbolen 126
  - 5.4.2 Gewöhnlicher Text innerhalb von Formeln 127
  - 5.4.3 Matrizen und Felder 127
  - 5.4.4 Über- und Unterstreichen von Teilformeln 130
  - 5.4.5 Aufgestockte Symbole 130
  - 5.4.6 Zusätzliche mathematische TEX-Befehle 131
  - 5.4.7 Mehrzeilige Formeln 132
  - 5.4.8 Gerahmte oder nebeneinander stehende Formeln 135
  - 5.4.9 Chemische Formeln – Fettdruck in Formeln 136
- 5.5 Mathematische Formatierungshilfen 137
  - 5.5.1 Horizontale Abstände 137
  - 5.5.2 Die Wahl der Schriftgrößen in Formeln 138
  - 5.5.3 Manuelle Größenwahl der Klammersymbole 140
  - 5.5.4 Schriftumschaltung in mathematischen Formeln 141
  - 5.5.5 Beseitigung einer LaTeX-Schwäche mit **exscale** 141
  - 5.5.6 Mathematische Stilparameter 143
  - 5.5.7 Einige Zusatzempfehlungen 143
  - 5.5.8 Gerahmte abgesetzte Formeln 145
  - 5.5.9 Was ist sonst noch möglich? 146

6 Bilder   147
- 6.1 Maß- und Positionierungsangaben 147
- 6.2 Die Bildumgebung – picture 148
- 6.3 Die Positionierungsbefehle 149
- 6.4 Die Bildobjekt-Befehle 150
  - 6.4.1 Text im Bild 150
  - 6.4.2 Bildboxen – Rechtecke 150
  - 6.4.3 Gerade Linien 153
  - 6.4.4 Pfeile 154
  - 6.4.5 Kreise 155
  - 6.4.6 Ovale und gerundete Ecken 155
  - 6.4.7 Bezier-Kurven 157
  - 6.4.8 Vertikal aufgestockte Texte 158
  - 6.4.9 Textangepasste Rahmen 159

6.5 Weitere Bildbefehle und Beispiele 160
    6.5.1 Strichstärken 160
    6.5.2 Verschachtelte Bilder 160
    6.5.3 Speicherung von Bildteilen 161
    6.5.4 Erweiterte picture-Umgebung 164
    6.5.5 Weitere Beispiele 165
    6.5.6 picture-Ergänzungspakete 166
    6.5.7 Allgemeine Empfehlungen 167
6.6 Gleitende Tabellen und Bilder 168
    6.6.1 Die Platzierung von Gleitobjekten 168
    6.6.2 Gleitobjekt-Verbote 170
    6.6.3 Stilparameter für gleitende Objekte 170
    6.6.4 Über- und Unterschriften für gleitende Objekte 171
    6.6.5 Beispiele für Gleitobjekte 173
    6.6.6 Bild- und Tabellenreferenzen im Text 175
6.7 Hinweise auf weitere Grafikwerkzeuge 175

7 Benutzereigene Strukturen 177
7.1 Zähler 177
    7.1.1 LaTeX-eigene Zähler 177
    7.1.2 Benutzereigene Zähler 178
    7.1.3 Veränderung der Zählerwerte 178
    7.1.4 Die Ausgabe von Zählerständen 179
7.2 Längen 180
7.3 Benutzereigene Befehle 181
    7.3.1 Befehle ohne Argumente 181
    7.3.2 Befehle mit Argumenten 183
    7.3.3 Befehle mit einem zusätzlichen optionalen Argument 184
    7.3.4 Verbesserung für anwendereigene mathematische Befehle . . . 185
    7.3.5 Weitere Beispiele 185
7.4 Das Ergänzungspaket ifthen 189
7.5 Benutzereigene Umgebungen 191
    7.5.1 Umgebungen ohne Argumente 192
    7.5.2 Umgebungen mit Argumenten 193
    7.5.3 Umgebungen mit einem zusätzlichen optionalen Argument . . . 194
7.6 Allgemeine Bemerkungen zu Benutzerstrukturen 196
    7.6.1 Gleiche Befehls- und Zählernamen 196
    7.6.2 Abspeichern von benutzereigenen Strukturen 196
    7.6.3 Strukturen zur Abkürzung 197
    7.6.4 Die Reichweite benutzereigener Definitionen 197
    7.6.5 Argumentbegrenzungen 197
    7.6.6 Die Reihenfolge von Strukturdefinitionen 198
    7.6.7 Weitergereichte Argumente 198
    7.6.8 Verschachtelte Definitionen 199
    7.6.9 Unerwünschte Zwischenräume 199
7.7 Zwei abschließende Beispiele 200

INHALTSVERZEICHNIS

8 LaTeX-Steigerungen **203**
- 8.1 Behandlung von Teildokumenten 203
  - 8.1.1 Der Befehl \input 203
  - 8.1.2 Der Befehl \include 204
  - 8.1.3 Ein- und Ausgabe am Bildschirm 206
  - 8.1.4 TeX-Befehle 208
  - 8.1.5 Der \special-Befehl 208
- 8.2 Textbezüge 209
  - 8.2.1 Querverweise 209
  - 8.2.2 Bezüge zum Literaturverzeichnis 210
  - 8.2.3 Indexregister 212
  - 8.2.4 Glossar 214
- 8.3 MakeIndex – ein Stichwortprozessor 214
  - 8.3.1 Nutzungsvoraussetzungen für MakeIndex 214
  - 8.3.2 Die Syntax der Indexeinträge für MakeIndex 215
  - 8.3.3 Maskierung der MakeIndex-Sonderzeichen 217
  - 8.3.4 Die lexikalische Ordnung im Indexregister 218
  - 8.3.5 MakeIndex-Programmoptionen 218
  - 8.3.6 MakeIndex-Formatänderungsfiles 219
  - 8.3.7 Ein Demonstrationsbeispiel 223
  - 8.3.8 Einspaltiger Indexvorspann 226
- 8.4 Die verschiedenen LaTeX-Files 227
  - 8.4.1 LaTeX-Ergebnisfiles 227
  - 8.4.2 LaTeX-Systemfiles 230
  - 8.4.3 LaTeX-Installationsfiles 231
- 8.5 Weitere Zeichensatzbefehle aus LaTeX 231
  - 8.5.1 Die Grundidee des Zeichensatz-Auswahlverfahrens in LaTeX . . 232
  - 8.5.2 Vereinfachte Zeichensatzauswahl mit LaTeX 235
  - 8.5.3 LaTeX-Interfacebefehle 237

9 Fehlerbehandlung **239**
- 9.1 Grundstruktur der Fehlermeldungen 239
  - 9.1.1 TeX-Fehlermeldungen 239
  - 9.1.2 LaTeX-Fehlermeldungen 242
  - 9.1.3 Fehlermeldungen aus TeX-Makros 245
- 9.2 Weitere Fehlerbeispiele 247
  - 9.2.1 Fehlerfortpflanzung 247
  - 9.2.2 Typische Fehler mit Folgewirkung 249
  - 9.2.3 Mathematische Fehlermeldungen 251
  - 9.2.4 Fehlermeldungen bei Mehrfiletexten 253
- 9.3 Verzeichnis aller LaTeX-Fehlermeldungen 253
  - 9.3.1 Fehlermeldungen aus dem LaTeX-Kern 254
  - 9.3.2 Fehlermeldungen aus Klassenfiles und Ergänzungspaketen . . 259
  - 9.3.3 Fehlermeldungen bei der Zeichensatzauswahl 260
  - 9.3.4 LaTeX-Hilfswerkzeuge zur Fehlersuche 262
- 9.4 Verzeichnis häufiger TeX-Fehlermeldungen 263

- 9.5 Warnungen ... 267
  - 9.5.1 Allgemeine LaTeX-Warnungen ... 268
  - 9.5.2 LaTeX-Warnungen aus Klassenfiles und Ergänzungspaketen ... 270
  - 9.5.3 LaTeX-Zeichensatzwarnungen ... 271
  - 9.5.4 TeX-Warnungen ... 271
- 9.6 Suche nach versteckten Fehlern ... 272
- 9.7 MakeIndex-Fehlermeldungen ... 273
  - 9.7.1 Formatänderungsfehler ... 274
  - 9.7.2 Fehlermeldungen aus der Lesephase ... 274
  - 9.7.3 Warnungen aus der Schreibphase ... 275

A Briefe 277
- A.1 Die LaTeX-Bearbeitungsklasse letter ... 277
- A.2 Eine hauseigene letter-Bearbeitungsklasse ... 281
- A.3 Hinweise zur firmenspezifischen Anpassung ... 284

B Literaturdatenbanken 291
- B.1 Das BIBTeX-Programm ... 291
- B.2 Die Erstellung einer Literaturdatenbank ... 293
  - B.2.1 Die verschiedenen Eingabetypen ... 294
  - B.2.2 Felder ... 295
  - B.2.3 Spezielle Feldformate ... 296
  - B.2.4 Abkürzungen ... 298

C Zeichensätze 299
- C.1 Vorbemerkungen ... 299
- C.2 Klassifizierung der TeX-Grundzeichensätze ... 300
- C.3 Proportionalschriften ... 302
  - C.3.1 Serifen-Schriften ... 302
    - C.3.1.1 Die Zeichensatzgruppe 'Roman' ... 302
    - C.3.1.2 Die Zeichensatzgruppe 'Slanted' ... 304
    - C.3.1.3 Die Zeichensatzgruppe 'Italic' ... 304
    - C.3.1.4 Die Zeichensatzgruppe 'Bold Face' (Fettdruck) ... 305
  - C.3.2 Sans-Serifen-Schriften ... 306
    - C.3.2.1 Die ‚aufrechten Sans-Serif'-Zeichensätze ... 307
    - C.3.2.2 Die ‚geneigten Sans-Serif'-Zeichensätze ... 308
    - C.3.2.3 Die ‚fetten Sans-Serif'-Zeichensätze ... 309
    - C.3.2.4 Der Zeichensatz cminch ... 309
  - C.3.3 Zier- und Sonderschriften ... 311
- C.4 Fixschriften – Schreibmaschinenschriften ... 312
  - C.4.1 Aufrechte Schreibmaschinenschriften ... 312
  - C.4.2 Großschreibung ... 313
  - C.4.3 Geneigte Schreibmaschinenschriften ... 313
  - C.4.4 Mathematische Schreibmaschinenschrift ... 313

- C.5 Mathematik- und Symbolzeichensätze 314
  - C.5.1 Mathematische Textzeichensätze 314
  - C.5.2 Mathematische Symbole 315
  - C.5.3 Variable Symbole 316
  - C.5.4 Zusätzliche Zeichensätze 316
    - C.5.4.1 Die LaTeX-lasy-Zeichensätze 317
    - C.5.4.2 Zeichensätze zur Erzeugung von Bildern 317
    - C.5.4.3 Logo-Zeichensätze 317
    - C.5.4.4 PostScript-Zeichensätze 317
- C.6 Die Anordnung innerhalb der cm-Zeichensätze 318
- C.7 Erweiterte TeX-Zeichensätze 323
  - C.7.1 Der Erweiterungsvorschlag von Cork 323
  - C.7.2 Installation der ec-Schriften 324
  - C.7.3 Aktivierung der ec-Schriften 325
  - C.7.4 Das Ordnungsprinzip der ec-Schriften 326
  - C.7.5 Die Namenskonventionen der ec-Schriften 328
  - C.7.6 Die tc-Schriftergänzungen 329
- C.8 Die cm-Zeichensatzfiles 332
  - C.8.1 Die Grundnamen der cm-Zeichensatzfiles 332
  - C.8.2 Vergrößerte Zeichensätze 332
  - C.8.3 Pixel-Kodierung 334
  - C.8.4 Gepackte Kodierung 335
- C.9 Anmerkungen zu METAFONT 335
  - C.9.1 Die Nutzung von METAFONT 336
  - C.9.2 METAFONT-Geräteanpassung 337

D LaTeX-Ergänzungen   339
- D.1 Der deutsche TeX-Befehlszusatz 339
  - D.1.1 Der Aufruf des german.sty-Files 340
  - D.1.2 Die Umlaute und das ß 340
  - D.1.3 Trennungshilfen 341
  - D.1.4 Aufhebung von Ligaturen 341
  - D.1.5 Deutsche Anführungszeichen 342
  - D.1.6 Französische Anführungszeichen 342
  - D.1.7 Sprachumschaltung 343
  - D.1.8 Umschaltung auf das TeX-Original 344
  - D.1.9 Besonderheiten aus (n)german.sty 344
- D.2 Einrichtung und Dokumentation von (n)german.sty 346
  - D.2.1 Die Quellenfiles für (n)german.sty 346
  - D.2.2 Installation von german.sty und ngerman.sty 346
  - D.2.3 Strukturhinweise zu (n)german.sty 348
  - D.2.4 Wirkungsunterschiede zwischen german.sty-Versionen 351
  - D.2.5 Direkte Umlaut- und ß-Eingabe 352
- D.3 Weiterführende Literaturhinweise 353

E Projektionsvorlagen   355
   E.1 Die Bearbeitungsklasse slides.cls 355
       E.1.1 Folienvortexte 356
       E.1.2 Folienvorlagen 356
       E.1.3 Wechselfolien 357
       E.1.4 Anmerkungen zu Projektionsvorlagen 357
       E.1.5 Ein vollständiges Folienbeispiel 358
   E.2 Schriftarten und Größen in slides 360
       E.2.1 Die slides-Schriftarten 360
       E.2.2 Die slides-Schriftgrößen 361
   E.3 Weitere slides-Bearbeitungsmöglichkeiten 361
       E.3.1 Seitenstilarten mit slides.cls 361
       E.3.2 Selektive Folienbearbeitung 362
       E.3.3 Anmerkungen zu SLITEX 363
       E.3.4 Farbdruck mit LATEX 363
       E.3.5 Positionierungsprobleme bei Wechselfolien 365

F TEX-Installation und Beschaffung   369
   F.1 Das TEX-System im Überblick 369
       F.1.1 Ein TEX-Minimalsystem 369
       F.1.2 TEX-Programmaufrufe durch Befehlsdateien 374
       F.1.3 Systemgrenzen für mehrsprachige Formatfiles 375
       F.1.4 Das TEX-Filesystem 376
       F.1.5 Dateienstrukturierung mittels Umgebungsvariablen 381
       F.1.6 BIGTEX 382
       F.1.7 Ein METAFONT-Minimalsystem 383
       F.1.8 Drucker-Zeichensätze und Druckertreiber 385
       F.1.9 Die TEX-Quellenfiles 386
   F.2 Das LATEX-System 386
       F.2.1 Das LATEX-Grundsystem 386
       F.2.2 Das vollständige LATEX-System 389
       F.2.3 LATEX-Ergänzungen 390
   F.3 TEX-Installation auf PCs 391
       F.3.1 Ein TEX-System für DOS und OS/2 (emTEX) 392
              F.3.1.1 Strukturbeschreibung des emTEX-Pakets 392
              F.3.1.2 Installationsvorbereitung – unzip.exe und emxrsx.zip ... 393
              F.3.1.3 Installationshinweise 394
              F.3.1.4 Dokumentation und Benutzeroberflächen 395
              F.3.1.5 Zeichensatzfiles des emTEX-Pakets 396
       F.3.2 TEX unter 32 bit-WINDOWS-Systemen 397
              F.3.2.1 Evtl. Entpackungsvorbereitungen zur TEX-Installation ... 397
              F.3.2.2 MiKTEX 398
              F.3.2.3 Die WinEdt-Benutzeroberfläche 398
              F.3.2.4 Weitere empfohlene Programmergänzungen zu MiKTEX .. 399
       F.3.3 Alternative TEX-Systeme für DANTE-Mitglieder – pdfTEX u. a. ... 399
       F.3.4 TEX unter LINUX 401

F.4 TeX auf weiteren Individualrechnern 402
    F.4.1 TeX für ATARI-Rechner 402
    F.4.2 TeX für AMIGA-Rechner 403
    F.4.3 TeX für den Macintosh 403
    F.4.4 TeX auf Workstations 405
F.5 Öffentliche Fileserver als Beschaffungsquellen 408
    F.5.1 Filetransfer mit dem ftp-Programm 409
    F.5.2 Fileanforderungen mittels E-Mail 411
    F.5.3 TeX-Anwendervereinigungen 412
    F.5.4 Die CD-ROM-Buchbeilage 414

Literaturverzeichnis   **415**

Befehlsindex   **419**
Kurzbeschreibung der LaTeX-Befehle 419
Zusammenfassende Tabellen und Diagramme 483
Verbotene TeX-Befehle 491

Stichwortverzeichnis   **493**

Tabellenverzeichnis

Zeichenanordnung in Zeichensätzen

Tabelle 1: cmr10 (Standard) 318
Tabelle 2: cmcsc10 (Kapitälchen) 319
Tabelle 3: cmti10 (Text-Italic) 319
Tabelle 4: cmtt10 (Schreibmaschine) 320
Tabelle 5: cmtex10 (Math.-Schreibmaschine) 320
Tabelle 6: cmmi10 (Math.-Italic) 321
Tabelle 7: cmsy10 (Mathematische Symbole) 321
Tabelle 8: cmex10 (Variable math. Symbole) 328

Zusammenfassungen

Tabelle 1: Schriftumschaltungen mit LaTeX 2_ε 483
Tabelle 2: Mathematische Schriftumschaltungen mit LaTeX 2_ε 463
Tabelle 3: Schrifterklärungen mit LaTeX 2.09 483
Tabelle 4: Schriftgrößen 483
Tabelle 5: Maßeinheiten 483
Tabelle 6: Akzente 483
Tabelle 7: Sonderbuchstaben in Fremdsprachen 484
Tabelle 8: Sonderzeichen 484
Tabelle 9: Befehlszeichen 484
Tabelle 10: Umgebungsnamen 484
Tabelle 11: Griechische Buchstaben 484
Tabelle 12: Binäre Operationssymbole 484
Tabelle 13: Mathematische Vergleichssymbole 485
Tabelle 14: Negierte Vergleichssymbole 485
Tabelle 15: Pfeil- und Zeigersymbole 485
Tabelle 16: Sonstige mathematische Symbole 485
Tabelle 17: Mathematische Symbole in zwei Größen 486
Tabelle 18: Funktionsnamen 486
Tabelle 19: Mathematische Akzente 486
Tabelle 20: Klammersymbole 486
Tabelle 21: Die Grundnamen der TeX-Standardzeichensätze . . 486
Tabelle 22: Die Grundnamen der LaTeX-Zusatzschriften 487
Tabelle 23: Vergrößerungsstufen und Skalierungsfaktoren 487
Tabelle 24: Beziehungen zwischen Schriften und Größenoptionen 487

Bildverzeichnis

Diagramm 1: Einspaltiges Seitenformat 488
Diagramm 2: Zweispaltiges Seitenformat 489
Diagramm 3: Listenformat der list-Umgebung 490

Kapitel 1

Grundlagen

Textverarbeitung mit einem Rechner kann in vielfältiger Weise erfolgen. Eigenschaften und Leistungsfähigkeit sind hierbei weniger vom jeweiligen Rechnertyp als vielmehr vom verwendeten *Textverarbeitungsprogramm* bestimmt. Textverarbeitungsprogramme existieren in großer Zahl auf dem Rechnermarkt. Die meisten von ihnen sind auf bestimmte Hauptanwendungsfälle, z. B. die Büro- oder Geschäftskorrespondenz, zugeschnitten.

Alle Textverarbeitungsprogramme basieren auf einem von zwei ganz unterschiedlichen Grundkonzepten. Bei den sog. *Wortprozessoren* erscheint auf dem Bildschirm zunächst ein *Menü* mit den möglichen Bearbeitungseigenschaften. Diese müssen zunächst gewählt werden, meist einfach dadurch, dass man mit dem Cursor auf die angebotenen Eigenschaften fährt und diese dadurch auswählt. Nach der Festlegung der Bearbeitungseigenschaften wird der Text über die Tastatur eingegeben und erscheint auf dem Bildschirm genau in der Weise, wie er auch beim Druck ausgegeben wird. Der Anwender kann damit sofort bei der Eingabe feststellen, ob der bearbeitete Text seinen Vorstellungen entsprechend erzeugt wird. Ist dies nicht der Fall, so kann mit speziellen Funktionstasten eine Korrektur durch den Anwender vorgenommen und das Ergebnis unmittelbar überprüft werden.

Das andere Konzept beruht auf einem zweistufigen Vorgang: Der Texteingabe und ggf. Korrektur mit einem *Editor* des Rechners folgt anschließend die Bearbeitung durch ein sog. *Formatierungsprogramm*.

Erst danach wird der bearbeitete Text auf einem Ausgabegerät, das ein Drucker oder ein hochauflösender Bildschirm sein kann, ausgegeben. Ist der Anwender mit dem Ergebnis nicht zufrieden, so muss der im Rechner gespeicherte Text geändert oder korrigiert und dann erneut mit dem Formatierungsprogramm bearbeitet werden.

Auf den ersten Blick erscheint das erste Konzept als das ideale. Die meisten Textverarbeitungsprogramme sind auch hierauf aufgebaut. Sie ersetzen mehr und mehr die herkömmliche Schreibmaschine, mit der sie in Konkurrenz stehen und der sie weit überlegen sind. Formatierungsprogramme stehen weniger in Konkurrenz zur Schreibmaschine als vielmehr zum Druckereiwesen. Hier haben sie innerhalb weniger Jahre den traditionellen Beruf des Setzers praktisch zum Verschwinden gebracht.

Beide Konzepte haben ihre spezifische Bedeutung und Leistungsfähigkeit. Soll das Ergebnis der Textverarbeitung Buchdruckqualität erreichen, insbesondere bei wissenschaftlichem Text mit komplexen mathematischen Formeln, so wird ein geeignetes Formatierungsprogramm erforderlich sein. Formatierungsprogramme entfalten ihre besondere Leistung auch dann, wenn derselbe Text in unterschiedlicher Weise bearbeitet werden soll. Ist z. B. ein Text einmal einspaltig formatiert und ausgedruckt worden, so kann mit der Änderung eines einzigen Befehls erreicht werden, dass derselbe Text bei einer erneuten Bearbeitung nunmehr pro Seite zweispaltig formatiert wird und damit ein vollständig anderes Aussehen in Bezug auf Zeilen- und Seitenumbruch erhält.

1.1 TeX und LaTeX

Das wohl leistungsfähigste Formatierungsprogramm zur Erzeugung wissenschaftlich-technischer Texte in Buchdruckqualität stammt von DONALD E. KNUTH [10]. Das Programm hat den Namen TeX (gesprochen Tech), was die griechische Schreibweise in Großbuchstaben von $\tau\epsilon\chi$ widerspiegeln soll. Neben TeX wurde vom selben Autor ein weiteres Programm mit dem Namen METAFONT entwickelt, das zur Erzeugung von Zeichensätzen dient. Standardmäßig enthält das TeX-Programmpaket 75 Zeichensätze für verschiedene Entwurfsgrößen, wobei jeder dieser Zeichensätze zusätzlich in bis zu acht verschiedenen Vergrößerungsstufen bereitsteht. Alle diese Zeichensätze wurden mit dem Programm METAFONT erzeugt. Bei verschiedenen Anwendern wurden weitere Zeichensätze erzeugt, z. B. kyrillische und sogar japanische Zeichensätze, mit denen Texte auch in diesen Schriften in Buchdruckqualität ausgegeben werden.

Die enorme Leistungsfähigkeit von TeX hat ihren Preis: Die Anwendung und besonders die Ausschöpfung der Möglichkeiten setzt erhebliche Erfahrung mit Programmiertechniken voraus. Die Anwendung bleibt daher meist auf Profis aus dem Programmierbereich beschränkt. Aus diesem Grund wurde von dem amerikanischen Computerwissenschaftler LESLIE LAMPORT [1] das Programmpaket LaTeX entwickelt, das seinerseits auf TeX zurückgreift, aber zwischen TeX und dem Anwender eine sehr viel benutzerfreundlichere Ebene schafft. Mit LaTeX wird auch der Anwender ohne Programmierkenntnisse in die Lage versetzt, die Möglichkeiten von TeX weitgehend auszuschöpfen und bereits nach kurzer Zeit eine Vielzahl von Textausgaben in Buchdruckqualität erzeugen zu können. Dies gilt ganz besonders auch für die Erzeugung komplexer Tabellen und mathematischer Formeln.

Dies setzt voraus, dass der Anfänger die Standardformatierungen von LaTeX akzeptiert und nicht eigenwillige Sonderwünsche an den Anfang setzt. LESLIE LAMPORTS Philosophie bei der Entwicklung von LaTeX war, den Anwender von eigenen Formatierungsüberlegungen freizustellen, und dieses Angebot sollte er nutzen. Natürlich gestattet LaTeX auch, individuelle Anwenderwünsche zufriedenzustellen, und es ist der Zweck dieses Buches, dem Anwender alle Möglichkeiten von LaTeX zu erschließen. Diese entwickeln sich mit zunehmender Praxis und verlangen, dass der Hauptteil dieses Buches (Kap. 1–9) sowie die Anhänge A und D einmal durchgearbeitet werden. Danach kann es als Nachschlagewerk dienen, wofür sich insbesondere der Befehlsindex am Ende des Buches eignet. Dieser enthält eine Kurzbeschreibung aller Befehle mit Verweisen auf deren Vorstellung im Hauptteil.

Individuelle Formatierungen sollten aber die Ausnahme bleiben und nicht die Regel sein. Hinter den angebotenen Standardformatierungen verbirgt sich Fachwissen von professionellen Druckern und Grafikern, mit denen der Normalanwender nicht in Konkurrenz treten sollte. Anwender ohne fundierte Fachkenntnisse aus dem Druck- und Satzwesen werden mit den Standardformaten stets ein auch aus professioneller Sicht akzeptables Ergebnis erzeugen, was leider auf viele individuell gestaltete Formate nicht gleichermaßen zutrifft.

1.2 LaTeX-Entwicklungsgeschichte

Die Entwicklungsarbeit für LaTeX als komfortables und gleichzeitig einfach zu handhabendes TeX-Zugangspaket begann unmittelbar nach der Verfügbarkeit von TeX 82 und wurde mit der Bereitstellung einer stabilen LaTeX-Version mit der etwas eigenartig anmutenden Versionsnummer 2.09 Mitte 1985 abgeschlossen. Vom Programmautor LESLIE LAMPORT erschien im gleichen Jahr auch die Nutzungsbeschreibung [1]. Versionsnummer und Nutzungsbeschreibung blieben nahezu 9 Jahre bis Mitte 1994 unverändert, was die Stabilität von LaTeX 2.09 als Standard-Zugangspaket zu TeX demonstriert.

Die Beibehaltung der Versionsnummer 2.09 bedeutet aber nicht, dass LaTeX-Pakete mit dieser Kennzeichnung identisch sind. Unter der gleichen Versionsnummer erschienen, durch ihre Erstellungsdaten gekennzeichnet, unterschiedliche Realisierungen. So wurde z. B. LaTeX, das von seinem Autor primär für die Bearbeitung englischer Texte eingerichtet wurde, internationalisiert. Trägt ein LaTeX-Paket 2.09 ein Erstellungsdatum ab dem 1. Dezember 1991, so handelt es sich um die internationale Version, die zusammen mit sprachspezifischen Stiloptionen, wie z. B. german, dann automatisch erscheinende Begriffe wie „Chapter", „Contents" u. a. in Deutsch als „Kapitel", „Inhaltsverzeichnis" usw. ausgibt.

Die unterschiedlichen Varianten mit verschiedenen Erstellungsdaten haben den sog. LaTeX-Kern, von Fehlerkorrekturen abgesehen, jedoch nie verändert. Die wesentlichen Änderungen erfolgten in den zusätzlichen Stilfiles. Andere Ergänzungen erforderten dagegen die Erstellung neuer oder weiterer Formatfiles (s. Anh. F.1.1). So war es bis zur Bereitstellung von TeX 3.0 stets erforderlich, bei mehrsprachigen Anwendungen für jede Sprache je ein LaTeX-Formatfile mit dem jeweils sprachspezifischen Trennmusterfile zu erstellen. Ab TeX 3.0 können im Prinzip bis zu 256 verschiedene Trennmusterfiles in einem Formatfile zusammengefasst werden, wobei das jeweils zu aktivierende Trennmuster mit einem geeigneten *Sprachschalter* eingestellt wird.

Die Schriftauswahl oder Schriftänderung erfolgt in LaTeX 2.09 mit sog. *Zeichensatzauswahlbefehlen*, denen explizite Zeichensätze zugeordnet sind. Ein viel flexibleres und dem Anwender sehr viel natürlicher erscheinendes Zeichensatz-Auswahlverfahren stammt von FRANK MITTELBACH und RAINER M. SCHÖPF. Es erschien unter der Bezeichnung NFSS („New Font Selection Scheme"). Sein Einsatz verlangt unter LaTeX 2.09 ebenfalls die Erzeugung eines weiteren oder ersetzenden Formatfiles.

Die Verwendung verschiedener Formatfiles ist unproblematisch, solange die Bearbeitung nur lokal, also beim Anwender, der diese Formatfiles erzeugte, erfolgt. Sollen dagegen LaTeX-Textfiles im Originalzustand per E-Mail oder als Diskettenkopien versandt und an anderer Stelle mit LaTeX bearbeitet werden, so kann dies wegen verschiedener Formatfiles Kompatibilitätsprobleme hervorrufen.

Damit geht eine Grundeigenschaft von LaTeX verloren: LaTeX sollte auf allen Rechnern und unter allen Betriebssystemen identische Ergebnisse liefern. Auf Initiative von FRANK MITTELBACH und RAINER M. SCHÖPF entstand die internationale Entwicklungsgruppe für das „LaTeX 3-Projekt", an dem sich auch LESLIE LAMPORT beratend beteiligt. Zu den Zielen des LaTeX 3-Projekts gehört es, einen LaTeX-Kern zu entwickeln, der für alle zukünftigen Ergänzungen, wie auch immer sie geartet sein mögen, nur ein Formatfile vorhält. Auch das im letzten Absatz angesprochene Zeichensatz-Auswahlverfahren NFSS soll in seiner Wirkung Bestandteil des LaTeX-Kerns werden. Auf weitere Zielsetzungen für das LaTeX 3-Projekt wird, mit Ausnahme der zwingenden Forderung der Kompatibilität zur bisherigen LaTeX 2.09-Version, hier nicht eingegangen.

Im Dezember 1993 stellte der Arbeitskreis für das LaTeX 3-Projekt eine neue LaTeX-Version mit der Bezeichnung LaTeX 2_ε als sog. Testversion auf den internationalen TeX-Servern bereit. Nach einer halbjährigen Erprobung und der Behebung einiger Fehler und Schwächen sowie der Übernahme weiterer Nutzer-Anregungen wurde LaTeX 2_ε im Juni 1994 zur offiziellen LaTeX-Version erklärt. Die frühere LaTeX-Version 2.09 wird bis auf weiteres auf den internationalen TeX-Fileservern vorgehalten, dort aber explizit als `latex209` gekennzeichnet, während unter dem Namen `latex` nunmehr die neue Version ohne explizite Versionskennung vorgehalten wird.

Als Konsequenz erschien 1994 das Buch von LESLIE LAMPORT [1] in zweiter Auflage, mit der LaTeX in der Version 2_ε dargestellt wird, was gleichermaßen nun auch ab der 2. Auflage von Band 1 dieser Buchserie gilt. LaTeX 2_ε kennt einen Kompatibilitätsmodus zu LaTeX 2.09, so dass Eingabetexte, die ursprünglich zur Bearbeitung mit LaTeX 2.09 vorgesehen waren, auch mit der neuen LaTeX 2_ε-Version wie mit der früheren LaTeX 2.09-Version bearbeitet werden.

Bei der Vorstellung und Wirkungsbeschreibung der Befehle wurden in der 2. Auflage dieses Buches diejenigen Befehle, die nur mit LaTeX 2_ε verfügbar sind oder die mit LaTeX 2_ε eine Erweiterung oder geänderte Syntax gegenüber gleichnamigen Befehlen aus LaTeX 2.09 erfahren haben, mit einem vorangestellten $\boxed{2_\varepsilon}$ markiert. Umgekehrt wurden Befehle aus LaTeX 2.09, die nur im Kompatibilitätsmodus oder mit einer alten LaTeX 2.09-Version zu verwenden sind, mit einem vorangestellten $\boxed{2.09}$ markiert. Die allermeisten Befehlsvorstellungen blieben ohne solche Markierungen, da ihre Wirkung unabhängig von der benutzten LaTeX-Version ist.

Inzwischen gilt LaTeX 2.09 als überholt, wenn nicht gar als obsolet. Es steht auf den TeX-Fileservern zwar immer noch zur Verfügung, doch es unterliegt dort keinerlei Wartung mehr. Aus diesem Grund werden bei der Vorstellung und Wirkungsbeschreibung der Befehle ab der 3. Auflage dieses Buches nur noch die Eigenschaften von LaTeX 2_ε vorgestellt, womit der Bedarf einer expliziten Kennzeichnung ihrer Versionsherkunft entfällt. Lediglich bei der alphabetischen Auflistung und Kurzbeschreibung aller LaTeX-Befehle im Befehlsindex dieses Buches erfolgt nach wie vor eine solche Herkunftskennzeichnung, damit der Anwender bei Übernahme alter LaTeX-Eingabetexte, die im 2.09-Kompatibilitätsmodus von LaTeX bearbeitet werden sollen, die Bearbeitungseigenheiten dieses Modus nachschlagen kann.

1.3 Erläuterungen zum vorliegenden Text

Dieses Buch richtet sich an LaTeX-Anwender, die keine oder nur geringe Kenntnisse im Umgang mit Rechnern haben. Es basiert auf mehreren Kursen, die ich an meiner Arbeitsstätte für die dort beschäftigten Schreibkräfte und Sekretärinnen gehalten habe, wo inzwischen die meiste Textverarbeitung mittels LaTeX erfolgt.

Das Buch ist eine Mischung aus Lehrbuch und Nachschlagewerk. Ich hoffe, dass es mit Unterstützung eines fachkundigen Betreuers für den Schreibdienst beide Zwecke erfüllt. Es enthält keine Informationen über rechner- oder systemspezifische Maßnahmen wie das *Einloggen*, den *Aufruf des Editors*, die *Handhabung des Editors*.

Wiederholungen im Text, besonders in der ersten Hälfte, sind von mir gewollt, da so dem Leser nicht zugemutet wird, nach einer kurzen Definition eines Begriffs viele Seiten später, insbesondere als Anfänger, diesen Begriff voll zu beherrschen. Jedoch sollte sich der Benutzer von Anbeginn ein Verständnis für die in 2.1–2.4 vorgestellten Grundbegriffe verschaffen.

Ich habe mich bemüht, *Computerslang* zu vermeiden, auch wenn mir das nicht vollständig gelungen ist. Ich hoffe, dass Begriffe wie „File", „Datei" oder „Editor" auch bei den Anwendern im Schreibdienst inzwischen geläufig sind und keiner weiteren Erläuterung bedürfen. Abkürzungen wie i. Allg. (im Allgemeinen), d. h. (das heißt), u. a. (und andere), u. ä. (und ähnliche), bzw. (beziehungsweise), ggf. (gegebenenfalls), z. B. (zum Beispiel), usw. (und so weiter) sollten im Textzusammenhang verständlich sein.

Hinweise auf externe Literatur erfolgen in eckigen Klammern, wie [4b] oder [9]. Die Angaben innerhalb der eckigen Klammern beziehen sich auf die entsprechenden Markierungen im Literaturverzeichnis dieses Buches.

Bei der Beschreibung der Syntax der Befehle wird Schreibmaschinenschrift für die Teile des Befehls verwendet, die genauso, wie sie angegeben sind, einzugeben sind. *Kursivschrift* wird für die Teile des Befehls verwendet, die verschiedene Werte oder den zu verarbeitenden Text enthalten.

`\begin{tabular}{`*sp_form*`}`   *Zeilen*   `\end{tabular}`

stellt den Befehl zur Erzeugung einer Tabelle dar. Die Teile in Schreibmaschinenschrift sind zwingend. *sp_form* steht für eine wählbare Form der Spaltenformatierung. Welche Werte bzw. Kombinationen hierfür möglich und erlaubt sind, wird bei der Beschreibung dieses Befehls im Einzelnen angegeben. *Zeilen* steht für die einzelnen Zeileneintragungen der Tabelle und ist damit Teil des Textes.

Im laufenden Text tritt häufig der Begriff der „Return-Taste" auf, weil diese bei den internationalen Terminaltastaturen meistens den Aufdruck „Return" trägt. Bei PC-Tastaturen wird sie dagegen mit dem Wort „Enter" und/oder dem Symbol ↵ gekennzeichnet. Der Leser möge bitte den verwendeten Begriff der Return-Taste stets in die bei ihm vorhandene Tastenkennung übersetzen. Formulierungen wie „eingegebener Text, *gefolgt* von der Return-Taste" oder „..., *abgeschlossen* mit der Return-Taste" sind zwar ungenau, aber nicht missverständlich. Gemeint ist an solchen Stellen natürlich die *Betätigung* dieser Taste.

Textteile in kleinerer Schrift, wie der nachfolgende Abschnitt 1.6 über die LaTeX-Bearbeitungsmodi, enthalten Informationen, die für eine vertiefte Kenntnis von Nutzen sind. Sie können zu Beginn übersprungen werden. Diese Kenntnis wird dann erforderlich, wenn individuelle Gestaltungswünsche die LaTeX-Standardformatierungen ergänzen sollen. Die mit einem hochgestellten TLL gekennzeichneten Textstellen sind, mit freundlicher Genehmigung durch den Autor, dem Buch LESLIE LAMPORTS [1] entnommen.

1.4 Text und Befehle

Jeder Text besteht aus *Zeichen*, die zu *Wörtern* zusammengefügt sind. Die *Wörter* bilden *Sätze* und diese wiederum *Absätze*. Absätze können zu größeren Einheiten wie *Abschnitten* und *Kapiteln* zusammengefügt werden.

Wörter bestehen aus einem oder mehreren Zeichen, die durch *Leerzeichen (Blanks = Leertaste)* oder die *Return-Taste (= Zeilenwechsel)* getrennt sind. TEX interpretiert Leerzeichen und Zeilenwechsel als Wortende. Dabei ist es gleichgültig, ob ein oder mehrere Leerzeichen zwischen den Wörtern auftreten. Der Wortabstand wird hierdurch nicht beeinflusst.

Absätze werden durch eine oder mehrere *Leerzeilen* voneinander getrennt. Der Abstand zwischen den Absätzen wird hierdurch nicht beeinflusst. TEX behandelt die Wörter eines Absatzes als eine lange Kette von Wörtern, zwischen denen ein Wortabstand so gewählt wird, dass innerhalb eines Absatzes die Wortabstände möglichst gleich sind und die einzelnen

Zeilen links- und rechtsbündig abschließen. Der Zeilenumbruch erfolgt also unabhängig von der Texteingabe *automatisch*.

Der Zeilenabstand hängt von der gewählten Schriftgröße ab. Absätze werden durch Einrücken der ersten Zeile und/oder einen vergrößerten Zeilenabstand zwischen den Absätzen gekennzeichnet. Die Absatzabstände sind wie die Wortabstände leicht variabel. TEX bzw. LATEX wählt sie so, dass der Text einer vollen Seite jeweils den gleichen oberen und unteren Rand hat, wobei der obere und untere Rand innerhalb des Dokuments unterschiedlich gewählt sein kann. Auch der Seitenumbruch erfolgt wie der Zeilenumbruch automatisch.

Im einfachsten Fall besteht ein Textfile nur aus dem so eingegebenen Text. Bei einer Behandlung mit TEX wird dieser Text mit einer Standardbreite und Standardseitenhöhe formatiert, d. h., Zeilen-, Absatz- und Seitenumbruch erfolgen wie bei einem gesetzten Text nach allen Seiten bündig.

Jedes LATEX-Dokument besteht im Allgemeinen aber aus *Text*, der zu verarbeiten ist, und *Befehlen*, mit denen gesagt wird, wie der Text zu bearbeiten ist. Dies macht es notwendig, zwischen Text und Befehlen zu unterscheiden. Befehle bestehen entweder aus einigen einzelnen Sonderzeichen, die nicht als Textzeichen Verwendung finden, oder aus Wörtern, denen ein bestimmtes Sonderzeichen, nämlich der Rückstrich \ (engl. backslash), unmittelbar vorangesetzt ist.

1.5 Grundstruktur eines LATEX-Files

Jedes LATEX-File besteht aus dem *Vorspann (preamble)* und dem *Textteil (body)*.

Der Vorspann besteht ausschließlich aus Befehlen, mit denen die globale Bearbeitungsstruktur des nachfolgenden Textes festgelegt wird, also z. B. die Angabe des Papierformats, die Wahl der Textbreite und -höhe, die Gestaltung der Ausgabeseiten in Bezug auf ihre Nummerierung und die Erzeugung von automatischen Seitenköpfen oder -füßen. Der Vorspann muss mindestens aus dem Befehl \documentclass bestehen, mit dem die globale Bearbeitungsklasse des Dokuments festgelegt wird. Dies ist im Allgemeinen auch der erste Befehl des Vorspanns.

Wenn keine weiteren Befehle im Vorspann aufgeführt werden, wählt LATEX bestimmte Standardwerte für die Zeilenbreite, die Ränder, die Absatzabstände, die Seitenbreite und -länge und vieles mehr. Da diese in der Originalversion auf amerikanische Verhältnisse zugeschnitten sind, sollte eine LATEX-Ergänzung für deutsche Texte zur Verfügung stehen. Diese wird durch den Nutzungsbefehl \usepackage{german,a4} nach dem \documentclass-Befehl aktiviert, womit die Abmessungen für das Papierformat DIN A4 eingestellt werden und die Eingabe der Umlaute und des ß einfacher als beim Original erfolgt sowie sonstige deutsche Besonderheiten berücksichtigt werden. Diese Ergänzungen werden durch zwei sog. Ergänzungspakete german.sty[1] und a4.sty[2] realisiert.

---
[1] Das Ergänzungspaket german.sty wird ausführlich in Anhang D.1 beschrieben.

[2] LATEX 2_ε kennt für den \documentclass-Befehl die Optionsangabe a4paper (s. 3.1.2) zur Einstellung des Papierformats DIN A4. Das damit erzielte Bearbeitungsergebnis entspricht jedoch bezüglich der Textbreite und -höhe kaum den Vorstellungen, die deutschsprachige Anwender mit dem DIN-A4-Papierformat verknüpfen. Mit der Bereitstellung eines eigenen Ergänzungspakets a4.sty kann eine gezieltere Anpassung erreicht werden.

Übung 2.3 aus Abschnitt 2.7 auf S. 23 enthält einen Vorschlag zur Erstellung eines eigenen Ergänzungspakets a4.sty, falls ein solches beim Anwender noch nicht existiert. Ebenso enthält die Übung 2.1 aus dem gleichen Abschnitt eine sehr vereinfachte und sicher nur vorläufige Alternative zum Ergänzungspaket german.sty, falls auch dieses beim Anwender bisher fehlt.

1.6. LATEX-BEARBEITUNGSMODI

Der Vorspann endet mit dem Befehl \begin{document}. Alles, was nach diesem Befehl folgt, wird als *Textteil* interpretiert. Der Textteil besteht aus dem eigentlichen Text, vermischt mit weiteren Befehlen. Diese Befehle haben im Gegensatz zu denen im Vorspann nur lokale Wirkung, d. h., sie wirken im Allgemeinen nur auf Teile des laufenden Textes, wie zum Beispiel *Einrückungen, Behandlung von Text als Formeln, vorübergehende Umschaltung der Schriftart* u. a.

Der Textteil endet mit dem Befehl \end{document}. Dies ist im Allgemeinen auch das Ende des Files. Die allgemeine Syntax eines LATEX-Files lautet damit:

\documentclass[*Optionen*]{*Klasse*}
   Evtl. \usepackage{*erg_paket*}-*Nutzungsbefehle zur Aktivierung von Ergänzungspaketen sowie*
   evtl. weitere global wirkende Befehle und Erklärungen
\begin{document}
   Text, evtl. vermischt mit weiteren lokal wirkenden Befehlen
\end{document}
   Darauffolgende Fileeinträge sind zwar erlaubt, sie haben für die LATEX-Bearbeitung aber keine Bedeutung und bleiben ohne jede Wirkung.

Welche Angaben für *Optionen* und *Klasse* im \documentclass-Befehl möglich und erlaubt sind, wird in 3.1 dargestellt. Mit a4paper für *Optionen* im \documentclass-Befehl ist eine alternative Papierformatvorgabe möglich. Bezüglich ihres Ergebnisses verweise ich auf Fußnote 2 auf der vorangegangenen Seite.

In einem Rechenzentrum wird die Information über die verschiedenen angepassten LATEX-Versionen und/oder vorhandenen Ergänzungspakete im Allgemeinen durch einen sog. *Local Guide* beschrieben. Dieser sollte auch alle Angaben über die Art der Befehlsaufrufe für die LATEX-Bearbeitung sowie der verfügbaren Ausgabegeräte wie Drucker, Mikrofilm, Grafikstationen u. ä. und deren Aktivierung enthalten. Die Gerätetreiber kennen ggf. Optionen, mit denen der Ausdruck in verschiedenen diskreten Vergrößerungen erfolgen kann.[3]

1.6 LATEX-Bearbeitungsmodi

Bei der Bearbeitung von Texten befindet sich LATEX stets in einem von drei Modi:
1. Absatzmodus – auch Paragraph Mode genannt
2. Mathematischer Modus – oder mathematischer Mode
3. LR-Modus – bzw. LR-Mode

Der *Absatzmodus* (engl. paragraph mode) ist der normale Bearbeitungsmodus. In ihm betrachtet LATEX die Texteingabe als eine Sequenz von Wörtern und Sätzen, die in Zeilen, Absätze und Seiten (automatisch) umbrochen werden.

LATEX schaltet in den *mathematischen Modus*, wenn durch bestimmte Befehle gesagt wird, dass der folgende Text eine *Formel* darstellt. Innerhalb des mathematischen Modus bleiben Leerzeichen

---

[3]PC-Anwender stehen als Einsteiger vor der Schwierigkeit, das TEX- und LATEX-System zu installieren und die Teilkomponenten auf die *richtigen* Unterverzeichnisse aufzuteilen, wobei die erwähnten Anpassungen für die deutsche Textbearbeitung evtl. selbst vorzunehmen sind. Die beigefügten Installationshinweise sind, je nach Ausgangsquelle, unterschiedlich informativ oder verständlich. Ich hoffe, mit dem Anhang F dieses Buches PC-Anwendern behilflich zu sein, wenn die Installationshilfen und die Dokumentation des Lieferanten sich als beschwerlich oder nicht ausreichend erweisen.

unberücksichtigt. Der Text is oder i s wird als das Produkt von i und s interpretiert und erscheint als *is*. LaTeX schaltet zurück in den Absatzmodus, wenn durch entsprechende Befehle mitgeteilt wird, dass der vorangegangene Text als Formel beendet ist.

Der *LR-Modus* ist dem Absatzmodus ähnlich: LaTeX behandelt den Eingabetext von links nach rechts als eine Kette von Wörtern, *zwischen denen kein Zeilenumbruch stattfinden kann*. In diesem Modus befindet sich LaTeX z. B., wenn innerhalb von Formeln Text eingebettet ist oder mit einem speziellen Befehl, wie \mbox{*Teiltext*}, erreicht werden soll, dass innerhalb von *Teiltext* kein Zeilenumbruch erlaubt ist.

Die Unterscheidung und Kenntnis der Bearbeitungsmodi ist darum wichtig, weil einige Befehle entweder nur in bestimmten Modi erlaubt sind oder ihre Wirkung für die verschiedenen Bearbeitungsmodi unterschiedlich ist.

Soweit bestimmte Bearbeitungseigenschaften für Absatz- und LR-Modus gleich sind, wird im Folgenden auch vom Textmodus oder von Textmodi gesprochen. Diese stehen gemeinsam häufig im Gegensatz zum mathematischen Bearbeitungsmodus.

1.7 Die Erzeugung eines LaTeX-Dokuments

Die Erzeugung eines LaTeX-Dokuments von der Texteingabe bis zur Druckausgabe ist ein dreistufiger Vorgang. Zunächst wird mit dem Editor des Rechners ein Textfile erzeugt (oder korrigiert). Das Textfile besteht aus dem eigentlichen Text, vermischt mit LaTeX-Befehlen.

Der Name des Textfiles sollte den Anhang .tex enthalten. Die Syntax für den Filenamen des Textfiles ist dann *name*.tex. Das Betriebssystem des Rechners schreibt meistens weitere Bedingungen für die Wahl von Filenamen vor, wie z. B. die maximale Namenslänge oder das Verbot von Sonderzeichen in Filenamen. Der gewählte Name einschließlich der Endung .tex muss innerhalb der maximalen Namenslänge liegen. Ist diese z. B. 10, so wäre muster.tex ein erlaubter Name, nicht dagegen entwurf.tex, da Letzterer aus 11 Zeichen besteht.

Das Textfile muss sodann durch das LaTeX-Programm bearbeitet werden. Der Aufruf zum Ablauf des LaTeX-Programms ist systemabhängig. Bei mir lautet dieser Befehl einfach latex, gefolgt von dem Filenamen des Textfiles, jedoch *ohne* den Anhang .tex. LaTeX kann auch Filenamen mit einem anderen Anhang bearbeiten. Dieser muss dann aber beim Bearbeitungsaufruf explizit angegeben werden.

Wurde als Name für das Textfile muster.tex bzw. muster.ltx gewählt, so lautet bei mir der Aufruf für die LaTeX-Bearbeitung

```
    latex muster      bzw.     latex muster.ltx
```

Während der Bearbeitung erscheinen auf dem Bildschirm die einzelnen Seitennummern der Bearbeitung, ggf. vermischt mit Warnungen und Fehlermeldungen. Der Interpretation von Fehlermeldungen und ihrer Behandlung ist das Kapitel 9 gewidmet. Nach der Bearbeitung des Textfiles durch LaTeX ist ein weiteres File entstanden, und zwar mit dem gewählten Grundnamen und dem Anhang .dvi. Für das obige Beispiel wäre das muster.dvi.

Dieses DVI-File (*device independent*) enthält den *formatierten* Text sowie die Information über die benötigten Zeichensätze, jedoch in einer von dem verwendeten Drucker unabhängigen Form. Ein solches geräteunabhängiges Ausgabefile wird *Metafile* genannt.

Das DVI-Metafile muss schließlich durch ein *druckerspezifisches* Programm, einen sog. *Druckertreiber*, behandelt werden, um auf dem vorhandenen Drucker ausgegeben werden zu können. Der Befehlsaufruf für den Druckertreiber muss dem *Local Guide* oder dem

Treiberhandbuch entnommen werden. Bei dem verbreiteten PostScript-Treiber von TOMAS ROKICKI lautet er

> dvips *file_grundname*   z. B.   dvips muster

womit gleichzeitig die automatische Ausgabe auf dem PostScript-Standarddrucker verknüpft ist. Der Aufruf mit der zusätzlichen Optionsangabe -o, also dvips *file_grundname* -o, führt dagegen zur Ausgabe eines Files mit dem angegebenen Grundnamen und dem Anhang .ps, das seinerseits dann mit dem Druckbefehl des jeweiligen Rechners ausgedruckt werden kann. Alle mir bekannten Druckertreiber verhalten sich bezüglich ihrer Aufrufe ähnlich. Sie unterscheiden sich lediglich durch ihren Aufrufnamen und die Angabe für den Namensanhang beim Druckbefehl, z. B. als .bit bei dem von mir geschriebenen Treiber dvihp für den HP-Laserjet.

Die meisten Druckertreiber kennen eine Vielzahl von Aufrufoptionen, z. B. für *selektiven Seitenausdruck, Seitenreihenfolge, Anzahl der Ausgabekopien, horizontale und vertikale Seitenverschiebungen, Vergrößerung oder Verkleinerung des Ausgabetextes* und einiges mehr. Auch die direkte Druckausgabe bzw. die Umlenkung in ein File kann, wie am Beispiel von dvips dargestellt, meistens ebenfalls durch Aufrufoptionen ausgewählt werden. Für Einzelheiten muss auf das jeweilige Treiberhandbuch verwiesen werden. In einem Rechenzentrum sollten diese und weitere Informationen in einem TEX- oder LATEX-*Local-Guide* zusammengefasst sein und allen Benutzern zur Verfügung stehen.

1.8 Hinweise für Autoren

Die Autoren von Veröffentlichungen, wissenschaftlichen Publikationen oder Büchern übergaben in der Vergangenheit und teilweise bis heute dem Verlag üblicherweise ein Schreibmaschinenmanuskript – wenn nicht gar nur ein handgeschriebenes – oder eine Kombination aus beidem. Komplexere mathematische Formeln werden z. B. häufig per Hand in ein maschinengeschriebenes Manuskript eingefügt.

Der Verlagslayouter, der bei wissenschaftlichen Verlagen über ein beträchtliches Fachwissen aus dem Gebiet des Autors verfügt, legt für das angenommene Manuskript die äußere Gestaltung in Bezug auf Zeilenlänge, Schriftarten und -größen für Text, Hervorhebungen, Überschriften, Verlagsbesonderheiten u. a. fest.

Die Layoutanweisungen für das Manuskript stellen die Arbeitsanweisungen an den Setzer dar, der hieraus die Druckvorlage erstellt. An den Korrekturabzügen der ersten Vorlage wird der Autor kaum je das Layout bemängeln – die meisten Verlage würden eine autorengewünschte Designänderung oft auch gar nicht akzeptieren. Die einzige Einflussnahme des Autors besteht in diesem Stadium nur noch darin, Schreib- und Sachfehler zu erkennen und zu korrigieren.

Mit LATEX wird der Autor und/oder seine Sekretärin in die Lage versetzt, dem Verlag eine druckfertige Vorlage zu liefern. Damit werden die Kosten für wissenschaftliche Veröffentlichungen der bekanntesten Journale teilweise drastisch gesenkt, da dem Verlag die gesamten Satz- und Korrekturaufwendungen erspart bleiben. Diese Kostenminderung führt bei etlichen Verlagen zu einem erhöhten Autorenhonorar, was für Berufsautoren ein nicht unerheblicher Anreiz zur Verwendung von LATEX sein mag.

Damit wird der Autor gleichzeitig sein eigener Layouter, Setzer und Probedrucker. Das Layout wird hierbei weitgehend durch LATEX bestimmt, das seinerseits TEX zur eigentlichen

Textbearbeitung aufruft. So wie der Setzer das Manuskript mit den Gestaltungsanweisungen des Verlagslayouters zur Druckvorlage gestaltet, erzeugt TeX mit den aus LaTeX stammenden TeX-Anweisungen die endgültige Ausgabe.

Im Unterschied zu einem Menschen ist kein Computerprogramm wirklich vernunftbegabt. Entsprechend kann LaTeX nicht den Sinn des Textes oder einer mathematischen Formel erfassen, um daraus eine logische Gliederung und Ordnung allein aus dem Text zu bewerkstelligen. Dem Programm LaTeX ist also die *logische Gliederung* des eigentlichen Textes mitzuteilen, d. h. anzugeben, wann z. B. ein neues Kapitel beginnt und welcher Teil des niedergeschriebenen Textes als Kapitelüberschrift anzusehen ist. Andere Hinweise können darin liegen, dass ein Stück Text in *hervorgehobener* Schriftart gesetzt oder eingerückt werden soll. Hierzu dienen die eigentlichen LaTeX-Befehle, aus denen das Programm LaTeX dann das grafische Layout selbst bestimmt.

Bei der Verwendung von LaTeX verfallen viele Autoren in den Fehler, nach Angabe der logischen Struktur das von LaTeX bestimmte Layout *verbessern* zu wollen. Dabei spielen für sie ästhetische Gesichtspunkte die entscheidende Rolle: Das fertige Schriftstück soll *schön* aussehen, wobei das jeweilige Schönheitsideal natürlich persönlichkeitsgefärbt ist.

Professionelle Verlagsdesigner erstellen dagegen ein Layout, das vorrangig die leichtere Lesbarkeit und bessere Verständlichkeit beim Leser zum Ziel hat. Hinter dem Handwerk des typographischen Designs verbirgt sich die mehr als 500jährige Erfahrung seit Gutenbergs Erfindung der Druckerkunst. Hierzu gehören die Schriftarten und *richtigen* Größenverhältnisse zwischen Kapitel-, Abschnitts-, Unterabschnittsüberschriften zum übrigen Text und deren Nummerierung, die maximale Zeilenlänge in Abhängigkeit von der gewählten Schriftgröße, die Einrücktiefe bei Hervorhebungen durch Einrückungen, Aufzählungen und vieles mehr.

Bei der Festlegung des Layouts für die angegebene logische Struktur nutzt LaTeX, wie bereits erwähnt, das Profiwissen der Verlagslayouters. Das erstellte Layout möge der Autor üblicherweise ebenso akzeptieren, wie er bisher das Layout der Korrekturfahnen des Verlages für sein hand- oder schreibmaschinengeschriebenes Manuskript übernahm. Dies liefert stets ein übersichtlich gegliedertes und gut lesbares Ergebnis.

Die einzigen Angaben zum Layout sollten sich auf die Verlagsvorgaben für die Maßangaben von Textbreite und -höhe und evtl. die verlangten Schriftarten beschränken. Ansonsten sollten Autoren ihre Kreativität auf den Inhalt und nicht auf die Form ausrichten. Selbst wenn die LaTeX-Bearbeitung von einer Sekretärin oder Schreibkraft erledigt wird, sollte deren Gestaltungseffizienz nicht durch Sonderwünsche des Autors zum Layout beeinträchtigt werden. Mir sind Beispiele bekannt, bei denen Schreibkräfte sich zu Recht darüber beklagen, dass sie nach der Einführung von LaTeX zwar mehr als 90 % ihrer Schreibarbeiten nunmehr in rund 50 % ihrer Arbeitszeit erledigen können, aber für weniger als 10 % der Textarbeiten die andere Hälfte der Arbeitszeit benötigen, da einige wenige ihrer Auftraggeber sie stets mit immer neuen Layoutforderungen nerven.

Kapitel 2

Befehle und Umgebungen

Der zur LATEX-Bearbeitung vorgesehene Text ist zunächst mit einem beliebigen *Texteditor* zu erzeugen, zu korrigieren, zu ergänzen oder zu ändern. Hierzu ist jeder Editor geeignet, z. B. `edit` unter MS-DOS, `emacs` oder `vi` unter UNIX, `lsedit` unter VMS. Der Anwender sollte den ihm vertrautesten Editor verwenden. Wichtig ist, dass der verwendete Editor ausschließlich *sichtbare* Zeichen erzeugt. Das ist bei den Eingabeprogrammen einiger Textverarbeitungsprogramme, wie z. B. `MS-Word`, nicht immer der Fall. Jenes erzeugt auch spezielle *nicht sichtbare* Zeichen, die als interne Befehle von dem Textverarbeitungsprogramm verstanden werden.

Der Eingabetext für die LATEX-Bearbeitung erscheint im Editor mit allen seinen Zeichen auf dem Bildschirm. Dies gilt auch für die sog. LATEX-Befehle, die die logische Struktur des eigentlichen Textes kennzeichnen oder die bewirken, dass bestimmte Textstellen in besonderer Weise zu bearbeiten sind. Auch die LATEX-Befehle bestehen ausschließlich aus sichtbaren Zeichen, so dass für die Editoreingabe kein formaler Unterschied zwischen dem zu bearbeitenden Text und den LATEX-Befehlen besteht.

Dem Anwender muss dagegen bekannt sein, welche Eingabezeichen und/oder Zeichengruppen als Befehle interpretiert und bei der LATEX-Bearbeitung aus dem vollständigen Eingabetext herausgefiltert werden, so dass der eigentliche Eingabetext zielgerichtet bearbeitet wird.

2.1 Befehlsnamen und Befehlsargumente

Die Zeichen # $ & ~ _ ^ % { } stellen spezielle Befehle dar, deren Bedeutung an anderer Stelle erklärt wird. Sollen diese Zeichen als Textzeichen benutzt werden, so ist ihnen ein Rückstrich \ (engl. backslash) voranzusetzen.

Rund 20 Befehle bestehen aus zwei Zeichen, nämlich dem \ unmittelbar gefolgt von einem Zeichen, das kein Buchstabe ist. Auch diese *Zweizeichen*befehle werden an anderer Stelle erläutert. So stellt z. B. \$ den Befehl dar, die Befehlsbedeutung des Zeichens $ aufzuheben und stattdessen dieses Zeichen als Text zu drucken.

Die große Mehrzahl von Befehlen besteht aus einem Rückstrich \, unmittelbar gefolgt von einem oder mehreren Buchstaben und endend vor dem ersten Zeichen, das kein Buchstabe ist. Viele Befehle haben *Argumente*, das sind variable Ergänzungen für den entsprechenden

Befehl. Argumente können *optional* sein, d. h. wahlweise benutzt oder weggelassen werden, oder sie sind *zwingend*, d. h., mindestens ein Argument aus einer Liste der zulässigen Argumente muss aufgeführt sein. Die Syntax solcher Befehle ist

\befehlsname *[optionale Argumente]* *{zwingendes Argument}*

d. h., optionale Argumente stehen in eckigen Klammern [ ] und zwingende Argumente stehen in geschweiften Klammern { }. Werden mehrere optionale Argumente benutzt, so sind sie durch Kommata (Beistriche) voneinander zu trennen, wobei die Reihenfolge gleichgültig ist, falls dies bei den Befehlsvorstellungen nicht ausdrücklich untersagt wird. Wird kein optionales Argument benutzt, so können die eckigen Klammern ebenfalls weggelassen[1] werden.

Einige Befehle kennen mehrere zwingende Argumente. Diese stehen jeweils für sich in { }-Paaren bei Einhaltung der Reihenfolge, wie sie bei der Beschreibung dieser Befehle angegeben ist. Beispiel:

\rule *[lift]* *{breite}{höhe}*

erzeugt ein gefülltes Rechteck der Breite *breite* und der Höhe *höhe*, das um *lift* gegenüber der augenblicklichen Grundlinie verschoben ist. Ein solches Rechteck der Breite 10 mm und der Höhe 3 mm, dessen Unterkante mit der Grundlinie der laufenden Zeile übereinstimmt, wird demnach mit \rule{10mm}{3mm} erzeugt. Der optionale Parameter *lift* ist hier entfallen. Die Reihenfolge von Breite und Höhe ist durch die Syntax des Befehls festgelegt und darf nicht vertauscht werden.

Manche Befehle erscheinen in zwei Formen, der Standardform und der sog. *-Form. Letztere ist dadurch gekennzeichnet, dass der zugehörige Befehlsname mit einem * endet, und zwar vor den eventuellen Klammerpaaren [ ] oder { } für optionale oder zwingende Argumente. Die Unterschiede zwischen Standard- und *-Form werden bei der Beschreibung der einzelnen Befehle angegeben.

Befehlsnamen enden mit dem ersten Zeichen, das kein Buchstabe ist. Folgen auf einen Befehlsnamen optionale oder zwingende Argumente, so endet der Befehlsname vor der [- oder {-Klammer, da diese kein Buchstabe ist. Viele Befehle aber kennen keine Argumente, sie bestehen nur aus einem Namen, wie z. B. die Befehle \LaTeX und \LaTeXe zur Erzeugung des LATEX- bzw. des LATEX 2_ε-Symbols. Folgt auf solche Befehle ein Satzzeichen wie Komma oder Punkt, so ist klar, wo der Befehlsname endet. Folgt jedoch hierauf ein normales Wort, so werden die Leerzeichen zwischen dem Befehlsnamen und dem folgenden Wort als Befehlsende interpretiert: Das \LaTeX Symbol ergibt „Das LATEXSymbol", d. h., das Leerzeichen wurde *nur* als Befehlsende angesehen und nicht als Zwischenraum zwischen zwei Wörtern.

Damit ein Zwischenraum nach einem Befehl, der nur aus einem Namen besteht, eingefügt wird, muss vor dem Leerzeichen eine Leerstruktur {} oder ein \ angebracht werden. Die Eingaben Das \LaTeX{} Symbol oder Das \LaTeX\ Symbol ergeben die gewünschte Form: „Das LATEX Symbol". Alternativ kann der Befehl selbst in geschweifte Klammern eingeschlossen werden. Die Angabe Das {\TeX} Symbol erzeugt ebenfalls den gewünschten Ausdruck mit dem eingefügten Leerzeichen: „Das TEX Symbol". (Beide Beispiele sind etwas gekünstelt, da sie korrekterweise mit einem Bindestrich \TeX-Symbol zu schreiben sind, womit das Leerzeichenproblem nicht auftritt.)

---

[1] Bei Befehlen, die nur optionale Argumente kennen, kann folgendes Problem auftreten: Werden keine optionalen Argumente benutzt und beginnt der Text nach dem Befehl mit [, so interpretiert LATEX den darauffolgenden Text als *optionales Argument* und stellt i. Allg. fest, dass dieser Text kein zulässiges optionales Argument ist. Zur Vermeidung dieser Fehlinterpretation kann die eckige Klammer [mit geschweiften Klammern {[} eingeschlossen werden.

2.2 Umgebungen (environments)

Eine *Umgebung* wird mit dem Befehl \begin{*umgebung*} geschaffen und endet mit dem Befehl \end{*umgebung*}. Welche Werte für *umgebung* erlaubt sind, wird bei den einzelnen Befehlsgruppen aufgeführt.

Eine Umgebung bewirkt zunächst einmal, dass der innerhalb der Umgebung stehende Text entsprechend dem Umgebungsparameter anders behandelt wird als der außerhalb der Umgebung stehende Text. Zum anderen können innerhalb einer Umgebung zusätzlich bestimmte Bearbeitungsmerkmale, wie z. B. Einrücktiefe, Textbreite, Zeichensatz und viele mehr, geändert werden. Diese Änderung wirkt aber nur innerhalb der betreffenden Umgebung. Beispiel:

> *vorangehender Text*
> \begin{quote} *textteil1* \small *textteil2* \bfseries *textteil3* \end{quote}
> *nachfolgender Text*

Mit der quote-Umgebung wird der zwischen \begin{quote} und \end{quote} stehende Text gegenüber dem vorangehenden und nachfolgenden Text links und rechts eingerückt. Im Beispiel sind das die drei Textteile *textteil1*, *textteil2* und *textteil3*. Nach dem *textteil1* steht der Befehl \small, der bewirkt, dass der folgende Text in einer kleineren Schrift erscheint. Nach *textteil2* steht zusätzlich der Befehl \bfseries, mit dem erreicht wird, dass der folgende Text in Fettdruck erscheint. Die Wirkung dieser beiden Befehle endet mit \end{quote}.

Die drei Textteile innerhalb der quote-Umgebung werden also gegenüber dem vorangehenden und nachfolgenden Text beidseitig eingerückt. Der „textteil1" erscheint hierbei in Normalschrift, d. h. derselben Schrift, wie sie außerhalb der Umgebung auftritt. „textteil2" und „textteil3" erscheinen in einer kleineren Schrift, wobei **„textteil3" zusätzlich in Fettdruck erscheint.**

Nach Beendigung der quote-Umgebung wird der nachfolgende Text wieder in derselben Schrift wie vor der Umgebung ausgegeben.

Die meisten Befehlsnamen können auch als Umgebungsnamen benutzt werden. In diesem Fall ist der Befehlsname *ohne* den vorangehenden \ als Umgebungsname zu benutzen. So schaltet z. B. der Befehl \small auf eine verkleinerte Schriftgröße um. Entsprechend schafft \begin{small} eine Umgebung, in der die Schriftgröße \small bis zum Ende der Umgebung durch \end{small} wirkt.

Eine namenlose Umgebung wird durch Klammerung mit einem {...}-Paar für den in diesen Klammern stehenden Textteil geschaffen. Die Reichweite von Änderungsbefehlen innerhalb einer namenlosen Umgebung endet mit der schließenden Klammer.

2.3 Erklärungen (declarations)

Eine *Erklärung* ist ein Befehl, mit dem der Wert oder die Bedeutung von einigen Parametern oder Befehlen verändert wird. Die Reichweite der Erklärung beginnt mit der Erklärung selbst und endet entweder mit einer weiteren Erklärung desselben Typs, spätestens aber mit dem Auftreten des Befehls \end{ } oder der schließenden Klammer }, mit der die augenblickliche Umgebung beendet wird.

Eine *Zahlenerklärung* ist die Zuweisung eines Zahlenwertes an einen LaTeX-*Zähler* oder die Änderung dieses Zahlenwertes. Eine Längenerklärung ist die Zuweisung einer *Maßangabe* (s. u.) an einen LaTeX-*Längenbefehl* oder die Änderung dieser Maßangabe. Die Zuweisungs- und Änderungsbefehle werden vollständig in 7.1.3 und 7.2 vorgestellt. Eine Kurzvorstellung für Längenerklärungen mit \setlength erfolgt bereits im nächsten Unterabschnitt.

Beispiele:

{\bfseries Dieser Text erscheint in Fettdruck} Die Erklärung \bfseries bewirkt eine Schriftänderung: **Dieser Text erscheint in Fettdruck**. Die Wirkung dieser Erklärung endet mit der schließenden Klammer }.

\setlength{\parindent}{0.5cm} Die Einrücktiefe der ersten Zeile eines Absatzes (\parindent) wird auf 0.5 cm gesetzt. Die Wirkung dieser Erklärung endet mit einer weiteren Erklärung für \parindent, spätestens aber mit dem \end-Befehl, der die laufende Umgebung beendet.

\pagenumbering{roman} Die Seitennummerierung erfolgt in römischen Ziffern.

Einige Erklärungen, wie etwa das letzte Beispiel, sind global, d. h., ihre Wirkung ist nicht auf die augenblickliche Umgebung beschränkt. Es sind dies die Befehle, deren Bedeutung später erklärt wird:

\newcounter	\pagenumbering	\newlength
\setcounter	\thispagestyle	\newsavebox
\addtocounter		

Erklärungen mit diesen Befehlen wirken von der Stelle ihres Auftretens, bis sie durch eine aufhebende Erklärung beendet werden. Durch das letzte Beispiel würde die Seitennummerierung so lange in römischen Ziffern erfolgen, bis sie durch eine erneute Erklärung, z. B. \pagenumbering{arabic}, abgelöst und damit aufgehoben wird.

2.4 Maßangaben

2.4.1 Feste Maße

Maßangaben bestehen aus einer Dezimalzahl mit einem möglichen Vorzeichen (+ oder −), zwingend gefolgt von einer Maßeinheit. Die folgenden Maßeinheiten sind erlaubt:

cm	Zentimeter	bp	big point (1 in = 72 bp)
mm	Millimeter	dd	Didot (1157 dd = 1238 pt)
in	Inches (Zoll = 2.54 cm)	cc	Cicero (1 cc = 12 dd)
pt	Punkte (1 in = 72.27 pt)	sp	scaled point (1 pt = 65536 sp)
pc	Picas (1 pc = 12 pt)		
em	Die Breite des Geviertstrichs [—] im jeweils aktiven Zeichensatz.		
ex	Die Höhe des Buchstabens x im jeweils aktiven Zeichensatz.		

Dezimalzahlen können in TeX und LaTeX sowohl in englischer wie in deutscher Schreibweise mit einem *Dezimalpunkt* oder *Komma* geschrieben werden: 12.5cm und 12,5cm, aber auch 3cm ohne Punkt oder Komma ist eine erlaubte Eingabe.

Die Erklärung zur Zuweisung einer Maßangabe an einen Längenbefehl erfolgt durch \setlength, wie bereits oben erwähnt. Die Syntax dieser Zuweisungserklärung lautet:

\setlength{*längen_befehl*}{*maßangabe*}

Die Einstellung der Textbreite, die den Zeilenumbruch bestimmt, wird in LaTeX durch die Erklärung von \textwidth gesteuert. Dieser ist standardmäßig ein von Bearbeitungsstil und Schriftgröße abhängiges Maß zugewiesen. Mit

\setlength{\textwidth}{12.5cm}

wird statt der Standardeinstellung die Textbreite (= Zeilenbreite) mit 12.5 cm gewählt.

LaTeX-Anwender mit TeX-Erfahrung verwenden häufig eine abkürzende Schreibweise für die Zuweisung einer Maßangabe an einen Längenbefehl. Eine Längenerklärung kann auch durch unmittelbares Anhängen der Maßangabe an den Erklärungsnamen erfolgen: \textwidth12.5cm hat dieselbe Wirkung wie die vorangegangene Einstellung mit \setlength. Die Einstellung mit \setlength{\textwidth}{12.5cm} führt intern zu der Ablauffolge \textwidth12.5cm\relax. Obwohl der TeX-Leerbefehl \relax die Wirkung des *Nichtstuns* hat, kann die Zwischenschaltung in Bezug auf nachfolgende Befehle bedeutsam sein. Neue LaTeX-Anwender sollten sich die Unart der abgekürzten Zuweisung deshalb nicht angewöhnen. Die Kenntnis der verkürzten Zuweisung sollte nur für das vertiefte Verständnis von Makropaketen, wie z. B. den LaTeX-Stilfiles, genutzt werden.

In 3.5.1.6, 3.5.2.1 und 3.5.3 werden LaTeX-Abstandsbefehle vorgestellt, die eine Maßangabe als Befehlsargument erwarten. Beispiel: \hspace{1.5em}.

2.4.2 Elastische Maße

Einige Erklärungen erwarten *elastische* Maßangaben. Das sind Längen, die um einen bestimmten Betrag gedehnt oder gestaucht werden können. Die Syntax für elastische Maße lautet:

sollwert plus*dehnwert* minus*stauchwert*

wobei *sollwert*, *dehnwert* und *stauchwert* jeweils eine Maßangabe ist. Die elastischen Anteile sind mit ihren Schlüsselwörtern plus bzw. minus optional. Die Zuweisung erfolgt ebenfalls mit dem Befehl \setlength oder als Argument in einem Abstandsbefehl.

\setlength{\parskip}{1ex plus0.5ex minus0.2ex}

bewirkt: Der Abstand, der zusätzlich zum Zeilenabstand zwischen Absätzen eingefügt wird (\parskip), ist gleich der Höhe eines x aus dem momentanen Zeichensatz. Dieser Abstand kann jedoch bis auf das 1.5fache gedehnt oder das 0.8fache zusammengedrückt werden.

Ein besonderes *elastisches* Maß ist \fill. Dieses hat die natürliche Länge *Null*, die auf jede beliebige Länge gedehnt werden kann. Die Zuweisung erfolgt mit \setlength oder als Argument in einem Abstandsbefehl: \hspace*{\fill}.

2.5 Sonderzeichen

2.5.1 Eingabe der Umlaute und des ß (s. D.1.1)

Die Eingabe der Umlaute erfolgt durch unmittelbares Voranstellen des ": "a wird also ä, "o ö, "u ü, "A Ä, "O Ö und "U wird Ü. Die Eingabe des ß erfolgt durch "s. Dies setzt das deutsche Ergänzungspaket german.sty oder hilfsweise das Anpassungsfile danp.sty gemäß Übung 2.1 (S. 22) voraus.

In der Originalversion von LaTeX werden Umlaute durch das Voranstellen des Befehls \" erzeugt, z. B. sch\"on für „schön". Das ß wird im Original durch \ss erzeugt, wobei seine Verwendung im Wortinnern und am Wortende unterschiedlich zu handhaben ist: Der Befehl \ss endet mit dem ersten Zeichen, das kein Buchstabe ist. Ein solches Zeichen könnte ein Leerzeichen sein, das im Wortinnern nur das Befehlsende kennzeichnet. Am Wortende muss dagegen ein Leerzeichen zugefügt werden, was z. B. durch \ss\␣ erreicht werden kann (␣ steht zur Verdeutlichung eines Leerzeichens). Alternativ könnte der Befehl einheitlich in geschweiften Klammern als {\ss} geschrieben werden. Beispiel: h\"a\ss lich oder h\"a{\ss}lich bzw. \mu\ss\␣ oder \mu{\ss}.

Die Erzeugung von Umlauten und insbesondere des ß in der Originalversion ist nicht nur umständlicher, sondern erschwert auch das Lesen des Eingabetextes erheblich. Das Beispiel

```
Die h\"a\ss liche Stra{\ss}e mu\ss\ sch\"oner werden.
Die h"a"sliche Stra"se mu"s sch"oner werden.
```

zeigt in der ersten Zeile die erforderliche Eingabe für die Originalversion. Die Vereinfachung und bessere Lesbarkeit durch die eingangs beschriebene deutsche LaTeX-Option demonstriert die zweite Zeile überzeugend. In beiden Fällen erscheint als Ausgabetext:

Die häßliche Straße muß schöner werden.

Viele LaTeX-Anwender verwenden auf einem PC im deutschsprachigen Raum eine deutsche statt der internationalen ASCII-Tastatur. Die deutsche Tastatur enthält für die Umlaute und das ß entsprechende Eingabetasten. Diese können durch Aktivierung des Ergänzungspakets inputenc.sty (s. Anh. D.2.5) mit dem Vorspannbefehl

\usepackage[cp850]{inputenc}

genutzt werden. Das auf PCs sehr verbreitete Programmpaket emTeX von EBERHARD MATTES kennt weitere Möglichkeiten zur Nutzung der deutschen Sondertasten. Anhang F.3.1.3 beschreibt die erforderlichen Maßnahmen.

Achtung: Falls beim Leser eine deutsche Tastatur zur Anwendung kommt, so möge er bei den abgedruckten Beispielen dieses Buches die dortigen Angaben für die Umlaute und das ß als "a, "o, "u, "A, "O, "U und "s durch die deutschen Sondertasten als ä, ö, ü, Ä, Ö, Ü und ß ersetzen.

2.5.2 Anführungsstriche

Die auf der Schreibmaschine vorkommenden Anführungsstriche " werden beim Druck nicht verwendet. Hier werden die am Anfang und Ende unterschiedlichen Zeichen 'Wort' oder "Satz" benutzt. Diese werden erzeugt durch ` für ', ' für ' sowie durch das zweimalige Eintippen von `` für " und '' für ". (In der LaTeX-Originalversion erzeugt die Eingabe von " ebenfalls "; bei deutschen LaTeX-Versionen oder -Anpassungen hat " dagegen Befehlsbedeutung, u. a. zur Erzeugung der Umlaute!)

Bei deutschen Texten sind statt der englischen "Quotes" die Anführungsstriche in Form der „Gänsefüßchen" gebräuchlicher. Die unteren (linken) Striche könnten durch zwei Kommata (Beistriche) angenähert werden: ,,deutsche`` Form ergibt „deutsche" Form. Erfolgt die deutsche Anpassung durch das german.sty-File, so können sie korrekter durch die Befehle "` und "' erzeugt werden: vgl. das Ergebnis von "`deutsche"' Form als „deutsche" Form mit dem ersten Beispiel. Die unteren Anführungsstriche sind *enger* als beim Doppelkomma. Weitere Möglichkeiten enthält Anhang D.1.5.

2.5.3 Trenn-, Binde-, Strecken- und Gedankenstriche

Bei gedruckten Texten finden Striche unterschiedlicher Länge Verwendung: -, –, —. Der kurze *Trennstrich* wird als Trennungszeichen bei Worttrennungen und als Bindezeichen in zusammengesetzten Begriffen (*Bindestrich*) benutzt. Der längere *Streckenstrich* wird bei Strecken-Angaben wie Hamburg–München sowie für *von–bis*-Angaben wie z. B. 1–4 verwendet. Der *Gedankenstrich* — dies könnte z. B. hier erfolgen — dient zum Einfügen von Satzteilen. Erzeugt werden diese Striche durch ein, zwei oder drei Trennzeichen, also - ergibt -, -- – und --- —. Das Minuszeichen − entsteht im mathematischen Modus durch ein -.

Die Verwendung unterschiedlich langer Strecken- und Gedankenstriche entsprach einer früheren Duden-Empfehlung, bei der ihr Längenverhältnis mit 2 : 3 angegeben wurde (Duden, Band 1, 17. Aufl.). Später (20. Aufl.) wurde der kürzere Streckenstrich, allerdings mit voran- und nachgestelltem Leerraum, auch als Gedankenstrich vorgeschrieben. Dies entspricht der typographischen Praxis in Deutschland. Für weitere Einzelheiten verweise ich auf den Abschnitt „Vorschriften für den Schriftsatz" im Duden, Band 1. Im englischen Sprachraum kommt dagegen der längere, mit --- erzeugte Gedankenstrich zur Anwendung, wobei die verknüpften Satzteile *ohne* voran- und nachgestellten Leerraum miteinander verbunden werden.

2.5.4 Der Druck von Befehlszeichen

Wie unter 2.1 erwähnt, werden die Zeichen # $ & ~ _ ^ % { } als Befehle interpretiert. Sollen sie als Textzeichen Verwendung finden, so sind die meisten durch das Voranstellen des \ zu erhalten. Zur Ausgabe der Textzeichen ^ und ~ wird auf 4.1.7, S. 65, verwiesen.

$$\# = \backslash\# \quad \$ = \backslash\$ \quad \& = \backslash\& \quad \_ = \backslash\_ \quad \% = \backslash\% \quad \{ = \backslash\{ \quad \} = \backslash\}$$

2.5.5 Die Sonderzeichen §, †, ‡, ¶, © und £

Diese Sonderzeichen stehen auf der Tastatur nicht zur Verfügung. Solche in deutschen oder englischen Texten gelegentlich vorkommenden Zeichen können durch spezielle Befehle erzeugt werden:

$$\S = \backslash S \quad † = \backslash dag \quad ‡ = \backslash ddag \quad ¶ = \backslash P \quad © = \backslash copyright \quad £ = \backslash pounds$$

Die Erzeugung griechischer Buchstaben und mathematischer Zeichen wird im Kapitel 5 (Mathematische Formeln) dargestellt.

2.5.6 Sonderbuchstaben in Fremdsprachen

Sonderbuchstaben, die in europäischen Sprachen vorkommen, stellt TEX ebenfalls zur Verfügung. Dies sind:

```
Œ={\OE}   Æ={\AE}   Å={\AA}   Ø={\O}   SS={\SS}   Ł={\L}   ¡=!`
œ={\oe}   æ={\ae}   å={\aa}   ø={\o}   ß ={\ss}   ł={\l}   ¿=?`
```

Ångstrøm wird also {\AA}ngstr{\o}m geschrieben, und „Tromsø in Norwegen" wird durch "`Troms{\o} in Norwegen"' erzeugt. Die ß-Großform SS wird mit \SS bereitgestellt.

2.5.7 Akzente

Die europäischen Sprachen kennen eine Vielzahl von Akzenten. Die meisten von ihnen stehen in TeX zur Verfügung:

```
ò=\`{o}    ó=\'{o}    ô=\^{o}    ö=\"{o}    õ =\~{o}    ō=\={o}    ȯ=\.{o}
ô=\r{o}    ŏ=\u{o}    ǒ=\v{o}    ő=\H{o}}   o͡o=\t{oo}
ǫ=\c{o}    ọ=\d{o}    o=\b{o}
```

Statt des 'o' kann jeder Buchstabe stehen. Beim 'i' und 'j' ist zu beachten, dass bei einem Akzent über ihnen zunächst der Punkt zu entfernen ist. Dies geschieht einfach durch das Voranstellen des \. Man erhält also ı und ȷ aus \i und \j, und ĭ bzw. ĵ wird durch \u{\i} bzw. \H{\j} erzeugt.

Die Akzente der ersten Zeile der vorangegangenen Tabelle können vereinfacht auch ohne Einschluss in geschweiften Klammern erzeugt werden:

```
ò=\`o    ó=\'o    ô=\^o    ö=\"o    õ=\~o    ō=\=o    ȯ=\.o
```

Die Akzente der zweiten und dritten Zeile sollten dagegen stets durch Einschluss in { }-Paare erzeugt werden.

2.5.8 Ligaturen

Bei gedruckten Texten werden bestimmte Buchstabenkombinationen nicht durch Aneinanderreihung der betreffenden Buchstaben, sondern durch *Ligaturen* als eigenes Kombinationszeichen gesetzt. TeX erzeugt die Buchstabenfolgen ff, fi, fl, ffi und ffl nicht als

   ff, fi, fl, ffi, ffl   sondern als   ff, fi, fl, ffi, ffl

Abschnitt 3.5.1.5 beschreibt die Maßnahmen, wenn von diesem Standard abgewichen, d. h. eine der vorstehenden Buchstabengruppen durch Aneinanderreihung von Einzelbuchstaben gebildet werden soll. Dies kann bei zusammengesetzten Wörtern sinnvoll sein, wie bei „Auflage" statt „Auflage". Weitere Möglichkeiten zur Aufhebung von Ligaturen, bei denen gleichzeitig eine evtl. Trennhilfe erfolgt, werden in Anhang D.1.4 vorgestellt.

2.5.9 Das Datum

Das aktuelle Datum kann mit dem Befehl \today an jeder Stelle im Text eingefügt werden und erscheint in der US-Form „February 24, 2002". Steht das im Anhang D.1 beschriebene german.sty-File zur Verfügung, so erzeugt der Befehl \today die deutsche Form „24. Februar 2002", wenn der Vorspannbefehl \usepackage{german} benutzt wurde. Durch Aktivieren eines *Sprachschalters* kann \today das Datum auch in österreichischer, englischer, französischer oder in der ursprünglichen US-Form erzeugen. Einzelheiten hierzu sind dem Anhang D.1.7 zu entnehmen.

2.5.10 Vorgriff auf german.sty

In den vorangegangenen Unterabschnitten war mehrfach auf das deutsche Ergänzungspaket german.sty verwiesen worden. Es sollte zum Standardbestandteil einer jeden deutschsprachigen TeX-Installation gehören, was mit den nachfolgenden Beschaffungshinweisen inzwischen stets vorausgesetzt werden kann.

Die Bearbeitungsoptionen für deutschsprachige Texte werden durch die alternativen Ergänzungspakete german.sty (alte Rechtschreibung) und ngerman.sty (neue Rechtschreibung) realisiert. Beide ermöglichen eine einfachere Form der Eingabe für die Umlaute und das ß. Auf die Möglichkeiten zur Erzeugung der deutschen Anführungsstriche (Gänsefüßchen) wurde bereits in 2.5.2 hingewiesen. Schließlich sorgen sie dafür, dass bestimmte Begriffe, wie „Kapitel", „Inhaltsverzeichnis", „Literaturverzeichnis" u. a., die von LaTeX automatisch zugefügt werden, mit ihren deutschen Bezeichnungen statt des englischen Originals „Chapter", „Contents", „Bibliography" usw. ausgegeben werden. Mit german.sty erfolgt außerdem, eine Unterstützung der deutschen Trennregeln für die alte Rechtschreibung beim 'ck' und bei zusammengesetzten Wörtern mit Doppelkonsonanten.

Die Eigenschaften von german.sty zur Bearbeitung deutschsprachiger Texte werden geschlossen in Anhang D.1 vorgestellt. Beim Durcharbeiten dieses Buches empfiehlt es sich, an dieser Stelle auf die Abschnitte D.1.1–D.1.9 (S. 340–345) vorzugreifen.

Anwender mit Internet-Zugang können die jeweils neueste Version von (n)german.sty von den öffentlichen TeX-Fileservern abrufen. Nähere Hinweise enthält Anhang F.5. Als weitere Beschaffungsquelle sei die deutschsprachige TeX-Anwendervereinigung DANTE e. V. (s. F.5.3) genannt, die ihre Mitglieder mit jährlich aktualisierten CDs für alle kostenlosen TeX-Produkte versorgt. Die beiden Ergänzungspakete german.sty und ngerman.sty findet man auch auf der beiliegenden CD mit dem Titel TeX Live 5c (s. hierzu auch F.5.4).

2.6 Zerbrechliche Befehle

Einige Befehle entfalten ihre Wirkung nicht nur an der Stelle ihres Auftretens, sondern zusätzlich an weiteren Stellen des Dokuments. So erzeugen die Gliederungsbefehle wie z. B. \chapter{Überschrift} eine Überschrift an der Stelle dieses Befehls. Die Überschrift wird ggf. auf den folgenden Seiten in einer anderen Schriftart in der Kopfzeile erscheinen und evtl. auch in nochmals einer anderen Schriftart im Inhaltsverzeichnis. Ein Argument, das an mehreren Stellen des Dokuments in Erscheinung tritt, wird als *wanderndes Argument* bezeichnet.

Beim Wandern wird ein solches Argument, bildlich gesprochen, heftig *geschüttelt*. Enthält ein wanderndes Argument weitere Befehle, so können einige davon während der *Wanderung* durch das heftige *Schütteln* zerbrechen. Andere Befehle erweisen sich gegen jede noch so harte Belastung gefeit. Diese heißen *robust*, die ersten *zerbrechlich*.

Grundsätzlich sind in LaTeX 2.09 alle Befehle, die optionale Parameter kennen, sowie die \begin- und \end-Befehle zerbrechlich. Einige dieser Befehle erweisen sich in LaTeX 2_ε als robust. Zerbrechliche Befehle in einem wandernden Argument können durch das Voranstellen des Befehls \protect vor dem Zerbrechen geschützt werden.

Zerbrochene Befehle können von LaTeX nicht korrekt bearbeitet werden und erzeugen deshalb eine Reihe von Fehlermeldungen auf dem Bildschirm. Mit der Return-Taste kann versucht werden, trotz fehlerhafter Bearbeitung dieses Befehls mit der weiteren Textbearbeitung fortzufahren. Als Folge davon werden zunächst weitere Fehlermeldungen auf dem Bildschirm erscheinen. Nach mehrfach wiederholter Betätigung der Return-Taste setzt LaTeX i. Allg. schließlich die Bearbeitung des Textes fort, es sei denn, dass die Wirkung des zerbrochenen Befehls eine Weiterverarbeitung nicht mehr zulässt und die Bearbeitung damit beendet wird.

Wandernde Argumente kennen nur die folgenden Befehle:

- Alle Befehle, die Textinformation in Inhaltsverzeichnisse übertragen. Dies sind die Gliederungsbefehle (3.3.3), \addtocontents und \addcontentsline (3.4.3) sowie \caption (6.6.4). Siehe hierzu die Anmerkungen zur Übung 3.12 auf S. 45

- Die Befehle \typein und \typeout (8.1.3) sowie \bibitem[...] (4.3.6, 8.2.2)

- Die Befehle \markboth und \markright (3.2.1)
- Der \thanks-Befehl für die Titelseite (3.3.1)
- @-Ausdrücke (s. 4.8.1, Seite 95)
- Der Befehl \begin{letter}, falls der \makelabels-Befehl aktiviert ist (s. A.1 auf Seite 281)

\protect-Befehle zur Sicherung zerbrechlicher Befehle sind nur erforderlich, wenn diese Befehle als Argumente in einem der vorstehenden Befehle auftreten. Mit Ausnahme des Befehls \value (s. 7.1.3, S. 179) sowie der Längenbefehle (2.4, 7.2) darf allen LATEX-Befehlen ein \protect vorangestellt werden, das ggf. ohne Wirkung bleibt. Diese Möglichkeit kann bei Unsicherheit über eine evtl. Zerbrechlichkeit vorsorglich genutzt werden.

2.7 Übungen

Für ein erfolgreiches Selbststudium sind praktische Übungen unerlässlich. Neben den zahlreichen Beispielen, die zur Übung nachvollzogen werden sollten, werden im weiteren Verlauf Übungsaufgaben vorgeschlagen, die der Leser unbedingt ausführen sollte. Bei den Übungen wird vorausgesetzt, dass die vorhandene LATEX-Implementation über das deutsche Ergänzungspaket german.sty verfügt *und* LATEX in der Version 2_ε zur Anwendung kommt. Falls der Anwender dies nicht weiß, wird ihm dies die erste Übung sofort verraten.

Übung 2.1: *Mit dem Editor wird folgender Text erzeugt*

```
\documentclass{article}
\usepackage{german}
\setlength{\parindent}{0pt}
\begin{document}
Aller Anfang ist schwer -- doch nicht bei \LaTeX\\
"A, "O, "U -- "a, "o, "u -- "s -- heute = \today
\end{document}
```

und unter dem Namen uebung.tex *abgespeichert. Der Aufruf zur LATEX-Bearbeitung ist systemabhängig und muss vom Rechenzentrum erfragt oder dem Installationshandbuch entnommen werden. Angenommen, er lautet* latex, *was fast immer der Fall ist, dann erfolgt die Bearbeitung durch*

```
latex uebung
```

Anmerkung: Obwohl der Filename uebung.tex *lautet, ist beim Aufruf nur der Grundname* uebung *anzugeben.*

Sind beim Anwender die Bearbeitungsvoraussetzungen vorhanden, d. h., LATEX steht in der Version LATEX 2_ε zur Verfügung und das deutsche Anpassungsfile german.sty kann bei der Bearbeitung als Ergänzungspaket eingebunden werden, dann erscheinen nach dem obigen Bearbeitungsaufruf auf dem Bildschirm die folgenden Mitteilungen (am Beispiel von emTEX auf meinem PC) ohne die hier vorangestellte Zeilennummer:

```
1    This is emTeX (tex386), Version 3.14159 [4a] (no format preloaded)
2    **&latex uebung
3    (uebung.tex
4    LaTeX2e <1998/06/01>
5    (c:/emtex/texinput/latex2e/article.cls
6    Documentclass: article 1998/05/05 v1.3y Standard LaTeX document class
7    (c:/emtex/texinput/latex2e/size10.clo))(c:/emtex/texinput/german/german.sty
8    Package 'german', Version 2.5e of 1998-07-08
9    No file uebung.aux
```

2.7. ÜBUNGEN

```
10 [1] (uebung.aux) )
11 Output written on uebung.dvi (1 page, 472 bytes)
12 Transcript written on uebung.log
```

Ähnliche Bildschirmausgaben entstehen bei allen LaTeX-Aufrufen. Sie sollen deshalb hier kurz erläutert werden. Die erste Zeile gibt die Programmquelle an, hier emTeX, zusammen mit der Versionsnummer. Auf meinem UNIX-Rechner wird hierfür „`This is TeX, C Version 3.14159`" ausgegeben. Die nächste Zeile besagt, dass das TeX-Programm zur Bearbeitung des Files `uebung.tex` ein *Formatfile* `latex.fmt` vorab einliest, was durch das vorangestellte & symbolisiert wird. Dieses Formatfile stellt das eigentliche LaTeX-Interface bereit.

Die dritte Zeile mit der öffnenden Klammer verweist darauf, dass mit dem Lesen von `uebung.tex` begonnen wurde und sein Inhalt dann mit der in Zeile 4 genannten LaTeX-Version bearbeitet wird. Dazu wird das in Zeile 5 genannte *Klassenfile* `article.cls` geladen, das sich im Verzeichnis `c:\emtex\texinput\latex2e` befindet. Zeile 6 dokumentiert dessen Erstellungsdatum. Aus dem gleichen Verzeichnis wird dann das *Optionsfile* `size10.clo` und aus `c:\emtex\texinput\german` das Ergänzungspaket `german.sty` hinzugeladen, wobei Zeile 8 Version und Erstellungsdatum von `german.sty` dokumentiert.

Bei der allerersten LaTeX-Bearbeitung eines Files *name*.`tex` existiert noch kein internes Hilfsfile *name*.`aux`, was Zeile 9 wiedergibt. Das eingelesene Textfile `uebung.tex` wird dann formatiert und das Formatierungsergebnis mit den entstehenden Seitennummern protokolliert [1]. Bei dem vorliegenden kurzen Übungstext bleibt dieser auf eine Seite beschränkt. Anschließend wird das interne Hilfsfile erzeugt und unter dem Namen `uebung.aux` abgelegt.

Das Bearbeitungsergebnis wird in `uebung.dvi` abgelegt, dessen Größe mit der Seiten- und Byteanzahl angegeben wird (Zeile 11). Schließlich wird mit der Zeile 12 mitgeteilt, dass das Bearbeitungsprotokoll unter `uebung.log` abgelegt worden ist. Dieses enthält neben der Wiederholung der Bildschirmmeldungen eine Reihe weiterer interner Informationen.

Das erzeugte File `uebung.dvi` *kann nun über den Druckertreiber auf dem Drucker oder evtl. als Preview auf dem Bildschirm ausgegeben werden. Die hierzu erforderlichen Aufrufe müssen der Systembeschreibung (Local Guide) oder dem Handbuch des Druckertreibers entnommen werden. Bei mir lauten sie* `dvihplj` *oder* `dvips` *für die Druckerausgabe und* v *für die Bildschirmausgabe, jeweils gefolgt von dem Filegrundnamen, also*

    `dvihp uebung`   oder   `dvips uebung`   bzw.   `v uebung`

Als Bearbeitungsergebnis erscheint auf dem Drucker oder Bildschirm, abgesehen vom aktuellen Datum:

    Aller Anfang ist schwer – doch nicht bei LaTeX
    Ä, Ö, Ü – ä, ö, ü – ß – heute = 24. Februar 2002

Erscheint nach dem Bearbeitungsaufruf `latex uebung` *eine Fehlermeldung der Form*

```
! Undefined command sequence
l.1 \documentclass
```

dann steht LaTeX *auf dem Rechner des Anwenders noch nicht in der Version* 2_ε *zur Verfügung. In diesem Fall sollte die Bearbeitung mit der Eingabe von* X *abgebrochen werden. Vor dem Weiterstudium von* LaTeX *mit dieser „Einführung" muss sich der Anwender dann zunächst die aktuelle* LaTeX-*Version, also* LaTeX 2_ε *beschaffen und installieren, z. B. von der beiliegenden CD-ROM.*

Erscheint bei der LaTeX-*Bearbeitung von* `uebung.tex` *die Fehlermeldung*

```
! LaTeX Error: File 'german.sty' not found
Type X to quit or <RETURN> to proceed,
. . . . . . . . . . . . . . . . . . . . .
```

so sollte auch hiernach die Bearbeitung mit der Eingabe von X zunächst abgebrochen werden.

Die Fehlermitteilung, dass das File mit dem Namen german.sty nicht gefunden wurde, muss nicht bedeuten, dass es auf dem Rechner des Anwenders nicht existiert. Letzteres ist eher unwahrscheinlich, da alle TEX-Verteilungsmedien aus dem deutschsprachigen Raum das deutsche Anpassungsfile enthalten. Damit ist eher zu vermuten, dass bei der TEX-Installation german.sty in ein Verzeichnis kopiert wurde, das bei der TEX- und LATEX-Bearbeitung bei der Suche nach angeforderten Files nicht durchmustert wird. Der Anwender sollte deshalb sein Festplattensystem nach dem File german.sty durchmustern, wozu jedes Betriebssystem geeignete Suchbefehle bereitstellt.

Wird german.sty auf diese Weise gefunden, so sollte es zunächst auch in das aktuelle Verzeichnis kopiert werden, also in das Verzeichnis, in dem die vorstehende Übung mit dem Editor eingerichtet wurde und aus dem heraus der LATEX-Bearbeitungsaufruf erfolgte, da das aktuelle Verzeichnis bei der Filesuche stets ebenfalls durchmustert wird. Das Anpassungsfile german.sty sollte dann jedoch alsbald anhand der Installationsbeschreibung in das systemspezifische Zielverzeichnis verschoben werden. Entsprechendes gilt für weitere Files aus dem TEX/LATEX-System, falls solche ebenfalls abweichend von der Installationsbeschreibung kopiert wurden.

Fehlt dagegen das deutsche Anpassungsfile german.sty auf dem Rechner des Anwenders, so möge er sich vorübergehend mit dem Editor den folgenden Text erzeugen:

```
\catcode`\"=\active \def"#1{\if#1s{\ss}\else\accent'177 #1}
\def\today{\number\day.\space\ifcase\month\or Januar\or Februar\or
    M"arz\or April\or Mai\or Juni\or Juli\or August\or September\or
    Oktober\or November\or Dezember\fi\space\number\year}
\def\contentsname{Inhaltsverzeichnis}    \def\indexname{Index}
\def\bibname{Literaturverzeichnis}       \def\tablename{Tabelle}
\def\listfigurename{Bildverzeichnis}     \def\figurename{Bild}
\def\listtablename{Tabellenverzeichnis}  \def\partname{Teil}
\def\chaptername{Kapitel}   \def\abstractname{Zusammenfassung}
```

und diesen unter dem Namen danp.sty (Anpassung für deutsche Texte) abspeichern. Im Übungsfile für die Übung 2.1 ist lediglich die Angabe german im \usepackage-Befehl durch danp zu ersetzen. Nach der LATEX-Bearbeitung dieses Ersatzfiles für uebung.tex sollte bei der Druckerausgabe für die Umlaute, das ß und das Datum ein ähnliches Ergebnis herauskommen, wie es beim Vorhandensein von german.sty gezeigt wurde. Der Anwender sollte sich jedoch bemühen, german.sty so bald wie möglich zu beschaffen, da dieses weitere deutsche Besonderheiten, z. B. die bei der Trennung von 'ck' und bei Doppelkonsonanten, berücksichtigt.

Gegen eine Umbenennung von danp.sty in german.sty spricht die Trivialität, da mit Ausnahme der vereinfachten Umlauteingabe und des ß sowie der Bereitstellung einiger deutscher Begriffe keine weiteren deutschen Besonderheiten berücksichtigt werden.

Übung 2.1 (Fortsetzung): Falls der Leser eine deutsche Tastatur verwendet, dann sollte er in der vorangegangenen Übung den \today-Befehl in der zweiten Textzeile mit dem Zeilenumbruchbefehl \\ abschließen und die anschließende Eingabe für die Umlaute und das ß mit den Tasten Ä, Ö, Ü -- ä, ö, ü -- ß fortsetzen. Außerdem ist ein weiterer \usepackage-Befehl der Form

		cp850	unter DOS u. OS/2
\usepackage[dec_name]{inputenc}	mit	ansinew	unter WINDOWS xx bzw.
		latin1	unter LINUX

für dec_name im Vorspann einzufügen (s. Anh. D.2.5!). Das LATEX-Bearbeitungsergebnis enthält nun eine weitere Zeile mit den gleichen Umlauten und dem ß als Folge der direkten Sondertasten-Eingabe.

Die meisten Anwender mit einer deutschen Tastatur werden vermutlich für die direkte Tasteneingabe der Umlaute und des ß plädieren. Das ist für LATEX 2_ε auch sachgerecht, da das Ergänzungspaket inputenc.sty Bestandteil aller LATEX 2_ε-Grundinstallationen ist, womit die Kompatibilität auf allen Rechnern garantiert wird. Zwar war es auch mit LATEX 2.09 im Prinzip möglich, die Sondertasten für die Umlaute und das ß für die LATEX-Bearbeitung zu aktivieren. Dies verlangte jedoch die Erstellung eines speziellen Formatfiles, womit die rechnerübergreifende Kompatibilität in Frage gestellt wurde.

2.7. ÜBUNGEN

Übung 2.2: Erzeugen Sie die Befehlsfolgen

```
\documentclass{article}
\usepackage{german}
\usepackage[decode_name]{inputenc}    (s. nachstehenden Erläuterung)
\begin{document}
    . . . . . . . . . . . . . .
\end{document}
```

und fügen Sie zwischen \begin{document} und \end{document} ein Stück Text ein, das etwa eine dreiviertel Seite füllt, indem Sie einen entsprechenden Text aus einem Buch oder einer Zeitschrift abschreiben oder selbst formulieren. Beachten Sie hierbei, dass Absätze einfach durch Leerzeilen getrennt werden. Legen Sie diesen Text in einem File mit einem geeigneten Namen wie z. B. uebung22.tex ab und wiederholen Sie die Bearbeitungsprozedur einschließlich des Ausdrucks wie bei der vorangegangenen Übung. Für *decode_name* ist je nach Betriebssystem cp850 (DOS und OS/2), ansinew (WINDOWS xx) bzw. latin1 (LINUX) zu wählen (s. Anh. D.2.5).

Anmerkung: Der benutzte Text sollte keine besonderen Strukturen wie Blockeinrückungen, verschiedene Schriften, zentrierte Textzeilen, Aufzählungen, mathematische Formeln, Tabellen u. ä. enthalten. Die Erzeugung solcher Strukturen werden Sie in Kürze erlernen.

Erscheinen bei der LaTeX-Bearbeitung Bildschirmwarnungen der Form Overfull \hbox ..., so kann TeX die entsprechenden Zeilen nicht sauber umbrechen. Im Ausdruck ragen diese Zeilen über den rechten Rand hinaus, weil das über den Rand ragende Wort oder der Wortteil nicht weiter getrennt werden konnte. Korrekturmöglichkeiten folgen in Kürze (Abschnitt 3.6).

Übung 2.3: Ergänzen Sie den Übungstext der letzten Übung, so dass er deutlich mehr als eine Seite umfasst, und bearbeiten Sie diesen Text erneut. Ändern Sie anschließend den Befehl \usepackage{german} ab in \usepackage{a4,german}. Bearbeiten Sie Ihren Text mit dieser Änderung nochmals. Vergleichen Sie den neuen Ausdruck bezüglich der Seitenabmessungen und der Zeilenumbrüche mit dem alten.

Anmerkung: Das in dieser Übung angeforderte Ergänzungspaket a4.sty gehört nicht zum Standardumfang von LaTeX. Bei vielen Installationen existiert es jedoch und stellt für das Papierformat DIN A4 passende Textbreiten und -höhen ein. Bleibt die Bearbeitung mit der Fehlermeldung stehen, dass das File a4.sty nicht gefunden wird, so ist die Bearbeitung zunächst abzubrechen. Dies kann durch Eingabe von X oder bei vielen Betriebssystemen mit der Tastenkombination Ctrl C, also dem gleichzeitigen Betätigen der Umschalttaste Ctrl oder Strg und des C, erreicht werden. Anschließend sollte der Programmtext

```
\if@twocolumn \textwidth175mm \marginparsep2.5mm
              \oddsidemargin-7.9mm \evensidemargin-7.9mm
\else \ifcase \@ptsize\relax
      \textwidth145mm \oddsidemargin7.1mm   \evensidemargin7.1mm \or
      \textwidth154mm \oddsidemargin2.6mm   \evensidemargin2.6mm \or
      \textwidth164mm \oddsidemargin-2.4mm  \evensidemargin-2.4mm \fi
      \marginparsep4mm \fi
\ifcase \@ptsize\relax \textheight 59\baselineskip  \or
                       \textheight 52\baselineskip  \or
                       \textheight 49\baselineskip  \fi
\addtolength{\textheight}{\topskip} \topmargin-10mm
```

mit dem Editor eingegeben und unter dem Namen a4.sty abgespeichert werden. Die Bedeutung der hier angegebenen Befehlsfolgen kann zum gegenwärtigen Zeitpunkt übergangen werden. Danach kann die Übung wiederholt werden, bei deren Bearbeitung dann dieses File als Ergänzungspaket eingelesen wird. Es stellt für die wichtigsten Bearbeitungsmodi die Einstellwerte für das Papierformat DIN A4 bereit. Ein umfassenderes Formatierungsfile für DIN A4 ist in [5c, Abschn. 6.2.1] abgedruckt.

LaTeX 2_ε erlaubt die Optionsangabe a4paper im \documentclass-Befehl. Die damit eingestellte Textbreite und Texthöhe entspricht jedoch nicht den Werten, die die Mehrzahl der Anwender mit dem Papierformat DIN A4 verknüpft (s. auch Fußnote 2 auf S. 6).

2.8 Anmerkungen zur LaTeX-Philosophie

Mit den soeben durchgeführten Übungen hat sich der Leser mit dem Bearbeitungsaufruf und der Druckausgabe einer LaTeX-Bearbeitung vertraut gemacht. Beim Vergleich der Texteingabe mit dem ausgedruckten Text wird der Unterschied eines Formatierungsprogramms gegenüber einer *ausdrucksorientierten* Bearbeitung eines WYSIWYG-Programms (*What you see is what you get*) deutlich. Während bei Letzterem der auf dem Bildschirm abgebildete Text identisch – bis auf Unterschiede in der Druckqualität – mit dem ausgedruckten Text ist, sind Bildschirmeingabe- und Druckerausgabetext für die LaTeX-Bearbeitung zwei völlig unterschiedliche Strukturen.

Dies gilt selbst für einen so einfachen Eingabetext, wie er bei der letzten Übung verwendet wurde. Der Zeilen- und Seitenumbruch erfolgt unabhängig von dem auf dem Bildschirm erscheinenden Eingabetext und die beim Ausdruck auftretenden Seitennummern waren bei der Eingabe nicht einmal erwähnt worden. Ebenso wurde bei der Eingabe zur Kennzeichnung neuer Absätze nichts über die Einrücktiefe der ersten Absatzzeile gesagt. Zeilenbreite und Seitenhöhe wurden bei der ersten Bearbeitung mit voreingestellten Werten gewählt, die bei der zweiten Bearbeitung mit der Option a4 an das Papierformat DIN A4 angepasst wurden.

Das gesamte visuelle Layout auf den ausgegebenen Seiten wurde allein durch die Einstellparameter beim Befehl \documentclass und seinen evtl. \usepackage-Ergänzungen bestimmt. Komplexere Texte enthalten üblicherweise weitere Formatierungseinstellungen. Diese werden entweder über weitere Ergänzungspakete mit \usepackage oder über explizite Erklärungen (s. Abschn. 2.3) im Vorspann ausgewählt und wirken dann auf den gesamten nachfolgenden Text. Durch Änderung der globalen Einstellparameter kann der gleiche nachfolgende Eingabetext in völlig unterschiedlicher Form für die Ausgabe bearbeitet werden.

Der eigentliche Eingabetext enthält üblicherweise weitere *logische* Strukturangaben wie Gliederungsanweisungen für Kapitel, Abschnitte usw. und deren Überschriften. Anweisungen für Auswahl und Größe der Schriften dieser Überschriften und deren Anordnung zum umgebenden Text entfallen dagegen. Es ist gerade die Aufgabe des Formatierungsprogramms, die Umsetzung der logischen Eingabe- in die visuellen Ausgabestrukturen auf Grund der Layout- oder expliziten Formatierungsvorgaben vorzunehmen und den Autor oder die Schreibkraft hiervon freizustellen und damit zu entlasten.

Auch solche visuellen Strukturen wie Blockeinrückungen, Listen, Tabellen, Fußnoten und sogar mathematische Formeln werden bei der Eingabe durch logische Strukturanweisungen gekennzeichnet, ohne dass deren typographische Umsetzung für die konkrete Druckausgabe anzugeben ist. Diese erfolgt durch interne Programmvorgaben mit den sog. Stilfiles, deren Einstellwerte durch eigene Erklärungen zum Teil verändert werden können.

Neben den logischen Strukturanweisungen kennt LaTeX auch explizite Anweisungen für lokale Layoutänderungen, wie z. B. die Änderung der Schriftart und Schriftgröße oder des Zeilenumbruchs, z. B. für zentrierten Zeilentext. Die nachfolgenden Kapitel 3–8 beschreiben das gesamte Gestaltungsspektrum, das LaTeX für die Textformatierung bereitstellt.

Kapitel 3

Dokumentklassen und Seitenstil

3.1 Die Dokumentklasse

Der erste Befehl im Vorspann eines LaTeX-Files legt die globale Bearbeitungsklasse für das ganze Dokument fest. Die Syntax für diesen Befehl lautet

\documentclass[*optionen*]{*klasse*}[*vers_datum*]

Die zulässigen Angaben für *klasse*, *optionen* und *vers_datum* werden in den nachfolgenden Unterabschnitten vorgestellt.

3.1.1 Dokument-Standardklassen

Für *klasse* stehen beim \documentclass-Befehl standardmäßig folgende Parameter zur Verfügung, von denen genau einer gewählt werden muss: article, report, book, letter, proc oder slides sowie ltxdoc, ltxguide, ltxnews oder minimal.

Die Klassenauswahl article ist für die Bearbeitung von Artikeln geeignet, die ihrerseits ggf. in fortlaufende Abschnitte und Unterabschnitte untergliedert werden sollen. Für längere Berichte, die in Kapitel mit eigenen Abschnitten und Unterabschnitten untergliedert werden sollen, ist report vorgesehen. Zur Bearbeitung eines Buches, das ebenfalls in Kapitel, Abschnitte, Unterabschnitte usw. untergliedert werden kann, steht book zur Verfügung. Kapitel beginnen in beiden Fällen stets mit einer neuen Seite.

Die Bearbeitungsklasse letter ist zur Bearbeitung von Brieftexten gedacht. Sie ist in der Originalversion auf eine US-typische Briefform zugeschnitten, die bei uns ungebräuchlich ist. Eine Anpassung an deutsche Briefformen verlangt Änderungen und Ergänzungen beim zugehörigen Klassenfile letter.cls. Die Beschreibung der Eigenschaften der letter-Klasse erfolgt daher erst im Anhang A. Dort werden auch die Änderungen beschrieben, um gleichzeitig einen persönlichen oder firmenspezifischen Briefkopf zu erstellen.

Die Bearbeitung von Sitzungsprotokollen erfolgt mit der Bearbeitungsklasse proc. Ihre Eigenschaften werden in 3.3.6 vorgestellt. Die Bearbeitungsklasse slides dient zur Erstellung ein- oder mehrfarbiger Folienvorlagen. Ihre Eigenschaften werden im Anhang E vorgestellt.

Die unterschiedlichen Klassenangaben beim \documentclass-Befehl werden durch gleichnamige Klassenfiles realisiert. Ihr Grundname entspricht dem Klassennamen, der mit dem Anhang .cls gekennzeichnet ist.

Die Bearbeitungsklassen ltxdoc, ltxguide und ltxnews dienen zur Formatierung und Aufbereitung von LaTeX 2_ε-Dokumentations- oder -Quellenfiles. Sie kommen für anwendereigene \documentclass-Befehle kaum in Betracht. Die erwähnten LaTeX 2_ε-Dokumentations- oder -Quellenfiles enthalten bereits den erforderlichen \documentclass-Befehl mit der jeweils geeigneten Klassenangabe. Ihre LaTeX-Bearbeitung erstellt wohlformatierte Dokumentationen oder Handbücher ohne zusätzliche Anwendervorgaben. Die meisten dieser Dokumentationen oder Handbücher sind nur für Anwender von Nutzen, die in die Details der internen LaTeX-Strukturen Einblick gewinnen wollen. Von einem kurzen Hinweis im Anhang F abgesehen, stelle ich sie deshalb erst in [5b] und [5c] vor.

Die letzte der aufgezählten Bearbeitungsklassen minimal greift auf ein Klassenfile minimal.cls zurück, das nur die Minimalvorgaben für ein Klassenfile enthält. Dieses ist als Prototyp zur Entwicklung eigener Klassenfiles gedacht, worauf erst in [5c] eingegangen wird. Eine alleinige Nutzung mit \documentclass{minimal} ist mit dem derzeitigen Kenntnisstand des Lesers wenig sinnvoll.

3.1.2 Klassenoptionen

Die Klassenauswahlbefehle \documentclass gestatten die Angabe von *Optionen*, mit denen weitere oder geänderte Bearbeitungseigenschaften eingestellt werden. Die zulässigen Optionen sind in der nachfolgenden Liste in Gruppen zusammengefasst, wobei die Optionen einer Gruppe durch senkrechte Striche | voneinander getrennt werden. Von den zulässigen Optionen einer Gruppe darf jeweils *höchstens* eine angegeben werden. Optionsangaben aus unterschiedlichen Gruppen dürfen dagegen beliebig miteinander kombiniert werden.

10pt | 11pt | 12pt Die Auswahl der Standardschriftgröße als 10pt-, 11pt- oder 12pt-Schrift. Ohne Angabe einer Größenoption wird standardmäßig 10pt gewählt. Die explizite Optionsangabe 10pt ist erlaubt, entfällt aber in den meisten Fällen, da dies die Standardvorgabe ist, die auch ohne Angabe einer Größenoption gewählt wird. Mit der Schriftgrößenoption wird die Schriftgröße für den laufenden Fließtext eingestellt. Dies ist gleichzeitig die Bezugsgröße für andere Schriftgrößen, z. B. bei den Gliederungsüberschriften oder in Fußnoten, die LaTeX bei der Bearbeitung eines Dokuments automatisch auswählt.

onecolumn | twocolumn Die Formatierung der einzelnen Seiten erfolgt *ein-* bzw. *zweispaltig*. Die Standardvorgabe ist onecolumn, d. h., die Formatierung erfolgt ohne Vorgabe der Spaltenoption ebenfalls einspaltig.

oneside | twoside Die Seitenformatierung erfolgt für *ein-* bzw. *doppelseitige* Ausgabe. Bei Letzterer werden die linksseitigen Ränder auf geraden und ungeraden Seiten unterschiedlich eingestellt, damit die Texträndern auf Doppelseiten übereinstimmen. Bei den Klassen article, letter und report ist oneside die Standardvorgabe, die auch ohne Optionsangabe gewählt wird. Bei der Klasse book wird dagegen ohne explizite Optionsangabe standardmäßig twoside gewählt.

notitlepage | titlepage Bei den Bearbeitungsklassen book und report erscheint der Buch- oder Berichtstitel auf einer eigenen Seite, bei der Bearbeitungsklasse

3.1. DIE DOKUMENTKLASSE

article horizontal zentriert oberhalb des nachfolgenden Textes (s. 3.3.1). Dieses klassenabhängige Standardverhalten kann mit den vorstehenden Optionen abgeändert werden. titlepage würde auch bei der Bearbeitungsklasse article eine eigene Titelseite erzwingen und umgekehrt notitlepage bei book und report die Titelangaben zentriert über dem nachfolgenden Text anordnen.

final | draft Mit der Optionsangabe draft werden Zeilen, deren Umbruch nicht sauber gelingt und die deshalb etwas über den rechten Rand hinausragen, mit einem dicken schwarzen Randbalken gekennzeichnet. Der zusätzliche Randbalken entfällt bei der Option final, die gleichzeitig auch die Standardvorgabe darstellt.

leqno Die Formelnummern in abgesetzten Formeln erscheinen linksbündig statt sonst rechtsbündig (s. 5.1).

fleqn Abgesetzte Formeln werden nicht zentriert, sondern linksbündig mit einer wählbaren Einrücktiefe ausgegeben (s. 5.1 und 3.1.3).

openbib Ein evtl. Literaturverzeichnis erscheint in einer gegenüber dem Standard abgeänderten Form. Hierauf wird in 4.3.6 mit Übung 4.9 näher eingegangen.

Die vorstehenden Optionsangaben waren auch in LATEX 2.09 bekannt und erlaubt, doch durften dort für die Standardvorgaben deren zugeordnete Optionen *nicht* explizit angegeben werden. Lezteres ist nunmehr erlaubt, wenn auch überflüssig, weil ohne diese explizite Angabe deren Auswahl ja standardmäßig erfolgt.

LATEX kennt ab der Version 2_ε drei weitere Optionsgruppen für den \documentclass-Befehl. Dies sind zum einen die alternativen Papierformatoptionen, von denen höchstens eine angegeben werden darf:

a4paper	297×210 mm	letterpaper	11×8.5 Zoll
a5paper	210×148 mm	legalpaper	14×8.5 Zoll
b5paper	250×176 mm	executivepaper	10.5×7.25 Zoll

Standardmäßig, also ohne explizite Vorgabe für das Papierformat, wird letterpaper eingestellt. Die Wirkung der Formatangabe a4paper wird mit Übung 3.3 nachgereicht. Die Einstellung der Papiergröße kann ergänzt werden durch die Forderung nach Formatierung im Querformat. Die entsprechende Optionsangabe lautet landscape. Sie bewirkt eine Vertauschung von Seitenhöhe und Seitenbreite bei den vorangegangenen Papierformatoptionen.[1]

Bei der LATEX-Bearbeitungsklasse book beginnt ein neues Kapitel standardmäßig mit einer rechten (ungeraden) Seite. Endet das vorangehende Kapitel ebenfalls mit einer ungeraden Seite, so wird eine *leere* gerade Seite eingefügt. Mit dem alternativen Optionspaar

openright | openany kann dieses Verhalten abgeändert werden. Mit der Optionsangabe openany im \documentclass-Befehl wird dieses Verhalten abgeschaltet. Ein neues Kapitel beginnt dann stets auf der nächsten Seite, unabhängig davon, ob diese eine linke oder rechte Seite ist. Dies ist gleichermaßen auch das Standardverhalten bei der Bearbeitungsklasse report. Hier kann umgekehrt mit der Optionsangabe openright erzwungen werden, dass ein neues Kapitel stets mit einer rechten, ungeradzahligen Seite beginnt.

---

[1] Die Optionsangabe landscape führt bei der Druckerausgabe nicht automatisch zu der dann erforderlichen Drehung der Druckzeichen um $90°$. Diese muss durch eine entsprechende Optionsangabe beim Aufruf des Druckertreibers aktiviert werden. Wie sie dort lautet, muss dem Treibermanual entnommen werden.

Mehrere zulässige Optionen innerhalb des \documentclass-Befehls werden durch Kommata, ohne zusätzliche Leerzeichen, voneinander getrennt. Damit sind

\documentclass[12pt,leqno,a4paper,draft]{article}   oder
\documentclass[11pt,twocolumn,openright]{report}

zulässige Aufrufe. Die Reihenfolge der Optionsangaben ist dabei gleichgültig. Entfallen Optionsangaben vollständig, so können auch die umschließenden eckigen Klammern fortgelassen werden. Dies gilt, wie soeben demonstriert, auch für die zweite Optionsangabe [*vers_datum*] beim \documentclass-Befehl. Hier darf eine Datumsangabe der Form [*jahr/monat/tag*] mit der Syntax [*yyyy/mm/dd*] stehen. Liegt das Erstellungsdatum für das angeforderte Klassenfile vor dem angegebenen Datum, so führt dies beim LaTeX-Programmaufruf zu einer entsprechenden Warnung auf dem Bildschirm.

Die gewählten Optionen werden, soweit die erforderlichen internen Befehlsstrukturen nicht bereits mit den Klassenfiles bereitgestellt werden, in LaTeX durch zusätzliche Klassenoptionsfiles realisiert, die durch den Anhang .clo gekennzeichnet sind. Standardmäßig sind dies bk10.clo, bk11.clo und bk12.clo zur Realisierung der Größenoption bei der Bearbeitungsklasse book bzw. size10.clo, size11.clo und size12.clo bei den Bearbeitungsklassen article, report und proc sowie leqno.clo und fleqn.clo zur Realisierung der gleichnamigen Optionen leqno bzw. fleqn. Für alle anderen Klassenoptionen sind die erforderlichen Befehlsstrukturen bereits in den Klassenfiles eingebaut, die mit der entsprechenden Optionsangabe aktiviert werden.

Übung 3.1: *Ändern Sie im File der Übung 2.3 den dortigen* \documentclass-*Befehl zunächst in* \documentclass[11pt]{article} *und drucken Sie das Ergebnis nach der LaTeX-Bearbeitung aus. Wiederholen Sie die Bearbeitung anschließend mit der Option* 12pt *und vergleichen Sie beide Ausdrucke in Bezug auf den vorgenommenen Zeilenumbruch mit dem der Übung 2.3.*

Übung 3.2: *Verwenden Sie nun* \documentclass[twocolumn]{article} *in Ihrem Übungsfile. Falls während der LaTeX-Bearbeitung nun* Underfull \hbox ...-*Warnungen auf dem Bildschirm erscheinen, so werden die entsprechenden Zeilen zwar rechtsbündig umbrochen, die Wörter der entsprechenden Spaltenzeilen sind jedoch eventuell zu weit auseinander gezogen. Prüfen Sie beim Ausdruck, ob die Wortabstände in diesen Zeilen noch tolerabel sind. Ist dies nicht der Fall, so hilft häufig eine Trennungsvorgabe (s. 3.6) in den darauffolgenden Wörtern der nächsten Zeile.*

Anmerkung zu den Bearbeitungsklassen book *und* report: *Wenn Sie bei den bisherigen Übungen die Klassenangabe* book *oder* report *statt* article *wählen, so werden Sie im Ausdruck keine Unterschiede feststellen. Diese werden erst bei späteren Strukturelementen wirksam.*

3.1.3 Einstellparameter für einige der vorstehenden Klassenoptionen

Zu einigen Optionen gehören Längenerklärungen, mit denen bestimmte Parameterwerte gesetzt werden:

\mathindent   gibt an, wie weit die mit der Option fleqn linksbündig angeordneten Formeln nach rechts eingerückt sind (s. 5.1).

\columnsep   bestimmt den Abstand zwischen den beiden Spalten für die Klassenoption twocolumn (s. S. 489).

\columnseprule   legt die Breite der vertikalen Linie zwischen den beiden Spalten für die Klassenoption twocolumn fest. Der Standard ist Null und entspricht einer unsichtbaren vertikalen Linie (s. S. 489).

Die Zuweisung von Werten erfolgt als Längenerklärung gemäß 2.4 mit dem LaTeX-Befehl \setlength:

\setlength{\mathindent}{2.5cm} oder \setlength{\columnsep}{5pt}

Diese Erklärungen können sowohl im Vorspann als auch an beliebigen Stellen im Dokument gesetzt werden. Erklärungen im Vorspann gelten für das ganze Dokument. Entsprechende Erklärungen im Text gelten nur bis zur nächsten Änderung, längstens aber bis zum Ende der augenblicklichen Umgebung, in der diese Erklärungen gesetzt werden (s. 2.3). Danach gelten wieder die vorangehenden Erklärungen.

3.1.4 Ergänzungspakete

Ergänzungspakete sind LaTeX-Makrosätze, mit denen über die Optionsmöglichkeiten der Bearbeitungsklassen hinaus weitere Bearbeitungseigenschaften geändert oder bereitgestellt werden. Ergänzungspakete werden durch Files mit dem Grundnamen des Pakets und dem Anhang .sty bereitgestellt und mit dem Vorspannbefehl

\usepackage[*optionen*]{*erg_paket*}[*vers_datum*]

aktiviert. Der Befehl wurde als *Vorspannbefehl* bezeichnet, weil er nur im Vorspann, also nur *nach* \documentclass und *vor* \begin{document} erlaubt ist. Er wurde bereits in den Übungen 2.1 bis 2.3 zur Aktivierung von german.sty und a4.sty verwendet, ohne dort näher vorgestellt zu werden. Die optionale Angabe *vers_datum* hat dieselbe Wirkung und Syntax wie die gleichnamige Angabe beim \documentclass-Befehl: Hat das angesprochene Ergänzungspaket ein älteres Erstellungsdatum als das angeforderte Versionsdatum, so führt das beim Programmaufruf zu einer Bildschirmwarnung.

Für *erg_paket* ist nur der Grundname des angeforderten Ergänzungspakets anzugeben. Mit einem \usepackage-Befehl können mehrere Ergänzungspakete angefordert werden, wie dies bereits bei Übung 2.3 mit der Anforderung \usepackage{a4,german} zur Aktivierung von a4.sty und german.sty geschah. Bei der Grundinstallation von LaTeX (LaTeX 2_ε) entstehen als Ergänzungspakete insgesamt

alltt.sty	doc.sty	exscale.sty	flafter.sty
fontenc.sty	graphpap.sty	ifthen.sty	inputenc.sty
latexsym.sty	makeidx.sty	newlfont.sty	oldlfont.sty
pict2e.sty	shortvrb.sty	showidx.sty	syntonly.sty
t1enc.sty	textcomp.sty	tracefnt.sty	

die im weiteren Verlauf dieses Buches vorgestellt werden und die alle mit entsprechenden \usepackage-Befehlen im Vorspann zu aktivieren sind. Bei der LaTeX-Gesamtinstallation entstehen evtl. weitere Ergänzungspakete. Diese gehen über die LaTeX-Standardeigenschaften hinaus. Sie werden deshalb erst in Band 2 [5b] vorgestellt.

Im \usepackage-Befehl steht *optionen* für eventuelle Optionsangaben. Sie entfalten Wirkung nur dann, wenn das angeforderte Ergänzungspaket auf solche Optionsangaben vorbereitet ist. Unbekannte Optionsangaben bleiben wirkungslos. Bei der Beschreibung der aufgezählten Ergänzungspakete wird angegeben, ob das entsprechende Paket Optionen kennt und was damit erreicht wird.

Optionsangaben innerhalb von \usepackage-Befehlen entfalten eine Wirkung nur auf die im gleichen Befehl angeforderten Ergänzungspakete. Sie bleiben wirkungslos für Ergänzungspakete, die mit weiteren \usepackage-Befehlen angefordert werden. Optionsangaben in \usepackage-Befehlen wirken somit nur *lokal* auf die angeforderten Ergänzungspakete. Optionsangaben aus dem \documentclass-Befehl können dagegen Wirkung auf alle mit anschließenden \usepackage-Befehlen angeforderten Ergänzungspakete entfalten. Optionsangaben aus dem \documentclass-Befehl wirken somit evtl. auch *global* auf alle anschließend eingelesenen Ergänzungspakete.

3.1.5 LaTeX 2.09-Kompatibilitätsmodus

In 1.2 wurde bereits darauf hingewiesen, dass LaTeX 2_ε über einen Kompatibilitätsmodus zu LaTeX 2.09 verfügt, der sicherstellt, dass ältere LaTeX-Eingabetexte, die zur Bearbeitung mit LaTeX 2.09 vorgesehen waren, auch mit der aktuellen LaTeX 2_ε-Version bearbeitet werden können und dabei so formatiert werden, wie dies unter LaTeX 2.09 der Fall gewesen wäre. Zur Umschaltung in den 2.09-Kompatibilitätsmodus muss man wissen, dass in LaTeX 2.09 an Stelle der Auswahl einer Bearbeitungsklasse dort die Auswahl eines Bearbeitungsstils stand. Dieser erfolgt mit dem Eröffnungsbefehl

\documentstyle[*optionen*]{*stil*}

Als Stilnamen und damit als Bearbeitungs*stile* konnten standardmäßig article, report, book und letter gewählt werden. Diese Bearbeitungsstile entsprechen in LaTeX 2_ε den dort gleichnamigen Bearbeitungsklassen. Die weiteren Bearbeitungsklassen aus LaTeX 2_ε gemäß 3.1.1 sind in LaTeX 2.09 als äquivalente Bearbeitungsstile *nicht* bekannt.

Als Stil*optionen* können im \documentstyle-Befehl gewählt werden:

11pt | 12pt, twoside, twocolumn, titlepage, leqno und fleqn

Die Wirkung dieser Stiloptionen entsprechen den gleichnamigen Optionen beim \documentclass-Befehl aus LaTeX 2_ε. Die Alternativoptionen 10pt, oneside, onecolumn und notitlepage aus LaTeX 2_ε stehen in LaTeX 2.09 nur implizit zur Verfügung, da diese standardmäßig eingestellt werden, wenn die entsprechenden Alternativoptionen (11pt|12pt, twoside, twocolumn bzw. titlepage) im \documentstyle-Befehl entfallen. Ihre explizite Angabe für *optionen* ist nicht erlaubt.

Trifft LaTeX 2_ε bei der Bearbeitung eines Eingabefiles auf den \documentstyle-Befehl statt auf \documentclass, so entnimmt es hieraus, dass ein Textfile vorliegt, das so bearbeitet werden soll, wie dies mit LaTeX 2.09 geschehen würde. Damit wird die Bearbeitungskompatibilität bisheriger Texte sichergestellt. Ein solcher Eingabetext darf keine Befehlsstrukturen enthalten, die nur mit LaTeX 2_ε bereitgestellt werden, was für ältere Eingabetexte, die zur Bearbeitung mit LaTeX 2.09 vorgesehen waren, vermutlich auch nicht der Fall ist.

Neue Eingabetexte zur Bearbeitung im LaTeX 2.09-Kompatibilitätsmodus sollten dagegen nicht mehr erstellt werden, da dies die Kenntnis der Detailunterschiede zwischen LaTeX 2_ε und LaTeX 2.09 verlangen würde, worauf ich in dieser Einführung nicht mehr eingehe, da LaTeX 2.09 inzwischen als obsolet gilt. Für detailversessene Anwender verweise ich bei Bedarf auf den Befehlsindex dieses Buches mit einer Kurzbeschreibung aller LaTeX-Befehle. In diesem Befehlsindex sind die Befehle, die zwischen LaTeX 2_ε und LaTeX 2.09 unterschiedlich verfügbar sind oder dort unterschiedliche Wirkung entfalten, mit den vorangestellten Markierungen als $\boxed{2_\varepsilon}$ bzw. $\boxed{2.09}$ gekennzeichnet.

Auf einen der Hauptunterschiede zwischen LaTeX 2_ε und LaTeX 2.09 möchte ich hier aber doch hinweisen. Dieser betrifft die Methoden der Schriftauswahl. Die Charakterisierung und damit Auswahl von Schriften durch voneinander unabhängige Schriftattribute in LaTeX 2_ε, die in 4.1.3 vorgestellt werden und die dem Anwender als ganz natürliche Auswahlschemata erscheinen, sind in LaTeX 2.09 vollkommen unbekannt. Dort stehen nur die sog. Zeichensatz-Auswahlbefehle in Form der Erklärungen

\rm	Roman	\it	*Italic*	\sc	SMALL CAPS
\bf	**Bold Face**	\sl	*Slanted*	\sf	Sans Serif
\tt	Typewriter	\em	*Hervorhebung* | Hervorhebung		

bereit, denen entsprechende Zeichenätze jeweils fest zugeordnet sind. LaTeX-Neueinsteiger mögen diese Kurzvorstellung der LaTeX 2.09-Zeichensatzauswahlbefehle, die dadurch gekennzeichnet sind, dass ihre Befehlsnamen nur aus zwei Buchstaben bestehen, die in Kurzform die Haupteigenschaft der betreffenden Schrift charakterisieren, nur als historische Reminiszenz betrachten und diese Zweibuchstaben-Auswahlbefehle selbst nie verwenden.

LaTeX 2.09 kennt keinen zu \usepackage äquivalenten Befehl. Seine Ergänzungspakete werden durch Angabe des zugehörigen Grundnamens als Option im \documentstyle-Befehl aktiviert. Alle Ergänzungspakete aus einer früheren LaTeX 2.09-Version können auf diese Weise auch von LaTeX 2_ε im Kompatibilitätsmodus genutzt werden.

Die Klassen- und Klassenoptionsfiles, die in LaTeX 2_ε durch die Anhänge .cls bzw. .clo gekennzeichnet sind, werden in LaTeX 2.09 durch sog. Stilfiles mit den gleichen oder sinnverwandten Grundnamen, aber dem Anhang .sty realisiert. Gleichnamige Files mit dem Anhang .sty entstehen auch bei der LaTeX 2_ε-Installation. Sie sind hier jedoch nahezu leer und lesen ihrerseits nur das entsprechende .cls-File ein. Sie dienen in LaTeX 2_ε nur zur Sicherung des Kompatibilitätsmodus.

3.2 Der Seitenstil

Mit dem Seitenstil wird der grundsätzliche Aufbau einer Seite bestimmt. Er wird, von einer Ausnahme abgesehen, im Vorspann festgelegt. Der Seitenstilbefehl lautet:

\pagestyle{*stil*}

An zwingenden Parametern *stil* stehen zur Verfügung:

plain   Der Seitenkopf ist leer, die Fußzeile besteht aus der zentrierten Seitennummer. Dies ist auch das Standardseitenformat, wenn der Befehl \pagestyle im Vorspann nicht auftaucht.

empty   Kopf- und Fußzeile bleiben leer, d. h., es wird auch keine Seitennummer ausgedruckt.

headings   Der Seitenkopf enthält die Seitenzahl sowie Überschriftinformationen, die durch die gewählte Bearbeitungsklasse bestimmt wird (im Allgemeinen die augenblickliche Kapitel- oder/und Abschnittsüberschrift, s. die Kopfzeilen dieses Buches). Die Fußzeile bleibt leer. Dies gilt nicht bei den Kapitelanfangsseiten!

myheadings   Wie headings, jedoch wird der Seitenkopf nicht automatisch, sondern durch die Erklärungen \markright bzw. \markboth (s. u.) bestimmt.

Der Befehl

\thispagestyle{*stil*}

entspricht genau dem Befehl \pagestyle, mit der Ausnahme, dass er sich nur auf die laufende Seite bezieht und somit im laufenden Text statt im Vorspann auftritt. Soll z. B. auf der laufenden Seite keine Seitennummer ausgedruckt werden, so kann dies mit \thispagestyle{empty} erreicht werden. Die unterdrückte Seitennummer wird jedoch für die Seitennummerierung der nachfolgenden Seiten mitgezählt.

3.2.1 Kopfdeklarationen

Für den Seitenstil headings und myheadings kann die Kopfinformation mit den Erklärungen

\markright{*rechter Kopf*}   bzw.   \markboth{*linker Kopf*}{*rechter Kopf*}

gesetzt werden. (Ihre Wirkung beginnt erst ab der zweiten Seite des Gesamttextes!)

Die Deklaration \markboth korrespondiert mit der Klassenoption twoside, wobei geradzahlige Seiten als *linke* Seiten mit dem *linken Kopf* und ungeradzahlige Seiten als *rechte* Seiten mit dem *rechten Kopf* versehen werden. Zusätzlich wird die Seitennummer auf linken Seiten linksbündig und auf rechten Seiten rechtsbündig in die Kopfzeile gesetzt.

Bei einseitig bedruckten Seiten gilt jede Seite als rechte Seite. Hierfür ist die Deklaration \markright geeignet. \markright kann aber auch bei doppelseitigem Ausdruck verwendet werden. Hierdurch wird der *rechte Kopf* in \markboth überschrieben.

Bei dem Seitenstil headings werden diese Deklarationen standardmäßig durch die folgenden Gliederungsbefehle (s. 3.3.3) mit ihren Überschriften gesetzt:

Druckstil	Befehl	Bearbeitungsklasse		TLL
		book, report	article	
doppelseitig	\markboth{*l*}	\chapter	\section	
	\markboth{*r*}	\section	\subsection	
einseitig	\markright	\chapter	\section	

Mit expliziten \markboth- und \markright-Erklärungen können die Standardvorgaben aus den Gliederungsbefehlen überschrieben werden. Soweit auf einer Seite mehrere Gliederungsbefehle \section oder \subsection (s. 3.3.3) stehen, wird für die Kopfzeile auf linken Seiten die jeweils letzte und auf rechten Seiten die erste Überschrift benutzt. Betrachten Sie die Kopfzeilen dieses Buches als Beispiel.

3.2.2 Seitennummerierung

Die Erklärung des Stils der Seitennummerierung lautet:

\pagenumbering{*num_stil*}

Als Nummerierungsstilarten *num_stil* stehen zur Verfügung:

arabic   für normale Nummerierung (mit arabischen Ziffern)
roman   für römische Kleinnummerierung (mit kleinen römischen Ziffern)
Roman   für römische Großnummerierung (mit großen römischen Ziffern)

3.2. DER SEITENSTIL

> `alph` für fortlaufende Kleinbuchstaben a–z
> `Alph` für fortlaufende Großbuchstaben A–Z

Der Standardwert ist `arabic`. Der Aufruf dieser Erklärung setzt den Seitenzähler stets auf den Anfang. Um in einem Dokument etwa das Vorwort mit römischen Seitennummern und den Text ab Kapitel 1 mit arabischen Seitennummern – jeweils mit 1 beginnend – zu versehen, wäre `\pagenumbering{roman}` zu Beginn des Vorworts einzusetzen und `\pagenumbering{arabic}` unmittelbar nach dem ersten `\chapter`-Befehl (s. 3.3.3). Soll die Seitennummerierung mit einem anderen Wert als 1 beginnen, so kann dies mit dem Befehl

> `\setcounter{page}{`*seitennummer*`}`

erzielt werden (s. 7.1.3). Bei der Nummerierungsstilart `alph` bzw. `Alph` entsprechen die Buchstaben a–z bzw. A–Z den internen Zahlenwerten 1–26 des Seitenzählers `page`.

Übung 3.3: Ergänzen Sie Ihr Übungsfile um weiteren Text und benutzen Sie folgenden Vorspann für die Bearbeitung:

> `\documentclass{article}` `\usepackage{a4,german}`
> `\pagestyle{myheadings}` `\markright{"Ubungen}` `\pagenumbering{Roman}`
> `\begin{document}`

Wiederholen Sie die Übung mit den Änderungen:

> `\documentclass[a4paper]{article}` `\usepackage{german}`

Vergleichen Sie das Ergebnis mit dem der vorangegangenen Teilübung. Die LATEX 2_ε-Standardeinstellung für das DIN-A4-Papierformat, insbesondere die damit verknüpfte Textbreite, wird Ihnen möglicherweise zu schmal erscheinen. Die Profis aus dem typographischen Gewerbe wissen jedoch, dass für eine gute Lesbarkeit die Textbreite nicht zu groß ausfallen darf und überdies von der gewählten Schriftgröße abhängt. Als Faustregel gilt, dass die Textbreite nicht größer sein sollte, als was das Zweifache, allenfalls das Zweieinhalbfache, aller Buchstaben des gewählten Schriftalphabets an Platz einnehmen. Die Standardoption `a4paper` erfüllt diese Regel, während das Ergänzungspaket `a4.sty` aus der Übung 2.3 aus typographischer Sicht zu große Textbreiten und evtl. auch Seitenhöhen liefert, dafür aber eine sparsamere Papiernutzung beschert.

3.2.3 Makropaket-Exporte

Der zweite Teil der vorangegangenen Übung 3.3 ist auf allen Rechnern, auf denen LATEX 2_ε installiert ist, bearbeitungsfähig und liefert dort identische Ergebnisse. Der erste Übungsteil mit `\usepackage{a4,german}` setzt dagegen die Verfügbarkeit eines Ergänzungspakets `a4.sty` voraus, das nicht im LATEX 2_ε-Standardumfang enthalten ist und beim Anwender möglicherweise nur als Ergebnis der Übung 2.3 erstellt wurde. LATEX unterstützt jedoch eine rechnerübergreifende Kompatibilität mit der Bereitstellung der Umgebung

> `\begin{filecontents}{`*file_name*`}`
> *beliebige LATEX-Strukturen*
> `\end{filecontents}`

Diese Umgebung darf nur *vor* dem Eröffnungsbefehl `\documentclass` zur Anwendung kommen. Sie bewirkt, dass die als *beliebige LATEX-Strukturen* eingefügten Teile in ein File mit dem angegebenen Namen *file_name* abgelegt werden. Wird als solcher `a4.sty` gewählt und für die eingeschlossenen LATEX-Strukturen der Befehlstext aus Übung 2.3 von S. 23 eingesetzt, so wird bei der ersten LATEX-Bearbeitung ein File `a4.sty` mit dem angegebenen Inhalt erzeugt.

Existiert beim Anwender bereits ein File mit dem angegebenen Namen, hier also a4.sty, dann bleibt die filecontents-Umgebung wirkungslos. Damit wird sichergestellt, dass ein anschließend mit \usepackage{a4,...} angefordertes Ergänzungspaket a4.sty existiert und zur Anwendung kommt. Der Leser möge die vorangegangene Übung 3.3 mit der Ergänzung der filecontents-Umgebung unter Rückgriff auf den Befehlstext der Übung 2.3 wiederholen. Falls das File a4.sty bereits existiert, z. B. als Ergebnis der dortigen Übung, dann sollte es vorübergehend umbenannt werden. Eine anschließende Durchmusterung des neu erzeugten Files a4.sty zeigt, dass dem übergebenen Befehlstext ein vierzeiliger Kommentar, dessen Einzelzeilen jeweils mit doppelten Kommentarzeichen %% beginnen, vorangestellt wurde. Die filecontents-Umgebung existiert auch in einer *-Form als

$$\text{\textbackslash begin\{filecontents*\}\{\textit{file\_name}\} ... \textbackslash end\{filecontents*\}}$$

Mit dieser Form entfällt im neu angelegten File *file_name* der zusätzliche vierzeilige Anfangs- und Identifikationskommentar.

3.2.4 Zeilen- und Absatzabstände

Mit den folgendenn Deklarationen (Erklärungen) können deren Einstellvorgaben geändert werden.

\baselineskip Abstand zwischen zwei Zeilen eines Absatzes. Dieser Abstand hängt üblicherweise von der Größe des aktuellen Zeichensatzes ab. Diese Erklärung wirkt nur im Textteil!

\parskip Der Abstand zwischen Absätzen. Dies sollte ein *elastisches* Maß sein und zweckmäßigerweise in der Maßeinheit 'ex' ausgedrückt werden, um an die jeweilige Zeichengröße angepasst zu sein.

\parindent Der Betrag, um den die jeweils erste Zeile eines Absatzes eingerückt wird.

Wertzuweisungen an die vorstehenden Längenbefehle erfolgen, wie bei allen Längenbefehlen, mit der Längenerklärung \setlength. Beispiel: \setlength{\parindent}{1.5em}. Dies kann im Vorspann (Ausnahme: \baselineskip) oder an beliebiger Stelle im Dokument erfolgen. Im letzteren Fall wirkt die Änderung von da ab, wo sie auftritt, bis zur nächsten Änderung, längstens aber bis zum Ende der augenblicklichen Umgebung (s. 2.3).

Wird der Wert von \baselineskip innerhalb eines Absatzes geändert, so bestimmt er rückwirkend den Zeilenabstand für den ganzen Absatz. Genaugenommen ist es der am Ende des Absatzes wirksame Zeilenabstand, der den Zeilenabstand des ganzen Absatzes bestimmt. Bei mehrfachen Änderungen innerhalb eines Absatzes wirkt demnach nur die letzte Änderung, da diese am Ende des Absatzes gültig ist.

Die Wirkung einer \baselineskip-Erklärung endet auch mit der Umschaltung auf eine andere Schriftgröße, da jeder Schriftgröße ein eigener Wert für \baselineskip zugewiesen ist, der mit der Umschaltung aktiviert wird (s. 4.1.2).

Der tatsächliche Zeilenabstand ist der Wert von \baselineskip, multipliziert mit dem internen Faktor \baselinestretch. Dieser Faktor ist standardmäßig gleich 1 gesetzt. Er kann jedoch vom Benutzer mit dem Befehl

\renewcommand{\baselinestretch}{*faktor*}

geändert werden. *faktor* kann eine beliebige Dezimalzahl sein. Ein Faktor von 1.5 vergrößert den Zeilenabstand auf das Anderthalbfache der Normalwerte der verschiedenen Schriftgrößen. Wird dieser Befehl an anderer Stelle als im Vorspann verwendet, so entfaltet er seine Wirkung erst, wenn auf eine neue Schriftgröße umgeschaltet wird (s. 4.1.2).

Übung 3.4: *Ergänzen Sie den Vorspann Ihres Übungsfiles durch*

```
\setlength{\parskip}{1.5ex plus0.5ex minus0.5ex}
\setlength{\parindent}{0em} \renewcommand{\baselinestretch}{1.2}
```

Wiederholen Sie nach der Bearbeitung diese Übung mit einem anderen Wert für \baselinestretch, *z. B. mit 1.5, um ein Gefühl für die Wirkung zu bekommen. Nach Beendigung der Übung entfernen Sie diese Erklärungen wieder aus dem Vorspann.*

3.2.5 Seitendeklarationen

Jede Seite besteht aus einem *Kopf (head)*, dem *Rumpf (body)*, der den eigentlichen Text enthält, und einer *Fußzeile (foot)*. Mit der Wahl des Seitenstils wird bestimmt, ob und ggf. welche Informationen die Kopf- bzw. Fußzeile enthält.

Für die Abstände zwischen Kopf, Rumpf und Fuß, die Abmessungen für den oberen und linken Rand sowie für Textbreiten und die Höhen von Kopf, Rumpf und Fuß werden durch die LaTeX-Systemfiles (.cls-, .clo- und evtl. .sty-Files) Standardwerte eingestellt. Sollen einige oder alle dieser Werte geändert werden, so ist dies durch die folgenden Erklärungen möglich:

\oddsidemargin
: linker Rand allgemein bzw. für ungerade Seiten bei twoside und book

\evensidemargin
: linker Rand für gerade Seiten (wirksam nur bei twoside bzw. book)

\topmargin
: oberer Rand bis Oberkante Kopfzeile

\headheight
: Höhe der Kopfzeile

\headsep
: Abstand Unterkante Kopf bis Oberkante Rumpf

\topskip
: Abstand Oberkante Rumpf bis zur Grundlinie der ersten Zeile

\textheight
: Gesamthöhe für den Seitentext

\textwidth
: Textbreite

\footskip
: Abstand Unterkante Rumpf bis Unterkante Fußzeile

\paperheight
: physikalische Seitenhöhe

\paperwidth
: physikalische Seitenbreite

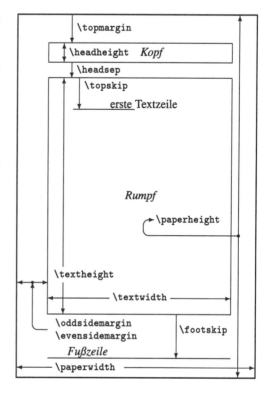

Diese Befehle sollten nur im Vorspann geändert werden. Die Änderung erfolgt in bekannter Weise mit der \setlength-Erklärung: \setlength{\textwidth}{12.5cm} legt die Textbreite auf 12.5 cm fest. Noch detailliertere Abbildungen für ein- und zweispaltigen Seitenaufbau sind am Ende des Indexteils auf den Seiten 488 und 489 abgedruckt.

Die Unterkante des Seitenrumpfes stimmt bei der Bearbeitungsklasse book bzw. der Klassenoption twoside auf allen Seiten exakt überein. In den anderen Fällen kann sie je nach Text auf den einzelnen Seiten etwas variieren. Dieses Verhalten wird durch den internen Aufruf \flushbottom in den ersten beiden Fällen und \raggedbottom in den anderen Fällen bewirkt. Diese Befehle können auch vom Benutzer, unabhängig von Bearbeitungsklassen und Optionen, gesetzt werden und bewirken ein entsprechendes Verhalten ab der Stelle ihres Auftretens.

Übung 3.5: *Mit den vorstehenden Erklärungen können Sie die Seitenformatierung für Ihren Text nach Ihren Wünschen bestimmen. Bringen Sie z. B. die Erklärungen*

\setlength{\textwidth}{13cm} \setlength{\textheight}{20.5cm}

im Vorspann Ihres Übungsfiles an. Wahrscheinlich erscheinen Ihnen nun der linke und obere Rand im Ausdruck zu gering. Wählen Sie mit den weiteren Erklärungen \oddsidemargin *und* \topmargin *die Ihnen passenden Werte.*
Achtung: Beim Anpassungsfile a4.sty *ist Ihnen vielleicht aufgefallen, dass die eingestellten Werte* \setlength{\oddsidemargin}{7.1mm} *in Ihrem Ausdruck ca. 2.5 cm größer ausfallen. Dies liegt daran, dass die Druckertreiber standardmäßig zum oberen und linken Rand zusätzlich 1 Zoll hinzufügen, was bei der Wahl von* \oddsidemargin *und* \topmargin *zu berücksichtigen ist.*

Übung 3.6: *Falls Ihr Text mit dem verkleinerten Seitenformat nicht mindestens zwei volle Seiten füllt, ergänzen Sie Ihren Text, so dass nun mehr als zwei Seiten ausgedruckt werden. Bringen Sie nun den Befehl* \flushbottom *im Vorspann Ihres Textes an. Die unterste Zeile Ihres Ausdrucks stimmt nunmehr auf allen Seiten exakt überein. Entfernen Sie anschließend den Befehl* \flushbottom *und wählen Sie nunmehr* \documentclass[twoside]{article}. *Jetzt stimmen die untersten Zeilen auch ohne* \flushbottom *exakt überein. Dagegen wird vermutlich nun der linke Rand der ungeraden Seiten bei doppelseitigem Ausdruck nicht mit dem rechten Rand der geraden Seiten übereinstimmen. Wählen Sie mit der Erklärung von* \evensidemargin *einen solchen Wert, damit dies der Fall wird.*

3.2.6 Ein- und zweispaltige Seiten

Mit der Klassenoption twocolumn werden für das ganze Dokument zweispaltige Seiten erzeugt. Der Standard sind einspaltige Seiten. Sollen einzelne Seiten zwei- oder einspaltig erzeugt werden, so geschieht das mit den Befehlen:

\twocolumn[*text*] Beendet die laufende Seite und beginnt eine neue *zweispaltige* Seite. Der optionale *text* wird am Beginn der Seite über die gesamte Seitenbreite geschrieben.

\onecolumn Beendet die laufende zweispaltige Seite und beginnt eine neue *einspaltige* Seite.

Die Klassenoption twocolumn ändert automatisch bestimmte Stilparameter, wie z. B. die Einrücktiefe der ersten Absatzzeilen gegenüber einspaltiger Formatierung. Dies entfällt beim \twocolumn-Befehl. Hier müssen sie ggf. mit entsprechenden Erklärungen geändert werden. Ist der größere Teil des Dokuments zweispaltig, dann sollte die Klassenoption bevorzugt werden. [5b] stellt LaTeX-Neuerungen vor, die u. a. mehrfache Spaltenumschaltungen auf einer Seite gestatten und gleichzeitig drei- und mehrspaltige Aufteilungen ermöglichen.

3.3 Dokumentuntergliederung

Jedes Dokument ist im Allgemeinen untergliedert, z. B. in Kapitel, Abschnitte, Unterabschnitte usw. Eventuell enthält es noch einen Anhang und vorab eine Zusammenfassung, eine Titelseite und ein Inhaltsverzeichnis. LATEX stellt hierfür Befehle zur Verfügung, die den Benutzer von Formatierungsüberlegungen freistellen. Fortlaufende Nummerierung und Unternummerierung von Überschriften kann automatisch erfolgen. Selbst ein Inhaltsverzeichnis wird auf Wunsch automatisch angelegt und ausgedruckt.

Die Wirkung einiger Gliederungsbefehle hängt von der gewählten Bearbeitungsklasse ab und nicht alle stehen in allen Bearbeitungsklassen zur Verfügung.

3.3.1 Die Titelseite

Eine Titelseite kann mit der Umgebung

\begin{titlepage} *Text und Befehle für die Titelseite* \end{titlepage}

frei *oder* mit den Befehlen

\title{*Titelüberschrift*}
\author{*Autorennamen und ggf. Anschriften*}
\date{*Datumtext*}

in einem von LATEX vorgegebenen Format gestaltet werden. Bei der zweiten Form sind die Befehlsangaben \title{...} und \author{...} zwingend erforderlich.

Bei dem von LATEX benutzten Standardformat für die Titelseite erscheinen alle Angaben horizontal zentriert. Eine längere Titelüberschrift wird automatisch umbrochen. Sie kann aber auch mit \\ an den vom Autor gewünschten Stellen umbrochen werden, also \title{...\\...\\...}.

Bei mehreren Autoren sind die Autorennamen durch \and voneinander zu trennen, also z. B. \author{G. Schmidt \and J. Meier}. Die Autorennamen erscheinen in einer Zeile nebeneinander. Die Eingabe

\author{*Autor1**Institut1**Adresse1* \and *Autor2**Institut2* *Adresse2*}

zentriert die Angaben *Autor1, Institut1, Adresse1* sowie *Autor2, Institut2, Adresse2* jeweils für sich untereinander und setzt die beiden jeweils zentrierten Blöcke auf der Titelseite nebeneinander.

Sollen die Autorenangaben nicht nebeneinander, sondern untereinander angeordnet werden, so ist statt des \and der Befehl \\, evtl. gefolgt von einer Längenangabe [*abstand*], zu verwenden, um die Autorenangaben voneinander abzusetzen. Die Autorenangaben können mit der Leerform \author{} unterdrückt werden.

Ohne den Befehl \date erscheint unter den Autorenangaben auf der Titelseite automatisch das aktuelle Datum. Mit dem Befehl \date{*Datumtext*} erscheint stattdessen *Datumtext*. Dies kann ein beliebiger Text sein, der sich, durch \\ getrennt, über mehrere Zeilen erstrecken kann. Das Datum entfällt mit der Leerangabe \date{}.

Im *Titel-, Autoren-* oder *Datumtext* kann an beliebigen Stellen der Befehl

\thanks{*Fußnotentext*}

stehen. Dieser bringt eine Markierung an der Textstelle an, an der er steht; der Text *Fußnotentext* erscheint als Fußnote auf der Titelseite.

Die Titelseite mit den Angaben der Erklärungen \title, \author, \date und \thanks wird mit dem Befehl

\maketitle

ausgedruckt, wobei die Titelseite keine Seitennummer erhält und das darauffolgende Dokument mit der Seitennummer 1 beginnt. Eine eigene Titelseite wird hiermit nur bei den Bearbeitungsklassen book und report erzeugt. Bei der Bearbeitungsklasse article erzeugt der Befehl \maketitle eine Titelüberschrift mit den zentrierten Angaben der vorangegangenen Erklärungen \title, \author und ggf. \date und \thanks. Wird für article die Klassenoption titlepage verwendet, so kann auch für diese Klasse mit \maketitle eine eigene Titelseite erzeugt werden.

Beispiel für die Standardform der Titelseite:

```
\title{
    How to write DVI-drivers}
\author{
    Helmut Kopka\thanks{Tel.
    5556--979451 FRG}\\
    Max-Planck-Institut\\
    f"ur Aeronomie
\and
    Gregory Marriott\thanks{Tel.
    409--845--4940 USA}\\
    Texas A\&M\\University}
\maketitle
```

How to write DVI-drivers

Helmut Kopka[1] Gregory Marriott[2]
Max-Planck-Institut Texas A&M
für Aeronomie University

February 24, 2002

[1] Tel. 5556–979451 FRG
[2] Tel. 409–845–4940 USA

Im vorstehenden Beispiel erscheint das Datum automatisch, da der Befehl \date zur Definition der Titelseite entfiel. Mit diesem Befehl hätte an der Stelle des Datums ein beliebiger Text eingefügt werden können.

Bei einer freien Gestaltung der Titelseite mit der titlepage-Umgebung entfallen die Befehle \title und \author. Die Auswahl von Schriftarten, Schriftgrößen und Anordnung der Textteile für die Titelseite erfolgt mit Befehlsstrukturen, die in Kapitel 4 vorgestellt werden. Mit der Übung 4.3 (S. 68) wird dort auf die hier vorgestellte titlepage-Umgebung zurückgegriffen. Der Ausdruck der Titelseite erfolgt hierbei automatisch mit Beendigung der titlepage-Umgebung, d. h., auch der Befehl \maketitle entfällt bei der Verwendung dieser Struktur.

Der Befehl \maketitle bzw. die Umgebung titlepage erzeugt eine eigene Titelseite nur bei den Bearbeitungsklassen report und book. Bei article und proc erzeugen sie stattdessen einen Titelvorspann, an den sich evtl. eine Zusammenfassung und daran der

Dokumenttext für die erste Seite anschließt. Mit der Klassenoption `titlepage` kann aber auch für die Bearbeitungsklasse `article` eine eigene Titelseite erzwungen werden.

Der Befehl `\thanks` hat bei der Bearbeitungsklasse `proc` (s. 3.3.6) eine etwas geänderte Wirkung. Die hiermit erzeugten Fußnoten erscheinen am unteren Ende der linken Textspalte und verwenden als Fußnotenmarkierungen die sog. Fußnotensymbole statt der hochgestellten Zahlen. Eventuelle Fußnoten aus dem nachfolgenden Text beginnen mit der Fußnotenmarkierung in Form hochgestellter Zahlen. Um Textfußnoten in der linken Spalte der ersten Seite von den `\thanks`-Fußnoten abzuheben, sollte zwischen der letzten `\thanks`-Fußnote und der ersten Textfußnote zusätzlicher vertikaler Zwischenraum eingefügt werden. Dies kann mit dem Zusatzbefehl `\copyrightspace` aus `proc.cls` erreicht werden, indem dieser Befehl beim ersten `\footnote`-Befehl des anschließenden Textes eingefügt wird (s. 4.9.1).

Übung 3.7: *Entfernen Sie die Erklärungen zur Änderung des Seitenformats aus den Übungen 3.5 und 3.6. Erzeugen Sie nun für Ihren Übungstext einen Titelkopf mit dem Titel „Übungen", Ihrem Autorennamen und Ihrer Anschrift sowie der Datumsangabe als „Ort, den ‚Datum'", indem Sie nach* `\begin{document}` *die Befehle*

> `\title{"Ubungen} \author{`*Ihr Name*`\\`*Ihre Anschrift*`}`
> `\date{`*Ihr Ort*`, den \today}   \maketitle`

einfügen. Achten Sie darauf, dass Ihre Bearbeitungsklasse `article` *ist. Ändern Sie nach dem Ausdruck den Dokumentklassenbefehl in*

> `\documentclass[titlepage]{article}`

und erzeugen Sie für Ihr Übungsfile damit statt einer Titelüberschrift eine eigene Titelseite. Ändern Sie nach dem Ausdruck den Dokumentklassenbefehl in (s. auch 3.3.6)

> `\documentclass{proc}`

Blenden Sie die Befehle zur Erzeugung der Titelseite anschließend mit dem Kommentarzeichen % jeweils am Beginn der Zeile wieder aus, damit bei den weiteren Übungen nicht stets wieder eine Titelseite neu erzeugt wird. Durch Entfernen der %-Zeichen können Sie diese Befehle bei Bedarf immer wieder aktivieren.

3.3.2 Die Zusammenfassung – der Abstract

Die inhaltliche Zusammenfassung (Abstract) eines Artikels oder eines Berichts wird erzeugt mit den Befehlen

> `\begin{abstract}` *Text der Zusammenfassung* `\end{abstract}`

Bei der Bearbeitungsklasse `article` wird für die Zusammenfassung die Schriftgröße `\small` verwendet und Text gleichzeitig beidseitig eingerückt. Bei `report` erscheint der Text in der Standardgröße ohne zusätzliche Einrückung. In beiden Fällen geht dem Text die zentrierte Überschrift **Abstract**, bzw. **Zusammenfassung** mit dem Ergänzungspaket `german`, voran. Bei `report` erscheint die Zusammenfassung auf einer eigenen Seite ohne Seitennummer, bei `article` dagegen nach dem Titel auf der ersten Artikelseite, es sei denn, die Dokumentklassenoption `titlepage` wurde benutzt. Im letzteren Fall wird auch bei Bearbeitungsklasse `article` für die Zusammenfassung eine eigene Seite erzeugt. Bei der Bearbeitungsklasse `book` fehlt die `abstract`-Umgebung. Eine inhaltliche Zusammenfassung wäre als Textbestandteil eines Buches auch ungewöhnlich. Die Zusammenfassung eines Buches wird eher in einer Buchbesprechung erscheinen, die ihrerseits kaum im Stil `book` erstellt wird.

3.3.3 Die fortlaufende Untergliederung

Für die fortlaufende Untergliederung stehen die folgenden Befehle zur Verfügung:

\part   \chapter   \subsection   \paragraph
         \section   \subsubsection   \subparagraph

Diese Befehle, mit Ausnahme von \part, bauen eine Gliederungshierarchie auf. Bei den Bearbeitungsklassen book und report beginnt die Gliederung mit *Kapiteln* (\chapter). Die Kapitel sind untergliedert in *Abschnitte* (\section) und diese wiederum in *Unterabschnitte* (\subsection) und so fort. Bei den Bearbeitungsklassen article und proc beginnt diese Gliederungskette erst mit \section; \chapter steht hierfür nicht zur Verfügung.

Die Syntax dieser Befehle lautet:

\gliederungs_befehl[*kurzform*]{*überschrift*}   oder
\gliederungs_befehl*{*überschrift*}

Bei der ersten Form wird der Gliederungs*überschrift* eine fortlaufende Nummer vorangesetzt. Falls der optionale Parameter [*kurzform*] entfällt, erscheint diese Überschrift auch als Eintragung im Inhaltsverzeichnis und ggf. im Seitenkopf (falls der Seitenstil headings gewählt wurde). Da eine Überschrift sich über mehrere Zeilen erstrecken kann, eine mehrzeilige Eintragung im Inhaltsverzeichnis oder der Kopfzeile aber unerwünscht ist, kann für diese Eintragung mit dem optionalen Parameter eine Kurzform gewählt werden.

Die Größe der Überschrift und die Tiefe der Nummerierung hängen von der Stellung des Gliederungsbefehls in der Hierarchiekette ab. Bei der Bearbeitungsklasse article und proc erhalten die \section-Befehle einteilige Nummern, die subsection-Befehle zweiteilige, durch einen '.' getrennte Nummern und so fort.

Bei den Bearbeitungsklassen book und report erhalten die Gliederungsüberschriften durch die \chapter-Befehle einteilige, durch die \section-Befehle zweiteilige, durch die \subsection-Befehle dreiteilige Nummern usw. Zusätzlich startet der Befehl \chapter immer eine neue Seite und setzt über die Kapitelüberschrift **Chapter** *n*, mit *n* als Kapitelnummer. Das Ergänzungspaket german.sty erzeugt entsprechend **Kapitel** *n*. Im Augenblick befinden wir uns in *Chapter 3, Section 3, Subsection 3*.

Bei den *-Formen der Gliederungsbefehle unterbleibt die Bezifferung. Es findet auch kein Eintrag ins Inhaltsverzeichnis statt (s. jedoch 3.4.3).

Für jeden Gliederungsbefehl wird intern ein Zähler geführt, der mit jedem Aufruf um eins erhöht bzw. auf null zurückgesetzt wird, wenn der nächsthöhere Gliederungsbefehl aufgerufen wird. Diese Zähler werden bei den *-Formen nicht verändert. Dies führt zu Schwierigkeiten bei der Mischung von *-Formen und Standardformen, wenn die *-Form in der Hierarchie vor der Standardform steht. Die umgekehrte Reihenfolge ist dagegen problemlos möglich. Die Reihenfolge

\section ... \subsection ... \subsubsection* ...

führt zu einer Bezifferung der \section- und \subsection-Überschriften und zu einer \subsubsection-Überschrift ohne Bezifferung.

Der Gliederungsbefehl \part hat eine Sonderrolle, seine Bezifferung beeinflusst nicht die Bezifferung der anderen Befehle.

Intern wird jedem Gliederungsbefehl eine Kennzahl zugeordnet. Dabei entspricht die Kennzahl 1 stets dem Befehl \section, 2 dem Befehl \subsection ..., 5 dem Befehl \subparagraph. Bei der

3.3. DOKUMENTUNTERGLIEDERUNG

Bearbeitungsklasse `article` entspricht die Kennzahl 0 dem Befehl \part, während sie bei `book` und `report` dem Befehl \chapter entspricht und der Wert -1 dem Befehl \part zukommt. Eine Schranke secnumdepth bestimmt, bis zu welcher Kennzahl, d. h. bis zu welcher Tiefe die Gliederungsbefehle durchnummeriert werden. In `book` und `report` ist diese Schranke 2 und in `article` 3. Demgemäß wird standardmäßig die Bezifferung in `book` und `report` bis einschließlich \subsection und in `article` bis einschließlich \subsubsection durchgeführt.

Soll die Tiefe, bis zu der die Bezifferung der Untergliederungen durchgeführt wird, geändert werden, so ist die Schranke secnumdepth zu ändern. Dies geschieht mit dem Befehl

\setcounter{secnumdepth}{*num*}

Der Befehl \setcounter wird in Kapitel 7 näher beschrieben. *num* kann in `article` einen der Werte 0, 1, ... 5 und in `book` und `report` $-1, 0, \ldots 5$ erhalten.

Im vorliegenden Buch, also mit der verwendeten Bearbeitungsklasse `book`, wurde secnumdepth gleich 3 gesetzt, d. h., die Gliederungsbefehle werden bis einschließlich \subsubsection durchnummeriert, während sie standardmäßig nur bis \subsection durchnummeriert worden wären.

Soll ein Gliederungsbefehl in einem Dokument nicht mit 1 beginnen, so kann dies mit dem Befehl

\setcounter{*gliederungs_name*}{*num*}

erreicht werden. *gliederungs_name* ist hierbei der Name des entsprechenden Gliederungsbefehls ohne den vorangesetzten \. Dies kann z. B. dann erforderlich sein, wenn einzelne Gliederungen als eigene Files von LATEX gesondert behandelt werden sollen.

\setcounter{chapter}{2}

setzt den chapter-Zähler auf 2. Mit dem nächsten \chapter-Befehl wird dieser Zähler um 1 erhöht und erscheint als **Chapter 3** oder **Kapitel 3**.

Gelegentlich soll eine Gliederungsüberschrift in einer anderen Größe und/oder einem anderen Schriftstil als der Standard ausgegeben werden. Dies kann durch Verwendung der in 4.1.2 bis 4.1.4 beschriebenen Schriftgrößen- und Schriftartenbefehle in der Gliederungsüberschrift erreicht werden.

\section*{\Large\textsl{Gr"o"sere geneigte Schrift}}

würde also die Abschnittsüberschrift **Größere geneigte Schrift** in der Größe \Large und der geneigten Schriftart \textsl erzeugen (s. 4.1). Die Verwendung der Standardform empfiehlt sich hierbei nicht, da die Änderung von Schriftgröße und Schriftstil nur auf die Überschrift selbst, nicht dagegen auf die automatische Gliederungsnummerierung wirkt. ([5c, Abschnitt 3.1.2] sowie [5v, Abschnitt 7.1.2] enthalten Hinweise, wie auch diese geändert werden kann.)

Übung 3.8: *Fügen Sie in Ihrem Übungsfile zu Beginn Ihres Textes eine abstract-Umgebung in der Form \begin{abstract} Zusammenfassung \end{abstract} mit einer kurzen Textzusammenfassung ein. Setzen Sie Ihrem bisherigen Text ein \section{Titel a} voran und fügen Sie an passender Stelle ein oder zwei weitere Befehle \section{Titel x} ein. Wählen Sie hierfür Ihnen geeignet erscheinende Überschriften für „Titel a" und die folgenden „Titel x". Fügen Sie in Ihren Text an geeigneten Stellen weitere \subsection-Befehle mit Ihnen passenden Untertiteln ein. Entfernen Sie die in Übung 3.3 eingeführten Befehle*

\pagestyle{myheadings} \markright{"Ubungen} \pagenumbering{Roman}

Drucken Sie das Ergebnis aus.

Übung 3.9: *Setzen Sie vor Ihren ersten \section-Befehl zusätzlich den Gliederungsbefehl* \chapter{*Kapitelüberschrift*} *mit einer Ihnen geeignet erscheinenden „Kapitelüberschrift". Ändern Sie den Dokumentklassenbefehl in* \documentclass[twoside]{report} *und verwenden Sie im*

Vorspann zusätzlich den Seitenstilbefehl \pagestyle{headings}. Beachten Sie die doppelte Wirkung der Gliederungsbefehle in den Überschriften und gleichzeitig in den Kopfzeilen. Vergleichen Sie das Ergebnis mit der Tabelle aus 3.2.1 auf Seite 32.

Übung 3.10: Ändern Sie den \chapter-Befehl in

\chapter[*Kurzform*]{*Kapitelüberschrift*}

indem Sie für „Kurzform" eine verkürzte Kapitelüberschrift wählen. In der Kopfzeile erscheint nunmehr die Kurzform, wo vorher die Kapitelüberschrift stand.

Übung 3.11: Wiederholen Sie nun die vorangegangene Übung mit der zusätzlichen Erklärung \setcounter{secnumdepth}{1} im Vorspann Ihres Files. Die Gliederungsnummerierung erfolgt nun nur noch für die Kapitel- und Abschnittsüberschriften (\chapter und \section), während die Unterabschnittsüberschriften (\subsection und darunter liegende Gliederungen) ohne Gliederungsnummern bleiben. Welche Wirkung hätten die Werte 0 bzw. 3 für secnumdepth bei den Bearbeitungsklassen report bzw. article?

3.3.4 Der Anhang

Ein Anhang wird eingeleitet mit dem Befehl \begin{appendix}. Die Wirkung liegt darin, dass der section-Zähler für article bzw. der chapter-Zähler für book und report neu gesetzt wird und die Nummerierung für die darauffolgenden \section- bzw. \chapter-Befehle nicht mehr mit Ziffern, sondern mit Großbuchstaben, beginnend mit A, B, ... usw., erfolgt. Zusätzlich wird das Wort „Chapter" durch „Appendix" (bzw. „Anhang" bei Verwendung des Ergänzungspakets german) ersetzt, d. h., der Befehl \chapter setzt über die Kapitelüberschrift „Appendix A" (Anhang A), „Appendix B" (Anhang B), ... Die Nummerierung der darunter liegenden Befehle erfolgt in arabischen Ziffern, z. B. A.3.2. Der Anhang endet mit dem Befehl \end{appendix}.

3.3.5 Zusätzliche Buchuntergliederungen

LaTeX gestattet es, bei der Bearbeitungsklasse book eine weitere Gliederungsstruktur mit den Erklärungen

> \frontmatter
> *Buchvorspann (Vorwort, Inhaltsverzeichnis)*
> \mainmatter
> *Buchhauptteil (laufende Kapitel und Anhänge)*
> \backmatter
> *Buchnachspann (Literaturverzeichnis, Index, Schlusswort)*

einzurichten. Die Seitennummerierung erfolgt für den auf \frontmatter folgenden Text in kleinen römischen Zahlen und hier auftretende Gliederungsbefehle erhalten keine fortlaufende Nummerierung. Mit \mainmatter startet die Seitennummerierung für den nachfolgenden Text wieder mit 1 und erfolgt in arabischen Ziffern. Anschließende Gliederungsbefehle erscheinen in gewohnter Weise mit einer fortlaufenden Nummer, beginnend mit **Chapter 1** bzw. **Kapitel 1** für den ersten \chapter-Befehl des Hauptteils. Die Gliederungsnummerierung wird für den auf \backmatter folgenden Buchtext schließlich wieder abgeschaltet.

3.3.6 Die Bearbeitungsklasse proc

Die Bearbeitungsklasse proc ist für die Formatierung von Sitzungsprotokollen gedacht. Ihre Anwendung führt zu einer größeren Seitenbreite für \textwidth, nämlich 6,75 Zoll ≈ 171,5 mm. Außerdem erfolgt die Seitenformatierung, mit Ausnahme des Titels, zweispaltig. Dabei entfällt die explizite Klassenoptionsangabe twocolumn. Die Seitennummerierung erfolgt in der unteren rechten Seitenecke mit dem vorangestellten Wort „Page" oder „Seite". Mit \markright{*doc_kennung*} kann in der Fußzeile linksbündig eine Dokumentkennzeichnung erreicht werden.

Ein Titel mit zusätzlichen Autoren- und Datumsangaben wird mit den in Abschnitt 3.3.1 vorgestellten Strukturen zur Gestaltung einer Titelseite erzeugt. Für die Sonderbehandlung des \thanks-Befehls bei der Formatierung der Titelangaben wird auf die dortigen Hinweise auf S. 39 verwiesen.

Übung 3.12: Bearbeiten Sie den Eingabetext der Übung 3.8 nunmehr mit der Bearbeitungsklasse

   \documentclass{proc}

und vergleichen Sie das Ergebnis mit dem ursprünglichen Ergebnis der Übung 3.8 mit der Bearbeitungsklasse article. Wiederholen Sie die LATEX-Bearbeitung, indem Sie nach \begin{document} den Befehl \markright{"Übungsprotokoll} hinzufügen.

3.4 Das Inhaltsverzeichnis

3.4.1 Automatische Eintragungen

LATEX kann für das ganze Dokument automatisch ein Inhaltsverzeichnis anlegen und ausdrucken. In das Inhaltsverzeichnis werden die Überschriften bzw. die Kurzform der Gliederungsbefehle in der Standardform mit den zugehörigen Seitennummern aufgenommen. Die Tiefe, bis zu der die Überschriften der Gliederungsbefehle in das Inhaltsverzeichnis aufgenommen werden, entspricht standardmäßig der Tiefe, bis zu der, ebenfalls standardmäßig, die Gliederungsüberschriften durchnummeriert werden, also \subsection für book und report bzw. \subsubsection für article und proc. So wie durch das Verändern der Schranke secnumdepth die Nummerierungstiefe für die Gliederungsbefehle vom Anwender beeinflusst werden kann, gilt Gleiches auch für die Aufnahmetiefe ins Inhaltsverzeichnis mit

   \setcounter{tocdepth}{*num*}

Die Bedeutung und Wirkung des Wertes *num* entspricht ganz genau den oben beschriebenen Werten für den Zähler secnumdepth. In den Hauptklassenfiles werden beide Zähler auf gleiche Werte gesetzt, nämlich 2 für book und report sowie 3 für article. Sie können vom Anwender aber auch unterschiedlich eingestellt werden.

Achtung: Enthalten die Texteinträge der Gliederungsbefehle weitere LATEX-Befehle, so können diese bei der Wanderung ins Inhaltsverzeichnis zerbrechen (s. 2.6). Es empfiehlt sich deshalb, zusätzliche Befehlsstrukturen in Gliederungsbefehlen stets durch einen vorangestellten \protect-Befehl zu schützen. Sollen solche Befehle nur auf den Überschriftentext selbst wirken, nicht dagegen auf die gleichlautenden Einträge im Inhaltsverzeichnis, so ist die Verwendung eines optionalen Arguments bei den Gliederungsbefehlen für die Einträge des Inhaltsverzeichnisses empfehlenswert.

3.4.2 Der Ausdruck des Inhaltsverzeichnisses

Das Inhaltsverzeichnis wird angelegt und ausgedruckt mit dem Befehl

\tableofcontents

und zwar an der Stelle im Dokument (i. Allg. nach der Titelseite und einer evtl. Zusammenfassung), an der dieser Befehl auftaucht. Dies führt zu einem Widerspruch. Die Information für das ganze Inhaltsverzeichnis liegt erst vor, wenn das Dokument vollständig abgearbeitet worden ist; das Inhaltsverzeichnis soll aber vorher ausgegeben werden. LaTeX löst dieses Problem wie folgt: Wenn das Dokument das erste Mal mit LaTeX behandelt wird, so wird noch kein Inhaltsverzeichnis erstellt. Stattdessen legt LaTeX als Folge des obigen Befehls \tableofcontents ein neues File mit dem Grundnamen des Dokuments und dem Anhang .toc an. In dieses File werden die entsprechenden Eintragungen für das Inhaltsverzeichnis während der Bearbeitung des Dokuments geschrieben.

Bei einer nochmaligen Bearbeitung des Dokuments durch LaTeX wird das nunmehr existierende File mit dem Namen *dokumentname.toc* mit dem Befehl \tableofcontents gelesen und zum Inhaltsverzeichnis aufbereitet. Bei der weiteren Bearbeitung des Dokuments wird das .toc-File ggf. abgeändert, wenn zwischen der ersten und zweiten LaTeX-Bearbeitung größere Änderungen im Dokumenttext vorgenommen worden sind. Das ausgedruckte Inhaltsverzeichnis bezieht sich also immer auf die jeweils vorhergehende Version. Dies macht es ggf. notwendig, die endgültige Version zweimal mit LaTeX zu bearbeiten.

Die einzelnen Einträge im .toc-File bestehen jeweils aus

\contentsline{*glied_name*}{\numberline {*glied_nr* }*glied_text*}{*seiten_nr*}

Hierin steht *glied_name* für den Namen des zugehörigen Gliederungsbefehls gem. 3.3.3, also chapter, section, subsection usw. *Glied_nr* steht für die laufende Gliederungsnummer, wie sie den einzelnen Gliederungsüberschriften vorangestellt ist. *Glie_text* steht für den Text der Gliederungsüberschrift, und zwar für die Standardform bzw. für die optionale Kurzform, wenn Letztere beim zugehörigen Gliederungsbefehl auftrat. Der letzte Eintrag *seiten_nr* steht schließlich für die Seitennummer des angeführten Gliederungsbefehls.

3.4.3 Zusätzliche Eintragungen

Gliederungsbefehle in der *-Form werden nicht automatisch in das Inhaltsverzeichnis übernommen. Um deren Überschriften oder auch zusätzliche Eintragungen doch im Inhaltsverzeichnis zu erhalten, bedient man sich der Befehle:

\addcontentsline{toc}{*glied_name*}{*Eintragtext*}
\addtocontents{toc}{*Eintragtext*}

Der erste Befehl gestattet eine Formatierung des Inhaltsverzeichnisses, bei der die section-Überschriften weiter eingerückt sind als die chapter-Überschriften und weniger weit als die subsection-Überschriften. Dies wird mit dem Parameter *glied_name* erreicht, für den der Name des zugehörigen Gliederungsbefehls, also der Befehlsname ohne den \, einzusetzen ist, z. B. subsection. *Eintragtext* kann die Gliederungsüberschrift oder irgendein anderer Text sein, der im Inhaltsverzeichnis gemeinsam mit der Seitennummer erscheint. Soll die zusätzliche Eintragung mit einer abgesetzten Gliederungsnummer (wie bei der Standardform) erscheinen, so sollte für Eintragtext stehen:

\protect\numberline{*glied_num*}{*text*}

Der zweite Befehl gestattet einen beliebigen Eintrag in das .toc-File. Dies kann z. B. auch ein Formatierungsbefehl wie \newpage sein, der bei der Erzeugung des Inhaltsverzeichnisses wirksam wird. Solche Befehlseinträge sollten durch ein vorangestelltes \protect in der Form \addtocontents{toc}{\protect\newpage} gegen ein *Zerbrechen* geschützt werden.

3.4.4 Weitere Verzeichnisse

LaTeX kann neben dem Inhaltsverzeichnis ein Verzeichnis aller Bilder sowie ein Verzeichnis aller Listen und Tabellen anlegen und ausdrucken. Der Ablauf ist gleich wie beim Inhaltsverzeichnis. Die Befehle zur Erzeugung dieser zusätzlichen Verzeichnisse lauten:

\listoffigures   erzeugt bzw. liest   .lof-File
\listoftables   erzeugt bzw. liest   .lot-File

Die Eintragungen in diese Verzeichnisse erfolgen automatisch mit dem Befehl \caption bei den figure- oder table-Umgebungen (s. 6.6.4: *Über- und Unterschriften für Gleitobjekte*). Zusätzliche Eintragungen sind mit denselben Befehlen wie beim Inhaltsverzeichnis möglich, deren allgemeine Syntax lautet:

\addcontentsline{*file_typ*}{*format*}{*eintrag*}
\addtocontents{*file_typ*}{*eintrag*}

Hier steht *file_typ* für einen der drei Typen toc (*table of contents*), lof (*list of figures*) bzw. lot (*list of tables*). *Format* ist beim Inhaltsverzeichnis, wie oben beschrieben, der Name eines Gliederungsbefehls, beim Abbildungsverzeichnis figure und beim Tabellenverzeichnis table. *Eintrag* steht für den Text, der ins jeweilige Verzeichnis eingetragen werden soll.

Übung 3.13: *Fügen Sie in Ihr Übungsfile nach den ausgeblendeten Befehlen zur Erzeugung der Titelseite die folgenden Befehle ein:*

\pagenumbering{roman} \tableofcontents \newpage \pagenumbering{arabic}

Bearbeiten Sie Ihr Übungsfile zweimal mit LaTeX und drucken Sie das zweite Ergebnis aus. Blenden Sie danach die obige Befehlszeile mit % zunächst von der weiteren Bearbeitung aus.

3.5 Formatierungshilfen

3.5.1 Zeichen- und Wortabstände

Zeichen- und Wortabstände werden normalerweise in TeX automatisch gewählt. Hierbei wird nicht nur die natürliche Zeichenbreite aneinander gesetzt, sondern bei bestimmten Zeichenkombinationen eine zusätzliche Vor- oder Rücksetzung vorgenommen. Ein 'A' gefolgt von einem 'V' erscheint nicht als AV, sondern als AV. Wortabstände innerhalb einer Zeile sind einheitlich und werden so gewählt, dass die Zeilen links- und rechtsbündig abschließen und dabei die Wortabstände verschiedener Zeilen eines Absatzes möglichst wenig voneinander abweichen. Wörter, die mit einem Satzzeichen enden, erhalten etwas zusätzlichen Zwischenraum, der von dem jeweiligen Satzzeichen abhängt; hinter Satzendezeichen wie Punkt '.' oder Ausrufezeichen '!' wird mehr Zwischenraum eingefügt als z. B. hinter einem Komma ','.

In einigen Fällen kann es notwendig sein, die von TeX gewählten Abstände zu korrigieren. Dies kann durch die Befehle ~, \␣, \@, \, und \/ geschehen. Außerdem kann mit dem Befehl \frenchspacing der unterschiedliche Zusatzzwischenraum nach Satzzeichen ausgeschaltet werden.

3.5.1.1 Der . (Punkt) und das Satzende

TEX interpretiert einen Punkt, ein Ausrufezeichen, ein Fragezeichen oder einen Doppelpunkt, der hinter einem Kleinbuchstaben oder einer Ziffer steht, als Satzende und fügt zusätzlichen Zwischenraum ein. Dies ist bei Abkürzungen wie 'i. Allg.', 'Dr. Schmidt' oder 'Geoph. Journ.' unerwünscht. Die Verwendung von ~ oder von \⊔ statt des Leerzeichens vermeidet den zusätzlichen Zwischenraum. (\⊔ bedeutet ein \, unmittelbar gefolgt von einem Leerzeichen.) ~ und \⊔ bedeuten beide den normalen Wortabstand, ~ verhindert überdies, dass an dieser Stelle ein Zeilenumbruch erfolgen kann. i.~Allg., Dr.~Schmidt, Geoph.\ Journ.\ erzeugt also 'i. Allg.', 'Dr. Schmidt', 'Geoph. Journ.' (Vgl. die Abstände mit denen von oben.) Außerdem kann in 'i. Allg.' bzw. 'Dr. Schmidt' kein Zeilenumbruch zwischen dem 'i.' und 'Allg.' bzw. 'Dr.' und 'Schmidt' auftreten, dagegen könnten 'Geoph.' und 'Journ.' durch einen Zeilenumbruch getrennt werden. Für Abkürzungen wie 'i. Allg.' oder 'z. B.' siehe auch 3.5.1.3.

Ein Satzendezeichen hinter einem Großbuchstaben wird nicht als Satzende interpretiert, da üblicherweise Sätze nicht mit einem Großbuchstaben enden. Ist dies ausnahmsweise einmal der Fall, so ist dem entsprechenden Satzzeichen ein \@ voranzusetzen, damit nach dem Satzende zusätzlicher Zwischenraum eingefügt wird. Beispiel: Dieser Satz endet mit NASA. Die Eingabe lautet: Dieser Satz endet mit NASA\@.

3.5.1.2 Frenchspacing

Der Zusatzzwischenraum nach Satzzeichen kann mit dem Befehl \frenchspacing ausgeschaltet werden. Der Befehl ist so lange wirksam, bis er durch den zurückschaltenden Befehl \nonfrenchspacing aufgehoben wird. Ist \frenchspacing erklärt, so bleibt der Befehl \@ wirkungslos und kann entfallen. In diesem Unterabschnitt war dieser Befehl eingeschaltet, so dass alle Wortabstände innerhalb einer Zeile gleich ausfielen!

Mit german.sty wird ab Version 2.4a bei der Bearbeitung deutscher Texte standardmäßig \frenchspacing aktiviert. Zur Abschaltung dieser Einstellung muss deshalb umgekehrt \nonfrenchspacing explizit erklärt werden, was in 3.5.1.1 der Fall war.

3.5.1.3 Die Zeichenkombination "' und '" (kleiner Zusatzzwischenraum)

Um zwischen " und ' bzw. ' und " einen kleinen Zwischenraum einzufügen, dient der Befehl \,. "'Anfang' und 'Ende'" wird also erzeugt durch ''\,'Anfang' und 'Ende'\,''. Entsprechende Kombinationen für deutsche bzw. französische Anführungszeichen werden in Anhang D.1.5 bzw. D.1.6 vorgestellt. Der Zwischenraumbefehl \, ist auch hilfreich bei Abkürzungen wie z. B. oder d. h. als z.\,B. bzw. d.\,h. Leerzeichen hinter den Abkürzungspunkten erzeugen zu großen Zwischenraum.

3.5.1.4 Italic-Korrektur

Beim Umschalten von einer geneigten (kursiven) Schriftart *italic* oder *slanted* auf eine senkrechte (aufrechte) Schriftart ragt der letzte geneigte Buchstabe zu nah an den folgenden senkrechten Buchstaben heran. Hier muss etwas zusätzlicher Zwischenraum eingefügt werden, und zwar mehr für *f* als z. B. für *g*. TEX kennt für jedes geneigte Zeichen eine sog. *Italic-Korrektur*. Diese wird aktiviert durch den Befehl \/, der ab LATEX 2_ε weitgehend automatisch eingefügt wird (s. 4.1.1, S. 58 und 4.1.4, S. 62).

3.5.1.5 Die Ausschaltung von Ligaturen

Mit dem gleichen \/-Befehl können Ligaturen unterdrückt werden. Mit `Auf\/lage` wird „Auflage" erzeugt (vgl. mit dem Standard „Auflage"). Zur Erinnerung (s. 2.5.8): In TEX werden die Buchstabenkombinationen ff, fi, fl, ffi und ffl als Ligaturen gesetzt. Mit `f\/f\/i` erscheint die Buchstabenkombination ffi statt der Ligatur ffi. Eine andere Möglichkeit zur Ausschaltung von Ligaturen mit einer gleichzeitigen Trennungshilfe bei Verwendung des `german.sty`-Files steht in Anhang D.1.4.

Der Befehl kann auch verwendet werden, wenn bestimmte Buchstabenkombinationen wie VA oder Te, die standardmäßig durch Zurücksetzen des zweiten Buchstabens enger als durch die normale Buchstabenbreite gesetzt werden, mit dem normalen Buchstabenabstand erscheinen sollen.

V\/A VA   T\/e Te   statt   VA   bzw.   Te

3.5.1.6 Einfügung beliebiger Zwischenräume

Zur Einfügung von beliebigem Zwischenraum in eine Zeile dient der Befehl

`\hspace{`*abstand*`}`
`\hspace*{`*abstand*`}`

abstand ist eine Längenangabe, z. B. 1.5cm oder 3em. (Zur Erinnerung: em ist eine Maßeinheit, die der Breite des Geviertstrichs — im augenblicklichen Zeichensatz entspricht.) Der Befehl fügt an der Stelle seines Auftretens Zwischenraum der Länge *abstand* ein. Die *-Form fügt den Zwischenraum auch dann ein, wenn an dieser Stelle gerade ein Zeilenumbruch stattfindet oder wenn er am Beginn einer Zeile steht. In beiden Fällen wird bei der Standardform der Zwischenraum unterdrückt.

Die Längenangabe darf negativ sein. In diesem Fall bedeutet der Befehl ein Zurücksetzen um die angegebene Länge, was das Überdrucken von Zeichen mit anderen Zeichen erlaubt. Ein Leerzeichen vor oder hinter dem Befehl wird zusätzlich eingefügt:

```
Dies ist\hspace{1cm}1cm        Dies ist    1cm
Dies ist \hspace{1cm}1cm       Dies ist    1cm
Dies ist \hspace{1cm} 1cm      Dies ist    1cm
```

Der Befehl `\hfill` ist eine Abkürzung für `\hspace{\fill}` (s. 2.4.2). Er fügt an der Stelle seines Auftretens so viel Zwischenraum ein, dass die laufende Zeile links- und rechtsbündig abschließt: `Zeilenanfang\hfill Zeilenende\\` erzeugt

Zeilenanfang   Zeilenende

Mehrfaches Auftreten von `\hfill` innerhalb einer Zeile fügt jeweils gleich viel Zwischenraum ein, so dass die Zeile insgesamt wieder links und rechts bündig wird: `Anfang\hfill Mitte\hfill Ende\\` erzeugt

Anfang   Mitte   Ende

Tritt der Befehl `\hfill` am Anfang einer Zeile auf, so wird der Zwischenraum entsprechend der Definition mit der Standardform von `\hspace{\fill}` unterdrückt. Soll am Anfang der Zeile ein entsprechend variabler Zwischenraum eingefügt werden, so ist stattdessen `\hspace*{\fill}` zu verwenden. LATEX kennt hierfür aber auch die in 4.2.2 vorgestellten allgemeineren Befehle und Umgebungen.

Weitere Zeilenzwischenraumbefehle sind:

\quad und \qquad

\quad erzeugt Zwischenraum von der Größe des augenblicklichen Zeichensatzes. Bei einer 10pt-Schrift also 10pt. \qquad erzeugt den doppelten Zwischenraum.

3.5.1.7 Einfügung variabler ...... und ———— Sequenzen

In der Wirkung des Einfügens von variablen Zwischenräumen dem \hfill-Befehl gleichwertig sind die Befehle

\dotfill und \hrulefill

Statt des Leerraums wird hiermit eine Folge von Punkten bzw. ein durchgehender Strich entsprechender Länge eingefügt:
Zeilenanfang \dotfill\ Zeilenende\\ bzw.
Anfang \hrulefill\ Mitte \hrulefill\ Ende\\ erzeugen

Zeilenanfang .... Zeilenende
Anfang ————————————— Mitte ————————————— Ende

\hfill-, \dotfill- und \hrulefill-Befehle können in einer Zeile beliebig miteinander kombiniert werden. Tritt einer dieser Befehle an einer Stelle mehrfach hintereinander und an anderer Stelle nur einmal auf, so wird an der ersten Stelle das entsprechende Vielfache der anderen erzeugt:
Abfahrt \dotfill\dotfill\dotfill\ 11.30 \hfill\hfill
ab \hrulefill\ 1.1.87\\

Abfahrt .... 11.30   ab ———————— 1.1.87

3.5.2 Zeilenumbruch

Zeilenumbruch erfolgt in TEX bzw. LATEX automatisch. In einigen Fällen kann es notwendig werden, einen Umbruch an anderen oder zusätzlichen Stellen zu erzwingen oder zu erleichtern oder den automatisch vorgenommenen Umbruch zu verhindern.

3.5.2.1 Die Befehle \\ und \newline

Ein Zeilenumbruch und frei wählbarer Abstand zur nächsten Zeile kann mit dem Befehl \\ erreicht werden. Seine Syntax lautet:

\\[abstand]
*[abstand]

Der optionale Parameter *abstand* ist eine Maßangabe, die angibt, wie viel vertikaler Zwischenraum zusätzlich zum Zeilenwechsel eingefügt werden soll. Führt dies zu einem Seitenumbruch, so wird der Zusatzzwischenraum beim \\ unterdrückt und die nächste Seite beginnt mit der nächsten Zeile. Die *-Form verhindert, dass nach dem Zeilenwechsel ein Seitenumbruch vor der nächsten Zeile auftreten kann.

*[10cm] führt also einen Zeilenwechsel durch und erzeugt einen Abstand von 10 cm zur nächsten Zeile. Führt der Zeilenwechsel zu einer neuen Seite, so wird die Seite vor der vorangehenden Zeile umbrochen. Die nächste Seite beginnt mit der dem \\-Befehl vorangehenden Zeile, dem eingefügten Zusatzzwischenraum von 10 cm und der nächsten Zeile.

Der Befehl \newline ist mit dem Befehl \\ (ohne Option [*abstand*]) identisch. Beide Befehle sind nur innerhalb von Absätzen, nicht aber zwischen Absätzen (wo sie auch keinen Sinn hätten) erlaubt.

3.5.2.2 Weitere Zeilenumbruchbefehle

Mit dem Befehl

\linebreak[*num*]

kann ein Zeilenumbruch erzwungen oder erleichtert werden. Der Befehl ohne den optionalen Parameter *num*, der eine ganze Zahl von 0 bis 4 sein darf, erzwingt einen Zeilenumbruch. Im anderen Fall ist er eine Empfehlung, vorzugsweise hier zu umbrechen. Je höher die Nummer, um so dringlicher ist die Empfehlung. Beim Wert 4 ist die Dringlichkeit gleichbedeutend mit zwingend. Der Unterschied zum Befehl \\ bzw. \newline liegt darin, dass mit \linebreak die umbrochene Zeile links- und rechtsbündig erscheint, zwischen die Wörter also entsprechend viel Leerraum eingefügt wird, während bei \\ bzw. \newline die Zeile mit normalen Wortabständen nur linksbündig wird.

Der entgegengesetzte Befehl

\nolinebreak[*num*]

verhindert einen Zeilenumbruch an der angegebenen Stelle oder empfiehlt mit unterschiedlicher Dringlichkeit, an dieser Stelle keinen Zeilenumbruch vorzunehmen. Auch hier ist \nolinebreak identisch mit \nolinebreak[4], wodurch an dieser Stelle ein Zeilenumbruch zwingend verhindert wird.

Mit dem Befehl \mbox{*Text*} wird (u. a.) erreicht, dass ein Zeilenumbruch an keiner Stelle innerhalb des in den geschweiften Klammern stehenden Textes auftreten kann.

3.5.3 Absatzabstand

Der normale Absatzabstand wird durch Standardwerte oder die Erklärung von \parskip (s. 3.2.4) festgelegt. Mit dem Befehl

\vspace{*abstand*}
\vspace*{*abstand*}

kann für einzelne Absätze Zwischenraum der Länge *abstand* zusätzlich eingefügt werden. Bei der *-Form wird dieser Zwischenraum auch eingefügt, wenn an dieser Stelle ein Seitenwechsel stattfindet oder der Befehl am Anfang einer Seite steht. Bei der Standardform unterbleibt die Einfügung von Zwischenraum in diesen beiden Fällen.

Werden diese Befehle innerhalb eines Absatzes verwendet, so wird die laufende Zeile rechtsbündig mit Text aufgefüllt und dann der vertikale Zwischenraum eingefügt.

Die Längenangabe darf negativ sein, was ein Höherrücken um den entsprechenden Betrag bedeutet.

Der Befehl \vfill ist eine Abkürzung für \vspace{\fill} (s. 2.4.2). Dieser Befehl ist das Pendant zu \hfill in Bezug auf vertikalen Zwischenraum. Er fügt also an der Stelle seines Auftretens so viel vertikalen Zwischenraum ein, dass die laufende Seite oben und unten bündig wird. Alle zu \hfill gemachten Bemerkungen über mehrfaches Auftreten gelten in analoger Weise auch für \vfill. Steht dieser Befehl am Beginn einer Seite, so wird er entsprechend der Wirkung der Standardform von \vspace{\fill} unterdrückt. Soll ein variabler Leerraum am Beginn der Seite erzeugt werden, so ist wie beim \hspace*-Befehl die *-Form einzusetzen \vspace*{\fill}.

Weitere Befehle zur Vergrößerung von Absatzabständen sind

\bigskip \medskip \smallskip

die variablen (elastischen) Zwischenraum unterschiedlicher Größe einfügen.

3.5.4 Absatzeinrückungen

Mit der Erklärung \setlength{\parindent}{*tiefe*} (s. 3.2.4) kann die Einrücktiefe der ersten Zeile eines jeden Absatzes festgelegt werden. Soll für einen bestimmten Absatz die Einrückung der ersten Zeile unterbleiben bzw. eine Einrückung dort erfolgen, wo sie standardmäßig unterbleibt (z. B. beim ersten Absatz nach einem Gliederungsbefehl), so kann das mit den Befehlen

\noindent bzw. \indent

vor dem entsprechenden Absatz erreicht werden. Diese Befehle wirken nur auf den unmittelbar folgenden Absatz. Statt einer Leerzeile zur Absatztrennung kann alternativ auch der Befehl \par verwendet werden.

3.5.5 Seitenumbruch

Wie der Zeilenumbruch, so erfolgt auch der Seitenumbruch in TEX und LATEX automatisch. Auch hier kann es gelegentlich notwendig oder erwünscht sein, von der Automatik abzuweichen.

3.5.5.1 Normale Textseiten

Die Befehle

\pagebreak[*num*]
\nopagebreak[*num*]

sind das Pendant zu \linebreak und \nolinebreak in Bezug auf den Seitenumbruch. \pagebreak zwischen zwei Absätzen führt einen Seitenumbruch zwischen diesen Absätzen durch. Der gleiche Befehl innerhalb eines Absatzes führt zu einem Seitenumbruch am Ende der noch rechtsbündig aufgefüllten augenblicklichen Zeile.

\nopagebreak hat den entgegengesetzten Effekt: Zwischen zwei Absätzen wird ein Seitenumbruch nach dem vorangehenden Absatz verhindert, innerhalb eines Absatzes wird ein Seitenumbruch nach der momentanen Zeile verhindert.

Die Verwendung einer optionalen Zahl zwischen 0 und 4 macht diese Befehle zu Empfehlungen unterschiedlicher Dringlichkeit. Die Analogie zu den \linebreak-Befehlen geht aber noch weiter. Wie bei den Letzteren zwischen den Wörtern der anstehenden Zeile so viel Wortzwischenraum gewählt wird, dass die Zeile beidseitig bündig wird, so wird durch

3.5. FORMATIERUNGSHILFEN

\pagebreak in Verbindung mit \flushbottom (s. 3.2.5, S. 36) zwischen den Absätzen einer Seite so viel Zwischenraum eingefügt, dass die Seite kopf- und fußbündig wird.

Soll die Seite so umbrochen werden, dass der Rest der Seite leer bleibt, ist stattdessen der Befehl

\newpage

zu verwenden, der in Analogie zu \newline steht.

Übung 3.14: *Bringen Sie ein oder zwei* \newpage*-Befehle an Ihnen geeignet erscheinenden Stellen in Ihrem Übungsfile an. Im Ausdruck bleibt der Rest der Seite leer. Entfernen Sie danach diese Befehle wieder, und setzen Sie einen* \pagebreak*-Befehl einmal eine oder zwei Zeilen hinter der Stelle eines standardmäßigen Seitenumbruchs und danach einige Zeilen vor dem Standardseitenumbruch.*

3.5.5.2 Seiten mit Bildern und Tabellen

Enthält der Text Tabellen, Bilder oder Platz für Bildeinfügungen, so werden diese an der Stelle der entsprechenden Befehle auf die laufende Seite gebracht, falls an dieser Stelle hierfür noch Platz ist. Andernfalls wird mit dem nachfolgenden Text fortgesetzt und das Bild oder die Tabelle auf der nächsten Seite angeordnet.

Mit dem Befehl

\clearpage

wird die laufende Seite beendet, falls dieser Befehl nicht gerade am Anfang einer neuen Seite auftritt, und alle bis hierher definierten und noch nicht ausgegebenen Tabellen und Bilder werden ggf. auf einer oder mehreren daran anschließenden Seiten ausgegeben (s. hierzu auch 6.6 „Gleitende Tabellen und Bilder"). Der \clearpage-Befehl wird mit jedem \chapter-Gliederungsbefehl implizit ausgeführt, wenn die Klassenoption openright *nicht* gesetzt ist (s. auch unten \cleardoublepage). Damit wird sichergestellt, dass der evtl. noch unbearbeitete vorangehende Rest ausgegeben wird, bevor eine neue Kapitelseite beginnt.

3.5.5.3 Zweispaltige Seiten

Bei der Klassenoption twocolumn bzw. nach dem Befehl \twocolumn wird mit den obigen Befehlen \pagebreak bzw. \newpage die laufende *Spalte* beendet und eine neue begonnen. Dagegen beendet der Befehl \clearpage bzw. \cleardoublepage (s. u.) die laufende Seite und beginnt mit einer neuen. Die laufende Seite enthält evtl. eine leere rechte Spalte.

3.5.5.4 Doppelseitiger Druck

Bei der Dokumentklassenoption twoside kann zusätzlich der Umbruchbefehl

\cleardoublepage

verwendet werden. Dieser beendet wie \clearpage die laufende Seite. Ebenfalls werden alle noch nicht bearbeiteten gleitenden Bilder und Tabellen auf eigenen Seiten ausgegeben. Als nächste Seite wird dann jedoch stets eine *ungerade* Seite gestartet, d. h., es wird ggf. eine leere, nur mit einer geraden Seitennummer versehene Seite ausgegeben.

Der \cleardoublepage-Befehl wird mit jedem \chapter-Gliederungsbefehl implizit ausgeführt, wenn die Klassenoption openright gesetzt ist (s. auch oben \clearpage). Damit wird sichergestellt, dass der evtl. noch unbearbeitete vorangehende Rest ausgegeben wird, bevor eine neue rechte Kapitelseite beginnt.

3.5.5.5 Selektive Seitenhöhenänderung

LaTeX gestattet die Änderung der Seitenhöhe und des Füllfaktors der laufenden Seite mit den Befehlen

\enlargethispage{*zus_höhe*}
\enlargethispage*{*zus_höhe*}

Die standardmäßig mit \textheight im Vorspann oder in den Ergänzungspaketen festgelegte Seitenhöhe wird für die laufende Seite um den Maßbetrag von *zus_höhe* vergrößert. Eine negative Maßangabe für *zus_höhe* verkleinert die Seitenhöhe um den angegebenen Betrag. Bei der *-Form werden zusätzlich alle vertikalen elastischen Abstände der laufenden Seite auf ihren Minimalwert gestaucht, was zur maximalen Textfüllung dieser Seite führt.

3.5.5.6 Eingeschränkter Umbruch

Der Befehl

\samepage

erlaubt einen Seitenumbruch nur zwischen Absätzen. Ein Seitenumbruch wird zusätzlich unmittelbar vor oder hinter abgesetzten Formeln oder Einrückungen verhindert. Soll an solchen Stellen doch ein Seitenumbruch stattfinden, so muss er ausdrücklich durch einen der vorstehenden Seitenumbruchbefehle erzwungen werden.

Der Befehl \samepage im Vorspann wirkt auf das ganze Dokument, andernfalls bis zum Ende der laufenden Umgebung. Man kann auch eine lokale Umgebung durch

\begin{samepage}   *beliebig langer Text*   \end{samepage}

schaffen, innerhalb derer dieselbe Wirkung erzielt wird. In dieser Form wird samepage am häufigsten Verwendung finden.

Die internen Regeln für den Seitenumbruch wirken manchmal stärker als die Anwenderbefehle, so dass trotz \nopagebreak- und \pagebreak-Befehlen das Resultat nicht befriedigt. In diesen Fällen sollte man folgende Lösungen versuchen:

- Der \samepage-Befehl und ein hinreichend langes Stück Text der schlecht umbrochenen Seite wird in Klammern {...} eingeschlossen oder dieser Text innerhalb der samepage-Umgebung angeordnet.

- Hinter Leerzeilen wird ein \nopagebreak angebracht, wenn ein Seitenumbruch hinter dem vorangehenden Absatz unterbunden werden soll.

- \pagebreak-Befehle, evtl. mit einem optionalen Zahlenwert 0–4, werden dort angebracht, wo ein Seitenumbruch erlaubt sein soll.

Die \samepage-Erklärung bzw. samepage-Umgebung stammt aus LaTeX 2.09, wo ihre Wirkung bereits häufig als unbefriedigend empfunden wurde. So bewirkt sie niemals eine Vergrößerung der eingestellten Texthöhe, sondern befördert häufig den eingeschlossenen Text auf die nächste Seite. \samepage steht auch in LaTeX 2_ε zur Verfügung, doch ist ihr Nutzen hier noch geringer, da bei Bedarf nunmehr mit \enlargethispage* die Seitenhöhe der aktuellen Seite vergrößert wird, um noch etwas mehr Text auf dieser Seite unterzubringen, womit häufig ein besserer Umbruch als mit der obigen samepage-Bastelei gelingt.

3.5.5.7 Einige Anmerkungen zu manuellen Formatierungshilfen

Die meisten der in den vorangegangenen Unterabschnitten vorgestellten Formatierungshilfen sollten nur mit großer Zurückhaltung verwendet werden. Insbesondere besteht für die Verwendung von \hspace-Befehlen zur Einfügung horizontaler Zwischenräume kaum ein wirklicher Bedarf. Auf keinen Fall sollten hiermit Einrückungen, wie sie auf der Schreibmaschine beliebt sind, künstlich erzeugt werden. Entsprechende Strukturen kann LaTeX wirksamer selbst erzeugen. Diese werden im nächsten Kapitel vorgestellt.

Beim Seitenumbruch kann eine explizite Formatierungshilfe gelegentlich erwünscht sein. Erfolgt ein Seitenumbruch z. B. so, dass aus dem laufenden Abschnitt noch zwei oder drei Zeilen auf der neuen Seite erscheinen, gefolgt von einer neuen Gliederung mit deren Gliederungsüberschrift, so würde man diese wenigen Zeilen am Beginn der Seite lieber noch am Ende der vorangehenden Seite unterbringen.

Dies kann stets durch Vergrößern der Texthöhe mit \enlargethispage* erreicht werden. Enthält die vorangehende Seite relativ viel vertikale Elastizität, z. B. als Folge einiger Aufzählungen, Einrückungen, Listen, abgesetzten mathematischen Formeln u. ä., so genügt bei dem zugehörigen \enlargethispage*-Befehl nur ein kleiner Vergrößerungswert von wenigen pt (Punkten), da mit der *-Form dieses Vergrößerungsbefehls für die Seitenhöhe alle elastischen vertikalen Abstände auf ihren Minimalwert gestaucht werden, so dass die erforderliche Seitenhöhenvergrößerung gegenüber den Nachbarseiten kaum wahrgenommen wird.

Ist eine lokale Seitenhöhenvergrößerung als Folge der Verlagsvorgabe für eine Veröffentlichung zwingend verboten, so kann versucht werden, hierfür vertikalen Platz freizumachen. Das kann mit den Befehlen \vspace bzw. \\ und einer *negativen Maßangabe* an geeigneten Stellen erreicht werden. Solche Stellen bieten sich bevorzugt vor und hinter *Einrückungen, Aufzählungen, Listen, Tabellen, Bildern, abgesetzten Formeln* u. ä. an (s. Kapitel 4).

Solche Seitenumbruchhilfen müssen als Formatierungsbastelei bezeichnet werden. Sie widersprechen der eigentlichen LaTeX-Philosophie und sollten deshalb nur als allerletzte Möglichkeit in Betracht gezogen werden. Eine Verkleinerung der Zeilenabstände innerhalb einiger Absätze, an die man mit

\renewcommand{\baselinestretch}{*faktor*}   (s. 3.2.4)

mit einem Wert für *faktor* < 1.0 denken könnte, gilt bei professionellen Setzern als krasser Verstoß gegen die Regeln der Druckerkunst.

Die internen Regeln, nach denen TeX den Seitenumbruch bestimmt, können hier nicht im Einzelnen aufgeführt werden. Hier sei nur gesagt, dass TeX für Stellen, an denen ein Seitenumbruch erschwert werden soll, sog. Strafpunkte (\penalty) verteilt und mit *negativen* Strafpunkten den Umbruch erleichtert. Die einzelnen Zeilen eines Absatzes erhalten z. B. jeweils zehn Strafpunkte (\linepenalty=10), womit ein Seitenumbruch zwischen den Zeilen eines Absatzes gegenüber einem Umbruch zwischen Absätzen etwas schwerer fällt.

Die erste und die letzte Zeile eines Absatzes erhalten 150 Strafpunkte (\clubpenalty=150 bzw. \widowpenalty=150) zugewiesen, womit ein Seitenumbruch nach der ersten bzw. vor der letzten Zeile eines Absatzes sehr erschwert wird, aber nicht unmöglich ist.

Als Letztes böte sich an, die Strafpunkte anders zu setzen. Mit dem Befehl \clubpenalty=450 würde der Seitenumbruch nach der ersten Zeile eines Absatzes gegenüber dem Standard um das Dreifache erschwert. Die Zuweisung von 10 000 oder mehr Strafpunkten macht einen Seitenumbruch an den entsprechenden Stellen *absolut* unmöglich. Das Ändern von internen TeX-Strafpunkten sollte aber nur als letztes Mittel in Betracht gezogen werden, da das ausgewogene Standardverhältnis damit gestört wird und der Umbruch womöglich an anderer, noch weniger erwünschter Stelle auftritt.

3.6 Trennungshilfen

Ist ein rechtsbündiger Zeilenumbruch zwischen den Wörtern eines Absatzes nicht möglich, so findet eine Trennung von Wörtern am Zeilenende statt. Die Worttrennung bei englischen Texten ist weitestgehend korrekt. *TEX kennt die angloamerikanischen (US-englischen) Trennungsregeln besser als die meisten Autoren*[2]. Ähnliches gilt inzwischen auch für deutschsprachige Texte, insbesondere in Verbindung mit den erweiterten ec-Schriften (s. C.7.4).[3]

3.6.1 Direkte Trennungshilfen

Die direkte Behebung eines Trennungsfehlers kann durch die Verwendung von \- an der richtigen Stelle erfolgen. So wird mit dem englischen Trennungsverzeichnis das deutsche Wort „Zeichen" fehlerhaft als „Ze-ichen" getrennt. Durch Eingabe von Zei\-chen kann das Wort nur an der mit \- gekennzeichneten Stelle getrennt werden, auch in dem längeren Wort Zei\-chenvielfalt.

Soll eine Trennung an mehreren Stellen möglich sein, so sind diese Stellen entsprechend zu kennzeichnen, also etwa Zei\-chen\-kom\-bi\-na\-tion. Es kann sinnvoll sein, nicht alle möglichen, grammatikalisch richtigen Trennungen zuzulassen. Das Wort „Urinstinkt" sollte z. B. nur die Trennung Ur\-instinkt zulassen. Auf die Begründung kann verzichtet werden.

Mit dem Ergänzungspaket german.sty steht auch der Trennungsbefehl "- zur Verfügung (s. D.1.3). Dieser bewirkt, dass ein Wort an der Stelle des Befehls sowie nach weiteren, durch das Trennungsverzeichnis bestimmten Silben getrennt werden kann. Die Wirkung von Zeichen"-vielfalt ist die gleiche wie bei Zei\-chen\-viel\-falt.

Die deutschen Trennungsregeln kennen für die alte Rechtschreibung einige Besonderheiten beim 'ck' und bei zusammengesetzten Wörtern, wie Bettuch oder Rolladen. Drucker muss dort z. B. als Druk-ker und Bettuch als Bett-tuch getrennt werden. Mit dem TEX-Befehl

\discretionary{*vor*}{*nach*}{*ohne*}

kann, etwas mühsam, eine entsprechende Trennungsvorgabe erreicht werden. Hierin steht *vor* für den Buchstaben oder die Buchstabengruppe vor dem Trennungszeichen, *nach* für den Buchstaben nach dem Trennungszeichen und *ohne* für die Buchstabengruppe, falls keine Trennung erfolgt. Für „Drucker" bzw. „Bettuch" wäre hier z. B. anzugeben:

Dru\discretionary{k-}{k}{ck}er   bzw.
Be\discretionary{tt-}{t}{tt}uch

---

[2]Sollte bei einem englischen Text doch einmal eine fehlerhafte Trennung auftreten, so sollten Sie Ihr Rechenzentrum davon unterrichten. Das Rechenzentrum kann dafür sorgen, dass dieser Fehler in Zukunft nicht mehr auftritt. Mit den Hinweisen aus 3.6.4 sollte es auch einem PC-Anwender möglich sein, eine fehlerhafte Trennung dauerhaft zu beseitigen.

[3]Die aktuellen deutschen Trennmusterfiles tragen nunmehr die Namen dehypht.tex für die traditionelle und dehyphn.tex für die neue deutsche Rechtschreibung. Sie lösen die Vorgänger ghyph31.tex bzw. gnhyp01.tex ab. Zum Zeitpunkt der Drucklegung dieser 3. Auflage sind die aktuellen Versionen 3.2a, 3. 3. 1999 bzw. Rev. 31, 7. 5. 2001. Sie stammen von NORBERT SCHWARZ, Ruhr-Universität Bochum, unter Mitwirkung von BERND RAICHLE, Universität Stuttgart, dem Betreuer von german.sty, sowie WALTER SCHMIDT, Erlangen.

Mit dieser Version des deutschen Trennmusterfiles können auch Trennungen vor und nach umlautbehafteten Silben oder Silben, die ein ß enthalten, gefunden werden, was bei früheren Versionen nicht der Fall war. Eine weitere Verbesserung des Trennverhaltens erfolgt bei Verwendung der erweiterten ec-Zeichensätze, mit denen unerkannte oder fehlerhafte Trennungen bei umlaut- oder ß-behafteten Silben, wie sie gelegentlich mit den TEX-cm-Originalschriften auftreten, weitestgehend korrekt erfolgen.

3.6. TRENNUNGSHILFEN

Mit dem Ergänzungspaket `german.sty` kann die Trennungshilfe sehr viel einfacher mit den Befehlen `"ck` bzw. `"tt` erreicht werden. Die Trennungsvorgabe der vorangegangenen Beispiele lautet dann einfach:

   Dru"cker   bzw.   Be"ttuch

Wie `"tt` wirken auch die Befehle `"ff`, `"ll`, `"mm`, `"nn`, `"pp` und `"rr` bei zusammengesetzten Wörtern, die als ff-f, ll-l, mm-m, nn-n, pp-p oder rr-r getrennt werden.

3.6.2 Erzeugung einer Trennungsliste

Kommt ein fehlerhaft getrenntes Wort mehrmals im Text vor, so ist es sinnvoller, dieses Wort in die *Trennungsliste* des Befehls

   \hyphenation{*Trennungsliste*}

aufzunehmen. Dieser Befehl ist im Vorspann anzubringen. Die *Trennungsliste* besteht aus einer Reihe von Wörtern, in der die möglichen Trennungen durch Trennungsstriche vermerkt sind, z. B. Zei-chen-kom-bi-na-ti-on. Die Wörter selbst sind durch Leerzeichen oder einfache Zeilenschaltung voneinander zu trennen, z. B:

   \hyphenation{Zei-chen-kom-bi-na-ti-on Trennungs-stri-che
               Ur-instinkt mit-tei-len statt-fin-den ... }

In die Trennungsliste des Befehls \hyphenation können standardmäßig keine Wörter aufgenommen werden, die Sonderzeichen enthalten. Da die Anführungsstriche " als Sonderzeichen gelten, können somit keine Wörter, in denen Umlaute vorkommen, aufgenommen werden. Diese Einschränkung wird mit dem Ergänzungspaket `t1enc.sty` aufgehoben. Mit dem Vorspannbefehl \usepackage{german,t1enc} werden die Ergänzungspakete `german.sty` und `t1enc.sty` aktiviert, wonach die *Trennungsliste* des \hyphenation-Befehls auch Umlaute und das ß in der Form `"u` bzw. `"s` oder bei einer deutschen Tastatur mit den Umlaut- und der ß-Taste(n) eingegeben werden können, z. B.:

   \hyphenation{m"a-"sig sat-zungs-ge-m"a"s "uber-dr"us-sig}   bzw.
   \hyphenation{mä-ßig sat-zungs-ge-mäß über-drüs-sig}

3.6.3 Vermeidung von Trennungen

Ein anderer Weg, der Trennungsfehler zwar nicht verhindert, jedoch in der Zahl erheblich herabsetzt, besteht in der Einschachtelung eines Absatzes mit fehlerhaften Trennungen durch

   \begin{sloppypar} *Absatz* \end{sloppypar}

Dies erlaubt in diesem Absatz größere Wortabstände und vermeidet damit in den meisten Fällen überhaupt Worttrennungen. Man kann auch den Befehl \sloppy (*lasch*) im Vorspann oder in der laufenden Umgebung verwenden. Damit sind für das ganze Dokument bzw. bis zum Ende der laufenden Umgebung großzügigere Wortabstände erlaubt, womit die Zahl der verbleibenden Worttrennungen deutlich zurückgeht.

Bei der Verwendung von \sloppy im Vorspann kann für einzelne Absätze, in denen großzügigere Wortabstände unerwünscht sind, durch Einschachtelung von

   \begin{fussypar} *Absatz* \end{fussypar}

auf die normale Wahl der Wortabstände zurückgeschaltet werden. Das Gleiche wird mit dem Befehl \fussy (*pingelig*) innerhalb der laufenden Umgebung bewirkt.

3.6.4 Zusatzinformation über Trennungen

Die Kenntnis, wo Trennungen standardmäßig vorgenommen werden können, entnimmt TEX bzw. LATEX den sog. Trennmusterfiles. Diese Files enthalten für jede Sprache ein Buchstabenkombinationsverzeichnis, aus dem ein spezieller TEX-Algorithmus die erlaubten Trennungen bestimmt. Der Algorithmus basiert auf den Ergebnissen der Doktorarbeit von FRANK M. LIANG, Stanford 1983. Zusätzlich enthält dieses File ein Ausnahmeverzeichnis mit Wörtern, die mit dem genannten Algorithmus nicht oder falsch getrennt würden. Falls ein zu trennendes Wort im Ausnahmeverzeichnis auftritt, erfolgt die Trennung entsprechend den dort aufgeführten Möglichkeiten, anderenfalls aufgrund des Trennungsalgorithmus. Die deutschen Trennmusterfiles werden mit dehypht.tex (traditionelle) bzw. dehyphn.tex (neue Schreibweise) bereitgestellt, das US-englische Trennmusterfile entsprechend mit ushyph.tex.

Das Ausnahmeverzeichnis befindet sich am Ende der Trennmusterfiles und besteht aus dem in 3.6.2 vorgestellten Befehl \hyphenation{*Trennungsliste*}. Die dort aufgeführte Trennungsliste kann mit dem Editor erweitert werden. Soll dies durch den Benutzer geschehen, so muss er wissen, in welchem Verzeichnis (Directory) die genannten Trennmusterfiles abgelegt sind, und ob er entsprechende Zugriffsrechte hat. In einem Rechenzentrum wird im Allgemeinen nur der zuständige TEX-Betreuer diese Rechte haben und damit die Ergänzungen auf Mitteilung der Benutzer vornehmen. Wird LATEX dagegen auf einem PC benutzt, so sollte die Systembeschreibung dem Benutzer den Zugang zu den Trennmusterfiles möglich machen.

Das Ausnahmeverzeichnis eines deutschen Trennverzeichnisses sollte Wörter, bei denen eine unterschiedliche Trennung je nach Wortbedeutung existiert, ohne Trennungsvorgabe enthalten, damit solche Wörter von LATEX standardmäßig nicht getrennt werden. Beispiele:

```
    erb-lich und er-blich   oder   Stau-becken und Staub-ecken
```

Kommen solche Wörter in einem Textfile nur in jeweils einer Bedeutung vor, so können sie in die Trennungsliste des \hyphenation-Befehls (3.6.2) für dieses File aufgenommen werden. Anderenfalls müssen sie durch konkrete Trennungsvorgabe nach 3.6.1 im Einzelfall angegeben werden.

Die Trennmusterfiles werden bei der Erstellung des sog. LATEX-Formatfiles latex.fmt in dieses eingebunden. Jede Änderung eines Trennmusterfiles verlangt eine Neuerzeugung von latex.fmt. Die erforderlichen Maßnahmen sind in F.2.1 beschrieben. In einem Rechenzentrum ist dies üblicherweise dem zuständigen TEX-Betreuer vorbehalten. Für den Anwender, der diese Aufgabe selbst durchführen muss, sollten F.1.1 und F.2.1 ausreichend Informationen enthalten.

Übrigens kann man sich mit dem Befehl

```
    \showhyphens{Wortliste}
```

auf dem Bildschirm ausgeben lassen, wie die Wörter aus der angegebenen *Wortliste* ggf. getrennt würden. Bei der Eingabe von

```
    \showhyphens{Ausnahmeverzeichnis Dru"cker Be"ttuch}
```

erscheint auf dem Bildschirm an der Stelle dieses Befehls

```
    Aus-nah-me-ver-zeich-nis Druk-ker Bett-tuch
```

falls die LATEX-Version noch mit einem deutschen Trennverzeichnis der alten Rechtschreibung versehen ist und das deutsche Anpassungsfile mit \usepackage{german} aktiviert wurde. Bei der Verwendung des englischen Originaltrennverzeichnisses werden einige der angegebenen Trennungsmöglichkeiten vermutlich falsch ausfallen. So erscheint z. B. für \showhyphens{system} mit dem alten deutschen Trennungsverzeichnis sy-stem, dagegen beim Original sys-tem.

Anmerkung: Das Originaltrennverzeichnis basiert auf den angloamerikanischen Trennungsregeln, die sich deutlich von den britischen unterscheiden. Soweit im vorliegenden Text kurz von *englischen* Trennungsregeln die Rede war, müsste dies korrekterweise durch *angloamerikanisch* oder *US-englisch* ersetzt werden!

Kapitel 4

Texthervorhebungen

Texthervorhebungen können in vielfältiger Weise erfolgen, z. B. durch Änderung der Schriftart und/oder Schriftgröße, durch Zentrieren oder Einrücken von Textteilen, durch verschiedenartiges Markieren von Absätzen und anderes mehr. Für die gebräuchlichsten solcher Hervorhebungen liefert LaTeX geeignete Befehle.

4.1 Änderung der Schrift

In der Typographie wird ein Satz von Buchstaben, Ziffern und Sonderzeichen mit einer bestimmten Größe und einem einheitlichen Erscheinungsbild als *Zeichensatz* (engl. *font*) bezeichnet. LaTeX verwendet als Standardzeichensatz für den Hauptteil des gesamten zur Bearbeitung anstehenden Textes eine aufrechte Roman-Schrift mittlerer Stärke in der Größe 10 pt. Bei der Wahl der Bearbeitungsklasse mit \documentclass kann mit dem optionalen Parameter 11pt bzw. 12pt die Standardschriftgröße auf 11 pt bzw. 12 pt eingestellt werden (s. 3.1.2). (Zur Erinnerung: 1 pt (Punkt) entspricht 1/72.27 Zoll und damit ungefähr 0.35 mm, 10 pt also etwa 3.5 mm.) Innerhalb eines Zeichensatzes sind es die Klammersymbole, wie ( ), [ ] oder { }, die über die volle Schriftgröße reichen.

In der optischen Wirkung unterscheiden sich die drei Standardgrößen 10 pt, 11 pt und 12 pt deutlicher, als es das Verhältnis der Zahlen erwarten lässt:

> Die vorliegende Schrift ist eine 10 pt-Schrift. ( )
> Dies ist die 11 pt-Standardschrift. ( )
> Und hier die 12 pt-Standardschrift. ( )

4.1.1 Umschaltung für Schrifthervorhebungen

Bei einem Schreibmaschinenmanuskript erfolgt die einfachste Form der Schrifthervorhebung durch Unterstreichen. Bei der Umsetzung in einen gedruckten Text werden die unterstrichenen Textteile üblicherweise in *Kursivschrift* wiedergegeben. Die Umschaltung von der Standardschrift auf die hervorhebende Schrift erfolgt in LaTeX durch den Befehl \emph{*text*} für den eingeschlossenen Text.

Die Auswahl der hervorhebenden Schrift für das übergebene Argument *text* hängt von der äußeren Schrift ab. Ist Letztere eine aufrechte Schrift, so erscheint das übergebene Argument *kursiv*, ist die äußere Schrift dagegen bereits geneigt, *so wird für das Argument* text *eine aufrechte Schrift gewählt*.

Beim \emph{...}-Befehl darf das übergebene Argument verschachtelt werden. So ergibt die Eingabe

```
Die \emph{Vor-, \emph{Zwischen-} und Zur"uckschaltung}
```

Die *Vor-,* Zwischen- *und Zurückschaltung*. Bei diesem LATEX-Befehl ist überdies anzumerken, dass er beim Zurückschalten von einer geneigten auf eine aufrechte Schrift *automatisch* eine evtl. erforderliche *Italic-Korrektur* (s. 3.5.1.4, S. 46) automatisch einfügt.

4.1.2 Die Wahl der Schriftgröße

Folgende Schriftgrößen stehen in LATEX zur Verfügung

\tiny	Winzig	\Large	Größer
\scriptsize	Sehr Klein	\LARGE	Noch Größer
\footnotesize	Fußnote	\huge	Riesig
\small	Klein	\Huge	Gigantisch
\normalsize	Normal		
\large	Groß		

die sich auf die mit \documentclass festgelegte Standardgröße beziehen. Im vorliegenden Buch ist die Standardgröße 10 pt gewählt. Diese ist dann \normalsize. Die den Schriftgrößenbefehlen zugeordneten absoluten Schriftgrößen sind in Tabelle 24 auf S. 487 aufgelistet.

Die vorstehenden Schriftgrößenbefehle sind Erklärungen (s. 2.3) mit der allgemeinen Wirkung von Erklärungen, dass sie ab der Stelle ihres Auftretens bis zu einem evtl. weiteren Schriftgrößenbefehl gelten, längstens aber bis zum Ende der laufenden Umgebung, in der dieser Größenbefehl auftritt. Nach dem Ende der laufenden Umgebung gilt wieder die Schriftgröße, die vor dem Eintritt in diese Umgebung wirksam war.

```
au"sen {\large gro"s und \Large gr"o"ser} und zur"uck
```

erzeugt: außen groß und größer und zurück.

In LATEX wird ab Version 2_ε die Größe als Schriftmerkmal umgeschaltet, während weitere Schriftmerkmale erhalten bleiben:

\emph{kursiv \Large und gr"o"ser} *kursiv und größer*

Dies war in LATEX 2.09 nicht der Fall. Dort schaltete jeder der vorstehenden Schriftgrößenbefehle gleichzeitig auf die aufrechte Roman-Schrift um. Sollte in LATEX 2.09 eine geänderte Schriftgröße auch für eine andere Schriftart gelten, dann musste dort dem Schriftgrößenbefehl der Umschaltbefehl für die Schriftart explizit nachgestellt werden. Damit scheint das Verhalten von LATEX 2_ε natürlicher als dasjenige von LATEX 2.09.

Bei Umschaltung auf eine andere Schriftgröße mit einem der vorstehenden Schriftgrößenbefehle ändert sich automatisch der Zeilenabstand. Zu jeder Schriftgröße gibt es einen auf die jeweilige Größe abgestimmten, *natürlichen* Zeilenabstand \baselineskip. Dieser

4.1. ÄNDERUNG DER SCHRIFT

kann jederzeit durch Neuerklärung geändert werden. Ist der natürliche Zeilenabstand 12 pt, so wird er mit \setlength{\baselineskip}{15pt} auf 15 pt vergrößert. Innerhalb eines Absatzes bestimmt die letzte Einstellung von \baselineskip, also evtl. auch der letzte Schriftgrößenbefehl, den Zeilenabstand für den ganzen Absatz (s. auch 3.2.4).

Soll eine Änderung der Zeilenabstände für alle Schriftgrößen erfolgen, so ist der Faktor \baselinestretch zu ändern. Der tatsächliche Zeilenabstand wird nämlich durch

\baselinestretch×\baselineskip

mit dem jeweiligen schriftgrößenabhängigen Wert von \baselineskip bestimmt. Der Faktor \baselinestretch ist standardmäßig gleich 1 gesetzt und damit wirkungslos. Er kann jedoch jederzeit vom Benutzer durch

\renewcommand{\baselinestretch}{*faktor*}

geändert werden, wobei *faktor* eine beliebige Dezimalzahl sein darf. Ein Wert von 1.5 ändert alle Zeilenabstände auf das Anderthalbfache ihrer natürlichen Werte.

Die Änderung des Wertes von \baselinestretch wird jedoch erst mit der nächsten Änderung der Schriftgröße wirksam. Soll sie bereits auf die laufende Schriftgröße wirken, so muss von der laufenden Schriftgröße kurz auf eine andere und dann auf die laufende zurückgeschaltet werden. Ist die laufende Schriftgröße \normalsize, so kann mit der Befehlsfolge

\small\normalsize

die gewünschte Wirkung erreicht werden. Anstelle von \small könnte jede andere Schriftgröße mit Ausnahme von \normalsize stehen.

Nicht alle Schriftarten sind in allen Größen verfügbar. Dies gilt besonders für die im Anschluss vorgestellten weiteren TEX-Schriftarten. Wird eine Kombination von Größe und Schriftart gewählt, die nicht verfügbar ist, so erzeugt LaTeX eine Warnung und teilt mit, welche Schriftart stattdessen für den Druck gewählt wird.

4.1.3 Zeichensatzattribute

Zeichensätze werden in LaTeX ab Version 2_ε durch sog. Attribute gekennzeichnet. Damit werden bestimmte Merkmale einer Schrift in Klassifizierungsgruppen zusammengefasst. Die Schriftgröße ist aus der Sicht von LaTeX ein solches Attribut. Weitere Attribute sind:

Familie Hiermit wird das globale Erscheinungsbild einer Schrift, evtl. auch ihre Herkunft, gekennzeichnet. In der Typographie sind typische Familiennamen z. B. Baskerville, Helvetica, Times Roman u. a. Bei der LaTeX-Standardinstallation werden folgende Familienerklärungen bereitgestellt:

\rmfamily zur Umschaltung auf eine Roman-Schrift
\ttfamily zur Umschaltung auf eine Schreibmaschinenschrift
\sffamily zur Umschaltung auf eine serifenlose Schrift

Form Mit dem Formattribut wird die Neigung oder eine Kapitälchenschrift gekennzeichnet. Mit der LaTeX-Standardinstallation stehen als Formerklärungen bereit:

\itshape zur Umschaltung auf eine *Kursivschrift*
\slshape zur Umschaltung auf eine *geneigte Schrift*
\scshape zur Umschaltung auf eine KAPITÄLCHEN-SCHRIFT
\upshape zur Rückschaltung auf eine aufrechte Schrift

Serie Mit dem Serienattribut wird die Stärke und Weite einer Schrift charakterisiert. Die LaTeX-Standardinstallation stellt hierfür bereit:

`\bfseries` zur Umschaltung auf eine **Fettschrift**
`\mdseries` zur Rückschaltung auf Schrift normaler (mittlerer) Stärke

Hiermit werden nicht alle möglichen Attributkombinationen abgedeckt. So verlangen die PostScript-Schriften weitere Einstellbefehle für die vorstehenden Attribute. Mit den vorgestellten Attributerklärungen lassen sich aber nahezu alle TeX-Standardschriften (cm- und ec-Schriften) charakterisieren und aktivieren.[1]

Das Bedeutsame an diesen Attributkennzeichnungen ist ihre wechselseitige Unabhängigkeit. Wird z. B. das Familienattribut geändert, so bleibt das eingestellte Form-, Serien- und Größenattribut erhalten. Entsprechendes gilt für jede partielle Attributänderung in Bezug auf die verbleibenden Attribute. Die gegenseitige Unabhängigkeit der Attribute ist der tieferliegende Grund für das unterschiedliche Verhalten von LaTeX 2_ε und LaTeX 2.09 bei Schriftgrößen- und Schriftartenänderungen, worauf im vorangegangenen Unterabschnitt mit `\emph{kursiv \Large und gr"o"ser}` hingewiesen wurde.

Die vorgestellten Attributumschaltbefehle sind Erklärungen (s. 2.3): Sie bewirken die entsprechende Attributänderung ab der Stelle ihres Auftretens, bis sie durch einen Attributbefehl des gleichen Typs (Familie, Form, Serie) abgelöst werden, längstens jedoch bis zum Ende der laufenden Umgebung, in der der Attributänderungsbefehl auftritt. Unter Berücksichtigung der Erklärungs- und Umgebungseigenschaft und der wechselseitigen Unabhängigkeit der vorgestellten Attributtypen sollte dem Leser das Ergebnis von

```
Au"sen normal\begin{small} und jetzt kleiner, \bfseries aber nun
in Fettschrift \sffamily und jetzt als Sans Serif \slshape und
zus"atzlich geneigt. {\ttfamily Hier die kleine, geneigte
Schreibmaschinenschrift,} und zur"uck zur fetten, geneigten
serifenlosen Schrift.\end{small} Nach Verlassen der inneren
Umgebungen erscheint wieder die "au"sere Normalschrift!
```

auch ohne den selbst erläuternden Inhalt vorhersehbar erscheinen:

> Außen normal und jetzt kleiner, **aber nun in Fettschrift und jetzt als Sans Serif *und zusätzlich geneigt.*** *Hier die kleine, geneigte Schreibmaschinenschrift,* **und zurück zur fetten, geneigten serifenlosen Schrift.** Nach Verlassen der inneren Umgebungen erscheint wieder die äußere Normalschrift![2]

Vor Eintritt in die Umgebung `small` ist die Schrift aktiv, die LaTeX mit Eintritt in den Textteil, also nach `\begin{document}`, bereitstellt. Der Befehl `\begin{small}` leitet die neue Umgebung `small` ein. Zwar stellt LaTeX zunächst nur die Größenerklärung `\small` bereit.

---

[1] Als weiteres unabhängiges Attribut kennt LaTeX noch das sog. Kodierungsattribut, das zur Kennzeichnung der Zeichenbelegung innerhalb der Zeichensätze dient. Da dieses aus der Anwenderebene kaum direkt angesprochen, sondern durch geeignete Ergänzungspakete eingestellt wird, unterblieb dessen Vorstellung hier. Eine Vertiefung der Zeichensatzauswahlmechanismen mit LaTeX sowie die Vorstellung weiterer Attributeinstellbefehle wird in 8.5 nachgereicht.

[2] Bei Anwendung dieses Beispiels auf die cm-TeX-Standardschriften entfällt die Umschaltung auf die fette, geneigte serifenlose Schrift, da es diese dort nicht gibt.

4.1. ÄNDERUNG DER SCHRIFT

Alle Erklärungsbefehle dürfen aber auch mit ihrem Befehlsnamen ohne den vorangestellten Rückstrich \ als Umgebungsname genutzt werden (s. vorletzter Absatz von 2.2, S. 13). Die so geschaffene Umgebung small wird mit \end{small} wieder beendet.

Mit Eintritt in die Umgebung small wird das zugehörige Schriftgrößenattribut \small aktiv. Alle anderen Schriftattribute werden zunächst von außen übernommen, also ererbt. Diese sind \rmfamily, \upshape, \mdseries, womit der anfängliche Text „und jetzt kleiner" in kleiner, aufrechter, mittelstarker Roman-Schrift erscheint. Mit der Erklärung \bfseries wechselt das Serienattribut nach ‚fett' (bold face), während die ererbten Familien- und Formattribute erhalten bleiben. Die zugehörige Schrift ist nunmehr die kleine, aufrechte, fette Roman-Schrift.

Mit der weiteren Erklärung \sffamily wechselt das Familienattribut auf eine ‚serifenlose' (sans serif) Schrift. Mit den vorangehend gültigen Schriftattributen führt dies nun zur aufrechten, fetten serifenlosen Schrift. Schließlich ändert die Erklärung \slshape das bis dahin übernommene aufrechte Formattribut nun auf die ‚geneigte' (slanted) Form. Nach dem Hinweis der Fußnote 2 auf der vorangegangenen Seite sollte die Umschaltung mit \slshape wirkungslos bleiben, da die cm-TEX-Standardschriften keine geneigte fette serifenlose Schrift kennen. Beim ausgegebenen Beispiel erscheint Letztere jedoch. Der Grund liegt in der Verwendung einiger PostScript-Schriftfamilien für den Satz dieses Buches, und zwar so, dass \rmfamily zur PostScript-Schriftfamilie Times Roman und \sffamily zur PostScript-Schriftfamilie Helvetica führt, und Letztere kennt eine geneigte Fettschrift.

Nach Ausgabe des Textes in der fetten, geneigten serifenlosen Schrift erscheint eine öffnende Klammer {, die eine namenlose Umgebung *innerhalb* der laufenden small-Umgebung einrichtet. In dieser wird nun nochmals das Familienattribut nach \ttfamily verändert. Die anderen Attribute (Größe, Form und Serie) werden übernommen und bleiben erhalten. Es wird damit also eine kleine, geneigte, fette Schreibmaschinenschrift angefordert. Unter den TEX-Schreibmaschinenschriften gibt es aber standardmäßig nur normalstarke Typen, so dass auf diese Anforderung hin eine kleine geneigte Schreibmaschinenschrift bereitgestellt wird. Diese wird für den anschließenden Text bis zur schließenden Klammer } verwendet.

Mit der schließenden Klammer endet die namenlose Umgebung. Anschließend sind wieder die vorangegangenen Attributeinstellungen \small\sffamily\slshape aktiv. Diese enden mit dem Verlassen der small-Umgebung, nach der zur LATEX-Standardschrift zurückgekehrt wird.

Die vorstehende, sehr ausführliche Erläuterung sollte dem Leser die Haupteigenschaften von Umgebungen und Erklärungen, die in den Abschnitten 2.2 und 2.3 vorgestellt wurden, in ihren Wirkungen demonstrieren und gleichzeitig die wechselseitige Unabhängigkeit der Schriftattribute verdeutlichen.

LATEX kennt als weitere Schriftattributerklärung noch \normalfont. Hiermit wird auf denjenigen Zeichensatz zurückgeschaltet, der mit Beginn des Textteils, also mit \begin{document}, von LATEX standardmäßig bereitgestellt wird. Bei den Standardklassen ist dies äquivalent mit der Attributkombination \rmfamily\mdseries\upshape, also der aufrechten Roman-Schrift mittlerer Stärke.[3]

---

[3] Genaugenommen entspricht \normalfont der internen Ablauffolge
\encodingdefault\familydefault\seriesdefault\shapedefault.
Die letzten drei \xxxdefault-Erklärungen werden in den Standardklassenfiles den Erklärungen \rmfamily, \mdseries und \upshape gleichgesetzt, was zur oben beschriebenen Wirkung führt. Mit \encodingdefault wird das Standard*kodierungs*attribut vorgegeben. Andere Kodierungsattribute werden evtl. bei TEX-fremden Zeichensätzen erforderlich. Hierauf wird erst in Band 2 und Band 3 dieser Buchserie eingegangen.

4.1.4 Zeichensatzbefehle mit Textargumenten

LaTeX stellt neben den Attributerklärungen auch Zeichensatzumschaltbefehle mit Argumenten vor, bei denen der umgeschaltete Zeichensatz nur auf das übergebene Argument wirkt. Diese sind:

Familie:	\textrm{*text*}	\texttt{*text*}	\textsf{*text*}
Form:	\textit{*text*}	\textsl{*text*}	\textsc{*text*}
	\textup{*text*}		
Serie:	\textbf{*text*}	\textmd{*text*}	
Standard:	\textnormal{*text*}		

Diese Befehle stehen in ihrer Wirkung bezüglich der ausgewählten Schriften in völliger Analogie zu ihren Erklärungsäquivalenten. Der Unterschied ist nur struktureller Natur: Die ausgewählte Schrift wird für das übergebene Argument *text* verwendet. So erzeugen \textbf{Fettdruck}, \texttt{Schreibmaschine} und \textsc{Kapit"alchen} wie vorhersehbar: **Fettdruck**, Schreibmaschine und KAPITÄLCHEN.

Auch die argumentbehafteten Zeichensatzbefehle dürfen, wie ihre Erklärungsäquivalente, verschachtelt werden. \textit{\textbf{kursiven Fettdruck}} führt zum ***kursiven Fettdruck***. Die argumentbehafteten Zeichensatzbefehle schalten für den übergebenen Text nur das ihnen zugeordnete Schriftattribut um. Die Zuordnung kann der vorstehenden Auflistung entnommen werden. Ansonsten kommen die Attributkombinationen zur Wirkung, die außerhalb des Befehls gelten.

```
{\ttfamily Die Standardschreibmaschinenschrift wird lokal auf
    \textit{kursiv umgeschaltet}.
Danach erscheint sie wieder aufrecht.}
```

ist in der Wirkung genau vorhersehbar:

```
Die Standardschreibmaschinenschrift wird lokal auf kursiv
umgeschaltet. Danach erscheint sie wieder aufrecht.
```

Der Befehl \textnormal{*text*} ist das Pendant zur Schrifterklärung \normalfont. Das übergebene *text*-Argument erscheint in derjenigen Schrift, die LaTeX standardmäßig mit \begin{document} bereitstellt. Der Befehl \emph{*text*}, der bereits in 4.1.1 vorgestellt wurde, gehört in diesem Sinne auch zur Gruppe der argumentbehafteten Schriftumschaltbefehle aus LaTeX. Wie dort für diesen Befehl bereits erwähnt, fügen alle argumentbehafteten Schriftumschaltbefehle die erforderliche *Italic*-Korrektur (s. 3.5.1.4, S. 46) automatisch ein, wenn von einer geneigten oder kursiven Schrift auf eine aufrechte Schrift umgeschaltet wird.

Die *Italic*-Korrektur \/ muss bei Verwendung der Attributerklärungen aus 4.1.3 bei Bedarf vom Anwender explizit zugefügt werden, wenn die Schriftform von geneigt nach aufrecht wechselt. Insgesamt erscheinen mir die argumentbehafteten Schriftumschaltbefehle, zumindest zur Schriftumschaltung auf kürzere Textpassagen, angemessener als die Umschaltung mit Erklärungen und Berücksichtigung der laufenden oder Einschachtelung in eine namenlose Umgebung. Sie werden deshalb von mir bevorzugt bei lokalen Schriftumschaltungen verwendet.

Soll die automatische Einfügung der *Italic*-Korrektur bei der Umschaltung von geneigten nach aufrechten Schriften bei der Verwendung argumentbehafteter Schriftumschaltbefehle unterbleiben, so verlangt dies die Befehlsangabe \nocorr an der Umschaltstelle:

4.1. ÄNDERUNG DER SCHRIFT

> \textit{Nach der Kursivschrift\nocorr} fehlt die Italic-Korrektur.
> *Nach der Kursivschrift* fehlt die Italic-Korrektur.

Die automatische *Italic*-Korrektur wird am Ende des Textarguments zugefügt, wenn dieses in einer geneigten Schrift erscheint, auf die eine aufrechte Schrift folgt. Umgekehrt wird sie vor dem Textargument und damit am Ende der vorausgehenden Schrift angebracht, wenn für das Textargument eine aufrechte Schrift verlangt wird, der eine geneigte Schrift vorangeht. Mit dieser Kenntnis sollte die Positionierung des Unterdrückungsbefehls \nocorr keine Schwierigkeiten bereiten. Für die Verwendung des Unterdrückungsbefehls \nocorr wird in der Praxis kaum ein Bedarf bestehen, zumal der eingebaute Automatismus weiß, dass die *Italic*-Korrektur nach Satzzeichen wie Punkt und Komma entfallen sollte und in diesen Fällen auch unterbleibt.

Die Formatattributerklärungen \slshape und \itshape bzw. die Schriftumschaltbefehle \textsl{...} und \textit{...} führen zu unterschiedlichen Zeichensätzen, wenn die zugehörige Schriftfamilie unterschiedliche Zeichensätze für *geneigte* und *kursive* Schriften kennt. Dies ist bei der Schriftfamilie \rmfamily der Fall, nicht dagegen bei der Schriftfamilie \sffamily:

> {\rmfamily: abcdefg \textsl{abcdefg} \textit{abcdefg}}
>   abcdefg   *abcdefg*   *abcdefg*
> {\sffamily: abcdefg \textsl{abcdefg} \textit{abcdefg}}
>   abcdefg   *abcdefg*   *abcdefg*

Ganz allgemein gilt:

> Wird eine Attributkombination gewählt, für die kein sie exakt erfüllender Zeichensatz existiert, so wählt LATEX 2_ε nach intern eingebauten Regeln einen Zeichensatz aus, von dem es meint, dass damit die angeforderte Attributkombination am ehesten erfüllt wird. Mit einer gleichzeitigen Warnung wird auf die Zeichensatzanforderung und ihre Ersetzung aufmerksam gemacht.

Bei der angeforderten, kursiven serifenlosen Schrift wird somit die verfügbare geneigte Schrift dieser Familie gewählt, wie sie auch korrekt mit \textsl{...} erscheint.

4.1.5 Zeichensatzauswahl mit LATEX 2.09

Dieser Abschnitt ist nur für LATEX-Benutzer von Bedeutung, die noch alte Eingabetexte haben, die für die Bearbeitung mit LATEX 2.09 vorgesehen waren und die nunmehr im LATEX 2.09-Kompatibilitätsmodus mit evtl. geringen Modifikationen bearbeitet werden sollen. Entfallen solche Anwendungen, so kann dieser Abschnitt ohne Kenntnisverluste übersprungen werden.

Die Charakterisierung von Schriften durch bis zu fünf voneinander unabhängige Schriftattribute ist in LATEX 2.09 völlig unbekannt. Die Schriftauswahl erfolgt dort durch sog. Zeichensatzauswahlbefehle, deren Namen nur aus zwei Buchstaben bestehen. LATEX 2.09 stellte die folgenden Zeichensatzauswahlbefehle bereit:

\rm	Roman	\it	*Italic*	\sc	SMALL CAPS
\bf	**Bold Face**	\sl	*Slanted*	\sf	Sans Serif
\tt	Typewriter				

denen jeweils entsprechende Zeichensätze fest zugeordnet sind.

Diese Schriftumschaltbefehle sind Erklärungen: Die Umschaltung bleibt also so lange wirksam, bis auf eine andere Schriftart geschaltet wird oder aber die augenblickliche Umgebung endet. Die Umschaltung für kurze Textteile erfolgt am einfachsten in {...}. So erzeugt {\sc Helmut Kopka} im laufenden Text HELMUT KOPKA. Soll für längere Textteile auf eine andere Schriftart umgeschaltet werden, so ist es empfehlenswert, hierfür eine Umgebung durch

\begin{*schriftart*} ... *umgeschalteter Text* ... \end{*schriftart*}

zu schaffen. Für *schriftart* ist der Name der Schriftart einzusetzen. Dieser ist identisch mit dem Zweibuchstaben-Befehlsnamen für die Umschaltung, aber ohne den vorangehenden \.

Wegen der festen Zuordnung von Zeichensätzen zu den vorstehenden Zeichensatzbefehlen bleibt eine Kombination dieser Befehle im Allgemeinen wirkungslos:

{\bf fette Roman-Schrift \it gefolgt von Italic} erzeugt

fette Roman-Schrift *gefolgt von Italic*

Ebenso führt {\bf\sl normal geneigt} mit *normal geneigt* nur zur geneigten Schrift in normaler Stärke. Nach \bf würde unmittelbar folgender Text zwar in Fettschrift erscheinen, dem nachfolgenden \sl ist jedoch der geneigte Zeichensatz in Normalstärke zugeordnet, so dass die vorangehende Fettschriftumschaltung entfällt. Der Aufruf einer fetten kursiven Schrift, der dem LATEX 2ε-Anwender durch die entsprechende Attributkombination ganz selbstverständlich erscheint, ist in LATEX 2.09 mit den Standardbefehlen nicht möglich. Diese Schrift kann dort zwar auch aktiviert werden, dies verlangt jedoch die anwendereigene Bereitstellung zusätzlicher Zeichensatzbefehle, die im nächsten Unterabschnitt vorgestellt werden.

Der Zeichensatzauswahlbefehl \em schaltet auf eine hervorhebende Schriftart um. Er ist gewissermaßen das Erklärungsäquivalent zum LATEX 2ε-Befehl \emph{*text*} aus 4.1.5, doch entfällt bei der \em-Erklärung die automatische Einfügung der Italic-Korrektur bei der Umschaltung von einer geneigten zu einer aufrechten Schriftart. Die Verschachtelungshinweise zu \emph aus 4.1.5 können sinngemäß auch für die \em-Erklärung übernommen werden.

Die sog. *Zweibuchstaben*-Schriftumschaltbefehle aus LATEX 2.09 sind in LATEX 2ε im Kompatibilitätsmodus, also bei Verwendung von \documentstyle statt \documentclass zur Auswahl der Bearbeitungsklasse, natürlich bekannt und wirken so, wie dies in LATEX 2.09 der Fall ist. Damit ist die Bearbeitung alter Texte mit diesen Schriftauswahlbefehlen in der ursprünglichen Weise sichergestellt.

4.1.6 Zusätzliche Schriften

Im Allgemeinen kennt Ihr Rechner zusätzlich weitere Schriften. Diese können in LATEX durch den Befehl

\newfont{*schrift_bef*}{*name* [scaled *skal_stufe*]} oder
\newfont{*schrift_bef*}{*name* [at *größe*pt]}

verfügbar gemacht werden. Hier ist *schrift_bef* ein vom Benutzer erklärter Befehlsname, mit dem dieser Zeichensatz in LATEX aufgerufen werden kann. Für *name* ist der Grundname des Zeichensatzfiles einzusetzen, unter dem dieses im Rechner gespeichert ist. Die Namen aller zulässigen TEX- und LATEX-Zeichensätze sind in C.8.1 auf S. 332 aufgelistet. Mit der Angabe nach scaled bzw. at kann der ausgewählte Zeichensatz vergrößert oder verkleinert werden, wobei *skal_stufe* für den mit 1000 multiplizierten Skalierungsfaktor steht und *größe* pt die Sollgröße in 'pt' bedeutet. Diese Skalierungsangaben sind optional. Mit

\newfont{\dunh}{cmdunh10 scaled 900} bzw.
\newfont{\dunh}{cmdunh10 at 9pt}

wird z. B. der Dunhill-Zeichensatz cmdunh10 um 0.9, also auf 9 pt verkleinert und unter dem Namen \dunh bereitgestellt. Er kann dann mit dem Befehlsaufruf \dunh angefordert werden. Im Unterschied zu den LATEX-eigenen Schriftbefehlen wird der Zeilenabstand für zusätzliche Schriftbefehle nicht automatisch gewählt. Dieser muss ggf. mit der Erklärung

4.1. ÄNDERUNG DER SCHRIFT

\baselineskip neu gesetzt werden. Für die obige 10-pt-Schrift mit der Skalierung 900 wäre ein Zeilenabstand von 12 pt passend, also \setlength{\baselineskip}{12pt} zu setzen.

Die Einführung weiterer Schriftbefehle mit \newfont war bereits in LaTeX 2.09 erlaubt und ist auch in LaTeX 2_ε zulässig. In LaTeX 2_ε besteht hierfür nur selten Bedarf, da nahezu alle TeX-eigenen Schriften mit geeigneten Attributkombinationen angefordert werden können. Das Beispiel für die Dunhill-Schrift ist eine der wenigen Ausnahmen. In LaTeX 2.09 besteht für die Definition weiterer Schriftbefehle dagegen viel häufiger Bedarf, da die feste Schriftzuordnung zu den Schriftbefehlen eine direkte Anforderung z. B. einer fetten Kursivschrift oder geneigten serifenlosen Schrift nicht zulässt. Eine solche Anforderung ist dort nur mit der Definition zusätzlicher Schriftbefehle wie \newfont{\bit}{cmbxit10} oder \newfont{\ssi}{cmssi10} möglich.

LaTeX kennt neben den in 4.1.3 und 4.1.4 vorgestellten Schriftauswahlbefehlen den noch allgemeineren Auswahlbefehl

\usefont{*code*}{*fam*}{*serie*}{*form*}

der in 8.5.1 auf S. 234 vorgestellt und beschrieben wird. Dieser Schriftauswahlbefehl macht den \newfont-Befehl weitestgehend überflüssig, da mit geeigneten Vorgaben für *code, fam, serie* und *form* alle verfügbaren cm-TeX-Schriften abrufbar sein sollten.

4.1.7 Zeichensätze und Symbole

TeX und LaTeX stellen die beim Druck verwendeten Zeichensätze als Teil des Programmpakets selbst zur Verfügung. TeX stellt insgesamt 75 Grundzeichensätze bereit, die jeweils in bis zu sieben Skalierungsstufen zur Verfügung stehen (s. C.8.1 und C.8.2). Jeder Zeichensatz selbst besteht i. Allg. aus 128 (bei zukünftigen Zeichensätzen aus 256) einzelnen Zeichen oder Symbolen.

Innerhalb eines Zeichensatzes ist jedes einzelne Zeichen durch eine Zahl zwischen 0 und 127 (bzw. 0 und 255) gekennzeichnet. Mit dem Befehl

\symbol{*num*}

kann jedes Symbol des aktuellen Zeichensatzes durch Angabe seiner internen Kennnummer *num* erzeugt werden. Das Zeichen ¿ in der hier benutzten Schrift hat die Nummer 62 und kann somit durch \symbol{62} ausgedruckt werden. Die Kennzahl kann auch in *oktaler* oder *hexadezimaler* Darstellung durch das Voranstellen von ' bzw. " angegeben werden. 25 ist gleichbedeutend mit '31 bzw. "19 und ist die Kennzahl für 'ß', das somit gleichermaßen durch \symbol{25}, \symbol{'31} oder \symbol{"19} ausgedruckt werden kann.

Der \symbol-Befehl kann auch zum Ausdruck von Befehlszeichen oder Zeichen, für die kein symbolischer Name existiert, genutzt werden: \texttt{\symbol{32} \symbol{34} \symbol{92}} erzeugt z. B. ␣ " \. Auch die Einzeichenbefehle ^ und ~, für die kein direkter Druckbefehl existiert, können mit \symbol{94} bzw. \symbol{126} ausgegeben werden. Werden solche Symbole in einem Eingabetext mehrfach angefordert, dann sollte man sie mit Eigenbefehlen gem. 7.3 bereitstellen, z. B. mit \caret für ^ aus \newcommand{\caret}{\symbol{94}}.

Die Zuordnung von Kennnummern in dezimaler, oktaler und hexadezimaler Form zu den Zeichen der verschiedenen cm-Zeichensatzfiles ist im Anhang C.6 in den Tabellen 1–8 auf S. 318–322 sowie für die erweiterten ec-Schriften im Anhang C.7.4 auf S. 326 dargestellt.

4.2 Textausrichtungen

4.2.1 Zentrierter Text

Mit der Umgebung

\begin{center} *Zeile 1*\\ *Zeile 2*\\ ... *Zeile n*\end{center}

erscheint der Text zeilenweise zentriert. Die einzelnen Zeilen sind durch \\ (evtl. mit einer Abstandsangabe [*abst*]) zu trennen. Werden keine \\ verwendet, so werden die Zeilen mit festen Wortabständen so weit mit Wörtern aufgefüllt, wie es die Zeilenbreite zulässt, und dann zentriert umbrochen. Das letzte Wort einer solchen zentrierten Zeile ist bei größeren Vorgaben für die Textbreite fast immer ein ganzes Wort, d. h., eine Worttrennung am Zeilenende findet, wenn überhaupt, nur bei schmaleren Vorgaben für die Textbreiten statt.

A Guide to LaTeX
Document Preparation for Beginners
and Advanced Users
HELMUT KOPKA and PATRICK W. DALY

wurde erzeugt mit

```
\begin{center}{\large\bfseries A Guide to \LaTeX}\\[.5ex]
   Document Preparation for Beginners\\ and Advanced Users\\
   \textsc{Helmut Kopka} and \textsc{Patrick W. Daly}
\end{center}
```

Das Beispiel zeigt gleichzeitig, dass vor und nach der `center`-Umgebung zusätzlicher vertikaler Zwischenraum eingefügt wird. Außerdem demonstriert es einige lokale Schriftarten- und Schriftgrößenumschaltungen.

Innerhalb einer anderen Umgebung kann auch mit dem Befehl \centering der darauffolgende Text, evtl. durch \\ in Zeilen getrennt, zentriert werden. Die Wirkung der Erklärung \centering endet mit der Umgebung, in der sie auftrat.

Eine einzelne Zeile kann auch mit dem TeX-Befehl \centerline{*text*} erzeugt werden. Anders als bei der `center`-Umgebung wird ober- und unterhalb der zentrierten Zeile *kein* zusätzlicher Zwischenraum zugefügt: \centerline{Zentrierter Text}
Zentrierter Text

4.2.2 Einseitig bündiger Text

Die Umgebungen

\begin{flushleft}   *Zeile 1*\\ *Zeile 2*\\ ... *Zeile n*   \end{flushleft}
\begin{flushright} *Zeile 1*\\ *Zeile 2*\\ ... *Zeile n*   \end{flushright}

erzeugen links- (`flushleft`) bzw. rechtsbündigen (`flushright`) Text. Werden die Zeilen nicht durch \\ getrennt, so werden sie wie bei zentrierten Texten mit festen Wortabständen so weit mit Wörtern aufgefüllt, wie es die Zeilenbreite zulässt, und dann umbrochen. Das letzte Wort einer Zeile ist stets ein ganzes Wort, d. h., eine Worttrennung am Zeilenende findet nicht statt.

4.2. TEXTAUSRICHTUNGEN

Innerhalb einer anderen Umgebung kann die gleiche Wirkung auch mit den Befehlen

\raggedright entspricht der flushleft-Umgebung bzw.
\raggedleft entspricht der flushright-Umgebung

erreicht werden. Für einzelne Zeilen, die nur links- bzw. nur rechtsbündig umbrochen werden sollen, können zusätzlich die TEX-Befehle \leftline{*text*} bzw. \rightline{*text*} genutzt werden. Bezüglich des zugefügten vertikalen Zwischenraums oberhalb und unterhalb der flushleft- und flushright-Umgebung bzw. des Fehlens dieses Zusatzzwischenraums bei \leftline und \rightline können die Hinweise des vorangegangenen Abschnitts zur center-Umgebung wiederholt werden. Nach den dortigen Beispielen kann auf äquivalente Beispiele bei den einseitig umbrechenden Befehlsstrukturen verzichtet werden.

4.2.3 Beidseitig eingerückter Text

Mit den Umgebungen

\begin{quote}   *Text*   \end{quote}
\begin{quotation} *Text*   \end{quotation}

wird *Text* beidseitig gleich weit eingerückt.

> Zwischen dem eingerückten Text und dem vorangehenden bzw. folgenden Normaltext wird ober- und unterhalb des eingerückten Textes zusätzlicher vertikaler Zwischenraum eingefügt.
>
> Der eingerückte Text darf beliebig lang sein. Er kann aus einem Teilsatz, einem ganzen Absatz oder gar aus mehreren Absätzen bestehen.
>
> Mehrere Absätze werden wie üblich durch eine Leerzeile getrennt, jedoch sollte eine Leerzeile zu Beginn und Ende des eingerückten Textes entfallen, da hier automatisch zusätzlicher Zwischenraum eingefügt wird.

Der Unterschied zwischen beiden Formen besteht in Folgendem:

> Bei der quotation-Umgebung werden eingerückte Absätze durch zusätzliches Einrücken der ersten Zeile gekennzeichnet, während bei der quote-Umgebung die Absätze durch zusätzlichen vertikalen Zwischenraum voneinander getrennt werden.
>
> Demzufolge ist der hier eingerückte Text durch quotation erzeugt worden, der weiter oben eingerückte Text dagegen mit quote.
>
> Die Umgebung quotation wird man sinnvollerweise nur verwenden, wenn auch im sonstigen Text Absätze durch Einrücken der ersten Zeile gekennzeichnet sind.

Zum Abschluss noch ein Beispiel für verschachtelte Einrückungsstrukturen:

> Rechtsbündiger Text in der quote-Umgebung, der ohne Vorgabe von \\-Befehlen nur rechtsbündig und unter Berücksichtigung der quote-Einrückungen umbrochen wird.

```
\begin{quote}\raggedleft
   Rechtsb"undiger Text in der \texttt{quote}-Umgebung, der ohne ...
\end{quote}
```

4.2.4 Verseinrückungen

Die Umgebung

\begin{verse} *Gedicht* \end{verse}

ist für das beidseitige Einrücken von Reimen, Gedichten, Versen u. ä. gedacht.

> Strophen werden hierin durch Leerzeilen getrennt
> und die einzelnen Zeilen einer Strophe durch \\ umbrochen.
>
> Falls eine Zeile länger ist, als es die beidseitig eingerückte Textbreite erlaubt,
>> wird diese Zeile links- und rechtsbündig umbrochen und mit einer tiefer
>> eingerückten Zeile fortgesetzt.

Die vorstehenden Einrückungen können untereinander verschachtelt werden. Innerhalb einer quote-Umgebung kann also eine weitere quote-, quotation- oder verse-Umgebung eingerichtet werden. Hierdurch wird ein nochmaliges beidseitiges Einrücken des Textes bewirkt. Insgesamt dürfen bis zu sechs dieser Strukturen ineinander verschachtelt werden. Die Einrücktiefe und der vertikale Abstand zur umgebenden Struktur nehmen dabei mit zunehmender Schachtelungstiefe ab.

Übung 4.1: *Fassen Sie Ihnen geeignet erscheinende Textteile Ihres Übungsfiles in* quote- *und* quotation-*Umgebungen, d. h., schachteln Sie diese Textteile mit*

\begin{quote} . . . . . \end{quote}   *bzw.*
\begin{quotation} . . . . . \end{quotation}

ein.

Übung 4.2: *Richten Sie ein neues File mit dem Namen* gedicht.tex *ein und geben Sie Ihr Lieblingsgedicht ein, das Sie mit der* verse-*Umgebung formatieren. Wählen Sie als Standardschriftgröße* 12pt *und als Schriftstil für den Text Ihres Gedichts Italic. Setzen Sie den Gedichttitel vor die* verse-*Umgebung und wählen Sie hierfür eine größere Fettschrift, z. B.* \Large\bfseries. *Setzen Sie unter das Gedicht den Namen des Verfassers rechtsbündig eingerückt.*
Anmerkung: Erinnern Sie sich, dass Sie innerhalb einer Umgebung Bearbeitungsmerkmale wie z. B. den Schriftstil ändern können, wobei die Änderung nur bis zum Ende der Umgebung wirkt.

Übung 4.3: *Richten Sie ein weiteres File mit dem Namen* titel.tex *ein. Erinnern Sie sich noch an die* titlepage-*Umgebung zur freien Gestaltung einer Titelseite? Wenn nicht, blättern Sie auf Seite 37 zurück. Erzeugen Sie mit dieser Umgebung eine Titelseite mit Schriftgrößen und Schriftarten nach Ihren Wünschen, wobei alle Angaben auf der Titelseite horizontal zentriert sein sollen.*
Anmerkung: Beachten Sie auch hier, dass Sie innerhalb der titlepage-*Umgebung zwar die* center-*Umgebung einschachteln können, dass es aber auch genügt, innerhalb der* titlepage-*Umgebung stattdessen den Befehl* \centering *zu setzen, dessen Wirkung mit dem Ende der* titlepage-*Umgebung ebenfalls endet.*
Wählen Sie die einzelnen Zeilenabstände mit dem Befehl \\[*abstand*] *und einer Ihnen geeignet erscheinenden Längenangabe* abstand. *Erinnern Sie sich, dass Sie vertikalen Leerraum vor Beginn der ersten Zeile nur mit der *-Form des Befehls* \vspace*[*abstand*] *(s. Seite 49) einfügen können.*
Wählen Sie für die verschiedenen Teile der Titelseite, wie Titel, Name, Anschrift u. a., unterschiedliche Schriften und Größen. Experimentieren Sie hierbei ein wenig mit den verschiedenen Schriften, bis das Ergebnis Sie zufriedenstellt.
Vergleichen Sie das Ergebnis Ihrer eigenhändig gestalteten Titelseite mit dem Ergebnis von Übung 3.7. Falls Ihnen Ihr eigenes Werk besser gefällt, so ersetzen Sie in Ihrem Standardübungsfile die Befehle \title, \author, \date *und* \maketitle *durch die* titlepage-*Umgebung mit den von Ihnen gewählten Angaben.*

4.3 Aufzählungen

Für Aufzählungen stehen standardmäßig die Umgebungen

\begin{itemize}   *aufzählender Text*   \end{itemize}
\begin{enumerate}   *aufzählender Text*   \end{enumerate}
\begin{description}   *aufzählender Text*   \end{description}

zur Verfügung. Die Wirkung dieser Umgebungen liegt darin, dass der *aufzählende Text* links eingerückt wird und eine Markierung vor der Einrückung erhält. Es ist lediglich die Art der Markierung, in der sich die vorstehenden Umgebungen voneinander unterscheiden. Die Markierung selbst wird durch den Befehl \item erzeugt.

4.3.1 Beispiel itemize

- Die einzelnen Aufzählungen werden durch einen dicken schwarzen Punkt gekennzeichnet.

- Der Text der einzelnen Aufzählungen kann beliebig lang sein. Er darf aus mehreren Absätzen bestehen, die im Eingabetext in gewohnter Weise durch zusätzliche Leerzeilen gekennzeichnet werden.

  Die Markierung erfolgt vor der ersten Zeile der jeweiligen Aufzählung.

- Die einzelnen Aufzählungen werden zusätzlich durch vertikalen Zwischenraum[4] voneinander getrennt.

Der vorstehende Text wurde erzeugt durch

```
\begin{itemize}
\item Die einzelnen Aufz"ahlungen werden durch einen dicken
      schwarzen Punkt gekennzeichnet.
\item Der Text der einzelnen Aufz"ahlungen kann beliebig ...
\item Die einzelnen Aufz"ahlungen werden zus"atzlich ...
\end{itemize}
```

4.3.2 Beispiel enumerate

1. Die Markierung erfolgt durch fortlaufende Bezifferung.

2. Die Bezifferung startet bei jeder neuen enumerate-Umgebung jeweils neu mit dem Anfangswert 1 und erfolgt automatisch mit den \item-Befehlen.

Der vorstehende Text wurde erzeugt durch:

```
\begin{enumerate}
\item Die Markierung erfolgt durch fortlaufende Bezifferung.
\item Die Bezifferung startet bei jeder neuen \texttt{enumerate}-Umgebung...
\end{enumerate}
```

---

[4] Der vertikale Zusatzzwischenraum zwischen den Aufzählungspunkten der Aufzählungsumgebungen enthält relativ viel Elastizität, so dass er bei ungünstigen Seitenumbrüchen evtl. zu groß erscheint. Für eine manuelle Korrektur, die die Ausnahme bleiben sollte, wird auf 3.5.5.7 verwiesen.

4.3.3 Beispiel description

Autor Diese Umgebung eignet sich gut für ein Literaturverzeichnis. Ebensogut kann sie für ein Teilnehmerverzeichnis mit Herkunftsangaben u. ä. dienen.

H. Kopka *LaTeX-Kurzfassung.* **1987**, MPI für Aeronomie

P. Stubbe *Theory of the night-time F-layer.* Journal of Atmospheric and Terrestrial Physics, **1968**, Vol. 30, pp. 243–263.

wurde erzeugt mit

```
\begin{description}
\item[Autor] Diese Umgebung eignet sich gut f"ur ein Literaturver...
\item[H. Kopka] \emph{\LaTeX-Kurzfassung.} \textbf{1987}, MPI f"ur Aeronomie
\item[P. Stubbe] \emph{Theory of ...} Journal of Atmospheric and
     Terrestrial Physics, \textbf{1968}, Vol.\ 30, pp.\ 243--263.
\end{description}
```

Der \item[*opt*]-Befehl erhält bei dieser Umgebung einen optionalen Parameter. Dieser erscheint in Fettdruck als Markierung.

4.3.4 Verschachtelte Aufzählungen

Die vorstehenden Aufzählungen können bis zu einer Tiefe von 4 einzeln oder wechselseitig verschachtelt werden. Je nach der Tiefe der Schachtelung ändert sich der Stil der Markierung. Die jeweilige Einrückung erfolgt gegenüber dem linken Rand der vorhergehenden Aufzählung. Bei einer vierfachen Verschachtelung der `itemize`-Umgebung sieht das wie folgt aus:

- Die Markierung der ersten Stufe ist ein dicker schwarzer Punkt.
  - Die der zweiten Stufe ein längerer Strich.
    * Die der dritten Stufe ein Stern.
      · Und die Markierung der vierten Stufe schließlich ist ein ·.
      · Gleichzeitig vermindert sich der vertikale Abstand mit zunehmender Schachtelungstiefe.
    * Zurück zur dritten Stufe.
  - Und zur zweiten.
- Und hier sind wir wieder bei der ersten Stufe.

Entsprechend sieht es bei der `enumerate`-Umgebung aus. Hierbei ändert sich in Abhängigkeit von der Tiefe der Stil der Nummerierung:

1. Die Nummerierung der ersten Stufe erfolgt in arabischen Ziffern, gefolgt von einem Punkt.
   (a) Die Nummerierung der zweiten Stufe erfolgt in Kleinbuchstaben, die in ( ) gesetzt sind.

4.3. AUFZÄHLUNGEN

   i. Die Nummerierung der dritten Stufe erfolgt in kleinen römischen Ziffern, gefolgt von einem Punkt.
      A. Die Nummerierung der vierten Stufe erfolgt in Großbuchstaben.
      B. Eine Änderung des Markierungsstils ist möglich und wird im nächsten Abschnitt erläutert.
   ii. Hier wieder die dritte Stufe.
 (b) Und hier die zweite.
 2. Und schließlich wieder die erste Stufe.

Die wechselseitige Verschachtelung führt z. B. zu:

- Die Markierung ist ein dicker schwarzer Punkt.
  1. Die Nummerierung erfolgt arabisch, da dies die erste Stufe der enumerate-Umgebung ist.
     - Dies ist die dritte Stufe der Schachtelung, aber die zweite Stufe der itemize-Schachtelung.
       (a) Dies ist zwar die vierte Stufe der Gesamtschachtelung, aber nur die zweite Stufe der enumerate-Schachtelung.
       (b) Demzufolge erfolgt die Nummerierung in Kleinbuchstaben, die in ( ) gesetzt sind.
     - Die Markierung dieser Stufe erfolgt wieder durch einen Strich.
  2. Jede Aufzählung sollte mindestens zwei Punkte enthalten.
- Leerzeilen vor einem Item-Befehl haben keinen Effekt.

Die vorstehende gemischte Aufzählung wurde erzeugt durch

```
\begin{itemize}
\item Die Markierung ist ein dicker schwarzer Punkt.
\begin{enumerate}
\item Die Nummerierung erfolgt arabisch, da dies die erste Stufe ...
\begin{itemize}
\item Dies ist die dritte Stufe der Schachtelung, aber die zweite ...
\begin{enumerate}
\item Dies ist zwar die vierte Stufe der Gesamtschachtelung, aber ...
\item Demzufolge erfolgt die Nummerierung in Kleinbuchstaben, die ...
\end{enumerate}
\item Die Markierung dieser Stufe erfolgt wieder durch einen Strich.
\end{itemize}
\item Jede Aufz"ahlung sollte mindestens zwei Punkte enthalten.
\end{enumerate}

\item Leerzeilen vor einem Item-Befehl haben keinen Effekt.
\end{itemize}
```

Übung 4.4: *Erzeugen Sie eine mehrfach verschachtelte* itemize- *sowie* enumerate-*Umgebung entsprechend den ersten beiden Beispielen, aber mit anderen Verschachtelungsanordnungen.*

Übung 4.5: *Formatieren Sie ein Teilnehmerverzeichnis mit Herkunftsangaben mit der* description-*Umgebung, bei der die Namen der Teilnehmer als Parameter der* \item-*Befehle auftreten.*

Achtung: Innerhalb der drei Aufzählungsumgebungen führt jeder Text vor dem ersten \item-Befehl zu einem Bearbeitungsfehler!

4.3.5 Änderung der Markierungen

Die Markierungen bei den itemize- und enumerate-Umgebungen können in einfacher Weise durch die Verwendung eines optionalen Parameters beim \item[*marke*]-Befehl geändert werden. \item[+] würde z. B. die Markierung + erzeugen und \item[2.1:] die Markierung 2.1:. Bei der Verwendung eines optionalen Parameters *marke* hat dieser Vorrang gegenüber dem Standard. Für die enumerate-Umgebung bedeutet dies, dass auch keine automatische Erhöhung des entsprechenden Zählers stattfindet. Die Zählung muss vom Benutzer selbst als optionaler Parameter vorgenommen werden.

Die optionale Markierung erscheint rechtsbündig im Markierungsfeld. Dessen Breite und Positionierung zum nachfolgenden Aufzählungstext können mit den in 4.4.2 auf S. 76 vorgestellten Listenerklärungen bei Bedarf verändert werden.

Es ist auch möglich, für das ganze Dokument oder Teile des Dokuments einen anderen Aufzählungsstandard zu wählen. Die Erzeugung der Markierungen erfolgt in LaTeX intern durch das Aufrufen der Befehle

\labelitemi, \labelitemii, \labelitemiii, \labelitemiv für itemize
\labelenumi, \labelenumii, \labelenumiii, \labelenumiv für enumerate

Die Endungen i, ii, iii, iv beziehen sich auf die jeweils erste, zweite, dritte und vierte Stufe.

Diese Befehle können mit dem Befehl \renewcommand geändert werden. Soll z. B. die dritte Stufe der itemize-Umgebung standardmäßig statt des ∗ ein + erhalten, so kann dies durch

\renewcommand{\labelitemiii}{+}

erfolgen.

Entsprechend kann auch der Standard der enumerate-Umgebung geändert werden. Soll z. B. die Nummerierung der zweiten Stufe durch arabische Ziffern, gefolgt von .) erfolgen, so wird das durch

\renewcommand{\labelenumii}{\arabic{enumii}.)}

erreicht. Zum Verständnis des vorstehenden Befehls muss man wissen, dass entsprechend den vier enumerate-Stufen die vier Zähler enumi, enumii, enumiii und enumiv geführt werden. Der Wert eines Zählers kann durch einen der Befehle \arabic, \roman, \Roman, \alph oder \Alph ausgegeben werden, und zwar in dem Numerierungsstil, wie er aus dem Befehlsnamen erkennbar ist (s. 7.1.4). \Roman{counter} würde z. B. den augenblicklichen Wert des Zählers mit dem Namen counter (falls ein solcher existiert) in großen römischen Ziffern ausgeben und \alph{counter} stattdessen als Kleinbuchstabe (wobei der Wert 1 dem a und der Wert 26 dem z entspricht).

Damit wird der obige Befehl verständlich. Der Befehl \labelenumii erhält die neue Bedeutung, den Wert des Zählers enumii als arabische Ziffer auszugeben und daran ein .) zu hängen. In entsprechender Weise kann der Nummerierungsstandard für enumerate in allen Stufen beliebigen Anwenderwünschen angepasst werden. Dabei können ggf. mehrere Zähler ausgegeben werden:

4.3. AUFZÄHLUNGEN

```
\renewcommand{\labelenumii}{\Alph{enumi}.\arabic{enumii}}
```
würde bei jedem \item-Aufruf der zweiten Stufe den Stand des Zählers enumi als Großbuchstaben, gefolgt vom Stand des Zähler enumii als Ziffer, also in der Form A.1, A.2, ..., B.1, B.2, ... ausgeben.

Soll der geänderte Standard für das ganze Dokument gelten, so wird man die entsprechenden Befehle zweckmäßig im Vorspann aufführen. Anderenfalls gelten sie nur innerhalb der Umgebung, in der sie auftauchen.

Übung 4.6: Ändern Sie die Standardmarkierung der itemize-Umgebungen für die erste Stufe in einen Geviertstrich —, für die zweite Stufe in einen Streckenstrich – und für die dritte Stufe in einen Trennstrich -.

Übung 4.7: Ändern Sie die Standardmarkierung für die erste Stufe der enumerate-Umgebung in (I), (II),... und für die zweite Stufe so, dass der Buchstabe der ersten Stufe, gefolgt von einer fortlaufenden Nummer für die zweite Stufe in der Form I–1:, I–2:, ... II–1:, II–2:, ... mit den \item-Befehlen erscheint.

Die vorstehenden Übungen zeigen, dass die Standardmarkierungen der itemize- und enumerate-Umgebungen beliebigen Anwenderwünschen angepasst werden können. Solche Änderungen sollten jedoch die Ausnahme bleiben, da die von LESLIE LAMPORT gewählten Standardmarkierungen aus der Sicht von Druckerprofis kaum zu verbessern sind. Wird trotzdem eine Änderung verlangt, dann sollte sie für das ganze Dokument beibehalten werden.

4.3.6 Literaturverzeichnis

Wissenschaftliche Veröffentlichungen enthalten häufig ein Literaturverzeichnis, auf dessen verschiedene Eintragungen im Text verwiesen wird, z. B. durch eine fortlaufende Nummerierung im Literaturverzeichnis und Verweis auf die entsprechende Nummer im Text. Oft steht das Literaturverzeichnis noch nicht endgültig fest, wenn mit dem Text der Veröffentlichung begonnen wird.

Es wäre mühsam, wenn bei jeder Änderung im Literaturverzeichnis der gesamte Text anschließend zu durchmustern wäre, um die entsprechenden Verweise anzupassen. LaTeX liefert hierfür ein geeignetes Instrument, das sowohl ein Literaturverzeichnis geeignet formatiert als auch Änderungen oder Ergänzungen bei den Bezügen im Text automatisch anpasst.

Das Literaturverzeichnis wird erzeugt mit der Umgebung

```
\begin{thebibliography}{muster_marke}
    Eintragungen
\end{thebibliography}
```

Die einzelnen *Eintragungen* für das Literaturverzeichnis beginnen jeweils mit dem Befehl

```
\bibitem[marke]{bezug} eintrag_text
```

Ohne den optionalen Parameter *marke* erzeugt \bibitem als Markierung eine laufende Nummer in eckigen Klammern. Mit *marke* kann stattdessen eine vom Benutzer vorgenommene Markierung, z. B. ein abgekürzter Autorenname, evtl. gefolgt von einer autorenspezifischen Literaturnummer, gewählt werden. Der zwingende Parameter *bezug* ist ein Bezugswort, das die verschiedenen Einträge im Literaturverzeichnis symbolisch kennzeichnet. Das Bezugswort kann aus einer beliebigen Kombination von Buchstaben, Zahlen und Zeichen mit Ausnahme des Kommas bestehen.

Der weitere *eintrag_text* enthält den eigentlichen Texteintrag, i. Allg. „Autor, Titel, Verlag, Erscheinungsjahr und ggf. Auflage und bestimmte Seiten", in teilweise unterschiedlichen Schriftarten. Dieser Text erscheint hinter der Markierung eingerückt. Die Einrücktiefe wird durch die Eingabe für *muster_marke* der Umgebung bestimmt. Sie sollte mindestens so groß sein wie die längste Markierung im Literaturverzeichnis. Die Anmerkung zur nachfolgenden Übung 4.8 enthält hierzu weitere Hinweise.

Der Bezug im Text wird durch den Befehl

```
\cite{bezug}
```

hergestellt, wobei *bezug* das gerade beschriebene Bezugswort im Literaturverzeichnis ist. Im laufenden Text erscheint hiermit die zugehörige Markierung des Literaturverzeichnisses. Beispiel:

```
F"ur eine vertiefte Kenntnis von \LaTeX\ und \TeX\ s.~\cite{la}
und \cite{kn.a,kn.b}.     erzeugt im laufenden Text
```

Für eine vertiefte Kenntnis von LaTeX und TeX s. [1] und [10a, 10b].

mit den Eintragungen im Literaturverzeichnis

```
\begin{thebibliography}{99}
    \bibitem{la} Leslie Lamport. \textsl{\LaTeX\ -- A Document
        Preparation System}. Addison-Wesley Co., Inc., Reading,
        MA, 2. ed. 1994
        .........
    \bibitem[10a]{kn.a} Vol A: \textsl{The \TeX book}, 11. ed. 1991
    \bibitem[10b]{kn.b} Vol B: \textsl{\TeX: The program}, 4. ed. 1991
        .........
\end{thebibliography}
```

Hier wurden als Bezugswörter la, kn.a und kn.b gewählt. Als Mustermarke ist 99 gesetzt worden, da eine zweistellige Zahl für die Einrücktiefe der Standardform der \bibitem-Markierung ausreichend ist. Für die Literaturstellen [10a] ... [10e] wurde überdies der optionale Parameter *marke* als 10a ... 10e gesetzt. Der vorstehende Beispieltext ist dem Erzeugungstext für das Literaturverzeichnis dieses Buches auf den Seiten 415–417 entnommen.

Das Ergebnis beim Ausdruck der thebibliography-Umgebung ist im Literaturverzeichnis am Ende des Buches wiedergegeben. Bei den Bearbeitungsklassen book und report wird hierbei das Wort „**Bibliography**" bzw. „**Literaturverzeichnis**" in der Größe der Kapitelüberschriften und bei der Klasse article das Wort „**References**" bzw. „**Literatur**" in der Größe der Abschnittsüberschriften (section) über das Literaturverzeichnis gesetzt. Die deutschen Bezeichnungen werden mit german.sty bereitgestellt und erscheinen als Folge des Vorspannbefehls \usepackage{german} (LaTeX 2_ε) bzw. der gleichnamigen Stiloption in \documentstyle[...,german,...]{*bearb_klasse*} (LaTeX 2.09).

Übung 4.8: Erzeugen Sie ein Literaturverzeichnis mit der thebibliography-Umgebung, bei der als Markierung die ersten drei Buchstaben des Autorennamens, gefolgt von den letzten beiden Ziffern der Jahreszahl der Veröffentlichung, erscheinen. Bei mehreren Veröffentlichungen eines Autors mit der gleichen Jahreszahl soll zur Unterscheidung ein laufender Kleinbuchstabe angehängt werden, z. B. knu86c, knu86d usw. Bei dieser Form der Markierung ist es naheliegend, Markierung und Bezugswort gleich zu wählen. Die Einrücktiefe soll mit 1.5 cm festgelegt werden.

Anmerkung: Die Einrücktiefe wird mit dem Parameter *muster_marke* der thebibliography-Umgebung bestimmt. Dies ist meistens ein Stück Mustertext, dessen Breite die Einrücktiefe bestimmt. Hier kann jedoch auch eine Breitenangabe mit \hspace{tiefe} gewählt werden.

Übung 4.9: Kopieren Sie die thebibliography-Umgebung der vorangegangenen Übung an das Ende Ihres Standardübungsfiles (aber vor den \end{document}-Befehl). Verweisen Sie mit \cite-Befehlen innerhalb Ihres Übungstextes auf das Literaturverzeichnis. Achten Sie darauf, die Bezugswörter in den \cite-Befehlen genauso zu schreiben, wie sie in den \bibitem-Befehlen in der thebibliography-Umgebung auftreten.

Wiederholen Sie die Übung mit openbib als Option in Ihrem \documentclass-Befehl (s. 3.1.2, S. 27) und drucken Sie das hiermit erzeugte Literaturverzeichnis erneut aus. Diese praktische Übung demonstriert die Wirkung der openbib-Klassenoption anschaulicher als jede langatmige Erläuterung!

Zum LaTeX-Programmpaket gehört das Programm BIBTEX. Mit diesem können Literaturverzeichnisse automatisch allein mit den \cite-Befehlen (und evtl. \nocite-Befehlen) durch Zugriff auf Literaturdatenbanken erzeugt werden. Näheres dazu wird in Abschnitt 8.2.2 und insbesondere in Anhang B ausgeführt. Dort ist auch beschrieben, wie solche Literaturdatenbanken erstellt oder erweitert werden können, die dann, einmal erstellt, allen Anwendern zur Verfügung stehen.

4.4 Allgemeine Listen

Listen vom Typ der itemize-, enumerate- und description-Umgebung lassen sich ganz allgemein gestalten. Markierungsstil und Breite, Einrücktiefe, Absatz- und Markierungsabstand u. a. können ganz oder teilweise vom Benutzer bestimmt werden. Hierzu dient die list-Umgebung, deren Syntax lautet:

\begin{list}{*Standardmarke*}{*Listenerklärung*} *Aufzählungstext* \end{list}

Hierin ist *Aufzählungstext* der gesamte Listeneingabetext, dessen Einzelaufzählungen durch vorangestellte \item-Befehle eingeleitet werden. Er entspricht dabei vollständig dem *aufzählenden Text* der itemize-, enumerate- oder description-Umgebungen aus 4.3. Der Inhalt einer Einzelaufzählung wird im Folgenden auch als Listenpunkt bezeichnet.

Standardmarke ist die Definition der Markierung, die durch den \item-Befehl ohne optionalen Parameter erzeugt werden soll (s. u.).

Listenerklärung setzt einige oder alle verfügbaren Listenparameter (s. u.) abweichend von Standardwerten auf vom Benutzer bestimmbare Werte.

4.4.1 Die Standardmarke

Der erste Parameter der list-Umgebung definiert die *Standardmarke*. Das ist die Markierung, die erscheint, wenn der \item-Befehl ohne optionalen Parameter auftritt. Im Falle einer festen Markierung, wie bei der itemize-Umgebung, steht hier einfach das Symbol, das als Markierung verwendet werden soll. Falls es sich hierbei um ein mathematisches Symbol handelt, ist dieses durch $\symbol_name$ einzuschließen. Soll z. B. als Markierungssymbol ein ⇒ erscheinen, so wäre dieser Parameter als $\Rightarrow$ zu wählen.

Häufig soll eine Markierung eine automatisch fortlaufende Bezifferung enthalten. Hierzu ist ein Zähler mit dem Befehl \newcounter{*name*} einzurichten, wobei *name* der Name des neu eingerichteten Zählers ist. Dieser Befehl muss vor seiner ersten Verwendung in einer list-Umgebung einmal erscheinen. Angenommen, ein Zähler mit dem Namen marke wäre auf diese Art eingerichtet worden. Als Eintrag für die *Standardmarke* kann nun einer der in 4.3.5 aufgeführten Zählerausgabebefehle stehen, also z. B. \arabic{marke}, womit die Standardmarkierung als fortlaufende arabische Zahl erscheint.

Auch komplexere nummerierte Markierungen lassen sich leicht erzeugen. Soll z. B. die fortlaufende Markierung lauten: A-I, A-II, ..., so würde als *Standardmarke* zu wählen sein: A-\Roman{marke}.

Soll die Standardmarkierung eine fortlaufende Nummerierung enthalten, so muss zusätzlich in der *Listenerklärung* der Befehl \usecounter{*zähler*} auftreten, wobei *zähler* der Name des zugeordneten Zählers ist (im angeführten Beispiel also marke).

Die Standardmarke wird durch Ablauf des internen Befehls \makelabel{*marke*} mit jedem \item-Aufruf erzeugt. Der Befehl \makelabel kann vom Benutzer mit Hilfe des \renewcommand-Befehls in der Listenerklärung neu definiert werden:

\renewcommand{\makelabel}{*neue Definition*}

Bei einer solchen Definition der Standardmarke bleibt das entsprechende Feld in der Listenumgebung leer. Der \makelabel-Befehl ist universeller als die Definition der Standardmarke in der list-Umgebung. Beispiele werden in 7.7 vorgestellt.

4.4.2 Die Listenerklärung

Für die Listenanordnung sind eine Reihe von Erklärungen verantwortlich, deren Bedeutung aus der nachfolgenden Abbildung deutlich wird.

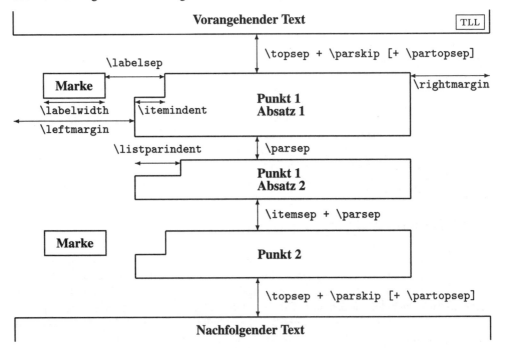

\topsep   ist der vertikale Zwischenraum, der zusätzlich zu \parskip zwischen dem vorangehenden Text und der Liste bzw. der Liste und dem nachfolgenden Text eingefügt wird.

\partopsep   wird zusätzlich zu \topsep + \parskip vor und/oder nach der Liste eingefügt, wenn der list-Umgebung eine Leerzeile vorangeht und/oder nachfolgt.

4.4. ALLGEMEINE LISTEN

\parsep   ist der vertikale Abstand zwischen den Absätzen eines Listenpunkts.
\itemsep bestimmt den Abstand, der zusätzlich zu \parsep zwischen zwei Listenpunkten eingefügt wird.
\leftmargin bestimmt die linke Einrücktiefe gegenüber dem linken Rand der einschließenden (nächstäußeren) Umgebung.
\rightmargin bestimmt die rechte Einrücktiefe gegenüber dem rechten Rand der einschließenden (nächstäußeren) Umgebung. Der Standardwert ist 0 pt.
\listparindent ist die Einrücktiefe der ersten Zeile der Folgeabsätze eines Listenpunkts gegenüber dem linken Rand des Listentextes. Dieser Wert ist standardmäßig 0 pt, d. h., es findet keine Zusatzeinrückung statt.
\labelwidth ist die Breite des Markierungsfeldes. Die Markierung erscheint in diesem Feld rechtsbündig.
\labelsep ist der Abstand zwischen der Markierung und der ersten Zeile eines Listenpunkts.
\itemindent bestimmt die Einrückung der ersten Zeile eines Listenpunkts gegenüber dem sonstigen Listentext. Der Standardwert ist 0 pt, d. h., es findet keine Einrückung statt.

Die vorstehenden Längenerklärungen werden durch LATEX standardmäßig mit bestimmten Werten versehen. Durch Angabe dieser Erklärungen mit Maßangaben in der *Listenerklärung* werden die Standardwerte für die jeweilige Liste überschrieben. Die Zuweisung erfolgt in bekannter Weise mit dem LATEX-Befehl \setlength{*längen_bef*}{*maß*}. Erfolgen die Erklärungen außerhalb der list-Umgebung, so können damit neue Standardwerte gesetzt werden.

Bei den vertikalen Abstandserklärungen sollten die Maßangaben elastisch (s. 2.4.2) sein, wenn sie vom Benutzer abweichend vom Standard gesetzt werden.

Die Standard- oder optionale Marke der \item-Befehle erscheint normalerweise rechtsbündig im Markierungsfeld \labelwidth. Mit einem abschließenden \hfill-Befehl bei der Definition der Standardmarke bzw. im \makelabel-Befehl kann die Linksbündigkeit erreicht werden. Abschnitt 7.7 enthält mit dem Vorschlag für eine anwendereigene ttscript-Umgebung hierfür ein Beispiel.

4.4.3 Beispiel für eine benutzergestaltete Liste

Bild 1: *Die Gestaltung einer Seite mit Kopf, Rumpf und Fuß. Die Bedeutung der einzelnen Gestaltungselemente.*
Bild 2: *Die Gestaltungselemente einer allgemeinen Liste.*
Bild 3: *Eisbär im Schnee um Mitternacht bei Neumond und bedecktem Himmel.*

Diese Liste wurde erzeugt durch

```
\newcounter{fig}
\begin{list}{\textbf{Bild \arabic{fig}:}}{\usecounter{fig}
   \setlength{\labelwidth}{1.6cm} \setlength{\leftmargin}{2.5cm}
   \setlength{\labelsep}{0.4cm}   \setlength{\rightmargin}{1cm}
   \setlength{\parsep}{0.5ex plus0.2ex minus0.1ex}
   \setlength{\itemsep}{0ex plus0.2ex} \slshape}
```

```
        \item Die Gestaltung einer Seite mit Kopf, Rumpf und Fu"s. Die ...
        \item Die Gestaltungselemente einer allgemeinen Liste.
        \item Eisb"ar im Schnee um Mitternacht bei Neumond und bedecktem Himmel.
\end{list}
```

Mit \newcounter{fig} wurde hier der Zähler fig eingerichtet. Die Standardmarke ist durch \textbf{Bild \arabic{fig}:} definiert. Jeder \item-Befehl erzeugt damit in Fettdruck das Wort **Bild**, gefolgt von einer laufenden Nummer, die mit : abschließt.

Die Listenerklärung enthält als Erstes den Befehl \usecounter{fig}, womit innerhalb der Liste der Zähler fig aktiviert wird. Die Breite des Markierungsfeldes ist 1.6 cm (\labelwidth), die Einrücktiefe des Listentextes beträgt 2.5 cm (\leftmargin), der Abstand zwischen Markierung und eingerücktem Text ist 0.4 cm (\labelsep) und der rechte Rand der Liste ist um 1 cm gegenüber dem äußeren Text eingerückt (\rightmargin).

Der vertikale Abstand zwischen Absätzen eines Listenpunkts beträgt 0.5 ex und kann um 0.2 ex gedehnt bzw. um 0.1 ex gekürzt werden (\parsep). Der zusätzliche Abstand zwischen zwei Listenpunkten beträgt 0 ex. Er kann jedoch bis auf 0.2 ex gedehnt werden (\itemsep).

Für alle weiteren Listenerklärungen werden die Standardwerte benutzt. Der letzte Befehl in der Listenerklärung \slshape bewirkt, dass für den gesamten Listentext die geneigte Schriftform *slanted* gewählt wird.

4.4.4 Listendefinitionen als neue Umgebungen

Soll ein bestimmter Listentyp an mehreren Stellen im Dokument verwendet werden, so wäre es mühsam, die list-Umgebung jeweils mit der *Standardmarke* und der *Listenerklärung* immer wieder neu zu definieren. LATEX bietet für diesen Fall die Möglichkeit, den Listentyp allgemein zu definieren und unter einem eigenen Namen als neue Umgebung zu verwenden. Hierzu dient der Befehl \newenvironment.

Soll z. B. der obige Listentyp unter dem Namen bild an beliebigen Stellen abrufbar sein, so könnte mit

```
\newenvironment{bild}{\begin{list}{\textbf{Bild \arabic{fig}:}}
    {\usecounter{fig} \setlength{\labelwidth}{1.6cm} ...
        \setlength{\itemsep}{0ex plus0.2ex} \slshape}}{\end{list}}
```

die neue Umgebung bild geschaffen werden. Danach kann beliebig oft und an beliebigen Stellen durch

```
\begin{bild}    aufzählender Text    \end{bild}
```

der Listentyp bild abgerufen werden.

Übung 4.10: Definieren Sie eine neue Umgebung muster, bei deren Aufruf eine Liste erzeugt wird, die mit jedem \item **Muster A**, **Muster B** usw. erzeugt, wobei diese Marke linksbündig in einem 20mm breiten Markierungsfeld angeordnet wird. Der Abstand des Markierungsfeldes zum anschließenden Textfeld soll 2mm betragen, bei einer Einrücktiefe von 22mm. Der rechte Rand des Textfeldes soll 5mm eingerückt und der vertikale Abstand 1ex plus0.5ex minus0.4ex soll zusätzlich zum normalen Absatzabstand zwischen zwei Listenpunkten eingefügt werden. Weitere Absätze innerhalb eines Listenpunkts sollen durch Einrücken der ersten Zeile um 1em gekennzeichnet sein. Der normale Absatzabstand soll 0ex betragen, aber bis zu 0.5ex gedehnt werden können.

LATEX selbst macht von der list-Umgebung häufig Gebrauch, um weitere Strukturen zu erzeugen. Die quote-Umgebung wird von LATEX als

4.4. ALLGEMEINE LISTEN

```
\newenvironment{quote}{\begin{list}{}{\rightmargin\leftmargin}
    \item[]}{\end{list}}
```

definiert. Die quote-Umgebung ist also eine Liste, in der der Wert von \rightmargin gleich dem momentanen Wert von \leftmargin gesetzt wird. (\rightmargin\leftmargin hat die Wirkung wie \setlength{\rightmargin}{\leftmargin}, was zulässig ist, und womit \rightmargin den aktuellen Wert von \leftmargin zugewiesen erhält.) Die Liste besteht nur aus einem *leeren* Listenpunkt, dessen Aufruf bereits in der quote-Definition durch die Angabe von \item[] erfolgt.

Ebenso werden die quotation- und verse-Umgebungen von LaTeX intern als spezielle list-Umgebungen definiert. Die Einrücktiefen und vertikalen Abstände zur umgebenden Struktur werden damit durch die entsprechenden Standardwerte der list-Umgebung bestimmt und ändern sich, wenn diese Standardwerte geändert werden.

Abschließend noch ein benutzereigenes Beispiel für eine spezielle Liste:

```
\newenvironment{lquote}{\begin{list}{}{}\item[]}{\end{list}}
```

rückt den eingeschlossenen Text mit dem momentanen Wert von \leftmargin nach rechts ein und schließt rechtsbündig mit dem umgebenden Text ab, da der Standardwert von \rightmargin 0 pt ist.

4.4.5 Triviale Listen

LaTeX kennt zusätzlich noch die trivlist-Umgebung, deren Syntax

\begin{trivlist} *Eingeschlossener Text* \end{trivlist}

lautet. Bei ihr entfallen die Argumente für *Standardmarke* und *Listenerklärung*. Diese Umgebung entspricht der list-Umgebung, wenn dort die Erklärung der Standardmarke leer bleibt, \leftmargin, \labelwidth und \itemindent auf den Wert von 0 pt gesetzt werden und \listparindent den Wert von \parindent sowie \parsep den Wert von \parskip zugewiesen bekommen.

LaTeX benutzt diese Umgebung, um weitere Strukturen zu definieren. Der Aufruf der center-Umgebung erfolgt intern als

\begin{trivlist} \centering \item[] *Eingeschlossener Text* \end{trivlist}

4.4.6 Verschachtelte Listen

Listen lassen sich untereinander und mit den itemize-, enumerate- und description-Umgebungen verschachteln. Bei verschachtelten Listen ist eine Schachtelungstiefe bis 6 zulässig. Der Wert für die Einrücktiefe \leftmargin bezieht sich jeweils auf den linken Rand der vorangehenden Stufe.

Wie schon erwähnt, können mit Listenerklärungen außerhalb der list-Umgebungen die Standardwerte geändert werden. Die geänderten Standardwerte wirken aber nur auf die erste Stufe einer Schachtelung. Innere Listen können, mit einer Ausnahme, nur durch explizite Angabe der Erklärungen in der list-Umgebung beeinflusst werden.

Die Ausnahme ist die Standardeinrücktiefe für die verschiedenen Schachtelungsstufen. Diese werden intern durch die Erklärungen von \leftmargin$n$ bestimmt, wobei n für i, ii, iii, iv, v oder vi steht. Auch diese Werte können vom Anwender mit \setlength-Befehlen verändert werden,

\setlength{\leftmarginiv}{12mm} würde die Standardeinrücktiefe für die vierte Schachtelungsstufe auf 12 mm festlegen. Diese Erklärungen für die Standardeinrücktiefen müssen *außerhalb* von list-Umgebungen erfolgen, sie können also nicht in der *Listenerklärung* stehen.

Je nach Schachtelungstiefe wird das interne Makro @list$n$, mit n für i bis vi, aufgerufen. Dieses weist \leftmargin den Wert von \leftmargin$n$ zu, wenn \leftmargin nicht ausdrücklich in der list-Umgebung erklärt wird. Damit bleibt andererseits eine Erklärung von \leftmargin außerhalb einer list-Umgebung wirkungslos.

4.5 Regelsätze

In der wissenschaftlichen Literatur treten häufig Textstrukturen auf, wie

Satz 1 (Bolzano-Weierstraß) *Jede beschränkte unendliche Punktmenge besitzt mindestens einen Häufungspunkt.*

oder

Axiom 4.1 *Die natürlichen Zahlen bilden eine Menge Z von unterschiedlichen Elementen. Je zwei ihrer Elemente a,b sind entweder identisch, $a = b$, oder voneinander verschieden, $a \neq b$.*

Ähnliche Strukturen mit den Begriffen **Definition**, **Erklärung**, **Lemma**, **Corollar** statt **Satz** bzw. **Axiom** sind ebenfalls geläufig. Das Gemeinsame an ihnen ist, dass ein Schlüsselbegriff mit einer fortlaufenden Nummer in **Fettdruck** und der dazugehörige Text in *italic* gesetzt wird.

Dies könnte natürlich durch explizite Angabe des Schriftstils durch den Benutzer erzielt werden, wobei die laufende Nummer ebenfalls vom Benutzer anzugeben ist. Falls später eine weitere gleichartige Struktur zusätzlich eingefügt werden soll, müssen alle folgenden mühsam umnummeriert werden. Diese Mühe nimmt LaTeX dem Benutzer mit dem Befehl

\newtheorem{*strukt_name*}{*strukt_begriff*}[*zusatz_zähler*]

ab. Hierin ist *strukt_name* ein beliebiger vom Benutzer zu wählender Name, mit dem die Struktur aufgerufen und fortlaufend nummeriert wird. *strukt_begriff* ist das Wort, das in Fettdruck, gefolgt von der laufenden Nummer, erscheint (z. B. **Satz**). Ohne den optionalen Parameter *zusatz_zähler* erfolgt die Nummerierung für *strukt_name* fortlaufend durch das ganze Dokument. Für *zusatz_zähler* wird man meistens einen Gliederungsnamen, z. B. chapter, wählen, womit die Nummerierung innerhalb dieser Gliederung und der vorangestellten Gliederungsnummer erfolgt (wie beim zweiten Beispiel **Axiom 4.1**). Aufgerufen und fortlaufend nummeriert wird die Struktur mit

\begin{*strukt_name*}[*zusatz*]   *text*   \end{*strukt_name*}

Die beiden obigen Beispiele wurden demzufolge erzeugt mit

\newtheorem{satz}{Satz}   \newtheorem{axiom}{Axiom}[chapter]
. . . .
\begin{satz}[Bolzano-Weierstra"s] Jede beschr"ankte unendl... \end{satz}
\begin{axiom} Die nat"urlichen Zahlen bilden eine Menge Z .... \end{axiom}

Der optionale *zusatz* erscheint in Fettdruck und in ( ) hinter der fortlaufenden Nummer des Strukturbegriffs.

4.6. TABULATORSETZUNGEN

Gelegentlich soll ein Strukturbegriff keine eigene, sondern eine gemeinsam mit einer anderen Struktur zu teilende Nummerierung erhalten. Dies kann durch

\newtheorem{*strukt_name*}[*num_wie*]{*strukt_begriff*}

erreicht werden. \newtheorem{hilfs}[satz]{Hilfssatz} erzeugt mit dem Umgebungsnamen hilfs eine Struktur **Hilfssatz**, die gemeinsam mit der bereits definierten Struktur **Satz** nummeriert wird. *num_wie* ist also der Name einer bereits definierten Struktur, mit der die neue Struktur gemeinsam nummeriert wird. Eine Erweiterung der \newtheorem-Struktur wird in [5b] mit theorem.sty von FRANK MITTELBACH vorgestellt.

4.6 Tabulatorsetzungen

4.6.1 Grundlagen

Auf jeder Schreibmaschine lassen sich an verschiedenen Stellen einer Zeile *Tabulatorstops* setzen, bis zu denen der Druckkopf oder Wagen bei Betätigung der Tabulatortaste springt. LATEX kennt eine entsprechende Möglichkeit mit der tabbing-Umgebung

\begin{tabbing} *Zeilen* \end{tabbing}

Gesetzte Tabulatorstops kann man sich als von links nach rechts durchnummeriert vorstellen. Zu Beginn der tabbing-Umgebung ist noch kein Tabulatorstop gesetzt, es sei denn, man nennt den linken Rand einfach den *nullten* Tabulatorstop. Die Tabulatorstops können mit dem Befehl \= an beliebigen Stellen einer Zeile gesetzt werden, wobei eine Zeile innerhalb der tabbing-Umgebung mit dem Befehl \\ beendet wird:

Hier steht \=der erste Tabstop, gefolgt\= von dem zweiten\\

setzt den ersten Tabstop hinter das Leerzeichen nach dem Wort ‚steht' und den zweiten unmittelbar hinter das Wort ‚gefolgt', worauf nachfolgende Leerzeichen unterdrückt werden.

Nachdem auf diese Weise Tabulatorstops gesetzt wurden, kann in den folgenden Zeilen mit dem Befehl \>, beginnend vom linken Rand, jeweils zum nächsten Tabulatorstop gesprungen werden. Auf eine neue Zeile wird in bekannter Weise durch den Befehl \\ umgeschaltet.

Beispiel:

Material	Qualität	Farbe	Preis
Papier	mittel	weiß	niedrig
Leder	gut	braun	hoch
Pappe	schlecht	grau	mittel

```
\begin{tabbing}
Material\quad\= Qualit"at\quad\=
Farbe\quad\= Preis\\[0.8ex]
Papier \> mittel    \> wei"s \> niedrig\\
Leder  \> gut       \> braun \> hoch\\
Pappe  \> schlecht  \> grau  \> mittel
\end{tabbing}
```

4.6.2 Musterzeile

Es ist häufig zweckmäßig oder notwendig, das Setzen der Tabulatorstops an einer Musterzeile vorzunehmen, die selbst nicht ausgedruckt wird. Eine solche Musterzeile könnte z. B. aus den jeweils breitesten Eintragungen der einzelnen Spalten und dem Mindestzwischenraum zwischen den Spalten bestehen, nach denen jeweils ein Tabulatorstop gesetzt wird. Die Musterzeile kann auch \hspace-Befehle enthalten, wodurch Tabstops nach bestimmten festen Längen gesetzt werden.

Damit die zum Setzen der Tabulatorstops benutzte Musterzeile nicht ausgedruckt wird, ist sie mit dem Befehl \kill statt durch \\ abzuschließen.

```
\hspace*{3cm}\=Musterspalte \=\hspace{4cm}\= \kill
```

|Linker Rand | ↓1. Tabstop | ↓2. Tabstop | ↓3. Tabstop |
| 3cm → Musterspalte | 4cm → |

Zusätzlich zum linken Rand wurden damit drei Tabulatorstops gesetzt. Ein \hspace-Befehl am Anfang einer Musterzeile muss in der *-Form erfolgen, da bei der Standardform Leerraum am Beginn der Zeile unterdrückt wird.

4.6.3 Tabstops und linker Rand

Der linke Rand für die einzelnen Zeilen der tabbing-Umgebung ist zunächst gleich dem linken Rand der nächstäußeren Umgebung, der auch *nullter* Tabulatorstop genannt wird. Die Verwendung der ‚Tabulatortaste' \> am Beginn einer Zeile lässt diese Zeile beim ersten Tabulatorstop beginnen. Der Befehl \+ hat dieselbe Wirkung, er setzt jedoch den linken Rand dauerhaft auf den ersten Tabstop. Mit \+\+ am Ende oder zu Beginn einer Zeile werden alle weiteren Zeilen beim zweiten Tabstop beginnen. Insgesamt können hier so viele \+-Befehle benutzt werden, wie Tabulatorstops gesetzt sind.

Der Befehl \- hat die entgegengesetzte Wirkung. Durch ihn wird der Anfang der Zeilen und damit der linke Rand um einen Tabstop dauerhaft zurückgesetzt. Ein Zurücksetzen des linken Randes vor den *nullten* Tabstop ist nicht erlaubt.

Eine einzelne Zeile kann auch durch den Befehl \< am Beginn der Zeile um einen Tabstop zurückgesetzt werden. Dieser Befehl wirkt nur auf die laufende Zeile. Mit dem nächsten \\-Befehl beginnt die nächste Zeile bei dem Tabstop, der durch die Anzahl der vorangegangenen \+- bzw. \--Befehle festgelegt ist.

4.6.4 Weitere Tabulatorbefehle

Tabulatorstops können in jeder Zeile neu gesetzt oder hinzugefügt werden. Tabstops werden mit \= hinzugefügt, wenn in der Zeile mit entsprechend vielen \>-Befehlen bis zum letzten gesetzten Stop gesprungen worden war. Anderenfalls wird der jeweils nächste Tabstop neu gesetzt.

Beispiel:

Alte Spalte 1 Alte Spalte 2
Linke Spalte Mittelspalte Zusatzspalte
Neue Sp 1 Neue Sp 2   gleiche Sp 3
Spalte 1   Spalte 2   Spalte 3

```
\begin{tabbing}
Alte Spalte 1 \= Alte Spalte 2\\
Linke Spalte \> Mittelspalte \= Zusatzspalte\\
Neue Sp 1 \=Neue Sp 2\>gleiche Sp 3\\
Spalte 1 \> Spalte 2 \>Spalte 3
\end{tabbing}
```

Gelegentlich ist es erwünscht, die Tabulatorstops neu zu setzen und später die ursprünglich gesetzten wieder zu benutzen. Mit dem Befehl \pushtabs werden die augenblicklich gesetzten Tabulatorstops gespeichert und dann gelöscht. Nun können die Tabulatorstops neu gesetzt und die nächsten Zeilen mit den neuen Tabstops bearbeitet werden. Sollen später wieder die ursprünglichen Stops verwendet werden, so können sie mit dem Befehl \poptabs

4.6. TABULATORSETZUNGEN

zurückgewonnen werden. \pushtabs-Befehle können mehrfach verschachtelt werden, es müssen jedoch insgesamt ebenso viele \poptabs in der tabbing-Umgebung auftreten.

Mit dem Befehl *ltext* \' *rtext* wird der links vor dem Befehl stehende Text *ltext* mit einem kleinen Abstand vor dem augenblicklichen Tabstop bzw. dem linken Rand angeordnet, und der rechts von ihm stehende Text *rtext* beginnt beim augenblicklichen Tabstop. Der Abstand zwischen dem Tabstop und dem rechten Ende des vorangehenden linken Textes *ltext* wird intern durch die Erklärung \tabbingsep festgelegt. Der Wert dieser Erklärung kann vom Benutzer mit dem LaTeX-Befehl \setlength verändert werden, z. B.: \setlength{\tabbingsep}{1cm}.

Durch den Befehl \` *text* wird der nachfolgende Text *text* rechtsbündig zum rechten Rand der ganzen Umgebung angeordnet. Nach diesem Befehl darf in der augenblicklichen Zeile kein weiterer \>- oder \=-Befehl auftreten.

Beispiel für alle Tabulatorbefehle:

```
\begin{tabbing}
G"urteltier \=          \kill
M"ucken:\>erschlagen von: \=Menschen\+\+\\
    K"uhen\\  und\' Pferden\-\\
        wenig s"attigend\-\\
G"urteltier:\> nicht genie"sbar\\
\pushtabs
(siehe auch: \= Ameisenb"ar\\
    \> Albatros \`gesch"utzt)\\
\poptabs
Pferde \> gefressen von \> M"ucken
\end{tabbing}
```

Mücken: erschlagen von: Menschen
                        Kühen
                    und Pferden
        wenig sättigend
Gürteltier: nicht genießbar
(siehe auch: Ameisenbär
        Albatros   geschützt)
Pferde gefressen von   Mücken

Die Befehle \=, \` und \' haben außerhalb der tabbing-Umgebung eine ganz andere Bedeutung. Mit ihnen werden bestimmte Akzente gesetzt (s. 2.5.7). Sollen solche Akzente innerhalb der tabbing-Umgebung auftreten, so kann das z. B. mit den Befehlen \a=, \a` oder \a' unmittelbar vor dem Buchstaben, den den entsprechenden Akzent erhalten soll, erreicht werden. Um für den Buchstaben 'o' innerhalb der tabbing-Umgebung die Akzente ò, ó und ō zu erhalten, muss \a`o, \a'o oder \a=o eingegeben werden. Für die ebenfalls geänderte Bedeutung von \-, nämlich eine mögliche Worttrennung zu kennzeichnen, besteht innerhalb der tabbing-Umgebung kein Bedarf.

4.6.5 Zusatzbemerkungen

TeX behandelt die tabbing-Umgebung wie einen normalen Absatz, d. h., eine Seite wird ggf. zwischen zwei Zeilen innerhalb dieser Umgebung umbrochen. Die Befehle \newpage und \clearpage sind innerhalb der tabbing-Umgebung jedoch nicht erlaubt und der Befehl \pagebreak bleibt hier ohne Wirkung. Soll innerhalb einer tabbing-Umgebung ein Seitenumbruch nicht automatisch, sondern vom Anwender gesteuert erfolgen, so kann das mit einem Trick erreicht werden: Die Angabe eines ausreichend großen Zeilenabstands am Ende der Zeile, nach der umbrochen werden soll, also z. B. durch \\[10cm], erzwingt den Seitenumbruch, während der Zwischenraum am Beginn der neuen Seite unterdrückt wird.

Der Text für die einzelnen Spalten wirkt so, als stünde er in { }-Paaren. Erklärungen innerhalb einer Spalte, z. B. Umschaltung der Schrift, wirken nur für den jeweiligen Spalteneintrag, ohne dass der Text hierfür ausdrücklich in Klammern gesetzt werden muss.

tabbing-Umgebungen können nicht ineinander verschachtelt werden!

Achtung: \> springt immer zum nächsten logischen Tabulatorstop. Dieser kann vor der momentanen Textposition liegen, wenn der nach dem letzten Tabstop eingefügte Text länger ist als der Abstand zum nächsten gesetzten Tabstop. Dies ist ein Unterschied zur Wirkung der Tabulatortaste einer herkömmlichen Schreibmaschine.

Innerhalb der tabbing-Umgebung findet kein automatischer Zeilenumbruch statt. Jede Zeile reicht so weit, bis sie durch den \\-Befehl beendet wird. Der laufende Zeilentext kann also über den rechten Papierrand hinausragen. Es liegt in der Verantwortung des Anwenders, dieses zu vermeiden.

Die beliebig dehnbaren Zwischenraumbefehle \hfill, \hrulefill und \dotfill (s. 3.5.1.6 und 3.5.1.7) bleiben innerhalb der tabbing-Umgebung *ohne Wirkung*, da sie mit ihren natürlichen Längen von 0 pt eingesetzt werden, die innerhalb der tabbing-Umgebung *keine Dehnung* erfahren.

Übung 4.11: *Erzeugen Sie die folgende Struktur mittels der* tabbing-*Umgebung.*

```
Projekt-Gesamtbedarf = 900 000,- DM
    davon   1988  = 450 000,- DM
            1989  = 350 000,- DM
            1990  = 100 000,- DM
    1988 bewilligt: 350 000,- DM    Zusatzbedarf: 100 000,- DM
    1989            300 000,- DM                  150 000,- DM
    1990            250 000,- DM    Minderung:    150 000,- DM
    vorab   1989  = 100 000,- DM  für Mehrbedarf 1988
            1990  =  50 000,- DM                  1989
                  + 100 000,- DM  Ausgleich für  1988 in 1989
Verpflichtungen 1988  = 100 000,- DM
                1989  = 150 000,- DM                         gez.: H. André
```

Anleitung: Die erste Zeile in der tabbing-*Umgebung sollte lauten*

```
Projekt-\=Gesamtbedarf \= = 900\,000,--DM \+ \\
```

Was ist die Wirkung des Befehls \+ *am Ende dieser Zeile? Wie wird mit den soeben gesetzten Tabulatorstops erreicht, dass in der zweiten bis vierten Zeile die Jahreszahlen 1988, 1989, 1990 vor dem zweiten Tabulatorstop stehen? Welcher Befehl sollte am Ende der zweiten Zeile vor dem Umschaltzeichen* \\ *stehen?*

Die ersten vier Zeilen und die achte bis zwölfte Zeile benutzen dieselben Tabulatorstops, wobei in der achten Zeile weitere Tabulatorstops gesetzt werden. Nach 1\=00000 *kann dann z. B. die Ausrichtung der Angabe* 50000,-- DM *in der neunten Zeile erzwungen werden.*

Die Zeilen fünf bis sieben haben eigene Tabulatorstops. Benutzen Sie hier die Möglichkeit, gesetzte Tabulatorstops zu retten und später wieder zu aktivieren. Der linke Rand der Zeilen fünf bis sieben entspricht dem ersten Tabulatorstop aus der ersten Gruppe. Welcher Befehl steht am Ende der vierten Zeile, damit der linke Rand wieder um einen Tabstop zurückgesetzt wird? Wie wird der linke Rand der vorletzten Zeile zurückgesetzt?

Die letzte Zeile enthält rechtsbündig „gez.: H. André". Mit welchem Tabulatorbefehl wird das erreicht? Beachten Sie den Akzent é bei diesem Eintrag innerhalb der tabbing-*Umgebung!*

Anmerkung: Die vorgestellte tabbing-Umgebung gestattet dem Anwender, eine beliebige horizontale Seitenstruktur einzurichten. Ich verwende sie jedoch ziemlich selten, da die in Abschnitt 4.8 vorgestellte tabular-Umgebung die geforderte horizontale Gliederung weitgehend automatisch vornimmt.

4.7 Boxen

Eine *Box* (deutsch: *Kasten*) ist ein Stück Text, das von TEX als eine Einheit wie ein einzelnes Zeichen angesehen wird. Eine *Box* (und damit der in ihr stehende Text) kann nach oben, unten, links und rechts verschoben werden. Da eine Box als Einheit angesehen wird, kann sie von TEX nicht umbrochen werden, auch wenn sie selbst aus kleineren Boxen aufgebaut ist. Es ist jedoch möglich, die kleineren Boxen, aus denen die umgebende Box aufgebaut ist, nach eigenem Bedarf zu positionieren und damit eine freie Gestaltung zu erzielen.

Dies ist übrigens genau der Weg, wie TEX intern die Textformatierung durchführt: Die einzelnen Zeichen werden jeweils in eine eigene *Zeichen*box gepackt. Aus diesen *Zeichen*boxen wird die *Zeilen*box aufgebaut, indem die einzelnen *Zeichen*boxen horizontal und vertikal geeignet positioniert und zwischen die Wörter *elastische* Abstände eingefügt werden. Die *Zeilen*boxen werden zu *Absatz*boxen zusammengefügt und aus diesen wird wiederum die *Seitenrumpf*box aufgebaut. Die *Seiten*box schließlich besteht aus *Kopf*-, *Rumpf*- und *Fuß*box.

LATEX stellt dem Benutzer drei *Boxtypen* zur Verfügung: LR-Boxen, vertikale Boxen und Balkenboxen. Eine LR-Box ist eine Box, deren Einzelbestandteile horizontal von *links* nach *rechts* angeordnet werden. Eine vertikale Box ist eine Box, die aus Zeilen aufgebaut wird, die vertikal untereinander angeordnet werden. Eine Balkenbox schließlich ist ein mit Farbe gefülltes Rechteck.

4.7.1 LR-Boxen

Zur Erzeugung von LR-Boxen stehen die Befehle

\mbox{*text*}   und   \fbox{*text*}
\makebox[*breite*] [*pos*]{*text*}   und   \framebox[*breite*] [*pos*]{*text*}

zur Verfügung. Die ersten beiden Befehle erzeugen eine LR-Box der Breite, die durch den in { } stehenden *Text* bestimmt wird. Der Befehl \fbox rahmt diesen Text zusätzlich ein.

Bei den beiden anderen Befehlen kann die Breite der Box mit dem optionalen Parameter *breite* festgelegt werden. Innerhalb dieser Box erscheint der in { } stehende Text ohne den optionalen Parameter *pos* zentriert. Dieser Parameter darf die folgenden Werte annehmen:

l   Der *Text* erscheint in der Box linksbündig.
r   Der *Text* erscheint in der Box rechtsbündig.
s   Der *Text* erscheint links- und rechtsbündig in der mit *breite* eingerichteten Boxweite.

Damit erzeugt \makebox[3.5cm]{zentrierter Text} eine 3.5 cm breite Box, in der der eingeschlossene Text zentriert als   zentrierter Text   erscheint. Dem übergebenen Text wird so viel Leerraum voran- und nachgestellt, dass die angeforderte Breite erreicht wird. Entsprechend erzeugt \framebox[3.5cm][r]{rechtsb"undiger Text} eine gerahmte Box gleicher Breite, mit dem übergebenen Text als   rechtsbündiger Text . Schließlich erlaubt LATEX 2ε Boxaufrufe mit dem Parameter s für *pos*, wie z. B.

\framebox[5cm][s]{gleichm"a"sig verteilter Text}

mit dem zwischen den Wörtern des übergebenen Textes so viel Leerraum eingefügt wird, dass die angeforderte Breite bündig ausgefüllt wird: gleichmäßig   verteilter   Text

Ist die angegebene Breite kleiner als der von *Text* in Anspruch genommene Platz, so ragt der Text, je nach Wahl des *pos*-Parameters, links und rechts bei der Standardposition oder rechts bei linksbündigem Text bzw. links bei rechtsbündigem Text über die Boxbreite hinaus.

zentriert	\framebox[2mm]{zentriert}
links	\framebox[2mm][l]{links}
rechts	\framebox[2mm][r]{rechts}

So unvernünftig eine solche Druckausgabe bei der Verwendung von \framebox ist, so nützlich kann sie bei Verwendung von \makebox sein. Eine Breitenangabe von 0 cm in \makebox gestattet eine zentrierte, links- oder rechtsbündige Positionierung von Text innerhalb von Bildern mittels der picture-Umgebung (Kapitel 6). Beispiele folgen bei der Beschreibung dort. Hier soll nur ein Beispiel für die Anordnung von Text vor dem linken Rand gegeben werden. Beginnt eine Zeile mit

Rand \makebox[0pt][r]{Rand}, so wird zu Beginn der Zeile eine Box der Breite 0 pt

eingerichtet und der Text, im Beispiel also ‚Rand', in dieser Box rechtsbündig angeordnet, der damit vor dem linken Rand erscheint.

Achtung: Breitenangaben müssen immer eine Maßeinheit enthalten, auch wenn die Breite null ist! Mit LaTeX 2_ε kann bei der Breitenangabe für eine LR-Box auf vier interne Maßbefehle mit den Namen und der Bedeutung

\width	*natürliche* Breite des übergebenen Textes
\height	max. Abmessung des übergebenen Textes oberhalb der Grundlinie
\depth	max. Abmessung des übergebenen Textes unterhalb der Grundlinie
\totalheight	Gesamthöhe des übergebenen Textes

zurückgegriffen werden. Die hiermit bereitgestellten Maße sind die entsprechenden Abmessungen der internen TeX-Box, die durch den LaTeX-Boxbefehl \mbox{*text*} eingerichtet wird. Mit \framebox[1.5\width]{Hallo} entsteht z. B. Hallo , also eine umrahmte Box, die 1.5-mal so breit ist, wie der übergebene Text ‚Hallo'. Wegen des fehlenden Positionierungsparameters *pos* erscheint der Text in dieser Box horizontal zentriert. Die Bezugnahme auf einen der drei anderen Maßbefehle bei der Breitenangabe gestattet eine Breiteneinstellung, die sich aus den entsprechenden Höhenabmessungen des übergebenen Textes ableitet, wofür sicher nur in Ausnahmefällen ein Bedarf besteht. \framebox[6\totalheight]{Quatsch} erzeugt mit Quatsch eine gerahmte Box, die sechsmal so breit ist, wie ‚Quatsch' an Gesamthöhe einnimmt.

4.7.2 LR-Box-Speicherungen

Wenn ein Stück Text gleichartig an mehreren Stellen innerhalb eines Dokuments auftreten soll, so kann zunächst mit dem Befehl

\newsavebox{*boxname*}

ein *Boxname* eingeführt werden. Dieser kann ein beliebiger Name sein, dem ein \ unmittelbar voranzustellen ist. Als *Boxname* darf allerdings kein LaTeX-Befehlsname gewählt werden. Danach kann mit den Befehlen

4.7. BOXEN

\sbox{*boxname*}{*text*}   oder
\savebox{*boxname*}[*breite*] [*pos*] {*text*}

eine Box mit dem Inhalt *text* erzeugt und abgespeichert werden. Die optionalen Parameter *pos* und *breite* haben dieselbe Bedeutung wie bei den \makebox- und \framebox-Befehlen. Mit dem Befehl

\usebox{*boxname*}

kann diese Box mit ihrem Inhalt an beliebigen Stellen im Dokument ausgedruckt werden.

Schließlich kann der Inhalt einer, zuvor mit \newsavebox{*boxname*} eingerichteten, LR-Box auch mit der Umgebung

\begin{lrbox}{*boxname*}   *text*   \end{lrbox}

unter *boxname* abgespeichert werden. Ihre Wirkung entspricht dem vorangegangenen Boxspeicherbefehl \sbox{*boxname*}{*text*}. Die Speicherumgebung gestattet die Abspeicherung von Textstrukturen *text*, die \verb-Befehle und verbatim-Umgebungen (s. 4.10.1) enthalten, was für die Abspeicherung mit \sbox nicht erlaubt ist.

4.7.3 Vertikale Verschiebungen von LR-Boxen

Der Befehl

\raisebox{*lift*} [*oberlänge*] [*unterlänge*] {*text*}

erzeugt eine Box vom Typ \mbox, die um *lift* oberhalb der momentanen Grundlinie liegt. Die optionalen Parameter informieren LATEX, dass diese Box ohne vertikale Verschiebung um den Betrag *oberlänge* über und den Betrag *unterlänge* unter die Grundlinie reicht. Ohne Angabe dieser Parameter nimmt LATEX hierfür die sich aus *text* ergebenden Werte. *lift*, *oberlänge* und *unterlänge* sind Maßangaben (2.4.1). Eine negative Maßangabe für *lift* verschiebt die Box um den entsprechenden Betrag nach unten.

Beispiel:

```
Grundlinie \raisebox{1ex}{hoch} und \raisebox{-1ex}{tief}
und zur"uck
```

erzeugt: Grundlinie ^{hoch} und $_{tief}$ und zurück.

Die Werte für *oberlänge* und *unterlänge* können ganz unabhängig von dem tatsächlich benutzten *text* gewählt werden. Die Wirkung liegt darin, dass TEX annimmt, der eingeschlossene Text würde um *oberlänge* über und um *unterlänge* unter die laufende Grundlinie reichen, womit die Positionierung dieser Grundlinie gegenüber der vorangehenden Zeile bestimmt wird. Der Wert *unterlänge* wird entsprechend bei der Positionierung der nächstfolgenden Zeile berücksichtigt.

4.7.4 Absatzboxen und Teilseiten

Vertikale Boxen werden auch als Absatzboxen oder Teilseiten bezeichnet. Zu ihrer Erzeugung stellt LATEX den Befehl

\parbox[*pos*] [*höhe*] [*ipos*] {*breite*}{*Text*}

sowie die Umgebung

\begin{minipage}[*pos*] [*höhe*] [*ipos*] {*breite*}   Text   \end{minipage}

zur Verfügung. Beide erzeugen vertikale Boxen der Breite *breite*. Der eingeschlossene *Text* wird in Zeilen dieser Breite umbrochen und untereinander angeordnet. Hier werden zunächst die Eigenschaften der vorstehenden Strukturen ohne die optionalen Parameter *höhe* und *ipos* dargestellt.

Der optionale Positionierungsparameter *pos* kann die Werte mit der Wirkung

b die unterste Zeile der Box ist auf die laufende Zeile ausgerichtet,
t die oberste Zeile der Box ist auf die laufende Zeile ausgerichtet,

annehmen. Ohne den Positionierungsparameter erscheint die Absatzbox vertikal zentriert zur laufenden Zeile. Im nachfolgenden Text wird gelegentlich der Begriff Parbox verwendet, um anzudeuten, dass die Absatzbox mit dem \parbox-Befehl gemeint ist. Eine Absatzbox mit der minipage-Umgebung wird auch als Minipage bezeichnet.

Der Positionierungsparameter entfaltet seine Wirkung nur, wenn der \parbox-Befehl bzw. die minipage-Umgebung innerhalb eines Absatzes auftritt, da nur dann von einer laufenden Zeile gesprochen werden kann. Steht unmittelbar vor diesem Befehl eine Leerzeile, so beginnt ein neuer Absatz mit der vertikalen Box. In diesem Fall erfolgt eine Positionierung innerhalb des neuen Absatzes in Bezug auf weitere Elemente dieses Absatzes. Dies können z. B. weitere Absatzboxen sein. Bei einem Absatz, der nur aus einer einzigen Parbox oder Minipage besteht, hat der Positionierungsparameter keinen Sinn und bleibt damit wirkungslos.

Beispiele:

```
\parbox{3.5cm}{\sloppy Dies ist eine 3.5~cm breite Parbox. Sie erscheint
vertikal zentriert zur}
\hfill LAUFENDEN ZEILE \hfill
\parbox{5.5cm}{Schmale Seiten sind schwer zu formatieren. Sie erzeugen
i.\,Allg.\ eine Menge Warnungen auf dem Bildschirm. Hier hilft der
\texttt{\symbol{92}sloppy}-Befehl.}
```

erzeugt

| Dies ist eine 3.5 cm breite Parbox. Sie erscheint vertikal zentriert zur | LAUFENDEN ZEILE | Schmale Seiten sind schwer zu formatieren. Sie erzeugen i. Allg. eine Menge Warnungen auf dem Bildschirm. Hier hilft der \sloppy-Befehl. |

und

```
\begin{minipage}[b]{4.6cm}
Die \texttt{minipage}-Umgebung erzeugt eine vertikale Box wie der
\texttt{\symbol{92}parbox}-Befehl. Die unterste Zeile dieser Minipage
ist auf die
\end{minipage}\hfill \parbox{3.0cm}{Mitte dieser schmalen Parbox
ausgerichtet, auf die andererseits}\hfill
\begin{minipage}[t]{4.0cm}
die oberste Zeile der rechten Minipage ausgerichtet ist. Es wird empfohlen,
die Wirkung des Positionierungsparameters an Beispielen zu "uben.
\end{minipage}
```

erzeugt

4.7. BOXEN

Die `minipage`-Umgebung erzeugt eine vertikale Box wie der \parbox-Befehl. Die unterste Zeile dieser Minipage ist auf die Mitte dieser schmalen Parbox ausgerichtet, auf die andererseits die oberste Zeile der rechten Minipage ausgerichtet ist. Es wird empfohlen, die Wirkung des Positionierungsparameters an Beispielen zu üben.

Im Abschnitt 4.7.7 wird dargestellt, wie Absatzboxen ganz beliebig vertikal gegeneinander positioniert werden können.

Der \parbox-Befehl erzeugt wie die `minipage`-Umgebung eine vertikale Box mit dem jeweiligen *Text*. Die `minipage`-Umgebung ist jedoch viel allgemeiner. So darf der *Text* im \parbox-Befehl keinen der in 4.2–4.5 beschriebenen Befehle enthalten. Dagegen dürfen diese Befehle in der `minipage`-Umgebung auftreten. Eine Minipage kann also ihrerseits selbst wieder zentrierten Text, Einrückungen, Listen, Tabulatorsetzungen u. a. enthalten.

Der \parbox-Befehl und die `minipage`-Umgebung kennen mit *höhe* und *ipos* zwei weitere optionale Argumente, die eingangs bereits formal vorgestellt wurden und nun näher erläutert werden. Das zusätzliche optionale Argument *höhe* steht für eine Maßangabe, mit der eine vertikale Box mit dieser Höhe eingerichtet wird. Die vertikale Anordnung des übergebenen Textes, kann mit dem *zusätzlichen* inneren Positionierungsparameter *ipos* gesteuert werden. Für *ipos* können gewählt werden:

t (top)	Der übergebene Text beginnt am oberen Boxrand mit evtl. nachgestelltem Leerraum bis zur Erreichung der vorgegebenen Boxhöhe.
b (bottom)	Die vertikale Box beginnt zunächst evtl. mit Leerraum, an den sich der übergebene Text bis zum unteren Rand der vertikalen Box mit der vorgegebenen Höhe anschließt.
c (centered)	Der übergebene Text wird innerhalb der vertikalen Box vertikal zentriert und am oberen und unteren Boxrand evtl. mit Leerraum zur Erreichung der verlangten Boxhöhe aufgefüllt.
s (stretched)	Zwischen den Absätzen des übergebenen Textes wird so viel Leerraum eingefügt, wie es zur Auffüllung der vertikalen Box zur Erreichung der verlangten Boxhöhe erforderlich ist.

Der Leser wird sich hier vermutlich fragen, worin der Unterschied zwischen dem *inneren* Positionierungsparameter *ipos* und dem *äußeren* Standard-Positionierungsparameter *pos* liegt. Die Wirkung des äußeren Positionierungsparameters *pos* liegt in der Textausrichtung von nebeneinander stehenden vertikalen Boxen, wie die obigen Beispiele demonstrieren. Bei einer einzigen Absatzbox als vertikale Textstruktur bleibt er wirkungslos. Der innere Parameter *ipos* wirkt dagegen auch in einer solchen in Bezug auf die vorgegebene Boxhöhe, was mit einem weiteren Beispiel verdeutlicht werden soll.

```
\begin{minipage}[t][2cm][t]{35mm}
Dies ist eine \texttt{minipage}-Umgebung mit 2\,cm H"ohe mit dem Text
im oberen Teil. \end{minipage}\hrulefill
\parbox[t][2cm][c]{35mm}{In dieser Parbox gleicher H"ohe wird der Text
vertikal zentriert.}\hrulefill
\begin{minipage}[t][2cm][b]{35mm}
In der dritten vertikalen Box erscheint der Text am unteren Boxrand.
\end{minipage}
```

Dies ist eine `minipage`-
Umgebung mit 2 cm
Höhe mit dem Text im
oberen Teil.

In dieser Parbox gleicher Höhe wird der Text vertikal zentriert.

In der dritten vertikalen Box erscheint der Text am unteren Boxrand.

Bei diesem Beispiel werden drei vertikale Boxen mit 2 cm Höhe erzeugt. Die drei Boxen werden mit dem äußeren Positionierungsparameter t jeweils auf ihre *obersten* Zeilen ausgerichtet. Innerhalb der 2 cm hohen Boxen wurde der übergebene Text nacheinander mit den inneren Positionierungsparametern t, c und b positioniert. Damit werden die obersten Zeilen der zweiten und dritten Box durch ausreichenden Leerraum ausgefüllt. Mit dem Zwischenraumbefehl `\hrulefill` wird deutlich, wo LATEX diese obersten Zeilen fiktiv voraussetzt.

Bei vertikalen Boxen kann mit LATEX 2_ε zur Höhenangabe *höhe* wie bei den LR-Boxen auf die internen Maßbefehle `\width`, `\height`, `\depth` und `\totalheight` zurückgegriffen werden, die sich auf die entsprechenden Abmessungen der *natürlichen* Absatzbox beziehen, wie sie ohne Höhenvorgabe allein aus dem übergebenen Text entstehen würden.

Die Werte für die Maßbefehle `\height` und `\depth` hängen vom inneren Positionierungsparameter *ipos* ab. Bei t liefern `\height` und `\depth` die Höhe über bzw. Tiefe unter der Grundlinie der ersten Zeile der Box zurück. Bei b und s sind dies die Höhen und Tiefen über bzw. unter der untersten Zeile der Box. `\depth` ist hierbei 0 pt, wenn die unterste Zeile keinen der Buchstaben *f, g, p, q* und *y* enthält. Andernfalls entspricht `\depth` der größten Unterlänge dieser Buchstaben unterhalb der Grundlinie. Bei der Positionierungsangabe c bedeuten `\height` und `\depth` schließlich Höhe bzw. Tiefe bezüglich der vertikalen Mitte der natürlichen Absatzbox.

`\parbox[][2\width][c]{60mm}{`*text*`}` erzeugt eine Absatzbox, deren Höhe doppelt so groß wie die eingestellte Breite von 60 mm ist und in der der übergebene Text vertikal zentriert erscheint. Mit

`\begin{minipage}[][1.2\height][s]{50mm}` *text* `\end{minipage}`

entsteht eine Minipage, deren Höhe das 1.2fache der Höhe ist, die der übergebene Text bei der vorgegebenen Boxbreite von 50 mm mit seinen *natürlichen* Absatzabständen einnehmen würde. Diese Absatzabstände werden entsprechend [s] dann so vergrößert, dass der übergebene Text am oberen und unteren Boxrand bündig abschließt.

4.7.5 Positionierungsprobleme bei vertikalen Boxen

Bei der vertikalen Ausrichtung benachbarter Absatzboxen, die mit dem Positionierungsparameter *pos* zu steuern sind, treten gelegentlich Ergebnisse auf, die auf den ersten Blick unerwartet oder gar unverständlich sind. Es möge z. B. die Absicht bestehen, zwei benachbarte Boxen mit ihren jeweils ersten Zeilen nebeneinander auszurichten und dieses Boxenpaar mit der tiefstliegenden Zeile gegen umgebenden Text zu positionieren. Als nächstliegende Lösung wird man vermutlich wählen:

```
\begin{minipage}[b]{...}
  \parbox[t]{..}{..} \hfill \parbox[t]{..}{..}
\end{minipage}
```

Hiermit werden zwei Parboxen mit ihren obersten Zeilen nebeneinander gestellt und gemeinsam in eine umgebende Minipage gefasst. Diese umgebende Minipage soll nun ihrerseits mit ihrer untersten Zeile auf den umgebenden Text ausgerichtet werden. Als Ergebnis erscheint:

4.7. BOXEN

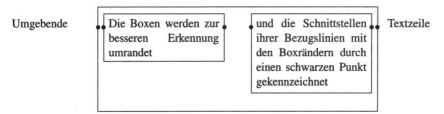

Trotz des zunächst überraschenden Ergebnisses hat LaTeX die gestellte Forderung korrekt ausgeführt. Die beiden inneren Parboxen werden gegeneinander auf ihre obersten Textzeilen wie gefordert ausgerichtet. Beide Boxen werden von der umfassenden Minipage dann als Bearbeitungseinheit, wie ein jeweils eigenes *Zeichen*, angesehen. Die umfassende Minipage besteht damit nur aus *einer* Zeile, die aus den beiden nebeneinander stehenden *Pseudozeichen* gebildet wird. Ihre oberste Zeile ist damit gleichzeitig auch ihre unterste Zeile. Bei einer einzeiligen Box bleibt der Positionierungsparameter zwangsläufig wirkungslos!

Das vermutlich gewünschte Ergebnis kann mit der Zufügung einer weiteren *Null*zeile innerhalb der umfassenden Minipage erreicht werden:

\parbox[t]{..}{..} \hfill \parbox[t]{..}{..} \\ \mbox{}

Die zugefügte Zeile soll die Höhenabmessung null erhalten; sie darf aber nicht vollständig leer sein, was genau mit \mbox{} erreicht wird.

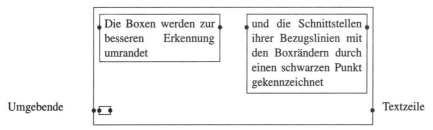

4.7.6 Balkenboxen

Eine Balkenbox ist ein mit Druckfarbe gefülltes Rechteck. Die allgemeine Syntax des Erzeugungsbefehls lautet:

\rule[*lift*]{*breite*}{*höhe*}

Er erzeugt einen rechteckigen Balken der Breite *breite* und der Höhe *höhe*, der um *lift* über der augenblicklichen Grundlinie liegt. \rule{10mm}{2.5mm} erzeugt also ▬. Da der optionale Parameter *lift* weggelassen wurde, liegt die Unterkante des Rechtecks auf der Grundlinie der laufenden Zeile.

lift, *breite* und *höhe* stellen Maßangaben dar (2.4.1). Ein negativer Wert für *lift* ist zulässig und bedeutet eine Verschiebung nach unten.

Eine Balkenbox der Breite null ist erlaubt. Hiermit wird ein unsichtbarer vertikaler Strich der Länge *höhe* erzeugt. Eine solche Konstruktion heißt *Stütze* (engl. *strut*). Sie kann benutzt werden, um vertikale Abstände an Stellen zu erzeugen, wo der Befehl \vspace nicht möglich ist.

Beispiel: Der Befehl \fbox{Text} erzeugt Text . Um z. B. Text zu erzeugen, muss TeX zunächst gesagt werden, dass der einzurahmende Text um die entsprechenden Werte unter und über die Grundlinie reicht. Dies wurde mit \fbox{\rule[-4mm]{0cm}{1cm}Text} im vorstehenden Beispiel erreicht. Hier wurde also gesagt: Der einzurahmende Text besteht aus einem „unsichtbaren vertikalen Strich, der 4 mm unterhalb der Grundlinie beginnt und 1 cm lang ist, gefolgt von dem Wort ‚Text'". Der vertikale Strich bleibt zwar unsichtbar, aber er bestimmt die Unterkante und Höhe des Rahmens.

Eine Balkenbox der Höhe null, also ein unsichtbarer horizontaler Strich der Länge *breite*, ist ebenso erlaubt. Im Gegensatz zu den unsichtbaren vertikalen Strichen liegt hierin jedoch kein praktischer Nutzen, da alle horizontalen Verschiebungen durch \hspace-Befehle erzielt werden können.

4.7.7 Verschachtelte Boxen

Die vorstehenden Box-Befehle können beliebig verschachtelt werden. Die Verwendung einer LR-Box in einer Absatzbox, etwa einer Minipage, macht keine Vorstellungsschwierigkeiten. Die umgekehrte Schachtelung, also eine Parbox oder Minipage in einer LR-Box, ist aber ebenso möglich und wird verständlich, wenn man sich klarmacht, dass jede Box als Einheit, also wie ein einzelnes Zeichen entsprechender Größe, von TEX behandelt wird.

> Eine Parbox innerhalb eines \fbox-Befehls bewirkt, dass die ganze Parbox eingerahmt wird. Der hier stehende Text wurde mit
> \fbox{\fbox{\parbox{10cm}{Eine Parbox ...}}}
> erzeugt. Hier ist also eine Parbox von 10 cm Breite in eine Rahmenbox und diese in eine weitere Rahmenbox eingeschachtelt, wodurch die Doppelumrandung entsteht.

Die Einschachtelung einer Absatzbox in eine \raisebox lässt eine beliebige vertikale Positionierung zu. Die beiden hier nebeneinander stehenden Boxen waren als Minipages der Breite 9 cm und 2.5 cm mit dem Positionierungsparameter [b] erklärt. Demzufolge sollten sie mit ihren untersten Zeilen übereinstimmen. Die rechte Minipage ist jedoch mit

\raisebox{1cm}{\begin{minipage}[b]{2.5cm}
    a b c d e ... x y z\\
    \underline{Bezugslinie}
    \end{minipage} }

um 1 cm nach oben versetzt worden.

a b c d e f g h i j k
l m n o p q r s t u
v w x y z
<u>Bezugslinie</u>

Bezugslinie

Nützlich sind häufig Strukturen, bei denen minipage-Umgebungen mit Positionierungsparametern gegeneinander ausgerichtet sind, die gemeinsam von einer äußeren minipage-Umgebung eingeschachtelt werden. Die äußere minipage-Umgebung kann dann ihrerseits mit einem eigenen Positionierungsparameter auf die Nachbarschaft ausgerichtet sein. Siehe hierzu Übungsbeispiel 4.12.

Schließlich können vertikale Boxen, also \parbox-Befehle und minipage-Umgebungen, als *Textparameter* in \sbox und \savebox abgespeichert und ihre Inhalte mit \usebox wieder ausgegeben werden (s. S. 87).

4.7.8 Box-Stilparameter

Für die Rahmenboxen \fbox und \framebox können vom Benutzer zwei Stilparameter verändert werden:

\fboxrule   bestimmt die Linienstärke der Rahmenboxen. Die Standardeinstellung für die Linienstärke ist 0.4 pt.

\fboxsep   bestimmt den Leerraum zwischen dem Rahmen und dem eingeschachtelten Text. Die Standardeinstellung ist 4 pt.

Die Zuweisung eines Wertes erfolgt wie bei allen Längenerklärungen mit dem LATEX-Befehl \setlength. Als Ergebnis von \setlength{\fboxrule}{.25mm} zusammen mit \setlength{\fboxsep}{1.5mm} erzeugen alle nachfolgenden \fbox- und \framebox-Befehle Rahmen mit der Liniendicke von 0.25 mm und dem Rahmenabstand 1.5 mm zum eingeschlossenen Text (s. u).

Für die Reichweite dieser Befehle gilt das bekannte Schema: Erklärungen im Vorspann gelten für das ganze Dokument, sonst bis zum Ende der laufenden Umgebung.

Diese Erklärungen beeinflussen nicht den gleichlautenden, aber in Wirkung und Syntax erweiterten \framebox-Befehl innerhalb der picture-Umgebung. (s. 6.4.2)

Übung 4.12: Wie muss die verschachtelte Struktur aussehen, um folgende Anordnung zu erreichen? *(Schriftgröße:* \footnotesize*)*

| Die erste Zeile dieser 4 cm breiten Minipage oder Parbox stimmt mit der ersten Zeile der nebenstehenden Minipage oder Parbox überein. | Diese 5 cm breite Minipage oder Parbox ist mit der ersten Zeile auf die erste Zeile der links nebenstehenden Struktur und mit der letzten Zeile auf die letzte Zeile der rechts stehenden Struktur ausgerichtet. Die naheliegende Überlegung von drei nebeneinander stehenden Absatzboxen mit den Positionierungsparametern t, t, b führt zu einem falschen Ergebnis. Warum? | Die Lösung liegt in der Einschachtelung von zwei der drei Strukturen in jeweils eine umgebende Minipage und deren Ausrichtung auf die verbleibende dritte Struktur. |

Anmerkung: Es gibt zwei verschiedene Lösungen, je nachdem ob die „linke und mittlere" oder die „mittlere und rechte Struktur" von einer äußeren Minipage eingeschachtelt wird. Überlegen Sie sich für beide Lösungen jeweils die zugehörigen Positionierungsparameter. (Die rechte Struktur ist übrigens 3.5 cm breit und der Abstand zwischen den Strukturen beträgt jeweils 2.5 mm.)
Das in 4.7.5 beschriebene Problem bei der Positionierung eines inneren Boxenpaars in einer umfassenden Minipage und deren Ausrichtung auf ihre Nachbarschaft tritt hier erneut auf. Auch hier liegt die Lösung in der Zufügung einer Nullzeile, wie auf S. 91 gezeigt.

Übung 4.13: Erzeugen Sie die nachfolgende gerahmte Textstruktur und speichern Sie diese mit \sbox{\warnung}{*struktur*}, nachdem Sie mit \newsavebox{\warnung} den Boxnamen \warnung eingerichtet haben. Erzeugen Sie diese Warnung mit \usebox{\warnung}-Befehlen an verschiedenen Stellen in ihrem Standardübungsfile.

> Benutzereigene Formatierungen sollten nur vorgenommen werden, wenn die LATEX-Standardformatierungen *absolut* ungeeignet sind!

Anmerkung: Parboxbreite = 10 cm. Die Erzeugung der gerahmten Struktur sollte nach dem vorangegangenen Beispiel der doppelt gerahmten Parbox keine Schwierigkeiten bereiten. Achten Sie bei dem Befehl \sbox{\warnung}{*struktur*} *am Ende auf die richtige Zahl der schließenden Klammern.*
Ergänzung: Ändern Sie mit den Erklärungen \fboxrule *und* \fboxsep *Rahmendicke und Leerraum zwischen dem Rahmen und dem eingeschachtelten Text. Drucken Sie das Ergebnis mit den geänderten Werten nochmals aus.*

4.8 Tabellen

Mit den vorstehenden *Boxen*-Elementen *und* der tabbing-Umgebung könnte man grundsätzlich beliebige gerahmte und ungerahmte Tabellenstrukturen erzeugen. LaTeX stellt den Benutzer jedoch von mühevollen Eigenkonstruktionen frei.

4.8.1 Die Konstruktion von Tabellen

Mit den tabular-, tabular*- und array-Umgebungen stehen komfortable Instrumente für die Gestaltung von Tabellen und Matrizen zur Verfügung. Die Syntax dieser Umgebungen ist

\begin{array}[*pos*]{*sp_form*}   Zeilen   \end{array}
\begin{tabular}[*pos*]{*sp_form*}   Zeilen   \end{tabular}
\begin{tabular*}{*breite*}[*pos*]{*sp_form*}   Zeilen   \end{tabular*}

Die array-Umgebung kann nur im *mathematischen Modus* (s. Kapitel 5) verwendet werden. Sie wird hier nur aufgeführt, weil ihre Syntax und die Bedeutung ihrer Parameter vollständig mit denen der tabular-Umgebung übereinstimmen. Diese Umgebungen stellen strukturmäßig eine *Minipage* dar. Die Bedeutung der Parameter ist:

pos   Vertikaler Positionierungsparameter (zur Erläuterung s. auch die entsprechenden Erläuterungen zu 4.7.4). Seine Werte können sein:

    t   Ausrichtung der obersten Tabellenzeile auf die laufende Umgebung.

    b   Ausrichtung der untersten Tabellenzeile auf die laufende Umgebung.

    Ohne diesen Parameter erfolgt die Ausrichtung der vertikalen Tabellenmitte auf die laufende Umgebung.

breite   Bei der tabular*-Umgebung bestimmt dieser Parameter die Gesamtbreite der Tabelle. Bei dieser Umgebung sollte das Feld *sp_form* nach dem ersten Eintrag ein @{\extracolsep{\fill}} oder @{\extracolsep\fill} (s. u.) enthalten. Bei den beiden anderen Umgebungen wird die Breite der Tabelle entsprechend ihrem Inhalt von LaTeX selbst bestimmt.

sp_form   Dieser Parameter bestimmt die Spaltenformatierung. Für jede Spalte ist ein *Formatierungseintrag* notwendig, ggf. ergänzt durch *Formatierungsangaben* für den linken und rechten Rand der Tabelle sowie den Zwischenraum zwischen benachbarten Spalten.

  An *Spaltenformatierungszeichen* stehen zur Verfügung:

    l   Der Inhalt der Spalte erscheint linksbündig.

    r   Der Inhalt der Spalte erscheint rechtsbündig.

    c   Der Inhalt der Spalte erscheint zentriert.

    p{*br*} Der Text dieser Spalte wird in Zeilen der Breite *br* umbrochen. Die oberste Zeile dieser Spalte ist auf die Eintragungen der anderen Spalten ausgerichtet. Unter Verwendung der Boxbegriffe heißt dies, die Spalte wird als \parbox[t]{*br*}{*Spaltentext*} ausgerichtet.

    *{*num*}{*sp_form*}   *num* ist eine Zahl, die angibt, wie oft die in *sp_form* stehende *Spaltenformatierung* wiederholt werden soll.

    *{5}{|c}| ist also gleichbedeutend mit |c|c|c|c|c|.

4.8. TABELLEN

An *Formatierungszeichen* für den linken und rechten Rand der Tabelle sowie den Zwischenraum benachbarter Spalten stehen zur Verfügung:

| erzeugt einen vertikalen Strich,

|| erzeugt zwei dicht benachbarte vertikale Striche.

@{*text*} Dieser Eintrag soll hier kurz @-*Ausdruck* genannt werden. Er fügt den Inhalt von *text* in jeder Zeile zwischen die beiden Spalten ein, die links und rechts von diesem Ausdruck definiert sind.

Ein @-Ausdruck entfernt den Zwischenraum, der standardmäßig zwischen zwei Spalten angebracht ist. Soll zwischen dem eingefügten Text und den benachbarten Spalten Zwischenraum auftreten, so ist er durch Verwendung von \hspace{ } im *text*-Feld des @-Ausdrucks explizit anzugeben. Soll der Zwischenraum zwischen zwei bestimmten Spalten abweichend vom Standard gewählt werden, so ist dies leicht durch @{\hspace{*br*}} zwischen den entsprechenden Spaltendefinitionen zu erreichen. Hierdurch wird der Standardzwischenraum durch Zwischenraum der Breite *br* ersetzt.

Ein \extracolsep{*br*} in einem @-Ausdruck fügt zusätzlichen Zwischenraum der Breite *br* linksbündig in alle nachfolgenden Spalten ein, bis er durch einen weiteren \extracolsep-Befehl geändert oder auf null zurückgesetzt wird. Dieser Zusatzzwischenraum wird in den nachfolgenden @-Ausdrücken – anders als der Standardzwischenraum – nicht unterdrückt. Bei der *-Form der tabular*-Umgebung sollte in der Spaltendefinition nach dem ersten Spaltenformat der Befehl @{\extracolsep\fill} stehen, womit vor alle Folgespalten gerade so viel Zusatzzwischenraum hinzugefügt wird, dass die vorgegebene Tabellenbreite erreicht wird.

Bei einer Tabelle, deren rechter bzw. linker Rand nicht aus einer vertikalen Linie besteht, wird vor der ersten und nach der letzten Spalte Zwischenraum von der halben Breite des Standard-Spaltenzwischenraums eingefügt. Soll dieser nicht auftreten, so ist dies durch einen leeren @-Ausdruck @{} am Beginn bzw. Ende der Spaltendefinition zu erreichen.

Zeilen stellt die durch \\ voneinander getrennten Zeilen der Tabelle dar. Jede Tabellenzeile besteht aus einer Reihe von Spalteneinträgen, die durch das Zeichen & voneinander getrennt werden. Jede Tabellenzeile sollte genau so viele, ggf. leere Spalteneinträge aufweisen, wie durch die Spaltendefinition in *sp_form* festgelegt ist. Die einzelnen, durch & voneinander getrennten Spalteneinträge werden von LaTeX so behandelt, als stünden sie in { }. Änderungen, wie etwa des Schrifttyps u. ä., innerhalb einer Spalte wirken also nur innerhalb der entsprechenden Spalte und Zeile.

\hline Dieser Befehl darf nur vor der ersten Zeile *oder* unmittelbar hinter den Zeilentrennungszeichen \\ stehen. Vor der ersten Zeile erzeugt dieser Befehl eine horizontale Linie von der Breite der Tabelle am oberen Rand der Tabelle. Ansonsten erzeugt dieser Befehl eine entsprechende horizontale Linie unterhalb der durch \\ abgeschlossenen Zeile.

Zwei unmittelbar aufeinander folgende \hline-Befehle erzeugen zwei dicht benachbarte horizontale Linien (Doppellinie).

\cline{$n-m$} erzeugt eine horizontale Linie vom linken Rand der Spalte n bis zum rechten Rand der Spalte m. Auch dieser Befehl darf nur unmittelbar nach dem Zeilentrennzeichen \\ auftreten. Es können mehrere \cline-Befehle aufeinander folgen. \cline{1-3} \cline{5-7} erzeugt unterhalb der gerade abgeschlossenen Zeile eine horizontale Linie vom linken Rand der Spalte 1 bis zum rechten Rand der Spalte 3 sowie vom linken Rand der Spalte 5 bis zum rechten Rand der Spalte 7.

\multicolumn{*num*}{*sp*}{*text*} Dieser Befehl macht aus den nächsten *num* Spalten eine Spalte von der Gesamtbreite dieser Spalten einschließlich ihrer Zwischenräume. Für *sp* muss genau eines der Positionierungszeichen l, r oder c stehen, evtl. ergänzt durch einen oder mehrere @-Ausdrücke und vertikale Linien |. Der Wert 1 für *num* in einem \multicolumn-Befehl kann benutzt werden, wenn in einer Zeile eine bestimmte Spalte eine andere Positionierung des Spaltentextes erhalten soll als der Rest der Tabelle.

Der \multicolumn-Befehl darf nur am Beginn einer Zeile oder unmittelbar nach einem Spaltentrennzeichen & stehen.

\vline Dieser Befehl erzeugt einen vertikalen Strich über die Zeilenhöhe an der Stelle seines Auftretens. Damit können vertikale Striche innerhalb einer Spalte erzeugt werden.

\tabularnewline[*abst*] Alternativbefehl zur Beendigung einer Tabellenzeile statt mit \\[*abst*]. Der Befehl ist nützlich, wenn \\ zu Zweideutigkeiten führt, z. B. Beendigung von Tabellenzeile oder Spaltenzeile bei p-Einträgen.

Da eine Tabelle strukturmäßig eine vertikale Box vom Typ der Parbox oder Minipage darstellt, kann sie horizontal mit anderen Parboxen oder Minipage-Umgebungen positioniert werden (s. die Beispiele in 4.7.4). Um eine Tabelle horizontal zu zentrieren, ist sie durch

\begin{center} *Tabelle* \end{center}

einzuschließen. Eine nochmalige Verbesserung der tabular-Umgebung wird in [5b] mit array.sty von FRANK MITTELBACH vorgestellt.

4.8.2 Die Änderung des Tabellenstils

Für die Gestaltung einer Tabelle stellt LaTeX eine Reihe von Standardwerten bereit. Diese können vom Benutzer geändert werden – entweder global im Vorspann oder innerhalb einer Umgebung, die eine oder mehrere Tabellen enthält, für die diese Änderung gelten soll. Die Änderung sollte außerhalb der Tabellenumgebung erfolgen.

\tabcolsep bestimmt die halbe Breite des Spaltenzwischenraums zwischen benachbarten Spalten bei der tabular- und tabular*-Umgebung.

\arraycolsep gilt entsprechend für die array-Umgebung.

\arrayrulewidth bestimmt die Dicke von vertikalen und horizontalen Linien in einer Tabelle.

\doublerulesep bestimmt den Abstand von Doppellinien.

Die Änderung erfolgt in bekannter Weise mit der \setlength-Erklärung für die vorstehenden Befehle. \setlength{\arrayrulewidth}{0.5mm} ändert die Liniendicke auf 0.5 mm. Schließlich kann noch mit der Erklärung

4.8. TABELLEN

`\arraystretch` der Zeilenabstand in einer Tabelle beeinflusst werden. Dies ist ein Faktor, mit dem der normale Zeilenabstand in einer Tabelle multipliziert wird. Sein Standardwert ist 1, eine Änderung auf 1.5 würde die Zeilenabstände auf das eineinhalbfache vergrößern. Die Zuweisung eines Wertes erfolgt durch den Befehl

`\renewcommand{\arraystretch}{`*faktor*`}`

4.8.3 Beispiele von Tabellenkonstruktionen

Die folgenden Beispiele zeigen, dass die Erzeugung von Tabellen in der Praxis viel einfacher ist, als es die obige Beschreibung der Formatierungsparameter erwarten lässt.

Die einfachste Tabelle besteht aus einer Reihe von Spalten, in denen der jeweilige Spaltentext zentriert, links- oder rechtsbündig erscheint. Die Spaltenbreiten, der Abstand zwischen den Spalten und damit die Breite der ganzen Tabelle werden automatisch gewählt.

Platz	Verein	Sp.	S	U	N	Tore	Punkte
1.	SV Werder Bremen	32	19	8	5	67:35	46:18
2.	Borussia Dortmund	32	18	9	5	62:31	45:19
3.	SC Freiburg	32	18	6	8	63:43	42:22
4.	1. FC Kaiserslautern	32	15	12	5	52:39	42:22
5.	Bor. M'Gladbach	32	16	9	7	61:37	41:23
6.	FC Bayern München	32	13	13	6	51:40	39:25
7.	Karlsruher SC	32	11	13	8	48:43	35:29
8.	Bayer 04 Leverkusen	32	13	8	11	57:46	34:30
9.	1. FC Köln	32	11	9	12	50:48	31:33
10.	FC Schalke 04	32	10	11	11	46:47	31:33
11.	Eintracht Frankfurt	32	11	9	12	37:45	31:33
12.	VfB Stuttgart	32	9	10	13	48:62	28:36
13.	Hamburger SV	32	9	9	14	40:47	27:37
14.	TSV 1860 München	32	8	11	13	39:51	27:37
15.	Bayer 05 Uerdingen	32	6	11	15	34:49	23:41
16.	MSV Duisburg	32	6	8	18	28:58	20:44
17.	VfL Bochum	32	8	3	21	36:64	19:49
18.	Dynamo Dresden	32	4	7	21	31:65	15:49

Die vorstehende Tabelle besteht aus acht Spalten, von denen die erste *rechtsbündig*, die zweite *linksbündig*, die dritte *zentriert*, die nächsten drei wieder *rechtsbündig* und die letzten beiden *zentriert* angeordnet sind. Damit lautet das Spaltenformatierungsfeld der tabular-Umgebung

`{rlcrrrcc}`

Diese Tabelle wird demnach erzeugt durch

```
\begin{tabular}{rlcrrrcc}
Platz & Verein            & Sp. & S  & U  & N  & Tore  & Punkte \\[0.5ex]
   1. & SV Werder Bremen  & 32  & 19 & 8  & 5  & 67:35 & 46:18  \\
   2. & Borussia Dortmund & 32  & 18 & 9  & 5  & 62:31 & 45:19  \\
   3. & SC Freiburg       & 32  & 18 & 6  & 8  & 63:43 & 42:22  \\
  ... & .....             & ..  & .. & .. & .. & ...   & ...    \\
```

```
17. & VfL Bochum          & 32 &  8 &  3 & 21 & 36:64 & 19:49 \\
18. & Dynamo Dresden      & 32 &  4 &  7 & 21 & 31:65 & 15:49
\end{tabular}
```

Die einzelnen Spalten werden durch das Zeichen & voneinander getrennt und die ganze Zeile wird mit \\ beendet. Die Angabe [0.5ex] nach der ersten Zeile im vorstehenden Beispiel bewirkt einen zusätzlichen Zeilenzwischenraum zwischen der ersten und zweiten Zeile. Das Zeilenendzeichen kann bei der letzten Zeile der Tabelle entfallen, da diese mit \end{tabular} automatisch beendet wird.

Die Trennung der Spalten durch vertikale Striche erfolgt durch die Einfügung von | im Formatierungsfeld. Das Ergebnis von

\begin{tabular}{r|l||c|rrr|c|c}

sieht so aus:

Platz	Verein	Sp.	S	U	N	Tore	Punkte
1.	SV Werder Bremen	32	19	8	5	67:35	46:18
2.	Borussia Dortmund	32	18	9	5	62:31	45:19
⋮	⋮						⋮
18.	Dynamo Dresden	32	4	7	21	31:65	15:49

Ein | vor dem ersten und nach dem letzten Spaltenzeichen erzeugt einen vertikalen Strich vor der ersten und nach der letzten Spalte. Zwei || erzeugen eine vertikale Doppellinie. Horizontale Striche über die Tabellenbreite werden mit dem Befehl \hline erzeugt. Dieser Befehl darf nur nach dem Zeilenendzeichen \\ sowie am Beginn der Tabelle erscheinen. Der Befehl \hline\hline erzeugt eine horizontale Doppellinie.

```
\begin{tabular}{|r|l||c|rrr|c|c|} \hline
Platz & Verein & Sp. & S & U & N & Tore & Punkte\\ \hline\hline
 1. & SV Werder Bremen   & 32 & 19 &  8 &  5 & 67:35 & 46:18 \\ \hline
 2. & Borussia Dortmund  & 32 & 18 &  9 &  5 & 62:31 & 45:19 \\ \hline
. . . . . . . . . . . . . . . . . . . . . . . . . . . . . . . . . .
18. & Dynamo Dresden     & 32 &  4 &  7 & 21 & 31:65 & 15:49 \\ \hline
\end{tabular}
```

Das Ergebnis sieht so aus:

Platz	Verein	Sp.	S	U	N	Tore	Punkte
1.	SV Werder Bremen	32	19	8	5	67:35	46:18
2.	Borussia Dortmund	32	18	9	5	62:31	45:19
⋮	⋮						⋮
18.	Dynamo Dresden	32	4	7	21	31:65	15:49

Das Zeilenendzeichen \\ muss hierbei auch nach der letzten Zeile der Tabelle angebracht werden, da hiernach noch eine weitere horizontale Linie erzeugt werden soll.

Im vorstehenden Beispiel enthält die dritte Spalte in allen Zeilen denselben Eintrag, nämlich 32. Eine Eintragung, die in allen Zeilen dieselbe ist, kann auch automatisch eingefügt werden. Das Symbol @{*text*} im Formatierungsfeld fügt den Inhalt von *text* zwischen die benachbarten Spalten ein. Wird für die obige Bundesliga-Tabelle das Formatierungsfeld als

4.8. TABELLEN

```
{rl@{ 32 }rrrcc}     bzw.    {|r|l||@{ 32 }|rrr|c|c|}
```

definiert, so wird in jeder Zeile zwischen die zweite und dritte Spalte der Text ' 32 ' einschließlich der Leerzeichen eingefügt. Im Ergebnis wäre, bis auf die Kopfzeile, dieselbe Tabelle erzeugt worden. Die Eintragung für die zweite Zeile hätte hierbei gelautet:

```
2. & Borussia Dortmund & 18 & 9 & 5 & 62:31 & 45:19 \\
```

Das Formatierungsfeld besteht hier nur aus sieben Spaltendefinitionen, nämlich rlrrrcc, die frühere dritte Spalte c ist entfallen. Entsprechend enthalten die einzelnen Zeilen jeweils ein & weniger. Mit dem zweiten &-Zeichen einer Zeile beginnt die neue dritte Spalte, also die Zahl der gewonnenen Spiele. Zwischen dieser und der vorangehenden Spalte mit den Vereinsnamen wird der Inhalt von @{ 32 } automatisch, *ohne* zusätzlichen &-Aufruf, eingefügt.

Die beiden letzten Spalten enthalten das Tor- bzw. Punkteverhältnis als zentrierten Eintrag in der Form $m : n$. Die ':' stehen hierbei nur zufällig übereinander, weil in allen Fällen vor und nach dem Doppelpunkt zweistellige Zahlen auftreten. Hätte eine Eintragung hier z. B. $9 : 101$ gelautet, so wäre in dieser Zeile der Doppelpunkt gegenüber den anderen Zeilen verschoben worden.

Eine Ausrichtung nach dem ':', unabhängig von der Zahl der Ziffern vor und nach dem Doppelpunkt, kann ebenfalls mit einem @-Ausdruck erreicht werden, und zwar durch r@{:}l im Formatierungsfeld. Hierdurch wird zwischen eine rechtsbündige und eine linksbündige Spalte ein ':' eingefügt. Das Formatierungsfeld für die Bundesliga-Tabelle hätte damit gelautet

```
{rl@{ 32 }rrrr@{:}lr@{:}l}    bzw.    {|r|l||@{ 32 }|rrr|r@{:}l|r@{:}l|}
```

mit dem Zeileneintrag

```
2. & Borussia Dortmund & 18 & 9 & 5 & 62 & 31 & 45 & 19 \\
```

Aus jeder c-Spalte sind hier jeweils zwei Spalten r@{:}l geworden. Ein @-Ausdruck setzt den entsprechenden Text zwischen die benachbarten Spalten und entfernt gleichzeitig den Zwischenraum, der normalerweise zwischen den Spalten auftritt. Damit wird die r-Spalte vor dem @{:} rechtsbündig an dem ':' erscheinen und die darauffolgende l-Spalte linksbündig anschließen.

Dieselbe Konstruktion wird man auch wählen, wenn eine Spalte Dezimalzahlen mit unterschiedlich vielen Stellen vor und hinter dem Dezimalpunkt enthält und die Ausrichtung nach dem Dezimalpunkt erfolgen soll.

Die Angaben für das Tor- und Punkteverhältnis bestehen nun aus jeweils zwei Spalten, die nach dem : ausgerichtet sind. Für die Angabe der Plus- und Minuspunkte oder Tore in jeweils eigenen Spalten ist das kein Nachteil. Die Spaltenüberschrift soll jedoch die Wörter ‚Tore' bzw. ‚Punkte' über nunmehr jeweils zwei Spalten enthalten. Dies kann mit dem Zeilenbefehl \multicolumn erreicht werden, mit dem in einzelnen Zeilen mehrere nebeneinander stehende Spalten zu einer zusammengefügt werden. Die erste Zeile ist dann für die ungerahmte Bundesliga-Tabelle als

```
Platz & Verein & S & U & N & \multicolumn{2}{c}{Tore}
     & \multicolumn{2}{c}{Punkte} \\
```

einzugeben. \multicolumn{2}{c}{Tore} sagt, dass die nächsten beiden Spalten zu einer zusammengefügt werden sollen, in der der Eintrag ‚Tore' zentriert angeordnet wird. Bei der gerahmten Tabelle hätte der mittlere Parameter der \multicolumn-Befehle {c|} lauten müssen, da dieser Befehl für die zusammengefügten Spalten auch die im Formatierungsfeld erklärten vertikalen Striche | entfernt.

Das Abschlussergebnis der Bundesligasaison 1994/95 wird mit dem folgenden Tabellenkopf beschrieben:

```
\begin{tabular}{|r|l||rrr|r@{:}l|r@{:}l||c|}\hline
 \multicolumn{10}{|c|}{\textbf{1. Fu"sball-Bundesliga --- Abschluss
                      1994/95}}\\ \hline
  & \emph{Verein} & \emph{S} & \emph{U} & \emph{N}
  & \multicolumn{2}{c|}{\emph{Tore}} & \multicolumn{2}{c||}{\emph{Punkte}}
  & \emph{Kommentar} \\ \hline\hline
   . . . . . . . . . . . . . . . . . . . . . . . .
```

1. Fußball-Bundesliga — Abschluss 1994/95							
	Verein	*S*	*U*	*N*	*Tore*	*Punkte*	*Kommentar*
1.	Borussia Dortmund	20	9	5	67:33	49:19	D. Meister
2.	SV Werder Bremen	20	8	6	70:39	48:20	Teilnehmer
3.	SC Freiburg	20	6	8	66:44	46:22	am
4.	1. FC Kaiserslautern	17	12	5	58:41	46:22	UEFA-Cup
5.	Bor. M'Gladbach	17	9	8	66:41	43:25	Pokalsieger
6.	FC Bayern München	15	13	6	55:41	43:25	Pokal
7.	Bayer 04 Leverkusen	13	10	11	62:51	36:32	
8.	Karlsruher SC	11	14	9	51:47	36:32	
9.	Eintracht Frankfurt	12	9	13	41:49	33:35	
10.	1. FC Köln	11	10	13	54:54	32:36	
11.	FC Schalke 04	10	11	13	48:54	31:37	Mittelfeld
12.	VfB Stuttgart	10	10	14	52:66	30:38	
13.	Hamburger SV	10	9	15	43:50	29:39	
14.	TSV 1860 München	8	11	15	41:57	27:41	
15.	Bayer 05 Uerdingen	7	11	16	37:52	25:43	
16.	VfL Bochum	9	4	21	43:67	22:46	Rel. F. Düsseld.
17.	MSV Duisburg	6	8	20	31:64	20:48	Absteiger
18.	Dynamo Dresden	4	8	22	33:68	16:52	

Die kürzeren horizontalen Linien der Plätze 2, 3, 7–14 und 17 wurden mit dem Befehl \cline{1-9} erzeugt, die anderen mit \hline,

```
11. & FC Schalke 04 & 10 & 11 & 13 & 48&54 & 31&37 & Mittelfeld\\ \cline{1-9}
```

Die letzten beiden Zeilen der Tabelle bedürfen einer Anmerkung. Der Kommentar ‚Absteiger' liegt auf halber Höhe zwischen diesen beiden Zeilen. Dies wurde erreicht mit der folgenden Eintragung für die letzte Zeile:

```
18. & Dynamo Dresden & 4 & 8 & 22 & 33&68 & 16&52
    & \raisebox{1.5ex}[-1.5ex]{Absteiger}\\ \hline
```

Mit dem \raisebox-Befehl für die letzte Spalte wird der Text ‚Absteiger' um 1.5ex nach oben versetzt. Ohne den optionalen Parameter [-1.5ex] hätte dies zur Folge, dass für die letzte Zeile eine um 1.5ex größere Zeilenhöhe eingerichtet würde, die als vertikaler Zwischenraum unter dem horizontalen Strich nach Platz 17 und dem Text in den Spalten 1–9 eingefügt würde. Dieser zusätzliche Zwischenraum wird durch den optionalen Parameter *oberlänge* = [-1.5ex] unterdrückt (s. die Beschreibung des \raisebox-Befehls in 4.7.3).

4.8. TABELLEN

Gelegentlich soll zwischen den horizontalen Strichen und dem Spaltentext zusätzlicher Zwischenraum eingefügt werden. Die Bundesliga-Abschlusstabelle würde im Kopf besser so aussehen:

1. Fußball-Bundesliga — Abschluss 1994/95					
Verein	S	U	N	Tore	Punkte	Kommentar

Dies kann durch Anbringen einer *Stütze* (s. 4.7.6), also einer unsichtbaren vertikalen Linie, in einem Spalteneintrag erzielt werden. Für den vorstehenden Tabellenkopf wurde die erste Zeile der Tabelle geändert in:

```
\multicolumn{10}{|c|}{\rule[-3mm]{0mm}{8mm}\textbf{1.
    Fu"sball-Bundesliga --- Abschluss 1994/95}}\\ \hline
```

Hiermit wird in diese Zeile eine unsichtbare vertikale Linie, die 3 mm unterhalb der Grundlinie beginnt und 8 mm hoch ist, eingefügt; dies verschiebt den Abstand der horizontalen Linien unterhalb und oberhalb des Zeilentextes entsprechend. Bei Zeilen, die aus mehreren Spalten bestehen, genügt die Anbringung einer *Stütze* in einer einzigen Spalte, um den Abstand der horizontalen Linien für die ganze Zeile zu bestimmen.

Übung 4.14: *Erzeugen Sie nach dem Muster der Bundesliga-Abschlusstabelle eine aktuelle Tabelle der von Ihnen bevorzugten Mannschaftssportart. Achten Sie darauf, dass bei der Angabe des Tor- und Punkteverhältnisses die Spalten nach dem ':' ausgerichtet werden.*

Übung 4.15: *Erzeugen Sie den folgenden Stundenplan:*

Tag	Fach	18.15–19.15		Fach	19.20–20.20		Fach	20.30–21.30	
		Lehrer			Lehrer			Lehrer	
		Raum			Raum			Raum	
Mo.	UNIX	Dr. Schmidt		FORTRAN	Frau Schulz		Num. Math.	Herr Meier	
		Rechenraum			Hörsaal			Hörsaal	
Di.	LaTeX	Frl. Müller		FORTRAN	Frau Schulz		Num. Math.	Herr Meier	
		Praktikum			Praktikum			Hörsaal	
Do.	UNIX	Dr. Schmidt		C-Theorie	Dr. Nolte		Informatik	Dr. Nolte	
		Rechenraum			Hörsaal			Hörsaal	
Fr.	LaTeX	Frl. Müller		C-Praxis	Frau Schulz		entfällt		
		Praktikum			Praktikum				

Das Hochsetzen der Angaben für ‚Tag' und ‚Fach' erfolgt nach demselben Verfahren wie bei ‚Absteiger' in der obigen Bundesliga-Tabelle. Zur Erleichterung kann mit

```
\newcommand{\rb}[1]{\raisebox{1.5ex}[-1.5ex]{#1}}        (s. 7.3.2)
```

ein benutzereigener Befehl \rb{eintrag} eingeführt werden, mit dem z. B. durch Aufruf von \rb{Mo.} oder \rb{UNIX} die gewünschte Hochstellung erfolgt.

In allen vorangegangenen Beispielen erschien der Eintrag für die einzelnen Spalten einzeilig. Manche Tabellen enthalten einzelne Spalten mit mehrzeiligem Text, bei denen die Tabellenzeilen als Ganzes etwa so voneinander abgegrenzt sind:

Typ	Beschreibung	Preis
GXT 1	**Der PC-Kompatible:** Intel 8088, 512 KByte Hauptspeicher, Color-Graphik-Karte, Multi-I/O-Karte, 2 Laufwerke 360 KByte, 14" Bildschirm, Tastatur, MS-DOS 3.1, GW-Basic	883,70
GXT 20	**Der XT-Kompatible:** Daten wie GXT, jedoch Hercules-kompatible Karte, 1 Laufwerk 360 KByte, 1 Festplatte 27 MByte unformatiert	1.376,40
GAT	**Der AT-Kompatible:** Intel 80286, 1 Laufwerk 1,2 MB / 360 KB, 1 MByte Hauptspeicher, 14" Bildschirm, Tastatur, Herkules-kompatible Karte, Hard-Disk 27 MByte unformatiert, Seriell/Parallel-Karte, MS-DOS 3.1, GW-Basic	2.356,00

Die vorstehende Tabelle besteht aus drei Spalten, von denen die erste linksbündig und die dritte rechtsbündig angeordnet ist[5]. Die mittlere Spalte enthält mehrzeiligen Text der Breite 9.0 cm. Hierzu dient das Spaltenformatierungszeichen p{*breite*}. Das Formatierungsfeld für diese Tabelle lautet damit {lp{9.0cm}r}.

```
\begin{tabular}{lp{9.0cm}r}
  \textbf{Typ} & \textbf{Beschreibung}   & \textbf{Preis} \\[1ex]
  GXT 1 & \small \textbf{Der PC-Kompatible:} Intel 8088, 512 KByte
  Hauptspeicher, Color-Graphik-Karte, Multi-I/O-Karte,
  2 Laufwerke 360 KByte, 14'' Bildschirm, Tastatur, MS-DOS 3.1,
  GW-Basic                 & 883,70 \\
  ..........................................
\end{tabular}
```

Der Text für die mittlere Spalte wird einfach nacheinander eingegeben. Der Zeilenumbruch innerhalb dieser Spalte erfolgt automatisch nach 9.0 cm. Die Spalten selbst werden in gewohnter Weise durch &-Zeichen voneinander getrennt.

Achtung: In einer p-Spalte darf kein Zeilenendzeichen \\ verwendet werden, da hiermit die gesamte Tabellenzeile beendet wird. Die Zeilenumbruchbefehle \newline und \linebreak sind dagegen erlaubt. Soll eine Spaltenzeile an bestimmter Stelle unbedingt mit \\ umbrochen werden, so muss der gesamte Spalteneintrag zusätzlich in eine \parbox derselben Breite wie die p-*breite* gepackt werden. Der Spalteneintrag darf aus mehreren, durch Leerzeilen getrennten Absätzen bestehen.

Übung 4.16: *Erzeugen Sie die folgende Tabelle:*

Kurs und Termin	Kurzbeschreibung	Vorkenntnisse
Einführung in LSEDIT 14.3. – 16.3.	Einloggen — Erläuterung des VMS-Filesystems — Erläuterung und intensive Anwendung des VMS-Editors LSEDIT — Benutzeranpassungen	keine
Einführung in LaTeX 21.3. – 25.3.	Wortprozessoren und Formatierungsprogramme — Text und Befehle — Umgebungen — Dokument- und Seitenstil — Texthervorhebungen — Mathematische Formeln — einfache benutzereigene Strukturen	LSEDIT

---

[5] Der Inhalt dieser Tabelle ist längst überholt. Ich habe ihn mit Absicht nicht aktualisiert, um die rasante technische und preisliche Entwicklung auf dem PC-Markt deutlich werden zu lassen. Das Angebot beschreibt die Situation im Jahre 1989. Zum Preis des damaligen Spitzenmodells ist heute (Anfang 2002) bereits ein Pentium III-PC mit 256 MB RAM, 32 MB 3D AGP VGA Grafikkarte, 40 GB Festplatte und 19″-Farbbildschirm erhältlich, bei einer Taktfrequenz von 1,2 GHz gegenüber den aus heutiger Sicht extrem langsamen 8 MHz beim AT. Die damals verbreiteten 360 KByte Floppy-Laufwerke sind heute kaum noch erhältlich und längst durch 1,44 MB-Laufwerke abgelöst, ergänzt durch CD-Brenner und DVD-Laufwerke.

4.8. TABELLEN

Das letzte Beispiel beschreibt ein Formblatt in Form einer gerahmten Tabelle. Das Problem hierbei liegt in der Erzeugung von bestimmten Höhen und Breiten für freie Felder, da Zeilenhöhen und Spaltenbreiten normalerweise mit den Eintragungen automatisch gewählt werden. Das Beispiel zeigt, wie durch Verwendung von *Stützen* und \hspace-Befehlen diese Werte für freie Felder erzeugt werden können.

Finanzplanung 1999–2001						
Projekt	Nr. ☐☐		Name ☐☐☐☐☐☐☐☐			
Jahr	1999		2000		2001	
	(DM)	US $	(DM)	US $	(DM)	US $
Invest.-Mittel						
Betriebs-Mittel						
Industrie-Aufträge						
Unterschrift				Prüfvermerk		

```
\newsavebox{\k} \newsavebox{\kkk}
\sbox{\k}{\framebox[4mm]{\rule{0mm}{3mm}}}
\sbox{\kkk}{\usebox{\k}\usebox{\k}\usebox{\k}}

\begin{tabular} {|l|c|c|c|}\hline
\multicolumn{4}{|c|}{\rule[-3mm]{0mm}{8mm}
                    \textbf{Finanzplanung 19994--2001}}\\
\hline\hline
\rule[-4mm]{0mm}{10mm}Projekt
  & \multicolumn{3}{l|}{Nr. \usebox{\kkk}\hspace{5mm}\vline\hspace{5mm}
    Name \usebox{\kkk}\usebox{\kkk}\usebox{\kkk}\usebox{\kkk}}\\ \hline
\multicolumn{1}{|r|}{Jahr} & 1999 & 2000 & 2001 \\ \cline{2-4}
& (DM) \vline\ US \$ & (DM) \vline\ US \$ & (DM) \vline\ US \$ \\ \hline
Invest.-  & \hspace{3cm} & \hspace{3cm} & \hspace{3cm} \\
Mittel    & & & \\ \hline
Betriebs- & & & \\
Mittel    & & & \\ \hline
Industrie-& & & \\
Auftr"age & & & \\ \hline
\multicolumn{4}{|l|}{\rule[-12mm]{0mm}{15mm}Unterschrift\hspace{5.5cm}
\vline~Pr"ufvermerk} \\ \hline
\end{tabular}
```

Die ersten drei Zeilen haben mit dem Formular nur indirekt zu tun. Mit ihnen wird erreicht, dass mit dem Befehl \usebox{\kkk} ☐☐☐ erzeugt wird (s. 4.7.2).

Das Formblatt enthält bis auf die Befehle \hspace{3cm} zur Bestimmung der Spaltenbreite der drei letzten Spalten und den Befehl \vline zur Erzeugung einer vertikalen Linie innerhalb einer Spalte gegenüber den vorangegangenen Beispielen nichts Neues. Es folgt darum auch nur eine kurze Erläuterung zur letzten Tabellenzeile:

Mit dem Befehl \multicolumn{4}{|l|} werden alle vier Tabellenspalten zu einer zusammengefasst, in der der Text linksbündig beginnt. Der Text für diese zusammengefasste Zeile beginnt mit der Stütze \rule[-12mm]{0mm}{15mm}, die besagt, dass die Höhe der letzten Zeile 12 mm unterhalb der Grundlinie beginnt und insgesamt 15 mm beträgt, falls die angeforderte Schriftgröße in ihrer Höhe die verbleibenden 3 mm nicht überschreitet. Auf der Grundlinie beginnt linksbündig das Wort „Unterschrift". 5.5 cm hinter diesem Wort ist mit \vline eine vertikale Linie angebracht, an die sich das Wort „Prüfvermerk" anschließt.

Die vorstehenden Beispiele lassen deutlich werden, wie Spaltenbreiten und Zeilenhöhen bei Tabellen automatisch an den Tabellentext angepasst werden können. Mit *Stützen* und \hspace-Befehlen lassen sich einzelne Zeilenhöhen und Spaltenbreiten zusätzlich beeinflussen. Mit den in 4.8.2 beschriebenen Befehlen lassen sich für die ganze Tabelle die Werte für *Spaltenzwischenraum, Zeilenabstand, Liniendicke u. a.* verändern.

>   \setlength{\tabcolsep}{5mm}

setzt nach und vor jeder Spalte 5 mm Zwischenraum ein, d. h., es wird ein Spaltenzwischenraum von 10 mm erzeugt. Vor der Nutzung dieser Möglichkeiten sollte Abschnitt 4.8.2 nochmals gelesen werden.

4.8.4 Gleitende Tabellen

Die tabular-Umgebung erzeugt eine Tabelle an der Stelle ihres Auftretens, unmittelbar nach dem vorangehenden Text und fortsetzend mit dem nachfolgenden Text. Dies ist unproblematisch und häufig auch so gewollt, wenn die Tabelle mit dem umgebenden Text auf die laufende Seite passt. Wenn jedoch die Tabelle so lang ist, dass sie an der Stelle ihrer Definition nicht mehr auf die laufende Seite passt, wird diese Seite beendet, und die nächste Seite beginnt mit der Tabelle, gefolgt von dem nachfolgenden Text. Dies führt zu einer schlechten Formatierung der laufenden Seite.

Wünschenswert wäre für solche Fälle eine Steuerungsmöglichkeit, mit der die Tabelle an die laufende Stelle im Text gebracht wird, wenn es der Platz zulässt; andernfalls soll der nachfolgende Text vorgezogen und die Tabelle an anderer geeigneter Stelle positioniert werden. Da Tabellen häufig Überschriften oder Unterzeilen (Legenden) haben, sollen diese natürlich mitbewegt werden.

LaTeX bietet die Möglichkeit, Tabellen (und Bilder), einschließlich ihrer Überschriften und/oder Unterzeilen, in der beschriebenen Form gleiten zu lassen. Dies geschieht mit der Umgebung

>   \begin{table} *überschrift tabelle unterschrift* \end{table}

Hier steht *tabelle* für die ganze Tabellendefinition mittels der tabular-Umgebung. Der vorangehende Text *überschrift* bzw. folgende Text *unterschrift* steht für eine oberhalb bzw. unterhalb der Tabelle stehende Über- oder Unterschrift. Breite, Abstand und Positionierung der Über- bzw. Unterschrift in Bezug auf die Tabelle werden hierbei vom Benutzer festgelegt.

4.8. TABELLEN 105

Primärenergieverbrauch

Energieträger		1975	1980	1986
Gesamtverbrauch (in Mio. t SKE[a])		347.7	390.2	385.0
davon	(Anteile in %)			
	Mineralöl	52.1	47.6	43.2
	Steinkohle	19.1	19.8	20.0
	Braunkohle	9.9	10.0	8.6
	Erdgas	14.2	16.5	15.1
	Kernenergie	2.0	3.7	10.1
	Sonstiges[b]	2.7	2.3	3.0

[a]SKE = Steinkohleneinheit (1 t SKE entspricht dem Heizwert von 1 t Steinkohle = 8140 kWh)
[b]Wind-, Wasser-, Sonnenkraft u. a.

Quelle: Arbeitsgemeinschaft Energiebilanzen, Essen 1987.

Der gesamte zwischen \begin{table} und \end{table} eingeschlossene Text (Überschrift, Tabelle, Unterzeilen) erscheint unabhängig von dem umgebenden Text üblicherweise zu Beginn der laufenden Seite, falls dieser Platz nicht schon durch vorangegangene Tabellen belegt ist. Ist der obere Teil der Seite bereits durch Tabellen belegt, so erscheint die Tabelle am unteren Seitenende, falls auf der laufenden Seite noch ausreichend Platz ist, anderenfalls zu Beginn der nächsten Seite, auf der ggf. weitere Tabellen gesammelt werden. Der umgebende Text wird automatisch nach- bzw. vorgezogen. (Für Details s. 6.6 auf S. 168ff.)

Die Tabelle auf der Seite oben war im laufenden Text an dieser Stelle so definiert (unter Vernachlässigung der Fußnoten; hierzu Näheres in 4.9.5):

```
\begin{table} {\bf Prim"arenergieverbrauch}\\[1ex]
   \begin{tabular*}{130mm}{@{}ll...rr@{}}
   . . . . . . . . . . . . . . .
   \end{tabular*}\\[0.5ex]
   \emph{Quelle:} Arbeitsgemeinschaft Energiebilanzen, ...
\end{table}
```

Die table-Umgebung kennt eine Vielzahl weiterer Steuerungsmöglichkeiten. Diese werden ausführlich im Zusammenhang mit den ähnlichen Gleitmöglichkeiten für Bilder in 6.6 dargestellt.

Übung 4.17: *Ergänzen Sie den vorstehenden Text für die obige Tabelle (ohne die Fußnoten). Beantworten Sie sich dazu die folgenden Fragen (s. evtl. die Erläuterungen zu @-Ausdrücken auf Seite 95):*

1. *Was bewirken die @{}-Eintragungen am Anfang und Ende des Formatierungsfeldes?*
2. *Die* tabular*-Umgebung *erzeugt eine Tabelle vorgegebener Breite, hier 130 mm. Was würde* @{\extracolsep{\fill}} *am Anfang des Formatierungsfeldes bewirken?*
3. *Wo muss im Formatierungsfeld* @{\extracolsep{\fill}} *und wo muss die aufhebende Befehlsgruppe* @{\hspace{1em}}@{\extracolsep{1em}} *stehen, um die Tabelle wie ausgedruckt zu formatieren? Wie wird die Tabelle formatiert, wenn als aufhebender Befehl nur* @{\extracolsep{1em}} *verwendet wird?*

4.9 Fußnoten und Randnotizen

4.9.1 Standardfußnoten

Fußnoten werden mit dem Befehl

\footnote{*fußnotentext*}

erzeugt. Dieser Befehl steht unmittelbar nach dem Wort, das eine Fußnotenmarkierung erhalten soll. Der Text *fußnotentext* erscheint als Fußnote in kleinerer Schrift unten auf der Seite. Die erste Zeile der Fußnote ist etwas eingerückt und erhält dieselbe Fußnotenmarkierung wie die markierte Textstelle. Die jeweils erste Fußnote auf einer Seite wird vom vorangehenden Seitentext durch eine kurze horizontale Linie abgehoben.

Die Fußnotenmarkierung erfolgt als Standard mit einer kleinen hochgestellten Zahl[6], die fortlaufend durchnummeriert wird.

      ... hochgestellten Zahl\footnote{Die bei Schreibmaschinenmanuskripten
      h"aufig verwendeten ... mehrfach auftritt.}, die fortlaufend ...

Die Nummerierung erfolgt für die Bearbeitungsklasse article durchlaufend für das ganze Dokument und für report und book fortlaufend innerhalb eines \chapter und beginnt mit jedem neuen Kapitel jeweils wieder mit 1.

Der \footnote-Befehl darf nur im normalen Absatz-Modus, nicht dagegen im mathematischen Modus oder LR-Modus (s. 1.6) verwendet werden. Für die Praxis bedeutet dies, dass er nicht in einer LR-Box (4.7.1), Parbox (4.7.4), Tabelle (4.8.1) oder in mathematischen Formeln auftreten darf.[7] Dagegen kann er innerhalb der minipage-Umgebung benutzt werden. In diesem Fall wird die Fußnote, statt unten auf der Seite, unterhalb der Minipage angeordnet (s. 4.9.5).

Der \footnote-Befehl sollte ohne Zwischenraum unmittelbar an das Wort anschließen, das die Fußnotenmarkierung erhält. Eine Fußnote am Ende eines Satzes oder Teilsatzes sollte zwischen dem letzten Wort und dem folgenden Satzzeichen angebracht werden[8], wie z. B. hier, oder nach dem Satzzeichen wie bei der letzten Fußnote.

      ... angebracht werden\footnote{Der Duden sagt ...   Wortgruppe bezieht.},

4.9.2 Abweichungen vom Standard

Soll die Fußnotennummerierung auch für die Bearbeitungsklasse article bei jedem \section-Befehl jeweils wieder neu mit 1 beginnen, so kann dies durch den Befehl

    \setcounter{footnote}{0}

unmittelbar vor oder nach einem \section-Befehl erfolgen.

---

[6]Die bei Schreibmaschinenmanuskripten häufig verwendeten Fußnotenmarkierungen wie *, ** u. ä. können in LATEX zwar auch erzeugt werden. Da der Seitenumbruch bei der Erstellung des Textes aber unbekannt ist, tritt hierbei das Problem auf, wie vermieden werden soll, dass das gleiche Zeichen auf derselben Seite mehrfach auftritt. Ein begrenzter Lösungsvorschlag wird mit Beispiel 1 aus 7.3.5 nachgereicht.

[7]In 4.9.4 wird gezeigt, wie Fußnotenmarkierungen in unerlaubten Modi fortlaufend erzeugt werden können, wobei die zugehörigen Fußnotentexte dann außerhalb der verbotenen Strukturen einzugeben sind.

[8]Der Duden sagt hierzu: *Die Fußnotenmarkierung steht nach dem schließenden Satzzeichen, wenn sich die Fußnote auf den ganzen Satz bezieht; sie steht vor dem schließenden Satzzeichen, wenn sich die Fußnote nur auf das unmittelbar vorangehende Wort oder eine unmittelbar vorangehende Wortgruppe bezieht.*

FUSSNOTEN UND RANDNOTIZEN

Der interne Fußnotenzähler hat den Namen footnote. Dieser wird mit jedem Aufruf des \footnote-Befehls um eins erhöht und sein momentaner Wert wird in arabischer Bezifferung als Fußnotenmarkierung ausgedruckt. Ein anderer Bezifferungsstil kann mit dem Befehl

\renewcommand{\thefootnote}{*ziffernstil*{footnote}}

erzielt werden. *ziffernstil* kann einer der bereits in 4.3.5 vorgestellten Zählerausgabebefehle \arabic, \roman, \Roman, \alph oder \Alph sein. Für den Fußnotenzähler footnote gibt es noch einen weiteren Druckbefehl \fnsymbol. Dieser druckt den Wert des Fußnotenzählers als Symbol aus, und zwar sind den Werten 1 bis 9 die Symbole

* † ‡ § ¶ ‖ ** †† ‡‡

zugeordnet. Es liegt am Benutzer, dafür zu sorgen, dass bei dieser Form der Fußnotenzähler spätestens dann auf null zurückgeschaltet wird, nachdem er den Wert 9 erreicht hat.

Der \footnote-Befehl kann auch mit einem optionalen Parameter

\footnote[*num*] {*fußnotentext*}

benutzt werden. *num* darf jede positive ganze Zahl sein, die statt des aktuellen Wertes des Fußnotenzählers als Fußnotenmarkierung benutzt wird. Der Fußnotenzähler wird hierdurch nicht verändert. Beispiel**

\renewcommand{\thefootnote}{\fnsymbol{footnote}}
Beispiel\footnote[7]{Als Fu"snotenmarkierung ...}
\renewcommand{\thefootnote}{\arabic{footnote}}

Ohne den letzten *zurückschaltenden* Befehl würde bei den folgenden \footnote-Befehlen ohne optionalen Parameter der jeweils aktuelle symbolische Wert des Fußnotenzählers als Markierung auftreten.

In 7.3.5 wird auf S. 185 ein Beispiel für einen benutzereigenen Fußnotenbefehl vorgestellt, mit dem die Fußnotenmarkierung mit den symbolischen Werten erfolgt, wobei diese auf jeder Seite stets neu mit dem Symbol * startet.

4.9.3 Änderung des Fußnotenstils

Die beiden Fußnotenstilerklärungen

\footnotesep   Der vertikale Abstand zwischen zwei Fußnoten. Die Änderung erfolgt mit der \setlength-Erklärung durch Zuweisung einer evtl. elastischen Längenangabe an \footnotesep (s 2.4.2). Beispiel:
    \setlength{\footnotesep}{3pt plus1pt minus1pt}.

\footnoterule   Dieser Befehl erzeugt die horizontale Linie zwischen dem Seitentext und den Fußnoten. Eine Änderung kann mit dem Befehl
    \renewcommand{\footnoterule}{\rule{*breite*}{*höhe*} \vspace{*-höhe*}}
erfolgen, wobei die Strichstärke durch die Rückpositionierung mit \vspace{*höhe*} zu kompensieren ist. Der Wert 0 pt für *höhe* erzeugt einen unsichtbaren Strich.

können im Vorspann oder an beliebigen Stellen im Text geändert werden. Im letzteren Fall gelten sie nur bis zum Ende der laufenden Umgebung.

** Als Fußnotenmarkierung erscheint das siebte Symbol.

4.9.4 Fußnoten in unerlaubten Modi

Mit dem Befehl

    `\footnotemark[`*num*`]`

kann eine Fußnotenmarkierung auch dort angebracht werden, wo der `\footnote`-Befehl nicht erlaubt ist, also innerhalb von LR-Boxen, Tabellen und mathematischen Formeln. Als Markierung wird der optionale Parameter *num* bzw. als Standard der augenblickliche Wert des Fußnotenzählers verwendet. Eine Fußnote wird hierdurch nicht erzeugt. Diese kann dann außerhalb der unerlaubten Modi mit dem Befehl

    `\footnotetext[`*num*`]` {*fußnotentext*}

erzeugt werden. Wird der Markierungsbefehl mit dem optionalen Parameter *num* verwendet, so muss auch im Textbefehl der optionale Parameter mit demselben Wert auftreten. Entfällt der optionale Parameter im ersten Befehl, so muss er auch beim zweiten fortgelassen werden. Die Fußnote erhält als Markierung den Wert von *num* bzw. den aktuellen Stand des Fußnotenzählers.

Der Fußnotenzähler wird mit jedem `\footnotemark`-Befehl ohne optionalen Parameter um eins erhöht. Der zugehörige `\footnotetext`-Befehl verändert dagegen den Fußnotenzähler nicht.

Treten mehrere `\footnotemark`-Befehle ohne optionalen Parameter in Folge auf, bevor der nächste `\footnotetext`-Befehl aufgerufen wird, so ist der Fußnotenzähler inzwischen zu weit gestellt. In diesem Fall muss der Fußnotenzähler zunächst mit dem Befehl

    `\addtocounter{footnote}{`*num*`}`

zurückgesetzt werden. *num* ist hierbei eine negative Zahl, die angibt, um wie viele Stellen der Zähler zurückzusetzen ist. Vor jedem weiteren `\footnotetext`-Befehl ist dann der Fußnotenzähler wieder um eins zu erhöhen. Das kann entweder mit dem `\addtocounter` Befehl und dem Wert 1 für *num* geschehen oder mit dem Befehl

    `\stepcounter{footnote}`

mit dem ein Zähler jeweils um eins erhöht wird.

Beispiel: Mücken[9] und Elefanten[10]

    `Beispiel: \fbox{M"ucken\footnotemark\ und Elefanten\footnotemark}`

erzeugt innerhalb der gerahmten Box die Fußnotenmarkierungen [9] und [10]. Der Fußnotenzähler selbst steht danach auf 10. Um mit dem Befehl `\footnotetext` außerhalb der Rahmenbox den Fußnotentext zu erzeugen, muss der Zähler zunächst um 1 zurückgesetzt werden. Die beiden Fußnotentexte werden damit durch

    `\addtocounter{footnote}{-1}\footnotetext{Kleine Insekten}`
    `\stepcounter{footnote}\footnotetext{Gro"se S"augetiere}`

unmittelbar im Anschluss an die `\fbox{...}` erzeugt. Der Fußnotenzähler steht danach wieder auf demselben Wert wie nach Verlassen der `\fbox`.

---

[9] Kleine Insekten
[10] Große Säugetiere

4.9.5 Fußnoten in Minipages

Wie bereits in 4.9.1 erwähnt, sind Fußnotenbefehle innerhalb der minipage-Umgebung erlaubt. Solche Fußnoten werden unmittelbar unterhalb der Minipage, statt unten auf der Seite, angeordnet.

Fußnotenbefehle innerhalb einer Minipage[a] ändern zusätzlich den Markierungsstil. Die Fußnote erscheint mit dem Auftreten des nächsten \end{minipage}-Befehls[b]. Für Fußnoten innerhalb von Minipages wird, unabhängig vom Standardfußnotenzähler, ein eigener Zähler mit dem Namen mpfootnote geführt.

```
\begin{minipage}{75mm}\small
Fu"snotenbefehle innerhalb einer
Minipage\footnote{Die Markierung
erfolgt als hochgesetzter ...}
"andern zus"atzlich den ....
\end{minipage}
```

---
[a]Die Markierung erfolgt als hochgesetzter Kleinbuchstabe.
[b]Dies kann zu Positionierungsfehlern bei Fußnoten in mehrfach verschachtelten Minipages führen.

Fußnoten innerhalb von Tabellen, also innerhalb der tabular-Umgebung, können normalerweise nur mit der im letzten Unterabschnitt beschriebenen Methode der Kombination aus \footnotemark-Befehlen in der Tabelle und \footnotetext-Befehlen außerhalb der Tabelle erzeugt werden. Wird dagegen die tabular-Umgebung von einer Minipage eingeschachtelt, so können normale \footnote-Befehle auch innerhalb der Tabelle benutzt werden. Die Fußnoten erscheinen dann unmittelbar unter der Tabelle, wenn hiernach gleichzeitig die Minipage endet.

Übung 4.18: Erzeugen Sie einige Fußnoten in Ihrem Standardübungsfile an Ihnen geeignet erscheinenden Stellen mit passenden Fußnotentexten.

Übung 4.19: Ändern Sie den \thefootnote-Befehl so, dass als Fußnotenmarkierung die in 4.9.2 aufgeführten Symbole erscheinen. Bringen Sie den Änderungsbefehl im Vorspann Ihres Standardübungsfiles an.

Übung 4.20: Ergänzen Sie die Übung 4.17 durch Erzeugung der Fußnoten [a] und [b] wie in der Tabelle auf Seite 105 ausgedruckt.

4.9.6 Randnotizen

Die Erzeugung von Randnotizen erfolgt mit dem Befehl

\marginpar{*randnotiz*}

Der Inhalt von *randnotiz* erscheint als Standard im rechten oder äußeren Rand, beginnend in Höhe der Zeile, in der dieser Befehl innerhalb eines Absatzes auftritt. Die hier stehende Randnotiz steht so zum umgebenden Text: Dies ist eine Rand- notiz

```
... Die hier stehende Randnotiz \marginpar{Dies\\ist\\eine\\Rand-\\notiz}
steht so zum umgebenden Text: ...
```

\marginpar erzeugt standardmäßig eine Parbox der Breite ≈ 1.9 cm (0.75 Zoll), in der der Text *randnotiz* erscheint. Eine so schmale Parbox kann längeren Text, insbesondere deutschen, kaum sauber umbrechen. Dies war der Grund, dass im obigen Beispiel die Zeilen mit dem Befehl \\ umbrochen wurden. Dagegen ist eine so schmale Parbox durchaus geeignet, Randmarkierungen in Form einzelner Zeichen, wie den hier stehenden Pfeil, aufzunehmen. ⇐

Eine häufig anzutreffende Form einer Randnotiz ist ein vertikaler Balken, mit dem Textpassagen gekennzeichnet werden können. Diese Markierung eignet sich z. B. gut zur Kenntlichmachung von Textänderungen oder -ergänzungen gegenüber vorangegangenen Versionen bei nachgelieferten Seiten von Loseblatt-Sammlungen. Hier wurde das durch den Befehl

\marginpar{\rule[-12.5mm]{1mm}{15mm}}

in der ersten Zeile dieses Absatzes erreicht.

Die Breite der Randnotiz kann mit den Stilparametern des nächsten Abschnitts vom Benutzer geändert werden, wobei dieser aber darauf zu achten hat, dass die Randnotiz nicht über den physikalischen Seitenrand hinausragt.

Randnotizen erscheinen standardmäßig am rechten Rand der Seite bzw. am jeweiligen äußeren Rand bei der Klassenoption twoside. Bei der Option twocolumn erscheinen Randmarkierungen der linken Spalten am linken Seitenrand und die der rechten Spalten am rechten Seitenrand.

⟹ Dies führt zu einem Problem bei Randmarkierungen, wie z. B. bei dem obenstehenden Pfeil, der auf dieser Seite die umgekehrte Richtung haben muss. Bei der Erstellung des Dokuments ist jedoch nicht bekannt, ob der Text mit der Randnotiz auf einer geraden oder ungeraden Seite (bei doppelseitigem Druck) oder in der linken oder rechten Spalte (bei zweispaltigem Druck) erscheint. Die Lösung liegt in einer erweiterten Syntax des \marginpar-Befehls:

\marginpar[*l_randnotiz*]{*r_randnotiz*}

Bei dieser Form des Befehls erscheint der Inhalt von *l_randnotiz*, wenn die Randnotiz oder Marke standardmäßig am linken Rand erscheint, wie z. B. auf der vorangegangenen Seite, und der Inhalt von *r_randnotiz*, wenn die Randmarke standardmäßig rechts erscheint, wie auf dieser Seite. Beide Pfeile wurden demgemäß mit dem Befehl

\marginpar[\hfill$\Longrightarrow$]{$\Longleftarrow$}

erzeugt. (Die Pfeilbefehle sind mathematische Symbole und werden im Einzelnen in 5.3.5 vorgestellt.)

⟹
⟸
linker Rand der Randbox
Ohne den Befehl \hfill im vorstehenden \marginpar-Befehl würde der obige nach rechts weisende Pfeil wie nebenstehend erscheinen. Der Grund liegt darin, dass mit dem Befehl \marginpar eine schmale vertikale Randbox eingerichtet wird, die ihrerseits einen linken Rand hat. Der linke Rand der Randbox steht neben dem Haupttext, wenn die Randbox rechts angeordnet ist, dagegen vom Haupttext entfernt, wenn sie links angeordnet ist. Mit dem Befehl \hfill wird der Text (und damit der Pfeil) an den rechten Rand der Randbox gedrückt und erscheint damit richtig in Bezug auf den Haupttext.

Dasselbe Verfahren wurde auch beim obigen vertikalen Strich benutzt. Tatsächlich wurde statt der oben vorgestellten Befehlsangabe dort

\marginpar[{\hfill\rule[-12.5mm]{1mm}{15mm}}]{\rule[-12.5mm]{1mm}{15mm}}

eingegeben.

Ein Seitenumbruch kann nicht innerhalb einer Randbox erfolgen. Erscheint eine Randnotiz am unteren Ende der Seite, so wird sie mit ihren vertikalen Abmessungen auf die laufende Seite gebracht und verschwindet damit ggf. am unteren Seitenende. In diesem Fall müsste sie entweder mit \vspace als erste Angabe innerhalb des \marginpar-Befehls nach oben verschoben oder in zwei \marginpar-Befehle aufgeteilt werden. Solche manuellen Korrekturen sollten jedoch erst vorgenommen werden, wenn das ganze Dokument endgültig fertig gestellt ist, da bei Änderungen wie Ergänzungen oder Streichungen von Textteilen diese Korrekturen vermutlich nicht mehr stimmen.

$\Rightarrow$ Mit dem Befehl \reversemarginpar kann der Standard für die Anordnung der Randboxen umgeschaltet werden. Randmarkierungen erscheinen nach diesem Befehl am linken Rand bzw. am inneren Rand bei der Option twoside. Dieser Befehl bleibt so lange wirksam, bis er durch den Befehl \normalmarginpar wieder aufgehoben wird. Beide Befehle bleiben bei der Option twocolumn ohne Wirkung.

4.9.7 Stilparameter für Randboxen

Randboxen können mit folgenden Stilerklärungen beeinflusst werden:

\marginparwidth	bestimmt die Breite der Randbox für Randnotizen,
\marginparsep	bestimmt den Abstand zwischen der Randbox und den Rändern des Haupttextes,
\marginparpush	bestimmt den kleinsten vertikalen Abstand, der zwischen zwei Randnotizen auftreten muss.

Die Zuweisung eines Wertes erfolgt in bekannter Weise mit dem LaTeX-Befehl \setlength.

4.10 Ausdruck von Originaltext

4.10.1 Standardausgabe

Gelegentlich ist es erwünscht, den Text, so wie er eingegeben ist, unbearbeitet auszudrucken. Dies kann mit den Umgebungen

\begin{verbatim}   *Originaltext*   \end{verbatim}
\begin{verbatim*}   *Originaltext*   \end{verbatim*}

erreicht werden. Der *Originaltext* erscheint in Schreibmaschinenschrift genauso wie er eingegeben ist, einschließlich aller Leerzeichen und Zeilenschaltungen. Ebenso werden Sonderzeichen, die sonst Befehle darstellen, sowie alle anderen Befehle, mit einer Ausnahme, als Zeichen bzw. Zeichenkette ausgedruckt. Die Ausnahme ist der Befehl \end{verbatim}, der die Umgebung beendet. Der Ausdruck beginnt stets mit einer neuen Zeile. Der auf die verbatim-Umgebung folgende Text beginnt ebenfalls mit einer neuen Zeile.

Der Unterschied zwischen der Normal- und der *-Form liegt darin, dass die *-Form Leerzeichen zur Verdeutlichung durch das ␣-Symbol ersetzt.

```
\begin{small}\begin{verbatim}
   \addtocounter{footnote}{-1}\footnotetext{Kleine Insekten}
   \stepcounter{footnote}\footnotetext{Gro"se S"augetiere}
\end{verbatim}\end{small}
```

wurde z. B. zur Erzeugung des Ausdrucks der letzten beiden Zeilen für das Beispiel im Unterabschnitt 4.9.4 benutzt. Eine Verbesserung der verbatim-Umgebung wird mit verbatim.sty von Rainer Schöpf in [5b] vorgestellt.

Der Ausdruck von Originaltext innerhalb einer Zeile erfolgt durch den Befehl

\verb*z* *Originaltext z*   oder   \verb**z* *Originaltext z*

z darf jedes beliebige Zeichen sein, das *nicht* im *Originaltext* auftaucht. Das so gewählte Zeichen wird intern als Klammerpaar betrachtet, das den *Originaltext* einschließt. Zwischen dem \verb bzw. \verb* und dem Klammerpaar*zeichen* darf kein Leerzeichen eingefügt sein. Bei der Standardform darf deshalb der * nicht als Klammerzeichen benutzt werden.

Die *-Form erzeugt, wie bei der verbatim-Umgebung, für Leerzeichen das Zeichen ␣. Eine Zeilenumschaltung ist in \verb-Befehlen innerhalb von *Originaltext* nicht erlaubt und führt zu einer entsprechenden Fehlermeldung.[3]

```
\verb+\begin{verbatim} +\quad\emph{Originaltext}\quad\verb+\end{verbatim}+\\
\verb+\begin{verbatim*}+\quad\emph{Originaltext}\quad\verb+\end{verbatim*}+
```

wurde z. B. benutzt, um die Syntax der verbatim-Umgebung zu Beginn dieses Abschnitts auszudrucken. Als *Klammerzeichen* für den \verb-Befehl wurde hier das +-Zeichen verwendet.

Übung 4.21: *Erzeugen Sie den Ausdruck für die fünf Zeilen höher stehenden beiden Zeilen.*

> **Achtung:** Die verbatim-Umgebung und der \verb-Befehl dürfen *nicht* als Argument in irgendeinem anderen Befehl benutzt werden!!!

Hinweis: Einige Editoren wandeln standardmäßig Gruppen von jeweils acht aufeinander folgenden Leerzeichen in das ASCII-Tabulatorzeichen HT (ASCII-Wert 9) um. Die verbatim-Umgebung und der \verb-Befehl behandeln solche Tabulatorzeichen wie ein einzelnes Leerzeichen, womit es zu Unterschieden zwischen Ein- und Ausgabe kommt. Zu deren Vermeidung muss der Editor daran gehindert werden, Gruppen von Leerzeichen durch ein Tabulatorzeichen zu ersetzen. Die meisten Editoren gestatten eine Einstellung, wie viele Leerzeichen als Gruppe durch ein Tabulatorzeichen ersetzt werden. Die Änderung des Standardwertes von 8 in einen erheblich größeren Wert, z. B. 32 oder gar 80, stellt eine brutale, aber wirksame Abhilfe dar.

4.10.2 Das Ergänzungspaket alltt.sty

Die Standardinstallation von LaTeX stellt zusätzlich das Ergänzungspaket alltt.sty bereit. Nach seiner Aktivierung mit \usepackage{alltt} kann mit der Umgebung

\begin{alltt} *eingeschränkter Originaltext* \end{alltt}

der eingeschachtelte Originaltext mit Ausnahme der Zeichen \, { und } unverändert ausgegeben werden. Der Rückstrich \ und das Klammerpaar { } behalten dagegen ihre LaTeX-Originalbedeutung. Dies kann sehr nützlich sein, wie

\begin{alltt} Originaltext mit \emph{Hervorhebung} \end{alltt}

mit dem Ergebnis

Originaltext mit *Hervorhebung*

beweist. Wegen der Erhaltung der Befehlseinleitung für \ wird \emph als Schrifthervorhebungsbefehl erkannt und das in geschweiften Klammern übergebene Argument entsprechend

---

[3]Das Verbot der Zeilenschaltung im *Originaltext* führt zu einer schnelleren Fehlererkennung bis zum Ende der laufenden Eingabezeile bei vergessener oder fehlerhafter Endkennzeichnung.

behandelt und in kursiver Schreibmaschinenschrift ausgegeben. Die `alltt`-Umgebung beginnt für den eingeschlossenen Text mit einer neuen Zeile und fügt zum vorangehenden Text etwas zusätzlichen vertikalen Zwischenraum ein. Auch der nach der `alltt`-Umgebung, also der nach `\end{alltt}` folgende Text beginnt mit einer neuen Zeile und zusätzlich vorangestelltem vertikalem Zwischenraum.

Mit der Angabe `\input{`*file_name*`}` (s. 8.1.1) innerhalb des eingeschränkten Originaltextes wird an der Stelle dieses Befehls ein File mit dem angegebenen Namen eingelesen und dessen Inhalt, wieder mit Ausnahme der drei Sonderzeichen, original ausgegeben.

4.10.3 Das Ergänzungspaket shortvrb.sty

Auch das Ergänzungspaket `shortvrb.sty` ist Bestandteil einer Standard-LATEX-Installation. Nach seiner Aktivierung mit `\usepackage{shortvrb}` stehen zwei neue Definitionsbefehle zur Verfügung:

`\MakeShortVerb{\`*z*`}`   und   `\DeleteShortVerb{\`*z*`}`

Anschließend kann mit *z Originaltext z* der eingeschachtelte Text im Original ausgegeben werden, wobei die einzige Einschränkung für den Originaltext darin liegt, dass er das gewählte *Schachtelzeichen* '*z*' nicht enthalten darf. Zur Auswahl des Schachtelzeichens *z* mit `\MakeShortVerb{\`*z*`}` ist jedes Zeichen, mit Ausnahme des Befehlsrückstrichs `\`, für *z* erlaubt.

Nach der Erklärung eines Schachtelzeichens *z* mit `\MakeShortVerb{\`*z*`}` wirkt der Aufruf *z text z* so, als hätte man `\verb`*z text z* geschrieben. Nach `\MakeShortVerb{\|}` erzeugt `|\cmd|` die Textausgabe des Befehls `\cmd`, wie dies beim Standard auch mit `\verb|\cmd|` geschehen würde.

Bei Anforderungen mit vielen kurzen Originalausgaben ist die Nutzung des Ergänzungspakets `shortvrb` eine Erleichterung für die Texteingabe, da die vielfache Eingabe von `\verb` entfällt. Die Kurzstruktur *z text z* darf in eingeschränkter Form sogar in Befehlsargumenten auftreten, was für den `\verb`-Befehl nicht erlaubt ist. Die Einschränkung liegt darin, dass der eingeschlossene Originaltext *text* in übergebenen Befehlsargumenten keine weiteren LATEX-Befehle enthalten darf!

Ein mit `\MakeShortVerb{\`*z*`}` erklärtes Schachtelzeichen *z* behält diese Sonderrolle so lange, bis es mit `\DeleteShortVerb{\`*z*`}` wieder aufgehoben wird!

4.11 Kommentare im Eingabetext

Gelegentlich ist es sinnvoll, im Eingabetext Kommentare oder Erläuterungen zu bestimmten Textkonstruktionen einzubetten, die dem Benutzer lediglich zur Erinnerung dienen und natürlich nicht bei der Behandlung durch LATEX als Teil des Textes bearbeitet werden sollen.

Hierzu dient der Einzeichenbefehl %. Tritt dieses Zeichen irgendwo im Text auf, so wird die laufende Zeile des Eingabetextes an der Stelle des % als beendet angesehen und der Rest der Zeile einfach übersprungen. Soll ein Kommentar über mehrere Zeilen gehen, so wird man jede solche Zeile mit einem % beginnen.

Das %-Zeichen ist auch nützlich zum vorübergehenden Deaktivieren von Befehlen. Stehen solche Befehle in einer Zeile, so bewirkt das Voransetzen des %, dass diese Befehle bis zum Ende der Zeile wie ein Kommentar behandelt, d. h. von LATEX übersprungen werden.

Schließlich kann das Anbringen eines % an solchen Stellen nützlich sein, wo eine Zeilenschaltung unerwünschten Leerraum einfügt. Das kann bei benutzereigenen Befehlen gem. 7.3, deren Definitionen über mehrere Zeilen laufen, leicht geschehen. Bei solchen mehrzeiligen Befehlsdefinitionen wird deshalb empfohlen, am jeweiligen Zeilenende ein % anzufügen und erst danach die Zeilenumschalttaste zu betätigen.

Übung 4.22: *Blenden Sie die Befehlsänderung aus Übung 4.19 in Ihrem Vorspann mit dem Kommentarzeichen aus. Durch Entfernen des %-Zeichens können Sie bei Bedarf die Änderung jederzeit wieder aktivieren.*

Kapitel 5

Mathematische Formeln

Mathematische Formeln werden in TEX und LATEX durch einen die Formel beschreibenden Text erzeugt. Dazu muss LATEX zunächst gesagt bekommen, dass der *folgende Text* als *mathematische Formel* zu interpretieren ist, und ebenso, wann dieser *mathematische Text* endet und der weitere Text wieder normal zu bearbeiten ist. Zur Behandlung von *mathematischem Text* schaltet LATEX in den sog. *mathematischen Bearbeitungsmodus* um (s. 1.6). Dazu dienen die mathematischen Umgebungen.

5.1 Mathematische Umgebungen

Mathematische Formeln können innerhalb von Textzeilen auftreten, wie $(a+b)^2 = a^2 + 2ab + b^2$, oder sie sollen vom Text abgesetzt erscheinen, wie:

$$\int_0^\infty g(x)\,dx \approx \sum_{i=1}^n w_i e^{x_i} g(x_i)$$

Soweit im Folgenden zwischen beiden Fällen unterschieden wird, sollen sie als *Textformel* bzw. *abgesetzte Formel* bezeichnet werden.

Textformeln werden erzeugt durch die Umgebung

\begin{math}   *formeltext*   \end{math}

Da Textformeln meist nur kurz sind – oft bestehen sie nur aus einem einzelnen Zeichen –, steht für diese Umgebung die abkürzende Schreibweise \(*formeltext* \) zur Verfügung, und wem das immer noch zu lang ist, der kann dasselbe auch mit $*formeltext*$ erreichen[1].

formeltext ist der Text, der die Formel erzeugt. Welche Konstruktionselemente hierfür erlaubt sind, wird in Kürze dargelegt.

Abgesetzte Formeln entstehen in den Umgebungen

\begin{displaymath}   *formeltext*   \end{displaymath}
\begin{equation}   *formeltext*   \end{equation}

---

[1] In der Wirkung sind alle drei Formen identisch, auch wenn bei der internen Bearbeitung Unterschiede auftreten: \(ist z. B. zerbrechlich, $ dagegen robust.

Der Unterschied zwischen diesen beiden Umgebungen liegt darin, dass die equation-Umgebung automatisch eine fortlaufende Formelnummer erzeugt. Für die displaymath-Umgebung kann alternativ die Kurzform \[*formeltext* \] verwendet werden.

Standardmäßig werden abgesetzte Formeln horizontal zentriert und eine evtl. Formelnummer erscheint rechtsbündig. Mit der Dokumentklassenoption (s. 3.1.2) fleqn werden dagegen die Formeln linksbündig mit einer wählbaren Einrückungstiefe angeordnet. Während die Option fleqn global für das ganze Dokument gilt, kann die Einrückungstiefe jederzeit durch Neuerklärung von \setlength{\mathindent}{*einrücktiefe*} geändert werden. Schließlich können mit der Dokumentklassenoption leqno die Formelnummern einheitlich für das ganze Dokument auch linksbündig angeordnet werden.

Zur Erzeugung von Formelgruppen stehen abschließend noch die Umgebungen

>   \begin{eqnarray}   *formeltext*   \end{eqnarray}
>   \begin{eqnarray*}   *formeltext*   \end{eqnarray*}

zur Verfügung. Die Standardform erzeugt zusätzlich fortlaufende Formelnummern, die bei der *-Form entfallen.

5.2 Die Hauptkonstruktionselemente

5.2.1 Konstanten, Variablen und ihre Verknüpfungen

In Formeln auftretende Zahlen sind Konstante. Einfache Variable sind einzelne Buchstaben. Es ist weltweiter Standard, dass in mathematischen Formeln Konstante in der Schriftart Roman und Variable in der Schriftart *Italic* gesetzt werden. Dies wird in LaTeX automatisch im mathematischen Modus berücksichtigt. Leerzeichen bleiben im mathematischen Modus unberücksichtigt. Die Abstände zwischen Variablen, Konstanten und eventuellen Verknüpfungszeichen, wie +, −, = und anderen, werden automatisch gewählt. Beispiel:
$z=2a+3y$, $ z = 2 a + 3 y $ erzeugen beide $z = 2a + 3y$.

An mathematischen Symbolen stehen auf der Tastatur die Zeichen
+ − = < > / : ! ' | [ ] ( )
zur Verfügung. Diese Zeichen können in Formeln direkt benutzt werden. Das Klammerpaar { } wird für die logische Klammerung von Formelteilen verwendet und ist nicht Teil der ausgedruckten Formel. Sollen sie als Formelzeichen erscheinen, so müssen sie in der Formel als \{ bzw. \} geschrieben werden.

$$M(s) < M(t) < |M| = m$$
$$y'' = c\{f[y', y(x)] + g(x)\}$$

$M(s)<M(t)<|M| = m$
$y'' = c\{f[y',y(x)] + g(x)\}$

Vorübung: *Legen Sie sich ein LaTeX-File mit dem Namen* math.tex *an, das zunächst nur die Befehle*
\documentclass{article}
\usepackage{german,latexsym}
\begin{document} *und* \end{document}   *enthält.*

Übung 5.1: *Erzeugen Sie in Ihrem mathematischen Übungsfile den Text: „Die Ableitung der mittelbaren Funktion $f[g(x)]$ ist $\{f[g(x)]\}' = f'[g(x)]g'(x)$. Für die zweite Ableitung des Produkts von $f(x)$ und $g(x)$ gilt: $[f(x)g(x)]'' = f''(x)g(x) + 2f'(x)g'(x) + f(x)g''(x)$."*
Anmerkung: Höhere Ableitungen werden durch mehrfache ' erzeugt: y''' *gibt* y'''.

5.2.2 Hoch- und Tiefstellungen von Zeichen

Mathematische Formeln enthalten häufig Exponenten oder Indizes. Das sind hoch- bzw. tiefgestellte Zeichen, die in kleinerer Schrift erscheinen als das Zeichen, an dem sie hoch- oder tiefgestellt sind. Gelegentlich treten auch mehrfache Hoch- und Tiefstellungen oder Tiefstellungen an hochgestellten Zeichen und umgekehrt auf. Hierbei sind die zweifach hoch- oder tiefgestellten Zeichen nochmals kleiner.

LATEX und TEX ermöglichen beliebige Exponent- und Indexkombinationen bei automatischer Wahl der richtigen Größe in einfacher Weise: Das Befehlszeichen ^ in einer Formel bewirkt, dass das unmittelbar folgende Zeichen hochgestellt wird. Das Befehlszeichen _ bewirkt, dass das nächste Zeichen tiefgestellt wird.

x^2 x^2 a_n a_n x_i^n x^n_i

Bei gleichzeitiger Hoch- und Tiefstellung ist die Reihenfolge gleichgültig. Das letzte Beispiel hätte auch als x_i^n geschrieben werden können.

Soll mehr als ein Zeichen hoch- oder tiefgestellt werden, so ist die umzustellende Zeichengruppe in { } zu fassen:

x^{2n} x^{2n} x_{2y} x_{2y} $A_{i,j,k}^{-n+2}$ A_{i,j,k}^{-n+2}

Mehrfache Umstellungen erfolgen einfach durch Anwendung der Befehle ^ und _ an hoch- bzw. tiefgestellte Zeichen:

x^{y^2} x^{y^2} x^{y_1} x^{y_1} $A_{j_{n,m}^{2n}}^{x_i^2}$ A^{x_i^2}_{j^{2n}_{n,m}}

| Die Umstellbefehle ^ und _ sind nur im mathematischen Modus erlaubt! |

5.2.3 Brüche

Für kurze Brüche, insbesondere in Textformeln, wird als Bruchzeichen meistens der / verwendet. $(n+m)/2$ gibt $(n+m)/2$. Für umfangreichere Brüche steht der Befehl

\frac{*Zähler*}{*Nenner*}

zur Verfügung. Dieser Befehl erzeugt einen Bruchstrich von der Breite des jeweils längeren Teils von *Zähler* und *Nenner* und setzt den kürzeren Teil zum Bruchstrich zentriert.

$\frac{1}{x+y}$ \[\frac{1}{x+y} \]

$\frac{a^2-b^2}{a+b} = a-b$ \[\frac{a^2 - b^2}{a+b} = a-b \]

Brüche können beliebig ineinander geschachtelt werden:

$\frac{\frac{a}{x-y}+\frac{b}{x+y}}{1+\frac{a-b}{a+b}}$ \[\frac{\frac{a}{x-y} + \frac{b}{x+y}}{1 + \frac{a-b}{a+b}} \]

Für Brüche innerhalb von Brüchen wählt LATEX eine kleinere Schriftgröße. In 5.5.2 wird gezeigt, wie von diesem Standard abgewichen werden kann, wenn die von LATEX gewählten Größen unerwünscht sind.

5.2.4 Wurzeln

Wurzelausdrücke werden mit dem Befehl

\sqrt[n]{arg}

erzeugt. Beispiel: $\sqrt[3]{8}$ = 2$ ergibt $\sqrt[3]{8} = 2$. Ohne den optionalen Parameter n wird die Standardform der Quadratwurzel erzeugt: $\sqrt{a}$ gibt $\sqrt{a}$

Die Größe und Länge des Wurzelzeichens wird automatisch in Abhängigkeit von arg gewählt: $\sqrt{x^2 + y^2 + 2xy}$ = x+y$ $\sqrt{x^2 + y^2 + 2xy} = x + y$ oder

$$\sqrt[n]{\frac{x^n - y^n}{1 + u^{2n}}} \qquad \text{\[\sqrt[n]{\frac{x^n - y^n}{1 + u^{2n}}} \]}$$

Wurzelausdrücke können beliebig ineinander geschachtelt werden:

$$\sqrt[3]{-q + \sqrt{q^2 + p^3}} \qquad \text{\[\sqrt[3]{-q + \sqrt{q^2 + p^3}} \]}$$

5.2.5 Summen und Integrale

Summen- und Integralzeichen werden mit den Befehlen \sum für $\sum$ und \int für $\int$ erzeugt. Diese Zeichen erscheinen in zwei verschiedenen Größen, je nachdem, ob sie in Textformeln oder abgesetzten Formeln auftreten.

Summen- und Integralzeichen erhalten oft obere und untere Grenzen. Diese werden mit den Hoch- und Tiefstellungszeichen ^ und _ formal wie bei den Exponenten und Indizes erzeugt. Auch die Anordnung der unteren und oberen Grenzen ist in Textformeln und abgesetzten Formeln unterschiedlich.

\sum_{i=1}^n und \int_a^b erzeugen in Textformeln $\sum_{i=1}^n$ bzw. $\int_a^b$. Dagegen in abgesetzten Formeln:

$$\sum_{i=1}^n \qquad \int_a^b \qquad\qquad \int\limits_{x=0}^{x=1}$$

Manche Autoren wünschen auch beim Integral die Grenzen ober- und unterhalb des Integralzeichens angeordnet. Das kann mit dem Befehl \limits unmittelbar nach dem Integralzeichen erreicht werden: \int\limits_{x=0}^{x=1}

Sonstiger Formeltext vor und hinter den Summen- und Integralzeichen wird korrekt auf diese Zeichen ausgerichtet:

$$2\sum_{i=1}^n a_i \int_a^b f_i(x)g_i(x)\,dx \qquad \text{\[2\sum_{i=1}^n a_i \int^b_a f\_i(x)g\_i(x)\,dx \]}$$

Bei Integralen wie $\int y\,dx$ oder $\int f(z)\,dz$ sollte der am Ende stehende Differentialoperator dx bzw. dz mit einem kleinen Abstand zum Integranden (das ist der Teil vor dem dx oder dz) gesetzt werden. Die Einfügung eines Leerzeichens nutzt hier nichts, da Leerzeichen im mathematischen Modus unberücksichtigt bleiben: $\int y dx$ erzeugt $\int ydx$. Hier hilft der bereits in 3.5.1.3 vorgestellte Abstandsbefehl \,: $\int y\,dx$ oder $\int f(z)\,dz$ erzeugen das gewünschte Ergebnis $\int y\,dx$ bzw. $\int f(z)\,dz$. Weitere Abstandsbefehle für mathematische Formeln werden in 5.5.1 vorgestellt.

5.2. DIE HAUPTKONSTRUKTIONSELEMENTE

5.2.6 Fortsetzungspunkte – Ellipsen

Gelegentlich enthalten Formeln mehrere hintereinander stehende Punkte ..., die aussagen sollen: *und so weiter*. Das mehrfache Eintippen des Punkts führt zu einem unerwünschten Ergebnis: ... erzeugt ..., d. h., die Punkte erscheinen zu dicht. LaTeX stellt hierfür die Befehle

\ldots	... *low dots*	\cdots	$\cdots$ *center dots*
\vdots	$\vdots$ *vertical dots*	\ddots	$\ddots$ *diagonal dots*

bereit. Der Unterschied zwischen den ersten beiden Befehlen wird deutlicher, wenn man die beiden Formeln $a_0, a_1, \ldots, a_n$ und $a_0 + a_1 + \cdots + a_n$ näher betrachtet.
(Erzeugt durch `$a_0,a_1,\ldots,a_n$` bzw. `$a_0+a_1+\cdots+a_n$`.)

Der Befehl `\ldots` steht auch in normalen Textmodi zur Verfügung. Die drei anderen sind nur im mathematischen Modus erlaubt.

Übung 5.2: *Erzeugen Sie den folgenden Ausdruck:*
Die reduzierte kubische Gleichung $y^3 + 3py + 2q = 0$ hat für $D = q^2 + p^3 > 0$ eine reelle und zwei komplexe Lösungen. Diese lassen sich mit den Abkürzungen

$$u = \sqrt[3]{-q + \sqrt{q^2 + p^3}}, \qquad v = \sqrt[3]{-q - \sqrt{q^2 + p^3}}$$

nach der *Cardanischen* Formel als

$$y_1 = u + v, \quad y_2 = -\frac{u+v}{2} + \frac{i}{2}\sqrt{3}(u-v), \quad y_3 = -\frac{u+v}{2} - \frac{i}{2}\sqrt{3}(u-v)$$

darstellen.
Anmerkung: Die Abstände zwischen den Teilformeln in den beiden abgesetzten Formeln lassen sich durch die Abstandsbefehle `\quad` *oder* `\qquad` *einfügen.*

Übung 5.3: *Verwenden Sie die Option* `fleqn` *beim Dokumentklassenbefehl und fügen Sie im Vorspann* `\setlength{\mathindent}{2cm}` *ein. Erzeugen Sie die drei Teilformeln der letzten abgesetzten Formel jeweils als eigene abgesetzte Formel und verwenden Sie hierbei jeweils die* `equation`-*Umgebung statt der* `displaymath`-*Umgebung oder ihrer Kurzform* `\[...\]` *bei der vorangegangenen Übung.*

Übung 5.4: *Erzeugen Sie den nachfolgenden Text:*
Die Messwerte $x_1 < x_2 < \cdots < x_r$ traten p_1-, p_2-, ..., p_r-mal in einer Messreihe auf. Der Mittelwert x und die Streuung s sind dann

$$x = \frac{1}{n}\sum_{i=1}^{r} p_i x_i, \qquad s = \sqrt{\frac{1}{n}\sum_{i=1}^{r} p_i(x_i - x)^2}$$

mit $n = p_1 + p_2 + \cdots + p_r$.

Übung 5.5: *Auch diese zunächst kompliziert aussehende Formel sollte keine besondere Schwierigkeit bereiten:*

$$\int \frac{\sqrt{(ax+b)^3}}{x} dx = \frac{2\sqrt{(ax+b)^3}}{3} + 2b\sqrt{ax+b} + b^2 \int \frac{dx}{x\sqrt{ax+b}}$$

ebensowenig wie $\int_{-1}^{8}(dx/\sqrt[3]{x}) = \frac{3}{2}(8^{2/3} + 1^{2/3}) = 15/2$

5.3 Mathematische Symbole

Mathematischer Text kennt eine große Vielfalt von Symbolen. Nur ganz wenige davon stehen direkt auf der Tastatur zur Verfügung. LaTeX stellt nahezu jedes erdenkliche mathematische Symbol unter einem Symbolnamen, dem ein \ vorangesetzt ist, bereit. Die Symbolnamen sind von (englischen) mathematischen Begriffen hergeleitet und erscheinen bei etwas Mathematikkenntnissen ganz natürlich.

5.3.1 Griechische Buchstaben

Kleinbuchstaben

α	\alpha	θ	\theta	o	o	τ	\tau
β	\beta	ϑ	\vartheta	π	\pi	υ	\upsilon
γ	\gamma	ι	\iota	ϖ	\varpi	ϕ	\phi
δ	\delta	κ	\kappa	ρ	\rho	φ	\varphi
ϵ	\epsilon	λ	\lambda	ϱ	\varrho	χ	\chi
ε	\varepsilon	μ	\mu	σ	\sigma	ψ	\psi
ζ	\zeta	ν	\nu	ς	\varsigma	ω	\omega
η	\eta	ξ	\xi				

Großbuchstaben

Γ	\Gamma	Λ	\Lambda	Σ	\Sigma	Ψ	\Psi
Δ	\Delta	Ξ	\Xi	Υ	\Upsilon	Ω	\Omega
Θ	\Theta	Π	\Pi	Φ	\Phi		

Griechische Buchstaben werden also einfach durch ihren griechischen Namen mit vorangestelltem \ erzeugt. Beginnt der Name mit einem Großbuchstaben, so wird der entsprechende griechische Großbuchstabe erzeugt. Die nicht aufgeführten griechischen Großbuchstaben sind mit den entsprechenden lateinischen identisch, so dass für diese kein Bedarf für ein spezielles Zeichen besteht. Griechische Buchstaben können nur im mathematischen Modus aufgerufen werden. Innerhalb von normalem Text müssen sie deshalb mit $...$ eingeschachtelt werden!

Griechische Großbuchstaben werden in mathematischen Formeln üblicherweise in Roman gesetzt. Sollen sie ausnahmsweise in *Italic* erscheinen, so kann das durch den Aufruf des *mathematischen* Schriftartbefehls \mathnormal (s. 5.5.4) innerhalb einer Formel geschehen: $\mathnormal{\Gamma\Pi\Phi}$ erscheint als $\mathit{\Gamma\Pi\Phi}$.

5.3.2 Kalligraphische Buchstaben

Im mathematischen Modus können mit dem Schriftbefehl \mathcal die folgenden 26 *kalligraphischen* Großbuchstaben erzeugt werden:

$\mathcal{A,B,C,D,E,F,G,H,I,J,K,L,M,N,O,P,Q,R,S,T,U,V,W,X,Y,Z}$

Eingabe: $...\mathcal{A,B,C,...,Z}..$

5.3.3 Binäre Operationssymbole

Werden zwei mathematische Größen zur Erzeugung einer neuen Größe miteinander verknüpft, so heißt in der Mathematik diese Verknüpfung eine *binäre Operation*. Für die verschiedensten Formen einer binären Operation sind folgende Symbole als Operatoren gebräuchlich:

±	\pm	∩	\cap	∘	\circ	◯	\bigcirc
∓	\mp	∪	\cup	•	\bullet	□	\Box
×	\times	⊎	\uplus	⋄	\diamond	◇	\Diamond
÷	\div	⊓	\sqcap	◁	\lhd	△	\bigtriangleup
·	\cdot	⊔	\sqcup	▷	\rhd	▽	\bigtriangledown
∗	\ast	∨	\vee	⊴	\unlhd	◁	\triangleleft
⋆	\star	∧	\wedge	⊵	\unrhd	▷	\triangleright
†	\dagger	\	\setminus	⊘	\oslash	⊕	\oplus
‡	\ddagger	≀	\wr	⊙	\odot	⊖	\ominus
⨿	\amalg					⊗	\otimes

Alle in dieser und den folgenden Tabellen unterstrichenen Befehlsnamen verlangen den Vorspannbefehl \usepackage{latexsym} zur Aktivierung des gleichnamigen Ergänzungspakets latexsym.sty.

5.3.4 Vergleichssymbole und deren Negation

Werden mathematische Größen in irgendeiner Form miteinander verglichen, so heißt dieser Vergleich in der Mathematik eine *Beziehungsoperation*. Für die verschiedenen Vergleichsbeziehungen sind die folgenden Symbole (Operatoren) gebräuchlich:

≤	\le	\leq	≥	\ge	\geq	≠	\ne	\neq	~	\sim
≪	\ll		≫	\gg		≐	\doteq		≃	\simeq
⊂	\subset		⊃	\supset		≈	\approx		≍	\asymp
⊆	\subseteq		⊇	\supseteq		≅	\cong		⌣	\smile
⊏	\sqsubset		⊐	\sqsupset		≡	\equiv		⌢	\frown
⊑	\sqsubseteq		⊒	\sqsupseteq		∝	\propto		⋈	\bowtie
∈	\in		∋	\ni		≺	\prec		≻	\succ
⊢	\vdash		⊣	\dashv		⪯	\preceq		⪰	\succeq
⊨	\models		⊥	\perp		∥	\parallel	|			\mid		

Einige der vorstehenden Symbole können unter zwei Namen erzeugt werden, z. B. kann ≤ sowohl durch \le als auch durch \leq erzeugt werden.

Die umgekehrte (verneinende) Bedeutung der vorstehenden Vergleichssymbole wird in der Mathematik mit einem / durch das Symbol gekennzeichnet: = und ≠ bedeuten *gleich* bzw. *nicht gleich*. Für ≠ steht speziell der Befehl \ne bzw. \neq zur Verfügung. Man kann jedoch ganz allgemein durch die meisten der vorstehenden Symbole einen / durch das Voransetzen von \not vor den Symbolbefehl erzielen. \not\in gibt z. B. ∉. Das Gleiche gilt auch für die Tastensymbole: \not=, \not>, \not< erzeugen ≠, ≯ und ≮.

Mit der Zwischenschaltung eines der horizontalen Abstandsbefehle aus 5.5.1 nach dem \not und vor dem nachfolgenden Symbolbefehl kann eine Feinjustage für die Positionierung des / innerhalb des zu verneinenden Vergleichssymbols erfolgen.

Insgesamt können die nachfolgend aufgelisteten Vergleichssymbole auf diese Weise negiert werden, wobei sich \not\in und \notin geringfügig unterscheiden: '∉' '∉'.

≮	\not<	≯	\not>	≠	\not=
≰	\not\le	≱	\not\ge	≢	\not\equiv
⊀	\not\prec	⊁	\not\succ	≁	\not\sim
⋠	\not\preceq	⋡	\not\succeq	≄	\not\simeq
⊄	\not\subset	⊅	\not\supset	≉	\not\approx
⊈	\not\subseteq	⊉	\not\supseteq	≇	\not\cong
⋢	\not\sqsubseteq	⋣	\not\sqsupseteq	≭	\not\asymp
∉	\not\in	∉	\notin		

5.3.5 Pfeil- oder Zeigersymbole

In mathematischen Manuskripten werden gelegentlich auch Pfeilsymbole verwendet, die häufig auch *Zeiger* genannt werden. Folgende Zeigersymbole stehen zur Verfügung

←	\leftarrow	\gets	⟵	\longleftarrow	↑	\uparrow
⇐	\Leftarrow		⟸	\Longleftarrow	⇑	\Uparrow
→	\rightarrow	\to	⟶	\longrightarrow	↓	\downarrow
⇒	\Rightarrow		⟹	\Longrightarrow	⇓	\Downarrow
↔	\leftrightarrow		⟷	\longleftrightarrow	↕	\updownarrow
⇔	\Leftrightarrow		⟺	\Longleftrightarrow	⇕	\Updownarrow
↦	\mapsto		⟼	\longmapsto	↗	\nearrow
↩	\hookleftarrow		↪	\hookrightarrow	↘	\searrow
↼	\leftharpoonup		⇀	\rightharpoonup	↙	\swarrow
↽	\leftharpoondown		⇁	\rightharpoondown	↖	\nwarrow
⇌	\rightleftharpoons		⤳	\leadsto		

Auch hier können die beiden Symbole → und ← alternativ unter dem Namen \to bzw. \gets aufgerufen werden. Schließlich gibt es für \Longleftrightarrow auch den Befehl \iff, der sich geringfügig durch zusätzlichen Leerraum auf beiden Seiten (⟺) vom ersteren (⟺) unterscheidet.

5.3.6 Verschiedene sonstige Symbole

Gelegentlich treten in mathematischen Texten weitere Symbole auf. LATEX stellt noch folgende Symbole bereit, wobei einige Wiederholungen von bereits vorgestellten Symbolen im Zusammenhang mit den Nachbarsymbolen stehen:

ℵ	\aleph	′	\prime	∀	\forall	□	\Box
ℏ	\hbar	∅	\emptyset	∃	\exists	◇	\Diamond
ı	\imath	∇	\nabla	¬	\neg	△	\triangle
ȷ	\jmath	√	\surd	♭	\flat	♣	\clubsuit
ℓ	\ell	∂	\partial	♮	\natural	♦	\diamondsuit
℘	\wp	⊤	\top	♯	\sharp	♡	\heartsuit
ℜ	\Re	⊥	\bot	∥	|	♠	\spadesuit
ℑ	\Im	⊢	\vdash	∠	\angle	⋈	\Join
℧	\mho	⊣	\dashv	\	\backslash	∞	\infty

5.3.7 Symbole in zwei Größen

Die folgenden Symbole haben in Textformeln und abgesetzten Formeln unterschiedliche Größen:

Σ	$\sum$	\sum	$\cap$	$\bigcap$	\bigcap	$\odot$	$\bigodot$	\bigodot
$\int$	$\int$	\int	$\cup$	$\bigcup$	\bigcup	$\otimes$	$\bigotimes$	\bigotimes
$\oint$	$\oint$	\oint	$\sqcup$	$\bigsqcup$	\bigsqcup	$\oplus$	$\bigoplus$	\bigoplus
Π	$\prod$	\prod	$\vee$	$\bigvee$	\bigvee	$\uplus$	$\biguplus$	\biguplus
$\sqcup$	$\coprod$	\coprod	$\wedge$	$\bigwedge$	\bigwedge			

Die Symbole \int und \sum sind bereits in 5.2.5 vorgestellt worden. Wie dort für diese beiden beschrieben, können an allen der vorstehenden Symbole untere und/oder obere Grenzen mit den Umstellungsbefehlen ^_ erzeugt werden. Die Anordnung der Grenzen ist bei einigen Symbolen für Textformeln und abgesetzte Formeln verschieden. Wie in 5.2.5 für \int beschrieben, können mit dem Befehl \limits die Grenzen unter- und oberhalb des Symbols angeordnet werden, wenn diese standardmäßig hinter dem Symbol erscheinen. Der umgekehrte Befehl \nolimits ordnet die Grenzen hinter dem Symbol an, wenn sie standardmäßig unter- und oberhalb stehen.

$\oint_0^\infty \qquad \oint\limits_0^\infty$ \[\oint^\infty_0 \qquad \oint\limits^\infty_0   \]

$\prod_{\nu=0}^n \qquad \prod\limits_{\nu=0}^n$ \[\prod^n_{\nu=0}\qquad \prod\nolimits^n_{\nu=0} \]

5.3.8 Funktionsnamen

Der weltweite Standard, in mathematischen Formeln Variablenzeichen in *Italic* zu setzen, schreibt andererseits vor, Funktionsnamen in Roman zu setzen. Funktionsnamen wie 'sin' oder 'inf' in einer Formel würden von LATEX als die Variablennamen s i n bzw. i n f interpretiert und als sin bzw. inf erscheinen. Damit LATEX einen Funktionsnamen als solchen erkennt, muss ihm ein \ vorangesetzt werden. Folgende Funktionsnamen sind definiert und damit in LATEX bekannt:

```
\arccos   \cos    \csc    \exp    \ker    \limsup  \min    \sinh
\arcsin   \cosh   \deg    \gcd    \lg     \ln      \Pr     \sup
\arctan   \cot    \det    \hom    \lim    \log     \sec    \tan
\arg      \coth   \dim    \inf    \liminf \max     \sin    \tanh
```

Einige dieser Funktionsnamen treten in Formeln oft mit einer Grenzenangabe der Form

$\lim_{x\to\infty}$ in Textformeln und
$\lim_{x\to\infty}$ in abgesetzten Formeln

auf. Dies wird einfach mit dem Tiefstellungsbefehl nach dem Funktionsnamen erreicht:
\lim_{x\to\infty}

Die Erzeugung einer untergestellten Grenzangabe mit dem Befehl _ ist für die Funktionsnamen

```
\det    \gcd    \inf    \lim    \liminf    \limsup    \max    \min    \Pr    \sup
```

erlaubt.

Schließlich gibt es noch die Funktionsnamenbefehle \bmod und \pmod{*arg*}, die beide den Funktionsnamen mod erzeugen, entweder als

$ a \bmod b $: $a \bmod b$ oder als $y\pmod{a+b}$: $y \pmod{a+b}$.

5.3.9 Mathematische Akzente

Die folgenden mathematischen Akzente stehen im mathematischen Modus zur Verfügung:

$\hat{a}$	\hat{a}	$\breve{a}$	\breve{a}	$\grave{a}$	\grave{a}	$\bar{a}$	\bar{a}	$\dot{a}$	\dot{a}
$\check{a}$	\check{a}	$\acute{a}$	\acute{a}	$\tilde{a}$	\tilde{a}	$\vec{a}$	\vec{a}	$\ddot{a}$	\ddot{a}

Die Buchstaben i und j sollten ihren Punkt verlieren, wenn sie mit einem Akzent versehen werden sollen. In diesem Fall sollten stattdessen für die Buchstaben die Symbole \imath und \jmath verwendet werden, z. B.

$\vec{\imath} + \tilde{\jmath}$: $\vec{\imath} + \tilde{\jmath}$

Für \hat und \tilde gibt es eine Breitversion unter den Namen \widehat und \widetilde. Hiermit können diese Akzente über einem Formelteil angebracht werden:

$\widehat{1-x} = \widehat{-y}$ $\widetilde{xyz}$ $\widehat{1-x}=\widehat{-y}$ $\widetilde{xyz}$

Übung 5.6: *Die Vereinigung zweier Mengen $\mathcal{A}$ und $\mathcal{B}$ ist die Menge aller Elemente, die in wenigstens einer der beiden Mengen vorkommen, und wird als $\mathcal{A} \cup \mathcal{B}$ gekennzeichnet. Diese Operation ist kommutativ $\mathcal{A} \cup \mathcal{B} = \mathcal{B} \cup \mathcal{A}$ und assoziativ $(\mathcal{A} \cup \mathcal{B}) \cup \mathcal{C} = \mathcal{A} \cup (\mathcal{B} \cup \mathcal{C})$. Ist $\mathcal{A} \subseteq \mathcal{B}$, dann gilt $\mathcal{A} \cup \mathcal{B} = \mathcal{B}$. Daraus folgt $\mathcal{A} \cup \mathcal{A} = \mathcal{A}$, $\mathcal{A} \cup \emptyset = \mathcal{A}$ und $\mathcal{J} \cup \mathcal{A} = \mathcal{J}$. ($\emptyset$ steht für die leere Menge.)*

Übung 5.7: *Aus der l'Hospitalschen Regel folgt:*

$$\lim_{x \to 0} \frac{\ln \sin \pi x}{\ln \sin x} = \lim_{x \to 0} \frac{\pi \frac{\cos \pi x}{\sin \pi x}}{\frac{\cos x}{\sin x}} = \lim_{x \to 0} \frac{\pi \tan x}{\tan \pi x} = \lim_{x \to 0} \frac{\pi / \cos^2 x}{\pi / \cos^2 \pi x} = \lim_{x \to 0} \frac{\cos^2 \pi x}{\cos^2 x} = 1$$

Übung 5.8: *Die Gammafunktion $\Gamma(x)$ ist definiert als:*

$$\Gamma(x) \equiv \lim_{n \to \infty} \prod_{\nu=0}^{n-1} \frac{n! n^{x-1}}{x+\nu} = \lim_{n \to \infty} \frac{n! n^{x-1}}{x(x+1)(x+2) \cdots (x+n-1)} \equiv \int_0^\infty e^{-t} t^{x-1}\, dt$$

Die Integraldefinition gilt nur für $x > 0$ (2. Eulersches Integral).

Übung 5.9: *Entfernen Sie die Option* fleqn *aus dem* \documentclass*-Befehl von Übung 5.3 und wiederholen Sie den Ausdruck.*

Übung 5.10: $\alpha \vec{x} = \vec{x} \alpha$, $\alpha \beta \vec{x} = \beta \alpha \vec{x}$, $(\alpha + \beta) \vec{x} = \alpha \vec{x} + \beta \vec{x}$, $\alpha(\vec{x} + \vec{y}) = \alpha \vec{x} + \alpha \vec{y}$.
$\vec{x} \vec{y} = \vec{y} \vec{x}$ *aber* $\vec{x} \times \vec{y} = -\vec{y} \times \vec{x}$, $\vec{x} \vec{y} = 0$ *falls* $\vec{x} \perp \vec{y}$, $\vec{x} \times \vec{y} = 0$, *falls* $\vec{x} \parallel \vec{y}$.

Übung 5.11: *Erzeugen Sie die Formeln (5.1) und (5.2) des nächsten Abschnitts.*

5.4 Weitere Konstruktionselemente

Mit den bisher beschriebenen Konstruktionselementen lassen sich bereits viele, durchaus komplexe Formeln erzeugen:

$$\lim_{x \to 0} \frac{\sqrt{1+x}-1}{x} = \lim_{x \to 0} \frac{(\sqrt{1+x}-1)(\sqrt{1+x}+1)}{x(\sqrt{1+x}+1)} = \lim_{x \to 0} \frac{1}{\sqrt{1+x}+1} = \frac{1}{2} \quad (5.1)$$

$$\frac{\partial^2 U}{\partial x^2} + \frac{\partial^2 U}{\partial y^2} = 0 \implies U_M = \frac{1}{4\pi} \oint_\Sigma \frac{1}{r} \frac{\partial U}{\partial n} ds - \frac{1}{4\pi} \oint_\Sigma \frac{\partial \frac{1}{r}}{\partial n} U \, ds \quad (5.2)$$

$$S(z) = -\cos(\frac{\pi}{2}z^2) \sum_{n=0}^{\infty} \frac{(-1)^n \pi^{2n+1}}{1 \cdot 3 \cdots (4n+3)} z^{4n+3} + \sin(\frac{\pi}{2}z^2) \sum_{n=0}^{\infty} \frac{(-1)^n \pi^{2n}}{1 \cdot 3 \cdots (4n+1)} z^{4n+1}$$
(5.3)

Liest man die Formeln von links nach rechts, so lässt sich der erzeugende Text ohne Schwierigkeiten erstellen. Für die letzte Formel würde man z. B. schreiben:

```
\begin{equation}
S(z) = -\cos( \frac{\pi}{2} z^2 ) \sum_{n=0}^\infty
    \frac{ (-1)^n \pi^{2n+1} }{ 1 \cdot 3 \cdots (4n+3) } z^{4n+3}
    +\sin( \frac{\pi}{2} z^2 ) \sum_{n=0}^\infty
    \frac{ (-1)^n \pi^{2n} }{1 \cdot 3 \cdots (4n+1) } z^{4n+1}
\end{equation}
```

In den obigen Beispielen wurde statt der `displaymath`-Umgebung bzw. ihrer Abkürzung `\[ ...\]` die `equation`-Umgebung gewählt, die zusätzlich eine automatische Formelnummerierung erzeugt. Formelnummern werden bei den Bearbeitungsklassen `book` und `report` innerhalb der Kapitel mit der vorgestellten Kapitelnummer durchnummeriert und in ( ) gesetzt, wie in den vorstehenden Beispielen ersichtlich. Bei der Bearbeitungsklasse `article` werden Formeln durch das ganze Dokument fortlaufend nummeriert. Abschnitt 7.3.5 enthält mit Beispiel 3 auf S. 186 Mustervorschläge zur Änderung des Nummerierungsstils von Gleichungen.

Als Standard erscheinen die Formelnummern rechtsbündig und in der Höhe auf die Formel zentriert, falls der Platz dies zulässt, anderenfalls rechtsbündig unterhalb der Formel. Mit der Klassenoption `leqno` können stattdessen Formelnummern einheitlich für das ganze Dokument auch linksbündig gewählt werden.

Betrachtet man die letzte Formel etwas näher, so würde man sich die beiden ( )-Paare beim $\cos()$ und $\sin()$ etwas größer wünschen. Außerdem reicht diese Formel gerade noch über die Zeilenbreite. Längere Formeln müssen an geeigneten Stellen umbrochen und die untereinander stehenden Teile der Formel evtl. in bestimmter Weise gegeneinander ausgerichtet werden. Die bisherigen Konstruktionselemente bieten hierfür keine Möglichkeit.

Selbst eine so einfache Forderung wie das Anbringen von einem Stückchen normalem Text innerhalb einer abgesetzten Formel war bisher noch nicht erwähnt worden. Dieser Abschnitt stellt die hierfür erforderlichen Konstruktionselemente bereit.

Schließlich wird man gelegentlich von der Größenwahl durch TeX abweichen wollen, z. B. würde im letzten Integral der Formel (5.2) der Zähler besser als $\partial \frac{1}{r}$ erscheinen. Auch die horizontalen Abstände von Formelteilen sind zu beeinflussen. Solche Formatierungshilfen werden in 5.5 beschrieben.

5.4.1 Automatische Größenanpassung von Klammersymbolen

Mathematische Formeln enthalten häufig Klammersymbole, die meistens paarweise auftreten und Teile der Formeln einschließen. In der ausgedruckten Formel sollten diese Klammersymbole in der Größe der eingeschlossenen Teilformel angepasst sein. Hierfür stellt LaTeX das Befehlspaar

\left*lksymb* *Teilformel* \right*rksymb*

bereit. Der Befehl \left ist dem öffnenden (linksstehenden) Klammersymbol *lksymb* unmittelbar voranzustellen und ebenso der Befehl \right dem schließenden (rechtsstehenden) *rksymb*.

$$\left[\int + \int\right]_{x=0}^{x=1}$$

\[\left[\int + \int \right]_{x=0}^{x=1} \]
Das Klammerpaar [ ] ist an die Größe der eingeschlossenen Formel angepasst. Die folgende Hoch- und Tiefstellung ist ihrerseits an die große] angepasst.

Die Befehle \left und \right müssen paarweise auftreten. Zu jedem \left-Befehl gehört also zwingend der zugehörige \right-Befehl. Die Paare können geschachtelt werden. Dabei ist dem letzten \left-Befehl der nächste darauffolgende \right-Befehl zugeordnet, der vorletzte \left-Befehl dem übernächsten \right-Befehl usw. Bei geschachtelten Paaren müssen insgesamt genauso viele \right-Befehle wie \left-Befehle vorhanden sein.

Die zugehörigen Klammersymbole *lksymb* und *rksymb* brauchen nicht notwendig zueinander zu passen, obwohl gleiche Klammerpaare der Regelfall sind.

$$\vec{x} + \vec{y} + \vec{z} = \begin{pmatrix} a \\ b \end{pmatrix} [$$

Diese Anordnung ist zwar ungewöhnlich, aber durchaus erlaubt.
\[\vec{x} + \vec{y} + \vec{z} = \left(... \right[\]

Gelegentlich enthalten Formeln nur eine öffnende oder schließende Klammer ohne das zugehörige Gegenstück. Da die Befehle \left ... \right paarweise auftreten müssen, kann mit einem dieser Befehle vor einem '.' eine *unsichtbare* zugeordnete Klammer erzeugt werden, um die Paarbedingung zu erfüllen.

$$y = \begin{cases} -1 & : \quad x < 0 \\ 0 & : \quad x = 0 \\ +1 & : \quad x > 0 \end{cases}$$

\[y = \left\{ \begin{array}{r@{\quad:\quad}l}
-1 & x<0 \\ 0 & x=0 \\ +1 & x>0
\end{array} \right. \]

Die hier verwendete array-Umgebung ist formal in 4.8.1 beschrieben. Sie erzeugt eine Tabelle im mathematischen Modus.

Die Befehle \left ... \right können auf insgesamt 22 verschiedene Symbole wirken. Diese sind

(	(	)	)	$\lfloor$	\lfloor	$\rfloor$	\rfloor
[	[	]	]	$\lceil$	\lceil	$\rceil$	\rceil
{	\{	}	\}	$\langle$	\langle	$\rangle$	\rangle
|	|	||	\\|	$\uparrow$	\uparrow	$\Uparrow$	\Uparrow
/	/	\\	\backslash	$\downarrow$	\downarrow	$\Downarrow$	\Downarrow
				$\updownarrow$	\updownarrow	$\Updownarrow$	\Updownarrow

5.4. WEITERE KONSTRUKTIONSELEMENTE

\left| ... \right| erzeugt z. B. vertikale Striche, deren Größe auf den eingeschlossenen Formeltext abgestimmt ist.

Übung 5.12: *Erzeugen Sie in Formel (5.3)* $\cos\left(\frac{\pi}{2}z^2\right)$ *und* $\sin\left(\frac{\pi}{2}z^2\right)$ *statt* $(\frac{\pi}{2}z^2)$.

5.4.2 Gewöhnlicher Text innerhalb von Formeln

Gelegentlich erscheint innerhalb von Formeln ein Stückchen *normaler* Text, z. B. ein einzelnes Wort wie 'und', 'oder', 'wenn' u. ä. Hierzu muss man innerhalb von Formeln in den LR-Modus (s. 1.6 und 4.7.1) umschalten, ohne die mathematische Umgebung zu verlassen. Dies kann mit dem Befehl \mbox{*normaler Text*} innerhalb der Formel erreicht werden, ggf. ergänzt durch zusätzliche horizontale Abstandsbefehle, wie \hspace oder \quad. Beispiel:

$$Z_n = Z_k \qquad \text{genau dann, wenn} \qquad X_n = X_k \quad \text{und} \quad Y_n = Y_k \quad \text{ist}$$

```
\[ Z_n = Z_k \qquad\mbox{genau dann, wenn}\qquad
   X_n = X_k \quad\mbox{und}\quad Y_n = Y_k \quad\mbox{ist} \]
```

Um längere Textteile neben einer abgesetzten Formel anzuordnen, wie etwa in den vorstehenden Beispielen, in denen neben der abgesetzten Formel der erläuternde Text steht, empfiehlt es sich, die Formel und den Text jeweils in eine Parbox oder Minipage zu fassen und diese, vertikal in geeigneter Weise positioniert, nebeneinander zu stellen.

5.4.3 Matrizen und Felder

$$\begin{array}{cccc} a_{11} & a_{12} & \cdots & a_{1n} \\ \vdots & \vdots & \ddots & \vdots \\ a_{n1} & a_{n2} & \cdots & a_{nn} \end{array}$$

Anordnungen der nebenstehenden Form bilden die Grundstruktur von Matrizen, Determinanten, Gleichungssystemen u. ä. Solche Strukturen sollen hier Felder genannt werden.

Zur Erzeugung von Feldern dient die `array`-Umgebung, deren Syntax und Konstruktionselemente bei der Beschreibung von Tabellenstrukturen in 4.8.1 vorgestellt wurden. Die `array`-Umgebung erzeugt demzufolge eine Tabelle im mathematischen Modus, d. h., die einzelnen Spalteneintragungen werden als Formeltext interpretiert. Beispiel:

$$\begin{array}{l} a_{11}x_1 + a_{12}x_2 + \cdots + a_{1n}x_n = b_1 \\ a_{22}x_1 + a_{22}x_2 + \cdots + a_{2n}x_n = b_2 \\ \dotfill \\ a_{n1}x_1 + a_{n2}x_2 + \cdots + a_{nn}x_n = b_n \end{array}$$

```
\[ \begin{array}{*{3}{c@{\:+\:}}c@{\;=\;}c}
    a_{11}x_1 & a_{12}x_2 & \cdots & a_{1n}x_n & b_1 \\
    a_{22}x_1 & a_{22}x_2 & \cdots & a_{2n}x_n & b_2 \\
    \multicolumn{5}{c}{\dotfill}                      \\
    a_{n1}x_1 & a_{n2}x_2 & \cdots& a_{nn}x_n & b_n
  \end{array}       \]
```

Zur Erinnerung an die Tabellenkonstruktionselemente in 4.8.1: @{t} setzt den Inhalt von t zwischen die benachbarten Spalten. Im vorliegenden Fall also \:+\: bzw. \;=\;. Die bisher nicht vorgestellten Befehle \: und \; erzeugen kleine horizontale Zwischenräume im mathematischen Modus (s. 5.5.1). *{3}{c@{\:+\:}} ist eine Abkürzung für dreimal die Spaltendefinition c@{\:+\:}. c definiert die Spaltenformatierung als zentriert. \multicolumn{5}{c} sagt, dass die nächsten fünf Spalten zu einer zusammengefügt werden sollen, in die der Eintrag dann zentriert erfolgt. \dotfill füllt diese Spalte mit Punkten. Mit

\begin{array}{c@{\:+\:}c@{\:+\cdots+\;}c@{\;=\;}c}

könnte das vorstehende Gleichungssystem noch etwas einfacher erzeugt werden.

array-Umgebungen können geschachtelt werden:

$$\left(\begin{array}{|cc|} x_{11} & x_{12} \\ x_{21} & x_{22} \\ y \\ z \end{array} \right) \qquad \begin{array}{l} \text{\[\left(\begin{array}{c}} \\ \text{\left| \begin{array}{cc}} \\ \text{x\_\{11\} \& x\_\{12\} \textbackslash\textbackslash\ x\_\{21\} \& x\_\{22\}} \\ \text{\end{array} \right| \textbackslash\textbackslash} \\ \text{y \textbackslash\textbackslash\ z \end{array} \right) \qquad \]} \end{array}$$

Das äußere Feld besteht aus einer Spalte, die zentriert ausgerichtet ist (c). Der erste Eintrag in diese Spalte ist wieder ein Feld, bestehend aus zwei Spalten, die jeweils ebenfalls zentriert sind. Dieses Feld ist links und rechts mit einer vertikalen Linie angepasster Größe abgeschlossen.

Die array-Umgebung stellt strukturmäßig eine vertikale Box dar. Als solche wird sie innerhalb der äußeren Umgebung wie ein einzelnes Zeichen behandelt. Damit kann sie mit beliebigen anderen Symbolen und Konstruktionselementen verknüpft werden.

$$\sum_{p_1<p_2<\cdots<p_{n-k}}^{(1,2,\ldots,n)} \Delta \begin{array}{l} p_1 p_2 \cdots p_{n-k} \\ p_1 p_2 \cdots p_{n-k} \end{array} \sum_{q_1<q_2<\cdots<q_k} \left| \begin{array}{llcl} a_{q_1 q_1} & a_{q_1 q_2} & \cdots & a_{q_1 q_k} \\ a_{q_2 q_1} & a_{q_2 q_2} & \cdots & a_{q_2 q_k} \\ \multicolumn{4}{c}{\dotfill} \\ a_{q_k q_1} & a_{q_k q_2} & \cdots & a_{q_k q_k} \end{array} \right|$$

```
\[ \sum_{p_1<p_2<\cdots<p_{n-k}}^{(1,2,\ldots,n)}
   \Delta_{\begin{array}{l}
     p_1p_2\cdots p_{n-k} \\ p_1p_2\cdots p_{n-k}
   \end{array}}
   \sum_{q_1<q_2<\cdots<q_k} \left| \begin{array}{llcl}
     a_{q_1q_1} & a_{q_1q_2} & \cdots & a_{q_1q_k} \\
     a_{q_2q_1} & a_{q_2q_2} & \cdots & a_{q_2q_k} \\
     \multicolumn{4}{c}\dotfill\\
     a_{q_kq_1} & a_{q_kq_2} & \cdots & a_{q_kq_k}
   \end{array} \right|     \]
```

Im vorstehenden Beispiel wurde z. B. eine array-Umgebung als Index an dem Δ benutzt. Die Indizes erscheinen hierbei allerdings im Verhältnis zur gesamten Formel zu groß. In 5.4.6 wird eine bessere Lösung für Feldindizes vorgestellt.

Die array-Umgebung kennt wie alle Tabellenumgebungen noch einen optionalen vertikalen Positionierungsparameter b oder t. Syntax und Wirkung sind in 4.8.1 und 4.7.4 ausführlich beschrieben. Dieser Parameter kann benutzt werden, wenn das Feld gegenüber der Umgebung statt auf die Mitte auf die erste oder letzte Feldzeile ausgerichtet werden soll.

5.4. WEITERE KONSTRUKTIONSELEMENTE

$$x - \begin{array}{c} a_1 \\ \vdots \\ a_n \end{array} - \begin{array}{cl} u-v & 10 \\ u+v & \begin{array}{r} 12 \\ -120 \end{array} \end{array}$$

```
\[ x - \begin{array}{c}
     a_1 \\ \vdots \\ a_n \end{array}
     - \begin{array}[t]{cl}
     u - v & 10\\
     u + v & \begin{array}[b]{r}
     12\\-120  \end{array}
     \end{array}                       \]
```

Dem Leser wird empfohlen, die einzelnen in- und nebeneinander stehenden Felder anhand des rechts stehenden Erzeugungstextes einzurahmen.

Übung 5.13: Die Lösung für das Gleichungssystem

$$F(x,y) = 0 \quad \text{und} \quad \begin{vmatrix} F''_{xx} & F''_{xy} & F'_x \\ F''_{yx} & F''_{yy} & F'_y \\ F'_x & F'_y & 0 \end{vmatrix} = 0$$

liefert die Koordinaten der möglichen Wendepunkte von $F(x, y) = 0$.

Anmerkung: Die abgesetzte Formel besteht aus zwei Teilformeln, zwischen denen das Wort "und" mit den zusätzlichen Abständen von jeweils einem \quad eingefügt ist. Bei einer array-Umgebung, die von angepassten vertikalen Strichen eingeschlossen ist, kann statt des Einschlusses in \left| ... \right| auch das Formatierungsfeld mit {|...|} gewählt werden, s. 4.8.1. (In der Mathematik heißt eine solche Struktur "Determinante".)

Übung 5.14: Der kürzeste Abstand zweier Geraden, deren Gleichungen in der Form

$$\frac{x-x_1}{l_1} = \frac{y-y_1}{m_1} = \frac{z-z_1}{n_1} \quad \text{und} \quad \frac{x-x_2}{l_2} = \frac{y-y_2}{m_2} = \frac{z-z_2}{n_2}$$

gegeben sind, lässt sich nach der Formel

$$\frac{\pm \begin{vmatrix} x_1-x_2 & y_1-y_2 & z_1-z_2 \\ l_1 & m_1 & n_1 \\ l_2 & m_2 & n_2 \end{vmatrix}}{\sqrt{\begin{vmatrix} l_1 & m_1 \\ l_2 & m_2 \end{vmatrix}^2 + \begin{vmatrix} m_1 & n_1 \\ m_2 & n_2 \end{vmatrix}^2 + \begin{vmatrix} n_1 & l_1 \\ n_2 & l_2 \end{vmatrix}^2}}$$

berechnen. Verschwindet der Zähler, so schneiden sich die Geraden im Raum.

Anmerkung: Die Verwendung von {|cc|} im Formatierungsfeld der drei Determinanten im Nenner unter der Wurzel empfiehlt sich nicht. Hier sollten \left|...\right|-Paare benutzt werden. Probieren Sie beide Möglichkeiten und vergleichen Sie das Ergebnis.

Übung 5.15: Laurent-Entwicklung: Mit $c_n = \frac{1}{2\pi i} \oint (\zeta-a)^{-n-1} f(\zeta) \, d\zeta$ gilt für jede Funktion $f(z)$ die Darstellung ($n = 0, \pm 1, \pm 2, \ldots$)

$$f(x) = \sum_{n=-\infty}^{+\infty} c_n(z-a)^n = \begin{cases} c_0 + c_1(z-a) + c_2(z-a)^2 + \cdots + c_n(z-a)^n + \cdots \\ \qquad\qquad + c_{-1}(z-a)^{-1} + c_{-2}(z-a)^{-2} + \cdots \\ \qquad\qquad\qquad\qquad + c_{-n}(z-a)^{-n} + \cdots \end{cases}$$

Hinweis: Die rechte Seite der Formel kann mit einer array-Umgebung erzeugt werden, die nur aus einer Spalte besteht. Wie muss das Formatierungsfeld lauten?

5.4.4 Über- und Unterstreichen von Teilformeln

Mit den Befehlen

\overline{*formelteil*}   bzw.   \underline{*formelteil*}

können Formeln oder Teile von Formeln über- oder unterstrichen werden. Diese Befehle können beliebig verschachtelt werden:

$\overline{\overline{a}^2 + \underline{xy} + \overline{\overline{z}}}$ \[\overline{\overline{a}^2 + \underline{xy} + \overline{\overline{z}}} \]

Der Befehl \underline kann auch in normalen Textmodi zum Unterstreichen von Textstellen benutzt werden, wobei der zu unterstreichende Text intern im LR-Modus bearbeitet wird (s. 1.6). \overline ist nur im mathematischen Modus erlaubt.

In der Wirkung gleichen den vorstehenden Befehlen auch die Befehle

\overbrace{*formelteil*}   bzw.   \underbrace{*formelteil*}

nur wird statt des Querstrichs eine horizontale geschweifte Klammer über bzw. unter die Teilformel gesetzt:

$\overbrace{a + \underbrace{b+c} + d}$ \[\overbrace{a + \underbrace{b+c} + d} \]

Auf diese Befehle darf nachfolgender Formeltext hoch- oder tiefgestellt werden. Der hochgestellte Text erscheint oberhalb der \overbrace-Klammer, der tiefgestellte Text unter der \underbrace-Klammer

$\underbrace{a + \overbrace{b + \cdots + y}^{123} + z}_{\alpha\beta\gamma}$ \[\underbrace{a + \overbrace{b + \cdots + y}^{123} + z}_{\alpha\beta\gamma} \]

Übung 5.16: Die Anzahl aller Variationen von n Elementen zu je m (in Zeichen V_n^m) ist

$$V_n^m = \prod_{i=0}^{m-1} (n-i) = \underbrace{n(n-1)(n-2)\ldots(n-m+1)}_{\text{insgesamt } m \text{ Faktoren}} = \frac{n!}{(n-m)!}$$

5.4.5 Aufgestockte Symbole

Mit dem Befehl

\stackrel{*oberes symbol*}{*unteres symbol*}

können zwei Symbole zentriert übereinander gesetzt werden. Für das obere Symbol wird dabei eine kleinere Zeichengröße gewählt.

$\vec{x} \stackrel{\mathrm{def}}{=} (x_1, \ldots x_n)$ $ \vec{x} \stackrel{\mathrm{def}}{=} (x_1,\ldots x_n) $

$A \stackrel{\alpha'}{\longrightarrow} B \stackrel{\beta'}{\longleftarrow} C$ $ A \stackrel{\alpha'}{\longrightarrow} B \ldots $

Unter Einbeziehung der mathematischen Schriftgrößenbefehle (s. 5.5.2) lassen sich hiermit auch neue Symbole aufbauen. Manche Autoren wünschen z. B. für das \le-Symbol statt $\leq$ ein $\stackrel{<}{=}$. Dieses Symbol wurde mit $\stackrel{\textstyle<}{=}$ erzeugt. Ohne den Befehl \textstyle für das obere Symbol erscheint $\stackrel{<}{=}$.

5.4.6 Zusätzliche mathematische TeX-Befehle

Die mathematischen TeX-Befehle \atop und \choose stellen eine nützliche Ergänzung zu den mathematischen LaTeX-Befehlen dar und können bei Bedarf in einem LaTeX-Dokument verwendet werden[2]. Ihre Syntax lautet[3]:

{*oben* \atop *unten*}   sowie   {*oben* \choose *unten*}

Beide Befehle erzeugen eine Struktur, die wie ein Bruch ohne Bruchstrich aussieht. Bei dem \choose-Befehl ist diese Struktur zusätzlich mit großen runden Klammern umgeben (in der Mathematik heißt eine solche Struktur *Binomialkoeffizient*).

$$\binom{n+1}{k} = \binom{n}{k} + \binom{n}{k-1}$$
```
\[ {n+1 \choose k}
   = {n \choose k} + {n \choose k-1} \];
```

$$\prod_{j\geq 0}\left(\sum_{k\geq 0} a_{jk}z^k\right) = \sum_{n\geq 0} z^n \left(\sum_{\substack{k_0,k_1,\ldots \geq 0 \\ k_0+k_1+\cdots=0}} a_{0k_0} a_{1k_1}\cdots\right)$$

```
\[ \prod_{j\ge0}\left( \sum_{k\ge0} a_{jk}z^k \right) =
   \sum_{n\ge0} z^n \left(\sum_{k_0,k_1,\ldots\ge0 \atop k_0+k_1+\cdots=0}
       a_{0k_0} a_{1k_1}\ldots \right)                                \]
```

Eine ähnliche Struktur könnte mit den LaTeX-Umgebungen

\begin{array}{c} *obere zeile* \\ *untere zeile* \end{array}   (atop)
\left(\begin{array}{c} *oben* \\ *unten* \end{array}\right)   (choose)

erzeugt werden. Der Unterschied zwischen dem Ergebnis dieser array-Umgebungen und den obigen TeX-Befehlen liegt darin, dass die Spalten der array-Umgebung in Größe und Stil wie normale Textformeln erscheinen, unabhängig davon, wie diese Umgebung innerhalb der Gesamtformel angeordnet ist. Dagegen wird für die *obere* und *untere* Zeile bei den \atop- und \choose-Befehlen eine Größe gewählt, die von der Stellung der Befehle innerhalb der gesamten Formelstruktur abhängt.

Zum Vergleich:

$$\Delta_{p_1p_2\cdots p_{n-k} \atop p_1p_2\cdots p_{n-k}}$$ Das Indexfeld wird mit \atop erzeugt.

$$\Delta \begin{array}{c} p_1p_2\cdots p_{n-k} \\ p_1p_2\cdots p_{n-k} \end{array}$$ Das Indexfeld wird mit array erzeugt.

Die vorstehenden TeX-Befehle können auch für kleine Matrizen in Textformeln, wie $\binom{1\;0}{0\;1}$ oder $\begin{pmatrix} a & b & c \\ l & m & n \end{pmatrix}$ von Nutzen sein. Hierbei wurde die erste mit

`${1\,0\choose0\,1}$`   und die zweite mit
`$\left({a\atop l}{b\atop m}{c\atop n}\right)$`   erzeugt.

---

[2] Grundsätzlich können alle mathematischen TeX-Befehle bis auf \eqalign, \eqalignno und \leqalignno in LaTeX-Manuskripten verwendet werden.
[3] In 7.3.5 werden auf S. 186 mit Beispiel 2 als anwendereigene Strukturen die äquivalenten Befehle \latop und \lchoose vorgestellt, die der LaTeX-Konvention als \latop{*oben*}{*unten*} bzw. \lchoose{*oben*}{*unten*} folgen.

5.4.7 Mehrzeilige Formeln

Mit den Umgebungen

> \begin{eqnarray} *formelzeile 1*\\ ... *formelzeile n* end{eqnarray}
> \begin{eqnarray*} *formelzeile 1*\\ ... *formelzeile n* end{eqnarray*}

wird in den mathematischen Modus umgeschaltet und es werden abgesetzte Formelgruppen oder mehrzeilige Formeln erzeugt. Die einzelnen Formeln der Gruppe oder die einzelnen Zeilen einer mehrzeiligen Formel werden durch \\ zeilenweise voneinander getrennt. Der Eintrag für die einzelne Zeile lautet:

> *linker Formelteil* & *mittlerer Formelteil* & *rechter Formelteil* \\

Dabei erscheint der *linke Formelteil* rechtsbündig, der *rechte Formelteil* linksbündig und der *mittlere Formelteil* zentriert zu den Positionierungszeichen &. Als *mittlerer Formelteil* sollte i. Allg. nur ein einzelnes mathematisches Symbol, wie $=, \leq, \ldots$, verwendet werden. Die einzelnen Zeilen werden also wie bei einer \begin{array}{rcl} ... \end{array}-Umgebung angeordnet.

Der Unterschied zur array-Umgebung liegt darin: Bei der eqnarray-Umgebung werden der linke und rechte Formelteil einer jeden Zeile jeweils als abgesetzte Formel betrachtet. Damit wird von den Symbolen in 5.3.7 die große Form gewählt und bei Brüchen erscheinen Zähler und Nenner in Normalgröße. Bei der array-Umgebung wird dagegen jede Spalteneintragung als Textformel angesehen. Entsprechend erscheint die kleinere Form der variablen Symbole und Zähler und Nenner von Brüchen werden ebenfalls in kleinerer Schriftgröße gesetzt.

Der Unterschied zwischen der Standard- und der *-Form liegt darin, dass die Standardform hinter jeder Zeile eine fortlaufende Formelnummer erzeugt, die bei der Sternform entfällt. Soll bei der Standardform für einzelne Zeilen die Formelnummer entfallen, so kann das mit dem Befehl \nonumber vor dem Zeilenumschaltzeichen \\ erreicht werden.

Beispiele:

$$\begin{array}{rcl}(x+y)(x-y) & = & x^2 - xy + xy - y^2 \\ & = & x^2 - y^2 \quad (5.4) \\ (x+y)^2 & = & x^2 + 2xy + y^2 \quad (5.5)\end{array}$$

```
\begin{eqnarray}
   (x+y)(x-y)  & = & x^2-xy+xy-y^2 \nonumber\\
         & = & x^2 - y^2 \\
   (x+y)^2     & = & x^2 + 2xy + y^2
\end{eqnarray}
```

$$\begin{array}{rcl}x_n u_1 + \cdots + x_{n+t-1} u_t & = & x_n u_1 + (ax_n + c)u_2 + \cdots \\ & & + \left(a^{t-1}x_n + c(a^{t-2} + \cdots + 1)\right) u_t \\ & = & (u_1 + au_2 + \cdots + a^{t-1}u_t)x_n + h(u_1, \ldots, u_t)\end{array}$$

```
\begin{eqnarray*}
   x_nu_1 + \cdots + x_{n+t-1}u_t & = & x_nu_1 + (ax_n + c)u_2 + \cdots\\
   &   & + \left(a^{t-1}x_n + c(a^{t-2} + \cdots+1)\right)u_t\\
   & = & (u_1 + au_2 + \cdots + a^{t-1}u_t)x_n + h(u_1,\ldots,u_t)
\end{eqnarray*}
```

5.4. WEITERE KONSTRUKTIONSELEMENTE

Das letzte Beispiel bedarf einiger Anmerkungen. In der zweiten Zeile tritt ein Befehlspaar \left(... \right) zur Größenanpassung der () auf. Ein solches \left ... \right-Paar darf nur innerhalb einer Zeile verwendet werden, es darf also *nicht* durch das Zeilenumschaltzeichen \\ unterbrochen werden! Eine automatische Größenanpassung von Klammersymbolen bei einer über mehrere Zeilen reichenden Formel ist also nur für die Teile der Formel möglich, die in einer Zeile liegen.

Für Klammerpaare, die in verschiedenen Zeilen liegen, kann man versuchsweise die Konstruktion \left(... \right. \\ \left. ... \right) anwenden. Hier steht in einer Zeile eine angepasste (, die mit der *unsichtbaren* Klammer \right. abschließt. Die andere Zeile beginnt mit einer unsichtbaren Klammer \left., die mit der schließenden Klammer \right) ein Paar bildet. Das Ergebnis wird jedoch nur dann befriedigen, wenn die Höhe der Teilformeln in beiden Zeilen nahezu gleich ist, da die Größe der '(' bzw. ')' an die Größe der jeweiligen Teilformel angepasst ist. In 5.5.3 wird eine manuelle Lösung, die voll in der Hand des Benutzers liegt, angegeben.

Ebenso bedarf das +-Zeichen am Beginn der zweiten Zeile einer Bemerkung. Die Zeichen + und − haben in der Mathematik zweierlei Bedeutung: Zwischen zwei mathematischen Größen bedeuten sie eine Verknüpfung (*binäre Operation*) dieser beiden Größen. Allein vor einem mathematischen Symbol sind sie eine Vorzeichenangabe. Den Unterschied bringt LaTeX durch einen unterschiedlichen Abstand zum nächsten Zeichen zum Ausdruck (vgl. $+b$ mit $a + b$).

$$\begin{aligned} y &= a+b+c+d \\ &+e+f+g \\ &+h+i+j \end{aligned}$$

Wird eine lange Formel in mehrere Zeilen umbrochen und beginnt eine Zeile mit einem + oder −, so betrachtet LaTeX dieses Zeichen als Vorzeichen und rückt es näher an das darauffolgende Zeichen.

Die Lösung liegt im Einfügen eines *unsichtbaren* Zeichens der Breite *Null* am Beginn einer solchen Zeile. Das kann mit einer Leerstruktur, wie {}, geschehen. Vgl. die Wirkung von && +e+f+g und &&{}+h+i+j in der obigen Formel.

Da zwischen einem + und einer '(' immer Zwischenraum eingefügt wird, konnte im weiter oben stehenden Beispiel die Leerstruktur {} vor dem +-Zeichen zu Beginn der zweiten Zeile entfallen.

Gelegentlich soll eine lange Formel in mehrere Zeilen in der folgenden Form umbrochen werden:

$$\begin{aligned} w+x+y+z &= \\ a+b+c+d+e+f+ \\ g+h+i+j+k+l \end{aligned}$$

\begin{eqnarray*}
\lefteqn{w+x+y+z = } \\
& & a+b+c+d+e+f+ \\
& & g+h+i+j+k+l
\end{eqnarray*}

Das heißt, die Teilformeln der zweiten und folgenden Zeilen sollen linksbündig mit einer gewissen Einrückung nach dem Anfang der ersten Zeile beginnen.

Der Befehl \lefteqn{w+x+y+z =} \\ für die erste Zeile hat die Wirkung, dass der in { } stehende Inhalt zwar ausgedruckt wird, LaTeX dann aber annimmt, dass dieser Ausdruck die Breite *Null* hat. Die anschließenden Positionierungszeichen & & gehen also von der Breite *Null* für den *linken* Formelteil aus und erzeugen nur Spaltenzwischenraum. Dieser so erzeugte Spaltenzwischenraum stellt die Einrückungstiefe für die zweite und die folgenden Zeilen dar.

Mit einem \hspace{*tiefe*} zwischen dem \lefteqn{...} und dem anschließenden Zeilentrennzeichen \\ kann die Einrückungstiefe verändert werden. Ein positives Maß für *tiefe* vergrößert die oben angegebene Standardeinrückungstiefe um den angegebenen Betrag. Ein negativer Wert würde eine entsprechende Verminderung hervorrufen.

Übung 5.17: *Die nachstehenden Formelgruppen sollen wie angegeben umbrochen werden:*

$$\begin{aligned}\arcsin x &= -\arcsin(-x) = \frac{\pi}{2} - \arccos x = \left[\arccos\sqrt{1-x^2}\right]\\ &= \arctan\frac{x}{\sqrt{1-x^2}} = \left[\operatorname{arccot}\frac{\sqrt{1-x^2}}{x}\right]\end{aligned} \quad (5.6)$$

$$\begin{aligned}f(x+h, y+k) &= f(x,y) + \left\{\frac{\partial f(x,y)}{\partial x}h + \frac{\partial f(x,y)}{\partial y}k\right\}\\ &+ \frac{1}{2}\left\{\frac{\partial^2 f(x,y)}{\partial x^2}h^2 + 2\frac{\partial^2 f(x,y)}{\partial x \partial y}kh + \frac{\partial^2 f(x,y)}{\partial y^2}k^2\right\}\\ &+ \frac{1}{6}\{\cdots\} + \cdots + \frac{1}{n!}\{\cdots\} + R_n\end{aligned} \quad (5.7)$$

Anmerkung zu evtl. Fehlermeldungen:

Längere Formeln mit vielen logischen Klammerpaaren, insbesondere mit verschachtelten Strukturen, werden zu Beginn kaum fehlerfrei gelingen. Der Grund liegt fast immer in einer fehlerhaft angeordneten oder vergessenen Klammer.

Meldet sich LATEX bei der Bearbeitung einer Formel mit einer Fehlermeldung, die man als Anfänger zunächst kaum richtig interpretieren kann (Fehlermeldungen werden ausführlich in Kapitel 9 behandelt), so sollte der eingegebene Formeltext nach seinen logischen Klammerpaaren von außen nach innen durchmustert werden. Ein Editor mit der Fähigkeit zur Paarkontrolle von öffnenden und schließenden Klammerpaaren erweist sich dabei als sehr hilfreich.

Ist ein Fehler auf diese Weise nicht zu finden, sollte mit evtl. wiederholter Bedienung der Returntaste das Programm zur Weiterverarbeitung veranlasst werden. Der anschließende Probeausdruck wird dann häufig weiterhelfen.

Übung 5.18: *Die eqnarray-Umgebung fügt an der Stelle der Positionierungsbefehle & Zusatzzwischenraum ein. Dies ist unerwünscht, wenn Formelgruppen an +- oder −-Zeichen innerhalb längerer Summen umbrochen werden sollen, wie z. B.:*
Die inverse Funktion der Reihenentwicklung $y = f(x) = ax + bx^2 + cx^3 + dx^4 + ex^5 + fx^6 + \cdots$ ($a \neq 0$) beginnt mit den Gliedern:

$$\begin{aligned}x = \varphi(y) = \frac{1}{a}y &- \frac{b}{a^3}y^2 + \frac{1}{a^5}(2b^2 - ac)y^3\\ &+ \frac{1}{a^7}(5abc - z^2d - fb^3)y^4 + \frac{1}{a^9}(6a^2bd + 3a^2c^2 + 14b^4 - a^3e - 21ab^2c)y^5\\ &+ \frac{1}{a^{11}}(7a^3be + 7a^3cd + 84ab^3c - a^4f - 28a^2b^2d - 28a^2bc^2 - 43b^5)y^6 + \cdots\end{aligned}$$

Wählen Sie mit der Erklärung \setlength{\arraycolsep}{..pt} *(s. 4.8.2) einen solchen Wert, dass die Abstände zwischen den +- und −-Zeichen an der Umbruchstelle denen der sonstigen Formel nahekommen.*

5.4.8 Gerahmte oder nebeneinander stehende Formeln

Abgesetzte Formeln oder Formelgruppen lassen sich in vertikale Boxen geeigneter Breite, also in \parbox-Befehle oder minipage-Umgebungen, fassen. Innerhalb der vertikalen Boxen sind die Formeln je nach Dokumentklassenoption horizontal zentriert oder linksbündig mit der durch \mathindent gewählten Einrückungstiefe angeordnet.

Vertikale Boxen lassen sich beliebig gegeneinander positionieren (s. 4.7.4 und 4.7.7). Auf diese Weise können auch abgesetzte Formeln und Formelgruppen in vom Anwender gesteuerter Form gegeneinander positioniert werden.

$$\begin{aligned}\alpha &= f(z) & (5.8)\\ \beta &= f(z^2) & (5.9)\\ \gamma &= f(z^3) & (5.10)\end{aligned} \qquad \begin{aligned} x &= \alpha^2 - \beta^2 \\ y &= 2\alpha\beta \end{aligned}$$

Hier wurde die linke Formelgruppe in eine \parbox{4.0cm}, die rechte in eine \parbox{2.5cm} gefasst und zusätzlich der hier stehende Text in eine minipage der Breite 5.5 cm angeordnet.

```
\parbox{4.0cm}{\begin{eqnarray} \alpha &=& f(z) \\ ... \end{eqnarray}}
\hfill  \parbox{2.5cm}{\begin{eqnarray*}
    x &=& \alpha^2 - \beta^2\\ y &=& 2\alpha\beta \end{eqnarray*}}
\hfill  \begin{minipage}{5.5cm} Hier wurde die linke ...  \end{minipage}
```

Die Verwendung von vertikalen Boxen kann auch dann hilfreich sein, wenn Formelnummern in unkonventioneller Weise angebracht werden sollen. Die Umgebung eqnarray erzeugt für jede Zeile eine Formelnummer, die für einzelne Zeilen mit \nonumber unterdrückt werden kann. Um eine Formelnummer für eine Formelgruppe in der Höhe zentriert anzuordnen, z. B.

$$\begin{aligned} P(x) &= a_0 + a_1 x + a_2 x^2 + \cdots + a_n x^n \\ P(-x) &= a_0 - a_1 x + a_2 x^2 - \cdots + (-1)^n a_n x^n \end{aligned} \qquad (5.11)$$

wurde eingegeben:

```
\parbox{12cm}{\begin{eqnarray*} ... \end{eqnarray*}} \hfill
\parbox{8mm}{\begin{eqnarray}\end{eqnarray}}
```

Die eigentliche Formelgrupppe ist hier mit der eqnarray*-Umgebung in einer vertikalen Box der Breite 12 cm erzeugt worden, gefolgt von einer eqnarray-Umgebung ohne Inhalt in einer 8 mm breiten Box. Letztere erzeugt damit nur eine Formelnummer und beide Boxen sind auf die vertikale Mitte zentriert.

Um mathematische Formeln zur besonderen Hervorhebung einzurahmen, sind keine neuen Konstruktionselemente erforderlich. Dies geschieht durch den \fbox-Befehl aus 4.7.7. Für die Einrahmung von Textformeln $\boxed{a+b}$ wird die Textformel einfach in \fbox{$a+b$} gepackt.

Die Erzeugung von gerahmten abgesetzten Formeln verlangt zunächst die Einschachtelung der abgesetzten Formel in eine \parbox oder minipage-Umgebung geeigneter Breite, die dann in den \fbox-Befehl gepackt wird. S. hierzu jedoch 5.5.8.

$$\boxed{\int_0^\infty g(x)\,dx \approx \sum_{i=1}^n w_i e^{x_i} g(x_i)}$$

wurde erzeugt durch

```
\fbox{\parbox{5cm}{\[ \int^\infty_0 g(x)\,dx \approx ..... \] }}
```

5.4.9 Chemische Formeln und Fettdruck in mathematischen Formeln

Gelegentlich sollen in mathematischen Formeln einzelne Zeichen oder Formelteile in Fettdruck erscheinen. Dies kann mit dem mathematischen Schriftartbefehl \mathbf{...} innerhalb der Formel erreicht werden:

```
$\mathbf{S^{-1}TS = dg(\omega_1,\ldots,\omega_n) = \Lambda}$
```

erzeugt $\mathbf{S^{-1}TS = dg(\omega_1,\ldots,\omega_n) = \Lambda}$.

Bei diesem Beispiel stand der ganze Formelinhalt als Argument in dem Schriftbefehl \mathbf. Damit sollte die ganze Formel in Fettdruck erscheinen. Tatsächlich werden mit \mathbf nur Ziffern, lateinische Groß- und Kleinbuchstaben und griechische Großbuchstaben **fett-roman** gesetzt. Griechische Kleinbuchstaben und sonstige mathematische Symbole erscheinen in der *mathematischen* Normalschrift.

Sollen nur Teile einer Formel in Fettdruck erscheinen, so wird man den entsprechenden Teil in \mathbf{...} einschließen: `$\mathbf{2\sqrt{x}/y} = z$` $\mathbf{2\sqrt{x}/y} = z$.

Nach dem mathematischen Umschaltbefehl \boldmath erscheinen die allermeisten Zeichen einer Formel in Fettdruck. Die Ausnahme sind nur diejenigen Symbole, die in zwei Größen (s. 5.3.7) existieren. Die erste Formel erscheint nach \boldmath als: $\boldsymbol{S^{-1}TS = dg(\omega_1,\ldots,\omega_n) = \Lambda}$.

Der Befehl \boldmath darf jedoch nicht im mathematischen Modus auftreten. Man muss ihn entweder bereits vor dem Umschalten in den mathematischen Modus angeben und ihn dann nach Rückkehr in den Textmodus mit dem Befehl \unboldmath wieder aufheben oder ihn *in* einer Parbox, Minipage oder namenlosen Umgebung vor die Formel setzen.

$$\oint_C \boldsymbol{V}\,d\tau = \oint_\Sigma \nabla \times \boldsymbol{V}\,d\sigma$$
```
\boldmath \[ \oint\limits_C V\,d\tau =
    \oint\limits_\Sigma\nabla\times V\,d\sigma
\] \unboldmath
```

Ist außerhalb der Formel auf \boldmath umgeschaltet worden, so kann innerhalb der Formel mit dem Befehl \mbox{\unboldmath$...$} für Teile der Formel auf die mathematische Standardschrift zurückgeschaltet werden:

`\boldmath\( P = \mbox{\unboldmath$m$}b\)\unboldmath` ergibt: $\boldsymbol{P} = m\boldsymbol{b}$

Umgekehrt kann in Formeln mit Normalschrift mit \mbox{\boldmath$...$} vorübergehend die Schrift \boldmath aktiviert werden: $W_r = \int \boldsymbol{M}\, d\varphi = r^2 m\omega^2/2$ wurde erzeugt mit `\( W_r = \int\mbox{\boldmath$M$\,d\varphi$} = \ldots \)`.

Chemische Formeln werden im Gegensatz zu mathematischen Formeln nicht in *italic*, sondern in 'roman' gesetzt. Dies kann durch Einschluss des Formeltextes als Argument in \mathrm{...} erzwungen werden: `$\mathrm{Fe_2^{+2}Cr_2O_4}$` $\mathrm{Fe_2^{+2}Cr_2O_4}$.

Bei genauem Hinsehen stellt man fest, dass die Indizes beim Cr und O weniger tief angebracht sind als beim Fe. Abschnitt 7.3.5 zeigt mit Beispiel 5, wie chemische Formeln einfacher erzeugt und die vorstehende Schwäche vermieden wird.

Weitere Schriftumschaltbefehle für Formeln werden in 5.5.4 nachgereicht. Als Alternative zum Befehlspaar \boldmath–\unboldmath wird dort ebenso noch das äquivalente Befehlspaar \mathversion{bold}–\mathversion{normal} vorgestellt.

5.5 Mathematische Formatierungshilfen

Mit den vorstehenden Konstruktionselementen sind nahezu alle in den üblichen Manuskripten vorkommenden Formeln zu erzeugen, wenn der Autor sich an gewisse, allgemein akzeptierte Stilregeln zur Erzeugung mathematischer Formeln hält. Autoren, die bisher nur Schreibmaschinenmanuskripte gewohnt sind, mögen finden, dass die von TEX gewählten Abstände zwischen den verschiedenen Zeichen zu eng sind. Tatsächlich weiß TEX mehr über die Buchdruckregeln zum Setzen mathematischer Formeln als viele Autoren. Bevor eine von TEX erzeugte Formel mit Hilfe der im Folgenden angeführten Formatierungshilfen verändert wird, sollte ein Vergleich mit ähnlichen Formeln in der Fachliteratur angestellt werden. Es kann sonst leicht der Fall eintreten, dass Formeln im eigenen LATEX-Dokument mühevoll umformatiert werden, die beim späteren professionellen Druck schließlich wieder so erscheinen, wie sie ursprünglich als Standard von LATEX erzeugt worden waren.

5.5.1 Horizontale Abstände

Auch wenn TEX die formalen Regeln für das Setzen mathematischer Formeln hervorragend beherrscht, kann es den mathematischen Sinn der Formel nicht erfassen. $y\,dx$ bedeutet üblicherweise die Verknüpfung der Variablen y mit dem Differentialoperator dx, wobei die Verknüpfung durch einen kleinen Abstand zwischen beiden gekennzeichnet wird. Bei der Eingabe von y dx entfernt TEX den Leerraum und betrachtet ydx als das Produkt der drei Variablen y, d und x. Hier muss LATEX eine Formatierungshilfe erhalten.

Zur Erzeugung von kleinen horizontalen Zwischenräumen gibt es die Befehle:

\,	kleiner Zwischenraum	= 3/18 von einem quad
\:	mittlerer Zwischenraum	= 4/18 von einem quad
\;	großer Zwischenraum	= 5/18 von einem quad
\!	negativer Zwischenraum	= −3/18 von einem quad

Bei den folgenden Beispielen steht in der dritten Spalte das entsprechende Ergebnis ohne zusätzliche Zwischenraumzeichen.

`$\sqrt{2}\,x$`	$\sqrt{2}\,x$	$\sqrt{2}x$
`$\sqrt{\,\log x}$`	$\sqrt{\,\log x}$	$\sqrt{\log x}$
`$O\left(1/\sqrt{n}\,\right)$`	$O\left(1/\sqrt{n}\,\right)$	$O\left(1/\sqrt{n}\right)$
`$[\,0,1)$`	$[\,0,1)$	$[0,1)$
`$\log n\,(\log\log n)^2$`	$\log n\,(\log\log n)^2$	$\log n(\log\log n)^2$
`$x^2\!/2$`	$x^2\!/2$	$x^2/2$
`$n/\!\log n$`	$n/\!\log n$	$n/\log n$
`$\Gamma_{\!2}+\Delta^{\!2}$`	$\Gamma_{\!2}+\Delta^{\!2}$	$\Gamma_2+\Delta^2$
`$R_i{}^j{}_{\!kl}$`	$R_i{}^j{}_{\!kl}$	$R_i{}^j{}_{kl}$
`$\int_0^x\!\int_0^y dF(u,v)$`	$\int_0^x\!\int_0^y dF(u,v)$	$\int_0^x\int_0^y dF(u,v)$
`\[ \int\!\!\!\int_D dx\,dy \]`	$\iint_D dx\,dy$	$\iint_D dxdy$

Mit der Konstruktion R_i{}^j wird erreicht, dass hinter dem tiefgestellten R_i ein unsichtbares Zeichen der Breite Null angeordnet wird, zu dem das j hochgestellt wird: $R_i{}^j$, im Gegensatz zu R_i^j durch R_i^j.

Für das Einfügen von Zwischenraumzeichen gibt es keine festen Regeln. Kandidaten hierfür sind der obengenannte Differentialoperator, kleine Wurzeln in Textformeln unmittelbar gefolgt von einer Variablen, der /, Mehrfachintegrale sowie das Verneinungssymbol / mit \not (s. 5.3.4). Die vorangegangenen Beispiele zeigen hierfür typische Vertreter.

5.5.2 Die Wahl der Schriftgrößen in Formeln

Die von TeX gewählte Schriftgröße für die einzelnen Teile einer Formel kann geändert werden. Dazu muss man wissen, welche Schriftgrößen im mathematischen Modus zur Verfügung stehen und nach welchen Regeln TeX hieraus Formeln aufbaut.

Im mathematischen Modus stehen, jeweils bezogen auf die Schriftgrundgröße des Dokuments, vier verschiedene Schriftstilgrößen zur Verfügung:

\displaystyle	D	Grundgröße für abgesetzte Formeln
\textstyle	T	Grundgröße für Textformeln
\scriptstyle	S	Grundgröße für einfache Umstellungen
\scriptscriptstyle	SS	Grundgröße für zweifache Umstellungen

Im Folgenden werden nur noch die symbolischen Abkürzungen D, T, S, SS benutzt. Beim Umschalten in den mathematischen Modus ist bei abgesetzten Formeln D und bei Textformeln T die aktive Schriftgröße. Beide unterscheiden sich in der Größe nur bei den Symbolen, die in zwei Größen vorkommen, sowie der Art der Hoch- und Tiefstellung an diesen Symbolen (s. 5.3.7). Die großen Symbole gehören zu D, die kleinen zu T.

Ausgehend von diesen Grundgrößen werden für die einzelnen mathematischen Konstruktionselemente ggf. andere Größen benutzt. Wird für ein bestimmtes Konstruktionselement eine andere Größe verwendet, so ist diese innerhalb dieser Konstruktion die aktive Schriftgröße.

Aus der untenstehenden Tabelle kann man ablesen:

aktive Schrift	Brüche Zähler	Nenner	Umstellungen
D	T	T	S
T	S	S	S
S	SS	SS	SS
SS	SS	SS	SS

Ist die aktive Schriftgröße D, so wird für Zähler und Nenner eines Bruchs die Größe T gewählt. Die aktive Schrift im Zähler und Nenner ist damit T. Enthalten Zähler und Nenner weitere Brüche, so werden deren Zähler und Nenner in S erscheinen. Ist die aktive Schrift D oder T, so erfolgen Umstellungen in S; innerhalb der Umstellung ist die aktive Schrift S, so dass Brüche und weitere Umstellungen in SS erfolgen.

Die TeX-Konstruktionselemente { \atop } und { \choose } werden wie Brüche behandelt.

Innerhalb einer array-Umgebung ist die aktive Schriftgröße T.

Die kleinste verfügbare Schriftgröße ist SS. Ist diese erreicht, so ist eine weitere Verkleinerung nicht mehr möglich. Demzufolge werden dreifache und weitere Umstellungen ebenfalls in SS gesetzt.

5.5. MATHEMATISCHE FORMATIERUNGSHILFEN

Aus der Tabelle kann man sich leicht klarmachen, dass

```
\[ a_0 + \frac{1}{a_1 + \frac{1}{a_2 + frac{1}{a_3
   + \frac{1}{a_4}}}}     \]
```

$$a_0 + \cfrac{1}{a_1 + \cfrac{1}{a_2 + \cfrac{1}{a_3 + \frac{1}{a_4}}}}$$

wie nebenstehend aussehen muss.

Das vermutlich gewünschte Ergebnis erreicht man mit

$$a_0 + \cfrac{1}{a_1 + \cfrac{1}{a_2 + \cfrac{1}{a_3 + \cfrac{1}{a_4}}}}$$

```
\[ a_0 + \frac{1}{\displaystyle a_1
       + \frac{1}{\displaystyle a_2
       + \frac{1}{\displaystyle a_3
       + \frac{1}{a_4}}}}    \]
```

Mit der expliziten Angabe der Schriftstilgröße innerhalb eines beliebigen Konstruktionselements wird die angegebene Größe die aktive Schriftgröße. Die interne Auswahl nach der obigen Tabelle entfällt an dieser Stelle. Im Beispiel wird in jedem Nenner D (\displaystyle) benutzt. Damit verhält sich der nächste Bruch so, als wäre er der äußerste. Im letzten Bruch kann der Befehl \displaystyle entfallen. (Warum?)

Die folgenden Beispiele zeigen rechts die Formeln, wie sie ohne explizite Angabe der Stilgrößen entstanden wären.

$$\cfrac{\dfrac{a}{x-y} + \dfrac{b}{x+y}}{1 + \dfrac{a-b}{a+b}}$$

```
\[ \frac{\displaystyle\frac{a}{x-y}
         +\frac{b}{x+y}}
        {\displaystyle 1+\frac{a-b}{a+b}} \]
```

$$\frac{\frac{a}{x-y} + \frac{b}{x+y}}{1 + \frac{a-b}{a+b}}$$

$$e^{-\frac{x_i - x_j}{n^i + n^j}}$$

```
\[ e^{\textstyle -\frac{x_i-x_j}{n^i+n^j}}  \]
```

$$e^{-\frac{x_i - x_j}{n^i + n^j}}$$

$$\left(\begin{array}{cc} \binom{ab}{cd} & \dfrac{e+f}{g-h} \\ 0 & \left| \genfrac{}{}{0pt}{}{ij}{kl} \right| \end{array} \right)$$

```
\[ \left(\begin{array}{cc}
   \displaystyle{ab\choose cd}
   & \displaystyle\frac{e+f}{g-h}\\
   0 & \displaystyle \left|
   {ij\atop kl} \right|
   \end{array}\right)      \]
```

$$\left(\begin{array}{cc} \binom{ab}{cd} & \frac{e+f}{g-h} \\ 0 & \left| \genfrac{}{}{0pt}{}{ij}{kl} \right| \end{array} \right)$$

Mit der obigen Tabelle lassen sich die Größen aller Teile einer Formel völlig korrekt vorherbestimmen und ggf. durch eine explizite Größenangabe verändern. Die Folgewirkung solcher Änderungen auf weitere Teile der Formel kann dann ebenfalls aus der Tabelle abgelesen werden.

Wird eine explizite Angabe der mathematischen Schriftgrößen in einem Dokument häufiger benutzt – in einer array-Umgebung muss sie ggf. in jedem Feldeintrag stehen – so kann die Schreibarbeit erheblich vermindert werden, wenn man im Vorspann definiert:

```
\newcommand{\D}{\displaystyle}\newcommand{\T}{\textstyle} ...
```

Damit können die entsprechenden Größenbefehle einfach mit \D, \T usw. aufgerufen werden.

Für die praktische Anwendung ist der Rest dieses Unterabschnitts ohne Belang. Die obige Darstellung, wie TEX die verschiedenen Stilgrößen beim Aufbau von Formeln bestimmt, ist vereinfacht. Für diejenigen, die es ganz genau wissen wollen, folgt hier die vollständige Beschreibung.

Zu jeder der vier Stilgrößen D, T, S, SS gibt es noch jeweils eine Modifikation D', T', S', SS'. Der Unterschied liegt darin, dass in D, T, S, SS Hochstellungen (Exponenten) etwas höher erfolgen als in D', T', S', SS'. (Vgl. x^2 in D, T und x^2 in D', T'.) Ansonsten sind die ungestrichenen und gestrichenen Stilgrößen identisch. Die genaue Zuordnung erfolgt nach der nebenstehenden Tabelle.

aktive Schrift	Brüche Zähler	Nenner	Umstellungen hoch	tief
D	T	T'	S	S'
D'	T'	T'	S'	S'
T	S	S'	S	S'
T'	S'	S'	S'	S'
S, SS	SS	SS'	SS	SS'
S', SS'	SS'	SS'	SS'	SS'

Bei expliziter Angabe der Schriftgröße in einem Zähler und in Hochstellungen werden die ungestrichenen, im Nenner und in Tiefstellungen die gestrichenen Größen gewählt.

5.5.3 Manuelle Größenwahl der Klammersymbole

Mit dem \left ... \right-Paar vor einem der 22 Klammersymbole gemäß 5.4.1 erfolgt eine automatische Anpassung dieser Symbole an die eingeschlossene Teilformel. TEX gestattet mit dem Voranstellen der Befehle \big, \Big, \bigg und \Bigg, diese Symbole in einer festen Größe zu erzeugen, die für die Klassenoption 10 pt die nachfolgenden Größen haben:

Anders als das \left ... \right-Paar können die vorstehenden und nachfolgenden Größenbefehle bei mehrzeiligen Formeln in verschiedenen Zeilen stehen.

Weitere Größenbefehle sind \bigl ... \Biggl und \bigr ... \Biggr, mit denen das nachfolgende Symbol bei der internen Bearbeitung funkionell als öffnende bzw. schließende Klammer betrachtet wird. Der Unterschied zu den Standardbefehlen ist für die praktische Nutzung aus LATEX heraus vernachlässigbar.

Zusätzlich gibt es die Befehle \bigm ... \Biggm. Diese behandeln das nachfolgende Symbol wie einen Beziehungsoperator, wodurch die Klammersymbole mit einem größeren horizontalen Abstand zu den benachbarten Formelteilen erscheinen.

\[\big[(a+b) \big| (c+d) \big] \] $\bigl[(a+b)\bigm|(c+d)\bigr]$

\[\bigl[(a+b) \bigl| (c+d) \bigr] \] $\bigl[(a+b)\bigm|(c+d)\bigr]$

\[\bigm[(a+b) \bigm| (c+d) \bigm] \] $\bigl[\,(a+b)\,\bigm|\,(c+d)\,\bigr]$

5.5.4 Schriftumschaltung in mathematischen Formeln

Schriftumschaltbefehle in mathematischen Formeln traten mit \mathnormal, \mathcal, \mathbf und \mathrm bereits in 5.3.1, 5.3.2 und 5.4.9 auf. Insgesamt stellt LaTeX zur Schriftumschaltung von Formelteilen oder ganzen Formeln die argumentbehafteten Befehle

>   \mathcal{*f_text*}   \mathnormal{*f_text*}
>   \mathbf{*f_text*}   \mathit{*f_text*}
>   \mathrm{*f_text*}   \mathsf{*f_text*}   \mathtt{*f_text*}

bereit, wobei *f_text* für den Formeltext der ganzen oder eines Teils der Formel steht. Für diesen Formeltext wird die aus dem Namen des Schriftumschaltbefehls hervorgehende Schriftart gewählt, allerdings nur für Buchstaben, Ziffern und griechische Großbuchstaben. Enthält der umgeschaltete Formeltext griechische Kleinbuchstaben oder sonstige mathematische Symbole, so bleiben diese von der Schriftumschaltung unberührt.

`$\mathcal{NUR\ GROSSBUCHST}$`	$\mathcal{NUR\ GROSSBUCHST}$
`$\mathbf{Fett + 2^{fg}=\Pi_j \sin(\pi/2)}$`	$\mathbf{Fett + 2^{fg} = \Pi_j \sin(\pi/2)}$
`$\mathrm{Roman + 2^{fg}=\Pi_j \sin(\pi/2)}$`	$\mathrm{Roman} + 2^{fg} = \Pi_j \sin(\pi/2)$
`$\mathit{Italic + 2^{fg}=\Pi_j \sin(\pi/2)}$`	$\mathit{Italic} + 2^{fg} = \Pi_j \sin(\pi/2)$
`$\mathsf{Sans + 2^{fg}=\Pi_j \sin(\pi/2)}$`	$\mathsf{Sans} + 2^{fg} = \Pi_j \sin(\pi/2)$
`$\mathtt{Type + 2^{fg}=\Pi_j \sin(\pi/2)}$`	$\mathtt{Type} + 2^{fg} = \Pi_j \sin(\pi/2)$

Mit \mathnormal wird für den eingeschlossenen Formel*text* einheitlich auf die mathematische Standardschrift umgeschaltet. Diese unterscheidet sich von der kursiven Textschrift \mathit u. a. durch geänderte Zeichenabstände:

> `$\mathit{differ}\ne\mathnormal{differ}=differ$`
> $\mathit{differ} \ne \mathnormal{differ} = differ$ (s. auch das Beispiel auf S. 456.)

Die vorstehenden Schriftumstellungen erscheinen in ihren fetten Versionen, wenn vor Eintritt in die Formel (d. h. vor Eintritt in den mathematischen Bearbeitungsmodus) die Erklärung \boldmath gesetzt wurde (s. 5.4.9). Statt der Erklärung mit \boldmath und ihrer Aufhebung mit \unboldmath gestattet LaTeX die äquivalente Erklärung mit

>   \mathversion{bold}   bzw.   \mathversion{normal}

Wegen der Äquivalenz dieser LaTeX-Erklärungen mit \boldmath und \unboldmath erscheinen sie zunächst überflüssig. Sie sind jedoch auf zukünftige Entwicklungen ausgerichtet, die möglicherweise weitere mathematische Versionsumschaltungen erlauben.

5.5.5 Beseitigung einer LaTeX-Schwäche mit exscale

Bei mathematischen Formeln werden die aus dem Zeichensatz `cmex10` entnommenen Symbole – dies sind im Wesentlichen die in zwei Größen auftretenden Symbole wie $\sum$ und $\sum$ oder $\int$ und $\int$ und andere, z. B. die Wurzelzeichen und diverse Klammerzeichen verschiedener Größe – unabhängig von der gewählten Größenoption 10 pt (Standard), 11 pt oder 12 pt stets in derselben Größe ausgegeben. Die sonstigen mathematischen Symbole und Schriften werden dagegen entsprechend der gewählten Größenoption erzeugt. Dies führt zu Disproportionen bei 11 pt und ganz besonders bei 12 pt, wie am Beispiel der BRONVINschen Quadraturformel demonstriert wird. Der Leser möge sein Augenmerk auf das Verhältnis der Summen- und Integralzeichen sowie der umschließenden Klammern zum sonstigen Formeltext beim Ergebnis der Originalbearbeitung und bei der nachfolgenden Korrektur richten. Der Eingabetext für die einzelnen Formelzeilen lautete jeweils:

```
{ \renewcommand{\theequation}{\mbox{1xpt}}
  \begin{equation}
  \int_{-1}^{+1} \frac{f(x)}{\sqrt{1-x^2}}\,dx \approx \frac{\pi}{n}
     \sum_{i=1}^n f\bigg(\cos\Big(\frac{2i-1}{2n}\pi\Big)\bigg)
  \end{equation} }
```

wobei in der jeweils ersten Eingabezeile für x entsprechend den drei untereinander stehenden Formeln 0, 1 bzw. 2 eingesetzt wurde.

$$\int_{-1}^{+1} \frac{f(x)}{\sqrt{1-x^2}}\,dx \approx \frac{\pi}{n} \sum_{i=1}^n f\left(\cos\left(\frac{2i-1}{2n}\pi\right)\right) \qquad \text{(10pt)}$$

$$\int_{-1}^{+1} \frac{f(x)}{\sqrt{1-x^2}}\,dx \approx \frac{\pi}{n} \sum_{i=1}^n f\left(\cos\left(\frac{2i-1}{2n}\pi\right)\right) \qquad \text{(11pt)}$$

$$\int_{-1}^{+1} \frac{f(x)}{\sqrt{1-x^2}}\,dx \approx \frac{\pi}{n} \sum_{i=1}^n f\left(\cos\left(\frac{2i-1}{2n}\pi\right)\right) \qquad \text{(12pt)}$$

Der Grund für diese Schwäche liegt darin, dass LESLIE LAMPORT bei der Entwicklung von LaTeX der Zeichensatz cmex10 zunächst nur in der Entwurfsgröße zur Verfügung stand. Inzwischen ist dieser Zeichensatz bei fast allen Implementierungen in verschiedenen Vergrößerungsstufen vorhanden oder kann leicht mit METAFONT bereitgestellt werden. Das Ergänzungspaket exscale.sty aus Standard-LaTeX, das in gewohnter Weise mit dem Vorspannbefehl \usepackage{exscale} aktiviert wird, beseitigt diese Schwäche:

$$\int_{-1}^{+1} \frac{f(x)}{\sqrt{1-x^2}}\,dx \approx \frac{\pi}{n} \sum_{i=1}^n f\left(\cos\left(\frac{2i-1}{2n}\pi\right)\right) \qquad \text{(10pt)}$$

$$\int_{-1}^{+1} \frac{f(x)}{\sqrt{1-x^2}}\,dx \approx \frac{\pi}{n} \sum_{i=1}^n f\left(\cos\left(\frac{2i-1}{2n}\pi\right)\right) \qquad \text{(11pt)}$$

$$\int_{-1}^{+1} \frac{f(x)}{\sqrt{1-x^2}}\,dx \approx \frac{\pi}{n} \sum_{i=1}^n f\left(\cos\left(\frac{2i-1}{2n}\pi\right)\right) \qquad \text{(12pt)}$$

5.5.6 Mathematische Stilparameter

Die folgenden mathematischen Stilparameter werden von LaTeX mit Standardwerten versehen. Sie können jederzeit vom Benutzer durch einfache Längenzuweisung geändert werden.

\arraycolsep Die halbe Breite des Spaltenzwischenraums zwischen benachbarten Spalten in der array-Umgebung (s. auch 4.8.2).

\jot Der vertikale Zwischenraum, der bei den eqnarray- und eqnarray*-Umgebungen zwischen den Zeilen einer Formelgruppe *zusätzlich* eingefügt wird.

\mathindent Der Betrag, um den die Formeln bei der Dokumentklassenoption fleqn links eingerückt sind.

\abovedisplayskip Liegt der linke Rand einer abgesetzten Formel vor dem Ende der vorangehenden Teilzeile, so wird dieser zusätzliche vertikale Zwischenraum zwischen dem vorangehenden Text und der Formel eingefügt. Eine solche Formel soll hier eine *lange* Formel genannt werden.

\belowdisplayskip Der zusätzliche vertikale Zwischenraum, der unterhalb einer *langen* Formel und dem anschließenden Text eingefügt wird.

\abovedisplayshortskip Liegt der linke Rand einer abgesetzten Formel hinter dem Ende der vorangehenden Teilzeile, so wird dieser zusätzliche Zwischenraum zwischen dem vorangehenden Text und der Formel eingefügt. Eine solche Formel soll hier eine *kurze* Formel genannt werden.

\belowdisplayshortskip Der zusätzliche vertikale Zwischenraum, der unterhalb einer *kurzen* Formel und dem anschließenden Text eingefügt wird.

\topsep Die vier vorstehenden Zwischenräume werden bei der Dokumentklassenoption fleqn nicht verwendet. Hier wird stattdessen in allen Fällen \topsep benutzt (s. auch 4.4.2).

Die vorstehenden vertikalen Längen mit Ausnahme von \jot sollten elastische Maßangaben enthalten. Eine Wertzuweisung kann in bekannter Weise mit \setlength-Erklärungen für diese Einstellbefehle erfolgen (s. 2.4.2).

5.5.7 Einige Zusatzempfehlungen

Gelegentlich wünschen Autoren horizontale und vertikale Ausrichtungen von Formeln, die mit den vorstehenden Mitteln nicht zu erreichen sind. In diesen Fällen sollte überlegt werden, ob mit dem Einschachteln von Teilformeln in horizontale und/oder vertikale Boxen und deren Positionierungsmöglichkeiten den Wünschen des Autors Rechnung getragen werden kann.

Ebenso gestattet die array-Umgebung in Verbindung mit der expliziten Angabe der Stilgröße und den in 4.8.1 und 4.8.2 beschriebenen Tabellengestaltungselementen eine fast beliebige horizontale und vertikale Positionierung und Ausrichtung.

Übung 5.19: Erzeugen Sie den nebenstehenden Kettenbruch.
Anmerkung: Gegenüber dem Beispiel auf Seite 139 (oben) erscheint hier die 1 im Zähler jeweils linksbündig.
Hinweis: Erinnern Sie sich an den Befehl \hfill?

$$a_0 + \cfrac{1}{a_1 + \cfrac{1}{a_2 + \cfrac{1}{a_3 + \cfrac{1}{a_4}}}}$$

Übung 5.20: Ordnen Sie mit der array-Umgebung die Formelgruppe

$$\begin{array}{lll} \sin 2\alpha = 2\sin\alpha\cos\alpha, & \sin 3\alpha = 3\sin\alpha - 4\sin^3\alpha & \sin 4\alpha = 8\cos^3\alpha\sin\alpha - 4\cos\alpha\sin\alpha \\ \cos 2\alpha = \cos^2\alpha - \sin^2\alpha & \cos 3\alpha = 3\cos^3\alpha - 3\cos\alpha & \cos 4\alpha = 8\cos^4\alpha - 8\cos^2\alpha + 1 \end{array}$$

Hinweis: Beachten Sie, dass Sie im Formatierungsfeld der array-Umgebung mit @{...}-Ausdrücken sowohl horizontalen Zwischenraum wie auch mathematischen Text zwischen zwei Spalten anbringen können (s. Erläuterungen zum ersten Beispiel in 5.4.3).

Übung 5.21 Erzeugen Sie mit der `array`-Umgebung folgenden Ausdruck

	Gleichung der Tangentialebene und der Flächennormalen	
Gleichungs- form der Fläche	Tangentialebene	Flächennormale
$F(x,y,z) = 0$	$\dfrac{\partial F}{\partial x}(X-x) + \dfrac{\partial F}{\partial y}(Y-y)$ $+ \dfrac{\partial F}{\partial z}(Z-z) = 0$	$\dfrac{X-x}{\dfrac{\partial F}{\partial x}} = \dfrac{Y-y}{\dfrac{\partial F}{\partial y}} = \dfrac{Z-z}{\dfrac{\partial F}{\partial z}}$
$z = f(x,y)$	$Z - z = p(X-x) + q(Y-y)$	$\dfrac{X-x}{p} = \dfrac{Y-y}{q} = \dfrac{Z-z}{-1}$
$x = x(u,v)$ $y = y(u,v)$ $z = z(u,v)$	$\begin{vmatrix} X-x & Y-y & Z-z \\ \dfrac{\partial x}{\partial u} & \dfrac{\partial y}{\partial u} & \dfrac{\partial z}{\partial u} \\ \dfrac{\partial x}{\partial v} & \dfrac{\partial y}{\partial v} & \dfrac{\partial z}{\partial v} \end{vmatrix} = 0$	$\dfrac{X-x}{\begin{vmatrix} \frac{\partial y}{\partial u} & \frac{\partial z}{\partial u} \\ \frac{\partial y}{\partial v} & \frac{\partial z}{\partial v} \end{vmatrix}} = \dfrac{Y-y}{\begin{vmatrix} \frac{\partial z}{\partial u} & \frac{\partial x}{\partial u} \\ \frac{\partial z}{\partial v} & \frac{\partial x}{\partial v} \end{vmatrix}} = \dfrac{Z-z}{\begin{vmatrix} \frac{\partial x}{\partial u} & \frac{\partial y}{\partial u} \\ \frac{\partial x}{\partial v} & \frac{\partial y}{\partial v} \end{vmatrix}}$
$\boldsymbol{r} = \boldsymbol{r}(u,v)$	$(\boldsymbol{R}-\boldsymbol{r})(\boldsymbol{r_1} \times \boldsymbol{r_2}) = 0$ oder $(\boldsymbol{R}-\boldsymbol{r})\boldsymbol{N} = 0$	$\boldsymbol{R} = \boldsymbol{r} + \lambda(\boldsymbol{r_1} \times \boldsymbol{r_2})$ oder $\boldsymbol{R} = \boldsymbol{r} + \lambda \boldsymbol{N}$

In dieser Tabelle sind x, y, z und $\boldsymbol{r}$ die Koordinaten und der Radiusvektor des Kurvenpunkts M; X, Y, Z und $\boldsymbol{R}$ sind die laufenden Koordinaten und der Radiusvektor eines Punkts der Tangentialebene oder der Flächennormalen im Punkt M; ferner ist $p = \frac{\partial z}{\partial x}$, $q = \frac{\partial z}{\partial y}$ und $\boldsymbol{r_1} = \partial \boldsymbol{r}/\partial u$, $\boldsymbol{r_2} = \partial \boldsymbol{r}/\partial v$.

Anmerkung: Wenn Ihnen der Ausdruck dieser mathematischen Tabelle wie vorstehend gelungen ist, werden Ihnen zukünftig beliebige Positionierungsanforderungen für Formeln und Teilformeln keine Rätsel mehr aufgeben!

Hinweise zur Lösung:

1. Definieren Sie sich zunächst Abkürzungen wie \D für \displaystyle und \bm für \boldmath und evtl. auch \ba und \ea für \begin{array} bzw. \end{array}.
2. Bauen Sie die Tabelle stufenweise auf. Beginnen Sie mit dem Tabellenkopf und fahren Sie mit dem weiteren Aufbau erst fort, wenn der Tabellenkopf ordnungsgemäß erzeugt wird. Beachten Sie, dass innerhalb der `array`-Umgebung normaler Text in \mbox{...} zu fassen ist.
3. Setzen Sie dann die Tabelle mit der ersten „mathematischen" Zeile fort. Hier ist der Eintrag in der zweiten Spalte eine weitere `array`-Umgebung, die mit dem Positionierungsparameter [t] auf den Rest der Zeile ausgerichtet ist. Denken Sie an die Aktivierung der Größe \D an den erforderlichen inneren Strukturen. Benutzen Sie evtl. in der ersten Spalte eine Stütze (s. 4.7.6), um den richtigen Abstand zum Tabellenkopf zu erhalten. Der Abstand zur nächsten Zeile kann auch mit einer Längenangabe nach dem Zeilenumschaltbefehl \\[..] gesteuert werden.
4. Wenn diese Zeile korrekt erzeugt wird, sollte die nächste keine Schwierigkeit bereiten.
5. Bei der dritten „mathematischen" Zeile bestehen die erste Spalte und der linke Teil der zweiten Spalte wieder aus einer `array`-Umgebung. Die dritte Spalte besteht aus drei nebeneinander stehenden Brüchen, in denen der Nenner entweder als `array`-Umgebung oder mit dem TEX-Befehl {...\atop...} erzeugt werden kann.
6. Die zweite und dritte Spalte der letzten „mathematischen" Zeile bestehen wieder aus je einer `array`-Umgebung. In dieser Zeile erscheinen einige Teilformeln in \boldmath. Erinnern Sie sich, dass dieser Befehl innerhalb von Formeln nur im Textmodus, also in \mbox{...}, gesetzt werden kann.

7. In der letzten Zeile sind die drei Spalten der äußeren `array`-Umgebung wieder zu einer zusammengefasst, in der der Text dann in einer Parbox geeigneter Breite eingegeben werden kann:
   `\multicolumn{3}{|c|}{\parbox{..}{... ...}}`

5.5.8 Gerahmte abgesetzte Formeln

In 5.4.8 wurde dargestellt, wie abgesetzte Formeln umrahmt werden können. Dazu musste die abgesetzte Formel in eine `\parbox` oder `minipage` geeigneter Breite gefasst werden, die dann ihrerseits in eine `\fbox` zur Erzeugung des Rahmens zu packen war. Dabei stellt sich das Problem, für die auszudruckende Formel die passende Breitenangabe vorab festzulegen. Meistens wird ein befriedigendes Ergebnis erst nach mehreren Versuchen zu erzielen sein.

Mit den in 5.5.2 vorgestellten Schriftgrößenbefehlen können angepaßte Rahmen um abgesetzte Formeln ohne Breitenangabe wie folgt erzeugt werden:[4]

```
\begin{displaymath}      oder      \begin{equation}
   \fbox{$ \displaystyle Formeltext $}
\end{displaymath}        bzw.      \end{equation}
```

Das Beispiel der gerahmten Formel von Seite 135 würde dabei so aussehen:

$$\boxed{\int_0^\infty g(x)\,dx \approx \sum_{i=1}^n w_i e^{x_i} g(x_i)} \tag{5.15}$$

erzeugt mit

```
\begin{equation}
  \fbox{$ \displaystyle \int^\infty_0 g(x)\,dx \approx ... $}
\end{equation}
```

Entsprechend der `equation`-Umgebung wird gleichzeitig eine rechtsbündige Formelnummer erzeugt, während der Rahmen den eigentlichen Formelteil umfasst. Im Vergleich zum Beispiel auf Seite 135 umschließt bei dieser Konstruktion der Rahmen die Formel enger. Dieses Verhalten kann jedoch durch die Erklärung von `\fboxsep` (s. 4.7.8, S. 93) vom Anwender beeinflusst werden, ebenso wie die Strichdicke des Rahmens durch `\fboxrule` (ebenfalls 4.7.8) geändert werden kann.

Unter Verwendung der `array`-Umgebung könnten nach dem gleichen Muster mehrzeilige Formeln erzeugt und umrahmt werden:

```
\begin{displaymath}      oder      \begin{equation}
   \fbox{$ \begin{array}{rcl} Formeltext \end{array} $}
\end{displaymath}        bzw.      \end{equation}
```

Wegen der vermutlich intensiven Nutzung von mathematischen Schriftgrößenbefehlen innerhalb der `array`-Umgebung sollte der entsprechende Rat von S. 139 befolgt werden.

---

[4] Der Vorschlag stammt von Günter Green, Universität Kiel.

5.5.9 Was ist sonst noch möglich?

Mit den vorgestellten mathematischen Konstruktionselementen, in Verbindung mit den beschriebenen Formatierungshilfen, sollte es möglich sein, auch ausgefallene Autorenwünsche zur Gestaltung mathematischer Formeln zufriedenzustellen. Insbesondere die vorstehenden Zusatzempfehlungen gestatten eine fast beliebige Anordnung und Formatierung von Formeln. Die Ausschöpfung der damit verbundenen Möglichkeiten ist eine Frage der praktischen Übung.

Werden Symbole benötigt, die nicht unter den LaTeX-Symbolen zu finden sind, so kann man versuchen, diese aus vorhandenen Symbolen durch Vor- und Rücksetzen und/oder Hoch- und Tiefstellungen zusammenzusetzen. Werden solche individuellen Symbole häufiger benutzt, so sollten sie unter eigenen Namen mit dem \newcommand-Befehl definiert und in einem besonderen File abgespeichert werden. Die American Mathematical Society stellt mit $\mathcal{AMS}$-LaTeX weitere mathematische Symbole und Strukturen bereit. Für deren Verwendung wird auf [5b] verwiesen.

Sollten doch einmal Gestaltungsforderungen vorliegen, die mit den vorgestellten Möglichkeiten nicht zu erfüllen sind, so böte sich einmal an, mit den originalen TeX-Befehlen zu arbeiten. TeX-Gestaltungsmöglichkeiten, die über die beschriebenen LaTeX-Möglichkeiten hinausgehen, setzen aber vertiefte LaTeX-Kenntnisse voraus, die von der Mehrzahl der Benutzer nicht erwartet werden können. Ein eher geeigneter, wenn auch mühevoller Weg zur vollständig freien Gestaltung ist mit den im nächsten Kapitel vorgestellten Bildgestaltungselementen möglich.

Für eigenwillige Autorenwünsche ist bei einer Veröffentlichung durch einen wissenschaftlich-technischen Verlag mit einiger Wahrscheinlichkeit damit zu rechnen, dass solche Formeln dort auf den internationalen Standard abgeändert werden und damit in einer ähnlichen Form erscheinen, wie sie LaTeX auch gewählt hätte.

Ein gelegentlich geäußerter Wunsch nach Änderung der Gleichungsnummerierung hat dagegen oftmals seine Berechtigung. In 7.3.5 werden Beispiele zur geänderten Nummerierung von Gleichungen vorgestellt. Nach dem dortigen Muster sollte es möglich sein, solchen Forderungen nach- oder nahezukommen.

Hinweis von Günter Green, Kiel: Mathematische Symbole können in Gliederungsüberschriften in Fettdruck durch Voransetzen von \boldmath (s. 5.4.9) erzwungen werden. Die Überschrift ist dann aber als optionales Argument in eckigen Klammern (s. 3.3.3) *ohne* \boldmath zu wiederholen, um Fehlermeldungen bei der Erzeugung des Inhaltsverzeichnisses zu vermeiden.

Kapitel 6

Bilder

LaTeX gestattet die Erzeugung *einfacher* Bilder. Die Grundelemente, aus denen ein Bild aufgebaut werden kann, sind Text, gerade Linien verschiedener Neigung, Pfeile und Kreise, die vom Benutzer an beliebigen Stellen im Bild platziert und kombiniert werden können.

6.1 Maß- und Positionierungsangaben

Die Platzierung der einzelnen Bildelemente setzt die Vereinbarung eines *Koordinatensystems* für das jeweilige Bild voraus. Ein Koordinatensystem besteht aus der Festlegung eines *Bezugspunkts* und zweier, im Allgemeinen senkrecht aufeinander stehender *Koordinatenachsen* sowie der Vereinbarung einer *Längeneinheit* für die Koordinaten. Als Bezugspunkt wird die linke untere Ecke des Bildes angesehen und als Koordinatenachsen werden der linke und der untere Bildrand vereinbart. Der untere Bildrand soll auch *x-Achse*, der linke Bildrand *y-Achse* genannt werden.

Mit der Festlegung einer Längeneinheit kann jeder Punkt innerhalb des Bildes mit zwei Dezimalzahlen eindeutig bestimmt werden. Hierbei bedeutet die erste Zahl das entsprechende Vielfache der Längeneinheit entlang der x-Achse, die zweite Zahl dasselbe entlang der y-Achse.

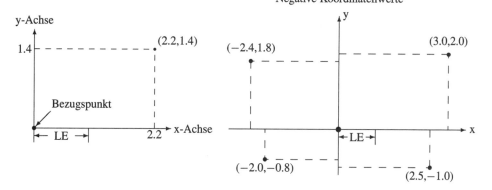

Die Festlegung der Längeneinheit erfolgt mit der Längenerklärung

\setlength{\unitlength}{*maßangabe*}

Im linken Beispiel wurde \setlength{\unitlength}{1.5cm}, also als Längeneinheit LE = 1.5 cm gewählt. Der Punkt (2.2,1.4) liegt um das 2.2fache der Längeneinheit rechts (= 3.3 cm) und um das 1.4fache (= 2.1 cm) oberhalb des Bezugspunkts.

Das Zahlenpaar zur Angabe der Koordinaten wird im Allgemeinen positive Werte für beide Zahlen enthalten. Hiermit wird ein Punkt rechts oberhalb des Bezugspunkts definiert. Da der Bezugspunkt die linke untere Ecke des Bildes ist, sollten alle Bildpunkte rechts oberhalb hiervon liegen. Es ist jedoch auch erlaubt, negative Werte zu verwenden. Ein negativer x-Wert (also ein negativer Wert für die erste Zahl des Paares) definiert einen Punkt *links* vom Bezugspunkt, ein negativer y-Wert (ein negativer Wert für die zweite Zahl des Paares) einen Punkt unterhalb des Bezugspunkts.

Dies wird im rechten Beispiel demonstriert. Hier ist als Längeneinheit 1 cm gewählt, die entsprechenden Zahlenpaare geben damit die Abstände vom Bezugspunkt in cm an.

Normalerweise wird man als Längeneinheiten 1 cm, 1 mm oder 1 in wählen und das Bild mit diesen Einheiten aufbauen. Wenn ein Bild mit einer dieser Einheiten einmal erzeugt worden ist, kann mit der Änderung der Längeneinheit in einen anderen Wert auf einfachste Weise eine Maßstabsänderung des ganzen Bildes erreicht werden. Ein Bild, das mit \setlength{\unitlength}{1cm} erzeugt worden war, wird mit einer späteren Änderung in \setlength{\unitlength}{1.2cm} um den Faktor 1.2 vergrößert.

6.2 Die Bildumgebung – picture

Bilder werden innerhalb der Umgebung

\begin{picture}(*x_dimen,y_dimen*) *bildbefehle* \end{picture}

erzeugt. (*x_dimen,y_dimen*) stellt ein Zahlenpaar dar, das die Abmessungen (Dimensionen) des Bildes in *x-Richtung* (horizontal) und *y-Richtung* (vertikal) festlegt.[1] Dieses Zahlenpaar steht in runden Klammern! Es bezieht sich auf die gewählte Längeneinheit.

\setlength{\unitlength}{1.5cm}
\begin{picture}(4,5) ... ... \end{picture}

erzeugt ein Bild von vier Längeneinheiten Breite und fünf Längeneinheiten Höhe. Da als Längeneinheit 1.5 cm gewählt ist, wird das Bild tatsächlich 6 cm breit und 7.5 cm hoch.

Bildbefehle sind die weiter unten vorgestellten Befehle, mit denen die einzelnen Bildelemente erzeugt und positioniert werden. Innerhalb einer picture-Umgebung dürfen nur diese Befehle, die Schriftstil- und Schriftgrößenbefehle (s 4.1, S. 57–65) und die Befehle \thicklines und \thinlines auftreten. Die letzten beiden haben folgende Bedeutung: Für Linien in einem Bild stehen zwei Strichstärken zur Verfügung. Nach dem Befehl \thicklines werden alle danach folgenden Linien in der *dicken* Strichstärke erzeugt, bis mit dem Befehl \thinlines wieder auf die *dünne* Strichstärke zurückgeschaltet wird. Standard sind *dünne* Striche.

---

[1] Genaugenommen handelt es sich um die Platzreservierung, die LATEX für das Bild gegenüber dem vorangehenden und nachfolgenden Text vorsieht und nicht um die tatsächliche Bildgröße. Die Platzierung der einzelnen Bildelemente erfolgt mit den Positionierungsbefehlen, die Bildelemente auch außerhalb des reservierten Platzes anordnen können.

Die Erklärung von \unitlength mit \setlength darf nicht innerhalb der picture-Umgebung auftreten. Eine einmal gewählte Längeneinheit kann innerhalb der picture-Umgebung nicht mehr geändert werden. Sie gilt so lange weiter, bis mit einer neuen \unitlength-Erklärung für die nächste picture-Umgebung eine neue Längeneinheit gewählt wird.

Stehen \unitlength-Erklärungen zusammen mit picture-Umgebungen in einer gemeinsamen äußeren Umgebung, z. B. \begin{center} ... \end{center}, so endet der eingestellte Wert von \unitlength mit dem Ende der äußeren Umgebung. Eine picture-Umgebung ohne eine vorangehende \unitlength-Erklärung benutzt als Standard für die Längeneinheit 1 pt.

6.3 Die Positionierungsbefehle

Die Positionierung und Erzeugung von Bildelementen erfolgt durch die beiden Befehle \put und \multiput, deren Syntax lautet:

\put(x_coord,y_coord){*bild_objekt*}
\multiput(x_coord,y_coord)(x_incr,y_incr){*num*}{*bild_objekt*}

Hierin bedeutet *bild_objekt* einen der im nächsten Abschnitt beschriebenen Bildobjektbefehle. (x_coord,y_coord) ist das *Koordinatenpaar* für die Stelle, an der das *Bildobjekt* entstehen soll. Ist die Längeneinheit 1 cm, so bedeutet (2.5,3.6) die Bildstelle, die um 2.5 cm rechts und 3.6 cm oberhalb der linken unteren Bildecke liegt.

Der \multiput-Befehl erzeugt das gewählte Bildobjekt mehrmals an verschiedenen Stellen im Bild, und zwar so viele Male, wie es durch den Parameter *num* angegeben ist. Dasselbe Bildobjekt wird hierbei nacheinander an den Stellen

(x_coord, y_coord), ($x\_coord + x\_incr$, $y\_coord + y\_incr$),
($x\_coord + 2x\_incr$, $y\_coord + 2y\_incr$), ... bis einschließlich
($x\_coord + [num-1]x\_incr$, $y\_coord + [num-1]y\_incr$)

angeordnet. (x_incr, y_incr) ist das *Inkrementierungs*paar (also das Paar von Veränderungswerten), um die das *Koordinaten*paar (x_coord, y_coord) mit jedem nochmaligen Auftreten verändert wird. Das Inkrementierungspaar kann positive und negative Zahlen enthalten. Entsprechend vergrößern oder verkleinern sich die Koordinatenwerte für jedes nochmalige Auftreten des Bildobjekts.

\multiput(2.5,3.6)(0.5,-0.6){5}{*bild_objekt*} erzeugt also das gewählte Bildobjekt insgesamt fünfmal, und zwar zunächst an der Stelle (2.5,3.6), dann nacheinander bei (3.0,3.0), (3.5,2.4), (4.0,1.8) und schließlich bei (4.5,1.2).

Man beachte bitte, dass die Zahlenwerte für das *Koordinaten-* und das *Inkrementierungs*paar in runden Klammern (,) anzugeben sind, wobei die beiden Zahlen des Paares durch ein Komma getrennt werden. Die Angaben für *num* sowie der Befehl für das *bild_objekt* werden dagegen, wie bei Befehlen gewohnt, in geschweiften Klammern { } angegeben.

Achtung: Das Komma trennt die Zahlen der Paare in den \put- und \multiput-Befehlen. Die Verwendung eines Kommas statt des Punkts bei Dezimalzahlen ist ein häufig auftretender Fehler bei den Positionierungsbefehlen. *Bei Koordinatenangaben sind Dezimalzahlen stets mit einem Dezimalpunkt zu schreiben!*

6.4 Die Bildobjekt-Befehle

6.4.1 Text im Bild

Das einfachste Bildobjekt ist ein Stückchen Text, das an beliebiger Stelle im Bild angeordnet werden kann. Dies geschieht einfach durch Angabe des Textes für *bild_objekt* in dem \put- oder \multiput-Befehl.

Ein Pfeil

(2.5,3.6)

Der Pfeil zeigt auf die Bildstelle (2.5,3.6). Mit dem Befehl \put(2.5,3.6){Ein Pfeil} wird der Text 'Ein Pfeil' mit seiner 'linken unteren Ecke' an dieser Stelle angebracht.

Als Bildobjekt kann der Text auch in eine \parbox oder minipage-Umgebung gefasst werden. Der Bezugspunkt, auf den die Koordinatenangabe des \put-Befehls verweist, hängt vom Positionierungsparameter der vertikalen Box ab:

\parbox[b]{..}{...}

Bezugspunkt ist die linke untere Ecke der untersten Zeile der Parbox.

\parbox{32mm}{...}

Bei der Standardform der Parbox ist der Bezugspunkt die vertikale Mitte des linken Randes.

\parbox[t]{..}{...}

Bezugspunkt ist die linke untere Ecke der obersten Zeile der Parbox.

Übung 6.1: *Erzeugen Sie mit* \setlength{\unitlength}{1mm} *ein 100 mm breites und 50 mm hohes Bild. Schreiben Sie an den Stellen: (0,0) „Das erste Bild", (0,47) „oben links", (70,40) „irgendwo oben rechts" und in eine Parbox der Breite 60 mm bei (25,25): „Für die Bildübungen dieses Kapitels sollte ein eigenes File mit dem Namen* bild.tex *eingerichtet werden!"*

Übung 6.2: *Wiederholen Sie die Bildbearbeitung mit* \setlength{\unitlength}{1.5mm} *sowie für die Parbox mit dem Positionierungsparameter* t *bzw.* b.

6.4.2 Bildboxen – Rechtecke

Die bereits in 4.7.1 vorgestellten LR-Boxbefehle \framebox, \makebox und \savebox haben in der picture-Umgebung eine erweiterte Syntax. Zusätzlich gibt es hier noch den Befehl dashbox:

\makebox(*x_dimen,y_dimen*) [*pos*] {*text*}
\framebox(*x_dimen,y_dimen*) [*pos*] {*text*}
\dashbox{*dash_dimen*}(*x_dimen,y_dimen*) [*pos*] {*text*}

Das *Dimensionierungs*paar (*x_dimen,y_dimen*) legt Breite und Höhe des Rechtecks (*Kasten, Box*) in den durch \unitlength gewählten Längeneinheiten fest. Der Positionierungsparameter *pos* bestimmt die Positionierung des eingetragenen Textes *text* innerhalb des Kastens. Seine Werte können sein:

[t] *top* – der eingetragene Text erscheint – horizontal zentriert – *unterhalb* des *oberen* Kastenrands,

[b] *bottom* – der eingetragene Text erscheint – horizontal zentriert – *oberhalb* des *unteren* Kastenrands,

[l] *left* – der eingetragene Text *beginnt* – vertikal zentriert – am *linken* Kastenrand,

6.4. DIE BILDOBJEKT-BEFEHLE

[r] *right* – der eingetragene Text *endet* – vertikal zentriert – am *rechten* Kastenrand,

[s] *stretched* – der eingetragene Text verteilt sich – vertikal zentriert – mit evtl. vergrößerten Wortabständen auf die vorgegebene Boxbreite,

ohne den optionalen Parameter *pos* wird der eingetragene Text innerhalb des Kastens horizontal und vertikal zentriert.

Diese Positionierungsparameter können paarweise wie folgt kombiniert werden:

[tl] *top left* – der Text erscheint *oben links*,

[tr] *top right* – der Text erscheint *oben rechts*,

[bl] *bottom left* – der Text erscheint *unten links*,

[br] *bottom right* – der Text erscheint *unten rechts*.

Die Reihenfolge ist bei der Paarbildung ohne Belang, tl führt zum gleichen Ergebnis wie lt.

Die vorstehenden Rahmenbefehle sind als *bild_objekt* in den Positionierungsbefehlen \put bzw. \multiput anzubringen. Der Bezugspunkt, auf den sich das Koordinatenpaar der Positionierungsbefehle bezieht, ist die untere linke Ecke des Rechtecks.

\put(2.5,3.6){\framebox(2.5,1.2){Mitte}}

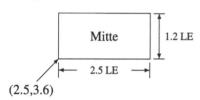

Der Pfeil zeigt auf den Positionierungspunkt (2.5,3.6). An dieser Stelle befindet sich die untere linke Ecke des 2.5 Einheiten breiten und 1.2 Einheiten hohen Rechtecks. Der Text 'Mitte' ist innerhalb des Rechtecks horizontal und vertikal zentriert. LE = 1.0 cm.

Die Wirkung des Textpositionierungsparameters wird an folgenden Beispielen deutlich, LE = 1 cm:

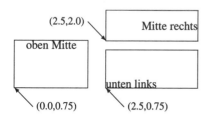

\put(0.0,0.75){\framebox(2.0,1.25)[t]
                {oben Mitte}}
\put(2.5,0.75){\framebox(2.5,1.0)[lb]
                {unten links}}
\put(2.5,2.0){\framebox(2.5,0.8)[r]
                {Mitte rechts}}

Das \makebox-Bildelement entspricht dem \framebox-Befehl ohne den Rechteckrahmen. Es wird meistens mit dem Dimensionierungspaar (0,0) verwendet und dient dann zur geeigneten Positionierung von Text. (S. 4.7.1 über die Auswirkung einer Box der Abmessung *Null* auf den eingeschlossenen Text.)

(2.0,2.8) →linksbündig
              (3.0,1.6)
                   ↓
            Mitte Mitte
(2.0,0.5)   unten zentriert
                    ↑
rechts oben   (4.0,1.0)

\put(3.0,1.6){\makebox(0,0){Mitte Mitte}}
\put(2.0,0.5){\makebox(0,0)[tr]{rechts oben}}
\put(4.0,1.0){\makebox(0,0)[b]{unten zentriert}}
\put(2.0,2.8){\makebox(0,0)[l]{linksb"undig}}

Die Kombination [lb] positioniert den Text so, wie er auch durch die einfache Texteinfügung nach 6.4.1 erscheint.

Das Bildelement \dashbox erzeugt wie \framebox ein umrandetes Rechteck. Die Umrandung erscheint jedoch *gestrichelt* statt durchgezogen. Der zusätzliche Parameter *dash_dimen* bestimmt die *Strichelungslänge*.

```
\put(1.0,0.75){\dashbox{0.2}(4,1){gestrichelter Rahmen}}
```

┌ ─ ─ ─ ─ ─ ─ ─ ─ ┐ Ein gestrichelter Rahmen sieht dann am besten aus, wenn
│   gestrichelter Rahmen   │ Höhe und Breite ein jeweils ganzzahliges Vielfaches der
└ ─ ─ ─ ─ ─ ─ ─ ─ ┘ Strichelungslänge sind.
(1.0,0.75)

Bei den vorstehenden Bildboxbefehlen darf der übergebene *Text* seinerseits selbst wieder in einer Absatzbox (\parbox oder minipage) stehen. Da Absatzboxen (vertikale Boxen) ebenfalls einen optionalen Positionierungsparameter b oder t erlauben, der nicht im Widerspruch zu den Positionierungsparametern der Bildbox stehen darf, gilt folgende Regel:

> Enthalten Bildboxbefehle den Positionierungsparameter b oder t, so muss der gleiche Parameter auch bei der eingeschachtelten vertikalen Box verwendet werden. Enthält der Bildboxbefehl gar keinen Parameter oder nur r oder l, dann sollte die eingeschachtelte vertikale Box in der Standardform benutzt werden.

Die Wirkung der Positionierungsparameter der Bildboxbefehle auf eingeschachtelte Absatzboxen entspricht der obigen Beschreibung für einfachen Text, nur dass dann statt des einzeiligen Textes der Inhalt der Absatzbox auftritt.

Übung 6.3: *Erzeugen Sie aus dem folgenden Organisationsdiagramm die Kästen mit ihrem Textinhalt, also das Bild ohne die horizontalen und vertikalen Linien und Pfeile. Diese werden Gegenstand der nächsten Übung sein.*

Anregung: Skizzieren Sie sich die Kästen zunächst auf einem Blatt karierten Papiers, wobei Ihre Linien mit Karolinien zusammenfallen sollten. Wählen Sie als Längeneinheit die Karobreite des Papiers. Wählen Sie als Bezugspunkt für Ihr Bild die linke untere Ecke des gedachten Rahmens, mit dem Sie Ihre Skizze gerade umgeben könnten.

Anmerkung: Skizzierpapier mit beliebiger Gitterweite werden Sie sich in Kürze selbst anfertigen können!

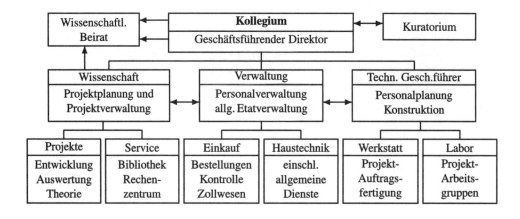

6.4.3 Gerade Linien

LaTeX gestattet die Erzeugung von beliebig langen horizontalen und vertikalen Linien sowie von geneigten Linien mit einer Mindestlänge und einer begrenzten Zahl verschiedener Neigungen. Die Syntax für dieses Bildelement lautet

\line(Δx,Δy){*länge*}

Für horizontale und vertikale Linien bedeutet *länge* die Länge der Linie in den gewählten Längeneinheiten. Bei geneigten Linien ist die Bedeutung von *länge* etwas komplizierter, wie gleich dargestellt wird. Die Linie beginnt an der Stelle, die durch den umgebenden \put- oder \multiput-Befehl bestimmt ist.

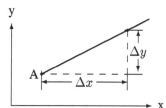

```
\thicklines
\put(0,0){\line(1,0){7.5}}
\put(0,0){\line(0,1){1}}
\put(7.5,0){\line(0,1){0.5}}
```

Die Neigung der Linie wird durch das *Neigungspaar* (Δx,Δy) bestimmt. Das Neigungspaar (1,0), also $\Delta x = 1$ und $\Delta y = 0$, erzeugt *horizontale* Linien, das Wertepaar (0,1) *vertikale* Linien, wie im vorangehenden Beispiel zu ersehen ist. Allgemein hat (Δx,Δy) folgende Bedeutung:

Geht man vom Anfangspunkt A der Linie um Δx in x-Richtung (horizontal), so bedeutet Δy den Wert, um den man in y-Richtung (vertikal) gehen muss, um wieder auf die Linie zu treffen.

Mit der Vorgabe des Neigungspaares (Δx,Δy) entsteht eine Linie mit genau der Neigung, die die vorstehende Bedingung erfüllt.

Wie schon eingangs erwähnt, ist die Anzahl der verfügbaren Neigungen begrenzt. Δx und Δy können damit nicht beliebige Werte annehmen, sondern nur solche, die die nachstehenden Bedingungen erfüllen:

1. Die verwendeten Zahlenwerte müssen ganzzahlig sein.

2. Es sind nur die Zahlenwerte 0, 1, ..., 6 erlaubt.

3. Das Zahlenpaar darf keinen gemeinsamen Teiler enthalten.

Zahlenpaare wie (3.5,1.2) (Verstoß gegen 1.) und (7,0) (Verstoß gegen 2.) sind also nicht erlaubt. Ebenso sind Paare wie (2,2), (3,6) nicht erlaubt, da das erste Zahlenpaar 2 und das zweite 3 als gemeinsamen Teiler besitzt (Verstoß gegen 3.). Hier muss das in der Wirkung gleichwertige Zahlenpaar (1,1) bzw. (1,2) verwendet werden. Insgesamt gibt es 25 verschiedene erlaubte Zahlenpaare für geneigte Linien, einschl. (1,0) und (0,1) für horizontale und vertikale Linien, wie sich der Leser durch Niederschreiben der möglichen Werte leicht klarmachen kann.

Unter Einhaltung der vorstehenden Bedingung dürfen die Zahlen jedoch ein beliebiges Vorzeichen haben. (0,-1), (-2,-5) sind erlaubte Wertepaare. Ein negativer Δx-Wert bedeutet in der obigen Konstruktion ein ‚Nach-links-Gehen', ein negativer Δy-Wert ein ‚Nach-unten-Gehen'. \put(2,3){\line(0,-1){2.5}} erzeugt also eine Linie, die im Punkt (2,3) beginnt und um 2.5 Längeneinheiten vertikal nach unten reicht.

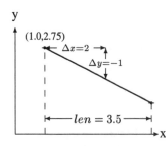

Der Längenparameter *länge* bedeutet bei geneigten Linien die Projektion der Linie auf die x-Achse. Was darunter zu verstehen ist, geht aus der nebenstehenden Abbildung hervor.

```
\thicklines   \put(1.0,2.75){\line(2,-1){3.5}}
```

Geht man von den Endpunkten der geneigten Linie senkrecht nach unten, so ist der entsprechende Abschnitt auf der x-Achse die Projektion der Linie auf die x-Achse.

Geneigte Linien müssen eine gewisse Mindestlänge haben. Diese beträgt ca. 10 pt oder 3.6 mm bzw. 0.36 cm. Wird eine kürzere Länge gewählt, dann wird keine Linie gezeichnet.[2]

6.4.4 Pfeile

Das Bildelement 'Pfeil' entsteht durch den Befehl

\vector($\Delta x,\Delta y$){*länge*}

Die Bedeutung der Parameter einschließlich aller Einschränkungen entspricht genau dem \line-Befehl. Der Pfeil beginnt an der durch \put oder \multiput bestimmten Stelle, mit der Pfeilspitze am anderen Ende.

Wie geneigte Linien müssen auch geneigte Pfeile eine Mindestlänge von ca. 10 pt oder 3.6 mm haben. Für Δx, Δy sind ebenso die obigen Bedingungen 1. bis 3. einzuhalten, mit der Maßgabe, dass für die Bedingung 2. nur die Zahlenwerte 0, 1, 2, 3, 4 erlaubt sind. Dies ergibt insgesamt 13 verschiedene Wertepaare gleichen Vorzeichens für die Neigung von Pfeilen.[1]

```
\begin{picture}(5,2)\thicklines
  \put(5,0){\vector(-1,0){5}}
  \put(0,0){\vector(1,1){2}}
  \put(2,2){\vector(3,-2){3}}
\end{picture}
```

Anmerkung: Die Einschränkung von 10 pt für die Mindestlänge von geneigten Linien und Pfeilen gilt *nicht* für horizontale und vertikale Linien und Pfeile. Für Letztere macht es aber wenig Sinn, eine Länge vorzugeben, die kürzer als die natürliche Länge der Pfeilspitze ist, da die zugehörige Linie dann ganz von der Pfeilspitze überdeckt wird.

Übung 6.4: *Ergänzen Sie das Diagramm aus Übung 6.3 um die noch fehlenden horizontalen und vertikalen Linien und die Pfeile.*

Übung 6.5: *Erzeugen Sie sich als Skizzierpapier ein 6.5 mal 9 Zoll großes Gitternetz mit einer Gitterbreite von 0.1 Zoll. Hierzu sind lediglich zwei \multiput-Befehle erforderlich. Überlagern Sie diesem Gitternetz ein zweites Netz gleicher Größe, aber mit der Gitterbreite von 0.5 Zoll und der Strichstärke \thicklines.*

Übung 6.6: *Erzeugen Sie die nebenstehende Struktur. Die Eckpunkte liegen bei (0,5), (0,10), (5,15), (10,15), (15,10), (15,5), (10,0) und (5,0) der gewählten Längeneinheit von 0.1 Zoll.*

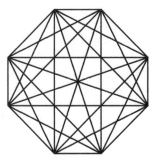

---

[2] Die Originalliteratur [1] verweist auf das Standard-Ergänzungspaket pict2e.sty, mit dem die begrenzte Anzahl der Neigungen und die Mindestlänge druckerspezifisch aufgehoben werden. Dieses Ergänzungspaket ist derzeit (Feb. 2002) immer noch ein Leerfile, so dass die angekündigten Erweiterungen noch nicht ansprechbar sind.

6.4. DIE BILDOBJEKT-BEFEHLE

6.4.5 Kreise

Für das Bildelement 'Kreis' gibt es die Befehle

\circle{*durchmesser*}
\circle*{*durchmesser*}

Bei der *-Form wird der Kreis mit Druckerfarbe ausgefüllt. LaTeX kennt nur eine bestimmte Anzahl von Kreisen unterschiedlicher Durchmesser.[3] Der Durchmesser des Kreises wird so ausgewählt, dass er dem angegebenen Parameter *durchmesser* am nächsten kommt.

```
\setlength{\unitlength}{1cm}
\begin{picture}(4,1.6)        \put(1,1){\circle*{0.2}}
\put(1,1){\circle{1.2}} \put(1,1){\vector(0,1){0.6}}
\put(2.5,1){\circle*{0.5}}                \end{picture}
```
Die Positionierung des zugehörigen \put-Befehls bezieht sich auf den Mittelpunkt des Kreises.

6.4.6 Ovale und gerundete Ecken

Ein Oval bedeutet hier ein Rechteck, dessen Ecken durch Viertelkreise ersetzt sind, wobei die größtmöglichen Kreisradien gewählt werden, mit denen die aneinander stoßenden Seiten miteinander verbunden werden können. Der Bildbefehl lautet:

\oval(*x_dimen,y_dimen*) [*teil*]

Der zugehörige Positionierungsbefehl bezieht sich auf den Mittelpunkt des Ovals.

\put(3.0,0.75){\oval(4.0,1.5)}

Hier ist also $x\_dimen = 4.0$ LE und $y\_dimen = 1.5$ LE, wobei als Längeneinheit LE = 0.8 cm gewählt wurde. Der Mittelpunkt des Ovals liegt, entsprechend dem Positionierungsbefehl \put, bei (3.0,0.75).

Der optionale Parameter *teil* darf einen der Werte t b l r annehmen. Damit können Halbovale erzeugt werden.

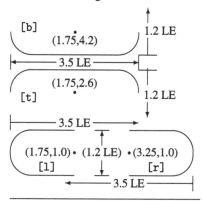

```
\put(1.75,4.2){\oval(3.5,1.2)[b]}
\put(1.75,2.6){\oval(3.5,1.2)[t]}
\put(1.75,1.0){\oval(3.5,1.2)[l]}
\put(3.25,1.0){\oval(3.5,1.2)[r]}
```

Die Breiten- und Höhenangaben von Halbovalen beziehen sich immer auf diejenigen des gedachten zugehörigen Ganzovals. Ebenso bezieht sich die Positionierungsangabe im \put-Befehl auf den Mittelpunkt des zugehörigen Ganzovals. (Längeneinheit ist hier LE = 1 cm.)

---

[3]Offene Kreise stehen für Durchmesser von 1 pt bis 16 pt in Stufen von je 1 pt und für Durchmesser von 20 pt bis 40 pt in Abstufungen von 4 pt zur Verfügung. Gefüllte Kreise gibt es für Durchmesser von 1 pt bis 15 pt in Abstufungen von 1 pt.

Für *teil* kann auch eines der Kombinationspaare tl, tr, bl, br gewählt werden, womit Viertelovale erzeugt werden. Die Reihenfolge innerhalb des Paares ist gleichgültig, die Paare lt, rt, lb, rb sind in der Wirkung mit den ersten identisch.

```
\put(2.0,2.5){\oval(3.0,1.0)[tl]}
\put(2.5,2.5){\oval(3.0,1.0)[tr]}
\put(1.0,1.5){\oval(1.0,2.0)[bl]}
\put(3.5,1.5){\oval(1.0,2.0)[br]}
```

Auch hier beziehen sich die Breiten- und Höhenangaben immer auf das zugehörige Ganzoval, auf dessen Mittelpunkt der \put-Befehl positioniert wird.

Bis zu einer bestimmten Größe lassen sich hiermit auch Halb- und Viertelkreise erzeugen, wenn für Höhe und Breite derselbe Wert gewählt wird.

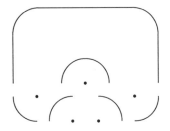

```
\put(2.0,1.0){\oval(4.0,4.0)[t]}
\put(2.0,1.0){\oval(1.5,1.5)[t]}

\put(0.75,0.75){\oval(1.5,1.5)[bl]}
\put(1.75,0.0){\oval(1.5,1.5)[tl]}
\put(2.25,0.0){\oval(1.5,1.5)[tr]}
\put(3.25,0.75){\oval(1.5,1.5)[br]}
```

Die vorstehenden Beispiele lassen erkennen, dass Teilkreise bis zu einer Weitenangabe von ca. 1.5 cm entstehen.

Teilovale lassen sich mit anderen Bildelementen zusammenfügen. Die Positionierungsangabe beim \put-Befehl von Viertelecken bedarf etwas Überlegung, damit die angefügten Bildelemente richtig passen.

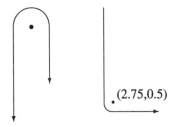

```
\put(0.5,2.5){\oval(1.0,1.0)[t]}
\put(0.0,2.5){\vector(0,-1){2.5}}
\put(1.0,2.5){\vector(0,-1){1.5}}
\put(0.5,2.5){\circle*{0.1}}

\put(2.5,0.5){\line(0,1){2.5}}
\put(2.75,0.5){\oval(0.5,0.5)[bl]}
\put(2.75,0.25){\vector(1,0){1.25}}
```

Der in den vorstehenden Beispielen eingezeichnete Mittelpunkt dient zur Verdeutlichung. Er ist natürlich nicht Bestandteil des \oval-Bildelements.

$LE = 2\ mm$

Übung 6.7: *Auch wenn ich Fahrzeuge wie das nebenstehende nicht besonders mag, als Übungsaufgabe ist mir hier nichts Besseres eingefallen.*
Hinweis: Die Abmessungen und Positionierungen lassen sich leicht durch Darüberlegen von transparentem Millimeterpapier bestimmen.

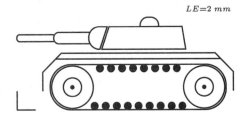

6.4.7 Bezier-Kurven

Durch Vorgabe von drei Punkten A, B und C können innerhalb der picture-Umgebung quadratische *Bezier*-Kurven mit den Befehlen

\qbezier[*num*] $(x_a, y_a)(x_b, y_b)(x_c, y_c)$

konstruiert und ausgegeben werden. Anfang und Ende der Kurven werden durch die Punkte $A = (x_a, y_a)$ und $C = (x_c, y_c)$ festgelegt. $B = (x_b, y_b)$ ist ein Kontrollpunkt, der die Kurventangenten in den Punkten A und C durch die Geraden $\overline{AB}$ und $\overline{CB}$ vorgibt:

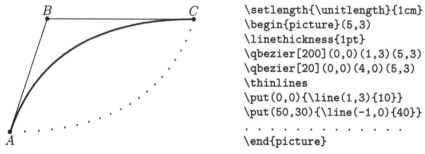

```
\setlength{\unitlength}{1mm}
\begin{picture}(40,20)
  \qbezier(0,0)(20,20)(40,10)
\endpicture}
```

Der bei der Syntaxvorstellung angeführte Parameter *num* bestimmt die Anzahl der Kurvenpunkte, die längs der Kurve ausgegeben werden. Ohne eine explizite Angabe erscheint die Kurve durchgezogen.

Wird die Punkteanzahl mit *num* = n explizit vorgegeben, dann werden entlang der Kurve genau $n+1$ Punkte ausgegeben. Der Punkteabstand wird dabei durch einen internen Kurvenparameter t bestimmt, der in n gleiche Teile aufgeteilt wird. Die Stärke der auszugebenden Kurvenpunkte kann mit dem Befehl (s. 6.5.1)

\linethickness{*strichdicke*}

eingestellt werden. Die Angabe für *strichdicke* muss als Maßangabe erfolgen, also durch eine Zahl mit anhängender Maßeinheit, z. B. 0.5mm.

```
\setlength{\unitlength}{1cm}
\begin{picture}(5,3)
\linethickness{1pt}
\qbezier[200](0,0)(1,3)(5,3)
\qbezier[20](0,0)(4,0)(5,3)
\thinlines
\put(0,0){\line(1,3){10}}
\put(50,30){\line(-1,0){40}}
\end{picture}
```

Bei der oberen Kurve wurden 201 Punkte ausgegeben, die so eng beieinander liegen, dass sie als feste Kurve erscheinen. Bei der unteren Kurve werden dagegen nur 21 Punkte ausgegeben, die in der Kurvenmitte etwas dichter zusammenliegen als an den Enden. Dies ist eine Folge des internen Algorithmus für die parametrisierte Kurvendarstellung, bei der der interne Kurvenparameter genau die Werte $0, 1, \ldots, 20$ annimmt.

Beispiel: Kreisannäherung aus dem umschließenden Quadrat.

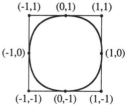

```
\setlength{\unitlength}{1cm}
\begin{picture}(2,2)
\qbezier(-1,0)(-1,1)(0,1) \qbezie(0,1)(1,1)(1,0)
\qbezier(-1,0)(-1,-1)(0,-1) \qbezier(0,-1)(1,-1)(1,0)
\end{picture}
```

Aus Bezier-Kurvenstücken lassen sich komplexere Kurven zusammensetzen. Kreise beliebigen Durchmessers lassen sich recht genau aus acht Bezier-Bögen bilden, deren Endpunkte (A) und (C) bei den Streckenmittelpunkten eines umschließenden regelmäßigen Achtecks liegen, dessen Eckpunkte als Kontrollpunkte (B) zu wählen sind. Mit etwas weniger Ansprüchen an die Kreisgenauigkeit genügen schon sechs und bei kleineren Kreisdurchmessern nur vier Bezier-Bögen aus dem umschließenden Sechseck bzw. Quadrat. Der Leser möge dies zur Übung nachvollziehen. Die Bestimmung der Koordinaten für die Punktetripel beschränkt sich auf einfache Schulgeometrie.

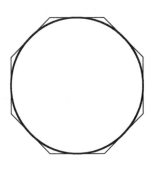

Wird als Kontrollpunkt B der Mittelpunkt der Geraden zwischen A und C gewählt, so ist die erzeugte Bezier-Kurve ebenfalls eine Gerade. Bei dieser entfällt die Begrenzung der zulässigen Neigungen und der Linienlänge gemäß 6.4.3. Durch eine geeignete Angabe für *num* können solche Geraden beliebiger Neigung und Länge auch punktiert ausgegeben werden. Die punktiert angedeuteten Kurventangenten beim ersten Bezier-Beispiel wurden auf diese Weise erzeugt, indem dort zusätzlich

`\qbezier[28](0,0)(10,10)(20,20)` und `\qbezier[24](40,10)(30,15)(20,20)`

verwendet wurde. Die größere Flexibilität der auf diese Weise erzeugten Geraden wird durch einen höheren Rechenaufwand erkauft.

6.4.8 Vertikal aufgestockte Texte

In Bildern soll gelegentlich Text übereinander angeordnet sein, wie z. B. im nebenstehenden Beispiel. Hierzu dient der Befehl

`\shortstack[pos]{sp}`

Der Positionierungsparameter kann die Werte l, r und c annehmen. Standard ist c. Dieser Befehl wirkt ähnlich wie eine `tabular`-Umgebung mit nur einer Spalte. Die einzelnen Zeilen der Spalte *sp* werden durch \\ getrennt.

Der \shortstack-Befehl wird am häufigsten für die vertikale Anordnung einzelner Buchstaben Anwendung finden, obwohl damit auch längere Textstellen übereinander angeordnet werden können. Die einzelnen Zeilen werden hierbei mit dem kleinstmöglichen Abstand übereinander angeordnet, d. h., Zeilen, in denen keine Oberlängen oder Unterlängen auftreten, haben einen geringeren Abstand zu den benachbarten Zeilen als diejenigen mit Ober- bzw. Unterlängen.

Die Positionierung des zugehörigen \put-Befehls bezieht sich auf die untere linke Ecke des Kastens, den man sich um den vertikal aufgestockten Text angebracht denken kann. Der

6.4. DIE BILDOBJEKT-BEFEHLE

erste Text ist linksbündig, der zweite zentriert, der dritte rechtsbündig und die beiden letzten sind wieder zentriert angeordnet, entsprechend

```
\put(1.0,0.5){\shortstack[l]{gegen\\diesen\\Abstand\\nun\\was\\ ... }}
\put(3.0,0.5){\shortstack{F"ur\\W"orter\\nicht\\gerade\\das\\Wahre}}
\put(5.0,0.5){\shortstack[r]{Einzelne\\Zeichen\\wirken als\\vert... }}
\put(8.0,0.8){\shortstack{S\\t\\i\\m\\m\\t}}
\put(9.0,1.2){\shortstack{g\\e\\n\\a\\u}}
```

Der Befehl \shortstack kann auch außerhalb der picture-Umgebung innerhalb ganz normaler Textteile verwendet werden. Eine solche Anwendung käme vor allem für Randnotizen in Betracht (s. 4.9.6).

6.4.9 Textangepasste Rahmen

Mit dem Befehl \framebox konnte ein Rahmen vorgegebener Abmessung erzeugt werden, in dem Text ggf. verschieden positioniert angebracht werden kann (6.4.2). Der im Textmodus verwendete Befehl \fbox (s. 4.7.1) erzeugt einen Rahmen, der an die Größe des eingetragenen Textes angepasst ist. Dieser Befehl kann auch in der picture-Umgebung verwendet werden.

Der Befehl \fbox fügt zwischen dem eingeschachtelten Text und dem umgebenden Rahmen den durch \fboxsep erklärten Zwischenraum ein. Die Positionierung durch den \put-Befehl erfolgt jedoch etwas unerwartet, wie das folgende Beispiel zeigt:

```
\begin{picture}(5,2)
\setlength{\fboxsep}{3mm}
\put(0,0){\framebox(5,2){}}
\put(1,1){\fbox{angepasster Rahmen}}
\end{picture}
```

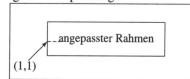

In Bildern ist der Zusatzzwischenraum häufig unerwünscht, insbesondere wenn der Rahmen nicht um Text, sondern um ein anderes Bildobjekt angepasst werden soll. Hierzu steht der Befehl

\frame{*bildobjekt*}

bereit. Der Bezugspunkt für den zugehörigen \put-Befehl ist die untere linke Ecke des Rahmens.

```
\put(0.0,0.5){\frame{TEXT}}
\put(1.5,0.0){\frame{\shortstack{W\\O\\R\\T}}}
```

Als Argument für den \frame-Befehl sollten nicht nur Text-, sondern alle vorstehenden Bildobjekte erlaubt sein. Das Ergebnis ist jedoch für die meisten Bildobjekte fehlerhaft:

```
\put(0,0){\frame{\vector(1,1){1.0}}}
\put(2,0){\frame{\circle{1.0}}}
```

Das erste Beispiel liefert ein korrektes Ergebnis, das zweite dagegen nicht. In den fehlerhaften Fällen könnte durch Einschachtelung des Bildobjekts in eine \makebox geeigneter Größe und Positionierung als Argument für den \frame-Befehl das gewünschte Ergebnis erzielt werden. Mir erscheint es dann aber einfacher, einen geeigneten Rahmen durch den \framebox-Befehl direkt zu erzeugen.

6.5 Weitere Bildbefehle und Beispiele

6.5.1 Strichstärken

Für die Bildelemente \circle, \oval, \vector sowie für geneigte Linien stehen zwei Strichstärken zur Verfügung, die mit

\thicklines   bzw.   \thinlines

wechselweise aktiviert werden können. Die Wirkung bleibt so lange gültig, bis sie durch den entgegengesetzten Befehl aufgehoben wird. Standard ist \thinlines.

Für horizontale und vertikale Linien sowie für Bezier-Kurven kann mit der Erklärung

\linethickness{*strichdicke*}

jede beliebige Strichstärke erzielt werden. Der Parameter *strichdicke* muss eine positive Längenangabe sein. \linethickness{1.5mm} bewirkt, dass alle folgenden horizontalen und vertikalen Linien sowie Bezier-Kurven mit einer Strichstärke von 1.5 mm erzeugt werden. Die Wirkung endet, wenn entweder einer der beiden Strichstärkenbefehle auftaucht oder mit derselben Erklärung eine andere Strichstärke gewählt wird.

Da Rahmenboxen nur aus horizontalen und vertikalen Linien bestehen, wirkt diese Erklärung auch auf die \framebox- und \dashbox-Befehle.

6.5.2 Verschachtelte Bilder

Das *Bildobjekt* für einen \put- oder \multiput-Befehl kann eine weitere Bildumgebung sein. Die Syntax für eine solche Verschachtelung lautet:

\put(*x_coord,y_coord*){\setlength{\unitlength}{*le*}
\begin{picture}(*x_dim,y_dim*) ... *teilbild* ... \end{picture} }

Die Positionierungsangaben innerhalb der eingeschachtelten picture-Umgebung beziehen sich auf deren Bezugspunkt, d. h. auf die linke untere Ecke des eingeschachtelten Bildes. Dieser liegt in Bezug auf das äußere Bild an der Stelle, die durch den äußeren \put-Befehl bestimmt ist. Mit der inneren \unitlength-Erklärung kann für das Teilbild eine andere Längeneinheit *le* als für das äußere Bild gewählt werden. Ohne diesen Befehl gilt für das innere Bild dieselbe Längeneinheit wie für das äußere Bild.

```
\begin{picture}(12.0,6.6)
\thicklines \put(0,0){\framebox(12.0,6.6){}} \thinlines
\put(6.0,6.3){\makebox(0,0){\textbf{Das "au"sere Bild}}}
\put(0.5,0.5){\setlength{\unitlength}{1mm}\begin{picture}(50,25)
   \put(0,0){\framebox(50,25){Teilbild 1}}
   \put(10,20){\circle*{0.1}} \put(10,20){\makebox(0,0)[l]{ (10,20)}}
   \put(4,4){\vector(-1,-1){4}}
   \put(5,5){\makebox(0,0)[lb]{(0,0) Bezugspunkt 1}}   \end{picture}}
\put(6.5,0.5){ ...  Teilbild 2  ... }
\put(0.5,3.5){ ...  Teilbild 3  ... }
\put(6.5,3.5){ ...  Teilbild 4  ... }
\put(6.0,0.1){\makebox(0,0)[b]{\textbf{Unterer Rand des "au"seren Bildes}}}
\end{picture}
```

6.5. WEITERE BILDBEFEHLE UND BEISPIELE

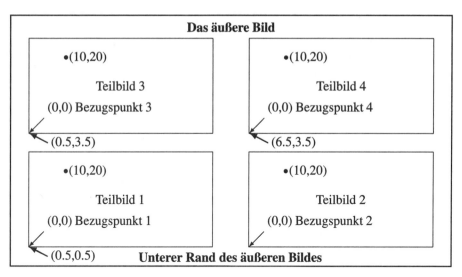

Als Längeneinheit gilt für das äußere Bild nach wie vor LE = 1 cm. Dieses ist 12 cm breit und 6.6 cm hoch. Die Bildobjekte dieses Bildes sind ein *dicker* Rahmen von gleicher Größe wie das Bild, die beiden Texte „Das äußere Bild" und „Unterer Rand des äußeren Bildes" sowie vier gleiche Teilbilder mit der Längeneinheit LE = 1 mm und der Größe 50 × 25 mm. Die Positionierung der Bildobjekte innerhalb der Teilbilder erfolgt in Bezug auf das jeweilige Teilbild. Der eingezeichnete • hat in allen Teilbildern die gleichen Koordinaten (10,20).

Geschachtelte Bilder können die Positionierung der einzelnen Bildobjekte durch die relative Positionierung innerhalb der Teilbilder erheblich erleichtern und damit Positionierungsfehler vermindern, zumal innerhalb des aufrufenden \put-Befehls mit einer \unitlength-Erklärung die Längeneinheit für das Teilbild geändert werden kann. Der Leser möge diesen Hinweis für die spätere Übung 6.9 nutzen.

6.5.3 Speicherung von Bildteilen

Bildteile, die in einem Bild mehrfach oder in verschiedenen Bildern wiederholt auftreten, können unter einem eigenen Namen abgespeichert und unter diesem Namen wieder aufgerufen werden, ohne dass jedes Mal dieser Teil neu konstruiert werden muss.

Hierzu ist zunächst für jedes Teilbild mit dem Befehl

\newsavebox{*teilbild_name*}

ein eigener Name, der mit einem \ beginnen muss, einzurichten. Danach kann mit dem Befehl

\savebox{*teilbild_name*}(*x_dim,y_dim*) [*pos*] {*teilbild*}

das Teilbild abgespeichert werden. Die Bedeutung der Parameter *x_dim,y_dim* und *pos* entspricht genau denen des \makebox-Befehls in 6.4.2.

Wird für *teilbild* nur ein Stück Text gewählt, so entspricht dieser Befehl vollständig dem \makebox-Befehl, nur dass keine Box mit dem Text im Bild erscheint, sondern diese Box unter dem Namen *teilbild_name* abgespeichert wird. Dieses *teilbild* kann nun an beliebigen Stellen durch das Bildelement

\usebox{*teilbild_name*}

erzeugt werden.

```
\newsavebox{\teil}
\savebox{\teil}(2,1)[br]{\small Teilbild}
....
\put(0.75,0.0){\frame{\usebox{\teil}}}
\put(3.0,1.0) {\frame{\usebox{\teil}}}
```

Bei diesem Beispiel scheint der Nutzen der \savebox- und \usebox-Befehle nicht groß zu sein, da das Ergebnis mit dem \framebox-Befehl ebenso und in Verbindung mit \multiput sogar mit geringerem Aufwand hätte erzielt werden können. Der eigentliche Nutzen dieses Befehlspaares liegt darin, dass nicht nur einfacher Text, sondern ganze Bildkompositionen als *teilbild* abgespeichert werden können.

Hinzu kommt, dass der Befehl \savebox auch außerhalb einer Bildumgebung verwendet werden darf, z. B. auch im Vorspann. Ein so erklärtes Teilbild steht dann in allen weiteren Bildern durch \usebox als komplexes Bildobjekt zur Verfügung. Tritt der Befehl \savebox dagegen innerhalb einer picture-Umgebung auf, so steht das entsprechende Symbol nur für dieses Bild zur Verfügung.

```
\newsavebox{\bedzweig}
\savebox{\bedzweig}(0,0){
   \thicklines
   \put(0,0.5) {\line(-2,-1){1.0}}
   \put(0,0.5) {\line(2,-1) {1.0}}
   \put(0,-0.5){\line(-2,1) {1.0}}
   \put(0,-0.5){\line(2,1)   {1.0}}
   \put(0,0.5) {\makebox(0,0)[b]
       {\put(0,0){\line(0,1){0.5}}}}
   \put(1.0,0) {\line(1,0){1.0}}
   \put(-1.0,0){\line(-1,0){1.0}}
\put(-1.1,0.1){\makebox(0,0)[br]{nein}}
\put(1.1,0,1) {\makebox(0,0)[bl]{ja}} }
```

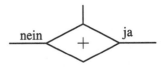

definiert das Symbol einer bedingten Verzweigung, wie es häufig in Flussdiagrammen von Computerprogrammen auftritt:

+ kennzeichnet den Bezugspunkt des Symbols \bedzweig.

Die Zeichenfolge (0,0) im obigen \savebox-Befehl definiert eine Box der Höhe und Breite 'Null', auf deren *Mittelpunkt* sich die anschließenden \put-Positionierungsbefehle beziehen. Als Referenzpunkt für das Gesamtsymbol soll der Mittelpunkt des Rhombus gewählt werden. Das macht es erforderlich, dass die vertikale Verbindungslinie an der oberen Rhombusspitze mit der fiktiven Länge *Null* eingetragen wird, was mit der Einschachtelung der Erzeugungslinie \put(0,0){\line(0,1){0.5}} in eine weitere \makebox(0,0)[b] erreicht wird. Anderenfalls würde die endliche Länge den Bezugspunkt des Gesamtsymbols nach unten verschieben. Jetzt aber liegt der Bezugspunkt für das Symbol als Ganzes dort, wo er durch + gekennzeichnet ist.

Das Symbol \bedzweig lässt sich nun in einfacher Weise mit allen anderen Bildobjekten verknüpfen:

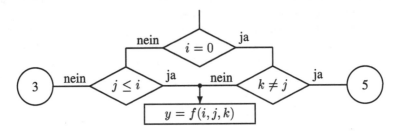

6.5. WEITERE BILDBEFEHLE UND BEISPIELE

```
\begin{picture}(10,3) \thicklines
\put(5,2){\usebox{\bedzweig}\makebox(0,0){$i=0$}}
\put(3,1){\usebox{\bedzweig}\makebox(0,0){$j\le i$}}
\put(8,1){\usebox{\bedzweig}\makebox(0,0){$k\neq j$}}
\put(0.5,1){\circle{1.0}\makebox(0,0){3}}
\put(9.5,1){\circle{1.0}\makebox(0,0){5}}
\put(5,1){\vector(0,-1){0.5}\circle*{0.1}}
\put(3.5,0){\framebox(3,0.5){$y = f(i,j,k)$}}
\end{picture}
```

Wie das Beispiel zeigt, kann in einen \put-Befehl mehr als ein Bildobjekt gepackt werden. Hier wurde neben dem Befehl \usebox{\bedzweig} jeweils der in diesem Symbol angeordnete Text mit \makebox(0,0) zusammengefasst. In gleicher Weise wurden die Kreise \circle{1.0} mit den eingetragenen Nummern 3 bzw. 5 in jeweils einem \put-Befehl angeordnet. Und schließlich ist das Befehlspaar \vector\circle verbunden worden. Bei solchen Befehlsgruppen sollen die einzelnen Bildobjektbefehle *ohne* Leerzeichen nebeneinander stehen.

Mit \savebox kann auch eine ganze picture-Umgebung abgespeichert werden. In diesem Fall können die Angaben (x_dim,y_dim) und [*pos*] einschließlich der Klammern im \savebox-Befehl entfallen, da die Abmessungen bei der picture-Umgebung auftauchen. Die Syntax lautet dann:

\savebox{*bild_name*}{\begin{picture}(x_dim,y_dim)
... ... \end{picture} }

Treten solche abgespeicherten Bilder nur als innere Teilbilder in verschachtelten Bildern auf, so kann ohne Bedenken für (x_dim,y_dim) (0,0) gewählt werden, da hierbei nur eine relative Positionierung in Bezug auf das Teilbild erfolgt. Die Abmessung für das Gesamtbild wird durch die äußerste picture-Umgebung bestimmt. Das obige Symbol \bedzweig hätte damit auch mit

\savebox{\bedzweig}{\begin{picture}(0,0) ... \end{picture} }

abgespeichert werden können, wobei für ... derselbe Code wie oben, beginnend mit \thicklines und endend vor der letzten }, stehen würde.

Übung 6.8: *Die folgenden Symbole treten häufig in Flussdiagrammen von Rechnerprogrammen auf. Erzeugen Sie die angegebenen Boxnamen und speichern Sie die Symbole unter diesen Namen ab. Setzen Sie hierbei komplexere Symbole aus einfacheren zusammen. Notieren Sie sich die relativen Koordinaten der Anschluss- und Bezugspunkte.*

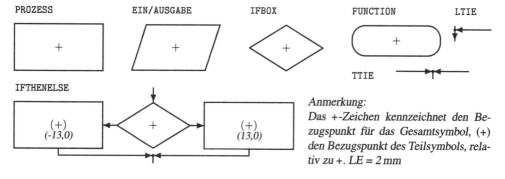

Anmerkung:
Das +-Zeichen kennzeichnet den Bezugspunkt für das Gesamtsymbol, (+) den Bezugspunkt des Teilsymbols, relativ zu +. LE = 2 mm

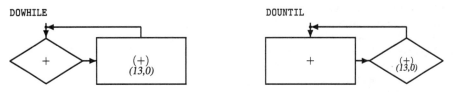

Fügen Sie die vorstehenden Symbole nun zu folgendem Bild zusammen.

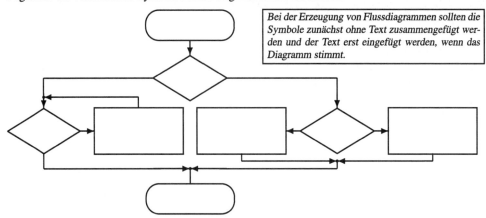

Bei der Erzeugung von Flussdiagrammen sollten die Symbole zunächst ohne Text zusammengefügt werden und der Text erst eingefügt werden, wenn das Diagramm stimmt.

6.5.4 Erweiterte Syntax der picture-Umgebung

Die allgemeine Syntax der picture-Umgebung kennt ein weiteres optionales Parameterpaar:

\begin{picture}(*x_dimen,y_dimen*)(*x_offset,y_offset*)
          bildbefehle \end{picture}

In dieser Form wirkt die picture-Umgebung so, als würden bei allen \put-Befehlen die Werte *x_offset* und *y_offset* von den Koordinatenangaben *x_coord* bzw. *y_coord* subtrahiert.

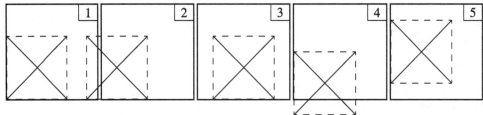

Hier wurden fünf Hauptbilder von 3 LE Breite und Höhe (dicker Rahmen) erzeugt (LE = 0.8 cm). In jedes der Hauptbilder wurde ein völlig gleiches Unterbild von 2 LE Höhe und Breite, das aus einem gestrichelten Rahmen und einem Linienkreuz besteht, mit \put(0,0), aber verschiedenem Offset, eingefügt:

1.) \put(0,0){\begin{picture}(2,2)(0,0) *unterbild* \end{picture}}
2.) \put(0,0){\begin{picture}(2,2)(0.5,0) *unterbild* \end{picture}}
3.) \put(0,0){\begin{picture}(2,2)(-0.5,0) *unterbild* \end{picture}}
4.) \put(0,0){\begin{picture}(2,2)(0,0.5) *unterbild* \end{picture}}
5.) \put(0,0){\begin{picture}(2,2)(0,-0.5) *unterbild* \end{picture}}

In 2.) und 4.) liegt das Unterbild teilweise außerhalb der Hauptbildgrenzen. Diese Wirkung muss bei der Offset-Angabe bedacht werden.

6.5.5 Weitere Beispiele

Die Vorstellung der vorstehenden Bildelemente erfolgte mit ausführlichen Beispielen. Der äußerst nützliche \multiput-Befehl kam dabei zu kurz. Dies soll an einigen Beispielen nachgeholt werden. (Beschreibung des \multiput-Befehls s. 6.3.)

```
\multiput(0,0)(1,2){7}{\circle*{1}}
\multiput(10,0)(2,0){10}{\begin{picture}(0,0)
       \multiput(0,0)(1,2){7}{\circle*{1}}
                    \end{picture}}
```

Der erste \multiput-Befehl erzeugt sieben Punkte von 1 mm Durchmesser, die bei (0,0) beginnen und dann jeweils um 1 mm nach rechts und 2 mm nach oben versetzt werden. Der zweite \multiput-Befehl erzeugt zehn Teilbilder, die jeweils um 2 mm nach rechts versetzt erscheinen. Die Teilbilder selbst bestehen aus der Gruppe von sieben Punkten, wie sie mit dem ersten \multiput-Befehl erzeugt wurde.

Beispiel: Gitternetz

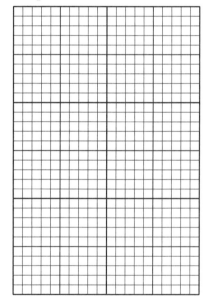

```
\setlength{\unitlength}{0.1in}
\begin{picture}(20,30)
\linethickness{0.25mm}
   \multiput(0,0)(10,0){3}{\line(0,1){30}}
   \multiput(0,0)(0,10){4}{\line(1,0){20}}
\linethickness{0.15mm}
   \multiput(5,0)(10,0){2}{\line(0,1){30}}
   \multiput(0,5)(0,10){3}{\line(1,0){20}}
\linethickness{0.075mm}
   \multiput(1,0)(1,0){19}{\line(0,1){30}}
   \multiput(0,1)(0,1){29}{\line(1,0){20}}
\end{picture}
```

Hier wurden zunächst in 0.25 mm Stärke drei vertikale Linien der Länge 30 LE und vier horizontale Linen der Länge 20 LE jeweils im Abstand 10 LE und beginnend bei (0,0) gezogen; danach noch einmal zwei vertikale und drei horizontale Linien, jedoch beginnend bei (5,0) bzw. (0,5) in 0.15 mm Liniendicke. Schließlich wurden noch 19 vertikale und 29 horizontale 0.075 mm starke Linien im Abstand von 1 LE gezogen.

IC-Symbol

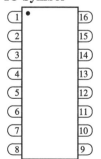

```
\newcounter{ic} \setlength{\unitlength}{1mm}
\begin{picture}(25,40) \thicklines \scriptsize
\put(5,0){\framebox(15,40){}} \thinlines
\multiput(5,37.5)(0,-5){8}{\oval(8,3)[l]
    \stepcounter{ic}\makebox(0,0)[r]{\arabic{ic}\,\,}}
\put(20,2.5){\oval(8,3)[r]
    \stepcounter{ic}\makebox(0,0)[l]{\,\,\arabic{ic}}}
\multiput(20,7.5)(0,5){7}{\oval(8,3)[r]
    \stepcounter{ic}\makebox(0,0)[l]{\,\arabic{ic}}}
\put(6.5,38.5){\circle*{1}}
\end{picture}
```

Die beiden \multiput-Befehle in diesem Beispiel enthalten jeweils zwei Bildobjekte, nämlich ein Halboval und Text in Form einer fortlaufenden Nummer. Mit dem ersten \multiput-Befehl wird die linke Seite von oben nach unten, mit dem zweiten die rechte Seite von unten nach oben erzeugt. Mit dem Befehl \newcounter{ic} wurde ein Zähler "ic" eingerichtet, der mit jedem Aufruf von \stepcounter{ic} (s. 7.1.3) um eins erhöht wird und dessen jeweiliger Wert mit \arabic{ic} (s. 7.1.4) als arabische Ziffer ausgegeben wird. (Im oben abgedruckten Code erstrecken sich die beiden \multiput-Befehle jeweils über zwei Zeilen. Tatsächlich müssen die Befehle ohne Leerzeichen und Zeilenschaltung unmittelbar hintereinander stehen, um horizontale Verschiebungen im Bild zu vermeiden!)

Übung 6.9: *Erzeugen Sie am Beispiel des nebenstehenden cm-Maßes je ein vertikales und horizontales Maß von 10 cm Länge.*

Übung 6.10: *Verbessern Sie Ihr Skizzierpapier aus Übung 6.5, indem Sie für jede fünfte bzw. zehnte Linie entsprechend dem obigen Gitternetz dickere Linien wählen. Nummerieren Sie die Zehnerlinien entlang des äußeren Randes.*

6.5.6 picture-Ergänzungspakete

Bei der LaTeX-Standardinstallation entstehen u. a. die Ergänzungspakete pict2e.sty und graphpap.sty, die zur Erweiterung der picture-Umgebung gedacht sind. Beide werden in gewohnter Weise mit \usepackage{pict2e} bzw. \usepackage{graphpap} aktiviert.

Mit pict2e.sty sollen die picture-Einschränkungen zur Erzeugung geneigter Linien und Pfeile mit \line- und \vector- sowie zur Erzeugung von Kreisen mit \circle- und \circle*-Befehlen (begrenzte Zahl der verfügbaren Neigungen und Kreisdurchmesser sowie der verfügbaren Strichstärken) aufgehoben werden. Das Ergänzungspaket wird zwar in [1] und [1a] mit diesen Eigenschaften vorgestellt, derzeit (Feb. 2002) ist es aber immer noch ein *Leer*file, das ohne Wirkung bleibt.

Das andere Paket graphpap.sty dient zur automatischen Erzeugung von Gitternetzen. Es stellt den zusätzlichen picture-Befehl

$$\text{\textbackslash graphpaper}[num]\,(x_b,y_b)\,(x_l,y_l)$$

bereit. Mit (x_b, y_b) wird die linke untere Ecke des Gitternetzes vorgegeben und mit (x_l, y_l) die Breite und Höhe für das Gesamtnetz gewählt. Für beide Zahlenpaare sind nur ganzzahlige Angaben erlaubt, die das entsprechende Vielfache der mit \unitlength vorgegebenen Koordinateneinheit bedeuten. Standardmäßig, also ohne Angabe für *num*, erscheinen die horizontalen und vertikalen Gitterlinien alle zehn Koordinateneinheiten, wobei jede fünfte Linie verstärkt ausgezogen und am Gitterrand mit ihren Koordinatenwerten versehen wird.

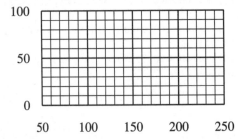

Das nebenstehende Gitternetz wurde somit durch

\graphpaper(50,0)(200,100)

erzeugt, wobei die Längeneinheit zu $LE = 0.25$ mm gewählt war.

Der Standardabstand von zehn Längeneinheiten pro Gitterlinie kann mit dem optionalen Parameter *num* vom Anwender verändert werden. \graphpaper[8](-40,0)(200,100) erzeugt z. B. ein Gitternetz, dessen Linien nun alle $8 \times 0.25 = 2.0$ mm statt wie vorher alle $10 \times 0.25 = 2.5$ mm erscheinen.

Gesamtbreite und Höhe betragen wie beim vorangegangenen Diagramm (200,100) Längeneinheiten. Die linke untere Ecke erscheint nun jedoch bei (-40,0). Auch hier erscheint jede fünfte Gitterlinie verstärkt ausgezogen. Ihr Abstand beträgt wegen der verengten Linien nur noch 5×8 Längeneinheiten, was zu der geänderten Nummerierung führt.

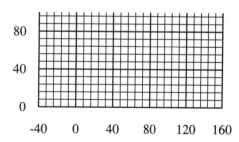

6.5.7 Allgemeine Empfehlungen

Jeder Anwender wird nach einiger Übung im Umgang mit der picture-Umgebung seine eigene Technik zur Erzeugung von Bildern entwickeln. Ich möchte hier nur die Ratschläge LESLIE LAMPORTS, denen ich voll zustimme, weiterreichen und einige ergänzende Anregungen geben.

1. Für die Skizzierung von Bildern und die Positionierung der einzelnen Bildelemente ist die Verwendung von Koordinatenpapier mit verschiedenen Gitterabständen sehr hilfreich. Am Beispiel des obigen Gitternetzes wird dem Anwender empfohlen, sich Vorlagen für verschiedene Gitterabstände selbst zu erstellen und diese als Skizzierpapier in ausreichender Stückzahl zu kopieren.

2. Als Längeneinheit sollte der kleinste Gitterabstand gewählt werden. Dies vermeidet Dezimalbrüche bei den Positionierungsangaben.

3. Wenn das Bild keine geneigten Linien enthält, so kann die Positionierung der einzelnen Bildobjekte direkt dem Koordinatenpapier entnommen werden. Hierbei sollten die Bezugspunkte der einzelnen Bildobjekte bei einem Gitterpunkt und nicht dazwischen angeordnet werden.

4. Bei geneigten Linien ist die Anzahl der Neigungen begrenzt (s. 6.4.3). Bei Vorgabe einer zulässigen Neigung sollte eine solche Linie bei jeweils einem Gitterpunkt beginnen und enden. Das Gleiche gilt für die Verwendung von Pfeilen (s. 6.4.4).

5. Bilder sollten so weit wie möglich in Teilbilder und diese ggf. in Unterteilbilder aufgegliedert werden (s. 6.5.2). Dies erleichtert die Positionierung der einzelnen Bildelemente, da diese relativ zum Teilbild erfolgt.

6. Häufig vorkommende Teilbilder sollten mit dem \savebox-Befehl abgespeichert und, in Gruppen zusammengefaßt, in jeweils eigene Files abgelegt werden. Auf diese Weise kann man im Laufe der Zeit ganze Symbolbibliotheken erstellen. Solche Symbole sollten mit ihren Namen, Bezugs- und Anschlusspunkten übersichtlich dokumentiert werden und allen Benutzern zur Verfügung stehen.

Kleine Fehler haben bei der picture-Umgebung teilweise große Wirkung. Erscheint ein absolut unsinniges Bild, so ist das kein Grund zur Panik. Ist z. B. ein Bild für die Längeneinheit 1 cm entworfen, aber die entsprechende \unitlength-Erklärung vergessen worden, so hat

LATEX als Längeneinheit 1 pt gewählt und das Bild schrumpft fast zu einem Punkt zusammen, wobei der evtl. im Bild angeordnete Text völlig unleserlich übereinander gedruckt wird. Das ungeplante Auftauchen von Bildelementen außerhalb des vorgesehenen Bildes wird durch eine fehlerhafte Positionsangabe in \put- oder \multiput-Befehlen und hier vermutlich durch ein falsches Vorzeichen oder einen vergessenen Dezimalpunkt verursacht.

Gelegentlich treten trotz richtiger Positionsangabe leichte horizontale Fehler auf, insbesondere bei der Anordnung mehrerer Bildelemente in einem \put- oder \multiput-Befehl. Dies wird vermutlich durch das Einfügen von Leerzeichen zwischen den Bildelementbefehlen verursacht. Solche Leerzeichen werden als eigene Bildelemente eingefügt und verschieben das nächste Symbol entsprechend. Zwischen mehreren Bildelementbefehlen in einem Positionierungsbefehl sollten also keine Leerzeichen oder Zeilenschaltungen zur Trennung benutzt werden. Bleibt trotzdem eine fehlerhafte Positionierung, so sollte die Reihenfolge der Bildelemente im gleichen Positionierungsbefehl geändert werden. Hilft auch das nicht, ist für jedes Bildelement ein eigener \put- oder \multiput-Befehl zu verwenden.

6.6 Gleitende Tabellen und Bilder

Die picture-Umgebung erzeugt ein Bild an der Stelle ihres Auftretens, unmittelbar nach dem vorangehenden Text und fortsetzend mit dem nachfolgenden Text. Dies ist unproblematisch und häufig auch so gewollt, wenn das Bild mit dem umgebenden Text auf die laufende Seite passt. Wenn jedoch (und dasselbe gilt für Tabellen) das Bild so hoch ist, dass es an der Stelle seiner Definition nicht mehr auf die laufende Seite passt, so wird diese Seite beendet und die nächste Seite beginnt mit dem Bild (oder der Tabelle), gefolgt von dem nachfolgenden Text. Dies führt zu einer schlechten Formatierung der laufenden Seite.

Wünschenswert wäre für solche Fälle eine Steuerungsmöglichkeit, mit der das Bild oder die Tabelle an die laufende Stelle im Text gebracht wird, wenn es der Platz zulässt, anderenfalls aber der nachfolgende Text vorgezogen und die Tabelle an anderer geeigneter Stelle positioniert wird. Da Bilder und Tabellen häufig Überschriften oder Erläuterungen durch untergestellte Zeilen (sog. Bild- oder Tabellenlegenden) haben, sollen diese natürlich mitbewegt werden.

6.6.1 Die Platzierung von Gleitobjekten

LATEX bietet die Möglichkeit, Bilder und Tabellen, einschließlich ihrer Überschriften oder Unterzeilen, in der beschriebenen Form gleiten zu lassen. Dies geschieht mit den Umgebungen

```
\begin{figure}[wohin]   bild     \end{figure}
\begin{figure*}[wohin]  bild     \end{figure*}
\begin{table}[wohin]    tabelle  \end{table}
\begin{table*}[wohin]   tabelle  \end{table*}
```

Die *-Formen gelten nur für zweispaltige Seitenformatierung, bei der sie Platz für das Bild bzw. die Tabelle über beide Spalten, also die ganze Seitenbreite, einräumen. Die Normalformen räumen stattdessen einspaltigen Platz ein, der bei einspaltiger Seitenformatierung natürlich auch über die ganze Seitenbreite geht, dagegen bei zweispaltigem Text nur über die Breite der Einzelspalte reicht.

6.6. GLEITENDE TABELLEN UND BILDER

In der obigen Syntax bedeutet *bild* bzw. *tabelle* eine Bild- bzw. Tabellendefinition, erzeugt durch die `picture`- bzw. `tabular`-Umgebung und evtl. ergänzt durch den in 6.6.4 vorgestellten \caption-Befehl, mit dem eine zugehörige Überschrift oder Legende erzeugt wird.

Der Parameter *wohin* bestimmt, wohin das Bild bzw. die Tabelle gleiten kann oder soll. Dies können mehrere Alternativstellen sein. Demzufolge besteht *wohin* aus einer Folge von bis zu vier Buchstaben, mit denen die möglichen Platzierungen bestimmt werden:

- **h** *here*: Die Positionierung erfolgt an der Stelle im Text, wo diese Umgebung innerhalb des Textes auftritt. Dieser Parameter ist bei den *-Formen nicht erlaubt.
- **t** *top*: Die Positionierung erfolgt zu Beginn der laufenden Seite, vorausgesetzt dass der vorausgehende Text dieser Seite noch voll auf die laufende Seite passt. Ist dies nicht der Fall, so erfolgt die Positionierung zu Beginn der nächsten Seite. Der nachfolgende Text wird auf die laufende Seite bis zum normalen Seitenumbruch vorgezogen. (Bei zweispaltigen Seiten ist in der vorstehenden Beschreibung *Seite* durch *Spalte* zu ersetzen.)
- **b** *bottom*: Die Positionierung erfolgt unten auf der Seite. Der Platz bis zu dem am unteren Seitenende angeordneten *Gleitobjekt* (Tabelle oder Bild) wird mit nachfolgendem Text aufgefüllt. Ist die laufende Seite bereits so weit mit Text aufgefüllt, dass das Gleitobjekt nicht mehr auf die Seite passt, wird es am unteren Ende der nächsten Seite angeordnet. Der Parameter b ist bei den *-Formen nicht erlaubt.
- **p** *page of floats*: Die gleitenden Tabellen oder Bilder werden auf eigenen Seiten bzw. Spalten, die nur Tabellen und Bilder enthalten, gesammelt.
- **!** kann in Verbindung mit jeder Kombination der vorstehenden Kennbuchstaben genutzt werden. Für die damit gekennzeichneten Gleitobjekte werden die Zusatzbedingungen gemäß Abschnitt 6.6.3 zur Anordnung von Gleitobjekten aufgehoben.

Die vorstehenden Positionierungsparameter sind kombinierbar. Wird keine Positionierungsangabe gemacht, so benutzt LATEX die Kombination `tbp`.

Die Positionierungsangabe bestimmt die mögliche Platzierung eines *Gleitobjekts* (Bild oder Tabelle). Die tatsächliche Platzierung erfolgt unter Einhaltung der folgenden Regeln an der *frühestmöglichen Stelle*:

- Kein Gleitobjekt erscheint auf einer früheren Seite als der, auf der es definiert ist.
- Der Ausdruck von Bildern und Tabellen erfolgt in der Reihenfolge des Auftretens ihrer Definitionen. Es erscheint also kein Bild vor einem bereits vorher definierten Bild und keine Tabelle vor einer bereits vorher definierten Tabelle.
- Gleitende Objekte werden nur in der Form platziert, wie es der *wohin*-Parameter erlaubt. Ohne eine Angabe für diesen Parameter ist dies die Kombination `tbp`.
- Die Anordnung erfolgt unter Berücksichtigung der im Abschnitt 6.6.3 beschriebenen (und veränderbaren) Stilparameter, falls diese nicht mit dem Zusatzparameter ! ausdrücklich aufgehoben werden.
- Enthält eine Kombination `ht`, so hat der Parameter h Vorrang. Die Platzierung erfolgt an der Stelle der Definition, auch wenn bei Einhaltung der vorstehenden Regeln eine Platzierung oben auf der Seite möglich wäre.

Gleitobjekte, die beim Auftreten eines \clearpage-, \cleardoublepage- oder \end{document}-Befehls noch nicht bearbeitet waren, werden unabhängig von der Wahl der Positionierungsparameter auf einer eigenen Seite oder Spalte ausgegeben.

6.6.2 Gleitobjekt-Verbote

Gelegentlich soll vermieden werden, dass Gleitobjekte auf einer bestimmten Seite erscheinen. So wird man sicherlich auf einer Seite, die ein neues Kapitel einleitet, kein Gleitobjekt vorab im oberen Seitenteil wünschen. Dies wird auch standardmäßig von LaTeX vermieden. Es gibt aber andere Gelegenheiten, bei denen die von LaTeX vorgenommene Gleitobjektplatzierung unerwünscht ist. So wird häufig gefordert, dass ein Gleitobjekt, das in einem neuen Abschnitt eingeführt wird, nicht vor der Abschnittsüberschrift im oberen Seitenteil erscheint. LaTeX gestattet es, mit dem Befehl

\suppressfloats[*pos*]

für die laufende Seite die Platzierung anschließender Gleitobjekte an der mit *pos* gekennzeichneten Stelle zu unterbinden. Ohne den optionalen Parameter *pos* wird jedes anschließende Gleitobjekt für die laufende Seite verboten. Für *pos* kann explizit t (für top) *oder* b (für bottom) gewählt werden, jedoch nicht beide zugleich.

Der Befehl \suppressfloats unterbindet das Auftreten nachfolgend erklärter Gleitobjekte auf der laufenden Seite bzw. an der mit *pos* gekennzeichneten Stelle. Gleitobjekte, die vor diesem Unterdrückungsbefehl erklärt wurden, z. B. im vorangehenden Abschnitt, können dagegen auf der laufenden Seite sehr wohl noch erscheinen.

Bei der Standardinstallation von LaTeX entsteht auch das Ergänzungspaket flafter.sty. Wird es mit \usepackage{flafter} aktiviert, so erscheint im gesamten Dokument kein Gleitobjekt *vor* der Stelle, an der es im Text definiert wird, insbesondere also nicht im oberen Seitenteil, wenn es erst im nachfolgenden Text dieser Seite erzeugt wird.

6.6.3 Stilparameter für gleitende Objekte

Für die Entscheidung zur Anordnung gleitender Objekte sind eine Reihe von Stilparametern mitverantwortlich, die vom Benutzer geändert werden können. Diese sind:

topnumber Die maximale Anzahl von gleitenden Objekten, die auf einer Seite oben angeordnet werden können.

bottomnumber Entsprechend topnumber, jedoch für die Anordnung unten auf der Seite.

totalnumber Die maximale Anzahl von gleitenden Objekten, die insgesamt auf einer Seite, unabhängig von ihrer Positionierung, angeordnet werden können.

dbltopnumber Entsprechend topnumber, jedoch für Objekte, die bei zweispaltiger Seitenformatierung über beide Spalten reichen.

Die vorstehenden Parameter können mit dem Befehl \setcounter{*ctr*}{*num*} verändert werden. Für *ctr* ist einer der obigen Zählernamen einzusetzen und *num* steht für die entsprechende Zahl.

\topfraction Ein Dezimalbruch, der den Bruchteil der Seite angibt, bis zu dem gleitende Objekte oben auf der Seite angeordnet werden können.

\bottomfraction Der Bruchteil einer Seite, der für gleitende Objekte unten auf der Seite zur Verfügung steht.

\textfraction Der Bruchteil einer Seite, der für Text mindestens zur Verfügung stehen muss. Damit steht für gleitende Objekte, unabhängig von ihrer Anordnung, pro Seite maximal ein Anteil von 1 − \textfraction zur Verfügung.

\floatpagefraction Der minimale Bruchteil einer eigenen Seite für gleitende Objekte, der erreicht werden muss, bevor ggf. eine weitere Seite bereitgestellt wird.

\dbltopfraction Entsprechend \topfraction, jedoch für Objekte, die bei zweispaltiger Seitenformatierung über beide Spalten reichen.

\dblfloatpagefraction Entsprechend \floatpagefraction, jedoch für Objekte, die bei zweispaltiger Seitenformatierung über beide Spalten reichen.

6.6. GLEITENDE TABELLEN UND BILDER

Diese Stilparameter sind mit dem Befehl \renewcommand{\cmd}{bruch} zu ändern. \cmd steht für einen der vorstehenden Befehle und *bruch* ist eine Dezimalzahl, die kleiner als 1 sein muss.

\floatsep Der vertikale Abstand zwischen gleitenden Objekten, die auf einer Seite oben bzw. unten erscheinen.

\textfloatsep Der vertikale Abstand zwischen gleitenden Objekten oben auf der Seite und dem nachfolgenden Text bzw. dem Text einer Seite und den unten stehenden Objekten.

\intextsep Der vertikale Abstand zwischen dem umgebenden Text und gleitenden Objekten, die mit der h-Positionierung innerhalb des laufenden Textes angeordnet sind.

\dblfloatsep Entsprechend \floatsep, jedoch für Objekte, die bei zweispaltiger Seitenformatierung über beide Spalten reichen.

\dbltextfloatsep Entsprechend \textfloatsep, jedoch für Objekte, die bei zweispaltiger Seitenformatierung über beide Spalten reichen.

Diese Gruppe von Stilerklärungen sind einfache Längenerklärungen, die in bekannter Weise durch Zuweisung von elastischen Maßen mit \setlength{\sep}{el_maß} (s. 2.4.2) neu gesetzt werden können.

LaTeX setzt bei der Platzierung von Gleitobjekten zusätzlich noch einen der nachfolgenden Befehle ab, die standardmäßig jedoch *leer* sind.

\topfigrule Horizontaler Balken unterhalb der Gleitojekte im oberen Seiten- oder Spaltenteil zur besseren Abgrenzung vom nachfolgenden Seiten- oder Spaltentext.

\botfigrule Horizontaler Balken oberhalb der Gleitobjekte im unteren Seiten- oder Spaltenteil.

\dblfigrule Wie \topfigrule, jedoch über die gesamte Seitenbreite bei zweispaltiger Textformatierung.

Diese drei Leerbefehle können vom Anwender bei Bedarf umdefiniert werden. Dabei ist darauf zu achten, dass die vertikale Gesamtabmessung zu einem Nullmaß führt, z. B. mit

```
\renewcommand{\topfigrule}{\vspace{-3pt}
    \rule{\columnwidth}{0.4pt}\vspace{2.6pt}}
```

Soweit sich die vorstehenden Stilerklärungen bei einspaltiger Seitenformatierung auf die Seite beziehen, bedeuten sie bei zweispaltiger Seitenformatierung die entsprechenden Werte für die einzelne Spalte.

Werden diese Erklärungen im Vorspann neu gesetzt, so gelten sie von der ersten Seite an. Innerhalb des Dokuments entfalten sie ihre Wirkung erst auf der nächsten Seite, aber noch nicht auf der laufenden Seite, auf der sie auftreten!

6.6.4 Über- und Unterschriften für gleitende Objekte

Eine gleitende Bild- oder Tabellenüberschrift wird mit dem Befehl

\caption[*kurzform*]{*überschrift*}

erzeugt. *überschrift* steht für den Text der Überschrift oder Legende. Dies kann auch eine längere Bild- oder Tabellenbeschreibung sein, die jedoch, falls die optionale Angabe *kurzform* entfällt, nicht mehr als ca. 500 Zeichen enthalten darf. *kurzform* enthält eine Kurzform der Überschrift oder Legende, die ins Bild- oder Tabellenverzeichnis (s. 3.4.4) übernommen wird. Beim Fehlen der Kurzform wird die Überschrift in die entsprechenden Verzeichnisse übernommen. Dies ist jedoch nur sinnvoll für einzeilige Überschriften, nicht dagegen für längere Bild- oder Tabellenbeschreibungen.

Tabelle 6.1: Betriebshaushalt 1987 für das Rechenzentrum

Nr.	Einzelposition	51505	52201	53998	Summe
1.1	Wartungsverträge	130 000		15 000	145 000
1.2	Postmiete (Leitung und Modems)	5 000		23 000	28 000
1.3	Fall zu Fall Reparaturen	25 000	6 000		31 000
1.4	Verbrauchsmaterial		68 000		68 000
1.	Summe	160 000	74 000	38 000	272 000

In der table-Umgebung erscheint vor der Überschrift der Ausdruck 'Table n:' und in der figure-Umgebung 'Figure n:', wobei n eine jeweils fortlaufende Nummer ist. Mit dem Ergänzungspaket german.sty erscheint hierfür entsprechend der deutschsprachigen Bearbeitung 'Abbildung n:' bzw. 'Tabelle n:'. In der Dokumentklasse article erfolgt die Nummerierung, beginnend mit 1, fortlaufend durch das ganze Dokument. In den Dokumentklassen report und book erfolgt die Nummerierung in der Form $c.n$ mit der Kapitelnummer c und der fortlaufenden Nummer n. Die fortlaufende Nummer beginnt mit jedem Kapitel wieder mit 1. Die Nummerierung für Bilder bzw. Tabellen erfolgt unabhängig voneinander jeweils für sich.

Der \caption-Befehl kann entfallen, wenn diese Nummerierung nicht gewünscht wird, da jeder in der table- oder figure-Umgebung (*Gleitumgebung*) erscheinende Text gleitet. Für solchen Text findet allerdings kein Eintrag ins Bild- bzw. Tabellenverzeichnis statt. Solche Eintragungen können jedoch mit den in 3.4.4 beschriebenen Befehlen

\addcontentsline und \addtocontents

leicht zusätzlich erreicht werden.

Der \caption-Befehl sowie der sonstige Text innerhalb einer Gleitumgebung erzeugt eine *Überschrift*, d. h., der Text steht oberhalb des Bildes oder der Tabelle, wenn er vor der Bild- oder Tabellendefinition auftritt. Wird der \caption-Befehl nach der Bild- oder Tabellendefinition angeordnet, so erzeugt er eine *Legende*, d. h., der Text erscheint unter dem Bild bzw. der Tabelle. Das Gleiche gilt auch für den sonstigen Text innerhalb einer Gleitumgebung.

Ein \caption-Befehl *ohne* das optionale Argument *kurzform* führt zu einem Bearbeitungsfehler, wenn der für *überschrift* übergebene Text mehr als 500 Zeichen enthält. Dies führt zu einem Überlauf des Pufferspeichers buffer. Fehlerwirkung und Abhilfe werden in 9.4 und dort auf S. 266 vorgestellt.

Ist die Überschrift kürzer als die Zeilenlänge, so wird sie mit dem \caption-Befehl horizontal *zentriert* über oder unter der Gleitumgebung angebracht (s. am Beispiel der Tabelle oben auf der Seite). Reicht die Überschrift oder Legende über mehrere Zeilen, so wird sie wie ein normaler Absatz formatiert, der die volle Textbreite einnimmt. Um die Breite der Überschrift oder Legende an die Breite der Tabelle oder des Bildes anzupassen, ist sie ggf. in eine Parbox oder Minipage zu packen, z. B.

\parbox{*breite*}{\caption{*überschrift*}}

Die folgenden Beispiele enthalten weitere Verknüpfungen von Text, Tabellen und Bildern in gleitenden Objekten.

6.6. GLEITENDE TABELLEN UND BILDER

Nr.	Einzelposition	51505	52201	53998	Summe
1.1	Wartung (Hard- und Software)	240 000			240 000
1.2	Leitungskosten einschl. Postmiete	12 000	8 000	36 000	56 000
1.3	Schulung			50 000	50 000
1.4	Ergänzungen	80 000	3 000		83 000
1.5	Verbrauchsmaterial		42 000		42 000
1.	Summe	332 000	53 000	86 000	471 000

Tabelle 2: **Voranschlag 1988** *Eine Fortschreibung des bisherigen Haushalts ist nicht möglich, da mit der im Laufe des Jahres 1987 installierten neuen Rechenanlage die Betriebsbedingungen grundlegend geändert werden*

6.6.5 Beispiele für Gleitobjekte

Die Tabelle auf der vorangegangenen Seite wurde erzeugt mit:

```
\begin{table} \caption{Betriebshaushalt 1987 ...}
   \begin{tabular}{|l|l||r|r|r|r|} ... ...  \end{tabular}
\end{table}
```

Dieser Erzeugungstext stand nach dem vorletzten Absatz des vorangegangenen Unterabschnitts. Für die obige Tabelle dieser Seite steht der Erzeugungstext an dieser Stelle und lautet:

```
\begin{table}
   \begin{tabular}{|l|l|r|r|r|r|} ... ... ... \end{tabular}\medskip
   Tabelle 2:\quad\textbf{Voranschlag 1988} \emph{Eine Fortschreibung ... }
\end{table}
```

Wegen der fehlenden Positionierungsangabe in der `table`-Umgebung wird der Standard tbp benutzt. Die Positionierung erfolgt auf der laufenden Seite oben, da hier Platz vorhanden ist. Schmale Bilder oder Tabellen wie unten zusätzlich nebeneinander anzuordnen, ist z. B. wie folgt möglich:

```
\begin{figure}[b]
\setlength{\unitlength}{1cm}
\begin{minipage}[t]{5.5cm}
\begin{picture}(5.5,2.5) ... ... \end{picture}\par
\caption{Bildersatz}
\end{minipage}\hfill
```

Abbildung 6.1: Bildersatz

Bild 2:

```
\begin{minipage}[t]{6.5cm}
\begin{picture}(6.5,3.0) ... ... \end{picture}\par
\begin{center} Bild 2: \end{center}
\end{minipage}
\end{figure}
```

Die so erzeugten Bilder nebst ihren erläuternden Unterzeilen sind jeweils für sich in eine minipage-Umgebung der Breite 5.5 cm bzw. 6.5 cm eingebettet. Beide Minipages stehen, durch \hfill getrennt, nebeneinander. Der Positionierungsparameter t bewirkt, dass die beiden Minipages jeweils auf ihre erste Zeile ausgerichtet sind (s. 4.7.4). Diese Struktur wird innerhalb der figure-Umgebung als Einheit angesehen, die gemäß der Gleitparameterangabe b gleiten kann.

Beim nochmaligen Betrachten der vorstehenden Bilder fällt auf, dass das zweite in der Höhe über das erste hinausragt. Wie ist das mit dem Positionierungsparameter t in Einklang zu bringen? Nun, die Erklärung liegt darin: Die picture-Umgebung, mit der die Bilder erzeugt werden, stellt eine LR-Box (s. 4.7.1) dar, d. h., sie wird als eine Zeile angesehen, deren Grundlinie das untere Ende des Bildes ist. In beiden Minipages steht die picture-Umgebung jeweils am Anfang und wird somit als erste Zeile der Minipage interpretiert, auf deren Grundlinie die Minipages ausgerichtet sind.

Sollen die Bilder auf ihr oberes Ende ausgerichtet werden, so müsste in beiden Minipages vor der jeweiligen picture-Umgebung eine Zeile eingefügt werden, die selbst unsichtbar bleibt. Dies könnte z. B. mit dem Befehl \makebox[0cm]{} geschehen.

Die Verwendung von Boxbefehlen in einer Gleitumgebung lässt dort beliebige Positionierungen zu. Soll der Text einer Bild- oder Tabellenbeschreibung nicht ober- oder unterhalb des Bildes bzw. der Tabelle, sondern daneben stehen, so wird man den Text und das Bild bzw. die Tabelle jeweils für sich in eine vertikale Box fassen und diese mit den gewünschten Positionierungsparametern nebeneinander stellen. Hierzu ein abschließendes Beispiel:

```
\begin{table}[b]
  \centerline{\textbf{Wahlergebnis und Sitzverteilung im Deutschen ... }}
  \begin{minipage}[b]{7.7cm}\small
    \begin{minipage}[t]{4.4cm}
      \makebox[0cm]{}\\ \setlength{\unitlength}{0.75cm}
      \begin{picture}(5.75,5.0) ... ... ... \end{picture}
    \end{minipage} \hfill
    \parbox[t]{3.2cm}{\makebox[0cm]{}\\\textbf{Sitzverteilung} im 14. ...}
  \end{minipage}
```

Wahlergebnis und Sitzverteilung im Deutschen Bundestag 1998–2002

SPD				
	CDU			
298	198			
		CSU	Grüne	FDP	PDS
		47	47	43	36

Sitzverteilung im 14. Deutschen Bundestag
Anmerkung: CDU/CSU bilden eine Fraktionsgemeinschaft

Wahlergebnis: Bundestagswahl 27. 9. 1998

Partei	Stimmen	%
SPD	20 178 838	40,9
CDU	14 004 907	28,4
CSU	3 324 325	6,7
Grüne	3 300 133	6,7
FDP	3 080 661	6,2
PDS	2 515 254	5,1

```
    \hspace{-1.8cm}
    \begin{minipage}[b]{6.8cm}\small
      \parbox[b]{2.2cm}{\textbf{Wahlergebnis:} Bundestagswahl 25.~9.~1998}
      \hfill
      \begin{tabular}[b]{|l||r|r|} ... ... \end{tabular}
    \end{minipage}
\end{table}
```

Hier sind vertikale Boxen ineinander geschachtelt. Der linke Teil, bestehend aus der Grafik und der rechts oben stehenden Beschreibung, bildet eine Minipage der Breite 7.7 cm. Innerhalb dieser Minipage steht die Grafik in einer Minipage der Breite 4.4 cm und der Text in einer Parbox der Breite 3.2 cm. Beide sind auf die oberste Zeile ausgerichtet.

Der rechte Teil der Darstellung ist eine Minipage der Breite 6.8 cm, die zunächst um 1.8 cm nach links gerückt und mit der obigen Minipage gemeinsam auf die unterste Zeile ausgerichtet ist. Innerhalb der rechten Minipage steht der Text in einer 2.2 cm breiten Parbox gemeinsam mit der Tabelle, die ihrerseits selbst wieder eine vertikale Box darstellt. Diese beiden Boxen sind auf die letzte Zeile ausgerichtet.

6.6.6 Bild- und Tabellenreferenzen im Text

Auf Bilder und Tabellen wird im Text häufig in der Form "s. Bild 3" oder "in Tabelle 5" verwiesen. Da der \caption-Befehl eine automatische Nummerierung der Bilder und Tabellen erzeugt, wäre es mühsam, mit einer eigenen Buchführung diese Nummerierung zu begleiten, um die richtigen Referenznummern im Text anzubringen, ganz zu schweigen von dem Aufwand, der erforderlich wäre, wenn Bilder oder Tabellen in der Reihenfolge umgestellt, ergänzt oder vermindert werden sollen.

Diese Arbeit kann LaTeX dem Benutzer mit dem Befehlspaar (s. 8.2.1)

\label{*bezug*}   \ref{*bezug*}

abnehmen. Hierin ist *bezug* ein Bezugswort, das aus einer beliebigen Kombination von Buchstaben, Zahlen und Zeichen bestehen darf. Der Befehl \label ist in der Überschrift des \caption-Befehls anzuordnen; der entsprechende \ref-Befehl im Text erzeugt dann die Bild- oder Tabellennummer.

So wurde z. B. bei der Haushaltstabelle auf Seite 172 tatsächlich geschrieben:

\caption{\label{etat87} Betriebshaushalt 1987 ...}

Damit erzeugt Tabelle \ref{etat87}   Tabelle 6.1   im laufenden Text.

Übrigens kann mit dem Befehl \pageref{*bezug*} auch die Seitenzahl, auf der sich das Bezugsobjekt befindet, ausgedruckt werden. Genau so wurde wenige Zeilen vorher "... auf Seite 172" erzeugt, nämlich mit: auf Seite \pageref{etat87}.

6.7 Hinweise auf weitere Grafikwerkzeuge

Die grafischen Möglichkeiten der picture-Umgebung sind für Anwendungen wie Flussdiagramme, Blockschaltbilder u. ä. gut geeignet. Die Zahl der grafischen Grundelemente ist mit den geneigten Linien und Pfeilen, den Viertel-, Halb- und Ganzkreisen sowie entsprechenden Ovalen ziemlich begrenzt. BEZIER-Kurven heben diese Begrenzungen teilweise auf. Die Erzeugung von Darstellungen wie der folgenden

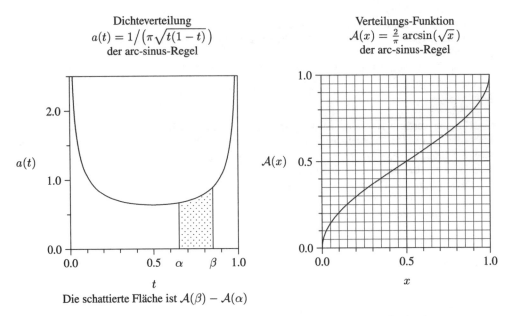

Die schattierte Fläche ist $\mathcal{A}(\beta) - \mathcal{A}(\alpha)$

wären damit *im Prinzip* möglich. Der Versuch, diese Grafik mit den Mitteln der picture-Umgebung tatsächlich zu erzeugen, würde sich aber als äußerst kompliziert und zeitaufwendig erweisen.

Die Einbindung von Grafikfiles aus anderen Quellen, z. B. einem speziellen Plot-Programm oder einer Scanner-Ausgabe, in die LaTeX-Ausgabe ist eine weitere, häufig gestellte Forderung. Sie kann, ebenfalls *im Prinzip*, mit dem in 8.1.5 vorgestellten TeX-\special-Befehl erfüllt werden. Dies setzt aber voraus, dass der Druckertreiber die im \special-Befehl übergebene Information versteht und verarbeiten kann.

Die Erzeugung von komplexen zweidimensionalen Grafiken direkt mit TeX oder LaTeX wird mit dem Makropaket PicTeX von MICHAEL J. WICHURA, Universität von Chicago, möglich. Die vorstehende Grafik wurde durch Einbindung dieses Makropakets in LaTeX aus dem laufenden Textfile möglich, wobei der Erzeugungskode für die Grafik, einschließlich ihrer Überschriften, lediglich aus 60 Eingabezeilen bestand.

Auch die Einbindung von Grafikfiles aus anderen Quellen in die unmittelbare TeX- oder LaTeX-Bearbeitung, mit dem Ergebnis einer geräteunabhängigen Ausgabe, ist inzwischen möglich. Das Programm bm2font von FRIEDHELM SOWA, Universität Düsseldorf, wandelt solche externen Grafikfiles in TeX-Zeichensätze um. Dies ist sogar für fotografische Bildvorlagen möglich, wie das nebenstehende Foto von FRIEDHELM SOWA demonstriert. Solche Bilder können z. B. mit einem Scanner digitalisiert und mittels bm2font für die unmittelbare LaTeX-Bearbeitung aufbereitet werden.

Die hier genannten Hilfsmittel, PicTeX und bm2font, liegen außerhalb der Zielsetzung dieses Buches. Sie werden ausführlich in [5b] vorgestellt.

Kapitel 7

Benutzereigene Strukturen

LaTeX gestattet die Erzeugung benutzereigener Befehle und Umgebungen. Diese greifen häufig auf Zähler zurück und/oder verändern oder übernehmen bestimmte Längenwerte. Darum erfolgt hier zunächst eine Beschreibung der verschiedenen Zähler- und Längenzugriffe und ihrer Änderungsmöglichkeiten.

7.1 Zähler

7.1.1 LaTeX-eigene Zähler

LaTeX verwaltet eine Reihe eigener Zähler, deren Werte beim Auftreten bestimmter Befehle verändert und abgerufen werden. Die meisten dieser Zähler haben die gleichen Namen wie die Befehle, mit denen sie verändert und abgerufen werden:

part	chapter	paragraph	figure	enumi
	section	subparagraph	table	enumii
	subsection	page	footnote	enumiii
	subsubsection	equation	mpfootnote	enumiv

Die Bedeutung der meisten der vorstehenden Zähler geht aus ihren Namen hervor und bedarf keiner weiteren Erklärung. Die Zähler enumi ... enumiv beziehen sich auf die vier Schachtelungstiefen der enumerate-Umgebung (s. 4.3.4 und 4.3.5). Der Zähler mpfootnote steuert die Fußnotennummerierung innerhalb der minipage-Umgebung (s. 4.9.5).

Zusätzlich zu diesen Zählern werden durch den \newtheorem-Befehl weitere LaTeX-Zähler eingerichtet, und zwar mit demselben Namen, der in diesem Befehl für *strukt_name* (s. 4.5) gewählt wird. Mit den beiden Beispielen in 4.5 existieren für das vorliegende Buch auch die LaTeX-Zähler satz und axiom.

Der Wert eines jeden Zählers ist eine ganzzahlige, im Allgemeinen nicht negative Zahl. Soweit durch einen Befehl mehrere Zahlen ausgegeben werden, wie z. B. mit dem letzten \subsection 7.1.1, werden mehrere Zähler gleichzeitig angesprochen. Der letzte Befehl erhöht zunächst den Wert des subsection-Zählers und gibt dann die aktuellen Werte der chapter-, section- und subsection-Zähler, durch Punkte getrennt, aus. Gleichzeitig setzt der \subsection-Befehl den subsubsection-Zähler auf null, ohne dass dieser hierbei in Erscheinung tritt.

7.1.2 Benutzereigene Zähler

Der Benutzer kann sich mit dem Befehl

\newcounter{*zähler_name*} [*rücksetzer*]

beliebige weitere Zähler einrichten. *zähler_name* ist hierbei der Name des neu eingerichteten Zählers. Dies darf eine beliebige Kombination von Buchstaben, jedoch kein bereits definierter Zählername sein. Als Zählername darf also keiner der oben vorgestellten LaTeX-eigenen sowie der bereits definierten, benutzereigenen Zählernamen gewählt werden. Der optionale Parameter *rücksetzer* kann ein weiterer existierender Zählername sein (LaTeX- oder benutzereigen). Die Wirkung des optionalen Parameters liegt darin, dass der so mit \newcounter eingerichtete Zähler stets auf null zurückgesetzt wird, wenn der Zähler *rücksetzer* mit einem der Befehle \stepcounter oder \refstepcounter (s. u.) um 1 erhöht wird.

Ein mit \newcounter eingerichteter Zähler hat zu Beginn den Zahlenwert null.

Des Befehl \newcounter darf nicht in einem File auftreten, das durch \include (s. 8.1.2) eingelesen werden soll. Um diese Einschränkung zu umgehen, sollten alle \newcounter-Befehle im Vorspann angeordnet werden.

7.1.3 Veränderung der Zählerwerte

Jeder Zähler (LaTeX- wie benutzereigen) kann mit einem der folgenden Befehle verändert werden:

\setcounter{*zähler*}{*num*}

Dieser Befehl, wie auch der nachfolgende, erklärt sich durch seinen Namen selbst: Der Zähler mit dem Namen *zähler* erhält den ganzzahligen Wert *num* zugewiesen. Mit

\addtocounter{*zähler*}{*num*}

wird der Zähler mit dem Namen *zähler* um den ganzzahligen Wert *num* erhöht. Für *num* darf auch ein negativer Wert gewählt werden, was eine entsprechende Verminderung des Zählerstandes zur Folge hat.

\stepcounter{*zähler*}

Der Zähler mit dem Namen *zähler* wird um 1 erhöht. Gleichzeitig werden alle Zähler, für die *zähler* als Rücksetzer (s. o.) erklärt worden war, auf null zurückgesetzt.

\refstepcounter{*zähler*}

Dieser Befehl hat dieselbe Wirkung wie \stepcounter. Gleichzeitig bewirkt er, dass auf den Stand von *zähler* mit \ref-Befehlen (s. 8.2.1) Bezug genommen werden kann. Er ist zum Beispiel dann einzusetzen, wenn in einer figure- oder table-Umgebung kein \caption-Befehl auftritt und auf den Zähler dieser Umgebung im Text mit \ref-Befehlen Bezug genommen werden soll. \refstepcounter{figure} oder \refstepcounter{table} bringen den zugehörigen Zähler innerhalb der entsprechenden Umgebung auf den richtigen Wert und die mit \label angebrachte Markierung (s. 8.2.1) bezieht sich auf den zugehörigen Zähler.

Mit dem Befehl

\value{*zähler*}

wird der Wert von *zähler* nicht verändert, sondern abgerufen. Dieser Befehl wird vorrangig in Verbindung mit den Befehlen \setcounter oder \addtocounter benutzt. Ist zum Beispiel ein benutzereigener Zähler mypage eingerichtet worden, so kann mit \setcounter{mypage}{\value{page}} dem Zähler mypage der aktuelle Wert des Seitenzählers page zugewiesen werden.

Der Befehl \protect, mit dem zerbrechliche Befehle vor dem Zerbrechen geschützt werden können, darf normalerweise auch vor robusten Befehlen stehen. Der robuste Befehl \value stellt die Ausnahme dar. Ihm darf der Befehl \protect nicht vorangestellt werden!

7.1.4 Die Ausgabe von Zählerständen

Mit den Befehlen

\arabic{*zähler*}	Der Wert erscheint als arabische Zahl
\Roman{*zähler*}	Der Wert erscheint als große römische Zahl
\roman{*zähler*}	Der Wert erscheint als kleine römische Zahl
\alph{*zähler*}	Der Wert erscheint als kleiner Buchstabe
\Alph{*zähler*}	Der Wert erscheint als großer Buchstabe
\fnsymbol{*zähler*}	Der Wert erscheint als Fußnotensymbol

wird der augenblickliche Stand des Zählers mit dem Namen *zähler* an der Stelle dieses Befehls ausgegeben, und zwar in der Nummerierungsart, wie sie aus dem Befehlsnamen hervorgeht. Bei den Befehlen \alph bzw. \Alph entsprechen die Zählerwerte 1 ... 26 den Buchstaben a ... z bzw. A ... Z. Der Anwender hat bei dieser Form der Ausgabe dafür zu sorgen, dass der Zählerstand nie den Wert 27 erreicht. Beim Befehl \fnsymbol entsprechen die Werte 1 ... 9 den Symbolen * † ‡ § ¶ ∥ ** †† ‡‡. Auch hier muss der Benutzer dafür sorgen, dass der Zählerstand nie den Wert 10 erreicht.

Für viele Zähler existiert auch der Befehl

\the*zähler*

Der Name dieses Befehls besteht aus \the, unmittelbar gefolgt von dem Namen des entsprechenden Zählers, z.B. \thepage. Dieser Befehl ist häufig gleichwertig mit \arabic{*zähler*}. Er kann jedoch auch aus mehreren Ausgabebefehlen gleichzeitig bestehen. Bei den Bearbeitungsklassen book und report bewirkt der Aufruf \thesection z.B. den Ablauf der Befehlsfolge \arabic{chapter}.\arabic{section}, also hier beispielsweise \thesection ⇒ 7.1.

Die automatische Ausgabe von Zählerständen, wie Seitennummern, Gleichungsnummern, Gliederungsnummern u.a., erfolgt intern durch den Aufruf des zugehörigen \the*zähler*-Befehls. Soll eine andere Form für den automatischen Ausdruck, z.B. alphabetische Gleichungsnummern, erzeugt werden, so muss der zugehörige \the*zähler*-Befehl mit den in 7.3 beschriebenen Mitteln verändert werden.

Übung 7.1: Geben Sie am Ende Ihres Standardübungsfiles uebung.tex den aktuellen Stand der LaTeX-eigenen Zähler mit \arabic{zähler} aus. Verändern Sie einige Zählerwerte mit \setcounter und \addtocounter und drucken Sie die geänderten Werte nochmals aus.

7.2 Längen

Bei der Vorstellung der verschiedenen Längenbefehle, wie \parskip, \textwidth und vielen anderen, wurde stets erwähnt, dass die Zuweisung eines Wertes mit der \setlength-Erklärung in der Form

\setlength{*längen_befehl*}{*maßangabe*}

erfolgen kann. Für *maßangabe* kann ein *fester* oder *elastischer* Maßeintrag stehen. Maßangaben, und zwar feste wie elastische, wurden ausführlich in 2.4 beschrieben. Die dortigen Ausführungen sollen hier nicht wiederholt werden.

Für *maßangabe* darf auch ein anderer Längenbefehl eingesetzt werden, was zur Folge hat, dass *längen_befehl* der aktuelle Wert des bei *maßangabe* eingesetzten anderen Längenbefehls zugewiesen wird. So setzt z. B. \setlength{\rightmargin}{\leftmargin} die Einrücktiefe für den rechten Rand einer list-Umgebung gleich derjenigen für den linken Rand. Eine Dezimalzahl unmittelbar vor einem Längenbefehl in *maßangabe* erzeugt das entsprechende Vielfache des Längenbefehls: 0.5\textwidth bedeutet den Wert der halben Textbreite und 2\parskip den des doppelten Absatzabstandes.

\addtolength{*längen_befehl*}{*maßangabe*}

vergrößert den Wert von *längen_befehl* um den Wert *maßangabe*. Eine negative *maßangabe* vermindert den Wert von *längen_befehl* entsprechend. Auch hier darf *maßangabe* ein anderer Längenbefehl sein, evtl. mit einem vorangestellten Minuszeichen und/oder Faktor, womit eine Änderung von *längen_befehl* um den, evtl. modifizierten, Wert des anderen Längenbefehls erfolgt.

Ein elastischer Maßeintrag für *maßangabe* im \addtolength-Befehl addiert jeweils *Sollwert*, *Dehnwert* und *Schrumpfwert* zu den entsprechenden Anteilen des in *längen_befehl* angegebenen Befehls (s. 2.4.2).

\settowidth{*längen_befehl*}{*text*}

setzt den Wert von *längen_befehl* auf dieselbe Länge, die der eingetragene *text* im LR-Modus (also von links nach rechts angeordnet) einnimmt. Entsprechend wirken die Befehle

\settoheight{*längen_befehl*}{*text*}
\settodepth{*längen_befehl*}{*text*}

die die Höhe bzw. Tiefe des übergebenen Textes oberhalb bzw. unterhalb der Grundlinie weiterreichen. Schließlich kann mit

\stretch{*dezimal_zahl*}

eine elastische Länge erzeugt werden, deren Elastizität das durch *dezimal_zahl* bestimmte Vielfache von \fill (s. 2.4.2) erreichen kann.

Ein benutzereigener Längenbefehl mit dem Namen *neuer_längen_befehl* wird mit

\newlength{*neuer_längen_befehl*}

eingerichtet. Dieser hat nach seiner Definition zunächst den Wert 0 cm. Mit den vorstehenden Befehlen kann ihm jeder andere Wert zugewiesen werden.

7.3 Benutzereigene Befehle

LATEX gestattet die Konstruktion eigener Befehle. Die Syntax zur Erzeugung oder Änderung von Befehlen lautet:

\newcommand{\befehl} [narg] [standard] {definition}
\renewcommand{\befehl} [narg] [standard] {definition}

Mit \newcommand wird ein neuer Befehl unter dem Namen \befehl erzeugt. Dies darf ein beliebiger Name sein, der noch nicht als Befehlsname vergeben ist. Mit dem \renewcommand wird ein existierender Befehl verändert. Hier muss \befehl der Name eines existierenden Befehls sein, dessen Wirkung verändert werden soll. Der optionale Parameter *narg* darf jede Zahl zwischen 1 und 9 sein. Er bestimmt die Anzahl der möglichen Argumente für den zu definierenden Befehl. *definition* ist die eigentliche Befehlsdefinition. Die Bedeutung des optionalen Parameters *standard* wird in 7.3.3 nachgereicht.

LATEX stellt schließlich noch als weitere Definitionsstruktur

\providecommand{\befehl} [narg] [standard] {definition}

bereit. Sie wirkt wie der Definitionsbefehl \newcommand, falls der einzurichtende Befehlsname \befehl noch nicht existiert. Anderenfalls bleibt sie wirkungslos und der existierende Befehl \befehl behält seine ursprüngliche Bedeutung.

7.3.1 Befehle ohne Argumente

Der \newcommand-Befehl soll zunächst ohne die optionalen Parameter [*arg*] und [*standard*] an Beispielen erläutert werden. In dieser Form wird er benutzt, wenn eine immer wiederkehrende Folge mehrerer LATEX- oder weiterer Benutzerbefehle unter einem eigenen Namen zusammengefasst werden soll. In mathematischen Formeln tritt häufig die Struktur $x_1,\ldots,x_n$ auf, die x-Vektor genannt wird und innerhalb des mathematischen Modus mit x_1,\ldots,x_n erzeugt wird. Mit

\newcommand{\xvec}{x_1,\ldots,x_n}

wird ein neuer Befehl \xvec eingerichtet, der wie jeder andere Befehl aufgerufen und mit anderen Befehlen verknüpft werden kann. Beim Aufruf des Befehls \xvec läuft die in der Befehlsdefinition stehende Reihenfolge von Text und Befehlen ab, hier also x_1,\ldots,x_n, genauso, als hätte man diese Folge im Text geschrieben. Tatsächlich geschieht auch nichts anderes: Mit dem Aufruf von \xvec wird die Befehlsdefinition an der Stelle des Befehls in den Text eingefügt.

Da der neue Befehl \xvec mathematische Befehle, nämlich den Tiefstellungsbefehl _, enthält, kann er nur im mathematischen Modus verwendet werden. $\xvec$ erzeugt dann $x_1,\ldots,x_n$. Man könnte daran denken, die Umschaltung in den mathematischen Modus mit in die Befehlsdefinition einzubeziehen, also

\newcommand{\xvec}{$x_1,\ldots,x_n$}

zu schreiben. Das ist natürlich erlaubt, und \xvec erzeugt dann $x_1,\ldots,x_n$. Der so definierte Befehl ist nun nur in normalen Textmodi (also Absatz- oder LR-Modus), nicht dagegen im mathematischen Modus erlaubt, da mit dem ersten $-Zeichen der mathematische Modus wieder verlassen wird. Mit einem kleinen Trick ist es möglich, den Befehl so zu definieren, dass er in allen Modi erlaubt ist, nämlich durch

```
\newcommand{\xvec}{\mbox{$x_1,\ldots,x_n$}}
```

Nunmehr ist es möglich, sowohl \xvec{} als auch $\xvec$ zu schreiben, und beide Male wird $x_1,\ldots,x_n$ und nochmals $x_1,\ldots,x_n$ erzeugt. Beim Aufruf dieses Befehls in einem Textmodus bleibt \mbox praktisch ohne Wirkung. Im mathematischen Modus wird dagegen mit \mbox vorübergehend in den LR-Modus umgeschaltet (s. 5.4.2). Innerhalb dieses internen LR-Modus wird mit $ ... $ in den mathematischen Modus und wieder zurückgeschaltet. Die schließende Klammer } des \mbox-Befehls schaltet in die laufende Umgebung, also wieder in den mathematischen Modus zurück. Eine Vereinfachung mit gleichzeitiger Verbesserung wird in 7.3.4 nachgereicht.

Soeben wurde beim Aufruf im Textmodus \xvec{} geschrieben. Für LaTeX ist \xvec ein ganz normaler Befehl ohne Parameter, der an TeX weitergereicht wird. TeX interpretiert das erste Zeichen, das kein Buchstabe ist, als Ende des Befehlsnamens. Ist dieses Zeichen ein Leerzeichen, so wird es nur als Befehlsende, nicht dagegen als einzufügender Wortzwischenraum angesehen (s. 2.1). \xvec vor ... erzeugt „$x_1,\ldots,x_n$vor..." ohne Zwischenraum. Die Lösung dieses Problems wird bekanntlich mit einem {} oder \␣ als Befehlsende erzielt, hier also mit \xvec{} oder \xvec\␣.

Man hätte schließlich ein Leerzeichen in der Befehlsdefinition einfügen können, etwa durch \mbox{$x_1,\ldots,x_n$ }. In diesem Fall würde das Leerzeichen nach einem Aufruf \xvec im Textmodus zwar entfernt, der Befehl selbst fügt aber am Ende ein Leerzeichen ein. Dies ist jedoch keine gute Idee, da dieses Leerzeichen auch beim Aufruf im mathematischen Modus eingefügt wird, wo es nicht hingehört. Auch bei Befehlen, die nur im Textmodus Verwendung finden sollen, rate ich davon ab, am Ende ein Leerzeichen anzubringen, da dieses die Kombinationen von Befehlen, bei denen ein solches Leerzeichen am Ende unerwünscht ist, erheblich erschwert.

Das vorstehende Beispiel wurde in den verschiedenen Versionen jedes Mal mit dem \newcommand vorgestellt. Tatsächlich kann mit diesem Befehl nur ein benutzereigener Befehl erzeugt werden, dessen Name noch *nicht* existiert. Dies war bei der ersten Version der Fall. Nachdem damit \xvec einmal existiert, kann dieser Name nicht noch einmal in einem \newcommand auftreten. Hier muss der Befehl \renewcommand benutzt werden, mit dem ein existierender Befehl verändert oder neu definiert wird. Die zweite und die folgenden Versionen des obigen \xvec-Befehls wurden demnach mit \renewcommand erzeugt.

Nach dem vorstehenden Muster lassen sich in beliebiger Weise Texte und Befehle mischen und als Befehlsdefinitionen unter eigenen Namen mit \newcommand oder \renewcommand als eigene Befehle erklären, die an beliebigen Stellen abgerufen werden können. Auf diese Weise kann, insbesondere auch bei mathematischen Formeln mit häufig wiederkehrenden gleichartigen Teilen, nicht nur Schreibarbeit gespart, sondern auch die Zahl der Fehler vermindert werden.

Übung 7.2: *Definieren Sie sich die Befehle* \iint, \iiint *und* \idotsint, *mit denen die nebenstehenden Mehrfachintegrale erzeugt werden:* $\iint$, $\iiint$, $\int \cdots \int$ *bzw. in abgesetzten Formeln:* $$\iint \quad \iiint \quad \int \cdots \int$$

Übung 7.3: *Ändern Sie die Befehle* \thechapter, \thesection *und* \thesubsection *so, dass bei den Bearbeitungsklassen* book *und* report *die Kapitelnummerierung in Großbuchstaben, zum Beispiel B, die Abschnittsnummerierung in großen römischen Ziffern nach dem Kapitelbuchstaben in der Form B–III erscheint und die Unterabschnittsnummerierung in kleinen römischen Ziffern, mit einem Komma getrennt, daran angehängt wird: B–III,v.*

Hinweis: Die entsprechenden \the...-*Befehle sind im Original für* book *und* report *als*

```
\newcommand{\thechapter}{\arabic{chapter}}
\newcommand{\thesection}{\thechapter.\arabic{section}}
\newcommand{\thesubsection}{\thesection.\arabic{subsection}}
```

definiert. Die erforderliche Änderung mit \renewcommand sollte nicht schwerfallen.

7.3.2 Befehle mit Argumenten

Neben der Struktur $x_1, \ldots, x_n$ treten in mathematischen Formeln oft äquivalente Strukturen $y_1, \ldots, y_n$, $z_1, \ldots, z_n$ u. ä. auf. Für solche könnte man sich nach dem obigen Muster entsprechende \yvec- und \zvec-Befehle erstellen. Es ist jedoch möglich, einen allgemeinen Vektortyp als Befehl zu erklären und den veränderlichen Teil als Argument zu übergeben. Bei den vorstehenden Beispielen ist der veränderliche Teil der Buchstabe x, y oder z. Ein Befehl mit *einem* veränderlichen Teil wird mit dem optionalen Parameter [1] eingerichtet.

```
\newcommand{\avec}[1]{\mbox{$#1_1,\ldots,#1_n$}}
```

erzeugt den allgemeinen Vektor \avec{*parameter*}. Der Aufruf \avec{x} erzeugt $x_1, \ldots, x_n$ und \avec{y} $y_1, \ldots, y_n$. Das Zeichen #1 in der Befehlsdefinition sagt, dass das variable Argument *parameter* überall da eingesetzt werden soll, wo #1 steht. Denkt man sich an diesen Stellen jeweils 'x' oder 'y' stehend, so wird klar, dass mit \avec{x} und \avec{y} genau die gewünschte Struktur erzeugt wird.

Die Ziffer 1 an dem Ersetzungszeichen #1 erscheint zunächst unverständlich. Logisch gesehen hat diese 1 bei einem Befehl mit nur einem Argument auch keinen Sinn. Die Ziffer wird erst erklärlich bei Befehlen mit *mehreren* Argumenten. Dafür folgt sofort ein Beispiel. Es soll ein eigener Befehl eingerichtet werden, mit dem sowohl Strukturen wie $u_1, \ldots, u_n$ als auch $v_1, \ldots, v_m$ erzeugt werden können. Dies erfordert zwei variable Argumente: eines, mit dem wie oben die Buchstaben *u, v* und andere übergeben werden, und ein zweites, mit dem die Indizes *n, m* und andere am Ende der Struktur erzeugt werden. Dies geschieht mit

```
\newcommand{\anvec}[2]{\mbox{$#1_1,\ldots,#1_#2$}}
```

Der Aufruf \anvec{u}{n} erzeugt nun $u_1, \ldots, u_n$ und \anvec{v}{m} $v_1, \ldots, v_m$. Der optionale Parameter [2] bestimmt, dass bei diesem Befehl \anvec zwei Argumente übergeben werden. Im Definitionsteil sagt #1, dass das erste Argument an den durch #1 gekennzeichneten Stellen einzusetzen ist. Entsprechend bestimmt #2 die Stellen, an denen das zweite Argument eingesetzt wird. Denkt man sich 'u' bzw. 'v' an den Stellen #1 und 'n' bzw. 'm' bei #2 angebracht, so wird die Wirkung des Befehls \anvec{*par1*}{*par2*} klar.

Dieses Muster kann man beliebig fortsetzen:

```
\newcommand{\subvec}[3]{\mbox{$#1_#2,\ldots,#1_#3$}}
```

richtet den Befehl \subvec mit drei Argumenten ein. Aus der Befehlsdefinition kann man leicht ablesen, dass der Aufruf \subvec{a}{i}{k} $a_i, \ldots, a_k$ erzeugt.

Werden in einem Befehl mit mehreren Argumenten hierfür nur einzelne Zeichen übergeben, so brauchen diese nicht jeweils in eigenen { }-Paaren angeordnet zu werden, sondern können direkt hintereinander geschrieben und durch ein Leerzeichen vom Befehlsnamen getrennt werden. \subvec aik ist gleichbedeutend mit \subvec{a}{i}{k}, und \subvec x1n erzeugt dieselbe Struktur $x_1, \ldots, x_n$, wie sie mit dem ersten Beispiel für einen Benutzerbefehl speziell als \xvec eingerichtet worden war. Ich rate, von dieser abkürzenden Eingabe abzusehen und auch Einzeichenargumente in { }-Paaren zu übergeben!

Der Einschluss der einzelnen Argumente in { } ist dann zwingend, wenn mehr als ein einzelnes Zeichen für ein Argument übergeben wird. So erzeugt \subvec{A}{ij}{lk} $A_{ij},\ldots,A_lk$. Beim Einschluss in { } wird der gesamte in Klammern stehende Ausdruck als Einheit betrachtet, die an der Stelle des entsprechenden Ersetzungszeichens #n angeordnet wird.

Warum erzeugt \subvec{A}{ij}{lk} $A_ij,\ldots,A_lk$ und nicht $A_{ij},\ldots,A_{lk}$? Nun, die in geschweiften Klammern stehenden Ausdrücke ij bzw. lk werden zwar als jeweils ein Argument übergeben und an der Stelle #2 bzw. #3 der Befehlsdefinition eingesetzt. Nach dem Einsetzen läuft damit die Befehlsfolge \mbox{$A_ij,\ldots,A_lk$} ab, mit der nur das unmittelbar hinter dem _ stehende Zeichen tiefgestellt wird. Damit ij und lk als Gruppe tiefgestellt wird, muss die Befehlsfolge $A_{ij},\ldots,A_{lk}$ ablaufen. Dies kann erreicht werden, wenn als Argument die { } mit übergeben werden, z. B. durch den Aufruf \subvec{A}{{ij}}{{lk}}, oder aber die { } werden in der Befehlsdefinition mit angegeben (besser):

\renewcommand{\subvec}[3]{\mbox{$#1_{#2},\ldots,#1_{#3}$}}

erzeugt die gewünschte Befehlsfolge, wie der Aufruf \subvec{A}{ij}{lk} zeigt: $A_{ij},\ldots,A_{lk}$.

7.3.3 Befehle mit einem zusätzlichen optionalen Argument

Die Definitionsstrukturen aus LATEX gestatten es, Befehle auch mit *einem* zusätzlichen optionalen Argument zu definieren. Hierfür ein praktisches Beispiel: Die Definition für den allgemeinen Vektor \anvec, der mit den Aufrufen \anvec{u}{n} und \anvec{v}{m} $u_1,\ldots,u_n$ bzw. $v_1,\ldots,v_m$ erzeugte, soll durch den Vektor \ovec ersetzt werden, der mit den Aufrufen \ovec{x}, \ovec{y}, \ovec{z} usw. die Vektoren $x_1,\ldots,x_n, y_1,\ldots,y_n$, $z_1,\ldots,z_n$ erzeugt.

Der Vektor \ovec soll gleichzeitig aber auch Aufrufformen wie ovec[l]{u} und \ovec[m]{v} zulassen, mit denen $u_1,\ldots,u_l$ bzw. $v_1,\ldots,v_m$ erzeugt werden. Die allgemeine Syntax für diesen Vektor soll also lauten:

\ovec [*end_index*] {*v_zeich*}

Der Befehlsaufruf enthält ein zwingendes Argument *v_zeich*, das den Vektor-Kennbuchstaben bestimmt, sowie ein optionales Argument *end_ind*, das den Endindex der Vektorkomponenten vorgibt. Ohne Angabe für das optionale Argument soll standardmäßig als Endindex n erscheinen.

Dies wird in einfacher Weise mit dem zweiten optionalen Parameter [*standard*] beim \newcommand-Definitionsbefehl erreicht, der bereits bei der Syntaxvorstellung auf S. 181 auftrat. Enthält die Befehlsdefinition ein solches zweites eckiges Klammerpaar, so wird der Befehl mit einem zusätzlichen optionalen Argument eingerichtet, bei dem das im Befehlsaufruf angegebene optionale Argument an den Stellen des Ersetzungszeichens #1 in der Definitionsliste eingesetzt wird.

Entfällt beim Befehlsaufruf die Angabe des optionalen Arguments, dann wird an den Stellen des Ersetzungszeichens #1 die bei der Befehlsdefinition mit [*standard*] vorgegebene Standardreaktion eingesetzt. Ein zwingendes Argument wird dagegen an den Stellen des Ersetzungszeichens #2 in der Definitionsliste übertragen. Kennt der Befehlsaufruf mehrere zwingende Argumente, so werden diese in ihrer Reihenfolge beim Befehlsaufruf nacheinander bei #2, #3, ... eingesetzt. Der oben geforderte Befehl \ovec wird also mit der Befehlsdefinition

    \newcommand{\ovec}[2][n]{\mbox{$#2_1,\ldots,#2_#1$}}

erzeugt. Für weitere Erläuterungen können alle sonstigen Hinweise aus 7.3.2 übernommen werden.

7.3.4 Verbesserung für anwendereigene mathematische Befehle

Eigene mathematische Befehle, die sowohl im Textmodus wie in mathematischen Bearbeitungsmodi aufgerufen werden sollen, enthalten gewöhnlich im Definitionsteil die Angabe \mbox{$definition$}, wie in 7.3.1 ausführlich erläutert und soeben noch bei der Definition von \ovec demonstriert wurde. Das Ergebnis führt gelegentlich jedoch zu falsch gewählten Schriftgrößen. Die Erzeugung der Textformel durch die direkte Eingabe von $\frac{|x_1,\ldots,x_n|}{|z_1,\ldots,z_n|}$ führt mit $\frac{x_1,\ldots,x_n}{z_1,\ldots,z_n}$ zum erwarteten Ergebnis. Dagegen führt $\frac{|\ovec{x}|}{|\ovec{z}|}$ als vermeintlich äquivalenter Aufruf nicht zum gleichen Ergebnis, sondern zu $\frac{|x_1,\ldots,x_n|}{|z_1,\ldots,z_n|}$.

LaTeX stellt deshalb ab Version 2_ε noch den Befehl

    \ensuremath{*math_befehle*}

bereit, der die richtige Größenauswahl im Zusammenhang mit umschließenden Formelteilen sicherstellt. Mit der geänderten Definition für \ovec als

    \renewcommand{\ovec}[2][n]{\ensuremath{#2_1,\ldots,#2_#1}}

führt nunmehr auch $\frac{|\ovec{x}|}{|\ovec{z}|}$ zu $\frac{x_1,\ldots,x_n}{z_1,\ldots,z_n}$.

7.3.5 Weitere Beispiele für benutzereigene Befehle

In der vorstehenden Beschreibung der Syntax für die Erstellung benutzereigener Befehle wurde das einfache Beispiel eines Vektors systematisch erweitert. Hier folgen einige Beispiele für komplexere benutzereigene Befehle, in denen auch Zähler- und Längenstrukturen sowie spezielle TeX-Befehle verwendet werden.

Beispiel 1: Es soll ein Fußnotenbefehl \myfootnote{*text*} erstellt werden, der wie der normale Fußnotenbefehl \footnote{*text*} eine Fußnote mit dem Inhalt von *text* erzeugt, als Fußnotenmarkierung aber nacheinander die Symbole * † ‡ § ¶ ‖ ** †† ‡‡ verwendet und auf jeder Seite neu mit dem Symbol * startet. Hierzu ist zunächst ein Zähler einzurichten, der mit jedem Seitenaufruf automatisch auf null zurückgesetzt wird. Dies kann mit (s. 7.1.2)

    \newcounter{myfn}[page]

für den benutzereigenen Zähler myfn erreicht werden. Der Befehl

    \renewcommand{\thefootnote}{\fnsymbol{footnote}}

bewirkt, dass beim Aufruf von \footnote eines der obigen Fußnotensymbole erscheint (s. 4.9.2 und 7.1.4). Nach dieser Vorbereitung wird mit

\newcommand{\myfootnote}[1]{\setcounter{footnote}{\value{myfn}}%
            \footnote{#1}\stepcounter{myfn}}

die gewünschte Wirkung erreicht*. Der benutzereigene Befehl \myfootnote besitzt einen Parameter. Dieser wird dem LATEX-Befehl \footnote übergeben, nachdem der LATEX-Fußnotenzähler footnote auf den Wert von myfn gesetzt wurde. Nach Ausführung des LATEX-Befehls \footnote wird der benutzereigene Zähler myfn mit \stepcounter{myfn} um eins erhöht. myfn wird jedoch stets auf null zurückgesetzt, wenn der Seitenzähler page um eins erhöht wird, d. h., wenn eine neue Seite beginnt.

Die vorangegangene Fußnote wurde bereits mit dem eigenen Befehl \myfootnote erzeugt und hier[†] sowie hier[‡] standen im Text \myfootnote{weitere Fu"snote} bzw. \myfootnote{und noch eine Fu"snote}.

Dieser anwendereigene Fußnotenbefehl \myfootnote ist keineswegs perfekt. Fußnoten zu Beginn einer neuen Seite erscheinen gelegentlich mit den nachfolgenden Fußnotensymbolen der vorangegangenen Seite. Das korrekte Anfangssymbol * für eine neue Seite erscheint evtl. erst dann, wenn der zugehörige Fußnotenbefehl weiter unten im laufenden Text dieser Seite auftaucht. Bei einem Seitenumbruch zwischen zwei Absätzen beseitigt ein expliziter \pagebreak-Befehl diesen Mangel. Findet der Seitenumbruch innerhalb eines Absatzes statt, dann muss myfn leider manuell mit \setcounter{myfn}{0} vor dem Aufruf des eigenen Fußnotenbefehls zurückgesetzt werden.[§]

Beispiel 2: In 5.4.6 waren die TEX-Befehle \atop und \choose als nützliche Ergänzung zu den mathematischen LATEX-Befehlen vorgestellt worden. Leider weicht deren Syntax stark von der Syntax des verwandten LATEX-Befehls \frac ab. Mit

```
\newcommand{\latop}[2]{#1\atop #2}                                    und
\newcommand{\lchoose}[2]{#1\choose #2}
```

werden entsprechende LATEX-Befehle \latop und \lchoose definiert, deren Syntax dem \frac-Befehl entspricht: \latop{oben}{unten}

Beispiel 3: Es soll ein Befehl \alpheqn erstellt werden, nach dessen Aufruf mathematische Formeln als Formelnummern die Nummer der letzten Formel, gefolgt von a, b, ... erhalten, beide getrennt durch ein '-'. Nach Aufruf von \reseteqn soll die Formelnummerierung in gewohnter Weise fortgesetzt werden.

```
\newcounter{saveeqn}
\newcommand{\alpheqn}{\setcounter{saveeqn}{\value{equation}}%
   \setcounter{equation}{0}%
   \renewcommand{\theequation}{%
            \mbox{\arabic{saveeqn}-\alph{equation}}}}
\newcommand{\reseteqn}{\setcounter{equation}{\value{saveeqn}}%
   \renewcommand{\theequation}{\arabic{equation}}}
```

---

*Das %-Zeichen am Ende der ersten Zeile bewirkt, dass die Zeilenschaltung nicht Teil der Befehlsdefinition wird (s. 4.11), wobei die Aufteilung einer Befehlsdefinition auf mehrere Zeilen die Lesbarkeit der Definition verbessert.
[†] weitere Fußnote
[‡] und noch eine Fußnote
[§] Die Ursache liegt in den internen LATEX-Abläufen beim Seitenumbruch. Für diesen wird oft noch ein Stück Text der nachfolgenden Seite, mindestens aber der vollständige laufende Absatz, eingelesen *und* bearbeitet. Erst dann trifft LATEX die Entscheidung für einen optimalen Seitenumbruch, wobei evtl. ein Teil des schon bearbeiteten Textes von der laufenden Seite entfernt wird. Solcher bereits bearbeiteter, aber dann entfernter Text wird an die neue Seite weitergereicht und dort nicht nochmals bearbeitet. Er trägt damit gewisse Merkmale der vorangegangenen Seite, die normalerweise nicht in Erscheinung treten, sich bei diesem eigenen Fußnotenbefehl aber doch bemerkbar machen.
Eine wirksame Abhilfe würde tiefliegende Eingriffe in die LATEX-Output-Routine verlangen, die mit dem bisher vermittelten Wissensstand nicht verständlich gemacht werden können.

7.3. BENUTZEREIGENE BEFEHLE

Das Beispiel ist mit den Angaben von 7.1 selbsterklärend und für die Bearbeitungsklasse `article` geeignet. Bei den Bearbeitungsklassen `report` und `book` ist \theequation als \arabic{chapter}.\arabic{equation} erklärt. Die hierfür erforderliche Modifikation sollte als Übung nachvollzogen werden.

Der \mbox-Befehl im ersten \renewcommand für \theequation hat folgenden Grund: Der interne Aufruf von \theequation durch die equation-Umgebung zur Erzeugung der Formelnummer erfolgt im *mathematischen Modus*. Demzufolge würde der Trennstrich '-' als binärer Operator angesehen, der die 'Operanden' \arabic{saveeqn} und \alph{equation} miteinander verknüpft und damit als Minuszeichen mit Abstand zum vorangehenden und nachfolgenden Wert gesetzt. Eine \mbox innerhalb einer mathematischen Umgebung schaltet vorübergehend in den Textmodus und erzeugt den Ausdruck in der beabsichtigten Form.

Beispiel 4: Der Befehl \defbox{*muster_text*} soll eine Kastenbreite von der Länge von *muster_text* definieren. Mit dem Aufruf von \textbox{*text*} soll *text* zentriert in einem Rahmen der Breite von *muster_text* erscheinen.

```
\newlength{\breite}
\newcommand{\defbox}[1]{\settowidth{\breite}{#1}}
\newcommand{\textbox}[1]{\framebox[\breite]{#1}}
```

Hier wird zunächst ein neuer Längenbefehl \breite eingerichtet. Im Befehl \defbox wird der Wert von \breite gleich der Länge des übergebenen Mustertextes gesetzt (s. 7.2). Der Befehl \textbox ist dann selbsterklärend.

```
so breit wie dieser Text\\
\defbox{so breit wie dieser Text}\textbox{}\\
\textbox{wenig Text}\\ \textbox{etwas mehr Text}
```

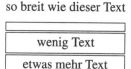

Dieses Beispiel erfährt mit Übung 7.6 eine Modifikation, bei der der übergebene Mustertext als optionales Argument des \textbox-Befehls erscheint, was gleichzeitig den Befehl \defbox entbehrlich macht.

Zum Abschluss noch ein Beispiel, das auf tiefliegende TEX-Befehle zurückgreift und darum nicht vollständig erläutert werden kann. Es könnte demjenigen Anwender nützen, dessen Texte häufig chemische Summenformeln enthalten.

Beispiel 5: In 5.4.9 wurde bei der Erzeugung der chemischen Formel $Fe_2^{+2}Cr_2O_4$ darauf hingewiesen, dass die Indizes bei den einzelnen Elementen zum Teil unterschiedlich tief angebracht sind und dass relativ kurze Formeln im Text vergleichsweise umständlich bei der Eingabe sind. Mit dem benutzereigenen Befehl

```
\newfont{\tensy}{cmsy10}
\newcommand{\chemical}[1]{{$\fontdimen16\tensy=3.0pt
         \fontdimen17\tensy=3.0pt \mathrm{#1}$}}
```

kann diese Schwäche vermieden werden. \chemical{Fe_2^{+2}Cr_2O_4} erzeugt nun korrekt $Fe_2^{+2}Cr_2O_4$.

Zur Erläuterung: Die TEX-Befehle \fontdimen*n* beschreiben bestimmte Eigenschaften von Zeichensätzen, wobei die Befehle für $n = 16$ und $n = 17$ das Ausmaß von Tiefstellungen bestimmen. Mit \newfont{\tensy}{cmsy10} wird der Befehlsname \tensy für den mathematischen Symbolzeichensatz der Größe 10 pt eingerichtet. Mit den vorstehenden Befehlen im Beispiel 5 wird festgelegt, dass in math. Formeln bei einer Schriftgröße von 10 pt Indizes einheitlich um 3.0 pt tiefgestellt werden. Für 11 pt und 12 pt Schriften s. die Hinweise zu Übung 7.8.

Achtung: Auch dieses Beispiel enthält einen gravierenden Mangel, auf den mich NICO POPPELIER (NL) in einer Buchbesprechung aufmerksam machte. Das innere Klammerpaar in der obigen Befehlsdefinition war zur Blockbildung mit einer namenlosen Umgebung gedacht, damit die Zuweisung der geänderten Werte für \fontdimen$n$ nur lokal wirkt. Tatsächlich wirken die TEX-Befehle \fontdimen$n$ global (s. 2.3), womit die geänderten Werte auch nach Verlassen der namenlosen Umgebung geändert bleiben. Damit würden nun nachfolgende mathematische Formeln unsachgerecht bearbeitet.

Zur korrekten Lösung müssen nach Erstellung der chemischen Formeln die ursprünglichen Einstellungen wiederhergestellt werden. Hierzu sind zunächst zwei Maßregister einzurichten, was mit \newlength\fdxvi und \newlength\fdxvii unter den Namen \fdxvi und \fdxvii geschehen kann. Die richtige und vollständige Lösung kann dann mit

```
\newcommand{\chemical}[1]{%
    \fdxvi=\fontdimen16\tensy \fdxvii=\fontdimen17\tensy {$...$}
    \fontdimen16\tensy=\fdxvi \fontdimen17\tensy=\fdxvii}
```

erreicht werden, wobei {$...$} für die entsprechende Struktur in der ursprünglichen Definition steht.

Übung 7.4: *Erzeugen Sie entsprechend dem Beispiel 2 die LATEX-Befehle* \labrack *und* \labrace *aus den zugehörigen TEX-Befehlen* \brack *und* \brace. *Die genannten TEX-Befehle wirken wie der in 5.4.6 vorgestellte* \choose-*Befehl, nur werden statt runder eckige Klammern [*\brack*] bzw. geschweifte Klammern {*\brace*} verwendet.*

Übung 7.5: *Verallgemeinern Sie das Beispiel 3 durch einen Befehl* \vareqn{*num*}{*typ*}, *nach dessen Aufruf die folgenden Formelnummern den Wert num haben, gefolgt von einer laufenden Angabe in eckigen Klammern, wahlweise als* \alph ... \Roman, *entsprechend der Angabe von typ, also z. B. 33[A], 33[B], durch den Aufruf* \vareqn{33}{\Alph}.

Übung 7.6: *Ändern Sie das Beispiel 4 so ab, dass mit* \textbox[*muster_text*]{*text*} *der übergebene Text text zentriert in einer Rahmenbox erscheint, deren Breite als optionales Argument aus dem übergebenen Mustertext gewonnen wird. Für einen Befehlsaufruf ohne optionales Argument soll eine Breite gewählt werden, die 40 Zeichen Schreibmaschinenschrift entspricht.*

Übung 7.7: *Verallgemeinern Sie die Befehle aus Übung 7.2 in Befehle mit einem Parameter, der als Integralbereich zentriert unter das ganze Symbol gesetzt wird. Die Aufrufe* \iint{(D)}, \iiint{V} *und* \idotsint{G} *sollen also erzeugen:*

$$\iint\limits_{(D)} \quad \iiint\limits_{V} \quad \int\cdots\int\limits_{G}$$

Hinweis: Beim zweiten Befehl erfolgt die Tiefstellung einfach am mittleren Integral (s. aber \limits *in 5.2.5). Bei den beiden anderen Befehlen ist zusätzlich ein Versetzen des tiefgestellten Symbols nach links (*\hspace{-..}*) erforderlich.*

Übung 7.8: *Erzeugen Sie je ein Makro zum Schreiben chemischer Formeln für die Schriftgrößen 11 pt und 12 pt entsprechend dem Beispiel 5. Dazu müssen Sie, wie dort mit* \newfont{\tensy}{cmsy10} *geschehen, die mathematischen Symbolzeichensätze in der angeforderten Größe bekanntmachen, z. B. mit*

```
\newfont{\elvsy}{cmsy10 scaled 1095}  und
\newfont{\twlsy}{cmsy10 scaled 1200}
```

Sachgerechte Werte für den Betrag der Tiefstellung sind nun 3.3 pt bzw. 3.6 pt. Erweitern Sie das Makro gegenüber dem Beispiel dadurch, dass auch das Ausmaß für Hochstellungen von Ihnen festgelegt wird. Die zugehörige TEX-Größe zur Bestimmung von Hochstellungen ist \fontdimen14.

Beachten Sie, dass die TEX-\fontdimen$n$-*Befehle global wirken und Sie nach einer chemischen Formel weitere mathematische Formeln in der gewohnten Weise erstellen wollen! Mit vertieften Kenntnissen über die inneren Abläufe bei der Auswahl mathematischer Zeichensätze könnte von der expliziten Erklärung der Zeichensatzbefehle* \tensy, \elvsy *und* \twlsy *abgesehen werden. Der Ersatz durch die dann erforderlichen LATEX-Zeichensatz-Interface-Befehle würde bei dem bisher vermittelten Kenntnisstand allerdings mehr verwirren als verdeutlichen.*

7.4 Das Ergänzungspaket ifthen

Mit dem Ergänzungspaket `ifthen.sty`, das in gewohnter Weise mit dem Vorspannbefehl

>   `\usepackage{ifthen}`

eingebunden wird, werden weitere Entscheidungsstrukturen bereitgestellt, die unterschiedliche oder wiederholte Bearbeitungen des nachfolgenden Eingabetextes bewirken. Die Syntax der hiermit angebotenen Entscheidungsbefehle lautet:

>   `\ifthenelse{`*test*`}{`*wenn_zweig*`}{`*sonst_zweig*`}`   bzw.
>   `\whiledo{`*test*`}{`*schleifentext*`}`

Für *test* kann eine der folgenden Abfragebedingungen gewählt werden:

1. `\equal{`s_1`}{`s_2`}`, wobei s_1 und s_2 für zwei Zeichenketten stehen. Die Testbedingung gilt als *wahr*, wenn die beiden Zeichenketten übereinstimmen, andernfalls wird sie als *falsch* gesetzt. Die Zeichenketten dürfen weitere Befehle enthalten. Diese werden bei der Prüfung der Testbedingung aufgelöst. War z. B. mit

    >   `\newcommand{\zk}{string}`

    der Befehl `\zk` definiert worden, so ergibt die Testbedingung

    >   `\equal{\zk}{string}`

    den Prüfungswert *wahr*.

2. $n_1 < n_2$, $n_1 = n_2$ oder $n_1 > n_2$. Hierbei stehen n_1 und n_2 für zwei Zahlen oder die Werte von LaTeX-Zählern. Die Abfragebedingung `\value{page}` = 6 ergibt den Wert *wahr*, wenn der Seitenzähler den Wert 6 annimmt. Für alle anderen Zahlenwerte von `page` gilt sie dagegen als *falsch*.

3. `\isodd{`*zahl*`}`[1] erlaubt als Testabfrage *test* die Prüfung, ob eine Zahl oder der Wert eines Zahlenregisters (Zählers) *zahl* ungerade ist. Der Wert eines Zahlenregisters muss dabei mit `\value{`*zahl*`}` abgerufen werden.

4. `\lengthtest{`*dim_vergl*`}` erlaubt einen Längenvergleich als Testabfrage *test*. Hiermit können Längenregister (Längenbefehle) und/oder Längenmaße auf kleiner (<), gleich (=) oder größer (>) verglichen werden. Beispiel:

    >   `\lengthtest{\textwidth > 150mm}`

5. `\boolean{`*schalter*`}` Hiermit kann der logische Wert einer TeX-, LaTeX- oder anwendereigenen Schaltervariablen *schalter* abgefragt werden. Als TeX-Schalter sind bereits bekannt:

    hmode liefert den Wert *wahr* zurück, wenn LaTeX sich derzeit im horizontalen Bearbeitungsmodus befindet, andernfalls *falsch*.

    vmode liefert den Wert *wahr* zurück, wenn LaTeX sich derzeit im vertikalen Bearbeitungsmodus befindet, andernfalls *falsch*.

---

[1] Der angeführte Name `\isodd` ist kein Schreibfehler. Der hier vermutlich erwartete Name `\ifodd` ist als TeX-Grundbefehl bereits vergeben, auf den der LaTeX-Befehl `\isodd` seinerseits zurückgreift.

mmode liefert den Wert *wahr* zurück, wenn LaTeX sich derzeit in einem mathematischen Bearbeitungsmodus befindet, andernfalls *falsch*.

Anwender können eigene Schalter einrichten und setzen:

\newboolean{*schalter*} richtet einen anwendereigenen Schalter unter dem Namen *schalter* ein. Sein logischer Wert steht anfänglich auf false (*falsch*).

\setboolean{*schalter*}{*wert*} setzt den Schalter mit dem Namen *schalter* auf den übergebenen Wert. Für *wert* sind nur die Angaben true (*wahr*) und false (*falsch*) erlaubt.

6. Logische Klammerung, Verneinung und Verknüpfung der vorstehenden Testbedingungen mit:

   a)   \(*test* \)   Logische Klammerung von Teiltests.
   b)   \not *test*   Logische Verneinung des Testergebnisses.
   c)   \and *test*   Logische 'und'-Verknüpfung des folgenden Tests mit dem vorangegangenen.
   d)   \or *test*   Logische 'oder'-Verknüpfung des folgenden Tests mit dem vorangegangenen.

Der Abfragetest

   \(\equal{*string_a*}{*string_b*} \or \value{equation} < 10 \)
   \and \value{page} = 5

ergibt *wahr*, wenn die Zeichenketten *string_a* und *string_b* übereinstimmen *oder* der Gleichungszähler einen Wert kleiner 10 hat (*oder* beides zutrifft) *und* wenn gleichzeitig der Seitenzähler den Zahlenwert 5 hat. Ist wenigstens eine dieser Bedingungen nicht erfüllt, so ergibt der Abfragetest den logischen Wert *falsch*.

Ergibt der Abfragetest den logischen Wert *wahr*, so wird beim \ifthenelse-Befehl *wenn_zweig* ausgeführt, andernfalls *sonst_zweig*. Beim \whiledo-Befehl wird der Inhalt der Wiederholungsschleife so lange wiederholt und ausgeführt, wie die Testbedingung den Wert *wahr* besitzt. Die Schleife wird verlassen und damit die Wiederholungsbearbeitung beendet, wenn die Abfrage *falsch* ergibt.

Der Inhalt der *wenn*- und *sonst*-Zweige kann beliebigen Text, Text vermischt mit Befehlen und/oder eigene Befehlsdefinitionen enthalten. Jeder der beiden Zweige darf mit {} auch leer sein. Der Schleifentext beim \whiledo-Befehl wird im Allgemeinen stets auch Befehle enthalten, mit denen die Werte des Abfragetests verändert werden. Andernfalls würde nämlich der Schleifentext überhaupt nicht bearbeitet, weil die Anfangsbedingung falsch war, oder die Schleife wird nie beendet, weil die Abfragebedingung wahr bleibt, da mit der Bearbeitung des Schleifentextes die Testwerte nicht verändert werden.

IFTHENELSE und WHILEDO sind typische Steuerstrukturen einer Programmiersprache. Mit der Bereitstellung dieser Befehle für LaTeX wird dieses in einem gewissen Umfang auch eine Programmiersprache.

Als einfaches Beispiel für eine nützliche \ifthenelse-Anwendung gebe ich hier einen benutzereigenen Befehl wieder, der bei der Erstellung der Druckvorlage für [6] vielfältig zur Anwendung kam. Der Verlag war sich lange unschlüssig, ob für die englischsprachige Version dieser Buchserie die britische oder die angloamerikanische Schreibweise verwendet werden sollte. Wir hatten deshalb im laufenden Text bei allen Wörtern, deren britische Schreibweise von der angloamerikanischen abweicht, die Eingabe in der Form \spell{*uk_orth*}{*us_orth*} vorgenommen und im Vorspann die Befehlsdefinition

```
\newboolean{UK} %\setboolean{UK}{true} % For British Orthography
\newcommand{\spell}[2]{\ifthenelse{\boolean{UK}}{#1}{#2}}
```

erklärt. Die Eingabe \spell{colour}{color} erscheint damit zunächst als 'color', da mit der Definition des Schalters UK dieser zunächst den logischen Wert false besitzt. Mit Entfernung des ersten Kommentarzeichens % in der vorstehenden Zeile 1 erscheint dann dagegen in der Ausgabe 'colour', da nun der *Wahr*-Zweig ausgeführt wird.

Als ebenfalls einfaches Beispiel für die \whiledo-Struktur sei ein benutzereigener Befehl \repro[*n*]{*txt*} angeführt, der ein übergebenes Zeichen, Wort oder Textmuster *txt n*-mal wiederholt. Die Wiederholungszahl *n* wird hierbei als optionales Argument eingesetzt, das standardmäßig mit 1 vorgegeben wird.

```
\newcounter{mycount}
\newcommand{\repro}[2][1]{\setcounter{mycount}{#1}%
   \whiledo{\value{mycount}>0}{#2\addtocounter{mycount}{-1}}}
```

Die Eingabe \repro{'Einmaliger Text'} erscheint als 'Einmaliger Text'. Mit \repro[20]{\texttt{x}} wird das x der Schreibmaschinenschrift 20 Mal ausgegeben: xxxxxxxxxxxxxxxxxxxx. Schließlich erzeugt \repro[3]{Ich liebe \LaTeX! }: Ich liebe LaTeX! Ich liebe LaTeX! Ich liebe LaTeX!

7.5 Benutzereigene Umgebungen

Die Syntax zur Erzeugung oder Änderung von eigenen Umgebungen lautet:

\newenvironment{*umg_name*}[*narg*][*standard*]{*beg_def*}{*end_def*}
\renewenvironment{*umg_name*}[*narg*][*standard*]{*beg_def*}{*end_def*}

Hierin bedeutet

umg_name: der gewählte Umgebungsname. Für \newenvironment darf dies kein existierender Umgebungsname sein, also weder ein LaTeX-Umgebungsname noch ein bereits definierter benutzereigener Umgebungsname. Für \renewenvironment muss dies dagegen ein bereits definierter Umgebungsname sein. Eine Änderung von LaTeX-eigenen Umgebungen sollte nur vorgenommen werden, wenn der Anwender die internen LaTeX-Abläufe genau überblickt.

narg: eine Zahl zwischen 1 und 9, die angibt, wie viele Argumente der Umgebung übergeben werden. Entfällt der optionale Parameter *narg*, so entspricht dies dem Wert 0, d. h., der Umgebung wird kein Argument übergeben.

standard: die Standardreaktion, die abläuft, wenn der Umgebungsaufruf mit LaTeX *ohne* optionales Argument erfolgt.

beg_def: der *Ersetzungstext*, der bei jedem Auftreten von \begin{*umg_name*} eingesetzt wird. Enthält dieser Text Eintragungen der Form #*n*, mit $n = 1, \ldots, narg$, so wird mit dem Aufruf

\begin{umg_name}[arg_1]{arg_2}...{arg_n}...   (LATEX 2_ε)
\begin{umg_name}{arg_1}...{arg_n}...   (LATEX 2.09)
das entsprechende Argument *arg_n* an der Stelle des #*n* in den *beg_def*-Text eingesetzt.

end_def: der *Ersetzungstext*, der bei jedem Auftreten von \end{umg_name} eingesetzt wird. Hier dürfen jedoch keine Ersetzungszeichen # auftreten, da Parameterübergaben nur im *beg_def*-Teil erlaubt sind.

7.5.1 Umgebungen ohne Argumente

Wie bei den benutzereigenen Befehlen soll die Erstellung von benutzereigenen Umgebungen zunächst ohne die optionalen Parameter [*narg*] und [*standard*] vorgestellt werden. Mit

\newenvironment{sitquote}{\begin{quote}\small\itshape}
                        {\end{quote}}

wird eine benutzereigene Umgebung sitquote erstellt,

> *mit der der zwischen* \begin{sitquote} text \end{sitquote} *stehende* text *beidseitig eingerückt und in der Schrift* \small\itshape *erzeugt wird, wie hier demonstriert ist.*

Hier besteht *beg_def* aus der Befehlsfolge \begin{quote}\small\itshape und *end_def* aus \end{quote}. Mit dem Aufruf von

\begin{sitquote} *text* \end{sitquote}   wird
\begin{quote}\small\itshape *text* \end{quote} erzeugt,

wodurch genau die erwünschte Wirkung erzielt wird.

Dieses Beispiel erscheint nicht besonders sinnvoll, da dieselbe Wirkung mit dem Befehl \small\itshape zu Beginn der quote-Umgebung mit weniger Schreibarbeit erreicht worden wäre. Kommt eine solche Struktur innerhalb eines Dokuments jedoch häufig vor, so liegt der Nutzen für eine eigene Umgebung in der Verminderung von Fehlermöglichkeiten, wie etwa dem Vergessen oder einer fehlerhaften Schreibweise der Befehlsfolge \small\itshape.

Das vorstehende Beispiel soll etwas erweitert werden:

\newcounter{com}
\newenvironment{comment}
  {\noindent\textsl{Kommentar:}\begin{quote}\small\itshape}
  {\stepcounter{com}\hfill(\arabic{com})\end{quote}}

Hier besteht *beg_def* aus der Text- und Befehlsfolge

\noindent\textsl{Kommentar:}\begin{quote}\small\itshape
    und *end_def* aus
\stepcounter{com}\hfill(\arabic{com})\end{quote}

wobei com ein zuvor mit \newcounter eingerichteter Zähler ist. Da mit dem Aufruf \begin{comment} die für *beg_def* stehende Text- und Befehlsfolge eingesetzt wird und ebenso mit \end{comment} der zugehörige *end_def*-Text, ist klar, dass der Aufruf

\begin{comment} Dies ist ein Kommentar. Kommentare sollen ...
... in runden Klammern. \end{comment}

7.5. BENUTZEREIGENE UMGEBUNGEN

die folgende Textstruktur erzeugt:
Kommentar:

> *Dies ist ein Kommentar. Kommentare sollen durch das Voranstellen des Wortes Kommentar mit einem nachfolgenden Doppelpunkt und dem beidseitig eingerückten Kommentartext in kleiner Italic-Schriftart gekennzeichnet werden. Jeder Kommentar erhält rechts unten eine laufende Kommentarnummer in runden Klammern.* *(1)*

Der Leser möge sich durch Niederschreiben der gesamten ersetzten Text- und Befehlsfolgen dieses Beispiels die Wirkung dieser Umgebung einmal klarmachen. Dabei werden zwei Schwächen der vorstehenden Definition erkennbar: Was würde z. B. geschehen, wenn der Aufruf \begin{comment} innerhalb des umgebenden Textes ohne vorangehende Leerzeile erfolgte? Und was geschieht, wenn der Kommentartext mit einer nahezu vollen Textzeile endet, so dass die Kommentarnummer nicht mehr in die laufende Zeile passt?
Die folgende Modifikation beseitigt diese Schwachstellen:

```
\renewenvironment{comment}
{\begin{sloppypar}\noindent\textsl{Kommentar:}
   \begin{quote}\small\itshape}
{\stepcounter{com}\hspace*{\fill}(\arabic{com})\end{quote}
   \end{sloppypar}}
```

Der Aufruf dieser Umgebung beginnt wegen \begin{sloppypar} nunmehr stets mit einem neuen Absatz, in dem keine *übervollen* Zeilen beim Zeilenumbruch auftreten. Falls am Ende des Kommentars die Kommentarnummer nicht mehr in die laufende Zeile passt, wird eine neue Zeile begonnen, deren Eintrag wegen \hspace*{\fill} rechtsbündig erscheint. Auch hier möge sich der Leser noch einmal klarmachen, was beim Aufruf von \begin{comment} ... \end{comment} eingesetzt wird.

7.5.2 Umgebungen mit Argumenten

Die Übergabe von Argumenten an Umgebungen erfolgt in derselben Weise wie bei den Befehlen. Als Beispiel soll die Kommentarumgebung so abgeändert werden, dass der Name des Kommentators hinter dem Wort *Kommentar:* erscheint, wobei dieser Name als Umgebungsparameter übergeben werden soll:

```
\renewenvironment{comment}[1]
{\begin{sloppypar}\noindent\textsl{Kommentar: #1}
  \begin{quote}\small\itshape}{\stepcounter{com}\hspace*{\fill}
    (\arabic{com})\end{quote}\end{sloppypar}}
```

Der Aufruf \begin{comment}{Helmut Kopka} Dies ist ein modifizierter.. ... "ubergeben \end{comment} erzeugt nun
Kommentar: Helmut Kopka

> *Dies ist ein modifizierter Kommentar. Kommentare sollen durch das Voranstellen des Wortes Kommentar: mit anschließenden Doppelpunkt, gefolgt von dem Namen des Kommentators und dem beidseitig eingerückten Kommentartext in kleiner Italic-Schriftart gekennzeichnet werden. Jeder Kommentar erhält rechts unten eine laufende Kommentarnummer in runden Klammern. Der Name des Kommentators wird als Umgebungsparameter übergeben.* *(2)*

Dieses Beispiel soll nun noch einmal modifiziert werden, und zwar so, dass die Stellen für die Kommentarnummer und den Namen des Kommentators vertauscht werden. Die Anordnung der laufenden Kommentarnummer hinter dem Wort *Kommentar* bereitet keine Schwierigkeit. Die entsprechenden, bisher in {*end_def*} stehenden Befehle werden einfach an der Stelle des bisherigen Ersetzungszeichens #1 angeordnet. Versucht man jedoch, das Ersetzungszeichen #1 dort anzubringen, wo bisher die Kommentarnummer erzeugt wurde, so erhält man bei der LaTeX-Bearbeitung eine Fehlermeldung, da dies gegen die Syntax des \newenvironment-Befehls verstößt: „*In* {*end_def*} *dürfen keine Ersetzungszeichen auftreten!*" Wird das Ersetzungszeichen hinter \begin{quote} angeordnet, so erscheint der Name an falscher Stelle, nämlich zu Beginn des Kommentartextes.

Die Aufgabe kann mit folgendem Trick gelöst werden:

```
\newsavebox{\comname}
\renewenvironment{comment}[1]
{\begin{sloppypar}\noindent\stepcounter{com}%
    \slshape Kommentar \arabic{com} \sbox{\comname}{#1}
    \begin{quote}\small\itshape}
{\hspace*{\fill}\usebox{\comname}\end{quote}\end{sloppypar}}
```

Die Befehle \newsavebox, \sbox und \usebox sind in 4.7.2 auf den Seiten 86 und 87 beschrieben. \comname ist der mit dem ersten Befehl eingeführte Boxname, der den übergebenen Parameter, also den Namen des Kommentators, enthält. Ein Kommentar sieht nunmehr so aus:

Kommentar 3

> *Bei dieser Form erhält jeder Kommentar eine laufende Nummer nach dem Wort Kommentar. Der Kommentartext erscheint wie vorher, und der als Umgebungsparameter übergebene Name wird am Kommentartext unten rechts angeordnet.*   Helmut Kopka

Die Verwendung von mehr als einem Umgebungsparameter erfolgt nach dem gleichen Schema wie auch bei den Befehlen und bedarf keiner weiteren Erläuterung.

7.5.3 Umgebungen mit einem zusätzlichen optionalen Argument

Umgebungen können, wie Befehle, auch mit einem zusätzlichen optionalen Argument eingerichtet werden. Stammen z. B. die meisten Kommentare von einem Teilnehmer, so kann dies mit der geänderten Umgebungsdefinition des letzten Beispiels in

```
\renewenvironment{comment}[1][Helmut Kopka]{...}{...}
```

berücksichtigt werden. Der Aufruf \begin{comment} *gleicher Text wie bei Kommentar 3* \end{comment} erzeugt nochmals den Kommentar 3 und fügt *Helmut Kopka* als Namen des Kommentators hinzu, ohne dass dieser explizit anzugeben ist. Mit

```
\begin{comment}[Patrick W. Daly]
    Auch andere Teilnehmer geben Kommentare. Deren Namen ...
    ............... den Hauptkommentator dagegen entfallen.
\end{comment}
```

entsteht nun

7.5. BENUTZEREIGENE UMGEBUNGEN

Kommentar 4

> *Auch andere Teilnehmer geben Kommentare. Deren Namen sind als optionales Argument beim Umgebungsaufruf anzugeben. Die explizite Namensangabe kann für den Hauptkommentator dagegen entfallen.* **Patrick W. Daly**

In 4.7.2 wurde auf S. 87 die `lrbox`-Umgebung vorgestellt, mit der eine LR-Box (s. 4.7.1) unter einem gewählten Boxnamen abgespeichert wird. Mit

```
\newsavebox{\mybox}
\newenvironment{fmpage}[1][\textwidth]{
   \begin{lrbox}{\mybox}\begin{minipage}{#1}}
{\end{minipage}\end{lrbox}\fbox{\usebox{\mybox}}}
```

wird eine Umgebung `fmpage` mit einem optionalen Argument zur Breiteneinstellung eingerichtet, in der der eingeschachtelte Text in eine `minipage`-Umgebung gefasst und anschließend umrandet wird. Die Breite der gerahmten `minipage`-Umgebung wird mit dem optionalen Breitenargument bzw. ohne diese Angabe mit der Breite für den Seitentext `\textwidth` eingestellt. Ihr Aufruf erfolgt mit

> `\begin{fmpage}` *text* `\end{fmpage}`   bzw.
> `\begin{fmpage}[`*breite*`]` *text* `\end{fmpage}`

Das Beispiel entstammt der Originaldokumentation von FRANK MITTELBACH und wurde hier etwas verallgemeinert.

Übung 7.9: Ergänzen Sie die vorstehende Kommentarumgebung, so dass ein Seitenumbruch weder zwischen dem Kennungswort "Kommentar n" und dem Kommentartext noch zwischen dem Kommentartext und dem Kommentatornamen auftreten kann.
Hinweis: Die Lösung kann entweder mit der `samepage`-Umgebung oder mit `\nopagebreak`-Befehlen erreicht werden.

Übung 7.10: Erzeugen Sie auf der Basis der `minipage`-Umgebung die Umgebung `varpage` mit einem Parameter, der einen Mustertext übergibt, dessen Breite die Breite der Minipage bestimmt. Mit dem Aufruf

```
\begin{varpage}{``So breit wie dieser Mustertext''}
. . . . . . . . . . . . . . . . . . . . . . . . . . \end{varpage}
```

soll also der eingeschachtelte Text in eine Minipage gepackt werden, deren Breite dem übergebenen Mustertext "So breit wie dieser Mustertext" entspricht.
Hinweis: Dies verlangt zunächst die Bereitstellung einer benutzereigenen Länge, z. B. unter dem Namen `\varbreite`. Näheres, auch über die Zuweisung der variablen Textbreite, s. 7.2.

Übung 7.11: Erzeugen Sie eine listenartige Umgebung `varlist` mit zwei Parametern, die eine Erweiterung des Listenbeispiels aus 4.4.3 darstellt. Mit dem ersten Parameter soll das Markierungswort übergeben werden, das bei jedem `\item`-Befehl erscheint; der zweite Parameter soll den Nummerierungsstil der fortlaufenden Markierung bestimmen. Der Aufruf

```
\begin{varlist}{Muster}{\Alph} . . . . . \end{varlist}
```

zum Beispiel soll mit jedem `\item`-Befehl innerhalb der Umgebung nacheinander "Muster A", "Muster B", ... erzeugen. Die Einrücktiefe soll dabei um 1 cm größer sein als die Breite des Markierungsworts, und jenes soll linksbündig im Markierungsfeld erscheinen.

Hinweis: Auch hier ist zunächst wieder ein eigener Längenbefehl erforderlich, z. B. \itembreite. *Nach der Breitenzuweisung des Markierungsworts mit* \settowidth *kann die Einrücktiefe zunächst mit* \setlength{\leftmargin}{\itembreite} *gleich dem Markierungswort gesetzt werden und dann mit* \addtolength{\leftmargin}{1cm} *um 1 cm vergrößert werden. Die Längenzuweisung für* \labelwidth *und* \labelsep *kann mit den entsprechenden Werten analog erfolgen. Alle sonstigen Einzelheiten sind dem Abschnitt 4.4 zu entnehmen.*

7.6 Allgemeine Bemerkungen zu Benutzerstrukturen

Der folgende Abschnitt enthält einige allgemeine Bemerkungen zur Erzeugung und Nutzung eigener LaTeX-Strukturen. Diese sind nicht allgemein verbindlich, sondern spiegeln lediglich meine Auffassung wider. Jeder Anwender wird im Laufe der Zeit seine eigene Technik entwickeln, die seinen Bedürfnissen entspricht.

7.6.1 Gleiche Befehls- und Zählernamen

In den vorstehenden Beispielen wurden einige Zähler eingeführt, die in anschließenden Befehlen oder Umgebungen benutzt wurden, z. B. myfn im Befehl \myfootnote auf Seite 185 oder com in der Kommentarumgebung comment auf Seite 192ff. Hier wurden für die Zähler und die anschließenden Befehle und Umgebungen unterschiedliche Namen verwendet. Dies ist nicht zwingend: *Für Zähler und Befehle oder Umgebungen dürfen gleiche Namen benutzt werden.* LaTeX erkennt aus der Stellung des Namens, ob dieser sich auf einen Zähler oder einen Befehl bzw. eine Umgebung bezieht.

Die unterschiedlichen Namen wurden in den Beispielen nur verwendet, um anfängliche Verwirrung zu vermeiden. Tatsächlich ist es praktisch, zusammengehörige Zähler und Befehle bzw. Umgebungen mit dem gleichen Namen zu bezeichnen, wovon LaTeX selbst auch ausführlich Gebrauch macht (s. 7.1.1). In den angeführten Beispielen sollten die Zählernamen besser myfootnote und comment heißen, womit die Zusammengehörigkeit mit den Befehlen oder Umgebungen zum Ausdruck gebracht wird und Befehls- oder Umgebungsänderungen weniger Merkaufwand erfordern.

7.6.2 Abspeichern von benutzereigenen Strukturen

Die Erzeugung benutzereigener Strukturen kann dem Anwender die Arbeit oft wesentlich erleichtern. Häufig wiederkehrende Befehls- und Textstrukturen sollten als eigene Struktur mit \newsavebox, \newcommand oder \newenvironment eingerichtet und als eigenes File abgespeichert werden. Dieses File kann mit \input (s. 8.1.1) in das jeweils zu erzeugende Dokument eingefügt werden und steht dann mit allen seinen Strukturen zur Verfügung.

Im Laufe der Zeit können auf diese Weise viele Hunderte oder gar Tausende von benutzereigenen Strukturen entstehen. Es empfiehlt sich nicht, die Gesamtheit aller dieser Strukturen in *einem* File abzuspeichern, da hierdurch die Bearbeitungszeit verlängert wird und die Namen der benutzereigenen Strukturen kaum noch zu übersehen sind. Stattdessen sollten solche Strukturen nach typischen Anwendungsfällen in Gruppen geordnet und für die verschiedenen Befehlsgruppen *eigene* Files eingerichtet werden.

7.6.3 Strukturen zur Abkürzung

Eine einfache Form für die Erstellung eigener Befehle liegt in einer abkürzenden Schreibweise für LATEX-Strukturen. Nach

```
\newcommand{\be}{\begin{enumerate}}
\newcommand{\ee}{\end{enumerate}}
```

genügt es, \be zu schreiben, wenn die LATEX-Umgebung \begin{enumerate} aufgerufen werden soll, und \ee, um sie zu beenden.

Solche Abkürzungen können die Schreibarbeit wesentlich vermindern. Für die Anlage einer Sammlung von benutzereigenen Strukturen sind so kurze Befehlsnamen weniger geeignet, da der Sinn des Befehls aus dem Namen kaum hervorgeht. Der Autor von LATEX, LESLIE LAMPORT, hat die Befehlsnamen gerade so gewählt, dass die Bedeutung der Befehle bereits weitgehend aus den Namen hervorgeht. Aussagekräftige, nicht abgekürzte Befehlsnamen lassen sich überdies leichter merken als mehr oder weniger sinnvolle Abkürzungen. Trotzdem können abgekürzte Befehlsnamen innerhalb eines Dokuments praktisch sein, wenn ihre Zahl begrenzt bleibt. Dies ist weitgehend durch den Arbeitsstil des Anwenders bestimmt.

7.6.4 Die Reichweite benutzereigener Definitionen

Benutzereigene Strukturdefinitionen im Vorspann gelten für das ganze Dokument. Befehls- und Umgebungsdefinitionen innerhalb einer Umgebung gelten nur innerhalb dieser Umgebung. Ihre Namen sind außerhalb der Umgebung unbekannt. Sollen diese Namen in einer anderen Umgebung wiederverwendet werden, so sind erneut die Befehle \newcommand bzw. \newenvironment zu verwenden, da die entsprechenden \renew-Befehle bereits bekannte Befehle voraussetzen.

Für Befehls- und Umgebungsnamen, die global, also im Vorspann, definiert worden sind, müssen dagegen innerhalb von Umgebungen die \renew-Befehle benutzt werden, wenn innerhalb einer Umgebung diese Strukturen neu definiert werden sollen. Auch hierbei gilt die neue Definition nur innerhalb der entsprechenden Umgebung. Außerhalb gilt nach wie vor die globale Definition.

Entsprechendes gilt für Strukturdefinitionen innerhalb von verschachtelten Umgebungen. Eine Strukturdefinition in einer äußeren Umgebung ist in allen inneren Umgebungen bekannt. Eine Änderung in einer inneren Umgebung muss mit \renew-Befehlen erfolgen. Nach Verlassen der inneren Umgebung gilt wieder die Definition der äußeren Umgebung.

Achtung: Benutzereigene Strukturen, die mit \newsavebox oder \newcounter eingeführt werden, sind ab der Stelle ihrer Definition global wirksam. Treten diese Befehle innerhalb einer Umgebung auf, so bleiben die mit ihnen erzeugten Strukturen auch nach Verlassen der Umgebung erhalten.

7.6.5 Argumentbegrenzungen

Bei den mit \newcommand, \renewcommand, \providecommand, \newenvironment und \renewenvironment definierten anwendereigenen Befehlen und Umgebungen dürfen beim Aufruf als Argumente übergebene Parameter beliebig lang sein. LATEX-Pakete mit einem Versionsdatum ab dem 1. Dezember 1994 stellen die vorstehenden Definitionsbefehle auch in einer *-Form als

```
\newcommand*        \renewcommand*        \providecommand*
\newenvironment*    \renewenvironment*
```

bereit, deren Syntax vollständig mit den Standardformen übereinstimmt. Bei anwendereigenen Strukturen, die mit diesen Befehlen definiert wurden, dürfen übergebene Argumente eine Absatzgrenze nicht überschreiten. Bei ihren Aufrufen dürfen die übergebenen Parameter also keine Leerzeilen oder den \par-Befehl sowie sonstige absatzüberschreitende Strukturen enthalten. Dies führt zu einer rascheren Fehlererkennung bei fehlerhaften Definitionen oder Aufrufen. Die *-Formen sollten deshalb bevorzugt verwendet werden.

7.6.6 Die Reihenfolge von Strukturdefinitionen

Benutzereigene Strukturen können beliebig miteinander verschachtelt werden. Enthält eine benutzereigene Definition weitere benutzereigene Strukturen, so werden diese meistens bereits definiert sein. Dies ist jedoch nicht zwingend. *Benutzereigene Definitionen dürfen andere benutzereigene Strukturen enthalten, die erst später definiert werden.* Solche späteren Definitionen müssen jedoch vor dem ersten Aufruf auftreten, der sich auf sie bezieht.

```
\newcommand{\A}{defa}
\newcommand{\B}{defb}
\newcommand{\C}{\A \B}
```

wird üblicherweise die Reihenfolge von verschachtelten benutzereigenen Befehlen sein. Es ist jedoch ebenso erlaubt, zu schreiben:

```
\newcommand{\C}{\A \B}
```
normaler Text, aber ohne Aufrufe von \C
```
\newcommand{\B}{defb}
\newcommand{\A}{defa}
```
weiterer Text mit beliebigen Aufrufen von \A, \B *und* \C

7.6.7 Weitergereichte Argumente

Bei verschachtelten Befehlen oder Umgebungen können Argumente mit dem Ersetzungszeichen an innere Befehle weitergereicht werden. Enthalten z. B. die Befehle \A und \B je ein Argument, so ist die Befehlsdefinition

```
\newcommand{\C}[3]{\A{#1}#2\B{#3}}
```

erlaubt. Hier werden das erste und dritte Argumennt an \A bzw. \B weitergereicht und nur das zweite Argument in der Befehlsdefinition direkt benutzt. Dabei sind alle Kombinationen von direkten und weitergereichten Argumenten erlaubt. Hierzu noch ein konkretes Beispiel:

```
\newcommand{\sumvec}[4]{\anvec{#3}{#4} = #1_1+#2_1,\ldots,#1_#4+#2_#4}
```

erzeugt mit dem Aufruf $\sumvec xyzn$ $z_1, \ldots, z_n = x_1 + y_1, \ldots, x_n + y_n$, wobei \anvec in 7.3.2 definiert war.

7.6.8 Verschachtelte Definitionen

Benutzereigene Definitionen dürfen verschachtelt auftreten. Eine Struktur

\newcommand{*außen*}{{\newcommand{*innen*} ...}}

ist erlaubt. Der für \innen gewählte Befehlsname ist nach den Bemerkungen zur Reichweite der Definitionen nur im Innern des Befehls \außen definiert und bekannt. Während bei TEX-Makros Verschachtelungen häufig benutzt werden, um die Lebensdauer der inneren Makros zu begrenzen, rate ich von verschachtelten LATEX-Definitionen ab, da die richtige Klammerung der inneren Strukturen leicht unübersichtlich wird. Vergessene Klammerpaare erzeugen nicht bei der Befehlsdefinition, sondern erst beim *zweiten* Befehlsaufruf eine Fehlermeldung, da dann die innere Definition als existierend erkannt wird. Trotzdem hier ein – wegen der Unübersichtlichkeit gleichzeitig abschreckendes – Beispiel:

```
\newcommand{\twentylove}{{\newcommand{\fivelove}{{{\newcommand{\onelove}%
{Ich liebe \LaTeX!}\onelove\ \onelove\ \onelove\ \onelove\ \onelove}}}%
\fivelove\\ \fivelove\\ \fivelove\\ \fivelove}}
```

Die Eingabe Meine Einstellung zu \LaTeX:\\[0.5ex]\twentylove erzeugt:
Meine Einstellung zu LATEX:
Ich liebe LATEX! Ich liebe LATEX! Ich liebe LATEX! Ich liebe LATEX! Ich liebe LATEX!
Ich liebe LATEX! Ich liebe LATEX! Ich liebe LATEX! Ich liebe LATEX! Ich liebe LATEX!
Ich liebe LATEX! Ich liebe LATEX! Ich liebe LATEX! Ich liebe LATEX! Ich liebe LATEX!
Ich liebe LATEX! Ich liebe LATEX! Ich liebe LATEX! Ich liebe LATEX! Ich liebe LATEX!

Sollen verschachtelte Definitionen sowohl *innen* wie *außen* mit Argumenten versehen werden, so muss zwischen den inneren und äußeren Ersetzungszeichen unterschieden werden. Die *inneren* Ersetzungszeichen sind dann als ##1 ... ##9 anzugeben, während die *äußeren* wie bisher als #1 ... #9 auftreten. Beispiel:

```
\newcommand{\ding}[1]{{\newcommand{\farbe}[2]{Das ##1 ist ##2.}
\farbe{#1}{rot} \farbe{#1}{gr"un} \farbe{#1}{blau}}}
```

erzeugt mit den Aufrufen: Die Farben der Gegenst"ande sind\\[0.5ex]
\ding{Kleid}\\ \ding{Buch}\\ \ding{Auto}
Die Farben der Gegenstände sind
Das Kleid ist rot. Das Kleid ist grün. Das Kleid ist blau.
Das Buch ist rot. Das Buch ist grün. Das Buch ist blau.
Das Auto ist rot. Das Auto ist grün. Das Auto ist blau.
Die getrennte Definition und der Aufruf nach 7.6.6 sind übersichtlicher und würden lauten:

```
\newcommand{\ding}[1]{\farbe{#1}{rot} \farbe{#1}{gr"un} \farbe{#1}{blau}}
\newcommand{\farbe}[2]{Das #1 ist #2.}
```

7.6.9 Unerwünschte Zwischenräume

Gelegentlich treten bei benutzereigenen Strukturen Zwischenräume auf, die nicht vorgesehen waren, oder die Zwischenräume erscheinen ungewollt groß. Dies ist fast immer darauf zurückzuführen, dass in der Strukturdefinition Leerzeichen oder Zeilenschaltungen zur besseren Lesbarkeit der Definition eingefügt worden sind, die jedoch dann beim Aufruf der Struktur entsprechende Zwischenräume erzeugen.

Wäre z. B. beim \myfootnote-Beispiel auf Seite 185 das %-Zeichen am Ende der ersten Zeile der Befehlsdefinition nicht geschrieben worden, so wäre an dieser Stelle in der Definition eine Zeilenschaltung eingefügt worden, die beim Aufruf dieses Befehls in ein Leerzeichen an der entsprechenden Stelle umgewandelt worden wäre. Damit würde zwischen dem vorangehenden Wort, an dem die Fußnotenmarkierung angebracht werden soll, und dem Aufruf des Befehls \footnote ein Leerzeichen eingefügt, wodurch die Markierung vom vorangehenden Wort abgesetzt erschiene.

An dieser Stelle sei daran erinnert, dass etliche LaTeX-Befehle *unsichtbar* sind, d. h., sie erzeugen an der Stelle ihres Auftretens keinen sichtbaren Text. Wird ein solcher unsichtbarer Befehl innerhalb des umgebenden Textes durch Leerzeichen eingeschachtelt, so können bei der Ausgabe ggf. zwei Leerzeichen hintereinander erscheinen. Das Beispiel Beispiel \rule{0pt}{0pt} erzeugt ergibt „Beispiel erzeugt" und enthält einen doppelt breiten Zwischenraum. Bei unsichtbaren Befehlen ohne Parameter tritt dieses Problem nicht auf, da Leerzeichen nach einem solchen Befehl stets entfernt werden. Übrigens werden Leerzeichen auch bei den folgenden Befehlen oder Umgebungen mit Parametern stets von LaTeX selbst entfernt:

```
\pagebreak      \linebreak      \label      \glossary      \vspace      figure
\nopagebreak    \nolinebreak    \index      \marginpar                  table
```

7.7 Zwei abschließende Beispiele

Im vorliegenden Buch wurden bei der Erläuterung von vielen LaTeX-Stilparametern listenartige Strukturen benutzt. Die Beschreibung der Stilparameter für Gleitobjekte in 6.6.3 erfolgte mittels der description-Umgebung, bei der die einzelnen Markeneinträge mit \item[\textttt{*text*}] vorgenommen wurden.

An anderen Stellen, z. B. für die Listenerklärungen von 4.4.2 auf Seite 76, wurde der erklärende Text so weit eingerückt, wie es der breitesten Markeneintragung entsprach. Hierfür wurde eine eigene Umgebung ttscript eingerichtet, deren Syntax lautete:

\begin{ttscript}{*Mustermarke*}   *Listentext*   \end{ttscript}

Der übergebene Text für *Mustermarke* bestimmt die Einrücktiefe für diesen Text in der Schriftart \textttt. Der *Listentext* besteht aus den einzelnen \item[*Markentext*]-Befehlen, gefolgt vom jeweils beschreibenden Text, der entsprechend *Mustermarke* einheitlich eingerückt erscheint. Der *Markentext* erscheint in der Schriftart \textttt linksbündig im Markierungsfeld.

```
\newenvironment{ttscript}[1]
  {\begin{list}{}{%
    \settowidth{\labelwidth}{\textttt{#1}}
    \setlength{\leftmargin}{\labelwidth}
      \addtolength{\leftmargin}{\labelsep}
    \setlength{\parsep}{0.5ex plus0.2ex minus0.2ex}
    \setlength{\itemsep}{0.3ex}
    \renewcommand{\makelabel}[1]{\textttt{##1}\hfill}}}
  {\end{list}}
```

definiert die Umgebung ttscript. Sie kann leicht auf andere Schriftarten für den Markierungstext abgeändert und umbenannt werden und dann als benutzereigene Struktur abgespeichert werden, um allgemein zur Verfügung zu stehen.

Die ersten drei Zeilen der vorstehenden Definition sollten keine Verständnisschwierigkeiten bereiten. Die Umgebungsdefinition enthält einen freien Parameter, der in

\settowidth{\labelwidth}{\textttt{#1}}

übergeben wird und damit die Markenweite aus dem übergebenen Mustertext bestimmt. Die linke Listeneinrückung wird mit \setlength{\leftmargin}{\labelwidth} zunächst gleich der Breite von \labelwidth gesetzt und dann anschließend mit \addtolength{\leftmargin}{\labelsep} um den Wert von \labelsep erhöht.

Die dritte und vierte Zeile für \parsep und \itemsep entsprach den Bedürfnissen für dieses Buch. Sie können vom Benutzer nach seinen eigenen Wünschen gestaltet und ggf. um weitere Listenerklärungen erweitert werden.

Die letzte Zeile, mit der der \makelabel-Befehl umdefiniert wird, bedarf einer Erläuterung. Dieser Befehl war kurz in 4.4.1 auf Seite 76 vorgestellt worden. Der Befehl ist nur innerhalb der list-Umgebung definiert und wird durch jeden \item-Befehl zur Ausgabe der Markierung aktiviert. Der freie Parameter dieses Befehls entspricht dem *optionalen* Parameter des \item-Befehls.

\renewcommand{\makelabel}[1]{\textttt{#1}\hfill}

ändert den Befehl, so dass der optionale \item-Parameter in der Schriftart \textttt und durch das anschließende \hfill linksbündig im Markierungsfeld erscheint. Wegen der Verschachtelung der Umdefinition mit der Definition der ttscript-Umgebung muss das innere Ersetzungszeichen entsprechend dem vorletzten Unterabschnitt als ##1 statt #1 gewählt werden.

Übung 7.12: *Verallgemeinern Sie die* ttscript-*Umgebung in eine allgemeinere* varscript-*Umgebung mit zwei Parametern, so dass mit dem zweiten Parameter der Schriftstilbefehl für den Markenausdruck gewählt werden kann.*

Benutzereigenen Befehlen oder Umgebungen können bis zu neun Parameter übergeben werden. Grundsätzlich sind Strukturen umso variabler, je mehr freie Parameter sie besitzen. Andererseits werden die zugehörigen Aufrufe dadurch aber umständlicher, weil hierbei nicht nur die Zahl, sondern auch die Reihenfolge der Parameter eingehalten werden muss.

Das Beispiel für eine benutzereigene Listenumgebung bild in 4.4.4 auf Seite 78 enthält keine freien Parameter. Ihr Aufruf erzeugt mit jedem \item-Befehl **Bild 1:**, **Bild 2:** usw. Der jeweilige Item-Text erscheint links um 2.5 cm und rechts um 1 cm gegenüber dem umgebenden Text eingerückt. Weitere Listenparameter wie \labelsep, \parsep und \itemsep sind in der Listenerklärung mit festen Werten versehen. Mit der Definition

```
\newcounter{itemnum} \newlength{\addnum}
\newenvironment{genlist}[8]
  {\begin{list}{\textbf{#1 \arabic{itemnum}:}}
    {\usecounter{itemnum}
     \settowidth{\labelwidth}{\textbf{#1}}
     \settowidth{\addnum}{\textbf{\ \arabic{itemnum}: }}
      \addtolength{\labelwidth}{\addnum}
      \setlength{\labelsep}{#2}
    \setlength{\leftmargin}{\labelwidth}
      \addtolength{\leftmargin}{\labelsep}
    \setlength{\rightmargin}{#3}
    \setlength{\listparindent}{#4}
    \setlength{\parsep}{#5}
    \setlength{\itemsep}{#6}
    \setlength{\topsep}{#7}#8}}
  {\end{list}}
```

wird eine allgemeine Liste erzeugt, bei der der erste Parameter einen einheitlichen Item-Namen erzeugt, der bei jedem \item-Befehl gemeinsam mit einer laufenden Item-Nummer ausgegeben wird. Die linke Einrücktiefe wird durch die Weite des Item-Namens und die Größe von *labelsep*, die als zweiter Parameter übergeben wird, bestimmt. Die nächsten fünf Parameter sind, wie der zweite, Längenmaße, mit denen die verschiedenen Listenparameter gesetzt werden. Der letzte Parameter schließlich bestimmt den Schriftstil für den Item-Text. Die Syntax zum Aufruf dieser Umgebung lautet damit:

>\begin{genlist}{*itemname*}{*labelsep*}{*rightmargin*}{*listparindent*}
>   {*parsep*}{*itemsep*}{*topsep*}{*schrifttyp*}
>   \item *Itemtext* ... ... \item *Itemtext*   \end{genlist}

und der Aufruf

>   \begin{genlist}{Muster}{2mm}{1cm}{0pt}{1ex plus0.5ex}{0pt}{0pt}{\slshape}
>   \item ohne Wert \item Bei Einsendung des beigef"ugten Gutscheins wird
>   der Betrag von 5.-- DM der Bestellung gutgeschrieben \end{genlist}

erzeugt:

Muster 1:   *ohne Wert*

Muster 2:   *Bei Einsendung des beigefügten Gutscheins wird der Betrag von 5.– DM der Bestellung gutgeschrieben*

Bei diesem Beispiel sind im Aufruf die Längenangaben mit ihren Maßeinheiten anzugeben. Es ist auch möglich, Maßeinheiten bereits in der Definition anzugeben und beim Befehlsaufruf die Längenangaben als reine Zahlen zu schreiben. Ebenso könnte die Elastizität für die vertikalen Maßangaben nach einem in der Definition angegebenen Algorithmus – unter Rückgriff auf die TEX-Definitionsstruktur \newdimen – selbst festgelegt werden:

>   \newdimen\tmpdim \setlength{\tmpdim}{#5ex}
>   \setlength{\parsep}{\tmpdim plus0.3\tmpdim minus0.5\tmpdim}

erwartet für den fünften Parameter eine reine Zahl und setzt bei einer Eingabe von "2" das interne Dimensionsregister \tmpdim zunächst auf 2ex und hiermit \parsep auf das elastische Maß \tmpdim plus0.3\tmpdim minus0.5\tmpdim. Auch hier besteht der Widerspruch zwischen einer einfacheren Eingabe und der größeren Anforderung an das Gedächtnis, insbesondere wenn für die verschiedenen Parameter unterschiedliche Maßeinheiten und Algorithmen definiert sind.

Kapitel 8

LaTeX-Steigerungen

Dieses Kapitel enthält weitere Informationen über LaTeX-Möglichkeiten und -Strukturen. Hierunter fallen so wichtige Anwendungen wie die Aufteilung von Texten auf verschiedene Files und die selektive Bearbeitung von Teiltexten, Kreuzbezüge zwischen Textstellen und Bezüge zu Bildern, Tabellen und Verzeichnissen. Gerade diese Eigenschaften rechtfertigen die Kennzeichnung von LaTeX als ein Dokument-Aufbereitungssystem (Document Preparation System). Demgegenüber stellen die in den vorangegangenen Abschnitten vorgestellten Befehle und Umgebungen die Werkzeuge zur Textbehandlung dar.

8.1 Behandlung von Teildokumenten

Ein LaTeX-Textdokument besteht bekanntlich aus dem Vorspann und dem eigentlichen Textteil. Für kürzere Dokumente, und mit solchen beginnt man gewöhnlich als Newcomer, wird man hierfür mit dem Editor ein File anlegen, das nach einem ersten Ausdruck ggf. noch korrigiert werden muss. Mit zunehmender Erfahrung und Aufgabenstellung werden die LaTeX-Dokumente schnell länger und es ist nur eine Frage der Zeit, bis der Anwender vor der Aufgabe steht, ein ganzes Buch oder sonstige Dokumente mit hundert und mehr Seiten zu erzeugen.

Solche langen Dokumente können nach wie vor in einem einzigen File angelegt werden, doch wird mit zunehmender Länge die Handhabung umständlicher und unübersichtlicher. LaTeX gestattet die Aufteilung von längeren Dokumenten auf verschiedene Files und deren Zusammenfügung erst zum Zeitpunkt der Bearbeitung.

8.1.1 Der Befehl \input

Tritt in einem LaTeX-Dokument an irgendeiner Stelle der Befehl

\input{*file_name*}

auf, so wird der Inhalt des Files mit dem Namen *file_name* bei der LaTeX-Bearbeitung an der Stelle dieses Befehls eingefügt, unmittelbar nach dem vorangehenden Text und fortsetzend mit dem darauffolgenden Text. Lautet der Filenamensanhang .tex, so kann sich die Angabe für *file_name* auf den Filegrundnamen ohne den Anhang .tex im \input-Befehl beschränken.

Das Ergebnis des \input-Befehls ist also so, als würde der in *file_name* stehende Text an der Stelle des Befehls im aufrufenden File stehen. Der Befehl \input ist an beliebigen Stellen, sowohl im Vorspann wie im eigentlichen Textteil, erlaubt.

Da der \input-Befehl auch im Vorspann stehen darf, kann der ganze Vorspann selbst in ein eigenes File gebracht werden, womit das LATEX-Bearbeitungsfile selbst ggf. nur aus \input-Befehlen und dem \begin{document}...\end{document}-Paar besteht. Die Einrichtung eines eigenen Files für den Vorspann ist sehr praktisch, wenn man eine Reihe verschiedener, aber häufig wiederkehrender Bearbeitungstypen verwendet. Erzeugt man für jeden Bearbeitungstyp ein eigenes File, so kann man mit \input{*bearb_typ*} in einfacher Weise den jeweiligen Bearbeitungstyp wählen.

Ein durch \input eingelesenes File darf seinerseits \input-Befehle enthalten, womit innerhalb dieses Files bei der LATEX-Bearbeitung weitere Files eingefügt werden. Die Verschachtelungstiefe ist hierbei nur durch die Speicherkapazität des Rechners begrenzt.

Übung 8.1: *Bringen Sie den Vorspann Ihres Standardübungsfiles* uebung.tex *in ein eigenes File* vorspann.tex *und splitten Sie den Textteil auf die drei Files* ueba.tex, uebb.tex *und* uebc.tex *auf. Wie muss nun Ihr Bearbeitungsfile aussehen, damit Ihr gesamter Übungstext durch LATEX behandelt wird?*

8.1.2 Der Befehl \include

Die Aufteilung eines Dokuments in verschiedene Files ist zwar für die Erstellung, Änderung und Korrektur sehr praktisch, bei der Zusammenfügung mit \input wird jedoch das ganze Dokument, d. h. alle Teilfiles, bei der LATEX-Bearbeitung neu behandelt, auch wenn eine Korrektur nur ein einziges Teilfile betrifft. Wünschenswert wäre eine Möglichkeit, dass nur das korrigierte Teilfile neu bearbeitet wird. Dies ist in begrenztem Umfang durch den Befehl

\include{*file_n*}

möglich, wobei *file_n* für den Namen des zu bearbeitenden Teilfiles steht. Dieser Befehl ist nur im Textteil erlaubt; im Vorspann wird er ergänzt durch den Befehl

\includeonly{*file_liste*}

der nur im Vorspann auftreten darf. *file_liste* ist eine Liste von möglichen, durch Kommata getrennten Filenamen, die durch die \include-Befehle eingefügt werden sollen.

Fehlt dieser Befehl im Vorspann oder tritt der Filename *file_n* in der *file_liste* auf, so ist der Befehl \include{*file_n*} identisch mit der Befehlsfolge

\clearpage \input{*file_n*} \clearpage

Fehlt dagegen dieser Name in der Fileliste des \includeonly-Befehls, so ist der Befehl \include identisch mit einem \clearpage. Eine Einfügung des Inhalts von *file_n* unterbleibt in diesem Fall.

Der Befehl \include ist damit weniger allgemein als der \input-Befehl, da er stets mit einer neuen Seite beginnt. Die Aufteilung eines Dokuments auf mehrere Files sollte bei der Verwendung von \include sinnvollerweise nur an solchen Stellen erfolgen, an denen ein Seitenumbruch vorgesehen ist. Eine weitere Beschränkung liegt darin, dass \include-Befehle nicht geschachtelt werden können. Ein durch \include eingelesenes File darf also seinerseits keine weiteren \include-Befehle enthalten. Weitere \input-Befehle in einem solchen File sind dagegen erlaubt.

8.1. BEHANDLUNG VON TEILDOKUMENTEN

Der Nutzen des \include-Befehls liegt darin, dass er eine selektive LaTeX-Bearbeitung gestattet, gesteuert durch den \includeonly-Befehl im Vorspann. Bei dem selektiv bearbeiteten File werden die richtigen Seitennummern und alle sonstigen Nummern, wie Kapitel-, Abschnitts-, Fußnoten-, Gleichungsnummern u. a., erzeugt. Diese Werte entnimmt LaTeX aus der früheren Version, mit der das ganze Dokument einmal bearbeitet worden war.

Werden bei dem selektiv zu bearbeitenden File größere Änderungen vorgenommen, die zu mehr oder weniger Seiten führen, so werden diese zwar bei diesem File richtig erzeugt; die anschließenden ausgeblendeten Files wissen von dieser Änderung jedoch nichts. Das Gleiche gilt für sonstige Strukturen wie zusätzliche oder entfernte Kapitel, Abschnitte, Gleichungen, Fußnoten, Bilder u. a.

Endete z. B. *file_3* vor der selektiven Bearbeitung bei Seite 17 und nachher mit Seite 22, so beginnt das ausgeblendete folgende *file_4* nach wie vor bei Seite 18 und ebenso behalten alle weiteren nachfolgenden Files ihre ursprüngliche Seitennummerierung. Wird unmittelbar danach *file_4* selektiv bearbeitet, so erhält es die richtige Startseite 23 und die entsprechend korrigierten Folgeseiten. Wird dagegen als Nächstes ein späteres File selektiv bearbeitet, z. B. *file_6* mit der ursprünglichen Startseite 91, so bleibt dies die Anfangsseite, da die Erhöhung der Seitennummern um 5 noch nicht bis hierher vorgedrungen ist. Entsprechendes gilt für alle sonstigen Strukturen, für die Zähler geführt werden.

Trotz dieses Mangels bleibt der \include-Befehl sehr nützlich, weil er bei einem größeren Dokument erheblich Rechenzeit einspart. Bei einem langen Dokument ist die Entstehung und Korrektur im Allgemeinen ein mehrstufiger Prozess. Mit dem \include-Befehl lassen sich in kurzer Zeit eine Vielzahl selektiver Änderungen erzeugen, auch wenn damit die einheitliche Nummerierung der verschiedenen Zähler zunächst durcheinander gerät. Diese lässt sich durch einen abschließenden Bearbeitungsgang, bei dem alle Teilfiles bearbeitet werden (am einfachsten durch Deaktivierung des \includeonly-Befehls im Vorspann), wieder richtigstellen.

Ein durch \include einzulesendes File darf keine \newcounter-Befehle enthalten. Dies ist keine wirkliche Einschränkung, da \newcounter-Befehle generell stets im Vorspann eingerichtet werden sollten.

Bei der Bearbeitung des Textes für dieses Buch war jedes Kapitel in einem eigenen File mit den Namen vorw.tex, lat1.tex, lat2.tex, ..., latf.tex und bindex.tex angelegt worden. Das eigentliche Bearbeitungsfile mit dem Namen lat.tex lautete dann

```
\documentclass{book}
   . . . . . . . . . . . . .
   \includeonly{...}
\begin{document}
   \frontmatter  \include{vorw} \include{toc}
   \mainmatter   \include{lat1} . . . \include{latf} \include{bindex}
   \backmatter   \printindex
\end{document}
```

wobei das File toc.tex nur aus der Zeile

```
\tableofcontents \listoftables \listoffigures
```

bestand. Mit der jeweiligen Eintragung im \includeonly-Befehl konnte dann die jeweils gewünschte selektive Bearbeitung erfolgen: \includeonly{toc,lat3} hätte z. B. mit dem Befehlsaufruf latex lat das Inhaltsverzeichnis und Kapitel 3 neu bearbeitet.

8.1.3 Ein- und Ausgabe am Bildschirm

Gelegentlich kann es erwünscht sein, bei der LATEX-Bearbeitung bestimmte Mitteilungen auf dem Bildschirm erscheinen zu lassen. Hierzu dient der Befehl

\typeout{*nachricht*}

wobei *nachricht* für den Text steht, der auf dem Bildschirm erscheinen soll. Die Nachricht erscheint auf dem Bildschirm, wenn bei der Bearbeitung des Dokuments LATEX diesen Befehl erreicht. Gleichzeitig wird der Inhalt von *nachricht* an dieser Stelle auch in das .log-File geschrieben (s. 8.4).

Tritt innerhalb von *nachricht* ein benutzereigener Befehlsname auf, so wird dieser Befehl ausgeführt, und auf dem Bildschirm erscheint das Ergebnis dieser Befehlsausführung. Dasselbe gilt auch für LATEX-eigene Befehle, doch sollte ggf. deren Folgewirkung bedacht werden. Wird dem Befehlsnamen der Befehl \protect vorangestellt, so erscheint einfach dieser Befehlsname als Text.

Der Befehl

\typein[*befehl*]{*nachricht*}

erzeugt auf dem Bildschirm zunächst ebenfalls den Inhalt von *nachricht*. Danach wartet LATEX auf eine Benutzereingabe in Form einer Zeile, die durch die *Return*-Taste beendet wird. Fehlt bei diesem Befehl der optionale Parameter *befehl*, so wird der über die Tastatur eingegebene Text so behandelt, als hätte er an der Stelle des Befehls im Text gestanden. Auf diese Weise könnte man z. B. ein und denselben Brieftext mit verschiedenen Anreden versehen. Steht im Text

    Liebe \typein{Name:}\\ ...

so erscheint auf dem Bildschirm

```
Name:

\@typein=
```

Wird bei einer wiederholten Bearbeitung hierauf nacheinander „Andrea", „Inge", „Margit" über die Tastatur eingegeben, so entstehen drei sonst gleiche Ausgaben, bei denen an dieser Stelle jeweils „Liebe Andrea", „Liebe Inge" bzw. „Liebe Margit" steht.

Enthält \typein den optionalen Parameter *befehl*, so ist dieser Befehl gleichbedeutend mit der Befehlsfolge

\typeout{*nachricht*} \newcommand{*befehl*}{*eingetippte Definition*}
bzw.
\typeout{*nachricht*} \renewcommand{*befehl*}{*geänderte Definition*}

Hiermit wird ein benutzereigener Befehl unter dem Namen *befehl* interaktiv definiert oder umdefiniert. Dieser kann dann im weiteren Verlauf des Dokuments wie jeder andere LATEX-Befehl aufgerufen und zur Wirkung gebracht werden.

Nach einiger Erfahrung im Umgang mit LATEX wird man feststellen, dass eine *interaktive* Bearbeitung mit dem \typein-Befehl sehr praktisch sein kann. Steht z. B. im Vorspann

    \typein[\files]{Welche Files ?}
    \includeonly{\files}

8.1. BEHANDLUNG VON TEILDOKUMENTEN

so erscheint auf dem Bildschirm

```
Welche Files ?

\files=
```

und LATEX wartet auf die Eingabe der Filenamen (bei mehreren durch Kommata getrennt) durch den Benutzer. Nach Eingabe der Namen über die Tastatur beginnt die Bearbeitung, ohne dass das aufrufende File mit dem Editor geändert werden muss.

Und genau mit dieser Änderung gegenüber dem auf der vorletzten Seite abgedruckten Code wurde der Text für dieses Buch auch tatsächlich bearbeitet.

Ein entsprechendes Verfahren würde sich auch anbieten, wenn derselbe Brieftext an verschiedene Empfänger gehen soll. Hier würde man die Empfängeranschrift und evtl. die Anredeform interaktiv bearbeiten. Aber auch ganze Formulare, die durch LATEX erzeugt werden, lassen sich auf diese Weise mit den variablen Eintragungen versehen. In unserem Hause werden so z. B. alle Bestellungen mit einem einmal entworfenen einheitlichen Bestellformular interaktiv ausgeführt.

Achtung: Der Befehl \typein darf nicht als Argument in einem anderen LATEX-Befehl auftauchen! In Umgebungen, z. B. einer Minipage, ist \typein dagegen erlaubt.

Übung 8.2: Ändern Sie die Übung 8.1 so ab, dass Ihre Textfiles `ueba.tex`, `uebb.tex` und `uebc.tex` mit \include-Befehlen eingelesen werden, und steuern Sie interaktiv, welche Teilfiles bearbeitet werden sollen.

Übung 8.3: Erzeugen Sie Ausdrucke von der Form

Urkunde
Olympische Frühjahrsspiele
Vilshofen 1988

Fingerhakeln am Tresen

Gold	J. R. Strauß	BAV	7999.9	Punkte
Silber	M. Gorbatim	USR	7777.7	Punkte
Bronze	H. D. Gentler	FRG	7250.0	Punkte

derart, dass auf Ihrem Bildschirm nacheinander

Nachricht	*Befehl*	*=*	*Eingabe*
`Sportart:`	`\@typein=`		`Fingerhakeln am Tresen`
`Maßeinheit:`	`\mass`	`=`	`Punkte`
`Gold:`	`\@typein=`		`J. R. Strauß`
`Nation`	`\@typein=`		`BAV`
`Wert:`	`\@typein=`		`7999.9`
`Silber:`	`\@typein=`		`M. Gorbatim`
`...`	`...`	`=`	`...`

erscheint und die entsprechenden Eintragungen interaktiv vorgenommen werden. Um den obigen Ausdruck zu erzeugen, wäre der Text der dritten Spalte als Antwort einzugeben. Wiederholen Sie das Programm mit verschiedenen weiteren Eintragungen. Ihrer Phantasie sind keine Grenzen gesetzt.

8.1.4 TeX-Befehle

Die rasche Zunahme von TeX-Anwendungen ist ganz wesentlich durch die Bereitstellung von LaTeX gefördert worden. Dies ist vielen LaTeX-Nutzern oft gar nicht so richtig klar. Sie halten LaTeX gelegentlich für ein eigenes ausführbares Programm als Alternative zu TeX. Tatsächlich ist LaTeX nur ein zwischen dem Anwender und dem ausführenden TeX-Programm eingeschaltetes Werkzeug, das die Nutzung von TeX ungemein erleichtert. Es *übersetzt* die angegebenen logischen Strukturen in die gestaltenden TeX-Befehle und lässt diese durch den internen Aufruf von TeX von diesem weiterbearbeiten.

Damit lassen sich reine TeX-Befehle auch von LaTeX aus aufrufen. Dies gilt uneingeschränkt für alle TeX-Grundbefehle. Neben den rund 300 Grundbefehlen kennt TeX ca. 600 weitere Befehle, die als Makros in `plain.tex` definiert sind. Strukturell unterscheidet sich LaTeX von TeX während der Bearbeitung nur dadurch, dass statt der Einbindung des originären TeX-Formatfiles `plain.fmt` das LaTeX-Formatfile `latex.fmt` verwendet wird. Da in dem zugehörigen LaTeX-Quellenfile `latex.ltx` die meisten, aber nicht alle, Makrodefinitionen aus `plain.tex` kopiert sind, können auch diese TeX-Makrobefehle von LaTeX aus aufgerufen werden.

Auf S. 491 ist aufgeführt, welche TeX-Makrodefinitionen in LaTeX unbekannt oder geändert sind. Nur diese Befehle können aus LaTeX nicht oder nur mit einer anderen Wirkung verwendet werden.

8.1.5 Der \special-Befehl

Der TeX-Befehl `\special{`*eintrag*`}` hat für die TeX-Bearbeitung eine besondere Aufgabe, nämlich gar keine! Dem Befehl kann als Argument für *eintrag* eine beliebige Text- oder Befehlsfolge übergeben werden. Diese bleibt von der TeX-Bearbeitung vollständig ausgeschlossen, sie wird unverändert, aber mit dem Hinweis der *Besonderheit* an das `.dvi`-File weitergegeben. Es ist allein Aufgabe des Druckertreibers, den übergebenen Inhalt von *eintrag* zu interpretieren und druckerspezifisch zu verarbeiten.

Eine mögliche Aufgabe für den `\special`-Befehl könnte z. B. darin liegen, mit der Angabe `\special{landscape}` dem Drucker mitzuteilen, dass er für die nachfolgende Ausgabe auf *Querformat* umschalten soll. Es hängt ausschließlich vom Druckertreiber ab, ob er das übergebene Argument des `\special`-Befehls interpretieren und die geforderte Aktion dem Drucker vermitteln kann. Die Wirkung des `\special`-Befehls ist damit in höchstem Maße geräteabhängig.

Eine andere häufig gewünschte Forderung ist die Einbindung von Grafiken oder Plotfiles, die aus einem Scanner oder einem Plotprogramm stammen, in die TeX- bzw. LaTeX-Bearbeitung. Auch dies ist im Prinzip mit einem `\special`-Befehl zu realisieren, z. B. als

   `\special{graphic `*plot_file_name*`}`

falls der Druckertreiber das übergebene Argument dahingehend interpretiert, das File mit dem übergebenen Namen einzulesen, den Drucker in den Grafikmodus umzuschalten und diese Grafik in den umgebenden Text einzufügen. Hierüber muss und kann nur die Dokumentation über den jeweiligen Druckertreiber Auskunft geben.

Der `\special`-Befehl kann für lokale Anwendungen leistungsfähige Druckermöglichkeiten erschließen. Dies geht aber auf Kosten der Kompatibilität, da die lokalen Druckereigenschaften schon im Eingabefile vorausgesetzt werden. Eine rechnerübergreifende Standardisierung erfolgt mit dem Ergänzungspaket `graphicx.sty`, das in [5b] vorgestellt wird.

8.2 Textbezüge

In längeren Texten wird häufig auf bestimmte Textstrukturen wie Bilder, Tabellen, Kapitel, Abschnitte oder bestimmte Textstellen Bezug genommen. Die Erstellung eines Indexregisters ist eine Bezugnahme auf ggf. viele gleiche Begriffe im Text. Solche Bezugnahmen waren in der Vergangenheit für den Autor und seine Sekretärin ein mühsames Geschäft. Die Erstellung eines Indexregisters wurde von vielen Autoren gescheut und unterblieb darum häufig.

Bezugnahmen auf zurückliegenden Text mit Seitenangaben sind zwar mühsam, doch noch machbar. Bezugnahmen auf späteren, noch nicht geschriebenen Text sind nur auf geplante Überschriftnummern, nicht dagegen auf Seitennummern möglich, da Letztere noch nicht bekannt sind. Solche Bezüge müssten später nachgetragen werden.

Die Erstellung eines Buches ist im Allgemeinen ein wachsender und sich häufig wandelnder Prozess. Nach der ersten Manuskriptversion wünscht der Autor – oft aufgrund sachverständiger Ratschläge – Änderungen, die von umfangreichen Ergänzungen oder Streichungen bis zu Umstellungen ganzer Abschnitte oder gar Kapitel reichen. Damit wird die bisherige Arbeit zur Erstellung der Bezüge zum Teil nutzlos und muss von Neuem beginnen.

Mit LaTeX gehört die geschilderte Situation der Vergangenheit an. Welche Änderungen und Umstellungen der Autor auch immer wünscht, die Information zur richtigen Erstellung der Bezüge wird von LaTeX ermittelt und an den vom Benutzer gewünschten Stellen eingetragen.

8.2.1 Querverweise

Mit dem Befehl

\label{*markierung*}

wird an der Stelle dieses Befehls im Text eine *unsichtbare* Markierung angebracht, auf die an beliebigen anderen Stellen Bezug genommen werden kann. Der Eintrag für *markierung* kann eine beliebige Kombination von Buchstaben, Zahlen und Zeichen[1] sein.

Mit dem Befehl

\pageref{*markierung*}

kann auf die markierte Stelle Bezug genommen werden, und zwar erzeugt dieser Befehl an der Stelle seines Auftretens die Seitennummer der *markierten* Textstelle.

Tritt der Befehl \label in oder nach einem Gliederungsbefehl oder in einer equation-, eqnarray-, figure-, table- oder enumerate-Umgebung oder in einer durch den Befehl \newtheorem geschaffenen Umgebung auf, so kann mit dem Befehl

\ref{*markierung*}

die entsprechende Gliederungs-, Gleichungs-, Bild- oder Tabellennummer ausgedruckt werden. Bei der enumerate-Umgebung ist das der Wert des Items, innerhalb dessen der \label-Befehl steht. Bei einer durch \newtheorem geschaffenen Umgebung ist es der Stand des zugehörigen Theorem-Zählers. Bei dem Satz von Bolzano-Weierstraß auf Seite 80 wurde z. B. die Markierung bo-wei durch

\begin{satz}[Bolzano-Weierstra"s] \label{bo-wei} ... \end{satz}

---

[1]Dies dürfen allerdings keine der Einzeichenbefehle \ # $ % & ~ ^ _ { } sowie bei einer deutschen Tastatur die Umlaute und das ß sein.

angebracht. Mit dem Text Satz \ref{bo-wei} auf Seite \pageref{bo-wei} an dieser Stelle wird „Satz 1 auf Seite 80" erzeugt und zu Tabelle \ref{etat87} auf Seite \pageref{etat87} siehe auch \ref{fig+tab} erzeugt entsprechend „zu Tabelle 6.1 auf Seite 172 siehe auch 6.6.6", da im Unterabschnitt 6.6.6 die Markierung \label{fig+tab} steht.

Das Anbringen einer unsichtbaren Markierung durch den \label-Befehl ist eine bildliche Beschreibung zum Verständnis des Zusammenwirkens der \label-Markierungen und der Bezüge hierauf durch die \ref- und \pageref-Befehle. Intern handhabt LaTeX dieses Zusammenwirken in folgender Weise: Mit jedem \label-Befehl wird der Markierungsname (das ist die Buchstaben-, Zahlen- und Zeichenkombination) zusammen mit der momentanen Seitennummer und dem Zählerstand der zugehörigen Zähler in ein File mit dem zugeordneten Grundnamen und dem Anhang .aux geschrieben.

Die \ref- bzw. \pageref-Befehle entnehmen die gewünschte Information den .aux-Files, die mit \begin{document} automatisch eingelesen werden. Bei der allerersten LaTeX-Bearbeitung existiert noch kein .aux-File, so dass die Bezüge hierbei noch nicht hergestellt werden können. Mit jeder weiteren Bearbeitung werden dann jedoch die Einträge der jeweils vorangegangenen Bearbeitung für die Herstellung der Bezüge benutzt. Dies macht es ggf. erforderlich, die letzte Version zweimal mit LaTeX zu bearbeiten, insbesondere, wenn zwischen der letzten und vorletzten Version größere Änderungen erfolgten. (S. auch 3.4.2 für den äquivalenten Vorgang beim Inhaltsverzeichnis.)

Zu jeder LaTeX-Installation gehört das File lablst.tex. Seine LaTeX-Bearbeitung führt zu einem interaktiven Bildschirm-Dialog, bei dem der Anwender aufgefordert wird, den Grundnamen des Hauptfiles anzugeben, das vorab mit LaTeX bearbeitet worden war. Außerdem wird nach der Bearbeitungsklasse und allen Ergänzungspaketen gefragt, die bei dieser LaTeX-Bearbeitung zur Anwendung kamen. Anschließend liest das Programm das .aux-File ein, das mit der LaTeX-Bearbeitung des Hauptfiles entstand, sowie alle weiteren .aux-Files, die als Folge von \include-Befehlen ebenfalls entstanden. Das Ergebnis wird in dem File lablst.dvi abgelegt. Seine Druckerausgabe oder sein Preview zeigt ein erweitertes Inhaltsverzeichnis für das vorangegangene Textdokument.

Nach jeder Zeile des eigentlichen Inhaltsverzeichnisses werden alle \label-Marken zusammen mit den zugehörigen Gliederungs- und Seitennummern aufgelistet, die in der zugehörigen Gliederung auftreten.

8.2.2 Bezüge zum Literaturverzeichnis

Die Erzeugung eines Literaturverzeichnisses sowie Textbezüge hierauf wurden bereits in 4.3.6 behandelt. Die Wiederholung erfolgt hier im Rahmen der grundsätzlichen Behandlung von Textbezügen. Das Literaturverzeichnis wird angelegt mit der Umgebung und den Eintragungen

> \begin{thebibliography}{*muster_marke*}
>   \bibitem[*marke_1*]{*bezug_1*} *eintrag_text_1*
>   \bibitem[*marke_2*]{*bezug_2*} *eintrag_text_2*
>   . . . .
> \end{thebibliography}

Die Bedeutung der einzelnen Parameter ist in 4.3.6 ausführlich erklärt und soll bis auf die Bezugsmarkierung hier nicht wiederholt werden. *bezug* hat dieselbe Bedeutung wie *markierung* beim \label-Befehl. Auch hier ist eine beliebige Kombination von Buchstaben, Ziffern und Zeichen, jedoch mit Ausnahme des Kommas, zulässig. Auf diese Bezugsmarkierung kann innerhalb des laufenden Textes mit

8.2. TEXTBEZÜGE

\cite[*zusatz_text*]{*bezug*}

verwiesen werden, womit im laufenden Text die jeweilige \bibitem-Marke in eckigen Klammern erscheint.

```
F"ur eine vertiefte Kenntnis von \LaTeX\ und \TeX\
s.~\cite{la} und \cite{kn.a,kn.b}.
```

erzeugt im laufenden Text:

Für eine vertiefte Kenntnis von LaTeX und TeX s. [1] und [10a, 10b].

Als Bezugsmarkierungen waren an den entsprechenden Stellen la, kn.a und kn.b gesetzt worden.

Wird im \cite-Befehl der optionale Parameter *zusatz_text* benutzt, so erscheint dieser Zusatztext hinter der Markierung, aber noch in den eckigen Klammern.

```
Die Erzeugung von Literaturdatenbanken ist in \cite[Anhang B]{la},
das Programm \textsc{Bib}\TeX\ selbst in \cite[Seiten 70, 71]{la}
beschrieben.
```

erstellt: Die Erzeugung von Literaturdatenbanken ist in [1, Anhang B], das Programm BIBTEX selbst in [1, Seiten 70, 71] beschrieben.

Mit der thebibliography-Umgebung wird vom Benutzer ein Literaturverzeichnis durch entsprechende Eintragungen bei den \bibitem-Befehlen angelegt. Daneben gibt es ein eigenes Programm BIBTEX, das auf eine oder mehrere Literaturdatenbanken zurückgreift und das ein Literaturverzeichnis aus den \cite-Bezügen selbst erzeugt. Hierzu müssen natürlich die Bezugswörter der Literaturdatenbanken bekannt sein.

In das erzeugte Literaturverzeichnis können auch Eintragungen erfolgen, auf die im Text kein Bezug genommen wird. Dies geschieht innerhalb des Textes mit

\nocite{*bezug_i, bezug_j,* ... }

-Befehlen, wobei *bezug_i, bezug_j,* ... weitere Bezugswörter aus der Literaturdatenbank sind. Das Literaturverzeichnis selbst wird mit dem Befehl

\bibliography{*datenbank_a,datenbank_b,* ... }

erzeugt, wobei *datenbank_a, datenbank_b,* ... die Grundnamen von Files sind, die Literaturdatenbanken enthalten. Diese Filenamen müssen neben dem Grundnamen die Endung .bib enthalten.

In Anhang B ist beschrieben, wie solche Literaturdatenbanken angelegt werden können und welche Eigenschaften das Programm BIBTEX im Einzelnen besitzt. Die Wechselwirkung zwischen LaTeX und BIBTEX geht aus B.1 hervor. Hier muss nach jeder LaTeX-Bearbeitung zunächst das Programm BIBTEX zusammen mit demselben Filegrundnamen aufgerufen werden. Nach *zwei* erneuten LaTeX-Bearbeitungen erscheint dann das Literaturverzeichnis an der Stelle des obigen \bibliography-Befehls.

Das BIBTEX-Programm gehört zu jeder LaTeX-Grundausstattung. Es wird deshalb auch in dieser LaTeX-Einführung in Anhang B vorgestellt. Anders als das LaTeX-Programm, das als TeX-Makropaket von jedem installierten TeX-System sofort und ohne Einschränkung genutzt werden kann, muss das BIBTEX-Programm nach Anpassung des Original-Quellenprogramms an die Eigenschaften des Rechners und seines Betriebssystems durch Kompilation bereitgestellt werden. Es ist deshalb leider nicht immer im Lieferumfang des angepassten TeX-Systems enthalten.

Das UNIX-TEX-System enthält BIBTEX. Auf Workstations und PCs unter UNIX sowie LINUX kann es deshalb immer als vorhanden vorausgesetzt werden. In den Hochschulrechenzentren sollte man es ebenfalls als verfügbar voraussetzen, da es gerade für den Aufgabenbereich wissenschaftlicher Veröffentlichungen ein fast notwendiges LATEX-Hilfswerkzeug darstellt und als solches bereits von LESLIE LAMPORT zusammen mit LATEX vorgestellt und eingeführt wurde. Die beigefügte CD-ROM TEX Live 5c enthält für alle unterstützten TEX-Systeme ebenfalls die zugehörigen ausführbaren BIBTEX-Programme.

8.2.3 Indexregister

LATEX erzeugt zwar nicht automatisch, wie etwa beim Inhaltsverzeichnis, ein Indexregister (Stichwortverzeichnis), aber es unterstützt den Anwender bei der Erstellung eines Indexregisters.

Die Formatierung eines Indexregisters erfolgt mit der Umgebung

\begin{theindex}   *index_eintragungen*   \end{theindex}

die eine zweispaltige Seitenformatierung mit der Kopfzeile *INDEX* bewirkt. Die erste Seite des Indexregisters erhält zusätzlich als Überschrift das Wort **Index**, und zwar bei den Dokumentklassen book und report in Größe der Kapitelüberschriften und bei article in Größe der Abschnittsüberschriften (section). Die einzelnen Eintragungen erfolgen mit den Befehlen

\item,   \subitem oder   \subsubitem bzw. \indexspace

gefolgt von der Eintragung des Indexwortes mit den Seitenzahlen, z. B.

```
Gliederungsbefehle, 37–42              \item Gliederungsbefehle, 37--42
    als eigene Files, 203–205              \subitem als eigene Files, 203--205
    Textreferenzen auf, 209, 210           \subitem Textreferenzen auf, 209, 210
        mit Gliederungsnummern, 209            \subsubitem mit Gliederungsnummern, 209
        mit Seitenzahlen, 209                  \subsubitem mit Seitenzahlen, 209
    Aufnahme der Überschrift ins Inhalts-  \subitem Aufnahme der "Uberschrift ins
        verzeichnis, 43, 44                      Inhaltsverzeichnis, 43, 44
                                           \indexspace
    Hervorhebungen, 57–66                  \item Hervorhebungen, 57--66
```

Reicht der Eintrag über die Spaltenbreite hinaus, so wird die Zeile umbrochen und die Fortsetzungszeilen erscheinen tiefer eingerückt als alle sonstigen Eintragungen: s. „Aufnahme der Überschrift ins Inhaltsverzeichnis, 43, 44".

Der Befehl \indexspace erzeugt im Indexregister eine Leerzeile.

Die theindex-Umgebung bewirkt nur eine geeignete Formatierung für das Indexregister. Die Eintragung der einzelnen Indexwörter mit Angabe der Seitenzahlen muss vom Anwender selbst vorgenommen werden. Hierbei kann LATEX jedoch Unterstützung leisten.

Im laufenden Text können an beliebigen Stellen

\index{*index_eintrag*}

Befehle eingetragen werden. Als *index_eintrag* sollte der jeweilige Begriff oder die Wortgruppe gewählt werden, die später im Indexregister stehen soll. Dies kann jede Kombination von Buchstaben, Ziffern und Zeichen, einschließlich Leerzeichen und Befehlszeichen, sein. Für *index_eintrag* kann damit auch jedes Befehlswort stehen, z. B. \index{\section}, \index{\ [} oder {%}. Auch der als Argument grundsätzlich verbotene Befehl \verb darf als Indexargument benutzt werden. Enthält *index_eintrag* irgendwelche Befehlssymbole, so

8.2. TEXTBEZÜGE 213

darf der \index-Befehl mit diesem Eintrag *nicht* als Argument in einem anderen Befehl stehen. Enthält *index_eintrag* eine öffnende geschweifte Klammer {, so muss zwingend auch die zugehörige schließende Klammer } auftreten. \index{\{} ist also nicht erlaubt, sondern nur \index{\{\}}.

Die \index-Befehle werden bei der LaTeX-Bearbeitung ignoriert, es sei denn, dass im Vorspann der Befehl

   \makeindex

steht. Mit diesem Befehl wird bei der LaTeX-Bearbeitung ein File mit dem Grundnamen des Dokuments und dem Anhang .idx angelegt. In dieses File wird mit jedem Auftreten eines \index-Befehls der jeweilige *index_eintrag* zusammen mit der zugehörigen Seitennummer in der Form

   \indexentry{*index_eintrag*}{*seitennummer*}

eingetragen. Das .idx-File kann im einfachsten Fall ausgedruckt werden und liefert dem Anwender eine Liste mit den Namen der Indexeintragungen und den zugehörigen Seitenzahlen. Mit dieser Liste können dann die Eintragungen bei der theindex-Umgebung vorgenommen werden. Diese Arbeit sollte erst an der endgültigen Version des Dokuments vorgenommen werden, da sich bis dahin die Zuordnung der Seitenzahlen zu den diversen Indexeintragungen noch ändern kann und damit die zugehörigen Eintragungen in der theindex-Umgebung entsprechend zu ändern wären.

Das LaTeX-Programmpaket enthält das File idx.tex. Damit können die .idx-Files für eine bessere Lesbarkeit aufbereitet werden. Die Anwendung von LaTeX auf idx.tex, also der Rechnerbefehl latex idx, erzeugt auf dem Bildschirm zunächst die Mitteilung:

```
*******************************
* Enter idx file's first Name. *
*******************************

\filename=
```

Nach Beantwortung, also der Angabe des Dokumentgrundnamens, wird das zugehörige .idx-File so bearbeitet, dass für jede Seite ein zweispaltiges Verzeichnis mit den auf dieser Seite angebrachten Indexeintragungen erzeugt wird. Der Ausdruck des erzeugten idx-Files liefert eine übersichtlichere Form der Informationen, die zur Ausfüllung der theindex-Umgebung benötigt werden.

Auch wenn die \index-Befehle ohne den Befehl \makeindex im Vorspann ohne Wirkung bleiben, empfiehlt es sich, die \index-Befehle bereits mit dem Beginn der Dokumenterstellung an den gewünschten Stellen anzubringen. Der Befehl \makeindex zur Erzeugung des .idx-Files sollte erst dann im Vorspann eingerichtet werden, wenn die endgültige Dokumentversion vorliegt. Anschließend kann die theindex-Umgebung mit den Angaben aus den .idx- oder idx.dvi-Files eingerichtet werden. Dies ist mühsam und verlangt umfangreiche Sichtungs- und Sortiervorgänge, da die \item-, \subitem- und \subsubitem-Befehle in lexikalischer Ordnung bezüglich ihrer Texteinträge anzuordnen sind.

Bei vielen Installationen existieren weitere Hilfsprogramme zur Bearbeitung des .idx-Files bis hin zur automatischen Erstellung der theindex-Umgebung. Der nächste Abschnitt beschreibt ein solches Werkzeug.

Zum LaTeX-Programmpaket gehört das Ergänzungspaket showidx.sty. Wird es mit dem Vorspannbefehl \usepackage{showidx} aktiviert, so werden die Indexeinträge der einzelnen Seiten als Randnotiz, oben auf der Seite beginnend, ausgegeben. Diese Ergänzung ist nützlich, wenn der Text vor der endgültigen Erstellung des Indexregisters durchmustert werden soll, um festzustellen, ob die Eintragungen an den richtigen Stellen eingesetzt wurden und ob ggf. Verschiebungen oder weitere Eintragungen erforderlich sind.

Für die Ergänzung `showidx` ist es empfehlenswert, die Breite der Randboxen mit der Erklärung `\marginparwidth` (s. 4.9.7) im Vorspann gegenüber dem Standardwert zu vergrößern. Das vorliegende Buchformat lässt eine Demonstration leider nicht zu.

8.2.4 Glossar

Ein *Glossar* (engl.: glossary) ist ein Spezialverzeichnis, z. B. eine alphabetische Anordnung der verwendeten Grundbegriffe nebst Erläuterungen. Zur Erstellung eines Glossars bietet LaTeX mit den Befehlen

 `\makeglossary` im Vorspann und
 `\glossary{`*glossar_eintrag*`}` im Textteil

eine ähnliche Unterstützung wie bei der Erstellung eines Indexregisters: Es wird ein Hilfsfile mit der Endung `.glo` erzeugt, das genau dem `.idx`-File entspricht. Ebenso entspricht der Befehl `\makeglossary` dem Befehl `\makeindex` und `\glossary` dem Befehl `\index`. Jeder `\glossary`-Befehl erzeugt im `.glo`-File einen Eintrag der Form

 `\glossaryentry{`*glossar_eintrag*`}{`*seitennummer*`}`

Mit der Information aus dem `.glo`-File kann dann ein Glossar erstellt werden. Hierfür existiert allerdings kein Pendant zur `theindex`-Umgebung. Eine geeignete Struktur zur Erzeugung eines Glossars ist z. B. die `description`-Umgebung (s. 4.3.3) oder eine spezielle `list`-Umgebung (s. 4.4).

8.3 MakeIndex – ein Stichwortprozessor

Die mühsame manuelle Erstellung der `theindex`-Umgebung zur Erzeugung eines Indexregisters entfällt, wenn das Programm MakeIndex zur Verfügung steht. Es gehört zur LaTeX-Standardinstallation und stammt von PEHONG CHEN mit Unterstützung durch LESLIE LAMPORT. Seine Nutzungsvoraussetzungen und Anwendung werden hier vorgestellt.

8.3.1 Nutzungsvoraussetzungen für MakeIndex

Das Programm MakeIndex setzt voraus, dass bei der LaTeX-Bearbeitung des Eingabetextes ein `.idx`-File aus den eingebetteten `\index`-Befehlen gem. 8.2.3 erstellt wird. Wie dort bereits erwähnt, setzt dies den Vorspannbefehl `\makeindex` voraus. Zusätzlich ist das Ergänzungspaket `makeidx.sty` mit dem weiteren Vorspannbefehl

 `\usepackage{makeidx}`

zu aktivieren. Dieses Ergänzungspaket stellt die beiden LaTeX-Befehle `\printindex` und `\see` bereit, die weiter unten vorgestellt werden.

Der bereits in 8.2.3 vorgestellte `\index`-Befehl zur Aufnahme von Stichworteinträgen erhält zur Nutzung mit MakeIndex eine eigene Syntax, die zu *Haupt-*, *einfachen* und *doppelten Untereinträgen* im Indexregister (Stichwortverzeichnis) führt, die in 8.3.2 vorgestellt wird.

Das Programm MakeIndex verarbeitet das erstellte `.idx`-File und erzeugt ein File mit dem Grundnamen des Dokuments und dem Anhang `.ind`. Dieses enthält die vollständige `theindex`-Umgebung mit den alphabetisch geordneten `\item`-, `\subitem`- und `\subsubitem`-Befehlen aus 8.2.3. Der Programmaufruf für MakeIndex lautet meistens

8.3. MAKEINDEX – EIN STICHWORTPROZESSOR

>   makeindex *grundname*.idx   oder auch nur   makeindex *grundname*

wobei *grundname* für den Grundnamen des bearbeiteten LATEX-Eingabefiles steht. Falls das Betriebssystem des Anwenders die Länge von Programmnamen auf acht Buchstaben begrenzt, dann lautet der Programmaufruf vermutlich

>   makeindx *grundname*.idx   oder auch nur   makeindx *grundname*

Eine anschließende LATEX-Bearbeitung erzeugt das Indexregister an der Stelle des Befehls \printindex, der gewöhnlich ganz am Ende des Eingabetextes, also unmittelbar vor \end{document} steht.

8.3.2 Die Syntax der Indexeinträge für MakeIndex

Das Programm MakeIndex erwartet die Eintragungen bei den \index-Befehlen in einer der drei Formen

>   \index{*haupt_eintrag*}
>   \index{*haupt_eintrag*!*unter_eintrag*}
>   \index{*haupt_eintrag*!*unter_eintrag*!*unter_unter_eintrag*}

Die einzelnen Haupt- und Untereinträge dürfen beliebige Zeichen mit Ausnahme von '!', '@' und '|' enthalten. Das Ausrufezeichen wird als Trennzeichen zwischen den Eintragfeldern entsprechend der vorstehenden Syntaxdarstellung interpretiert. Enthält der \index-Befehl nur einen *Haupteintrag*, so wird sein Texteintrag für den erzeugten \item-Befehl verwendet. Die \item-Befehle werden in der erzeugten theindex-Umgebung in alphabetischer Ordnung entsprechend dem Eintragtext angeordnet.

Erfolgte der Indexeintrag in der zweiten Form, so wird der Text von *unter_eintrag* für den \subitem-Befehl benutzt und dieser in alphabetischer Reihenfolge für den Text von *unter_eintrag* dem zugehörigen Haupteintrag zugeordnet. Ein Indexeintrag der dritten Form benutzt den Text von *unter_unter_eintrag* für den \subsubitem-Befehl und ordnet diesen in alphabetischer Reihenfolge dem zugehörigen \subitem-Eintrag zu.

Als Beispiel für Anordnung und Wirkung der \item-, \subitem- und \subsubitem}-Befehle innerhalb der theindex-Umgebung mag das Teilbeispiel für ein Stichwortverzeichnis aus 8.2.3 auf S. 212 dienen, nur dass die dortigen manuellen Einträge der theindex-Umgebungen mit MakeIndex durch die folgenden \index-Befehle
\index{Gliederungsbefehle}
\index{Gliederungsbefehle!als eigene Files}
\index{Gliederungsbefehle!Textreferenzen auf}
\index{Gliederungsbefehle!Textreferenzen auf!mit Gliederungsnummern}
\index{Gliederungsbefehle!Textreferenzen auf!mit Seitenzahlen}
\index{Gliederungsbefehle!Aufnahme der ""Uberschriften ins Inhaltsverzeichnis}
\index{Hervorhebungen}
automatisch und wohlgeordnet erstellt werden. Die vorstehenden Indexbefehle sind an den entsprechenden Textstellen, auf die das Stichwort verweisen soll, anzubringen. Einige dieser Indexbefehle, wie z. B. \index{Gliederungsbefehle} oder \index{Hervorhebungen}, müssen an vielen Textstellen wiederholt angebracht werden.

Hier kann ein leistungsfähiger Editor eine große Hilfe sein. Die meisten Editoren gestatten die Einrichtung von Registern zur Aufnahme bestimmter Textpassagen. Speichert man häufig auftretende \index-Befehle in entsprechende Register, so kann durch den passenden Registeraufruf der zu wiederholende Indextext an den erforderlichen Stellen einfach kopiert werden. Dies bedeutet nicht nur Verminderung der Schreibarbeit, sondern vermeidet auch Schreibfehler. Ein fehlerhaft geschriebener zweiter Indexeintrag wird bei der MakeIndex-Bearbeitung als neuer Indexeintrag interpretiert, der damit zusätzlich im Indexregister auftritt, wie das Beispiel in 8.3.7 zeigen wird.

Erscheinen mehrere \index-Befehle mit gleichen Einträgen auf einer Seite, so führt das im Indexregister nur zu einem Eintrag für diese Seite. Gleiche Indexeinträge auf unterschiedlichen Seiten führen im Indexregister für das zugehörige Stichwort zu den einzelnen, durch Kommata getrennten Seitennummern. Erscheinen gleiche Indexeinträge auf aufeinander folgenden Seiten, so ist MakeIndex intelligent genug, dies zu erkennen und für die Ausgabe eine Form „von–bis" zu wählen, falls mehr als zwei solcher Seiten aufeinander folgen.

Soll ein Verweis auf längere zusammenhängende Textpassagen erfolgen, die sich über mehrere Seiten erstrecken, so kann dies auch durch die Einträge

\index{*eintrag* | (}   am Anfang der Textpassage und
\index{*eintrag* |)}   am Ende der Textpassage

gekennzeichnet werden. Hierbei kann *eintrag* für jede der drei zulässigen Formen stehen, also sowohl für einen Haupteintrag als auch für einen Unter- oder Unter-Untereintrag. Der Eintrag \index{Hervorhebungen | (} zu Beginn der zugehörigen zusammenhängenden Textpassage und \index{Hervorhebungen |)} an deren Ende sowie der gleiche Indexeintrag, aber ohne die Anfangs- und Endmarkierungen | (bzw. |) an zwei weiteren isolierten Stellen kann z. B. zu der Angabe „Hervorhebungen, 57–66, 75, 82" im Indexregister führen.

MakeIndex übernimmt die Stilarten der Seitennummerierung des formatierten Eingabetextes auch für die Bezugsseiten im Indexregister. Erfolgt z. B. bei einem Buch die Seitennummerierung des Vorworts in kleinen römischen und für den Hauptteil in arabischen Zahlen, so erscheinen die Seitenbezüge aus dem Vorwort auch im Indexregister in kleinen römischen und diejenigen aus dem Hauptteil in arabischen Zahlen. Seitenbereichseinschlüsse mit \index{... | (} und \index{... |)} sollten unterschiedliche Nummerierungs-Stilbereiche nicht überschreiten, sondern sich jeweils auf die einzelnen Nummerierungsstile beschränken.

Ein Indexeintrag kann auch mit | see{*verweis*} abgeschlossen werden:

\index{Sollwert|see{elastische Ma""se}}

erzeugt im Indexregister den Eintrag „Sollwert, *siehe* elastische Maße". Damit wird im Indexregister nicht auf eine Bezugsseite, sondern auf ein anderes Stichwort des Indexregisters verwiesen. Dieser \index-Eingabebefehl bewirkt in der theindex-Ausgabeumgebung den Eintrag \item Sollwert\see{elastische Ma"se}.

Grundsätzlich erscheinen alle in den \index-Befehlen mit dem Querstrich | eingeleiteten Namen, wie | *cmd*, durch MakeIndex in den zugeordneten \item-, \subitem- und \subsubitem-Befehlen als gleichnamige LaTeX-Befehle \ *cmd*, und zwar hinter dem zugehörigen Stichwort. Kennt \ *cmd* ein Argument, so wird hierfür die zugehörige Seitennummer eingesetzt, ohne dass diese explizit aufgerufen werden muss. Mit den beiden anwendereigenen Befehlsdefinitionen

\newcommand{\uu}[1]{\underline{#1}}
\newcommand{\ii}[1]{\textit{#1}}

bewirkt der Indexeintrag \index{Schriftattribute|uu}, dass die zugehörige Seitennummer nach dem Stichwort *Schriftattribute* unterstrichen wird, während weitere gleichnamige Indexeinträge ohne den Anhang | uu ununterstrichen bleiben, z. B. Schriftattribute, <u>60</u>, 225.

8.3. MAKEINDEX – EIN STICHWORTPROZESSOR

Entsprechend erzeugt \index{Breve-Akzent|ii} im Indexregister einen kursiven Seitenbezug: Breve-Akzent, *417*. Um Stichwörter im Indexregister, die in einer Fußnote dieser Seite auftreten, besonders zu kennzeichen, etwa durch ein der Seitennummer angehängtes *n*, wäre zunächst zu definieren:

\newcommand{\nn}[1]{#1\emph{n}}

Mit dem Indexeintrag \index{*fn_stichwort*|nn} innerhalb einer Fußnote, also innerhalb des erzeugenden \footnote-Befehls, könnte z. B. im Indexregister ein Eintrag 'Fußnotenstichwort, 217*n*' erzeugt werden.

Die Haupt- und Untereinträge dürfen auch in der Form *lex_eintrag@druck_eintrag* erfolgen. Dies hat zur Folge, dass als Text für die \item-, \subitem- bzw. \subsubitem-Befehle der Inhalt von *druck_eintrag* erscheint. Die Anordnung dieser Befehle, also ihre Reihenfolge, ist durch den lexikalischen Wert von *lex_eintrag* bestimmt. Das Stichwortverzeichnis dieses Buches ist ein Produkt von MakeIndex. Die Anordnung der LaTeX-Befehle in der lexikalischen Ordnung ihrer Namen ohne die vorangehende Befehlskennzeichnung mit \ erfolgt durch Eintragungen wie \index{put@\verb=\put=}.

Mit dieser Technik könnten im Indexregister auch Symbole wie $\int$ oder $\sum$ angebracht werden, wobei diese Symbole dann lexikalisch an der Stelle ihrer beschreibenden Wörter auftreten, also z. B. $\int$ lexikalisch dem Wort *Integral* und $\sum$ dem Wort *Summe* entsprechen.

\index{Integral@$\int$} bzw. \index{Summe@$\sum$}

8.3.3 Maskierung der MakeIndex-Sonderzeichen

Die drei Zeichen !, @ und | haben für MakeIndex die beschriebene Sonderfunktion. Sollen sie ausnahmsweise als *Textzeichen* im Indexregister erscheinen, so sind sie besonders zu kennzeichnen. Eine solche Kennzeichnung wird *Maskierung* genannt. Als Maskierungszeichen verwendet MakeIndex die Anführungsstriche. Mit der Angabe "! verliert das Ausrufezeichen seine Bedeutung als Trennzeichen und erscheint als '!' im Indexregister. Entsprechendes gilt für die beiden anderen Sonderzeichen: "@ und "| bewirken die Ausgabe der Zeichen @ und | im Indexregister.

Die Sonderbedeutung der Anführungszeichen wird durch deren Maskierung, also durch "", aufgehoben. Damit die Anführungszeichen in Indexeinträgen ihre Befehlsfunktion bei der Verwendung von german.sty zurückerhalten, sind sie dort stets doppelt zu schreiben, falls kein Formatänderungsfile (s. 8.3.6) zur Anwendung kommt. Das Stichwortverzeichnis dieses Buches enthält ziemlich am Anfang den Eintrag „@-Ausdrücke, 20, <u>96</u>, . . . ". Der erste Indexeintrag hierzu lautete: \index{"@-Ausdr""ucke}.

Indexeinträge, die Umlaute und das ß in Form von "u- und "s-Eingaben enthalten, erweisen sich als etwas umständlich. Nicht nur wegen der erforderlichen Maskierung für die Anführungsstriche, die somit in \index-Befehlen stets als "" einzugeben sind, sondern mehr noch wegen der Einwirkung der Anführungsstriche auf die lexikalische Anordnung. Dies verlangt die Nutzung der *lex_eintrag@druck_eintrag*-Struktur. Um das Wort „Frühstück" mittels einer internationalen Tastatur korrekt als Indexeintrag einzugeben, ist dort z. B. zu schreiben: \index{Fruhstuck@Fr""hst""uck}. Abhilfe und damit eine Erleichterung könnte mit einem Formatänderungsfile gem. 8.3.6 erreicht werden und natürlich auch mit einer deutschen Tastatur und deren Umlaut- und ß-Sondertasten.

8.3.4 Die lexikalische Ordnung im Indexregister

Die Sortierordnung im Indexregister erfolgt standardmäßig nach der ASCII-Ordnung in der Reihenfolge *Sonderzeichen, Zahlen* und *Buchstaben*. Die Sonderzeichen erscheinen in der Reihenfolge

␣ ! " # $ % & ' ( ) * + , - , / : ; < = > ? [\ ] ^ _ ` { | } ~

Indexeinträge, die mit einem Sonderzeichen beginnen, stehen im Indexregister also vor Zahleinträgen. Die Zahlen selbst sind dann nach der Größe geordnet, d. h., 9 erscheint als Eintrag vor der 10. Hierauf folgen schließlich die eigentlichen, aus Buchstaben bestehenden Stichwörter. Beim Sortierverfahren für Buchstaben wird zunächst nicht zwischen Klein- und Großbuchstaben unterschieden. Tritt jedoch ein Wort sowohl in Klein- wie in Großschreibung auf, so werden die beiden Formen als unterschiedliche Einträge für das Indexregister angesehen, und das großgeschriebene Wort erscheint vor dem kleingeschriebenen (s. jedoch Programmoption -g).

Das Leerzeichen ␣ geht nach der ASCII-Ordnung allen anderen Zeichen voran. Dies führt zu der überraschenden Konsequenz, dass ein Eintrag im \index-Befehl, der mit einem Leerzeichen beginnt, im Indexregister zu einer Anordnung führt, die allen sonstigen Zeichen, Zahlen und Wörtern vorangeht. Der Eintrag \index{␣Zyx} setzt das Stichwort 'Zyx' im Indexregister vor alle sonstigen zeichen-, zahlen- oder wortmäßigen Einträge, wobei das Leerzeichen bei der Ausgabe selbst entfernt wird, da TEX führende Leerzeichen einer Zeile standardmäßig ignoriert.

Dieses Verhalten kann mittels einer Programmoption gem. 8.3.5 abgeschaltet werden. Gelegentlich kann es jedoch sehr nützlich sein, z. B. für einen zwei- oder mehrsprachigen Text, bei dem im Indexregister die Stichwörter, nach Sprachen getrennt, jeweils für sich in lexikalischer Ordnung erscheinen sollen. Beginnen die Indexeinträge für die eine Sprache mit einem Leerzeichen und für die andere ohne, so entsteht genau die gewünschte, nach Sprachen getrennte Ordnung.

Das Verfahren kann fortgesetzt werden. Indexeinträge, die mit zwei Leerzeichen beginnen, gehen im Indexregister allen solchen voran, die nur mit einem oder ohne Leerzeichen beginnen. Bei der Ausgabe des Indexregisters werden solche führenden mehrfachen Leerzeichen dagegen wieder entfernt. Damit ist auf einfache Weise ein beliebig vielsprachiges, getrenntes Verzeichnis zu erstellen.

Die Sonderbehandlung der Leerzeichen hat bei mehrwortigen Einträgen, wie z. B. \index{Dieb} und \index{Die Zwei} zur Folge, dass im Indexregister ‚Die Zwei' vor ‚Dieb' steht, da das Leerzeichen dem ‚b' vorangeht. Auch diese Eigenschaft kann durch eine Programmoption abgeschaltet werden.

Indexeinträge, die mit einer Ziffer beginnen, aber keine reine Zahl darstellen, wie 1a oder 5*-Hotel, erscheinen nach der Gruppe der Sonderzeichen in der Ordnung der vorangehenden Ziffern und der nachfolgenden Zeichen.

8.3.5 MakeIndex-Programmoptionen

Der MakeIndex-Programmaufruf zur Bearbeitung eines .idx-Files darf Optionen enthalten. Gegenüber dem bereits in 8.3.1 vorgestellten Standardaufruf lautet der allgemeine Programmaufruf

```
makeindex  [-option [-option [...]]]  grundname.idx
```

8.3. MAKEINDEX – EIN STICHWORTPROZESSOR

Die Optionen bestehen jeweils aus einem Buchstaben, dem ein Minuszeichen vorangestellt wird. Die wichtigsten dieser Optionen sind:

-c Voran- oder nachgestellte Leerzeichen bleiben beim Sortiervorgang unberücksichtigt. Mehrfache Leerzeichen innerhalb des Eintrags werden beim Sortiervorgang als einfaches Leerzeichen betrachtet (Compress blanks).

-g Deutsches Ordnungsschema gemäß DIN 5007 in der Reihenfolge *Zeichen*, *Buchstaben* (bei Gleichheit *klein* vor *groß*) und *Zahlen*. Umlaute, die mit "u oder bei einer deutschen Tastatur mit den Umlauttasten eingegeben sind, werden als ae, oe bzw. ue geordnet, aber als Umlaut ausgegeben. Das mit "s bzw. mit der ß-Sondertaste eingegebene ß erscheint in der Ordnung bei ss. Voraussetzung: Verwendung von german.sty und eines geeigneten Formatänderungsfiles gem. 8.3.6.

-l Leerzeichen bleiben beim Sortiervorgang unberücksichtigt (Letter ordering).

-o gefolgt von einem Filenamen, unter dem die erzeugte theindex-Umgebung abgelegt wird. Standardmäßig, d. h. ohne die Option -o, wird hierfür der Grundname des Eingabefiles mit dem Anhang .ind als Ausgabefile verknüpft (Output declaration).

-s gefolgt von dem Namen eines sog. *Formatänderungsfiles*, das zusätzlich eingelesen wird (Style declaration).

8.3.6 MakeIndex-Formatänderungsfiles

Ein Formatänderungsfile besteht aus einer Liste von Paaren der Form *Schlüsselwort Attribut*. Das Attribut besteht entweder aus einem *Einzelzeichen* als '*z*' oder aus einer *Zeichenkette* als "*zk*". Einzelzeichen sind also mit einfachen Hochstrichen (Apostrophen), Zeichenketten mit doppelten Hochstrichen (Anführungszeichen) einzuschließen.

Die *Schlüsselwort-Attribut*-Paare sind zunächst bezüglich ihrer Wirkung auf die Ein- bzw. Ausgabephase zu unterscheiden. Schlüsselwort-Attribut-Paare für die Eingabephase beziehen sich auf die Interpretation der eingegebenen Indexinformationen, diejenigen der Ausgabephase auf die Ausgabegestaltung des Indexregisters. Mit einem Formatänderungsfile können beide Aufgaben weitgehend verändert und damit den Bedürfnissen des Anwenders angepasst werden.[2]

Schlüsselwort-Attribut-Paare für die Eingabephase: Die für LATEX-Anwender wichtigsten Schlüsselwörter der Eingabephase sind (mit dem Beispiel der Standardattribute):

quote   '"' bestimmt das Maskierungszeichen. Mit quote '~' würde die Tilde die Rolle des Maskierungszeichens annehmen.

level   '!' bestimmt das Trennzeichen für die Untereinträge.

actual '@' bestimmt das lexikalische Zuordnungszeichen.

encap   '|' bestimmt das Pseudobefehlszeichen für die LATEX-Befehlsweitergabe zur Seitennummerbearbeitung.

---

[2] Ich beschränke mich bei der Vorstellung der *Schlüsselwort-Attribut*-Paare auf solche, die im Zusammenhang mit LATEX stehen. MakeIndex ist nicht auf diese LATEX-Zusammenarbeit beschränkt. Es könnte Indexregister für völlig andere Textverarbeitungsprogramme erstellen. Entsprechend vielgestaltig sind die Möglichkeiten für Formatänderungsfiles. LATEX-Anwender sind aber vermutlich nicht daran interessiert, ein Indexregister für das UNIX-Textprogram troff zu erstellen. Die Begrenzung der Gestaltungsmöglichkeiten für ein Formatänderungsfile auf die Zusammenarbeit mit LATEX werden dessen Anwender nicht als Verlust der Allgemeinheit empfinden.

keyword "\\indexentry" Der LATEX-Befehl, der die Indexinformation für MakeIndex enthält (s. 8.2.3). Bezüge auf LATEX-Befehle sind in einem Formatänderungsbefehl stets mit einem doppelten Rückstrich, also mit \\ einzuleiten.

Mit level '>', actual '=' und quote '!' würde nunmehr > und = die Rolle der ursprünglichen Sonderzeichen ! und @ annehmen, während das Ausrufezeichen nun die Bedeutung als allgemeines Maskierungszeichen annimmt. Das Sonderzeichen | behält wegen der fehlenden Neueinstellung für encap seine Standardbedeutung.

Bei der Verwendung von german.sty empfiehlt es sich stets, mindestens das ursprüngliche Maskierungszeichen " umzudefinieren, damit die Bedeutung von " aus german.sty auch für Indexeinträge zur vereinfachten Erzeugung von Umlauten und des ß erhalten bleibt. Dies ist auch die Mindestforderung für ein Formatänderungsfile, das bei Aktivierung der MakeIndex-Porgrammoption -g zwingend verlangt wird. Trägt ein solches Formatänderungsfile den Namen german.ist, so wird es mit dem Programmaufruf

> makeindex -s german.ist -g *grundname*.idx

zusammen mit der Programmoption -g aktiviert.

Als Attribut für keyword kommt auch "\\glossaryentry" in Betracht, nämlich dann, wenn MakeIndex ein Glossar gem. 8.2.4 aus dem erzeugten .glo-File und den dortigen \glossaryentry-Befehlen erzeugen soll, die ihrerseits die mit \glossary-Befehlen generierten Glossareinträge zusammen mit den zugehörigen Seitennummern enthalten.

MakeIndex kennt noch einige weitere Schlüsselwort-Attribut-Paare, die ich unterschlagen habe, da sie mir nur für relativ exotische LATEX-Formatierungsaufgaben erforderlich erscheinen. Mit den angegebenen Paaren sollten alle für das Zusammenspiel mit LATEX-Standardeigenschaften anfallenden MakeIndex-Formatänderungen abzudecken sein.

Schlüsselwort-Attribut-Paare für die Ausgabephase: Auch bei der Vorstellung dieser Paare beschränke ich mich auf das Zusammenspiel mit LATEX-Standardbearbeitungseigenschaften. Die Schüsselwort-Attribut-Paare der Ausgabephase lassen sich zunächst in Gruppen entsprechend ihrer Aufgabe zusammenfassen. Die erste dieser Gruppen soll als *Kontext*gruppe bezeichnet werden, da sie sich auf den äußeren Rahmen des erstellten Index-Ausgabefiles bezieht. Sie besteht nur aus den beiden Paaren

preamble "\\begin{theindex}\n" Vorspannbefehle, die den Indexeinträgen vorangestellt werden, hier also die Einleitung der theindex-Umgebung.

postamble "\n\n\\end{theindex}\n" Nachspannbefehl, der die Indexeinträge abschließt, hier also die umschließende theindex-Umgebung beendet.

Soweit Attribute LATEX-Befehle weiterreichen sollen, sind diese, wie bereits bei den Attributen aus der Eingabephase erwähnt, durch zwei Rückstriche, also mit \\ einzuleiten. Die bei den Standardattributen auftretenden Angaben \n sind keine LATEX-Befehle, sondern Anweisungen an MakeIndex, an den so gekennzeichneten Stellen im MakeIndex-Ausgabefile (standardmäßig dem .ind-File) einen Zeilenwechsel vorzunehmen. Damit erscheint dort

> \begin{theindex}

gefolgt von einem Zeilenwechsel, so dass der nächste Eintrag mit einer neuen Zeile beginnt. Das andere Standardattribut fügt dem letzten Stichworteintrag zunächst zwei Zeilenwechsel und somit eine Leerzeile hinzu. Hiernach erscheint in einer eigenen Zeile

8.3. MAKEINDEX – EIN STICHWORTPROZESSOR

```
\end{theindex}
```
die mit einem weiteren Zeilenwechsel abschließt.

Neben der soeben vorgestellten \n-MakeIndex-Anweisung gibt es eine weitere mit \t. Diese fügt an der Stelle ihres Auftretens im MakeIndex-Ausgabefile das ASCII-Tabulatorzeichen HT = 09 ein.

Soll MakeIndex ein Glossar erstellen, so würde man als Attribut für preamble "\\begin{theglossary}\n" und für postamble "\n\n\\end{theglossary}\n" wählen. Da abweichend von der theindex-Umgebung LaTeX keine eigene theglossary-Umgebung bereitstellt, muss Letztere als anwendereigene Umgebung eingerichtet werden.

Die nächste Aufgabengruppe für die Schlüsselwort-Attribut-Paare der Ausgabephase soll *Stichwortunterteilungs*gruppe genannt werden. Die einzelnen lexikalisch geordneten Ausgaben im Indexregister können in die Gruppen *Symbole* (Sonderzeichen), *Zahlen* und alphabetische *Wortgruppen* mit jeweils *neuen* Anfangsbuchstaben unterteilt werden. Hierfür stehen folgende Schlüsselwörter zur Verfügung, für die die standardmäßig eingestellten Attribute genannt werden.

group_skip "\n\n\\indexspace" Das übergebene Attribut enthält die LaTeX-Angaben, die zwischen zwei der vorgestellten Stichwortgruppen eingefügt werden, standardmäßig also der vertikale Zwischenraumbefehl \indexspace.

headings_flag 0 Der Wert 0 unterdrückt weitere LaTeX-Befehlseinfügungen zwischen den Stichwortgruppen. Ein Wert > 0 setzt den einzelnen alphabetischen Wortgruppen den neuen Anfangsbuchstaben als Großbuchstaben, ein Wert < 0 als Kleinbuchstaben voran, jeweils umschlossen von den Attributen der beiden nachfolgenden Schlüsselwörter.

heading_prefix "" Das hiermit übergebene Attribut wird der jeweiligen Gruppenkennung, bei den alphabetischen Wortgruppen also den einleitenden Anfangsbuchstaben, vorangestellt. Die standardmäßige Leerzeichenkette "" stellt natürlich *nichts* voran.

heading_suffix "" Das hiermit übergebene Attribut wird der jeweiligen Gruppenkennung nachgestellt. Auch hier stellt die standardmäßige Leerzeichenkette *nichts* nach.

symhead_positive "Symbols" Die Kennzeichnung der Symbolgruppe, falls der Einstellwert von headings_flag > 0 ist. Standardmäßig würde in diesem Fall die Symbolgruppe mit dem vorangestellten Wort 'Symbols' gekennzeichnet.

symhead_negative "symbols" Die Kennzeichnung der Symbolgruppe, falls der Einstellwert von headings_flag < 0 ist.

numhead_positive "Numbers" Die Kennzeichnung der Zahlengruppe, falls der Einstellwert von headings_flag > 0. Standardmäßig würde in diesem Fall die Zahlengruppe mit dem vorangestellten englischen Wort 'Numbers' gekennzeichnet werden.

numhead_negative "numbers" Die Kennzeichnung der Zahlengruppe, falls der Einstellwert von headings_flag < 0 ist.

Achtung: Die Attribute der Schlüsselwörter heading_prefix und heading_suffix umschließen auch die Attribute der letzten vier Schlüsselwörter.

Ein Formatänderungsfile, das in den \index-Befehlen eine näherliegende Syntax sowie die Umlaut- und ß-Eingabe in gewohnter Weise als "u bzw. "s erlaubt und das den Symbol- und Zahlengruppen das horizontal zentrierte Wort **Symbole** bzw. **Zahlen** und den alphabetischen Wortgruppen den jeweils neuen Anfangsbuchstaben als ebenfalls horizontal zentrierten Großbuchstaben in Fettschrift voranstellt, wird mit folgenden Schlüsselwort-Attributangaben erreicht:

```
actual '=' level '>' quote '!'  headings_flag 1
heading_prefix "\\centerline{\\bfseries "
heading_suffix "}\\nopagebreak\n"
symhead_positive "Symbole" numhead_positive "Zahlen"
```

Die nächste Aufgabengruppe für Schlüsselwort-Attribut-Paare soll *Seiteneintragungs-gruppe* genannt werden. Sie regelt Anordnung und Trennung der Seitennummern von den vorangehenden Stichwörtern des Indexregisters. Auch die hierfür bereitgestellten Schlüsselwörter werden mit ihren Standardattributen aufgelistet.

delim_0 ", "   Trennungszeichen zwischen einem Haupteintrag und der ersten hierfür folgenden Seitenreferenz.

delim_1 ", "   Trennungszeichen zwischen einem Untereintrag und der ersten hierfür folgenden Seitenreferenz.

delim_2 ", "   Trennungszeichen zwischen einem Unteruntereintrag und der ersten hierfür folgenden Seitenreferenz.

delim_n ", "   Trennungszeichen zwischen verschiedenen aufeinander folgenden Seitenzahlen.

    Für die vier vorstehenden Schüsselwörter wird als Standardattribut einheitlich das Komma, gefolgt von einem Leerzeichen gewählt. Hierfür sind natürlich auch unterschiedliche Attributvorgaben erlaubt.

delim_t ""   Abschlusszeichen nach der letzten Seitenreferenz. Enthält ein Stichworteintrag keine Seitenreferenz, so bleibt das hier eingesetzte Attribut wirkungslos, ebenso natürlich auch das leere Standardattribut.

delim_r "--"   Bindezeichen für einen zusammenhängenden Seitenbereich. Standardmäßig ist hierfür der Streckenstrich – eingestellt.

suffix_p2 ""   Das hier eingesetzte Attribut wird bei zwei aufeinander folgenden Seitennummern der ersten nachgestellt, während die nachfolgende Seitennummer unterdrückt wird. Mit "f" würde das Seitennummerpaar 17, 18 als 17f ausgegeben. Diese Eigenschaft entfällt natürlich bei dem leeren Standardattribut.

suffix_p3 ""   Das hier eingesetzte Attribut wird bei drei aufeinander folgenden Seitennummern der ersten nachgestellt, während die beiden nachfolgenden Seitennummern unterdrückt werden. Mit "ff" würden die Seitennummern 21, 22, 23 als 21ff ausgegeben. Das leere Standardattribut hebt diese Wirkung natürlich auf.

suffix_pm ""   Dto, jedoch für *mehr* als drei aufeinander folgende Seitennummern.

Mit den Schlüsselwort-Attributangaben in einem Formatänderungsfile

```
delim_0 "\\dotfill "  delim_1 "\\dotfill "  delim_2 "\\dotfill "
```

8.3. MAKEINDEX – EIN STICHWORTPROZESSOR

werden die Seitenreferenzen im Indexregister rechtsbündig angeordnet und die Stichwörter mit der jeweils ersten Seitennummer zur besseren Augenführung durch eine Punktlinie verbunden.

Als letzte Aufgabe für ein Schlüsselwort-Attribut-Paar nenne ich hier die Reihenfolge von unterschiedlichen Seitennummerntypen im Indexregister. In 8.3.2 wurde auf S. 216 bereits angemerkt, dass MakeIndex den Seitennummerierungsstil der jeweiligen Ausgabeseite übernimmt. Es wurde dort aber nichts darüber gesagt, in welcher Reihenfolge solche unterschiedlichen Nummerierungstypen im Indexregister angordnet werden. Dies kann mit

page_precedence "rnaRA" gesteuert werden. In dieser Attributzeichenkette bedeutet ‚r' „kleine römische", ‚n' „natürliche (arabische)", ‚a' „kleine alphabetische", ‚R' „große römische" und ‚A' „große alphabetische" Nummerierung, wobei „alphabetische Nummerierung" meint, dass die Buchstaben von a–z und A–Z den Zahlen 1–26 zugeordnet werden. Die Standardvorgabe "rnaRA" bewirkt, dass Stichwörter, für die Referenzen mit unterschiedlichen Nummerntypen existieren, in der Reihenfolge klein römisch, arabisch, klein alphabetisch, groß römisch und als Letztes groß alpabetisch auftreten. Die Wirkung für das Attribut "rRnaA" braucht nicht nochmals aufgelistet zu werden.

MakeIndex kennt einige weitere Programmoptionen sowie eine Reihe weiterer Schlüsselwort-Attribut-Paare, für die ich in Verbindung mit LaTeX keinen Gestaltungsbedarf durch ein Formatänderungsfile sehe und die ich deshalb nicht angegeben habe. Für solche weiteren Aufrufoptionen sowie Schlüsselwörter eines Formatänderungsfiles verweise ich auf die dem Programmpaket von MakeIndex beigefügte Dokumentation. Diese enthält das File manpages.dvi, das über den lokalen .dvi-Treiber ausgedruckt werden kann. Es enthält die Dokumentation über MakeIndex in Form der Befehlsdokumentation der UNIX-Referenz-Handbücher. Weitere Dokumentation kann mit der LaTeX-Bearbeitung von makeindex.tex und ind.tex bereitgestellt werden. makeindex.tex enthält eine Kurzbeschreibung von LESLIE LAMPORT, ind.tex einen umfangreicheren Artikel von PEHONG CHEN und MICHAEL A. HARRISON.

8.3.7 Ein Demonstrationsbeispiel

Zum Abschluss ein Beispiel, das alle Formatierungseigenschaften demonstriert. Das hierbei verwendete Formatänderungsfile mit dem Namen demo.ist besteht aus den jeweiligen Schlüsselwort-Attributzuweisungen der vorangegangenen Seite, also aus den vier Zeilen im oberen Seitenteil sowie den Attributzuweisungen von \dotfill an die Schlüsselwörter delim_0, delim_1 und delim_2 entsprechend der letzten Seitenzeile. Man beachte die Änderung der Sonderzeichen, so dass nun > und = die Rolle der ursprünglichen Trennzeichen ! und @ annehmen und das Ausrufezeichen ! nunmehr als Maskierungszeichen wirkt, was zu einfacheren Indexeinträgen bei der Verwendung von german.sty führt.

Der Vorspann des .tex-Eingabefiles für das Demonstrationsbeispiel enthält zunächst drei anwendereigene Befehlsdefinitionen:

```
\newcommand{\ii}[1]{\textit{#1}}   \newcommand{\nn}[1]{#1n}
\renewcommand{\dotfill}{\leaders\hbox to 5p1{\hss.\hss}\hfill}
\MakeShortVerb{\@}
```

Der TeX-Originalbefehl \dotfill wird mit der Neudefinition der zweiten Zeile umdefiniert. Soll der TeX-Originalbefehl erhalten bleiben, so muss die vorstehende Definition unter einem anderen Namen, z. B. \mydotfill, erfolgen. In diesem Fall müsste die entsprechende Namensänderung auch im Formatänderungsfile bei den Attributzuweisungen für delim_0, delim_1 und delim_2 vorgenommen werden. Auf die Wirkung des geänderten \dotfill-Befehls wird nach der Ausgabe des Beispiel-Indexregisters kurz eingegangen.

Der Befehl \MakeShortVerb stammt aus dem Ergänzungspaket shortverb.sty (s. 4.10.3). Mit der Zuweisung von \@ wirkt der Einschluss eines Teiltextes in @-Paaren, also @*teiltext*@, so, als hätte man \verb@*teiltext*@ geschrieben. Dies erleichtert die Anforderungen für verbatime Einträge im Indexregister.

Der Textteil des .tex-Eingabefiles enthält die nachfolgend aufgeführten \index-Befehle, die auf den in der linken Spalte aufgelisteten Seiten auftreten.

S. i	`\index{@\ping@} \index{ping=@\ping@}`
	`\index{@\ping@>@\peng@} \index{ping=@ping@>peng=@\peng@}`
	`\index{@\ping@>@\pong@} \index{ping=@ping@>pong=@\pong@}`
S. 1	`\index{Brot und Spiele} \index{Brot|ii} \index{Spiele|nn}`
	`\index{!! Ausrufezeichen} \index{? Fragezeichen}`
	`\index{; Semikolon} \index{1. Zahleneintrag} \index{123}`
S. 2	`\index{bim} \index{bam} \index{Bim|ii} \index{Bam|ii}`
	`\index{2. Zahleneintrag} \index{: Doppelpunkt} \index{456}`
S. 3	`\index{bam|nn} \index{Fr"ust"uck} \index{789}`
S. 4	`\index{Frucht} \index{Frucht>Saft} \index{Frucht>Wein}`
	`\index{Limonade|see{Frucht\textttt{!>}Saft}}`
S. 5	`\index{Frucht} \index{Frucht>Presse} \index{Furcht>Wein|nn}`
	`\index{Lachs, ger"auchert} \index{123}`
S. 6	`\index{Spiele|(} \index{Spiele>Karten}`
	`\index{Spiele>Karten>Herz-Dame}`
	`\index{Spiele>Karten>Herz-Dame=$\heartsuit$ Dame}`
	`\index{Spiele>Karten>Kreuz-K"onig}`
	`\index{Spiele>Karten>Kreuz-K"onig =$\clubsuit$ K"onig}`
S. 7	`\index{Spiele>Dame} \index{Spiele>Dame>Schachbrett}`
S. 8	`\index{Spiele>Halma} \index{456}`
S. 9	`\index{Spiele>Schach} \index{Spiele>Schach>Brett}\index{Spiele|)}`
	`\index{@\ping@} \index{ping=@\ping@} \index{789} \index{1000}`
	`\index{ping=@ping@>peng=@\peng@} \index{ping=@ping@>pong=@\pong@}`

Da durch das verwendete Formatänderungsfile das Ausrufezeichen die Rolle des Maskierungszeichens übernimmt, muss es sich zu seiner Ausgabe in einem \index-Befehl selbst maskieren; es ist deshalb zur Selbstausgabe dort doppelt als !! einzugeben.

Die Abänderung des Original-Maskierungszeichens wird mit dem Indexeintrag für Frühstück hinreichend demonstriert. Wären die Anführungsstriche " als Maskierungszeichen erhalten geblieben, so hätte sich auch hier für Indexeinträge das Maskierungszeichen durch doppelten Eintrag selbst maskieren müssen. Ein Indexeintrag \index{Fr""uhst""uck} würde dann im Indexregister zwar zur richtigen Schreibweise mit 'Frühstück', jedoch zu einer falschen Positionierung führen. Mit diesem Indexbefehl würde das Wort ‚Frühstück' im Indexregister unseres Beispiels vor dem Stichwort ‚Frucht' erscheinen. Für eine korrekte Schreibweise *und* gleichzeitig richtiger Positionierung hätte man mühsamer

8.3. MAKEINDEX – EIN STICHWORTPROZESSOR

`\index{Fruhstuck=Fr""uhst""uck}`

eingeben müssen. Entsprechendes würde für alle Stichworteinträge gelten, die Umlaute oder das ß enthalten. Mit dem einfachen Formatänderungsfile führt der viel einfachere Eintrag `\index{Fr"uhst"uck}` sowohl zur richtigen Schreibweise wie auch zur richtigen Positionierung im Indexregister, was dann natürlich gleichermaßen für entsprechende Einträge mit Umlauten oder dem ß gilt.

Und hier nun das Ergebnis der vorstehenden `\index`-Befehle aus dem `demo.tex`-Eingabefile in Verbindung mit dem erwähnten Formatänderungsfile `demo.ist`.

Index

Symbole

! Ausrufezeichen 1
: Doppelpunkt 2
; Semikolon 1
? Fragezeichen 1
\ping . . . . i, 9
    \peng . . . . i, 9
    \pong . . . . i, 9
1. Zahleneintrag 1
2. Zahleneintrag 2

B

bam 2, 3n
Bam *2*
bim 2
Bim *2*
Brot *1*
Brot und Spiele 1

F

Frucht 4,5
    Presse 5
    Saft 4
    Wein 4
Frühstück 3
Furcht
    Wein 5n

L

Lachs, geräuchert 5
Limonade . . . . *siehe* Frucht>Saft

P

\ping . . . . i, 9
    \peng . . . . i, 9
    \pong . . . . i, 9

S

Spiele 1n, 6–9
    Dame 7
    Schachbrett 7
    Halma 8
    Karten 6
    Herz-Dame 6
    ♡ Dame 6
    Kreuz-König 6
    ♣ König 6
    Schach 9
    Brett 9

Zahlen

123 . . . . 1, 5
456 . . . . 2, 8
789 . . . . 3, 9
1000 9

Die ersten vier der unter der Gruppe **Symbole** zusammengefassten Stichworteinträge beginnen mit einem der Satzzeichen !, ;, :, bzw. ?, die zwangsläufig den Symbolen zugehören. Die drei nächsten Einträge mit den Befehlsnahmen \ping, \peng und \pong mögen als Symbolzuordnung evtl. überraschen. Sie beginnen jedoch mit einem \ (Rückstrich), der ebenfalls als Symbol gilt. Damit sie in der **P**-Buchstabengruppe erscheinen, müssen sie mit der lexikalischen Vorgabe als `\index{ping=@\ping@}` – und entsprechend für die Untereinträge – eingegeben werden.

Stärker überrascht dagegen, dass die beiden Stichworteinträge ‚1. Zahleneintrag' und ‚2. Zahleneintrag' ebenfalls in der Symbolgruppe angeordnet werden. Man würde sie sicher eher unter der Gruppe **Zahlen** erwarten. Dort werden jedoch nur natürliche Zahlen untergebracht und entsprechend ihrer Größe geordnet, wie 1000 nach 789 zeigt.

Die Buchstabengruppen enthalten keine Überraschung. Man beachte jedoch die Wirkung des Schreibfehlers ‚Furcht' statt ‚Frucht'. Da in \index{Furcht>Wein} der Hauptbegriff ‚Furcht' nur in Kombination mit dem Untereintrag ‚Wein' auftritt, erscheint er dem Untereintrag ‚Wein' zwar vorangestellt, jedoch ohne eigenen Seitenbezug. Dies gilt generell für Hauptbegriffe, die nur in Verbindung mit Untereinträgen angefordert werden. Damit ein Haupteintrag einen eigenen Seitenbezug erhält, muss er mindestens einmal mit einem \index-Befehl eigenständig angefordert werden.

Zum Abschluss noch ein Hinweis zur Wirkung der umdefinierten \dotfill-Befehle. Bei dem ausgedruckten Demonstrationsbeispiel erscheinen die zwischen den Stichwörtern und den Seitenangaben eingefügten Punktlinien so, dass die einzelnen Punkte verschiedener Linien auch exakt übereinander stehen. Dies ist die Folge der vorgenommenen Umdefinition. Beim \dotfill-Original werden die einzelnen Punktlinien dagegen unabhängig voneinander ausgegeben und richten sich nur an den voran- und nachgestellten Strukturen aus. Übereinander stehende Punkte sind dabei nicht gegeneinander ausgerichtet, sondern zufallsorientiert.

8.3.8 Einspaltiger Indexvorspann

Die Indexregister dieser LaTeX-Buchserie bestehen aus einer zweispaltigen Stichwortliste, der ein über die volle Seitenbreite reichender einspaltiger Erläuterungstext zu Beginn des Indexregisters vorangestellt ist. Ich wurde von vielen Lesern gefragt, wie ich diesen Erläuterungsvorspann realisiert habe, da dies mit der in den Klassenfiles bereitgestellten theindex-Standardumgebung nicht erfüllt wird. Statt eines Eingriffs in die Standardklassenfiles empfehle ich hier ein kleines LaTeX-Ergänzungspaket preindex.sty mit folgendem Inhalt:

```
\ProvidesPackage{preindex.sty}[1996/01/01]
\newcommand*{\see}[2]{\emph{\seename} #1}
\newcommand{\printindex}{\@input@{\jobname.ind}}
\providecommand{\seename}{see}

\renewenvironment{theindex}[1][]
   {\if@twocolumn \@restonecolfalse
    \else          \@restonecoltrue \fi
    \columnseprule \z@   \columnsep 35p@
    \twocolumn[\@ifundefined{chapter}
       {\section*{\indexname}}
       {\@makechapterhead{\indexname}} #1]%
    \@mkboth{\MakeUppercase{\indexname}}%
            {\MakeUppercase{\indexname}}%
    \thispagestyle{plain}\parindent\z@
    \parskip\z@ plus .3pt\relax \let\item\@idxitem}
   {\if@restoncol\onecolumn\else\clearpage \fi}
\endinput
```

Nunmehr kann die theindex-Umgebung mit einem optionalen Argument in der Form

\begin{theindex}[*vorspann_text*]

aufgerufen werden, wobei *verspann_text* für den einspaltigen Text steht, der über die gesamte Seitenbreite angeordnet wird. Die Zeilen zwei bis vier der vorstehenden Definition sind dem Standardpaket `makeidx.sty` entnommen, so dass dessen zusätzliche Einbindung zur Erstellung des Indexregisters entfallen kann.

Abschlussbemerkungen zu MakeIndex Das Programm MakeIndex stellt seinen eigenen Diagnosesatz mit entsprechenden Fehlermeldungen für die Ein- und Ausgabephase bereit. Die Auflistung der möglichen MakeIndex-Fehlermeldungen wird in 9.7 nachgereicht.

8.4 Die verschiedenen LaTeX-Files

Bei der Behandlung eines Textes mittels LaTeX treten verschiedene Files in Erscheinung. Allen diesen Files ist gemeinsam, dass ihr Name aus zwei Teilen besteht:

grundname.anhang

Statt „Anhang" wird in diesem Buch auch gleichbedeutend das Wort „Endung" benutzt. Das Betriebssystem verlangt meistens die Einhaltung weiterer Regeln bei der Namensvergabe für den Grundnamen und den Anhang, und zwar häufig maximal acht Buchtaben für den Grundnamen und maximal drei Buchstaben für den Anhang.

8.4.1 LaTeX-Ergebnisfiles

Jedes LaTeX-Dokument kennt genau ein *Hauptfile*. Das ist das File, dessen Grundname beim Aufruf des LaTeX-Programms angegeben wird und dessen ganzer Name aus dem Grundnamen und dem Anhang `.tex` besteht. Enthält das Hauptfile `\input`- oder `\include`-Befehle, so werden neben dem Hauptfile weitere Zusatzfiles eingelesen und bearbeitet. Diese Zusatzfiles haben eigene Namen, die wiederum aus jeweils einem Grundnamen und der Endung `.tex` bestehen.

Bei der LaTeX-Bearbeitung entstehen eine Reihe weiterer Files, die meisten hiervon mit dem Grundnamen des Hauptfiles und verschiedenen Anhängen. Enthält das Hauptfile `\include`-Befehle, so entstehen ggf. weitere Files mit den verschiedenen Grundnamen der Zusatzfiles und dem Anhang `.aux`.

Bei der LaTeX-Bearbeitung werden einige dieser Files immer erzeugt, andere entstehen nur durch bestimmte LaTeX-Befehle, wie `\tableofcontents` oder `\makeindex` u. a. Die Erzeugung der `.aux`-Files sowie derjenigen Files, die nur durch Zusatzbefehle entstehen, kann gemeinsam durch den Befehl

`\nofiles`

unterdrückt werden. Dieser Befehl ist nur im Vorspann erlaubt. Seine Verwendung ist nützlich, wenn das Dokument noch mehrfach korrigiert und verändert werden soll, so dass die Information der speziellen Files noch nicht endgültig genutzt wird und darum unnötig ist.

Der Rest dieses Abschnitts enthält eine Auflistung aller Ein- und Ausgabefiles einer LaTeX-Bearbeitung mit der Angabe der jeweiligen Endung, einer kurzen Beschreibung des Inhalts und der Wechselwirkung mit LaTeX. Entsprechend der speziellen Art dieser Information erfolgt sie gemäß der Konvention dieser Buchserie in kleinerer Schrift (s. 1.3 auf S. 5).

.tex Das vom Anwender erzeugte Textfile soll den Anhang .tex haben. Jedes LaTeX-Dokument besteht aus mindestens einem .tex-File. Gibt es nur ein .tex-File, so ist dieses gleichzeitig auch das *Haupttextfile*. Treten im Dokument \input- oder \include-Befehle auf, so gibt es weitere Textfiles, deren Name jeweils aus einem eigenen Grundnamen und der Endung .tex besteht. Das Hauptfile ist dann dasjenige File, das beim Aufruf von LaTeX angegeben wird. In diesem Hauptfile stehen gleichzeitig die äußersten \input-Befehle, und es ist das einzige, das ggf. \include-Befehle enthält.

.log Dieses File enthält den gleichen Text, der während der LaTeX-Bearbeitung auf dem Bildschirm erscheint, sowie weitere Zusatzinformationen, deren Interpretation vertieftere TeX-Kenntnisse voraussetzt. Unter VMS hat dieses File den Anhang .lis. Es entsteht mit jeder LaTeX-Bearbeitung und hat denselben Grundnamen wie das Hauptfile. Bei seiner Erzeugung erscheint auf dem Bildschirm die Mitteilung

  Transcript written on *hauptfile_grundname*.log   (bzw. xxx.lis unter VMS)

.dvi Dies ist das LaTeX-Ausgabefile, das den bearbeiteten Text in einer druckerunabhängigen Form enthält. Auch dieses File entsteht bei jeder LaTeX-Bearbeitung und hat denselben Grundnamen wie das Hauptfile. Bei seiner Erzeugung erscheint auf dem Bildschirm die Mitteilung

  Output written on *hauptfile_grundname*.dvi (n pages, m bytes)

Beim Auftreten bestimmter Fehler wird in einigen wenigen Fällen kein .dvi-File erzeugt. Dies wird durch die Mitteilung No pages of output auf dem Bildschirm angezeigt.

Das erzeugte .dvi-File muss noch durch ein spezielles Programm, den sog. *Druckertreiber*, behandelt werden, um die endgültige Druckausgabe zu bewirken.

.bit Dieser Endungsname ist beispielhaft gemeint. Das zugehörige File wird nicht durch LaTeX, sondern durch den *Druckertreiber* erzeugt, der seinerseits als Eingabe das .dvi-File liest. Je nach der Treiberquelle kann er auch .dot lauten, oder er besteht aus einer dreistelligen Buchstabengruppe, die auf den Druckertyp verweist, wie z. B. .kyo für Kyocera-Drucker. Der sehr verbreitete Treiber dvips für PostScript-Drucker von TOMAS ROKICKI erzeugt ein Ausgabefile mit dem Anhang .ps. Das .bit(o. a.)-File enthält die endgültige Druckausgabe. Bei vielen Druckertreibern kann die Ausgabe in die Druckerwarteschlange auch direkt vorgenommen werden, womit die Ablage in einem temporären .bit-File entfällt.

.aux Dieses File wird bei der LaTeX-Bearbeitung erzeugt und enthält Informationen über Querverweise sowie Angaben, die bei der Bearbeitung von Verzeichnissen benötigt werden. Zusätzlich zum .aux-File des Hauptfiles wird für jeden \include-Befehl ein weiteres .aux-File für die zugehörigen Zusatztextfiles erzeugt.

Bei der ersten LaTeX-Bearbeitung existieren noch keine .aux-Files, so dass die in ihnen stehende Information noch nicht verwertet werden kann. Auf dem Bildschirm erscheint hierbei die Nachricht

  No file *grundname*.aux.

Dies geschieht erst mit der zweiten und folgenden Bearbeitung. Die vorhandenen .aux-Files werden durch den Befehl \begin{document} gelesen. Auf dem Bildschirm erscheinen hierbei nacheinander die Namen aller existierenden .aux-Files in der Form

  (*haupt_grundname*.aux) (*zusatz1_grundname*.aux) ...

Mit jeder weiteren Bearbeitung werden die .aux-Files wieder neu angelegt. Das neue .aux-File für das Hauptfile wird ebenfalls mit \begin{document} begonnen. Die neuen .aux-Files der Zusatzfiles werden mit den zugehörigen \include-Befehlen angelegt und mit dem Ende des jeweils eingelesenen Files auch beendet. Das neue .aux-File des Hauptfiles wird dagegen erst mit \end{document} beendet.

Der Befehl \nofiles im Vorspann unterdrückt die Erzeugung aller .aux-Files.

Zum Programmpaket LaTeX gehört ein File lablst.tex, mit dem die Information der .aux-Files gelesen und ausgedruckt werden kann (s. 8.2.1 auf S. 210).

8.4. DIE VERSCHIEDENEN LaTeX-FILES

.toc Dieses File enthält die Informationen für das Inhaltsverzeichnis. Es wird mit dem Befehl \tableofcontents gelesen, der dann das Inhaltsverzeichnis erzeugt, wenn das .toc-File existiert. Gleichzeitig legt der Befehl \tableofcontents ein neues .toc-File an, in das die entsprechende Information der vorliegenden Dokumentversion geschrieben wird. Das .toc-File wird erst mit dem Befehl \end{document} abgespeichert. Bricht die LaTeX-Bearbeitung wegen eines Fehlers ab, so ist damit das begonnene .toc-File verschwunden.

Ein .toc-File wird nur erzeugt, wenn das Dokument den Befehl \tableofcontents enthält. Es hat denselben Grundnamen wie das Hauptfile. Die Erzeugung wird unterdrückt, wenn im Vorspann der Befehl \nofiles steht.

.lof Dieses File enthält die Informationen für das Verzeichnis aller Bilder. Es wird genauso wie das .toc-File behandelt, wobei hier der Befehl \listoffigures dem dortigen \tableofcontents entspricht.

.lot Dieses File enthält die Informationen für das Verzeichnis aller Tabellen. Es wird wie das .toc-File behandelt, wobei der Befehl \listoftables dem dortigen \tableofcontents entspricht.

.idx Dieses File wird nur erzeugt, wenn der Vorspann den Befehl \makeindex enthält. Es hat denselben Grundnamen wie das Hauptfile und besteht ausschließlich aus den \indexentry-Befehlen, die durch die \index-Befehle im Textteil erzeugt werden. Die Erzeugung wird trotz eines \makeindex-Befehls unterdrückt, wenn der Vorspann den Befehl \nofiles enthält.

.ind Dieses File wird durch das Programm MakeIndex aus dem vorstehenden .idx-File erzeugt. Es enthält eine theindex-Umgebung mit der alphabetisch geordneten Liste aller \index-Einträge und deren Seitenreferenzen.

.ilg Dieses File enthält das Bearbeitungsprotokoll eines vorangegangenen MakeIndex-Aufrufes.

.glo Dieses File wird nur erzeugt, wenn der Vorspann den Befehl \makeglossary enthält. Es hat denselben Grundnamen wie das Hauptfile und besteht aus den \glossaryentry-Befehlen, die durch die \glossary-Befehle im Textteil erzeugt werden. Die Erzeugung wird trotz eines \makeglossary-Befehls unterdrückt, wenn der Vorspann den Befehl \nofiles enthält.

.bbl Dieses File wird nicht durch LaTeX, sondern durch das Programm BIBTeX mit demselben Grundnamen wie das Hauptfile erzeugt. Das Programm BIBTeX benötigt hierzu Informationen aus den .aux-Files. Das .bbl-File wird mit dem Befehl \bibliography bei der LaTeX-Bearbeitung gelesen und erzeugt ein Literaturverzeichnis. Das Programm BIBTeX wird in Anhang B vorgestellt.

.bib Files mit diesem Anhang enthalten die Datenbankeinträge, die das Programm BIBTeX zur Erstellung des Literaturverzeichnisses allein aus den \cite-Befehlen des Textfiles benötigt. Die Grundnamen der Datenbankfiles werden mit dem Vorspannbefehl \bibliography{bib_1,bib_2, ...} bekannt gemacht.

.blg Dieses File enthält das Bearbeitungsprotokoll eines vorangegangenen BIBTeX-Aufrufes.

Alle der vorstehend aufgelisteten Ausgabefiles entstehen im Arbeitsverzeichnis des Anwenders, aus dem der LaTeX-Bearbeitungsaufruf erfolgte. Die .tex-Eingabefiles werden vermutlich im gleichen Verzeichnis bereitgestellt, ebenso wie .bib-Datenbankfiles, die vom Anwender selbst erstellt wurden. Lediglich .bib-Datenbankfiles, die aus anderen Quellen stammen, sind vermutlich in einem speziellen Verzeichnis untergebracht. Hierüber sollte bei einem Zentralrechner oder in einem Rechnerverbund der ‚Local Guide' Auskunft geben.

Die .toc-, .lof- und .lot-Files können editiert werden, wenn die von LaTeX vorgenommene Formatierung verändert werden soll. Bei der anschließenden LaTeX-Bearbeitung sollte der Befehl \nofiles im Vorspann angebracht werden, da sonst ein neues Verzeichnisfile angelegt wird, das dann das manuell editierte File überschreibt.

Auch die .ind- bzw. .bbl-Ergebnisfiles eines MakeIndex- oder BIBTEX-Laufs können bei Bedarf manuell editiert werden. Bei der Erstellung der Druckvorlage für das Stichwortverzeichnis dieses Buches beschränkte sich das bei mir auf die explizite Einfügung einiger \pagebreak-Befehle zur Verbesserung des Seitenumbruchs.

8.4.2 LATEX-Systemfiles

Bei jedem LATEX-Bearbeitungsaufruf werden weitere Files benötigt und eingelesen, ohne dass dies dem Anwender, insbesondere als Anfänger, stets bewusst oder in seinem Umfang vollständig bekannt ist, zumal diese sog. Systemfiles bei der Installation in besonderen Systemverzeichnissen untergebracht werden, auf die das lauffähige LATEX-Programm automatisch zurückgreift.

Auf einem Zentralrechner oder in einem Rechnerverbund wird der Normalanwender überdies keine Änderungsrechte für diese Systemfiles besitzen. Systemfiles können jedoch ins augenblickliche Arbeitsverzeichnis kopiert und dort ggf. editiert werden. Das jeweilige Arbeitsverzeichnis wird *meistens* als erstes Verzeichnis bei der Filesuche durchmustert, so dass Systemfiles, die hier gefunden werden, dann statt der Standard-Systemfiles verwendet werden. (Arbeitshinweise für die Selbsteinrichtung des TEX- und LATEX-Systems, insbesondere für einen PC oder eine Workstation, werden in Anhang F beschrieben.)

Mit dem Vorspannbefehl \listfiles wird erreicht, dass am Ende des LATEX-Laufs alle verwendeten Systemfiles, zusammen mit ihrem Versionsdatum und evtl. weiteren Erstellungsinformationen, auf dem Bildschirm aufgelistet werden. Diese Information wird zusätzlich auch im Protokollfile abgelegt.

.cls   Die Files mit diesem Anhang stellen die Einstellvorgaben und Befehlsdefinitionen für die Bearbeitungsklassen bereit. Für jede erlaubte Bearbeitungsklasse in \documentclass[*opt*]{*klasse*} gibt es genau ein File mit dem Grundnamen *klasse* und dem Anhang .cls.

.clo   Die Files mit diesem Anhang realisieren die Optionsvorgaben des \documentclass-Befehls, falls diese nicht bereits in den Klassenfiles bereitgestellt werden. Für die Größenoptionen 10pt, 11pt und 12pt lauten die Grundnamen der Optionsfiles für die Bearbeitungsklasse book bk10, bk11 und bk12 bzw. size10, size11 und size12 für die anderen Klassen. Bei den anderen Optionsfiles stimmen deren Grundnamen mit dem Optionsnamen überein, z. B. leqno.clo.

.cfg   Einige Klassenfiles, so z. B. ltxdoc.cls, erlauben anwenderspezifische Anpassungen mit einem sog. Konfigurationsfile. Ein solches hat denselben Grundnamen wie das Klassenfile, aber den Anhang .cfg. Es wird vom Klassenfile eingelesen und modifiziert dessen Vorgaben.

.fd   Diese Files enthalten die Zeichensatzzuordnungen für die zulässigen Zeichensatz-Attributkombinationen. Für jedes Paar eines vorgegebenen Kodier- und Familienattributs gibt es jeweils ein .fd-File (Font Definition). Die Grundnamen der .fd-Files bestehen aus der Zusammenfügung der Kodier- und Familien-Attributnamen, z. B. OT1cmr.fd, T1cmss.fd, Ucmtt.fd usw.

.sty   Alle Ergänzungspakete aus LATEX werden durch Files mit diesem Anhang realisiert. In LATEX 2.09 galt dies gleichermaßen für deren Klassen- und Optionsfiles. Bei der LATEX 2_ε-Installation entstehen neben den obigen .cls-Klassenfiles auch die Files mit den gleichen Grundnamen und dem Anhang .sty. Sie sind nahezu leer und verweisen lediglich auf die gleichnamigen .cls- und .clo-Files.

.def   Zusätzliche Definitionsfiles, mit denen z. B. spezielle Zeichen unter einem geeigneten Symbol-Befehlsnamen definiert werden (z. B. T1enc.def) oder mit denen die erforderlichen Befehlsänderungen für den 2.09-Kompatibilitätsmodus bereitgestellt werden (latex209.def).

.fmt   Files mit diesem Anhang heißen *Format*files und sind das Ergebnis des speziellen TEX-Bearbeitungsprogramms INITEX, mit dem größere Makropakete in maschinenspezifischer Form bearbeitet und abgespeichert werden. So ist latex.fmt das maschinenspezifisch vorbearbeitete LATEX-Programm, das an TEX weitergereicht wird und mit diesem die eigentliche LATEX-Bearbeitung bewirkt. Erstellungshinweise folgen im Anhang F.

Für eine reine TEX-Bearbeitung wird das Formatfile plain.fmt benötigt.

`.tfm` Zeichensatz-Informationsfiles, die für die TEX- und LATEX-Bearbeitung zur Berücksichtigung der Zeichenabmessungen und evtl. Abstandsänderungen sowie für den Ersatz bestimmter Zeichenkombinationen durch Ligaturen der angeforderten Zeichensätze benötigt werden.

`.pk` Zeichensatzfiles mit den grafischen Pixelmustern ihrer Zeichen. Diese Files werden erst für die Druckausgabe oder den Previewer benötigt und vom Druckertreiber oder Previewer eingelesen. Für die vorangehende TEX- oder LATEX-Bearbeitung werden lediglich die metrischen `.tfm`-Files benötigt.

`.vf` *Virtuelle* Zeichensätze, aus denen der Druckertreiber oder Previewer evtl. abliest, aus welchen physikalischen Zeichensätzen die angeforderten Zeichen zu entnehmen und wie sie evtl. zu modifizieren sind.

`.tex` Einige Systemfiles haben den Standardanhang `.tex`, so z. B. die in 8.2.1 und 8.2.3 vorgestellten Hilfsprogramme `lablst.tex` und `idx.tex`.

`.bst` Spezielle Stilfiles, die für das Programm BIBTEX benötigt werden. Der Grundname für das angeforderte Stilfile wird mit dem LATEX-Befehl `\bibliographystyle{`*stil_name*`}` ausgewählt.

8.4.3 LATEX-Installationsfiles

Das LATEX-Installationspaket enthält eine Reihe weiterer Files, aus denen die vorstehenden LATEX-Systemfiles und zusätzliche Dokumentationsfiles bei der Installation erstellt werden (s. Anh. F).

`.txt` Text-Informationsfiles, die direkt ausgedruckt oder mit dem Editor gelesen werden können. Sie enthalten Hinweise über Installation, Programmentwicklung, Systembesonderheiten u. ä.

`.dtx` Makroquellenfiles mit eingebundener Dokumentation und Auswahlschalter. Sie werden mit dem Aufruf `initex unpack.ins` entpackt und in Files mit gleichen Grundnamen und den Anhängen `.ltx`, `.cls`, `.clo`, `.sty`, `.def` und `.tex` abgelegt.

`.ltx` Makroquellenfiles in entpackter Form. Sie bilden mit dem Aufruf `initex latex.ltx` das LATEX-Formatfile `latex.fmt`.

`.fdd` Zeichensatz-Definitionsfiles mit eingebundener Dokumentation und Auswahlschalter. Auch sie werden mit dem Aufruf `initex unpack.ins` entpackt und unter passenden Grundnamen mit dem Anhang `.fd` abgelegt.

`.ins` Hilfsfiles zum Entpacken der `.dtx`- und `.fdd`-Files.

`.tex` Das LATEX-Installationspaket enthält etliche `.tex`-Files als LATEX-Eingabefiles zur Erstellung einer wohl formatierten Dokumentation und Anwendungserläuterung verschiedener LATEX-Programmteile.

8.5 Weitere Zeichensatzbefehle aus LATEX

Die Auswahlbefehle oder Erklärungen zur Zeichensatzauswahl nach Art und Größe wurden in 4.1.5–4.1.6 vorgestellt. In den dort vorgestellten Formen werden sie beim Normalanwender vermutlich zur Anwendung kommen. LATEX kennt jedoch weitere Auswahlbefehle, die auf der Anwenderebene seltener genutzt werden, für das Verständnis der Auswahlmechanismen mit LATEX aber von grundlegender Bedeutung sind. Für eine umfassende Beschreibung verweise ich auf die Dokumentation `fntguide.tex` aus dem LATEX-Installationspaket.

8.5.1 Die Grundidee des Zeichensatz-Auswahlverfahrens in LaTeX

Entsprechend der Charakterisierung der Zeichensätze durch die fünf *unabhängigen* Attribute *Kodierung, Familie, Serie, Form* und *Größe* stellt LaTeX entsprechende Grundbefehle bereit:

\fontencoding{*code*} \fontfamily{*fam*} \fontseries{*st_br*}
\fontshape{*form*} und \fontsize{*größe*}{*z_abstand*}

Kodierungsattribut: Der Parameter *code* in \fontencoding{*code*} verweist auf die Kodiertabelle des anzusprechenden Zeichensatzes, d. h. auf die Platzierung der einzelnen Zeichen innerhalb des Zeichensatzes. Würde sich das Auswahlverfahren auf die TeX-cm-Zeichensätze beschränken, so könnte dieses Attribut entfallen, da TeX die Zeichensatzanordnung innerhalb der cm-Zeichensätze kennt (s. C.6, Tab. 1–8). Mit dem neuen Verfahren können jedoch beliebige Zeichensätze angesprochen werden, vorausgesetzt, dass für sie .tfm-Files existieren, was für eine große und ständig wachsende Zahl der Fall ist. Dies schließt die PostScript-Zeichensätze ein. In TeX-fremden Zeichensätzen sind die einzelnen Zeichen teilweise anders angeordnet als bei den cm-Sätzen.

Auch die auf europäische Anforderung entwickelten erweiterten dc- bzw. ec-Zeichensätze mit 256 Zeichen enthalten nicht nur doppelt so viele Zeichen wie die cm-Zeichensätze, sondern viele ihrer Zeichen sind auch anders platziert (s. [4b, Abschn. 2.1]). Mit der Bereitstellung des Kodierungsattributs wird die Universalität für Zeichensätze beliebiger Herkunft erleichtert, wenn nicht erst ermöglicht.

Das Kodierungsattribut besteht aus ein bis drei Großbuchstaben, wobei der letzte Buchstabe auch durch eine Ziffer ersetzt werden kann. LaTeX ist auf folgende Kodierkennungen vorbereitet:

Code	Beschreibung	Quelle
T1	erweiterte TeX-Zeichensätze (dc, ec, Cork)	LK
OT1	TeX-Textzeichensätze (cm, C.6, Tab. 1–5)	LK
OT2	kyrillische Zeichensätze für TeX	EP
OT3	internationale phonetische Zeichensätze	EP
OML	math. TeX-Textzeichensätze (cmmi, C.6, Tab. 6)	LK
OMS	math. TeX-Symbolzeichensätze (cmsy, C.6, Tab. 7)	LK
OMX	erw. math. TeX-Zeichensatz (cmex, C.6, Tab. 8)	LK
U	für *unbekannte* Kodierung von Zeichensätzen	LK
L$\langle xx \rangle$	lokale Zusatzzeichensätze	EP

Die Quellenangabe LK bedeutet, dass die Kodierkennung bereits im LaTeX-Kern definiert wird, während EP auf die zugehörige Definition in entsprechenden Ergänzungspaketen hinweist.

Familienattribut: Der Parameter *fam* in \fontfamily{*fam*} kennzeichnet bestimmte Grundeigenschaften der Schriften (evtl. ihre Herkunft). Für die TeX-eigenen Schriften (sowohl die bisherigen cm- wie die erweiterten ec-Schriften) sind in LaTeX die folgenden Familienkennungen definiert:

fam	*Schrift*	*Referenz*	*fam*	*Schrift*	*Referenz*
cmr	CM Roman	C.3.1	cmdh	CM Dunhill	C.3.3
cmss	CM Sans Serif	C.3.2	cmm	CM Math. Text	C.5.1

8.5. WEITERE ZEICHENSATZBEFEHLE AUS LaTeX

cmtt	CM Typewriter	C.4		cmsy	CM Math. Symbol	C.5.2
cmfib	CM Fibonacci	C.3.1.4		cmex	CM Math. Extension	C.5.3
cmfr	CM Funny Roman	C.3.3		lasy	LaTeX-Zusatzsymbole	C.5.4.1

Die erweiterten ec-Zeichensätze haben die gleichen Kennungsnamen für das Familienattribut, da sie sich von den cm-Schriften nur durch doppelte Zeichenanzahl und das Kodierschema unterscheiden.

Serienattribut: Der Parameter st_br in \fontseries{st_br} kennzeichnet die *Stärke* (engl. 'weight') und *Weite* oder *Breite* (engl. 'width') der anzuwählenden Schrift. Die Kennung erfolgt durch eine Gruppe von ein bis vier Buchstaben, die der nachfolgenden Tabelle zu entnehmen sind.

— Stärke —			— Weite —			
Ultralight	ul	(ultraleicht)	Ultracondensed	50%	uc	(ultragestaucht)
Extralight	el	(extraleicht)	Extracondensed	62.5%	ec	(extragestaucht)
Light	l	(leicht/dünn)	Condensed	75%	c	(gestaucht)
Semilight	sl	(halbleicht)	Semicondensed	87.5%	sc	(halbgestaucht)
Medium	m	(normal)	Medium	100%	m	(normal)
Semibold	sb	(halbfett)	Semiexpanded	112.5%	sx	(halbgedehnt)
Bold	b	(fett)	Expanded	125%	x	(gedehnt)
Extrabold	eb	(extrafett)	Extraexpanded	150%	ex	(extragedehnt)
Ultrabold	ub	(ultrafett)	Ultraexpanded	200%	ux	(ultragedehnt)

Die Kennungsgruppe für \fontseries{st_br} besteht aus den Kennbuchstaben für die Stärke, gefolgt von den Kennbuchstaben für die Weite. Mit ebsc wird die Stärke 'extrabold' mit der Weite 'semicondensed' und mit bx die Stärke 'bold' mit der Weite 'expanded' kombiniert. Der Buchstabe m entfällt, wenn die normale Stärke mit einer nichtnormalen Weite oder eine nichtnormale Stärke mit der normalen Weite kombiniert wird. Statt bm ist also einfach b und statt mc einfach c zu wählen. Für die Kombination der normalen Stärke mit der normalen Weite ist statt mm ein einfaches m anzugeben.

Formattribut: Für *form* in \fontshape{*form*} ist eine der Kennungen n, it, sl, sc oder u zu wählen. Damit wird als Schriftform 'normal' (aufrecht), 'italic' (kursiv), 'slanted' (geneigt) oder 'small caps' (Kapitälchen, verkleinerte Großbuchstaben anstelle der Kleinbuchstaben) gewählt. Mit der letzten Kennzeichnung u wird eine ‚ungeneigte' Kursivschrift (upright italic) eingestellt.

Größenattribut: Der Attributbefehl \fontsize{*größe*}{*z_abstand*} hat zwei zwingende Argumente. Beide können als Zahlen- oder Maßangaben erfolgen. Bei reinen Zahlenangaben wird diesen intern die Maßeinheit 'pt' zugewiesen. Mit dem ersten Argument *größe* wird die Schriftgröße und mit dem zweiten *z_abstand* der Zeilenabstand eingestellt. Mit \fontsize{12}{3ex} wird die Schriftgröße 12 pt mit einem Zeilenabstand von 3 ex, also der dreifachen x-Höhe aus dem 12 pt-Zeichensatz, angefordert.

Schriftaktivierung: Sind alle fünf Attribute eingestellt worden, dann kann die zugehörige Schrift mit dem Befehl \selectfont aktiviert werden. Das Bedeutsame an diesem Auswahlverfahren ist die gegenseitige Unabhängigkeit der fünf Attribute. Werden eines oder mehrere mit neuen Attributbefehlen verändert, so bleiben die anderen erhalten. War z. B. gewählt worden:

```
\fontencoding{OT1} \fontfamily{cmr} \fontseries{bx}
\fontshape{n} \fontsize{12}{15}
```

womit die senkrechte, fette und gedehnte Roman-Schrift der Größe 12 pt mit einem Zeilenabstand von 15 pt eingestellt ist, so wird mit einem späteren \fontfamily{cmss} die serifenlose Schrift unter Beibehaltung der Serie (Stärke und Weite) 'bx', Form 'n', Größe und Zeilenabstand '12pt/15pt' voreingestellt und mit einem weiteren \selectfont aktiviert.

LaTeX stellt zusätzlich noch den gemeinsamen Attributauswahl- und Schriftaktivierungsbefehl

$$\text{\textbackslash usefont}\{code\}\{fam\}\{st\_br\}\{form\}$$

bereit. Der Befehl ist gleichwertig mit der Einstellung der vier Attribute *Kodierung, Familie, Serie, Form* und dem unmittelbar darauffolgenden Befehl \selectfont.

Mit \begin{document} setzt LaTeX folgende Standardattribute ein:

```
\fontencoding{OT1}, \fontfamily{cmr}, \fontseries{m},
\fontshape{n} sowie für \fontsize{10}{12pt}
```

bzw. hier die entsprechenden Größen aus einer evtl. Größenoption.[3] Damit sind zu Beginn der LaTeX-Bearbeitung stets alle fünf Attribute gesetzt. Die Anfangsattribute können mit geeigneten Anweisungen im Vorspann verändert werden.

Bei der Auswahl der Attribute sind formal alle angeführten Kennungen erlaubt. Dabei können Kombinationen gewählt werden, für die ein Zeichensatz nicht existiert. In solchen Fällen erzeugt LaTeX beim Aufruf von \selectfont eine Fehlermeldung oder eine Warnung und teilt mit, welcher Zeichensatz stattdessen gewählt wird. Für das Attribut \fontsize werden standardmäßig als Schriftgrößen die Werte 5, 6, 7, 8, 9, 10, 10.95, 12, 14.4, 17.28, 20.48 und 24.88 als vorhanden angesehen. Eine Erweiterung ist aber leicht vorzunehmen. Das zweite Argument von \fontsize ist beliebig zu wählen, da hiermit nicht eine Schrifteigenschaft, sondern der Zeilenabstand eingestellt wird.

Die Zulässigkeit von Kombinationen, für die keine cm-Zeichensätze existieren, mag zunächst als Mangel empfunden werden. Tatsächlich ist das neue Auswahlverfahren auf die Zukunft ausgerichtet, so dass es offen für weitere Zeichensätze ist. So können mit ihm auch die immer häufiger verwendeten PostScript-Zeichensätze in ihrer vollen Variabilität angesprochen werden. Die Information, welcher Zeichensatz für eine gegebene Attributkombination gewählt wird, entnimmt LaTeX den sog. .fd-Files (Font Definition).

Die nachfolgende Tabelle (Quelle: F. MITTELBACH und R. SCHÖPF) stellt für die Computer-Modern-Zeichensätze die Kombinationen für \fontfamily, \fontseries und \fontshape zusammen, für die tatsächlich Zeichensätze existieren. Das angehängte x bei den Grundnamen der Zeichensatzfiles dieser Tabelle wie cmr$x$ steht für die verfügbaren Entwurfsgrößen wie cmr8, cmr9 u. a. In Abhängigkeit vom aktiven Größenattribut wählt LaTeX einen Zeichensatz in der gleichen Entwurfsgröße x aus, falls ein solcher existiert. Andernfalls wird der in der Größe benachbarte Zeichensatz auf die Größenangabe des \fontsize-Befehls skaliert.

---

[3]Genaugenommen werden den Attributeinstellbefehlen die speziellen Attributbefehle \encodingdefault, \familydefault, \seriesdefault bzw. \shapedefault übergeben. Diese sind standardmäßig mit den angegebenen Attributkennungen belegt, sie können aber im Vorspann vom Anwender geändert werden.

8.5. WEITERE ZEICHENSATZBEFEHLE AUS LaTeX

series	shape(s)	Beispiele für Zeichensatz-Filenamen
\multicolumn{3}{c}{Computer Modern Roman — (\fontfamily{cmr})}		
m	n, it, sl, sc, u	cmr$x$, cmti$x$, cmsl$x$, cmcsc$x$, cmu$x$
bx	n, it, sl	cmbx$x$, cmbxti$x$, cmbxsl$x$
b	n	cmb$x$
\multicolumn{3}{c}{Computer Modern Sans Serif — (\fontfamily{cmss})}		
m	n, sl	cmss$x$, cmssi$x$
bx	n	cmssbx$x$
sbc	n	cmssdc$x$
\multicolumn{3}{c}{Computer Modern Typewriter — (\fontfamily{cmtt})}		
m	n, it, sl, sc	cmtt$x$, cmitt$x$, cmsltt$x$, cmtcsc$x$
\multicolumn{3}{c}{Computer Modern Fibonacci — (\fontfamily{cmfib})}		
m	n	cmfib$x$
\multicolumn{3}{c}{Computer Modern Funny — (\fontfamily{cmfr})}		
m	n, it	cmff$x$, cmfi$x$
\multicolumn{3}{c}{Computer Modern Dunhill — (\fontfamily{cmdh})}		
m	n	cmdunh$x$

8.5.2 Vereinfachte Zeichensatzauswahl mit LaTeX

LaTeX-Schrifterklärungen: Die in 4.1.3 vorgestellten Schriftart-Erklärungen greifen ihrerseits auf die vorstehenden Attribut-Grundbefehle zurück und aktivieren die zugeordnete Schrift mit einem nachfolgenden \selectfont. Sie wirken wie die Befehlsdefinitionen[4]

```
\newcommand{\fffamily}{\fontfamily{fam}\selectfont}
\newcommand{\srseries}{\fontseries{st_br}\selectfont}
\newcommand{\sfshape}{\fontshape{form}\selectfont}
```

mit rm, sf und tt für *ff* sowie cmr, cmss bzw. cmtt für *fam* bei der Familienattribut-Erklärung, bf oder md für *sr* sowie bx oder m für *st_br* bei der Serienattribut-Erklärung und schließlich it, sl, sc oder up für *sf* sowie ebenfalls it, sl, sc oder n für *form* bei der Formattribut-Erklärung.

Schriftbefehle mit Argument in LaTeX: Die in 4.1.4 vorgestellten Schriftumschaltbefehle für das übergebene Argument rufen ihrerseits eine der vorstehenden Schrifterklärungen *innerhalb* eines gleichzeitig übergebenen {}-Paares, also in einer namenlosen Umgebung auf, so dass die Schriftumschaltung für das gleichzeitig übergebene Argument nur bis zur schließenden Klammer wirkt. Die Einrichtung dieser Befehle erfolgt mit einem speziellen, sog. LaTeX-Interfacebefehl

```
\DeclareTextFontCommand{\arg_bef}{\zs_erkl}
```

---
[4]Die genauen Definitionen für die abkürzenden Attributerklärungen weichen zwar formal hiervon ab, entsprechen aber in der Wirkung weitgehend den angegebenen Definitionen.

mit \arg_bef als Befehlsname für den argumentbehafteten Befehl und mit \zs_erkl für eine der vorstehenden Schrifterklärungen zur lokalen Umschaltung. Damit wird \textrm also einfach mit \DeclareTextFontCommand{\textrm}{\rmfamily} eingerichtet. Bezüglich der Wirkungsreichweite für \textrm entspricht dieser Einrichtungsbefehl

\newcommand{\textrm}[1]{{\rmfamily #1}}

Darüber hinaus bewirkt er eine Prüfung, ob für die vorangehende oder nachfolgende Schrift am Beginn oder am Ende des übergebenen Arguments eine Italic-Korrektur einzufügen ist. Außerdem wird sichergestellt, dass die argumentbehafteten Schriftumschaltbefehle *robust* (s. 2.6) sind. Deren Realisierungsdetails verlangen vertiefte Kenntnisse, so dass hier darauf verzichtet wird.

Schriftgrößenbefehle: Auch die Schriftgrößenbefehle aus 4.1.2 werden in LaTeX 2_ε durch Aufruf eines passenden Größenattributs mit \fontsize{*größe*}{*z_abst*} und einem nachfolgenden \selectfont realisiert. Die zugeordneten Schriftgrößen und Zeilenabstände hängen von der gewählten Größenoption im \documentclass-Befehl ab. Ihre Werte in pt können der nachfolgenden Tabelle entnommen werden.

Größenbefehl	Kl.-Opt. 10 pt		Kl.-Opt. 11 pt		Kl.-Opt. 12 pt	
	größe	*z_abst*	*größe*	*z_abst*	*größe*	*z_abst*
\tiny	5.00	6.0	6.00	7.0	6.00	7.0
\scriptsize	7.00	8.0	8.00	9.5	8.00	9.5
\footnotesize	8.00	9.5	9.00	11.0	10.00	12.0
\small	9.00	11.0	10.00	12.0	10.95	13.6
\normalsize	10.00	12.0	10.95	13.6	12.00	14.5
\large	12.00	14.0	12.00	14.0	14.40	18.0
\Large	14.40	18.0	14.40	18.0	17.28	22.0
\LARGE	17.28	22.0	17.28	22.0	20.74	25.0
\huge	20.74	25.0	20.74	25.0	24.88	30.0
\Huge	24.88	30.0	24.88	30.0	24.88	30.0

Der Aufruf \footnotesize führt damit bei der Standard-Größenoption von 10 pt zur Ablauffolge \fontsize{8}{9.5}\selectfont.

Schrift-Initialisierungsbefehle in LaTeX: Bei der Vorstellung der Schrifterklärungsbefehle \rmfamily,..., \upshape sowie der argumentbehafteten Umschaltbefehle \textrm,..., \textup wurde angedeutet, dass die Schriftumschaltung auf die aus dem Namen hervorgehende Schrift erfolgt. Tatsächlich wird mit ihnen auf Schriften umgeschaltet, die mit den sog. Initialisierungsbefehlen unter den Namen \$xxx$default voreingestellt sind. Voreinstellung und Wirkung dieser Initialisierungsbefehle stellt die nachfolgende Tabelle dar:

Initialisierungsbefehl	*Voreinstellung*	*Bedeutung*
\encodingdefault	OT1	Kodierungsschema nach \begin{document}
\familydefault	\rmdefault	Familienattribut nach \begin{document}
\seriesdefault	m	Serienattribut nach \begin{document}
\shapedefault	n	Formatattribut nach \begin{document}
\rmdefault	cmr	Familienattribut für \rmfamily und \textrm
\sfdefault	cmss	Familienattribut für \sffamily und \textsf

8.5. WEITERE ZEICHENSATZBEFEHLE AUS LaTeX

\ttdefault	cmtt	Familienattribut für \ttfamily und \textttt
\bfdefault	bx	Serienattribut für \bfseries und \textbf
\mddefault	m	Serienattribut für \mdseries und \textmd
\itdefault	it	Formattribut für \itshape und \textit
\sldefault	sl	Formattribut für \slshape und \textsl
\scdefault	sc	Formattribut für \scshape und \textsc
\updefault	n	Formattribut für \upshape und \textup

Diese Initialisierungsbefehle können mit \renewcommand verändert werden. Wird z. B. im Vorspann des zu bearbeitenden LaTeX-Textes

\renewcommand{\rmdefault}{cmss}   \renewcommand{\itdefault}{sl}

geschrieben, so wird am Bearbeitungsbeginn (weil \familydefault standardmäßig gleich \rmdefault gesetzt ist) und nach \rmfamily- sowie in \textrm-Befehlen die Schriftfamilie cmss mit den serifenlosen Schriften als Roman-Standard bereitgestellt. Mit Aufrufen von \itfamily oder \textit wird nunmehr standardmäßig das Attribut \fontshape{sl} verknüpft. Mit der alleinigen Änderung

\renewcommand{\familydefault}{cmss}

würde als Anfangsschrift, also nach \begin{document}, ebenfalls cmss zur Verfügung stehen, während ein Aufruf von \rmfamily oder \textrm dagegen nach wie vor die Roman-Schriftfamilie aktiviert.

Neben den fetten und gedehnten cmbx-Schriften gibt es unter den cm-Schriften auch die fette Schrift in normaler Weite cmb10. Nach

\renewcommand{\bfdefault}{b}

wird nun mit \bf das Serienattribut b und damit evtl. die Schrift cmb10 ausgewählt.

Stehen beim Anwender die erweiterten ec-Zeichensätze zur Verfügung, so können diese mit ihren jeweils 256 Zeichen statt der originären cm-Zeichensätze mit nur jeweils 128 Zeichen genutzt werden. Hierzu ist lediglich das Ergänzungspaket t1enc.sty zu aktivieren, also der Vorspannbefehl \usepackage{t1enc} im zu bearbeitenden .tex-Hauptfile einzubauen. Das Ergänzungspaket t1enc.sty besteht, neben seiner Selbstidentifikation, nur aus den zwei Befehlszeilen

\renewcommand{\encodingdefault}{T1}
\fontencoding{T1}\selectfont

Die Verwendung der ec-Zeichensätze wird besonders nützlich zur LaTeX-Bearbeitung deutscher Texte, weil sie automatische Trennungen auch an umlautbehafteten Silben erlauben!

8.5.3 LaTeX-Interfacebefehle

Bei der Einrichtungsbeschreibung für die argumentbehafteten Schriftumschaltbefehle auf S. 235 wurde der Interfacebefehl \DeclareTextFontCommand angeführt. LaTeX stellt eine Vielzahl solcher Interfacebefehle bereit, die die Entwicklung eigener Klassen- und Optionsfiles sowie Ergänzungspakete und .fd-Files sehr erleichtern. Interfacebefehle sind daran zu erkennen, dass in ihren Namen Groß- und Kleinbuchstaben gemischt auftreten, wogegen die reinen Anwenderbefehle nur aus Kleinbuchstaben bestehen.

Neben diesen aus der Anwenderebene ansprechbaren Befehlen kennt LaTeX eine Vielzahl sog. *interner* Befehle, die in ihrem Namen ein oder mehrere @-Zeichen enthalten. Solche internen Befehle können aus der normalen Anwenderebene nicht angesprochen werden, da hier die LaTeX-Befehlsnamen nur aus Buchstaben bestehen dürfen. Die Verwendung interner Befehle in den Klassen- und Ergänzungsfiles wird dort dadurch möglich, dass das @-Zeichen lokal zu einem Buchstaben erklärt wird.

Die Kenntnisvermittlung zur Entwicklung von Klassen- und Optionsfiles sowie von Ergänzungspaketen geht über die Zielsetzung dieses Buches hinaus. Sie erfolgt erst in Band 2 und besonders in Band 3 dieser Buchserie. Für Anwender, die vorab einige der tieferliegenden LaTeX-Strukturen ansprechen oder für Eigenentwicklungen nutzen wollen, verweise ich auf die Dokumentationen `fntguide.tex`, `clsguide.tex`, `cfgguide.tex` und `usrguide.tex` aus dem LaTeX 2_ε-Installationspaket. Eine zweimalige LaTeX-Bearbeitung dieser Files ergibt eine wohl formatierte Erläuterungsdokumentation in englischer Sprache.

Kapitel 9

Fehlerbehandlung

Jeder macht gelegentlich Fehler, so auch bei der Erstellung von LaTeX-Dokumenten. Ich hoffe, dass es bei den Lesern im Mittel weniger sein mögen als bei mir selbst. Die Fehler können verschiedene Ursachen haben, angefangen von einem schlichten Tippfehler für einen Befehlsnamen, über das Vergessen von Befehlen, die in einer bestimmten Kombination wie bei Befehlspaaren auftreten müssen, bis hin zu einer fehlerhaften Syntax bei komplexeren Befehlen.

Fehler erzeugen bei der LaTeX-Bearbeitung eine Reihe von Meldungen auf dem Bildschirm, die dem Anfänger zumindest teilweise oft unverständlich erscheinen. Die Fehlermeldungen enthalten aber auch Informationen, die selbst für den Anfänger hilfreich sein können. Es ist der Zweck dieses Kapitels, die Teile der Fehlermeldungen verständlich zu machen, die auch dem Nichtprogrammierer von Nutzen sind.

9.1 Grundstruktur der Fehlermeldungen

Fehlermeldungen kommen aus zwei Quellen, dem LaTeX-Programm und dem eigentlichen TeX-Programm. Den LaTeX-Fehlermeldungen folgen häufig weitere TeX-Fehlermeldungen, da LaTeX dem TeX-Programm vorgeschaltet ist.

9.1.1 TeX-Fehlermeldungen

Es soll mit einem einfachen Fehlerbeispiel begonnen werden:

```
\documentclass{article}
\begin{document}
Das letzte Wort erscheint in \txetbf{Fettdruck}.
\end{document}
```

In diesem Text ist der Befehl \textbf irrtümlich als \txetbf geschrieben worden. Da \txetbf kein LaTeX-Befehl ist, nimmt LaTeX an, es solle ein solcher TeX-Befehl aufgerufen werden, der deshalb an TeX weitergereicht wird. TeX stellt dann fest, dass ein solcher Befehl auch dort nicht bekannt ist. Auf dem Bildschirm erscheint als Fehlermeldung:

```
! Undefined control sequence
l.3 Das letzte Wort erscheint in \txetfb
                                        {Fettdruck}.
?
```

Das Programm stoppt hier und wartet auf eine Anwenderreaktion. Diese Fehlermeldung ist auch für den Anfänger verständlich. Sie besteht aus einem *Fehlerindikator*, der mit einem ! (Ausrufezeichen) beginnt. Der Fehlerindikator ist hier: ! `Undefined control sequence`, also die Mitteilung, dass ein *unbekanntes Befehlswort* die Fehlerursache ist. Als Nächstes folgt ein *Zeilenpaar*, dessen *obere* Zeile mit `l.3` beginnt. Dies besagt, dass der Fehler in „line 3", also in Zeile 3 des Eingabetextes von TeX entdeckt wurde. Der weitere Text in dieser Zeile besagt, dass TeX diesen Fehler erkannt hat, nachdem es das letzte Zeichen dieser ausgedruckten Zeile gelesen hat. Die untere Zeile des Paares enthält eingerückt den Teil des Textes, den TeX als Nächstes zu bearbeiten beabsichtigt, hier also das Wort `{Fettdruck}`. Bevor es jedoch zu dieser Weiterbearbeitung kommt, wartet TeX auf eine Reaktion des Anwenders. Dies wird durch das Fragezeichen in der letzten Zeile symbolisiert, hinter dem sich der Cursor befindet und auf eine Eingabe wartet.

Nach Eingabe von ?, gefolgt von der Returntaste, erscheint folgende Nachricht:

```
Type <return> to proceed, S to scroll future error messages,
R to run without stopping, Q to run quietly,
I to insert something, E to edit your file,
1 or ... or 9 to ignore next 1 to 9 tokens of input,
H for help, X to quit
?
```

Dies beschreibt die möglichen Anwenderreaktionen:

1. ⟨*return*⟩: Die Betätigung der Returntaste bewirkt, dass TeX mit der Textbearbeitung fortsetzt, ggf. nachdem TeX versucht hat, diesen Fehler nach bestimmten eingebauten Regeln selbst zu beheben. Im Falle eines fehlerhaften Befehlswortes besteht die Fehlerbehebung einfach darin, dass dieses Wort ignoriert wird, so als wäre es gar nicht eingegeben worden.

2. 'S' *scroll mode*: TeX setzt die Bearbeitung fort. Bei Auftreten weiterer Fehler erscheinen die Fehlermeldungen nacheinander auf dem Bildschirm, ohne dass das Programm stoppt und auf eine Anwenderreaktion wartet. In der Wirkung ist das so, als würde bei jedem weiteren Fehler mit der Returntaste reagiert.

3. 'R' *run mode*: TeX setzt die Bearbeitung wie bei S fort und stoppt auch dann nicht, wenn dies im *scroll mode* der Fall wäre, etwa wenn ein nicht existierendes File mit \input- oder \include-Befehlen eingelesen werden soll.

4. 'Q' *quiet mode*: Wie R, bei weiteren Fehlern erscheinen aber keine Fehlermeldungen mehr auf dem Bildschirm. Die unterdrückten Fehlermeldungen werden jedoch im .log-File abgespeichert.

5. 'I' *insert*: Der Fehler kann durch Eingabe des richtigen Textes behoben werden. TeX fügt den in dieser Zeile eingegebenen Text vor dem nächsten noch nicht bearbeiteten Zeichen des Originaltextes ein und fährt mit der Bearbeitung fort. Wird ein fehlerhafter

9.1. GRUNDSTRUKTUR DER FEHLERMELDUNGEN

Befehl auf diese Weise korrigiert, so erfolgt eine richtige Bearbeitung des anstehenden Textes. Im Originaltext steht aber nach wie vor der fehlerhafte Befehl. I\stop führt zum Programmabbruch, wobei die laufende Seite im .dvi-File erscheint.

6. '1 ...': Die Eingabe einer kleinen Zahl (kleiner 100) bewirkt, dass eine entsprechende Anzahl der unmittelbar im Text folgenden Zeichen übersprungen wird. Danach stoppt das Programm wieder und wartet auf eine weitere Benutzerreaktion.

7. 'H' *Hilfe*: Es erfolgt eine ausführlichere Fehlerbeschreibung, als sie beim Fehlerindikator in Kurzform angegeben ist. Häufig erfolgt zusätzlich eine Empfehlung, wie der Fehler behoben werden kann.

8. 'X' *exit*: Die TEX-Bearbeitung wird an dieser Stelle abgebrochen. Die laufende Seite erscheint nicht mehr im .dvi-File.

9. 'E' *edit*: Die Weiterbearbeitung wird wie bei X abgebrochen. Es wird jedoch gleichzeitig der Editor aufgerufen, und der Cursor steht zu Beginn der Zeile, in der TEX den Fehler erkannt hat. (Nicht überall implementiert!)

Bei den aufgezählten Reaktionsbuchstaben ist es gleichgültig, ob sie als Groß- oder Kleinbuchstaben angegeben werden. Die Reaktion erfolgt bei den meisten Systemen aber erst, wenn nach diesem Buchstaben die Returntaste betätigt wird.

Die Eingabe von H oder h (*Hilfe*) für das vorstehende Beispiel erzeugt den folgenden Text:

```
The control sequence at the end of the top line of your error message
was never \def'ed. If you have misspelled it (e.g., '\hobx'), type 'I'
and the correct spelling (e.g., 'I\hbox'). Otherwise just continue
and I'll forget about whatever was undefined.

?
```

Hier wird der Fehler ausführlicher beschrieben: Das Befehlswort am Ende der oberen Zeile des Zeilenpaares ist nicht bekannt. Falls es sich um einen Tippfehler handelt – und dies ist die häufigste Ursache für diesen Fehlertyp – kann er durch Eingabe von I, gefolgt von dem richtig geschriebenen Wort, korrigiert werden, hier also durch I\textbf. Anderenfalls kann mit Betätigung der Returntaste fortgefahren werden und TEX ignoriert das an dieser Stelle stehende Befehlswort vollständig. In diesem Fall wird der Text so bearbeitet, als hätte er gelautet: `Das letzte Wort erscheint in Fettdruck.`, was natürlich keinen Fettdruck erzeugt.

Zur Grundstruktur von TEX-Fehlermeldungen bleibt festzuhalten:
Jede Fehlermeldung beginnt mit dem Fehlerindikator. Dieser ist durch ein ! am Beginn der Zeile gekennzeichnet und beschreibt in Kurzform die Fehlerursache. Danach folgen ein oder mehrere Zeilenpaare, in deren oberen Zeilen das letzte Zeichen angibt, wann TEX den Fehler erkannt hat. Die unteren Zeilen dieser Zeilenpaare enthalten denjenigen Text oder Befehl, den TEX als Nächstes auszuführen beabsichtigt. Vorher wartet TEX jedoch auf eine Reaktion des Anwenders. Besteht diese Reaktion aus der Eingabe eines H, so wird eine ausführlichere Fehlerbeschreibung ausgegeben und auf eine weitere Anwenderreaktion gewartet.

9.1.2 LaTeX-Fehlermeldungen

Einer der Hauptunterschiede zwischen der aktuellen LaTeX 2_ε-Version und dem veralteten LaTeX 2.09 liegt im Umfang und der Erscheinungsform der Fehlermeldungen. So führen bei LaTeX 2.09 Eingabefehler meist zu einer Vielzahl von Fehlerzeilen mit der Angabe tiefliegender Programmabläufe und deshalb zu überwiegend unverständlichen Texten, auf die ich nicht mehr eingehe. Die LaTeX 2_ε-Fehlermeldungen beschränken sich auf die Eingabezeile, in der der Fehler erkannt und wahrscheinlich auch verursacht wurde. Alle hier vorgestellten Beispiele für LaTeX-Fehlermeldungen beziehen sich deshalb auf LaTeX 2_ε.

Das erste Fehlerbeispiel soll lauten:

```
\documentclass{article}
\begin{document}
\usepackage{german}
\begin{qoute}\slshape
   Beidseitig einger"uckter Text
\end{quote}
\end{document}
```

Hier ist im Aufruf \begin{quote} irrtümlich qoute geschrieben worden. Bei der LaTeX-Bearbeitung erscheint die Fehlermeldung

```
! LaTeX error: Environment qoute undefined

See LaTeX manual or LaTeX Companion for explanation.
Type  H <return> for immediate help.
 ...

l.4 \begin{qoute}
                 \slshape
?
```

Die erste Zeile dieser Fehlermeldung sagt aus, dass LaTeX selbst diesen Fehler entdeckt hat und ihn mit dem zugefügten Fehlerindikator Environment qoute undefined kommentiert. Alle LaTeX-Fehlermeldungen beginnen mit einer entsprechenden Zeile, gefolgt von einer Leerzeile und der Zeile mit dem Hinweis auf die LaTeX-Originalliteratur [1] und [2] mit näheren Erläuterungen des Fehlerindikators (im vorliegenden Buch Abschnitt 9.3). Die nächste Zeile erinnert daran, dass mit der Eingabe von H, gefolgt von der Returntaste, eine genauere Fehlerbeschreibung und eine Empfehlung zur Behebung abgerufen werden kann. Die anschließende Zeile mit den drei Punkten . . . soll andeuten, dass bei dieser Fehlererkennung weiterer interner LaTeX-Programmkode beteiligt ist, dieser aber in der Fehlermeldung unterdrückt wurde.

Das nächste Zeilenpaar beschreibt, genau wie die TeX-Fehlermeldung, die Stelle, an der der Fehler entdeckt und die Bearbeitung angehalten wurde, nämlich bei dem Befehl \begin{qoute} und vor der Fortsetzung mit \slshape. Die vorangestellte Angabe l.4 verweist wieder auf die Zeilennummer im Eingabetext, hier 4, in der dieser Fehler auftrat.

Danach wartet LaTeX auf eine Anwenderreaktion. Nach Eingabe von H⟨Return⟩ erscheint auf dem Bildschirm

9.1. GRUNDSTRUKTUR DER FEHLERMELDUNGEN

```
Your command was ignored.
Type  I <command> <return>  to replace it with another command,
or  <return>  to continue without it.
?
```

Diese Hilfe ist nicht besonders informativ. Welcher Befehl wurde ignoriert? Die Hilfsmitteilung sagt hierüber nichts Näheres aus. Gemeint ist der letzte Befehl in der oberen Zeile des letzten Zeilenpaares, das mit 1.4 beginnt. Die Eingabe I\begin{quote}⟨Return⟩ korrigiert diesen Fehler für die laufende Bearbeitung. Im Originaltext ist der Fehler aber nach wie vor verblieben und muss später mit dem Editor korrigiert werden.

Wird die Behandlung durch Betätigung der Returntaste fortgesetzt, so wird der Befehl \begin{qoute} ignoriert. Die Wirkung ist so, als hätte der Text diesen Befehl gar nicht enthalten. Dies führt zwangsläufig zu einem weiteren Fehler, denn nun gibt es im Text den Befehl \end{quote}, dem kein zugehöriger \begin{quote} voranging. Tatsächlich erscheint auch unmittelbar danach auf dem Bildschirm:

```
! LaTeX error: \begin{document} ended by \end{quote}

See LaTeX manual or LaTeX Companion for explanation.
Type  H <return>  for immediate help.
 ...

l.6 \end{quote}

?
```

Die erste Zeile enthält wieder die LATEX-Standardfehlermitteilung, also den Hinweis, dass der Fehler bereits durch LATEX erkannt und mit dem Fehlerindikator kommentiert wird. Der Fehlerindikator lautet diesmal: \begin{document} ended by \end{quote}. Diese Mitteilung kommt dadurch zustande, dass LATEX nach dem Lesen des Befehls \end{quote} den logisch zugehörigen Öffnungsbefehl \begin zur Erfüllung der Paarbedingung sucht. Nachdem der fehlerhafte Befehl \begin{qoute} entfernt wurde, ist \begin{document} der zur Erfüllung der Paarbedingung zugehörige \begin-Befehl. Diese beiden Befehle passen aber als Paar wegen ihres unterschiedlichen Inhalts, nämlich zunächst document und dann quote, nicht zusammen. Und dies ist genau die Feststellung des Fehlerindikators.

Die Folgezeilen mit den Literaturhinweisen und der Erinnerung an die Möglichkeit der Hilfeanforderung sowie dem Kodeunterdrückungshinweis mit den drei Punkten ... treten bei jeder LATEX-Fehlermeldung auf und wurden beim ersten Fehlerbeispiel ausreichend erläutert.

Das letzte Zeilenpaar, dessen obere Zeile l.6 \end{quote} enthält und dessen untere Zeile leer ist, sagt aus, dass dieser Fehler in Zeile 6 (l.6) des Eingabetextes erkannt wurde, und zwar unmittelbar nachdem der Befehl \end{quote} gelesen wurde. Die anschließende Leerzeile zeigt, dass in der Eingabezeile 6 auf den ausgegebenen Fehler kein weiterer Text folgt.

Eine Reaktion mit H⟨Return⟩ an dieser Stelle führt genau zur gleichen Mitteilung wie beim vorangegangenen Fehler. Eine anschließende Eingabe von I ist jetzt jedoch nicht mehr sinnvoll. Nachdem der Befehl \end{quote} bereits gelesen worden ist, kann ein zugehöriger \begin{quote} nicht mehr wirksam eingefügt werden. Man kann natürlich formal schreiben I\begin{quote}, was zur Folge hat, dass der gerade gelesene Befehl \end{quote} durch

\begin{quote} ersetzt wird, was natürlich nicht gewollt ist. Die beste Reaktion ist hier einfach die Betätigung der Returntaste, womit der letzte Befehl \end{quote} ignoriert und die Bearbeitung ohne weitere Fehlermitteilung fortgesetzt wird.

Damit ist sowohl der fehlerhafte Befehl \begin{qoute} als auch der zugehörige Befehl \end{quote} ignoriert worden, und die Bearbeitung erfolgt so, als hätte es die Umgebung quote an dieser Stelle im Text gar nicht gegeben.

Wäre der Tippfehler qoute beim \end- statt beim \begin-Befehl gemacht worden, so hätte dies folgende Fehlermitteilung bewirkt:

```
! LaTeX error: \begin{quote} on input line 4 ended by \end{qoute}

See LaTeX manual or LaTeX Companion for explanation.
Type  H <return> for immediate help.
 ...

l.6 \end{qoute}

?
```

Nach den vorangegangenen Erläuterungen sollte dem Leser diese Fehlermeldung klar sein. Der Fehlerindikator sagt hier:
\begin{quote} on input line 4 ended by \end{qoute}
und das letzte Zeilenpaar weist aus, dass der Fehler in Zeile 6 nach dem Lesen des Befehls \end{qoute} erkannt wurde. Die natürliche Reaktion des Anwenders wird sein, und hierzu fühlt er sich nach einem H von LATEX ausdrücklich aufgefordert, einzugeben:
I \end{quote}   aber, „oh Schreck", auf dem Bildschirm erscheint dann

```
! Extra \endgroup.
<recently read> \endgroup
l.6 \end{qoute}

?
```

Mit Ausnahme des letzten Zeilenpaares, das mit l.6 beginnt, bleibt diese Fehlermeldung weitgehend unverständlich. Auch der bis dahin halbwegs verständliche Fehlerindikator lautet nun ! Extra \endgroup. Die Erkenntnis, dass es sich um eine TEX-Fehlermeldung und nicht um eine LATEX-Meldung handelt, hilft auch nicht weiter.

Der verwirrte Leser braucht sich hier keine Vorwürfe zu machen. Seine Reaktion war verständlich, wenn auch an dieser Stelle falsch. Dies aber hätte selbst ein versierter TEX-Programmierer erst nach der letzten Fehlermeldung erkennen können. Die richtige Korrektur wäre an dieser Stelle gewesen: I quote, also nur die Angabe des korrekten Umgebungsnamens ohne den Befehl \end.

Wird auf die letzte Fehlermeldung nochmals mit der Hilfeanforderung H reagiert, so erscheint:

```
Things are pretty mixed up, but I think the worst is over
```

Das ist zumindest ein wenig ermutigender. Der Leser möge deshalb auch nicht resignieren, sondern die Bearbeitung mit der Betätigung der Returntaste fortsetzen. Ich gebe ihm hier eine spezielle und eine allgemeine Reaktionsempfehlung. Die spezielle lautet:

9.1. GRUNDSTRUKTUR DER FEHLERMELDUNGEN

Trat bei einer Umgebung ein fehlerhafter Umgebungsname im \begin-Befehl auf, so kann dieser Fehler durch Eingabe von
I \begin{*richtiger Umgebungsname*}
korrigiert werden. Bei einem fehlerhaften Umgebungsnamen im \end-Befehl erfolgt die Korrektur durch
I *richtiger Umgebungsname* oder einfach durch die Returntaste.

Die allgemeine Empfehlung lautet:

Wenn der Anwender aufgrund einer Fehlermeldung weiß, wie er den Fehler korrigieren kann, so möge er dies durch Eingabe von
I *Korrektur*
versuchen. Andernfalls sollte er die Returntaste betätigen und abwarten, was geschieht. Auch wenn hierauf zunächst weitere unverständliche Fehlermeldungen erscheinen, kann mit wiederholter Betätigung eine Weiterbearbeitung erreicht werden. Beim anschließenden Probeausdruck wird am ehesten zu erkennen sein, wo der Fehler lag.

Statt einer wiederholten Betätigung der Returntaste kann mit der Eingabe von 'S', 'R' oder 'Q', jeweils gefolgt von der Returntaste, eine zügigere Fehlerbearbeitung erzielt werden (s. S. 240). Bei diesen Reaktionen, ebenso wie bei der einfachen Returntaste, wird ein fehlerhafter Befehl nicht einfach ignoriert. TEX versucht vielmehr, selbst herauszufinden, was an dieser Stelle vom Anwender wahrscheinlich gemeint war, und führt diese Korrektur von selbst durch. Erst wenn dies nicht möglich ist, wird der fehlerhafte Befehl ignoriert. Lautet der Fehlerindikator z. B.

\begin{*umgebung*} ended by \end{*fumgebung*}

so ist zunächst einmal im \begin-Befehl ein zulässiger Umgebungsname verwendet worden. Hier ist es naheliegend anzunehmen, dass der zugeordnete \end-Befehl einen fehlerhaften Umgebungsnamen hat. TEX setzt dann in den entsprechenden \end-Befehl den Umgebungsnamen des zugeordneten \begin-Befehls ein.

Gelegentlich mag es für versierte LATEX-Anwender erwünscht sein, die Fehlerstruktur bei der LATEX 2_ε-Bearbeitung tiefer einzusehen. Dies kann mit einer Zählerzuweisung der Form

\setcounter{errorcontextlines}{*zahl*}

erreicht werden. Mit der Vorgabe für *zahl* kann die Schachtelungstiefe interner LATEX-Befehlsabläufe in der Fehlermeldung verändert werden. Sie ist standardmäßig als -1 voreingestellt. Der LATEX 2_ε-Anwender kann sie hier auch zu 5 oder noch höher vorgeben, um tiefverschachtelte Befehlsstrukturen in der Fehlermeldung aufzulisten.

9.1.3 Fehlermeldungen aus TEX-Makros

Die Mehrzahl der TEX-Befehle und nahezu alle LATEX-Befehle sind sog. TEX-Makros. Dies sind i. Allg. Gruppen von einfacheren Befehlen, die unter einem eigenen Befehlsnamen zusammengefasst sind, bei dessen Aufruf die entsprechende Befehlsgruppe abläuft. TEX-Makros sind also ähnliche Strukturen, wie sie durch den LATEX-Befehl \newcommand erzeugt werden können. Hier wie dort können bis zu neun variable Parameter übergeben werden. Die entsprechenden TEX-Befehle zur Erzeugung von Makros sind aber noch allgemeiner als der \newcommand-Befehl.

Tatsächlich sind von den rund 900 TeX-Befehlen nur 300 sog. Grundbefehle, die auf keine anderen Befehle zurückgreifen. Der Rest, also rund 600, sind Makros. Tritt innerhalb eines Makros ein Fehler auf, so hat dies evtl. Auswirkungen auf die weiteren Befehle dieses Makros. Bei einem Fehler innerhalb eines Makros enthält die Fehlermeldung darum zusätzliche Angaben, welche Teile des Makros bereits abgearbeitet sind und welche noch ausstehen und was hiervon als Nächstes bearbeitet werden soll. Genau dies führt zu den für die Mehrzahl der Anwender unverständlichen Teilen der Fehlermeldung.

Hierzu ein Beispiel zur Verdeutlichung. Der Befehl \centerline ist ein Makro und als

```
\def\centerline#1{\@@line{\hss#1\hss}}
```

definiert, bei dem \@@line wiederum ein Makro ist. \hss ist ein TeX-Grundbefehl und erzeugt horizontalen Zwischenraum, der sich beliebig dehnen oder schrumpfen kann, bei mehrfachem Auftreten innerhalb einer Zeile aber jeweils in gleicher Weise. Um den Leser nicht mit TeX-Interna zu verwirren, soll hier nur gesagt werden, dass die vorstehende Makrodefinition etwa folgender LaTeX-Befehlsfolge gleichwertig ist:

```
\newcommand{\line}[1]{\makebox[\textwidth]{#1}}
\newcommand{\centerline}[1]{\line{\hss#1\hss}}
```

Wird nun das folgende Programm

```
\documentclass{article}
\begin{document}
\centerline{Dies ist ein \falscher Befehl}
\end{document}
```

bei dem ein \ vor dem Wort falscher steht – womit \falscher als Befehl angesehen wird – mit LaTeX bearbeitet, so erscheint folgende Fehlermeldung:

```
! Undefined control sequence.
<argument> Dies ist ein \falscher 
                                   Befehl
l.3 \centerline{Dies ist ein \falscher Befehl}

?
```

Der Fehlerindikator ist wie im Beispiel unter 9.1.1: ! Undefined control sequence. Das folgende Zeilenpaar sagt aus, dass der Fehler nach dem „Befehl" \falscher erkannt wurde und dass als Nächstes der Text Befehl bearbeitet werden soll. Gleichzeitig sagt <argument> am Beginn der oberen Zeile aus, dass der folgende Text als Argument in einem anderen Befehl verwendet wurde. Das nächste Zeilenpaar ist wieder vertraut: Der Fehler wurde in Zeile 3 des Eingabetextes erkannt, und zwar nachdem der ganze in der oberen Zeile stehende Text eingelesen worden war.

Wird der interne Zähler errorcontextlines entsprechend dem Hinweis am Ende des vorangegangenen Unterabschnitts auf 5 gesetzt, so erscheint als Fehlermeldung:

```
! Undefined control sequence.
<argument> Dies ist ein \falscher 
                                   Befehl
```

```
\centerline #1->\@@line {\hss #1
                                 \hss}
l.3 \centerline{Dies ist ein \falscher Befehl}

?
```

Auch diese erweiterte TeX-Fehlermeldung ist nun nicht mehr ganz unverständlich. Nach dem Hinweis, dass der Text des ersten Zeilenpaares nach dem Fehlerindikator als Argument eines anderen Befehls verwendet wird, beginnt nun das nächste Zeilenpaar mit dem Namen dieses Befehls, also \centerline, gefolgt von einem Ersetzungszeichen #1, was erkennen lässt, dass dieser Befehl einen Parameter besitzt. Das Symbol -> deutet an: *Was nun folgt, ist die Definition des Befehls*. Das Ende dieser Zeile #1 signalisiert, dass der eingegebene Parameter an der Stelle dieses Ersetzungszeichens übergeben und dann der Fehler erkannt worden ist. Der eingerückte Befehl \hss} in der unteren Zeile des Paares sagt aus, dass der Befehl \hss noch nicht abgearbeitet und damit der Befehl \centerline als Ganzes noch nicht beendet ist, worauf die schließende Klammer } am Ende dieser Zeile hinweist.

9.2 Weitere Fehlerbeispiele

9.2.1 Fehlerfortpflanzung

Bei dem Beispiel der fehlerhaften \begin{qoute}-Umgebung wurde gezeigt, dass die Reaktion mit der Returntaste trotz des korrekten \end{quote}-Befehls zu einer weiteren Fehlermeldung führt. Das Verhalten, dass ein nicht oder falsch korrigierter Fehler weitere Fehlermeldungen erzeugt, ist nicht die Ausnahme, sondern die Regel. Es soll der folgende LaTeX-Text bearbeitet werden:

```
\documentclass{article}
\usepackage{german}
\begin{document}
\begin{itemie}
\item Dies ist der erste Punkt der Aufz"ahlung
\item Und hier folgt der zweite Punkt
\end{itemize}
\end{document}
```

Der einzige Fehler ist hier der fehlerhafte Umgebungsname `itemie` statt `itemize` im \begin{itemie}-Befehl. Hier ist zunächst dieselbe Fehlermeldung zu erwarten wie oben bei der fehlerhaften quote-Umgebung. Entsprechend erscheint als erste Fehlermeldung:

```
! LaTeX error: Environment itemie undefined

See LaTeX manual or LaTeX Companion for explanation.
Type  H <return> for immediate help.
 ...

l.4 \begin{itemie}

?
```

Ist die Anwenderreaktion I \begin{itemize}, so erfolgt eine korrekte Weiterbearbeitung. Wird dagegen nur mit der Returntaste reagiert, so erscheint als nächste Fehlermeldung:

```
! LaTeX error: Lonely \item--perhaps a missing list environment.

See LaTeX manual or LaTeX Companion for explanation.
Type  H <return> for immediate help.
 ...

l.5 \item D
           ies ist der erste Punkt der Aufz"ahlung.
?
```

Der Grund für diese Fehlermeldung liegt darin, dass mit der Returnreaktion auf den ersten Fehler der Befehl \begin{itemie} entfernt worden ist. Der darauffolgende Text befindet sich also nicht in einer entsprechenden Umgebung. Der nächste aufgerufene Befehl \item ist aber nur in einer listenartigen Umgebung (s. 4.3 und 4.4) erlaubt. Eine Hilfeanforderung mit der Eingabe von H an dieser Stelle ergibt

```
Try typing <return> to proceed.
If that doesn't work, type X <return> to quit.
```

Wird diesem Ratschlag gefolgt, so erscheint nach Betätigung der Returntaste die vorangegangene Fehlermeldung ein zweites Mal, allerdings mit dem unteren Zeilenpaar

```
l.6 \item U
           nd hier folgt der zweite Punkt
?
```

Die Bearbeitung ist um eine Eingabezeile fortgeschritten und trifft dort auf den nächsten \item-Befehl. Eine anschließende Hilfeanforderung wiederholt die vorangegangene Empfehlung. Die Fortsetzung mit der Returntaste führt dann zu

```
! LaTeX error: \begin{document} ended by \end{itemize}.

See LaTeX manual or LaTeX Companion for explanation.
Type  H <return> for immediate help.
 ...

l.7 \end{itemize}

?
```

Hier wurde das Ende der itemize-Umgebung erreicht und, wegen der Entfernung des einleitenden \begin-Befehls, der vorangehende Öffnungsbefehl \begin{document} als unpassend erkannt. Mit der Returnreaktion auf diese Fehlermeldung geht die Bearbeitung weiter und kommt ordnungsgemäß zum Abschluss. Bei diesem Beispiel hat also ein Fehler, bei sonst fehlerfreiem anschließendem Text, drei weitere Fehlermeldungen erzeugt.

Dies ist keineswegs ungewöhnlich. Manche LaTeX-Fehler können auf diese Weise eine Unzahl von „Folgefehlern" nach sich ziehen. Es ist sogar möglich, dass der Folgefehler sich

9.2. WEITERE FEHLERBEISPIELE 249

unaufhörlich wiederholt und eine Weiterbearbeitung nicht mehr möglich ist. In diesem Fall muss die Programmbearbeitung abgebrochen werden. Dies sollte mit der Eingabe I\stop nach der nächsten Fehlermeldung versucht werden. Eventuell muss diese Form der Eingabe mehrfach versucht werden. Hat dies keinen Erfolg, erscheint also dieselbe Fehlernachricht nach dieser Eingabe immer wieder, so kann mit der Reaktionsangabe X (Return) ein Abbruch erzwungen werden.

Ein Programmabbruch mit I\stop sollte gegenüber X bevorzugt werden, da im ersten Fall auch die laufende Seite ausgedruckt wird, im zweiten aber nicht. Der Ausdruck der laufenden Seite kann aber nützlichen Aufschluss darüber geben, wo der eigentliche Fehler lag.

Die Quintessenz dieses Abschnitts sollte sein: *Auch bei einer Unzahl von Fehlerfolgemeldungen nicht in Panik verfallen, sondern durch wiederholtes Betätigen der Returntaste das Programm zur Weiterbearbeitung auffordern.*

Wird statt der Returntaste S(Return) eingegeben, so erscheinen dieselben Fehlernachrichten auf dem Bildschirm, ohne dass das Programm anhält und auf eine weitere Anwenderreaktion wartet (s. 9.1.1).

9.2.2 Typische Fehler mit Folgewirkung

Früher oder später wird es jedem Anwender einmal passieren, dass er einen der Befehle \documentclass oder \begin{document} oder gar den ganzen Vorspann vergisst. Letzteres ist oft dann der Fall, wenn ein LaTeX-File zur Bearbeitung durch \input- oder \include-Befehle vorgesehen ist, aber dann durch LaTeX direkt aufgerufen wird. Wird zum Beispiel das File mit dem Inhalt

    Dieses File hat keinen Vorspann.

direkt durch LaTeX aufgerufen, so erscheint folgende Fehlernachricht:

    ! LaTeX error: Missing \begin{document}.

    See LaTeX manual or LaTeX Companion for explanation.
    Type H <return> for immediate help.
     ...

    l.1 D
         ieses File hat keinen Vorspann.
    ?

deren Hilfe-Empfehlung mit der Eingabe von H ⟨*Return*⟩ lautet:

    You're in trouble here. Try typing <return> to proceed.
    If that doesn't work, type X <return> to quit.
    ?

Aus dem unteren Zeilenpaar der Fehlermeldung kann entnommen werden, dass LaTeX bereits beim Lesen des allerersten Zeichens dieses Files einen Fehler entdeckt hat. Hier sollte nicht versucht werden, mit der Returntaste eine Weiterbearbeitung zu erzwingen, sondern das Programm mit X oder E zum Abbruch gebracht werden, da eine vernünftige Bearbeitung nicht möglich ist.

Selbst wenn das vorstehende File das Umgebungspaar

```
\begin{document}
Dieses File hat keinen Vorspann.
\end{document}
```

enthält, ist eine ordnungsgemäße Bearbeitung nicht möglich. Als LaTeX-Fehlermeldung erscheint nun

```
! LaTeX error: The font size command \normalsize is not defined:
               there is probably something wrong with the class file.

See LaTeX manual or LaTeX Companion for explanation.
Type  H <return> for immediate help.
 ...

l.1 \begin{document}

?
```

Diese Fehlermeldung wird den Anfänger sicher überraschen: Der bemängelte Befehl \normalsize tritt im Eingabetext überhaupt nicht auf. Der Information des unteren Zeilenpaares ist zu entnehmen, dass der Fehler unmittelbar nach dem Einlesen von \begin{document} erkannt wurde. Dies lässt den naheliegenden Schluss zu, dass eine sinnvolle Bearbeitung des nachfolgenden Textes kaum möglich sein wird, so dass als einzig sinnvolle Reaktion der Bearbeitungsabbruch mit der Eingabe von X oder E verbleibt.

Der Grund für den seltsamen Fehlerindikator in den ersten beiden Zeilen der Fehlermeldung liegt darin, dass mit \begin{document} intern eine Reihe von Parametern und Einstellungen initialisiert werden, u. a. auch die Standardschriftgröße. Etliche der hier intern angeforderten Einstellbefehle werden im LaTeX-Kern bereitgestellt und sind somit bekannt. Der Einstellbefehl für die Standardschriftgröße \normalsize wird, neben anderen, in den Klassenfiles definiert. Wegen des fehlenden Vorspannbefehls \documentclass wurde aber kein Klassenfile vorab eingelesen, womit der angeforderte Befehl \normalsize unbekannt ist, was letztlich der Fehlerindikator aussagt.

Ein fehlerhafter Name für die Bearbeitungsklasse, etwa \documentclass{mist}, führt zu folgender Fehlermeldung:

```
! LaTeX Error: File 'mist.cls' not found.

Type X to quit or <RETURN> to proceed,
or enter new name. (Default extension: cls)

Enter file name:
```

und der Cursor steht hinter der Aufforderung Enter file name:. Diese Fehlermeldung sollte auch ohne Erläuterung klar sein: Das Programm kann ein File mit dem Namen mist.cls nicht finden und fordert auf, einen Klassennamen einzugeben. Dies ist der Name einer verfügbaren Bearbeitungsklasse, also article, report, book, proc oder letter, deren jeweiliger Namensanhang .cls bei der Eingabe entfallen darf.

9.2. WEITERE FEHLERBEISPIELE

Die gleiche Fehlernachricht erscheint auch, wenn für ein mit \usepackage{*erg_paket*} angefordertes Ergänzungspaket das realisierende File *erg_paket*.sty nicht gefunden wird, z. B. weil auch hier der Name für das Ergänzungspaket falsch geschrieben wurde *oder* das verlangte Ergänzungspaket im Rechner des Anwenders nicht existiert. Der einzige Unterschied der hierdurch erzeugten Fehlermeldung liegt in der Standardvorgabe für den Namensanhang, der nun mit .sty vorausgesetzt wird.

Ebenso wird diese Fehlermeldung durch eine erfolglose Suche nach einem mit \input{*file*} oder \include{*file*} einzulesenden File erzeugt, wobei dann als Standardvorgabe für den Namensanhang .tex angenommen wird. In allen drei Fällen führt die Eingabe eines korrekten Filenamens zur Fortsetzung der Bearbeitung, vorausgesetzt natürlich, dass das File mit diesem Grundnamen und dem jeweils vorausgesetzten Anhang im Rechner des Anwenders existiert.

Angeforderte Eingabefiles erwartet TEX entweder im aktuellen Verzeichnis, aus dem der Bearbeitungsaufruf erfolgte, oder in vorbestimmten Verzeichnissen, die bei der Installation des lauffähigen TEX-Programms festgelegt wurden. Soll ein File aus einem anderen Verzeichnis eingelesen werden, so ist bei der vorstehenden Aufforderung zur Eingabe des Filenamens dieser mit seinem vorangestellten Pfadnamen anzugeben.

Wird bei der Aufforderung nach Eingabe des korrekten Filenamens dieser nochmals falsch eingegeben, so wiederholt sich die vorangegangene Fehlermeldung. Dies führte in LATEX 2.09 zu einem Problem, wenn der Anwender wusste, dass das angeforderte File zwar das gewünschte ist, aber in seinem Rechner noch nicht existierte. Der Versuch der Abbrucheingabe mit X wurde dort als Filegrundname X interpretiert und die Suche nach dem File X.tex blieb erfolglos, womit dieselbe Fehlermeldung wiederholt wurde. Das Problem der Endlosschleife als Folge der Pseudoabbruchantwort 'X' und der anschließenden Suche nach dem File X.tex entfällt bei LATEX 2_ε. Hier führt die Reaktion mit X auch nach der Anforderung, einen Filenamen einzugeben, zu dem gewünschten Programmabbruch.

Notausstieg: Gelegentlich „gelingt" es, Fehler zu erzeugen, aus denen ein Programmabbruch auch mit I\stop oder X bzw. E nicht möglich ist. Jedes Betriebssystem kennt aber Steuerbefehle, häufig Ctrl C (s. Übung 2.3 auf S. 23), mit denen ein laufendes Programm abgebrochen werden kann. Die Abbruchbefehle sind sonst dem Betriebssystem-Handbuch zu entnehmen.

9.2.3 Mathematische Fehlermeldungen

Bereits nach kurzer Einarbeitung treten bei der Erzeugung von mathematischen Formeln Fehler im eigentlichen Formeltext erstaunlicherweise kaum noch auf. Die verbleibenden Fehler sind vielmehr Formalfehler, wie das Vergessen einer schließenden Klammer } oder des Rückschaltzeichens in den Textmodus. Ebenso werden oft Symbole, die nur im mathematischen Modus erlaubt sind, innerhalb von Textmodi verwendet. Es sollen hier einige typische Fehler vorgestellt werden.

Es sollte erzeugt werden: „Der Preis beträgt $3.50, und die Bestellbezeichnung lautet Art_muster", wofür eingegeben wurde: Der Preis beträgt $3.50, und die Bestellbezeichnung lautet Art_muster.

Dieser Text enthält zwei Fehler, wobei der erste den zweiten kompensiert: Das $-Zeichen ist das Umschaltzeichen in den mathematischen Modus zur Erzeugung von Textformeln (s. 5.1). Im vorliegenden Text hätte \$ geschrieben werden müssen, damit das $-Zeichen ausgedruckt wird. Stattdessen wird nun der Text hinter dem $-Zeichen als Formel interpretiert.

Allerdings fehlt dann das schließende $-Zeichen, und dies ist der Fehler, den TeX zunächst feststellt, und zwar am Ende des laufenden Absatzes.

```
! Missing $ inserted.
<inserted text>
                $
l.957

?
```

Wird auf die Fehlermeldung mit der Returntaste reagiert, so fügt TeX an dieser Stelle, im Beispiel also am Ende des Textes vor der anschließenden Leerzeile, ein $-Zeichen ein. Damit wird der Text vom ersten $-Zeichen bis zum Ende des Absatzes als Textformel interpretiert und erscheint als:

Der Preis beträgt 3.50, $und die Bestellbezeichnung lautet Art_muster$.

Aus diesem Ausdruck würde der Anwender dann schnell erkennen, was er falsch gemacht hat. Gegen Ende des ausgedruckten Textes erscheint das m als Index. Dies war der zweite Fehler im Beispiel. Das _-Zeichen ist nur im mathematischen Modus erlaubt und hätte hier als _ eingegeben werden müssen. Nachdem das erste $-Zeichen jedoch in den mathematischen Modus geschaltet hat, ist _ ein erlaubter Befehl und wird auch so ausgeführt.

Wird der Text so korrigiert, dass $ durch \$ ersetzt wird, so führt nun das _-Zeichen zu einer Fehlermeldung, da dieses Zeichen jetzt im normalen Textmodus auftritt, wo es nicht erlaubt ist. Man erhält dann die ähnliche Fehlernachricht

```
! Missing $ inserted.
<inserted text>
                $
l.957 Bestellbezeichnung lautet Art_
                                    muster.

?
```

Mit der Returntaste setzt TeX ein $-Zeichen vor den mathematischen Befehl _ und fährt mit der Bearbeitung fort. Spätestens am Ende des laufenden Absatzes wird dann jedoch das schließende $-Zeichen vermisst und TeX meldet sich noch einmal mit derselben Fehlermitteilung wie im ersten Fall. Nach nochmaligem Return setzt LaTeX die Bearbeitung fort, wobei der fehlerhafte Text nun als

Der Preis beträgt $3.50, und die Bestellbezeichnung lautet Art$_muster$

ausgedruckt wird. Eine Reaktion mit H hätte in allen drei Fällen

```
I've inserted a begin-math/end-math symbol since I think
you left one out. Proceed, with fingers crossed.
```

ausgedruckt, und der letzte Satz ist auch genau das, was ich dem Leser beim Auftreten von Fehlermeldungen bei mathematischen Formeln empfehle: *Durch wiederholte Betätigung der Returntaste oder S Return sollte das Programm zur Weiterbearbeitung aufgefordert werden. Die Fehler sind dann am einfachsten aus dem Probeausdruck zu ermitteln.*

9.2.4 Fehlermeldungen bei Mehrfiletexten

Besteht der Text aus mehreren Files, die durch \input- oder \include-Befehle zusammengefügt werden, so bezieht sich das Zeilenpaar mit der Zeilennummer in den Fehlermeldungen auf das jeweils gerade bearbeitete File. Bei einer Reaktion mit E⟨Return⟩ wird der Editor vom System mit dem richtigen Filenamen aufgerufen, und die Zeile, in der der Fehler erkannt wurde, wird die aktuelle Zeile auf dem Bildschirm. In den anderen Fällen muss bei einem späteren Editieren das jeweils zugehörige File angesprochen werden.

Welches File beim Auftreten einer Fehlermeldung gerade bearbeitet wurde, kann dem .log-File entnommen werden. Besteht ein Text aus mehreren Files, so erscheint auf dem Bildschirm und im .log-File eine öffnende runde Klammer (, wenn ein neues File gelesen wird, gefolgt von dem Filenamen, gefolgt von den laufenden Seitennummern in eckigen Klammern. Diese Folge wird mit der rechten Klammer) abgeschlossen, wenn die Bearbeitung des Files beendet wird. Erscheint auf dem Bildschirm z. B.

```
... (sumfile.tex [1][2][3] (teil1.tex [4][5]) (teil2.tex [6][7]
! Undefined control sequence
l.999 \heute
?
```

so kann man ablesen: Es war ein File `sumfile.tex` eingelesen worden. Nach Erzeugung der Seiten 1, 2 und 3 wurde mit \input aus `sumfile.tex` heraus ein File `teil1.tex` eingelesen, das die Seiten 4 und 5 erzeugte und dann abschloss. Danach wurde das File `teil2.tex` eingelesen, in dessen Zeile 999 der Fehler erkannt wurde. Wird dieser Fehler korrigiert oder mit der Returntaste eine Weiterbearbeitung erzwungen, so werden die Bearbeitungsangaben auf dem Bildschirm fortgesetzt

```
[8][9]) [10]
! To many }'s
l.217   muster}
```

Die schließende Klammer) nach Seite 9 zeigt an, dass File `teil2.tex` ordnungsgemäß beendet wurde. Der nächste Fehler nach Seite 10 liegt in File `sumfile.tex`, da dieses noch nicht mit der schließenden Klammer als abgearbeitet gekennzeichnet ist. Der Fehler wurde in diesem File in Zeile 217 erkannt.

9.3 Verzeichnis aller LaTeX-Fehlermeldungen

Die nachfolgend aufgelisteten LaTeX-Fehlermeldungen sind in drei Gruppen gegliedert:

1. Fehlermeldungen, die aus dem LaTeX-Kern stammen und damit unabhängig von der gewählten Bearbeitungsklasse und evtl. zugefügten Ergänzungspaketen sind.

2. Fehlermeldungen, die aus den Klassen- und Optionsfiles sowie aus den Standard-Ergänzungspaketen stammen und die damit ggf. von der gewählten Auswahl abhängen.

3. Fehlermeldungen, die sich auf fehlerhafte Zeichensatzauswahl beziehen.

Innerhalb jeder Gruppe sind die angeführten Fehlermeldungen alphabetisch angeordnet und mit einer kurzen Erläuterung über die wahrscheinlichsten Ursachen sowie mit Hinweisen zur Fehlerbeseitigung versehen.

9.3.1 Fehlermeldungen aus dem LaTeX-Kern

Eine Angabe von drei Punkten ... bei einem der nachfolgenden Fehlerindikatoren steht für den variablen Text in dieser Meldung, wie er aus der beigefügten Erläuterung abzuleiten ist.

! LaTeX Error: ... undefined.

Der in einem \renewcommand oder \renewenvironment angegebene Befehls- bzw. Umgebungsname war noch nicht definiert. Er sollte deshalb mit der korrespondierenden \new...-Struktur eingegeben werden.

! LaTeX Error: \< in mid line.

Der Befehl \< innerhalb der tabbing-Umgebung trat innerhalb einer Zeile auf. Dieser Befehl ist nur am Beginn einer Zeile erlaubt (s. 4.6.3).

! LaTeX Error: Bad \line or \vector argument.

Das erste Argument in einem \line- oder \vector-Befehl, das die Neigung der Linie oder des Pfeils bestimmt, enthält ein unzulässiges Wertpaar. Über die erlaubten Wertpaare s. 6.4.3 und 6.4.4.

! LaTeX Error: Bad math environment delimiter.

LaTeX hat entweder einen Umschaltbefehl in den mathematischen Modus, wie \[oder \(, entdeckt, während es sich bereits im mathematischen Modus befand, oder es wurde ein Beendigungsbefehl für den mathematischen Modus, wie \) oder \], innerhalb von normalen Textmodi (Paragraph- oder LR-Modus) gefunden. Die Ursache liegt entweder in nicht zusammenpassenden mathematischen Umschaltbefehlspaaren, vergessenen Beendigungsbefehlen oder ungepaarten Klammerstrukturen {...}.

! LaTeX Error: \begin{...} on input line ... ended by \end{...}

LaTeX hat einen \end-Befehl ohne den zugehörigen \begin-Befehl gefunden. Dies ist entweder durch einen Schreibfehler des Umgebungsnamens beim \end-Befehl verursacht oder im vorangegangenen Text wurde ein notwendiger \end-Befehl vergessen. Ich empfehle, bei allen Umgebungen jeweils die zusammengehörigen \begin ... \end-Paare zunächst einzugeben und dann mit dem Editor den eigentlichen Umgebungstext vor dem \end-Befehl anzuordnen. Das vermeidet das Vergessen von \end-Befehlen bei längeren, insbesondere verschachtelten Umgebungen. Gleichzeitig wird die Gefahr einer fehlerhaften Schreibweise des Umgebungsnamens vermindert.

! LaTeX Error: Can be used only in preamble.

Sog. Vorspannbefehle dürfen nur im Vorspann, also vor \begin{document} verwendet werden. Hierzu gehören z. B. \documentclass, \documentstyle, \usepackage, \nofiles, \includeonly, \makeindex, \makeglossary u. a. Werden solche Befehle nach \begin{document} eingegeben, so entsteht diese Fehlermitteilung. Dieselbe Fehlernachricht tritt auch auf, wenn in einem Dokument mehr als ein \begin{document} auftaucht.

9.3. VERZEICHNIS ALLER LATEX-FEHLERMELDUNGEN

```
! LaTeX Error: Command ... invalid in math mode.
```

Es wurde ein Befehl im mathematischen Modus eingegeben, der nur in Textmodi sinnvoll ist, wie z. B. \item oder \circle. Auch die LATEX 2_ε-Schriftbefehle \itshape, \bfseries usw. führen im mathematischen Modus zu diesem Fehlerindikator, da sie dort durch die mathematischen Schriftbefehle \mathit, \mathbf usw. zu ersetzen sind.

```
! LaTeX Error: Command ... already defined.
```

Es sollte eine benutzereigene Struktur mit einem der Befehle \newenvironment, \newcommand, \newlength, \newsavebox, \newtheorem oder \newcounter unter einem Namen erzeugt werden, für den eine entsprechende Struktur bereits definiert ist. Es muss hier ein anderer Name gewählt werden bzw. es müssen bei Befehlen und Umgebungen statt der \newcommand- oder \newenvironment-Befehle die entsprechenden \renew...-Befehle benutzt werden. (Man beachte, dass bei einer neuen Umgebung, z. B. muster, stets auch ein neuer Befehl \muster erzeugt wird.)

```
! LaTeX Error: Command ... undefined in encoding ....
```

Der angeführte Schriftbefehl wurde zur Verwendung in Kombination mit einem bestimmten Kodierattribut (z. B. OT1) definiert, während bei seinem Aufruf ein anderes Kodierattribut (z. B. T1) aktiv war.

```
! LaTeX Error: Counter too large.
```

Dieser Fehler tritt auf, wenn der Stand eines Zählers als Buchstabe oder Fußnotensymbol ausgegeben werden soll und der Wert des Zählers 26 bzw. 9 überschreitet.

```
! LaTeX Error: Environment ... undefined.
```

Es wurde ein \begin-Befehl mit einem unbekannten Umgebungsparameter benutzt. Wahrscheinlich wurde der Umgebungsname falsch geschrieben. Der Fehler kann für die laufende Bearbeitung durch Eingabe von I, gefolgt von dem richtigen Umgebungsnamen, korrigiert werden. (Dabei bleibt der fehlerhafte Umgebungsname im Eingabefile unkorrigiert.)

```
! LaTeX Error: File '...' not found
Type X to quit or <RETURN> to proceed,
or enter new name. (Default extension: ...)
Enter file name:
```

Ein mit \documentclass, \usepackage, \input oder \include angefordertes File wird nicht gefunden. War der als Argument in diesen Befehlen eingesetzte Filename irrtümlich falsch geschrieben worden, so kann er hier durch Eingabe des richtigen Grundnamens korrigiert werden. Befindet sich das angeforderte File in einem Verzeichnis, das von LATEX bei der Filesuche nicht durchmustert wird, so ist bei der Eingabe des angeforderten Filenamens diesem der zugehörige Pfadname voranzustellen. Mit der Eingabereaktion X wird unter LATEX 2_ε ein Bearbeitungsabbruch erzwungen. Unter LATEX 2.09 muss ein Programmabbruch evtl. mit den Hinweisen zum Notausstieg auf S. 251 versucht werden.

! LaTeX Error: Float(s) lost.

Es wurde eine `figure`- oder `table`-Umgebung oder ein `\marginpar`-Befehl innerhalb einer Absatzbox (entweder einer `\parbox` oder `minipage`-Umgebung) benutzt, oder diese Befehle traten in einem Befehl auf, für den LaTeX intern eine vertikale Box konstruiert, wie z. B. bei einer Fußnote. Dieser Fehler wird erst bei der Ausgabe einer Seite erkannt und kann seine Ursache ein ganzes Stück vorher im Text haben. Im Ergebnis können hierbei einige Tabellen, Bilder und/oder Randnotizen verlorengegangen sein, aber nicht notwendigerweise diejenigen, die diesen Fehler verursacht haben.

! LaTeX Error: Illegal character in array arg.

Eine `tabular`- oder `array`-Umgebung enthält ein unbekanntes Spaltenformatierungszeichen (s. 4.8.1 für *sp_form*), oder die Formatierungsangabe im zweiten Parameter eines `\multicolumn`-Befehls ist falsch.

! LaTeX Error: \include cannot be nested.

Ein mit `\include` eingelesenes File enthält seinerseits `\include`-Befehle, was nicht erlaubt ist. `\include`-Befehle dürfen nur im Haupteingabefile auftreten (s. 8.1.2). Als Reaktion auf diese Fehlermeldung ist nur der Bearbeitungsabbruch mit X oder E mit anschließender Korrektur des Eingabefiles sinnvoll.

! LaTeX Error: LaTeX2e command ... in LaTeX 2.09 document.

Diese Fehlermeldung tritt nur im Kompatibilitätsmodus von LaTeX 2_ε auf, also nur, falls das Eingabefile den Befehl `\documentstyle` statt `\documentclass` enthält und im weiteren Vorspann oder im Textteil Befehle oder Umgebungen enthält, die in LaTeX 2.09 unbekannt sind, wie z. B. `\LaTeXe`, `\usepackage`, `\ensuremath` oder `lrbox`. Auch die Verwendung eines optionalen Arguments bei `\newcommand`- und `\newenvironment`-Definitionen führt im Kompatibilitätsmodus zu dieser Fehlermeldung. Der Grund für das Verbot von ausschließlichen LaTeX 2_ε-Strukturen im 2.09-Kompatibilitätsmodus liegt darin, dass der Autor sicher sein soll, dass sein Text auch mit dem alten LaTeX 2.09 ordnungsgemäß bearbeitet wird.

! LaTeX Error: Lonely \item--perhaps a missing environment.

Ein `\item`-Befehl steht *außerhalb* einer listenartigen Umgebung (s. 4.3 und 4.4). Vermutlich wurde der Umgebungsname beim vorangehenden `\begin{`*umg*`}`-Befehl falsch geschrieben oder der Öffnungsbefehl `\begin` wurde ganz vergessen.

! LaTeX Error: Missing @-exp in array arg.

In einer `tabular`- oder `array`-Umgebung wurde ein @ als Spaltenformatierungszeichen benutzt, ohne dass sich darauf ein Text in geschweiften Klammern { } anschließt, oder derselbe Fehler trat im zweiten Argument eines `\multicolumn`-Befehls auf (s. 4.8.1 für @-Ausdrücke).

! LaTeX Error: Missing \begin{document}.

Im Dokument wurde entweder der `\begin{document}`-Befehl vergessen oder der Vorspann enthält ausdruckbaren Text. Im letzteren Fall ist wahrscheinlich im Vorspann eine Erklärung mit falscher Syntax, etwa ein Befehlsargument ohne Klammern { } geschrieben oder bei einem Befehlsnamen der \ vergessen worden.

9.3. VERZEICHNIS ALLER LaTeX-FEHLERMELDUNGEN 257

! LaTeX Error: Missing p-arg in array arg.

In einer tabular- oder array-Umgebung wurde ein p als Spaltenformatierungszeichen benutzt, ohne dass sich eine Breitenangabe in geschweiften Klammern { } anschließt, oder derselbe Fehler trat im zweiten Argument in einem \multicolumn-Befehl auf (s. 4.8.1).

! LaTeX Error: No counter '...' defined.

In einem \setcounter oder \addtocounter wurde ein nicht existierender Zähler benutzt. Wahrscheinlich wurde der Zählername falsch geschrieben. Tritt dieser Fehler beim Lesen eines .aux-Files auf und ist der Zählername richtig geschrieben, so wurde der Zähler mit \newcounter außerhalb des Vorspanns angeordnet, z. B. in einem mit \include eingelesenen File. Ich empfehle deshalb, \newcounter-Befehle grundsätzlich im Vorspann anzuordnen. (Bezugnahmen auf einen unbekannten Zähler mit den sonstigen Zählerbefehlen führen zu anderen, ziemlich unverständlichen TeX-Fehlermeldungen.)

! LaTeX Error: No \title given.

Es wurde ein \maketitle-Befehl eingegeben, ohne dass oder bevor die Titelüberschrift mit \title definiert war.

! LaTeX Error: Not in outer par mode.

Es wurde eine figure- oder table-Umgebung bzw. ein \marginpar-Befehl im mathematischen Modus oder innerhalb einer Absatzbox (\parbox oder minipage) benutzt. Im ersten Fall wurde vermutlich der Beendigungsbefehl für den mathematischen Modus vergessen.

! LaTeX Error: Page height already too large.

Die Seitenhöhe der laufenden Seite sollte mit \enlargethispage vergrößert werden, obwohl sie schon vorab von LaTeX als zu groß bemängelt wurde.

! LaTeX Error: \pushtabs and \poptabs don't match.

Die Zahl der \poptabs-Befehle innerhalb einer tabbing-Umgebung stimmt nicht mit der Zahl der vorangegangenen \pushtabs-Befehle überein (s. 4.6.4).

! LaTeX Error: Something's wrong--perhaps a missing \item.

Die wahrscheinlichste Ursache ist, dass der Text innerhalb einer listenartigen Umgebung (list, itemize, enumerate, description) nicht mit einem \item-Befehl beginnt. Diese Fehlermeldung tritt aber auch auf, wenn in einer thebibliography-Umgebung der Parameter {*muster_marke*} (s. 4.3.6) vergessen wurde.

! LaTeX Error: Suggested extra height (...) dangerously large.

Die mit \enlargethispage angeforderte Vergrößerung der Seitenhöhe für die laufende Seite wird von LaTeX als unzulässig groß empfunden.

! LaTeX Error: Tab overflow.

Mit dem letzten \=-Befehl wird die maximale Zahl von Tabulatorstops, die LaTeX erlaubt, überschritten.

! LaTeX Error: There's no line here to end.

Der Befehl \newline oder \\ wurde nach einem \par-Befehl oder einer Leerzeile eingegeben, wo dies keinen Sinn ergibt. Soll hier vertikaler Zwischenraum für eine weitere Leerzeile eingefügt werden, ist dies mit einem \vspace-Befehl zu erreichen.

! LaTeX Error: This may be a LaTeX bug.

Diese Fehlermeldung besagt, dass LaTeX bei der Textbearbeitung vollständig durcheinander geraten ist. Dies kann die Folge eines vorangegangenen Fehlers sein, nachdem LaTeX mit der Returntaste zur Weiterbearbeitung aufgefordert wurde. In diesem Fall sollten mit I\stop oder X bzw. E die Programmbearbeitung beendet und der oder die vorangegangenen Fehler korrigiert werden. Es ist jedoch auch möglich, wenn auch unwahrscheinlich, dass ein Fehler im LaTeX-Programm selbst entdeckt wurde. War dies die erste Fehlermeldung bei der Bearbeitung eines Files und findet der Benutzer in seinem Text selbst keine Ursache für den Fehler, so sollte dieses File abgespeichert und das Rechenzentrum unterrichtet werden.

! LaTeX Error: Too deeply nested.

Es wurden zu viele listenartige Umgebungen (itemize, enumerate, description, list) ineinander verschachtelt. Die maximale Schachtelungstiefe ist rechnerabhängig, aber vier sind immer verfügbar, was eigentlich ausreichen sollte.

! LaTeX Error: Too many columns in eqnarray environment.

Die eqnarray-Umgebung erlaubt nur drei Spalten pro Zeile. Wahrscheinlich wurde das Zeilenendezeichen \\ vergessen oder ein überzähliges Spaltentrennzeichen & in der laufenden Zeile eingefügt.

! LaTeX Error: Too many unprocessed floats.

Der Fehler kann daher rühren, dass zu viele \marginpar-Befehle auf einer Seite angebracht sind. Wahrscheinlicher ist jedoch, dass LaTeX mehr gleitende Bilder oder Tabellen unbearbeitet anhäufte, als dafür Speicherplatz vorgesehen ist. Dies ist darauf zurückzuführen, dass in zu dichter Folge zu viele Bilder oder Tabellen definiert wurden, bevor sie auf den folgenden Seiten ausgegeben werden konnten (s. 6.6). In diesem Fall sollten die letzten Bild- oder Tabellendefinitionen im Text weiter hinten angeordnet werden. Der Fehler kann aber auch dadurch verursacht worden sein, dass ein Bild oder eine Tabelle nicht auf einer normalen Textseite untergebracht werden kann. Eine solche Struktur wird auf einer eigenen Seite ausgegeben, entweder am Ende des Textes oder nach einem \clearpage- oder \cleardoublepage-Befehl. Da kein Bild vor einem vorher definierten Bild ausgegeben wird, kann in diesem Fall die Ausgabe aller Bilder bis zum Ende des Textes blockiert sein. Mit \clearpage oder \cleardoublepage kann die Ausgabe eines solchen blockierenden Bildes erzwungen werden. Gleiches gilt für die äquivalente Aussage bei Tabellen.

! LaTeX Error: Undefined tab position.

Mit einem der Befehle \>, \+, \- oder \< wurde innerhalb der tabbing-Umgebung versucht, zu einem nicht existierenden Tabulatorstop zu springen, entweder mit \> oder \+ hinter den letzten mit \= gesetzten Tabstop oder mit \- oder mit \< vor den nullten Tabstop (s. 4.6).

9.3. VERZEICHNIS ALLER LaTeX-FEHLERMELDUNGEN

! LaTeX Error: \verb ended by end of line.

Der in einer \verb|*text*|-Struktur eingeschlossene Text erstreckt sich über mehr als eine Eingabezeile. Dies war in LaTeX 2.09 erlaubt. Der Grund für das Verbot der Zeilenschaltung im eingeschlossenen Text mit LaTeX 2_ε liegt in der schnelleren Fehlererkennung bei einem falsch geschriebenen oder vergessenen Endkennzeichen |.

! LaTeX Error: \verb illegal in command argument.

Der Befehl \verb darf nicht als Argument in einem anderen LaTeX-Befehl mit Ausnahme von \index{...} und \glossary{...} auftreten, so z. B. auch nicht bei den Titeleinträgen der Gliederungsbefehle oder in einem \footnote{...}-Befehl. In LaTeX 2.09 führte dies zu tiefliegenden und deshalb unverständlichen TeX-Fehlermeldungen, die in LaTeX 2_ε beseitigt und durch eigene verständliche Fehlermeldungen ersetzt wurden.

9.3.2 Fehlermeldungen aus Klassenfiles und Ergänzungspaketen

Die mit den Klassen- und Optionsfiles sowie den Ergänzungspaketen bereitgestellten LaTeX-Befehle und Umgebungen erzeugen eventuell weitere Fehlermeldungen. Einige dieser Fehlermeldungen werden durch fehlerhafte Strukturen aus diesen Zusatzfiles selbst erzeugt. Bei solchen Fehlermeldungen kann der Anwender keine eigene Korrektur vornehmen, sondern lediglich den Autor des Zusatzfiles hierüber unterrichten. Andere dieser Zusatzfehlermeldungen haben ihre Ursache in einer fehlerhaften oder unzulässigen Nutzung des Klassen-, Options- oder Ergänzungsfiles.

Klassenfiles und Ergänzungspakete identifizieren ihre oder einige ihrer Fehlermeldungen mit ihrer Herkunft, z. B. in der Form

! Package mypack Error: Cannot mix options 'good'
(mypack)   and 'bad'

evtl. verknüpft mit einer eigenen Hilfe-Mitteilung nach einer H-Anforderung. Solche Fehlermeldungen (und Warnungen) können hier nicht aufgelistet werden, da sie ausschließlich herkunftsbezogen sind.

! LaTeX Error: \LoadClass in package file.

Ein Ergänzungspaket versucht, ein Klassenfile zu laden, was unzulässig ist, da ein weiteres Klassenfile nur aus einem Klassenfile selbst aufgerufen werden kann. (Dies ist ein Beispiel für eine Fehlermeldung, bei der der Anwender nur den Autor des Ergänzungspakets unterrichten kann.)

! LaTeX Error: Option clash for package ....

Ein Ergänzungspaket sollte mehrfach, und zwar mit unterschiedlichen Optionsvorgaben, geladen werden. Es ist formal zulässig, ein Ergänzungspaket in mehreren \usepackage-Befehlen anzugeben. LaTeX erkennt eine solche Mehrfachanforderung und unterlässt das mehrfache Laden identischer Ergänzungspakete. Enthalten die verschiedenen \usepackage-Befehle jedoch unterschiedliche Optionsvorgaben, so ist unbestimmt, welche Optionsvorgabe zu verwenden ist, was zu dieser Fehlermeldung führt. (Dies ist ein Beispiel für einen unzulässigen Nutzungsversuch des Ergänzungspakets.)

! LaTeX Error: \RequirePackage or \LoadClass in Options Section.

Diese Fehlermeldung verweist auf eine unzulässige Verwendung der genannten Interfacebefehle in einem Klassen- oder Optionsfile bzw. einem Ergänzungspaket. Abhilfe kann auch hier nur durch Unterrichtung des Fileautors geschaffen werden.

! LaTeX Error: This file needs format '...' but this is '...'.

Die Klassenfiles und Ergänzungspakete aus LaTeX 2_ε identifizieren mit dem internen Interfacebefehl \NeedsTeXFormat das Formatfile, das zur ordnungsgemäßen Bearbeitung von TeX zu verwenden ist. Erfolgte der TeX-Aufruf mit einem anderen Formatfile, so führt das zu dieser Fehlermeldung.

! LaTeX Error: Two \documentclass or \documentstyle commands.

Ein zur LaTeX-Bearbeitung vorgesehenes Textfile *muss* einen, aber auch *nur* einen der Befehle \documentclass oder \documentstyle enthalten. Die Fehlermeldung tritt auf, wenn das zur Bearbeitung vorgesehene File einen dieser beiden Befehle zwei- oder mehrfach enthält. Ist bei Durchsicht des Hauptfiles sichergestellt, dass dieser Befehl dort nur einmal auftaucht, so ist zu vermuten, dass er in einem im Vorspann mit \input eingelesenen File nochmals auftritt.

! LaTeX Error: Two \LoadClass commands.

Das Klassenfile enthält mehr als einen Interfacebefehl \LoadClass, was unzulässig ist. Der Fehler liegt im Klassenfile selbst, worüber sein Autor zu unterrichten ist.

! LaTeX Error: Unknown option '...' for package '...'.

Der \usepackage-Befehl für das angeführte Ergänzungspaket enthält eine Optionsvorgabe, die das Ergänzungspaket nicht kennt. Eventuell wurde die angeforderte Option fehlerhaft geschrieben.

! LaTeX Error: \usepackage before \documentclass.

Der mit dieser Fehlermeldung mitgeteilte Syntaxverstoß ist klar und eindeutig und braucht nicht erläutert zu werden.

9.3.3 Fehlermeldungen bei der Zeichensatzauswahl

Die folgenden Fehlermeldungen können bei der Attributauswahl, deren Zeichensatzaktivierung oder der Definition eigener Zeichensatzbefehle auftreten. Einige dieser Fehlermeldungen können auch durch fehlerhafte .fd-Files (font definition) verursacht werden.

! LaTeX Error: ... allowed only in math mode.

Ein mathematischer Schriftumschaltbefehl wie \mathbf oder \mathsl wurde im Textmodus verwendet. Eventuell wurde das einleitende Umschaltzeichen $ für den mathematischen Bearbeitungsmodus vergessen.

! LaTeX Error: Command ... not provided in base LaTeX2e.

Einige mathematische Symbole, die Standardbestandteil von LaTeX 2.09 waren, sind dies nicht mehr in LaTeX 2_ε. Bei Auftreten dieses Fehlers sollte das Ergänzungspaket latexsym.sty mit \usepackage{latexsym} aktiviert werden.

9.3. VERZEICHNIS ALLER LaTeX-FEHLERMELDUNGEN

`! LaTeX Error: Encoding scheme '...' unknown.`

Der Attributbefehl `\fontencoding{`*code*`}` wurde mit einem unbekannten Namen für *code* aufgerufen. Vermutlich ist ein Schreibfehler für *code* die Ursache.

`! LaTeX Error: Font ... not found.`

Der Zeichensatz mit der angegebenen Attributkombination wurde nicht gefunden und es war auch kein Ersatzzeichensatz zu finden. Nach Fortsetzung der Bearbeitung mit der Returntaste wird der intern mit `\DeclareErrorFont` vorgegebene Zeichensatz verwendet.

`! LaTeX Error: The font size command \normalsize is not defined:`
`                there is probably something wrong with the class file.`

Jedes Klassenfile muss den Befehl `\normalsize` zur Einstellung der Standardschriftgröße definieren. Falls diese Definition fehlt oder, entsprechend der Praxis aus LaTeX 2.09, eine Definition für den internen LaTeX 2.09-Befehl `\@normalsize` enthält, so muss das Klassenfile korrigiert werden. Die gleiche Fehlermeldung tritt auch auf und darin wird die Ursache meistens liegen, wenn der `\documentclass`-Befehl fehlt.

`! LaTeX Error: This NFSS system isn't set up properly.`

Ein automatisch eingelesenes Zeichensatz-Definitionsfile (`.fd`-File) ist fehlerhaft *oder* der mit dem internen Befehl `\DeclareErrorFont` vorgegebene Ersatzzeichensatz existiert nicht. Beim Auftreten dieser Fehlermeldung ist der Systemverwalter zu unterrichten.

Neben diesen Fehlern, die entsprechend den vorgestellten Ursachen auch beim Normalanwender auftreten können, gibt es weitere Zeichensatz-Fehlermeldungen, die vermutlich nur bei versierten LaTeX-Anwendern auftreten, nämlich bei solchen, die eigene Zeichensatz-Auswahlbefehle beisteuern wollen und hierzu auf tieferliegende LaTeX-Interfacebefehle zurückgreifen. Entsprechend der Konvention dieses Buches erfolgt die verbleibende Vorstellung in kleinerer Schrift und ist für den angesprochenen Anwenderkreis kürzer gehalten.

`! LaTeX Error: Command '...' not defined as a math alphabet.`

Der Name eines nicht definierten *mathematischen Alphabets* wurde in einem der mathematischen Interfacebefehle wie `\SetMathAlphabet` oder `\DeclareSymbolFontAlphabet` als Argument verwendet. Ein solches mathematisches Alphabet verlangt vorab die Erklärung mit dem Interfacebefehl `\DeclareMathAlphabet`.

`! LaTeX Error: \DeclareTeXComposite used on inappropriate command ....`

Vermutlich sollte ein Akzentbefehl mit `\DeclareTeXComposite` umdefiniert werden, ohne dass der Name des Akzentbefehls vorab definiert wurde.

`! LaTeX Error: Font family '...+...' unknown.`

Ein `\DeclareFontShape`-Befehl enthält eine Kombination von Kodier- und Familienattributen, die nicht vorab mit `\DeclareFontFamily` eingerichtet wurde.

`! LaTeX Error: Math alphabet identifier ... is undefined`
`                in math version '...'.`

Ein mathematisches Alphabet soll in Kombination mit einer mathematischen Version verwendet werden, für die es nicht definiert war. Das bedeutet, es war mit `\DeclareMathAlphabet` mit einem leeren *Form*-Argument erklärt worden, ohne dass es mit einer zusätzlichen `\SetMathAlphabet`-Erklärung für die angesprochene mathematische Version gültig gemacht wurde.

! LaTeX Error: Math version '...' is not defined.

Der Name einer mathematischen Version trat in einem einrichtenden \Set...- oder \Declare...-Befehl auf, ohne vorab mit \DeclareMathVersion erklärt worden zu sein.

! LaTeX Error: Not a command name: '...'.

Das erste Argument in einem \DeclareMathAccent muss ein Befehlsname sein. Wahrscheinlich wurde hierbei der vorangestellte Rückstrich \ vergessen.

! LaTeX Error: Symbol font '...' not defined.

Der Name eines mathematischen Symbol-Zeichensatzes trat in einem einrichtenden \Set...- oder \Declare...-Befehl auf, ohne vorab mit \DeclareSymbolFont erklärt worden zu sein.

! LaTeX Error: Too many math alphabets used in version ....

Die maximale Anzahl von mathematischen Alphabeten darf 16 nicht übersteigen. Diese Grenze wird durch TEX selbst vorgegeben.

! LaTeX Error: Unknown symbol font '...'.

Der Name eines nicht existierenden mathematischen Symbol-Zeichensatzes trat als Argument in dem einrichtenden Befehl \DeclareSymbolFontAlphabet auf. Ein dort auftretender Symbol-Zeichensatzname muss vorab mit \DeclareSymbolFont erklärt werden.

9.3.4 LaTeX-Hilfswerkzeuge zur Fehlersuche

Das LaTeX-Installationspaket stellt mit syntonly.sty und tracefnt.sty zwei Ergänzungspakete bereit, die bei der Fehlersuche und Fehlerbeseitigung hilfreich sind. Das erste Ergänzungspaket \usepackage{syntonly} stellt den Vorspannbefehl \syntaxonly bereit, der, wenn im Vorspann gesetzt, zu einer raschen Syntaxüberprüfung für das zu bearbeitende Eingabefile führt. Alle Fehlermeldungen erscheinen wie gewohnt auf dem Bildschirm und werden gleichzeitig im Protokollfile abgelegt. Es wird jedoch kein .dvi-Ausgabefile erzeugt, da die Textformatierung unterbleibt.

Die Syntaxüberprüfung erfolgt bis zu viermal so schnell wie die vollständige Textbearbeitung. Sie ist deshalb bei längeren Eingabetexten zu empfehlen, um sie auf vorhandene Syntaxfehler zu durchmustern und diese zu beseitigen. Wegen der unterdrückten Textformatierung sind die erstellten .aux-Files jedoch unvollständig. Sie enthalten noch keine Hinweise auf Querverweise und Seitennummern. Dies macht eine abschließende zweimalige LaTeX-Vollbearbeitung erforderlich, um alle Referenzen aufzulösen.

Das Ergänzungspaket tracefnt.sty erlaubt eine genauere Fehler- und Schwachstellenanalyse bei der Auswahl der Zeichensätze. Es kennt eine Reihe lokaler Optionen, die einzeln oder als eine durch Kommata getrennte Liste mit \usepackage[opt_liste]{tracefnt} im Vorspann aktiviert werden können. Als Optionen können gewählt werden:

errorshow Alle Hinweise und Warnungen, die LaTeX standardmäßig auf dem Bildschirm ausgibt, werden unterdrückt. Sie werden aber nach wie vor im Protokollfile abgelegt. Die Bildschirmausgabe beschränkt sich auf reine Fehlermeldungen bei der Zeichensatzauswahl.

warningshow Alle Warnungen und Fehlermeldungen werden neben der Aufnahme im Protokoll zusätzlich auch auf dem Bildschirm ausgegeben. Der Meldungsumfang entspricht der LaTeX 2_ε-Standardbearbeitung *ohne* das Ergänzungspaket tracefnt.sty.

infoshow Dies ist gleichzeitig die Standardeinstellung für `tracefnt.sty`. Meldungen, die LaTeX 2_ε standardmäßig *nur* im Protokollfile ablegt, werden hiermit auch auf dem Bildschirm ausgegeben.

debugshow Alle mit dem Wechsel von Textzeichensätzen verknüpften Informationen werden protokolliert und zusätzlich auf dem Bildschirm ausgegeben. Hierzu gehört auch die Wiederherstellung der Schriftattribute nach Beendigung einer Umgebung, wenn innerhalb dieser Schriftwechsel ausgeführt wurden. Diese Option sollte mit Vorsicht eingesetzt werden, da sie zu extrem großen Protokollfiles führen kann.

pausing Warnungen werden in Fehlermeldungen mit Bearbeitungshalt umgewandelt, auf die der Anwender wie bei allgemeinen Fehlermeldungen reagieren kann.

loading Es werden nur die Informationen über nachzuladende Zeichensätze mitgeteilt. Zeichensätze, die bereits mit dem LaTeX-Kern sowie mit den Klassenfiles angefordert wurden, bleiben hiervon unberührt.

9.4 Verzeichnis häufiger TeX-Fehlermeldungen [TLL]

Dieser Abschnitt enthält, alphabetisch geordnet, eine Reihe – aber längst nicht alle – TeX-Fehlerindikatoren mit einer kurzen Erläuterung und der Beschreibung der Ursachen.

! `Double subscript.`

In einer mathematischen Formel traten zwei Tiefstellungsbefehle _ ohne Klammerung hintereinander auf, z. B. `x_2_3` oder `x_{2}_{3}`. Um x_{2_3} zu erzeugen, muss `x_{2_3}` oder `x_{2_{3}}` geschrieben werden (s. 5.2.2).

! `Double superscript.`

In einer mathematischen Formel traten zwei Hochstellungsbefehle ^ ohne Klammerung hintereinander auf, z. B. `x^2^3` oder `x^{2}^{3}`. Um x^{2^3} zu erzeugen, muss `x^{2^3}` oder `x^{2^{3}}` geschrieben werden (s. 5.2.2).

! `Extra alignment tab has been changed to \cr.`

Eine Zeile in einer `tabular`- oder `array`-Umgebung enthält mehr &-Befehle, als für diese Tabelle Spalten definiert sind. Der Fehler wird vermutlich durch ein vergessenes Zeilenendzeichen \\ am Ende der vorangegangenen Zeile verursacht.

! `Extra }, or forgotten $.`

Entweder fehlt im Formeltext einer mathematischen Formel eine linke Klammer { oder es wurde irrtümlich eine rechte Klammer } zu viel zugefügt oder das Umschaltzeichen in den mathematischen Modus, wie \[, \(oder $, vergessen.

! `I can't find file '...'`

Der LaTeX-Aufruf erfolgte mit einem Namen für ein nicht existierendes File. Vermutlich wurde der Filename falsch geschrieben. Die Eingabeaufforderung `Please type another file name:` lässt eine unmittelbare Korrektur zu. Die Fehlermeldung kann auch auftreten, wenn beim LaTeX-File-Lesebefehl \input{*file*} die geschweiften Klammern vergessen wurden. \input *file* ist der äquivalente TeX-Befehl, der von LaTeX direkt an TeX weitergereicht wird. TeX setzt als Standardanhang stets `.tex` hinzu, falls für *file* nur ein Grundname angegeben wurde.

! Illegal parameter number in definition of ... .

Diese Meldung ist wahrscheinlich durch einen \newcommand-, \newenvironment-, \renewcommand- oder \renewenvironment-Befehl verursacht worden, bei dem ein Ersetzungszeichen # falsch verwendet wurde. In der Definition für eine benutzereigene Struktur darf das Ersetzungszeichen nur in der Form #n auftreten, wobei n eine Zahl von 1 bis zu der in der Definition erklärten Anzahl der Befehlsargumente ist. Sonst darf in einer Befehls- oder Umgebungsdefinition das #-Zeichen nur als Befehl \# auftreten. Der Fehler kann auch daher rühren, dass in einem \newenvironment- oder \renewenvironment-Befehl ein Ersetzungszeichen im letzten Argument {end_def} (s. 7.5) auftritt.

! Illegal unit of measure (pt inserted).

Folgt dieser Fehler auf eine gerade vorangegangene Fehlermeldung mit

! Missing number, treated as zero.

dann liegt die Ursache in diesem Fehler (s. u.). Tritt dagegen die Fehlermeldung isoliert auf, so weist sie darauf hin, dass LATEX eine Länge als Angabe erwartete, aber nur eine Zahl ohne Maßeinheit eingegeben wurde. Am häufigsten wird bei einer Länge Null die Maßeinheit vergessen, also 0 statt 0cm oder 0mm geschrieben. In diesem Fall erfolgt mit der Returntaste eine korrekte Bearbeitung, da eine Länge Null mit jeder Maßeinheit Null bleibt und das Anfügen der Maßeinheit pt die Länge nicht verändert. Dieser Fehler kann auch daher rühren, dass in einem Befehl ein Argument, das eine Länge ist, vergessen oder leer gelassen wurde.

! Misplaced alignment tab character &.

Der Einzeichenbefehl &, der nur in einer tabular- oder array-Umgebung auftreten darf, erschien in gewöhnlichem Text. Wahrscheinlich sollte ein & ausgedruckt werden, was \& erfordert hätte. In diesem Fall kann durch Eingabe von I\& eine korrekte Bearbeitung erzielt werden.

! Missing control sequence inserted.

Dieser Fehler wird durch einen \newcommand-, \renewcommand-, \newlength- oder \newsavebox-Befehl verursacht, bei dem im ersten Parameter der Befehlsname ohne \ geschrieben wurde. Mit der Returntaste wird ein \ für eine korrekte Bearbeitung eingefügt.

! Missing number, treated as zero.

Dieser Fehler wurde wahrscheinlich durch einen LATEX-Befehl verursacht, bei dem als Argument eine Zahl oder Länge einzugeben ist, dieses Argument aber leer übergeben oder vergessen wurde. Der Fehler kann auch von einem Befehl stammen, der mit einem optionalen Argument endet und auf den ein mit [beginnender Text folgt (s. Fußnote 1 auf S. 12). Schließlich kann dieser Fehler auch durch das Voransetzen von \protect vor einen Längenbefehl oder den Befehl \value verursacht worden sein.

! Missing { inserted.
! Missing } inserted.

Beim Auftreten eines dieser beiden Fehlerindikatoren ist TEX mit der Bearbeitung des Textes ziemlich durcheinander geraten. Die bei dieser Fehlermeldung angegebene Zeilennummer ist wahrscheinlich nicht die Zeile mit der eigentlichen Fehlerursache, einer fehlenden linken

9.4. VERZEICHNIS HÄUFIGER TEX-FEHLERMELDUNGEN

oder rechten Klammer. Ist der eigentliche Fehler nicht zu ermitteln, sollte das Programm mit Return zur Weiterbearbeitung veranlasst und der Fehler anhand des Probeausdrucks gesucht werden.

! Missing $ inserted.

Wahrscheinlich wurde ein Symbol, das nur im mathematischen Modus erlaubt ist, innerhalb von normalem Text verwendet. Zur Erinnerung: Alle in Kapitel 5 beschriebenen Befehle sind nur im mathematischen Modus erlaubt, wenn dort nicht ausdrücklich darauf verwiesen wurde, dass ein bestimmter Befehl auch im Textmodus erlaubt ist. Tritt innerhalb einer mathematischen Formel der Befehl \mbox auf, so ist der mathematische Modus für die Bearbeitung des \mbox-Arguments temporär verlassen worden, auch wenn danach automatisch in den mathematischen Modus zurückgeschaltet wird. Diese Fehlermeldung tritt auch auf, wenn in einer mathematischen Formel eine Leerzeile angegeben wird, da diese als neuer Absatz interpretiert wird, womit eine Formel als beendet gilt und das Formelendzeichen vermisst wird.

! Not a letter.

In der Trennliste des \hyphenation-Befehls tritt ein Zeichen auf, das nicht als Buchstabe angesehen wird, z. B. ein \3 für ß. Solche Wörter können nur durch explizite Trennangabe im Text aufgeführt werden (s. 3.6.2 und 3.6.1).

! Paragraph ended before ... was complete.

Ein Befehlsargument enthält eine Leerzeile oder einen \par-Befehl bei einem Befehl, der dieses nicht erlaubt. Wahrscheinlich wurde eine rechte Klammer } als Argumentende vergessen.

! \scriptfont ... is undefined (character ...).
! \scriptscriptfont ... is undefined (character ...).
! \textfont ... is undefined (character ...).

Diese Meldung kann nur in Verbindung mit einer alten LATEX 2.09-Version auftreten. Sie erscheint dort, wenn in einer mathematischen Formel Zeichen aus einem Zeichensatz verwendet werden sollen, der für den mathematischen Modus nicht vorgesehen ist, z. B. \sc (SMALL CAPITALS). Solche Zeichensätze müssen mit dem LATEX 2.09-Befehl \load{*größenbefehl*}{*schriftart*} für die Verwendung im mathematischen Modus verfügbar gemacht werden, z. B. durch \load{\normalsize}{\sc}. Tritt eine solche Formel in einer Fußnote auf, so wäre entsprechend vorher einmal \load{\footnotesize}{\sc} im Text anzugeben.

! TeX capacity exceeded, sorry [...].

TEX richtet für die verschiedenen Bearbeitungsaufgaben gewisse Pufferspeicher unterschiedlicher Größe im Rechner ein. Diese Nachricht erscheint, wenn bei der Bearbeitung ein solcher Pufferspeicher sich als zu klein erweist, wobei in den eckigen Klammern der Fehlernachricht der Name und die Größe dieses Pufferspeichers angegeben ist. Mit dieser Nachricht wird die Bearbeitung des vorliegenden Textes von TEX abgebrochen. Die Ursache für diese Fehlermeldung ist meistens ein Fehler im Eingabetext und seltener eine zu kleine Speicherkapazität.

Die folgende Erörterung soll dazu dienen, festzustellen, ob für den vorliegenden Text die von TEX bereitgestellten Speicherkapazitäten tatsächlich zu klein sind und wie dann Abhilfe geschaffen werden kann. Ist eine Abhilfe mit diesen Mitteln nicht möglich, so muss auf eine sog. BIGTEX-Version zurückgegriffen werden, die viel größere Pufferspeicher bereitstellt. Die am häufigsten übergelaufenen Pufferspeicher sind:

buffer size Die Ursache kann in einem zu langen Text für das Argument in einem Gliederungsbefehl oder einem \caption-, \addcontentsline- oder \addtocontents-Befehl liegen. Die Fehlermeldung tritt wahrscheinlich erst beim Erreichen des \end{document}-Befehls auf. Sie kann aber auch bei der Ausführung der Befehle \tableofcontents, \listoffigures oder \listoftables auftreten. Abhilfe schafft die Verwendung eines optionalen Parameters für eine Kurzform der Überschrift (s. 3.3.3 und 6.6.4). Tatsächlich wäre ein so langer Eintrag in ein Verzeichnis für den Leser eher hinderlich als nützlich. Nach dieser Korrektur sollte vor der Neubearbeitung durch LaTeX das zugehörige .aux-File gelöscht werden.

Hinweis von EBERHARD MATTES: Eine häufige Ursache dieses Fehlers auf PCs liegt in der Verwendung eines Textverarbeitungssystems wie z. B. MS-Word zum Schreiben von TeX-Texten, bei dem ein ganzer Absatz in eine Zeile gepackt wird. Manche Wortprozessoren fügen nur am Absatzende ein CR/LF hinzu, auch wenn auf dem Bildschirm eine mehrzeilige Ausgabe erscheint!

exception dictionary Die Trennungsliste in einem oder die Summe der Trennungslisten bei mehreren \hyphenation-Befehlen ist zu lang. In diesem Fall sollten die weniger häufig benutzten Wörter aus der Trennungsliste entfernt und mit \-- Befehlen die erlaubten Trennmöglichkeiten bei diesen Wörtern im Text angeführt werden.

hash size Das Eingabefile enthält zu viele Befehlsdefinitionen und/oder benutzt zu viele Kreuzreferenz-Markennamen.

main memory size In diesem Speicher findet die Bearbeitung der einzelnen Seiten vor ihrer jeweiligen Ausgabe statt. Ein Überlauf kann durch einen rekursiv definierten Befehl wie \newcommand{\befehl}{Ein \befehl} verursacht sein, der beim Aufruf \befehl erzeugen würde: {Ein {Ein {Ein ...\befehl}}}, ohne auf der Seite mit diesem Aufruf je zum Abschluss zu kommen.

Normalerweise aber sind es drei Gründe, die diesen Speicher zum Überlaufen bringen können: (1) Auf einer Seite ist eine große Zahl sehr langer, komplexer Befehle definiert, (2) auf der Seite treten zu viele \index- oder \glossary-Befehle auf, und (3) der Aufbau der Seite ist so komplex, dass die für diese Seite abzulegende Information nicht in den Speicher passt.

Die Lösung für die ersten beiden Gründe ist naheliegend: Die Zahl der Befehlsdefinitionen oder \index- und \glossary-Befehle auf dieser Seite muss vermindert werden. Der dritte Grund kann seine Ursache in einer zu langen tabbing-, tabular-, array- oder picture-Umgebung haben oder in einem blockierenden Gleitobjekt, das auf einen Ausgabebefehl wartet.

Um zunächst herauszufinden, ob der Speicher wegen eines zu komplexen Seitenaufbaus übergelaufen ist, sollte der Befehl \clearpage unmittelbar vor der Stelle, wo dieser Überlauf stattfand, eingefügt werden. Wenn dann bei einer Neubearbeitung der Speicher nicht mehr überläuft, so ist diese Seite tatsächlich zu komplex, um von TeX bearbeitet werden zu können. Wenn der Speicher allerdings immer noch überläuft, liegt wahrscheinlich ein Fehler im Eingabetext vor, der ggf. mit der in 9.6 empfohlenen Methode gesucht werden muss.

Ist eine Seite für die TeX-Bearbeitung tatsächlich zu komplex, so muss sie vereinfacht werden. Vorher soll jedoch daran erinnert werden, dass vor der Ausgabe einer Seite der gesamte letzte Absatz bearbeitet wird, bevor er für einen Seitenumbruch ggf. zwischen Zeilen umbrochen wird. Die Einfügung von \newpage oder \pagebreak innerhalb dieses Absatzes mag das Problem oft bereits lösen und sollte versucht werden, bevor mit einer mühevollen Umkonstruktion dieser Seite begonnen wird. Ist der Fehler durch ein blockierendes Bild oder eine blockierende Tabelle verursacht, kann durch das Verschieben der folgenden Gleitstrukturen weiter nach hinten oder durch Änderung der Gleitparameter *wohin* (s. 6.6.1) eine Lösung erzielt werden. Ist der Gesamttext noch nicht fertig, so sollte zunächst mit \clearpage eine Ausgabe der blockierenden Struktur erzwungen werden und die endgültige Anordnung erst dann getroffen werden, wenn der gesamte Text vorliegt.

9.5. WARNUNGEN

pool size Wahrscheinlich wurden zu viele oder zu lange Namen für Befehlsdefinitionen und Markierungen bei Querverweisen benutzt. In diesem Fall sollten hierfür kürzere Namen gewählt werden. Der Fehler kann jedoch auch durch eine vergessene rechte Klammer } zur Beendigung eines Arguments in einem Zählerbefehl wie \setcounter oder bei einem \newenvironment oder \newtheorem verursacht worden sein.

save size Dieser Überlauf tritt auf, wenn Befehle, Umgebungen und die Reichweite von Erklärungen zu tief verschachtelt sind. Wenn z. B. ein Argument für einen \multiput-Befehl selbst wieder eine picture-Umgebung enthält, die ihrerseits eine \footnotesize-Erklärung enthält, die wiederum für einen weiteren \multiput-Befehl gelten soll, der seinerseits usw. ... Eine solche verschachtelte Struktur muss dann vereinfacht werden, falls nicht einfach eine schließende } in einer vorangehenden Struktur vergessen wurde.

! Text line contains an invalid character.
Das Eingabefile enthält ein seltsames Zeichen, das TEX nicht kennt. Dies kann durch eine Fehlbedienung des Editors eingefügt worden sein. Was durch eine Fehlbedienung des Editors passiert, hängt von diesem Editor ab. Wenn eine Untersuchung des Eingabefiles dieses seltsame Zeichen nicht zutage fördert, sollte das Rechenzentrum um Rat gefragt werden.

! Undefined control sequence.
Diese Fehlermeldung hatte wahrscheinlich jeder TEX-Anwender schon wiederholte Male auf dem Bildschirm. Am wahrscheinlichsten ist ein falsch eingegebener Befehlsname. In diesem Fall kann mit I, gefolgt von der Eingabe des richtigen Befehls und einem *Return*, eine korrekte Bearbeitung des Eingabefiles erreicht werden. Es sollte jedoch nicht vergessen werden, nach der LATEX-Bearbeitung die entsprechende Korrektur im Eingabefile nachzuholen. Tritt dieser Fehler bei der Bearbeitung eines korrekt geschriebenen LATEX-Befehls auf, so war dieser Befehl an einer unzulässigen Stelle im Text angeordnet, z. B. dort, wo er nicht definiert war. Die Fehlermeldung kann auch durch einen fehlenden \documentclass-Befehl oder ein vergessenes Ergänzungspaket verursacht sein. Dann sollte mit I\stop die Bearbeitung abgebrochen und zunächst der zugehörige Befehl angebracht werden.

! Use of ... doesn't match its definition.
Wenn „..." der Name eines LATEX-Befehls ist, dann wahrscheinlich einer der in 6.3 und 6.4 beschriebenen Bildbefehle, bei dessen Aufruf eine fehlerhafte Syntax für ein Argument benutzt wurde. Ist der Name @array, dann liegt die Ursache in einem fehlerhaften @-Ausdruck (s. 4.8.1) bei einer tabular- oder array-Umgebung. Möglicherweise wurde in einem @-Ausdruck ein zerbrechlicher Befehl ohne den Schutz durch \protect aufgeführt.

! You can't use 'macro parameter #' in ... mode.
Das Sonderzeichen # erschien in normalem Text. Wahrscheinlich sollte \# im Text stehen. In diesem Fall kann durch Eingabe von I\#, gefolgt von der Returntaste, eine korrekte Bearbeitung erzielt werden.

9.5 Warnungen

LATEX- und TEX-Fehler sind dadurch gekennzeichnet, dass das Programm mit der Bearbeitung anhält und zunächst auf eine Anwenderreaktion wartet oder gar die Bearbeitung ganz abbricht. Demgegenüber stellen Warnungen Hinweise dar, dass das Ausgabefile möglicherweise noch

Mängel enthält, die vom Anwender in geeigneter Weise zu beheben sind. Warnungen erscheinen auf dem Bildschirm zusammen mit den Seitennummern, ohne dass das Programm anhält. Diese Warnungen werden auch in das zugehörige .log-File geschrieben und können nach der LaTeX-Bearbeitung, evtl. nach einem Probeausdruck, zur Feinkorrektur herangezogen werden. Warnungen können bereits von LaTeX erzeugt werden oder nach dem Weiterreichen des Textes an TeX erst von diesem stammen. LaTeX-Warnungen können, wie die LaTeX-Fehlermeldungen, aus dem LaTeX-Kern, aus den Klassenfiles und Ergänzungspaketen oder aus der Zeichensatzauswahl stammen.

9.5.1 Allgemeine LaTeX-Warnungen

LaTeX-Warnungen beginnen stets mit der Wortgruppe 'LaTeX Warning:', an die sich der eigentliche Warnungstext anschließt.

```
LaTeX Warning: Citation '...' on page ... undefined on
               input line ...
```

Das Bezugswort '...' in einem \cite-Befehl war nicht durch einen \bibitem-Befehl definiert (s. 4.3.6 und 8.2.2).

```
LaTeX Warning: Citation '...' undefined on input line ...
```

Das Bezugswort '...' in einem \nocite-Befehl erscheint in keiner Literaturdatenbank.

```
LaTeX Warning: Command ... has changed.
               Check if current package is valid.
```

Im Bearbeitungstext tritt der Interfacebefehl \CheckCommand auf, mit dem die Definition eines Befehls verglichen werden kann. Weicht die Definition des unter dem gleichen Namen bereitgestellten Befehls von der Vergleichsdefinition ab, so kommt es zu dieser Warnung.

```
LaTeX Warning: Float too large for page by ..pt on input line ...
```

Das Gleitobjekt aus einer figure- oder table-Umgebung übersteigt die vorausgesetzten Seitenabmessungen. Es wird auf einer eigenen Seite ausgegeben und ragt in die umgebenden Seitenränder hinein oder übersteigt diese sogar.

```
LaTeX Warning: 'h' float specifier changed to 'ht'
```

Der Positionierungsparameter einer Gleitumgebung war mit 'h' für *hier* vorgegeben (s. 6.6.1). Das zugehörige Gleitobjekt wird an der aktuellen Textposition aber nur angebracht, wenn der restliche Seitenraum dies zulässt. Andernfalls wird es an den Anfang der nachfolgenden Seite verschoben und mit dieser Warnung begleitet. Diese Warnung kann auch für die Positionierungsvorgabe '!h' auftreten.

```
LaTeX Warning: File '...' already exists on the system.
               Not generating it from this source.
```

Der Inhalt der filecontents-Umgebung sollte unter dem Filenamen '...' abgelegt werden. Das unterbleibt, da ein File gleichen Namens bereits existiert.

9.5. WARNUNGEN

```
LaTeX Warning: inputting '...' instead of obsolete '...'
```
Diese Warnung tritt nur im 2.09-Kompatibilitätsmodus von LaTeX 2_ε auf und verweist auf den Austausch des von LaTeX 2.09 angeforderten, aber nun obsoleten Stilfiles, gegen das stattdessen von LaTeX 2_ε verwendete Klassen- oder Ergänzungsfile.

```
LaTeX Warning: Label '...' multiply defined.
```
Zwei \label- oder \bibitem-Befehle verwenden dieselbe Markierung (s. 8.2.1 und 8.2.2). Diese Warnung wird nach einer Korrektur bei der nächsten Bearbeitung nochmals wiederholt, da diese Information den während der letzten Bearbeitung erzeugten .aux-Files entnommen wurde und diese erst mit der erneuten Bearbeitung korrigiert werden.

```
LaTeX Warning: Label(s) may have changed.
               Rerun to get cross-references right.
```
Die durch \ref, \pageref und \cite-Befehle ausgedruckten Werte sind möglicherweise falsch, da die entsprechenden Werte mit der momentanen Bearbeitung evtl. verändert wurden. Mit einer nochmaligen LaTeX-Bearbeitung verschwindet die Warnung.

```
LaTeX Warning: Marginpar on page ... moved.
```
Eine Randnotiz wurde auf der Seite nach unten verschoben, um zu verhindern, dass sie sich mit einer vorangehenden Randnotiz überschneidet. Diese Randnotiz ist damit gegenüber der Zeile, in der der marginpar-Befehl angeordnet war, verschoben.

```
LaTeX Warning: No \author given.
```
Der Befehl \maketitle zur Ausgabe einer Titelseite oder eines Titelvorspanns erfolgte, ohne dass vorab eine Autorenangabe mit \author eingestellt wurde (s. 3.3.1). Dies ist formal zulässig, wird von LaTeX 2_ε aber als ungewöhnlich mit dieser Warnung kommentiert.

```
LaTeX Warning: Optional argument of \twocolumn too tall on page ...
```
Der Befehl \twocolumn startet stets eine neue Seite mit zweispaltiger Textaufteilung. Der als optionales Argument bei diesem Befehl übergebene Text erscheint einspaltig in voller Textbreite oberhalb der zweispaltigen Aufteilung. Falls dieser einspaltige Vorspanntext so lang ist, dass er nicht auf eine Seite passt, kennzeichnet LaTeX das mit dieser Warnung.

```
LaTeX Warning: Oval too small on input line ....
```
In einem \oval-Befehl wurden so kleine Abmessungen gewählt, dass LaTeX keine ausreichend kleinen Viertelkreise zur Verfügung standen.

```
LaTeX Warning: Reference '...' on page ... undefined on
               input line ....
```
Die Bezugsmarke '...' in einem \ref- oder \pageref-Befehl war nicht oder wurde erst bei diesem Bearbeitungslauf durch einen zugehörigen \label-Befehl definiert (s. 8.2.1).

```
LaTeX Warning: Text page ... contains only floats.
```
Diese Warnung erscheint, wenn die gewählten Stilparameter (s. 6.6.3) eine Formatierung zulassen, bei der zwischen Gleitobjekten am oberen und unteren Seitenende kein Text eingefügt wird. Eine solche Seite sollte in Augenschein genommen werden, ob das Ergebnis akzeptabel ist.

LaTeX Warning: There were multiply-defined labels.

Diese Warnung erscheint am Bearbeitungsende, wenn mehrere \label- oder \bibitem-Befehle gleiche Markierungsnamen enthalten. Eine ergänzende Warnung mit der Angabe jeder mehrdeutigen Markierung erscheint am Bearbeitungsbeginn bei der nächsten LaTeX-Bearbeitung des gleichen Textes.

LaTeX Warning: There were undefined references.

Diese Warnung erscheint am Bearbeitungsende, wenn Markierungsnamen in \ref- und \pageref-Befehlen nicht mit \label-Befehlen in einer vorangegangenen Bearbeitung eingerichtet wurden. Eine ergänzende Warnung mit der Angabe jeder unbekannten Markierung erscheint am Bearbeitungsbeginn bei der nächsten LaTeX-Bearbeitung des gleichen Textes.

LaTeX Warning: Writing file '...'.

Der Inhalt einer filecontents-Umgebung wird in einem File mit dem Namen '...' abgelegt.

9.5.2 LaTeX-Warnungen aus Klassenfiles und Ergänzungspaketen

Klassenfiles und Ergänzungspakete prüfen bei ihrem internen Aufruf ihre Namen und Versionsdaten und erzeugen eine Warnung, wenn diese von den Anforderungen abweichen oder falls angeforderte Optionen nicht verfügbar sind. Klassenfiles und Ergänzungspakete können, falls sie aus zusätzlichen Quellen stammen, ihre eigenen Warnungen produzieren. Solche können, da herkunftsabhängig, hier nicht aufgelistet werden.

LaTeX Warning: Unused global option(s): [...].

Der Befehl \documentclass enthält Optionsanforderungen, die weder in der angeforderten Bearbeitungsklasse noch in einem der zugeladenen Ergänzungspakete bekannt sind.

LaTeX Warning: You have requested class/package '...',
                but the class/package provides '...'.

Klassenfiles und Ergänzungspakete identifizieren sich intern selbst mit ihrem Namen. Die Warnung erscheint, wenn die Selbstidentifizierung von dem angeforderten Filenamen abweicht.

LaTeX Warning: You have requested, on input line ...,
                version '...' of class/package '...',
                but only version   '...' is available.

Das mit \documentclass{...}[vers_dat] oder \usepackage{...}[vers_dat] angeforderte Versionsdatum ist jünger als dasjenige, das das eingelesene Klassenfile oder das Ergänzungspaket ausweist.

LaTeX Warning: You have requested release '...' of LaTeX,
                but only release '...' is available.

Einige Klassenfiles und Ergänzungspakete erwarten zur ordnungsgemäßen Bearbeitung eine bestimmte Version des LaTeX-Formatfiles. Die vorstehende Warnung erscheint, wenn beim Anwender eine ältere Version verwendet wird.

9.5. WARNUNGEN 271

9.5.3 LaTeX-Zeichensatzwarnungen

Zeichensatzwarnungen aus LaTeX 2_ε sind durch die vorangestellte Wortgruppe `LaTeX Font Warning:` gekennzeichnet, an die sich der Warnungstext anschließt.

`LaTeX Font Warning: Command ... invalid in math mode.`
Ein Zeichensatzbefehl, der nur im Textmodus auftreten darf, wurde im mathematischen Bearbeitungsmodus aufgerufen. Der Umschaltbefehl wird ignoriert. Die Umschaltbefehle `\mathversion`, `\boldmath`, `\unboldmath` und `\em` erzeugen im mathematischen Bearbeitungsmodus diese Warnung. Andere Umschaltbefehle, wie `\sffamily`, `\scshape`, `\textbx`, ..., erzeugen eine äquivalente Fehlermeldung mit Bearbeitungshalt.

```
LaTeX Font Warning: Command \tracingfonts not provided.
(Font)              Use the 'tracefnt' package.
(Font)              Command found: on input line ...
```
Der interne Diagnostikzähler `\tracingfont` zur Einstellung der Suchoptionstiefe wurde verwendet. Dieser Zählerbefehl steht nur mit dem Ergänzungspaket `tracefnt.sty` zur Verfügung. Ohne dieses wird der Befehl ignoriert.

```
LaTeX Font Warning: Encoding '...' has changed to '...' for
                    symbol font '...' in the math version '...'.
```
Um den angeforderten Symbol-Zeichensatz in der verlangten mathematischen Version zu nutzen, war es erforderlich, das Kodierattribut vorübergehend zu wechseln.

```
LaTeX Font Warning: Font shape '...' in size <...> not available
(Font)              size <...> substituted.
```
Für das angeforderte Formattribut '...' steht die verlangte Größe <...> nicht zur Verfügung. Es wird deshalb die angeführte Ersatzgröße gewählt.

```
LaTeX Font Warning: Font shape '...' undefined
(Font)              using '...' instead.
```
Das angeforderte Formattribut '...' ist unbekannt (nicht definiert). Es wird deshalb das angegebene Ersatz-Formattribut gewählt.

9.5.4 TeX-Warnungen

Eine TeX-Warnung ist daran zu erkennen, dass sie keine Fehlermeldung ist, also kein ! vorangesetzt ist, und dass die Bearbeitung nicht anhält. Die häufigsten TeX-Warnungen sind:

`Overfull \hbox ...`
TeX konnte diese Zeile nicht ordentlich umbrechen. Die Zeile ragt über den rechten Rand hinaus. Der weitere Text der Warnung gibt Hinweise für die Abhilfe. Lautet die Warnung z. B.

```
Overfull \hbox (42.98274pt too wide) in paragraph at lines 5--7
[]\OT1/cmr/m/n/10 Findet T[]X keine geeignete Stelle, um ein Wort am Ende
einer Zeile zu tren-nen, so wie hier aaaaaaaaaaaaaaaaaaaa
```

so kann man dem entnehmen: Die Zeile ragt um ca. 43 pt (also ungefähr 15 mm) über den rechten Rand hinaus. Diese Zeile liegt in dem Absatz, der aus den Zeilen 5 bis 7 besteht. Für diese

Zeile wird die Schrift mit den Attributkombinationen OT1/cmr/m/n/10 verwendet. Der Text der problematischen Zeile lautet: Findet ... wie hier aaaaaaaaaaaaaaaaaaa. Eine Trennung wäre im Wort tren-nen an der durch - gekennzeichneten Stelle möglich gewesen. Das letzte Wort der Zeile aaaaaaaaaaaaaaaaaaa lässt sich aber nicht trennen und führt zu dem Problem.

Abhilfe könnte die Angabe einer Trennhilfe schaffen aaaaaaaaaa\-aaaaaaaaa. Ebenso bringt ein \linebreak-Befehl vor dem sinnlosen Wort aaaaaaaaaaaaaaaaaaa die Warnmeldung zum Verschwinden, genauso wie das Einschachteln des ganzen Absatzes in eine sloppypar-Umgebung.

Overfull \vbox ...

Diese Warnung ist sehr viel seltener. TEX konnte die Seite nicht ordentlich umbrechen. Der Text ragt um das angegebene Maß über den unteren Seitenrand hinaus. Tatsächlich neigt TEX dazu, auf einer Seite eher zu wenig Text unterzubringen als zu viel. Diese Warnung kommt also nur vor, wenn die Seite selbst eine so große vertikale Box enthält, dass diese den Wert von \textheight übersteigt, z. B. eine sehr lange Tabelle.

Underfull \hbox (badness ...) ...

Diese Warnung ist das Gegenteil zur Overfull \hbox ...-Warnung. Sie erscheint, wenn TEX die Zeilen eines Absatzes zwar beidbündig umbricht, dabei aber in einer Zeile Wortabstände entstehen, die TEX als zu groß empfindet. Dies ist häufig die Folge einer sloppypar-Umgebung, einer \sloppy-Erklärung oder eines \linebreak-Befehls.

Die weitere Information enthält eine interne Bewertungszahl badness für den gleichfalls ausgegebenen Text der schlecht formatierten Zeile. Je höher diese Zahl ist, umso schlechter ist die Zeile gesetzt, d. h. umso größer sind die Wortabstände. Die Warnung erscheint, wenn der Wert von badness 1000 übersteigt. Ein Wert von 1000 entspricht einer Vergrößerung der Wortabstände auf das 2.15fache ihrer idealen Sollwerte.

Eine *untervolle* Zeile mit einem Wert von badness < 2000 kann häufig noch toleriert werden, ebenso wie eine *übervolle* Zeile, die um weniger als 1 pt über den rechten Zeilenrand ragt. Eine endgültige Entscheidung sollte an einem Probeausdruck getroffen werden.

Underfull \vbox ...

Die Seite wird kopf- und fußbündig umbrochen. Die hierzu erforderlichen Absatzabstände erscheinen TEX jedoch zu groß. Zum Zahlenwert von badness gelten sinngemäß die Ausführungen zu Underfull \hbox.

9.6 Suche nach versteckten Fehlern

Früher oder später wird jeder Anwender einmal eine Fehlermeldung erhalten, für die er eine Ursache beim besten Willen nicht ermitteln kann. Für diesen Fall empfiehlt sich folgende Suchstrategie:

1. Das fehlerhafte File wird zweimal kopiert: in eine *Arbeitskopie* und eine *Vorkopie*.

2. In der Arbeitskopie wird in der äußersten Umgebung, die den Fehler enthält, das File um eine oder mehrere innere Umgebungen gekürzt. Ist keine weitere innere Umgebung vorhanden, so wird der verbleibende Text angemessen gekürzt. Das gekürzte File wird erneut mit LATEX behandelt.

3. Tritt der Fehler immer noch auf, so wird die gekürzte Arbeitskopie auf die Vorkopie kopiert und Schritt 2 wiederholt[1].

4. Ist der Fehler in der gekürzten Arbeitskopie verschwunden, so wird die Vorkopie auf die Arbeitskopie zurückkopiert. In dieser Kopie trat der Fehler gerade noch auf. Diesmal erfolgt eine geringere Kürzung als beim letzten Mal und die Schritte 2 und 3 oder 4 werden wiederholt.

5. Ist auf diese Weise die nächstinnere Umgebung für den Fehler lokalisiert, so wird das Verfahren für diese Umgebung entsprechend 2, 3 und 4 wiederholt.

Mit dieser Suchstrategie gelingt es recht schnell, den Fehler bis auf einen Befehl oder die innerste Umgebung mit nur noch einer ganz kleinen verbliebenen Struktur zu lokalisieren. Ist der Fehler trotz genauer Lokalisierung immer noch nicht zu ermitteln, so sollte Hilfe bei einem/einer erfahrenen Kollegen/Kollegin gesucht werden. Meistens wird es jedoch dem Benutzer selbst gelingen, für den so lokalisierten Fehler die Ursache zu ermitteln.

Gelegentlich wird ein Fehler korrigiert und es kommt trotz des beseitigten Fehlers bei der nächsten LaTeX-Bearbeitung zur wiederholten Fehlermeldung. Die Ursache hierfür liegt in der internen Verwertung der Informationen aus den LaTeX-Hilfsfiles. Enthielt z. B. die Überschrift in einem Gliederungsbefehl einen Fehler, der beseitigt wurde, so enthält das .toc-File noch diesen Fehler, da er aus dem vorangegangenen Lauf stammte. Enthält der Text den Befehl \tableofcontents, so stößt LaTeX nach dem Einlesen des .toc-Files nach wie vor auf den Fehler, da ein neues .toc-File erst *nach* der erfolgreichen Bearbeitung des neuen Laufs angelegt wird.

In diesem Fall sollte auch das .toc-File editiert und der Fehler dort ebenfalls beseitigt werden. Ist das nicht möglich, so muss das .toc-File zunächst gelöscht und das korrigierte Textfile *zweimal* mit LaTeX bearbeitet werden. Dies gilt in analoger Weise für einen behobenen Fehler in \caption, \addcontentsline oder \addtocontents. bezüglich der .toc-, .lof- und .lot-Files.

Gelegentlich muss auch ein .aux-File gelöscht werden, um zu vermeiden, dass eine dort abgelegte fehlerhafte Information aus dem Vorlauf nach der Korrektur im .tex-File erneut zur Wirkung kommt. Hierauf ist immer dann zu achten, wenn der Befehl \nofiles im Vorspann aktiviert ist, da dann auch nach der erneuten LaTeX-Bearbeitung kein korrigiertes .aux-File angelegt wird.

9.7 MakeIndex-Fehlermeldungen

Das in 8.3 vorgestellte Programm MakeIndex hat seinen eigenen Diagnosesatz zur Fehlerbehandlung. MakeIndex kann Fehler in drei unterschiedlichen Bearbeitungsstufen erkennen:

1. Bei der Einbindung eines Formatänderungsfiles werden dessen Anweisungen auf syntaktische Korrektheit und auf Konfliktfreiheit mit den MakeIndex-Voraussetzungen geprüft.

2. Beim Lesen des .idx-Files werden die \indexentry-Einträge auf syntaktische Korrektheit untersucht; wenn gegen die zulässige Syntax verstoßen wurde, wird eine Fehlermeldung ausgegeben.

---

[1] Ist die äußere Umgebung in Schritt 2 die \begin{document} ... \end{document}-Struktur, so kann die Kürzung einfach durch ein weiteres \end{document} an der Kürzungsstelle erreicht werden.

3. Beim Schreiben in das .ind-File können weitere Fehler erkannt werden, die evtl. gegen die Programmlogik verstoßen.

Nach dem Programmaufruf von MakeIndex erscheint auf dem Bildschirm der jeweilige Bearbeitungszustand in Form der Nachricht

```
Scanning style file name.ist .... done( n attributes redefined, m ignored).
Scanning input file name.idx .... done ( n entries accepted, m rejected).
Generating output file name.in d ( n lines written, m warning).
```

Ist in einer der drei Zeilen der jeweilige Zahlenwert von *m* ungleich Null, so ist das Protokollfile *name*.ilg zu untersuchen, das nähere Fehlerinformation enthält. Die Ausgabe der ersten Zeile entfällt natürlich, wenn beim MakeIndex-Aufruf kein Formatänderungsfile zugefügt wird.

9.7.1 Formatänderungsfehler

Die Bildschirmmitteilung über die Durchmusterung eines Formatänderungsfiles *name*.ist enthält die Mitteilung, wie viele Schlüsselwort-Attribut-Paare akzeptiert (`n attributes redefined`) und wie viele evtl. ignoriert (`m ignored`) wurden. Für den letzten Fall enthält das MakeIndex-Bearbeitungsprotokoll *name*.ilg die Angaben, welche Schlüsselwort-Attribut-Paare abgelehnt wurden, und nennt gleichzeitig die Gründe hierfür.

Die Fehlermeldung

```
Option - g invalid, quote character must be different from '"'.
```

verweist darauf, dass die MakeIndex-Programmoption -g aktiviert werden solllte, ohne dass das Originalmaskierungszeichen '"' abgeändert wurde, was für die Programmoption -g zwingend verlangt wird. Auf diese Fehlermitteilung folgt als weitere Fehlermeldung:

```
Usage: makeindex [-ilqrcg] [-s sty] [-o ind] [-p num] [idx0 idx1 ...]
```

die die zulässige Syntax für MakeIndex-Programmaufrufe darlegt. Diese Zeile wird bei jedem Syntaxverstoß ausgegeben, wonach die Weiterbearbeitung von MakeIndex abgebrochen wird.

9.7.2 Fehlermeldungen aus der Lesephase

Die nachfolgend aufgelisteten Fehlermeldungen erscheinen *nur* im MakeIndex-Protokollfile *name*.ilg. Als Bildschirmnachricht erscheint nur die bereits oben vorgestellte Zeile 'Scanning input file ...' mit dem Hinweis, dass ein oder mehrere Einträge abgelehnt wurden. Die Fehlermeldungen aus der Lesephase beginnen stets mit der Zeile

```
!! Input error (file = name.idx, line = l,
```

gefolgt von einer Zeile mit der Fehlerursache für die Zeile *l*. Die häufigsten Fehlerursachen sind:

```
-- Extra '!' at position ...
```

Der \index-Befehl enthält mehr als zwei Feldtrennzeichen !. Wahrscheinlich sollte ein Ausrufezeichen im Indexregister ausgegeben werden und es wurde vergessen, es zu maskieren, d. h. als "! einzugeben.

9.7. MAKEINDEX-FEHLERMELDUNGEN

```
-- Extra '@' at position ...
```

Der \index-Befehl enthält zwei oder mehr unmaskierte @-Zeichen, ohne dass zwischen ihnen ein !-Feldtrennzeichen auftritt. Wahrscheinlich wurde das Maskierungszeichen " oder ein Feldtrennzeichen ! vergessen.

Wurden die drei MakeIndex-Sonderzeichen !, @ und | mit einem Formatänderungsfile ganz oder teilweise gegen andere Zeichen ausgetauscht, so erscheinen bei entsprechenden Fehlern in der Fehlermeldung die ausgetauschten Zeichen. Wurden z. B. die Originalzeichen '!' und '@' durch '>' und '=' ersetzt, so lauten die ensprechenden Fehlermeldungen nunmehr

```
-- Extra '>' at position ...   bzw.   -- Extra '=' at position ...
```

```
-- Illegal Null field
```

Der \index-Befehl ergibt keinen Sinn, da ein Teilfeld eine leere Zeichenkette enthält. Einträge wie \index{!bam} oder \index{bim!!bam} erzeugen diesen Fehler, da ein Nebeneintrag ohne Haupteintrag oder vorangehenden Untereintrag eingegeben wurde. Auch ein Eintrag \index{@\peng} verursacht diesen Fehler, da das lexikalische Musterwort fehlt.

```
-- Argument ... too long (max 1024)
```

Der Eintrag im \index-Befehl ist zu lang (> 1024 Zeichen). Wahrscheinlich wurde die schließende Klammer des \index-Befehls vergessen und der dadurch verursachte LaTeX-Fehler ignoriert.

MakeIndex kennt eine Reihe weiterer Fehler bis hin zum Programmabbruch. Solchen Fehlern sind stets bereits Fehlermeldungen bei der LaTeX-Bearbeitung vorausgegangen, die mit einer entsprechenden Anwenderreaktion ignoriert wurden. Wurde das .idx-File aus der Sicht von LaTeX fehlerfrei erzeugt, dann können nur noch die vorstehenden Syntaxfehler für MakeIndex auftreten.

9.7.3 Warnungen aus der Schreibphase

Auch die nachfolgend aufgelisteten Fehlermeldungen oder Warnungen erscheinen *nur* im MakeIndex-Protokollfile. Auf dem Bildschirm erscheint in der Schreibphase nur die bereits oben vorgestellte Mitteilung 'Generating output file ...' mit dem Hinweis, dass eine oder mehrere Warnungen ausgegeben werden.

Vermutet MakeIndex während der Schreibphase, dass die Ausgabe möglicherweise fehlerhaft ist, so wird eine Warnung in das ilg-File geschrieben. Diese Warnungen beginnen stets mit der Zeile

```
## Warning (input = name.idx, line = i; output = name.ind, line = o),
```

auf die eine Zeile mit der vermuteten Ursache folgt. Die erste Zeilennummer i verweist auf die fehlerhafte Zeile im .idx-Eingabefile, die zweite Zeilennummer o auf die fehlerhafte Zeile im .ind-Ausgabefile. Mögliche Warnungsmitteilungen sind:

```
-- Unmatched range opening operator
```

Der Text enthält einen Indexbefehl in der Form \index{...|(}, ohne dass der zugehörige schließende \index{...|)}-Befehl im Text auftritt.

-- Unmatched range closing operator

Der Text enthält einen Indexbefehl in der Form \index{... |)}, ohne dass der zugehörige öffnende \index{... | (}-Befehl im Text vorangeht.

-- Extra range opening operator

Der Text enthält zwei Indexbefehle der Form \index{... | (}, ohne dass der erste durch sein Schließungskomplement \index{... |)} beendet wurde.

-- Extra range closing operator

Der Text enthält zwei Indexbefehle der Form \index{... |)}, ohne dass der zweite durch sein Öffnungskomplement \index{... | (} eingeleitet wurde.

-- Inconsistent page encapsulator ... within range

Innerhalb einer Seitengruppe, die mit \index{... | (} ... \index{... |)} begrenzt wurde, wird mit einem weiteren Indexbefehl für den gleichen Indexbegriff eine Seitenausgabe mit geänderter Schrift gefordert, etwa mit \index{... | ii}

-- Conflicting entries

MakeIndex vermutet, dass für den gleichen Indexbegriff auf einer Seite zwei verschiedene Ausgabeformen gefordert werden, z. B. einmal durch \index{bim} und zusätzlich noch durch \index{bim|see{...}}.

Die MakeIndex-Fehlermeldungen und -Warnungen sind im Gegensatz zu vielen TeX-Fehlermeldungen stets leicht verständlich und sollten den Benutzer in die Lage versetzen, die erforderlichen Korrekturen ohne größere Schwierigkeiten vorzunehmen.

Anhang A

Briefe

LATEX kennt für den \documentclass-Befehl noch die Bearbeitungsklasse letter. Diese ist so sehr auf amerikanische Briefformate zugeschnitten, dass sie im Original für deutsche Briefe, insbesondere für Geschäftsbriefe, wenig geeignet ist. Aus diesem Grunde wurden die Eigenschaften und zusätzlichen Befehle der letter-Klasse bisher nicht dargestellt. Sie werden nunmehr nachgetragen. Gleichzeitig werden die Eigenschaften einer hauseigenen letter-Klasse beschrieben und Hinweise für die Erstellung eines firmenspezifischen letter.cls-Files gegeben, mit dem auch geeignete Briefköpfe erzeugt werden.

A.1 Die LATEX-Bearbeitungsklasse letter

Die Bearbeitungsklasse letter dient zum Schreiben von Briefen. Mit einem Eingabefile können bei Bedarf gleichzeitig mehrere Briefe geschrieben werden, was besonders praktisch ist, wenn es sich um mehrere Briefe desselben Absenders handelt. Innerhalb eines Briefes können die meisten LATEX-Befehle verwendet werden. Einige, wie die Gliederungsbefehle, sind aber für diese Bearbeitungsklasse unbekannt. Ihre Verwendung führt zur Fehlermeldung ! Undefined control sequence. Die fehlenden Befehle würden allerdings in einem Brief auch keinen rechten Sinn ergeben. Es besteht im Allgemeinen kein Bedarf, einen Brief in Kapitel, Abschnitte usw. zu gliedern oder ein Inhaltsverzeichnis anzulegen. Andererseits kennt die Bearbeitungsklasse letter zusätzliche Befehle, die speziell für die Briefgestaltung gedacht sind.

Ein Brieffile beginnt wie jedes LATEX-Textfile mit dem Befehl \documentclass, der hier lautet:

\documentclass[*optionen*]{letter}[*vers_datum*]

wobei alle in 3.1.2 aufgeführten Optionen zulässig sind, auch wenn einige davon, wie twocolumn oder titlepage, in einem Brief wenig sinnvoll sind.

Jeder Brief enthält eine Absenderanschrift und einen Absendernamen. Diese werden erzeugt mit den Befehlen

\address{*abs_anschrift*}
\name{*abs_name*}   und/oder   \signature{*unterschr_name*}

Die Absenderanschrift *abs_anschrift* besteht gewöhnlich aus mehreren Zeilen. Diese werden durch \\-Befehle bei der Eintragung voneinander getrennt, z. B.

    \address{Max-Planck-Institut f"ur Aeronomie\\Postfach 20\\
        37189 Katlenburg-Lindau}

Der Absendername *abs_name* oder *unterschr_name* in \name oder \signature wird meistens nur aus einem einzeiligen Eintrag bestehen. Es kann aber auch hier ein mehrzeiliger, durch \\ getrennter Eintrag erfolgen, z. B.

    \name{Horstmar Hale}
    \signature{Horstmar Hale\\Verwaltungsleiter}

Die vorstehenden Befehle wird man bevorzugt im Vorspann anbringen, insbesondere wenn mit einem Brieffile mehrere Briefe desselben Absenders erzeugt werden sollen. Sie können aber auch wie normale Befehle im Textteil stehen und entfalten dann ihre Wirkung nur innerhalb der Umgebung, in der sie stehen.

Werden keine weiteren Befehle im Vorspann benötigt, so beginnt der Textteil wie bei jedem LaTeX-File mit dem Befehl \begin{document}. Innerhalb des Textteils ist für jeden Brief eine letter-Umgebung einzurichten, deren Syntax lautet:

    \begin{letter}{*empfänger*}   *Brieftext*   \end{letter}

empfänger steht hier für Namen und Anschrift des Empfängers. Die einzelnen Zeilen für diesen Eintrag sind durch \\-Befehle zu trennen.

    \begin{letter}{Herrn v.\ Biron\\EDV-Referat in der GV der\\
    Max-Planck-Gesellschaft\\zur F"orderung der Wissenschaften e.V.\\
    K"oniginstr.\ 12\\80539 M"unchen}

Der *Brieftext* beginnt gewöhnlich mit dem \opening-Befehl und endet mit dem \closing-Befehl; zwischen beiden kann dann beliebiger Text, vermischt mit weiteren LaTeX-Befehlen, stehen. Die Syntax für diese beiden Befehle lautet:

    \opening{*anrede*}
    \closing{*grußformel*}

anrede steht für Einträge wie: Sehr geehrte Frau Mustermann u. ä. *grußformel* steht für Eintragungen wie: Mit freundlichen Gr"u"sen u. ä. Im \opening-Befehl kann statt der Anrede auch eine „Betreff'-Eintragung oder Ähnliches stehen. In diesem Fall würde die eigentliche Anrede, wie Lieber Otto, Teil des anschließenden Textes werden.

LaTeX ordnet die Absenderadresse im Brief oben rechts an. Danach folgt automatisch rechtsbündig das aktuelle Datum. Anschließend folgt mit etwas Abstand linksbündig der *Empfänger* mit Namen und Anschrift. Es folgt der Brief mit der gewählten *Anrede* und dem eigentlichen Brieftext. Der Brief endet mit der nach rechts eingerückten *Grußformel*. Auf diese folgt mit ausreichendem Abstand für die Unterschrift der *Absendername* aus dem \signature- oder \name-Befehl.

Nach dem \closing-Befehl darf ein \cc-Befehl zur Erzeugung einer Verteilerliste folgen:

    \cc{*name1* \\ *name2* \\ ... }

Dieser Befehl erzeugt linksbündig ein „cc:" bzw. bei Verwendung des Ergänzungspakets german „Verteiler:", gefolgt von der Verteilerliste. Die Namen der Verteilerliste erscheinen

A.1. DIE LATEX-BEARBEITUNGSKLASSE LETTER

ein wenig nach rechts hinter dem „cc:" bzw. „Verteiler:" eingerückt. Ein gleichartiger Befehl ist \encl zur Erzeugung einer Anlagenliste:

\encl{*anlage1* \\ *anlage2* \\ ... }

Hier erscheint die Anlagenliste nach „encl:" eingerückt. Das Ergänzungspaket german ersetzt auch hier „encl:" durch die deutsche Form „Anlagen:".

Schließlich kann nach dem \closing-Befehl noch der \ps-Befehl folgen. Dieser Befehl erzeugt keine Ausgabe. Er ist erforderlich, wenn nach dem \closing-Befehl noch einmal Text folgen soll. Soll dieser Text mit einem „P. S." gekennzeichnet sein, so muss der folgende Text mit P. S. beginnen. Der Brief endet abschließend mit dem \end{letter}-Befehl.

In einem Brieffile können beliebig viele letter-Umgebungen auftreten, je eine für jeweils einen Brief. Stehen die \address- und \signature- bzw. \name-Befehle im Vorspann, so werden alle Briefe einheitlich mit derselben *Absenderanschrift* und demselben *Absendernamen* versehen. Sollen diese für die einzelnen Briefe unterschiedlich sein, so sind die entsprechenden \address- und \signature- bzw. \name-Befehle in der jeweiligen letter-Umgebung anzubringen, und zwar vor dem jeweiligen \opening-Befehl. Selbstverständlich kann auch eine einheitliche *Absenderanschrift* mit dem \address-Befehl im Vorspann, aber unterschiedlichen *Absendernamen* mit den jeweiligen \signature- bzw. \name-Befehlen in den entsprechenden letter-Umgebungen angeordnet werden. Bei gleichzeitiger Angabe von \signature und \name bleibt der letzte Befehl ohne Wirkung. Hierbei hat \signature Vorrang.

Die erste Seite eines Briefes enthält keine Seitennummer. Reicht ein Brief über mehrere Seiten, so erhalten die folgenden Seiten laufende Nummern.

Briefbeispiel:

```
\documentclass[a4paper,11pt]{letter}
\usepackage{german}
\address{Max-Planck-Institut f"ur Aeronomie\\ 37189 Katlenburg-Lindau}
\signature{Helmut Kopka}
\begin{document}
\begin{letter}{Fa.\ \TeXproof\\Postfach 99\\57489 Schreibershof}
\opening{Betr.: Allgemeine Textverarbeitung mittels \LaTeX}
Sehr geehrte Damen und Herren!

Ihre Anfrage "uber unsere Erfahrung mit \LaTeX\ zur allgemeinen
Textverarbeitung in einem wissenschaftlichen Institut beantworten wir
gerne:
\begin{enumerate}
\item Nach "Uberwindung einer anf"anglichen Hemmschwelle bei einigen
Mitarbeiterinnen im Schreibdienst ist das System inzwischen nicht nur
allgemein akzeptiert, sondern ausdr"ucklich gesch"atzt.
\item . . . . . . . . . . . . . . . . . . . . . . . . . . . . . .
\end{enumerate}
Die ausschlie"slich positive Einsch"atzung von \LaTeX zur Erzeugung
. . . . . . . . . . . . . . . . . . . . . . . . . . . . . . . . .
auf die firmenspezifischen Forderungen zugeschnitten werden.
\closing{Mit freundlichen Gr"u"sen}
\encl{Hauseigene Brief\/formate\\
Hinweise zu firmenspezifischen Anpassungen}
\end{letter}    \end{document}
```

Max-Planck-Institut für Aeronomie
37189 Katlenburg-Lindau

6. November 1996

Fa. TEXproof
Postfach 99
57489 Schreibershof

Betr.: Allgemeine Textverarbeitung mittels LATEX

Sehr geehrte Damen und Herren!

Ihre Anfrage über unsere Erfahrung mit LATEX zur allgemeinen Textverarbeitung in einem wissenschaftlichen Institut beantworten wir gerne:

1. Nach Überwindung einer anfänglichen Hemmschwelle bei einigen Mitarbeiterinnen im Schreibdienst ist das System inzwischen nicht nur allgemein akzeptiert, sondern ausdrücklich geschätzt.

2. Zur Überraschung der Mitarbeiterinnen im Schreibdienst bereiten selbst komplizierte mathematische Formeln nach kurzer Zeit kaum noch Schwierigkeiten. Das gleiche gilt für die Erzeugung von beliebig komplizierten Tabellen.

3. Die Erstellung von Kreuzreferenzen und Indexregistern hat ihren Schrecken verloren, selbst bei Aufträgen von den früher ungeliebten "Änderungswütern".

4. Die Vorteile eines "Formatierungsprogrammes" gegenüber einem "Wortprozessor" bei wissenschaftlichen Texten, die bis zur endgültigen Veröffentlichung häufige Umgestaltungen erfahren, werden von den Autoren extensiv wahrgenommen. Die Autoren sollten jedoch über die Standardeigenschaften von LATEX in bezug auf verfügbare Schriftarten, Auflistungen, Formelgestaltungen u. a. unterrichtet sein, damit sie bereits bei der Erstellung eines Manuskriptes diese Eigenschaften berücksichtigen.

5. Die Ästhetik und hohe Qualität der Ausgabe hat sich als zusätzlicher Motivationsschub für die Akzeptanz von LATEX in unserem Hause erwiesen.

Die ausschließlich positive Einschätzung von LATEX zur Erzeugung wissenschaftlicher oder sonstiger Texte in Form von Artikeln, Berichten, Memoranden u. ä. endet jedoch beim Schreiben von Geschäftsbriefen. Der LATEX-Stil `letter` mag für die Privatkorrespondenz ausreichende Gestaltungsmöglichkeiten bieten. Bei der Vorgabe von standardisierten Briefköpfen und Fortsetzungsseiten, wie sie bei Geschäftsbriefen die Regel sind, muß das LATEX-Original `letter.cls` auf die firmenspezifischen Forderungen zugeschnitten werden.

Mit freundlichen Grüßen

Helmut Kopka

Anlage(n): Hauseigene Briefformate
Hinweise zu firmenspezifischen Anpassungen

Ein \makelabels-Befehl im Vorspann erzeugt für jeden Brief einen „Aufkleber" mit den Angaben für den Empfänger. Die Angaben für den Empfänger sind die Angaben aus dem Argument der jeweiligen letter-Umgebung, also im Allgemeinen Name und Anschrift des Empfängers. Die Erzeugung der „Aufkleber" formatiert die Angaben für 4.25 Zoll breite und 2 Zoll hohe Aufkleber, die zweispaltig angeordnet sind. Ein „Aufkleber" ohne den zugehörigen Brief kann mit einer *leeren* letter-Umgebung erzeugt werden. Eine *leere* letter-Umgebung besteht nur aus der Befehlsfolge

\begin{letter}{*empfänger*}\end{letter}

Die Bearbeitungklasse letter stellt für weitere Absenderinformationen die Befehle

\location{*raum_nummer*}   und   \telephone{*tel_nummer*}

bereit, deren sinnvolle Verwendung eine anwenderspezifische Anpassung von letter.cls voraussetzt. Auch die Unterschiede der Einträge aus \name{...} und \signature{...} treten erst nach einer solchen Anpassung in Erscheinung. Schließlich ist letter.cls intern darauf vorbereitet, bei fehlender Eingabe für \address{...} einen geeigneten Briefkopf automatisch zu erzeugen. Dieser muss vom Anwender aber vorab durch eine entsprechende Anpassung von letter.cls entwickelt werden.

A.2 Eine hauseigene letter-Bearbeitungsklasse

Das vorstehend ausgedruckte Briefbeispiel zeigt die Möglichkeiten, aber auch die Grenzen der Original-LATEX-letter-Klasse. Die Seitenformatierung in Bezug auf Textbreite und Texthöhe kann zwar leicht durch entsprechende Erklärungen im Vorspann vorgenommen werden. Die Verwendung von vorgedruckten Briefbögen und deren Standardeintragungen wie „Ihr Zeichen", „Ihre Nachricht vom", „Unser Zeichen" u. a. machen aber erhebliche Schwierigkeiten, wenn sie mit den üblichen Positionierungsbefehlen ausgefüllt werden sollen.

Dieses und einiges mehr legt die Anlage einer firmenspezifischen letter-Klasse nahe. Damit kann auf vorgedruckte Briefbögen ganz verzichtet werden. Der gewünschte Briefkopf mit einigen variablen Teilen wird dabei für jeden Brief automatisch erzeugt. Die Absenderangaben für die verschiedenen Mitarbeiter, wie deren Namen, Telefondurchwahlnummern, Diktatzeichen und sonstiges, werden durch entsprechende Befehle eingefügt und erscheinen an vorbestimmten Stellen im Briefformular.

Der Befehl \address entfällt bei unserer hauseigenen mpletter-Bearbeitungsklasse, da diese für die erste Briefseite automatisch einen Briefkopf mit dem Institutsnamen und diversen institutsspezifischen Angaben erzeugt. Die *Empfänger*-Angaben aus dem Argument der letter-Umgebung erscheinen vertikal zentriert im Adressfeld des Institutsbriefkopfs.

Der Name des Briefautors und ggf. seine Telefonnummer werden durch die Befehle

\name{*briefautor*}   und   \telephone{*durchwahl_nummer*}

eingegeben. Stehen diese Befehle im Vorspann, so erhalten alle Briefe des Files diese Angaben. Sollen mehrere Briefe verschiedener Autoren in einem File angelegt werden, so sind die Befehle innerhalb der jeweiligen letter-Umgebung vor dem \opening-Befehl anzubringen. Die Befehle

\yref{*ihr_zeichen*}   \myref{*unser_zeichen*}
\ymail{*ihre_nachricht_vom*}   \subject{*betreff_text*}

erzeugen zusammen mit der Klassenoption `german`

Ihr Zeichen:, *Ihre Nachricht vom:*, *Unser Zeichen:*, <u>*Betr.:*</u>

bzw. ohne `german`

Your Ref.:, *Your letter from:*, *Our Ref.:*, *Subject*:

gefolgt von den jeweiligen Texteinträgen für *ihr_zeichen*, *ihre_nachricht_vom*, *unser_zeichen* oder *betreff_text*. Entfällt einer dieser Befehle im Text, so entfällt auch der entsprechende Ausdruck im Briefformular.

Das Datum erscheint normalerweise automatisch. Soll ausnahmsweise statt des aktuellen ein vor- oder zurückdatiertes Datum erscheinen, so kann das mit dem Befehl

\date{*datum*}

erreicht werden.

Der im \name-Befehl aufgeführte Name erscheint normalerweise auch unter der im \closing-Befehl enthaltenen Grußformel. Soll hier der Name in einer anderen Form, etwa nur der Vorname oder der Name ohne Titel, erscheinen, so ist zusätzlich der Befehl \signature{*unterschrift*} zu verwenden. Der folgende Brief wurde damit erzeugt durch:

```
\documentclass[german,12pt]{mpletter}
\name{Helmut Kopka} \telephone{451} \emailid{hk}
\begin{document}
\begin{letter}{Herrn Harald Picard\\Universit"at Bielefeld\\
Hochschulrechenzentrum\\Postfach 100131\\33501 Bielefeld}
\yref{ha/pi} \ymail{25. 6. 93} \myref{ko/gr} \subject{DVI-Treiber}
\opening{Lieber Herr Picard,}
die Ihrem Brief beigef"ugten DVI-Files wurden bei uns fehlerfrei ...
. . . . . . . . . . . . . . . . . . . . . . . . . . . . . . . . .
... "Anderungen, die innerhalb weniger Tage durchgef"uhrt werden konnten.
\closing{Mit besten Gr"u"sen}
\encl{Floppy mit unseren DVI-Treibern nebst Zusatzprogrammen}
```

Die erste Seite unseres Institutsbriefes enthält keine Seitennummer. Fortsetzungsseiten erhalten einen Seitenkopf, der am Beispiel des nebenstehenden Briefes wie folgt aussehen würde:

MAX-PLANCK-INSTITUT FÜR AERONOMIE

An Herrn Harald Picard   1. Juli 1993   *Seite 2*

Der hier erscheinende Empfängername ist der ersten Zeile der Empfängerangabe im Befehl \begin{letter}{*empfänger*} entnommen. Diese wird bei der LATEX-Bearbeitung intern in \toname und der Rest der Empfängerangabe in \toaddress abgelegt.

Entfällt die Option `german`, so wird angenommen, dass der Brief in Englisch geschrieben ist. In diesem Fall erscheinen automatisch an den einschlägigen Stellen die entsprechenden englischen Wörter, wie z. B. *To* und *Page* im Kopf der Fortsetzungsseiten. Im Briefkopf und -fuß der Hauptseite erscheint bei den Telefonangaben zusätzlich die deutsche Landeskennzahl 49 und das Datum ist in amerikanischer Weise gesetzt. Letzteres gilt allerdings nicht, wenn das Datum mit \date erzeugt wurde. In diesem Fall erscheint an allen Stellen für das Datum die Angabe des \date-Befehls.

MAX–PLANCK–INSTITUT FÜR AERONOMIE POSTFACH 20
D-37189 KATLENBURG-LINDAU

MPI für Aeronomie, Postfach 20, D-37189 Katlenburg-Lindau

Herrn Harald Picard
Universität Bielefeld
Hochschulrechenzentrum
Postfach 100131
33501 Bielefeld

Helmut Kopka
Tel.: (05556) 979 451
E-mail (Internet):
hk@linhp.gwdg.de

1. Juli 1993

Ihr Zeichen: ha/pi   Ihr Schreiben vom: 25. 6. 93   Unser Zeichen: ko/gr

Betr.: DVI-Treiber

Lieber Herr Picard,

die Ihrem Brief beigefügten DVI-Files wurden bei uns fehlerfrei übersetzt und ausgedruckt. Die von Ihnen geschilderten Fehler des DVI-Treibers sind vermutlich auf eine unterschiedliche Reihenfolge beim Abbau der übergebenen Parameterpointer in den definierten Bytebearbeitungsmakros zurückzuführen. Hier sollte eine explizite Klammerung Abhilfe schaffen.

Nach dem Treiber für den HP-Laserjet II habe ich inzwischen auch einen Treiber für den Kyocera F1010 Laserdrucker geschrieben. Wie für den HP-Drucker wurde dieser Treiber in C unter UNIX entwickelt und auf einem HP9000 Serie 835 Rechner eingesetzt. Inzwischen werden beide Treiber bei uns aber auch auf einer VAX 8550 und diversen Microvaxen eingesetzt. Die Umstellung auf VMS erforderte einige Änderungen, die innerhalb weniger Tage durchgeführt werden konnten.

Mit besten Grüßen

Helmut Kopka

Anlage(n): Floppy mit unseren DVI-Treibern nebst Zusatzprogrammen

Telefon	(05556) 979 0	Bank		Bahnstation		Lieferanschrift
Telefax	(05556) 979 240	Kreis-Sparkasse Northeim		Northeim		Max–Planck–Straße 2
Telex	9 65 527 aerli	41 104 449 (BLZ 262 500 01)		(Han.)		D–37191 Katlenburg–Lindau

A.3 Hinweise zur firmenspezifischen Anpassung

Die Anpassung des letter.cls-Files an firmenspezifische Bedürfnisse sollte einem versierten LaTeX-Programmierer keine Schwierigkeiten machen. Mit den hier gegebenen Informationen kann aber auch der weniger geübte Anwender die Einrichtung eines eigenen Briefklassenfiles vornehmen.

Ich stelle hier unser Klassenfile mpletter.cls vor, das zur Ausgabe des letzten Briefbeispiels verwendet wurde. Beim abgedruckten Kode verwende ich die kursive Schreibmaschinenschrift für die Teile, die vom Anwender nach seinen Erfordernissen zu wählen sind. Unser *mp*letter.cls-Klassenfile liest seinerseits das letter.cls-Originalfile ein, so dass dessen Definitionen nicht wiederholt werden müssen.

Unser hauseigenes Briefklassenfile *mp*letter.cls beginnt mit der Forderung nach dem LaTeX 2_ε-Formatfile und einer Selbstidentifikation

```
\NeedsTeXFormat{LaTeX2e}    \ProvidesClass{mpletter}
```

Im weiteren Programmkode erfolgen einige bedingungsabhängige Entscheidungen, was das Ergänzungspaket ifthen.sty erfordert. Unser Briefklassenfile soll die Klassenoption german zulassen, mit der deutschsprachige Briefe bearbeitet werden. Hierzu wird gleichzeitig ein interner Schalter @german eingerichtet, der mit der Option german auf *wahr* gesetzt wird.

```
\RequirePackage{ifthen}
\newboolean{@german}  \setboolean{@german}{false}
\DeclareOption{german}{\setboolean{@german}{true}}
```

Unsere Briefklassenergänzung soll zusätzlich alle Optionen zulassen, die das Originalklassenfile letter.cls kennt, und ansonsten auf dieses zurückgreifen, wobei unsere hauseigenen Drucker nur das Papierformat DIN A4 erlauben:

```
\DeclareOption*{\PassOptionsToClass{\CurrentOption}{letter}}
\ProcessOptions
\LoadClass[a4paper]{letter}
```

Damit sind die Vorbereitungen bereits abgeschlossen. Zu diesem Zeitpunkt werden alle mit \documentclass[...]{*mp*letter} evtl. gesetzten Optionen aktiviert, wobei neben den Standardoptionen aus letter.cls auch german als Klassenoption erlaubt ist. Unser Klassenfile *mp*letter.cls ruft seinerseits das Originalklassenfile letter.cls und das Ergänzungspaket ifthen.sty auf.

Anschließend sind einige Namensbefehle einzurichten, mit denen sprachabhängige Begriffe wie '*Subject*' oder '*Betreff*' ausgegeben werden. Die aktuellen Definitionen werden mit den Befehlsaufrufen \englishnames *oder* \germannames bereitgestellt.

```
\newcommand{\englishnames}{%
  \newcommand{\yrefname}{\textsl{Your Ref.}}
  \newcommand{\ymailname}{\textsl{Your letter from}}
  \newcommand{\myrefname}{\textsl{Our Ref.}}
  \newcommand{\subjectname}{\textsl{Subject}}
  \newcommand{\telephonename}{Telephone}
  \newcommand{\germanname}{GERMANY}
  \newcommand{\stationname}{Train Station}
```

A.3. HINWEISE ZUR FIRMENSPEZIFISCHEN ANPASSUNG

```
    \newcommand{\deliveryname}{Delivery Address}
    \newcommand{\telcode}{[49]-5556-979}
    \newcommand{\postcode}{D-37189}
}
```

Der gleiche Definitionssatz ist nochmals für die entsprechenden deutschen Begriffe einzurichten.

```
\newcommand{\germannames}{%
    \newcommand{\yrefname}{\textsl{Ihr Zeichen}}
    \newcommand{\ymailname}{\textsl{Ihr Schreiben vom}}
    \newcommand{\myrefname}{\textsl{Unser Zeichen}}
    \newcommand{\subjectname}{\underline{Betr.}}
    \newcommand{\telephonename}{Telefon}
    \newcommand{\germanname}{\vspace{-8pt}}
    \newcommand{\stationname}{Bahnstation}
    \newcommand{\deliveryname}{Lieferanschrift}
    \newcommand{\telcode}{(05556) 979}
    \newcommand{\postcode}{37189}
}
```

Die Definitionen in den ersten sieben Zeilen beider Gruppen können von allen Anwendern vermutlich ungeändert übernommen werden. Die unterschiedliche Definition für \subjectname in der englischen Version mit der geneigten Schrift 'Subject' und der deutschen mit der unterstrichenen Angabe 'Betr.' entstammt einer hausinternen Forderung. Hier möge der Anwender die ihm genehme Form wählen.

Die Namensbefehle mit den Angaben zur Bahnstation und Lieferanschrift, die im Fuß der ersten Briefseite bei unserem Institutsbrief auftauchen, können bei vielen Anwendern vermutlich entfallen. In den letzten beiden Befehlsdefinitionen für \telcode und \postcode hat der Anwender an Stelle unserer kursiven Beispielvorgaben die bei ihm gültigen Daten einzusetzen.

Sonstige Namensbefehle mit sprachspezifischen Inhalten, die für die Briefgestaltung benötigt werden, wie z. B. \ccname, \enclname, \pagename u. a., sind, zusammen mit ihren englischen Entsprechungen, bereits Bestandteile des Standardklassenfiles letter.cls. Die deutschsprachigen Inhalte dieser Namensbefehle werden mit german.sty bereitgestellt, so dass deren Einrichtung hier entfallen kann.

Im Anschluss an diese Namensdefinitionen ist in *mp*letter.cls anzubringen:

```
\ifthenelse{\boolean{@german}}
    {\RequirePackage{german}\germannames}{\englishnames}
```

Hiermit wird der Schalter @german getestet und, wenn er auf wahr steht, die Anweisungsgruppe des nachfolgenden ersten {}-Paares ausgeführt. Hier wird also mit dem Interface-Befehl \RequirePackage das Ergänzungspaket german.sty geladen und dann der Befehl \germannames aufgerufen. Mit Letzterem sind die deutschsprachigen Begriffe unter den oben eingerichteten Namen bekannt und abrufbar.

Der Schalter @german erhält seine Zuweisung mit dem Aufruf des Dokumentklassenbefehls. Erfolgt dieser als \documentclass[...,german,...]{*mp*letter}, so wird @german auf *wahr* (true) gesetzt. Erfolgt der Aufruf des Dokumentklassenbefehls ohne die Optionsangabe german, so wird @german standardmäßig auf *falsch* (false) gesetzt. In diesem Fall wird im vorstehenden \ifthenelse-Test das zweite {}-Paar ausgeführt, also der Befehl \englishnames aufgerufen, womit nun die englischen Begriffe unter den eingerichteten Namensbefehlen zur Verfügung stehen.

Als Nächstes sind die Befehle bereitzustellen, die die E-Mail- und die Bezugsangaben aufnehmen und geeignet positionieren. Hierfür wird zunächst ein Satz interner Leerbefehle eingerichtet

```
\newcommand{\@yref}{}        \newcommand{\@ymail}{}
\newcommand{\@myref}{}       \newcommand{\@subject}{}
\newcommand{\@email}{}
```

und durch die vom Anwender aufrufbaren Befehle ergänzt:

```
\newcommand{\yref}[1]{\renewcommand{\@yref}{\yrefname: #1}}
\newcommand{\ymail}[1]{\renewcommand{\@ymail}{\ymailname: #1}}
\newcommand{\myref}[1]{\renewcommand{\@myref}{\myrefname: #1}}
\newcommand{\subject}[1]{\renewcommand{\@subject}{%
                         \subjectname: #1}}
\newcommand{\emailid}[1]{\renewcommand{\@email}{#1}}
\newcommand{\emailhost}{@linhp.gwdg.de}
```

wobei der Anwender als Eintrag für \emailhost seinen eigenen Rechnernamen anzugeben hat. Bei Anwendern ohne E-Mail-Zugang können die Befehle \@email, \emailid und \emailhost natürlich entfallen.

Nach diesen Vorbereitungen kann nun die Formateinstellung der Briefseiten festgelegt werden. Bei unserem *mp* letter.cls geschieht das mit:

```
\setlength{\textheight}{240mm}      \setlength{\textwidth}{160mm}
\setlength{\oddsidemargin}{0pt}     \setlength{\topmargin}{-50pt}
\setlength{\evensidemargin}{0pt}    \setlength{\headheight}{12pt}
\setlength{\headsep}{35pt}
```

Mit den endgültigen Einstellvorgaben wird der Anwender vermutlich etwas experimentieren müssen, da sie auch vom textlichen Inhalt des Briefkopfes und -fußes sowie vom persönlichen Geschmack abhängen. Das gilt ganz besonders auch für die nächsten beiden Längenvorgaben

```
\newlength{\leftfield}       \setlength{\leftfield}{117.5mm}
\newlength{\rightfield}      \setlength{\rightfield}{42.5mm}
```

die die horizontale Aufteilung unseres Briefformulars in ein linkes und ein rechtes Feld bestimmen, wie den Briefkopf mit dem links angeordneten Institutsnamen und der rechts daneben folgenden Instituts-Postanschrift. Diese horizontale Struktur wiederholt sich beim anschließenden Empfänger- und Absenderfeld, wie ein Blick auf das Muster von S. 283 erkennen lässt. Die Summe der beiden Feldlängen entspricht mit 160 mm der eingestellten Textbreite \textwidth.

Für die Textangaben im Kopf und Fuß unseres Briefformulars verwenden wir die aufrechte serifenlose Schrift in verschiedenen Größen. Um sie durch einfache Befehlserklärungen verfügbar zu machen, werden die Zeichensatzbefehle \xviisf, \xsf und \viiisf eingerichtet:

A.3. HINWEISE ZUR FIRMENSPEZIFISCHEN ANPASSUNG

```
\DeclareFixedFont{\xviisf}{OT1}{cmss}{m}{n}{17}
\DeclareFixedFont{\xsf}{OT1}{cmss}{m}{n}{10}
\DeclareFixedFont{\viiisf}{OT1}{cmss}{m}{n}{8}
```

Der Zeichensatz-Interfacebefehl \DeclareFixedFont richtet unter dem Befehlsnamen des ersten Arguments einen Zeichensatz-Erklärungsbefehl ein, der durch die Attributangaben der nachfolgenden fünf Argumente *Kode, Familie, Serie, Form* und *Größe* vollständig bestimmt ist.

Zur Textaufnahme der festen Teile des Briefformulars werden zunächst einige Boxspeicher eingerichtet

```
\newsavebox{\FIRM}        \newsavebox{\firmaddress}
\newsavebox{\firm}        \newsavebox{\firmreturn}
\newsavebox{\firmhead}    \newsavebox{\firmfoot}
```

und mit Inhalten gefüllt:

```
\sbox{\FIRM}{\parbox[t]{\leftfield}
    {\xviisf MAX--PLANCK--INSTITUT F\"UR AERONOMIE}}
\sbox{\firmaddress}{\parbox[t]{\rightfield}
    {\viiisf\baselineskip10pt POSTFACH 20\\
    \postcode{} KATLENBURG-LINDAU\\ \germanname}}
\sbox{\firm}{\xsf MAX--PLANCK--INSTITUT F\"UR AERONOMIE}
\sbox{\firmreturn}{\viiisf\underline{MPI f\"ur Aeronomie,
    Postfach 20, \postcode{} Katlenburg-Lindau}}
```

Bei der Übernahme dieser Boxen und der Änderung ihrer Inhalte durch die Namens- und Adressangaben des Anwenders ist auf die korrekte Anzahl der öffnenden und schließenden geschweiften Klammern zu achten. Die Verwendung anderer Schriften ist durch Einrichtung anderer Zeichensatzbefehle nach dem obigen Muster mit \DeclareFixedFont leicht möglich. Die von uns gewählten Befehlsnamen \xviisf, \xsf und \viiisf erinnern mit ihrem letzten Buchstabenpaar sf an die entsprechende Kennung aus LATEX 2.09 für die serifenlosen Schriften. Diesem Buchstabenpaar ist die Schriftgröße in 'pt' in römischer Zahlenschreibweise vorangestellt. Dies entspricht der LATEX-Programmierpraxis, Befehlsnamen so zu wählen, dass deren Bedeutung bereits aus dem Namen ablesbar ist.

Die endgültige Kopfbox für die erste Briefseite wird dann mit

```
\sbox{\firmhead}{\parbox{\textwidth}{\usebox{\FIRM}%
    \raisebox{6pt}{\usebox{\firmaddress}}\\[3pt]
    \rule{\textwidth}{1pt}}}
```

zusammengesetzt. Das Hochsetzen der rechten Box \firmaddress um 6 pt führt zur Übereinstimmung der Box-Oberkanten zwischen linker Namens- und rechter Adressbox. Die Erstellung einer eigenen Kopfbox mit anderen Schriftarten und Schriftgrößen sowie einer anderen Aufteilung sollte mit der hier vorgeschlagenen Untergliederung in Boxspeicher nicht schwerfallen.

Die Einrichtung einer Fußleiste in einem Briefformular wird bei Privatbriefen meist entfallen, da dort alle Absenderinformationen in der Kopfzeile unterzubringen sind. Man findet sie dagegen häufig bei Firmenbriefen zur Aufnahme weiterer Firmeninformationen, falls diese nicht unterhalb des eigentlichen Briefkopfes rechts neben dem Empfängerfeld angeordnet wird. Bei unserem Instituts-Briefformular enthält die Fußleiste Angaben zur Telefonzentrale, Telefax- und Telexnummer, Bankverbindung, Bahnverbindung und Lieferanschrift. Diese wurden durch vier nebeneinander stehende `tabular`-Umgebungen realisiert.

```
\sbox{\firmfoot}{\parbox{\textwidth}{%
     \rule{\textwidth}{0.6pt}\\[5pt]
     \viiisf\setlength{\baselineskip}{12pt}%
     \begin{tabular}[t]{@{}ll}
          \underline{\telephonename} & \telcode\,0\\
          \underline{Telefax}        & \telcode\,240\\
          \underline{Telex}          & 9\,65 \,527 aerli
     \end{tabular}\hfill
     \begin{tabular}[t]{l}
          \underline{Bank} \\
          Kreis-Sparkasse Northeim\\
          41\,104\, 449 (BLZ 262\,500\,01)
     \end{tabular}\hfill
     \begin{tabular}[t]{l}
          \underline{\stationname}\\
          Northeim\\ (Han.)
     \end{tabular}\hfill
     \begin{tabular}[t]{l@{}}
          \underline{\deliveryname}\\
          Max--Planck--Stra{\ss}e 2\\
          D--37191 Katlenburg--Lindau
     \end{tabular} }}
```

Nach diesen Vorbereitungen kann nun der Seitenaufbau für die Briefklasse festgelegt werden. Der Seitenaufbau kann gemäß 3.2 aus der Anwenderebene mit dem Einstellbefehl `\pagestyle{`*stil*`}` allgemein bzw. mit `\thispagestyle{`*stil*`}` für eine spezielle Seite gewählt werden. Für *stil* stehen standardmäßig `plain`, `empty`, `headings` und `myheadings` zur Verfügung. Das Briefklassenfile `letter.cls` stellt zusätzlich noch den Seitenstil `firstpage` zur Gestaltung der ersten Briefseite bereit.

Der gewählte Seitenstil wird in den Klassenfiles durch Definition und Aufruf des internen Befehls `\ps@`*stil* realisiert. Die Definition der `\ps@`*stil*-Makros muss stets die vier internen Befehle `\@oddhead`, `\@oddfoot`, `\@evenhead` und `\@evenfoot` bereitstellen, mit denen die Seitenköpfe und -füße für ungerade und gerade Seiten eingerichtet werden. Wir beginnen mit der Definition von `\ps@firstpage` für unser Briefklassenfile:

```
\renewcommand{\ps@firstpage}
     {\setlength{\headheight}{41pt}\setlength{\headsep}{25pt}%
     \renewcommand{\@oddhead}{\usebox{\firmhead}}%
     \renewcommand{\@oddfoot}{\raisebox{-10pt}[0pt]{%
                              \usebox{\firmfoot}}}
     \renewcommand{\@evenhead}{}\renewcommand{\@evenfoot}{}}
```

Diese Definition sollte keine Verständnisschwierigkeiten bereiten. Kopf und Fuß der ersten Briefseite enthalten den Inhalt der zuvor erzeugten Boxen `\firmhead` bzw. `\firmfoot`. Zur Erinnerung der Maßbefehle `\headeigth` und `\headsep` wird auf das Diagramm zum

A.3. HINWEISE ZUR FIRMENSPEZIFISCHEN ANPASSUNG

Seitenaufbau auf S. 35 verwiesen. Da die erste Briefseite stets ungerade ist, bleiben die Definitionen für \@evenhead und \@evenfoot leer.

Soll ein Seitenfuß entfallen, so kann die ganze obige \sbox{\firmfoot}-Struktur entfallen, und in der Neudefinition von \ps@firstpage ist für \@oddfoot eine Leerstruktur einzurichten, dort also \renewcommand{\@oddfoot}{} zu schreiben.

Für alle folgenden Briefseiten soll der Seitenstil headings gelten. Die Definition für ps@headings erfolgt in unserem *mp* letter.cls als:

```
\renewcommand{\ps@headings}
   {\setlength{\headheight}{41pt}%
    \renewcommand{\@oddhead}{\parbox{\textwidth}{%
       \usebox{\firm}\\[5pt]
       \slshape \headtoname{} \toname\hfill\@date\hfill
          \pagename{} \thepage\\
       \rule[3pt]{\textwidth}{1pt}}}
    \renewcommand{\@oddfoot}{}
    \renewcommand{\@evenhead}{\@oddhead}
    \renewcommand{\@evenfoot}{\@oddfoot}}
```

Auch diese Makrodefinition sollte verständlich sein. Die Füße aller Folgeseiten bleiben leer. Ihre Köpfe erhalten den Inhalt von \firm mit einer Folgezeile, mit dem Namen des Empfängers und einem vorangestellten 'An' bzw. 'To', dem aktuellen Datum und der Seitennummer mit dem vorangestellten Wort 'Seite' bzw. 'Page' in geneigter Schrift. Der Kopf wird vom nachfolgenden Seitentext durch einen horizontalen Balken von 1 pt Stärke getrennt. Die Seitenköpfe der geraden und ungeraden Seiten sind gleich. Dieser Seitenstil wird mit

```
\pagestyle{headings}
```

zum Standard für die Briefklasse *mp* letter erklärt.

Es bleibt nun noch der Brieferöffnungsbefehl \opening{*anrede*} neu zu definieren. Dies geschieht mit

```
\renewcommand{\opening}[1]{\thispagestyle{firstpage}%
   \vspace*{24pt}
   \parbox[t]{\leftfield}{\usebox{\firmreturn}}\\
      \parbox[b][3.5cm][c]{\leftfield}{\toname\\ \toaddress}}%
   \raisebox{5mm}{\parbox[t]{\rightfield}{\fromname
      \ifthenelse{\equal{\telephonenum}{}}
         {}{\\ Tel.: \telcode\,\telephonenum}
      \ifthenelse{\equal{\@email}{}}
         {}{\\ E-Mail (Internet):\\{\xsf\@email\emailhost}}
      \\[15pt] \@date}} \par
   \rule{\textwidth}{0.6pt}

   \makebox[\leftfield][l]{\ifthenelse{\equal{\@yref}{}}
      {\@ymail}{\@yref\hfill\@ymail\hfill}}%
   \@myref\par
   \ifthenelse{\equal{\@subject}{}}
      {}{\@subject\par}
   \vspace{2\parskip} #1 \par\nobreak}
```

Mit dem \opening-Befehl wird zunächst für die erste Briefseite der Seitenstil \firstpage aktiviert. Im linken Feld erscheint dann nach einem vertikalen Zusatzzwischenraum von 24 pt die Rücksendeadresse \firmreturn. Darunter werden in einer 3.5 cm hohen Box die Empfängerangaben \toname und \toaddress vertikal zentriert. Unter diesen beiden Befehlsnamen legt letter.cls die entsprechenden Angaben aus dem Argument der letter-Umgebung ab.

Im rechten Feld erscheinen der Name des Briefschreibers und evtl. seine Telefonnummer und E-Mail-Anschrift, unter denen automatisch das aktuelle Datum angebracht wird. Die vertikalen Positionierungsbefehle \vspace{24pt} und \raisebox{15pt} sind so gewählt, dass die Empfängerangaben bei richtiger Faltung genau im Briefumschlagfenster erscheinen, so dass auf die Erstellung zusätzlicher Aufkleber verzichtet werden kann.

Beide Felder werden durch einen horizontalen Balken von 0.6 pt Stärke vom nachfolgenden Brieftext getrennt, der zunächst mit den Einträgen der Referenzbefehle beginnt und darunter die Betreff-Angabe setzt. Eröffnet wird der Brief schließlich mit der Anrede aus dem Argument des \opening-Befehls. Hieran schließt sich dann der eigentliche Brieftext an.

Jeder Brief wird mit dem \closing-Befehl beendet. Die übergebene Grußformel erscheint linksbündig, wie es der DIN-Briefnorm entspricht. In unserem Hause wünschen viele Anwender die Abschlussgrußformel nach rechts eingerückt. Für diese haben wir einen alternativen \rclosing-Abschlussbefehl eingerichtet:

```
\newcommand{\rclosing}[1]{\par\nobreak\vspace{\parskip}%
   \stopbreaks\hspace*{\longindentation}%
   \parbox{\indentedwidth}{\centering #1\\[6\medskipamount]
     \ifthenelse{\equal{\fromsig}{}}
       {\fromname}{\fromsig}}\par}
```

Achtung: Das eigene Briefklassenfile sollte zum Abschluss den internen Befehl \@texttop mit

```
\renewcommand{\@texttop}{}
```

unwirksam machen, weil der Originalbefehl bei kurzen Brieftexten vertikalen Leerraum einfügt, der das Empfängerfenster unkontrolliert verschieben kann.

Hinweis: Enthält der vorgefertigte Text des Briefformulars Umlaute und/oder das 'ß', so sind diese in der TEX-Originalnotation als \"u bzw. {\ss} einzugeben, da sie für die englische Version auch ohne die german-Option korrekt auszugeben sind.

Dem Leser sei zur Übung und praktischen Nutzung empfohlen, sich ein eigenes Klassenfile pletter.cls zum Schreiben seiner Privatbriefe einzurichten. Mit den Hinweisen zu unserem mpletter.cls-File sollte es nicht schwerfallen, es mit dem nachfolgenden Briefkopf herzustellen.

Andrea Kuhlenkampf

Tel.: 05552-6666
Kiefernweg 11
37191 Katlenburg-Lindau

Hinweis: Als Namensschrift wurde hier die Schrift cmdunh10 scaled 2488 (bzw. mit der äquivalenten Angabe cmdunh10 at 24.88pt) gewählt.

Literaturhinweis: In [5c] werden Briefstilanpassungen für Privat- und Geschäftsbriefe an mehreren Beispielen vorgestellt und die erforderlichen Änderungen und Ergänzungen im Detail beschrieben.

Anhang B

Literaturdatenbanken

In wissenschaftlichen Veröffentlichungen ist die Angabe eines Literaturverzeichnisses eine Selbstverständlichkeit. In 4.3.6 und 8.2.2 wurde dargestellt, wie mit der Struktur \begin{thebibliography} ... \end{thebibliography} ein solches Literaturverzeichnis erzeugt und in welcher Form im laufenden Text darauf Bezug genommen werden kann. Bei mehreren Veröffentlichungen eines Autors stellt der Bearbeiter des Manuskripts immer wieder fest, dass sich viele Literaturangaben in den verschiedenen Veröffentlichungen wiederholen. Aber auch verschiedene Autoren aus demselben Forschungsgebiet beziehen sich häufig auf die gleichen Literaturstellen. Bei der Erstellung eines Literaturverzeichnisses mit thebibliography wiederholen sich viele Angaben in den Arbeiten eines Autors oder verschiedener Autoren innerhalb eines Instituts also immer wieder.

Es wäre nützlich, wenn solche Literaturangaben in einem oder mehreren Files einmal angelegt werden, auf das oder die bei der Erstellung des Literaturverzeichnisses automatisch zurückgegriffen werden kann. Dies ist tatsächlich möglich, wenn das Programm BIBTEX zur Verfügung steht. Die Literaturangaben werden hierzu in einem oder mehreren Files gesammelt. Die Namen dieser Literaturfiles müssen den Anhang .bib haben. Im übernächsten Abschnitt wird das Format, in dem diese Angaben in den Literaturfiles abgelegt werden, näher beschrieben. Hier soll zunächst nur festgehalten werden, dass jede Literaturinformation in diesen Files ein bestimmtes *Schlüsselwort* besitzt, mit dem diese Information gekennzeichnet oder abgerufen werden kann. Ein File mit solcher Literaturinformation heißt eine „Literaturdatenbank".

B.1 Das BIBTEX-Programm

BIBTEX ist ein Unterstützungsprogramm zu LATEX, das es gestattet, in einem LATEX-Dokument auf eine oder mehrere Literaturdatenbanken zur automatischen Erzeugung eines Literaturverzeichnisses zurückzugreifen. Hierzu ist in dem LATEX-Dokument der Befehl

\bibliography{*lit_bank1,lit_bank2,...*}

anzubringen. *lit_bank1,lit_bank2, ...* sind die Grundnamen der Datenbankfiles, also die Namen ohne den Anhang .bib, die durch Kommata (Beistriche) *ohne* zusätzliche Leerzeichen voneinander zu trennen sind.

Innerhalb des LATEX-Dokuments kann an beliebigen Stellen mit dem Befehl

\cite{*Schlüsselwort*}

auf die Datenbankinformation Bezug genommen werden. Die Verzeichnisse der Schlüsselwörter für die angesprochenen Datenbanken müssen dem Bearbeiter natürlich bekannt sein. Nach der LATEX-Bearbeitung muss dann das BIBTEX-Programm ablaufen. Angenommen, der Aufruf für das BIBTEX-Programm lautet bibtex und das LATEX-File hätte den Grundnamen jahresbericht, dann erzeugt der Aufruf

bibtex jahresbericht

ein File mit dem Namen jahresbericht.bbl. Dieses File enthält die aus den Datenbanken extrahierte Information über alle Literaturstellen, auf die mit den \cite-Befehlen verwiesen wurde.

Gelegentlich soll das Literaturverzeichnis auch Angaben enthalten, auf die im laufenden Text *nicht* mit \cite-Befehlen verwiesen wurde. Hierzu ist der Befehl

\nocite{*Schlüsselwort*}

gedacht. Die \nocite-Befehle können an beliebigen Stellen nach \documentclass angeordnet werden, also sowohl im Vorspann als auch im laufenden Text. Sie erzeugen keinerlei Bezugstext, sondern dienen nur dazu, dass bei der anschließenden BIBTEX-Bearbeitung die den Schlüsselwörtern zugewiesenen Informationen in das .bbl-File aufgenommen werden.

Nach *zwei* erneuten LATEX-Bearbeitungen erzeugt der Befehl \bibliography dann aus dem .bbl-File das eigentliche Literaturverzeichnis, und zwar innerhalb des gesamten Textes an der Stelle, an der dieser Befehl steht. Dies wird meistens am Ende des Dokuments sein. Der Stil für das Literaturverzeichnis kann mit dem Befehl

\bibliographystyle{*stil*}

beeinflusst werden. Dieser Befehl kann an beliebiger Stelle nach \begin{document} stehen. An Stilparametern für *stil* stehen zur Verfügung:

plain Die Eintragungen im Literaturverzeichnis erfolgen nach den alphabetisch geordneten Autorennamen. Die einzelnen Eintragungen erhalten als Kennzeichnung laufende Nummern in eckigen Klammern, mit 1 beginnend. Diese Kennzeichnung erscheint im laufenden Text bei den einzelnen \cite-Befehlen. Im Übrigen erfolgt ein Ausdruck ähnlich dem Literaturverzeichnis für das vorliegende Buch.

unsrt Die Eintragungen im Literaturverzeichnis erfolgen in der Reihenfolge der \cite- und \nocite-Befehle. Der erste Eintrag entspricht dem Schlüsselwort des ersten \cite- oder \nocite-Befehls. Der nächste Eintrag entspricht dem Bezugsbefehl mit dem nächsten hiervon verschiedenen Schlüsselwort usw. Ansonsten erfolgt die Kennzeichnung und Anordnung wie beim Stil plain.

alpha Die Anordnung erfolgt wie bei plain, die Kennzeichnung jedoch nicht in Form einer laufenden Nummer, sondern durch eine Abkürzung des Autorennamens, gefolgt von der Jahreszahl der Veröffentlichung. Statt [8] im vorliegenden Literaturverzeichnis würde hier wie dort [Won87] stehen.

abbrv Die Anordnung erfolgt wie bei plain, die Eintragungen im Literaturverzeichnis sind jedoch kompakter, da Vornamen, Monatsnamen und Journalnamen abgekürzt erscheinen.

B.2 Die Erstellung einer Literaturdatenbank

Die Erstellung einer Literaturdatenbank mag zunächst aufwendiger erscheinen als die Erzeugung eines Literaturverzeichnisses mit der `thebibliography`-Umgebung. Der große Vorteil liegt jedoch darin, dass mit einer einmal erstellten Datenbank für eine Vielzahl von Veröffentlichungen das Literaturverzeichnis automatisch, d. h. ohne eine eigene `thebibliography`-Umgebung, erstellt werden kann.

Die einzelnen Eintragungen für eine Literaturdatenbank sind etwa von der Form

```
@BOOK{schwarz:88,
   AUTHOR = "Norbert Schwarz",
   TITLE = {Einf"uhrung in \TeX},
   EDITION = "zweite",
   PUBLISHER = {Addison-Wesley (Deutschland) GmbH},
   ADDRESS = {Bonn},
   YEAR = 1988     }
```

Das erste Wort, dem ein @ vorangestellt ist, beschreibt den *Eingabetyp*. Welche Eingabetypen erlaubt sind, wird im nächsten Unterabschnitt aufgezählt. Auf den *Eingabetyp* folgt ein Klammerpaar { }, das die einzelnen Eintragungen für die jeweilige Literaturangabe enthält. Diese beginnt mit einem Schlüsselwort, hier `schwarz:88`. Das Schlüsselwort kann aus einer beliebigen Folge von Buchstaben, Zahlen und Zeichen, mit Ausnahme des Kommas, bestehen. Die einzelnen Eintragungen sollen hier *Felder* genannt werden. Die Felder sind voneinander durch Kommata getrennt. Sie enthalten jeweils Teilinformationen, die durch einen *Feldnamen* gekennzeichnet sind. Die Feldnamen im vorstehenden Beispiel waren AUTHOR, TITLE, EDITION, PUBLISHER, ADDRESS und YEAR. Auf den Feldnamen folgt ein =-Zeichen, dem Leerzeichen voranstehen und nachfolgen dürfen. Daran schließt sich der *Feldtext* an. Der Feldtext ist entweder in Anführungsstrichen oder in geschweiften Klammern einzuschließen. Um Verwechslungen mit Umlauten zu vermeiden, sollten die geschweiften Klammern bevorzugt werden. Besteht der Feldtext nur aus Ziffern, so können die Klammern fortgelassen werden.

Für die verschiedenen Eingabetypen sind bestimmte Feldinformationen *zwingend* notwendig. Andere können *optional* eingefügt werden. Welche Feldnamen zwingend sind und welche optional zugefügt werden können, wird bei der Beschreibung der einzelnen Feldtypen angegeben. Felder mit Feldnamen, die weder zwingend noch optional sind, werden als *überflüssig* einfach ignoriert. Trotzdem können solche überflüssigen Felder sinnvolle Information, wie etwa einen Abstract der Literaturstelle, enthalten. Diese wird jedoch zur Erzeugung eines Literaturverzeichnisses nicht verwertet. Datenbanken können aber viel allgemeiner genutzt werden, so dass die Informationen in den überflüssigen Feldern evtl. für andere Datenbankprogramme bereitstehen.

Die allgemeine Syntax für einen Literatureintrag in die Datenbank lautet damit:

@*Eingabetyp*{*Schlüsselwort*,
  Zwingende Felder
    Feldname = {*Feldtext*}, *Feldname* = {*Feldtext*}, ...
  Optionale Felder
    Feldname = {*Feldtext*}, *Feldname* = {*Feldtext*}, ...
  Überflüssige Felder
    Feldname = {*Feldtext*}, *Feldname* = {*Feldtext*}, ... }

Bei den Namen für den *Eingabetyp* sowie für die *Feldnamen* wird nicht zwischen Groß- und Kleinschreibung unterschieden. @BOOK, @book oder @bOOk werden alle als Eingabetyp @BOOK interpretiert.

Das äußerste Klammerpaar einer Eintragung kann statt des { }-Paares auch mit runden Klammern als ( ) geschrieben werden. Damit kann die allgemeine Syntax auch lauten:

@*Eingabetyp*(*Schüsselwort*, ...)

Für die Klammerung der *Feldtexte* sind dagegen nur geschweifte Klammern {. . .} oder Anführungsstriche ". . ." erlaubt.

B.2.1 Die verschiedenen Eingabetypen [TLL]

Die nachfolgende Liste enthält in alphabetischer Ordnung die verschiedenen Eingabetypen mit einer kurzen Beschreibung, für welche Literaturangaben sie geeignet sind. Für jeden Typ ist angegeben, welche Felder *zwingend* und welche *optional* sind. Die Beschreibung der Formate für die Felder im Einzelnen erfolgt in den anschließenden Unterabschnitten.

@article Literaturangaben für einen Artikel aus einem Journal oder einer Zeitschrift.

    zwingende Felder   author, title, journal, year.
    optionale Felder   volume, number, pages, month, note.

@book Literaturangaben für ein Buch aus einem Verlag.

    zwingende Felder   author oder editor, title, publisher, year.
    optionale Felder   volume oder number, series, address, edition, month, note.

@booklet Literaturangaben für ein Buch ohne Verlagsangabe.

    zwingende Felder   title.
    optionale Felder   author, howpublished, address, month, year, note.

@conference identisch mit @inproceedings, s. u.

@inbook Literaturangaben für einen Buchauszug, etwa ein Kapitel oder bestimmte Seiten.

    zwingende Felder   author oder editor, title, chapter und/oder pages, publisher, type, year.
    optionale Felder   volume oder number, series, address, edition, month, note.

@incollection Literaturangaben für einen Buchauszug mit einem eigenen Titel.

    zwingende Felder   author, title, booktitle, publisher, year.
    optionale Felder   editor, volume oder number, type, series, edition, chapter, pages, address, month, note.

@inproceedings Literaturangaben für einen Artikel aus einem Tagungs- oder Konferenzbericht.

    zwingende Felder   author, title, booktitle, year.
    optionale Felder   editor, volume oder number, organization, series, pages, publisher, address, month, note.

@manual Literaturangaben für eine technische Dokumentation.

    zwingende Felder   title.
    optionale Felder   author, organization, address, edition, month, year, note.

@mastersthesis Literaturangaben für eine Diplomarbeit.

    zwingende Felder   author, title, school, year.
    optionale Felder   address, month, note, type.

@misc Angaben für Literaturstellen, die unter keinen der anderen Eingabetypen fallen.

    zwingende Felder   eines der optionalen Felder
    optionale Felder   author, title, howpublished, month, year, note.

@phdthesis Literaturangaben für eine Doktorarbeit.

    zwingende Felder   author, title, school, year.
    optionale Felder   address, month, note, type.

@proceedings Literaturangaben für einen Tagungs- oder Konferenzbericht.

    zwingende Felder   title, year.
    optionale Felder   editor, publisher, volume oder number, organization, series, address, month, note.

B.2. DIE ERSTELLUNG EINER LITERATURDATENBANK

`@techreport` Literaturangaben für einen Bericht einer Hochschule, eines Forschungsinstituts u. ä., evtl. in Form einer herausgegebenen Serie mit einer laufenden Seriennummer.
  zwingende Felder   `author, title, institution, year`.
  optionale Felder   `type, number, address, month, note`.

`@unpublished` Literaturangaben für eine unveröffentlichte Arbeit.
  zwingende Felder   `author, title, note`.
  optionale Felder   `month, year`.

Alle Eingabetypen erlauben überdies ein optionales `key`-Feld. Dieses Feld sollte dann eingesetzt werden, wenn weder ein `author`- noch ein `editor`-Feld angegeben werden kann. Das `key`-Feld dient in solchen Fällen dazu, eine alphabetische Zuordnung bei der Erstellung eines Literaturverzeichnisses zu gewinnen.

B.2.2 Felder [TLL]

Die folgende alphabetisch geordnete Liste aller Feldnamen beschreibt die Bedeutung des dadurch definierten Feldes. Soweit nicht anders angegeben, lautet das jeweilige Feldformat: *Feldname = {Feldtext}*

`address` Verlagsanschrift. Bei den bekannteren Verlagen genügt die Angabe des Verlagsortes. Bei kleineren, wenig bekannten Verlagen sollte die gesamte Anschrift angegeben werden.

`annote` Anmerkung. Dieses Feld wird von BIBTEX nicht benutzt. Es kann jedoch für den Zugriff auf die Datenbank von anderen Programmen nützlich sein. In Bezug auf BIBTEX handelt es sich um ein *überflüssiges* Feld, das einfach ignoriert wird.

`author` Der oder die Autorennamen. Die speziellen Formatierungsmöglichkeiten werden im nächsten Unterabschnitt beschrieben.

`booktitle` Name eines Buches, dessen Teile eigene Titel haben, auf die mit `\cite`-Befehlen verwiesen werden kann. Zur Formatierung s. u.

`chapter` Eine Kapitelnummer, evtl. gefolgt von der Kapitelüberschrift.

`edition` Auflagennummer eines Buches. Diese wird meistens ausgeschrieben, z. B. „third" oder „dritte".

`editor` Der oder die Namen des/der Herausgeber(s) mit Formatierungsmöglichkeiten wie beim Autornamen. Wird dieses Feld zusätzlich zum Autorenfeld angegeben, dann beschreibt es den Herausgeber des Buches oder der Buchserie, zu der die Autorenarbeit gehört.

`howpublished` Für Buchveröffentlichungen außerhalb eines Verlages eine Angabe wie „Selbstverlag", „Institute Report" u. ä.

`institution` Die Institution, durch die eine verlagsfreie Veröffentlichung erfolgte.

`journal` Der Name eines Journals oder einer Zeitschrift. Für die bekanntesten Journale oder Zeitschriften des Fachgebiets werden vom Rechenzentrum häufig Abkürzungen bereitgestellt.

`key` Dieses Feld bestimmt die alphabetische Einordnung im Literaturverzeichnis, wenn kein Autoren- oder Herausgeberfeld gesetzt ist.

`month` Der Monat, in dem die Arbeit veröffentlicht wurde. Bei unveröffentlichten Arbeiten der Monat, in dem sie geschrieben wurde.

`note` Beliebige Zusatzinformation, die im Literaturverzeichnis nützlich sein kann.

`number` Die laufende Nummer eines Journals, einer Zeitschrift oder eines technischen Berichts. Die Ausgaben eines Journals oder einer Zeitschrift werden meist durch eine Bandnummer (volume no.) und eine laufende Nummer gekennzeichnet. Bei einem technischen Bericht wird dieser häufig mit einer laufenden Nummer durch die veröffentlichende Organisation gekennzeichnet.

organization Der Name der Organisation, die die Tagung oder Konferenz ausgerichtet oder finanziert hat.

pages Eine oder mehrere Seiten oder eine Folge von Seiten. Einzelne Seitennummern werden durch Kommata, eine Folge von Seiten durch einen – getrennt. Beispiel 3,12,33--55.

publisher Der Verlagsname.

school Der Name einer Hochschule oder Universität, bei der die Diplom- oder Doktorarbeit angefertigt wurde.

series Der Name für eine Buchserie. Wenn mit \cite auf ein Buch verwiesen wurde, so erscheint im Literaturverzeichnis der im title-Feld angegebene Buchtitel und der Name der Buchserie, wenn das optionale Feld series gefüllt war.

title Der Name eines Buches oder die Überschrift einer Veröffentlichung. Über die möglichen Formate s. u.

type Der Typ eines Berichts, z. B „Forschungsbericht", „Research Note" u. Ä.

volume Die Bandnummer eines Journals oder eines mehrbändigen Buchwerks.

year Das Jahr der Veröffentlichung. Bei einer unveröffentlichten Arbeit das Jahr der Erstellung. Das Textfeld sollte aus einer reinen Zahl bestehen, wie 1987.

Feldnamen, die nicht in der vorstehenden Liste auftreten, sind erlaubt. Ein Feld mit einem solchen unbekannten Feldnamen wird von BIBTEX ignoriert. Dies kann für andere Zwecke nützlich sein, etwa dass man durch

   abstract = { *Zusammenfassung*}

den Literatureintrag gleich mit einer kurzen Inhaltszusammenfassung versieht, die anderweitig genutzt werden kann.

B.2.3 Spezielle Feldformate

Wenn die Felder author, editor, title und booktitle ausgefüllt sind, wird der Feldtext bei der Erzeugung eines Literaturverzeichnisses zum Teil in mehrfacher Weise genutzt und/oder verändert. Je nach dem gewählten Stil für das Literaturverzeichnis wird der Nachname des Autors oder Herausgebers für die alphabetische Anordnung genutzt, und Vornamen erscheinen evtl. nur mit ihren Initialen. Bei Buch- und Artikeltiteln wird nach bestimmten Regeln in unterschiedlicher Weise Groß- und Kleinschreibung vorgenommen, evtl. unabhängig davon, wie diese Überschrift im entsprechenden Feld eingegeben wurde. Während dies für englische Titel zu allgemein akzeptierten Formen führt, können bei deutschen Überschriften evtl. unkonventionelle Ergebnisse produziert werden. Bei der Eingabe der entsprechenden Felder ist dies zu berücksichtigen und ggf. durch entsprechende Maßnahmen zu verhindern.

Namen

Namen bestehen im Allgemeinen aus einem oder mehreren Vornamen und einem Nachnamen. Vereinzelt sind beim Nachnamen auch Doppelnamen denkbar. Erfolgt die Namenseingabe in der Reihenfolge {*Vornamen Nachname*}, also z. B. {Hans Ulrich Schaper}, so wird das jeweils letzte Wort als Nachname angesehen. Die Namenseingabe kann aber auch in der Form {*Nachnamen, Vornamen*} erfolgen, bei der also die Nachnamen durch ein Komma von den Vornamen getrennt werden. Das vorangegangene Beispiel ist mit {Schaper, Hans Ulrich} gleichwertig. Dagegen würde bei

   {Martin Schmidt Gellersen} bzw. {Schmidt Gellersen, Martin}

im ersten Fall als Nachname „Gellersen" angenommen, hingegen würden „Martin" und „Schmidt" als Vornamen interpretiert. Hier ist also nur die zweite Form sinnvoll und richtig.

B.2. DIE ERSTELLUNG EINER LITERATURDATENBANK

Enthalten Namensangaben zusätzlich kleingeschriebene Wörter wie z. B. „von", so werden diese als *Hilfswörter* interpretiert, die für die alphabetische Anordnung unberücksichtigt bleiben. Damit sind die Eingaben

    {Ernst von Biron}   {von Biron, Ernst}   {Biron, Ernst von}

gleichwertig. Teile einer Namensangabe können nochmals in geschweifte Klammern eingefaßt werden. Dieser Teil wird dann als Einheit angesehen.

    {{Meier und Sohn, GmbH}, Anton}

Hierin wird „Meier und Sohn, GmbH" als Einheit für den Nachnamen angesehen. Eine Eingabe der Form

    {Anton Meier und Sohn, GmbH}

hätte „GmbH" als Vorname interpretiert, da hier das Komma als Trennzeichen zwischen Nach- und Vornamen angesehen würde. Dagegen wäre

    {Anton {Meier und Sohn, GmbH}}

wieder richtig gewesen. Als letzter Name wird der gesamte geklammerte Teil angesehen, dem die Vornamen vorangehen. Die Eingabe

    {{von Biron}, Ernst}

würde bei der Ausgabe genau wie bei den ersten drei Formen „Ernst von Biron" erzeugen. Da hier jedoch „von Biron" als Einheit angesehen wird, in der „von" nicht als Hilfswort erkannt wird, erfolgt eine alphabetische Einordnung gemäß dem „von" und nicht dem „Biron", was vermutlich nicht erwünscht ist.

Bei amerikanischen Namensangaben erscheint häufig ein „Jr." für „Junior". Geht dem Jr. ein Komma voran, so kann die Namenseingabe in der Form {Ford, Jr., Henry} geschrieben werden. Entfällt das Komma vor dem Jr., so sollte eine der beiden Formen gewählt werden:

    {{Ford Jr.}, Henry} oder {Henry {Ford Jr.}}

Besteht die Autoren- oder Herausgeberangabe aus mehreren Namen für verschiedene Personen, so sind diese in dem jeweiligen Feld durch and zu trennen. „Peter Stubbe, Helmut Kopka, Michael Rietveld" wäre einzugeben als

    AUTHOR = {Peter Stubbe and Helmut Kopka and Michael Rietveld}   oder
    author = {Stubbe, Peter and Kopka, Helmut and Rietveld, Michael}

Soll das Wort „and" als Teil des Namens erscheinen, etwa bei Firmenangaben, so ist die Gruppe in geschweifte Klammern zu fassen, z. B. {...{Black and Decker}}.

Mit and others im Namensfeld wird ‚et al.' erzeugt. AUTHOR = {Kopka and others} erscheint bei der Namensausgabe damit als ‚Kopka et al.'

Überschriften

Bei englischen Buchtiteln werden, abweichend von der sonstigen englischen Rechtschreibung, alle Wörter mit Ausnahme von Konjunktionen und Präpositionen groß geschrieben. Erscheint derselbe Titel dagegen als Artikelüberschrift, so wird mit der Ausnahme von Eigennamen und dem ersten Wort Kleinschreibung bevorzugt. Werden bei einem title-Feld die entsprechenden Wörter mit großen Anfangsbuchstaben eingegeben, so bleibt diese Großschreibung beim Eingabetyp @book und einigen anderen erhalten, bei @article und anderen dagegen wird im Literaturverzeichnis der Text trotz groß geschriebener Eingabe mit Kleinbuchstaben ausgedruckt.

Dies ist bei englischen Literaturangaben akzeptabel, nicht dagegen bei deutschen. Sollen die Angaben eines Titelfeldes im Literaturverzeichnis genauso ausgegeben werden, wie sie im Titelfeld standen, so sind die entsprechenden Wörter oder die Großbuchstaben zusätzlich in geschweifte Klammern zu fassen. Der Titel „Laserspektroskopie an Atomen, Molekülen und Ionen" sollte als

```
            Laserspektroskopie an {Atomen}, {Molek"ulen} und {Ionen} oder
            Laserspektroskopie an {A}tomen, {M}olek"ulen und {I}onen
```
eingegeben werden.

B.2.4 Abkürzungen

In jedem Feld kann der Feldtext durch eine Abkürzung ersetzt werden. Ein Abkürzungsname kann aus Buchstaben, Ziffern und Zeichen, mit Ausnahme von

    " # % ' ( ) , = { }

bestehen. Eine Abkürzung wird definiert mit dem Befehl

    @string{*Abkürzung* = {*Text*}}   oder   @string(*Abkürzung* = {*Text*})

wobei *Abkürzung* für den Abkürzungsnamen steht und *Text* der Text ist, der unter der Abkürzung erscheint. Wurde z. B. geschrieben

    @string{JGR = {Journal of Geophysical Research}}

so sind die folgenden beiden Felderklärungen identisch:

    journal = JGR   bzw.   journal = {Journal of Geophysical Research}

Bei einer Abkürzung für den *Feldtext* entfällt der Einschluss in Klammern oder Anführungsstrichen, da diese bereits Teil der Abkürzung sind. Bei den Abkürzungsnamen sowie dem Befehl @string werden Klein- und Großbuchstaben, wie allgemein bei den Feldnamen und den Eingabetypnamen, nicht voneinander unterschieden. Die obige Abkürzung hätte damit auch lauten können:

    @STRING{jgr = {Journal of Geophysical Research}   oder gar
    @StrinG{jGr = {Journal of Geophysical Research}

und in der Felderklärung ist jede Kombination JGR, JGr, JgR, Jgr, jGR, jGr, jgR und jgr erlaubt und wird als identisch angesehen.

Die @string-Befehle zur Erzeugung von Abkürzungen können an beliebigen Stellen zwischen den Eintragungen von zwei Literaturangaben stehen. Die Definition durch den @string-Befehl muss aber vor der ersten Verwendung der Abkürzung stehen. Sinnvollerweise wird man die Abkürzungsdefinitionen daher zu Beginn des Files gesammelt anordnen.

Einige Abkürzungen sind bereits in BIBTEX vorbestimmt. Hierzu zählen stets die üblichen Abkürzungen durch drei Buchstaben für die englischen Monatsnamen: jan, feb, mar usw. Ebenso existieren vorbestimmte Abkürzungen für die bekanntesten amerikanischen wissenschaftlichen Journale. Die Bezeichnungen sind beim jeweiligen Rechenzentrum zu erfragen, das ggf. weitere Journalabkürzungen für das Fachgebiet hinzugefügt hat. Zwischen benutzerspezifischen und vorbestimmten Abkürzungen besteht bei der Felderklärung kein Unterschied. Beim Stil abbrv für das Literaturverzeichnis werden dagegen die vorbestimmten Abkürzungen als Text ausgedruckt, während bei benutzerspezifischen Abkürzungen der „Text, für den sie stehen", ausgedruckt wird.

Es sollte zum Abschluss erwähnt werden, dass BIBTEX von OREN PATASHNIK, Stanford, in Abstimmung mit LESLIE LAMPORT entwickelt wurde. Zum BIBTEX-Installationspaket gehören ein File btxdoc.tex, das eine englische Beschreibung von OREN PATASHNIK für das BIBTEX-Programm darstellt. Nach der LATEX-Bearbeitung von btxdoc.tex kann diese Beschreibung auf dem lokalen Drucker ausgegeben werden. Sie kann für eine vertiefte Nutzung von BIBTEX herangezogen werden. Dort findet sich z. B. der Hinweis, dass das Kommentarzeichen % aus LATEX in BIBTEX die Kommentarbedeutung verliert.

Ein weiteres Dokumentationsfile aus dem BIBTEX-Paket ist btxhak.tex. Mit seiner LATEX-Bearbeitung kann eine Anleitung zur Entwicklung eigener BIBTEX-Stilfiles am Beispiel der Quellendatei btxbst.doc für die BIBTEX-Standardstilfiles erstellt werden. Weitergehende Hinweise für anwenderspezifische BIBTEX-Anpassungen werden in [5c] vorgestellt.

Anhang C

Zeichensätze

C.1 Vorbemerkungen

Wie bei jedem Handwerk mit vielhundertjähriger Tradition hat sich auch bei den Druckern eine eigene Fachsprache entwickelt, die dem Außenstehenden fremd und teilweise unverständlich erscheint. Die in diesem Buch genannten Maßeinheiten wie Punkt und Pica (s. 2.4.1) gehören hierzu. Bei deutschen und angloamerikanischen Druckern bezeichnen diese Werte allerdings unterschiedliche Größen. In den USA ist $1\,\text{pt} = 1/72.27\,\text{Zoll} \approx 0.3515\,\text{mm}$. Da auch bei uns staatliche Normen als ‚öffentliche Lebenshilfe' dienen, wurde z. B. durch das „Gesetz über Einheiten im Meßwesen" vom 2. 7. 1967 der ‚Punkt' als zulässige Einheit bis zum 31. Dez. 1977 erklärt, dessen Wert auf $1\,\text{p} = 1\,000\,333/2\,660\,000\,000\,\text{m} \approx 0.376\,\text{mm}$ festgelegt wurde. (Das anschließend gesetzlich empfohlene, *metrische* Maßsystem hat sich im typographischen Gewerbe bis heute noch nicht vollständig durchgesetzt.) Dem deutschen Druckerpunkt entspricht bei amerikanischen Druckern der ‚didôt point', der in LaTeX als Maßeinheit dd benutzt werden kann: $1238\,\text{pt} = 1157\,\text{dd}$. So wie beim amerikanischen System $12\,\text{pt} = 1\,\text{pc}$ (pica) bilden, hat das ‚Zwölfer-System' früherer Zeiten seinen Niederschlag in $12\,\text{dd} = 1\,\text{cc}$ (Cicero) hinterlassen. Die Maßeinheit ‚Cicero' soll nach der Fama der Drucker darauf zurückzuführen sein, dass der Erstdruck von Ciceros Briefen im Jahre 1467 in dieser Größe erfolgte. Pica bedeutet bei deutschen Druckern dagegen etwas ganz anderes, nämlich eine Schreibmaschinenschrift der Zeichengröße 2.6 mm bei 10 Zeichen pro Zoll.

Ähnlich wie Maßeinheiten haben auch die verschiedenen Schriften im Druckereiwesen Namen, die nur aus der Tradition abzuleiten sind. In Deutschland sind die verschiedenen Schriftfamilien in der DIN-16518-Vorschrift in insgesamt elf Klassen eingeteilt. Diese sollen hier nicht weiter betrachtet werden, da TeX wie LaTeX als amerikanisches Programm die dort verwendeten Schriften und die amerikanische Nomenklatur verwendet. Es sollen hier nur einige allgemeine Klassifizierungsmerkmale für Schriften genannt werden, die für den LaTeX-Anwender von Bedeutung sind. Vorab eine Kuriosität: Die Drucker teilen die Schriften zunächst in zwei Gruppen auf, in die ‚Brotschriften' und die ‚Akzidenzschriften'.

Brotschriften sind die Schriften, die allgemein für den Satz von Büchern, Broschüren und Zeitschriften verwendet werden, mit denen die Druckereien also ‚ihr Brot verdienen'. Akzidenzschriften (Zierschriften) spiegeln die künstlerische Komponente des Druckwesens wider. Für den LaTeX-Anwender sind weniger professionelle Klassifizierungsmerkmale von Bedeutung:

Proportional- und Fixschriften: Bei Proportionalschriften hat jedes Zeichen des Zeichensatzes seine eigene individuelle Breite, bei Fixschriften haben alle Zeichen eines Zeichensatzes die gleiche Breite. Mit Ausnahme der Schreibmaschinenschriften sind alle TEX-Schriften Proportionalschriften.

Serifen- und Sans-Serifen-Schriften: Serifen werden die kleinen Häkchen genannt, die oben und unten an den Hauptstrichen der einzelnen Zeichen angebracht sind. Die Serifen sind keine Schnörkel, sondern sie haben eine echte Funktion: Sie bewirken eine Augenführung, insbesondere bei längeren Zeilen. Sans-Serifen-Schriften, also Schriften ohne Serifen, sind kompakter, bei längeren Zeilen aber auch ermüdender beim Lesen. Bei Sans-Serifen-Schriften sollte die Zeilenbreite nicht größer gewählt werden, als zwei nebeneinander gedruckte Reihen des Alphabets an Breite einnehmen.

Aufrechte und kursive (geneigte) Schriften: Fast alle der in TEX verfügbaren Schriften stehen sowohl in aufrechter wie in kursiver Form zur Verfügung.

Normal- und Fettschriften: Die meisten TEX-Schriften stehen sowohl als Normalschrift wie auch als Fettschrift zur Verfügung, Letztere in einigen Fällen noch in abgestufter Stärke.

Zierschriften: Einige wenige TEX-Zeichensätze können als Zierschriften angesehen werden.

Mathematik- und Symbolzeichensätze: Einige der mathematischen Zeichensätze enthalten Textschriften in spezieller Form, andere Textzeichen und Symbole, und schließlich gibt es hier Zeichensätze, die nur aus Symbolen bestehen. Zusätzlich benötigt LATEX einige Symbolzeichensätze für die Erzeugung von Bildern.

C.2 Klassifizierung der TEX-Grundzeichensätze

Jeder TEX-Zeichensatz bildet ein eigenes File. Die Namen dieser Files sind dem TEX- bzw. LATEX-Programm bekannt. Von diesen Zeichensätzen sind für ein LATEX-Dokument zunächst nur die durch die Schriftarten- und Schriftgrößenbefehle gemäß 4.1.5 und 4.1.2 aufrufbaren Schriften verfügbar. Weitere Schriftarten und -größen können ggf. mit dem \newfont-Befehl (s. 4.1.6) verfügbar gemacht werden. Hierzu muss der Benutzer wissen, unter welchen Filenamen die zusätzlichen Schriften im Rechner abgelegt sind.

Alle Zeichensatzfilenamen beginnen mit cm. Dies steht für 'Computer Modern'. Darauf folgen ein bis vier Buchstaben, die den Schriftstil bestimmen, gefolgt von einer ein- oder zweiziffrigen Zahl, die die Entwurfsgröße des Zeichensatzes in der Maßeinheit pt angibt. Dies ist der Grundname des Zeichensatzes, der in dem \newfont-Befehl anzugeben ist. Die Syntax für den Grundnamen eines Zeichensatzes lautet damit:

    cm*xxnn*   *xx* = Schriftstilkodierung, *nn* = Entwurfsgröße

An den Grundnamen schließt ein durch einen Punkt getrennter Anhang an. TEX und LATEX selbst benutzen nur diejenigen Files mit dem Anhang .tfm, was für ‚TEX-Font-Metric' steht.

Die .tfm-Files enthalten nicht die Zeichensätze selbst, sondern nur Informationen über die Abmessungen der einzelnen Zeichen des zugehörigen Zeichensatzes, wie Zeichenbreite, Zeichenhöhe und Unterlänge. Außerdem enthalten die .tfm-Files bei geneigten Schriften für jedes Zeichen die sog. Italic-Korrektur (s. 3.5.1.4). Für alle Zeichensätze ist angegeben, für welche Buchstabenkombinationen statt des natürlichen Zeichenabstandes ein spezieller Abstand zu wählen ist, z. B. ‚AV' statt ‚AV', und für welche Buchstabenkombinationen spezielle

C.2. KLASSIFIZIERUNG DER TEX-GRUNDZEICHENSÄTZE

Ligaturen existieren. Schließlich enthalten die .tfm-Files noch Angaben über die Neigung (die natürlich nur bei geneigten Schriften von Null verschieden ist), den normalen Wortabstand, die Werte der natürlichen Elastizität (s. Seite 272), um die der normale Wortabstand schrumpfen oder sich dehnen kann, die Höhe des ex und die Breite des em bzw. quad und schließlich den Betrag für den Zusatzzwischenraum, der am Satzende zusätzlich eingefügt wird. Für mathematische und Symbolzeichensätze enthalten die .tfm-Files noch weitere Informationen, auf die hier nicht weiter eingegangen wird.

Die allgemeine Syntax für den \newfont-Befehl lautet bekanntlich (4.1.6):

\newfont{*latex_schrift_name*}{*grundname* scaled *skal_stufe*}   bzw.
\newfont{*latex_schrift_name*}{*grundname* at *größe* pt}

wobei *grundname* der Filegrundname für den betreffenden Zeichensatz ist und *skal_stufe* den mit 1000 multiplizierten Skalierungsfaktor bezüglich der Entwurfsgröße darstellt. Für die LATEX-Behandlung darf der Skalierungsfaktor jeden beliebigen Wert annehmen; die .tfm-Angaben werden lediglich mit diesem Faktor multipliziert. In der zweiten Syntaxform bedeutet *größe* pt die Maßangabe, in die der Zeichensatz aus der Entwurfsgröße vergrößert oder verkleinert werden soll. Ist die Entwurfsgröße für einen Zeichensatz 10 pt, so wird mit der Angabe at 12pt bzw. scaled 1200 so vergrößert (skaliert), dass er als 12 pt-Zeichensatz erscheint. Entsprechend führt die Angabe at 9pt bzw. scaled 900 zu dem äquivalenten 9 pt-Zeichensatz.

Die eigentlichen Zeichensätze werden erst für die Druckerausgabe benötigt. Hierfür stehen sie in der Entwurfsgröße und in einer Reihe *diskreter* Vergrößerungsstufen zur Verfügung. Obwohl bei der LATEX-Behandlung für den Skalierungsfaktor jeder Wert erlaubt ist, sollten nur solche Werte verwendet werden, für die entsprechende Druckerzeichensätze existieren. Alle Druckerzeichensätze stehen mindestens für die Skalierungsstufen 1000, 1095, 1200 und 1440 zur Verfügung. Die gebräuchlichsten, wenn nicht alle Zeichensätze, kennen meist weitere Vergrößerungsstufen, die jeweils um den Faktor 1.2 abgestuft sind. Dem entsprechen die weiteren Skalierungsstufen $1440 \times 1.2 = 1728$, $1728 \times 1.2 = 2074, \ldots$, jeweils auf ganzzahlige Werte gerundet. Mit der Verfügbarkeit von METAFONT können die Druckerzeichen in jeder gewünschten Vergrößerungsstufe erzeugt werden (C.9).

Die Filenamen für die Druckerzeichensätze bestehen aus dem oben beschriebenen Grundnamen und einem Anhang, der sich aus einer drei- oder vierziffrigen Zahl und dem Buchstabenpaar pk zusammensetzt. Hier kennzeichnet pk das Kodierungsverfahren der Zeichensätze in ‚gepackter' Form. Die vorangestellte Zahl beschreibt die jeweilige Vergrößerungsstufe, die hier leider nicht mit dem Skalierungsfaktor identisch ist. In C.7 ist hierüber Näheres gesagt, auch, wie aus dieser Zahl der zugehörige Skalierungsfaktor bestimmt werden kann. Lässt das Betriebssystem, wie z. B. DOS, im Namensanhang nur drei Zeichen zu, so entfällt die vorstehende Zahlenangabe. Die von der jeweiligen Vergrößerungsstufe abhängigen Druckerzeichensätze sind dann, bei jeweils gleichen verkürzten Filenamen, in jeweils zugeordneten Unterverzeichnissen angeordnet.

Die TEX-Grundzeichensätze sind wie folgt gegliedert:

C.3 Proportionalschriften

Die TEX-Proportionalschriften lassen sich in die ‚Serifen-Schriften', ‚Sans-Serifen-Schriften' und ‚Zier- und Sonderschriften' gliedern. Letztere sind zum Teil auch Serifen-Schriften, doch werden in der vorliegenden Unterteilung unter den Serifen-Schriften nur die in der Sprache der Drucker ‚Brotschriften' genannten zusammengefasst.

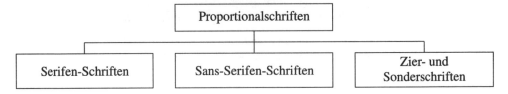

C.3.1 Serifen-Schriften

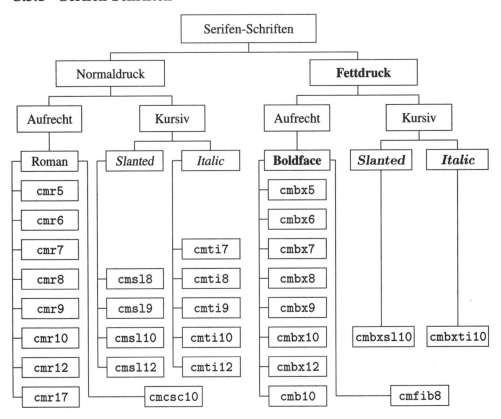

C.3.1.1 Die Zeichensatzgruppe 'Roman'

Die 'Roman'-Zeichensatzgruppe enthält die Standardzeichensätze. Die Schriftstilkodierung erfolgt durch den Buchstaben r, so dass die Filenamen aller Zeichensätze dieser Gruppe mit cmr beginnen, gefolgt von der Größenangabe für die Entwurfsgrößen. Die Zeichensätze

C.3. PROPORTIONALSCHRIFTEN

stehen in acht Entwurfsgrößen von 5 pt bis 17 pt zur Verfügung. Dieser Gruppe ist auch der Zeichensatz `cmcsc10` zugeordnet, der nur in der Entwurfsgröße 10 pt standardmäßig bereitsteht. `csc` steht für 'Capital-Small Capital', d. h., die Großbuchstaben entsprechen in etwa den Großbuchstaben der `cmr10`-Schrift, für die Kleinbuchstaben sind dagegen Großbuchstaben gewählt, die in der Größe zwischen den Großbuchstaben der `cmr7`- und `cmr8`-Schriften liegen.

ABCDEFGHIJKLMNOPQRSTUVWXYZ ÆŒØ @#$%& ΓΔΘΛΞΠΣΥΦΨΩ 0123456789
abcdefghijklmnopqrstuvwxyz ff fi fl ffi ffl æœøßıȷ ˋ´˘¯˚ˆ˙˜¨˝‚.,;:?¡!‛'‚‛""---*+/=()[]
_____ cmr5

ABCDEFGHIJKLMNOPQRSTUVWXYZ ÆŒØ @#$%& ΓΔΘΛΞΠΣΥΦΨΩ 0123456789
abcdefghijklmnopqrstuvwxyz ff fi fl ffi ffl æœøßıȷ ˋ´˘¯˚ˆ˙˜¨˝‚.,;:?¡!""---*+/=()[]
_____ cmr6

ABCDEFGHIJKLMNOPQRSTUVWXYZ ÆŒØ @#$%& ΓΔΘΛΞΠΣΥΦΨΩ 0123456789
abcdefghijklmnopqrstuvwxyz ff fi fl ffi ffl æœøßıȷ ˋ´˘¯˚ˆ˙˜¨˝‚.,;:?¡!""---*+/=()[]
_____ cmr7

ABCDEFGHIJKLMNOPQRSTUVWXYZ ÆŒØ @#$%& ΓΔΘΛΞΠΣΥΦΨΩ 0123456789
abcdefghijklmnopqrstuvwxyz ff fi fl ffi ffl æœøßıȷ ˋ´˘¯˚ˆ˙˜¨˝‚.,;:?¡!""---*+/=()[]
_____ cmr8

ABCDEFGHIJKLMNOPQRSTUVWXYZ ÆŒØ @#$%&
abcdefghijklmnopqrstuvwxyz ff fi fl ffi ffl æœøßıȷ 0123456789
ΓΔΘΛΞΠΣΥΦΨΩ ˋ´˘¯˚ˆ˙˜¨˝ ‚#.,;:¡¿?¡!""‚.,;:¿?¡!""---*+/=()[]
_____ cmr9

ABCDEFGHIJKLMNOPQRSTUVWXYZ ÆŒØ @#$%&
abcdefghijklmnopqrstuvwxyz ff fi fl ffi ffl æœøßıȷ 0123456789
ΓΔΘΛΞΠΣΥΦΨΩ ˋ´˘¯˚ˆ˙˜¨˝ ‚.,;:¿?¡!""---*+/=()[]
_____ cmr10

ABCDEFGHIJKLMNOPQRSTUVWXYZ ÆŒØ @#$%&
abcdefghijklmnopqrstuvwxyz ff fi fl ffi ffl æœøßıȷ 0123456789
ΓΔΘΛΞΠΣΥΦΨΩ ˋ´˘¯˚ˆ˙˜¨˝ ‚.,;:¿?¡!""---*+/=()[]
_____ cmr12

ABCDEFGHIJKLMNOPQRSTUVWXYZ
abcdefghijklmnopqrstuvwxyz ff fi fl ffi ffl æœøßıȷ
ÆŒØ @#$%& ΓΔΘΛΞΠΣΥΦΨΩ 0123456789
ˋ´˘¯˚ˆ˙˜¨˝ ‚.,;:¿?¡!""---*+/=()[]
_____ cmr17

ABCDEFGHIJKLMNOPQRSTUVWXYZ ÆŒØ @#$%&
ABCDEFGHIJKLMNOPQRSTUVWXYZ ↑↓'¡¿ÆŒØSSIJ 0123456789
ΓΔΘΛΞΠΣΥΦΨΩ ˋ´˘¯˚ˆ˙˜¨˝ ‚.,;:>?<!""---*+/=()[]
_____ cmcsc10

Beim genauen Vergleich der cmcsc10-Schrift mit den cmr10-, cmr8- und cmr7-Schriften kann man erkennen, dass die Zeichen in der Höhe jeweils gleich sind (die kleinen Großbuchstaben liegen zwischen cmr7 und cmr8). Die Schrift cmcsc10 ist jedoch in der Breite bzw. in den Abständen zum nächsten Zeichen etwas weiter. Außerdem sind die Ligaturen der Kleinbuchstaben gegen einige andere Zeichen ausgetauscht.

C.3.1.2 Die Zeichensatzgruppe 'Slanted'

Die Zeichensätze dieser Gruppe sind aus den 'Roman'-Zeichensätzen dadurch abgeleitet, dass jedes Zeichen eine Neigung vom Wert 1/6 erhalten hat. Das bedeutet: Geht man bei einem 'Roman'-Zeichen um 1 pt nach oben, so ist in dieser Höhe das geneigte Zeichen um 1/6 pt nach rechts verschoben. Die 'Slanted'-Zeichensatzfamilie steht standardmäßig in vier Entwurfsgrößen von 8 pt bis 12 pt zur Verfügung. Die Schriftstilkodierung erfolgt durch das Buchstabenpaar sl, d. h., die Filenamen dieser Gruppe beginnen mit cmsl, gefolgt von 8, 9, 10 oder 12 für die entsprechenden Entwurfsgrößen.

cmsl8

ABCDEFGHIJKLMNOPQRSTUVWXYZ ÆŒØ @#$%& ΓΔΘΛΞΠΣΥΦΨΩ 0123456789
*abcdefghijklmnopqrstuvwxyz ff fi fl ffi ffl æœøßı ` ´ ˇ ˘ ¯ ˚ ˆ ˙ ¨ ˝ ˜ ¸ ˛ . , ; : ¿ ? ¡ ! ' ' " " - – — * + / = ( ) [ ]*

cmsl9

ABCDEFGHIJKLMNOPQRSTUVWXYZ ÆŒØ @#$%&
abcdefghijklmnopqrstuvwxyz ff fi fl ffi ffl æœøßı 0123456789
*ΓΔΘΛΞΠΣΥΦΨΩ ` ´ ˇ ˘ ¯ ˚ ˆ ˙ ¨ ˝ ˜ ¸ ˛ . , ; : ¿ ? ¡ ! ' ' " " - – — * + / = ( ) [ ]*

cmsl10

ABCDEFGHIJKLMNOPQRSTUVWXYZ ÆŒØ @#$%&
abcdefghijklmnopqrstuvwxyz ff fi fl ffi ffl æœøßı 0123456789
*ΓΔΘΛΞΠΣΥΦΨΩ ` ´ ˇ ˘ ¯ ˚ ˆ ˙ ¨ ˝ ˜ ¸ ˛ . , ; : ¿ ? ¡ ! ' ' " " - – — * + / = ( ) [ ]*

cmsl12

ABCDEFGHIJKLMNOPQRSTUVWXYZ ÆŒØ @#$%&
abcdefghijklmnopqrstuvwxyz ff fi fl ffi ffl æœøßı 0123456789
*ΓΔΘΛΞΠΣΥΦΨΩ ` ´ ˇ ˘ ¯ ˚ ˆ ˙ ¨ ˝ ˜ ¸ ˛ . , ; : ¿ ? ¡ ! ' ' " " - – — * + / = ( ) [ ]*

C.3.1.3 Die Zeichensatzgruppe 'Italic'

Die Zeichensätze dieser Gruppe enthalten eigens entworfene Zeichen, die nicht aus der 'Roman'-Gruppe abgeleitet sind. Außerdem ist die Neigung mit 1/4 = 0.25 stärker als bei der 'Slanted'-Gruppe. Die Schriftstilkodierung erfolgt durch das Buchstabenpaar ti, das für 'Text Italic' steht. Die Filenamen beginnen also hier mit cmti, gefolgt von der Größenangabe. Standardmäßig stehen fünf Zeichensätze in den Entwurfsgrößen 7 pt bis 12 pt bereit. (Bei den mathematischen Zeichensätzen gibt es eine weitere Italic-Gruppe, bei der die Schriftstilkodierung aus dem Buchstabenpaar mi für 'Math. Italic' besteht.)

ABCDEFGHIJKLMNOPQRSTUVWXYZ ÆŒØ @#£%& ΓΔΘΛΞΠΣΥΦΨΩ 0123456789
*abcdefghijklmnopqrstuvwxyz ff fi fl ffi ffl æœøß ` ´ ˇ ˘ ¯ ˚ ˙ ^ ¨ ˜ " ˝ ¸ ˏ . , ; : ¿ ? ¡ ! ' ' " " - – — * + / = ( ) [ ]*
    cmti7

ABCDEFGHIJKLMNOPQRSTUVWXYZ ÆŒØ @#£%& ΓΔΘΛΞΠΣΥΦΨΩ 0123456789
*abcdefghijklmnopqrstuvwxyz ff fi fl ffi ffl æœøß ` ´ ˇ ˘ ¯ ˚ ˙ ^ ¨ ˜ " ˝ ¸ ˏ . , ; : ¿ ? ¡ ! ' ' " " - – — * + / = ( ) [ ]*
    cmti8

ABCDEFGHIJKLMNOPQRSTUVWXYZ ÆŒØ @#£%&
abcdefghijklmnopqrstuvwxyz ff fi fl ffi ffl æœøß 0123456789
*ΓΔΘΛΞΠΣΥΦΨΩ ` ´ ˇ ˘ ¯ ˚ ˙ ^ ¨ ˜ " ˝ ¸ ˏ . , ; : ¿ ? ¡ ! ' ' " " - – — * + / = ( ) [ ]*
    cmti9

ABCDEFGHIJKLMNOPQRSTUVWXYZ ÆŒØ @#£%&
abcdefghijklmnopqrstuvwxyz ff fi fl ffi ffl æœøß 0123456789
*ΓΔΘΛΞΠΣΥΦΨΩ ` ´ ˇ ˘ ¯ ˚ ˙ ^ ¨ ˜ " ˝ ¸ ˏ . , ; : ¿ ? ¡ ! ' ' " " - – — * + / = ( ) [ ]*
    cmti10

ABCDEFGHIJKLMNOPQRSTUVWXYZ ÆŒØ @#£%&
abcdefghijklmnopqrstuvwxyz ff fi fl ffi ffl æœøß 0123456789
*ΓΔΘΛΞΠΣΥΦΨΩ ` ´ ˇ ˘ ¯ ˚ ˙ ^ ¨ ˜ " ˝ ¸ ˏ . , ; : ¿ ? ¡ ! ' ' " " - – — * + / = ( ) [ ]*
    cmti12

C.3.1.4 Die Zeichensatzgruppe 'Bold Face' (Fettdruck)

Diese Gruppe enthält die 'Roman'-Zeichensätze mit fetten Zeichen. Die Schriftstilkodierung erfolgt durch `bx`, was für 'bold extended' steht, da die Zeichen bei gleicher Höhe, wie die entsprechenden 'Roman'-Zeichen, eine Verbreiterung erfahren haben. Die zugehörigen Filenamen lauten dementsprechend `cmbx5` ... `cmbx12`, da die Standardzeichensätze in sieben Entwurfsgrößen von 5 pt bis 12 pt bereitstehen. Für die Entwurfsgröße 10 pt existiert jeweils ein entsprechender fetter Zeichensatz für die 'Slanted'- und 'Italic'-Gruppe mit der Kennzeichnung `bxsl` bzw. `bxti`. Die zugehörigen Filenamen lauten damit `cmbxsl10` und `cmbxti10`.

Zusätzlich gibt es für die Entwurfsgröße 10 pt ein Zeichensatzfile mit dem Namen `cmb10`. Hier sind die Zeichen zwar fett, jedoch von gleicher Breite wie die entsprechenden Roman-Zeichen. Schließlich wird hier noch die 8 pt-Schrift `cmfib8` aufgeführt. Dies ist eine halbfette Schrift, bei der die Stilkodierung `fib` gewählt wurde, weil bei der Erzeugung dieses Zeichensatzes die kennzeichnenden Parameter aus der Reihe der 'Fibonaccischen Zahlen' gewählt wurden.

ABCDEFGHIJKLMNOPQRSTUVWXYZ ÆŒØ @#$%& ΓΔΘΛΞΠΣΥΦΨΩ 0123456789
abcdefghijklmnopqrstuvwxyz ff fi fl ffi ffl æœøß ` ´ ˇ ˘ ¯ ˚ ˙ ^ ¨ ˜ " ˝ ¸ ˏ . , ; : ¿ ? ¡ ! ' ' " " - – — * + / = ( ) [ ]
    cmbx5

ABCDEFGHIJKLMNOPQRSTUVWXYZ ÆŒØ @#$%& ΓΔΘΛΞΠΣΥΦΨΩ 0123456789
abcdefghijklmnopqrstuvwxyz ff fi fl ffi ffl æœøß ` ´ ˇ ˘ ¯ ˚ ˙ ^ ¨ ˜ " ˝ ¸ ˏ . , ; : ¿ ? ¡ ! ' ' " " - – — * + / = ( ) [ ]
    cmbx6

ABCDEFGHIJKLMNOPQRSTUVWXYZ ÆŒØ @#$%& ΓΔΘΛΞΠΣΥΦΨΩ 0123456789
abcdefghijklmnopqrstuvwxyz ff fi fl ffi ffl æœøß ` ´ ˇ ˘ ¯ ˚ ˙ ^ ¨ ˜ " ˝ ¸ ˏ . , ; : ¿ ? ¡ ! ' ' " " - – — * + / = ( ) [ ]
    cmbx7

cmbx8

ABCDEFGHIJKLMNOPQRSTUVWXYZ ÆŒØ @#$%&
abcdefghijklmnopqrstuvwxyz ff fi fl ffi ffl æœøßıȷ 0123456789
ΓΔΘΛΞΠΣΥΦΨΩ ˋ´˘ˇˉ˚ˆ˙¨˝˜ ¸-.,;:¿?¡!'`"“”-–—*+/=()[]

cmbx9

ABCDEFGHIJKLMNOPQRSTUVWXYZ ÆŒØ @#$%&
abcdefghijklmnopqrstuvwxyz ff fi fl ffi ffl æœøßıȷ 0123456789
ΓΔΘΛΞΠΣΥΦΨΩ ˋ´˘ˇˉ˚ˆ˙¨˝˜ ¸-.,;:¿?¡!'`"“”-–—*+/=()[]

cmbx10

ABCDEFGHIJKLMNOPQRSTUVWXYZ ÆŒØ @#$%&
abcdefghijklmnopqrstuvwxyz ff fi fl ffi ffl æœøßıȷ 0123456789
ΓΔΘΛΞΠΣΥΦΨΩ ˋ´˘ˇˉ˚ˆ˙¨˝˜ ¸-.,;:¿?¡!'`"“”-–—*+/=()[]

cmbx12

ABCDEFGHIJKLMNOPQRSTUVWXYZ ÆŒØ @#$%&
abcdefghijklmnopqrstuvwxyz ff fi fl ffi ffl æœøßıȷ 0123456789
ΓΔΘΛΞΠΣΥΦΨΩ ˋ´˘ˇˉ˚ˆ˙¨˝˜ ¸-.,;:¿?¡!'`"“”-–—*+/=()[]

cmbxsl10

ABCDEFGHIJKLMNOPQRSTUVWXYZ ÆŒØ @#$%&
abcdefghijklmnopqrstuvwxyz ff fi fl ffi ffl æœøßıȷ 0123456789
ΓΔΘΛΞΠΣΥΦΨΩ ˋ´˘ˇˉ˚ˆ˙¨˝˜ ¸-.,;:¿?¡!'`"“”-–—+/=()[]*

cmbxti10

ABCDEFGHIJKLMNOPQRSTUVWXYZ ÆŒØ @#£%&
abcdefghijklmnopqrstuvwxyz ff fi fl ffi ffl æœøßıȷ 0123456789
ΓΔΘΛΞΠΣΥΦΨΩ ˋ´˘ˇˉ˚ˆ˙¨˝˜ ¸-.,;:¿?¡!'`"“”-–—+/=()[]*

cmb10

ABCDEFGHIJKLMNOPQRSTUVWXYZ ÆŒØ @#$%&
abcdefghijklmnopqrstuvwxyz ff fi fl ffi ffl æœøßıȷ 0123456789
ΓΔΘΛΞΠΣΥΦΨΩ ˋ´˘ˇˉ˚ˆ˙¨˝˜ ¸-.,;:¿?¡!'`"“”-–—*+/=()[]

cmfib8

ABCDEFGHIJKLMNOPQRSTUVWXYZ ÆŒØ @#$%&
abcdefghijklmnopqrstuvwxyz ff fi fl ffi ffl æœøßıȷ 0123456789
ΓΔΘΛΞΠΣΥΦΨΩ ˋ´˘ˇˉ˚ˆ˙¨˝˜ ¸-.,;:¿?¡!'`"“”-–—*+/=()[]

C.3.2 Sans-Serifen-Schriften

Die Files für die Sans-Serifen-Schriften sind leicht daran zu erkennen, dass die Schriftstilkodierung mit dem Buchstabenpaar ss startet, die Filenamen also stets mit cmss beginnen. Zusätzlich fällt hierunter auch die Schrift cminch, die 1 Zoll hohe Zeichen erzeugt.

C.3. PROPORTIONALSCHRIFTEN

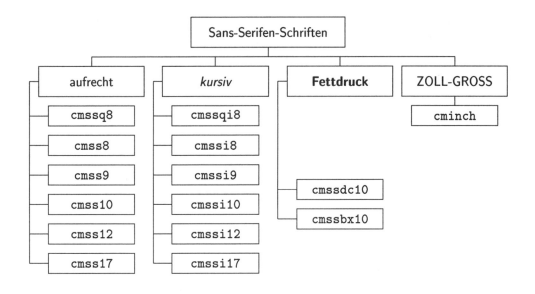

C.3.2.1 Die ‚aufrechten Sans-Serif'-Zeichensätze

Hier stehen fünf Zeichensätze für die Entwurfsgrößen 8 pt bis 17 pt unter den Namen cmss8 ... cmss17 'Sans-Serif' bereit. Zusätzlich gibt es die Schrift cmssq8 'Sans-Serif-Quotation'. Die Großbuchstaben dieser Schrift haben die Höhe einer 8 pt-Schrift, doch sind die Zeichen breiter als die der cmss8-Schrift. Die x-Höhe der Kleinbuchstaben entspricht dagegen der 10 pt-ss-Schrift mit entsprechend verkürzten Oberlängen für Kleinbuchstaben wie b, d usw. Die Schrift cmssq8 kommt im LaTeX-Ergänzungsprogramm SLITEX (s. Anhang E) in entsprechenden Vergrößerungsstufen vorrangig zur Anwendung.

ABCDEFGHIJKLMNOPQRSTUVWXYZ ÆŒØ @#$%&
abcdefghijklmnopqrstuvwxyz ff fi fl ffi ffl æœøßıj 0123456789
ΓΔΘΛΞΠΣΥΦΨΩ ` ´ ˘ ˉ ˚ ˆ ˙ ¨ ˝ ˜ ,.„;:¿?¡!'" ""`--—*+/=()[]
_____ cmssq8

ABCDEFGHIJKLMNOPQRSTUVWXYZ ÆŒØ @#$%&
abcdefghijklmnopqrstuvwxyz ff fi fl ffi ffl æœøßıj 0123456789
ΓΔΘΛΞΠΣΥΦΨΩ ` ´ ˘ ˉ ˚ ˆ ˙ ¨ ˝ ˜ ,.„;:¿?¡!'" ""`--—*+/=()[]
_____ cmss8

ABCDEFGHIJKLMNOPQRSTUVWXYZ ÆŒØ @#$%&
abcdefghijklmnopqrstuvwxyz ff fi fl ffi ffl æœøßıj 0123456789
ΓΔΘΛΞΠΣΥΦΨΩ ` ´ ˘ ˉ ˚ ˆ ˙ ¨ ˝ ˜ ,.„;:¿?¡!'" ""`--—*+/=()[]
_____ cmss9

ABCDEFGHIJKLMNOPQRSTUVWXYZ ÆŒØ @#$%&
abcdefghijklmnopqrstuvwxyz ff fi fl ffi ffl æœøßıj 0123456789
ΓΔΘΛΞΠΣΥΦΨΩ ` ´ ˘ ˉ ˚ ˆ ˙ ¨ ˝ ˜ ,.„;:¿?¡!'" ""`--—*+/=()[]
_____ cmss10

ABCDEFGHIJKLMNOPQRSTUVWXYZ ÆŒØ @#$%&
abcdefghijklmnopqrstuvwxyz ff fi fl ffi ffl æœøßıȷ 0123456789
ΓΔΘΛΞΠΣΥΦΨΩ ` ´ˇ˘¯˚¸ˆ˙˝˜ ,.‚„:;¿?¡!'"''""--—*+/=()[]

cmss12

ABCDEFGHIJKLMNOPQRSTUVWXYZ
abcdefghijklmnopqrstuvwxyz ff fi fl ffi ffl œæøßıȷ
ÆŒØ @#$& ΓΔΘΛΞΠΣΥΦΨΩ 0123456789
` ´ˇ˘¯˚¸ˆ˙˝˜ ,.‚„:;¿?¡!'"''""--—*+/=()[]

cmss17

C.3.2.2 Die ‚geneigten Sans-Serif'-Zeichensätze

Zahl und Größe entsprechen den aufrechten `ss`-Zeichensätzen. Die Schriftstilkodierung lautet `ssi` und `ssqi`, die zugehörigen Filenamen damit `cmssi5` ... `cmssi17` und `cmssqi8`. Der zusätzliche Kennbuchstabe `i` ist irreführend, da die geneigte `ss`-Schrift keine 'Italic'-Schrift ist. Vielmehr steht hier `i` für 'inclined'. Die Neigung der Schriften beträgt 12°.

ABCDEFGHIJKLMNOPQRSTUVWXYZ ÆŒØ @#$%&
abcdefghijklmnopqrstuvwxyz ff fi fl ffi ffl æœøßıȷ 0123456789
ΓΔΘΛΞΠΣΥΦΨΩ ` ´ˇ˘¯˚¸ˆ˙˝˜ ,.‚„:;¿?¡!'"''""--—+/=()[]*

cmssqi8

ABCDEFGHIJKLMNOPQRSTUVWXYZ ÆŒØ @#$%&
abcdefghijklmnopqrstuvwxyz ff fi fl ffi ffl æœøßıȷ 0123456789
ΓΔΘΛΞΠΣΥΦΨΩ ` ´ˇ˘¯˚¸ˆ˙˝˜ ,.‚„:;¿?¡!'"''""--—+/=()[]*

cmssi8

ABCDEFGHIJKLMNOPQRSTUVWXYZ ÆŒØ @#$%&
abcdefghijklmnopqrstuvwxyz ff fi fl ffi ffl æœøßıȷ 0123456789
ΓΔΘΛΞΠΣΥΦΨΩ ` ´ˇ˘¯˚¸ˆ˙˝˜ ,.‚„:;¿?¡!'"''""--—+/=()[]*

cmssi9

ABCDEFGHIJKLMNOPQRSTUVWXYZ ÆŒØ @#$%&
abcdefghijklmnopqrstuvwxyz ff fi fl ffi ffl æœøßıȷ 0123456789
ΓΔΘΛΞΠΣΥΦΨΩ ` ´ˇ˘¯˚¸ˆ˙˝˜ ,.‚„:;¿?¡!'"''""--—+/=()[]*

cmssi10

ABCDEFGHIJKLMNOPQRSTUVWXYZ ÆŒØ @#$%&
abcdefghijklmnopqrstuvwxyz ff fi fl ffi ffl æœøßıȷ 0123456789
ΓΔΘΛΞΠΣΥΦΨΩ ` ´ˇ˘¯˚¸ˆ˙˝˜ ,.‚„:;¿?¡!'"''""--—+/=()[]*

cmssi12

ABCDEFGHIJKLMNOPQRSTUVWXYZ
abcdefghijklmnopqrstuvwxyz ff fi fl ffi ffl œæøßıȷ
ÆŒØ @#$%& ΓΔΘΛΞΠΣΥΦΨΩ 0123456789
` ´ˇ˘¯ ˚ ˆ˙¨˝ ˜ ‚-„;:¿?¡!'"""- – —+/=()[]*

`cmssi17`

C.3.2.3 Die ‚fetten Sans-Serif'-Zeichensätze

Fette Sans-Serif-Zeichensätze existieren nur für die Entwurfsgröße 10 pt. `cmssbx10` 'Sans-Serif-Bold-Extended' steht zu `cmss10` im selben Verhältnis wie `cmbx10` zu `cmr10`. Außerdem steht hier die halbfette Schrift `cmssdc` 'Sans-Serif-Demibold-Condensed' zur Verfügung.

ABCDEFGHIJKLMNOPQRSTUVWXYZ ÆŒØ @#$%&
abcdefghijklmnopqrstuvwxyz ff fi fl ffi ffl æœøßıȷ 0123456789
ΓΔΘΛΞΠΣΥΦΨΩ ` ´ˇ˘¯ ˚ ˆ˙¨˝ ˜ ‚-„;:¿?¡!'"""- – —*+/=()[]

`cmssdc10`

ABCDEFGHIJKLMNOPQRSTUVWXYZ ÆŒØ @#$%&
abcdefghijklmnopqrstuvwxyz ff fi fl ffi ffl æœøßıȷ 0123456789
ΓΔΘΛΞΠΣΥΦΨΩ ` ´ˇ˘¯ ˚ ˆ˙¨˝ ˜ ‚-„;:¿?¡!'"""- – —*+/=()[]

`cmssbx10`

C.3.2.4 Der Zeichensatz `cminch`

Hiermit können 1 Zoll hohe Zeichen erzeugt werden. Der Zeichensatz enthält nur die Großbuchstaben und die Ziffern 0, 1, ... 9, dagegen keine Kleinbuchstaben und Satzzeichen. Der Filename `cminch` stellt die einzige Ausnahme in der Syntax der Filegrundnamen für die Zeichensätze dar, die bis auf diese Ausnahme alle mit einer ein- oder zweistelligen Zahl für die Entwurfsgröße in pt enden. Hier steht `inch` sowohl für die Schriftstilkodierung wie für die Größe.

ABCDE

FGHIJK
LMNO
PQRST
UVWX
YZ0123
456789

C.3.3 Zier- und Sonderschriften

Hierunter sind die fünf Schriften für die Entwurfsgröße 10 pt zusammengefasst:

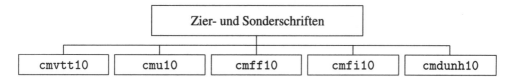

cmvtt 'Variable Typewriter Type' stellt eine Schreibmaschinenschrift mit variabler Zeichenbreite dar.

cmu 'Unslanted' entspricht der Italic-Schrift, bei der die Neigung entfernt wurde.

cmff 'Funny Font' ist eine Schrift mit der negativen Neigung -0.1, also mit nach links geneigten Zeichen. Außerdem ist die x-Höhe gegenüber den Großbuchstaben überhöht.

cmfi 'Funny Italic' entspricht der Kursivform von cmff, jedoch mit der Neigung 0.1, um die die Zeichen nach rechts geneigt sind.

cmdunh 'Dunhill': Bei dieser Schrift entspricht die x-Höhe einer 10 pt-Roman-Schrift. Die Großbuchstaben, Ziffern und Oberlängen von b, d, f, h, k und l sind dagegen stark überhöht.

ABCDEFGHIJKLMNOPQRSTUVWXYZ ÆŒØ @#$%&
abcdefghijklmnopqrstuvwxyz ff fi fl ffi ffl æœøßıȷ 0123456789
ΓΔΘΛΞΠΣΥΦΨΩ ˋ´ˇ˘¯˚¨˜˝ ‚.,;:¿?¡!'‘’"“”--—*+/=()[]

_____ cmvtt10

ABCDEFGHIJKLMNOPQRSTUVWXYZ ÆŒØ @#£%&
abcdefghijklmnopqrstuvwxyz ff fi fl ffi ffl æœøßıȷ 0123456789
ΓΔΘΛΞΠΣΥΦΨΩ ˋ´ˇ˘¯˚¨˜˝ ‚.,;:¿?¡!'‘’"“”--—*+/=()[]

_____ cmu10

ABCDEFGHIJKLMNOPQRSTUVWXYZ ÆŒØ @#$%&
abcdefghijklmnopqrstuvwxyz ff fi fl ffi ffl æœøßıȷ 0123456789
ΓΔΘΛΞΠΣΥΦΨΩ ˋ´ˇ˘¯˚¨˜˝ ‚.,;:¿?¡!'‘’"“”--—*+/=()[]

_____ cmff10

ABCDEFGHIJKLMNOPQRSTUVWXYZ ÆŒØ @#£%&
abcdefghijklmnopqrstuvwxyz ff fi fl ffi ffl æœøßıȷ 0123456789
ΓΔΘΛΞΠΣΥΦΨΩ ˋ´ˇ˘¯˚¨˜˝ ‚.,;:¿?¡!'‘’"“”--—*+/=()[]

_____ cmfi10

ABCDEFGHIJKLMNOPQRSTUVWXYZ ÆŒØ @#$%&
abcdefghijklmnopqrstuvwxyz ff fi fl ffi ffl æœøßıȷ 0123456789
ΓΔΘΛΞΠΣΥΦΨΩ ˋ´ˇ˘¯˚¨˜˝ ‚.,;:¿?¡!'‘’"“”--—*+/=()[]

_____ cmdunh10

C.4 Fixschriften – Schreibmaschinenschriften

Bei den Fixschriften hat jedes Zeichen eines Zeichensatzes die gleiche Breite. Ebenso entspricht der Wortzwischenraum der Zeichenbreite. Dieser Wortzwischenraum ist fest, d. h. ohne Elastizität. Allerdings ist auch hier, wie bei allen anderen TEX-Schriften, der gewählte Zwischenraum von der Zahl der eingegebenen Leerzeichen unabhängig. Die verfügbaren TEX-Standardfixschriften sind ausschließlich Schreibmaschinenschriften, die wie folgt gegliedert sind:

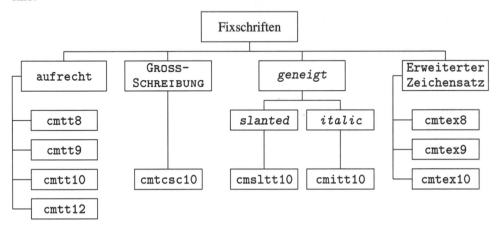

C.4.1 Aufrechte Schreibmaschinenschriften

Diese stehen in vier Entwurfsgrößen von 8 pt bis 12 pt zur Verfügung. Die Schriftstilkodierung lautet tt für 'Typewriter Type'. Die zugehörigen Filegrundnamen sind damit cmtt8 ... cmtt12.

cmtt8
```
ABCDEFGHIJKLMNOPQRSTUVWXYZ ÆŒØ @#$%& ΓΔΘΛΞΠΣΤΦΨΩ 0123456789 -+*<=>‚_⊔
abcdefghijklmnopqrstuvwxyz æœø ßıȷ¡¿ ()[]{}\|/↑↓ `´˜¯˘˙¨˚ˇ˝ı'"  .,:;!?'`~
```

cmtt9
```
ABCDEFGHIJKLMNOPQRSTUVWXYZ ÆŒØ @#$%& ΓΔΘΛΞΠΣΤΦΨΩ 0123456789 -+*<=>‚_⊔
abcdefghijklmnopqrstuvwxyz æœø ßıȷ¡¿ ()[]{}\|/↑↓ `´˜¯˘˙¨˚ˇ˝ı'"  .,:;!?'`~
```

cmtt10
```
ABCDEFGHIJKLMNOPQRSTUVWXYZ ÆŒØ @#$%& ΓΔΘΛΞΠΣΤΦΨΩ
abcdefghijklmnopqrstuvwxyz æœø ßıȷ¡¿ ()[]{}\|/↑↓
0123456789 -+*<=>  ‚_⊔.,:;!?'`~˜¯˘˙¨˚ˇ˝ı'"
```

cmtt12
```
ABCDEFGHIJKLMNOPQRSTUVWXYZ ÆŒØ @#$%& ΓΔΘΛΞΠΣΤΦΨΩ
abcdefghijklmnopqrstuvwxyz æœø ßıȷ¡¿ ()[]{}\|/↑↓
0123456789 -+*<=>  ‚_⊔.,:;!?'`~˜¯˘˙¨˚ˇ˝ı'"
```

C.4.2 Großschreibung

Der Zeichensatz `cmtcsc10` 'Typewriter Capital Small Capital' erzeugt Großbuchstaben einer 10 pt-Schreibmaschinenschrift. Kleinbuchstaben werden stattdessen als Großbuchstaben einer knapp 8 pt-Schrift ausgegeben.

```
ABCDEFGHIJKLMNOPQRSTUVWXYZ ÆŒØ @#$%& ΓΔΘΛΞΠΣΤΦΨΩ
ABCDEFGHIJKLMNOPQRSTUVWXYZ ÆŒØ SSIJ¡¿()[]{}\|/↑↓
0123456789 -+*<=>  ␣⎵.,:;!?'`~˘¯˙¨ˇ´˝`'"
```
`cmtcsc10`

C.4.3 Geneigte Schreibmaschinenschriften

Es stehen zwei geneigte Zeichensätze für die Entwurfsgröße 10 pt zur Verfügung. Die Schrift `cmsltt10` 'Slanted Typewriter Type' entspricht der senkrechten `tt`-Schrift, die jedoch um 1/6 geneigt ist. Die Schrift `cmitt10` hat eigens entworfene Zeichen und eine stärkere Neigung von $1/4 = 0.25$.

```
ABCDEFGHIJKLMNOPQRSTUVWXYZ ÆŒØ @#$%& ΓΔΘΛΞΠΣΤΦΨΩ
abcdefghijklmnopqrstuvwxyz æœø ßıȷ¡¿ ()[]{}\|/↑↓
0123456789 -+*<=>  ␣⎵.,:;!?'`~˘¯˙¨ˇ´˝`'"
```
`cmsltt10`

```
ABCDEFGHIJKLMNOPQRSTUVWXYZ ÆŒØ @#£%& ΓΔΘΛΞΠΣΤΦΨΩ
abcdefghijklmnopqrstuvwxyz æœø ßıȷ¡¿ ()[]{}\|/↑↓
0123456789 -+*<=>  ␣⎵.,:;!?'`~˘¯˙¨ˇ´˝`'"
```
`cmitt10`

C.4.4 Mathematische Schreibmaschinenschrift

Diese Schriftengruppe stimmt nur in den Groß- und Kleinbuchstaben sowie den Ziffern mit den vorangegangenen `tt`-Zeichensätzen überein. Bei den sonstigen Zeichen treten erhebliche Unterschiede auf: Es werden hier eine Reihe mathematischer Symbole in Schreibmaschinenschrift angeboten.

Die Zeichensätze dieser Gruppe werden standardmäßig für die Entwurfsgrößen 8 pt, 9 pt und 10 pt unter den Filegrundnamen `cmtex8`, `cmtex9` und `cmtex10` 'Typewriter Extension' bereitgestellt.

```
·↓αβ∧¬∈πλγδ↑±⊕ω∂⊂⊃∪∩∀∃⊗π←→≠⋄≤≥≡∨ !"#$%&'()*+,-./0123456789:;<=>?
@ABCDEFGHIJKLMNOPQRSTUVWXYZ[\]^_`abcdefghijklmnopqrstuvwxyz{|}~∫
```
`cmtex8`

```
·↓αβ∧¬∈πλγδ↑±⊕ω∂⊂⊃∪∩∀∃⊗π←→≠⋄≤≥≡∨ !"#$%&'()*+,-./0123456789:;<=>?
@ABCDEFGHIJKLMNOPQRSTUVWXYZ[\]^_`abcdefghijklmnopqrstuvwxyz{|}~∫
```
`cmtex9`

```
·↓αβ∧¬∈πλγδ↑±⊕ω∂⊂⊃∪∩∀∃⊗π←→≠⋄≤≥≡∨ !"#$%&'()*+,-./0123456789:;<=>?
@ABCDEFGHIJKLMNOPQRSTUVWXYZ[\]^_`abcdefghijklmnopqrstuvwxyz{|}~∫
```
`cmtex10`

C.5 Mathematik- und Symbolzeichensätze

Hierunter fallen die Zeichensätze, die zur Erzeugung mathematischer Formeln benötigt werden. Außerdem werden hier auch die speziellen LaTeX-Zeichensätze zur Erzeugung von Bildern mittels der `picture`-Umgebung sowie einige Logo-Zeichensätze aufgeführt.

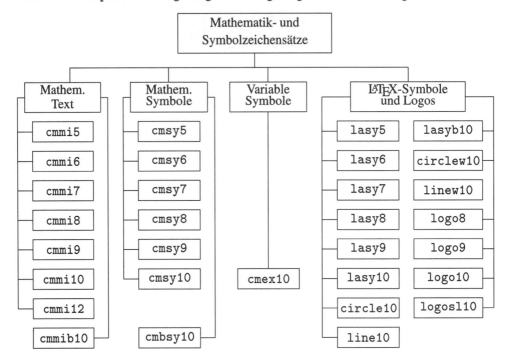

C.5.1 Mathematische Textzeichensätze

Diese Zeichensätze enthalten die lateinischen und griechischen Groß- und Kleinbuchstaben sowie einige zusätzliche Symbole. Da in mathematischen Formeln Variablennamen in *italic* gesetzt werden, handelt es sich hierbei um Italic-Zeichensätze, deren Schriftstilkodierung im Gegensatz zu den Italic-Textzeichensätzen als `mi` 'Mathematic Italic' erfolgt. Die Zeichensätze stehen in sieben Entwurfsgrößen von 5 pt bis 12 pt zur Verfügung. Zusätzlich steht für die Entwurfsgröße 10 pt der Zeichensatz auch für Fettdruck mit der Kodierung `mib` 'Mathematic Italic Bold' bereit.

cmmi5 ΓΔΘΛΞΠΣΥΦΨΩαβγδεζηθικλμνξπρστυφχψωεϑϖρςφ←─→⇁⌣⌢◁▷◇0123456789.,</>⋆ ∂ABCDEFGHIJKLMNOPQRSTUVWXYZ♭♮♯⌣⌢ℓabcdefghijklmnopqrstuvwxyzıȷ℘⃗‾

cmmi6 ΓΔΘΛΞΠΣΥΦΨΩαβγδεζηθικλμνξπρστυφχψωεϑϖρςφ←─→⇁⌣⌢◁▷◇0123456789.,</>⋆ ∂ABCDEFGHIJKLMNOPQRSTUVWXYZ♭♮♯⌣⌢ℓabcdefghijklmnopqrstuvwxyzıȷ℘⃗‾

cmmi7 ΓΔΘΛΞΠΣΥΦΨΩαβγδεζηθικλμνξπρστυφχψωεϑϖρςφ←─→⇁⌣⌢◁▷◇0123456789.,</>⋆ ∂ABCDEFGHIJKLMNOPQRSTUVWXYZ♭♮♯⌣⌢ℓabcdefghijklmnopqrstuvwxyzıȷ℘⃗‾

C.5. MATHEMATIK- UND SYMBOLZEICHENSÄTZE

[sample text in cmmi8] — cmmi8

[sample text in cmmi9] — cmmi9

[sample text in cmmi10] — cmmi10

[sample text in cmmi12] — cmmi12

[sample text in cmmib10] — cmmib10

C.5.2 Mathematische Symbole

Diese Zeichensätze erzeugen die sonstigen mathematischen Symbole mit Ausnahme derer, die in verschiedenen Größen innerhalb von Formeln auftreten können. Die Schriftstilkodierung lautet sy für 'Symbol'. Die Zeichensätze stehen in sechs Entwurfsgrößen von 5 pt bis 10 pt bereit. Die Grundnamen dieser Symbolschriften lauten cmsy5 ... cmsy10. Für die Entwurfsgröße 10 pt existiert ein Zeichensatz für die entsprechenden fetten Symbole unter dem Grundnamen cmbsy10 'Bold Symbol'.

[symbol sample] — cmsy5

[symbol sample] — cmsy6

[symbol sample] — cmsy7

[symbol sample] — cmsy8

cmsy9

cmsy10

cmbsy10

C.5.3 Variable Symbole

Dieser Zeichensatz liefert die Symbole, die in Formeln in unterschiedlicher Größe auftreten können. Der Zeichensatz steht nur in der Entwurfsgröße 10 pt zur Verfügung. Der Filegrundname lautet `cmex10` 'Extension'.

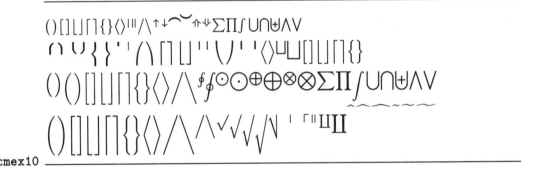

cmex10

C.5.4 Zusätzliche Zeichensätze

Die in den vorangegangenen Abschnitten und Unterabschnitten vorgestellten 75 Zeichensätze stellen die Standardzeichensätze einer jeden TeX-Implementation dar. Daneben können weitere Zeichensätze aus kommerziellen Quellen existieren. Diese sind beim jeweiligen Rechenzentrum zu erfragen.

Neben den TeX-Zeichensätzen stellt LaTeX einige weitere Zeichensätze bereit. Diese enthalten einerseits einige zusätzliche mathematische Symbole und andererseits die Konstruktionselemente zur Erzeugung von Bildern mittels der `picture`-Umgebung.

C.5. MATHEMATIK- UND SYMBOLZEICHENSÄTZE

Schließlich existieren bei den meisten TEX-Implementationen noch einige Logo-Zeichensätze, die DONALD E. KNUTH in den Manuskripten für „The TEXbook" [10a] und „The METAFONTbook" [10c] benötigte.

C.5.4.1 Die LaTeX-lasy-Zeichensätze

Als Ergänzung zu den cmsy-Files für die mathematischen Symbole stellt LaTeX einige Zusatzsymbole ebenfalls in den sechs Entwurfsgrößen von 5 pt bis 10 pt sowie für 10 pt in fetter Form bereit. Diese Zusatzzeichenfiles haben die Grundnamen lasy5... lasy10 und lasyb10. Die Files enthalten jeweils die folgenden 11 Zeichen, die hier nur für die Entwurfsgröße 10 pt abgebildet sind: ‹› ˰ ˅ ʊ ⋈ □ ◇ ↝ ⊏ ⊐ (lasy10)   ‹› ˰ ˅ ʊ ⋈ □ ◇ ↝ ⊏ ⊐ (lasyb10)

C.5.4.2 Zeichensätze zur Erzeugung von Bildern

Die Konstruktionselemente zur Erzeugung von Bildern mittels der picture-Umgebung sind in zwei Filepaaren abgespeichert. Diese haben die Grundnamen line10 und lcircle10 bzw. linew10 und lcirclew10. Das erste Paar enthält die Konstruktionselemente für die Strichstärke \thinlines (s. 6.5.1), und zwar line10 für die Grundelemente zur Erzeugung geneigter Linien und Pfeile (s. 6.4.3 und 6.4.4) und lcircle10 für die Grundelemente (Viertelkreise verschiedener Durchmesser) zur Erzeugung von Kreisen und Ovalen (s. 6.4.5 und 6.4.6). Das zweite Paar mit der Kennung w vor der Größenangabe 10 enthält die gleichen Grundelemente für die Strichstärke \thicklines.

C.5.4.3 Logo-Zeichensätze

Die Schriftenfiles logo8, logo9, logo10, logosl10 und logobf10 enthalten jeweils nur die neun Buchstaben A, E, F, M, N, O, P, S und T zur Erzeugung der Logos

METAFONT	und	METAPOST	(logo10)
METAFONT	und	*METAPOST*	(logosl10)
METAFONT	und	**METAPOST**	(logobf10).

Eventuell stehen weitere Logo-Files zur Verfügung, z. B. ein flogo und ein sklogo, mit denen das Wort 'METAFONT' bzw. 'METAPOST' in den eigenwilligen Schriften

    METAFONT
    METAPOST (flogo)   bzw.   METAFONT (sklogo)

erzeugt wird. Ebenso würden hier firmenspezifische Logos anzuordnen sein, falls solche existieren.

C.5.4.4 PostScript-Zeichensätze

Mit der Verbreitung von PostScript-fähigen Druckern stehen zunehmend auch die eingebauten Adobe-PostScript-Zeichensätze zur Verfügung. Diese Zeichensätze können sowohl statt der cm-Zeichensätze wie auch als Ergänzung zu Letzteren in die LaTeX-Bearbeitung eingebunden werden. Da hiermit jedoch die Zielsetzung des vorliegenden Buches überschritten würde, werden die erforderlichen Aufrufe und Ergänzungen in [5b] im Detail vorgestellt.

C.6 Die Anordnung innerhalb der cm-Zeichensätze

Mit Ausnahme von `cminch` bestehen alle Standardzeichensätze aus 128 Zeichen. Jedes einzelne Zeichen wird intern durch eine Zahl zwischen 0 und 127 repräsentiert, denen die oktalen Zahlen '0–'177 bzw. hexadezimalen Zahlen "0–"7F entsprechen.

Nach der untenstehenden Tabelle hat z. B. das Zeichen 'K' den oktalen Zahlenwert '113 bzw. den hexadezimalen Wert "4B, dem der Dezimalwert 75 entspricht. Oktalzahlen bzw. Hexadezimalzahlen sind in LATEX durch das Voranstellen eines ' bzw. eines " gekennzeichnet. Der oktale bzw. hexadezimale Wert folgt unmittelbar aus der Struktur der Tabelle. Der zugehörige Dezimalwert steht jeweils neben dem Zeichen.

Die folgende Tabelle 1 beschreibt den Roman-`cmr10`-Zeichensatz. Die Mehrzahl der anderen Zeichensätze ist genauso aufgebaut, d. h., sie enthalten die entsprechenden Zeichen an derselben Stelle innerhalb der Tabelle. Die 'Text Italic'-Schriften weichen hiervon geringfügig ab. Etwas mehr Abweichungen hat der Zeichensatz `cmcsc10`, der keine Ligaturen kennt. Ebenso treten bei den Schreibmaschinenschriften Unterschiede bei den Zeichen und ihrer Anordnung gegenüber Tabelle 1 auf. Schließlich haben die mathematischen Zeichensätze ihre eigene Ordnung. Für alle abweichenden Zeichensätze ist die Zuordnung zwischen Zeichen und Zahlenwert in den Tabellen 2 bis 8 aufgeführt.

Die bekannte ASCII-Kodierung von Zeichen in Zahlen tritt in den folgenden Tabellen nur partiell auf. Die druckbaren ASCII-Zeichen stimmen weitgehend mit den TEX-Zeichen überein, doch sind die ASCII-Zeichen " < > \ _ { | } häufig gegen andere Zeichen ausgetauscht worden. Die ASCII-Werte 0 bis 31 und 127 stellen Steuerbefehle dar, während die TEX-Zeichensätze hier weitere druckbare Zeichen enthalten.

okt.	0	1	2	3	4	5	6	7	hex.
'00x	Γ 0	Δ 1	Θ 2	Λ 3	Ξ 4	Π 5	Σ 6	Υ 7	"0x
'01x	Φ 8	Ψ 9	Ω 10	ff 11	fi 12	fl 13	ffi 14	ffl 15	
'02x	ı 16	ȷ 17	` 18	' 19	ˇ 20	˘ 21	¯ 22	˚ 23	"1x
'03x	¸ 24	ß 25	æ 26	œ 27	ø 28	Æ 29	Œ 30	Ø 31	
'04x	- 32	! 33	" 34	# 35	$ 36	% 37	& 38	' 39	"2x
'05x	(40	) 41	* 42	+ 43	, 44	- 45	. 46	/ 47	
'06x	0 48	1 49	2 50	3 51	4 52	5 53	6 54	7 55	"3x
'07x	8 56	9 57	: 58	; 59	¡ 60	= 61	¿ 62	? 63	
'10x	@ 64	A 65	B 66	C 67	D 68	E 69	F 70	G 71	"4x
'11x	H 72	I 73	J 74	K 75	L 76	M 77	N 78	O 79	
'12x	P 80	Q 81	R 82	S 83	T 84	U 85	V 86	W 87	"5x
'13x	X 88	Y 89	Z 90	[91	" 92	] 93	^ 94	. 95	
'14x	` 96	a 97	b 98	c 99	d 100	e 101	f 102	g 103	"6x
'15x	h 104	i 105	j 106	k 107	l 108	m 109	n 110	o 111	
'16x	p 112	q 113	r 114	s 115	t 116	u 117	v 118	w 119	"7x
'17x	x 120	y 121	z 122	– 123	— 124	" 125	~ 126	¨ 127	
okt.	8	9	A	B	C	D	E	F	hex.

Tabelle 1: Der Zeichensatz `cmr10`. Bis auf die Ausnahme der nachfolgenden Tabellen tritt dieselbe Zuordnung auch in allen anderen Zeichensätzen auf.

C.6. DIE ANORDNUNG INNERHALB DER CM-ZEICHENSÄTZE

okt.	0	1	2	3	4	5	6	7	hex.
'00x	Γ 0	Δ 1	Θ 2	Λ 3	Ξ 4	Π 5	Σ 6	Υ 7	"0x
'01x	Φ 8	Ψ 9	Ω 10	↑ 11	↓ 12	' 13	¡ 14	¿ 15	
'02x	I 16	J 17	` 18	´ 19	ˇ 20	˘ 21	¯ 22	° 23	"1x
'03x	¸ 24	SS 25	Æ 26	Œ 27	Ø 28	Æ 29	Œ 30	Ø 31	
'04x	- 32	! 33	" 34	# 35	$ 36	% 37	& 38	' 39	"2x
'05x	(40	) 41	* 42	+ 43	, 44	- 45	. 46	/ 47	
'06x	0 48	1 49	2 50	3 51	4 52	5 53	6 54	7 55	"3x
'07x	8 56	9 57	: 58	; 59	< 60	= 61	> 62	? 63	
'10x	@ 64	A 65	B 66	C 67	D 68	E 69	F 70	G 71	"4x
'11x	H 72	I 73	J 74	K 75	L 76	M 77	N 78	O 79	
'12x	P 80	Q 81	R 82	S 83	T 84	U 85	V 86	W 87	"5x
'13x	X 88	Y 89	Z 90	[91	" 92	] 93	ˆ 94	. 95	
'14x	' 96	A 97	B 98	C 99	D 100	E 101	F 102	G 103	"6x
'15x	H 104	I 105	J 106	K 107	L 108	M 109	N 110	O 111	
'16x	P 112	Q 113	R 114	S 115	T 116	U 117	V 118	W 119	"7x
'17x	X 120	Y 121	Z 122	– 123	— 124	" 125	~ 126	¨ 127	
okt.	8	9	A	B	C	D	E	F	hex.

Tabelle 2: Der Zeichensatz `cmcsc10`. Die Unterschiede gegenüber der Tabelle 1 liegen in den Zeichen 11 bis 15, 25, 60 und 62. Statt der üblichen Ligaturen an den Stellen 11 bis 15 sind hier einige zusätzliche Symbole angebracht.

okt.	0	1	2	3	4	5	6	7	hex.
'00x	Γ 0	Δ 1	Θ 2	Λ 3	Ξ 4	Π 5	Σ 6	Υ 7	"0x
'01x	Φ 8	Ψ 9	Ω 10	ff 11	fi 12	fl 13	ffi 14	ffl 15	
'02x	ı 16	ȷ 17	` 18	´ 19	ˇ 20	˘ 21	¯ 22	° 23	"1x
'03x	¸ 24	ß 25	æ 26	œ 27	ø 28	Æ 29	Œ 30	Ø 31	
'04x	- 32	! 33	" 34	# 35	£ 36	% 37	& 38	' 39	"2x
'05x	(40	) 41	* 42	+ 43	, 44	- 45	. 46	/ 47	
'06x	0 48	1 49	2 50	3 51	4 52	5 53	6 54	7 55	"3x
'07x	8 56	9 57	: 58	; 59	¡ 60	= 61	¿ 62	? 63	
'10x	@ 64	A 65	B 66	C 67	D 68	E 69	F 70	G 71	"4x
'11x	H 72	I 73	J 74	K 75	L 76	M 77	N 78	O 79	
'12x	P 80	Q 81	R 82	S 83	T 84	U 85	V 86	W 87	"5x
'13x	X 88	Y 89	Z 90	[91	" 92	] 93	ˆ 94	. 95	
'14x	' 96	a 97	b 98	c 99	d 100	e 101	f 102	g 103	"6x
'15x	h 104	i 105	j 106	k 107	l 108	m 109	n 110	o 111	
'16x	p 112	q 113	r 114	s 115	t 116	u 117	v 118	w 119	"7x
'17x	x 120	y 121	z 122	– 123	— 124	" 125	~ 126	¨ 127	
okt.	8	9	A	B	C	D	E	F	hex.

Tabelle 3: Der Zeichensatz `cmti10`. Die Unterschiede gegenüber Tabelle 1 liegen nur in den Zeichen 36 (£ statt $) und 38 (& statt &). In gleicher Weise sind alle anderen 'Text Italic'-Zeichensätze aufgebaut.

okt.	0	1	2	3	4	5	6	7	hex.
'00x	Γ 0	Δ 1	Θ 2	Λ 3	Ξ 4	Π 5	Σ 6	Υ 7	"0x
'01x	Φ 8	Ψ 9	Ω 10	↑ 11	↓ 12	' 13	¡ 14	¿ 15	
'02x	ı 16	ȷ 17	ˋ 18	ˊ 19	ˇ 20	˘ 21	¯ 22	˙ 23	"1x
'03x	˛ 24	ß 25	æ 26	œ 27	ø 28	Æ 29	Œ 30	Ø 31	
'04x	␣ 32	! 33	" 34	# 35	$ 36	% 37	& 38	' 39	"2x
'05x	(40	) 41	* 42	+ 43	, 44	- 45	. 46	/ 47	
'06x	0 48	1 49	2 50	3 51	4 52	5 53	6 54	7 55	"3x
'07x	8 56	9 57	: 58	; 59	< 60	= 61	> 62	? 63	
'10x	@ 64	A 65	B 66	C 67	D 68	E 69	F 70	G 71	"4x
'11x	H 72	I 73	J 74	K 75	L 76	M 77	N 78	O 79	
'12x	P 80	Q 81	R 82	S 83	T 84	U 85	V 86	W 87	"5x
'13x	X 88	Y 89	Z 90	[91	\ 92	] 93	^ 94	_ 95	
'14x	` 96	a 97	b 98	c 99	d 100	e 101	f 102	g 103	"6x
'15x	h 104	i 105	j 106	k 107	l 108	m 109	n 110	o 111	
'16x	p 112	q 113	r 114	s 115	t 116	u 117	v 118	w 119	"7x
'17x	x 120	y 121	z 122	{ 123		124	} 125	~ 126	¨ 127	
okt.	8	9	A	B	C	D	E	F	hex.

Tabelle 4: Der Zeichensatz `cmtt10`. In gleicher Weise sind alle `tt`-Zeichensätze mit Ausnahme von `cmvtt10` aufgebaut. Letzterer entspricht der Tabelle 1. Die Abweichungen betreffen die Symbole 11 ... 15, 60, 62, 92, 123, 124 und 125. Zusätzlich sind bei den `cmitt`-Zeichensätzen die Symbole 36 und 38 wie allgemein bei den 'Italic'-Schriften durch £ und & ersetzt. Der Zeichensatz `cmtcsc10` enthält an den Stellen 97 bis 122 verkleinerte Großbuchstaben.

okt.	0	1	2	3	4	5	6	7	hex.
'00x	· 0	↓ 1	α 2	β 3	∧ 4	¬ 5	∈ 6	π 7	"0x
'01x	λ 8	γ 9	δ 10	↑ 11	± 12	⊕ 13	∞ 14	∂ 15	
'02x	⊂ 16	⊃ 17	∩ 18	∪ 19	∀ 20	∃ 21	⊗ 22	↔ 23	"1x
'03x	← 24	→ 25	≠ 26	◊ 27	≤ 28	≥ 29	≡ 30	∨ 31	
'04x	32	! 33	" 34	# 35	$ 36	% 37	& 38	' 39	"2x
'05x	(40	) 41	* 42	+ 43	, 44	- 45	. 46	/ 47	
'06x	0 48	1 49	2 50	3 51	4 52	5 53	6 54	7 55	"3x
'07x	8 56	9 57	: 58	; 59	< 60	= 61	> 62	? 63	
'10x	@ 64	A 65	B 66	C 67	D 68	E 69	F 70	G 71	"4x
'11x	H 72	I 73	J 74	K 75	L 76	M 77	N 78	O 79	
'12x	P 80	Q 81	R 82	S 83	T 84	U 85	V 86	W 87	"5x
'13x	X 88	Y 89	Z 90	[91	\ 92	] 93	^ 94	_ 95	
'14x	` 96	a 97	b 98	c 99	d 100	e 101	f 102	g 103	"6x
'15x	h 104	i 105	j 106	k 107	l 108	m 109	n 110	o 111	
'16x	p 112	q 113	r 114	s 115	t 116	u 117	v 118	w 119	"7x
'17x	x 120	y 121	z 122	{ 123		124	} 125	~ 126	∫ 127	
okt.	8	9	A	B	C	D	E	F	hex.

Tabelle 5: Der Zeichensatz `cmtex10`. Gegenüber Tabelle 4 enthalten hier die Stellen 0 bis 31 und 127 eine Reihe mathematischer Symbole.

C.6. DIE ANORDNUNG INNERHALB DER CM-ZEICHENSÄTZE

okt.	0	1	2	3	4	5	6	7	hex.
'00x	Γ 0	Δ 1	Θ 2	Λ 3	Ξ 4	Π 5	Σ 6	Υ 7	"0x
'01x	Φ 8	Ψ 9	Ω 10	α 11	β 12	γ 13	δ 14	ϵ 15	
'02x	ζ 16	η 17	θ 18	ι 19	κ 20	λ 21	μ 22	ν 23	"1x
'03x	ξ 24	π 25	ρ 26	σ 27	τ 28	υ 29	ϕ 30	χ 31	
'04x	ψ 32	ω 33	ε 34	ϑ 35	ϖ 36	ϱ 37	ς 38	φ 39	"2x
'05x	↼ 40	↽ 41	⇁ 42	⇂ 43	` 44	' 45	▷ 46	◁ 47	
'06x	0 48	1 49	2 50	3 51	4 52	5 53	6 54	7 55	"3x
'07x	8 56	9 57	. 58	, 59	< 60	/ 61	> 62	$\star$ 63	
'10x	∂ 64	A 65	B 66	C 67	D 68	E 69	F 70	G 71	"4x
'11x	H 72	I 73	J 74	K 75	L 76	M 77	N 78	O 79	
'12x	P 80	Q 81	R 82	S 83	T 84	U 85	V 86	W 87	"5x
'13x	X 88	Y 89	Z 90	$\flat$ 91	$\natural$ 92	$\sharp$ 93	⌣ 94	⌢ 95	
'14x	ℓ 96	a 97	b 98	c 99	d 100	e 101	f 102	g 103	"6x
'15x	h 104	i 105	j 106	k 107	l 108	m 109	n 110	o 111	
'16x	p 112	q 113	r 114	s 115	t 116	u 117	v 118	w 119	"7x
'17x	x 120	y 121	z 122	$\imath$ 123	$\jmath$ 124	$\wp$ 125	→ 126	⌢ 127	
okt.	8	9	A	B	C	D	E	F	hex.

Tabelle 6: Der Zeichensatz cmmi10. Die cmmi-Zeichensätze, einschl. cmmib10, enthalten an den Stellen 11 bis 39 die griechischen Kleinbuchstaben und von 40 bis 47, 60 bis 64 und 123 bis 127 eine Reihe weiterer mathematischer Symbole.

okt.	0	1	2	3	4	5	6	7	hex.
'00x	− 0	· 1	× 2	∗ 3	÷ 4	⋄ 5	± 6	∓ 7	"0x
'01x	⊕ 8	⊖ 9	⊗ 10	⊘ 11	⊙ 12	◯ 13	∘ 14	• 15	
'02x	≍ 16	≡ 17	⊆ 18	⊇ 19	≤ 20	≥ 21	⪯ 22	⪰ 23	"1x
'03x	∼ 24	≈ 25	⊂ 26	⊃ 27	≪ 28	≫ 29	≺ 30	≻ 31	
'04x	← 32	→ 33	↑ 34	↓ 35	↔ 36	↗ 37	↘ 38	≃ 39	"2x
'05x	⇐ 40	⇒ 41	⇑ 42	⇓ 43	⇔ 44	↖ 45	↙ 46	∝ 47	
'06x	′ 48	∞ 49	∈ 50	∋ 51	△ 52	▽ 53	/ 54	∣ 55	"3x
'07x	∀ 56	∃ 57	¬ 58	∅ 59	ℜ 60	ℑ 61	⊤ 62	⊥ 63	
'10x	ℵ 64	$\mathcal{A}$ 65	$\mathcal{B}$ 66	$\mathcal{C}$ 67	$\mathcal{D}$ 68	$\mathcal{E}$ 69	$\mathcal{F}$ 70	$\mathcal{G}$ 71	"4x
'11x	$\mathcal{H}$ 72	$\mathcal{I}$ 73	$\mathcal{J}$ 74	$\mathcal{K}$ 75	$\mathcal{L}$ 76	$\mathcal{M}$ 77	$\mathcal{N}$ 78	$\mathcal{O}$ 79	
'12x	$\mathcal{P}$ 80	$\mathcal{Q}$ 81	$\mathcal{R}$ 82	$\mathcal{S}$ 83	$\mathcal{T}$ 84	$\mathcal{U}$ 85	$\mathcal{V}$ 86	$\mathcal{W}$ 87	"5x
'13x	$\mathcal{X}$ 88	$\mathcal{Y}$ 89	$\mathcal{Z}$ 90	∪ 91	∩ 92	⊎ 93	∧ 94	∨ 95	
'14x	⊢ 96	⊣ 97	⌊ 98	⌋ 99	⌈ 100	⌉ 101	{ 102	} 103	"6x
'15x	⟨ 104	⟩ 105	| 106	∥ 107	↕ 108	⇕ 109	\ 110	≀ 111	
'16x	√ 112	∐ 113	∇ 114	∫ 115	⊔ 116	⊓ 117	⊑ 118	⊒ 119	"7x
'17x	§ 120	† 121	‡ 122	¶ 123	♣ 124	♢ 125	♡ 126	♠ 127	
okt.	8	9	A	B	C	D	E	F	hex.

Tabelle 7: Der Zeichensatz cmsy10. Die cmsy-Zeichensätze enthalten die Mehrzahl der mathematischen Symbole und an den Stellen 65 bis 90 die kalligraphischen Buchstaben $\mathcal{A}\ldots\mathcal{Z}$. In gleicher Weise ist auch der Zeichensatz cmbsy10 kodiert.

okt.	0	1	2	3	4	5	6	7	hex.
'00x	(0	) 1	[2	] 3	⌊ 4	⌋ 5	⌈ 6	⌉ 7	"0x
'01x	{ 8	} 9	⟨ 10	⟩ 11	| 12	‖ 13	/ 14	\ 15	
'02x	(16	) 17	(18	) 19	[20	] 21	⌊ 22	⌋ 23	"1x
'03x	⌈ 24	⌉ 25	{ 26	} 27	⟨ 28	⟩ 29	/ 30	\ 31	
'04x	(32	) 33	[34	] 35	⌊ 36	⌋ 37	⌈ 38	⌉ 39	"2x
'05x	{ 40	} 41	⟨ 42	⟩ 43	/ 44	\ 45	/ 46	\ 47	
'06x	(48	\ 49	⌈ 50	⌉ 51	⌊ 52	⌋ 53	| 54	| 55	"3x
'07x	(56	) 57	⌊ 58	⌋ 59	{ 60	} 61	' 62	| 63	
'10x	\ 64	) 65	| 66	| 67	⟨ 68	⟩ 69	⊔ 70	⊔ 71	"4x
'11x	∮ 72	∮ 73	⊙ 74	⊙ 75	⊕ 76	⊕ 77	⊗ 78	⊗ 79	
'12x	∑ 80	∏ 81	∫ 82	∪ 83	∩ 84	⊎ 85	∧ 86	∨ 87	"5x
'13x	∑ 88	∏ 89	∫ 90	∪ 91	∩ 92	⊎ 93	∧ 94	∨ 95	
'14x	∐ 96	∐ 97	⌢ 98	⌢ 99	⌢ 100	∼ 101	∼ 102	∼ 103	"6x
'15x	[104	] 105	⌊ 106	⌋ 107	⌈ 108	⌉ 109	{ 110	} 111	
'16x	√ 112	√ 113	√ 114	√ 115	√ 116	| 117	⌈ 118	‖ 119	"7x
'17x	↑ 120	↓ 121	⌢ 122	⌢ 123	⌢ 124	⌢ 125	⇑ 126	⇓ 127	
okt.	8	9	A	B	C	D	E	F	hex.

Tabelle 8: Der Zeichensatz cmex10. Dieser enthält die mathematischen Symbole, die in verschiedenen Größen auftreten können. Er enthält auch Teilsymbole, aus denen TeX z. B. aus einer großen } oder dem √ das Gesamtsymbol konstruiert.

C.7 Erweiterte TeX-Zeichensätze

Die cm-Zeichensätze von DONALD KNUTH sind gewissermaßen die TeX-Originalschriften, weil sie vom TeX-Programmautor selbst entworfen und dem TeX-Programm von Anbeginn zugeordnet wurden. Alle cm-Zeichensätze bestehen (bis auf cminch) aus genau 128 Zeichen, wobei die einzelnen Textzeichensätze in der Zeichenbelegung teilweise differieren, wie den Tabellen 1–4 des letzten Abschnitts entnommen werden kann. An Sonderbuchstaben für weitere europäische Sprachen extistieren nur Æ, Œ, Ø, æ, œ, ø sowie das ß. Weitere europäische Sonderbuchstaben wie IJ, ŋ, Þ, þ, oder ð fehlen dagegen.

Akzentuierte Buchstaben existieren in den cm-Zeichensätzen nicht als eigenständige Zeichen, sondern werden als sog. diakritische Zeichen durch Über- oder Untereinanderstellen von Akzent und Buchstabe realisiert, so z. B. bei unseren Umlauten. Außerdem kennen etliche europäische Sprachen weitere Akzente, wie z. B. der Ogonek (Krummhaken), die mit den cm-Zeichensätzen nicht bereitgestellt werden. Diakritische Zeichen haben für die TeX-Bearbeitung einen gravierenden Nachteil. Silben mit diakritischen Zeichen werden von dem TeX-Trennungsalgorithmus nicht akzeptiert, mit der Folge, dass automatische Worttrennungen vor und nach Silben mit diakritischen Zeichen, z. B. mit Umlauten, nicht möglich sind.

C.7.1 Der Erweiterungsvorschlag von Cork

Auf der internationalen TeX-Konferenz in Cork, Irland, wurde deshalb 1990 eine Zeichensatzbelegung mit einem erweiterten lateinischen Zeichensatz von 256 Zeichen vorgeschlagen und allgemein akzeptiert. Bei diesem erweiterten Zeichensatz sind für die Mehrzahl der auf der lateinischen Schrift aufbauenden Schriftsprachen deren Sonder- und diakritische Zeichen als eigenständige Symbole vorhanden. Die folgenden Sprachen sind mit diesem Zeichensatz vollständig abgedeckt:

> Afrikaans, Albanisch, Bretonisch, Dänisch, Deutsch, Englisch, Estnisch, Färöisch, Finnisch, Französisch, Friesisch, Galicisch, Gälisch, Indonesisch (Bahasa), Irisch, Isländisch, Italienisch, Katalanisch, Madagassisch, Niederländisch, Niedersorbisch, Norwegisch, Obersorbisch, Polnisch, Portugiesisch, Rätoromanisch, Rumänisch, Schwedisch, Serbokroatisch, Slowakisch, Slowenisch, Somali, Spanisch, Suaheli, Tschechisch, Türkisch und Ungarisch.

Bei diesen Sprachen können damit alle Sonder- und diakritischen Zeichen in zugehörige Trennmusterfiles eingebunden werden. Dadurch kann eine optimale Trenntechnik bei der TeX- und LaTeX-Bearbeitung erzielt werden.

Der vorgeschlagene erweiterte Zeichensatz enthält die meisten der auftretenden Akzente auch als eigenständige Symbole. Damit ist es möglich, weitere diakritische Zeichen, die nicht als eigenständige Zeichen bereitgestellt werden, zusätzlich, wie bei den cm-Schriften, als Kombination aus Buchstaben und Akzentzeichen zu erstellen, freilich mit dem Mangel der Trennmöglichkeit für diese Zeichen. Bei den folgenden Sprachen sind einige der auftretenden diakritischen Zeichen zusätzlich als Kombination zu erzeugen:

> Baskisch, Esperanto, Lettisch, Litauisch, Maltesisch, Samoanisch, Tagalog und Walisisch.

Das Verhältnis von eigenständigen diakritischen Zeichen zu solchen, die als Kombination zu bilden sind, ist für die genannten Sprachen recht unterschiedlich. So enthält der erweiterte Zeichensatz für die lettische Sprache lediglich 6 eigenständige diakritische Zeichen, während weitere 18 aus Kombinationen zu bilden sind. Für Tagalog, die Hauptsprache auf den Philippinen, sind 30 eigenständige Zeichen vorhanden, lediglich 2 sind als Kombination zu erzeugen.

Die vietnamesische Schrift wird mit dem erweiterten Zeichensatz nicht vollständig abgedeckt, da diese diakritische Zeichen kennt, deren Akzente nicht vorhanden sind, so dass sie auch nicht als Kombination zu erzeugen sind.

Zeichensätze, die dem Vorschlag der TEX-Tagung von Cork entsprechen, sollen durch die Anfangsbuchstaben 'ec' für 'Extended Computer' statt 'cm' für die klassischen 'Computer Modern'-Schriften gekennzeichnet werden. Die erweiterten Zeichensätze nach dem Vorschlag von Cork wurden als Ergänzungen zu den cm-Zeichensätzen von NORBERT SCHWARZ, Uni Bochum, bereits Ende 1990 realisiert und als sog. dc-Zeichensätze allgemein verfügbar gemacht. Die Kennzeichnung mit 'dc' wurde von NORBERT SCHWARZ deshalb gewählt, um deutlich zu machen, dass es sich um Vorläufer der endgültigen ec-Zeichensätze handele. Die endgültigen ec-Zeichensätze stehen seit Januar 1997 auf den TEX-Fileservern zur Verfügung, so dass ich auf Versionsunterschiede bei den dc-Vorläufern nicht mehr eingehe.

C.7.2 Installation der ec-Schriften

Auf den öffentlichen TEX-Fileservern findet man die METAFONT-Quellen- und .tfm-Files für die erweiterten Schriften unter dem Eingangsverzeichniss

    `/tex-archive/fonts/ec`

in den dort jeweils eigenen Unterverzeichnissen ./src und ./tfm, die sich auf etwaigen Diskettenkopien vermutlich unter den gleichen Verzeichnisnamen wiederfinden. Im ./src-Quellenverzeichnis findet man das TEX-File `ecstdedt.tex` sowie die .mf-Grundquellenfiles.

Die Nomenklatur für die diversen .mf-Grundquellenfiles wird in C.7.5 nachgereicht. Sie ist für die umfassende Installation der erweiterten Schriften hier ohne Belang. Für die Installation ist zunächst das TEX-File `ecstdedt.tex` mit TEX aus dem ./src-Quellenverzeichnis heraus zu bearbeiten, was gewöhnlich mit dem Programmaufruf 'tex ecstdedt' geschieht. Damit werden die Quellenfiles für die erweiterten Schriften in den Entwurfsskalierungen

    0500, 0600, 0700, 0800, 0900, 1000, 1095,
    1200, 1440, 1728, 2074, 2488, 2986, 3583

aus ihren Erzeugungsfiles aufgebaut. Diese Skalierungswerte stellen das Hundertfache der Entwurfsgröße in der Maßeinheit pt dar. Aus dem Grundfile `ecrm.mf` entstehen damit `ecrm0500.mf` bis `ecrm3583.mf`, aus denen dann mit METAFONT die zugehörigen Druckerzeichensätze erstellt werden können. Zeichenumfang und Belegung wird mit der Tabelle 9 auf S. 327 für den Zeichensatz `ecrm1000` demonstriert.

Die endgültigen Druckerzeichensätze wird man, falls der Druckertreiber dazu in der Lage ist, erst bei der ersten aktuellen Anforderung erstellen, was für dvips sowie die Druckertreiber aus dem emTEX-Paket der Fall ist. Bei der METAFONT-Bearbeitung der Quellenfiles entstehen neben den Druckerzeichensätzen auch die zugehörigen .tfm-Files. Die Metrikzeichensätze werden aber auch mit dem ./tfm-Verzeichnis für die Zeichensätze in den angegebenen Entwurfsgrößen angeboten. Diese .tfm-Files sollte man deshalb sofort in den

C.7. ERWEITERTE TEX-ZEICHENSÄTZE

Verzeichnisbaum kopieren, unter dem TEX bzw. LATEX die Metrikfiles erwartet, damit eine TEX- oder LATEX-Bearbeitung für evtl. angeforderte erweiterte Zeichensätze von Anbeginn ohne Unterbrechung möglich wird.

Das TEX-Aufbereitungsprogramm `ecdstedt.tex` enthält eine Reihe von Befehlsaufrufen der Form

```
\makefont ecxx  (5[0500] 6[0600] 7[0700] 8[0800] 9[0900]
                10[1000] 10.95[1095] 12[1200] 14.4[1440]
                17.28[1728] 20.74[2074] 24.88[2488] 29.86[2986]
                35.83[3583])
```

Hierin steht jeweils die Zahl vor der öffnenden eckigen Klammer für die Entwurfsgröße in pt und die durch das eckige Klammerpaar umschlossene Zahl für die zugehörige Skalierung, die Bestandteil des Filenamens wird. Diese Befehlsargumente können bei Bedarf editiert werden. Soll z. B. ein Zeichensatz-Quellenfile auch in der Entwurfsgröße 7.5 pt bereitgestellt werden, so wäre dort 7.5[0750] zuzufügen.

Die Aufbereitungsprogramme enthalten für die Grundzeichensätze `ecff`, `ecfi` und `ecfb` entsprechende Befehlsaufrufe, die herauskommentiert sind. Für diese Zeichensätze werden deshalb noch keine METAFONT-Quellenfiles aufgebaut. Mit der Entfernung der Kommentarzeichen können die Quellenfiles für die Schriften 'Funny Font', 'Funny Italic' und 'Fibonacci' in den angegebenen Entwurfsgrößen ebenfalls generiert werden.

Das `./src`-Quellenverzeichnis enthält ein weiteres Erzeugungsfile `ecbm.mf` für eine Roman-Fettschriftvariante. Mit der Zufügung eines weiteren Aufbereitungsbefehls `\makefont ecbm (...)` in `ecstdedt.tex` können die zugehörigen METAFONT-Quellenfiles auch für diese Schrift in den gewünschten Entwurfsgrößen eingerichtet werden.

C.7.3 Aktivierung der ec-Schriften

Die ec-Schriften werden mit der Einbindung des Ergänzungspakets `t1enc.sty`, das Bestandteil eines jeden LATEX-Grundsystems ist, anstelle der cm-Schriften aktiviert:

```
\usepackage{t1enc}
```

Mit diesem Ergänzungspaket werden die Schriftfamilien \rmfamily, \sffamily und \ttfamily mit den erweiterten Zeichensätzen dieser Familien verknüpft, indem ihnen nun das Kodierattribut \fontencoding{T1} zugeordnet wird. Damit bleiben Eingabefiles, die bisher zur LATEX-Bearbeitung mit den klassischen cm-Zeichensätzen vorgesehen waren, ohne sonstige Änderung voll bearbeitungsfähig.

Der einzige Bearbeitungsunterschied mag darin liegen, dass nun für die Eingabefiles eine präzisere Trennung erfolgt, da die ec-Zeichensätze die Umlaute als eigene Zeichen bereitstellen, an denen Trennungen möglich sind, während die cm-Zeichensätze die Umlaute durch Übereinandersetzen von Umlautakzent und Vokal nachbilden und der von TEX bereitgestellte Trennungsalgorithmus Trennungen an solchen Kombinationszeichen nicht zulässt. Die Eingabe in Form von "u bzw. die direkte Umlaut-Tasteneingabe bleibt hiervon unberührt.

Zur Eingabe des Ogonek (Krummhaken) wird mit dem obigen Ergänzungspaket der Befehl \k bereitstellt, mit dem ę und Ę mittels \k{e} bzw. \k{E} einzugeben sind. Ähnlich führt \r{u} und \r{A} nun zu den eigenständigen Zeichen ů bzw. Å, wie überhaupt alle LATEX-Akzentbefehle zu entsprechenden eigenständigen akzentuierten Zeichen führen, falls es solche in den erweiterten Zeichensätzen gibt.

Für Kombinationen von Akzentbefehlen mit Buchstaben, für die es keine eigenständigen Zeichen gibt, bleibt es bei der Konstruktion von geeignet verschobenen Akzenten mit den Grundzeichen als sog. diakritischen Zeichen, z. B. î für \r{\i}.

Die Sonderbuchstaben ð, Ð, đ, ŋ, Ŋ, þ und Þ für isländische, kroatische, lappische u. a. Texte können mit den Befehlen

\dh, \DH   für die Zeichen eth und Eth (ð, Ð)
\dj, \DJ   für d und D mit dem Querstrich (đ, Ð)
\ng, \NG   für die Zeichen eng und Eng (ŋ, Ŋ)
\th, \TH   für die Zeichen thorn und Thorn (þ, Þ)

erzeugt werden.

Die Zeichenkombination ff, fi, fl, ffi, ffl, !`, ?` -- und --- sowie `` und '' führen bei den cm-Schriften zu den Ligaturen ff, fi, fl, ffi, ffl, ¡, ¿ – und — bzw. zu den Unterschneidungen " und " für die einzelnen `- bzw. '-Zeichen, die zur Eingabe der englischen Anführungszeichen bzw. des schließenden deutschen Anführungszeichens benutzt werden können. Die aufgezählten Ligaturen entfallen bei den Schreibmaschinenschriften mit fester Zeichenbreite.

Das Gleiche gilt auch für die ec-Schriften. Für diese führen die Zeichenkombinationen ,,, << und >> zusätzlich noch zu den eigenständigen Zeichen „, « und », die für die deutschen öffnenden bzw. für die französischen Anführungszeichen genutzt werden können. Die cm-Schriften ergeben für diese Zeichenpaare durch Unterschneidungen zwar ähnliche, aber nicht so optimale Ergebnisse zur Nutzung als Anführungszeichen. Die Ligaturen !` und ?` bleiben bei den ec-Schreibmaschinenschriften mit ¡ und ¿ erhalten.

C.7.4 Das Ordnungsprinzip der ec-Schriften

Die ec-Schriften sind in ihrer Anordnung so aufgebaut, dass die Stellen 0–12 bzw. "00–"0C (hex.) mit eigenständigen Akzenten besetzt sind. Auf diese folgen an den Stellen 13–22 bzw. "0D–"16 die Satzzeichen. Die Stelle 23 bzw. "17 ist leer und wird bei Worttrennungen *ohne* Trennzeichen benutzt. 24 bzw. "18 ist mit einer kleinen Null besetzt, durch die das %-Zeichen zum ‰-Zeichen ergänzt werden kann. Die beiden nächsten Stellen 25 und 26 bzw. "19 und "1A enthalten das punktlose ı bzw. ȷ, die mit den Akzenten aus 0–12 zu weiteren diakritischen Symbolen kombiniert werden können, soweit sie nicht im späteren Teil durch eigenständige Zeichen realisiert sind. Auf 27–31 bzw. "1B–"1F sind die Ligaturen ff, fi, fl, ffi und ffl angeordnet, die bei den cm-Schriften die Plätze 11 bis 15 einnehmen.

Die Stellen 32–126 bzw. "20–"7E entsprechen der Kodebelegung der ISO-Latin-1-Norm. Diese entspricht für 33–126 der herkömmlichen ASCII-Tabelle. Das ASCII-Leerzeichen von 32 bzw. "20 wird bei der angeführten Norm durch das Leerzeichensymbol ␣ und das ASCII-Steuerzeichen DEL auf 127 bzw. "7F durch den Trennstrich - ergänzt.

Auf den Plätzen 128–255 bzw. "80–"FF folgen die diakritischen und nationalen Sonderzeichen als eigenständige Zeichen. Die Zeichen auf 192–255 bzw. "C0–"FF entsprechen ebenfalls der ISO-Latin-1-Norm, während diejenigen auf 160–191 bzw. "A0–"BF teilweise von dieser Norm abweichen und die Zeichen von 128–159 bzw. "80–"9F diese ergänzen.

Zeichenumfang und Belegung der erweiterten ec-Schriften werden mit der nachfolgenden Tabelle 9 demonstriert.

C.7. ERWEITERTE TEX-ZEICHENSÄTZE

okt.	0	1	2	3	4	5	6	7	hex.
'00x	` 0	´ 1	ˆ 2	˜ 3	¨ 4	˝ 5	˚ 6	ˇ 7	"0x
'01x	˘ 8	¯ 9	. 10	˛ 11	¸ 12	‚ 13	‹ 14	› 15	
'02x	" 16	" 17	„ 18	« 19	» 20	– 21	— 22	23	"1x
'03x	0 24	1 25	J 26	ff 27	fi 28	fl 29	ffi 30	ffl 31	
'04x	␣ 32	! 33	" 34	# 35	$ 36	% 37	& 38	' 39	"2x
'05x	(40	) 41	* 42	+ 43	, 44	- 45	. 46	/ 47	
'06x	0 48	1 49	2 50	3 51	4 52	5 53	6 54	7 55	"3x
'07x	8 56	9 57	: 58	; 59	< 60	= 61	> 62	? 63	
'10x	@ 64	A 65	B 66	C 67	D 68	E 69	F 70	G 71	"4x
'11x	H 72	I 73	J 74	K 75	L 76	M 77	N 78	O 79	
'12x	P 80	Q 81	R 82	S 83	T 84	U 85	V 86	W 87	"5x
'13x	X 88	Y 89	Z 90	[91	\ 92	] 93	^ 94	_ 95	
'14x	' 96	a 97	b 98	c 99	d 100	e 101	f 102	g 103	"6x
'15x	h 104	i 105	j 106	k 107	l 108	m 109	n 110	o 111	
'16x	p 112	q 113	r 114	s 115	t 116	u 117	v 118	w 119	"7x
'17x	x 120	y 121	z 122	{ 123	| 124	} 125	~ 126	- 127	
'20x	Ă 128	Ą 129	Ć 130	Č 131	Ď 132	Ě 133	Ę 134	Ğ 135	"8x
'21x	Ĺ 136	Ľ 137	Ł 138	Ń 139	Ň 140	Ŋ 141	Ő 142	Ŕ 143	
'22x	Ř 144	Ś 145	Š 146	Ş 147	Ť 148	Ţ 149	Ű 150	Ů 151	"9x
'23x	Ÿ 152	Ź 153	Ž 154	Ż 155	IJ 156	İ 157	đ 158	§ 159	
'24x	ă 160	ą 161	ć 162	č 163	ď 164	ě 165	ę 166	ğ 167	"Ax
'25x	ĺ 168	ľ 169	ł 170	ń 171	ň 172	ŋ 173	ő 174	ŕ 175	
'26x	ř 176	ś 177	š 178	ş 179	ť 180	ţ 181	ű 182	ů 183	"Bx
'27x	ÿ 184	ź 185	ž 186	ż 187	ij 188	¡ 189	¿ 190	£ 191	
'30x	À 192	Á 193	Â 194	Ã 195	Ä 196	Å 197	Æ 198	Ç 199	"Cx
'31x	È 200	É 201	Ê 202	Ë 203	Ì 204	Í 205	Î 206	Ï 207	
'32x	Ð 208	Ñ 209	Ò 210	Ó 211	Ô 212	Õ 213	Ö 214	Œ 215	"Dx
'33x	Ø 216	Ù 217	Ú 218	Û 219	Ü 220	Ý 221	Þ 222	SS 223	
'34x	à 224	á 225	â 226	ã 227	ä 228	å 229	æ 230	ç 231	"Ex
'35x	è 232	é 233	ê 234	ë 235	ì 236	í 237	î 238	ï 239	
'36x	ð 240	ñ 241	ò 242	ó 243	ô 244	õ 245	ö 246	œ 247	"Fx
'37x	ø 248	ù 249	ú 250	û 251	ü 252	ý 253	þ 254	ß 255	
okt.	8	9	A	B	C	D	E	F	hex.

Tabelle 9: Zeichenumfang und Belegung für den erweiterten Zeichensatz ecrm1000. Alle ec-Schriften variieren nur im Schrifttyp und in der Entwurfsgröße. Die einzelnen Zeichen und ihre Anordnung stimmen, anders als bei den cm-Schriften (s. Tabellen 1–4 in C.6), bei allen ec-Schriften in ihrer Bedeutung mit der vorstehenden Tabelle für die `ecrm1000`-Schrift überein.

C.7.5 Die Namenskonventionen der ec-Schriften

Die Filenamen der METAFONT-Quellenfiles für die ec-Zeichensätze tragen die Namen:

    ec*xxnnnn*.mf   *xx* = Schriftstilkodierung, *nnnn* = Skalierungsfaktor

Die Schriftstilkodierung für die einzelnen ec-Schriften besteht aus einem Buchstabenpaar, dessen Kennungen anschließend aufgelistet werden, gefolgt von dem Skalierungsfaktor. Der Skalierungsfaktor ist eine vierstellige Zahl, die das Hundertfache der Entwurfsgröße in pt darstellt. Als Schriftstil-Kennungsbuchstabenpaare kommen in Betracht:

Roman-Familie

- rm   für die Roman-Normalschrift bzw. mit r für die dc-Schriften,
- rb   (roman bold) für die fette Roman-Schrift gleicher Weite bzw. mit b für die dc-Schriften,
- bx   (bold extended) für die fette und geweitete Roman-Schrift,
- sl   (slanted) für die geneigte Romanschrift,
- bl   (bold extended slanted) für die fette, geneigte und geweitete Romanschrift,
- cc   (caps and small caps) für die Kapitälchen-Variante der Roman-Normalschrift,
- xc   (bold extended caps and small caps) für die Kapitälchen-Variante der fetten geweiteten Romanschrift,
- sc   (slanted caps and small caps) für die Kapitälchen-Variante der geneigten Romanschrift,
- oc   (obliqe (bold extended slanted) caps and small caps) für die fette und geweitete geneigte Romanschrift,
- ti   (text italic) für die Roman-Kursivschrift (*Italic*),
- bi   (bold extended italic) für die fette und geweitete Roman-Kursivschrift,
- ui   (unslanted italic) für die aufrecht gestellte Roman-Kursivschrift bzw. mit u für die dc-Schriften,
- ci   (classical italic) für eine neue Variante der Roman-Kursivschrift;

Sans-Serif-Familie

- ss   (sans serif) für die Sans-Serif-Normalschrift,
- si   (sans serif inclined) für die geneigte Sans-Serif-Schrift,
- sx   (sans serif bold extended) für die fette und geweitete Sans-Serif-Schrift,
- so   (sans serif bold extended oblique) für die geneigte, fette und geweitete Sans-Serif-Schrift;

Familie der Schreibmaschinenschriften

- tt   (typewriter) für die normale Schreibmaschinenschrift,
- tc   (typewriter caps and small caps) für normale Schreibmaschinen-Kapitälchenschrift,
- st   (slanted typewriter) für die geneigte Schreibmaschinenschrift,
- it   (italic typewriter) für die kursive Schreibmaschinenschrift,
- vt   (variable width typewriter) für die normale Schreibmaschinenschrift mit variabler Zeichenweite,
- vi   (variable width italic typewriter) für die kursive Schreibmaschinenschrift mit variabler Zeichenweite;

sonstige Schriften

bm (variant bold roman) für eine Variante der fetten Romanschrift,

dh (dunhill) für die Dunhill-Schrift,

fb (Fibonacci) für die Schrift mit den Fibonaccischen Zahlen für die kennzeichnenden Parameter,

ff (funny font) für eine eigenwillige Schrift mit negativer Neigung,

fi (funny italic) für eine eigenwillige Kursivschrift geringer Neigung.

Zeichensatznamen wie ecrm1000, ecbl1200, ecsi0800 u.ä. sollten damit entschlüsselbar sein (Roman-Normalschrift in 10 pt, fette, geneigte und geweitete Romanschrift in 12 pt bzw. geneigte Sans-Serif-Schrift in 8 pt Entwurfsgröße). Für die reine Anwendung ist diese Entschlüsselungskenntnis nicht erforderlich, da die Anforderung der verschiedenen Schriften in gewohnter Weise mit den Schriftauswahlbefehlen der Anwenderebene, wie \sffamily, \bfseries, \itshape, \texttt{*text*} usw. erfolgt, wobei die Zuordnung zu den zugehörigen Zeichensatzfiles mit den .fd-Files vorgenommen wird.

Bei den ec-Zeichensätzen weichen einige Zeichensätze, die es nur in einer Entwurfsgröße gibt, in ihren Namen von der vorstehenden Nomenklatur ab. Diese sind:

ecssdc10 (sans serif demi-bold condensed) halbfette komprimierte Sans-Serif-Schrift in 10 pt Entwurfsgröße,

ecsq8 (sans serif quotation) Sans-Serif-Schrift in 8 pt Entwurfsgröße mit vergrößerten Kleinbuchstaben,

ecqi8 (sans serif quotation inclined) dto., jedoch geneigt,

eclq8 (latex sans serif quotation) dto.,

ecli8 (latex sans serif quotation inclined) dto., geneigt,

eclb8 (latex sans serif quotation bold) dto., fett,

eclo8 (latex sans serif quotation bold obliqe) dto., fett geneigt,

ieclq8 (invisible latex sans serif quotation) dto., unsichtbar,

ieclq8 (invisible latex sans serif quotation inclined) dto., unsichtbar, geneigt,

ieclb8 (invisible latex sans serif quotation bold) dto., unsichtbar, fett,

ieclo8 (invisible latex sans serif quotation bold obliqe) dto., unsichtbar, fett geneigt.

Die letzten acht dieser Zeichensätze kommen bei der Bearbeitungsklasse slides gem. Anhang E zur Erstellung von Folienvorlagen zur Anwendung.

C.7.6 Die tc-Schriftergänzungen

1993 begann in den Kreisen der TEX-Zeichensatz-Entwickler eine Diskussion über erweiterte mathematische Zeichensätze mit 256 Zeichen. Dabei kam zum Ausdruck, dass bestimmte Zeichen der mathematischen cm-Zeichensätze vorrangig in normalen Texten verwendet werden. In Bezug auf die erweiterten ec-Textschriften wurde vorgeschlagen, eine weitere Zeichengruppe mit der Anfangskennung tc in ihren Namen zu kennzeichnen, wobei tc für 'text companion' (Text-Begleiter) steht. Inzwischen gibt es für alle ec-Zeichensätze, die der im letzten Unterabschnitt vorgestellten Namenskonvention folgen, entsprechende tc-Ergänzungszeichensätze.

Die tc-METAFONT-Grundquellenfiles werden auf den öffentlichen T_EX-Fileservern im gleichen Verzeichnis wie die ec-METAFONT-Grundquellenfiles angeboten, also in `/tex-archive/fonts/ec`. Die Installation erfolgt vollständig in Analogie zur Installation der ec-Zeichensätze, die in C.7.2 vorgestellt wurde. Nur ist hier zunächst das T_EX-Programm `tcstdedt.tex` mit T_EX zu bearbeiten, was gewöhnlich durch den Programmaufruf `tex tcstdedtr` geschieht. Damit werden wie bei den ec-Zeichensätzen die tc-Zeichensätze in den 14 Skalierungsstufen von 0500 bis 3583 erzeugt und unter den Filenamen

>   tc*xxnnnn*

abgelegt, wobei als stilkennzeichnendes Buchstabenpaar *xx* alle in C.7.5 aufgelisteten Werte auftreten können und für *nnnn*

>   0500, 0600, 0700, 0800, 0900, 1000, 1095,
>   1200, 1440, 1728, 2074, 2488, 2986, 3583

gewählt werden. Und genau wie in C.7.2 für `ecstdedt.tex` beschrieben enthält auch hier das File `tcstdedt.tex` eine Reihe von `\makefont`-Aufrufen der Form

>   `\makefont tcxx   (5[0500] 6[06000] 7[0700] 8[0800] 9[0900]`
>   `              10[1000] 10.95[1095] 12[1200] 14.4 [1440]`
>   `              17.28[1728] 20.74[2074] 24.88[24.88] 29.86[2986]`
>   `              35.83[3583])`

die bei Bedarf um weitere Skalierungsstufen ergänzt werden können.

Die tc-Zeichensätze bestehen derzeit jeweils aus 125 Zeichen. Zu ihnen gehören etwas höher gestellte Akzente zur besseren Kombination mit Großbuchstaben, die Ziffern im alten Stil (`\oldstyle`), einige Währungssymbole im alten und neuen Stil, die Symbole für Ohm und Mho (Ω und ℧), einige weitere Symbole aus `cmmi` sowie einige Zusatzsymbole, die sonst aus mehreren Einzelzeichen durch Kombination wie © und ® erstellt werden.

Für meine eigenen Anwendungen hatte ich bisher, von der Vorstellung der Belegungstabelle auf der folgenden Seite abgesehen, keinen Bedarf gehabt, tc-Zeichensätze zu verwenden. Dies wird sich in Zukunft vermutlich ändern, da mit der Währungsumstellung auf den Euro das Symbol € für den Euro als Währungseinheit häufiger benötigt wird. Die tc-Zeichensätze stellen das €-Symbol auf Position 191 bereit. Der Leser möge anhand der nebenstehenden Belegungstabelle selbst beurteilen, wie weit ihm, über das €-Symbol hinaus, die tc-Zeichensätze nutzen können.

Zur Nutzung der tc-Zeichensätze gibt es ein Ergänzungspaket `textcomp.sty`, das auf den öffentlichen Fileservern unter `/tex-archive/fonts/psfonts/ts1` zu finden ist. Dieses Ergänzungspaket richtet für alle Zeichen aus den tc-Zeichensätzen Aufrufbefehle mit weitgehend selbsterklärenden Namen ein. Ich selbst habe es für meine Anwendungen bisher noch nicht benötigt, was jedoch keine Nutzungswertung darstellt, sondern lediglich die hier beschränkte Erläuterung verständlich macht.

Soweit der Anwender Belegungstabellen für die vorgestellten sowie weitere Zeichensätze aus anderen Quellen erstellen möchte, sei er auf das T_EX-Programm `testfont.tex` verwiesen. Der Programmaufruf '`tex testfont`' leitet einen interaktiven Dialog ein, in dem zuerst nach dem Zeichensatz gefragt wird. Mit der anschließenden Eingabe `\table` wird die Belegungstabelle erstellt. Das Programm wird verlassen mit der Eingabe `\bye`.

C.7. ERWEITERTE TEX-ZEICHENSÄTZE

okt.	0	1	2	3	4	5	6	7	hex.
'00x	` 0	´ 1	^ 2	~ 3	¨ 4	˝ 5	° 6	ˇ 7	"0x
'01x	˘ 8	¯ 9	. 10	˛ 11	¸ 12	‚ 13	14	15	
'02x	16	17	‟ 18	19	20	— 21	— 22	23	"1x
'03x	← 24	→ 25	⌢ 26	⌢ 27	⌢ 28	⌢ 29	30	31	
'04x	ƀ 32	33	34	35	$ 36	37	38	' 39	"2x
'05x	40	41	* 42	43	, 44	= 45	. 46	/ 47	
'06x	0 48	1 49	2 50	3 51	4 52	5 53	6 54	7 55	"3x
'07x	8 56	9 57	58	59	⟨ 60	— 61	⟩ 62	63	
'10x	64	65	66	67	68	69	70	71	"4x
'11x	72	73	74	75	76	ʊ 77	78	◯ 79	
'12x	80	81	82	83	84	85	86	Ω 87	"5x
'13x	88	89	90	⟦ 91	92	⟧ 93	↑ 94	↓ 95	
'14x	` 96	97	★ 98	o|o 99	† 100	101	102	103	"6x
'15x	104	105	106	107	✉ 108	⌢ 109	♪ 110	111	
'16x	112	113	114	115	116	117	118	119	"7x
'17x	120	121	122	123	124	125	~ 126	= 127	
'20x	˘ 128	ˇ 129	" 130	" 131	† 132	‡ 133	‖ 134	‰ 135	"8x
'21x	• 136	°C 137	$ 138	¢ 139	f 140	₡ 141	W 142	₦ 143	
'22x	₲ 144	₽ 145	£ 146	₨ 147	? 148	¿ 149	₫ 150	™ 151	"9x
'23x	‱ 152	¶ 153	₿ 154	№ 155	℅ 156	e 157	° 158	SM 159	
'24x	{ 160	} 161	¢ 162	£ 163	¤ 164	¥ 165	¦ 166	§ 167	"Ax
'25x	¨ 168	© 169	ª 170	Ⓞ 171	¬ 172	Ⓟ 173	® 174	¯ 175	
'26x	° 176	± 177	² 178	³ 179	´ 180	µ 181	¶ 182	· 183	"Bx
'27x	※ 184	¹ 185	º 186	√ 187	¼ 188	½ 189	¾ 190	€ 191	
'30x	192	193	194	195	196	197	198	199	"Cx
'31x	200	201	202	203	204	205	206	207	
'32x	208	209	210	211	212	213	× 214	215	"Dx
'33x	216	217	218	219	220	221	222	223	
'34x	224	225	226	227	228	229	230	231	"Ex
'35x	232	233	234	235	236	237	238	239	
'36x	240	241	242	243	244	245	÷ 246	247	"Fx
'37x	248	249	250	251	252	253	254	255	
okt.	8	9	A	B	C	D	E	F	hex.

Tabelle 10: Zeichenumfang und Belegung für den ergänzenden Zeichensatz `tcrm1000`. Alle tc-Zeichensätze stimmen in Zeichenumfang und -belegung mit dem hier abgebildeten Zeichensatz `tcrm1000` überein.

C.8 Die cm-Zeichensatzfiles

C.8.1 Die Grundnamen der cm-Zeichensatzfiles

Zu jeder TeX-Implementierung gehören standardmäßig die in C.3 bis C.5 vorgestellten 75 Zeichensätze in den verschiedenen Entwurfsgrößen. Diese bestimmen die Grundnamen der Files, die hier nochmals zusammengefasst sind:

```
cmr5         cmti9        cmssq8       cmu10        cmmi5
cmr6         cmti10       cmss8        cmff10       cmmi6
cmr7         cmti12       cmss9        cmfi10       cmmi7
cmr8         cmbx5        cmss10       cmdunh10     cmmi8
cmr9         cmbx6        cmss12       cmtt8        cmmi9
cmr10        cmbx7        cmss17       cmtt9        cmmi10
cmr12        cmbx8        cmssqi8      cmtt10       cmmi12
cmr17        cmbx9        cmssi8       cmtt12       cmmib10
cmcsc10      cmbx10       cmssi9       cmtcsc10     cmsy5
cmsl8        cmbx12       cmssi10      cmsltt10     cmsy6
cmsl9        cmb10        cmssi12      cmitt10      cmsy7
cmsl10       cmfib8       cmssi17      cmtex8       cmsy8
cmsl12       cmbxsl10     cmssdc10     cmtex9       cmsy9
cmti7        cmbxti10     cmssbx10     cmtex10      cmsy10
cmti8        cminch       cmvtt10      cmex10       cmbsy10
```

Neben diesen TeX-Standardzeichensätzen gibt es meistens noch einige spezielle Logo-Files und LaTeX stellt zusätzlich einige Ergänzungen bereit:

```
lasy5        lasy8        lasyb10      lcircle10    logo8
lasy6        lasy9        line10       lcirclew10   logo9
lasy7        lasy10       linew10      logosl10     logo10
```

Die Zahl am Ende der Grundnamen gibt die Entwurfsgröße des zugehörigen Zeichensatzes an. Zu jedem der vorstehenden Grundnamen existiert ein File mit diesem Grundnamen und der Endung .tfm, also z. B. cmr10.tfm. TeX und LaTeX benötigen für die Bearbeitung eines Textes nur die .tfm-Files. Die .tfm-Files enthalten nicht die Zeichensätze selbst, sondern nur Informationen über die einzelnen Zeichen der entsprechenden Zeichensätze, wie deren Abmessungen, Neigungen, vorhandene Ligaturen und einiges mehr (s. Seite 300).

Die Zeichensätze selbst werden erst für die Druckausgabe benötigt. Hierfür stehen die Zeichensätze einmal in der Entwurfsgröße und zusätzlich in verschiedenen Vergrößerungsstufen zur Verfügung.

C.8.2 Vergrößerte Zeichensätze

Die üblichen Vergrößerungsstufen für TeX-Zeichensätze sind Potenzen von 1.2 sowie $\sqrt{1.2}$. Bei der LaTeX-Bearbeitung wird entsprechend den Anforderungen durch die Größenbefehle nach 4.1.3 zunächst ermittelt, ob der geforderte Zeichensatz für diese Größen in der Entwurfsgröße existiert. Ist dies nicht der Fall, so wird ein passender existierender Zeichensatz mit einer entsprechenden Vergrößerungsstufe angefordert. Diese Information entnimmt LaTeX

C.8. DIE CM-ZEICHENSATZFILES

den .fd-Files (Font Definition, s 8.4.2 auf Seite 230). Vergrößerte Zeichensätze können auch mit dem Befehl

\newfont{*Interner_Name*}{*Grundname* scaled *Skalierungsstufe*}

aktiviert werden. Die *Skalierungsstufe* ist der mit 1000 multiplizierte Vergrößerungsfaktor, also z. B. 1000 für die Entwurfsgröße selbst, 1095 für die Vergrößerungsstufe $\sqrt{1.2}$, 1200 für 1.2, 1440 für 1.2^2 usw., jeweils auf ganzzahlige Werte gerundet.

Ein mit 1.2 vergrößerter 10 pt-Zeichensatz ist nicht identisch mit dem 12 pt-Zeichensatz in der Grundstufe, also in der Entwurfsgröße selbst, auch wenn die Unterschiede bei kleinen Vergrößerungsstufen gering sind:

12 pt unskaliert 10 pt skaliert mit 1200

Bei der Vergrößerungsstufe 1.2^3, d. h. einem Skalierungsfaktor von 1728, sind die Unterschiede schon deutlicher:

17 pt unskaliert 10 pt skaliert mit 1728

Man erkennt hieran, dass die vergrößerten Zeichen zwar die gleiche Höhe haben, jedoch dicker ausfallen und gleichzeitig etwas breiter sind. Dies liegt daran, dass bei vergrößerten Zeichensätzen alle Abmessungen, einschließlich der Strichstärken, im gleichen Verhältnis vergrößert werden. Die Zeichensätze haben ihr bestes Aussehen, wenn sie in der Entwurfsgröße verwendet werden, es sei denn, das ausgedruckte Erzeugnis soll fotografisch verkleinert werden. In diesem Fall sollten alle benutzten Zeichensätze möglichst mit der gleichen Vergrößerungsstufe verwendet werden. Für solche hochqualitativen Druckerzeugnisse müssen ggf. die zugehörigen .fd-Files verändert werden.

Die Filenamen für die Drucker-Zeichensätze hängen von der Druckerauflösung ab. Sie beginnen zwar alle mit den Filegrundnamen, enden aber mit einem Anhang, der die Vergrößerungsstufe widerspiegelt. Für die am häufigsten benutzten, preiswerten DIN A4-Laserdrucker mit einer Auflösung von 300 Pixel/Zoll (dpi) bzw. 600 Pixel/Zoll (dpi) lauten sie:

Vergr. Faktor	Skal. Faktor	Anhang 300 dpi	600 dpi	Vergr. Faktor	Skal Faktor	Anhang 300 dpi	600 dpi
1.0	1000	300pk	600pk	1.2^4	2074	622pk	1244pk
$\sqrt{1.2}$	1095	329pk	657pk	1.2^5	2488	746pk	1493pk
1.2	1200	360pk	720pk	1.2^6	2986	896pk	1792pk
1.2^2	1440	432pk	864pk	1.2^7	3583	1075pk	2150pk
1.2^3	1728	518pk	1037pk	1.2^8	4300	1290pk	2580pk

In den TeX-Anfangsjahren existierten auch Druckerzeichensätze mit der Buchstabengruppe pxl im Namensanhang. Sie gelten spätestens seit Ende der 80er Jahre als überholt und sind inzwischen vollständig durch die gepackten Zeichensätze, erkennbar durch die Buchstabengruppe pk im Namensanhang, abgelöst worden. Die davorstehende Zahl bedeutet die Auflösung in Pixel/Zoll. Lautet diese 300 und wird der Zeichensatz auf einem Drucker gleicher Auflösung ausgegeben, so erscheinen die Zeichen in ihrer Sollgröße. Ist der Zeichensatz dagegen für eine Auflösung von 360 Pixel/Zoll konstruiert, wird aber auf einem Drucker mit 300 Pixel/Zoll Auflösung ausgegeben, so erscheinen die Zeichen auf diesem Drucker um den Faktor 1.2 vergrößert. Filenamen wie cmr10.432pk oder cmss10.1493pk sind damit selbsterklärend. Zu den Besonderheiten unter DOS s. den Hinweis auf S. 337.

C.8.3 Pixel-Kodierung

Jedes Zeichen, das auf einem Laserdrucker erscheint, setzt sich aus einer Folge von winzigen Punkten oder Quadraten, sog. Pixeln, zusammen. Die Größe eines solchen Pixels hängt von der Auflösung des Druckers ab. Beträgt diese 300 Pixel/Zoll, so hat ein Pixel einen Durchmesser oder eine Seitenlänge von ca. 0.08mm. In stark vergrößerter Darstellung setzt sich z. B. der Buchstabe ‚A' des 10 pt-Roman-Zeichensatzes so zusammen:

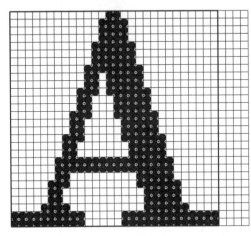

Im Rechner wird jedes Teilquadrat des nebenstehenden Bildes durch eine '0' oder '1' repräsentiert, und zwar steht die Null für ein leeres, also weißes, und die Eins für ein gefülltes Feld. Das ‚A' ist hierbei 28 Felder breit und ebenfalls 28 Feldzeilen hoch. Die oberste Zeile entspricht damit der Zahlenfolge

0000000000000110000000000000

gefolgt von

0000000000001111000000000000

als zweiter Zeile usw. Die letzte (unterste) Zeile schließlich wird durch

1111111110000011111111111111

repräsentiert.

Da solche Binärzahlen oder ‚bit' (das sind Zahlen, die nur die Werte ‚null' oder ‚eins' annehmen können) in einem Rechner nicht in beliebiger Länge, sondern im Allgemeinen in festen Blöcken von jeweils acht Bit als sog. Byte zusammengefasst werden, wird in jeder Zeile des obigen Pixelmusters das letzte Byte mit weiteren Nullen aufgefüllt, bis jeweils acht Bit erreicht sind. Jede Zeile im vorstehenden Beispiel besteht damit aus 32 Bit, wobei die letzten vier Stellen mit Nullen aufgefüllt sind und nur die ersten 28 zur Erzeugung des Pixelmusters dienen.

Der obige Buchstabe ‚A' wird damit durch 112 Byte im Speicher repräsentiert. Da jeder Zeichensatz aus 128 Zeichen besteht, benötigen die Zeichensätze erhebliche Speicherkapazität. Hinzu kommt, dass sie neben den Pixelmustern noch weitere Informationen für jedes Zeichen enthalten.

Dies wird am Beispiel des ‚g' deutlich:

Das Pixelmuster eines jeden Zeichens kann in eine Minimalbox eingeschachtelt werden, die die schwarzen Pixel gerade einschließt. Diese Minimalbox hat in Pixel ausgedrückt eine bestimmte Breite und Höhe, im nebenstehenden Beispiel 18 und 27. Jedes Zeichen hat eine Grundlinie, auf der es ausgerichtet ist.

Der Abstand der Grundlinie von der obersten Pixelzeile Δy beträgt beim ‚g' 16 Pixel. Auf der Grundlinie liegt der Bezugspunkt, auf den das Zeichen horizontal ausgerichtet ist. Liegt der Bezugspunkt vor der Minimalbox des Pixelmusters, so gilt er als negativ, wie im Beispiel $\Delta x = -1$. Schließlich gehört zu jedem Zeichen noch die Angabe, wo der Bezugspunkt für das nächste Zeichen liegt, im Beispiel liegt dieser um 21 Pixel weiter rechts.

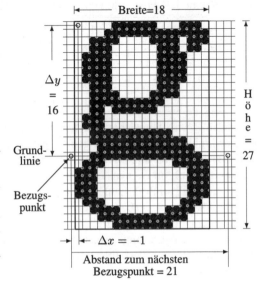

Der Druckvorgang würde allerdings unvertretbar lange dauern, wenn für jedes Zeichen jedes Mal das zugehörige Pixelmuster an den Drucker gesendet werden müsste. Tatsächlich verfügen die Laserdrucker über eine Speichereigenschaft, die es gestattet, das Pixelmuster eines Zeichens einmal an den Drucker zu senden und jedes weitere Auftreten lediglich durch die Zeichenkennnummer, die nur ein Byte benötigt, zu veranlassen. Dies ist u. a. eine der Aufgaben des sog. Druckertreibers. Die jeweiligen *Zeichenkennnummern* sind in den Tabellen aus C.6 enthalten. Eventuell gestattet der Druckertreiber oder ein zugehöriges Hilfsprogramm das permanente Laden der am häufigsten verwendeten Zeichensätze. Anschließende Druckaufträge werden dann schneller ausgeführt.

C.8.4 Gepackte Kodierung

TOMAS ROKICKI von der Stanford University hat ein Packungsverfahren entwickelt, das die Pixelinformation für die einzelnen Zeichen in sehr verdichteter Form enthält. Die Idee beruht darauf, dass in den Pixelmustern weiße und schwarze Pixel in den allermeisten Fällen nicht abwechselnd aufeinander folgen, sondern wenn auf einen schwarzen Pixel ein weißer folgt, dann sind im Allgemeinen auch die nächsten Pixel weiß und umgekehrt.

Die Kodierung erfolgt bei diesem Verfahren durch eine Folge von Zahlen, die jeweils angeben, wie viele Pixel der einen Sorte aufeinander folgen, gefolgt von der Zahl der anderen Sorte, usw. Dabei muss für jedes Zeichen zunächst angegeben sein, ob das Pixelmuster mit einem weißen oder einem schwarzen Pixel beginnt. Beim obigen „g", das mit einem weißen Pixel beginnt, würden diese Zahlen also lauten:

5/6/3/3/$\underline{5}$/14/2/4/4/4/1/3 . . .

Das Zeichen beginnt also mit fünf weißen Pixeln, gefolgt von sechs schwarzen, danach wieder drei weiße und dann drei schwarze. Der letzte Pixel in der ersten Pixelzeile ist weiß und die zweite Zeile beginnt mit vier weißen Pixeln, so dass insgesamt hierauf fünf weiße Pixel folgen. Da die Breite der Minimalbox bekannt ist, kann diese $\underline{5}$ beim Entpacken auf die erste und zweite Zeile richtig aufgeteilt werden.

In diesen Zahlenfolgen kann nie die Zahl 0 auftreten. Eine Analyse der Pixelmuster zeigt, dass in mehr als 90 % aller Fälle diese Zahlen kleiner als 14 sind. Die obige Zahlenfolge wird damit aus 4-bit-Zahlen (sog. Nibbles) zusammengesetzt, mit denen die Zahlenwerte 0 . . . 15 repräsentiert werden. Den Zahlenwerten 0, 14 und 15 wird hierbei eine andere Bedeutung zugeordnet. Mit der Null wird bekanntgegeben, dass die mit dem letzten Nibble begonnene Zahl größer als 13 ist und damit das nächste Nibble mit zur laufenden Zahl gehört. Die Analyse der Pixelmuster zeigt ferner, dass in 37 % der Fälle für die Pixelzeilen zwei oder mehrere gleiche Zeilen aufeinander folgen. Die Zahl 15 wird als Kennung dafür benutzt, dass die nächste Pixelzeile mit der vorangegangenen identisch ist und darum nicht nochmals angegeben werden muss. Die Zahl 14 schließlich kennzeichnet den Fall, dass mehr als zwei gleiche Zeilen aufeinander folgen und das nächste Nibble angibt, wie viele gleiche Zeilen hiernach folgen.

Auch die bei der Pixelkodierung beschriebene Zusatzinformation, wie Breite und Höhe der Minimalbox sowie die Lage des Bezugspunkts und der Abstand zum nächsten Zeichen, erfolgt in komprimierterer Form als bei den früheren Pixelfiles. Die Detailinformation ist nur für den Entpackungsvorgang bei den .dvi-Treibern von Bedeutung. Hierfür sei auf die Spezialliteratur verwiesen: „Tomas Rokicki: *Packed (PK) Font File Format*; TUGboat, Vol. 6, No. 3, pp 115–120, 1985".

C.9 Anmerkungen zu METAFONT

METAFONT ist ein Programm zur Erzeugung von Zeichensätzen und stammt von demselben Autor, der auch TEX entwickelt hat: DONALD E. KNUTH [10, 10c, 10d, 10e]. Ist das Programm METAFONT verfügbar, so können die vorhandenen Zeichensätze in unbegrenzter Mannigfaltigkeit variiert und vergrößert oder verkleinert werden.

C.9.1 Die Nutzung von METAFONT

Der Name, unter dem das METAFONT-Programm aufgerufen werden kann, ist systemabhängig und muss vom Rechenzentrum erfragt oder der Installationsbeschreibung entnommen werden. Angenommen, er lautet mf, was meistens der Fall ist, dann kann durch diesen Aufruf das Programm gestartet werden. Auf dem Bildschirm erscheint zunächst eine Mitteilung über die implementierte Version und die zusätzlich geladenen Programme. Das Programm meldet sich danach mit dem Zeichen ** und wartet auf eine Anwendereingabe. Diese sollte lauten:

\mode=localfont; mag=*nn*; input *file*

gefolgt von der Returntaste. Der Wert *nn* in dem Befehl mag=*nn* ist eine Dezimalzahl und stellt den Vergrößerungsfaktor dar. Entfällt dieser Befehl oder wird hierfür 1 gewählt, so entsteht der Zeichensatz in der Entwurfsgröße. Als Filename *file* beim input-Befehl kann jeder der 75 Grundnamen (C.7.1) gewählt werden. Zu jeder METAFONT-Implementation sollten 75 Files mit diesen Grundnamen und dem Anhang .mf gehören. Diese Files enthalten die Zeichensatzcharakteristika in Form von jeweils 62 Parametern, auf die hier nicht näher eingegangen wird.

Mit der Returntaste beginnt METAFONT den gewählten Zeichensatz in der gewählten Vergrößerungsstufe zu erzeugen. Dabei erscheinen auf dem Bildschirm nacheinander die Zeichennamen und die Zahlenwerte für die Anordnung des Zeichens innerhalb des Zeichensatzes. Meldet sich das Programm schließlich mit einem *, so kann mit der Eingabe end und der Returntaste zur Befehlsebene des Betriebssystems zurückgekehrt werden, was evtl. automatisch geschieht.

Viele Betriebssysteme gestatten Befehlsaufrufe mit gleichzeitiger Parameterübergabe. Unter UNIX und nahezu ebenso unter DOS kann der Aufruf z. B. lauten:

mf '\mode=localfont; mag=*nn*; input *file*'

wobei unter DOS die Hochkommata entfallen. Nach Erstellung des Zeichensatzes für den übergebenen Filenamen *file* meldet sich das Betriebssystem mit seinem Eingabeprompt zurück.

In beiden Fällen des Befehlsaufrufs sind zwei neue Files entstanden. Einmal das zugehörige .tfm-File für diesen Zeichensatz und ein zweites mit dem gewählten Grundnamen und dem Anhang .*xxx*gf. Hierin steht gf für 'Generic Font' und *xxx* spiegelt den Vergrößerungsfaktor wider. War dieser 1, so sollte für *xxx* die Auflösung des verwendeten Druckertyps stehen. Die Information über den Druckertyp entnimmt METAFONT aus dem Aufruf \mode=localfont;. Im Original wird hier ein Drucker mit der Auflösung von 200 Pixel/Zoll vorausgesetzt. Es ist jedoch gerade der Sinn des METAFONT-Makros localfont, an dieser Stelle den haustypischen Druckertyp zu charakterisieren. Die erforderliche Anpassung wird im nächsten Unterabschnitt vorgestellt.

Da für alle Vergrößerungsstufen eines Zeichensatzes nur ein .tfm-File benötigt wird, ist die jeweils neue Erzeugung des .tfm-Files mit jeder weiteren Vergrößerungsstufe unnötig. Dies könnte ebenfalls im Makro localfont berücksichtigt werden, etwa dergestalt, dass das .tfm-File nur für mag=1 erzeugt wird. Der damit verbundene Zeitgewinn ist aber vernachlässigbar, so dass hiervon meistens abgesehen wird.

Enthält das Makro localfont die Information, dass die lokalen Drucker die Auflösung 300 Pixel/Zoll haben, so erzeugt der Aufruf

```
\mode=localfont; mag=1; input cmr10
```

die Files cmr10.tfm und cmr10.300gf. Das Unterstützungsprogramm gftopk, das Teil jeder METAFONT-Implementation ist, erzeugt mit dem Aufruf

```
gftopk cmr10.300gf
```

hieraus schließlich das File cmr10.300pk, also das eigentliche gepackte Zeichensatzfile. Wird dieses auf einem Drucker der Auflösung 300 Pixel/Zoll ausgegeben, so erscheinen die Zeichen in ihrer Sollgröße.

Im Folgenden wird angenommen, dass localfont die entsprechende Information für 300 Pixel/Zoll-Drucker enthält. Der Aufruf zur Erzeugung eines Zeichensatzes darf einen beliebigen Vergrößerungsfaktor enthalten: mag=4 erzeugt einen vierfach vergrößerten Zeichensatz für den gewählten Filegrundtyp, z. B. cmr10.1200gf, und hieraus schließlich das gepackte File cmr10.1200pk. Ebenso könnte mit mag=0.8 ein verkleinerter Zeichensatz aus dem Grundtyp der Form cmr10.240gf als cmr10.240pk erstellt werden.

Die üblichen TEX-Abstufungen für Vergrößerungen sind Potenzen von 1.2 und $\sqrt{1.2}$. Diese können durch Angabe des entsprechenden Dezimalbruchs als Wert für mag erzeugt werden. Es ist aber auch möglich, mag=magstep$n$ zu schreiben, wobei n eine ganze Zahl ist und magstep$n$ dem Wert 1.2^n entspricht: magstep3 $1.2^3 = 1.728$. Schließlich kann für $\sqrt{1.2}$ hier mag=magstep0.5 geschrieben werden.

Einige Betriebssysteme, so z. B. DOS, erlauben höchstens drei Zeichen in den Anhängen von Filenamen. Hier ist für jede Vergrößerungsstufe ein eigenes Verzeichnis einzurichten, worin die Druckerzeichensätze unter den Namen cm$zznn$.pk abgelegt werden. Die Namen der Zeichensatzfiles lassen hierbei die Vergrößerungsstufe nicht mehr erkennen. Diese folgt dann nur aus der Ordnung des Dateiensystems.

Zur Literatur über die allgemeine Nutzung des Programms METAFONT sei hier nochmals auf das Buch „The METAFONTbook" von DONALD E. KNUTH [10c] verwiesen. [5b, Kapitel 7] stellt eine deutschsprachige Einführung in METAFONT dar.

In Ergänzung zu TEX 3.0 wurde von DONALD E. KNUTH eine parallele Erweiterung bei METAFONT vorgenommen und als METAFONT 2.0 bereitgestellt. DONALD E. KNUTH hat mit diesen erweiterten Programmversionen seine Entwicklungstätigkeit an TEX und METAFONT definitiv beendet. Er wird zukünftig nur noch evtl. verborgene Fehler korrigieren. Als sichtbares Signal für seine Entscheidung werden zukünftige korrigierte Programmversionen mit ihren Versionsnummern bei TEX gegen π und bei META-FONT gegen e konvergieren. Zum Zeitpunkt dieser Buchausgabe existieren die Versionen TEX 3.14159 und METAFONT 2.718. Spätere Versionsnummern werden irgendwann einmal lauten: $3.1415926\ldots \approx \pi$ bzw. $2.71828\ldots \approx e$ (Eulersche Zahl). Als weitere Konsequenz dieser Entscheidung werden etwaige Weiterentwicklungen von TEX und METAFONT, z. B. durch die Anwendervereinigungen, unter geänderten Programmnamen bereitzustellen sein, da DONALD E. KNUTH ein Schutzrecht an diesen Programmnamen besitzt.

C.9.2 METAFONT-Geräteanpassung

Die Verteilungsmedien für METAFONT enthalten das File modes.mf, das die META-FONT-Einstellungen für nahezu alle am Markt befindlichen Drucker oder sonstiger Ausgabegeräte, wie Grafikbildschirme, enthält. Diese gerätespezifischen Einstellungen werden als METAFONT-Makros realisiert und für die Bearbeitung mit 'mode=*dev_macro*' beim mf-Aufruf aktiviert. Dabei steht *dev_macro* für den Makronamen des entsprechenden Geräts. Alle Gerätemakros bestehen aus der Struktur

    `mode_def` *dev_macro*   *einstell_vorgaben*   `enddef`

Als konkrete Beispiele für die Einstellvorgaben nenne ich hier die Gerätemakros für die HP-Laserdrucker Laserjet II und Laserjet IV:

```
mode_def cx   % Canon CX, e.g. LJ II       mode_def ljfour  % Laserjet IV
  mode_param (pixel_per_inch, 300);          mode_param (pixel_per_inch, 600);
  mode_param (blacker, 0);                   mode_param (blacker, .25);
  mode_param (fillin, .2);                   mode_param (fillin, 0);
  mode_param (o_correction, .6);             mode_param (o_correction, 1);
  mode_common_setup;                         mode_common_setup;
enddef                                     enddef
```

Die Gerätekennung *dev_macro* erfolgt damit für das Canon-CX-Druckwerk mit `cx` und für den Laserjet IV mit `ljfour`. Die Einstellvorgabe für `pixel_per_inch` ist selbsterklärend. Die Einstellvorgabe für `blacker` ist ein Korrekturwert, mit dem die unterschiedliche Pixelgröße verschiedener Druckertypen mit gleicher Auflösung kompensiert werden kann. Beim Zusammentreffen von geneigten mit vertikalen und horizontalen Linien erscheint der Schnittpunkt häufig überschwärzt. Dieser Effekt kann mit einem geeigneten Einstellwert für `fillin` gemildert werden. `o_correction` ist ein Faktor zur Kompensation der optischen Täuschung, dass Kreise gegenüber Quadraten bei gleichem Durchmesser und Kantenlängen kleiner erscheinen.

Der Anwender muss sich den Makronamen *dev_macro* für seinen Drucker aus dem Gerätefile `modes.mf` heraussuchen. Anschließend kann er beim Aufruf von METAFONT angegeben werden, womit der Zeichensatz für diesen Drucker generiert wird. Das Gerätefile `modes.mf` muss beim METAFONT-Aufruf in die Bearbeitung einbezogen werden, und zwar vor der Modezuweisung `mode=`*dev_macro*. Dies kann mit dem MF-Aufruf in der Form

    `mf 'modes; mode=`*dev_macro*`; mag=`*m*`; input` *font*`'`

geschehen, wobei unter DOS der Argumenteinschluss in Hochkommata entfallen kann. In F.1.7 stelle ich eine elegantere Lösung vor, bei der die explizite Angabe von `modes.mf` beim METAFONT-Programmaufruf entfallen kann.

Das Gerätefile `modes.mf` enthält ganz am Ende eine Zuweisung an `localfont` in der Form

    `localfont :=` *dev_macro*`;`

Hier möge der Anwender die Kennzeichnung seines Druckers aus `modes.mf` für *dev_macro* einsetzen. Damit kann der MF-Programmaufruf dann auch lauten:

    `mf 'modes; mode=localfont; mag=`*m* `input` *font*`'`

Anhang D

LaTeX-Ergänzungen

In der sich ständig vergrößernden TeX- und LaTeX-Gemeinde ist inzwischen eine große Zahl von nützlichen Makropaketen entstanden, die den Interessenten meist kostenlos verfügbar gemacht werden können. Das für deutschsprachige Anwender wichtigste Ergänzungspaket für die Bearbeitung deutscher Texte, german.sty, wird hier ausführlich vorgestellt.

D.1 Der deutsche TeX-Befehlszusatz

Beim 6. Treffen der deutschen TeX-Benutzer im Oktober 1987 in Münster wurden die Eigenschaften für eine deutsche TeX- bzw. LaTeX-Version allgemein diskutiert und mit einer Empfehlung für eine *Mindestmenge an deutschen TeX-Befehlen* („Minimal Subset of German TeX Commands") abgeschlossen. Ihre vorläufige Realisierung erfolgte durch die Erweiterung des german.sty-Files von HUBERT PARTL, damals EDV-Zentrum der Techn. Universität Wien. Dieses File enthält eine Reihe von Makros, die auf Ideen von HUBERT PARTL sowie

> WOLFGANG APPELT, FERDINAND HOMMES u. a. (GMD St. Augustin)
> NORBERT SCHWARZ (Uni Bochum)   T. HOFMANN (CIBA-GEIGY, Basel)
> J. SCHROD (TH Darmstadt)   D. ARMBRUSTER (Uni Stuttgart)
> R. SCHÖPF (Uni Mainz)   F. MITTELBACH (Uni Mainz)
> J. KNAPPEN (Uni Mainz)   P. BREITENLOHNER (MPI München)

und anderen, nicht genannten Autoren aufbauen. Inzwischen wird das Ergänzungspaket german.sty von BERND RAICHLE, Universität Stuttgart, betreut und gewartet.

Das german.sty-File definiert einen Satz von TeX-Befehlen, die einheitlich bei allen deutschen TeX-Implementationen zur Verfügung stehen sollten. Die meisten dieser Befehle werden mit " eingeleitet. Das Zeichen " erhält damit eine ähnliche Bedeutung wie der \ (Rückstrich, backslsash) bei den sonstigen TeX-Befehlen.

Zusätzlich kann mit einem *Sprachschalter* auf die Sprachen *USenglisch, englisch, französisch, deutsch* und *österreichisch* geschaltet werden, wodurch das Datum und bestimmte Überschriften wie „Kapitel", „Inhaltsverzeichnis" u. a. mit den Wörtern der gewählten Sprache erscheinen. Gleichzeitig wird durch den Sprachschalter das jeweils richtige Trennungsverzeichnis aktiviert. Schließlich kann mit einem weiteren *Schalterpaar* von der deutschen Version vorübergehend auf das LaTeX-Original und wieder zurück geschaltet werden.

D.1.1 Der Aufruf des german.sty-Files

Das Ergänzungspaket zur Unterstützung deutschsprachiger Texte zur LaTeX-Bearbeitung steht ab Version 5e vom 8. Juli 1998 in zwei Varianten als german.sty bzw. ngerman.sty zur Verfügung. Dabei dient german.sty zur Bearbeitung deutschsprachiger Texte in der alten und ngerman.sty in der neuen Rechschreibung gemäß der Schreibreform von 1998. Beide Pakete werden alternativ mit LaTeX in gewohnter Weise durch den Vorspannbefehl

\usepackage{*german*}[*vers_datum*]

aktiviert. Hierin steht *german* für den Grundnamen des gewünschten Ergänzungspakets, also entweder german oder ngerman. Beide Varianten erlauben auch die Verwendung der erweiterten ec-Zeichensätze durch Aktivierung des Kodierattributs T1 gemäß 8.5.1. Mit dem Zeichensatz-Kodierattribut T1 erfolgt eine bessere Trennung. Außerdem wird die Zeichenanordnung vor und nach Umlauten gegenüber den OT1-kodierten Schriften verbessert.

Soll sichergestellt werden, dass die Version 2.5e (oder eine neuere) von german.sty oder ngerman.sty zur Anwendung kommt, dann ist beim \usepackage-Aufruf der optionale Parameter *vers_datum* in der Form [1998/07/08] anzugeben.

D.1.2 Die Umlaute und das ß

Die Eingabe der Umlaute erfolgt durch das unmittelbare Voranstellen des ". Bei den so erzeugten Umlauten werden die Pünktchen enger an den Buchstaben gerückt, als es beim LaTeX-Original geschieht.

"a ä "o ö "u ü "A Ä "O Ö "U Ü

Zum Vergleich: ü und ü, also das Ergebnis von "u und dem Original \"u. (Der Unterschied ist bei der hier verwendeten Schrift aber kaum sichtbar, wird aber bei Umschaltung auf die cm-Originalschriften mit ü gegenüber ü deutlicher.) Wörter mit den Umlautbefehlen "u können in den Silben vor und *nach* den Umlauten automatisch getrennt werden. Mit dem Originalbefehl \"u werden Trennungen nur bis zur ersten umlautbehafteten Silbe ausgeführt.

Weitere fremdsprachige Umlaute werden mit "e, "i, "I erzeugt. Bei diesen Umlauten haben die Pünktchen den größeren Originalabstand: ë, ï, Ë, Ï.

Mit dem internen Befehl \umlauthigh kann auf die größere Höhe der Umlautpünktchen bei den deutschen Umlauten umgeschaltet werden: ä ö ü Ä Ö Ü. Mit \umlautlow wird auf den normalen Abstand für deutsche Umlaute zurückgeschaltet: ä ö ü Ä Ö Ü. Diese internen Befehle sind nicht Bestandteil des deutschen Befehlssatzes, sondern dienen zu seiner Realisierung.

Das ß wird durch "s oder "z erzeugt. Auch hier sind, im Gegensatz zum Original \ss, Wörter vor und *nach* dem ß trennbar. Mit "S bzw. "Z werden die Großformen des ß als SS bzw. SZ ausgegeben. Aus Gründen der Kompatibilität zu früheren Anwendungen kann alternativ *noch* \3 verwendet werden. Neue LaTeX-Benutzer sollten diese Form erst gar nicht verwenden, und ebenso sollte bei zukünftigen Anwendungen das ß nur noch als "s eingegeben werden, da der Befehl \3 in anderen Makropaketen evtl. für andere Zwecke verwendet wird.

Die direkte Tasteneingabe für die Umlaute und das ß bei Verwendung einer deutschen Rechner-Tastatur wird in D.2.5 nachgereicht!

D.1.3 Trennungshilfen

Die Original-Trennungshilfe \- hat zur Folge, dass das mit einer Trennungshilfe versehene Wort *nur* an den gekennzeichneten Stellen getrennt werden kann: `Steuer\-erstattung` lässt als einzige Trennungsmöglichkeit nur die Trennung nach ‚Steuer-' zu. Mit dem Befehl `"-` an der gleichen Stelle wird erreicht, dass es als ‚Steu-er-er-stat-tung' getrennt werden kann, während es ohne Trennungshilfe evtl. fehlerhaft als ‚Steue-r-er...' getrennt würde. Damit kann sich die Originaltrennungshilfe auf die Fälle beschränken, bei denen eine Trennung *nur* an ausgewählten Stellen erlaubt sein soll. Beispiel: `Ur\-instinkt`.

Der Befehl `""` wirkt wie die Trennungshilfe `"-`, nur wird bei einer Trennung an dieser Stelle kein Trennungsstrich ‚-' angehängt.

Die deutschen Besonderheiten gemäß der alten Rechtschreibung beim Trennen von ‚ck' sowie bei zusammengesetzten Wörtern mit drei aufeinander folgenden gleichen Konsonanten erhalten durch das Voranstellen von `"` eine korrekte Trennungshilfe:

Befehl	Beispiel	ungetrennt	getrennt
`"ck`	`Dru"cker`	Drucker	Druk-ker
`"ff`	`Schi"ffahrt`	Schiffahrt	Schiff-fahrt
`"ll`	`Ro"lladen`	Rolladen	Roll-laden
`"mm`	`Schwi"mmeister`	Schwimmeister	Schwimm-meister
`"nn`	`Bre"nnessel`	Brennessel	Brenn-nessel
`"pp`	`Pa"ppaket`	Pappaket	Papp-paket
`"rr`	`Da"rrost`	Darrost	Darr-rost
`"tt`	`Be"ttuch`	Bettuch	Bett-tuch

Diese Trennhilfen entfallen mit dem Ergänzungspaket `ngerman.sty` ensprechend den geänderten Trennregeln der neuen Rechtschreibung.

Ein Bindestrich zwischen zwei Teilwörtern kann neben der TEX-Standardeinfügung mit ‚-' auch mit `"~` und `"=` erzeugt werden. Mit der ersten Form `"~` wird eine Trennung an der Stelle des Bindestrichs verboten. Die zweite Form erlaubt dagegen eine Trennung sowohl an der Stelle des Bindestrichs wie auch an vorangehenden oder nachfolgenden Silben. Die TEX-Standardeingabe mit ‚-' gestattet dagegen eine Trennung des zusammengesetzten Wortpaares *nur* an der Stelle des Bindestrichs.

Trennungen am Bindestrich oder an unmittelbar vorangehenden oder nachfolgenden Silben sind häufig unerwünscht. So ist beim I-Punkt der Bindestrich als Trennstelle ungeeignet. Hier wird ggf. eine Feinkorrektur durch Einschluss von Wortteilen in \mbox zur Vermeidung von unerwünschten Trennungen oder durch Austausch der Bindestricheingabe gegen `"~` erforderlich. Die in den letzten beiden Absätzen vorgestellten Trennhilfen stehen sowohl mit `german.sty` als auch mit `ngerman.sty` zur Verfügung.

D.1.4 Aufhebung von Ligaturen

Bei zusammengesetzten Wörtern sollten die von TEX verwendeten Ligaturen 'ff', 'fi', 'fl', 'ffi', 'ffl' bei Bedarf aufgelöst werden. Beispiel: Auflage statt Auflage. Ligaturen können mit dem Originalbefehl `\/` verhindert werden. Beim zusätzlichen deutschen Befehlssatz sollte stattdessen der Befehl `"|` verwendet werden, der gleichzeitig eine Trennungshilfe darstellt: `Auf"|lage` erzeugt ‚Auflage' und lässt die Trennung ‚Auf-lage' zu.

Bei den dreifachen Ligaturen ‚ffi' und ‚ffl' ist auf die richtige Stelle der Auflösung zu achten

```
Tief"|flieger aber Stoff"|lager    für  Tiefflieger bzw. Stofflager
auf"|finden    aber Haff"|insel    für  auffinden bzw. Haffinsel
```

D.1.5 Deutsche Anführungszeichen

In deutschen Texten sollten statt der englischen "Quotes" als Anführungszeichen die „Gänsefüßchen" verwendet werden. Der deutsche Befehlssatz sieht hierfür die Befehle

    "` oder \glqq für „ und "' oder \grqq für "

vor. Beispiel:

    „Wir wollen gehen", drängte Walter. „Hier ist jede Diskussion zwecklos."
```
"'Wir wollen gehen"', dr"angte Walter.
"'Hier ist jede Diskussion zwecklos."'
```

Wenn in einen mit Anführungszeichen versehenen Satz eine wörtliche Rede oder eine andere Anführung eingeschoben wird, so erhält diese nach Duden ‚halbe' Anführungszeichen. Im deutschen Befehlssatz erzeugen

    \glq für ‚ und \grq für '

diese Anführungszeichen.

Stehen ganze und halbe Anführungszeichen unmittelbar hintereinander, so wird automatisch an der richtigen Stelle ein kleiner Zwischenraum eingefügt: „‚Anfang' und ‚Ende' "

    wurde erzeugt mit \glqq\glq Anfang\grq\ und \glq Ende\grq\grqq.

Eine zusätzliche Formatierungshilfe, die bei der entsprechenden Folge der englischen Quotes nach 3.5.1.3 erforderlich ist, kann hier entfallen.

D.1.6 Französische Anführungszeichen

Bei französischen, gelegentlich aber auch bei deutschen Texten werden «···» als ganze und ‹···› als halbe Anführungszeichen benutzt. Sie werden erzeugt mit

    "< oder \flqq für « und "> oder \frqq für » bzw.
    \flq für ‹ und \frq für ›

Auch hier wird bei unmittelbar hintereinander stehenden ganzen und halben Anführungszeichen automatisch an der richtigen Stelle ein kleiner Zwischenraum eingefügt: "<\flq d\'ebut\frq\ et \flq fin\frq"> ergibt «‹début› et ‹fin›».

Die Verwendung dieser Anführungszeichen erfolgt bei deutschen Texten meist in der umgekehrten Reihenfolge als »...«. Als öffnendes Zeichen ist dann einfach "> oder \frqq und als schließendes "< oder \flqq zu verwenden.

D.1.7 Sprachumschaltung

Mit dem Befehl

\selectlanguage{*sprache*}

und den Werten austrian, english, french, german oder USenglish für *sprache* kann mit german.sty auf die entsprechenden Sprachen umgeschaltet werden. Mit ngerman.sty ist zur Sprachumschaltung auf Deutsch und Österreichisch für *sprache* stattdessen ngerman bzw. naustrian zu wählen. Dadurch erscheint mit dem Befehl \today das Datum in der Form der entsprechenden Sprache. Ebenso werden die automatisch erscheinenden Überschriften wie „Kapitel", „Inhaltsverzeichnis" u. a. mit den Wörtern der gewählten Sprache ausgegeben, also z. B. als «Chapitre», «Table des matières» bei french und "Chapter", "Contents" bei english oder USenglish.

Mit dem Sprachschalter \selectlanguage{*sprache*} wird auch das jeweils sprachspezifische Trennungsverzeichnis aktiviert, vorausgesetzt, dass bei der Erzeugung des Formatfiles latex.fmt die entsprechenden Trennmusterfiles bereitgestellt wurden (s. F.1.1, S. 373). Fehlt für eine der angewählten Sprachen das zugehörige Trennungsverzeichnis, dann wird für diese Sprache ab TEX 3.0 die Trennung vollständig unterdrückt.

Das aktuelle Datum erscheint beim Aufruf des \today-Befehls für die verschiedenen Sprachen als

\selectlanguage	\today	\abstractname
austrian	5. Jänner 1999	Zusammenfassung
english	5th January 1999	Abstract
french	5 janvier 1999	Résumé
german	5. Januar 1999	Zusammenfassung
USenglish	January 5, 1999	Abstract

und die Namensbefehle aus den Klassenfiles geben, wie hier für \abstractname gezeigt, ihren sprachspezifischen Inhalt aus. Mit dem Aufruf von \usepackage{german} bzw. \usepackage{ngerman} wird standardmäßig german bzw. ngerman zur aktiven Sprache erklärt. Eine explizite Einstellung mit \selectlanguage kann deshalb für eine rein deutsche Textbearbeitung entfallen.

Der Befehl \selectlanguage{*sprache*} sollte zur Auswahl einer anderen Hauptsprache des zu bearbeitenden Textes nur einmal gesetzt werden, und zwar im Vorspann, also vor \begin{document}. Er ist zwar auch im Textteil zur lokalen Sprachumschaltung erlaubt, doch besteht hierfür innerhalb eines einheitlichen Textfiles kaum Bedarf. Soll gelegentlich das Datum oder ein bestimmter Überschriftenname für eine andere Sprache ausgegeben werden, so kann das besser mit der lokalen Erklärung von \date*sprache* bzw. \captions*sprache* und dem anschließenden Aufruf von \today oder des speziellen Namensbefehls geschehen.

Mit den internen Befehlen \dateaustrian, \dateenglish, \datefrench, \dategerman und \dateUSenglish wird der \today-Befehl für die entsprechenden Sprachen definiert. Soll nur das Datum durch Aufruf von \today in einer anderen Sprachform gewählt werden, so kann das durch Aufruf eines der vorstehenden \date*sprache*-Befehle geschehen. Das Gleiche gilt auch für die sprachspezifischen Überschriftbefehle \captionsaustrian, \captionsenglish, \captionsfrench, \captionsgerman und \captionsUSenglish. Nach Aufruf dieser Befehle geben die in den Klassenfiles eingerichteten Namensbefehle, wie der vorstehende \abstractname, ihren sprachspezifischen Inhalt aus. Diese Befehle sind jedoch nicht Bestandteil des deutschen Befehlssatzes, sondern dienen nur zu dessen Realisierung und können ggf. einen anderen internen Namen haben.

D.1.8 Umschaltung auf das TeX-Original

Mit dem Vorspannbefehl \usepackage{german} oder \usepackage{ngerman} stehen die beschriebenen Befehle des deutschen Befehlssatzes zur Verfügung, und das Layout des Dokuments erfolgt standardmäßig mit den deutschen bzw. mit den durch \selectlanguage gewählten sprachspezifischen Besonderheiten. Gelegentlich ist es notwendig, dass innerhalb eines Dokuments vorübergehend auf das TeX- oder LaTeX-Original umgeschaltet werden muss. Dies kann mit dem Befehl

\originalTeX

erreicht werden. Nach diesem Befehl wird der weitere Text so bearbeitet, als wäre das LaTeX-Original wirksam. Die deutschen TeX-Befehle sind danach undefiniert. Ihr Aufruf führt entweder zu einer Fehlermeldung oder es erfolgt eine Bearbeitung wie im Original bei der entsprechenden Zeichenfolge, z. B. "a als "a und \"a als ä.

Die Umschaltung auf die Originalbearbeitung mit \originalTeX hat eine Ausnahme von der tatsächlichen Bearbeitung durch das Originalprogramm, und zwar den Befehl

\germanTeX   für german.sty bzw.
\ngermanTeX für ngerman.sty

nach dessen Aufruf von der Originalbearbeitung wieder auf die durch german.sty bzw. ngerman.sty ergänzte Bearbeitung zurückgeschaltet wird.

D.1.9 Besonderheiten aus (n)german.sty

Das "-Zeichen ist als Befehlsumschaltzeichen (wie \) nur definiert, wenn es in einer der in D.1.2–D.1.6 beschriebenen Kombinationen auftritt. Diese sind

"a	"o	"u	"A	"O	"U	"e	"i	"E	"I	(Umlaute und Trema)
"s	"z	"S	"Z							(ß, SS und SZ)
"c	"f	"l	"m	"n	"p	"r	"t			(Trennhilfen für ck
"C	"F	"L	"M	"N	"P	"R	"T			und drei Konsonanten)
"-	"|	""	"~	"=						(allg. Trennhilfen)
"`	"'	"<	">							(Anführungszeichen)

Die Zeichenkombination der dritten und vierten Zeile entfallen für ngerman.sty, da die entsprechenden Trennregeln der neuen Rechtschreibung keine Buchstabenunterschiede zwischen getrennten und ungetrennten Wörtern aufweisen. Werden diese Zeichenkombinationen irrtümlich verwendet, so führt dies zu einer Ausgabewarnung. Ansonsten wird der Text entsprechend der neuen Rechtschreibung bearbeitet und ggf. korrigiert. Die Eingabe von Schi"ffahrt führt zu der Warnmeldung

ngerman: "ff is now obsolete, please use fff instead on input line n

Gleichzeitig wird die fehlerhafte Eingabe entsprechend der neuen Rechtschreibung korrigiert, so dass als Ausgabe korrekt „Schifffahrt" erscheint. Entsprechendes gilt für die Zeichenkombinationen von "l bis "t. Die Eingabe von Dru"cker führt zu der Warnung

ngerman: "ck is now obsolete, please use ck instead on input line n

wobei für den Fall einer Trennung „Dru-cker" ausgegeben wird.

D.1. DER DEUTSCHE TEX-BEFEHLSZUSATZ

Leerzeichen nach dem "-Umschaltzeichen werden ignoriert. Damit erscheint sowohl "a als auch " a als ä. Dies ist keine Sondereigenschaft von german.sty, sondern eine Eigenschaft des zugrundeliegenden TEX-Programms.

Folgt auf " eine Ziffer von 0 bis 9, so wird ab Version 2.4 die nachfolgende Zeichenkette als hexadezimale Zahl interpretiert, z. B. in \symbol{"5C}. Beginnt eine hexadezimale Zahl mit A–F, so ist ihr eine Null voranzustellen, z. B. als "0AC für den hexadezimalen Zahlenwert (AC).

In allen anderen als den bisher aufgeführten Kombinationen führt "x bis auf "B und "D ab Version 2.4a zu der Fehlermeldung:

! german: The command "x is undefined.

Bei früheren Versionen behielt in diesen Fällen das "-Zeichen seine Originalbedeutung zur Erzeugung von ": "xxx" erzeugte wie beim Original "xxx". Soll das Originalzeichen " vor einem anderen Zeichen auftreten und ausgegeben werden, so kann dies mit dem Befehl \dq erreicht werden: \dq a für "a oder \dq- für "-. Die erwähnten Ausnahmen "B und "D werden nicht als Fehler erkannt, sondern erscheinen überraschend als "B bzw. "D.

Auf das "-Umschaltzeichen sollten keine geschweiften Klammern folgen. Die Kombinationen "{ und "} führen zu Fehlermeldungen, die für die Mehrzahl der Anwender unverständlich bleiben. Ein Erzwingen der Bearbeitungsfortsetzung durch Mehrfachbetätigung der Eingabetaste führt für "{ "} zu dem seltsamen Bearbeitungsergebnis "dq"".

Die Verwendung von OT1-kodierten Schriften führt bei den cm-Standardschriften in Verbindung mit german.sty bzw. ngerman.sty gelegentlich zu Formatierungsschwächen:

- In Wörtern mit Umlauten werden häufig zulässige Trennungen nicht erkannt oder es werden gelegentlich fehlerhafte Trennungen durchgeführt. Abhilfe verlangen hier explizite "--Befehle.

- german.sty und ngerman.sty erzeugen die Umlaute und Anführungszeichen aus mehreren Grundzeichen. Dies verhindert die automatische Einfügung von positiven oder negativen Leerzeichen (Kerning) sowie die Ligaturbildung mit vorangehenden oder nachfolgenden Zeichen, was besonders für "'V, "'W und "'f zu dem unschönen Ergebnis „V, „W bzw. f' führt. Eine Verbesserung ist hier nur durch explizite \/- oder \negthinspace-Befehle[1] möglich.

- Die cmtt-Schreibmaschinenschriften enthalten keine deutschen Anführungszeichen, sondern nur das "-Zeichen. Das führt für die Eingabe \texttt{"'..."'} zu dem überraschenden Ergebnis „...\.

Die aufgelisteten Schwächen der OT1-kodierten Schriften in Verbindung mit german.sty bzw. ngerman.sty verschwinden für T1-kodierte Schriften, also z. B. für die ec-Schriften, da diese Schriften die Umlaute und Anführungszeichen als eigenständige Zeichen enthalten. Für T1-kodierte Schriften bleibt lediglich als manuelle Korrektur, dass nach einem Ausrufe- oder Fragezeichen ein leeres Klammerpaar {} folgen muss, wenn anschließend der Befehl \grq zur Erzeugung eines halben schließenden Anführungszeichen folgt. Ohne das zwischengeschaltete leere Klammerpaar erzeugt !\grq bzw. ?\grq die Zeichenfolge !' bzw. ?', die gemäß 2.5.6 als Ligatur behandelt wird und zu ¡ bzw. ¿ führt.

---

[1] Der Befehl \negthinspace- fügt einen negativen horizontalen Zwischenraum und damit eine Rückpositionierung des nachfolgenden Zeichens um den Betrag $-1/6$ em ein. Er ist damit die Realisierung des mathematischen Zwischenraumbefehls \! gemäß 5.5.1 für den Textmodus. Da dieser Befehl in diesem Buch sonst nicht auftritt, wird er zur Erläuterung in dieser Fußnote vorgestellt.

D.2 Einrichtung und Dokumentation von (n)german.sty

D.2.1 Die Quellenfiles für (n)german.sty

Auf den CTAN-Fileservern (s. F.5) findet man die Ergänzungspakete german.sty und ngerman.sty zusammen mit der Inhalts- und Einrichtungsbeschreibung 00readme.1st unter dem Verzeichnis /tex-archive/language/german. Dieses Verzeichnis enthält weiterhin mit german.dtx und german.ins den dokumentierten Makrokode sowie das Installationsfile für beide Ergänzungspakete. Mit gerdoc.tex wird der Eingabetext für die 21-seitige Nutzungsbeschreibung bereitgestellt, für den auch die Bearbeitungsergebnisse gerdoc.dvi und gerdoc.ps angeboten werden.

Das Archivverzeichnis german enthält schließlich mit hyphxmpl.cfg den Vorschlag für ein Konfigurationsfile, mit dessen Hilfe bei der Erstellung des LaTeX-Formatfiles das USenglische TeX-Originaltrennmusterfile hyphen.tex sowie die deutschen Trennmusterfiles dehypht.tex für die alte und dehyphn.tex für die neue deutsche Rechtschreibung in das Formatfile eingefügt werden (bei Vorgängerversionen ghyph31.tex und gnhyph01.tex). Diese Trennmusterfiles sind nicht Bestandteil des Archivverzeichnisses german, sondern sie befinden sich in dessen Parallelverzeichnis /tex-archive/language/hyphenation. Die deutschen Trennmusterfiles sollte man sich parallel zu den deutschen Anpassungsprogrammen beschaffen, damit bei der Aktivierung von german.sty oder ngerman.sty automatisch der richtige Trennungsalgorithmus ausgewählt wird.

Anwender, die keinen Internetzugang haben, finden in F.5.2, F.5.3 und F.3.3 weitere Hinweise über sonstige Beschaffungsmöglichkeiten für alle TeX- und LaTeX-Programme und damit natürlich auch für die deutschen Anpassungspakete. Ebenso findet man sie auf der CD-ROM-Buchbeilage TeX Live 5c.

D.2.2 Installation von german.sty und ngerman.sty

Wie im letzten Unterabschnitt bereits aufgezählt, enthalten die Beschaffungsquellen die fertigen Ergänzungspakete german.sty und ngerman.sty. Diese sollten in den Verzeichniszweig verschoben werden, unter dem LaTeX allgemeine Ergänzungspakete erwartet. Nach dem TDS-Vorschlag aus F.1.4 auf S. 376 für das TeX-Filesystem ist das vermutlich .../texmf/tex/generic. Unter diesem Eingangsverzeichnis sollte man als weitere Unterverzeichnisse ./german und ./hyphen einrichten, wobei das erste zur Aufnahme von german.sty und ngerman.sty und das zweite zur Aufnahme der Trennmusterfiles dehypht.tex und dehyphn.tex dient.

Falls beim Anwender nur englisch- und deutschsprachige Texte zur LaTeX-Bearbeitung kommen, so sollte das Konfigurationsfile hyphxmpl.cfg in hyphen.cfg umbenannt und ebenfalls in das Verzeichnis ./hyphen eingerichtet werden. Anwender, bei denen weitere fremdsprachige Texte zur LaTeX-Bearbeitung kommen, müssen das Konfigurationsfile hyphen.cfg entsprechend modifizieren und die zugehörigen Trennmusterfiles beschaffen. Die Erstellung des LaTeX-Formatfiles mit Hinweisen zur Erweiterung auf weitere Sprachen wird in F.2.1 ausführlich beschrieben.

Mit der LaTeX-Bearbeitung des Installationsfiles german.ins könnten die Makropakete german.sty, ngerman.sty und hyphxmpl.tex aus dem dokumentierten Makrokode des Quellenfiles german.dtx nochmals generiert werden. Da die hiermit zu erzeugenden Makropakete aber bereits existieren, führt der Aufruf latex german.ins nacheinander

D.2. EINRICHTUNG UND DOKUMENTATION VON (N)GERMAN.STY

dreimal zu der Bildschirmmitteilung, dass das entsprechende Makropaket existiert, gefolgt von der Abfrage, ob es durch eine Neuerstellung überschrieben werden soll. Mit der Eingabe von y für 'yes' wird es neu generiert und überschreibt das existierende Makropaket. Mit der Eingabe von n für 'no' unterbleibt die neue Generierung.

Für Anwender mit Interesse an dem Realisierungskode könnte es aber sinnvoll sein, die in german.ins herauskommentierte Zeile

```
%\file{german.drv}{from{german.dtx}{driver}}
```

durch Entfernen des vorangestellten Kommentarzeichens % zu aktivieren und das so geänderte german.ins mit LaTeX zu bearbeiten. Die Bildschirmmitteilungen, dass die Files german.sty, ngerman.sty und hyphxmpl.tex bereits existieren, sollten in den anschließenden Abfragen, ob sie neu generiert und überschrieben werden sollen, jeweils mit n beantwortet werden. Bei dieser LaTeX-Bearbeitung von german.ins entsteht dann nur das sog. Treiberfile german.drv. Die LaTeX-Bearbeitung dieses Treiberfiles durch den Aufruf latex german.drv erstellt dann die wohl formatierte Dokumentation des Quellenkodes für die deutschen Anpassungspakete.

Die LaTeX-Bearbeitung von german.drv ist zweimal vorzunehmen, um alle Querverweise aufzulösen. Dabei entstehen u. a. die Indexfiles german.idx und german.glo. Diese sind zunächst mit MakeIndex in der Form

```
makeindx -s gind.ist german       sowie
makeindx -s gglo.ist -o german.gls german.glo
```

zu bearbeiten, wodurch die Files german.ind und german.gls entstehen.[2] Anschließend ist german.drv noch einmal mit LaTeX zu bearbeiten. Das Bearbeitungsergebnis german.dvi kann dann über den DVI-Treiber auf dem lokalen Drucker ausgegeben werden.

Das 37-seitige Ausgabedokument besteht aus dem Inhaltsverzeichnis, acht Textabschnitten mit einer sachgerechten Untergliederung, die den wohl formatierten Makrokode mit umfangreichen Texterläuterungen enthalten, sowie einem Indexregister und der Auflistung der Entwicklungsgeschichte. Diese Programmdokumentation wird sich aber nur Anwendern mit vertieften TeX-Programmierkenntnissen voll erschließen.

Dagegen ist die mit gerdoc.tex beigefügte Nutzungsbeschreibung für alle Anwender zu empfehlen. Die LaTeX-Aufbereitung von gerdoc.tex kann entfallen, da deren Ergebnisfile gerdoc.dvi dem Gesamtpaket von BERND RAICHLE beigefügt ist. Dieses Ergebnisfile kann über den lokalen DVI-Treiber auf dem eigenen Drucker ausgegeben werden. Die 21-seitige Erläuterungsdokumentation trägt den Titel „Kurzbeschreibung german.sty und ngerman.sty (Version 2.5)" und bezieht sich im Oktober 1998 auf die aktuelle Version 2.5e vom 8. Juli 1998. Für Anwender mit einem PostScript-Drucker kann selbst der DVI-Treiberaufruf entfallen, da hierfür das zugehörige PostScript-File gerdoc.ps dem Gesamtpaket beigefügt ist.

Den Ausdruck dieser Dokumentation auf dem eigenen Drucker sollte jeder Anwender vornehmen, da sie zum Teil Nutzungs- und Strukturhinweise enthält, die über die Vorstellung dieses Kapitels hinausgehen. Sie endet mit einer ausführlichen Entwicklungsgeschichte für das deutsche Anpassungspaket ab dem Jahre 1987 bis zur jetzigen Version 2.5e.

---

[2] Die MakeIndex-Stilfiles gind.ist und gglo.ist entstehen neben vielen anderen Files bei der LaTeX 2_ε-Installation (s. F.2.1). Sollten sie bei den obigen MakeIndex-Aufrufen nicht gefunden werden, so sind sie vorübergehend in das aktuelle Verzeichnis zu kopieren, da dieses bei der Filesuche stets als Erstes durchmustert wird.

D.2.3 Strukturhinweise zu (n)german.sty

Bei der LATEX-Bearbeitung von german.ins entsteht, wie im letzten Unterabschnitt dargestellt, neben den Ergänzungspaketen german.sty und ngerman.sty das weitere File german.drv. Dessen LATEX-Bearbeitung erzeugt eine wohl formatierte Dokumentation von german.dtx, bei der alle textlichen Erläuterungen in Normalschrift und abgesetzt von den eigentlichen Kodezeilen erscheinen. Den Kodezeilen wird eine laufende Zeilennummer vorangestellt und sie erscheinen in Schreibmaschinenschrift mit ihrem Originaltext.

Die nachfolgenden Strukturhinweise beziehen sich auf german.sty. Sie können vom Leser leicht auf ngerman.sty übertragen werden, wenn er dessen Text mit dem Editor durchmustert. Der Kode von german.sty beginnt mit einem internen Auswahlmechanismus, der sicherstellt, dass eine Anforderung von german.sty *nur einmal* ausgeführt wird. Damit wird vermieden, dass mehrfache Lesebefehle für german.sty zu dessen wiederholtem Einlesen mit sich addierenden Speicherforderungen führen. Solche Mehrfachanforderungen können durch irrtümliche Wiederholungen von \usepackage{german} verursacht sein, obwohl dies vermutlich die Ausnahme sein wird und vom Anwender zu beheben ist.

Anforderungen von german.sty können aber auch aus anderen Ergänzungspaketen oder Klassenfiles stammen, deren Interna der Anwender nicht kennt und in die er, wegen fehlender Übersicht, nicht eingreifen mag. Der angesprochene Auswahlmechanismus ist aber so intelligent, dass die Einfügung einer früheren Version von german.sty erkannt und mit dem Einlesen der neuesten Version korrigiert wird.

Die ersten vier Fünftel von german.sty kommen für Eingriffe durch den Anwender nicht in Betracht. Sie realisieren die in D.1.2–D.1.6 vorgestellten deutschen LATEX-Zusatzbefehle in effizienter Weise, wobei gleichzeitig sichergestellt wird, dass sie auch zu früheren LATEX-Versionen kompatibel bleiben. Ihr internes Wirkungsverständnis verlangt vertiefte TEX-Kenntnisse, die bei der Mehrzahl der LATEX-Anwender nicht vorausgesetzt werden können.

Ansätze für anwenderspezifische Änderungen oder Ergänzungen bestehen eventuell im letzten Fünftel von german.sty. Dieser Teil beginnt mit der Definition von sprachspezifischen Datumsbefehlen date*sprache* in der Form (vereinfacht dargestellt)

```
\def\dategerman{\def\today{\number\day.~\ifcase\month\or Januar\or
    Februar\or M\"arz\or April\or Mai\or Juni\or Juli\or August\or
    September\or Oktober\or November\or Dezember\fi \space\number\year}}
\def\dateUSenglish{\def\today{\ifcase\month\or January\or February\or
    March\or April\or May\or June\or July\or August\or September\or
    October\or November\or December\fi \space\number\day, \number\year}}
\def\datefrench{\def\today{\number\day \ifnum1=\day \/$^{\rm er}$\fi
    \space\ifcase\month\or janvier\or f\'evrier\or mars\or avril\or mai\or
    juin\or juillet\or ao\^ut\or septembre\or octobre\or \novembre\or
    d\'ecembre\fi \space\number\year}}
```

und entsprechenden Definitionen für \dateaustrian und \dateenglish. Mit ihren Aufrufen wird der Befehl \today jeweils in der zugehörigen Sprache definiert. Der TEX-Befehl \ifcase begründet folgende Struktur:

\ifcase *i*   *0. Befehlsfolge* \or   *1. Befehlsfolge* \or   ...   *n. Befehlsfolge* \fi

Auf den \ifcase-Befehl folgt ein Zähler oder Zahlenwert *i*, dessen Wert bestimmt, die wievielte der durch \or getrennten Befehlsfolgen ausgeführt wird.

Der TEX-Befehl \month ist ein solcher Zähler, der entsprechend dem aktuellen Datum die Werte 1, ..., 12 annimmt. Mit der Angabe des Monatsnamens nach dem zugehörigen

D.2. EINRICHTUNG UND DOKUMENTATION VON (N)GERMAN.STY

\or erscheint dieser bei der Ausgabe. \day und \year sind weitere interne TEX-Zähler, deren Inhalte ebenfalls durch das aktuelle Datum bestimmt sind. Mit dem vorangestellten TEX-Befehl \number wird der Inhalt des Zählers als arabische Zahl ausgegeben. Mit diesen Erläuterungen kann der Anwender weitere \date*sprache*-Befehle einrichten, z. B.

```
\def\datespanish{\def\today{\number\day~de~\ifcase\month\or enero\or
  febrero\or marzo\or abril\or mayo\or junio\or julio\or augosto\or
  septiembre\or octubre\or noviembre\or diciembre\fi\ de \number\year}}
```

womit nach dem Aufruf von \datespanish der Befehl \today das aktuelle Datum als 24 de febrero de 2002 ausgibt.

Die Vorstellung der Definitionen für die \date*sprache*-Befehle erfolgte etwas vereinfacht. Sie ist korrekt für \datefrench. Für die Sprachen german und english, die die Dialekte austrian und USenglish kennen, werden zunächst die internen Befehle \month@*sprache* eingerichtet, wie mit

```
\def\month@german{\ifcase\month \or Januar\or Februar\or M\"arz\or
  April\or Mai\or Juni\or Juli\or August\or September\or Oktober\or
  November\or Dezember\fi}
```

gezeigt wird. Hiermit erfolgt dann die Definition von \dategerman als

```
\def\dategerman{\def\today{\number\day.~\month@german\space\number\year}}
```

was in der Wirkung der ersten Definition von \dategerman entspricht. Die zusätzliche Definition von \month@german macht nun aber die Definition von

```
\def\dateaustrian{\def\today{\number\day.~\ifnum 1=\month
  J\"anner\else \month@german\fi \space\number\year}}
```

einfacher. Hier wird zunächst abgefragt, ob die laufende Monatsnummer 1 ist, was zur Ausgabe des Monatsnamens ‚Jänner' führt. Für alle anderen Monatsnummern werden die Monatsnamen aus \month@german übernommen.

In ähnlicher Weise werden die Datumsbefehle \dateenglish und \dateUSenglish definiert. Die Monatsnamen sind in beiden identisch und werden aus \month@english übernommen. Die Datumsangaben unterscheiden sich zwischen der US- und UK-Form durch die Reihenfolge, z. B. als ‚February 24, 2002' für die amerikanische und als ‚24th February 2002' für die britische Form. Bei Letzterer erscheinen die laufenden Tageszahlen als Ordnungszahlen mit 1st, 2nd, 3rd, 4th, 5th, ...

Mit der nächsten Gruppe \captions*sprache* werden Über- und Unterschriften sowie Textteile, die in LATEX automatisch erscheinen, sprachspezifisch bereitgestellt:

```
\def\captionsgerman{
  \def\prefacename{Vorwort}%
  \def\refname{Literatur}%
  \def\abstractname{Zusammenfassung}%
  \def\bibname{Literaturverzeichnis}
  \def\chaptername{Kapitel}%
  \def\appendixname{Anhang}
  \def\contentsname{Inhaltsverzeichnis}%   %oder: Inhalt
  \def\listfigurename{Abbildungsverzeichnis}%
  \def\listtablename{Tabellenverzeichnis}%
  \def\indexname{Index}%    % oder: Stichwortverzeichnis
  \def\figurename{Abbildung}%
  \def\tablename{Tabelle}%  % oder: Tafel
  \def\partname{Teil}%
```

```
\def\enclname{Anlage(n)}%   % oder: Beilagen
\def\ccname{Verteiler}%     % oder: Kopien an
\def\headtoname{An}%
\def\pagename{Seite}%
\def\seename{siehe}%
\def\alsoname{siehe auch}}
```

und entsprechend für

```
\def\captionsenglish{\def\prefacename{Preface} ... }
\def\captionsfrench{\def\prefacename{Pr\'eface}... }
```

sowie den Gleichsetzungen mit \let für

```
\let\captionsaustrian=\captionsgerman
\let\captionsUSenglish=\captionsenglish
```

womit die Aufrufe \captionsgerman und \captionsenglish auch als \captionsaustrian bzw. \captionsUSenglish erfolgen können. Nach dem Aufruf dieser Definitionsbefehle, also nach \captions*sprache*, werden die vorstehenden Namensbefehle \def*xxx*name{*text*} mit sprachspezifischem Inhalt *text* definiert. Bei anschließenden Aufrufen von *xxx*name erscheint ihr Inhalt in der angewählten Sprache.

Nach dem gleichen Muster können vom Anwender weitere \captions*sprache*-Befehle eingerichtet werden. Bei früheren Versionen von german.sty sind nicht alle Namensdefinitionen \def*xxx*name{...}, wie sie unter \captionsgerman aufgeführt sind, enthalten. So erscheinen die Definitionen von \prefacename, \seename und \alsoname erst ab Version 2.3e. Weitere Ergänzungen innerhalb der Definitionen von \captions*sprache* können vom Anwender ebenfalls leicht vorgenommen werden, wobei eventuelle Änderungen für \captionsgerman bereits als Kommentare vorgeschlagen werden.

Wurden nach dem vorstehenden Muster \date*sprache*- und \captions*sprache*-Befehle für weitere Sprachen zugefügt, dann sollte für jede weitere Sprache der zusätzliche Befehlsblock

```
\expandafter\ifx\csname l@sprache\endcsname\relax
   \chardef\l@sprache=255
   \wlog{german -- \string\language\space number for Sprache %
         undefined, default number\l@sprache\space used.} \fi
```

eingerichtet werden. Die entsprechenden Befehlsblöcke für die vorhandenen Sprachen english, german und french befinden sich in german.sty kurz hinter den Definitionsblöcken der \captions*sprache*-Befehle.

Auf den Definitionsteil für die \captions*sprache*-Befehle folgt die Definition einiger weiterer sprachabhängiger Parameter \extras*sprache* und \noextras*sprache*, auf deren Bedeutung und mögliche Änderung oder Ergänzung der nächste Unterabschnitt eingeht. Bei Versionen vor 2.4a von german.sty hätte die Zufügung weiterer Sprachen auch eine Ergänzung der Definition von \selectlanguage verlangt. Dies ist seit der vorletzten Version 2.4a nicht mehr erforderlich. Je nach Version würden vermutlich noch weitere Änderungen erforderlich, auf die ich nicht mehr eingehe, da solche Versionen als veraltet und überholt anzusehen sind.

Das german.sty-File endet mit dem Aufruf des Befehls \germanTeX (s. D.1.8), womit die Bearbeitungseigenschaften des german.sty-Files zum Standard gemacht werden und alle deutschen Zusatzbefehle bekannt und definiert sind.

D.2.4 Wirkungsunterschiede zwischen german.sty-Versionen

Das deutsche Stilfile `german.sty` erfuhr seit seiner ersten Realisierung im Oktober 1987 durch HUBERT PARTL vielfältige Versionsverbesserungen. Allen Versionen gemeinsam ist die Realisierung der durch die deutsche TEX-Nutzergruppe 1987 beschlossenen *Mindestmenge an deutschen TEX-Befehlen*. Diese Forderung wurde von Anbeginn erfüllt, wobei sich die verschiedenen Versionen durch unterschiedlich effiziente oder universelle Realisierungsmakros und im Umfang der Fehlerdiagnosen unterscheiden.

Trotz erheblicher Unterschiede bei den internen Realisierungsmakros war das Formatierungsergebnis für die Druckausgabe bis zur Version 2.3e identisch. Beim Übergang zur Version 2.4a wird der Anwender gelegentlich Unterschiede, z. B. beim Zeilenumbruch, feststellen. Neben einer effizienteren Verwaltung mehrsprachiger Trennmuster berücksichtigt Version 2.4a auch weitere sprachspezifische Besonderheiten. Dies geschieht intern durch die Bereitstellung von \extras*sprache*, z. B. \extrasgerman, und deren Rückstellbefehle \noextras*sprache*.

Die neue Definition von \selectlanguage{*sprache*} enthält neben den bisherigen Aufrufen \date*sprache* und \captions*sprache* nun auch den Aufruf der neuen Befehle \extras*sprache*. Da \extrasgerman in der Wirkung als

```
\def\extrasgerman{\frenchspacing \lefthyphenmin=2 \righthyphenmin=2}
```

definiert ist, wird mit \selectlanguage{german} für die Bearbeitung deutscher Texte stets auch auf \frenchspacing (s. 3.5.1.2) umgeschaltet. \lefthyphenmin und \righthyphenmin sind zwei neue Einstellbefehle von TEX 3.x, die die Anzahl von Buchstaben, nach denen frühestens eine Trennung auftreten kann bzw. die im Trennungsrest bei der neuen Zeile erhalten bleiben, festlegen. Diese Werte werden für die Bearbeitung deutscher Texte in alter Rechtschreibung beide Male mit 2 eingestellt.

Wem diese Besonderheiten bei der Bearbeitung deutscher Texte durch das File `german.sty` ab Version 2.4a nicht passt, der muss dies durch expliziten Aufruf von \noextrasgerman im Vorspann oder für eine partielle Aufhebung in der betreffenden Umgebung selbst unterbinden. Entsprechendes gilt für das Aufheben anderssprachiger Besonderheiten mit \noextras*sprache*.

Ab Version 2.4a sind nur solche Zeichenkombinationen "x erlaubt, die in `german.sty` ausdrücklich definiert wurden, wie in D.1.9 aufgelistet. Sonstige Kombinationen führen zu der Fehlermeldung, dass der Befehl "x nicht definiert ist. Frühere Versionen erzeugten stattdessen die Ausgabe "x.

Version 2.5a enthält Anpassungen an LATEX 2_ε zur Verwendung von Schriften mit den Kodierattributen OT1 und T1. Außerdem wurden die Trennhilfen für zwei bzw. drei gleiche Konsonanten um "r und "R erweitert. Die nachfolgenden Versionen 2.5b bis 2.5d verbessern die Zeichenabstände bei einigen Buchstabenkombinationen. Mit der aktuellen Version 2.5e vom 8. Juli 1998 werden zwei Ausführungen `german.sty` und `ngerman.sty` zur Bearbeitung deuschsprachiger Texte in alter bzw. neuer Rechtschreibung angeboten.

Das Ergänzungspaket `german.sty` ist, unabhängig von seiner Versionsnummer, stets mit LATEX 2_ε kompatibel, auch wenn hierfür Versionen ab 2.5a bevorzugt werden sollten. Für LATEX 2.09 gilt dies nur, wenn dieses ein Versionsdatum vom 1. 12. 1991 oder jünger aufweist. Ältere LATEX 2.09-Versionen verlangen Änderungen und Ergänzungen der Hauptstilfiles, auf die ich nicht mehr eingehe, da eine so alte LATEX-Version als überholt anzusehen ist und spätestens dann der Umstieg auf LATEX 2_ε vorgenommen werden sollte.

D.2.5 Direkte Umlaut- und ß-Eingabe

Viele LaTeX-Anwender mit einem PC oder einer Workstation verwenden eine deutsche statt der internationalen ASCII-Tastatur. Auf der deutschsprachigen Tastatur stehen die Umlaute und das ß als eigene Tasten zur Verfügung. LaTeX 2_ε bietet eine elegante Lösung zur Nutzung der direkten Tasteneingabe, die gleichzeitig die rechnerübergreifende Kompatibilität sicherstellt. Zwar war es auch mit LaTeX 2.09 im Prinzip möglich, die Sondertasten für die Umlaute und das ß für die LaTeX-Bearbeitung zu aktivieren. Dies verlangte jedoch die Erstellung eines speziellen Formatfiles, womit die rechnerübergreifende Kompatibilität zur Weiterbearbeitung auf einem anderen Rechner in Frage gestellt wurde.

Bei der Standardinstallation von LaTeX entsteht das Ergänzungspaket inputenc.sty. Dieses kennt verschiedene lokale Aufrufoptionen, mit denen die Belegung der Eingabetastatur bekannt gemacht wird. Die Einbindung erfolgt mit

\usepackage[*decode_name*]{inputenc}

Als Dekodier-Optionen *decode_name* stehen derzeit (LaTeX 2_ε [2000/07/01]) zur Verfügung:

```
ascii    latin1   latin2   latin3   latin5   decmulti
cp850    cp852    cp437    cp437de  cp865
next     applemac ansinew  cp1252   cp1250
```

Ihnen entsprechen intern Dekodierfiles mit den gleichen Grundnamen und dem Anhang .def, z. B. cp850.def. Ich gehe hier nur auf die im deutschsprachigen Raum verbreitetste Rechner-Konfiguration eines IBM-kompatiblen PCs mit einer deutschen Tastatur unter DOS oder OS/2 ein. Diese wird dem LaTeX-Programm mit der Optionsangabe cp850 beim vorstehenden \usepackage-Aufruf bekannt gemacht (IBM-Kodeseite 850). Damit können die Sondertasten der deutschen Tastatur für die Umlaute und das ß bei der Erstellung des Eingabetextes problemlos verwendet werden.

Dem Betriebssystem des Rechners und dem zur Anwendung kommenden Editor muss natürlich die nationale Sondertastatur ebenfalls bekannt sein. Unter DOS oder OS/2 geschieht das für eine deutsche Tastatur mit dem Systembefehl keyb gr, der gewöhnlich bereits vom Lieferanten in der Eröffnungsdatei autoexec.bat oder config.sys eingerichtet wurde, womit dem Betreiber die nationale Sondertastatur nach Einschalten des Rechners unmittelbar zur Verfügung steht.

Mit dem Ergänzungspaket inputenc.sty lassen sich eine Reihe weiterer rechnerspezifischer Tastaturen für die LaTeX-Bearbeitung nutzen. So ist z. B. die Dekodieroption ansinew für PCs unter WINDOWS und next für die Tastatur einer Next-Workstation oder applemac für die eines Macintosh gedacht. Für PCs unter LINUX und die meisten UNIX-Workstations ist latin1 geeignet. Hierüber muss ggf. das jeweilige Workstation-Handbuch zu Rate gezogen werden. Für weitere Hinweise wird auf die beigefügte Dokumentation, die mit der LaTeX-Bearbeitung von inputenc.dtx entsteht, verwiesen.

Anmerkung zum E-Mail-Versand von Eingabetexten, die mit nationalen Sondertastaturen erstellt wurden. Diese enthalten für die nationalen Sonderzeichen eine 8-bit-Kodierung, deren E-Mail-Versendung auf Probleme stoßen kann. Es gibt jedoch Umkodierungs-Programmpaare wie uuencode/uudecode, mit dem binäre oder 8-bit-kodierte Textfiles in reinen 7-bit-ASCII-Kode um- und zurückgewandelt werden. Nach Umkodierung in einen reinen ASCII-Kode mit uuencode wird die korrekte E-Mail-Übertragung garantiert. Nach deren Empfang kann mit uudecode das Original beim Empfänger wiederhergestellt werden.

D.3 Weiterführende Literaturhinweise

Mit den in diesem Buch vorgestellten LaTeX-Strukturen lassen sich die meisten Anwenderforderungen erfüllen. Es verbleiben aber Wünsche, die nur mit vertieften Kenntnissen über LaTeX-Interna und einer gewissen Fertigkeit in TeX-Programmierung zu befriedigen sind. Die Erstellung eines anwendereigenen Briefformulars ist ein Beispiel für eine eigenständige Anpassung. Sie wird nur dadurch möglich, weil sie in A.3 rezeptartig beschrieben wird. Dieses Buch kann aber nicht alle Kenntnisse vermitteln, die notwendig sind, um weitergehende Änderungen oder Ergänzungen zu ermöglichen. Selbst eine relativ bescheiden klingende Forderung, wie z. B. die Erstellung von zentrierten Gliederungsüberschriften, ist mit den in diesem Buch vermittelten Kenntnissen nicht zu erfüllen. Aufgrund vieler Anfragen aus dem Leserkreis der vorangegangenen Auflagen hatte der Addison-Wesley-Verlag ein Fortsetzungsbuch

LaTeX-Erweiterungsmöglichkeiten – mit einer Einführung in METAFONT

herausgebracht [5v]. Mit steigender Auflagenzahl der früheren ‚Einführung' und der ‚Erweiterungsmöglichkeiten' kam es zunehmend zu Überschneidungen und beide Bücher wurden mit jeder Neuauflage umfangreicher.

Mit der Neuherausgabe der LaTeX-Buchserie erfolgt eine systematischere Stoffaufbereitung und Darstellung, und zwar als:

Band 1: LaTeX-Einführung
Band 2: LaTeX-Ergänzungen – mit einer Einführung in METAFONT
Band 3: LaTeX-Erweiterungen

Band 1 ist das vorliegende Buch und beschränkt sich auf die Vorstellung des LaTeX-Standards, mit der einzigen Ergänzung durch `german.sty`. Letztere muss man für deutschsprachige Anwendungen als *unseren* Bearbeitungsstandard ansehen.

Band 2 kann mit dem Kenntnisstand aus Band 1 sofort genutzt werden. Er stellt eine Vielzahl von Ergänzungen vor, die von den öffentlichen Fileservern oder über die deutschsprachige TeX-Anwendervereinigung DANTE e. V. beschafft werden können. Das Dateiensystem für die Quellen- und Installationsfiles ist auf den öffentlichen TeX-Fileservern untergliedert in

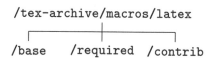

Das Unterverzeichnis `/base` enthält das LaTeX 2_ε-Grundsystem, so wie es in diesem Band 1 vorgestellt wurde. Seine Einrichtung, die von jedem Anwender leicht nachvollzogen werden kann, wird in F.2.1 beschrieben.

Das Unterverzeichnis `/contrib` ist nochmals untergliedert in `/supported` und `/other`, die beide einem kontinuierlichen Wachstum unterworfen sind. So enthielt das erste bereits im Oktober 1998 mehr als 1800 und das zweite fast 500 Files mit vielfältigen Ergänzungen, die zur besseren Untergliederung in vielen weiteren Unterunterverzeichnissen angeordnet sind.

Das Unterverzeichnis `/required` enthält weitere LaTeX 2_ε-Ergänzungspakete, die von Mitgliedern der Arbeitsgruppe um das LaTeX 3-Projekt bereitgestellt und gepflegt werden. Es ist derzeit in die weiteren Verzeichnisse `/amslatex`, `/babel`, `/graphics`, `/mfnfss`, `/psnfss` und `/tools` untergliedert. Der Inhalt von `/tools` enthält vielfältige Verbesserungen von LaTeX 2_ε-Standardwerkzeugen, wie zur Tabellengestaltung, für mehrspaltige Seitenaufteilungen, erweiterte Regelsätze und Querverweise und einiges mehr. Sie werden in Kapitel 1 von Band 2 vorgestellt.

Kapitel 2 stellt eine Vielzahl weiterer Zeichensätze vor, so z. B. die dc- bzw. ec-Zeichensätze mit 256 Zeichen pro Zeichensatz als Erweiterung der TeX-cm-Zeichensätze, die $\mathcal{A}_\mathcal{M}\mathcal{S}$-Zeichensätze der American Mathematical Society für einen erweiterten mathematischen Formelsatz, altdeutsche und andere Schriften. Kapitel 3 stellt Werkzeuge zur Spieledokumentation vor, wie Schach, Backgammon, Go u. a., zusammen mit den zugehörigen Sonderzeichensätzen. Die Vorstellung von Zeichensätzen für den Musiknotensatz entwickelte sich zu dem eigenständigen Kapitel 4, das das Makropaket MusiXTeX von DANIEL TAUPIN vorstellt und dessen Nutzung mit vielen Beispielen beschreibt.

Die Vorstellung zusätzlicher Zeichensätze schließt ab mit der Beschreibung der Einbindung von PostScript-Zeichensätzen in die LaTeX-Bearbeitung in Kapitel 5. Dieses Kapitel leitet gleichzeitig in die beiden folgenden Kapitel zur geräteunabhängigen Grafik-Einbindung in eine LaTeX-Bearbeitung über. In Kapitel 6 und 7 werden das Programm bm2font bzw. weitere Grafikeinbindetechniken ausführlich vorgestellt.

Angesichts des Schwerpunkts von Band 2 mit der Nutzungsvorstellung vieler weiterer Zeichensätze schien es mir konsequent, diesen Band 2 mit einer „Kurzeinführung in METAFONT" abzuschließen. Zwar verlangt die Entwicklung wirklich neuer Schriftarten weit mehr als nur technische Kenntnisse, die in einer Kurzeinführung nicht vermittelt werden können. Dieser Teil ist vielmehr aus meiner Praxis abgeleitet, die vorhandene Grunddatei der Computer-Modern-Zeichensätze zu nutzen, die Modifikationen für die Erstellung druckerspezifischer Zeichensätze bereitzustellen und die Grundzeichensätze um beliebige Vergrößerungsstufen zu erweitern. Die Entwicklung von Firmenlogos oder -symbolen und deren Einbindung in die LaTeX-Bearbeitung ist ein häufig geäußerter Wunsch, dessen Verwirklichung mit den Angaben aus Kapitel 8 möglich sein sollte.

Band 3 der neuen LaTeX-Buchserie wendet sich an LaTeX-Anwender, die über die bestehenden Möglichkeiten von LaTeX hinausgehen und eigene Bearbeitungsstile entwickeln und bereitstellen wollen. Er gliedert sich in drei Teile, deren erster die Struktur eines TeX-Systems darstellt und dann LaTeX bezüglich seiner internen Strukturen im Detail beschreibt.

Kapitel 3 aus Teil I gibt einen Kurzüberblick über TeX als Programmiersprache, seine wichtigsten internen Strukturen sowie die internen Abläufe zur Absatz- und Seitenformatierung, die zum Verständnis der LaTeX-Makros erforderlich sind.

Teil II stellt zunächst sog. LaTeX-Interfacebefehle vor, mit denen ein bereits voreingestellter Zugang von Klassenfiles oder Ergänzungspaketen zum eigentlichen LaTeX-Kern erfolgt. Die Erläuterungen dieser Interfacebefehle machen die vorhandenen Klassenfiles und Ergänzungspakete mit deren Dokumentation verständlich. Sie sind gleichzeitig das Werkzeug, um weitere Klassenfiles und Ergänzungspakete nach den eigenen Erfordernissen zu erstellen und zu nutzen.

Dazu werden in Kapitel 5 Beispiele und Anregungen für die Erzeugung eigener Bearbeitungsstile gegeben. Damit sollte es möglich werden, Formatierungsanforderungen für jede Veröffentlichungsform zu erfüllen.

Der Anhang des Buches kann gewissermaßen als Teil III betrachtet werden. Er stellt das WEB-System im Detail vor und beschreibt die Eigenschaften einer Vielzahl von TeX-Hilfsprogrammen.

Anhang E

Projektionsvorlagen

Mit den allgemeinen LATEX-Werkzeugen ist es grundsätzlich möglich, einfache Vorlagen zur Erzeugung von Transparentfolien oder Dias herzustellen. Wechselfolien, die zur Überlagerung einer Grundfolie mit weiteren unterschiedlichen Deckfolien dienen und ihre Gesamtwirkung durch Übereinanderlegen entfalten, sind mit erträglichem Aufwand nicht zu erstellen. Man denke nur an die umfangreichen Positionierungsbefehle, die erforderlich wären, um die übereinander liegenden Folien mit ihren einzelnen Textteilen richtig anzuordnen.

Folien als Projektionsvorlagen verlangen zur besseren Lesbarkeit größere und geänderte Schrifttypen. Ihre Auswahl und Aktivierung könnte mit den Schriftauswahlbefehlen aus LATEX vom Anwender vorgenommen werden, was voraussetzt, dass der Anwender die Kenntnis über geeignete Schriften für Projektionsvorlagen und deren sachgerechte Größenvorgaben selbst mitbringt.

E.1 Die Bearbeitungsklasse slides.cls

Diese Entscheidung nimmt LATEX dem Anwender mit der Bearbeitungsklasse slides.cls ab, die gleichzeitig die angesprochenen Positionierungsprobleme löst. Mit der Vorgabe von

\documentclass[*optionen*]{slides}

übernimmt LATEX die Einrichtung geeigneter Schriften und deren sachgerechte Größenauswahl. Als Optionen sind bis auf die Größenoptionen 10pt|11pt|12pt, oneside|twoside und openbib alle in 3.1.2 angeführten Klassenoptionen erlaubt. Die Größenoptionen entfallen, weil die Bearbeitungsklasse slides ihre eigenen Schriftgrößen bereitstellt. Die Option twoside zur Erstellung von doppelseitigen transparenten Projektionsvorlagen wäre absurd.

Bei der Verwendung der Bearbeitungsklasse slides zur Erstellung von Folien braucht der Anwender nur einige ganz wenige spezielle Befehle zusätzlich zu erlernen. Ansonsten können alle LATEX-Befehle – soweit sie zur Erzeugung von Folienvorlagen überhaupt einen Sinn haben – in gewohnter Weise verwendet werden. So sind zur Erstellung von Folien die *Gliederungsbefehle* sowie die *Gleitumgebungen* figure und table nicht sinnvoll. Ebenso entfällt das Bedürfnis zur Erstellung eines *Literaturverzeichnisses* oder eines *Indexregisters* für den Text der Folien. Entsprechend besteht kein Bedarf an \cite- oder \index-Befehlen. Schließlich sind auch die *Seitenumbruchbefehle* überflüssig, da der Text für eine Folienvorlage stets auf eine Seite passen muss.

Nach dem einleitenden Dokumentklassenbefehl folgen evtl. weitere Vorspannbefehle wie bei allen anderen Dokumentklassen. Dies werden evtl. \usepackage-Befehle zur Einbindung weiterer Ergänzungspakete sein. Ebenso können hier Vorgaben für die Seitenabmessungen mit

```
\settolength{\textheight}{...}   und/oder
\settolength{\textwidth}{...}
```

erfolgen, wenn die Optionsvorgaben für die Papiergröße wie a4paper ungeeignet erscheinen.

E.1.1 Folienvortexte

Der Eingabetext für die Folienvorlagen wird wie gewohnt mit \begin{document} eröffnet. Hierauf folgender Text wird als Vortext angesehen, der auf unnummerierten Seiten ausgegeben wird. Solcher Text kann für den Vortragenden von Bedeutung sein. Er erscheint in der von slides.cls bereitgestellten Sonderschrift, deren Normalgröße \normalsize beträchtlich größer ist, als die bei den sonstigen Bearbeitungsklassen gewohnte Schriftgröße, und dort ungefähr mit \LARGE in Verbindung mit der Größenoption 10pt vergleichbar ist.

Innerhalb der slides-Bearbeitungsklasse können die gewohnten LaTeX-Schriftgrößenbefehle zur Anwendung kommen, wobei jedoch nur \tiny, \small, \normalsize, \large \Large, \LARGE und \huge zu unterschiedlichen Größen führen (s. E.2.2).

Die Verwendung der vergrößerten Schriften als Normalgröße vermindert natürlich den verfügbaren Textraum einer Seite oder einer Vorlagenfolie. Dies kann zunächst mit der besseren Lesbarkeit der projizierten Folie begründet werden. Der begrenzte Text verlangt zusätzlich die Beschränkung auf das inhaltlich Wichtige, gegebenenfalls nur auf aufzählende Stichworte und kurze Formelerläuterungen.

Dies aber ist für einen Vortrag eine wichtige psychologische Forderung. In einem Vortrag würde keiner der Zuhörer den projizierten Text einer herkömmlichen Buchseite auf der Leinwand lesen wollen. Ebenso würde eine herkömmliche Textseite als Gedächtnisstütze für den Vortragenden eher hinderlich sein. Die Verwendung der vergrößerten Schrift für den sog. Vortext wird sich deshalb ebenfalls auf Stichworte u. ä. beschränken, die der Vortragende während seines Vortrags unmittelbar verarbeiten kann.

E.1.2 Folienvorlagen

Die slides-Bearbeitungsklasse stellt als weitere Umgebung

\begin{slide} *Folientext und Befehle* \end{slide}

bereit. Der eingeschachtelte Text wird als Seitenvorlage für eine Transparentfolie formatiert. Als Befehle dürfen die meisten LaTeX-Befehle zur Anwendung kommen, soweit diese zur Erstellung einer Folienseite sinnvoll sind. Hierzu gehören auch alle LaTeX-Befehle für den mathematischen Formelsatz. Weitere häufig verwendete LaTeX-Strukturen sind die Umgebungen zur Erstellung von Auflistungen wie itemize und enumerate. Die Hervorhebung kurzer Textteile kann wie gewohnt mit \emph{*Hervorhebung*} erfolgen, ebenso wie die Umschaltung auf eine Fettschrift mit \textbf{...} oder bei längeren Textteilen mit \bfseries und Rückschaltung mit \mdseries vorgenommen werden kann. Zur Umschaltung auf Schreibmaschinenschrift steht \texttt{...} sowie die Hin- und Rückschaltung mit \ttfamily ... \rmfamily zur Verfügung.

Der Zeilenumbruch des eingeschlossenen Textes erfolgt automatisch entsprechend den gewohnten LATEX-Vorgaben. Ein Seitenumbruch ist dagegen für den Text einer `slide`-Umgebung nicht möglich. Der Gesamttext wird entsprechend der eingestellten Seitenhöhe vertikal zentriert. Enthält eine `slide`-Umgebung mehr Text, als es die vorgegebene Seitenhöhe zulässt, so erscheint bei der LATEX-Bearbeitung eine entsprechende Warnung, wobei bei der Druckausgabe ein Teil des Textes evtl. am oberen und unteren Seitenrand verschwindet. Jede `slide`-Umgebung erzeugt die Druckvorlage für eine eigene Folienseite, die in der rechten unteren Seitenecke fortlaufend durchnummeriert wird.

E.1.3 Wechselfolien

Bei Projektionsvorlagen kommt häufig die Technik von Folienüberlagerungen zur Anwendung, bei der ein fester Grund- oder Haupttext auf einer Folie steht, über die dann eine zweite Folie mit wechselndem Text gelegt wird. Zur Erstellung solcher Wechselfolien stellt `slides.cls` die Umgebung

> \begin{overlay} *Wechseltext und Befehle* \end{overlay}

bereit, die die Kopiervorlage für die Wechselfolie erzeugt. Sie enthält in der rechten unteren Seitenecke eine laufende Kennung der Form n-α, bei der n die Foliennummer der vorangegangenen `slide`-Umgebung wiederholt und mit einem laufenden Kleinbuchstaben α ergänzt, z. B. 3-a, 3-b, 3-c, ...

Eine `slide`-Umgebung zur Erstellung einer Grundfolie muss einer eventuellen `overlay`-Umgebung zur Erstellung der zugehörigen Wechselfolie vorangehen. Beide enthalten weitgehend den gleichen Text, der in Teilen mit den Befehlserklärungen

> \invisible bzw. \visible

unsichtbar bzw. sichtbar gemacht wird. Beide Erklärungen können auch in einer namenlosen Umgebung, also innerhalb eines { }-Paares, lokal zur Geltung kommen. Bei der `slide`-Umgebung zur Erstellung der Grundfolie bleibt gewöhnlich der Haupttext sichtbar, und nur einzelne Teile seines Textes werden mit \invisible unsichtbar gemacht. Bei den Wechselfolien, also den zugehörigen `overlay`-Umgebungen, steht gewöhnlich \invisible unmittelbar nach \begin{overlay}, und nur diejenigen Textteile, die in der vorangehenden `slide`-Umgebung unsichtbar gemacht wurden, werden hier mit \visible ganz oder teilweise sichtbar gemacht.

Durch die Aufnahme des Gesamttextes in die Grund- und Wechselfolien wird sichergestellt, dass ihre Texte einheitlich formatiert und positioniert werden, auch wenn bestimmte Textteile dann wechselseitig sicht- und unsichtbar gemacht werden. Die Wirkung ist so, als würde der Gesamttext auf dem Drucker ausgegeben, dort aber für die unsichtbaren Teile die Druckfarbe 'weiß' oder 'unsichtbar' verwendet werden.

E.1.4 Anmerkungen zu Projektionsvorlagen

Bei einem Vortrag mit Projektionsvorlagen wünscht der Vortragende häufig zwischen den zur Projektion vorgesehenen Folien einzelne Seiten mit Hinweisen oder Erinnerungen für sich selbst. Solche Anmerkungs- oder Hinweisseiten können mit

> \begin{note} *Anmerkungen und Hinweise* \end{note}

erzeugt werden. Die Anmerkungen werden mit einer Seitenkennung der Form *n-m* in der rechten unteren Seitenecke versehen. Hierin ist *n* die laufende Nummer der vorangehenden Grundfolie und *m* eine laufende Nummer, jeweils neu beginnend mit 1, z. B. als 3-1, 3-2, ...

Bei einem Vortrag ist es oft wünschenswert, an die geplante Zeiteinteilung erinnert zu werden. Die Bearbeitungsklasse `slides` kennt die zusätzliche Klassenoption

>   \documentclass[...,clock,...]{slides}

nach deren Aktivierung Zeitvorgaben mit

>   \settime{*zeit_sek*}   und   \addtime{*zeit_sek*}

möglich sind. Die hiermit vorgegebenen Zeitvorgaben *zeit_sek* haben als Zahlenangabe mit der Bedeutung einer Zeitangabe in Sekunden zu erfolgen. Mit \addtime-Befehlen werden die übergebenen Zeiten nacheinander addiert, \settime setzt die vorgesehene Zeit auf den übergebenen Wert. Ohne eine Anfangsvorgabe wird sie mit 0 initialisiert. Die mit den vorstehenden Befehlen gegebene oder veränderte Zeit erscheint, auf volle Minuten abgerundet, am unteren Seitenrand auf den Anmerkungsseiten und zur Abhebung vom sonstigen Anmerkungstext mit einer Umrandung.

Die Zeiteinstellbefehle \settime und \addtime sollten nur außerhalb von `slide`-, `overlay`- und `note`-Umgebungen zur Anwendung kommen. Für eine sorgfältige Zeitplanung kann es sinnvoll sein, *vor* oder *nach* jeder Projektionsfolie die hierfür geplante Zeit mit \addtime anzugeben. Die hieraus folgende Gesamtzeit erscheint am Ende der LaTeX-Bearbeitung auch als Bildschirmausgabe.

E.1.5 Ein vollständiges Folienbeispiel

Das nachfolgende Folienbeispiel erzeugt je eine Seitenvorlage für den Vortext, eine Grundfolie, eine Wechselfolie und eine Anmerkungsseite. Der Bearbeitungsaufruf aktiviert die `clock`-Option

```
\documentclass[a4paper,clock]{slides}
\usepackage{german}
\begin{document}
\begin{center}\Large\bfseries
   Vorbemerkung\\ zu allen\\ Folge-Folien
\end{center}

\begin{slide}
\begin{center}\large Vorteile der Bearbeitungsklasse
            \texttt{slides} \end{center}
\begin{itemize}
\item Verwendung besser lesbarer Zeichens"atze
\item F"ordert kurze Textangaben wie Stichw"orter oder Auf"|listungen
\item Erm"oglicht {\invisible wechselbare} Texte
\invisible
\item \LaTeX~2.09 verlangt eigenes Format \texttt{slitex.fmt}
\end{itemize}
\end{slide}
```

Vortextseite

> **Vorbemerkung
> zu allen
> Folge-Folien**

Grundfolien-Vorlage

> Vorteile der
> Bearbeitungsklasse
> `slides`
>
> - Verwendung besser lesbarer Zeichensätze
> - Fördert kurze Textangaben wie Stichwörter oder Auflistungen
> - Ermöglicht Texte
>
> 1

Wechselfolien-Vorlage

> wechselbare
>
> - LaTeX 2.09 verlangt eigenes Format `slitex.fmt`
>
> 1-a

Anmerkungsseite

> Die Erstellung von Folienvorlagen verlangte mit LaTeX 2.09 ein eigenes Format `slitex.fmt`. Dieses machte auch Vorlagen für verschiedenfarbige Folien möglich!
>
> 5 min   1-1

```
\begin{overlay}\invisible
\begin{center}\large Vorteile der Bearbeitungsklasse
             \texttt{slides} \end{center}
\begin{itemize}
\item Verwendung besser lesbarer Zeichens"atze
\item F"ordert kurze Textangaben wie Stichw"orter oder Auf"|listungen
\item Erm"oglicht {\visible wechselbare} Texte
\visible
\item \LaTeX~2.09 verlangt eigenes Format \texttt{slitex.fmt}
\end{itemize}
\end{overlay}

\addtime{300}
\begin{note}
   Die Erstellung von Folienvorlagen verlangte mit \LaTeX~2.09
   ein eigenes Format \texttt{slitex.fmt}.  Dieses machte auch
   Vorlagen f"ur verschiedenfarbige Folien m"oglich!
\end{note}
```

E.2 Schriftarten und Größen in slides

Wie schon erwähnt, verwendet die Bearbeitungsklasse `slides` ihre eigenen Schriften. Sie sind auf die typischen Anwendungen von Projektionsfolien zugeschnitten und erleichtern die Lesbarkeit projizierter Vorlagen.

E.2.1 Die slides-Schriftarten

Die Bearbeitungsklasse `slides` kennt die argumentbehafteten Schriftartenbefehle \textrm{...}, \textit{...}, \textbf{...} und \texttt{...} sowie die entsprechenden Schriftart-Erklärungen \rmfamily, \ttfamily, \bfseries, \mdseries, \itshape und \upshape. Der Umschaltbefehl \emph{...} wirkt wie in LaTeX und schaltet wechselseitig zwischen \itshape und \upshape hin und her. Die Proportionalschriften stellen, anders als in LaTeX, serifenlose Schriften dar, denen in LaTeX ungefähr die Schrift \sffamily entspricht, wobei die Normalgröße in `slides` der LaTeX-Größe \LARGE nahekommt. Die von `slides` benutzten Schriften sind, bis auf \ttfamily, von den TeX-Schriften cmssq8 und cmssqi8 abgeleitet (s. C.3.2.1f). Sie sind Bestandteil des Standard-LaTeX-Pakets.

Die Schriften haben in der Normalgröße das Aussehen

\textrm	**Normal-Schrift**
\textit	*Italic-Schrift*
\textbf	**Fett-Schrift**
\texttt	Schreibmaschinenschrift

Zusätzlich benutzt `slides.cls` ihre eigenen mathematischen Schriften zur Erzeugung von mathematischen Formeln, die in der Größe den vorstehenden Schriften angepasst sind.

E.2.2 Die slides-Schriftgrößen

Alle Schriftgrößenbefehle von LaTeX können auch mit slides verwendet werden. Einige dieser Schriftgrößenbefehle bezeichnen jedoch dieselben Größen. So führt der Aufruf von \scriptsize, \footnotesize und \small immer zur gleichen Größe \small, und ebenso erzeugen \huge und \Huge einheitlich die Größe \huge.

\tiny	Winzige Schrift
\small	Kleine Schrift
\normalsize	Normale Schrift
\large	Große Schrift
\Large	Etwas Größer
\LARGE	Noch Größer
\huge	Riesig Groß

E.3 Weitere slides-Bearbeitungsmöglichkeiten

E.3.1 Seitenstilarten mit slides.cls

Der LaTeX-Seitenstilbefehl \pagestyle{*stil*} kann auch mit der Bearbeitungsklasse slides benutzt werden. Folgende Stilarten stehen zur Verfügung:

headings Die Foliensätze erscheinen mit einer Seitennummer rechts unten, wie bei den Beispielen der slide-, overlay- und note-Umgebungen gezeigt. Gleichzeitig erscheint auf den Anmerkungsseiten die eingeplante Vortragszeit, falls die Bearbeitungsoption clock gesetzt wurde. Dieser Seitenstil ist auch der Standard, wenn der Befehl \pagestyle entfällt.

plain Mit Ausnahme der rückgemeldeten Zeitplanung für den Vortrag ist plain identisch mit headings.

empty Die Foliensätze enthalten keine Seitennummern und Zeitplanungsangaben.

Der Befehl \pagestyle wird in LaTeX üblicherweise im Vorspann angebracht und gilt für das ganze Dokument. Für einzelne Seiten kann mit \thispagestyle eine abweichende Seitenstilbearbeitung erreicht werden. Dieser Befehl sollte in slides nicht verwendet werden. Stattdessen kann mit einem weiteren \pagestyle-Befehl eine geänderte Bearbeitung für die nachfolgenden Foliensätze erreicht werden. Solche weiteren \pagestyle-Befehle sollten nicht innerhalb von slide-, overlay- und note-Umgebungen, sondern *vor* einer solchen Umgebung angeordnet werden, von wo ab sie dann für die nachfolgenden dieser *Ausgabeumgebungen* wirken.

Die in LATEX mit dem Seitenstil \headings zusammenwirkenden Erklärungen \markright und \markboth bleiben in slides ohne Wirkung. Sie haben in slides auch keinen Sinn, da Gliederungsbefehle auf Folienseiten nicht angebracht werden.

E.3.2 Selektive Folienbearbeitung

Jede slide-Umgebung erzeugt oder leitet zusammen mit den anschließenden note- und overlay-Umgebungen einen neuen Foliensatz ein. Das Bearbeitungsfile kann beliebig viele solcher slide-Umgebungen enthalten. Diese Umgebungen können auch auf verschiedene Files verteilt und mit \input-Befehlen im Folienfile eingelesen werden.

Enthält das Bearbeitungsfile viele slide-Umgebungen, so besteht häufig das Bedürfnis, einzelne Foliensätze zu verändern oder zu korrigieren, ohne dass hierzu die Gesamtheit aller Folienvorlagen neu bearbeitet werden muss. Dies kann mit dem Vorspannbefehl

\onlyslides{*Seitenliste*}

erreicht werden. *Seitenliste* steht hierbei für eine Liste mit Seitennummern in aufsteigender Ordnung, z. B. 2,5,9-12,15. Nach diesem Beispiel würden nur die Foliensätze mit den Seitennummern 2, 5, 9–12 und 15 erzeugt.

In der *Seitenliste* dürfen auch nicht existierende Seitennummern auftreten. Enthält das Bearbeitungsfile z. B. Anweisungen zur Erzeugung von insgesamt 20 Foliensätzen, so würde der Befehl \onlyslides{1,18-999} die Erzeugung der Foliensätze 1 und 18–20 bewirken. Schließlich kann mit dem Vorspannbefehl

\onlynotes{*Seitenliste*}

erreicht werden, dass die note-Umgebungen des Bearbeitungsfiles nur für die in der *Seitenliste* angeführten Seiten ausgeführt werden. Enthält die Seite 5 drei note-Umgebungen, so werden mit \onlynotes{5} die Anmerkungsseiten 5–1, 5–2 und 5–3 erzeugt.

Enthält das Bearbeitungsfile nur den \onlyslides- und keinen \onlynotes-Befehl, so werden die Foliensätze der ausgewählten Seiten *einschließlich* der evtl. für diese Seiten existierenden Anmerkungsseiten ausgegeben. Ist umgekehrt nur \onlynotes gesetzt, so werden nur die ausgewählten Anmerkungsseiten, aber keine Folienvorlagen ausgegeben.

Ist sowohl der \onlyslides- als auch der \onlynotes-Befehl im Eingabefile gesetzt, so werden mit dem \onlyslides-Befehl *nur* die Folienvorlagen für die ausgewählten Seiten *ohne* evtl. zugehörige Anmerkungsseiten erzeugt und gleichzeitig nur die Anmerkungsseiten ausgegeben, die im \onlynotes-Befehl angeführt sind.

Enthält das Bearbeitungsfile den Befehl \onlyslides, so darf die zugehörige *Seitenliste* nicht leer sein, sie muss also mindestens eine Seitennummer enthalten. Dagegen darf ein zusätzlicher leerer \onlynotes{}-Befehl auftreten, mit der Wirkung, dass nur die ausgewählten Folienvorlagen ohne evtl. vorhandene Anmerkungsseiten ausgegeben werden.

Sollen einzelne Foliennummern überschlagen werden, so geschieht das am einfachsten mit einer entsprechenden leeren Umgebung, z. B. mit \begin{slide}~\end{slide} (Achtung: die Tilde ist notwendig!). Bei späteren Bearbeitungen kann deren leere Folie mit der entsprechenden Angabe in \onlyslides ausgeblendet werden.

E.3.3 Anmerkungen zu SLITEX

Die Erstellung von Vorlagen für Projektionsfolien verlangte unter LATEX 2.09 die Bereitstellung eines eigenen Formatfiles `slitex.fmt`, das zusammen mit dem ausführbaren TEX-Programm gewöhnlich unter dem Programmaufruf `slitex` zugeladen wurde. Dabei stellte `slitex.fmt` sein eigenes Logo mit SLITEX bereit. Das eigenständige Programm SLITEX stellte, wie die Bearbeitungsklasse `slides`, die drei Umgebungen `slide`, `overlay` und `note` bereit, die ersten beiden jedoch mit einer geänderten Syntax durch Beigabe eines zwingenden Arguments.

SLITEX erlaubte die Erstellung von Vorlagen zur Nutzung durch verschiedenfarbige Folien und deren Überlagerung. Dahinter verbarg sich folgende Idee: Zum Zeitpunkt der ersten Bereitstellung von LATEX 2.09 Mitte der 80er Jahre waren Farbdrucker noch sehr kostspielige Geräte oberhalb der 100 000-DM-Schwelle. Es gab jedoch Fotokopierer, mit denen man eine Schwarzweißvorlage auf farbige Folien übertragen und verschiedenfarbige Einzelfolien durch Überlagerung mischen konnte. Die Technik der Überlagerung von Grund- und Wechselfolien wurde in SLITEX zur Erstellung von unterschiedlichen Farbvorlagen verallgemeinert.

Inzwischen sind preiswerte Farb-Tintenstrahldrucker auch für Privatanwender erschwinglich und Farb-Laserdrucker sind bei vielen Firmen und kleinen Forschungs- oder Hochschulinstituten gebräuchlich. Die Möglichkeit zur Erstellung von Vorlagen für unterschiedliche Farbkopien wird deshalb in LATEX 2_ε und der Bearbeitungsklasse `slides` nicht mehr unterstützt.

E.3.4 Farbdruck mit LATEX

Stattdessen erlaubt LATEX nun die Ansteuerung von Farbdruckern. Dies setzt die Nutzung eines weiteren Ergänzungspakets, nämlich `color.sty`, voraus. Dieses Ergänzungspaket gehört nicht zum LATEX 2_ε-Grundpaket, sondern ist Bestandteil des sog. Erweiterungspakets. Auf den öffentlichen TEX-Fileservern findet man es unter dem zum Grundpaket `.../latex/base` parallelen Verzeichnis `.../latex/packages`. Dieses Verzeichnis ist in weitere Unterverzeichnisse gegliedert. Unter `.../latex/packages/graphics` findet man das File `color.dtx`, aus dem mit der LATEX-Bearbeitung des dortigen Installationsfiles `graphics.ins` auch das Ergänzungspaket `color.sty` entsteht.

Entsprechend der Gliederung der vorliegenden LATEX-Buchserie wird das Ergänzungspaket `color.sty` in [5b] vorgestellt. Im Hinblick auf die früheren SLITEX-Farbmöglichkeiten gehe ich hier ebenfalls kurz auf `color.sty` ein. Es wird mit dem Vorspannbefehl

   \usepackage[*treiber*]{color}

eingebunden. Da die Eigenschaften von `color.sty` vom Drucker umgesetzt werden müssen, ist beim vorstehenden Aufruf der Druckertreiber mit *treiber* anzugeben. Bei mir kommt der PostScript-Treiber `dvips` zur Anwendung: '\usepackage[dvips]{color}'.

Das Ergänzungspaket `color.sty` stellt den Farbdefinitionsbefehl

   \definecolor{*farb_name*}{*model*}{*farb_def*}

bereit, mit dem zunächst Farben unter geeigneten Namen einzurichten sind. Als Angaben für *model* sind `rgb`, `cmyk`, `gray` und `named` zulässig. `rgb` kennzeichnet das *additive* Farbmodell mit den Grundfarben ‚Rot‘, ‚Grün‘ und ‚Blau‘. `cmyk` verweist auf das *subtraktive* Farbmodell mit den Grundfarben ‚Blaugrün‘ (engl. c̲yan), ‚Purpurrot‘ (engl. m̲agenta) und ‚Gelb‘ (engl. y̲ellow) sowie einem zusätzlichen ‚Schwarz‘-Anteil (blac̲k). Das Farbmodell `gray` erklärt sich mit seinem Namen selbst und lässt nur unterschiedliche Graustufen zu. Mit named kann auf vorgegebene Farbnamen zurückgegriffen werden, die manche Druckertreiber intern kennen.

Der Eintrag *farb_def* für die Farbdefinition ist modellabhängig. Beim rgb-Modell erfolgt er als Zahlentripel mit den Einstellwerten für die Farbanteile Rot, Grün und Blau, jeweils als Dezimalzahl zwischen 0.0 und 1.0, wobei die drei Dezimalzahlen durch Kommata voneinander getrennt werden, z. B. 0.5,0.85,0.33. Der entsprechende Eintrag für das Farbmodell cmyk erfolgt in analoger Weise als Zahlenquadrupel für die Farbanteile Cyan, Magenta, Gelb und den überlagerten Schwarzanteil. Beim Farbmodell gray ist der Eintrag für *farb_def* eine einfache Dezimalzahl zwischen 0.0 und 1.0, mit der die Schwärzungstiefe vorgegeben wird. 0.0 führt dabei zur intensivsten Schwärzung, 1.0 zum unsichtbaren Weiß. Auf das druckerspezifische Farbmodell named gehe ich hier nicht weiter ein.

Additive Farbmischung entsprechend dem rgb-Modell findet auf natürliche Weise bei der Überlagerung selbstleuchtender Farben statt, z. B. auf dem Farbbildschirm. Das subtraktive Farbmodell cmyk entspricht dem natürlichen Mischungsvorgang eines Farbdruckers. Die Gerätetreiber sind in der Lage, die Angaben aus \definecolor in die für das Ausgabegerät erforderlichen *internen* Farbanweisungen zu transformieren.

Die Farbnamen black, white, red, green, blue, cyan, magenta und yellow sind auch ohne explizite Erklärung mit \definecolor bekannt und definiert. Für alle bekannten oder vom Anwender erklärten Farbnamen kann nun mit

\color{*farb_name*} *nachfolgender Text*   global oder
\textcolor{*farb_name*}{*übergebener Text*}   lokal

für den nachfolgenden oder übergebenen Text die entsprechende Farbe aktiviert werden. Beide Befehle kennen eine zweite Syntaxform, mit der sie ohne vorherige Erklärung eines Farbnamens eine Farbumschaltung vornehmen:

\color[*model*]{*farb_def*} *nachfolgender Text*
\textcolor[*model*]{*farb_def*}{*übergebener Text*}

Die hier vorzunehmenden Einträge für *model* und *farb_def* haben die gleiche Bedeutung wie die gleichnamigen Einträge beim \definecolor-Befehl. Ein weiterer Farb-Einstellbefehl ist

\pagecolor{*farb_name*}   bzw.   \pagecolor[*model*]{*farb_def*}

mit dem die Hintergrundfarbe für die ganze Seite eingestellt wird. Eine etwaige Farbumschaltung gegenüber einer früheren Seitenhintergrundfarbe wirkt auf die volle laufende und alle Folgeseiten, bis sie durch einen erneuten \pagecolor-Befehl abgelöst wird. Der Farbhintergrund für LATEX-Boxen kann mit dem Befehl

\colorbox{*farb_name*}{*eingeschl. Text-Struktur*}   bzw.
\colorbox[*model*]{*farb_def*}{*eingeschl. Text-Struktur*}

gewählt werden. Strukturell bildet \colorbox eine LATEX-LR-Box wie \mbox (s. 4.7.1), in der der übergebene Text als eine Zeile von links nach rechts ohne Zeilenumbruch angeordnet wird. Die LATEX-LR-Box \mbox darf ihrerseits Absatzboxen, also \parbox-Befehle und minipage- oder tabular-Umgebungen, enthalten. Damit werden komplexere Textstrukturen mit einer gewählten Hintergrundfarbe möglich. Als Farbe für die eingeschlossene Text-Struktur wird die außerhalb der \colorbox gültige globale Farbeinstellung übernommen. Alternativ kann innerhalb des \colorbox-Befehls eine lokale Farbumschaltung für die eingeschlossene Text-Struktur mit \color- oder \textcolor-Befehlen vorgenommen werden, die jedoch keinen Einfluss auf die Hintergrundfarbe hat.

Die vorliegende Buchproduktion ließ zwar keine Beispiele in Farbe zu, das Farbmodell gray kann aber auch bei einem gewöhnlichen PostScript-fähigen Schwarzweißdrucker angesprochen werden. Damit soll zumindest ein entsprechendes Beispiel für \colorbox demonstriert werden:

```
\colorbox[gray]{0.85}{\parbox{50mm}{
Der hier "ubergebene Text wird als
Absatzbox mit einer Breite von 50 mm
formatiert und zur Hervorhebung mit
einer Grauschattierung der Stufe 0.85
unterlegt. Bei einem Farbdrucker k"onnte
die Unterlegung mit einer beliebigen
Farbe erfolgen. Ebenso k"onnte die
Abhebung einer Tabelle durch Einschluss
der \texttt{tabular}-Umgebung erreicht
werden.}}
```

Der hier übergebene Text wird als Absatzbox mit einer Breite von 50 mm formatiert und zur Hervorhebung mit einer Grauschattierung der Stufe 0.85 unterlegt. Bei einem Farbdrucker könnte die Unterlegung mit einer beliebigen Farbe erfolgen. Ebenso könnte die Abhebung einer Tabelle durch Einschluss der tabular-Umgebung erreicht werden.

Die zusätzliche Farbvorgabe für die Umrandung einer gerahmten Box wird mit

\qquad \fcolorbox{*farb_name_r*}{*farb_name_h*}{*eingeschl. Text-Struktur*} \quad bzw.
\qquad \fcolorbox[*model*]{*farb_def_r*}{*farb_def_h*}{*eingeschl. Text-Struktur*}

erreicht. Die erste Farbvorgabe dieses Befehls bezieht sich auf die Farbe der Umrandung, die zweite auf die Farbe des Hintergrunds. Bei der zweiten Syntaxform ist für beide Farben das gleiche Farbmodell zu verwenden, aus dem dann unterschiedliche Farben definiert werden können.

```
\definecolor{light}{gray}{0.85}
\definecolor{heavy}{gray}{0.35}
\setlength{\fboxrule}{1mm}
\fcolorbox{heavy}{light}{\parbox{50mm}{
Der hier "ubergebene Text wird ebenfalls
als 50 mm breite Absatzbox formatiert
und mit einer Grauschattierung der Stufe
0.85 unterlegt. Zus"atzlich erfolgt eine
Umrahmung in der st"arkeren Graustufe
0.35.}}
```

Der hier übergebene Text wird ebenfalls als 50 mm breite Absatzbox formatiert und mit einer Grauschattierung der Stufe 0.85 unterlegt. Zusätzlich erfolgt eine Umrahmung in der stärkeren Graustufe 0.35.

E.3.5 Positionierungsprobleme bei Wechselfolien

Bei der Erstellung einer Grund- und *einer* Wechselfolie passen die mit \visible und \invisible wechselseitig sicht- und unsichtbar gemachten Textstellen genau übereinander, wie das folgende Beispiel zeigt.

```
\begin{slide}\visible
  \begin{center}\large Nationale Vorurteile \end{center}
  Nach verbreiteter Volksmeinung gelten die {\invisible Amerikaner} als
  {\invisible egoistisch} und {\invisible arrogant}, gleichzeitig aber
  auch als {\invisible hilfsbereit}. Der Widerspruch ist offenkundig und
  macht die Vorurteile deutlich.
```

```
\end{slide}
\begin{overlay}\invisible
  \begin{center}\large Nationale Vorurteile \end{center}
  Nach verbreiteter Volksmeinung gelten die {\visible Amerikaner} als
  {\visible egoistisch} und {\visible arrogant}, gleichzeitig aber
  auch als {\visible hilfsbereit}. Der Widerspruch ist offenkundig und ...
\end{overlay}
```

Nationale Vorurteile
 	
Nach verbreiteter Volksmei-
nung gelten die
als   und   ,
gleichzeitig aber auch als
          . Der Widerspruch
ist offenkundig und macht
die Vorurteile deutlich.
 	
                                  2
	
	                              Amerikaner
	     egoistisch arrogant
	
	     hilfsbereit
	
	                                  2-a

Durch Übereinanderlegen beider Folien entsteht das nebenstehende Ergebnis. Bei dem Versuch, nunmehr eine weitere Wechselfolie zu erstellen, in der derselbe Grundtext, aber statt „Amerikaner", „egoistisch", „arrogant" und „hilfsbereit" nunmehr „Russen", „gastfreundlich", „gutmütig" und „brutal" stehen soll, wird das Ergebnis höchst unbefriedigend.

Die ausgewechselten Wörter haben andere Weiten. Daher wird der unsichtbare Grundtext in der Wechselfolie unterschiedlich verschoben und ggf. sogar anders umbrochen. Damit passt die zweite Wechselfolie gar nicht oder nur ungenau auf den ungeänderten Haupttext der Grundfolie.

Nationale Vorurteile

Nach verbreiteter Volksmeinung gelten die Amerikaner als egoistisch und arrogant, gleichzeitig aber auch als hilfsbereit. Der Widerspruch ist offenkundig und macht die Vorurteile deutlich.

Die Lösung ist jedoch recht einfach. Sowohl im Grundtext wie im Wechseltext sollten die auszuwechselnden Teile jeweils in \makebox-Befehle geeigneter Breite gefasst werden. Damit wird für den Grundtext wie für alle Wechseltexte an den entsprechenden Stellen der gleiche Zwischenraum bereitgestellt.

Die explizite Angabe der Breiten, etwa als \makebox[20mm]{Amerikaner} und analog \makebox[20mm]{Russen}, ist jedoch lästig. Ganz zu schweigen davon, dass passende Weiten erst nach einem oder gar mehreren Probeausdrucken gefunden werden. Zweckmäßiger

E.3. WEITERE SLIDES-BEARBEITUNGSMÖGLICHKEITEN

ist es, durch die Bereitstellung eines eigenen Makros diese Arbeit an die Bearbeitungsklasse `slides` zu übertragen. Mit

```
\newlength{\ww}
\newcommand{\mbw}[2]{\settowidth{\ww}{#1}\makebox[\ww]{#2}}
```

kann dies erreicht werden. Hier wird zunächst ein eigener Längenbefehl für die Wortweite \ww eingeführt. Der Aufruf für den Befehl \mbw lautet dann:

\mbw{*muster_wort*}{*eintrag*}

womit der Befehl \makebox in der Weite, die das *muster_wort* einnimmt, mit dem übergebenen *eintrag* eingerichtet wird.

Mit diesem benutzereigenen Befehl könnte das vorangegangene Beispiel dann korrekt erstellt werden:

```
\begin{slide}
  \begin{center}\large Nationale Vorurteile \end{center}
  Nach verbreiteter Volksmeinung gelten die
  {\invisible\mbw{Amerikaner}{Amerikaner}} als
  {\invisible\mbw{gastfreundlich}{egoistisch}} und
  {\invisible\mbw{gutm"utig}{arrogant}}, gleichzeitig aber auch als
  {\invisible\mbw{hilfsbereit}{hilfsbereit}}. Der Widerspruch ist
  offenkundig und macht die Vorurteile deutlich.
\end{slide}
\begin{overlay}\invisible
  \begin{center}\large Nationale Vorurteile \end{center}
  Nach verbreiteter Volksmeinung gelten die
  {\visible\mbw{Amerikaner}{Amerikaner}} als
  {\visible\mbw{gastfreundlich}{egoistisch}} und
  {\visible\mbw{gutm"utig}{arrogant}}, gleichzeitig aber auch als
  {\visible\mbw{hilfsbereit}{hilfsbereit}}. Der Widerspruch ist ...
\end{overlay}
\begin{overlay}\invisible
  \begin{center}\large Nationale Vorurteile \end{center}
  Nach verbreiteter Volksmeinung gelten die
  {\visible\mbw{Amerikaner}{Russen}} als
  {\visible\mbw{gastfreundlich}{gastfreundlich}} und
  {\visible\mbw{gutm"utig}{gutm"utig}}, gleichzeitig aber auch als
  {\visible\mbw{hilfsbereit}{brutal}}. Der Widerspruch ist ...
\end{overlay}
```

Hier stellt sich die Frage, warum die jeweils längeren Wörter ebenfalls in die \mbw-Befehle, z. B. \mbw{Amerikaner}{Amerikaner}, gefasst wurden. Tatsächlich könnte man an einigen Stellen die jeweils längsten Wechselwörter direkt hinschreiben, in der slide- und der ersten overlay-Umgebung also nur Amerikaner angeben. In dieser Form werden die Wechselwörter beim Zeilenumbruch ggf. getrennt, während beim Aufruf eines kürzeren Wechselwortes mit \mbw, etwa \mbw{Amerikaner}{Russen}, ein Zeilenumbruch innerhalb des übergebenen Wortes als Folge des \makebox-Befehls nicht möglich ist. Damit würden einige der Wechselfolien unter Umständen wieder nicht zur Grundfolie passen. Die vorgestellte Form ist sicherer.

Der Texteintrag im vorstehenden \mbw-Befehl erfolgt zentriert in der durch *muster_wort* bestimmten Feldweite. Dies ist erwünscht, wenn die verschieden langen Wechseleinträge innerhalb einer Zeile angeordnet werden sollen. Findet ein Zeilenumbruch gerade vor oder hinter einem Wechselwort statt, so mag für die Wechselwörter an diesen Stellen ein links- oder rechtsbündiger Eintrag sinnvoller sein. Hierzu könnten zusätzlich zwei Befehle \mbwl und \mbwr bereitgestellt werden, die der Leser zur Übung entwerfen möge.

In der Praxis wird man für den ersten Probeausdruck zunächst überall die Zentrierboxen \mbw verwenden, da der Zeilenumbruch zunächst nicht bekannt ist. Nach dem Probeausdruck werden die linksbündigen Boxen durch \mbwl und die rechtsbündigen durch \mbwr ersetzt, womit die SLITEX-Bearbeitung dann abschließend durchgeführt wird.

Die Wiederholung des gesamten sichtbaren Textes der Grundfolie in allen weiteren overlay-Umgebungen erscheint zunächst aufwendig. Tatsächlich sollte der Editor zu Hilfe genommen werden und der gesamte Text der Grundfolie, also der slide-Umgebung, in die erste overlay-Umgebung kopiert werden. Hier sind dann die Befehle \visible und \invisible (bzw. der verwendete Farbbefehl und \invisible) gegeneinander auszutauschen, wozu der Editor ebenfalls Hilfe leisten kann. Die so erstellte erste overlay-Umgebung kann dann in die folgenden kopiert werden, wobei lediglich die Wechselwörter verändert werden müssen.

Kommt das Ergänzungspaket color.sty bei der Erstellung von Folienvorlagen zur Anwendung, dann kann das wechselseitige Sichtbar- und Unsichtbarmachen auch mit den Farbbefehlen

\color{black} *nachfolgender sichtbarer Text*   oder
\textcolor{black}{*übergebener sichtbarer Text*}   bzw.

\color{white} *nachfolgender unsichtbarer Text*   oder
\textcolor{white}{*übergebener unsichtbarer Text*}

erreicht werden. Durch Ändern des Farbnamens black in einen bekannten oder vorab mit \definecolor erklärten Farbnamen kann der sichtbare Text auf einem Farbdrucker auch in jeder gewünschten Farbe ausgegeben und sichtbar gemacht werden.

Anhang F

TeX-Installation und Beschaffung

In den Anfangsjahren seiner Nutzung wurde TeX zunächst in den Rechenzentren der Universitäten und Hochschulen sowie sonstigen wissenschaftlichen Institutionen eingerichtet und bereitgestellt. Alle mit der Installation verknüpften Fragen und evtl. Probleme stellten sich nicht dem Anwender, sondern dem entsprechenden EDV-Experten des Rechenzentrums.

Nach einer erfolgreichen Installation wurde den Anwendern ein Arbeitswerkzeug zur Nutzung bereitgestellt, um dessen Zustandekommen, interne Realisierung, Programmquellen, Ergänzungen und Erweiterungen u. ä. sie sich nicht zu kümmern brauchten. Viele dieser Anwender haben z. B. von einem Programm INITEX nie auch nur gehört, geschweige denn es je angewendet.

Inzwischen hat sich das Anwenderprofil deutlich verändert. Die Mehrzahl der heutigen TeX- und LaTeX-Anwender betreibt das Programm auf einem PC. Diese sollten einen Überblick über die verschiedenen Programmkomponenten und deren Aufgaben sowie ihre Wechselbeziehungen haben. Dies gilt auch dann, wenn das TeX-Lieferpaket ein Hilfsprogramm zur Installation enthält, nach dessen Aufruf die gesamte TeX-Einrichtung automatisch erfolgt. Früher oder später werden Ergänzungen beschafft und/oder Neuerungen angeboten, die in das System einzubinden sind, und spätestens dann wird ein solcher Gesamtüberblick erforderlich.

F.1 Das TeX-System im Überblick

F.1.1 Ein TeX-Minimalsystem

Ein TeX-Minimalsystem besteht zunächst aus zwei lauffähigen Programmen, von denen das eine den Namen `initex` und das andere den Namen `virtex` oder häufig auch nur `tex` trägt. Unter DOS sind diese lauffähigen Programme durch den Anhang .exe als `initex.exe` und `virtex.exe` oder `tex.exe` gekennzeichnet. Unter UNIX haben lauffähige Programme üblicherweise keinen Namensanhang. Sie sind dem Betriebssystem stattdessen als *ausführbare* Files zu erklären. Bei neueren TeX-Systemen (ab Mitte 1998) ist `tex` oder `tex.exe` ein Gemeinschaftsprogramm, das die Eigenschaften von `initex` und `virtex` abdeckt, und zwar mit `tex` als `virtex`-Äquivalent und mit der Optionsangabe -i, also 'tex -i', als `initex`-Äquivalent.

Für die Ausführung dieser Programme wird *zwingend* ein File mit dem Namen `tex.poo` oder, wenn der Namensanhang mehr als drei Buchstaben enthalten darf, `tex.pool` benötigt. Dieses File entsteht bei der Kompilation der ausführbaren Programme aus deren Quellenfiles[1]. Wurde das TEX-Paket nur in Form ausführbarer Programme geliefert, wie das bei den meisten PC-Versionen der Fall ist, so muss `tex.poo` zwingend beigefügt sein.

Das Programm `virtex` oder `tex` ist das TEX-Grundprogramm zur Formatierung der einzugebenden Texte. Es stellt die ca. 300 TEX-Grundbefehle bereit, die im Standardwerk von DONALD KNUTH, „The TEXbook" [10a], mit einem * im Indexregister gekennzeichnet sind. Im gleichen Buch werden jedoch ca. weitere 600 TEX-Befehle vorgestellt, die für den Anwender in gleicher Weise wie die Grundbefehle erscheinen und genutzt werden. Sie werden durch sog. Makros realisiert. Makros sind TEX-Strukturen, die unter einem Namen wie Befehle bereitgestellt werden, hinter denen sich dann aber TEX-Ablauffolgen verbergen, die ihrerseits entweder auf einfache Zeichenketten und/oder TEX-Grundbefehle oder weitere Makros zurückführen. Makrodefinitionen stellen strukturmäßig ein Stückchen TEX-Text dar, wie er mit jedem Editor erstellt werden kann. Beim Aufruf eines Makros wird dieses während der Bearbeitung durch den Ablauftext gemäß seiner Definition ersetzt und jener dann abgearbeitet.

Alle im „The TEXbook" vorgestellten Zusatzbefehle werden als Makros in dem File `plain.tex` definiert. Dieses gehört damit ebenfalls zur Minimalausstattung eines nutzbaren TEX-Systems. Die Abarbeitung komplexer Makros kann zeitaufwendig sein, da sie mit jedem Aufruf aufs Neue vollständig in ihren Ersetzungstext umgesetzt werden und dieser dann Schritt für Schritt abgearbeitet wird.

Hier kommt nun das Programm `initex` zum Tragen. Dieses stellt eine spezielle Version von TEX dar, mit der Makros oder ganze Makropakete *vorbearbeitet* und in *maschinenspezifischer* Form abgelegt werden. Die Abarbeitung solcher vorbearbeiteten Makros erfolgt schneller als die Abarbeitung der Originaldefinitionen. Das Programm `initex` stellt gewissermaßen den TEX-Compiler zur Vorbearbeitung von TEX-Makropaketen dar. Jener erwartet beim Aufruf die Angabe des Filenamens für das Makropaket. Trägt der Filename für das Makropaket den Anhang `.tex`, so genügt die Angabe des Grundnamens. Der Bearbeitungsaufruf ist systemabhängig und lautet meistens:

    `initex` *file_grund_name.anh*   oder   `initex` *file_grund_name*   bzw. (neu)
    `tex -i` *file_grund_name.anh*   oder   `tex -i` *file_grund_name*

Das Bearbeitungsergebnis wird in einem sog. *Formatfile* mit dem gleichen Grundnamen und dem Anhang `.fmt` abgelegt. Für das File `plain.tex` erfolgt der Bearbeitungsaufruf also einfach durch

    `initex plain`   bzw. (neu)   `tex -i plain`

Auf dem Bildschirm erscheint hierauf (am Beispiel meines UNIX-Systems):

```
This is TeX, Version 3.14159 (C Version 7.2) (INITEX)
(plain.tex Preloading the plain format: codes, registers, parameters,
fonts, more fonts, macros, math definitions, ouput routines, hyphenation
(/usr/local/lib/texmf/tex/plain/hyphen.tex))
*
```

---

[1] Das File `tex.pool` besteht aus einer Vielzahl von Zeichenketten mit vorangestellten Längeninformationen. Damit werden die zugehörigen Texte, z. B. die Fehlermitteilungen, effizienter verwaltet, als dies standardmäßig durch den Pascal-Compiler erfolgt.

F.1. DAS TEX-SYSTEM IM ÜBERBLICK

Hierauf bleibt das Programm stehen und wartet auf eine Anwenderreaktion. Diese muss lauten: \dump, gefolgt von der Return-Taste, worauf die Bearbeitung mit der Bildschirmnachricht

```
Beginning to dump on file plain.fmt
(format=plain aktuelles Datum .....
```

fortgesetzt wird, gefolgt von etwas Statistik und einer Vielzahl Zeilen der Form

\font\TEX_name=zs_file   oder
\font\preloaded=zs_file

Die Bearbeitung endet mit einigen weiteren statistischen Angaben über die vorbearbeiteten Zeichensätze und der/des verwendeten Trennmuster(s). Das Bearbeitungsergebnis wird in plain.fmt abgelegt. Die vorangegangenen Bildschirmmitteilungen und eine Reihe weiterer Bearbeitungsinformationen werden gleichzeitig in plain.log protokolliert.

Mit den Anweisungen der Form \font\TEX_name=zs_file werden die *metrischen* Eigenschaften der angeforderten Zeichensätze, also die *Höhe*, *Tiefe* und *Breite* ihrer Zeichen sowie deren Abstände zum nachfolgenden Zeichen, bekannt gemacht, die dann unter den angegebenen TEX-Befehlsnamen zur Verfügung stehen (*definierte* Zeichensätze). Die metrischen Zeichensatzinformationen werden mit den sog. .tfm-Files, also den Zeichensatzfiles mit dem Namensanhang .tfm, bereitgestellt. Mit

```
\font\tenrm=cmr10
```

wird die Information aus dem File cmr10.tfm für die TEX-Bearbeitung unter dem Befehlsnamen \tenrm in maschinenspezifischer Form abgespeichert.

Mit der anderen Anweisungsgruppe der Form \font\preloaded=zs_file werden die metrischen Informationen der angeforderten .tfm-Files ebenfalls im erzeugten Formatfile maschinenspezifisch abgelegt. Sie bleiben zunächst jedoch anonym, da ihnen kein entsprechender TEX-Befehlsname zugeordnet wurde. (Der benutzte Befehlsname \preloaded wird in plain.tex später als *undefiniert* erklärt!) Der Vorteil dieser *vorgeladenen* anonymen Zeichensätze liegt darin, dass sie bei einer späteren TEX-Bearbeitung mit expliziten \font-Befehlen aktiviert werden können, *ohne* dass die zugehörigen .tfm-Zeichensatzfiles zum Bearbeitungszeitpunkt erneut eingelesen werden müssen.

Alle durch plain.tex angeforderten .tfm-Zeichensatzfiles müssen zum Zeitpunkt des initex-Aufrufs verfügbar sein. Sie gehören damit ebenfalls zur Minimalausstattung eines TEX-Systems. Diese sind

```
cmbx5.tfm     cmr5.tfm      cmmi5.tfm     cmsy5.tfm
cmbx7.tfm     cmr7.tfm      cmmi7.tfm     cmsy7.tfm
cmbx10.tfm    cmr10.tfm     cmmi10.tfm    cmsy10.tfm
cmex10.tfm    cmtt10.tfm    cmti10.tfm    csml10.tfm
```

für die *definierten* Zeichensätze und zusätzlich

```
cmbx6.tfm     cmr6.tfm      cmmi6.tfm     cmsy6.tfm     cmti7.tfm
cmbx8.tfm     cmr8.tfm      cmmi8.tfm     cmsy8.tfm     cmti8.tfm
cmbx9.tfm     cmr9.tfm      cmmi9.tfm     cmsy9.tfm     cmti9.tfm
cmss10.tfm    cmssi10.tfm   csml8.tfm     cmtt8.tfm     cmsltt10.tfm
cmssq8.tfm    cmssqi8.tfm   csml9.tfm     cmtt9.tfm
```

sowie

```
cmssbx10.tfm    cmcsc10.tfm    cmmib10.tfm    cmbsy10.tfm    cmu10.tfm
cmdunh10.tfm    manfnt.tfm
```

für die *vorgeladenen* Zeichensätze. Die letzte Gruppe enthält diejenigen Zeichensätze, denen in `plain.tex` der Bildschirmausgabebefehl `\message{more fonts}` vorangeht.

Kurz vor Ende des Files `plain.tex` findet man den Befehl `\input hyphen`. Bei der `initex`-Bearbeitung wird an dieser Stelle nach dem File `hyphen.tex` gesucht und dieses, wenn es gefunden wird, eingelesen. Fehlt dieses File, so bleibt `initex` mit der Fehlermeldung

```
! I can't find file 'hyphen'
l.1211 \input hyphen
Please type another input file name:
```

stehen und wartet auf die entsprechende Tastatureingabe. Das Originalfile `hyphen.tex` enthält die US-englischen Trennmuster für mögliche Worttrennungen. Es gehört ebenfalls zur Minimalausstattung eines TEX-Systems. Wird es unter dem gleichen Namen auf den anwendereigenen Rechner kopiert, so ist es hierunter natürlich verfügbar, und die vorstehende Fehlermeldung entfällt.

Wird das Originaltrennmusterfile `hyphen.tex` umbenannt, z. B. in `ushyph.tex`, so bleibt die Suche nach `hyphen.tex` erfolglos. Mit der Eingabe `ushyph` ⟨*Return*⟩ im Anschluss an die vorstehende Fehlermeldung wird die `initex`-Bearbeitung bis zur Ausgabe des Eingabeprompts * ordnungsgemäß fortgesetzt und mit der abschließenden Eingabe `\dump` ⟨*Return*⟩ zur Ausgabe des Formatfiles `plain.fmt` aufgefordert.

Die Umbenennung und anschließende manuelle Aktivierung aufgrund der obigen Aufforderung erscheint zunächst unvernünftig, wird jedoch gleich verständlich. Das erzeugte Formatfile `plain.fmt` ist zur Bearbeitung englischer Texte geeignet. Zur Bearbeitung deutscher Texte ist ein deutsches Trennmusterfile erforderlich, dessen aktuelle Version für die traditionelle Rechtschreibung mit `dehypht.tex` und für die neue Rechtschreibung mit `dehyphn.tex` bereitgestellt wird. Wird der nachfolgende Text unter dem Filenamen `hyphen.tex` abgelegt, so wird seine Befehlsfolge nunmehr an der Stelle `\input hyphen` eingelesen.

```
\message{== Loading hyphenation patterns:}

%% american english
\chardef\l@USenglish=\language
%% british english as "Dialect"
\chardef\l@english=\l@USenglish
\input ushyph

%% german
\newlanguage\l@german \language=\l@german
%% oesterreichisch als "Dialekt":
\chardef\l@austrian=\l@german
\input dehypht

%% new german
\newlanguage\l@ngerman \language=\l@ngerman
%% oesterreichisch (neu) als "Dialekt":
\chardef\l@naustrian=\l@ngerman
\input dehyphn
```

F.1. DAS TEX-SYSTEM IM ÜBERBLICK

```
%% weitere Sprachen nach folgendem Schema:
% \newlanguage\l$SPRACHE \language=\l@SPRACHE
% \chardef\l@DIALECT=\l@SPRACHE
% \input SPRACHhyph

%% Default-Trennmuster: USenglish
\language=\l@USenglish \lefthyphenmin=2 \righthyphenmin=3
\message{done.}
\endinput
```

Dieses hyphen.tex-File liest seinerseits nacheinander die Trennmusterfiles ushyph.tex, dehypht.tex und dehyphn.tex ein und verknüpft sie mit den internen Werten 0, 1 und 2 für den Sprachschalter \language. Das mit diesem hyphen.tex erzeugte Formatfile plain.tex ist damit zur Bearbeitung englischer sowie deutscher Texte in alter wie neuer Rechtschreibung geeignet. Bei der Bearbeitung österreichischer Texte kommen die deutschen Trennmusterfiles gleichermaßen zur Anwendung, ebenso wie das US-englische Trennmusterfile bei der Bearbeitung britisch-englischer Texte.

Die Ergänzung für weitere Sprachen sollte mit dem beigefügten Kommentartext nicht schwerfallen. Die Erweiterung auf französische Texte mit dem Trennmuster frhyph.tex erfolgt damit durch die zwei Zusatzzeilen:

```
\newlanguage\l@french  \language=\l@french
\input frhyph
```

Die Erstellung eines Formatfiles mit den beiden deutschen *und* dem US-englischen Trennmustersatz sollte auch bei solchen Anwendern erfolgen, die selbst keine englischen Eingabetexte erstellen. Nahezu alle TEX-Makropakete enthalten umfangreiche Erläuterungs- und Dokumentationstexte in Englisch, deren TEX- oder LATEX-Bearbeitung wohl formatierte Manuale erstellt. Fehlt beim Formatfile der englische Trennmustersatz, so werden bei der TEX- oder LATEX-Bearbeitung dieser englischsprachigen Dokumentationen Trennungen völlig unterdrückt, womit ein optimaler Zeilenumbruch erschwert, wenn nicht gar verhindert wird.

Die Umschaltung auf die jeweils gewünschte Sprache erfolgt mit der Zuweisung \language=n mit $n = 0$, 1, 2 und evtl. 3 für englische, deutsche, und zwar alte und neue Rechtschreibung, sowie evtl. französische Texte. Falls beim Anwender zur Textbearbeitung nur LATEX benutzt wird, kann es für plain.fmt beim hyphen.tex-Originalfile belassen bleiben, da alle Originaldokumentation von TEX-Zusatzdokumentation ausschließlich in Englisch erfolgt.

Ein TEX-Minimalsystem besteht für den deutschsprachigen Raum damit aus den beiden ausführbaren Programmen initex bzw. initex.exe sowie virtex bzw. virtex.exe, dem Poolfile tex.poo und dem soeben erzeugten Formatfile plain.fmt mit den eingebundenen Trennmustersätzen ushyphen.tex, dehypht.tex und dehyphn.tex bzw. dem hyphen.tex Originaltrennmusterfile. Die Files mit diesen Trennmustersätzen sowie die auf S. 371f aufgelisteten .tfm-Zeichensatzfiles gehören implizit ebenfalls zum Bestandteil eines TEX-Minimalsystems.

Gelegentlich sollen dem Makrofile plain.tex weitere Makropakete, die in einem weiteren File *extramac.tex* abgespeichert sind, bei der initex-Bearbeitung hinzugefügt werden. War das Originalformatfile plain.fmt bereits erzeugt worden, so kann die erweiterte Bearbeitung mit

```
initex &plain  extramac    bzw (neu)    tex -i &plain  extramac
```

erzielt und als *extramac.fmt* abgespeichert werden. Das so erzeugte Formatfile *extramac.fmt* enthält sowohl die Makros aus `plain.tex` als auch die zusätzlichen Makros aus *extramac.tex* in maschinenspezifisch vorbearbeiteter Form.

Die unterschiedlichen Aufrufformen `initex` und `virtex` bzw. als `tex` und `tex -i` für das neue TEX-Gemeinschaftsprogramm gemäß S. 369f werden im nachfolgenden Teil nicht mehr explizit aufgeführt, sondern durch die Standardaufrufe `initex` und `virtex` symbolisiert. Der Anwender möge hierfür die bei ihm existierenden Programmversionen einsetzen, die vorstehenden Aufrufe also evtl. durch ‚`tex -i`' bzw. ‚`tex`' ersetzen.

Erscheint bei dem Versuch, ein Formatfile `plain.fmt` mit mehreren Trennmustersätzen zu erstellen, eine der Fehlernachrichten

    `TeX capacity exceeded, sorry [pattern memory=`x`]` bzw.
    `TeX capacity exceeded, sorry [pattern memory ops=`x`]`

so sind die intern in `initex` bereitgestellten Pufferspeicher zur Verwaltung der Trennmustersätze zu klein. Für eine evtl. Problemlösung wird auf F.1.3 verwiesen.

F.1.2 TEX-Programmaufrufe durch Befehlsdateien

Das eigentliche TEX-Textbearbeitungsprogramm `virtex` bzw. `virtex.exe` verlangt beim Aufruf neben dem Namen für das zu bearbeitende Textfile auch die Angabe des zu verwendenden Formatfiles mit seinem Grundnamen. Das Formatfile wird hierbei durch ein vorangestelltes &-Zeichen gekennzeichnet (das unter UNIX durch einen nochmals vorangestellten Rückstrich \ zu maskieren ist). Die Aufrufsyntax lautet damit:

    `virtex` &*format_file text_file* bzw. `virtex` \&*format_file text_file* (UNIX)

Mit ‚`virtex &plain` *text_file*' wird das übergebene Textfile unter Einbeziehung des Formatfiles `plain.fmt` TEX-bearbeitet und das Bearbeitungsergebnis in einem File mit dem gleichen Grundnamen und dem Anhang `.dvi` abgelegt.

Erzeugt man sich unter DOS eine kleine Befehlsdatei (Batchfile) mit dem Namen `pltex.bat` bzw. unter UNIX mit dem reinen Grundnamen `pltex` und den Inhalten

    `virtex &plain %1` (DOS) bzw. `virtex \&plain $*` (UNIX)

dann kann der Aufruf vereinfacht mit

    `pltex`   *text_file*

erfolgen. Diese Befehlsdatei ist abschließend in ein Verzeichnis zu verschieben, das in der Suchpfadvariablen PATH aufgelistet ist. Unter UNIX ist die Befehlsdatei dem Betriebssystem außerdem als *ausführbares* File zu erklären. Das kann dort z. B. in der Zieldatei mit dem UNIX-Befehl ‚`chmode 755 pltex`' erfolgen. (F.4.4 stellt eine noch einfachere Möglichkeit unter UNIX vor.)

Zu Beginn des Abschnitts F.1.1 wurde gesagt, dass das zweite TEX-Hauptprogramm statt unter dem Namen `virtex` oft unter dem Namen `tex` (unter DOS `tex.exe`) bereitgestellt wird. In diesem Fall kann die Angabe des Formatfiles evtl. entfallen, wenn als Formatfile `plain.fmt` angefordert wird. Die explizite Angabe eines Formatfiles beim Befehlsaufruf ist dann nur erforderlich, wenn Formatfiles mit anderen Namen benutzt werden sollen, und nur für diese Fälle sollte man dann geeignete Befehlsdateien erstellen und aufrufen. Die

F.1. DAS TEX-SYSTEM IM ÜBERBLICK 375

beschriebene Eigenschaft eines ausführbaren TEX-Programms mit dem Namen tex oder tex.exe hängt jedoch von der Lieferquelle ab und kann nicht als allgemein verbindlich vorausgesetzt werden. Der von DONALD E. KNUTH gewählte Name war virtex, was ein jungfräuliches TEX (virgin TEX) kennzeichnen soll, dem für die Textbearbeitung stets ein geeignetes Formatfile zugeordnet werden muss.

Die Beschreibung der Anwendung von initex zur Erzeugung von Formatfiles und der Aufruf von virtex zusammen mit einem Formatfile durch eine Befehlsdatei erfolgte hier darum so ausführlich, weil dies für weitere Komponenten des gesamten TEX-Systems mehrmals entsprechend wiederholt werden muss und dem Anfänger zur Einrichtung seines TEX-Systems auch ohne Installationshilfe möglich sein sollte. So ist der Programmaufruf von LATEX nichts anderes als das weitere Formatfile latex.fmt, das mit virtex durch eine Befehlsdatei entsprechenden Namens verknüpft wird.

Bei der vorangegangenen Vorstellung von initex und virtex war stillschweigend vorausgesetzt worden, dass alle von TEX angeforderten Files im *aktuellen* Verzeichnis, also in dem Verzeichnis, aus dem der Bearbeitungsaufruf erfolgt, untergebracht sind oder sich in vorbestimmten Verzeichnissen befinden, die das sog. TEX-Filesystem bilden. Dies ist häufig, aber nicht immer, der Fall. Bei Bearbeitungsschwierigkeiten, insbesondere mit Fehlermeldungen über nicht existierende oder nicht gefundene Files, sollte vorab der übernächste Abschnitt F.1.4 zu Rate gezogen werden.

F.1.3 Systemgrenzen für mehrsprachige Formatfiles

Zur Nutzung der Trennmustersätze richtet TEX zwei interne Pufferspeicher ein, deren Größe durch die internen Konstanten trie_size und trie_op_size festgelegt sind. In den TEX-Anfangsjahren waren hierfür 8 000 bzw. 500 vorgegeben. Dies war ausreichend, um das US-englische Originaltrennmuster in das Formatfile einzubinden. Aber bereits für das deutsche Trennmuster erweist sich ein Wert von 8 000 für trie_size als zu klein. Das gilt natürlich erst recht, wenn entsprechend dem vorgeschlagenen Konfigurationsfile die drei Trennmustersätze ushyph.tex, dehypht.tex und dehyphn.tex gleichzeitig einzubinden sind. Für diesen Fall müssten als Mindestwerte für trie_size 21 547 und für trie_op_size 625 gewählt werden.

Die Änderung dieser Vorgaben durch ein geeignetes Änderungsfile zur Installationsaufbereitung mit anschließender Kompilierung der TEX-Quellenfiles wird die meisten Anwender überfordern. Dies ist zum Glück für modernere 32-bit-Rechner auch nicht mehr erforderlich, da für solche Rechner die ausführbaren TEX-Programme als sog. BIGTEX-Programme (s. F.1.6) zur Verfügung stehen. Für UNIX-Workstations wird z. B. für trie_size 30 000 und für trie_op_size 751 eingesetzt. Ähnliches gilt für TEX unter 32-bit-WINDOWS, also unter WINDOWS 95, WINDOWS 98 oder WINDOWS NT. Damit könnte in das Formatfile sogar ein vierter Trennmustersatz fur eine weitere Sprache eingebunden werden.

Für emTEX unter DOS bzw. OS/2 können gewisse Pufferspeicher durch geeignete Optionsangaben beim Programmaufruf zur Laufzeit verändert werden. Die Erstellung des Formatfiles für PLAIN-TEX mit den vorgeschlagenen drei Trennmustern können hier mit dem TEX-Programmaufruf

```
tex386 /i -mt22000 plain
```

erreicht werden, womit für trie_size 22 000 vorgegeben wird und intern gleichzeitig trie_op_size angemessen vergrößert wird.

Erweist sich der voreingestellte Wert für trie_size als zu klein für die insgesamt angeforderten Trennmustersätze, so erscheint während der INITEX-Bearbeitung die Fehlermeldung

```
TeX capacity exceeded, sorry [pattern memory=x]
```

mit der Zahlenangabe für x über die voreingestellte Größe. Die entsprechende Fehlermeldung für das Überschreiten des voreingestellten Wertes von trie_op_size lautet ähnlich, nämlich

```
TeX capacity exceeded, sorry [pattern memory ops=x]
```

Falls die ausführbaren TeX-Programme eine Vergrößerung der Voreinstellungen zur Laufzeit zulassen, wie z. B. bei emTeX, dann können, wie oben vorgestellt, geeignete Werte beim Programmaufruf vorgegeben werden. Anwender unter WINDOWS 95, WINDOWS 98 oder WINDOWS NT können die ausführbaren Programme mit einem Konfigurationsfile entsprechend ihren Bedürfnissen bei der Einrichtung angemessen konfigurieren (s. F.3.2.2).

Die Systembegrenzungen auf vier bis fünf Trennmustersätze für moderne 32-bit-Rechner können durch Sprachgruppenkompromisse ausgeweitet werden, indem bei multilingualen Anwendungen die verwendeten Sprachen in Gruppen von vier bis fünf Sprachen zusammengefasst werden und für jede Gruppe ein eigenständiges Formatfile erstellt wird. Die unterschiedlichen Formatfiles für die jeweilige Sprachgruppe müssen dann durch entsprechende Unterschiede in den Filenamen gekennzeichnet werden, z. B. plainsl.fmt für eine slawische Sprachgruppe oder plainrm.fmt für eine romanische Sprachgruppe usw. Die Erstellung solcher sprachgruppenspezifischen Formatfiles mit geeigneten Konfigurationsfiles entsprechend dem Beispiel von hyphen.tex auf S. 372 sollte nicht schwer fallen, ebenso wie die auf dieser Seite beschriebene interakive Erstellung verschiedener Formatfiles beim Fehlen des Standardfiles hyphen.tex. Auch die Erstellung geeigneter Befehlsdateien zur Aktivierung der verschiedenen Formatfiles kann mit den Hinweisen des letzen Unterabschnitts problemlos erfolgen.

F.1.4 Das TeX-Filesystem

Die ausführbaren TeX-Programme erwarten die angeforderten Files unter bestimmten Pfad- oder Verzeichnisnamen, die das sog. TeX-Filesystem bilden. Dieses besteht üblicherweise aus einem speziellen *Font*verzeichnis für die verfügbaren .tfm-Files, einem *Makro-* oder *Eingabe*verzeichnis für die Makro- und Eingabefiles sowie einem *Format*verzeichnis für die erzeugten .fmt-Formatfiles. Auch das zwingende File tex.pool oder tex.poo wird in einem eigenständigen *Pool*verzeichnis erwartet, das häufig mit dem Formatverzeichnis identisch ist. Einige dieser Verzeichnisse, insbesondere die beiden erstgenannten, sind meistens weiter untergliedert. Das aktuelle Verzeichnis gilt bei den meisten TeX-Installationen stets als ein erlaubtes Verzeichnis für *alle* angeforderten Files, das überdies bei der Suche nach dem angeforderten File meistens als erstes Verzeichnis durchmustert wird.

Das TeX-Filesystem wird bei der Kompilation voreingestellt. Das erwartete TeX-Filesystem hängt damit von der Herkunftsquelle ab, was in der Vergangenheit zu recht unterschiedlichen TeX-Filesystemen führte. Die internationale TeX-Users-Group (TUG) hat deshalb 1994 einen Arbeitskreis eingerichtet, der einen Vorschlag über ein einheitliches TeX-Filesystem erarbeiten sollte. Ein solches wurde bereits im selben Jahre unter dem Kürzel TDS (TeX Directory Structure) vorgelegt und als Folge vielfältiger Diskussionen und Anregungen mehrfach aktualisiert. Die derzeit (Anfang 2002) aktuelle Version ist immer noch 0.9996 vom 21. April 1999.

Nach diesem Vorschlag soll das Ausgangsverzeichnis für das TeX-Gesamtsystem den Namen .../texmf tragen. Die Einbindung dieses TeX-Ausgangsverzeichnisses in das gesamte Filesystem bleibt dem Systemverwalter überlassen. Unter UNIX ist es traditionell /usr/local/lib/texmf oder /usr/local/share/texmf und unter DOS vermutlich ein Hauptverzeichnis eines Laufwerks, z. B. D:\texmf.

Die erste Unterebene für das TeX-Eingangsverzeichnis .../texmf soll dann mindestens aus den Unterverzeichnissen

F.1. DAS TEX-SYSTEM IM ÜBERBLICK

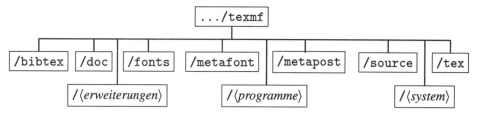

bestehen. Die Namen sind teilweise selbsterklärend, zumindest die in Schreibmaschinenschrift angegebenen. Die meisten dieser Unterverzeichnisse sind ihrerseits untergliedert. Soweit der TDS-Vorschlag Empfehlungen für eine solche Untergliederung enthält, werden sie in Kürze vorgestellt. Die Trennung der Pfadnamensbestandteile durch den Schrägstrich / entspricht der UNIX-Notation. Die Umsetzung auf den äquivalenten Rückstrich \ für DOS oder die Syntaxübernahme der Filenamen für VMS sollte ohne Erläuterung leicht möglich sein.

Im weiteren Verlauf dieses Abschnitts stelle ich die Aufgaben der von der TDS-Gruppe vorgeschlagenen Eingangsebene sowie deren Unterstrukturen vor. Eine genauere Kenntnis dieser Verästelungen des TDS-Filesystems wird nur von solchen Anwendern erwartet, die ihr TEX-Gesamtsysten *ohne* eine beiliegende Installationsprozedur einzurichten haben. Erfolgt die Einrichtung dagegen mit einer beigefügten Installationsprozedur, so geschieht die Gesamtinstallation weitgehend automatisch und mit dem intern vorgegebenen Filesystem, das zunehmend dem TDS-Vorschlag folgt. Entsprechend der Konvention dieses Buches erfolgt der Rest dieses Abschnitts wegen dessen Sonderinformationen in verkleinerter Schrift.

Die Kästchen für die erste Unterverzeichnisebene des TDS-Vorschlags mit den Angaben in Kursivschrift innerhalb der Winkelklammern bedürfen einer kurzen Erläuterung.

- ./⟨erweiterungen⟩ steht für ein oder mehrere Verzeichnisse in Ergänzung zu ./tex, das alle TEX-Makro- und Definitionspakete enthält, die zum Ablauf eines Standard-TEX-Auftrags erforderlich sind. Inzwischen gibt es neben dem TEX-Standardpaket TEX-Erweiterungen, wie z. B. das etex-(extended TEX), pdftex- oder omega-Paket. Auf Eigenschaften dieser Erweiterungen gehe ich, mit Ausnahme einiger kurzer Hinweise zu pdftex, hier nicht ein, da sie den Rahmen dieses Buches sprengen würden.

  Die ausführbaren Programme von pdftex erzeugen als Bearbeitungsergebnisse keine .dvi-Files, sondern .pdf-Files, also erweiterte PostScript-Files, die mit den Programmen aus dem Acrobat-Programmpaket von Adobe ausgegeben oder nachbearbeitet, z. B. gemischt oder verschachtelt und mit weiteren Grafiken angereichert werden können.

  Weitere TEX-Erweiterungen werden hier nicht genannt. Wichtig ist nur, dass für solche Erweiterungen jeweils ein eigenes Eingangsverzeichnis eingerichtet wird, das parallel zum Standard-TEX-Eingangsverzeichnis steht. Soweit entsprechende Erweiterungen für METAFONT angeboten werden, gilt dasselbe für entsprechende Parallelverzeichnisse zu ./metafont.

- ./⟨programme⟩ steht für jeweils ein Verzeichnis, mit den Konfigurations- und Definitionsfiles für Zusatzprogramme wie die diversen DVI-Treiber oder das Programm MakeIndex. Beispiele für Verzeichnisnamen von /⟨programme⟩ sind damit ./dvips und ./makeindx.

- ./⟨system⟩ enthält system- oder herkunftsspezifische Bestandteile einer TEX-Installation. In der TDS-Dokumentation steht hier die englische Bezeichnung 'implementation', deren Bedeutung in diesem Zusammenhang am ehesten mit ‚Ausführung' zu übersetzen ist. In diesem Verzeichnis sind die beim Anwender erstellten oder kopierten Format-, Basis- (s. F.1.7) und Poolfiles abzulegen. Als Beispiel für einen realen Verzeichnisnamen könnte hier /emtex stehen, wenn beim Anwender emTEX (s. F.3.1) zur Anwendung kommt. Auf meinem UNIX-System steht für dieses Verzeichnis /web2c. Dieses Verzeichnis entspricht damit dem eingangs erwähnten Pool- und Formatverzeichnis.

/bibtex: Das Eingangsverzeichnis `./bibtex` dient zur Aufnahme von Datenbanken und Stilfiles, die zur Abarbeitung eines BIBTEX-Auftrags benötigt werden. Es sollte folgende Untergliederung enthalten:

`./bibtex`	BIBTEX-Eingabedateien
`/bib`	BIBTEX-Datenbanken (`.bib`-Files)
`/base`	Datenbank Basissatz (z. B. `xmpl.bib`)
`/misc`	Einfile-Datenbanken
`/⟨zus_pakete⟩`	Datenbanken aus Ergänzungspaketen, z. B. `amslatex`
`/bst`	BIBTEX-Stilfiles (`.bst`-Files)
`/base`	BIBTEX-Stilfile-Grundpaket (`plain.bst` u. Co.)
`/misc`	Einfile-Stildateien
`/⟨zus_pakete⟩`	BIBTEX-Stilfiles aus Ergänzungspaketen (`amslatex`, `natbib`)

Die jeweiligen Unterverzeichnisse `.base` in deren Elternverzeichnissen `./bib` und `./bst` sind zur Aufnahme der Beispiel-Datenbanken sowie der Standard-Stilfiles vorgesehen, die dem BIBTEX-Paket beigefügt sind.

Die in den beiden Anfangsverzeichnissen `./bib` und `./bst` auftretenden Unterverzeichnisse `./misc` sind für solche Datenbanken und Stildateien gedacht, die jeweils *nur* aus einem File bestehen. Auf meiner relativ umfangreichen TEX-Installation unter UNIX entfallen diese `./misc`-Unterverzeichnisse, da solche Einfile-Stilfiles oder -Datenbanken nicht auftreten.

Soweit beim Anwender eigene BIBTEX-Stilfiles sowie Literaturdatenbanken gemäß B.2 zur Anwendung kommen, was bei der Erstellung von wissenschaftlichen Publikationen der Regelfall sein wird, sollte in `./bib` und `./bst` jeweils als weiteres Unterverzeichnis `/local` eingerichtet werden, unter dem die lokalen BIBTEX-Stilfiles und Literaturdatenbanken abgelegt werden.

/doc: Das Eingangsverzeichnis `./doc` dient zur Aufnahme von Dokumentationen, die vielen Makropaketen in unterschiedlichen Dateitypen beigefügt sind, z. B. als `.tex`-, `.dvi`- und `.ps`-Files. Als erste Untergliederungsebene enthält es gewöhnlich, mit Ausnahme von `./doc`, dieselben Unterverzeichnisnamen, die als Eingangsgliederung unterhalb von `.../texmf` auftreten, also von `./bibtex` bis `./tex` ensprechend der Grafik auf S. 376.

Die TDS-Gruppe empfiehlt zusätzlich zu dieser `./doc`-Eingangsebene noch eigene Anfangsverzeichnisse für die beim Anwender verwendeten TEX-Formate, also z. B. `./latex` für die dem LATEX-Paket beigefügte Dokumentation. Die Dokumentation von Makropaketen, die unabhängig von TEX-Formaten ist, wie z. B. `germdoc.tex`, sollte unter dem Anfangsverzeichnis `./generic`, jeweils unterhalb von `./doc`, abgelegt werden.

Bei vielen Anwendern reicht diese Untergliederung zur Verwaltung und Sichtung der angebotenen Dokumentation aus. Bei Bedarf kann für einzelne Zweige dieser Eingangsebene eine weitere Untergliederung angelegt werden, nämlich dann, wenn die für den jeweiligen Zweig angebotene Dokumentation wegen Dokumentationsfülle dort ebenfalls nochmals untergliedert ist. Die TDS-Dokumentation überlässt dies weitgehend dem Einzelanwender, soweit der sein TEX-Filesystem selbst verwaltet. Der in dieser Dokumentation angeführte Gliederungsvorschlag für das `./doc`-Eingangsverzeichnis wird dort deshalb als „Skelett" einer möglichen Untergliederung bezeichnet.

/fonts: Das Eingangsverzeichnis `./fonts` enthält das am tiefsten untergliederte TEX-Filesubsystem, das die ganz unterschiedlichen Typen der unter TEX möglichen Zeichensatzfiles aufnimmt. Die TDS-Arbeitsgruppe empfiehlt hierfür die nachstehende Unterstruktur:

`./fonts`
  `/⟨file_typ⟩`
    `/⟨drucker_typ⟩`
      `/⟨herkunft⟩`
        `/⟨zs_quelle⟩`
          `/dpi⟨nnn⟩`

Die oberste Unterebene *file_typ* kennzeichnet hierbei die verschiedenen Zeichensatz-Filetypen. Vorgeschlagen werden hierfür als Minimalausstattung die Eingangsverzeichnisse `./tfm` für die TEX-Zeichensatz-Metrikfiles, `./pk` für die gepackten Drucker-Zeichensatzfiles, `./source` für die METAFONT-Zeichensatz-Quellenfiles und evtl. `./vf` zur Aufnahme der sog. *virtuellen* Zeichensätze (s. [5b, 4.2.4]).

F.1. DAS TEX-SYSTEM IM ÜBERBLICK

Die METAFONT-Bearbeitung der Zeichensatz-Quellenfiles *zs_name*.mf erzeugt bekanntlich Druckerzeichensätze in einem speziellen Format, das durch den Namenanhang .gf gekennzeichnet wird. Das Umwandlungsprogramm gftopk erzeugt hieraus die gepackten Druckerzeichensätze, erkennbar an einem pk im Namensanhang, die die meisten Druckertreiber dann verwenden. Kommt beim Anwender ein Druckertreiber zur Anwendung, der das .gf-Format erwartet, so sind die erzeugten .gf-Files ebenfalls abzulegen. Die TDS-Arbeitsgruppe schlägt hierfür als weiteres Eingangsverzeichnis ./gf für *file_typ* vor. Bei den meisten Installationen wird dieses Eingangsverzeichnis nicht benötigt, da die .gf-Files nach Erzeugung der äquivalenten .pk-Files gewöhnlich gelöscht werden.

Werden beim Anwender auch PostScript-Schriften genutzt, dann wird als weiteres Eingangsverzeichnis für *file_typ* ./afm (Adobe Font Metrics) benötigt. Diese speziellen Zeichensatz-Metrikfiles stehen auf den TEX-Fileservern für alle erdenklichen PostScript-Schriften frei zur Verfügung. Das Umwandlungsprogramm afm2tfm von TOMAS ROKICKI oder das TEX-Makropaket fontinst.tex von ALAN JEFFREY erzeugt hieraus die zugehörigen .tfm-Metrikfiles, die für eine TEX- oder LATEX-Bearbeitung zur Anwendung kommen.

Neben den in einem PostScript-Drucker fest eingebauten PostScript-Schriften existieren weitere PostScript-Schriften als sog. programmierte Schriften (Soft-Zeichensätze). Die PostScript-Programmiersprache stellt hierfür u. a. ein spezielles Beschreibungsformat unter dem Namen type1 bereit. Auf den TEX-Fileservern findet man einige wenige frei verfügbare type1-kodierte Zeichensätze, z. B. für die Courier- und Utopia-Schriften. Die meisten der erhältlichen type1-PostScript-Zeichensätze sind dagegen Lizenzprodukte, die gekauft werden müssen und nur unter Einhaltung der Lizenzvorgaben genutzt werden dürfen. Kommen solche type1-Zeichensätze zur Anwendung, dann sind sie in dem zusätzlichen Eingangsverzeichnis ./type1 abzulegen.

Werden beim Anwender verschiedene Druckertypen verwendet, so sind die Eingangsverzeichnisse ./pk und evtl. /.gf in druckerspezifische Unterverzeichnisse *drucker_typ* zu untergliedern, für die der Anwender eigene charakterisierende Verzeichnisnamen wählen kann. Bei allen anderen Zeichensatz-Eingangsverzeichnissen entfällt diese Unterebene.

Die nächste Unterebene *herkunft*, die bei allen Zeichensatz-Filetypen zur Anwendung kommt, kennzeichnet die Herkunft. Die TDS-Arbeitsgruppe empfiehlt, für alle frei verfügbaren bzw. verteilbaren Schriften das Unterverzeichnis ./public bereitzuhalten, das seinerseits in die Zeichensatzquellen *zs_quelle*, wie ./cm, ./ec, ./latex u. a., untergliedert ist. Weitere Verzeichnisnamen zur Kennzeichnung der Herkunft können sein ./ams für die Zeichensätze der $\mathcal{A}\mathcal{M}\mathcal{S}$ (American Mathematical Society), ./adobe für PostScript-Schriften der Firma Adobe Systems Inc. u. a. Auch diese Verzeichnisse sind für die verschiedenen Quellengruppen zu untergliedern, z. B. in ./euler, ./symbols, ./extracm und ./cyrillic für die $\mathcal{A}\mathcal{M}\mathcal{S}$-Schriften oder ./times, ./helvetic, ./newcent usw. für die Adobe-PostScript-Schriften.

Die beiden letzten Gliederungsebenen *herkunft* und *zs_quelle* treten unter allen Eingangsverzeichnissen für die verschiedenen Filetypen *file_typ* auf. Die Herkunftskennzeichnung ./adobe kann selbst beim Filetyp ./pk erforderlich werden, nämlich dann, wenn mit dem Umwandlungsprogramm ps2pk von PIET TUTELAERS (s. [5b, 4.4.1]) Typ-1-kodierte Adobe-Zeichensätze in äquivalente .pk-kodierte Zeichensätze für diskrete Vergrößerungsstufen umgewandelt werden. Umgekehrt könnte der Unterverzeichniszweig ./public/cm auch unter dem Eingangsverzeichnis ./type1 auftreten, nämlich dann, wenn die TEX-cm-Schriften auch in Typ-1-kodierter Form vorliegen. Man findet sie in dieser Form auf den öffentlichen TEX-Fileservern unter /tex-archive/fonts/cm/ps-type1.

Bei den Eingangsverzeichnissen ./gf und ./pk erscheint als unterste Ebene zusätzlich noch .dpi*nnn*, womit die fiktive Druckerauflösung entsprechend dem gewählten Skalierungsfaktor beim METAFONT-Bearbeitungsaufruf untergliedert wird. Für einen 600-dpi-Drucker enthält das Unterverzeichnis ./dpi600 die .gf- bzw. .pk-Zeichensätze in ihrer Entwurfsgröße und das Unterverzeichnis dpi720 diese dann um den Faktor 1.2 vergrößert. Für weitere Hinweise zu den diversen Zeichensatzfiletypen verweise ich auf F.1.8 sowie [5b, 4.2.4] und [5c, 1.3]. Hier genügt dem Leser die formale Zuordnung der verschiedenen Filetypen, ohne deren inhaltliche Programmkenntnis im Detail zu erfassen.

/metafont: Das Eingangsverzeichnis `./metafont` dient zur Aufnahme der METAFONT-Makropakete, die keine Zeichensatzquellenfiles sind. Letztere werden in `.../texmf/fonts/source` eingerichtet. Als Untergliederung für `./metafont` empfiehlt TDS:

`./base` zur Aufnahme der METAFONT-Standardmakropakete wie `plain.mf` und `expr.mf`.

`./local` zur Aufnahme lokaler METAFONT-Makropakete, soweit es solche beim Anwender gibt.

`./misc` zur Aufnahme von METAFONT-Makropaketen, die jeweils nur aus einem File bestehen, wie z. B. `modes.mf` mit den Einstellvorgaben für eine Vielzahl von Druckern.

/metapost: Das Eingangsverzeichnis `./metapost` dient zur Aufnahme der METAPOST-Makropakete, die in Analogie zu denen von METAFONT stehen. Das Bearbeitungsergebnis der Zeichensatzquellenfiles sind keine `.gf`-Pixelmuster, sondern die äquivalenten PostScript-Zeichensatzfiles. Das METAPOST-System entspricht strukturell dem METAFONT-System. Demzufolge empfiehlt TDS für `./metapost` die gleiche Untergliederung `./base`, `./local` und `./misc` wie beim `./metapost`-Eingangsverzeichnis.

Da das METAPOST-System einige weitere Bearbeitungswerkzeuge bereitstellt, sollte hierfür als weiteres Unterverzeichnis `./support` eingerichtet werden, in dem diese Zusatzwerkzeuge abzulegen sind.

/source: Das Eingangsverzeichnis `./source` ist zur Aufnahme der originären Quellenfiles vorgesehen. Ich benutze es gleichzeitig als vorläufiges Installationsverzeichnis, indem ich die von mir gewünschten Dateien zunächst in dieses Verzeichnis kopiere, z. B. das ganze TEX-Installationspaket für UNIX `dante-tex.tar.gz`, hier unter dem Anfangsverzeichnis `./tex.src`. Ebenso habe ich das LATEX-Grundsystem `.../latex/base` in `.zip`-gepackter Form hier unter `./latex.src` als `base.zip` und parallel dazu auch die Ergänzungen aus `.../latex/packages` als `packages.zip` kopiert. Entsprechendes gilt für alle sonstigen von mir vom DANTE-Fileserver angeforderten Dateienbäume.

Dazu habe ich mir unterhalb des Eingangsverzeichnisses `.../texmf/source` zunächst entsprechende Unterverzeichnisse eingerichtet, deren Namen alle mit dem Anhang `.src` gekennzeichnet sind, wie die vorab genannten Unterverzeichnisse `./tex.src` und `./latex.src`. Weitere Beispiele für die bei mir eingerichteten Anfangsverzeichnisse für Quellenverzeichnisbäume sind `./dvips.src`, `./makeindx.src` u. a.

Mit dem Entpacken und/oder Entarchivieren entstehen unterhalb der Anfangsverzeichnisse die ursprünglichen Dateienstrukturen mit ihren eigenen Verzeichnisbäumen. Viele dieser entpackten Quellenstrukturen enthalten eigene Installationsprogramme, deren Aufrufe oder LATEX-Bearbeitung dann die endgültigen Makropakete oder ausführbare Programme erstellen, die dann entsprechend den Anweisungen aus den Installationsprogrammen in die endgültigen Zielverzeichnisse innerhalb des TEX-Filesystems zu verschieben sind, wie am Beispiel der LATEX-Installation in F.2.1 gezeigt wird.

/tex: Das Eingangsverzeichnis `./tex` dient zur Aufnahme aller Makropakete, die bei einem TEX- oder INITEX-Aufruf zusätzlich eingebunden werden. Die TDS-Arbeitsgruppe empfiehlt für dieses Eingangsverzeichnis folgende Untergliederung:

```
./tex
    /⟨format⟩
        /base
        /misc
        /local
        /⟨zus_pakete⟩
    /generic
        /hyphen
        /images
        /misc
        /⟨zus_pakete⟩
```

Hierin steht ⟨format⟩ für die Grundnamen der beim Anwender vorkommenden Formate. Für die Mehrzahl der LATEX-Anwender sind das wenigstens die Unterverzeichnisse `./plain` und `./latex`.

Unter `./tex/plain/base` sind diejenigen Makropakete abzulegen, die zur Grundausstattung eines PLAINTEX-Pakets gehören. Das sind die `.tex`-Files, die man auf den TEX-Fileservern unter `.../macros/plain/base` findet, mit Ausnahme der dortigen Files `null.tex` und `hyphen.tex`.

In gleicher Weise sind unter `./tex/latex/base` alle `.cls`-, `.clo`-, `.def`-, `.fd`-, `.sty`- und `.ltx`-Files abzulegen, die bei der Installation des LATEX-Grundsystems gemäß F.2.1 entstehen.

F.1. DAS TEX-SYSTEM IM ÜBERBLICK

Das jeweilige Unterverzeichnis ./misc für die verschiedenen Formatunterverzeichnisse ist für solche Makropakete gedacht, die jeweils nur aus *einem* File bestehen und nicht bereits in ./base enthalten sind. Schließlich sind die Unterverzeichnisse ./local für lokale Konfigurationsfiles aus dem jeweiligen Formatverzeichnis vorgesehen. Mit weiteren Unterverzeichnissen ./⟨zus_pakete⟩ können weitere Makropakete geordnet werden. Auf den TEX-Fileservern findet man solche in großer Zahl unter dem .../macros-Eingangsverzeichnis in weiteren Unterverzeichnissen wie ./plain/contrib, ./latex/packages, ./latex/contrib u. a.

Das Eingangsverzeichnis ./generic unterhalb von .../texmf/tex ist für solche Makropakete gedacht, die von mehreren Formaten genutzt werden. Ebenso gehören hierhin diejenigen Makropakete, die bei der Erstellung von verschiedenen Formatfiles gemeinsam genutzt werden. Die hierunter vorgeschlagene Gliederung ist mit ./hyphen zur Aufnahme der sprachspezifischen Trennmuster gedacht, ./images für Grafiken und Bilder, die als gekapselte PostScript-Files vorliegen, und ./misc für sonstige Makropakete, die jeweils nur als ein File vorliegen, wie null.tex.

Achtung: Die ausführbaren Programme eines TEX-Systems, wie initex[.exe] und virtex[.exe], die Druckertreiber u. a. sind nicht Bestandteil des vorstehend vorgestellten TEX-Filesystems. Das Gleiche gilt für etwaige Befehlsdateien gem. F.1.2. Die ausführbaren Programme und Befehlsdateien werden in einem Verzeichnis gesammelt, auf das die Pfadvariable PATH weist.

F.1.5 Dateienstrukturierung mittels Umgebungsvariablen

Wie bereits zu Beginn des vorangegangenen Unterabschnitts erwähnt, wird das TEX-Filesystem bei der Kompilation voreingestellt. Diese Voreinstellung berücksichtigt bei vielen Systemen zunehmend die Empfehlungen der TDS-Gruppe.

Bei vielen Betriebssystemen, so auch unter UNIX und DOS, kann das voreingestellte Filesystem mit sog. Umgebungsvariablen durch den Anwender ergänzt oder abgeändert werden. Bei dem TEX-System für UNIX tragen diese Umgebungsvariablen die Namen

   TEXINPUTS   für Eingabefiles wie plain.tex
   TEXPOOL   für das Poolfile tex.poo
   TEXFORMATS   für Formatfiles wie plain.fmt
   TEXFONTS   für die .tfm-Zeichensatzfiles

und unter DOS ähnliche, wenn nicht die gleichen. Die Namen der verfügbaren Umgebungsvariablen werden ebenfalls bei der Kompilation festgelegt. Unter DOS werden die Umgebungsvariablen mit dem Befehl set gesetzt. Mit

   set texinput=d:\texmf\tex\plain

wird das Standardverzeichnis für die Eingabefiles (Makrofiles) im Laufwerk D: als \texmf\tex\plain vorgegeben. Einer Umgebungsvariablen können mehrere Verzeichnisse zugeordnet werden, die unter DOS mit einem Semikolon (Strichpunkt) und unter UNIX mit einem Doppelpunkt gegeneinander abzutrennen sind. Mit den Befehlszeilen[2]

   set texinput=.;d:\texmf\tex\latex;d:texmf\tex\plain

---
[2]DOS unterscheidet nicht zwischen Klein- und Großschreibung. Die angegebene Befehlszeile hätte auch in Großbuchstaben oder gar gemischt geschrieben werden dürfen. Unter UNIX müssen die angegebenen Umgebungsvariablen in Großbuchstaben geschrieben werden, da sie bei der Kompilation so definiert wurden und UNIX zwischen Klein- und Großbuchstaben unterscheidet.

wird festgelegt, dass TeX-Eingabefiles nunmehr zunächst im aktuellen Verzeichnis, dann in `d:\texmf\tex\latex` und schließlich in `d:\texmf\tex\plain` gesucht werden, und zwar genau in dieser Reihenfolge. Die Suche wird mit dem ersten gefundenen File mit dem angeforderten Namen beendet. Die meisten ausführbaren Programme eines TeX-Systems kennen inzwischen eine rekursive Suchstrategie. Damit würden beim vorstehenden Einstellbeispiel zunächst das aktuelle Verzeichnis und dann seine evtl. Unterverzeichnisse nach dem angeforderten File durchsucht. Bleibt die Suche hier erfolglos, so werden anschließend ...`\latex` und danach alle dessen Unterverzeichnisse durchsucht. Bleibt die Suche auch hier erfolglos, so werden schließlich ...`\plain` und danach dessen Unterverzeichnisse durchmustert.

Mit der zunehmenden Berücksichtigung des TDS-Vorschlags bei der Kompilation wird die Einstellung des TeX-Filesystems durch Umgebungsvariable langsam ungebräuchlicher, da dann die Installation des TeX-Filesystems mit den Voreinstellungen der Kompilation übereinstimmt, womit Änderungen der Voreinstellungen durch Umgebungsvariable entfallen können.

In der Vergangenheit war dies unter DOS mit den fertig kompilierten `.exe`-Files der Regelfall, da nur so die vom Anwender gewählte TeX-Dateienstruktur realisiert werden konnte. Auf weitere Details kann ich hier nicht eingehen, da sie weitestgehend von den Vorgaben des Lieferanten oder Erstellers der lauffähigen Programme abhängen. Hierzu muss die jeweilige Programm- und/oder Systemdokumentation zu Rate gezogen werden.

Die Ergänzung oder Änderung des TeX-Filesystems durch Umgebungsvariable ist auch unter UNIX möglich, aber kaum gebräuchlich. Unter UNIX wird nämlich das TeX-System durch Kompilation aus seinen Programmquellen erstellt, wobei der Anwender die Möglichkeit hat, das vorbestimmte Filesystem nach seinen Vorstellungen einzurichten.

F.1.6 BIGTeX

Die TeX-Grundprogramme `initex` und `virtex` verwenden eine Reihe interner Pufferspeicher, deren Größen zum Zeitpunkt der Kompilation festgelegt werden. Die ursprünglich eingestellten Größen berücksichtigen die Anfang der achtziger Jahre verfügbaren Rechnerressourcen. Damals waren Hauptspeicher kostspielige Rechnerelemente und Hauptspeicher von 256 kByte oder gar 512 kByte erschienen bereits als groß. Wegen der beschränkten Hauptspeicher mussten die Programme mit dem Hauptspeicher haushalten. Die gewählten Größen für die internen TeX-Pufferspeicher sind trotz dieser Begrenzungen für viele Anwendungen ausreichend.

Inzwischen wurden weitere Makropakete zur Erweiterung der TeX-Möglichkeiten entwickelt und bereitgestellt. Auch die zu bearbeitenden Textstrukturen werden immer komplexer. So kommt es immer häufiger vor, dass ein komplexer Text und/oder die Verwendung weiterer Makropakete an die Grenzen der Standard-TeX-Programme stößt und mit diesen nicht zu nutzen oder zu bearbeiten ist. Ende der achtziger Jahre wurden deshalb TeX-Versionen bereitgestellt, bei denen die internen Pufferspeicher deutlich größer gewählt sind. Da diese mehr Speicherplatz benötigen und meistens langsamer ablaufen als die bisherigen Standardversionen, wurden die BIGTeX-Versionen zusätzlich bereitgestellt und die lauffähigen Grundprogramme zur Unterscheidung häufig mit `binitex` und `bvirtex` gekennzeichnet.

Auch die mit `binitex` erzeugten Formatfiles fallen deutlich größer als die Standardformatfiles aus. Außerdem sind die Standardformatfiles mit der BIG-Version von `virtex`, also mit `bvirtex` nicht kompatibel. Daher verlangt `bvirtex` stets die mit `binitex` erzeugten Formatfiles. Um diese gegen die Standardformatfiles abzugrenzen, werden sie in einem eigenen *Big*-Formatverzeichnis untergebracht.

Bei den neueren UNIX-Versionen von TEX ist die BIG-Version bereits der Standard. Eine verkleinerte Version wird gar nicht mehr erstellt. Sie könnte vom Einrichter nur durch explizite Vorgabe der Einstellwerte in den Quellenfiles erreicht werden. Demzufolge sind die ausführbaren Programme `initex` und `virtex` implizit BIGTEX-Programme. Der größere Hauptspeicherbedarf und der größere Rechenaufwand scheint bei der Hauptspeicherausstattung und der Rechenleistung von Workstations und Hochleistungs-PCs vertretbar. Auch unter WINDOWS 95, WINDOWS 98 und WINDOWS NT werden üblicherweise BIGTEX-Versionen mit einem geeigneten Konfigurationsfile (s. F.3.2.2) als TEX-Standard eingerichtet.

Die Entwicklung geht vermutlich generell dahin, dass zukünftig die BIG-Versionen zur Standardversion werden. Das PC-Paket emTEX stellt bisher noch `initex` und `virtex` sowie `binitex` und `bvirtex` für alle Prozessortypen ab 8086 parallel bereit (auch wenn sie dort andere Namen tragen). Das alternative Programm `tex386.exe` für 386er- und 486er-Prozessoren ist dagegen bereits ein BIGTEX.

F.1.7 Ein METAFONT-Minimalsystem

Die meisten Ausführungen zum TEX-Minimalsystem könnten hier wiederholt werden. Die Hinweise über ein METAFONT-Minimalsystem werden deshalb kurz ausfallen. Die lauffähigen Grundprogramme heißen für das METAFONT-System `inimf` und `virmf` oder auch nur `mf`, evtl. ergänzt durch den Anhang `.exe`. Bei neueren METAFONT-Systemen (ab Mitte 1998) ist `mf` oder `mf.exe` ein Gemeinschaftsprogramm, das die Eigenschaften von `inimf` und `virmf` abdeckt, und zwar mit `mf` als `virmf`-Äquivalent und mit der Optionsangabe `-i`, also ‚`mf -i`', als `inimf`-Äquivalent. Bei den folgenden `inimf`- und `virmf`-Beispielangaben möge der Leser die bei ihm aktuelle Version wählen, also Letztere ggf. durch ‚`mf -i`' bzw. ‚`mf`' ersetzen.

Das Pendant zum TEX-Makrofile `plain.tex` heißt hier `plain.mf` und das bei der Kompilation entstehende Poolfile heißt nun `mf.pool` oder `mf.poo`.

Erfolgt die Einrichtung des METAFONT-Filesystems entsprechend dem TDS-Vorschlag gemäß S. 376ff, so werden die Quellenfiles für die TEX-Standardzeichensätze (CM) unter `.../texmf/fonts/source/public/cm` abgelegt. Sonstige METAFONT-Quellenfiles, wie das bereits genannte `plain.mf` oder das gleich erklärte `modes.mf`, stehen nach diesem Vorschlag dagegen in den Verzeichnissen `.../texmf/metafont/base` bzw. `.../texmf/metafont/misc`.

METAFONT-Makrodefinitionen können mit `inimf` maschinenspezifisch vorbearbeitet (kompiliert) werden. Der Aufruf hierzu lautet:

inimf *makro_file_name* dump   (Achtung: anders als bei `initex`, dump ohne \ !)

Enthält der Filename den Anhang `.mf`, so genügt beim Aufruf die Angabe des Grundnamens, z. B. `inimf plain dump`. Das Bearbeitungsergebnis wird unter dem gleichen Grundnamen und dem Anhang `.base`, `.bas` oder `.bse` abgelegt. Die erzeugten Formatfiles werden deshalb auch Basisfiles genannt.

Das METAFONT-Installationsmedium enthält ein weiteres Makrofile `modes.mf`, das bereits in C.9.2 vorgestellt wurde und das die Einstellmakros für die gebräuchlichsten Drucker bereitstellt. Dieses File enthält ziemlich am Ende die Anweisung

```
localfont := lok_ausg;
```

mit der Kennzeichnung für das lokale Ausgabegerät *lok_ausg*. Bei mir ist dies ein Laserjet IV mit 600 dpi Auflösung, der mit ljfour gekennzeichnet wird. Der Anwender möge hier die Kennung für seinen Drucker wählen. Als Kennungsname ist der Makroname für das zugehörige Geräteeinstellmakro anzugeben. Diese Makros beginnen alle mit mode_def *name* =, gefolgt von der jeweiligen Druckerkennung. Mit den beigefügten Kommentaren sollte der gesuchte Drucker schnell zu finden sein.

Das Makropaket modes.mf sollte ebenfalls dem Basisfile plain.bas zugeladen werden, ohne dass dieses seinen Namen ändert. Das geschieht mit dem Aufruf

```
inimf plain input modes; dump
```

(Das in dieser Befehlszeile auftretende Semikolon ist unter UNIX zu maskieren, was z. B. mit einem vorangestellten Rückstrich als \; geschehen kann!)

Basisfiles sind bei der Anforderung durch inimf oder virmf durch ein vorangestelltes &-Zeichen zu kennzeichnen. Alle CM-Zeichensatz-Quellenfiles benötigen für die METAFONT-Bearbeitung ein weiteres Makropaket cmbase.mf. Für dieses wird, gemeinsam mit plain.mf, zweckmäßig ein erweitertes Basisfile erzeugt. Ist plain.bas bereits erzeugt worden, dann lautet der Aufruf zur Erstellung des erweiterten Basisfiles am einfachsten

```
inimf &plain cmbase  dump (DOS)                         bzw.
inimf \&plain cmbase dump (UNIX)
```

womit dieses unter dem Namen cmbase.bas erzeugt wird. Die erzeugten Basisfiles plain.bas und cmbase.bas sind nach dem TDS-Vorschlag dann abschließend in .../texmf/⟨system⟩ einzurichten, d. h. nach dort zu verschieben, unter UNIX also nach .../texmf/web2c.

Das Zeichensatz-Erzeugungsprogramm virmf verlangt beim Aufruf neben dem zu bearbeitenden Zeichensatz-Quellenfile und evtl. weiteren Einstellbefehlen stets vorab auch die Angabe des zu verwendenden Basisfiles. Mit den kleinen Befehlsdateien unter den Namen mf.bat bzw. cmmf.bat und den Inhalten

```
virmf &plain  %1   für mf.bat   und
virmf &cmbase %1   für cmmf.bat
```

kann der Bearbeitungsaufruf vereinfacht werden.

Neben den Standardversionen für METAFONT gibt es inzwischen auch sog. BIG-Versionen. Alle im vorangehenden Abschnitt über BIG-TeX gemachten Ausführungen können sinngemäß auf die BIG-Versionen von METAFONT übertragen werden, so dass sie hier nicht wiederholt werden, zumal die METAFONT-Programme für die modernen 32-bit-Rechner bereits meistens implizite BIG-Versionen sind, ohne dass diese hierfür explizit gekennzeichnet werden.

Da das METAFONT-System inzwischen auch für PCs in kostenfreien Versionen verfügbar ist, sollten LaTeX-Anwender dieses von Anbeginn einrichten. Die Beschaffung von zusätzlichen Zeichensätzen ist weit mühsamer, sicher aber zeitaufwendiger als die Selbstgenerierung. Mit den hier gegebenen Informationen sollte die Zeichensatzgenerierung auch dem Anfänger möglich sein. Für weitergehende Informationen verweise ich auf [10c] und [5b].

F.1.8 Druckerzeichensätze und Druckertreiber

TeX benötigt zur Bearbeitung eines Textes von den angeforderten Zeichensätzen nur deren metrische Informationen, die mit den sog. .tfm-Files geliefert werden. Die Drucker benötigen für die Ausgabe der .dvi-Files auch den grafischen Inhalt als Pixelmuster der Zeichen für die angeforderten Zeichensätze und diese ggf. auch verkleinert und/oder vergrößert.

Beide Informationen werden durch die METAFONT-Behandlung der Zeichensatz-Quellenfiles bereitgestellt. Mit der im letzten Abschnitt empfohlenen Befehlsdatei cmmf.bat oder auch nur cmmf (UNIX) lautet der Bearbeitungsaufruf für die CM-Zeichensätze:

cmmf \mode=localfont; mag=m; input *zs_file*

Hierin wird mit \mode=localfont zunächst auf die Einstellwerte des lokalen Ausgabegeräts (Drucker) verwiesen, die bei der Installation von METAFONT entsprechend den Angaben des letzten Abschnitts vorgegeben wurden. Mit mag=m wird der Vergrößerungsfaktor eingestellt und dann schließlich das zu bearbeitende Zeichensatz-Quellenfile mit seinem Grundnamen dem Lesebefehl input *zs_file* übergeben. Die drei METAFONT-Befehle sind durch Strichpunkte (Semikolons) voneinander zu trennen. Unter UNIX ist die gesamte Befehlsfolge mit einfachen Anführungsstrichen (Hochkommata) einzuschließen. Mit

cmmf '\mode=localfont; mag=1.0; input cmr10'   (UNIX-Aufruf)

werden einmal das .tfm-File cmr10.tfm und weiterhin das Grafikfile cmr10.300gf erzeugt, falls localfont auf einen 300-dpi-Drucker verweist. Wurde bei der Installation für localfont ein 240-dpi-Nadeldrucker vorgesehen, dann entsteht mit dem vorstehenden Aufruf das Grafikfile cmr10.240gf.

Mit der Einstellung mag=1.5 beim obigen Aufruf entsteht cmr10.450gf bei einem 300-dpi-Drucker bzw. cmr10.360gf bei einem 240-dpi-Drucker und zusätzlich wiederum das File cmr10.tfm. Die für mehrere Vergrößerungsstufen eines Zeichensatz-Quellenfiles jedes Mal erzeugten .tfm-Files sind identisch. Eines von ihnen ist in das TeX-Fontverzeichnis, also das mit der Umgebungsvariablen TEXFONTS bestimmte Verzeichnis, zu verschieben.

Die größenabhängigen Grafikfiles werden für die Druckausgabe benötigt. Die meisten DVI-Druckertreiber können dieses Format nicht verarbeiten. Zum METAFONT-Paket gehört deshalb das Umwandlungsprogramm gftopk oder gftopk.exe, mit dem das gf-Format in das gepackte Pixelformat, gekennzeichnet durch pk, umgewandelt wird. Mit gftopk cmr10.450gf entsteht als Bearbeitungsergebnis das File cmr10.450pk. Dies ist der endgültige Druckerzeichensatz. Er ist in ein *Drucker*verzeichnis zu verschieben, das durch den Druckertreiber vorgegeben wird. Das einzurichtende Filesystem für den Druckertreiber muss aus dessen Dokumentation abgeleitet werden.

Das Druckerfilesystem ist meistens in *diskrete* Vergrößerungsstufen untergliedert, z. B. mit den Unterverzeichnisnamen 300dpi, 329dpi, 360dpi, 432dpi usw. Die genannten Verzeichnisse entsprechen den TeX-üblichen Abstufungen 1.2^x, mit $x = 0, 0.5, 1, 2, \ldots$ Diese können beim METAFONT-Aufruf auch vereinfacht mit mag=magstep$x$ und den vorstehenden Werten für x erzeugt werden. Der Zahlenwert nnn in den Unterverzeichnisnamen nnndpi ist der ganzzahlig gerundete Wert von $d \times m$, mit d für die Druckerauflösung und m für den Vergrößerungsfaktor aus mag=m.

Gestattet das Betriebssystem, wie z. B. DOS, nur maximal drei Zeichen als Filenamensanhang, dann werden die Anhänge oft auf die ersten drei Zeichen gekürzt oder es wird der Anhang nur als .gf zugefügt. Die hieraus mit gftopk gewonnenen gepackten Druckerzeichensatzfiles haben dann stets nur den Anhang .pk. Diese lassen die Grundauflösung oder die hierauf bezogene Skalierung in ihrem Namen nicht mehr erkennen. Hier wird dann die Verteilung auf Unterverzeichnisse, die nach Größen gegliedert sind, zwingend.

Einige Druckertreiber, so z. B. die aus emTeX von EBERHARD MATTES und der PostScript-Treiber dvips von TOMAS ROKICKI, können fehlende Druckerzeichensätze automatisch generieren, indem sie ihrerseits METAFONT mit den erforderlichen Parametern aufrufen und die erzeugten .pk-Files in den richtigen Verzeichnissen ablegen. Auf diese Weise werden Druckerzeichensätze dynamisch erzeugt und damit dem tatsächlichen Bedarf angepasst.

F.1.9 Die TeX-Quellenfiles

Alle TeX-Programme wurden in der Pascal-Metasprache WEB entwickelt. Deren Quellenfiles sind deshalb mit dem Anhang .web gekennzeichnet. Die TeX- und METAFONT-Quellenfiles tragen somit die Namen tex.web und mf.web. Zu beiden gehören jeweils zwei *systemspezifische* Änderungsfiles initex.ch und virtex.ch bzw. inimf.ch und virmf.ch. Evtl. existiert jeweils nur ein Änderungsfile tex.ch bzw. mf.ch, aus dem die vorgenannten Paare erstellt werden müssen. Für weitere Einzelheiten muss ich auf die Originalliteratur sowie [5c, Anh. B.2] verweisen.

Zum WEB-System gehören zwei Konvertierungsprogramme tangle und weave. Mit dem Aufruf ‚tangle tex.web initex.ch' entsteht das Pascal-File tex.pas, das in initex.pas umzubenennen ist. Mit dessen Pascal-Kompilation entsteht das ausführbare File initex. Die entsprechenden Bearbeitungsfolgen für virtex.ch, inimf.ch und virmf.ch zur Erstellung der ausführbaren Programme virtex, inimf und virmf brauchen hier nicht wiederholt zu werden.

Der Programmaufruf für das andere WEB-Konvertierungsprogramm erfolgt analog, z. B. als ‚weave tex.web tex.ch'. Das Bearbeitungsergebnis ist ein TeX-File mit dem Namen tex.tex. Seine TeX-Bearbeitung erstellt eine saubere Dokumentation mit Erläuterungen, automatischen Einrückungen von Programmkodeteilen unterschiedlicher Strukturtiefe und vielfältigen Verweisen. Zur TeX-Bearbeitung wird zusätzlich das TeX-Ergänzungsfile webmac.tex benötigt.

Zum TeX-Gesamtpaket gehören eine Reihe weiterer Hilfsprogramme, die alle in WEB bereitstehen. Mit den zugehörigen .ch-Änderungsfiles können die ausführbaren Programme in gleicher Weise, wie für initex beschrieben, erstellt werden. Die Standardhilfsprogramme für TeX tragen die Namen dvitype, patgen, pooltype, tftopl und pltotf. Auch METAFONT kennt einige zusätzliche Hilfsprogramme, nämlich gftype, gftodvi, gftopk, pktogf und pktype.

Für ihre Nutzung wird ebenfalls auf die Originalliteratur verwiesen, die mit einer weave-Behandlung aus den .web-Quellenfiles vom Anwender selbst erstellt werden kann. [5c, Anh. B] enthält deutschsprachige Anwendungserläuterungen. Im Anhang A des gleichen Buches wird auch das WEB-System als Programm-Entwicklungswerkzeug ausführlich vorgestellt.

F.2 Das LaTeX-System

F.2.1 Das LaTeX-Grundsystem

Stehen die ausführbaren TeX-Programme initex und virtex zur Verfügung, so kann das LaTeX-Grundsystem unverzüglich eingerichtet werden. Ich gehe davon aus, dass evtl. Lieferdisketten eine ähnliche Filestruktur besitzen wie die öffentlichen Fileserver. Auf dem DANTE-Server (s. F.5) findet man das LaTeX-Paket unter /tex-archive/macros/latex mit einer eigenen Unterverzeichnisstruktur.

In dem Verzeichnis /tex-archive/fonts/latex befinden sich die .tfm- und METAFONT-Quellenfiles für die zusätzlichen LaTeX-Zeichensätze. Diese werden bei der Erzeugung einfacher Grafiken mit der picture-Umgebung sowie für die Schriften der slides-Bearbeitungsklasse benötigt. Zusätzlich werden als weitere LaTeX-Zeichensätze noch die in C.5.4.1 vorgestellten lasy-Symbolzeichensätze bereitgestellt.

Die zusätzlichen LaTeX-Zeichensätze sollten nach dem TDS-Vorschlag beim Anwender für die .tfm-Files nach

.../texmf/fonts/tfm/public/latex

und für die .mf-Quellenfiles nach

.../texmf/fonts/source/public/latex

kopiert werden. Neben diesen zusätzlichen LaTeX-Zeichensätzen werden zur Erstellung des LaTeX-Formats auch die zur Minimalausstattung eines TeX-Systems gehörenden cm-Zeichensätze benötigt, die in F.1.1 auf S. 371f aufgelistet wurden. Die .tfm-Files dieser cm-Mindestausstattung sollten nach dem TDS-Vorschlag in

.../texmf/fonts/tfm/public/cm

eingerichtet werden.

Das Installationspaket für das LaTeX-Grundsystem findet man auf den öffentlichen Fileservern unter /tex-archive/macros/latex/base. In .zip-komprimierter Form belegt es etwas mehr als 1 MByte, so dass es in dieser Form gut auf eine HD-Diskette passt. Das Entkomprimieren sollte in .../texmf/source/latex geschehen. Dort wird dann das weitere Unterverzeichnis ./base angelegt, in dem das Installationspaket untergebracht wird. Es besteht aus mehr als 150 Einzelfiles und belegt knapp 3.5 MByte.

Zu diesen Files gehören die mit dem Editor lesbaren Textfiles manifest.txt, 00readme.txt und install.txt. Ersteres listet nochmals alle Einzelfiles auf, aus denen das Installationspaket besteht. Die beiden anderen enthalten Installationshinweise. Der Installationsvorgang erfolgt zweistufig. Zunächst ist das File unpack.ins mit INITEX zu bearbeiten, also der Aufruf

initex unpack.ins

zu starten, und zwar aus dem Verzeichnis, unter dem das Installationspaket abgelegt ist. Nach dem TDS-Vorschlag wäre dies .../texmf/source/latex/base. Diese INITEX-Bearbeitung zum Entpacken benötigt einige Zeit. Bei einem 66 MHz 486er-Prozessor etwa fünf Minuten und bei einem 1 GHz Pentium-Hochleistungs-PC immerhin noch fast eine halbe Minute.

Dieser INITEX-Entpackungsvorgang kann natürlich entfallen, wenn das LaTeX-Grundsystem bereits in entpackter Form beschafft wurde. Dies ist am leichtesten daran zu erkennen, ob im Gesamtpaket das File latex.ltx existiert. Dieses entsteht beim obigen Entpackungsvorgang und wird für den zweiten Installationsschritt benötigt. Im gepackten Originalpaket ist es noch nicht vorhanden. Beim Entpackungsvorgang entstehen eine Reihe von Files mit den Anhängen .cls, .clo, .def, .fd und .sty. Sie sind in das Makroverzeichnis für das LaTeX-Grundsystem zu verschieben. Nach dem TDS-Vorschlag ist dieses .../texmf/tex/latex/base.

Weiterhin entstehen noch docstrip.tex, gind.ist und gglo.ist. Das TeX-Vorbereitungsfile docstrip.tex behandelt die sog. dokumentierten Makrofiles und befreit sie von den beigefügten Kommentaren. Dieses File wird intern von den sog. Installationsfiles mit dem Anhang .ins aufgerufen. Es ist ebenfalls im vorstehenden Makroverzeichnis einzurichten. Die beiden anderen Files sind Hilfswerkzeuge für das Programm MakeIndex. Sie sind in das Verzeichnis zu verschieben, unter dem das ausführbare Programm MakeIndex seine Stilfiles erwartet. Nach dem TDS-Vorschlag ist dies .../texmf/makeindex.

Im vorstehenden Text erfolgte mehrfach der Hinweis, dass Files mit einem bestimmten Anhang in ein anderes Verzeichnis zu verschieben sind. Unter UNIX geschieht das einfach mit dem Aufruf

mv *.anh ziel_verz

Unter DOS müssen diese Files zunächst ins Zielverzeichnis kopiert und anschließend im Ausgangsverzeichnis gelöscht werden, was am einfachsten mit einer kleinen Befehlsdatei mv.bat mit dem Inhalt ‚copy %1 %2; del %1' geschehen kann, mit der der UNIX-Befehl nachgebildet wird. Ab DOS 6.0 gibt es den UNIX-äquivalenten Befehl move.

Beim obigen Entpackungsvorgang entstehen weiterhin einige Files mit dem Anhang .ltx. Aus diesen entsteht der eigentliche LATEX-Kern durch INITEX-Bearbeitung von latex.ltx. Vor diesem Aufruf

```
initex latex.ltx
```

sollte mit dem Editor ein kleines File mit dem Namen hyphen.cfg und dem Inhalt

```
\message{== Loading hyphenation patterns:}

%% anerican english
\chardef\l@USenglish=\language
%% british english as "Dialect"
\chardef\l@english=\l@USenglish \input ushyph

%% german (traditional)
\newlanguage\l@german \language=\l@german
%% oesterreichisch als "Dialekt"
\chardef\l@austrian=l@german    \input dehypht

%% new german
\newlanguage\l@ngerman \language=\l@ngerman
%% oesterreichisch (neu) als "Dialekt"
\chardef\l@naustrian=l@ngerman  \input dehyphn

%% french
\newlanguage\l@french \language=\l@french
\input frhyph

%% Default-Trennmuster: USenglisch
\language=\l@USenglish \lefthyphenmin=2 \righthenmin=3
\messag{done.}
\endinput
```

erstellt werden. Damit entsteht ein LATEX-Formatfile, das zur Bearbeitung englischer, deutscher und französischer Texte geeignet ist, wobei für deutsche Texte die traditionelle oder neue Rechtschreibung gewählt werden kann. Entfällt der Bedarf zur Bearbeitung französischer Texte, dann können die zugehörigen drei Zeilen in hyphen.cfg gestrichen werden. Dieses Konfigurationsfile hyphen.cfg sollte im gleichen Verzeichnis erstellt werden, aus dem der vorstehende INITEX-Aufruf erfolgt und in dem sich die erzeugten .ltx-Files befinden. Nach dem Vorschlag für den ersten INITEX-Aufruf zum Entpacken ist dies .../texmf/source/latex/base. Ins gleiche Verzeichnis kopiert man zweckmäßigerweise auch die angeforderten Trennmusterfiles dehypht.tex, dehyphn.tex und evtl. frhyph.tex. Das amerikanische Originaltrennmusterfile hyphen.tex befindet sich bereits in diesem Verzeichnis als Bestandteil des Installations-Grundpakets. Aus Gründen der Vereinbarkeit mit hyphen.cfg muss hyphen.tex jedoch in ushyph.tex umbenannt werden!

Mit der zweiten INITEX-Bearbeitung ‚initex latex.ltx' entsteht das Formatfile latex.fmt. Es ist abschließend in das Verzeichnis zu verschieben, unter dem TEX die

F.2. DAS LATEX-SYSTEM

Formatfiles erwartet. Nach dem TDS-Vorschlag ist dieses .../texmf/⟨system⟩, unter UNIX also .../texmf/web2c. Nunmehr kann mit der Bereitstellung der kleinen Befehlsdatei latex.bat für DOS bzw. der ausführbaren Datei latex für UNIX mit dem Inhalt

> virtex &latex % (DOS) bzw. virtex \&latex (UNIX)

der Aufruf zur LATEX-Bearbeitung in gewohnter Weise als

> latex text_file_name

erfolgen. Unter UNIX ist dieser Aufruf noch einfacher ohne die vorstehende Befehlsdatei mit der in F.4.4 angeführten Möglichkeit zu realisieren.

Damit ist das LATEX-Grundpaket vollständig installiert und kann unverzüglich genutzt werden. Zum Abschluss mag die Erstellung der beigefügten Dokumentation nützlich sein. Das Installations-Grundpaket enthält die Dokumentationsfiles usrguide.tex, clsguide.tex, fntguide.tex, cfgguide.tex und grfguide.tex. Diese sollte man in das vorgeschlagene Dokumentationsverzeichnis, nach dem TDS-Vorschlag also nach .../texmf/doc, kopieren. Ihre LATEX-Bearbeitung erstellt eine wohl formatierte englischsprachige Erläuterung für verschiedene Komponenten von LATEX.

Nach der Erstellung des LATEX-Formatfiles latex.fmt könnte man daran denken, die beim ersten Installationsschritt erzeugten .ltx-Files aus dem Installationsverzeichnis wieder zu löschen. Ich rate davon ab. Auf den öffentlichen TEX-Fileservern wird sporadisch ein neueres Korrekturfile ltpatch.ltx abgelegt. Wird dort ein solches gefunden, dann kann nach seiner Beschaffung und Übernahme ins Installationsverzeichnis mit einem erneuten INITEX-Aufruf 'initex latex.ltx' ein korrigiertes Formatfile erzeugt werden, ohne dass der erste und längere Installationsschritt wiederholt werden muss.

Mit der Bereitstellung von LATEX 2_ε als die neue LATEX-Standardversion im Juni 1994 wurde zugesichert, dass LATEX eine regelmäßige Wartung und Pflege erfährt, so dass jedes halbe Jahr ein neues Update angeboten würde. Dies wurde weitestgehend eingehalten. Ab Juni 2000 wurde zu einem jährlichen Updatezyklus übergegangen. Derzeit ist die dreizehnte Version vom Juni 2000 aktuell. Jede der angebotenen Versionen enthält ein File ltnews*nn*.tex, dessen LATEX-Bearbeitung eine wohl formatierte einseitige Kurzinformation mit den Versionsneuerungen anbietet.

Jeder neuen Version wurden dabei die Kurzinformationen der Vorgängerversionen beigefügt. Die derzeitige Kurzinformation enthält ltnews13.tex sowie mit ltnews01 bis ltnwes12.tex die Neuerungs-Kurzinformationen aller Vorgängerversionen, was für spätere Versionen entsprechend fortgeschrieben wird.

F.2.2 Das vollständige LATEX-System

Ein LATEX-System gilt nur dann als vollständig, wenn es neben dem zuvor vorgestellten Grundsystem auch die Programme BIBTEX und MakeIndex enthält. Diese sind, anders als das LATEX-Grundsystem, keine TEX-Makropakete, sondern eigenständige Programme.

Das Programm MakeIndex wurde von PEHONG CHEN mit Unterstützung durch LESLIE LAMPORT in der Programmiersprache C entwickelt. Zum Lieferumfang des Quellenpakets gehören etliche Makefiles für verschiedene Rechner und/oder Betriebssysteme. Die Kompilation und Einrichtung unter UNIX erfolgte bei mir mit dem beigefügten Makefile für UNIX problemfrei. Für PCs existieren gleich mehrere Makefiles, die sich auf verschiedene

C-Compiler beziehen, so z. B. makefile.tcc für Turbo C 2.0, makefile.msc für Microsoft C, makefile.lc für Lattice C 6.0.1 und makefile.os2 für Microsoft C 6.0 unter OS/2. Steht das make-Hilfsprogramm beim Anwender nicht zur Verfügung, dann kann die Kompilation auch durch die beigefügten Befehlsdateien make-xxx.bat erfolgen.

Nach meiner positiven Erfahrung mit der problemfreien Einrichtung unter UNIX hoffe ich, dass dies gleichermaßen auch für andere Rechnersysteme gilt. Ggf. sollte das beigefügte File README zu Rate gezogen werden. Das emTeX-Paket für PCs enthält bereits das ausführbare Programm makeindx.exe, das ich auf dem PC benutze. Gleiches gilt für die diversen TeX-WINDOWS-Versionen und deren bereitgestellte ausführbare Programme.

Das Programm BIBTeX wurde – wie alle TeX-Originalprogramme – in der Pascal-Metasprache WEB geschrieben. Die Aufbereitung für ein spezielles Rechnersystem mit den Hilfswerkzeugen tangle und weave sowie die Beistellung eines systemspezifischen Änderungsfiles übersteigt die Möglichkeiten dieses Buches. Für weitere Information muss auf den Anhang von [5c] verwiesen werden, wo auch das WEB-Programmsystem ausführlich vorgestellt wird. Ansonsten sollte der Anwender versuchen, sich für seinen Rechner eine lauffähige Version zu beschaffen. Die Einrichtung von BIBTeX aus den Originalquellen für UNIX wird in F.4.4 nachgereicht. Das emTeX-Paket enthält das ausführbare Programm bibtex.exe.

Neben dem ausführbaren Programm bibtex besteht das Paket aus einigen weiteren BIBTeX-eigenen Stilfiles, die mit dem Anhang .bst gekennzeichnet sind. Diese .bst-Stilfiles sind in das TeX-Eingabeverzeichnis, also das durch TEXINPUTS gekennzeichnete Verzeichnis, zu übertragen. Standardmäßig sind dies abbrv.bst, alpha.bst, plain.bst und unsrt.bat.

Das BIBTeX-Paket enthält die Dokumentationsfiles btxdoc.tex und btxhak.tex. Die LaTeX-Bearbeitung des ersten erzeugt die englischsprachige Originalanleitung für BIBTeX. Mit btxhak.tex kann eine Anleitung zur Entwicklung eigener BIBTeX-Stilfiles am Beispiel der Quellendatei btxbst.doc für die BIBTeX-Standardstilfiles erstellt werden.

F.2.3 LaTeX-Ergänzungen

Auf den öffentlichen TeX-Fileservern findet man neben dem LaTeX-Grundsystem weitere Ergänzungspakete. Das dortige LaTeX-Verzeichnis /tex-archive/macros/latex kennt neben dem ./base-Unterverzeichnis noch die Parallelverzeichnisse ./required (bis März 1999 unter dem Namen ./packages) und ./contrib. Das Eingangsverzeichnis ./required bzw. sein Vorgänger ./packages ist untergliedert in ./amslatex, ./babel, ./cyrillic, ./graphics, ./psnfss und ./tools. Die hierunter abgelegten Ergänzungen stammen von Mitgliedern der Arbeitsgruppe für das LaTeX 3-Projekt. Diese regelmäßig gewarteten Ergänzungen kann man gewissermaßen als *offizielle* LaTeX-Erweiterungen ansehen.

Innerhalb der aufgezählten Unterverzeichnisse findet man sog. Installationsfiles, erkennbar durch den Anhang .ins. Die Installation dieser Ergänzungspakete oder gar ganzer Gruppen von Ergänzungspaketen erfolgt einfach durch LaTeX-Bearbeitung (nicht INITEX, wie beim Grundpaket) dieser .ins-Files. Die meisten dieser offiziellen Erweiterungen werden in [5b] vorgestellt.

Das andere Parallelverzeichnis, ./contrib, ist zunächst seinerseits untergliedert in ./other und ./supported. Das erste Unterverzeichnis besteht aus rund 500, das zweite sogar aus mehr als 1800 Einzelfiles. Bei sorgfältiger Durchmusterung wird man vermutlich für jede gewünschte Spezialforderung dort bereits einen Lösungsvorschlag finden.

F.3 TeX-Installation auf PCs

Die ersten TeX-Versionen für PCs tauchten ab 1984 auf. Dies waren zunächst ausschließlich lizenzierte Produkte, da die umfangreichen Anpassungsarbeiten des TeX-Quellenprogramms von kommerziellen Softwarefirmen vorgenommen wurden, die sich ihre Anpassungsarbeit lizenzieren und bezahlen ließen, auch wenn das TeX-Ausgangsprogramm öffentliches Eigentum (Public Domain) und damit kostenlos ist. Aber bereits Anfang 1990 gab es neben den kommerziellen mindestens drei kostenfreie Versionen *SBTeX*, *PubliCTeX* und *emTeX*.

Die damaligen kommerziellen sowie die kostenfreien TeX-Programme nebst zugehörigen Makropaketen beschränkten sich, von einer Ausnahme abgesehen, auf das damals beherrschende Betriebssystem MS-DOS oder seine Äquivalente, wobei eines der kostenlosen TeX-Systeme zusätzlich auch für das Betriebssystem OS/2 bereitstand. Mit dem Siegeszug von WINDOWS stehen inzwischen kostenfreie TeX-Programme auch für die verschiedenen WINDOWS-Betriebssysteme (WINDOWS 95, WINDOWS 98 und WINDOWS NT) zur Verfügung. Auch das in wissenschaftlichen Bereichen favorisierte LINUX-Betriebssystem verfügt über ein eigenes TeX-Programm nebst diversen Zusatzprogrammen und Makropaketen.

Bei den kostenfreien Produkten ist zu unterscheiden zwischen *öffentlichen* (Public Domain, PD) und *geteilten* (Shareware, SW) Angeboten. Bei SW-Produkten ist die Weitergabe nur unter Beachtung der vom Programmeigentümer festgelegten Bedingungen erlaubt. Diese verlangen meistens, dass das Programmpaket nur vollständig und unverändert sowie kostenfrei bzw. gegen Erstattung der reinen Selbstkosten (Rohdisketten und Versand) weitergegeben werden darf, evtl. unter Benachrichtigung des Programmeigentümers über die Weitergabe. Für eine private Nutzung bleiben aber auch die SW-Angebote in aller Regel kostenfrei.

Auch bei den PD-Produkten bleibt das geistige Eigentum selbstverständlich beim Programmhersteller. Das Copyright liegt häufig bei der „Free Software Foundation Inc., Cambridge, MA". Die Weitergabebedingungen sind dort als „GNU General Public License" veröffentlicht. Unter Beachtung dieser Bedingungen ist die freie Weitergabe jederzeit möglich.

Für die auf PCs inzwischen geläufigen Betriebssysteme DOS, OS/2, WINDOWS xx und LINUX verweise ich in den nachfolgenden Unterabschnitten jeweils auf ein von mir genutztes kostenfreies Angebot, auch wenn es hierfür evtl. weitere Konkurrenzsysteme gibt, da solche Konkurrenzsysteme den vorgestellten Systemen kaum überlegen sein dürften. Die Speicherbegrenzung des 16-bit-DOS-Systems wird mit dem vorgestellten TeX-Paket durch ein trickreiches Speicherverwaltungsprogramm ausgeweitet, das auch heute noch bei 32-bit-Rechnerhardware mit DOS und OS/2 als Betriebssystem zur Anwendung kommt. Die vorgestellten TeX-Pakete für die moderneren 32-bit-Betriebssysteme WINDOWS xx und LINUX enthalten dagegen spezielle 32-bit-TeX- und METAFONT-Programme, die damit zusätzliche BIG-Programme gemäß F.1.6 überflüssig machen.

Unter dem Begriff „TeX-Paket" verstehe ich hierbei die ganze Palette der ausführbaren Programme eines TeX-Systems, beginnend mit INITEX und VIRTEX, begleitet von INIMF und VIRMF und ergänzt durch BIBTEX und MAKEINDX sowie GFTOPK, DVITYPE, PATGEN und weitere, auf die ich hier nicht eingehe, sondern auf [5c, Anh. B.2 und B.4.3ff] verweise. Neben diesen ausführbaren Programmen gehören zu einem TeX-Paket weitere Makropakete, die teilweise zu eigenen Formatfiles aufbereitet werden, wie z. B. `latex.fmt` und `plain.fmt` gem. F.2.1 und F.1.1, während andere wie z. B. `german.sty`, beim LaTeX-Bearbeitungsaufruf eingebunden werden und somit ebenfalls verfügbar sein müssen.

Hinweise über Beschaffungsquellen und deren Nutzung für PC-TeX-Pakete werden in F.3.3 sowie in F.5 nachgereicht. Anwender mit Internet-Zugang zu den öffentlichen TeX-Fileservern finden die jeweiligen Verzeichnisnamen für die anschließend vorgestellten TeX-Pakete bei den dortigen Beschreibungen.

F.3.1 Ein TeX-System für DOS und OS/2 (emTeX)

Das leistungsfähigste TeX-Programm und gleichzeitig umfassendste TeX-Paket unter DOS und OS/2 stammt von EBERHARD MATTES, Stuttgart. Auf den öffentlichen TeX-Fileservern findet man es unter /tex-archive/systems/msdos/emtex sowie unter /tex-archive/systems/os2/emtex. Die meisten der dort angebotenen Dateien sind .zip-gepackte Files, deren Namen ihre Inhalte nur zum Teil erahnen lassen. Neben den .zip-gepackten Dateien enthält das ./emtex-Verzeichnis auch einige ungepackte Files, von denen ich hier vorab diskette.doc nenne, das mit dem Editor direkt lesbar ist und das einen Vorschlag enthält, wie die Fülle der angebotenen Files auf neun 3 1/2 Zoll 1.44-MByte- bzw. zehn 5 1/4 Zoll 1.2-MByte-Disketten passen.

Viele Rechenzentren halten solche Mutterkopien für emTeX bereit. Ich gehen im Folgenden davon aus, dass der Anwender sich emTeX aus den ihm zugänglichen Quellen vorab auf entsprechende Disketten kopiert hat, womit auch das originäre ./emtex-Verzeichnis strukturiert werden kann. Die derzeit (Februar 2000) aktuelle Version stammt vom 10. Juli 1998.

F.3.1.1 Strukturbeschreibung des emTeX-Pakets

Die 3 1/2-Zoll-Diskette 1 des emTeX-Pakets enthält die folgenden ungepackten Textfiles

```
readme.eng      install.eng     help.eng
readme.ger      install.ger     help.ger
readme.bet      quick.eng       changes.eng
diskette.doc    quick.ger       changes.ger
```

sowie die ausführbaren Programme nebst zugehörigen Datenfiles und die drei .zip-gepackten Dateien

```
unzip512.exe       install.exe     first.zip
unzip512xe.exe     install.ovl     emxrsx.zip
                   install.dat     pkedit.zip
```

Alle weiteren Disketten enthalten ausschließlich .zip-gepackte Dateien, die zusammen das gesamte emTeX-Paket enthalten. Daneben bieten die TeX-Fileserver für das emTeX-Paket noch eine Reihe weiterer Dateien mit dem Anhang .fli an. Bei diesen handelt es sich um sog. Bibliotheken mit fertigen Druckerzeichensätzen für diverse Nadel-, Tintenstrahl- und Laserdrucker. Ich habe für mich von dem Herunterladen dieser Druckerzeichensatz-Bibliotheken stets abgesehen. Sowohl die Druckertreiber des emTeX-Pakets als auch der populäre PostScript-Druckertreiber dvips erzeugen die angeforderten Druckerzeichensätze bei Bedarf aus den METAFONT-Quellenfiles. Dadurch werden die erforderlichen Druckerzeichensätze dynamisch dem tatsächlichen Bedarf angepasst und die Plattenspeicherbelegung minimiert, während die Abspeicherung der fertigen Zeichensatzbibliotheken vorsorglich Plattenspeicher mit Druckerzeichensätzen belegt, für die beim Anwender häufig nie ein Nutzungsbedarf besteht.

F.3. TEX-INSTALLATION AUF PCS

Bei den oben aufgelisteten Textfiles handelt es sich um emTEX-Dokumentationen, die in englischer und deutscher Sprache angeboten werden, wobei die jeweilige Sprache durch den Filenamensanhang .eng bzw. .ger gekennzeichnet ist. Die Dateien mit dem Grundnamen readme enthalten allgemeine und die mit den Grundnamen install und quick Installationsinformationen, wobei install die vollständige und quick eine verkürzte und vereinfachte Information anbietet, die für Anwender mit 386er und höheren Prozessoren gedacht ist, die sich sich auf die Nutzung eines verkleinerten TEX-Pakets mit den wichtigsten TEX- und METAFONT-Werkzeugen beschränken.

Die Textfiles mit dem Grundnamen help enthalten eine Sammlung mit häufig gestellten Fragen zu den diversen Bestandteilen eines vollständigen TEX-Systems. Die Textfiles mit dem Grundnamen changes enthalten abschließend die Entwicklungsgeschichte des emTEX-Pakets.

Die ausführbaren Programme unz512.exe und unz512x3.exe enthalten die selbstentpackenden Unzip-Entpackungsprogramme, und zwar mit unz512.exe für OS/2 und mit unz512x3.exe für DOS. Das ausführbare Programm install.exe bietet, zusammen mit seinen zugehörigen Dateien install.dat und install.ovl, eine automatische Installationsprozedur für das emTEX-System an.

Die gepackte Datei emxrsx.zip enthält die ausführbaren Programme für das oben erwähnte Speicherverwaltungsprogramm, mit dem die Grenzen von DOS und OS/2 für 32-bit-Prozessoren erweitert und damit deren Leistungen voll genutzt werden können. Inhalt und Aufgabe aller weiteren .zip-Dateien der ersten sowie aller weiteren Disketten werden in der Dokumentation von readme.xxx aufgelistet.

F.3.1.2 Installationsvorbereitung – unzip.exe und emxrsx.zip

Existiert beim Anwender das UnZip-Entpackungsprogramm, so kann er den Hauptteil dieses Unterabschnitts bis zur Nutzungsbeschreibung von emxrsx.zip überspringen.

Die ausfürbaren Programme unz512.exe (OS/2) und unz512x3.exe (DOS) enthalten, wie bereits erwähnt, die selbstentpackenden Unzip-Entpackungsprogramme. Existiert beim Anwender das UnZip-Entpackungsprogramm bisher noch nicht, so möge er den passenden Selbstentpackungsaufruf aus einem zunächst temporären Verzeichnis starten. Ein solches könnte z. B. mit ‚md tmpunz' unter dem Namen tmpunz erstellt und in dieses mit ‚cd tmpunz' gewechselt werden. Befindet sich die Diskette 1 im Laufwerk A:, dann würde der Selbstentpackungsaufruf für OS/2 bzw. DOS lauten: a:\unz512 bzw. a:\unz512x3.

Damit entstehen in .\tmpunz einige .exe- und .doc-Files, und zwar

    unzip16.exe   als 16-bit-Programm für OS/2 1.0 oder später und
    unzip32.exe   als 32-bit-Programm für OS/2 2.0 oder später

bzw.

    unzip.exe   als 16-bit-Programm unter DOS für 8088-und bessere Prozessoren

und

    unzip386.exe   als 32-bit-Programm unter DOS für 80386- und bessere Prozessoren

sowie unzip.doc mit der allgemeinen Dokumentation und Nutzungsbeschreibung für die UnZip-Entpackungsprogramme. Der Anwender möge nun das bei ihm geeignete Entpackungsprogramm unter dem Namen unzip.exe in ein Verzeichnis kopieren, das in seiner Suchpfad-Variablen PATH genannt wird, z. B. c:\bin.

394 ANHANG F. TEX-INSTALLATION UND BESCHAFFUNG

Befindet sich eine der emTEX-Installationsdisketten im Laufwerk a:, so werden nun mit dem Aufruf ‚unzip a:*' *alle* und mit dem Aufruf ‚unzip a:*zip_file*' das genannte File *zip_file* von der eingelegten Diskette entpackt und im aktuellen Verzeichnis abgelegt. Ist dieses z. B. das Laufwerk c:\ mit seinem Eingangsverzeichnis, so werden hierunter die entpackten Files der eingelegten Diskette mit ihrer dortigen Filestruktur übernommen und in c:\ eingerichtet.

Nach dem Verschieben von unzip.doc aus dem temporären tmpunz-Verzeichnis in ein geeignetes Dokumentationsverzeichnis kann das temporäre Verzeichnis zusammen mit seinem Inhalt gelöscht werden.

Anschließend sollte das gepackte File emxrsx.zip aus der Diskette 1 in ein geeignetes Hauptlaufwerk, z. B. c:\ entpackt werden. Damit entstehen dort die beiden Eingangsverzeichnisse c:\emx und c:\emtex. Unter diesen Eingangsverzeichnissen werden dann die Files

```
c:\emx\bin\emx.exe            c:\emx\doc\COPYING
c:\emx\bin\emrev.cmd          c:\emx\doc\COPYING
c:\emx\book\emxrt.inf         c:\emx\doc\emxrt.doc

c:\emtex\bin\rsx.exe          c:\emtex\doc\rsx\install.txt
c:\emtex\remove\emxrsx.rem    c:\emtex\doc\rsx\source.txt
c:\emtex\doc\rsx\COPYING      c:\emtex\doc\rsx\COPYING.RSX
```

abgelegt. Weitere Dokumentations- und Installationsinformationen können den Dateien ...\emxrt.doc, ...\source.txt und ...\install.txt entnommen werden. Die beiden Pfadnamen c:\emx\bin und c:\emtex\bin sind abschließend, evtl. mit der Abänderung der beim Anwender verwendeten Gerätekennung für c:, in die Suchpfadvariable PATH innerhalb von autoexec.bat oder config.sys aufzunehmen.

F.3.1.3 Installationshinweise

Das ausführbare Programm install.exe von der Diskette 1 stellt ein Installationsprogramm dar, das auf die Daten install.dat und install.ovl zurückgreift und das aus dem Laufwerk a: heraus mit dem Aufruf install gestartet werden kann. Der hiermit ablaufende interaktive Dialog erfolgt in Englisch und kann für eine Standardinstallation genutzt werden.

Zur sachgerechten Entscheidung bei den gestellten Auswahlangeboten dieses interaktiven Dialogs sollte ggf. die beigefügte Dokumentation readme.*spr* und install.*spr* ausgedruckt und zu Rate gezogen werden. Diese Dokumentation wird ebenfalls nahezu zwingend benötigt, wenn die Installation manuell erfolgen soll. Dies gilt auch für den Fall, dass eine abgemagerte Version des emTEX-Pakets entsprechend der Dokumentation gemäß quick.*spr* eingerichtet werden soll. Für eine vollständige manuelle Installation sind vorab *alle* Disketten des emTEX-Pakets mit UnZip zu entpacken, wobei die zugrunde liegende Filestruktur übernommen werden kann. Für eine verkleinerte Installation genügt es, die in quick.*spr* aufgelisteten .zip-Files zu entpacken.

Für die verschiedenen Prozessortypen und Betriebssysteme (DOS und OS/2) enthält das emTEX-Paket unterschiedliche ausführbare TEX- und METAFONT-Programme, deren Unterscheidung in gewissem Umfang bereits aus ihren Programmnamen hervorgeht, sonst aber der beigefügten Dokumentation entnommen werden kann. Der Anwender möge entsprechend seiner Rechnerkonfiguration die für ihn geeigneten Programme in tex.exe und mf.exe für

F.3. TEX-INSTALLATION AUF PCS

die TEX- und METAFONT-Standardversionen und btex.exe und bmf.exe für deren BIG-Versionen umbenennen. Bei den TEX- und METAFONT-Programmen für 80386- und bessere Prozessoren ist zu beachten, dass deren ausführbare Programme implizite BIG-Versionen sind, so dass hierfür die Unterscheidung und Bereitstellung von expliziten Standard- und BIG-Versionen entfallen kann.

Bei der Durchsicht der angebotenen ausführbaren TEX- und METAFONT-Programme wird der Anwender evtl. die in F.1.1 und F.1.7 erwähnten initex- und inimf-Programme vermissen. Diese sind in emTEX keine eigenständigen Programme, sondern werden mit der Optionsangabe -i oder /i beim TEX- bzw. METAFONT-Standardaufruf aktiviert, z. B. als 'tex -i file_name' oder ‚tex /i file_name'.

Das emTEX-Paket enthält für die gebräuchlichsten Nadel-, Tintenstrahl- und Laserdrucker geeignete DVI-Treiberprogramme. Diese werden beim Entpacken der Dateien dvid16h1.zip und dvid16h2.zip mit ihren ausführbaren Programmen und zugehörigen Daten- und Dokumentationsfiles in ihren zugehörigen Verzeichnissen eingerichtet. Neben den eigentlichen Druckertreibern werden hierbei auch Bildschirm-Previewer angeboten. Für weitere Informationen und für Nutzungsbeschreibungen zu den DVI-Druckertreibern und Previewern wird auf die beigefügte Dokumentation verwiesen.

Die Erstellung von TEX-Format- und METAFONT-Basisfiles gemäß F.1.1 und F.1.7 kann wie dort und im vorletzten Absatz dargestellt mit den Programmaufrufen ‚tex -i tex_makro_file' bzw. ‚mf -i mf_makro_file' erfolgen. Zur Erstellung von TEX-Format- und METAFONT-Basisfiles mit der Einbindung weiterer Dateien, wie z. B. von Trennmusterfiles, in die bei den Programmaufrufen genannten Hauptmakrofiles stellt das emTEX-Paket eigene komfortable Werkzeuge mit makefmt.exe und makebas.exe bereit.

Deren Programmaufrufe ‚makefmt -i' bzw. ‚makebas -i' eröffnen einen interaktiven Dialog zur Erstellung von Format- und Basisfiles für alle denkbaren Programmvariationen. Eine der interaktiven Auswahlmöglichkeiten von makefmt erlaubt so z. B. die komfortable Erstellung von LATEX-Formatfiles mit den vom Anwender gewünschten Konfigurationsvorgaben. Zu den Nutzungsdetails von makefmt und makebas wird auf die beigefügte Dokumentation tex.doc und metafont.doc verwiesen.

F.3.1.4 emTEX-Dokumentation und Benutzeroberflächen

Mit der Gesamtinstallation werden die Verzeichnisse

\emtex\doc, \emtex\doc\english und \emtex\doc\german

eingerichtet und mit Dateien gefüllt. Sie enthalten eine Fülle von Dokumentationen über die verschiedenen Programme aus emTEX. Dokumentationsfiles direkt unter \emtex\doc enthalten die Dokumentation *nur* in einer Sprache, entweder nur in Englisch oder nur in Deutsch. Die Dokumentationen unter ...\german bzw. ...\english stehen sowohl in Deutsch als auch in Englisch zur Verfügung. Dokumentationsfiles mit dem Anhang .doc können als Textdateien direkt auf dem Drucker ausgegeben werden. Einige Dokumentationsfiles sind DVI-Files, erkennbar durch den Anhang .dvi. Diese können über den geeigneten DVI-Druckertreiber als wohl formatiertes Manual oder Handbuch ausgegeben werden.

Unter dem Dokumentations-Eingangsverzeichnis \emtex\doc gibt es neben den Unterverzeichnissen .\english und .\german noch die zusätzlichen Unterverzeichnisse .\rsx, .\latex209 und .\amsfonts. Hierunter findet man weitere Dokumentationen für die aus dem Namen erkennbaren Zusatzwerkzeuge. Auch die hier abgelegte Zusatzdokumentation gibt es nur in einer Sprache, und zwar in Englisch.

In F.3.1.1 wurden die Dokumentationsfiles changes.*spr*, help.*spr*, install.*spr*, quick.*spr* und readme.*spr* mit eng und ger für den Anhang *spr* als Bestandteil der Diskette 1 erwähnt. Diese sprachspezifischen Dokumentationsfiles entstehen beim Entpacken nochmals mit den gleichen Namen in den Dokumentationsverzeichnissen .\english und .\german. Diese Files unterscheiden sich von denjenigen aus Diskette 1 dadurch, dass bei ihnen die Umlaute und das ß direkt auftreten, während diese in Diskette 1 durch ‚ae', ‚oe', ‚ue' und ‚ss' ersetzt wurden. Die Dokumentationsfiles aus Diskette 1 können damit auf einem Drucker mit dem eingeengten ASCII-Zeichensatz ausgegeben werden, während die entsprechenden Files aus den Dokumentationsverzeichnissen \emtex\doc die Aktivierung der Kodeseite 850 beim Drucker verlangen.

Für emTeX wurden inzwischen mehrere Benutzeroberflächen als sog. Shell bereitgestellt. Auf den TeX-Fileservern findet man unter /tex-archive/systems/msdos sowie dort zusätzlich unter ./emtex einige solcher Benutzeroberflächen. Auf deren evtl. unterschiedliche Komfortabilität kann ich aus eigener Erfahrung nichts mehr sagen, da ich emTeX seit mehreren Jahren nicht mehr benutze, weil ich inzwischen alle meine Rechneraufgaben auf meinem PC unter LINUX erledige und hierbei das dortige systemimmanente TeX-Paket benutze.

Bei einigen Kollegen unseres Instituts kommt als emTeX-Benutzeroberfläche das Programm texshell von JÜRGEN SCHLEGELMILCH zur Anwendung Dieses Programm texshell enthält eine umfangreiche HELP-Option, die als Lernwerkzeug genutzt werden kann. Zusätzlich kann eine Syntaxhilfe für LaTeX abgerufen werden, die u. a. die Kurzbeschreibung aller LaTeX-Befehle aus dem Befehlsindex dieses Buches mit Verweisen auf die jeweiligen Erläuterungsabschnitte enthält!

F.3.1.5 Zeichensatzfiles des emTeX-Pakets

Für eine TeX- oder LaTeX-Bearbeitung werden Zeichensätze nur mit ihren .tfm-Files benötigt, in denen die Abmessungen ihrer Zeichen, evtl. Überschneidungen und Ligaturen für bestimmte Buchstabenkombinationen sowie für geneigte Schriften die sog. Italic-Korrektur mitgeteilt werden. Beim Entpacken der Installationsdisketten werden unter \emtex\tfm eine Vielzahl von .tfm-Files abgelegt. Das \tfm-Eingangsverzeichnis wird dabei in die Unterverzeichnisse .\cm, .\dc, .\extracm, .\etc, .\latex, .\cyrillic, .\euler, .\symbols, .\emsy und .\gftodvi gegliedert.

Unter .\cm finden sich die .tfm-Files für die 75 TeX-CM-Schriften und .\latex enthält die .tfm-Files für die zusätzlichen LaTeX- und SLiTeX-Zeichensätze. Unter .\symbols werden Zeichensätze mit zusätzlichen mathematischen Symbolen der $\mathcal{AMS}$ (American Mathematical Society) bereitgestellt [5b, Kap. 2]. Diese Literaturstelle gilt auch zur Erläuterung und Nutzung der Zeichensätze aus den anderen angegebenen Unterverzeichnissen.

Zur endgültigen Druckausgabe bzw. zum Preview werden bekanntlich die .pk-Druckerzeichensätze (s. F.1.8) benötigt. Eine Auswahl der geläufigsten Druckerzeichensätze wird als emTeX-Ergänzung mit den Zeichensatzbibliotheken angeboten (F.3.1.1). Das emTeX-Installationspaket enthält alle Bearbeitungsprogramme und Quellenfiles zur Erzeugung der Druckerzeichensätze für die Gesamtheit aller beigefügten .tfm-Files.

Dies ist zum einen das METAFONT-Programm, dessen zugehörige Basisfiles und aufrufbare Befehlsdateien leicht mit ‚makebas -i' (s. F.3.1.3) in Analogie zu den Formatfiles erstellt werden können. Zum anderen werden bei der Installation, also beim Entpacken der Installationsdisketten, die Zeichensatz-Quellenfiles unter c:\emtex\mfinput abgelegt. Dieses Eingangsverzeichnis ist in Unterverzeichnisse mit den gleichen Namen gegliedert, wie sie oben bei der Untergliederung von c:\emtex\tfm aufgelistet wurden.

In F.3.1.1 wurde bereits erwähnt, dass die emTEX-Gerätetreiber fehlende Druckerzeichensätze automatisch generieren und abspeichern können. Dies ist aus meiner Sicht die effizienteste Strategie zur Erzeugung der Druckerzeichensätze, da diese dann dem tatsächlichen Bedarf des Anwenders angepasst werden. Die kurze Bearbeitungsunterbrechung bei einem Ausgabeauftrag ist, zumindest für das sehr leistungsfähige Programm mf386.exe, tolerierbar.

F.3.2 TEX unter 32 bit-WINDOWS-Systemen

Mit dem Siegeszug von MS-WINDOWS in Form von WINDOWS NT, WINDOWS 95 und WINDOWS 98 stellen diese inzwischen das beherrschende Betriebssystem für die 32 bit-Prozessoren 386, 486 und deren Pentium-Nachfolger dar, da hiermit die Prozessoreigenschaften voll ausgenutzt werden. Die vorangegangenen 16-bit-WINDOWS-Systeme 3x gelten demgegenüber als überholt, ebenso wie die veralteten und leistungsschwachen Prozessoren 086, 186 und 286. Auf WINDOWS-Systeme für diese veraltete Hard- und Software gehe ich deshalb hier nicht mehr ein.

Ebenso setze ich bei den nachfolgenden Einrichtungshinweisen voraus, dass der Anwender die Einbindung weiterer ausführbarer WINDOWS-Programme samt zugehöriger Datenfiles mit seinem WINDOWS-Betriebssystem beherrscht und die erforderlichen oder gewünschten Verknüpfungen mit den entsprechenden Maustastenklicks und Verschiebungen vornehmen kann. Anderenfalls muss er sich mit seinem WINDOWS-Handbuch entsprechend sachkundig machen.

Das unter 32-bit-WINDOWS-Betriebssystemen verbreiteste TEX-System ist MiKTEX, das man auf den öffentlichen CTAN-Filservern unter /ctan/systems/win32/miktex/ zusammen mit einigen Ergänzungen unter dem Parallelverzeichnis .../win32/winedt/ findet. Für DANTE-Mitglieder stelle ich weiter unten noch ein weiteres WINDOWS-TEX-System unter der Herkunftsbezeichnung Web2C vor, das sich durch eine besonders effiziente Dateiensuchstrategie auszeichnet.

F.3.2.1 Evtl. Entpackungsvorbereitungen zur TEX-Installation

Enthält eines der vorstehenden WINDOWS-Eingangsverzeichnisse bzw. die hieraus zum Anwender kopierten Dateien gepackte Files, erkennbar durch den Anhang .zip, so sind diese vorab zu entpacken. Hierzu wird das Info-ZIP-WINDOWS-Programm WIZ benötigt, das als selbstentpackendes Programm wiz401xn.exe auf den öffentlichen Fileservern unter dem Verzeichnis /ctan/tools/zip/info-zip/win32/ angeboten wird.

Dieses Programm sollte zunächst in ein temporäres Verzeichnis (Ordner) kopiert werden. Zum Kopieren ist die rechte Maustaste zu verwenden, da sonst nur eine Verknüpfung angelegt wird. Anschließend erfolgt ein Doppelklick auf die kopierte Datei, womit der Selbstentpackungsvorgang in einem eigenen DOS-Fenster erfolgt. Nach dessen Beendigung (siehe Kopfleiste der DOS-Box) sollte dessen Fenster wieder geschlossen werden.

Nunmehr kann mit der rechten Maustaste das Programm wiz aus dem temporären Verzeichnis (dem geöffneten Ordner) auf eine geeignete Stelle der Desktop-Oberfläche gezogen werden. Hiernach ist im Kontextmenü zu wählen: „Verknüpfung hier erstellen", wonach mit der rechten Maustaste nochmals das Verknüpfungssymbol anzuklicken ist und aus dem anschließenden Kontextmenü „Umbenennen" zu wählen ist, womit dem Entpackungsprogramm nun ein beliebiger Name zugeordnet werden kann, falls der Ausgangsname wiz unerwünscht ist.

Anschließend können alle offenen Fenster geschlossen werden. WINDOWS gestattet den Entpackungsvorgang für .zip-Dateien durch einfaches Anklicken dieser Dateien, indem das wiz-Entpackungsprogramm mit dem Datentyp .zip zu assoziieren ist. Für die erforderlichen Assoziierungsvorgänge wird auf das WINDOWS-Handbuch verwiesen. Ansonsten kann der Entpackungsaufruf natürlich auch durch den wiz-Programmaufruf mit dem anschließenden Dateinamen des gepackten Files erfolgen.

F.3.2.2 MiKTEX

Auf den öffentlichen CTAN-Fileservern findet man das MiKTEX-Programmpaket unter /ctan/systems/win32/miktex mit einer eigenen Unterverzeichnisstruktur, wie z. B. .../miktex/bin, .../miktex/doc usw. Soll das MiKTEX-Programmpaket beim Anwender direkt vom CTAN-Fileserver kopiert werden, dann sollte das gesamte .../miktex/-Verzeichnis unter C:\texmf\miktex bzw. einem parallelen Plattenlaufwerk eingerichtet werden.

Zur Nutzung der ausführbaren Programme aus diesem Verzeichnis ist es in der Suchpfadvariablen PATH in AUTOEXEC.BAT aufzunehmen. Hierzu ist AUTOEXEC.BAT in den Editor zu laden und im Anschluss an die vorhandene Zuweisungszeile für PATH anzufügen ;C:\texmf\miktex\bin oder als weitere Zeile C:\texmf\miktex\bin;%PATH% hinzuzufügen. Anschließend sollte der Rechner neu gestartet werden, um das Update der PATH-Variablen zu aktivieren.

Verfügt der Anwender über eine CD-ROM zur Installation von MiKTEX, so enthält diese einen eigenständigen MiKTEX-Ordner. Dieser kann nun mit der linken Maustaste und einem Doppelklick von der CD-ROM auf die Hauptebene C:\! gezogen werden.

Nach Wechsel in den Ordner MiKTEX kann nun die Installation mit einem Doppelklick auf das dortige install.exe gestartet werden. Dies gilt sowohl für die Installation von der CD-ROM als auch für die oben beschriebene Übernahme vom CTAN-Fileserver.

Für weitere Installations- und Nutzungshinweise sei auf die Dokumentation aus .../miktex/doc verwiesen. Das dortige Darstellungsformat .html kann mit jedem Browser, z. B. dem MS-WINDOWS-Internet-Explorer, auf dem Bildschirm aufgebaut werden. Zur Bearbeitung deutscher Texte ist vom CTAN-Fileserver noch das deutsche Anpassungspaket aus dem Ordner .../language/german nach C:\texmf\tex\latex zu kopieren bzw. von der CD-ROM mit der linken Maustaste dorthin zu ziehen.

F.3.2.3 Die WinEdt-Benutzeroberfläche

Das zu .../win32/miktex/ angebotene Parallelverzeichnis .../win32/winedt/ bietet einen für 32-bit-WINDOWS-Betriebssysteme leistungsfähigen und den Bedürfnissen des Anwenders anpassungsfähigen Editor, der gleichzeitig als komfortable Benutzeroberfläche ausgestaltet werden kann. Für die angebotenen Anpassungsmöglichkeiten und die Eigenschaften von WinEdt wird auf die beigefügte Dokumentation unter .../winedt/doc verwiesen.

F.3. TEX-INSTALLATION AUF PCS 399

Die hier angebotene und empfohlene Benutzeroberfläche mit leistungsfähigen Editiereigenschaften WinEdt ist ein Shareware-Produkt von ALEKSANDER SIMONIC, das nach einer vierwöchigen Erprobungszeit beim Autor mit einer vertretbaren einmaligen Gebühr zu lizenzieren ist. Details zur Lizenzierung können von der Homepage des Autors `http//www.winedt/com` abgerufen werden, ebenso wie sonstige Auskünfte per E-Mail vom Autor `winedt@istar.ca` abfragbar sind.

F.3.2.4 Weitere empfohlene Programmergänzungen zu MiKTEX

Bei der Installation eines TEX-Systems unter 32-bit-WINDOWS wird empfohlen, das sog. GhostScript-Programm mit seiner GhostView-Ergänzung mit einzurichten. Dieses erlaubt ein universelles Preview, falls ein solches beim Anwender nicht existiert. Außerdem gestattes es, PostScript-Dateien auf einer Vielzahl von Nadel-, Tintenstrahl- und Laserdruckern auszugeben, die selbst nicht PostScript-fähig sind.

Das eigentliche GhostScript-Programm nebst Zubehör findet man auf den CTAN-Fileservern in gepackter Form unter `/ctan/support/ghostscr/aladdin/gs650/` als `gs650w32.zip`, `gs650ini.zip` und `gs650fn1.zip`. Die zu GhostScript sehr nützliche Benutzeroberfläche GhostView steht dort unter `/ctan/support/aladdin/rjl/` als `gsv36w32.zip`. Zu weiteren Installations- und Nutzungshinweisen wird nach dem Entpacken dieser Pakete auf die beigefügte Dokumentation verwiesen.

F.3.3 Alternative TEX-Systeme für DANTE-Mitglieder – pdfTEX u. a.

Die Mitglieder der deutschsprachigen TEX-Anwendervereinigung DANTE e. V. erhalten jährlich eine Reihe von CD-ROMs, die neben einem regelmäßigen Update ein weitgehendes Abbild des CTAN-Fileservers enthalten. Daneben wurden seit mindestens vier Jahren CD-ROMs mit dem Titel TEX Live n und dem aktuellen Wert 6b für n (Ende 2001) verteilt.

Die CD-ROM TEX Live n bietet eine umfangreiche Kollektion ausführbarer Programme des TEX-Originalpakets für eine Vielzahl von Workstations unter firmenspezifischen Hard- und UNIX-Software-Derivaten an, unter Einschluss von 32-bit-WINDOWS- und LINUX-Betriebssystemen für PCs. Die hierunter angebotenen TEX-Programme basieren auf dem Web2C-Konverter, mit dem die originären WEB-Programme von DONALD E. KNUTH zunächst in entsprechende C-Programme umgewandelt und diese dann kompiliert werden. Bei dieser Kompilation wird gleichzeitig ein Bibliotheks-Suchsystem eingebunden, das bei der Suche nach angeforderten Dateien durch die zur Bearbeitung aufgerufenen Programme eine effiziente und rekursive Suchstrategie ausführt. Diese Programm-Umwandlungstechnik wurde Ende der 80er Jahre für UNIX eingeführt und hat sich seitdem bei der TEX-Installation verschiedenster UNIX-Derivate bewährt.

Der genaue Inhalt der TEX Live n hängt von der aktuellen Version n ab, so dass eine Auflistung an dieser Stelle mit der nächsten Version überholt wäre. Deshalb folgt hier nur eine kurze Strukturauflistung. Auf der CD-ROM findet man ein Eingangsverzeichnis `./bin/` mit einer eigenen Unterverzeichnisstruktur, die die ausführbaren TEX-Programmpakete für die geläufigsten Rechnerplattformen anbietet. Entsprechend der Zielsetzung dieses Unterabschnitts auf die Bereitstellung von TEX unter 32-bit-WINDOWS nenne ich deshalb hier das Unterverzeichnis `./bin/win32/` mit den hierunter angebotenen ausführbaren Programmen eines umfangreichen TEX-Systems.

Die TeX Live CD-ROMs enthalten dazu weitere Makropakete und Hilfs- und Installationswerkzeuge. Hierzu gehört z. B. auch die oben für MiKTeX empfohlene Benutzeroberfläche samt Editor WinEdt sowie ein eigener Previewer und diverse .dvi-Druckertreiber. Für das Gesamtangebot einer TeX Live CD-ROM in Abhängigkeit von ihrer Version wird auf die jeweils beigefügte Dokumentation verwiesen.

Die TeX Live CD-ROMs stellen solche Eigendokumentationen umfangreich bereit. Diese beginnen auf der Eingangsebene mit diversen *Liesmich*-Files im .html-Format für verschiedene Sprachen. Nach der Bildschirmaufbereitung mit dem eigenen Browser kann auf weitere detaillierte Installations- und Inhaltsinformation zurückgegriffen werden. So findet man für die CD-ROM TeX Live 4 und spätere z. B. den Hinweis auf das Dokumentationsverzeichnis ./tldoc/, dessen Unterverzeichnis ./ltdoc/deutsch eine umfangreiche Inhalts- und Nutzungsbeschreibung für verschiedene Darstellungsformate in deutscher Sprache anbietet, z. B. live.ps als PostScript-Ausgabedatei.

Der Anwender möge vorab diese Inhalts- und Nutzungsbeschreibung in dem ihm nutzbaren Format auf seinem Drucker ausgeben. Sie erschließt ihm alle Installations-, Konfigurations- und Programmauswahldetails, die sich auf die jeweils aktuelle CD-ROM-Version beziehen, von denen ich deshalb wegen der evtl. mangelnden Aktualität absehe.

Neben dieser Ausgangs- und Allgemeindokumentation werden unterhalb des CD-ROM-Eingangsverzeichnis unter ./texmf/doc weitere Dokumentationen mit einer eigenen Untergliederung für eine Vielzahl der angebotenen Werkzeuge und Programmpakete bereitgestellt, die der Anwender vor deren evtl. Installation und Nutzung durchmustern möge.

Neben den konventionellen ausführbaren Programmen einer TeX-Standardinstallation enthalten die plattformspezifischen Verzeichnisse unterhalb des Eingangsverzeichnisses ./bin einige ausführbare TeX-Programmerweiterungen oder Ergänzungen. Mit der TeX-Standardbearbeitung eines Eingabetextes unter Einbeziehung eines zugehörigen Formatfiles wie plain.fmt oder latex.fmt wird zunächst ein druckerunabhängiges Metafile mit der Anhangkennung .dvi erzeugt, das noch über den Druckertreiber oder den Previewer zur endgültigen Ausgabe aufbereitet werden muss.

Von der Firma Adobe wurde in Ergänzung zu PostScript eine erweiterte Seitenbeschreibungssprache entwickelt, die die Kennung ‚pdf' erhielt. Zur Nachbearbeitung einschließlich der endgültigen Ausgabe solcher .pdf-Files stellt die Firma Adobe unter der Bezeichnung ‚Acrobat' eine ganze Palette von Bearbeitungswerkzeugen zur Verfügung, dessen Lese- und Druckausgabeprogramm den Namen ‚Acrobat Reader' trägt.

Die TeX Live CD-ROMs bieten für die plattformspezifischen binären Unterverzeichnisse ./bin/... ausführbare Programme bzw. Befehlsdateien mit den Namen pdftex und pdflatex an, deren Bearbeitungsaufrufe für den zugehörigen Eingabetext ein entsprechendes .pdf-Ausgabefile erzeugt, das mit dem Acrobat-Werkzeug ‚Acrobat Reader' die endgültig aufbereitete Druckausgabe auf einem PostScriptfähigen Drucker ausgibt. Dabei können mehrere .pdf-Ausgabefiles erst für diese Druckaufbereitung mit wechselseitigen Verweisen und Bezügen versehen werden. .pdf-Ausgabefiles haben sich auch als geeignete Internet-Dokumente mit aufwendigem Layout erwiesen.

Die angebotenen ausführbaren pdfTeX-Programme befinden sich derzeit noch in einem Probestadium (Beta-Version). Entsprechend gibt es noch keine endgültige Nutzungsbeschreibung. Für eine vorläufige Nutzungsinformation kann die pdfTeX-Bearbeitung des unter ./texmf/doc/pdftex beigefügten Beispielfiles example.tex sowie unter TeX Live 4 und spätere der mit pdftex-t.tex angebotene Eingabetext für ein anfängliches pdfTeX-Manual herangezogen werden.

F.3. TEX-INSTALLATION AUF PCS

Die in ./bin/... angebotenen, plattformspezifischen ausführbaren Programme enthalten mit ε-TEX und Omega zwei weitere TEX-Erweiterungsprogramme etex und omega. Das Erste bietet bei hundertprozentiger Kompatibilität zum Standard-TEX einen kleinen, aber mächtigen Satz neuer TEX-Befehle sowie die Erweiterungen für den Textsatz von rechts nach links, wie er im Arabischen gebraucht wird. Eine Nutzungsbeschreibung für ε-TEX kann der Dokumentation aus ./texmf/doc/etex (TEX Live 4) entnommen werden.

Das zweite Erweiterungsprogramm Omega bietet ein TEX-Programm, das intern mit 16-Bit-Unicode-Zeichen arbeitet und damit die Nutzung nahezu aller auf der Welt eingesetzten Zeichenkodierungen erlaubt. Für eine Nutzungsbeschreibung verweise ich auf die Dokumentation aus ./texmf/doc/omega (TEX Live 4).

F.3.4 TEX unter LINUX

In wissenschaftlichen Institutionen kommt auf deren PCs zunehmend LINUX als Betriebssystem zur Anwendung, was gleichermaßen auch für individuelle PCs mit entsprechenden Nutzungsaufgaben gilt. Die erste Version des LINUX-Kernels wurde Anfang der 90er Jahre von LINUS TORVALSDS als kostenfreie UNIX-Nachbildung entwickelt und im September 1991 mit der Version 0.01 zu allgemeinen Nutzung ins Internet gestellt.

Die Idee zur kostenfreien Entwicklung von UNIX-äquivalenter Software wurde darauf unverzüglich von einer großen und ständig wachsenden Schar von Programmierern aufgegriffen und fortgesetzt. Inzwischen übersteigt das Programm- und Ergänzungsangebot von LINUX-Software bei weitem dasjenige von kommerziellen UNIX-Betriebssystemen nebst Ergänzungswerkzeugen.

Trotz der Vielzahl von Herkunftsquellen durch Tausende von einzelnen Programmierern überrascht die extreme Stabilität von LINUX als Betriebssystem im Vergleich zu den geläufigen kommerziellen PC-Betriebssystemen. Die Nutzung von LINUX setzt allerdings die Grundkenntnis von UNIX als Betriebssystem voraus, auch wenn inzwischen PCs mit LINUX von vielen Rechnerlieferanten angeboten werden.

Für einen Umstieg bzw. eine Ergänzung von PC-Betreibern mit einem der klassischen Betriebssysteme (DOS, OS/2 und 32-bit-WINDOWS) auf LINUX verweise ich auf [20]. Dieses Buch von MICHAEL KOFLER stellt nicht nur eine praktische, umfassende und gleichzeitig kompakte Einführung und Nutzungsbeschreibung für LINUX dar, sondern bietet mit den beigefügten zwei CD-ROMs die Möglichkeit einer einfachen und komfortablen LINUX-Eigeninstallation.

Alle mir bekannten LINUX-Installationsmedien enthalten ein umfassendes TEX-System als integralen Bestandteil. Dies schließt meistens eine komfortable Benutzeroberfläche mit Editierunterstützung ein, wie z. B. LyX unter den LINUX-Systemen von Suse, dessen Grundbestandteile auch mit den beigefügten CD-ROMs von [20] angeboten werden. Die Editiereigenschaften von LyX unterstützen ganz besonders die Erstellung von Eingabetexten zur LATEX-Bearbeitung. Der eingegebene Text erscheint nahezu unverzüglich in der endgültigen Ausgabeform auf dem Bildschirm, so dass LyX als ein Quasi-WYSIWYG-System (What you see is what you get) angesehen werden kann. Das hier bereits mehrfach zitierte Buch von MICHAEL KOFLER enthält mit Kapitel 19 eine Nutzungsbeschreibung von LyX.

Als weitere Literaturstelle für TEX-Ergänzungen unter LINUX verweise ich hier auf das Buch TEX-Tools von KLAUS BRAUNE [21], das mit seiner beigefügten CD-ROM eine Vielzahl von TEX- und LATEX-Ergänzungswerkzeugen zur vorrangigen Nutzung unter LINUX anbietet.

F.4 TeX auf weiteren Individualrechnern

Die nachfolgenden Hinweise für die Rechnertypen ATARI und AMIGA sind vermutlich veraltet, da diese Rechner für Neubeschaffungen kaum oder nicht mehr zur Verfügung stehen. Soweit dort Anschriften angeführt werden, sind sie mit Vorsicht zu betrachten, da sie mindestens teilweise nicht mehr aktuell sind. In solchen Fällen kann vermutlich über DANTE e. V. die aktuelle Kontaktadresse erfragt werden.

F.4.1 TeX für ATARI-Rechner

Für den Atari ST stehen mindestens zwei nicht-kommerzielle Versionen, und zwar eine PD- (Public Domain) und eine SW-Ausführung (Shareware), zur Verfügung. Beide können vom DANTE-Fileserver kopiert werden. Man findet sie im Eingangsverzeichnis /tex-archive/systems/atari. Sie tragen dort die Namen (d. h., sie stehen dort in Unterverzeichnissen mit diesen Namen):

    cs-tex für die PD-Version von CHR. STRUNK
    lindner-tex für die SW-Version von STEFAN LINDNER

Die PD-Version cs-tex ist sehr umfangreich. Sie besteht aus acht komprimierten Disketten und schließt METAFONT ein. Auch das lindner-tex-Verzeichnis enthält ein METAFONT-System von LUTZ BIRKHAHN sowie LaTeX, BibTeX und MakeIndex. Die ausführbaren TeX-Programme werden in einer Standard- und einer BIG-Version bereitgestellt.

DANTE-Mitglieder können die genannten PD- oder SW-Programmpakete auch als Disketten über DANTE e. V. beziehen. Nichtmitglieder können sich an die Programmautoren wenden, von denen sie gegen eine angemessene Bearbeitungsgebühr die Disketten und automatisch Mitteilungen über Updates erhalten:

SW-TeX	SW-METAFONT
Stefan Lindner	Lutz Birkhahn
E-Mail	E-Mail
lindner@visionet.de	lutz.birkhahn@gmx.de

Die PD-Version von CHR. STRUNK ist als ‚MultiTeX 5.2' unter der Nummer SD 78 (SD = Sonderdisk) über Atari-PD-Versender erhältlich (inzwischen vermutlich mit höherer Versionsnummer). Beide TeX-Programmversionen arbeiten mit einer Shell, wobei diejenige zum Lindner-TeX von einigen Atari-Anwendern ganz besonders gelobt wird.

DR. HARTMUT WIECHERN, Stade, hat beide TeX-Versionen verglichen und das Ergebnis in der DANTE-Vereinszeitschrift Heft 3, 1991, mit einem Nachtrag in Heft 4, 1991, veröffentlicht. Nach diesem Leistungsvergleich erweisen sich beide Versionen bezüglich der Rechengeschwindigkeit als nahezu gleichwertig. Der Lieferumfang von cs-tex ist dagegen deutlich größer als beim Lindner-TeX. Von STEFAN LINDNER können aber weitere TeX- und LaTeX-Ergänzungen zusätzlich beschafft werden.

Im Eingangsverzeichnis /tex-archive/system/atari gibt es ./driver als weiteres Unterverzeichnis mit einer Gruppe von Druckertreibern von MARKUS PRISTOVSEK für die gebräuchlichsten Laser- und Nadeldrucker unter Einschluss eines Bildschirmtreibers. Das Verzeichnis ./driver ist in weitere, versionsabhängige Unterverzeichnisse gegliedert, von denen ./dvi_221 die aktuellste Version (Juli 1995) anbietet. Es enthält das kleine Informationsfile dvi_info mit einer kurzen Inhaltsbeschreibung der beigefügten gepackten Files.

F.4.2 TeX für AMIGA-Rechner

Auf dem DANTE-Fileserver enthält das Verzeichnis /tex-archive/systems ein Unterverzeichnis mit dem Namen ./amiga, das eine TeX- und METAFONT-Version für Amiga-Rechner bereitstellt. Diese kann für DANTE-Mitglieder auch als Diskettensatz von DANTE e. V. bezogen werden. Die Disketten sind thematisch geordnet und im .zoo-Format gepackt. Jede Diskette ist mit dem zugehörigen Entpackungsprogramm und einer kleinen Textdatei mit Erläuterungen in Deutsch versehen. Die nachfolgende Kurzerläuterung stammt von MICHAEL ZIELINSKI, Hamburg, der auch für Rückfragen zur AMIGA-Installation per E-Mail unter m.zielinski@amtrash.comlink.de bzw. FIDO 2:241/211 zur Verfügung steht.

Die bekannteste PD-Version für den Amiga ist PasTeX. Der Programmautor ist GEORG HESSMANN. PasTeX ist auf dem DANTE-Fileserver und in vielen Mailboxen zu finden sowie auf der PD-Serie SaarAg (Disk 345-348). In diesem Paket enthalten sind LaTeX, virTeX, METAFONT, ein Zeichenprogramm FIG, ein Previewer, ein Druckertreiber sowie ein Programm namens specialHost, welches es ermöglicht, über den speziellen Druckertreiber Bilder im IFF-Format direkt einzubinden. FIG kann mit TeXCad aus dem emTeX Paket verglichen werden. Es bietet eine komfortable Möglichkeit, Grafiken zu malen und als Output im epic-Format zu speichern. Die aktuelle Version kann bei Georg Heßmann, Oberer Markt 7, 97332 Volkach, bestellt werden.

Die benötigten Fonts können auch bei Georg Heßmann gegen eine Gebühr bestellt werden. Allerdings gibt es aufsetzend auf den fünf Disketten noch ein Paket, welches sich SaugTeX nennt, in dem noch METAFONT sowie einige LaTeX-Dokumente enthalten sind. Enthalten sind auch einige Scripts, über die die benötigten Fonts direkt von METAFONT bei Bedarf dynamisch erstellt werden. Es ist auch möglich, für langsamere Rechner ein Script erzeugen zu lassen, womit die entsprechenden Fonts z. B. über Nacht berechnet werden können. SaugTeX ist in vielen Mailboxen zu bekommen (z. B. in der AmTrash 040 / 847838).

Inzwischen gibt es auch noch eine andere PD-Version für den Amiga. Diese ist per FTP z. B. bei Aminet zu bekommen.

F.4.3 TeX für den Macintosh

Die klassische PD-Version für den Macintosh ist OzTeX. Der Programmautor ist ANDREW TREVORROW, der das Programm in Modula-2 geschrieben und unter Verwendung eines WEB2Mod-Konverters an den Mac als selbständiges Programm angepasst hat. Das gesamte Programmpaket besteht aus TeX 3.x, LaTeX, einem Druckertreiber für PostScript-Drucker und einem Previewer. Inzwischen gehört auch METAFONT zum Paketumfang von OzTeX, was anfänglich nicht der Fall war.

Auf dem DANTE-Fileserver findet man OzTeX unter dem Unterverzeichnis gleichen Namens im Eingangsverzeichnis /tex-archive/systems/mac. DANTE-Mitglieder können es von DANTE e. V. oder gegen Einsendung von zehn formatierten HD-Disketten unter Beifügung eines Rücksende-Adressaufklebers und des Rückportos vom DANTE-Macintosh-Koordinator

Lothar Meyer-Lerbs, Am Rüten 100, 28357 Bremen

beziehen.

Neben der PD-Version OzTeX gibt es die SW-Version DirectTeX. Sie stammt von WILFRIED RICKEN, Bochum, als C-Version aus den ursprünglichen WEB-Quellen. Sie umfasst

TeX und METAFONT sowie sämtliche sog. TeXware-Programme. Die Programme für TeX, BIGTeX und METAFONT gibt es in drei Versionen, die auf die spezielle Hardwareausstattung verschiedener Macintosh-Maschinen zugeschnitten sind (68000-, 68020- und 68881- bzw. 68040-Prozessor).

DirectTeX setzt MPW (Macintosh Programmer's Workshop) voraus. Man muss diese Entwicklerumgebung von Apple ggf. vorab beschaffen, d. h. von Apple das MPW Development Environment v.3.2 kaufen. Dann aber läuft DirectTeX ohne Probleme unter System 7.0.1 und erlaubt, längere TeX- und METAFONT-Läufe in den Hintergrund zu verlagern. Da MPW auch einen leistungsfähigen Editor bereitstellt, braucht man keinen zusätzlichen Texteditor. Die Benutzeroberfläche kann mit MPW weitgehend individualisiert und den Anwendergewohnheiten angepasst werden. MPW erwartet mindestens 2 MB Hauptspeicher, für TeX werden aber 2.5–3 MB empfohlen.

DirectTeX steht auch auf dem DANTE-Fileserver zur Verfügung. DANTE-Mitglieder können es unter Einsendung von ebenfalls zehn HD-Disketten von Lothar Meyer-Lerbs (s. o.) beziehen. Andere Interessenten müssen sich an den Programmautor wenden:

Wilfried Ricken, Blumenfeldstr. 4, 44795 Bochum

Gegen eine Shareware-Bearbeitungsgebühr von 150,– DM erhält man von ihm eine an deutsche Verhältnisse angepasste Version sowie Hilfe und Infos über neue Versionen.

Unter dem Namen *Textures* wird ein leistungsfähiges kommerzielles TeX-System mit einem integrierten Editor und Previewer angeboten. Das zugrunde liegende TeX-System ist ein BIGTeX. Jede soeben fertig übersetzte Seite erscheint sofort im Preview-Fenster und kann noch, während TeX weiterläuft, im Quellkode korrigiert werden. Als Druckerzeichensätze werden keine .pk-Files, sondern die entsprechenden PostScript-kodierten Zeichensätze benutzt. Mit diesen kann man mit extrem geringem Plattenspeicherbedarf beliebige Schriftgrößen erzeugen, ohne sie mit METAFONT eigenständig zu generieren.

Die neueste TeX-Version von Blue Sky Research ist *Lightning Textures*. Dies soll ein nahezu echtes WYSIWYG (what you see is what you get) für TeX sein! Die Eingabe erscheint – laut Firmenankündigung – Zeichen für Zeichen nahezu unmittelbar im Preview-Fenster, was mir angesichts der internen TeX-Abläufe für die Absatzformatierung eigentlich als nicht vorstellbar erscheint. Aber auch die unmittelbare Preview-Ausgabe mit einer Verzögerung um einen Absatz bereits während der Eingabe wäre eine bewundernswerte Leistung.

Textures kann in Deutschland von verschiedenen Firmen, z. B. MID/Information Logistics Group GmbH, Ringstr. 19, 74078 Heidelberg, bezogen werden. Der Originallieferant ist: Blue Sky Research, 534 Southwest Third, Portland, Oregon 97204, USA, FAX 001-503-222-1643.

Die von DANTE e. V. verteilte CD-ROM TeX Live 4 enthält als weiteres Macintosh-TeX-System CMacTeX 3.2. Dieses enthält die Grundbestandteile einer jeden TeX-Installation: TeX unter Einschluss von BIBTeX und MakeIndex, METAFONT zusammen mit METAPOST und das dvips-Treiberpaket. Hierunter fallen auch zwei Previewer, ein Umwandlungswerkzeug zur Ausgabe von .dvi-Files auf Nicht-PostScriptdruckern sowie eine Anzahl weiterer PostScript-Werkzeuge. Zusätzlich bietet CMacTeX die drei TeX-Erweiterungen pdfTeX, ε-TeX und Omega (s. F.3.3) an.

Die späteren CD-ROMs ab TeX Live 5 unterstützen die Macintosh-Rechnertypen nicht mehr. Auf den offiziellen TeX-Fileservern findet man jedoch nach wie vor die zugehörigen Programmangebote. Soweit in diesem Abschnitt Anschriftenangaben zu Macintosh-Installationen angeführt sind, sollten sie mit Zurückhaltung betrachtet werden, da einige davon möglicherweise nicht mehr aktuell sind. In diesen Fällen können aktualisierte Anschriften über DANTE e. V. erfragt werden. werden.

F.4.4 TEX auf Workstations

Workstations arbeiten nahezu ausschließlich unter UNIX mit teilweise firmenspezifischen Ergänzungen. Das UNIX-TEX-Paket wird auf den öffentlichen Fileservern in der letzten Version unter /tex-archive/systems/web2c in zwei gepackten Files als web-7.2.tar.gz und web2c-7.2.tar.gz bereitgestellt.

Das parallele Eingangsverzeichnis /tex-archive/systems/unix enthält Installationsquellen für firmenspezifische UNIX-Derivate, z. B. AIX3.2, ALPHA, LINUX, SCO u. a. Das dortige Unterverzeichnis ./dante-src enthält die Originalquellen aus ../web2c, ergänzt durch LATEX 2_ε, MakeIndex und diverse Zeichensatzfiles sowie die Installationsquellen für die Treiber dvipsk und dvilj.

Mit der Bereitstellung der CD-ROM TEX Live n durch DANTE e. V. sowie den sonstigen internationalen TEX-Anwendervereinigungen entfällt für die Mehrzahl der UNIX-Anwender die Notwendigkeit einer TEX-Installation aus den WEB-Originalquellen, da die CD-ROM für praktisch alle bedeutsamen UNIX-Rechner fertige ausführbare TEX-Systeme anbietet. Dies ist vermutlich auch der Grund dafür, dass das oben genannte Verzeichnis ./dante-src seitdem nicht mehr erneuert wurde. Bis dahin wurde im deutschsprachigen Raum UNIX mit seinen Quellen in ./dante-src durch KLAUS BRAUNE betreut und gewartet.

Ich beziehe mich deshalb bei der nachfolgenden Installationsbeschreibung aus den DANTE-Quellen in /tex-archive/systems/unix/dante-src auf die letzte von mir vorgenommene Installation mit Eigenkompilation auf einer HP-Workstation Ende 1997. Eine Anpassung auf eine evtl. neuere Version aus .../dante-src sollte damit ebenfalls möglich sein.

Das hier vorgestellte Eingangsverzeichnis .../dante-src enthält die drei komprimierten Archive

dante-tex.tar.gz   dante-dvilj.tar.gz   dante-dvips.tar.gz

sowie die beiden Informationsfiles READ.ME (englisch) und LIES.MICH (deutsch). Das Entkomprimieren erfolgt mit dem GNU-Entpackungsprogramm gunzip in der Form 'gunzip *file*', womit ein File mit dem Anhang .gz umgewandelt und unter gleichem Namen, aber ohne den Anhang .gz, zurückgeliefert wird.

Das Entpacken und anschließende Entarchivieren sollte in einem temporären Verzeichnis, z. B. /usr/local/lib/dante, erfolgen. Das Entarchivieren geschieht mit dem UNIX-Aufruf ‚tar xvf *file*.tar'. Nach einer erfolgreichen Gesamtinstallation kann, bei begrenzter Festplattenkapazität, das temporäre Verzeichnis wieder gelöscht werden.

Beim Entarchivieren von dante-tex.tar entstehen unterhalb des temporären Ausgangsverzeichnisses die Eingangsverzeichnisse

./DVIware   ./LaTeXindex   ./ams   ./fonts   ./texinputs   ./web2c-6.1

jedes mit einer eigenen weiterverzweigten Filestruktur. Beim Entarchivieren der Treiberpakete dante-dvilj.tar und/oder dante-dvips.tar werden deren Dateien und Unterverzeichnisse ebenfalls unter ./DVIware abgelegt.

Nach dem Entarchivieren aus dem Ausgangsverzeichnis /usr/local/lib hat man in das Eingangsverzeichnis ./web2c-6.1 zu wechseln und dort den Aufruf ‚configure' zu starten, wobei sicherzustellen ist, dass die PATH-Variable als erstes Suchverzeichnis .: enthält, damit das jeweils aktuelle Verzeichnis bei der Suche stets als erstes Verzeichnis durchmustert wird. Außerdem sollte die Umgebungsvariable ‚LANG=C' gesetzt und mit ‚export LANG' exportiert werden. Bei manchen UNIX-Installationen wird nach dem Einloggen LANG=german gesetzt, was bei der TEX-Installation bei internen sed-Aufrufen zu Problemen führen kann.

Das Shell-Script configure überprüft die vorhandenen Rechner- und Systemressourcen und passt die anfänglichen Vorgaben für die Makefiles im Eingangs- und in allen Parallel- und Unterverzeichnissen an die Gegebenheiten des vorliegenden Systems an. Die Besetzung von ‚MAKE=/usr/lib/gnu/bin/make' mit dem GNU-make führte bei mir zu einem Fehlerabbruch während der configure-Bearbeitung. Mit ‚MAKE=/bin/make', also der Verwendung des UNIX-Standard-make, erfolgte die Anpassung fehlerfrei.

Stehen beim Anwender die GNU-Werkzeuge gcc für den C-Compiler sowie bison und flex für den Parser und den semantischen Sprachanalysator zur Verfügung, so werden diese bei der configure-Bearbeitung als die anzuwendenden Einrichtungsprogramme statt der UNIX-Originalwerkzeuge cc, yacc und lex aktiviert. Meine Erfahrungen bei der TEX-Installation unter UNIX auf HP- und SUN-Workstations lassen den Schluss zu, dass die Installationen mittels der GNU-Werkzeuge (bis auf make) stets problemloser verlaufen als mit den firmenspezifischen Originalprogrammen.

Ich habe bei mir lediglich im Haupt-Makefile (demjenigen aus ./web2c-6.1) die Vorgabe ‚CFLAGS=-g' in ‚CFLAGS=-O' geändert, um die Kompilation statt mit der beim Original gewählten Debug-Option mit voller Optimierung vorzunehmen. Die Nutzung der Debug-Option kommt für die Mehrzahl der Anwender kaum in Betracht, da sie sehr tiefgehende Kenntnisse über die Interna der Programme voraussetzt. Die Beseitigung von evtl. Programmfehlern ist Aufgabe der Programmautoren.

Nach der Systemanpassung mit der configure-Bearbeitung kann, bei Akzeptanz des vorgeschlagenen TEX-Filesystems, die Erzeugung der ausführbaren Programme mit dem Aufruf ‚make all' gestartet werden. Hiermit wird ein längerer Rechnerauftrag eingeleitet, der bei einer 50 MHz HP-715-Workstation rund 30 Minuten dauert und zu einer Vielzahl von Bildschirmseiten mit Bearbeitungsmitteilungen führt. Der Aufruf erfolgt deshalb besser in der Form

```
make all | tee texinst.dlg
```

womit alle Bildschirmmitteilungen gleichzeitig in einem Protokollfile texinst.dlg abgelegt werden. Mit einem der beiden Rechneraufträge entstehen die ausführbaren Programme

```
tangle    dvicopy   dvitype   gftodvi   gftopk    mft
vftovp    vptovf    pktype    gftype    pktogf
initex    virtex    inimf     virmft    bibtex    xdvi
weave     patgen    pooltype  pltotf    tftopl    makeindex
```

sowie das/die gewählte(n) DVI-Treiberprogramm(e) dvilj und/oder dvips mit dem Zusatzprogramm afm2tfm und dem Shell-Script MakeTeXPK. Die vorstehenden Programme wurden bei mir unter Verwendung der GNU-Werkzeuge auf einer SUN-Workstation problemlos und fehlerfrei generiert. Bis auf den Bildschirmtreiber xdvi gilt dies auch für HP-Workstations der Serie 9000/7xx.

Die Erzeugung des Bildschirmtreibers xdvi setzt die X11-Programmbibliothek libXaw.a und die zugehörigen Headerdateien voraus. Sie gehören nicht zum Lieferumfang von HP-UX. Man muss sie sich aus anderen Quellen, z. B. vom X11-Lizenzhalter MIT, beschaffen. Diese Dateien sollten nach einer Beschaffung entweder den Original-X11-Quellen in /usr/lib/X11R5 und /usr/include/X11R5 zugefügt oder (besser) ergänzend unter /usr/local/lib/X11R5 und

/usr/local/include/X11R5 eingerichtet werden. Damit wird xdvi auch auf HP-Workstations erzeugt. Ohne diese X11-Zusatzprogramme muss man dort sonst auf den DVI-Previewer verzichten.[3]

Die problemfreie Erzeugung der vorstehenden ausführbaren Programme gilt nach Aussage und eigenen Tests des DANTE-UNIX-TEX-Betreuers KLAUS BRAUNE auch für LINUX, AIX und SOLARIS, wobei die für diese Systeme erforderlichen speziellen Compilervorgaben mit XCFLAGS und evtl. XLDRFLAGS im Informationsfile LIES.MICH angegeben werden.

Neben der Erzeugung der oben aufgelisteten, lauffähigen Programme werden mit dem Aufruf von ‚make all' die Formatfiles tex.fmt (= plain.fmt) und latex.fmt erstellt. Bei diesen werden standardmäßig neben dem US-Original-Trennmusterfile auch das deutsche und das französische Trennmusterfile eingebunden, so dass beide Formatfiles in Verbindung mit dem Ergänzungspaket german.sty englische, deutsche und französische Textfiles bearbeiten können.

Die dortige Zeile

```
fmts = tex.fmt latex.fmt
```

ist durch die Namen der erwünschten Formatfiles zu ergänzen. In Betracht kommen hierbei amstex.fmt, latex209.fmt, slitex.fmt und amslatex.fmt, weil deren Quellen Bestandteil von dante-src sind.

Auch die Erstellung der METAFONT-Basisfiles erfolgt mit dem Aufruf von ‚make all' automatisch, und zwar werden hiermit mf.base (= plain.base) und cmmf.base erzeugt. Beide Basisfiles enthalten gleichzeitig die Makros aus modes.mf. Dieses File sollte deshalb vor dem Aufruf von ‚make all' mit der Zuweisung des lokalen Druckermakros an die Variable ‚localfont:=*dr_macro*' editiert werden (s. F.1.7 auf S. 384).

Anschließend kann die Installation des TEX- und METAFONT-Systems mit dem Aufruf ‚make install' vorgenommen werden. Hiermit werden unterhalb des Eingangsverzeichnisses /usr/local/lib die Verzeichnisse ./tex mit der Unterstruktur ./tex/bin, ./tex/dvips, ./tex/fonts, ./tex/formats und ./tex/inputs sowie ./mf mit ./mf/bin, ./mf/bases und ./mf/inputs eingerichtet und mit Inhalten, wie den zuvor erstellten ausführbaren Programmen, den Format- und Basisfiles und weiteren TEX- und METAFONT-Eingabefiles, gefüllt.

Weiterhin entstehen mit dem Aufruf ‚make install' das ausführbare Programm makeindex sowie weitere LATEX 2_ε-Ergänzungen, die dann auf das vorstehende Dateiensystem verteilt werden. Mit ‚make install' werden schließlich noch die UNIX-Manual-Files aufbereitet und unter /usr/local/man/man1 abgelegt. Sie können anschließend mit dem UNIX-Aufruf man wie alle sonstigen UNIX-Werkzeuge auf dem Bildschirm dargestellt werden.

In F.1.2 (S. 374), F.2.1 (S. 389) und F.1.7 (S. 384) wurde die Bereitstellung von kleinen Befehlsdateien zum Aufruf von virtex und virmf mit der Zuweisung verschiedener Formatfiles vorgeschlagen und für DOS mit Beispielen versehen. Bei früheren TEX-Versionen unter UNIX geschah der entsprechende Aufruf ebenfalls durch äquivalente Shell-Scripts. UNIX gestattet es, mit dem Befehl ln *ein* File unter mehreren verschiedenen Namen anzusprechen. Dies wird von der neuesten TEX-Version genutzt. Das File virtex erhält gleichzeitig die Namen tex, latex u. a., und virmf kann auch unter mf und cmmf aufgerufen werden. virtex bzw. virmf lesen dann automatisch ein Format- bzw. Basisfile mit dem Grundnamen hinzu, unter dem sie selbst aufgerufen werden.

---

[3] Als Alternative bietet sich der GhostScript-Interpreter an, den ich auf HP-Workstations leicht installieren konnte und der in Zusammenarbeit mit dem PostScript-Treiber dvips eine Bildschirmausgabe ermöglicht. [5b, 4.4.4]

Nach Beendigung des Auftrags ‚make install' ist beim Anwender ein umfangreiches arbeitsfähiges TEX- und METAFONT-System installiert. Seine ausführbaren Programme und Shell-Scripts sind unter .../tex/bin und .../mf/bin abgelegt und gleichzeitig nach /usr/local/bin gelinkt, so dass es genügt, wenn das letzte Verzeichnis in der Suchpfadvariablen PATH angeführt wird.

Wurden neben dem Standardformatfile latex.fmt für LaTeX2_ε auch die Formatfiles latex209.fmt und slitex.fmt erzeugt, so werden mit ‚make install' auch die Stil- und sonstigen Eingabefiles aus LaTeX 2.09 unter .../tex/inputs/latex209 eingerichtet. Die teilweise äquivalenten LaTeX-Standard-Eingabefiles stehen dagegen unter .../tex/inputs/latex. Die Umschaltung auf eine LaTeX 2.09-Bearbeitung verlangt das Setzen und Exportieren der Umgebungsvariablen TEXINPUTS mit

```
TEXINUPTS=.:/usr/local/lib/tex/inputs/latex209//::
export TEXINPUTS
```

Vor dem Bearbeitungsaufruf für eine spätere LaTeX2_ε-Standardbearbeitung ist diese Umgebungsvariable wieder auf TEXINPUTS=.:/usr/local/lib/tex/inputs/latex//:: zurückzuschalten und zu exportieren.

F.5 Öffentliche Fileserver als Beschaffungsquellen

Einige nationale TEX-Anwendervereinigungen stellen Fileserver bereit, die über das weltweite Computer-Netzwerk ‚Internet' angewählt und deren bereitgestellte Files abgerufen werden können. Das TEX-System ist unter dem Kürzel CTAN für „Comprehensive TEX Archive Network" organisiert. Die Fileserver der Sam Houston State University sowie der englischen und deutschen TEX-Anwendervereinigungen in Aston und Heidelberg/Mainz sind so miteinander vernetzt, dass Änderungen oder Ergänzungen auf einem dieser drei Server innerhalb von 24 Stunden auf den anderen nachvollzogen werden. Die dort bereitgestellten TEX-Systeme sind also wechselseitige Abbildungen.

Neben diesen drei offiziellen TEX-Fileservern gibt es weitere, die häufig von Rechenzentren der Universitäten vorgehalten werden, die ebenfalls Abbilder der offiziellen TEX-Fileserver oder Teile hiervon, ggf. mit eigenen Zusatzentwicklungen, bereitstellen. Die Internet-Adressen der offiziellen Fileserver lauten

Ort	Netzwerk-Adresse	IP-Nummer
Houston	pip.shsu.edu	192.92.115.10
Aston	ftp.tex.ac.uk	134.151.79.32
Heidelberg/Mainz	ftp.dante.de	134.93.8.251

Das Filesystem auf diesen Servern ist hierarchisch entsprechend der UNIX-Notation aufgebaut. Das TEX-Eingangsverzeichnis lautet üblicherweise /tex-archive. Alle drei Server enthalten unter dem TEX-Eingangsverzeichnis ein Unterverzeichnis /help, in dem sich u. a. das File TeX-index befindet. Er stellt einen Katalog mit Herkunfts- und Aufgabenbeschreibungen der wichtigsten TEX- und LaTeX-Ergänzungen dar.

F.5.1 Filetransfer mit dem ftp-Programm

Ist beim Anwender mit Internet-Zugang das `ftp`-Fileübertragungsprogramm (File Transfer Protocol) verfügbar, was unter UNIX stets der Fall ist, weil es Bestandteil des UNIX-Systems ist, so kann der Aufbau der Verbindung mit dem Aufruf

> `ftp` *Internet-Adresse*   bzw.   `ftp` *IP-Nummer*

eingeleitet werden. Nach dem Aufbau der Verbindung erscheint die Meldung

> `Connected to` *Internet-Adresse*   bzw.   *IP-Nummer*
> `220` *local* `FTP server` (*aktuelle Versionsnummer und Datum*) `ready`
> `Name` (*vorschlag*)`:`

wobei *local* für eine lokale Angabe des angewählten Rechners steht; meistens erscheint dort nochmals die Internet-Adresse. Der lokale Namensvorschlag *vorschlag* bei der Aufforderung zur Namenseingabe ist zu übergehen, denn als Name ist `anonymous` oder `ftp` einzugeben. Nach der Namenseingabe `anonymous` oder `ftp` fordert der angewählte Rechner zur Eingabe eines Passwortes mit der Bildschirmnachricht `password:` auf. Dieses kann beliebig sein, man sollte hierfür die eigene Internet-E-Mail-Anschrift wählen. Wird das Passwort akzeptiert, so erscheinen anschließend aktuelle Hinweise zum CTAN-System, die mit der Zeile `ftp>` enden. Dies ist die allgemeine Eingabeaufforderung des `ftp`-Programms auf dem angewählten Rechner, die nach jeder Befehlsausführung wiederkehrt.

Mit der Befehlseingabe `dir` wird der Inhalt des aktuellen Verzeichnisses des angewählten Rechners auf dem Bildschirm des Anwenders aufgelistet, wonach eine weitere Eingabeaufforderung `ftp>` folgt. Mit der Befehlseingabe ‚cd *Pfadname/Unterverzeichnis*' wechselt man in das angegebene Unterverzeichnis. Für *Pfadname* kann der volle Name, ausgehend vom Eingangsverzeichnis `/tex-archive/.../...`, oder ein *relativer* Pfadname (relativ zum aktuellen Verzeichnis) angegeben werden.

Sucht man ein File, dessen Namen man kennt, von dem man aber nicht weiß, in welchem Unterverzeichnis es abgelegt ist, so kann mit der Befehlseingabe nach der Eingabeaufforderung

> `ftp> site index` *file_name*   oder
> `fpt> quote site index` *file_name*

gesucht werden. Für *file_name* kann auch ein Unterverzeichnisname verwendet werden, von dem man nicht weiß, wie sein voller Pfadname lautet. Nach kurzer Suche meldet der angewählte Rechner dann den angegebenen Filenamen mit seinem vollen Pfadnamen unterhalb des CTAN-Eingangsverzeichnisses zurück. War ein Unterverzeichnisname angegeben, so wird dieser mit seinem vollen Namen und dem Inhalt ausgegeben. Die Ausgabe beschränkt sich hierbei auf die ersten 20 Filenamen des Unterverzeichnisses. Diese Beschränkung erfolgt sinngemäß auch für die Angabe eines reinen Filenamens, wenn ein File mit diesem Namen mehrfach im CTAN-System auftritt. Im CTAN-Eingangsverzeichnis gibt es ein File mit dem Namen `FILES.byname`, das die vollen Namen aller Files des gesamten CTAN-Systems enthält. Der Inhalt des jeweiligen Unterverzeichnisses ist dabei alphabetisch geordnet, ebenso wie die Verzeichnisstruktur mit ihren verschachtelten Unterverzeichnisnamen. Bleibt die Suche mit `site index` erfolglos, dann sollte vorab dieses File kopiert werden. Da es mehr als 2.7 MByte umfasst, muss man sich auf eine längere Übertragungszeit einstellen. Das

Eingangsverzeichnis enthält zusätzlich noch FILES.bydate und FILES.bysize, deren Ordnungsschemata aus den Namen ableitbar sind und deshalb nicht erläutert werden müssen.

Das ftp-Programm kennt zwei Übertragungsmodi für Files: ‚ASCII' und ‚BINARY'. Etliche Files auf den Servern stehen dort in *gepackter* Form. Solche komprimierten Files verlangen stets den binären Übertragungsmodus. In diesem können aber auch reine Textfiles übertragen werden, so dass die Umschaltung auf den Modus ‚BINARY' der Regelfall sein sollte. Standardmäßig stellt ftp nach dem Aufbau der Verbindung den Übertragungsmodus ‚ASCII' bereit. Mit der Befehlseingabe ‚mode' meldet ftp zurück, welcher Übertragungsmodus eingestellt ist. Die Umschaltung auf den binären Übertragungsmodus kann mit der Befehlseingabe

    ftp> set image   oder   set binary

erfolgen. Weiß man den Fundort für das oder die gewünschten File(s), so sollte man mit dem Befehl cd in das gesuchte Verzeichnis wechseln. Das Abrufen eines Files erfolgt mit der Befehlseingabe ‚get *file_name*' (aber ohne die hier zur Hervorhebung angegebenen Quotes , '). Die Übertragung von mehreren Files kann mit dem Befehl ‚mget *file_namen_liste*' erfolgen, wobei die Liste aus mehreren durch Leerzeichen getrennten Filenamen besteht. Die Befehlseingabe ‚mget *' fordert zur Übertragung *aller* Files aus dem aktuellen Verzeichnis des angewählten Rechners auf.

Nach der Anmeldung befindet sich ftp im sog. *Bestätigungsmodus*. In diesem erfolgt vor Versendung der einzelnen Files die Abfrage, ob das jeweilige File tatsächlich abgerufen werden soll. Der Bestätigungsmodus kann mit dem Befehl prompt abgeschaltet werden. Eine anschließend angeforderte Mehrfachübertragung erfolgt danach ohne Rückfrage. Der Befehl prompt hat Schalterwirkung, bei mehrfachem Absetzen dieses Befehls wird jeweils zwischen dem Bestätigungsmodus und seiner Aufhebung umgeschaltet.

Beim Rechner des Anwenders werden alle übertragenen Files in das momentane Verzeichnis abgelegt, aus dem die ftp-Anmeldung erfolgte. Nach Aufbau der Verbindung kann man auf die Eingabeaufforderung ftp> mit ‚lcd *lok_verzeichnis*' auch das lokale Verzeichnis wechseln, mit der Wirkung, dass anschließend übertragene Files im geänderten lokalen Verzeichnis abgelegt werden. Eine ftp-Sitzung wird mit dem Befehl quit beendet. Anschließend befindet man sich in dem Verzeichnis, aus dem die Verbindung aufgebaut wurde, nicht dagegen in einem während der Sitzung geänderten lokalen Verzeichnis.

Nach mehrfachen Verzeichniswechseln sowohl beim angewählten wie beim eigenen Rechner verliert man manchmal die Übersicht, in welchem Verzeichnis man sich gerade befindet. Der ftp-Befehl pwd meldet das momentane Verzeichnis beim angewählten Rechner zurück. Mit dem Befehl lcd . (Achtung, der anschließende Punkt ist zwingend!) erscheint der momentane Verzeichnisname beim eigenen Rechner auf dem Bildschirm. Vergisst man den nachfolgenden Punkt, gibt also nur lcd ein, so wird beim eigenen Rechner in das Anmeldeverzeichnis, also das Verzeichnis, das nach einem login zur Verfügung steht, gewechselt!

Die Übertragungsanforderung ‚mget *' zur Übertragung aller Files aus einem Verzeichnis sollte vermieden werden. Das CTAN-System gestattet eine effizientere Übertragung ganzer Verzeichnisse und Verzeichnisbäume. Zu diesem Zweck geht man in dem Filesystem mit ‚cd ..' zunächst um eine Stufe höher in das Elternverzeichnis. Nunmehr kann mit der Aufforderung ‚get *verz.pack*' ein ganzer Verzeichnisbaum mit dem Namen *verz* in komprimierter und evtl. archivierter Form übertragen werden. Das Komprimierungs- und evtl. Archivierungsschema wird mit der Angabe für *pack* vorgegeben. Für *pack* können gewählt werden:

```
zip  zoo  tar  tar.Z  und  tar.gz
```
Die ersten beiden Komprimierungsformate `zip` und `zoo` sollten dem PC-Betreiber vertraut sein. `tar` kennzeichnet das UNIX-Archive-Format, das gleichzeitig mit dem UNIX-Standard-Komprimierungsprogramm `compress` (`tar.Z`) oder dem noch leistungsfähigeren GNU-Komprimierungsprogramm `gzip` (`tar.gz`) gepackt werden kann. Letzteres verlangt beim Anwender die Verfügbarkeit des Entpackungsprogramms `gunzip`. Z-gepackte Programme können unter UNIX immer entpackt werden, da das erforderliche Entpackungsprogramm `uncompress` Standardbestandteil von UNIX ist. `tar.Z`- und `tar.gz`-gepackte Files müssen nach dem Entpacken noch entarchiviert werden. Das UNIX-Standardwerkzeug `tar` sollte dem UNIX-Betreiber geläufig sein.

Mit dem Aufruf `get latex.zip` bzw. `get latex.tar.gz` aus dem Verzeichnis `/tex-archive/macros` erhält man alle Files aus dem LaTeX 2_ε-Paket, und zwar beim ersten Aufruf als `zip`-gepacktes File bzw. beim zweiten Aufruf als archiviertes und `gz`-gepacktes File, die beim Anwender unter den Namen `latex.zip` bzw. `latex.tar.gz` abgelegt werden. Nach dem Entpacken und Entarchivieren entsteht beim Anwender das LaTeX 2_ε-Filesystem unter dem lokalen Verzeichnisnamen `latex`.

Das `ftp`-Programm kennt eine Hilfe-Unterstützung. Mit dem Befehlsaufruf `help` im Anschluss an die Eingabeaufforderung `ftp>` erscheint eine Liste aller beim angewählten Rechner verfügbaren `ftp`-Befehle. Mit dem Aufruf ‚`help` *bef_name*' erhält man eine detaillierte Beschreibung für den mit *bef_name* angegebenen Befehl.

F.5.2 Fileanforderungen mittels E-Mail

Viele PC-Betreiber verfügen nicht über das `ftp`-Programm, wohl aber über ein Modem und die Möglichkeit, E-Mails zu versenden und zu empfangen. Diese können Files auch per E-Mail von den TeX-Fileservern abfordern. Die E-Mail-Adressen lauten bei den TeX-Fileservern

Ort	E-Mail-Anschrift
Houston	`ftpmail@shsu.edu`
Aston	`texserver@tex.ac.uk`
Heidelberg/Mainz	`ftpmail@dante.de`

Anwender ohne Erfahrung mit E-Mail-Anforderungen sollten zunächst eine E-Mail mit einer Hilfe-Anforderung versenden. Diese E-Mail besteht nur aus zwei Zeilen mit dem alleinigen Inhalt `help` für die erste und `end` für die zweite Zeile. Der Absender erhält hierauf an seine eigene E-Mail-Absenderadresse eine Antwort-E-Mail mit Hinweisen, wie die Anforderungen zur Übersendung von Dateien per E-Mail zu gestalten sind. Die empfangenen E-Mails werden vom angewählten Rechner ohne Zwischenschaltung eines Menschen gelesen und interpretiert. Schreib- und Syntaxfehler bei den abgesandten E-Mails können also nur durch die eingebaute Intelligenz der Maschine abgefangen werden.

Die E-Mails an diese Server bestehen ausschließlich aus sog. Befehlszeilen mit jeweils einem Befehl pro Zeile. Das vorstehende Beispiel für die Hilfeanforderung bestand aus zwei Befehlszeilen, die jeweils nur das Befehlswort ‚`help`' und ‚`end`' enthielten.

Binäre Files können über die meisten E-Mail-Netze nicht versandt werden. Sie verlangen eine vorherige Umkodierung in ASCII-Files. Verbreitung haben für diesen Zweck die Programme `btoa/atob`, `UUENCODE/UUDECODE` und `XXENCODE/XXDECODE` gefunden. Werden per E-Mail binäre Files angefordert, so werden sie vom Server standardmäßig mit einem dieser

Programme in ASCII-Files umkodiert, beim DANTE-Server z. B. derzeit mit UUENCODE. Das E-Mail-System des Servers erlaubt meistens, dass mit einem Befehlswort das Kodierverfahren vom Anforderer vorgegeben werden kann. Das Gleiche gilt auch für das beim Server vorgenommene Archivierungs- und Packungsprogramm bei der Versendung von Verzeichnissen oder ganzen Verzeichnisbäumen.

E-Mails unterliegen häufig der weiteren Beschränkung, dass ihre Größe 64 KByte nicht überschreiten darf. Größere Files werden deshalb in Teilfiles aufgesplittet, die nach dem Empfang wieder zusammengesetzt werden müssen. Die Programme UUDECODE und XXDECODE erledigen das automatisch nach dem Dekodieraufruf für das erste Teilfile. Über das Programm atob kann ich aus eigener Erfahrung nichts sagen.

Als Beispiel (ohne Allgemeinverbindlichkeit) für eine anfordernde E-Mail an den DANTE-Server ftpmail@dante.de sei hier angeführt

```
PATH hk@linhp.gwdg.de
XXENCODE
PACK tar.Z
SEND latex
END
```

Die Befehlswörter dieser E-Mail wurden hier groß geschrieben. Sie dürfen beim angesprochenen Server aber auch in Kleinschrift oder gemischt auftreten. Filenamen müssen dagegen genau so geschrieben werden, wie sie in ihren Verzeichnissen aufgeführt sind, da alle der vorstehenden Server auf UNIX-Maschinen basieren und UNIX bei Filenamen zwischen Groß- und Kleinbuchstaben unterscheidet.

Die erste Befehlszeile dieser anfordernden Beispiel-E-Mail kennzeichnet die Rücksendeadresse. Wird sie nicht explizit innerhalb der E-Mail angegeben, so erfolgt die Rücksendung an die im E-Mail-Kopf angeführte Reply-to- oder from-Anschrift. Mit der zweiten Zeile wird als ASCII-Kodierprogramm XXENCODE vorgeschrieben, dessen erzeugte Teilfiles durch die Anhänge .xxa, .xxb, .xxc, ... gekennzeichnet werden. Die dritte Zeile verlangt das tar-Archiv in gepackter Z-Form für die nachfolgend angeforderten Verzeichnisse. Als solches wird mit der nächsten Befehlszeile das LaTeX 2_ε-Verzeichnis angefordert. Alle E-Mails müssen mit der END-Befehlszeile abgeschlossen werden.

Für weitere und gleichzeitig serverspezifische Details muss auf die Rücksendung der HELP-Anforderung verwiesen werden. Sie steht beim DANTE-Fileserver inzwischen in Deutsch zur Verfügung.

F.5.3 TeX-Anwendervereinigungen

Die internationale TeX-Anwendervereinigung „TeX Users Group" gibt drei- bis viermal jährlich das Informationsjournal TUGBOAT [23] heraus. Für fortgeschrittene TeX- und LaTeX-Anwender erweist sich dieses Journal als höchst nützliche und bedeutsame Informationsquelle. Der Bezug ist im Mitgliedsbeitrag eingeschlossen. Die Anschrift für das Büro der TUG lautet:

TeX Users Group	Telefon:	[+1] 503 223-9994
PO Box 2311	Fax:	[+1] 503 223-3960
Portland, OR 97208-2311	administration email:	office@tug.org
USA	technical support email:	support@tug.org

F.5. ÖFFENTLICHE FILESERVER ALS BESCHAFFUNGSQUELLEN

Viele deutschsprachige TeX- und LaTeX-Anwender aus Deutschland, Österreich und der Schweiz haben sich in DANTE, der deutschsprachigen Anwendervereinigung TeX e. V., organisiert. Die Anschrift lautet:

DANTE, Deutschsprachige Anwendervereinigung TeX e. V.
Postfach 101 840
D-69008 Heidelberg
E-Mail: dante@dante.de
Fax: 06221-16 79 06
Tel.:   06221-2 97 66   (Mo, Mi–Fr, 10^{00}–12^{00} Uhr)

TeX-Fileserver
ftp: ftp.dante.de [134.93.8.251]
E-Mail: ftpmail@dante.de
WWW: http://www.dante.de/

DANTE e. V. ist kein Konkurrenzverein zur internationalen TeX Users Group (TUG), sondern eine sinnvolle und notwendige Ergänzung zur Vertretung der deutschen und europäischen Interessen an TeX-Entwicklungen, über die eine vierteljährlich erscheinende Vereinszeitschrift regelmäßig berichtet. Daneben unterrichtet die Vereinszeitschrift „Die TeXnische Komödie" über allgemeine und spezielle TeX-, LaTeX- und METAFONT-Themen, worin ihr hauptsächlicher Informationszweck liegt.

Seit einigen Jahren erhalten die Mitglieder von DANTE e. V. in sporadischen Abständen als kostenlose Vereinsleistung zusätzlich eine oder mehrere CD-ROMs mit ausgewählten TeX-Programmangeboten zugesandt. So z. B. Mitte 1999 und nochmals Ende 2001 eine Mappe mit drei CDs mit dem Titel TeX/LaTeX und den Untertiteln CD 1 of 3, CD 2 of 3 und CD 3 of 3. Diese CD-Tripel enthalten ein zwar nicht vollständiges jedoch weitgehendes Abbild der offiziellen TeX-Fileserver zum Zeitpunkt der Ausgabe, aus denen sich die TeX-Anwender ohne Internet-Zugang die gewünschten TeX-Programmpakete auf die Festplatte ihres Rechners kopieren können.

Nichtmitglieder können das aktuelle CD-Tripel über den Buchhandel als Verkaufsversion erhalten, so z. B. über LEHMANNS-Fachbuchhandlung, die in vielen deutschen Städten Niederlassungen hat. Eine Direktbestellung ist auch über

LEHMANNS-Fachbuchhandlung
Tel.:   0800/2 66 26 65
Fax.:   030/61 79 11-33
E-Mail: bestellung@lehmanns.de
WWW: http://www.lob.de

möglich.

Über DANTE e. V. kann auch die gesamte TeX-Literatur beschafft werden. Bei deutschen Büchern gilt wegen der gesetzlichen Preisbindung der Buchhandelspreis. Fremdsprachige TeX-Fachbücher werden dagegen zum Selbstkostenpreis abgegeben.

In vielen Städten treffen sich TeX- und LaTeX-Anwender zu offenen und regelmäßigen Gesprächsabenden. Über solche Gesprächskreise, ihre Treffpunkte und Termine wird regelmäßig in „Die TeXnische Komödie", der Vereinszeitschrift von DANTE e. V., berichtet. Entsprechende Kontaktadressen können bei DANTE e. V. erfragt werden.

Angesichts des für Schüler und Studenten, Privatpersonen, öffentliche Institutionen und Firmen gestaffelten und damit für jeden erschwinglichen Jahresbeitrags empfehle ich jedem LaTeX-Anwender die Mitgliedschaft bei DANTE e. V.

F.5.4 Die CD-ROM-Buchbeilage

Neben einem Quasi-Abbild der öffentlichen TeX-Fileserver erhalten die DANTE-Mitglieder seit vier Jahren jeweils eine CD mit dem Titel TeX Live n mit $n = 3$ in 1998 bis $n = 6$ in 2001.

Der Koordinator und Editor dieser CD-ROM ist SEBASTIAN RAHTZ, UK. Mit seiner Zustimmung ist der 3. Auflage dieser LaTeX-Einführung eine CD-ROM beigefügt, die der CD TeX Live 5c entspricht. Für ein evtl. aktualisiertes Update zukünftiger TeX Live-Versionen verweist SEBASTIAN RAHTZ auf die Web-Seite

> http:/www.tug.org/texlive

Diese CD-ROM ist auch für Anwender mit Internet-Zugang von Interesse, da eine äquivalente Programmauswahl von den offiziellen TeX-Fileservern, soweit sie überhaupt möglich ist, nur mit einer vertieften Kenntnis über die interne TeX/LaTeX-Struktur erfolgreich ist. Die Nutzung der beiliegenden TeX Live 5c CD-ROM verlangt die Unterstützung der sog. Joliet-Erweiterungen. Unter 32-bit-WINDOWS-Systemen kann dies leicht getestet werden, indem man sich den Inhalt der CD-ROM im Explorer anzeigen lässt. Erscheinen dabei lange Dateinamen in Klein-/Großschreibung, so ist das System zur Verarbeitung der CD-ROM geeignet. Unter LINUX/UNIX sollte das CD-ROM-Laufwerk mit ‚mount -t iso9660 /dev/cdrom /cdrom' auf das Verzeichnis /cdrom „gemountet" werden.

Nach Durchsicht der beigefügten Eigendokumentation der CD-ROM gemäß F.3.3 sollte ihr Inhalt und ihre Nutzung verständlich werden. Unter dem CD-ROM-Eingangsverzeichnis ./bin werden mit einer eigenen Unterverzeichnisstruktur TeX-Systeme für die gebräuchlichsten Individualrechner und deren Betriebssysteme angeboten. Für PCs schließt dies 32-bit-WINDOWS-Systeme und LINUX ein.

Zusätzlich enthält das Verzeichnis ./texmf weitere TeX-Werkzeuge und Makropakete, die von einer eigenen Dokumentation begleitet werden, auf die zur Auswahl und Nutzung verwiesen wird. Dies schließt die Installation eines geeigneten TeX-Systems nebst Zusatzprogrammen ein, für die die CD-ROM für die meisten Rechnerplattformen und Betriebssysteme geeignete Installationshilfen bereitstellt.

Schließlich enthält die dem Buch beiliegende CD-ROM unter dem Eingangsverzeichnis ./uebungen, nach Kapiteln geordnet, Lösungsbeispiele für alle in diesem Buch gestellten Übungsaufgaben.

Literaturverzeichnis

[1] Leslie Lamport. *LaTeX – A Document Preparation System*. Addison Wesley Longman, Inc., Reading, MA, 2. ed. 1994

[1a] Leslie Lamport. *Das LaTeX-Handbuch*. Addison-Wesley-Longman (Deutschland) GmbH, Bonn, 1995. Deutsche Übersetzung von [1] mit einer Ergänzung über `german.sty`

[2] Michel Goossens, Frank Mittelbach, Alexander Samarin. *The LaTeX Companion*. Addison Wesley Longman, Inc., Reading, MA, 1994

[2a] Michel Goossens, Frank Mittelbach, Alexander Samarin. *Der LaTeX-Begleiter*. Addison-Wesley-Longman (Deutschland) GmbH, Bonn, 1995. Deutsche Übersetzung von [2]

[3] Michel Goossens, Sebastian Rahtz, Frank Mittelbach. *The LaTeX Graphics Companion*. Addison Wesley Longman, Inc., Reading, MA., 1997

[4] Michel Goossens, Sebastian Rahtz. *The LaTeX Web Companion*. Addison Wesley Longman, Inc., Reading, MA., 1999

[4a] Michael Goossens, Sebastian Rahtz. *Mit LaTeX ins Web*. Addison-Wesley (Deutschland) GmbH, München, 2000. Deutsche Übersetzung von [4]

[5] Helmut Kopka. *LaTeX, Band 1–3*, Addison-Wesley (Deutschland) GmbH, Bonn 1993

[5a] Band 1: *LaTeX-Einführung*, 3., überarbeitete Auflage, 2000 und 2002

[5b] Band 2: *LaTeX-Ergänzungen – mit einer Einführung in METAFONT*, 3. überarbeitete Auflage, 2002

[5c] Band 3: *LaTeX-Erweiterungen*, 1996

[5u] *LaTeX– Eine Einführung*, 1.–4. Aufl., Bonn 1988–1993, Vorläufer zu Band 1.

[5v] *LaTeX-Erweiterungsmöglichkeiten*, 1.–3. Aufl., Bonn 1990–1992, Vorläufer zu Band 2 und Band 3

[6] Helmut Kopka and Patrick W. Daly. *A Guide to LaTeX 2_ε — Document Preparation for Beginners and Advanced Users*, 3. Aufl., Addison Wesley Longman Publishing Company, Workingham, 1998

[7] Rames Abdelhamid. *Das Vieweg LaTeX-Buch*. Vieweg, Braunschweig, 1993

[8] R. Wonneberger. *Kompaktführer LaTeX*, 3., durchgesehene und erweiterte Auflage. Addison-Wesley-Longman (Deutschland) GmbH, Bonn, 1993

[9] Jörg Knappen, Hubert Partl, Elisabeth Schlegel, Irene Hyna. *LaTeX 2_ε-Kurzbeschreibung*. Verfügbar auf dem CTAN-DANTE-Fileserver, 1998

[10] Donald E. Knuth. *Computers and Typesetting Vol. A–E*. Addison Wesley Longman, Inc., Reading, MA, 1987–1991

[10a] Vol. A: *The TeXbook*, 11. ed. 1991

[10b] Vol. B: *TeX: The Program*, 4. ed. 1991

[10c] Vol. C: *The METAFONTbook*, 4. ed. 1991

[10d] Vol. D: *METAFONT: The Program*, 4. ed. 1991

[10e] Vol. E: *Computer Modern Typefaces*, 3. ed. 1987

[11] Norbert Schwarz. *Einführung in TeX*, 3., überarbeitete Auflage. Addison-Wesley-Longman (Deutschland) GmbH, Bonn, 1991

[12] Wolfgang Appelt. *TeX für Fortgeschrittene*. Addison-Wesley-Longman (Deutschland) GmbH, Bonn, 1988

[13] Stephan von Bechtolsheim. *TeX in Practice, Vol. I–IV*, Springer-Verlag, New York, 1993

[13a] Vol. I: Basics

[13b] Vol. II: Paragraphs, Math, and Fonts

[13c] Vol. III: Tokens, Macros

[13d] Vol. IV: Output Routines, Tables

[14] Paul W. Abrahams. *TeX for the Impatient*, Addison Wesley Longman, Inc., Reading, MA, 1990

[15] Victor Eijkhout. *TeX by Topic*, Addison Wesley Longman Publishing Company, Workingham, UK, 1992

[16] Wynter Snow. *TeX for the Beginner*, Addison-Wesley Publishing Company, Reading, MA, 1992

[17] Michael Urban. *An Introduction to LaTeX*. Originally prepared for TRW Software Productivity Project 1986; reprinted with permission and distributed by TUG, Providence, RI.

[18] Michael Spivak. *The Joy of TeX*. American Mathematical Society, Providence, RI., 1986

[19] Michael J. Wichura. *The PiCTeX Manual*. TeX Users Group, Providence, RI., 1987

[20] Michael Kofler. *LINUX Installation, Konfiguration, Anwendung*, 4. Aufl., Addison-Wesley-Longman (Deutschland) GmbH, Bonn 1999

[21] Klaus Braune. *TeX Tools, Software zum Arbeiten mit TeX unter Linux*. dpunkt-Verlag, Heidelberg 1998

[22] Anne Brüggemann-Klein. *Einführung in die Dokumentverarbeitung*. B. G. Teubner, Stuttgart, 1989

[23] TUGboat. *The TeX Users Group Newsletter*. TUG, Providence, RI, Vol. 1, 1980 – Vol. 22, 2001 (jährlich drei Ausgaben, vorher zwei)

[24] DANTE. *Die TeXnische Komödie*. Mitgliederschrift der Deutschsprachigen TeX-Anwendervereinigung 1989–2002. Mit Ausnahme von 1989 jährlich vier 64seitige Ausgaben.

Befehlsindex

Dieser Anhang enthält eine alphabetisch angeordnete (ASCII-Ordnung) Kurzbeschreibung aller LaTeX-Befehle, einschließlich einiger Erweiterungen, sowie einige TeX-Befehle, soweit sie in diesem Buch näher beschrieben wurden. In einem weiteren Abschnitt sind eine Reihe von Befehlen in Tabellen oder Diagrammen nach ihrer logischen Zusammengehörigkeit aufgelistet. Am Schluss sind diejenigen TeX-Befehle angegeben, die bei einer LaTeX-Bearbeitung nicht verwendet werden dürfen.

Kurzbeschreibung der LaTeX-Befehle

In der nachfolgenden Befehlszusammenfassung sind bei jedem Befehl die Gliederungsnummer und die Nummer der Seite angegeben, auf der dieser Befehl im vorliegenden Buch eingeführt und näher erläutert wird. Diese Angabe erfolgt in der Form "(*Gl_nr*) – *Seite*": (2.5.1) – 13 bedeutet damit "Unterabschnitt 2.5.1, Seite 13". Entfällt diese Angabe, so wurde dieser Befehl bisher nicht vorgestellt und wird nur hier erläutert.
Etlichen Befehlen ist eine Kennung mit einem Buchstaben in eckigen Klammern nachgestellt. Diese Kennungen haben folgende Bedeutung:

- [i] Der Befehl wurde mit der LaTeX-Internationalisierung ab 1. Dez. 1991 bereitgestellt.
- [m] Der Befehl ist nur in mathematischen Bearbeitungsmodi erlaubt.
- [v] Der Befehl ist nur im Vorspann erlaubt.
- [g] Der Befehl wird mit german.sty bereitgestellt.
- [p] In diesem Buch als privat definierter Befehl.

Befehle, die nur mit LaTeX 2_ε verfügbar sind oder dort eine Syntaxänderung erfahren haben, werden mit der linken Randmarke $\boxed{2\varepsilon}$ gekennzeichnet. Umgekehrt werden Syntaxformen aus LaTeX 2.09, die nur im LaTeX 2_ε-Kompatibilitätsmodus wirksam sind oder gegenüber LaTeX 2_ε eine geänderte Wirkung entfalten, mit $\boxed{2.09}$ markiert. LaTeX 2_ε-Befehle, die nach der offiziellen Einführung vom Juni 1994 zugefügt oder geändert wurden, erhalten die Datumsangabe ihrer Einführung oder Änderung in der Form [*Jahr/Monat/Tag*], z. B. [1994/12/01] (s. 3.1.2 auf S. 28).

! . . . . (8.3.2) – 215
    Feldtrennzeichen für das Programm MakeIndex innerhalb der \index-Befehle. Beispiel: \index{Befehl!zerbrechlich} erzeugt im Indexregister unter dem Haupteintrag 'Befehl' einen Untereintrag 'zerbrechlich'.

!' erzeugt ¡. . . . . (2.5.6) – 17

" 1.) . . . . (2.5.2), (D.1.9) – 16, 345
 Im Original (ohne `german.sty`) Textzeichen zur Erzeugung von ".

" 2.) . . . . (8.3.3) – 217
 Maskierungszeichen für MakeIndex. Beispiel: `\index{"!}` hebt die Sonderbedeutung von ! auf und gibt es im Indexregister aus. Selbstmaskierung durch "" zur Erzeugung von Umlauten mit MakeIndex: `\index{Fr""uhst""uck}`

" 3.) . . . . (B.2) – 293
 Feldtextklammerung für BIBTEX. Beispiel: `AUTOR = "Norbert Schwarz"`

" 4.) . . . . (2.5.1) – 15
 Nach Eingabe von `\catcode'\"=\active \let"=\"` Befehl zur Erzeugung von Umlauten in vereinfachter Form: `"a` erzeugt ä.

" 5.) [g] . . . . (D.1.9) – 345
 Bei Verwendung von `german.sty` nach D.1 spezielles *Befehlsumschaltzeichen* in Verbindung mit den nachfolgenden Kombinationen. In allen anderen Fällen in der Bedeutung von 1.).

"" [g] . . . . (D.1.3) – 341
 Trennungshilfe für eine evtl. Trennung *ohne* Trennungsstrich bei Erhaltung der sonstigen Trennungsmöglichkeiten in einem Wort: `diesseits/""jenseits` erlaubt die Trennungen bei dies-seits/-jen-seits.

"' [g] . . . . (D.1.5) – 342
 Befehl zur Erzeugung der deutschen Anführungsstriche 'oben': `"'` = "
 Gleichwertig mit `\grqq`

"- [g] . . . . (D.1.3) – 341
 Trennungshilfe bei Erhaltung der sonstigen Trennungsmöglichkeiten in einem Wort: `Steuer"-erstattung` zu korrekten Trennungen bei Steu-er-er-stat-tung.

"< [g] . . . . (D.1.6) – 342
 Befehl zur Erzeugung der französischen *öffnenden* Anführungszeichen: `"<` = «
 Gleichwertig mit `\flqq`

"= [g] . . . . (D.1.3) – 341
 Befehl zur Erzeugung eines Bindestrichs in Wortverbindungen bei dem die standardmäßigen Trennmöglichkeiten innerhalb der Wortverbindung erhalten bleiben.

"> [g] . . . . (D.1.6) – 342
 Befehl zur Erzeugung der französischen *schließenden* Anführungszeichen: `">` = »
 Gleichwertig mit `\frqq`

"` [g] . . . . (D.1.5) – 342
 Befehl zur Erzeugung der deutschen Anführungsstriche ‚unten': `"`` = „
 Gleichwertig mit `\glqq`

"ck [g] . . . . (D.1.3) – 341
 Trennungshilfe zum Trennen von ‚ck'. `Dru"cker` erzeugt ‚Drucker' und im Falle einer Trennung ‚Druk-ker'.

"*e* [g] . . . . (D.1.2) – 340
 Befehl zur Erzeugung von *fremdsprachigen* Umlauten mit höhergestellten Umlautpunkten. Für *e* sind erlaubt: e, i, E und I. Beispiel: `"i` = ï

KURZBESCHREIBUNG DER BEFEHLE

"u [g] . . . . (D.1.2) – 340
  Befehl zur Erzeugung von Umlauten mit tiefergestellten Umlautpunkten. Für u sind erlaubt: a, o, u, A, O und U. Beispiel: "u = ü

"s [g] . . . . (D.1.2) – 340
  Befehl zur Erzeugung des ß. Gleichwertig mit "z und \ss. Die Großform "S erzeugt SS.

"tt [g] . . . . (D.1.3) – 341
  Trennungshilfe bei zusammengesetzten Wörtern mit gleichem Konsonantentripel bei Trennungen. Schi"ffahrt erzeugt ‚Schiffahrt' und im Falle einer Trennung ‚Schiff-fahrt'. Für tt sind erlaubt: ff, ll, mm, nn, pp, rr und tt.

"z [g] . . . . (D.1.2) – 340
  Befehl zur Erzeugung des ß. Gleichwertig mit "s und \ss. Die Großform "Z erzeugt SZ.

"| [g] . . . . (D.1.4) – 341
  Befehl zur Aufhebung von Ligaturen und gleichzeitig Angabe einer Trennungsstelle: \Auf"|lage erzeugt ‚Auflage' statt ‚Auflage' und erlaubt die Trennung ‚Auf-lage'.

"~ [g] . . . . (D.1.3) – 341
  Befehl zur Erzeugung eines Bindestrichs in Wortverbindungen mit gleichzeitigem Trennverbot innerhalb der Wortverbindung.

. . . . (7.3.2), (7.5.2) – 183, 193
  Ersetzungszeichen zur Parameterübergabe bei anwendereigenen Befehls- und Umgebungsdefinitionen.

. . . . (7.6.8) – 199
  Ersetzungszeichen zur *inneren* Parameterübergabe bei *verschachtelten* Befehls- und Umgebungsdefinitionen.

$ . . . . (5.1) – 115
  Umschaltzeichen vom Textmodus in den mathematischen Modus und zurück zur Erzeugung von Textformeln. Gleichwertig mit \(bzw. \begin{math} beim ersten Auftreten und mit \) bzw. \end{math} beim zweiten Auftreten.

% . . . . (4.11) – 113
  Kommentarzeichen. Der Text in der laufenden Eingabezeile hinter dem %-Zeichen wird als Kommentar angesehen und von der TEX-Bearbeitung ausgeblendet.

& . . . . (4.8.1) – 95
  Spaltensprungbefehl innerhalb der array- und tabular-Umgebung.

?' erzeugt ¿. . . . . (2.5.6) – 17

^ [m] . . . . (5.2.2) – 117
  Hochstellung (Exponenten) in Formeln: x^2 = x^2, x^{-2n} = x^{-2n}

_ [m] . . . . (5.2.2) – 117
  Tiefstellung (Indizes) in Formeln: a_n = a_n, a_{i,j,k} = $a_{i,j,k}$

@ . . . . (8.3.2), (B.2) – 217, 293
  1. In MakeIndex lexikalischer Zuweisungsoperator innerhalb des \index-Befehls: \index{Summe@$\sum$} erzeugt im Indexregister das Summenzeichen $\sum$ und ordnet es lexikalisch beim Wortwert ‚Summe' an.
  2. Für BIBTEX Kennzeichnung des *Eingabetyps*. Beispiel: @BOOK kennzeichnet die Literaturangaben für ein Buch.

| [m] erzeugt |. . . . . (5.3.4), (5.4.1) – 121, 126

| . . . . (8.3.3) – 217

MakeIndex-Befehlseinleitung in \index-Befehlen.

1. Nach der Befehlsdefinition \newcommand{\ii}[1]{{\em#1}} erscheint mit \index{Index|ii} das Stichwort ‚Index' mit einer kursiven Seitenangabe.
2. Der Ergänzungsbefehl \see aus makeidx.sty kann im \index-Befehl als \index{Bibliographie|see{Literaturverzeichnis}} zur Erzeugung eines Querverweises im Indexregister übergeben werden.

~ . . . . (3.5.1.1) – 46

Normaler Wortzwischenraum, nach dem kein Zeilenumbruch erfolgen kann.

{ } . . . . (2.1), (2.2), (B.2) – 12, 13, 293

1. Teil eines Befehls zur Aufnahme zwingender Parameter.
2. Namenlose Umgebung für den eingeklammerten Text.
3. In BIBTEX Umklammerung der Angaben für einen Eingabetyp sowie alternative Form der Feldtextklammerung.

[ ] . . . . (2.1) – 12

Bei Befehlen Teil des Befehls zur Aufnahme optionaler Parameter.

( ) . . . . (6.2), (B.2) – 148, 293

Bei Bildbefehlen Teil des Befehls zur Aufnahme eines Koordinatenpaares. In BIBTEX alternative Form der äußersten Klammerung für einen Eingabetyp.

\␣ . . . . (2.1), (3.5.1.1) – 12, 46

Normaler Zwischenraum nach einem Befehl ohne Parameter oder nach einem Punkt, der kein Satzende sein soll.

\! [m] . . . . (5.5.1) – 137

Negativer Zwischenraum von -1/6 quad in Formeln: $xx\!x = xxx$

\" . . . . (2.5.1), (D.1.8) – 16, 344

LATEX-Originalbefehl zur Erzeugung von Umlauten: \"u ergibt ü.

\# . . . . (2.5.4) – 17

Befehl zur Erzeugung des #-Zeichens: \# = #

\$ . . . . (2.5.4) – 17

Befehl zur Erzeugung des $-Zeichens: \$ = $

\% . . . . (2.5.4) – 17

Befehl zur Erzeugung des %-Zeichens: \% = %

\& . . . . (2.5.4) – 17

Befehl zur Erzeugung des &-Zeichens: \& = &

\' . . . . (2.5.7), (4.6.4) – 18, 83

1. Befehl zur Erzeugung eines „Akut-Akzents": \'a = á
2. Innerhalb der tabbing-Umgebung Sprungbefehl ans Ende der vorangehenden Spalte.

\(. . . . (5.1), (7.4) – 115, 190

1. Befehl zur Umschaltung vom Textmodus in den mathematischen Modus zur Erzeugung von Textformeln. Gleichwertig mit \begin{math} bzw. dem ersten Auftreten eines $-Zeichens.
2. Beginn einer logischen Klammerung in Testabfragen (s. auch \ifthenelse).

KURZBESCHREIBUNG DER BEFEHLE

\) .... (5.1), (7.4) – 115, 190
    1. Befehl zur Rückschaltung von Textformeln in den normalen Textmodus. Gleichwertig mit \end{math} bzw. dem zweiten Auftreten eines $-Zeichens.
    2. Ende einer logischen Klammerung in Testabfragen (s. auch \ifthenelse).

\+ .... (4.6.3) – 82
Befehl für die Versetzung des linken Randes innerhalb der tabbing-Umgebung um einen Tabstop nach rechts.

\, ... (3.5.1.3), (5.5.1) – 46, 137
Kleiner Zwischenraum von 3/18 = 1/6 quad in Text und Formeln: $xx\backslash,x = xx\,x$

\- .... (3.6.1), (4.6.3) – 54, 82
    1. Kennzeichnung einer möglichen Trennung innerhalb eines Wortes, die Trennungen *nur* an den gekennzeichneten Stellen erlaubt.
    2. Innerhalb der tabbing-Umgebung Rücksetzen des linken Randes um einen Tabstop nach links.

\. .... (2.5.7) – 18
Befehl zur Erzeugung eines „Punkt-Akzents": \.o = ȯ

\/ .... (3.5.1.4), (3.5.1.5) – 46, 47
Italic-Korrektur: Zusatzzwischenraum am Ende von geneigten Schriften oder Befehl zur Aufhebung von Ligaturen.

\3 [g] .... (D.1.2) – 340
Nach Eingabe von \let\3=\ss Befehl zur vereinfachten Darstellung des ß = \3. Dieser Befehl gilt als veraltet und sollte durch "s ersetzt werden.

\: [m] .... (5.5.1) – 137
Mittlerer Zwischenraum von 4/18 = 2/9 quad in Formeln: $xx\backslash:x = xx\:x$

\; [m] .... (5.5.1) – 137
Großer Zwischenraum von 5/18 quad in Formeln: $xx\backslash;x = xx\;x$

\< .... (4.6.3) – 82
Rücksprung um einen Tabstop nach links innerhalb der tabbing-Umgebung.

\= .... (2.5.7), (4.6.1) – 18, 81
    1. Befehl zur Erzeugung eines „Makron-Akzents": \=o = ō
    2. Innerhalb der tabbing-Umgebung: Setzen eines Tabulatorstops an der momentanen Stelle in der Zeile.

\> .... (4.6.1) – 81
Sprung zum nächsten Tabstop nach rechts innerhalb der tabbing-Umgebung.

\@. .... (3.5.1.1) – 46
Zusatzzwischenraum am Satzende nach dem Punkt, wenn der Satz mit einem Großbuchstaben endet.

\[.... (5.1) – 116
Befehl zum Umschalten vom Absatzmodus in den mathematischen Modus zur Erzeugung von abgesetzten Formeln. Gleichwertig mit \begin{displaymath}.

\\ [*abstand*] . . . . (3.5.2.1) – 48
    Zeilenendbefehl mit Zeilenumbruch. Optional fügt [*abstand*] vertikalen Zwischenraum der Länge *abstand* zusätzlich zum Zeilenwechsel ein.

*[*abstand*] . . . . (3.5.2.1) – 48
    Wie \\, jedoch kann kein Seitenumbruch vor der nächsten Zeile stattfinden.

\] . . . . (5.1) – 116
    Befehl zum Rückschalten von abgesetzten Formeln in den Absatzmodus. Gleichwertig mit \end{displaymath}.

\^ . . . . (2.5.7) – 18
    Befehl zur Erzeugung eines „Circumflex-Akzents": \^o = ô

_ . . . . (2.5.4) – 17
    Befehl zur Erzeugung des _-Zeichens für Wort_verbindungen: t_v = t_v

\' . . . . (2.5.7), (4.6.4) – 18, 83
    1. Befehl zur Erzeugung eines „Gravis-Akzents": \'o = ò
    2. Innerhalb der tabbing-Umgebung: Der nachfolgende Text wird rechtsbündig ans Ende der Zeile gesetzt.

\{ . . . . (2.5.4) – 17
    Befehl zur Ausgabe der öffnenden geschweiften Klammer: \{ = {

\| [m] erzeugt ||. . . . . (5.3.6) – 122

\} . . . . (2.5.4) – 17
    Befehl zur Ausgabe der schließenden geschweiften Klammer: \} = }

\~ . . . . (2.5.7) – 18
    Befehl zur Erzeugung einer Tilde als Akzent: \~n = ñ

\a= . . . . (4.6.4) – 83
    Makron-Akzent in tabular-Umgebung: \a=o ergibt ō.

\a' . . . . (4.6.4) – 83
    Akut-Akzent in tabular-Umgebung: \a'o ergibt ó.

\a` . . . . (4.6.4) – 83
    Gravis-Akzent in tabular-Umgebung: \a`o ergibt ò.

\AA erzeugt Å. . . . . (2.5.6) – 17
\aa erzeugt å. . . . . (2.5.6) – 17
\abovedisplayskip [m] . . . . (5.5.6) – 143
    Vertikaler Abstand einer *langen* abgesetzten Formel zur vorangehenden Textzeile. Wertzuweisung einer elastischen Maßangabe mit \setlength (s. 2.4.2):
        \setlength{\abovedisplayskip}{10pt plus2pt minus5pt}

\abovedisplayshortskip [m] . . . . (5.5.6) – 143
    Vertikaler Abstand einer *kurzen* abgesetzten Formel zur vorangehenden Textzeile. Wertzuweisung einer elastischen Maßangabe mit \setlength wie beim vorangehenden Befehl.

KURZBESCHREIBUNG DER BEFEHLE

\abstractname [i] . . . . (D.2.3) – 349
    Sprachspezifischer Namensbefehl, der bei der Originalbearbeitung ‚Abstract' und mit dem Ergänzungspaket german ‚Zusammenfassung' zurückliefert.

\acute{x} [m] . . . . (5.3.9) – 124
    Akut-Akzent über math. Variable x: \acute{a} = á.

\addcontentsline{*file*}{*format*}{*eintrag*} . . . . (3.4.3), (3.4.4) – 44, 45
    Manueller Zusatz von *eintrag* in das Verzeichnisfile, .toc, .lof oder .lot für *file*, im Format eines Gliederungsbefehls für *format*, z. B. section.

\address{*absender*} . . . . (A.1) – 277
    Bei der Bearbeitungsklasse letter Name und Anschrift des Absenders. Zeilen im *absender*-Feld werden durch \\ getrennt.

[2ε] \addtime{*zeit_sek*} . . . . (E.1.4) – 358
    Sonderbefehl aus der Bearbeitungsklasse slides, mit dem, falls die Klassenoption clock gesetzt wurde, eine Zeitmarkierung am Fuß einer Anmerkungsseite angebracht wird. Die angegebene Zeit *zeit_sek* wird der bisher bereits eingeplanten Zeit hinzuaddiert. Die Zeitausgabe wird auf volle Minuten abgerundet. S. auch \settime.

\addtocontents{*file_typ*}{*eintrag*} . . . . (3.4.3), (3.4.4) – 44, 45
    Manueller Zusatz von *eintrag* in das Verzeichnisfile, toc, lof oder lot für *file_typ*.

\addtocounter{*zähler*}{*betrag*} . . . . (7.1.3) – 178
    Addiert *betrag* zum momentanen Wert des Zählers *zähler*.

\addtolength{*l_befehl*}{*maßangabe*} . . . . (7.2) – 180
    Addiert das feste oder elastische Längenmaß *maßangabe* zum momentanen Wert des Längenbefehls *l_befehl*. Bei einer elastischen Maßangabe werden *Sollwert*, *Dehnwert* und *Schrumpfwert* jeweils für sich zu den bestehenden Anteilen addiert. Enthielt *l_befehl* vorab ein festes Maß, so führt die Addition eines elastischen Maßes zur Addition der Sollwerte und der Zufügung der elastischen Anteile aus dem \addtolength-Befehl. Für *maßangabe* kann auch ein anderer Längenbefehl, evtl. mit vorangestelltem Vorzeichen und/oder Faktor, eingesetzt werden.

\addvspace{*maßbetrag*}
    Fügt vertikalen Zwischenraum der Größe *maßbetrag* an der Stelle dieses Befehls zwischen Absätzen ein. Bei mehrfachem Auftreten jedoch nur bis zum größten Wert der verschiedenen Angaben von *maßbetrag*.

\AE   erzeugt Æ. . . . . (2.5.6) – 17
\ae   erzeugt æ. . . . . (2.5.6) – 17
\aleph [m] erzeugt ℵ. . . . . (5.3.6) – 122
\Alph{*zähler*} . . . . (7.1.4) – 179
    Gibt den augenblicklichen Wert von *zähler* als Großbuchstabe aus.

\alph{*zähler*} . . . . (7.1.4) – 179
    Gibt den augenblicklichen Wert von *zähler* als Kleinbuchstabe aus.

\alpha [m] erzeugt α. . . . . (5.3.1) – 120
\alsoname [i] . . . . (D.2.3) – 350
    Sprachspezifischer Namensbefehl, der beim Original ‚see also' und mit dem Ergänzungspaket german ‚siehe auch' zurückliefert.

\amalg [m] erzeugt II. . . . . (5.3.3) – 121
\and . . . . (3.3.1), (7.4) – 37, 190
    1. Trennt Autorenangaben auf der durch \maketitle erzeugten Titelseite.
    2. Logische *und*-Verknüpfung in Testabfragen (s. auch \ifthenelse).

\angle [m] erzeugt ∠. . . . . (5.3.6) – 122
\appendixname [i] . . . . (D.2.3) – 349
    Sprachspezifischer Namensbefehl, der bei der Originalbearbeitung ‚Appendix' und mit dem Ergänzungspaket german ‚Anhang' zurückliefert.

\approx [m] erzeugt ≈. . . . . (5.3.4) – 121
\arabic{*zähler*} . . . . (7.1.4) – 179
    Gibt den augenblicklichen Wert von *zähler* als arabische Zahl aus.

\arccos [m] . . . . (5.3.8) – 123
    Befehl zur Erzeugung des Funktionsnamens „arccos" in Formeln.

\arcsin [m] . . . . (5.3.8) – 123
    Befehl zur Erzeugung des Funktionsnamens „arcsin" in Formeln.

\arctan [m] . . . . (5.3.8) – 123
    Befehl zur Erzeugung des Funktionsnamens „arctan" in Formeln.

\arg [m] . . . . (5.3.8) – 123
    Befehl zur Erzeugung des Funktionsnamens „arg" in Formeln.

\arraycolsep . . . . (4.8.2) – 96
    Der halbe Spaltenabstand in der array-Umgebung. Wertzuweisung mit dem LaTeX-Befehl \setlength{\arraycolsep}{*maß*} mit z. B. 3mm für *maß*.

\arrayrulewidth . . . . (4.8.2) – 96
    Die Liniendicke vertikaler und horizontaler Linien in der array- und tabular-Umgebung. Wertzuweisung mit \setlength{\arrayrulewidth}{*maß*}

\arraystretch . . . . (4.8.2) – 97
    Faktor (Standard = 1.0) zur Veränderung des Zeilenabstandes einer Tabelle. Wertzuweisung durch \renewcommand{\arraystretch}{*faktor*}.

\ast [m] erzeugt ∗. . . . . (5.3.3) – 121
\asymp [m] erzeugt ≍. . . . . (5.3.4) – 121
\atop [m] . . . . (5.4.6) – 131
    Mathematischer TeX-Befehl zur Erzeugung einer bruchähnlichen Struktur ohne Bruchstrich mit der Syntax {*oben* \atop *unten*}. Beispiel: ${a+b\atop a-b}$ erzeugt $\frac{a+b}{a-b}$.

austrian [g] . . . . (D.1.7) – 343
    Umschaltungsname für österreichische Sprachstrukturen mit \selectlanguage.

\author{*name*} . . . . (3.3.1) – 37
    Erzeugt die Autorenangaben auf der durch \maketitle erzeugten Titelseite.

KURZBESCHREIBUNG DER BEFEHLE

\b{*x*} . . . . (2.5.7) – 18
    Befehl zur Erzeugung des Unterstreichungs-Akzents: \b{o} = o̱.

[2ε] \backmatter . . . . (3.3.5) – 42
    Sonderbefehl aus der Bearbeitungsklasse book, mit dem der *Nachspann* eines Buches eingeleitet wird. Hierzu gehört üblicherweise das Literatur- und das Stichwortverzeichnis. Etwaige \chapter-Befehle erscheinen nach \backmatter ohne Kapitelnummern.

\backslash [m] erzeugt \ . . . . (5.3.4) – 121
\bar{*x*} [m] . . . . (5.3.9) – 124
    Makron-Akzent über math. Variable x: \bar{a} = $\bar{a}$.

\baselineskip . . . . (3.2.4) – 34
    Zeilenabstand innerhalb eines Absatzes. Jeder Zeichensatz kennt einen internen Zeilenabstand. Wertzuweisung mit \setlength{\baselineskip}{*za_maß*}.

\baselinestretch . . . . (3.2.4), (4.1.2) – 34, 59
    Faktor (Standard = 1.0), mit dem \baselineskip intern bei der Erzeugung des Zeilenabstandes multipliziert wird. Wertänderung kann durch
        \renewcommand{\baselinestretch}{*faktor*}
    erfolgen. Neuer Wert wird erst nach der nächsten Schriftgrößenumschaltung wirksam!

\begin{*umgebung*} . . . . (2.2) – 13
    Beginn einer Umgebung mit dem Namen *umgebung*. Der Befehl muss zwingend mit \end{*umgebung*} gepaart sein, mit dem diese Umgebung beendet wird. Der jeweilige Umgebungsname *umgebung* muss in beiden Befehlen identisch sein.

\begin{abstract} . . . . (3.3.2) – 39
    Beginn der Umgebung abstract zur Erzeugung eines Abstracts (Zusammenfassung). Bei der Bearbeitungsklasse article wird hierbei die Schriftgröße \small gewählt und die quotation-Umgebung aktiviert. Bei report erscheint die Zusammenfassung auf eigenen Seiten und in gleicher Breite wie der sonstige Text. In beiden Fällen wird der zusammenfassende Text mit der zentrierten Überschrift **Abstract** oder **Zusammenfassung** (german) versehen.

\begin{alltt} . . . . (4.10.2) – 112
    Beginn der Umgebung alltt, innerhalb derer der eingeschachtelte Text bis auf die Zeichen \, { und } im Original ausgegeben wird.

\begin{appendix} . . . . (3.3.4) – 42
    Beginn der Umgebung appendix zur Erzeugung eines Anhangs. Bewirkt Rücksetzung des obersten Gliederungszählers und dessen Nummerierung als Großbuchstabe.

\begin{array}[*pos*]{*col*} [m] . . . . (4.8.1), (5.4.3) – 94, 127
    Beginn der Umgebung array zur Erzeugung von Matrizen und Feldern. Die Spaltendefinition *col* erhält für jede Spalte ein Formatierungszeichen: \begin{array}{lcr} erzeugt eine dreispaltige Matrix mit einer *linksbündigen* ersten, *zentrierten* zweiten und *rechtsbündigen* dritten Spalte. Der optionale Parameter *pos* richtet mit t die erste Zeile des Feldes und mit b die letzte Zeile des Feldes auf die Grundlinie der umgebenden Formel aus. Standard ist die vertikal zentrierte Ausrichtung. S. auch \begin{tabular}.

\begin{*befehls_name*} . . . . (2.2) – 13
    Die meisten Erklärungsbefehle, z. B. alle Schriftarten- und Schriftgrößenbefehle, können mit ihrem Namen eine Umgebung bilden. \begin{small} schaltet innerhalb der Umgebung auf die Schriftgröße \small um. Diese Umgebung wird mit \end{small} beendet.

\begin{center} . . . . (4.2.1) – 66
    Beginn der Umgebung center. Der Text erscheint zeilenweise zentriert. Die einzelnen Zeilen werden durch \\ getrennt. S. auch \centering.

\begin{description} . . . . (4.3), (4.3.3) – 69, 70
    Beginn der Umgebung description zur Erzeugung einer markierten, eingerückten Liste. Die Markierung besteht aus der jeweiligen *marke* der zugehörigen \item[*marke*]-Befehle.

\begin{displaymath} . . . . (5.1) – 115
    Umschaltung vom Absatzmodus in den mathematischen Modus zur Erzeugung einer abgesetzten Formel. Gleichwertig mit \[.

\begin{document} . . . . (1.5) – 7
    Beginn der äußersten Umgebung eines jeden Textdokuments. Dieser Befehl beendet den Vorspann. Der Befehl ist für jedes LaTeX-Dokument zwingend, ebenso wie sein Gegenpol \end{document} zur Beendigung des ganzen Textes.

\begin{enumerate} . . . . (4.3), (4.3.2) – 69, 69
    Beginn der Umgebung enumerate zur Erzeugung einer markierten, eingerückten Liste. Die Markierung hängt von der Schachtelungstiefe ab und besteht in der ersten Stufe aus einer laufenden Nummer, die mit jedem \item-Befehl erzeugt und um eins erhöht wird.

\begin{eqnarray} . . . . (5.4.7) – 132
    Umschaltung vom Absatzmodus in den mathematischen Modus zur Erzeugung einer abgesetzten Formelgruppe in Form einer dreispaltigen Tabelle {rcl}. Die einzelnen Zeilen der Gruppe werden durch \\-Befehle und deren Felder durch & getrennt. Jede Zeile erhält eine laufende Formelnummer. Letztere kann jeweils mit dem Befehl \nonumber unterdrückt werden.

\begin{eqnarray*} . . . . (5.4.7) – 132
    Entspricht der eqnarray-Umgebung ohne laufende Formelnummerierung.

\begin{equation} . . . . (5.1) – 115
    Umschaltung vom Absatzmodus in den mathematischen Modus zur Erzeugung einer abgesetzten Formel mit automatischer Formelnummerierung.

\begin{figure}[*loc*] . . . . (6.6.1) – 168
    Gleitende Umgebung zur Aufnahme von Bildern. Der optionale Parameter *loc* kann jede Kombination von h, t, b und p sein und bestimmt die erlaubten Gleitmöglichkeiten. Standard ist tbp.

\begin{figure*}[*loc*] . . . . (6.6.1) – 168
    Gleitende Umgebung zur Aufnahme von Bildern über beide Spalten bei zweispaltiger Textformatierung. Der optionale Parameter *loc* kann t, p oder tp sein und bestimmt die erlaubten Gleitmöglichkeiten.

[2ε] \begin{filecontents}{*file_name*} [v] . . . . (3.2.3) – 33
    Diese Umgebung darf nur *vor* dem Befehl \documentclass verwendet werden. Sie bewirkt, dass der Inhalt der Umgebung in ein File mit dem angegebenen Namen abgelegt wird, falls dieses noch nicht existiert. Gibt es bereits ein File dieses Namens, so erfolgt eine Warnung, und der Umgebungsinhalt wird ignoriert. Dem abgelegten File wird zusätzlich ein interner Herkunftskommentar vorangestellt. Der Sinn dieser Umgebung liegt darin, dass einem normalen Bearbeitungsdokument ein Makropaket beigefügt werden kann, das auf einem anderen Rechner dann ordnungsgemäß eingerichtet wird.

KURZBESCHREIBUNG DER BEFEHLE

2ε \begin{filecontents*}{*file_name*} [v] . . . . (3.2.3) – 33
  Der Unterschied zur Standardumgebung filecontents liegt darin, dass der dort vorangestellte Kommentar entfällt. Das abgelegte File *file_name* besteht *nur* aus dem Umgebungsinhalt, ohne jeden Zusatz.

\begin{flushleft} . . . . (4.2.2) – 66
  Beginn der Umgebung flushleft. Der Text erscheint zeilenweise linksbündig. Die einzelnen Zeilen werden durch \\ getrennt. S. auch \raggedright.

\begin{flushright} . . . . (4.2.2) – 66
  Beginn der Umgebung flushright. Der Text erscheint zeilenweise rechtsbündig. Die einzelnen Zeilen werden durch \\ getrennt. S. auch \raggedleft.

\begin{fussypar} . . . . (3.6.3) – 55
  Die Formatierung der Absätze innerhalb dieser Umgebung erfolgt standardmäßig, d. h. mit begrenzter Elastizität für die Wortabstände. S. auch \fussy. Gegensatz sloppypar und \sloppy.

\begin{itemize} . . . . (4.3), (4.3.1) – 69, 69
  Beginn der Umgebung itemize zur Erzeugung einer markierten, eingerückten Liste. Die Markierung hängt von der Schachtelungstiefe ab und besteht in der ersten Stufe aus einem •, der mit jedem \item-Befehl erzeugt wird.

\begin{letter}{*empfänger*} . . . . (A.1) – 278
  Beginn eines Briefes bei der Bearbeitungsklasse letter. Empfängername und Anschrift werden im zweiten Klammerpaar *empfänger* übergeben; Zeilentrennung im Empfängerfeld durch \\.

\begin{list}{*Standardmarke*}{*Listenerklärung*} . . . . (4.4) – 75
  Beginn einer allgemeinen Listenumgebung. *Standardmarke* definiert die Markierung, die mit jedem \item-Befehl erzeugt wird. *Listenerklärung* enthält die gewünschten Längenerklärungen (s. Seite 76) für die Liste.

2ε \begin{lrbox}{*box_name*} . . . . (4.7.2) – 87
  Der Inhalt dieser Umgebung wird als LR-Box unter dem Namen *box_name* abgelegt. Eine Box mit diesem Namen muss zuvor mit \newsavebox{*box_name*} eingeführt werden. S. auch \sbox.

\begin{math} . . . . (5.1) – 115
  Umschaltung vom Textmodus in den mathematischen Modus zur Erzeugung von Textformeln. Gleichwertig mit \(bzw. dem ersten Auftreten eines $-Zeichens.

2.09 \begin{minipage}[*pos*]{*breite*}
  Umgebung zur Erzeugung einer Teilseite der Breite *breite*. Der optionale Parameter *pos* richtet mit t die oberste Zeile und mit b die unterste Zeile der minipage-Box auf die laufende Zeile aus. Standard ist die vertikale Zentrierung.

2ε \begin{minipage}[*pos*] [*höhe*] [*ipos*] {*breite*} . . . . (4.7.4) – 89
  In LaTeX 2ε wird diese Umgebung um zwei optionale Argumente *höhe* für die Höhe der vertikalen Box und *ipos* für die Textanordnung innerhalb dieser Box, unabhängig vom umgebenden Text, erweitert. Für *ipos* dürfen t (top), b (bottom), c (centered) oder s (stretched) gewählt werden. Die Maßangabe für *höhe* darf auf die internen Boxmaße \height, \depth, \width und \totalheight zurückgreifen.

\begin{note} . . . . (E.1.4) – 357
  Sonderumgebung bei der Bearbeitungsklasse slides oder dem Format slitex.fmt unter LATEX 2.09 zur Erzeugung einer Anmerkungsseite für Projektionsvorlagen.

$\boxed{2\varepsilon}$ \begin{overlay} . . . . (E.1.3 – 357
  Befehl zur Erstellung einer Wechselfolie bei der Bearbeitungsklasse slides. Textstellen können innerhalb einer namenlosen Umgebung mit den Befehlen \visible bzw. \invisible wechselseitig sichtbar bzw. unsichtbar gemacht werden. Sichtbaren Textstellen einer Wechselfolie entsprechen komplementäre unsichtbare Textstellen der Hauptfolie und umgekehrt.

$\boxed{2.09}$ \begin{overlay}{*farbliste*} . . . . (E.3.3) – 363
  Der äquivalente Befehl aus LATEX 2.09. Bei diesem muss eine sichtbare Farbe, z. B. visible, zuvor mit dem Farberklärungsbefehl \colors{*farb_liste*} eingerichtet und als Argument beim \overlay-Befehl angegeben werden.

\begin{picture}(x_dimen,y_dimen) . . . . (6.2) – 148
  Umgebung zur Erzeugung eines Bildes mit den Abmessungen $x\_$ dimen Breite und $y\_$ dimen Höhe. Diese Angaben erfolgen dimensionslos. Sie sind Vielfache der mit \unitlength gesetzten Längeneinheit.

\begin{picture}(x_dimen,y_dimen) (x_offset,y_offset) . . . . . . (6.5.4) – 164
  Verallgemeinerung der vorangegangenen picture-Umgebung. Das Bild wird zusätzlich um die Beträge x_offset nach links und y_offset nach unten verschoben.

\begin{quotation} . . . . (4.2.3) – 67
  Beginn der Umgebung quotation, in der der Text beidseitig eingerückt wird. Absätze innerhalb dieser Umgebung sind durch zusätzliches Einrücken der ersten Zeile gekennzeichnet.

\begin{quote} . . . . (4.2.3) – 67
  Beginn der Umgebung quote, in der der Text beidseitig eingerückt wird. Absätze innerhalb dieser Umgebung sind durch vergrößerten Absatzabstand gekennzeichnet.

$\boxed{2.09}$ \begin{samepage} . . . . (3.5.5.6) – 52
  Erlaubt Seitenumbruch nur zwischen Absätzen, nicht aber innerhalb eines Absatzes oder vor und nach abgesetzten Formeln oder Einrückungen, es sei denn, er wird dort mit \newpage oder \pagebreak erzwungen. S. auch \samepage. Diese Umgebung ist in LATEX 2_ε nur aus Gründen der Rückwärtskompatibilität erhalten geblieben, da sie auch unter LATEX 2.09 nie wirklich zuverlässig arbeitete.

$\boxed{2\varepsilon}$ \begin{slide} . . . . (E.1.2) – 356
  Bei der Bearbeitungsklasse slides die Hauptumgebung zur Erzeugung einer Folienvorlage.

$\boxed{2.09}$ \begin{slide}{*farbliste*} . . . . (E.3.3) – 363
  SLITEX-Hauptumgebung zur Erzeugung eines Foliensatzes mit je einer Folie für jede in *farbliste* erklärte Farbe, soweit diese innerhalb der Umgebung aktiviert wird. Die Werte der Farbliste müssen vorab mit \colors{*farbliste*} erklärt werden.

\begin{sloppypar} . . . . (3.6.3) – 55
  Die Formatierung der Absätze innerhalb dieser Umgebung erlaubt großzügigere Wortabstände und vermindert Trennungen. Sinnvoll für sonst beidbündig schwer zu formatierende Texte. S. auch \sloppy. Gegensatz fussypar und \fussy.

KURZBESCHREIBUNG DER BEFEHLE

\begin{tabbing} .... (4.6.1) – 81
> Beginn der Umgebung tabbing, in der mit \=-Befehlen beliebige Tabulatorstops gesetzt werden können, zu denen in weiteren Zeilen mit \>- Befehlen vor- und mit \<-Befehlen zurückgesprungen werden kann. Mit \+- und \--Befehlen kann der linke Rand der tabbing-Umgebung jeweils um einen Tabulatorstop nach rechts oder links versetzt werden.

\begin{table}[*loc*] .... (4.8.4), (6.6.1) – 104, 168
> Gleitende Umgebung zur Aufnahme von Tabellen. Der optionale Parameter *loc* kann jede Kombination von h, t, b und p sein und bestimmt die erlaubten Gleitmöglichkeiten. Standard ist tbp.

\begin{table*}[*loc*] .... (6.6.1) – 168
> Gleitende Umgebung zur Aufnahme von Tabellen über beide Spalten bei zweispaltiger Textformatierung. Der optionale Parameter *loc* kann t, p oder tp sein und bestimmt die erlaubten Gleitmöglichkeiten.

\begin{tabular}[*pos*]{*col*} .... (4.8.1) – 94
> Beginn der Umgebung tabular zur Erzeugung von Tabellen. Die Spaltendefinition *col* erhält für jede Spalte ein Formatierungszeichen: c, l, r für eine *zentrierte*, *links-* oder *rechtsbündige* Spalte oder p{*wd*} für eine Spalte der Breite *wd*, in der ein mehrzeiliger Text als Zeileneintrag erscheinen kann.
>
> Mit dem Eintrag @{*text*} zwischen zwei der vorstehenden Formatierungszeichen wird derselbe *text* in allen Zeilen zwischen die entsprechenden Spalten eingefügt. Ein | vor, zwischen und nach den Formatierungszeichen erzeugt an diesen Stellen eine vertikale Linie über die ganze Tabellenhöhe.
>
> Der optionale Parameter *pos* richtet mit t die erste Zeile der Tabelle und mit b die letzte Zeile der Tabelle auf die Grundlinie der äußeren Umgebung aus. Standard ist die vertikal zentrierte Ausrichtung.
>
> Die Spalteneinträge der einzelnen Zeilen werden mit & getrennt und die Tabellenzeile wird als Ganzes mit \\ abgeschlossen.

\begin{tabular*}{*breite*}[*pos*]{*col*} .... (4.8.1) – 94
> Wie \begin{tabular}, doch wird mit der *-Form eine Tabelle der Gesamtbreite *breite* erzeugt. Hierbei sollte zur Einfügung variabler Spaltenzwischenräume am Anfang des Formatierungsfeldes *col* ein @{\extracolsep\fill} stehen, damit die Gesamtbreite *breite* erreicht wird.

\begin{thebibliography}{*muster_marke*} .... (4.3.6), (8.2.2) – 73, 210
> Umgebung zur Erstellung eines Literaturverzeichnisses. Für *muster_marke* ist ein Musterwort zu wählen, das die Tiefe der Listeneinrückung bestimmt. Jeder Eintrag des Verzeichnisses beginnt mit einem \bibitem-Befehl.

\begin{theindex} .... (8.2.3) – 212
> Umgebung zur zweispaltigen Formatierung eines Indexregisters. Die Eintragungen erfolgen durch \item, \subitem und \subsubitem bzw. \indexspace-Befehle.

\begin{*theorem*}[*zusatz*] .... (4.5) – 80
> Umgebung zur Erzeugung einer anwendereigenen *Theorem*-Struktur, die mit dem Befehl \newtheorem eingerichtet wurde. Für *theorem* steht der erste Parameter *satz* aus dem \newtheorem-Befehl. Der optionale Parameter *zusatz* erscheint in ( ) hinter der fortlaufenden Nummer des Theorembegriffes.

\begin{titlepage} . . . . (3.3.1) – 37
: Umgebung zur Erzeugung einer Titelseite ohne Seitennummer bei freier Anwendergestaltung.

\begin{trivlist} . . . . (4.4.5) – 79
: Umgebung zur Erzeugung einer trivialen Liste *ohne* Mustermarke und Listenerklärung, bei der \leftmargin, \labelwidth und \itemsep auf 0 pt gesetzt sind und \listparindent = \parindent und \parsep = \parskip zugewiesen werden.

\begin{verbatim} . . . . (4.10.1) – 111
: Umgebung zum Ausdruck von Text in Form der Originaleingabe in Schreibmaschinenschrift. Mehrfache Leerzeichen, Zeilenschaltung und Befehlszeichen werden unverändert ausgegeben.

\begin{verbatim*} . . . . (4.10.1) – 111
: Die *-Form entspricht der Standardform. Leerzeichen werden jedoch als ␣ gekennzeichnet.

\begin{verse} . . . . (4.2.4) – 68
: Umgebung zur Formatierung von Gedichten, Reimen, Versen u. ä. Strophen werden durch Leerzeilen, die einzelnen Zeilen durch \\-Befehle voneinander getrennt.

\belowdisplayskip [m] . . . . (5.5.6) – 143
: Vertikaler Abstand einer *langen* abgesetzten Formel zur nachfolgenden Textzeile. Wertzuweisung einer elastischen Maßangabe mit \setlength (s. 2.4.2). Beispiel:
  \setlength{\belowdisplayskip}{\abovedisplayskip}
  setzt \belowdisplayskip gleich dem Wert von \abovedisplayskip. Weitere Zuweisungsbeispiele s. bei \abovedisplayskip.

\belowdisplayshortskip [m] . . . . (5.5.6) – 143
: Vertikaler Abstand einer *kurzen* abgesetzten Formel zur nachfolgenden Textzeile. Wertzuweisung mit \setlength wie beim vorangegangenen Beispiel.

\beta [m] erzeugt β. . . . . (5.3.1) – 120

[2.09] \bezier{n}(x_a,y_a)(x_b,y_b)(x_c,y_c)
: Befehl zur Erzeugung einer quadratischen Bezier-Kurve innerhalb der picture-Umgebung zwischen den Punkten (x_a,y_a) und (x_c,y_c) mit den Tangenten zum Punkt (x_b,y_b). Der Parameter n bestimmt die Anzahl der ausgegebenen Punkte entlang dieser Kurve, deren Stärke mit dem aktuellen Wert von \linethickness{st} bestimmt wird. Anwendungsvoraussetzung: Angabe der Option bezier in \documentstyle[...]{...} mit LaTeX 2.09. S. auch \qbezier für LaTeX 2_ε.

[2.09] \bf . . . . (4.1.5) – 63
: Schriftumschaltung auf „**Boldface = Fettdruck**" (Roman/fett/aufrecht).

[2_ε] \bfdefault . . . . (8.5.2) – 236
: LaTeX 2_ε-Definitionsbefehl, mit dem das für den Befehl \bfseries zugewiesene Serienattribut festgelegt wird. Die Standardzuweisung bx kann mit \renewcommand verändert werden, z. B. \renewcommand{\bfdefault}{b}

[2_ε] \bfseries . . . . (4.1.3) – 59
: Schriftumschaltbefehl für das Serienattribut ‚**fett**' (genauer \bfdefault) unter Beibehaltung des Familien-, Form-, Kodier- und Größenattributs.

KURZBESCHREIBUNG DER BEFEHLE

\bibitem[*marke*]{*bezug*} *Text* .... (4.3.6), (8.2.2) – 73, 210
    Befehl zum Eintrag in das Literaturverzeichnis der thebibliography-Umgebung. Auf das Bezugswort *bezug* kann im Text mit \cite-Befehlen Bezug genommen werden, wodurch die gewählte optionale Markierung *marke* der Literaturstelle ausgedruckt wird. Standard ist eine fortlaufende Nummer in eckigen Klammern.

\bibliography{*file*} .... (8.2.2), (B.1) – 211, 291
    Erzeugung eines Literaturverzeichnisses in Verbindung mit dem BIBTEX-Programm. Für *file* ist der Grundname der Literaturdatenbank anzugeben.

\bibliographystyle{*stil*} .... (B.1) – 292
    Wahl des Stils für das erzeugte Literaturverzeichnis. Für *stil* kann zwischen plain, unsrt, alpha und abbrv gewählt werden.

\bibname [i] .... (D.2.3) – 349
    Sprachspezifischer Namensbefehl, der bei der Originalbearbeitung ‚Bibliography' und mit dem Ergänzungspaket german ‚Literaturverzeichnis' zurückliefert.

\big*kl*_*symbol* [m]..................... (5.5.3) – 140
    Größeres Klammersymbol als normal, aber kleiner als \Big. Beispiel: \big(.

\Big*kl*_*symbol* [m]..................... (5.5.3) – 140
    Größeres Klammersymbol als \big, aber kleiner als \bigg. Beispiel: \Big[.

\bigcap [m] erzeugt ⋂. .... (5.3.7) – 123
\bigcirc [m] erzeugt ◯. .... (5.3.3) – 121
\bigcup [m] erzeugt ⋃. .... (5.3.7) – 123

\bigg*kl*_*symbol* [m] .... (5.5.3) – 140
    Größeres Klammersymbol als \Big, aber kleiner als \Bigg. Beispiel: \bigg|.

\Bigg*kl*_*symbol* [m] .... (5.5.3) – 140
    Größtes Klammersymbol. Beispiel: \Bigg\langle.

\biggl*kl*_*symbol* [m] .... (5.5.3) – 140
    Entspricht \bigg mit gleichzeitig funktionell öffnender Klammerung.

\Biggl*kl*_*symbol* [m] .... (5.5.3) – 140
    Entspricht \Bigg mit gleichzeitig funktionell öffnender Klammerung.

\biggm*kl*_*symbol* [m] .... (5.5.3) – 140
    Entspricht \bigg, aber größerer horizontaler Abstand (Beziehungsoperation).

\Biggm*kl*_*symbol* [m] .... (5.5.3) – 140
    Entspricht \Bigg, aber größerer horizontaler Abstand (Beziehungsoperation).

\biggr*kl*_*symbol* [m] .... (5.5.3) – 140
    Entspricht \bigg mit gleichzeitig funktionell schließender Klammerung.

\Biggr*kl*_*symbol* [m] .... (5.5.3) – 140
    Entspricht \Bigg mit gleichzeitig funktionell schließender Klammerung.

\bigl*kl*_*symbol* [m] .... (5.5.3) – 140
    Entspricht \big mit gleichzeitig funktionell öffnender Klammerung.

\Bigl*kl*_*symbol* [m] .... (5.5.3) – 140
    Entspricht \Big mit gleichzeitig funktionell öffnender Klammerung.

\bigm*kl*_*symbol* [m] .... (5.5.3) – 140
    Entspricht \big, aber größerer horizontaler Abstand (Beziehungsoperation).

\Bigm*kl_symbol* [m] . . . . (5.5.3) – 140
    Entspricht \Big, aber größerer horizontaler Abstand (Beziehungsoperation).

\bigodot [m] erzeugt ⊙. . . . . (5.3.7) – 123
\bigoplus [m] erzeugt ⊕. . . . . (5.3.7) – 123
\bigotimes [m] erzeugt ⊗. (5.3.7) – 123
\bigr*kl_symbol* [m] . . . . (5.5.3) – 140
    Entspricht \big mit gleichzeitig funktionell schließender Klammerung.

\Bigr*kl_symbol* [m] . . . . (5.5.3) – 140
    Entspricht \Big mit gleichzeitig funktionell schließender Klammerung.

\bigtriangledown [m] erzeugt ▽. . . . . (5.3.3) – 121
\bigtriangleup [m] erzeugt △. . . . . (5.3.3) – 121
\bigskip . . . . (3.5.3) – 50
    Großer vertikaler Zwischenraum vom Betrag \bigskipamount zwischen Absätzen.
    S. auch \medskip und \smallskip.

\bigskipamount
    Standardwert für den durch \bigskip erzeugten Zwischenraum. Kann mit \setlength
    gesetzt oder mit \addtolength geändert werden:
        \setlength{\bigskipamount}{12pt plus4pt minus4pt} (= TeX-Standard)
        \addtolength{\bigskipamount}{\smallskipamount}

\bigsqcup [m] erzeugt ⊔. . . . . (5.3.7) – 123
\biguplus [m] erzeugt ⊎. . . . . (5.3.7) – 123
\bigvee [m] erzeugt ⋁. . . . . (5.3.7) – 123
\bigwedge [m] erzeugt ⋀. (5.3.7) – 123
\bmod [m] . . . . (5.3.8) – 123
    Befehl zur Erzeugung des Funktionsnamens „mod" in der Form
    a\bmod b = $a \bmod b$.

\boldmath . . . . (5.4.9) – 136
    Schaltet auf Fettdruck in mathematischen Formeln um. Der Befehl muss im Textmodus,
    also vor dem Umschaltbefehl in den mathematischen Modus, gegeben werden. Für eine
    Teilformel in Fettdruck muss mit \mbox{\boldmath$...$} vorübergehend in den
    Textmodus zurückgeschaltet werden.

\boolean{*schalter*} . . . . (7.4) – 189
    Abfrage nach dem logischen Wert einer Schaltervariablen *schalter*. S. auch \ifthenelse.

\bot [m] erzeugt ⊥. . . . . (5.3.6) – 122
\botfigrule . . . . (6.6.3) – 171
    Standardmäßiger Leerbefehl, der stets aufgerufen wird, wenn ein Gleitobjekt am unteren
    Seitenende nach dem vorangehenden Seitentext platziert wird. Mit einer Neudefinition,
    z. B. als
        \renewcommand{\botfigrule}{\vspace*{-.4pt}
          \rule{\columnwidth}{.4pt}}
    wird zwischen dem vorangehenden Seitentext und dem ersten Gleitobjekt am unteren Seitenende zur besseren Abgrenzung ein horizontaler Strich über die gesamte Spaltenbreite gesetzt. Der Befehl darf keinen zusätzlichen vertikalen Zwischenraum erzeugen, daher das vorangesetzte \vspace*{-.4pt}.

KURZBESCHREIBUNG DER BEFEHLE

\bottomfraction . . . . (6.6.3) – 170
> Bruchteil einer Seite, bis zu dem Gleitobjekte am unteren Seitenende angebracht werden können: \renewcommand{\bottomfraction}{*dezimal_bruch*}

bottomnumber . . . . (6.6.3) – 170
> Maximale Anzahl von Gleitobjekten, die am unteren Seitenende angebracht werden können. Wertzuweisung durch \setcounter{bottomnumber}{*num*}.

\bowtie [m] erzeugt ⋈. . . . . (5.3.4) – 121
\Box [m] erzeugt □. . . . . (5.3.3) – 121
\breve{*x*} [m] . . . . (5.3.9) – 124
> Breve-Akzent über math. Variable *x*: \breve{a} = ă.

\bullet [m] erzeugt •. (5.3.3) – 121

\c{*zeichen*} . . . . (2.5.7) – 18
> Erzeugt eine Cedille unter *zeichen*: \c{C} = Ç.

\cal [m]
> Schriftartenbefehl zur Erzeugung *kalligraphischer* Schriftzeichen in Formeln. In LaTeX 2ε wird diese Schrifterklärung durch \mathcal ersetzt.

\cap [m] erzeugt ∩ . . . . (5.3.3) – 121
\caption[*kurzform*]{*überschrift*} . . . . (6.6.4) – 171
> Erzeugt eine nummerierte Über- oder Unterschrift mit dem Text von *überschrift* innerhalb der Gleitumgebungen figure oder table. Mit *kurzform* kann statt der vollen Über- oder Unterschrift eine Kurzform in das Bild- oder Tabellenverzeichnis aufgenommen werden.

\captions*sprache* [g] . . . . (D.2.3) – 349
> Interner Befehl aus german.sty, der die sprachabhängigen Wörter aus LaTeX definiert. Standardmäßig steht *sprache* für english, german und french bereit. Nach dem Muster auf S. 349 kann er für weitere Sprachen bereitgestellt werden.

\cc{*liste*} . . . . (A.1) – 278
> Befehl aus der Dokumentklasse letter zur Erzeugung eines „cc:" bzw. mit german „Kopien an" oder evtl. „Verteiler", gefolgt von einer Namensliste *liste* am Ende des Briefes.

\ccname [i] . . . . (D.2.3) – 350
> Sprachspezifischer Namensbefehl, der bei der Dokumentklasse letter dem \cc-Befehl standardmäßig den Wert ‚cc' und mit dem Ergänzungspaket german den Text ‚Kopien an' zuweist.

\cdot [m] erzeugt ·. . . . . (5.3.3) – 121
\cdots [m] erzeugt ⋯. (5.2.6) – 119
\centering . . . . (4.2.1) – 66
> Erklärung, dass der Text ab hier zeilenweise zentriert werden soll. Die einzelnen Zeilen werden durch \\ getrennt. S. auch \begin{center}.

\centerline{*text*} . . . . (4.2.1) – 66
> Ergänzender TeX-Befehl, der den Inhalt von *text* in eigener Zeile horizontal zentriert.

\chapter[*kurzform*]{*überschrift*} . . . . (3.3.3) – 40
> Startet ein neues Kapitel mit einer neuen Seite und formatiert die Kapitelüberschrift *überschrift* mit gleichzeitig laufender Kapitelnummer. Mit *kurzform* kann statt des Textes von *überschrift* eine Kurzform ins Inhaltsverzeichnis und in die Kopfzeilen eingetragen werden. \chapter ist nur bei den Bearbeitungsklassen book und report verfügbar.

\chapter*{*überschrift*} . . . . (3.3.3) – 40
> Startet ein neues Kapitel mit einer neuen Seite und formatiert die Kapitelüberschrift *überschrift*, jedoch ohne laufende Kapitelnummer. Ebenso unterbleibt eine Eintragung von *überschrift* im Inhaltsverzeichnis. Nur bei book und report verfügbar.

\chaptername [i] . . . . (D.2.3) – 349
> Sprachspezifischer Namensbefehl, dessen Inhalt jedem \chapter-Befehl vorangestellt wird, was standardmäßig zur Ausgabe von ‚Chapter' und mit dem Ergänzungspaket german zu ‚Kapitel' führt.

\check{x} [m] . . . . (5.3.9) – 124
> Háček-Akzent in mathematischen Formeln: \check{a} = ǎ.

\chi [m] erzeugt χ. . . . . (5.3.1) – 120

\choose [m] . . . . (5.4.6) – 131
> Mathematischer TEX-Befehl zur Erzeugung von Binomialkoeffizienten. Syntax: {*oben* \choose *unten*}. Beispiel: \${a+b\choose a-b}\$ erzeugt $\binom{a+b}{a-b}$.

\circ [m] erzeugt ∘. . . . . (5.3.3) – 121

\circle{*durchmesser*} . . . . (6.4.5) – 155
> Bildobjektbefehl zur Erzeugung eines Kreises vom Durchmesser *durchmesser* in der picture-Umgebung. Der Befehl ist als Argument in einem \put- oder \multiput-Befehl einzusetzen.

\circle*{*durchmesser*} . . . . (6.4.5) – 155
> Wie \circle, jedoch wird mit der *-Form ein gefüllter Kreis erzeugt.

\cite[*zusatz*]{*bezug*} . . . . (4.3.6), (8.2.2), (B.1) – 74, 210, 292
> Bezug auf eine Literaturstelle mit dem Schlüsselwort *bezug* durch Ausdruck der Literaturmarkierung. Mit dem optionalen *zusatz* kann der Markierung ein Zusatz angefügt werden.

\cleardoublepage . . . . (3.5.5.4) – 51
> Beendet die laufende Seite und bringt alle evtl. unbearbeiteten Gleitobjekte auf einer oder mehreren eigenen Seiten unter. Die nächste Seite startet als *rechte* Seite mit einer ungeraden Seitennummer.

\clearpage . . . . (3.5.5.2) – 51
> Beendet die laufende Seite und bringt alle evtl. unbearbeiteten Gleitobjekte auf einer oder mehreren eigenen Seiten unter.

\cline{$n - m$} . . . . (4.8.1) – 95
> Erzeugt innerhalb der tabular-Umgebung eine horizontale Linie vom Anfang der Spalte n bis zum Ende der Spalte m. Beispiel \cline{2-5}.

\closing{*gruß*} . . . . (A.1) – 278
> Ende des Brieftextes innerhalb der letter-Umgebung. *gruß* steht für die gewünschte Grußformel.

KURZBESCHREIBUNG DER BEFEHLE 437

\clubsuit [m] erzeugt ♣. . . . . (5.3.6) – 122

[2ε] \color{*farb_name*} . . . . (E.3.4) – 364
[2ε] \color[*model*]{*farb_def*} . . . . (E.3.4) – 364
    Farberklärung mit dem Ergänzungspaket color.sty, nach der der nachfolgende Text auf einem Farbdrucker in der angegebenen Farbe *farb_name* (1. Syntaxform) oder der explizit definierten Farbe [*model*]{*farb_def*} (2. Syntaxform) ausgegeben wird. Die 1. Syntaxform setzt die Voraberklärung von *farb_name* mit dem Befehl \definecolor (s. dort) voraus, die bei der 2. Syntaxform entfällt. model = rgb, cmyk oder gray. Beispiele:
        { \color{magenta} *nachfolgender Text* }
        { \color[rgb]{0.5,0.5,0} *nachfolgender Text* }

[2ε] \colorbox{*farb_name*}{*text*} . . . . (E.3.4) – 364
[2ε] \colorbox[*model*]{*farb_def*}{*text*} . . . . (E.3.4) – 364
    Farbboxbefehl aus dem Ergänzungspaket color.sty, bei dem der übergebene Text *text* in eine LR-Box gefasst wird. Der Hintergrund dieser LR-Box erscheint in der angegebenen oder definierten Farbe, für die die Hinweise zum vorangegangenen \color-Befehl gleichermaßen gelten.

\columnsep . . . . (3.1.3) – 28
    Erklärung des Spaltenabstandes bei zweispaltiger Seitenformatierung. Wertzuweisung mit \setlength: \setlength{\columnsep}{8pt}.

\columnseprule . . . . (3.1.3) – 28
    Erklärung der Strichdicke für den vertikalen Strich zwischen den Spalten bei zweispaltiger Seitenformatierung. Wertzuweisung mit \setlength:
        \setlength{\columnseprule}{1pt}

\cong [m] erzeugt ≅. (5.3.4) – 121
\contentsline{*gl_typ*}{\numberline{*gl_num*}*titel_text*}{*seite*}
    Dieser Befehl wird durch \tableofcontents für jeden Eintrag des Inhaltsverzeichnisses in das .toc-File geschrieben. Mit dem Editor können solche Befehle manuell dem .toc-File zugefügt oder darin geändert werden. *gl_typ* steht für den Namen eines Gliederungsbefehls, z. B. section, *gl_num* ist die zugehörige Gliederungsnummer, wie 2.3, und *seite* ist die zugehörige Seitennummer.

\contentsname [i] . . . . (D.2.3) – 349
    Sprachspezifischer Namensbefehl, der bei der Originalbearbeitung ‚Contents' und mit dem Ergänzungspaket german ‚Inhaltsverzeichnis' zurückliefert.

\coprod [m] erzeugt ∐. . . . . (5.3.7) – 123
\copyright erzeugt ©. (2.5.5) – 17
\copyrightspace . . . . (3.3.1) – 39
    Zusatzbefehl bei der Dokumentklasse proc zur Einfügung von vertikalem Zwischenraum zwischen letzter Fußnote aus \thanks-Befehl des Titelvorspanns und erster Textfußnote in linker Spalte der ersten Seite.

\cos [m] . . . . (5.3.8) – 123
    Befehl zur Erzeugung des Funktionsnamens „cos" in Formeln.

\cosh [m] . . . . (5.3.8) – 123
    Befehl zur Erzeugung des Funktionsnamens „cosh" in Formeln.

\cot [m] . . . . (5.3.8) – 123
   Befehl zur Erzeugung des Funktionsnamens „cot" in Formeln.

\coth [m] . . . . (5.3.8) – 123
   Befehl zur Erzeugung des Funktionsnamens „coth" in Formeln.

\csc [m] . . . . (5.3.8) – 123
   Befehl zur Erzeugung des Funktionsnamens „csc" in Formeln.

\cup [m] erzeugt ∪. (5.3.3) – 121

\d{*zeichen*} . . . . (2.5.7) – 18
   Erzeugt einen Unterpunkt-Akzent: \d{o} = ọ.

\dag erzeugt †. . . . . (2.5.5) – 17
\dagger [m] erzeugt †. . . . . (5.3.3) – 121
\dashbox{*dash*}(*x_dimen,y_dimen*) [*pos*] {*text*} . . . . (6.4.2) – 150
   Bildobjektbefehl zur Erzeugung eines gestrichelten Rahmens der Breite *x_dimen* und der Höhe *y_dimen* mit der Strichelungsweite *dash* in der picture-Umgebung. Ohne *pos* erscheint der Textinhalt von *text* innerhalb des Rahmens zentriert. Der optionale Parameter *pos* lässt mit l, r, t, b oder einer Paarkombination wie lt eine geänderte Positionierung zu. Der Befehl ist als Argument in einem \put- oder \multiput-Befehl einzusetzen.

\dashv [m] erzeugt ⊣. . . . . (5.3.6) – 122
\date{*datum_text*} . . . . (3.3.1), (A.2) – 37, 282
   1. Der Befehl \maketitle erzeugt standardmäßig das aktuelle Datum auf einer Titelseite. Die Erklärung durch \date erzeugt stattdessen an der Stelle des aktuellen Datums *datum_text*.
   2. Ausdruck von *datum_text* statt des automatisch erzeugten aktuellen Datums bei Briefen.

\date*sprache* [g] . . . . (D.1.7), (D.2.3) – 343, 348
   Interner Anpassungsbefehl aus german.sty, der die sprachabhängige Datumsform für den Befehl \today definiert. Standardmäßig steht *sprache* für austrian, english, french, german und USenglish bereit. Mit den Angaben aus D.2.3 leicht auf weitere Sprachen ausdehnbar. Nach Aufruf von \date*sprache* erzeugen anschließende \today-Befehle das sprachspezifische Datum. Der Befehl wird normalerweise mit \selectlanguage aktiviert.

\dblfigrule . . . . (6.6.3) – 171
   Standardmäßiger Leerbefehl, der stets aufgerufen wird, wenn ein doppelspaltiges Gleitobjekt am oberen Seitenende vor dem nachfolgenden Seitentext platziert wird. Mit einer Neudefinition, z. B. als
   \renewcommand{\dblfigrule}{\vspace*{-.4pt}
      \rule{\textwidth}{.4pt}}
   wird zwischen dem letzten Gleitobjekt und dem nachfolgenden Seitentext zur besseren Abgrenzung ein horizontaler Strich über die gesamte Seitenbreite gesetzt. Der Befehl darf keinen zusätzlichen vertikalen Zwischenraum erzeugen, daher das vorangesetzte \vspace*{-.4pt}.

KURZBESCHREIBUNG DER BEFEHLE

\dblfloatpagefraction . . . . (6.6.3) – 170
    Bei zweispaltiger Seitenformatierung der Bruchteil einer eigenen Seite für Gleitobjekte, der mindestens gefüllt werden muss. Wertzuweisung durch
        \renewcommand{\dblfloatpagefraction}{*dezimal_bruch*}.

\dblfloatsep . . . . (6.6.3) – 171
    Bei zweispaltiger Seitenformatierung der Abstand zwischen Gleitobjekten, die über beide Spalten reichen. Wertzuweisung einer elastischen Maßangabe mit \setlength oder Änderung mit \addtolength.
        \setlength{\dblfloatsep}{12pt plus2pt minus4pt}
        \addtolength{\dblfloatsep}{3pt plus2pt minus1pt}

\dbltextfloatsep . . . . (6.6.3) – 171
    Bei zweispaltiger Seitenformatierung der Abstand zwischen Gleitobjekten, die oben auf der Seite über zwei Spalten reichen, und dem nachfolgenden Text. Wertzuweisung einer elastischen Maßangabe mit \setlength bzw. Änderung mit \addtolength.

\dbltopfraction . . . . (6.6.3) – 170
    Bei zweispaltiger Seitenformatierung der Bruchteil einer Seite, der oben zur Aufnahme von Gleitobjekten, die über beide Spalten reichen, höchstens zur Verfügung steht. Wertzuweisung durch \renewcommand{\dbltopfraction}{*dezimal_bruch*}.

dbltopnumber . . . . (6.6.3) – 170
    Bei zweispaltiger Seitenformatierung die maximale Zahl von Gleitobjekten, die über beide Spalten reichen und oben auf der Seite angeordnet werden können. Wertzuweisung durch \setcounter{dbltopnumber}{*num*}.

\ddag erzeugt ‡. . . . . (2.5.5) – 17
\ddagger [m] erzeugt ‡. (5.3.3) – 121
\ddot{x} [m] . . . . (5.3.9) – 124
    Doppelpunkt-Akzent in mathematischen Formeln: \ddot{a} = ä.

\ddots [m] erzeugt ⋱ . . . . (5.2.6) – 119

[2ε] \definecolor{*farb_name*}{*model*}{*farb_def*} . . . . (E.3.4) – 363
    Zusatzbefehl aus dem Ergänzungspaket color.sty, mit dem ein Farbname *farb_name* unter Bezug auf ein Farbmodell *model* definiert wird. Die Definitionsangaben *farb_def* hängen vom gewählten Farbmodell ab und bestehen aus Dezimalzahlen zwischen 0.0 und 1.0, mit denen der Mischungsanteil der Grundfarben des jeweiligen Farbmodells festgelegt wird. Als Farbmodell kann rgb (red, green, blue – additiv), cmyk (cyan, magenta, yellow, black – subtraktiv) und gray verwendet werden. Zusätzlich ist als Farbmodellangabe named erlaubt, womit druckerspezifische Farbnamen angesprochen werden können. Beispiele:
        \definecolor{braun}{cmyk}{0.0,0.81,1.0,0.6}
        \definecolor{hellgrau}{gray}{0.85}
        \definecolor{himmelblau}{named}{SkyBlue}
    Die Farbnamen red, green, blue, cyan, magenta, yellow, black und white sind allen Farbdruckertreibern bekannt und brauchen nicht explizit erklärt zu werden.

\deg [m] . . . . (5.3.8) – 123
    Befehl zur Erzeugung des Funktionsnamens „deg" in Formeln.

[2ε] \DeleteShortVerb{\z} . . . . (4.10.3) – 113

    Löschbefehl aus dem Standard-Ergänzungspaket shortvrb.sty, mit dem die Sonderrolle des vorab mit \MakeShortVerb{\z} (s. dort) erklärten Zeichens z zum Einschluss von Originaltext wieder aufgehoben wird.

\Delta [m] erzeugt Δ. . . . . (5.3.1) – 120
\delta [m] erzeugt δ. . . . . (5.3.1) – 120
[2ε] \depth . . . . (4.7.1), (4.7.4) – 86, 90

    Referenzmaßbefehl, der die Tiefe einer Box, d. h. ihre Abmessung von der Grundlinie bis zur Boxunterkante, zurückliefert. Auf dieses Maß kann zur Breiteneinstellung einer LR-Box in \makebox, \framebox oder \savebox sowie zur Höheneinstellung in \parbox oder der minipage-Umgebung zurückgegriffen werden. Beispiel:

        \framebox[25\depth]{*text*}

\det [m] . . . . (5.3.8) – 123

    Befehl zur Erzeugung des Funktionsnamens „det" in Formeln. Kombinierbar mit unterer Grenzangabe durch Tiefstellung.

\Diamond [m] erzeugt ◇. . . . . (5.3.3) – 121
\diamond [m] erzeugt ⋄. . . . . (5.3.3) – 121
\diamondsuit [m] erzeugt ◇. . . . . (5.3.6) – 122
\dim [m] . . . . (5.3.8) – 123

    Befehl zur Erzeugung des Funktionsnamens „dim" in Formeln.

\discretionary{*vor*}{*nach*}{*ohne*} . . . . (3.6.1) – 54

    Trennungshilfe wie Dru\discretionary{k-}{k}{ck}er zur Erzeugung der Trennung ‚Druk-ker' und der ungetrennten Ausgabe als ‚Drucker'.

\displaystyle [m] . . . . (5.5.2) – 138

    Umschaltung auf Schriftgröße \displaystyle als *aktive* Schrift innerhalb einer Teilformel.

\div [m] erzeugt ÷. . . . . (5.3.3) – 121
[2ε] \documentclass[*optionen*]{*bearb_klasse*}[*vers_datum*] [v] . . (3.1), (3.1.2) – 26

    Gewöhnlich der erste LaTeX-Befehl eines Dokuments, mit dem die globale Bearbeitungsklasse vorgegeben wird. Für *bearb_klasse* stehen zur Verfügung:

        article, book, letter, proc, report, slides und ltxdoc

von denen genau eine gewählt werden muss. Zusätzlich können eine oder mehrere, durch Kommata getrennte Optionen aus

        a4paper | a5paper | b5paper | legalpaper | letterpaper | executivepaper
        10pt | 11pt | 12pt   draft | final   notitlepage | titlepage
        onecolumn | twocolumn   oneside | twoside
        landscape, leqno, fleqn, openbib

angegeben werden, wobei bei den durch | getrennten Alternativen aus jeder der vorstehenden Optionsgruppen jeweils höchstens eine zu wählen ist. Die durch Kommata getrennten Optionen der letzten Gruppe können beliebig nebeneinander kombiniert werden.

Das optionale Versionsdatum *vers_datum* ist in der Form *Jahr/Monat/Tag* anzugeben, z. B. als 1995/12/01.

[2.09] `\documentstyle[`*optionen*`]{`*bearb_klasse*`}` [v] . . . . (3.1.5) – 30

In LaTeX 2.09 gewöhnlich der erste Befehl in einem Dokument, mit dem die globale Bearbeitungsklasse bestimmt wird. Für *bearb_klasse* stehen dieselben Auswahlmöglichkeiten zur Verfügung, wie beim vorangegangenen `\documentclass`-Befehl, wobei `slides` den Aufruf eines eigenen Formatfiles `slitex.fmt` verlangt.

Als Optionen sind hier beliebige, durch Kommata getrennte Kombinationen aus
> `11pt` | `12pt`, `twocolumn`, `twoside`, `titlepage`, `leqno`, `fleqn`, `bezier`, `ifthen`, `proc` und `showidx`.

erlaubt. Das `german.sty`-File nach D.2 stellt zusätzlich die Option `german` bereit.

Der `\documentstyle`-Befehl ist auch in LaTeX 2_ε erlaubt. Er bewirkt hier die Umschaltung in den sog. LaTeX 2.09-Kompatibilitätsmodus.

`\dot{`x`}` [m] . . . . (5.3.9) – 124

Punkt-Akzent in mathematischen Formeln: `\dot{a}` = $\dot{a}$.

`\doteq` [m] erzeugt $\doteq$. . . . . (5.3.4) – 121

`\dotfill` . . . . (3.5.1.7) – 48

Auffüllung von Zwischenraum einer Zeile zur vollen Zeilenlänge mit einer Punktfolge: Zeilenanfang, gefolgt von . . . . `\dotfill`

`\doublerulesep` . . . . (4.8.2) – 96

Der Abstand von Doppellinien innerhalb der `tabular`- oder `array`-Umgebung. Wertzuweisung mit `\setlength` außerhalb der Tabellenumgebung. Beispiel:
> `\setlength{\doublerulesep}{2.5pt}`

`\Downarrow` [m] erzeugt $\Downarrow$. . . . . (5.3.5) – 122

`\downarrow` [m] erzeugt $\downarrow$. . . . . (5.3.5) – 122

`\dq` [g] . . . . (D.1.9) – 345

Befehl zur Erzeugung von " (wie durch " bei der LaTeX-Originalbearbeitung).

`\ell` [m] erzeugt ℓ. . . . . (5.3.6) – 122

[2.09] `\em` . . . . (4.1.5) – 64

Umschalterklärung zwischen Standardschrift „Roman" und hervorhebender Schrift „Italic" und umgekehrt. Bei Verwendung in LaTeX 2_ε Umschalterklärung zwischen den Formattributen ‚aufrecht' und ‚kursiv' unter Beibehaltung des vorgegebenen Familien-, Stärke-, Größen- und Kodierattributs.

`\emailid{`*abs_id*`}` [p] . . . . (A.3) – 286

Identifikationsbefehl einer anwendereigenen `letter`-Bearbeitungsklasse zur Aufnahme der E-Mail-Benutzerkennung *abs_id*.

`\emailhost` [p] . . . . (A.3) – 286

Identifikationsbefehl einer anwendereigenen `letter`-Bearbeitungsklasse zur Ausgabe des lokalen Rechnernamens in der eigenen E-Mail-Adresse.

[2_ε] `\emph{`*text*`}` . . . . (4.1.1) – 58

Der Befehl schaltet für das übergebene Textargument *text* auf eine hervorhebende Schriftart um, wie dies für die vorangegangene Erklärung `\em` beschrieben wurde. Zusätzlich wird eine evtl. erforderliche Italic-Korrektur am Textanfang oder Textende automatisch eingefügt.

`\emptyset` [m] erzeugt $\emptyset$. . . . . (5.3.6) – 122

\encl{*anlagen*} .... (279) – 279
    Befehl der Bearbeitungsklasse letter zur Ausgabe von „encl:" oder, mit der Option german, „Anlagen:", gefolgt von einer Liste der mit *anlagen* angegebenen Anlagen.

\enclname [i] .... (D.2.3) – 350
    Sprachspezifischer Namensbefehl, der bei der Dokumentklasse letter dem \encl-Befehl standardmäßig den Wert ‚encl' und mit dem Ergänzungspaket german den Text ‚Anlage(n)' zuweist.

\end{*umgebung*} .... (2.2) – 13
    Beendigungsbefehl für eine Umgebung, die mit \begin{*umgebung*} eröffnet wurde.

english [g] .... (D.1.7) – 343
    Umschaltungsname auf englische Sprachstrukturen mit \selectlanguage.

[2_ε] \enlargethispage{*zus_höhe*} .... (3.5.5.5) – 52
    Der voreingestellte Wert für die Texthöhe \textheight wird für die laufende Seite um den Maßbetrag von *zus_höhe* vergrößert. Für nachfolgende Seiten gilt wieder der ursprüngliche Wert von \textheight.

[2_ε] \enlargethispage*{*zus_höhe*} .... (3.5.5.5) – 52
    Wirkt wie die Standardform von \enlargethispage, wobei zusätzlich alle elastischen vertikalen Zwischenräume ihre Minimalwerte annehmen, was zur maximalen Textfüllung für die laufende Seite führt.

[2_ε] \ensuremath{*math_befehle*} .... (7.3.4) – 185
    Der Befehl bewirkt, dass vor Ausführung der eingeschlossenen mathematischen Befehle *math_befehle* in den korrekten mathematischen Bearbeitungsmodus umgeschaltet wird, was u. a. die richtige Größenauswahl für die mathematischen Zeichen garantiert.

\epsilon [m] erzeugt ϵ. .... (5.3.1) – 120
\equal{zk_1}{zk_2} .... (7.4) – 189
    Abfragetest auf Gleichheit von zwei Zeichenketten zk_a und zk_2. S. auch \ifthenelse.

\equiv [m] erzeugt $\equiv$. .... (5.3.4) – 121
\eta [m] erzeugt η. .... (5.3.1) – 120
\evensidemargin [v] .... (3.2.5) – 35
    Linker Rand für gerade Seiten. Wirksam nur bei der Bearbeitungsklasse book bzw. bei den anderen, falls Klassenoption twoside gesetzt. Wertzuweisung mit \setlength:
        \setlength{\evensidemargin}{2.5cm}

\exists [m] erzeugt $\exists$. .... (5.3.6) – 122
\exp [m] .... (5.3.8) – 123
    Befehl zur Erzeugung des Funktionsnamens „exp" in Formeln.

\extracolsep{*zusatz_breite*} .... (4.8.1) – 94
    Tabellenbefehl zur Einrichtung zusätzlicher Breite vor allen nachfolgenden Spalten der Tabelle. Der Befehl wird als @-Ausdruck im Formatierungsfeld der Tabellenumgebung übergeben: \begin{tabular}{lr@{\extracolsep{2.5mm}}lcr}.

\fbox{*text*} erzeugt einen Rahmen um $\boxed{text}$. .... (4.7.1) – 85
\fboxrule .... (4.7.8) – 93
    Liniendicke für die durch \fbox und \framebox erzeugten Rahmen. Wertzuweisung mit \setlength und Änderung evtl. mit \addtolength:
        \setlength{\fboxrule}{1pt} \addtolength{\fboxrule}{-.5pt}

KURZBESCHREIBUNG DER BEFEHLE 443

\fboxsep . . . . (4.7.8) – 93
    Abstand zwischen Rahmen und Text bei den \fbox- und \framebox-Befehlen. Wertzuweisung mit \setlength und Änderung evtl. mit \addtolength:
        \setlength{\fboxsep}{1mm}   \addtolength{\fboxsep}{.5mm}

[2ε] \fcolorbox{*farbe_r*}{*farbe_h*}{*text*} . . . . (E.3.4) – 365
[2ε] \fcolorbox[*model*]{*farb_def_r*}{*farb_def_h*}{*text*} . . . . (E.3.4) – 365
    Farbboxbefehl aus dem Ergänzungspaket color.sty, bei dem der übergebene Text *text* in eine LR-Box gefasst wird. Der Hintergrund dieser LR-Box erscheint in der mit *farbe_h* angegebenen oder mit *farb_def_h* definierten Farbe. Die Box erhält gleichzeitig eine Umrandung in der mit *farbe_r* angegebenen oder mit *farb_def_r* definierten Farbe. Bei der zweiten Syntaxform beziehen sich beide Farbdefinitionen auf das gleiche Farbmodell *model*. Beispiele:
        \fboxrule{red}{green}{\parbox{30mm}{*eingeschl. Text*}}
        \fboxrule[rgb]{1,0,0}{0,1,0}{farbumrandeter Text}
    Randstrichstärke und Randabstand zum eingeschlossenen Text werden mit den Box-Stilparametern \fboxrule und \fboxsep vorgegeben.

\figurename [i] . . . . (D.2.3) – 349
    Sprachspezifischer Namensbefehl, der bei der Originalbearbeitung ‚Figure' und mit dem Ergänzungspaket german ‚Abbildung' zurückliefert.

\fill . . . . (2.4.2) – 15
    Elastisches Maß mit der natürlichen Länge „Null Einheiten", das auf jede beliebige Länge gedehnt werden kann.

\flat [m] erzeugt ♭. . . . . (5.3.6) – 122
\floatpagefraction . . . . (6.6.3) – 170
    Der Bruchteil einer eigenen Seite für Gleitobjekte, der von Gleitobjekten mindestens gefüllt werden muss, bevor eine neue Seite bereitgestellt wird. Wertzuweisung durch \renewcommand{\floatpagefraction}{*dezimal_bruch*}.

\floatsep . . . . (6.6.3) – 171
    Der vertikale Abstand zwischen Gleitobjekten, die auf einer Seite oben oder unten erscheinen. Wertzuweisung einer elastischen Maßangabe mit \setlength:
        \setlength{\floatsep}{12pt plus2pt minus4pt}

\flq [g] . . . . (D.1.6) – 342
    Befehl zur Erzeugung der französischen, *öffnenden* halben Anführungszeichen:
    \flq = ‹.

\flqq [g] . . . . (D.1.6) – 342
    Befehl zur Erzeugung der französischen *öffnenden* Anführungszeichen:
    \flqq = «. Gleichwertig mit "<.

\flushbottom . . . . (3.2.5) – 36
    Absätze werden so weit auseinander gezogen, dass alle Seiten an der untersten Zeile übereinstimmen. Standard bei book bzw. twoside.

\fnsymbol{*zähler*} . . . . (7.1.4) – 179
    Druckt den augenblicklichen Wert von *zähler* als „Fußnotensymbol" aus: * † ‡ § ¶ ‖ ** †† ‡‡.

[2ε] \fontencoding{*code*} . . . . (8.5.1) – 232

Auswahlbefehl für das Kodierattribut eines Zeichensatzes. Bei Beschränkung auf die TEX-CM-Standardschriften besteht beim Anwender kaum ein Bedarf für diesen Einstellbefehl. S. auch Schlussanmerkung zu \fontsize.

[2ε] \fontfamily{*fam*} . . . . (8.5.1) – 232

Auswahlbefehl für das Familienattribut. Für die TEX-CM-Standard-Textschriften sind die zulässigen Werte für *fam*: cmr, cmss, cmtt, cmfib, cmfr, cmdh. S. auch Schlussbemerkung zu \fontsize.

[2ε] \fontseries{*st_br*} . . . . (8.5.1) – 233

Auswahlbefehl für das Serienattribut. Zulässige Werte für *st_br* sind bei einer LATEX 2ε-Standardinstallation m (medium) und bx (bold extended). S. auch Schlussbemerkung zu \fontsize.

[2ε] \fontshape{*form*} . . . . (8.5.1) – 233

Auswahlbefehl für das Formatattribut. Zulässige Werte für *form* sind: n (normal, aufrecht), it (kursiv, italic), sl (geneigt, slanted), sc (Kapitälchen) und u (italic aufrecht). S. auch Schlussbemerkung zu \fontsize.

[2ε] \fontsize{*größe*}{*z_abst*} . . . . (8.5.1) – 233

Auswahlbefehl für das Schriftgrößenattribut. Dieses besteht aus einem Wertepaar, von dem das erste *größe* die Schriftgröße und das zweite *z_abst* den Zeilenabstand bestimmt. Für beide Einstellwerte können Maßangaben gewählt werden. Erfolgen sie dagegen als reine Zahlenangaben, so werden sie mit der Maßeinheit 'pt' verknüpft.

Die vorstehenden Attributauswahlbefehle werden beim Normalanwender kaum zur Anwendung kommen, da sie ihrerseits durch die Zeichensatzbefehle aus 4.1.5–4.1.4 intern mit passenden Attributvorgaben versehen werden und gleichzeitig den zugehörigen Zeichensatz aktivieren. Die Attributauswahlbefehle stellen zunächst lediglich das zugewiesene Attribut ein, ohne den zugehörigen Zeichensatz selbst zu aktivieren. Dies kann nach Wechsel eines oder mehrerer Attribute mit dem Befehl \selectfont geschehen.

\footnote[*num*]{*fußnotentext*} . . . . (4.9.1), (4.9.2) – 106, 107

Erzeugt eine Fußnote mit dem Text *fußnotentext*. Der optionale Parameter *num* unterdrückt die automatische Nummerierung und verwendet stattdessen den eingetragenen Wert.

\footnotemark[*num*] . . . . (4.9.4) – 108

Erzeugt eine Fußnotenmarkierung im laufenden Text. Der optionale Parameter *num* unterdrückt die automatische Nummerierung und verwendet stattdessen den eingetragenen Wert. Kann in Strukturen verwendet werden, in denen \footnote nicht erlaubt ist (LR-Boxen, Tabellen, math. Formeln u. a.).

\footnoterule . . . . (4.9.3) – 107

Dieser interne Befehl erzeugt den horizontalen Strich zwischen dem Seitentext und anschließenden Fußnoten. Eine Änderung erfolgt mit:

\renewcommand{\footnoterule}{\rule{*breite*}{*höhe*}\vspace{-*höhe*}}

\footnotesep . . . . (4.9.3) – 107

Der vertikale Abstand zwischen zwei Fußnoten. Wertzuweisung mit \setlength und Änderung evtl. mit \addtolength:

\setlength{\footnotesep}{6.5pt}

`\footnotesize` . . . . (4.1.2) – 58
    Umschaltung auf die Schriftgröße `\footnotesize`. Kleiner als `\small`, aber größer als `\scriptsize`.

`\footnotetext [num] {fußnotentext}` . . . . (4.9.4) – 108
    Erzeugt eine Fußnote mit dem Text *fußnotentext* ohne Fußnotenmarkierung im laufenden Text. Die Fußnote erhält den aktuellen Wert des Fußnotenzählers, der hierbei nicht verändert wird, oder bei Verwendung des optionalen Parameters den Wert *num*. Zusammen mit `\footnotemark` können Fußnoten in verbotenen Strukturen (LR-Boxen, math. Formeln, Tabellen u. a.) erzeugt werden, wobei `\footnotetext` im Anschluss an die unerlaubte Struktur gesetzt wird.

`\footskip [v]` . . . . (3.2.5) – 35
    Abstand von der Unterkante des Seitenrumpfes zur Unterkante der Fußzeile. Wertzuweisung mit `\setlength` und Änderung evtl. mit `\addtolength`:
        `\setlength{\footskip}{25pt}`   `\addtolength{\footskip}{-5pt}`

`\forall [m]` erzeugt ∀. . . . . (5.3.6) – 122

`\frac{zähler}{nenner} [m]` . . . . (5.2.3) – 117
    Mathematischer Grundbefehl zur Erzeugung eines Bruchs.

`\frame{text}` . . . . (6.4.9) – 159
    Erzeugt einen Rahmen ohne Zwischenraum um *text*. Anwendung im Wesentlichen als Bildobjektbefehl in `\put`- und `\multiput`-Befehlen innerhalb der picture-Umgebung.

`\framebox [breite] [pos] {text}` . . . . (4.7.1) – 85
    Erzeugt einen Rahmen der Breite *breite* um *text*. Der Text erscheint innerhalb des Rahmens standardmäßig horizontal zentriert und kann optional mit l oder r für *pos* links- oder rechtsbündig angeordnet werden.

`\framebox(x_dimen,y_dimen) [pos] {text}` . . . . (6.4.2) – 150
    Bildobjektbefehl zur Erzeugung eines Rahmens der Breite x_dimen und der Höhe y_dimen in der picture-Umgebung. Ohne *pos* erscheint der Textinhalt von *text* innerhalb des Rahmens zentriert. Der optionale Parameter *pos* lässt mit l, r, t, b oder einer Paarkombination wie lt eine geänderte Positionierung zu. Der Befehl ist als Argument in einem `\put`- oder `\multiput`-Befehl einzusetzen.

`french [g]` . . . . (D.1.7) – 343
    Umschaltungsname auf französische Sprachstrukturen mit `\selectlanguage`.

`\frenchspacing` . . . . (3.5.1.2) – 46
    Nach diesem Befehl entfällt der Zusatzzwischenraum nach Satzzeichen im nachfolgenden Text. Rückschaltbefehl: `\nonfrenchspacing`.

[2ε] `\frontmatter` . . . . (3.3.5) – 42
    Sonderbefehl aus der Bearbeitungsklasse book, mit dem der *Vorspann* eines Buches eingeleitet wird. Hierzu gehören üblicherweise das Vorwort und das Inhaltsverzeichnis. Etwaige `\chapter`-Befehle erscheinen nach `\frontmatter` ohne Kapitelnummern. Die Seitennummerierung erfolgt für den nachfolgenden Text in kleinen römischen Zahlen.

`\frown [m]` erzeugt ⌢. (5.3.4) – . 121

`\frq [g]` . . . . (D.1.6) – 342
    Befehl zur Erzeugung der französischen, *schließenden* halben Anführungszeichen: `\frq = >`.

\frqq [g] . . . . (D.1.6) – 342
    Befehl zur Erzeugung der französischen *schließenden* Anführungszeichen:
    \frqq = ». Gleichwertig mit "">.

\fussy . . . . (3.6.3) – 55
    Rückschaltbefehl auf die Standardformatierung, wenn mit \sloppy vorher großzügigere
    Wortabstände zugelassen waren.

\Gamma [m] erzeugt Γ. (5.3.1) – 120
\gamma [m] erzeugt γ. (5.3.1) – 120
\gcd [m] . . . . (5.3.8) – 123
    Befehl zur Erzeugung des Funktionsnamens „gcd" in Formeln. Kombinierbar mit unterer
    Grenzangabe durch Tiefstellung.

\ge [m] erzeugt ≥. . . . . (5.3.4) – 121
\geq [m] erzeugt ≥. . . . . (5.3.4) – 121
german [g] . . . . (D.1.7) – 343
    Umschaltungsname auf deutsche Sprachstrukturen mit \selectlanguage.

\germanTeX [g] . . . . (D.1.8) – 344
    Wiedereinschaltung der deutschen LaTeX-Befehle, wenn mit \originalTeX auf die
    LaTeX-Originalbearbeitung geschaltet war.

\gets [m] erzeugt ←. (5.3.5) – 122
\gg [m] erzeugt ≫. . . . . (5.3.4) – 121
\glossary{*glossary_eintrag*} . . . . (8.2.4) – 214
    Schreibt einen \glossaryentry-Befehl in das .glo-File.

\glossaryentry{*glossary_eintrag*}{*seiten_nummer*} . . . . (8.2.4) – 214
    In dieser Form mit jedem \glossary-Befehl in das .glo-File geschrieben.

\glq [g] . . . . (D.1.5) – 342
    Befehl zur Erzeugung der deutschen halben Anführungsstriche ‚unten': \glq = ‚

\glqq [g] . . . . (D.1.5) – 342
    Befehl zur Erzeugung der deutschen Anführungsstriche „unten": \glqq = „
    Gleichwertig mit ""'.

[2ε] \graphpaper [*num*] (x_b, y_b) (x_l, y_l) . . . . (6.5.6) – 166
    Ein Zusatzbefehl aus dem Ergänzungspaket graphpap.sty für die picture-Umgebung,
    mit dem ein Gitternetz mit Koordinatennummerierung erzeugt wird. Die linke untere
    Ecke des Gitternetzes liegt bei (x_b, y_b), das Gitternetz ist x_l Längeneinheiten breit und
    y_l Längeneinheiten hoch. Gitterlinien erscheinen bei jeweils *num* Koordinateneinheiten,
    wobei jede fünfte Linie verstärkt ausgezogen wird. Entfällt der optionale Wert für *num*,
    so wird er standardmäßig als 10 gewählt. Die Koordinatenbezifferung erfolgt an den
    verstärkten Gitterlinien.

\grave{x} [m] . . . . (5.3.9) – 124
    Gravis-Akzent über math. Variable x: \grave{a} = à.

KURZBESCHREIBUNG DER BEFEHLE

\grq [g] . . . . (D.1.5) – 342
    Befehl zur Erzeugung der deutschen halben Anführungsstriche ‚oben‘: \grq = '.

\grqq [g] . . . . (D.1.5) – 342
    Befehl zur Erzeugung der deutschen Anführungsstriche „oben": \grqq = ".
    Gleichwertig mit "'.

\H{*zeichen*} . . . . (2.5.7) – 18
    Ungarischer Doppelakut-Akzent: \H{o} = ő.

\hat{x} [m] . . . . (5.3.9) – 124
    Circumflex über math. Variable x: \hat{a} = $\hat{a}$.

\hbar [m] erzeugt $\hbar$. . . . . (5.3.6) – 122

\headheight [v] . . . . (3.2.5) – 35
    Erklärt die Höhe der Kopfzeile einer Seite. Wertzuweisung mit \setlength und Änderung evtl. mit \addtolength:
        \setlength{\headheight}{25pt} \addtolength{\headheight}{5pt}

\headsep [v] . . . . (3.2.5) – 35
    Vertikaler Abstand zwischen Unterkante der Kopfzeile und Oberkante des Seitentextes. Wertzuweisung mit \setlength und Änderung evtl. mit \addtolength:
        \setlength{\headsep}{0.25in} \addtolength{\headsep0.15in}

\headtoname [i] . . . . (D.2.3) – 350
    Sprachspezifischer Namensbefehl, der bei der Dokumentklasse letter standardmäßig den Wert ‚To' und mit dem Ergänzungspaket german den Text ‚An' zuweist. Dieses Wort erscheint in den Kopfzeilen auf Folgeseiten vor dem Namen des Empfängers.

\heartsuit [m] erzeugt $\heartsuit$. . . . . (5.3.6) – 122

[2ε] \height . . . . (4.7.1), (4.7.4) – 86, 90
    Referenzmaßbefehl, der die Höhe einer Box, d. h. ihre Abmessung von der Grundlinie bis zur Boxoberkante, zurückliefert. Auf dieses Maß kann zur Breiteneinstellung einer LR-Box in \makebox, \framebox oder \savebox sowie zur Höheneinstellung in \parbox oder der minipage-Umgebung zurückgegriffen werden. Beispiel:
        \framebox[6\height]{*text*}

\hfill . . . . (3.5.1.6) – 47
    Horizontaler Zwischenraum beliebiger Dehnbarkeit innerhalb einer Textzeile bzw. Auffüllung einer Zeile zur vollen Zeilenlänge mit Leerraum. Der Befehl steht als Abkürzung für \hspace{\fill}.

\hline . . . . (4.8.1) – 95
    Erzeugt eine horizontale Linie innerhalb der array- und tabular-Umgebung über die gesamte Tabellenbreite.

\hoffset [v] 488, 489
    Linker Bezugsrand bei der Seitenformatierung. Standardwert ist 0 pt, der Bezugsrand ist damit gleich dem physikalischen Druckerrand. Wertzuweisung mit \setlength. Der zugewiesene Wert ist zur Kompensation der Druckerzufügung häufig eine negative Maßangabe: \setlength{\hoffset}{-1in}.

\hom [m] . . . . (5.3.8) – 123
    Befehl zur Erzeugung des Funktionsnamens „hom" in Formeln.

\hookleftarrow [m] erzeugt ↩. . . . . (5.3.5) – 122

\hookrightarrow [m] erzeugt ↪. . . . . (5.3.5) – 122

\hrulefill . . . . (3.5.1.7) – 48
    Auffüllung von Zwischenraum einer Zeile zur vollen Zeilenlänge mit einem horizontalen Strich: _____ = \hrulefill.

\hspace{*weite*} . . . . (3.5.1.6) – 47
    Erzeugt horizontalen Zwischenraum der Länge *weite*. Beispiel: \hspace{1cm}. Zwischenraum am Anfang oder Ende einer Zeile wird unterdrückt.

\hspace*{*weite*} . . . . (3.5.1.6) – 47
    Erzeugt horizontalen Zwischenraum der Länge *weite*, auch wenn der Befehl am Anfang oder Ende einer Zeile steht. Mit \hspace*{\fill} kann beliebig elastischer Leerraum auch am Zeilenanfang eingerichtet werden.

\Huge . . . . (4.1.2) – 58
    Umschaltung auf die größte verfügbare Schriftgröße \Huge.

\huge . . . . (4.1.2) – 58
    Umschaltung auf die Schriftgröße \huge. Kleiner als \Huge, aber größer als \LARGE.

\hyphenation{*Trennungsliste*} [v] . . . . (3.6.2) – 55
    Anlegen eines Trennverzeichnisses. Die *Trennungsliste* besteht aus einer Reihe von Wörtern, bei denen die möglichen Trennungen durch - gekennzeichnet sind:
    `Tren-nun-gen Wor-ten ge-kenn-zeich-net`

\i erzeugt ı. . . . . (2.5.7) – 18

\iff [m] erzeugt ⟺. . . . . (5.3.5) – 122

\ifthenelse{*test*}{*wenn_zweig*}{*sonst_zweig*} . . . . (7.4) – 189
    Bedingungsabhängiger LaTeX-Befehl aus dem Ergänzungspaket `ifthen.sty`, bei dem die Angaben von *wenn_zweig* ausgeführt werden, wenn die Testprüfung *test* den logischen Wert ‚wahr' hat. Ergibt die Testprüfung ‚falsch', dann werden die Angaben aus *sonst_zweig* ausgeführt. Als Testprüfung können für *test* gewählt werden:

1. \equal{s_1}{s_2}, womit zwei Zeichenketten s_1 und s_2 auf Gleichheit geprüft werden.

2. $n_1 < n_2$, $n_1 = n_2$ oder $n_1 > n_2$, womit zwei Zahlen oder Zähler n_1 und n_2 auf kleiner, gleich oder größer miteinander verglichen werden.

3. $\boxed{2_\varepsilon}$ \isodd{*zahl*}, womit geprüft wird, ob der Wert einer Zahl oder eines Zählers *zahl* ungerade ist.

4. $\boxed{2_\varepsilon}$ \lengthtest{$m_1 * m_2$}, womit zwei Maße oder Maßbefehle m_1 und m_2 auf kleiner, gleich oder größer miteinander verglichen werden, was mit $<$, $=$ oder $>$ für $*$ erfolgt.

5. $\boxed{2_\varepsilon}$ \boolean{*schalter*}, womit eine Schaltervariable *schalter*, die nur die Werte ‚wahr' oder ‚falsch' haben kann, auf ihren logischen Wert abgefragt wird.

    Die vorstehenden logischen Prüfungen können untereinander mit den logischen Operatoren \not, \and und \or verknüpft sowie durch Klammerung mit \(...\) zu größeren logischen Einheiten zusammengefasst werden.

\Im [m] erzeugt $\Im$. . . . . (5.3.6) – 122
\imath [m] erzeugt $\imath$. . . . . (5.3.6) – 122
\in [m] erzeugt $\in$. . . . . (5.3.4) – 121
\include{*file_n*} . . . . (8.1.2) – 204
    Der Text des Files mit dem Namen *file_n* wird an der Stelle dieses Befehls in die LaTeX-Bearbeitung eingefügt. Enthält der Filename den Anhang .tex, so genügt die Angabe des Grundnamens für *file_n*. Das eingelesene File beginnt stets mit einer neuen Seite!

\includeonly{*file_liste*} [v] . . . . (8.1.2) – 204
    Nur die in der Liste *file_liste* aufgeführten, durch Kommata getrennten Files werden bei den im Textteil durch \include aufgerufenen Einfügungen tatsächlich bearbeitet. Trotz selektiver Bearbeitung werden richtige Gliederungs- und Seitennummern erzeugt.

\indent . . . . (3.5.4) – 50
    Die erste Zeile des *nächsten* Absatzes wird eingerückt.

\index{*index_eintrag*} . . . . (8.2.3), (8.3.2) – 212, 215
    Schreibt einen \indexentry-Befehl in das .idx-File. In Verbindung mit MakeIndex (s. 8.3.2 auf S. 215f.) sind Einträge der Form
        \index{*haupt_eintrag*}
        \index{*haupt_eintrag*!*sub_eintrag*}
        \index{*haupt_eintrag*!*sub_eintrag*!*sub_sub_eintrag*}
    möglich, mit denen MakeIndex eine lexikalisch geordnete theindex-Umgebung mit \item-, \subitem- und \subsubitem-Befehlen und den zugehörigen Einträgen erzeugt.

\indexentry{*index_eintrag*}{*seiten_nummer*} . . . . (8.2.3) – 212
    In dieser Form mit jedem \index-Befehl in das .idx-File geschrieben.

\indexname [i] . . . . (D.2.3) – 349
    Sprachspezifischer Namensbefehl, der bei der Originalbearbeitung ‚Index' und mit dem Ergänzungspaket german ‚Stichwortverzeichnis' oder evtl. ebenfalls ‚Index' zurückliefert.

\indexspace . . . . (8.2.3) – 212
    Erzeugt eine Leerzeile innerhalb der theindex-Umgebung.

\inf [m] . . . . (5.3.8) – 123
    Befehl zur Erzeugung des Funktionsnamens „inf" in Formeln. Kombinierbar mit unterer Grenzangabe durch Tiefstellung.

\infty [m] erzeugt ∞. . . . . (5.3.6) – 122
\input{*file*} . . . . (8.1.1) – 203
    Fügt den Text des Files mit dem Namen *file* in den laufenden Text an der Stelle dieses Befehls ein. Enthält der Filename den Anhang .tex, so genügt die Angabe des Grundnamens für *file*. Ein mit \input eingelesenes File darf weitere \input-Befehle enthalten.

\int [m] erzeugt $\int$. . . . . (5.2.5) – 118
\intextsep . . . . (6.6.3) – 171
    Der vertikale Abstand zwischen Gleitobjekten und umgebendem Text. Wertzuweisung einer elastischen Maßangabe (s. 2.4.2) mit \setlength:
        \setlength{\intextsep}{8pt plus2pt minus2pt}

\invisible . . . . (E.1.3) – 357
LATEX-Befehl aus der Bearbeitungsklasse slides zur Formatierung und Positionierung eines unsichtbaren Textes in slide- und overlay-Umgebungen.

\iota [m] erzeugt ι. . . . . (5.3.1) – 120

\isodd{*zahl*} . . . . (7.4) – 189
Abfragetest auf ungerade Zahlenwerte *zahl*. S. auch \ifthenelse.

2.09 \it . . . . (4.1.5) – 63
Schriftumschaltung auf „*Italic = kursiv*" (Roman/medium/italic).

2ε \itdefault . . . . (8.5.2) – 236
LATEX 2ε-Definitionsbefehl, mit dem das für den Befehl \itshape zugewiesene Formattribut festgelegt wird. Die Standardzuweisung it kann mit \renewcommand verändert werden, z. B. \renewcommand{\itdefault}{sl}.

\item[*marke*] . . . . (4.3), (4.4.1) – 69, 75
Erzeugung einer Markierung in einer listenartigen Umgebung. Ohne den optionalen Parameter *marke* erfolgt eine von der Umgebung abhängige Standardmarkierung. Mit der Option wird der Text von *marke* als Markierung benutzt.

\item{*eintrag*} . . . . (8.2.3) – 212
Erzeugung eines Haupteintrags in der theindex-Umgebung.

\itemindent . . . . (4.4.2) – 77
Der Betrag, um den der Text der ersten Zeile nach jedem \item-Befehl in der list-Umgebung eingerückt erscheint. Dieser Wert ist standardmäßig 0 pt, kann aber mit \setlength oder \addtolength geändert werden, z. B.:
    \setlength{\itemindent}{1em}   \addtolength{\itemindent}{1em}

\itemsep . . . . (4.4.2) – 76
Der zusätzlich zu \parsep eingefügte vertikale Abstand zwischen dem vorangehenden Aufzählungstext und der folgenden Listenmarkierung. Elastische Wertzuweisung mit \setlength und Änderung evtl. mit \addtolength:
    \setlength{\itemsep}{2pt plus1pt minus1pt}
    \addtolength{\itemsep}{0pt plus.5pt minus-1pt}

2ε \itshape . . . . (4.1.3) – 59
Schriftumschaltbefehl für das Formatattribut ,it' (*Italic*, genauer \itdefault) unter Beibehaltung des Familien-, Serien-, Kodier- und Größenattributs.

\j erzeugt ȷ. . . . . (2.5.7) – 18
\jmath [m] erzeugt ȷ. . . . . (5.3.6) – 122
\Join [m] erzeugt ⋈. . . . . (5.3.6) – 122
\jot [m] . . . . (5.5.6) – 143
Der vertikale Zwischenraum zwischen den Zeilen einer mit den Umgebungen eqnarray oder eqnarray* erzeugten Formelgruppe. Standardwert ist 3 pt. Änderung mit \setlength oder \addtolength:
    \addtolength{\jot}{1.5pt}   \setlength{\jot}{4.5pt}

\kappa [m] erzeugt κ. . . . . (5.3.1) – 120
\ker [m] . . . . (5.3.8) – 123
    Befehl zur Erzeugung des Funktionsnamens „ker" in Formeln.

\kill . . . . (4.6.2) – 82
    Entfernen der zur Tabulatorsetzung benutzten Musterzeile innerhalb der tabbing-Umgebung.

\L erzeugt Ł. . . . . (2.5.6) – 17
\l erzeugt ł. . . . . (2.5.6) – 17
\label{*marke*} . . . . (8.2.1) – 209
    Anbringen einer unsichtbaren Markierung *marke* im Text, auf die mit den Befehlen \ref{*marke*} und \pageref{*marke*} Bezug genommen werden kann.

\labelenum*n* . . . . (4.3.5) – 72
    Erklärungsbefehl für die Standardmarkierungen der enumerate-Umgebungen für alle Schachtelungstiefen mit *n* als i, ii, iii und iv. Mit
        \renewcommand{\labelenumii}{\arabic{enumii}.)}
    erscheint die Markierung der enumerate-Umgebung zweiter Stufe als 1.), 2.) usw.

\labelitem*n* . . . . (4.3.5) – 72
    Erklärungsbefehl für die Standardmarkierungen der itemize-Umgebung für alle Schachtelungstiefen mit *n* als i, ii, iii und iv. Mit
        \renewcommand{\labelitemi}{$\Rightarrow$}
    erscheint die Markierung der äußersten itemize-Umgebung (erste Stufe) als $\Rightarrow$.

\labelsep . . . . (4.4.2) – 77
    Innerhalb der list-Umgebung der Abstand zwischen dem Markierungsfeld und dem Listentext. Wertzuweisung mit \setlength und Änderung evtl. mit \addtolength:
        \setlength{\labelsep}{5pt} \addtolength{\labelsep}{1.5pt}

\labelwidth . . . . (4.4.2) – 77
    Breite des Markierungsfeldes in der list-Umgebung. Wertzuweisung mit \setlength und Änderung evtl. mit \addtolength:
        \setlength{\labelwidth}{2.2cm} \addtolength{\labelwidth}{3mm}

\Lambda [m] erzeugt Λ. . . . . (5.3.1) – 120
\lambda [m] erzeugt λ. . . . . (5.3.1) – 120
\langle [m] erzeugt $\langle$. . . . . (5.4.1) – 126
\language{*num*} . . . . (D.2.2), (F.1.1) – 346, 373
    Ab Version TeX 3.x können in ein Formatfile mehrere Trennmusterfiles eingebunden werden, die mit der Kennung durch \language{*num*} bei der LaTeX-Bearbeitung aktiviert werden, wobei für *num* diejenige Zahl, 0, 1, 2, ... anzugeben ist, die bei der INITEX-Bearbeitung dem eingelesenen Trennmuster mit dem gleichen \language-Befehl vorangestellt wurde.

\LARGE . . . . (4.1.2) – 58
    Umschaltung auf die Schriftgröße \LARGE. Kleiner als \huge, aber größer als \Large.

\Large . . . . (4.1.2) – 58
    Umschaltung auf die Schriftgröße \Large. Kleiner als \LARGE, aber größer als \large.

\large . . . . (4.1.2) – 58
    Umschaltung auf die Schriftgröße \large. Kleiner als \Large, aber größer als \normalsize.

\LaTeX erzeugt LaTeX. . . . . (2.1) – 12

2ε \LaTeXe erzeugt LaTeX 2_ε. . . . . (2.1) – 12

\lceil [m] erzeugt $\lceil$. . . . . (5.4.1) – 126

\ldots erzeugt . . . . (5.2.6) – 119

\le [m] erzeugt $\leq$. (5.3.4) – 121

\leadsto [m] erzeugt $\leadsto$. . . . . (5.3.5) – 122

\left*kl_symbol* [m] . . . . (5.4.1) – 126
    Passt ein Klammersymbol an die durch \left ... \right-Paare eingeschlossene Teilformel in der Größe an. Beispiel: \left[. Soll ein Klammersymbol *ungepaart* verwendet werden, so kann das Gegensymbol als \left. bzw. \right. (Klammersymbol '.') als *unsichtbares* Symbol benutzt werden.

\Leftarrow [m] erzeugt $\Leftarrow$. . . . . (5.3.5) – 122

\leftarrow [m] erzeugt $\leftarrow$. . . . . (5.3.5) – 122

\lefteqn [m] . . . . (5.4.7) – 133
    Befehl innerhalb der eqnarray-Umgebung, nach dem die zweite und weitere Formelzeilen mit einer kleinen Einrückung gegenüber der ersten Zeile erscheinen.

\leftharpoondown [m] erzeugt $\leftharpoondown$. . . . . (5.3.5) – 122

\leftharpoonup [m] erzeugt $\leftharpoonup$. . . . . (5.3.5) – 122

\leftline{*text*} . . . . (4.2.2) – 67
    Ergänzender TeX-Befehl, der den Inhalt von *text* in eigener Zeile linksbündig anordnet.

\leftmargin . . . . (4.4.2) – 77
    In der list-Umgebung die Einrücktiefe des linken Randes gegenüber dem linken Rand des umgebenden Textes. Wertzuweisung mit \setlength und Änderung evtl. mit \addtolength. Bei verschachtelten list-Umgebungen können die verschiedenen Schachtelungstiefen durch Anhängen von i...vi gekennzeichnet werden, z. B. \setlength{\leftmarginiii}{0.5cm}. S. hierzu auch (4.4.6) – 79.

\Leftrightarrow [m] erzeugt $\Leftrightarrow$. . . . . (5.3.5) – 122

\leftrightarrow [m] erzeugt $\leftrightarrow$. . . . . (5.3.5) – 122

\lengthtest{*dim_vergl*} . . . . (7.4) – 189
    Abfragetest für Längenvergleiche *dim_vergl*. S. auch \ifthenelse.

\leq [m] erzeugt $\leq$. (5.3.4) – 121

\lfloor [m] erzeugt $\lfloor$. . . . . (5.4.1) – 126

\lg [m] . . . . (5.3.8) – 123
    Befehl zur Erzeugung des Funktionsnamens „lg" in Formeln.

\lhd [m] erzeugt $\lhd$. (5.3.3) – 121

\lim [m] . . . . (5.3.8) – 123
    Befehl zur Erzeugung des Funktionsnamens „lim" in Formeln. Kombinierbar mit unterer Grenzangabe durch Tiefstellung.

KURZBESCHREIBUNG DER BEFEHLE

\liminf [m] .... (5.3.8) – 123
    Befehl zur Erzeugung des Funktionsnamens „lim inf" in Formeln. Kombinierbar mit unterer Grenzangabe durch Tiefstellung.

\limits [m] .... (5.2.5), (5.3.7) – 118, 123
    Ordnet obere und untere Grenzen über und unter den zugeordneten Symbolen an, wenn diese standardmäßig hinter den Symbolen angebracht werden.

\limsup [m] .... (5.3.8) – 123
    Befehl zur Erzeugung des Funktionsnamens „lim sup" in Formeln. Kombinierbar mit unterer Grenzangabe durch Tiefstellung.

\line($\Delta x, \Delta y$){*länge*} .... (6.4.3) – 153
    Bildobjektbefehl innerhalb der `picture`-Umgebung zur Erzeugung beliebiger horizontaler und vertikaler Linien sowie einer begrenzten Zahl geneigter Linien. Bei hor. und vert. Linien stellt *länge* die Länge in den mit \unitlength gesetzten Längeneinheiten dar, bei geneigten Linien die Projektion der Linienlänge auf die x-Achse. Die Neigung wird durch das Neigungspaar ($\Delta x, \Delta y$) bestimmt, das nur ganzzahlige Werte $-6 \leq \Delta x \leq 6$ und $-6 \leq \Delta y \leq 6$ annehmen darf.

\linebreak[n] .... (3.5.2.2) – 49
    Eine Empfehlung, eine Zeile an der Stelle des Befehls beidbündig zu umbrechen. Die Dringlichkeit der Empfehlung wird durch eine ganze Zahl zwischen 0 und 4 zum Ausdruck gebracht, wobei 4, ebenso wie der Befehl ohne die Option, gleichbedeutend mit zwingend ist.

\linethickness{*strichdicke*} .... (6.5.1) – 160
    Erklärt die Strichdicke für horizontale und vertikale Linien innerhalb der `picture`-Umgebung. Für *strichdicke* ist eine Maßzahl einzutragen, z. B. 1.2 mm.

\listfigurename [i] .... (D.2.3) – 349
    Sprachspezifischer Namensbefehl, der bei der Originalbearbeitung ‚List of Figures' und mit dem Ergänzungspaket german ‚Abbildungsverzeichnis' zurückliefert.

[2ε] \listfiles [v] .... (8.4.2) – 230
    Dieser Vorspannbefehl bewirkt, dass am Ende der LaTeX-Bearbeitung alle eingelesenen Systemfiles mit ihren Namen, Versionsnummern, Versionsdaten und evtl. weiteren Erstellungsinformationen auf dem Bildschirm aufgelistet und zugleich im Protokollfile abgelegt werden.

\listoffigures .... (3.4.4) – 45
    Erzeugt ein Abbildungsverzeichnis mit den Angaben der \caption-Befehle.

\listoftables .... (3.4.4) – 45
    Erzeugt ein Tabellenverzeichnis mit den Angaben der \caption-Befehle.

\listparindent .... (4.4.2) – 77
    Einrücktiefe der ersten Zeile eines Absatzes innerhalb der `list`-Umgebung. Wertzuweisung mit \setlength und Änderung evtl. mit \addtolength:
        \setlength{\listparindent}{1em}
        \addtolength{\listparindent}{-2.5pt}

\listtablename [i] .... (D.2.3) – 349
    Sprachspezifischer Namensbefehl, der bei der Originalbearbeitung ‚List of Tables' und mit dem Ergänzungspaket german ‚Tabellenverzeichnis' zurückliefert.

\ll [m] erzeugt ≪. . . . . (5.3.4) – 121
\ln [m] . . . . (5.3.8) – 123
    Befehl zur Erzeugung des Funktionsnamens „ln" in Formeln.

\location{*raum_nummer*} . . . . (A.1) – 281
    Zusatzbefehl aus der Bearbeitungsklasse letter, der die eingetragene Raumnummer des Schreibers den Absenderinformationen des Briefes zufügt.

\log [m] . . . . (5.3.8) – 123
    Befehl zur Erzeugung des Funktionsnamens „log" in Formeln.

\Longleftarrow [m] erzeugt ⟸. . . . . (5.3.5) – 122
\longleftarrow [m] erzeugt ⟵. . . . . (5.3.5) – 122
\Longleftrightarrow [m] erzeugt ⟺. . . . . (5.3.5) – 122
\longleftrightarrow [m] erzeugt ⟷. . . . . (5.3.5) – 122
\longmapsto [m] erzeugt ⟼. . . . . (5.3.5) – 122
\Longrightarrow [m] erzeugt ⟹. . . . . (5.3.5) – 122
\longrightarrow [m] erzeugt ⟶. . . . . (5.3.5) – 122
\lq erzeugt ', identisch mit '-Taste.

$\boxed{2\varepsilon}$ \mainmatter . . . . (3.3.5) – 42
    Sonderbefehl aus der Bearbeitungsklasse book, mit dem der *Hauptteil* eines Buches eingeleitet wird. Dieser beginnt gewöhnlich nach dem Inhaltsverzeichnis und endet vor einem Literatur- und Stichwortverzeichnis. Die Seitennummerierung erfolgt mit arabischen Ziffern und startet bei ‚1'. Kapitelüberschriften wird 'Kapitel n' mit einer fortlaufenden Nummer n vorangestellt.

\makebox[*breite*][*pos*]{*text*} . . . . (4.7.1) – 85
    Erzeugt eine Box der Breite *breite* um *text*. Der Text erscheint innerhalb der Box standardmäßig horizontal zentriert und kann optional mit l oder r für *pos* links- oder rechtsbündig angeordnet werden.

\makebox(*x_dimen,y_dimen*)[*pos*]{*text*} . . . . (6.4.2) – 150
    Bildobjektbefehl zur Erzeugung einer Box der Breite *x_dimen* und der Höhe *y_dimen* in der picture-Umgebung. Ohne *pos* erscheint der Textinhalt von *text* innerhalb der Box zentriert. Der optionale Parameter *pos* lässt mit l, r, t, b oder einer Paarkombination wie lt eine geänderte Positionierung zu. Der Befehl ist als Argument in einem \put oder \multiput einzusetzen.

\makeglossary [v] . . . . (8.2.4) – 214
    Befehl zur Aktivierung der \glossary-Befehle im Textteil.

\makeindex [v] . . . . (8.2.3) – 213
    Befehl zur Aktivierung der \index-Befehle im Textteil.

\makelabel . . . . (4.4.1), (7.7) – 76, 200
    Interner Befehl, der mit jedem \item-Befehl innerhalb listenartiger Umgebungen aufgerufen wird.

\makelabels . . . . (A.1) – 281
    Formatiert Briefaufkleber der Bearbeitungsklasse letter mit den Angaben aus dem *Empfänger*-Feld der \begin{letter}-Umgebung.

KURZBESCHREIBUNG DER BEFEHLE

[2ε] `\MakeShortVerb{\z}` . . . . (4.10.3) – 113

Definitionsbefehl aus dem Standard-Ergänzungspaket `shortvrb.sty`, mit dem einem beliebigen Zeichen *z* die Sonderrolle Schachtelmarke zum Einschluss von Originaltext zugewiesen wird, z. B. `\MakeShortVerb{\|}` für das Zeichen ‚|‘. Hiernach wirkt die Eingabe `|Originaltext|` so, wie dies standardmäßig, also ohne das Ergänzungspaket `shortvrb.sty`, mit der Angabe von `\verb|Originaltext|` geschieht. S. auch `\DeleteShortVerb`.

`\maketitle` . . . . (3.3.1) – 38

Erzeugung einer Titelseite mit den Angaben der Befehle `\author`, `\title` und ggf. `\date` und `\thanks`.

`\mapsto` [m] erzeugt $\mapsto$ . . . . (5.3.5) – 122

`\marginpar[`*l_randnotiz*`]{`*r_randnotiz*`}` . . . . (4.9.6) – 110

Erzeugung einer Randnotiz rechts vom Text mit dem Inhalt von *r_randnotiz*. Bei doppelseitiger Formatierung kann mit der optionalen *l_randnotiz* erreicht werden, dass die Randnotiz bei geraden Seiten mit dem Inhalt von *l_randnotiz* links vor dem Text erscheint.

`\marginparpush` . . . . (4.9.7) – 111

Der minimale vertikale Abstand zwischen zwei Randnotizen. Wertzuweisung mit `\setlength` und Änderung evtl. mit `\addtolength` wie beim nächsten Beispiel.

`\marginparsep` . . . . (4.9.7) – 111

Der Abstand zwischen dem Textrand und einer Randnotiz. Wertzuweisung mit der `\setlength`-Erklärung und Änderung evtl. mit `\addtolength`:

```
\setlength{\marginparsep}{7pt}
\addtolength{\marginparsep}{-2pt}
```

`\marginparwidth` . . . . (4.9.7) – 111

Die Boxbreite für eine Randnotiz. Wertzuweisung mit `\setlength` und evtl. Änderung mit `\addtolength` wie im vorangegangenen Beispiel.

`\markboth{`*l_kopf*`}{`*r_kopf*`}` . . . . (3.2.1) – 32

Erklärt den Textinhalt der Kopfzeilen bei doppelseitiger Formatierung für linke und rechte Kopfzeilen für den Seitenstil `myheadings` und, abweichend vom Standard, auch für `headings`.

`\markright{`*kopfzeile*`}` . . . . (3.2.1), (3.3.6) – 32, 43

Erklärt den Textinhalt der Kopfzeilen für den Seitenstil `myheadings` und, abweichend vom Standard, auch für `headings`. Bei doppelseitiger Seitenformatierung kann hiermit der rechte Kopf neu gesetzt werden. Bei der Bearbeitungsklasse `proc` wird der Eintrag von *kopfzeile* zur Dokumentkennzeichnung linksbündig in der Fußzeile ausgegeben.

[2ε] `\mathbf{`*math_text*`}` [m] . . . . (5.4.9), (5.5.4) – 136, 141

Ziffern, lateinische Groß- und Kleinbuchstaben sowie griechische Großbuchstaben des übergebenen mathematischen Textes *math_text* erscheinen in aufrechter Fettschrift. Eingegebene Leerzeichen werden als mathematischer Standard unterdrückt.

[2ε] `\mathcal{`*math_text*`}` [m] . . . . (5.3.2), (5.5.4) – 120, 141

Lateinische Großbuchstaben des übergebenen mathematischen Textes *math_text* erscheinen in kalligraphischer Form $\mathcal{A}, \mathcal{B}, \mathcal{C}, \ldots$.

\mathindent . . . . (3.1.3) – 28
    Die Einrücktiefe bei abgesetzten Formeln für die Klassenoption fleqn. Wertzuweisung mit \setlength und Änderung evtl. mit \addtolengh:
        \setlength{\mathindent}{25pt}   \addtolength{\mathindent}{-5pt}

[2ε] \mathit{*math_text*} [m] . . . . (5.5.4) – 141
    Ziffern, lateinische Buchstaben und griechische Großbuchstaben des übergebenen mathematischen Textes *math_text* erscheinen in kursiver Textschrift. Diese unterscheidet sich von der mathematischen Normalschrift durch geänderte Zeichenabstände.
        differ und $differ$: *differ* und *differ*
    Eingegebene Leerzeichen werden jedoch als mathematischer Standard unterdrückt.

[2ε] \mathnormal{*math_text*} [m] . . . . (5.3.1), (5.5.4) – 120, 141
    Der gesamte übergebene mathematische Text erscheint in der mathematischen Standardschrift. Dies gilt auch für Ziffern und griechische Großbuchstaben, die beim Standard, also ohne explizite Einschachtelung in \mathnormal{...}, in aufrechter Romanschrift erscheinen würden. $\mathnormal{12345 \Gamma\Pi\Phi}$ und $12345 \Gamma\Pi\Phi$ ergeben: $12345\varGamma\varPi\varPhi$ und $12345\Gamma\Pi\Phi$.

[2ε] \mathrm{*math_text*} [m] . . . . (5.4.9), (5.5.4) – 136, 141
    Ziffern, lateinische Buchstaben und griechische Großbuchstaben des übergebenen mathematischen Textes erscheinen in aufrechter Romanschrift. Leerzeichen werden als mathematischer Standard unterdrückt.

[2ε] \mathsf{*math_text*} [m] . . . . (5.5.4) – 141
    Ziffern, lateinische Buchstaben und griechische Großbuchstaben des übergebenen mathematischen Textes erscheinen in serifenloser Schrift (Familienattribut cmss). Leerzeichen werden als mathematischer Standard unterdrückt.

[2ε] \mathtt{*math_text*} [m] . . . . (5.5.4) – 141
    Ziffern, lateinische Buchstaben und griechische Großbuchstaben des übergebenen mathematischen Textes erscheinen in Schreibmaschinenschrift (Familienattribut cmtt). Leerzeichen werden als mathematischer Standard unterdrückt.

[2ε] \mathversion{*version*} . . . . (5.5.4) – 141
    Einstellbefehl für eine mathematische Version. Für *version* können standardmäßig normal und bold gewählt werden. Die Wirkung entspricht den äquivalenten Erklärungen \unboldmath und \boldmath (s. 5.4.9 auf S. 136). Der Einstellbefehl \mathversion ist *nur* in Textmodi, nicht dagegen in mathematischen Bearbeitungsmodi erlaubt. Soll die mathematische Version innerhalb einer Formel für Teile der Formel verändert werden, so ist die Teilformel als \mbox{\mathversion{*version*}$*teil_formel*$} einzugeben.

\max [m] . . . . (5.3.8) – 123
    Befehl zur Erzeugung des Funktionsnamens „max" in Formeln. Kombinierbar mit unterer Grenzangabe durch Tiefstellung.

\mbox{*text*} erzeugt eine LR-Box um *text*. . . . . (4.7.1) – 85

[2ε] \mddefault . . . . (8.5.2) – 236
    LaTeX 2ε-Definitionsbefehl, mit dem das für den Befehl \mdseries zugewiesene Serienattribut festgelegt wird. Die Standardzuweisung m kann mit \renewcommand verändert werden, z. B. \renewcommand{\mddefault}{mx}, was z. B. für PostScript-Schriften genutzt werden kann.

KURZBESCHREIBUNG DER BEFEHLE

[2ε] \mdseries . . . . (4.1.3) – 59
  Schriftumschaltbefehl für das Serienattribut ‚md' (medium, genauer \mdseries) unter Beibehaltung des Familien-, Form-, Kodier- und Größenattributs.

\medskip . . . . (3.5.3) – 50
  Mittlerer vertikaler Zwischenraum vom Betrag \medskipamount zwischen Absätzen. S. auch \bigskip und \smallskip.

\medskipamount
  Standardwert für den durch \medskip erzeugten Zwischenraum. Kann mit \setlength gesetzt und/oder mit \addtolength geändert werden:
  \setlength{\medskipamount}{6pt plus2pt minus2pt}   (= TEX-Standard)
  \addtolength{\medskipamount}{.5\smallskipamount}

\mho [m] erzeugt $\mho$. . . . . (5.3.6) – 122
\mid [m] erzeugt $|$. . . . . (5.3.4) – 121
\min [m] . . . . (5.3.8) – 123
  Befehl zur Erzeugung des Funktionsnamens „min" in Formeln. Kombinierbar mit unterer Grenzangabe durch Tiefstellung.

[2.09] \mit [m]
  Umschaltbefehl auf Schriftart „Math. Italic". Diese ist Standard im mathematischen Modus. Bei expliziter Angabe werden auch griechische Großbuchstaben in Italic gesetzt: $\mit\Gamma$ = Γ. In LaTeX 2ε durch \mathnormal ersetzt.

\models [m] erzeugt $\models$. . . . . (5.3.4) – 121
\mp [m] erzeugt $\mp$. . . . . (5.3.3) – 121
\mu [m] erzeugt μ. . . . . (5.3.1) – 120
\multicolumn{n}{col}{$text$} . . . . (4.8.1) – 96
  Zusammenfassung der nächsten n Spalten innerhalb der array- und tabular-Umgebung zu einer und Anordnung von $text$ entsprechend col. Für col sind erlaubt: l, c oder r mit einem evtl. zusätzlich voran- oder nachgestellten |.

\multiput(x,y)($\Delta x, \Delta y$){n}{$bild\_objekt$} . . . . (6.3) – 149
  Mehrfach-Positionierungsbefehl innerhalb der picture-Umgebung. Das gewählte $bild\_objekt$ erscheint n-mal nacheinander bei (x,y), $(x + \Delta x, y + \Delta y)$, ..., $(x + (n-1)\Delta x, y + (n-1)\Delta y)$.

\myref{$unser\_zeichen$} [p] . . . . (A.2) – 281
  Erzeugt innerhalb der letter-Umgebung das Bezugszeichen $unser\_zeichen$. Voraussetzung: Benutzeranpassung gem. Seite 286.

\nabla [m] erzeugt ∇. . . . . (5.3.6) – 122
\name{$autor$} . . . . (A.2) – 281
  In der Bearbeitungsklasse letter Name des Briefautors $autor$.

\natural [m] erzeugt $\natural$. . . . . (5.3.6) – 122
\nearrow [m] erzeugt $\nearrow$. . . . . (5.3.5) – 122
\neg [m] erzeugt $\neg$. . . . . (5.3.6) – 122
\negthinspace . . . . (D.1.9) – 345
  Negativer horizontaler Zwischenraum von $-1/6$ quad in Textmodi:
  W\negthinspace"uste = Wüste

\neq [m] erzeugt $\neq$. . . . . (5.3.4) – 122

|2ε| \newboolean{*schalter*} . . . . (5) – 190
   Befehl aus dem Ergänzungspaket ifthen.sty zur Einrichtung einer anwendereigenen Schaltervariablen unter dem Namen *schalter*. Ihr logischer Wert steht anfänglich auf ‚falsch'. Mit \setboolean{*log_wert*} und true oder false für *log_wert* können die aktuellen Einstellungen geändert werden.

|2ε| \newcommand{*bef_name*}[*narg*][*standard*]{*def*} . . . . . (7.3), (7.3.3) – 181, 184
   Erklärung eines benutzereigenen Befehls mit dem Namen *bef_name*, der mit *def* definiert wird. Der optionale Parameter $narg \leq 9$ bestimmt die Zahl der variablen Argumente des Befehls, die in der Definition mit den Ersetzungszeichen #1 bis #*narg* auftreten. Der zweite optionale Parameter *standard* definiert die Standardreaktion, die an den Stellen von #1 abläuft, wenn der Befehlsaufruf ohne Angabe eines optionalen Arguments erfolgt. Ein Befehlsaufruf mit einem optionalen Argument bewirkt dessen Ablauf an den Ersetzungsstellen #1.

|2ε| \newcommand*{*bef_name*}[*narg*][*standard*]{*def*} . . . (7.3.3), (7.6.5) – 184, 198
   [1994/12/01] Die Syntax dieser *-Form entspricht vollständig der Standardform. Beim Aufruf des hiermit definierten Befehls dürfen die übergebenen Argumente jedoch keine Absatzgrenzen überschreiten, was bei der Standardform erlaubt ist. Die *-Form sollte bevorzugt verwendet werden, da hiermit definierte Befehle zu einer schnelleren Fehlererkennung führen.

|2.09| \newcommand{*befehl*}[*narg*]{*def*}
   Die Syntax entspricht dem erweiterten LaTeX 2ε-Definitionsbefehl, wenn dort der Eintrag des optionalen Parameters *standard* entfällt. Die hiermit definierten Anwenderbefehle kennen kein optionales, sondern nur zwingende Argumente.

\newcounter{*zähler_name*}[*rücksetzer*] . . . . (7.1.2) – 178
   Richtet einen neuen Zähler mit dem Namen *zähler_name* ein, der optional mit jeder Erhöhung des existierenden Zählers *rücksetzer* auf null zurückgesetzt wird.

|2ε| \newenvironment{*umg_name*}[*narg*][*std*]{*begdef*}{*enddef*} . . . . . (7.5) – 191
   Erklärung einer benutzereigenen Umgebung mit dem Namen *umg_name* mit der \begin-Definition *begdef* und der \end-Definition *enddef*. Der optionale Parameter $narg \leq 9$ bestimmt die Zahl der variablen Argumente der Umgebung, die in *begdef* mit den Ersetzungszeichen #1 bis #*narg* auftreten können. Der zweite optionale Parameter *std* definiert die Standardreaktion, die an den Stellen von #1 abläuft, wenn der Umgebungsaufruf ohne Angabe eines optionalen Arguments erfolgt. Ein Umgebungsaufruf mit einem optionalen Argument bewirkt dessen Ablauf an den Ersetzungsstellen #1.

|2ε| \newenvironment*{*umg_name*}[*narg*][*std*]{*begdef*}{*enddef*}(7.5), (7.6.5) – 191, 198
   [1994/12/01] Die Syntax dieser *-Form entspricht vollständig der Standardform. Beim Aufruf der hiermit definierten Umgebung dürfen die übergebenen Argumente jedoch keine Absatzgrenzen überschreiten, was bei der Standardform erlaubt ist. Die *-Form sollte bevorzugt verwendet werden, da hiermit definierte Umgebungen zu einer schnelleren Fehlererkennung führen.

|2.09| \newenvironment{*umg_name*}[*narg*]{*begdef*}{*enddef*}
   Die Syntax entspricht der erweiterten LaTeX 2ε-Umgebungsdefinition, wenn dort der Eintrag des optionalen Parameters *std* entfällt. Die hiermit definierten Umgebungen kennen kein optionales, sondern nur zwingende Argumente.

KURZBESCHREIBUNG DER BEFEHLE

\newfont{*fontname*}{*name* [scaled *skal_stufe*]} . . . . (4.1.6) – 64
\newfont{*fontname*}{*name* [at *größe*pt]} . . . . (4.1.6 – 64
    Stellt den Zeichensatz mit dem physikalischen Filenamen *name* (s. C.8.1, Seite 332) in der optionalen Vergrößerungsstufe *skal_stufe* bzw. *größe* (C.8.2, Seite 333) unter dem Namen *fontname* bereit. Nach Aufruf von *fontname* ist für diesen Zeichensatz der bisherige Wert von \baselineskip für den Zeilenabstand gültig. Zweckmäßigerweise sollte mit

        \newcommand{*font*}{*fontname* \setlength{\baselineskip}{*abstand*}}

ein Befehl *font* eingerichtet werden, nach dessen Aufruf der Zeichensatz *fontname* aktiv ist *und* diesem gleichzeitig der passende Zeilenabstand *abstand* zugewiesen wird.

    Die Erklärung von Zeichensätzen mit \newfont ist in LaTeX 2ε sehr viel seltener erforderlich, als dies für LaTeX 2.09 der Fall war, da das mit LaTeX 2ε bereitgestellte Zeichensatz-Auswahlverfahren viel flexibler und leistungsfähiger ist!

\newlength{*länge*} . . . . (7.2) – 180
    Stellt einen neuen Längenbefehl unter dem Namen *länge* bereit und initialisiert diesen mit 0 pt. Wertzuweisung wie bei allen Längenbefehlen mit \setlength und Änderungen mit \addtolength:

        \setlength{*länge*}{*maßzahl*}   bzw.   \addtolength{*länge*}{*maßzahl*}.

TEX-Anmerkung: Jeder mit \newlength eingerichtete LaTeX-Längenbefehl belegt ein TEX-Register vom Typ \skip. Damit kann jedem neuen Längenbefehl sowohl ein *elastisches* als auch ein *festes* Maß zugeordnet werden.

\newline . . . . (3.5.2.1) – 48
    Zeilenumbruch an der Stelle des Befehls *ohne* rechten Randausgleich.

\newpage . . . . (3.5.5.1) – 51
    Seitenumbruch an der Stelle des Befehls. Der Rest der Seite bleibt leer.

\newsavebox{*boxname*} . . . . (4.7.2) – 86
    Richtet einen Speicher *boxname* ein, in dem LR-Boxen mit \savebox-Befehlen abgespeichert werden können.

\newtheorem{*satz*} [*num_wie*] {*Satz*} [*gl_zähler*] . . . . (4.5) – 80
    Erzeugt eine neue Umgebung *satz*, mit der eine Theoremaussage in *Italic* gesetzt wird, der in Fettdruck der Begriff *Satz*, gefolgt von einer laufenden Nummer, vorangeht. Der optionale Zusatz *num_wie* ist der Name einer anderen, bereits definierten Theoremumgebung, mit der der *satz* gemeinsam nummeriert wird. Die andere Option *gl_zähler* ist der Name eines Gliederungszählers, wie chapter, dessen momentaner Wert der Nummerierung von *Satz* vorangeht und diese innerhalb der Gliederung jeweils mit 1 beginnen lässt.

\ni [m] erzeugt ∋. . . . . (5.3.4) – 121

\nocite{*schlüsselwort*} . . . . (8.2.2), (B.1) – 211, 292
    Eintrag ins Literaturverzeichnis mit Bezug *schlüsselwort* auf eine Datenbank, ohne dass im Text hierauf Bezug genommen wird.

[2ε] \nocorr . . . . (4.1.4) – 62
    Unterdrückt eine evtl. automatisch eingefügte Italic-Korrektur nach Umschaltung von einer geneigten in eine aufrechte Schrift. Beispiel:

        \emph{geneigte Hervorhebung\nocorr}
        \nocorr\emph{aufrechte Hervorhebung}

\nofiles [v] . . . . (3.5.5.1) – 51
    Dieser Befehl im Vorspann unterdrückt die Erzeugung der Zusatzfiles .aux, .glo, .idx, .lof, .lot und .toc.

\noindent . . . . (3.5.4) – 50
    Die erste Zeile des *nächsten* Absatzes wird *nicht* eingerückt.

\nolimits [m] . . . . (5.3.7) – 123
    Ordnet obere und untere Grenzen *hinter* den zugeordneten Symbolen an, wenn diese standardmäßig über und unter den Symbolen angebracht werden.

\nolinebreak[n] . . . . (3.5.2.2) – 49
    Eine Empfehlung, eine Zeile an der Stelle des Befehls *nicht* zu umbrechen. Die Dringlichkeit der Empfehlung wird durch eine ganze Zahl zwischen 0 und 4 zum Ausdruck gebracht, wobei 4, ebenso wie der Befehl ohne die Option, gleichbedeutend mit zwingend ist.

\nonfrenchspacing . . . . (3.5.1.2) – 46
    Standardzeilenformatierung mit vergrößerten Wortabständen nach Satzzeichen. Rückschaltbefehl nach \frenchspacing.

\nonumber [m] . . . . (5.4.7) – 132
    Die vorangehende Formel in der eqnarray-Umgebung erhält keine Formelnummer.

\nopagebreak[n] . . . . (3.5.5.1) – 50
    Eine Empfehlung, eine Seite an der Stelle des Befehls *nicht* zu umbrechen. Die Dringlichkeit der Empfehlung wird durch eine ganze Zahl zwischen 0 und 4 zum Ausdruck gebracht, wobei 4, ebenso wie der Befehl ohne die Option, gleichbedeutend mit zwingend ist.

[2ε] \normalcolor
    Normalerweise ein Leerbefehl, der mit dem Ergänzungspaket color.sty die Wirkung bekommt, dass sein Aufruf auf die Farbe umschaltet, die mit \begin{document} bereitgestellt wird. Dies ist standardmäßig black. Wird jedoch im Vorspann des LaTeX-Files eine Farbe mit \color-Befehl (s. E.3.4 auf S. 364) aktiviert, so ist diese mit \begin{document} wirksam. Ein späterer \normalcolor-Aufruf schaltet auf diese Farbe zurück, wenn zwischenzeitlich auf andere Farben umgeschaltet wurde.

[2ε] \normalfont . . . . (4.1.3) – 61
    Diese Schrifterklärung schaltet auf den Zeichensatz um, der die Standardwerte für das Kodier-, Familien-, Serien- und Formatattribut erfüllt: \encodingdefault, \familydefault, \seriesdefault und \shapedefault. (S. auch 8.5.2 auf S. 236)

\normalmarginpar . . . . (4.9.6) – 111
    Rückschaltbefehl für die Standardanordnungen von Randnotizen, wenn vorher mit \reversemarginpar auf die umgekehrte (innere) Anordnung geschaltet war.

\normalsize . . . . (4.1.2) – 58
    Umschaltung auf die Standardschriftgröße \normalsize. Das ist standardmäßig 10pt bzw. die mit \documentclass bzw. \documentstyle eingestellte Schriftgröße, z. B. 11pt. Kleiner als \large, aber größer als \small.

\not [m] . . . . (5.3.4) – 122
    Negiert das darauffolgende Vergleichssymbol durch Anbringen eines / durch das Symbol: \not\cong = $\not\cong$.

\not *test* . . . . (7.4) – 190
    Logische Verneinung in Testabfragen. S. auch \ifthenelse.

\notin [m] erzeugt $\notin$. . . . . (5.3.4) – 122

\nu [m] erzeugt ν. . . . . (5.3.1) – 120
\numberline{*gl_num*}{*text*} . . . . (3.4.3) – 44
    Der Befehl ist als *Eintrag* bei \addcontentsline zu verwenden. Hierin steht *gl_num* für die Gliederungsnummer und *text* für den Eintrag, wie sie im Inhaltsverzeichnis erscheinen sollen.

\nwarrow [m] erzeugt $\nwarrow$. . . . . (5.3.5) – 122
\O   erzeugt Ø. . . . . (2.5.6) – 17
\o   erzeugt ø. . . . . (2.5.6) – 17
\oddsidemargin [v] . . . . (3.2.5) – 35
    Linker Rand für ungerade Seiten bei der Bearbeitungsklasse book bzw. bei den anderen Bearbeitungsklassen, falls die Klassenoption twoside gesetzt ist. In allen anderen Fällen linker Rand für *alle* Seiten. Wertzuweisung mit \setlength und Änderung evtl. mit \addtolength:

        \setlength{\oddsidemargin}{1.5cm}
        \addtolength{\oddsidemargin}{5mm}

\odot [m] erzeugt $\odot$. . . . . (5.3.3) – 121
\OE erzeugt Œ. . . . . (2.5.6) – 17
\oe erzeugt œ. . . . . (2.5.6) – 17
\oint [m] erzeugt $\oint$. . . . . (5.3.7) – 123
\Omega [m] erzeugt Ω. . . . . (5.3.1) – 120
\omega [m] erzeugt ω. . . . . (5.3.1) – 120
\ominus [m] erzeugt $\ominus$. . . . . (5.3.3) – 121
\onecolumn . . . . (3.2.6) – 36
    Beginnt eine neue Seite und schaltet von zweispaltiger Seitenformatierung auf einspaltige Formatierung um.

\onlynotes{*seiten_nummern*} [v] . . . . (E.3.2) – 362
    Befehl zur selektiven Bearbeitung von note-Umgebungen mit slides.cls.

\onlyslides{*seiten_nummern*} [v] . . . . (E.3.2) – 362
    Befehl zur selektiven Bearbeitung der slide-Umgebungen mit slides.cls.

\opening{*anrede*} . . . . (A.1) – 278
    In der letter-Umgebung der Bearbeitungsklasse letter Beginn des Brieftextes, dem die Anredeform *anrede* vorangestellt wird.

\oplus [m] erzeugt $\oplus$. . . . . (5.3.3) – 121
\or *test* . . . . (7.4) – 190
    Logische *oder*-Verknüpfung in Testabfragen (s. auch \ifthenelse).

\originalTeX [g] . . . . (D.1.8) – 344
    Umschaltbefehl zur Bearbeitung gemäß LaTeX-Original aus dem Ergänzungspaket german.sty heraus.

\oslash [m] erzeugt $\oslash$. . . . . (5.3.3) – 121
\otimes [m] erzeugt $\otimes$. . . . . (5.3.3) – 121
\oval(*x_dimen,y_dimen*) [*teil*] . . . . (6.4.6) – 155
    Bildobjektbefehl zur Erzeugung eines Ovals der Breite *x_dimen* und Höhe *y_dimen* innerhalb der picture-Umgebung. Optional werden mit t, b, l oder r für *teil* das obere, untere, linke bzw. rechte Halboval erzeugt. Schließlich lassen sich mit Paarkombinationen Viertelovale zeichnen, z. B. das obere linke mit lt oder tl.

\overbrace{*formelteil*} [m] . . . . (5.4.4) – 130

Erzeugt eine horizontale geschweifte Klammer über einem Formelteil. Anschließende Hochstellung erfolgt zentriert über horizontaler Klammer.

$$\verb|\overbrace{a+b}|=\overbrace{a+b} \qquad \verb|\overbrace{x+y+z}^{\xi\eta\zeta}|=\overbrace{x+y+z}^{\xi\eta\zeta}$$

\overline{*formelteil*} [m] . . . . (5.4.4) – 130

Erzeugt eine horizontale Linie über einem Formelteil: $\verb|\overline{a-b}|=\overline{a-b}$.

\P erzeugt ¶. . . . . (2.5.5) – 17

\pagebreak[*n*] . . . . (3.5.5.1) – 50

Eine Empfehlung, eine Seite an der Stelle des Befehls vorrangig zu umbrechen. Die Dringlichkeit der Empfehlung wird durch eine ganze Zahl zwischen 0 und 4 zum Ausdruck gebracht, wobei 4, ebenso wie der Befehl ohne die Option, gleichbedeutend mit zwingend ist.

[2ε] \pagecolor{*farb_name*} . . . . (E.3.4) – 364

[2ε] \pagecolor[*model*]{*farb_def*} . . . . (E.3.4) – 364

Farberklärung mit dem Ergänzungspaket color.sty zur Einstellung der Hintergrundfarbe für die ganze Seite auf einem Farbdrucker in der angegebenen Farbe *farb_name* (1. Syntaxform) oder der explizit definierten Farbe [*model*]{*farb_def*} (2. Syntaxform). Die 1. Syntaxform setzt die Voraberklärung von *farb_name* mit dem Befehl \definecolor (s. dort) voraus, die bei der 2. Syntaxform entfällt. *model* = rgb, cmyk oder gray. Beispiele:

\pagecolor{magenta}   oder   \pagecolor[rgb]{0.5,0.5,0}

\pagename [i] . . . . (D.2.3) – 350

Sprachspezifischer Namensbefehl, der bei der Dokumentklasse letter standardmäßig den Wert ‚Page' und mit dem Ergänzungspaket german den Text ‚Seite' zuweist. Dieses Wort erscheint mit einer nachfolgenden laufenden Seitennummer in den Kopfzeilen auf Folgeseiten.

\pagenumbering{*stil*} . . . . (3.2.2) – 32

Bestimmt den Stil der Seitennummerierung. Für *stil* stehen zur Verfügung: arabic, roman, Roman, alph und Alph. Eine Umschaltung der Seitennumerierung innerhalb des Textes setzt den Seitenzähler stets auf 1 zurück.

\pageref{*marke*} . . . . (8.2.1) – 209

Erzeugt die Seitennummer derjenigen Seite, auf der mit \label{*marke*} die *unsichtbare* Markierung *marke* angebracht wurde.

\pagestyle{*stil*} [v] . . . . (3.2) – 31

Bestimmt den Seitenstil in Bezug auf Kopf- und Fußzeile. Für *stil* können gewählt werden: plain (Standard), empty, headings und myheadings.

[2ε] \paperheight . . . . (3.2.5) – 35

Dies ist ein Längenbefehl, der die vorausgesetzte physikalische Seitenhöhe enthält, die aus dem als Klassenoption angegebenen Papierformat hergeleitet wird, z. B. als 29.7 cm für das Papierformat a4paper oder 11 Zoll für das Standardformat lettersize (s. auch 3.1.2 auf S. 27).

[2ε] \paperwidth . . . . (3.2.5) – 35

Dies ist ein Längenbefehl, der die vorausgesetzte physikalische Seitenbreite enthält, die aus dem als Klassenoption angegebenen Papierformat hergeleitet wird, z. B. als 21 cm für das Papierformat a4paper oder 8.5 Zoll für das Standardformat lettersize (s. auch 3.1.2 auf S. 27).

Mit der Klassenoption landscape werden die eingestellten Werte von \paperheight und \paperwidth gegeneinander vertauscht!

\par . . . . (3.5.3) – 50

Beendet den laufenden Absatz und beginnt einen neuen. Wirkt wie eine Leerzeile.

\paragraph[*kurzform*]{*überschrift*} . . . . (3.3.3) – 40

Vorletzter Gliederungsbefehl nach \subsubsection und vor \subparagraph. Formatiert *überschrift*, evtl. mit einer vorangestellten vier- oder fünfgliedrigen laufenden Nummer. Mit *kurzform* kann ggf. statt des Textes von *überschrift* eine Kurzform ins Inhaltsverzeichnis eingetragen werden.

\paragraph*{*überschrift*} . . . . (3.3.3) – 40

Wie \paragraph, jedoch ohne Nummerierung und Eintragung ins Inhaltsverzeichnis.

\parallel [m] erzeugt ∥ . . . . (5.3.4) – 121

[2.09] \parbox[*pos*]{*breite*}{*text*}

Erzeugt eine vertikale Box der Breite *breite*, in der *text* entsprechend der Boxbreite zeilenweise beidbündig umbrochen wird. Der optionale Parameter *pos* richtet mit t die oberste Zeile und mit b die unterste Zeile der vertikalen Box auf die laufende Zeile aus. Standard ist die vertikale Zentrierung.

[2ε] \parbox[*pos*][*höhe*][*ipos*]{*breite*}{*text*} . . . . (4.7.4) – 87, 89

In LaTeX 2ε wird die vertikale Box um zwei optionale Argumente *höhe* für die Höhe der vertikalen Box und *ipos* für die Textanordnung innerhalb dieser Box, unabhängig vom umgebenden Text, erweitert. Für *ipos* dürfen t (top), b (bottom), c (centered) oder s (stretched) gewählt werden. Die Maßangabe für *höhe* darf auf die internen Boxmaße \heigth, \depth, \width und \totalheight zurückgreifen.

\parindent . . . . (3.2.4) – 34

Einrücktiefe der ersten Zeile eines Absatzes. Wertzuweisung mit \setlength und Änderung evtl. mit \addtolength:

\setlength{\parindent}{1.5em}   \addtolength{\parindent}{1em}

\parsep . . . . (4.4.2) – 77

In der list-Umgebung der vertikale Abstand zwischen Absätzen. Wertzuweisung einer elastischen Maßzahl mit \setlength und Änderung evtl. mit \addtolength:

\setlength{\parsep}{2pt plus1pt minus1pt}
\addtolength{\parsep}{2pt plus-1pt minus1pt}

\parskip . . . . (3.2.4) – 34

Der elastische Abstand zwischen zwei Absätzen. Wertzuweisung mit \setlength und Änderung evtl. mit \addtolength:

\setlength{\parskip}{3pt plus1pt minus2pt}
\addtolength{\parskip}{\parsep}

\part[*kurzform*]{*überschrift*} . . . . (3.3.3) – 40
> Der oberste Gliederungsbefehl. Er beginnt einen neuen „Teil" mit einer laufenden Nummer und formatiert *überschrift*. Die laufende part-Nummer beeinflusst nicht die nachfolgenden Gliederungen. Mit *kurzform* kann ggf. statt des Textes von *überschrift* eine Kurzform ins Inhaltsverzeichnis eingetragen werden.

\part*{*überschrift*} . . . . (3.3.3) – 40
> Wie \part, jedoch ohne Nummerierung und Eintragung ins Inhaltsverzeichnis.

\partial [m] erzeugt ∂. . . . . (5.3.6) – 122
\partname [i] . . . . (D.2.3) – 349
> Sprachspezifischer Namensbefehl, dessen Inhalt jedem \part-Befehl vorangestellt wird, was standardmäßig zur Ausgabe von ‚Part' und mit dem Ergänzungspaket german zu ‚Teil' führt.

\partopsep . . . . (4.4.2) – 76
> Zusatzzwischenraum am Beginn und/oder Ende einer Listenstruktur, wenn dieser eine Leerzeile vorangeht oder folgt. Elastische Wertzuweisung mit \setlength und Änderung evtl. mit \addtolength:
>
>   \setlength{\partopsep}{2pt plus1pt minus1pt}
>   \addtolength{\partopsep}{2pt plus1pt minus-1pt}

\perp [m] erzeugt $\perp$. . . . . (5.3.4) – 121
\Phi [m] erzeugt Φ. . . . . (5.3.1) – 120
\phi [m] erzeugt ϕ. . . . . (5.3.1) – 120
\Pi [m] erzeugt Π. . . . . (5.3.1) – 120
\pi [m] erzeugt π. . . . . (5.3.1) – 120
\pm [m] erzeugt $\pm$. . . . . (5.3.4) – 121
\pmod{*arg*} [m] . . . . (5.3.8) – 123
> Befehl zur Erzeugung des Funktionsnamens „mod" in der Form: $y \pmod{a + b}$ aus y\pmod{a+b}.

\poptabs . . . . (4.6.4) – 82
> Innerhalb der tabbing-Umgebung wird hiermit der vorige Satz von Tabulatorstellungen wieder aktiviert; Rückschaltbefehl von \pushtabs.

\pounds erzeugt £. . . . . (2.5.5) – 17
\Pr [m] . . . . (5.3.8) – 123
> Befehl zur Erzeugung des Funktionsnamens „Pr" in Formeln. Kombinierbar mit unterer Grenzangabe durch Tiefstellung.

\prec [m] erzeugt $\prec$. . . . . (5.3.4) – 121
\preceq [m] erzeugt $\preceq$. . . . . (5.3.4) – 121
\prefacename [i] . . . . (D.2.3) – 349
> Sprachspezifischer Namensbefehl, der bei der Originalbearbeitung ‚Preface' und mit dem Ergänzungspaket german ‚Vorwort' zurückliefert.

\prime [m] erzeugt $\prime$ . . . . (5.3.6) – 122
\printindex . . . . (8.3.1) – 214
> Zusatzbefehl aus makeidx.sty, der an der Stelle dieses Befehls die theindex-Umgebung bearbeitet und ausgibt.

\prod [m] erzeugt $\prod$. . . . . (5.3.7) – 123
\propto [m] erzeugt $\propto$. . . . . (5.3.4) – 121
\protect . . . . (2.6) – 19
    Erlaubt die Benutzung von zerbrechlichen Befehlen in wandernden Argumenten durch Voranstellen von \protect unmittelbar vor den zerbrechlichen Befehl:
    z. B. \section{Das \protect\pounds-Zeichen}.

[2ε] \providecommand{\bef_name}[narg][standard]{def} . . . (7.3), (7.3.3) – 181, 184
    Definitionsbefehl für anwendereigene Befehle mit gleicher Syntax und Wirkung wie \newcommand, falls ein Befehl mit dem Namen \bef_name noch nicht existiert. Andernfalls bleibt \providecommand wirkungslos und \bef_name behält seine ursprüngliche Bedeutung.

[2ε] \providecommand*{\bef_name}[narg][standard]{def} . (7.3.3) (7.6.5) – 184, 198
    [1994/12/01] Die Syntax dieser *-Form entspricht vollständig der Standardform. Beim Aufruf des hiermit definierten Befehls dürfen die übergebenen Argumente jedoch keine Absatzgrenzen überschreiten, was bei der Standardform erlaubt ist. Die *-Form sollte bevorzugt verwendet werden, da hiermit definierte Befehle zu einer schnelleren Fehlererkennung führen.

\ps *nachtrag* . . . . (A.1) – 279
    Befehl bei der Bearbeitungsklasse letter zur Erzeugung eines Nachtrags.

\Psi [m] erzeugt Ψ. . . . . (5.3.1) – 120
\psi [m] erzeugt ψ. . . . . (5.3.1) – 120
\pushtabs . . . . (4.6.4) – 82
    Innerhalb der tabbing-Umgebung wird hiermit der augenblickliche Satz von Tabulatorstellungen abgespeichert. Rückholbefehl: \poptabs.

\put(x,y){*bild_objekt*} . . . . (6.3) – 149
    Positionierungsbefehl innerhalb der picture-Umgebung. Das gewählte *bild_objekt* erscheint mit seinem Bezugspunkt bei (x,y).

[2ε] \qbezier[*num*] (x_a,y_a) (x_b,y_b) (x_c,y_c) . . . . (6.4.7) – 157
    Befehl zur Erzeugung einer quadratischen Bezier-Kurve innerhalb der picture-Umgebung zwischen den Punkten (x_a,y_a) und (x_c,y_c) mit den Tangenten zum Punkt (x_b,y_b). Der optionale Parameter *num* bestimmt die Anzahl der ausgegebenen Punkte entlang dieser Kurve, deren Stärke mit dem aktuellen Wert von \linethickness{*st*} bestimmt wird. Entfällt die Angabe für *num*, so erscheint die Kurve durchgezogen.

\quad   erzeugt horizontalen Zwischenraum von der Größe 1 em. . . . . (3.5.1.6) – 48
\qquad erzeugt horizontalen Zwischenraum von der Größe 2 em. . . . . (3.5.1.6) – 48

[2ε] \r{z} . . . . (2.5.7) – 18
    Erzeugt einen Ringakzent über dem übergebenen Zeichen z: \r{o} = å.

\raggedbottom . . . . (3.2.5) – 36
    Standardformatierung in article, report und letter, wenn diese nicht zweiseitig formatiert sind. Die unterste Zeile variiert von Seite zu Seite, da Absatzabstände nur mit ihren festen Maßanteilen eingesetzt werden. Gegenteil: \flushbottom.

\raggedleft . . . . (4.2.2) – 66

 Erklärung, dass der Text ab hier nur rechtsbündig formatiert wird. Die einzelnen Zeilen werden durch \\ getrennt. S. auch \begin{flushright}.

\raggedright . . . . (4.2.2) – 66

 Erklärung, dass der Text ab hier nur linksbündig formatiert wird. Die einzelnen Zeilen werden durch \\ getrennt. S. auch \begin{flushleft}.

\raisebox{*lift*} [*oberlänge*] [*unterlänge*] {*text*} . . . . (4.7.3) – 87

 Der Inhalt von *text* erscheint in einer LR-Box, die um *lift* nach oben oder mit einer negativen Maßangabe nach unten verschoben wird. Die optionalen Parameter bewirken, dass unabhängig vom eingetragenen Text angenommen wird, die Box würde um *oberlänge* über und um *unterlänge* unter die laufende Grundlinie hinausragen.

\rangle [m] erzeugt ⟩. . . . . (5.4.1) – 126
\rceil [m] erzeugt ⌉. . . . . (5.4.1) – 126
\Re [m] erzeugt ℜ. . . . . (5.3.6) – 122
\ref{*marke*} . . . . (8.2.1) – 209

 Erzeugt eine Gliederungs-, Gleichungs-, Bild- oder Tabellennummer in Abhängigkeit davon, wo mit \label{*marke*} die Markierung *marke* angebracht wurde.

\refname [i] . . . . (D.2.3) – 349

 Sprachspezifischer Namensbefehl, der bei der Originalbearbeitung ‚References' und mit dem Ergänzungspaket german ‚Literatur' zurückliefert.

\refstepcounter{*zähler*} . . . . (7.1.3) – 178

 Inkrementierungsbefehl für *zähler* wie \stepcounter. Gleichzeitig wird mit \label-\ref-Paaren auf den aktuellen Wert von *zähler* Bezug genommen.

[2ε] \renewcommand{*bef_name*} [*narg*] [*standard*] {*def*} . . . . (7.3), (7.3.3) – 181, 184

 Neuerklärung eines existierenden Befehls *bef_name*, der mit *def* neu definiert wird. Der optionale Parameter $narg \leq 9$ bestimmt die Zahl der variablen Argumente des Befehls, die in der Definition mit den Ersetzungszeichen #1 bis #*narg* auftreten. Der zweite optionale Parameter *standard* definiert die Standardreaktion, die an den Stellen von #1 abläuft, wenn der Befehlsaufruf ohne Angabe eines optionalen Arguments erfolgt. Ein Befehlsaufruf mit einem optionalen Argument bewirkt dessen Ablauf an den Ersetzungsstellen #1.

[2ε] \renewcommand*{*bef_name*} [*narg*] [*standard*] {*def*} . . (7.3.3), (7.6.5) – 184, 198

 [1994/12/01] Die Syntax dieser *-Form entspricht vollständig der Standardform. Beim Aufruf des hiermit definierten Befehls dürfen die übergebenen Argumente jedoch keine Absatzgrenzen überschreiten, was bei der Standardform erlaubt ist. Die *-Form sollte bevorzugt verwendet werden, da hiermit definierte Befehle zu einer schnelleren Fehlererkennung führen.

[2.09] \renewcommand{*befehl*} [*narg*] {*def*}

 Die Syntax entspricht dem erweiterten LaTeX 2_ε-Definitionsbefehl, wenn dort der Eintrag des optionalen Parameters *standard* entfällt. Die hiermit definierten Anwenderbefehle kennen kein optionales, sondern nur zwingende Argumente.

[2ε] \renewenvironment{*umg_name*} [*narg*] [*std*] {*begdef*}{*enddef*} . . . . (7.5) – 191

Neuerklärung einer existierenden Umgebung mit dem Namen *umgebung* mit der \begin-Definition *begdef* und der \end-Definition *enddef*. Der optionale Parameter $narg \leq 9$ bestimmt die Zahl der variablen Argumente der Umgebung, die in *begdef* mit den Ersetzungszeichen #1 bis #*narg* auftreten können. Der zweite optionale Parameter *std* definiert die Standardreaktion, die an den Stellen von #1 abläuft, wenn der Umgebungsaufruf ohne Angabe eines optionalen Arguments erfolgt. Ein Umgebungsaufruf mit einem optionalen Argument bewirkt dessen Ablauf an den Ersetzungsstellen #1.

[2ε] \renewenvironment*{*umg_name*} [*narg*] [*std*] {*begdef*}{*enddef*} . . (7.6.5) – 198

[1994/12/01] Die Syntax dieser *-Form entspricht vollständig der Standardform (s. 7.5, S. 191). Beim Aufruf der hiermit definierten Umgebung dürfen die übergebenen Argumente jedoch keine Absatzgrenzen überschreiten, was bei der Standardform erlaubt ist. Die *-Form sollte bevorzugt verwendet werden, da hiermit definierte Umgebungen zu einer schnelleren Fehlererkennung führen.

[2.09] \renewenvironment{*umg_name*} [*narg*] {*begdef*}{*enddef*}

Die Syntax entspricht der erweiterten LaTeX 2ε-Umgebungsdefinition, wenn dort der Eintrag des optionalen Parameters *std* entfällt. Die hiermit definierten Umgebungen kennen kein optionales, sondern nur zwingende Argumente.

\reversemarginpar . . . . (4.9.6) – 111

Umschaltbefehl zur Anordnung von Randnotizen am linken oder inneren Rand. Rückschaltbefehl: \normalmarginpar

\rfloor [m] erzeugt ⌋. . . . . (5.4.1) – 126
\rhd [m] erzeugt ▷. . . . . (5.3.3) – 121
\rho [m] erzeugt ρ. . . . . (5.3.1) – 120
\right*kl_symbol* [m] . . . . (5.4.1) – 126

Abschlussbefehl für an Teilformel angepasste Klammersymbole, z. B. \right]. Beendet \left ... \right-Gruppe. S. auch \left.

\Rightarrow [m] erzeugt ⇒. (5.3.5) – 122
\rightarrow [m] erzeugt →. (5.3.5) – 122
\rightharpoondown [m] erzeugt ⇁. . . . . (5.3.5) – 122
\rightharpoonup [m] erzeugt ⇀. . . . . (5.3.5) – 122
\rightleftharpoons [m] erzeugt ⇌. . . . . (5.3.5) – 122
\rightline{*text*} . . . . (4.2.2) – 67

Ergänzender TeX-Befehl, der den Inhalt von *text* in eigener Zeile rechtsbündig anordnet.

\rightmargin . . . . (4.4.2) – 77

Innerhalb der list-Umgebung der Abstand des rechten Randes zum rechten Rand des äußeren Textes. Wertzuweisung mit \setlength und Änderung evtl. mit \addtolength. Standard ist 0 cm. Zuweisung für verschachtelte list-Umgebungen s. Hinweise zu \leftmargin.

[2.09] \rm . . . . (4.1.5) – 63

Schriftumschaltung auf die „Roman = Standardschrift" (Roman/medium/aufrecht).

[2ε] \rmdefault . . . . (8.5.2) – 236
   LaTeX 2ε-Definitionsbefehl, mit dem das für den Befehl \rmfamily zugewiesene Familienattribut festgelegt wird. Die Standardzuweisung cmr kann mit \renewcommand verändert werden, z. B. \renewcommand{\rmdefault}{cmss}.

[2ε] \rmfamily . . . . (4.1.3) – 59
   Schriftumschaltbefehl für das Familienattribut ‚Roman' (genauer \rmdefault) unter Beibehaltung des Serien-, Form-, Kodier- und Größenattributs.

\Roman{*zähler*} . . . . (7.1.4) – 179
   Druckt den augenblicklichen Wert von *zähler* als große römische Zahl aus.

\roman{*zähler*} . . . . (7.1.4) – 179
   Druckt den augenblicklichen Wert von *zähler* als kleine römische Zahl aus.

\rq   erzeugt ', identisch mit '-Taste.

\rule[*lift*]{*breite*}{*höhe*} . . . . (4.7.6) – 91
   Erzeugt ein schwarzes Rechteck mit den Maßangaben von *breite* und *höhe*, das um die optionale Maßangabe von *lift* über der augenblicklichen Grundlinie liegt. Ein Wert von „0 cm" für *breite* bzw. *höhe* führt zu einer vertikalen bzw. horizontalen unsichtbaren *Stütze*, die für *Platzbeschaffung* genutzt werden kann.

\S   erzeugt §. . . . . (2.5.5) – 17

[2.09] \samepage . . . . (3.5.5.6) – 52
   Nach diesem Befehl ist ein Seitenumbruch nur an eingeschränkten Stellen, wie z. B. zwischen Absätzen, möglich, es sei denn, er wird explizit durch \newpage oder \pagebreak erzwungen. Mit gleicher Wirkung kann ein Teiltext auch mit \begin{samepage} ... \end{samepage} eingeschachtelt werden. Da dieser Befehl nie zuverlässig arbeitete, sollte er vermieden werden. Er wurde in LaTeX 2ε nur zur Sicherung der Abwärtskompatibilität übernommen.

\savebox{*boxname*}[*breite*][*pos*]{*text*} . . . . (4.7.2) – 87
   In den durch \newsavebox eingerichteten Speicher *boxname* wird *text*, wie beim \makebox-Befehl formatiert, abgespeichert. Dieser Text kann an beliebigen Stellen durch \usebox{*boxname*} ausgegeben werden.

\savebox{*teilbild*}(*x_dim,y_dim*)[*pos*]{*Teilbild*} . . . . (6.5.3) – 161
   In den durch \newsavebox eingerichteten Speicher mit dem Namen *teilbild* kann eine Bildkonstruktion *Teilbild* der Breite *x_dim* und Höhe *y_dim* mit der Positionierungsvorgabe *pos* (s. \makebox) abgespeichert werden. Für das Dimensionierungspaar *x_dim,y_dim* gilt die momentane Längeneinheit. Das Teilbild kann an beliebigen Stellen innerhalb von picture-Umgebungen mit \usebox{*teilbild*} positioniert werden.

\sb   [m]   Tiefstellung (Indizes) in Formeln, identisch mit dem math. Befehl ‚_'.

\sbox{*boxname*}{*text*} . . . . (4.7.2) – 87
   In den durch \newsavebox eingerichteten Speicher *boxname* wird *text* als LR-Box abgespeichert. Dieser Text kann durch \usebox{*boxname*} dann an beliebigen Stellen ausgegeben werden.

[2.09] \sc . . . . (4.1.5) – 63
   Schriftumschaltung auf „SMALL CAPS = KLEINE GROSSBUCHSTABEN" (Roman/medium/Kapitälchen).

[2ε] `\scdefault` .... (8.5.2) – 236
  LaTeX 2ε-Definitionsbefehl, mit dem das für den Befehl `\scshape` zugewiesene Formattribut festgelegt wird. Die Standardzuweisung sc kann mit `\renewcommand` verändert werden, z. B. `\renewcommand{\scdefault}{u}`.

`\scriptscriptstyle` [m] .... (5.5.2) – 138
  Umschaltung auf Schriftgröße `\scriptscriptstyle` als *aktive* Schrift innerhalb einer Teilformel.

`\scriptsize` .... (4.1.2) – 58
  Umschaltung auf die Schriftgröße `\scriptsize`. Kleiner als `\footnotesize`, aber größer als `\tiny`.

`\scriptstyle` [m] .... (5.5.2) – 138
  Umschaltung auf Schriftgröße `\scriptstyle` als *aktive* Schrift innerhalb einer Formel.

[2ε] `\scshape` .... (4.1.3) – 59
  Schriftumschaltbefehl für das Formattribut ‚sc' (Kapitälchen, genauer `\scdefault`) unter Beibehaltung des Familien-, Serien-, Kodier- und Größenattributs.

`\searrow` [m] erzeugt ↘. .... (5.3.5) – 122

`\sec` [m] .... (5.3.8) – 123
  Befehl zur Erzeugung des Funktionsnamens „sec" in Formeln.

`\section`[*kurzform*]{*überschrift*} .... (3.3.3) – 40
  Beginnt einen neuen Abschnitt und formatiert *überschrift* mit einer vorangestellten *eingliedrigen* (`article`) oder *zweigliedrigen* (`book`, `report`) laufenden Nummer. Mit *kurzform* kann ggf. statt des Textes von *überschrift* eine Kurzform ins Inhaltsverzeichnis eingetragen werden.

`\section*`{*überschrift*} .... (3.3.3) – 40
  Wie `\section`, jedoch ohne Nummerierung und Eintragung ins Inhaltsverzeichnis.

`\see` .... (8.3.2) – 216
  Zusatzbefehl aus `makeidx.sty` zur Erzeugung eines Querverweises mit MakeIndex im Indexregister. Aufruf erfolgt in der Form `\index{eintrag|see{verweis}}`.

`\seename` [i] .... (D.2.3) – 350
  Sprachspezifischer Namensbefehl, der bei der Originalbearbeitung ‚see' und mit dem Ergänzungspaket german ‚siehe' zurückliefert. Der Befehl wird im Ergänzungspaket makeidx bei der Ausgabe des Stichwortverzeichnisses bei Bedarf aufgerufen.

[2ε] `\selectfont` .... (8.5.1) – 233
  Aktivierungsbefehl für den Zeichensatz, der die derzeit aktuellen fünf Zeichensatzattribute erfüllt. Der Befehl folgt gewöhnlich einem Attributauswahlbefehl, z. B.:
  `\fontfamily{cmss}\fontshape{sl}\selectfont`

`\selectlanguage`{*sprache*} [g] .... (D.1.7) – 343
  Umschaltbefehl zum Wechseln der Sprache, nach dem das Datum und diverse automatisch erzeugte Überschriften in der gewählten Sprache ausgegeben werden. Standardmäßig stehen für *sprache* `austrian`, `english`, `french`, `german` und `USenglish` bereit.

[2ε] \setboolean{*schalter*}{*log_wert*} . . . . (5) – 190
   Zuweisung eines logischen Wertes *log_wert* an eine Schaltervariable mit dem Namen *schalter*, die zuvor mit \newboolean{*schalter*} eingerichtet wurde. Als logische Zuweisungswerte sind true oder false erlaubt. Nutzungsvoraussetzung: ifthen.sty.

\setcounter{*zähler*}{*wert*} . . . . (7.1.3) – 178
   Der Zähler mit dem Namen *zähler* erhält den Zahlenwert *wert* zugewiesen. Dies dürfen nur ganze Zahlen sein.

\setlength{*längenbefehl*}{*maßangabe*} . . . . (7.2) – 180
   Der Längenbefehl mit dem Namen *längenbefehl* erhält den festen oder elastischen Wert von *maßangabe* zugewiesen. Für *maßangabe* darf auch ein anderer Längenbefehl, evtl. mit einem vorangestellten Vorzeichen und/oder Faktor, stehen.
   S. hierzu auch (2.4.1) – 14, (2.4.2) – 15

\setminus [m] erzeugt \. . . . . (5.3.3) – 121

[2ε] \settime{*zeit_sek*} . . . . (E.1.4) – 358
   Sonderbefehl aus der Bearbeitungsklasse slides, mit dem, falls die Klassenoption clock gesetzt wurde, eine Zeitmarkierung am Fuß einer Anmerkungsseite angebracht wird. Die Zeitausgabe wird auf volle Minuten abgerundet. S. auch \addtime.

[2ε] \settodepth{*längen_befehl*}{*text*} . . . . (7.2) – 180
   Der Längenbefehl mit dem Namen *längen_befehl* erhält den Maßwert zugewiesen, um den der übergebene Text *text* am weitesten unter die Grundlinie reicht.

[2ε] \settoheight{*längen_befehl*}{*text*} . . . . (7.2) – 180
   Der Längenbefehl mit dem Namen *längen_befehl* erhält den Maßwert zugewiesen, um den der übergebene Text *text* am weitesten über die Grundlinie reicht.

\settowidth{*längen_befehl*}{*text*} . . . . (7.2) – 180
   Der Längenbefehl mit dem Namen *längen_befehl* erhält die Länge zugewiesen, wie sie von *text* eingenommen wird.

[2.09] \sf . . . . (4.1.5) – 63
   Schriftumschaltung auf „Sans Serif = Serifenlose Schrift" (SansSerif/medium/aufrecht).

[2ε] \sfdefault . . . . (8.5.2) – 236
   LATEX 2ε-Definitionsbefehl, mit dem das für den Befehl \sffamily zugewiesene Familienattribut festgelegt wird. Die Standardzuweisung cmss kann mit \renewcommand verändert werden, z. B. \renewcommand{\sfdefault}{cmr}.

[2ε] \sffamily . . . . (4.1.3) – 59
   Schriftumschaltbefehl für das Familienattribut ‚Sans Serif' (genauer \sfdefault) unter Beibehaltung des Serien-, Form-, Kodier- und Größenattributs.

\sharp [m] erzeugt ♯. (5.3.6) – 122

\shortstack[*pos*]{*text*} . . . . (6.4.8) – 158
   Einspaltige Textformatierung, bei der die Zeilen durch \\ getrennt werden und so eng wie möglich übereinander gesetzt sind. Optional kann mit l oder r für *pos* eine links- oder rechtsbündige Positionierung erreicht werden.
   Beispiel: \shortstack{aa\\bbb\\cc\\x\\yy\\zzz}.

   aa
   bbb
   cc
   x
   yy
   zzz

KURZBESCHREIBUNG DER BEFEHLE

\showhyphens{*wort_liste*} . . . . (3.6.4) – 56
    Befehl zur Ausgabe der möglichen Trennungen der Wörter aus *wort_liste* auf dem Bildschirm.

\Sigma [m] erzeugt Σ. . . . . (5.3.1) – 120
\sigma [m] erzeugt σ. . . . . (5.3.1) – 120
\signature{*Unterschrift*} . . . . (A.1) – 277
    Bei der Bearbeitungsklasse letter Name des Briefautors für die *Unterschrift*, wenn diese von der Namensangabe aus \name{*autor*} abweichen soll.

\sim [m] erzeugt $\sim$. . . . . (5.3.4) – 121
\simeq [m] erzeugt $\simeq$. . . . . (5.3.4) – 121
\sin [m] . . . . (5.3.8) – 123
    Befehl zur Erzeugung des Funktionsnamens „sin" in Formeln.

\sinh [m] . . . . (5.3.8) – 123
    Befehl zur Erzeugung des Funktionsnamens „sinh" in Formeln.

2.09 \sl . . . . (4.1.5) – 63
    Schriftumschaltung auf „*Slanted = Geneigte Roman-Schrift*" (Roman/medium/geneigt).

2ε \sldefault . . . . (8.5.2) – 236
    LaTeX 2ε-Definitionsbefehl, mit dem das für den Befehl \slshape zugewiesene Formattribut festgelegt wird. Die Standardzuweisung sl kann mit \renewcommand verändert werden, z. B. \renewcommand{\sldefault}{it}.

\sloppy . . . . (3.6.3) – 55
    Nach diesem Befehl sind für die Formatierung nachfolgender Absätze großzügigere Wortabstände erlaubt. Rückschaltbefehl \fussy. S. auch \begin{sloppypar}.

2ε \slshape . . . . (4.1.3) – 59
    Schriftumschaltbefehl für das Formattribut ‚sl' (geneigt, genauer \sldefault) unter Beibehaltung des Familien-, Serien-, Kodier- und Größenattributs.

\small . . . . (4.1.2) – 58
    Umschaltung auf die Schriftgröße \small. Kleiner als \normalsize, aber größer als \footnotesize.

\smallskip . . . . (3.5.3) – 50
    Kleiner vertikaler Zwischenraum vom Betrag \smallskipamount zwischen Absätzen. S. auch \bigskip und \medskip.

\smallskipamount
    Standardwert für den durch \smallskip erzeugten vertikalen Zwischenraum. Kann mit \setlength gesetzt und/oder mit \addtolength geändert werden:
      \setlength{\smallskipamount}{3pt plus1pt minus1pt}(= TeX-Standard)
      \addtolength{\smallskipamount}{1pt plus1pt minus1pt}

\smile [m] erzeugt ⌣. . . . . (5.3.4) – 121
\sp [m]   Hochstellung (Exponenten) in Formeln, identisch mit dem math. Befehl ‚^'.
\spadesuit [m] erzeugt ♠. . . . . (5.3.6) – 122
\special{eintrag} . . . . (8.1.5) – 208
> TEX-Spezialbefehl, mit dem der Inhalt von *eintrag*, z. B. ein spezieller Druckerbefehl, unverändert an das DVI-File weitergereicht wird.

\sqcap [m] erzeugt ⊓. . . . . (5.3.3) – 121
\sqcup [m] erzeugt ⊔. . . . . (5.3.3) – 121
\sqrt[n]{arg} [m] . . . . (5.2.4) – 118
> Mathematischer Grundbefehl zur Erzeugung einer Wurzel. Höhe und Länge des Wurzelzeichens sind dem Inhalt von *arg* angepasst. Der optionale Parameter *n* setzt den Wurzelgrad: \sqrt[3]{2} = $\sqrt[3]{2}$, \sqrt{2} = $\sqrt{2}$.

\sqsubset [m] erzeugt ⊏. . . . . (5.3.4) – 121
\sqsubseteq [m] erzeugt ⊑. . . . . (5.3.4) – 121
\sqsupset [m] erzeugt ⊐. . . . . (5.3.4) – 121
\sqsupseteq [m] erzeugt ⊒. . . . . (5.3.4) – 121
[2ε] \SS   erzeugt SS (Großform von ß). . . . . (2.5.1) – 16
\ss erzeugt ß. . . . . (2.5.1) – 16
> Originalbefehl zur Erzeugung des ß. Bei deutscher Anpassung vereinfacht durch "s oder "z sowie (veraltet) \3.

\stackrel{oben}{unten} [m] . . . . (5.4.5) – 130
> Setzt zwei mathematische Symbole übereinander. Das obere Symbol erscheint in kleinerer Schrift: \stackrel{\alpha}{\longrightarrow} = $\stackrel{\alpha}{\longrightarrow}$.

\star [m] erzeugt ⋆. . . . . (5.3.3) – 121
\stepcounter{zähler} . . . . (7.1.3) – 178
> Inkrementierungsbefehl für *zähler*. Der Wert des Zählers wird um 1 erhöht.

\stretch{dezimal_zahl} . . . . (7.2) – 180
> Eine Länge mit dem natürlichen Wert 0 cm, deren Elastizität das durch *dezimal_zahl* bestimmte Vielfache von \fill erreichen kann.

\subitem{unter_eintrag} . . . . (8.2.3) – 212
> Befehl innerhalb der theindex-Umgebung zur Erzeugung eines Untereintrags zum Haupteintrag des vorangegangenen \item-Befehls.

\subject{betreff} [p] . . . . (A.2) – 281
> In der letter-Umgebung die Betreffangabe *betreff*. Voraussetzung: Benutzeranpassung gem. Seite 286.

\subparagraph[kurzform]{überschrift} . . . . (3.3.3) – 40
> Unterster Gliederungsbefehl. Formatiert *überschrift*, evtl. mit einer vorangestellten fünf- oder sechsgliedrigen laufenden Nummer. Mit *kurzform* kann ggf. statt des Textes von *überschrift* eine Kurzform ins Inhaltsverzeichnis eingetragen werden.

\subparagraph*{überschrift} . . . . (3.3.3) – 40
> Wie \subparagraph, jedoch ohne Nummerierung und Eintragung ins Inhaltsverzeichnis.

KURZBESCHREIBUNG DER BEFEHLE

\subsection[*kurzform*]{*überschrift*} . . . . (3.3.3) – 40
    Gliederungsbefehl nach \section und vor \subsubsection. Formatiert *überschrift* mit einer vorangestellten zwei- oder dreigliedrigen laufenden Nummer. Mit *kurzform* kann ggf. statt des Textes von *überschrift* eine Kurzform ins Inhaltsverzeichnis eingetragen werden.

\subsection*{*überschrift*} . . . . (3.3.3) – 40
    Wie \subsection, jedoch ohne Nummerierung und Eintragung ins Inhaltsverzeichnis.

\subsubitem{*unter_unter_eintrag*} . . . . (8.2.3) – 212
    Befehl innerhalb der theindex-Umgebung zur Erzeugung eines Untereintrags zweiter Stufe zum vorangegangenen Untereintrag mit \subitem.

\subsubsection[*kurzform*]{*überschrift*} . . . . (3.3.3) – 40
    Gliederungsbefehl nach \subsection und vor \paragraph. Formatiert *überschrift*, evtl. mit einer vorangestellten drei- oder viergliedrigen laufenden Nummer. Mit *kurzform* kann ggf. statt des Textes von *überschrift* eine Kurzform ins Inhaltsverzeichnis eingetragen werden.

\subsubsection*{*überschrift*} . . . . (3.3.3) – 40
    Wie \subsubsection, jedoch ohne Nummerierung und Eintragung ins Inhaltsverzeichnis.

\subset [m] erzeugt ⊂. . . . . (5.3.4) – 121
\subseteq [m] erzeugt ⊆. . . . . (5.3.4) – 121
\succ [m] erzeugt ≻. (5.3.4) – 121
\succeq [m] erzeugt ≽. . . . . (5.3.4) – 121
\sum [m] erzeugt ∑. (5.2.5) – 118
\sup [m] . . . . (5.3.8) – 123
    Befehl zur Erzeugung des Funktionsnamens „sup" in Formeln. Kombinierbar mit unterer Grenzangabe durch Tiefstellung.

[2ε] \suppressfloats[*pos*] . . . . (6.6.2) – 170
    Verhindert die Anbringung von Gleitobjekten auf der laufenden Seite allgemein bzw., wenn *pos* mit t (top) oder b (bottom) gesetzt wurde, an der gekennzeichneten Position.

\supset [m] erzeugt ⊃. . . . . (5.3.4) – 121
\supseteq [m] erzeugt ⊇. . . . . (5.3.4) – 121
\surd [m] erzeugt √. (5.3.6) – 122
\swarrow [m] erzeugt ↙. . . . . (5.3.5) – 122
\symbol{*n*} . . . . (4.1.7), (C.6) – 65, 318
    Erzeugt im gerade aktiven Zeichensatz das Zeichen, dessen interne Kodierung $n = 0\ldots127$ ist.

\t{*xy*} . . . . (2.5.7) – 18
    Erzeugt einen „Verbindungs-Akzent" über zwei Buchstaben: \t{oo} = o͡o.

\tabbingsep . . . . (4.6.4) – 83
    Bestimmt den Abstand zwischen einem Tabulatorstop und dem mit *ltext*\' vor dem momentanen Tabstop angeordneten *ltext*. Wertzuweisung mit \setlength (s. 2.4.1): \setlength{\tabbingsep}{1em}.

\tabcolsep . . . . (4.8.2) – 96

Der halbe Spaltenabstand in der tabular-Umgebung. Wertzuweisung mit \setlength und Änderung evtl. mit \addtolength:

\setlength{\tabcolsep}{3mm}   \addtolength{\tabcolsep}{-1mm}

\tablename [i] . . . . (D.2.3) – 350

Sprachspezifischer Namensbefehl, der bei der Originalbearbeitung ‚Table' und mit dem Ergänzungspaket german ‚Tabelle' zurückliefert.

\tableofcontents . . . . (3.4.2) – 44

Befehl zur Erzeugung eines Inhaltsverzeichnisses mit den Angaben aus den Gliederungsbefehlen und evtl. Zusatzeintragungen.

2ε \tabularnewline [abst] . . . . (4.8.1) – 96

[1994/12/01] Alternativbefehl zur Beendigung einer Tabellenzeile statt mit dem Standard \\ [abst]. Der Befehl kann verwendet werden, wenn die Beendigung mit \\ [abst] zu Zweideutigkeiten führt.

\tan [m] . . . . (5.3.8) – 123

Befehl zur Erzeugung des Funktionsnamens „tan" in Formeln.

\tanh [m] . . . . (5.3.8) – 123

Befehl zur Erzeugung des Funktionsnamens „tanh" in Formeln.

\tau [m] erzeugt τ. . . . . (5.3.1) – 120

\telephone{nummer} . . . . (A.2) – 281

Bei der Bearbeitungsklasse letter Angabe der Telefonnummer des Briefschreibers.

\TeX erzeugt TeX. . . . . (2.1) – 12

2ε \textsymb_name

[1994/12/01] LaTeX 2ε bietet nun die Möglichkeit, einige Symbole, die in math. Bearbeitungsmodi zur Verfügung stehen, auch in Textmodi auszugeben. Einige Textsymbole, die mit speziellen Befehlen erzeugt werden, können auch mit alternativen, selbsterläuternden Befehlsnamen ausgegeben werden.

\textbullet (•); \textemdash (—); \textendash (–)
\textexclamdown (¡); \textperiodcentered (·);
\textquestiondown (¿); \textquotedblleft (");
\textquotedblright ("); \textquoteleft (');
\textquoteright ('); \textvisiblespace (␣)

2ε \textbf{text} . . . . (4.1.4) – 62

Schriftumschaltung für das übergebene Textargument text auf das Serienattribut bx (genauer \bfdefault) unter Beibehaltung des Familien-, Form-, Kodier- und Größenattributs. Gleichwertig mit {\bfseries text}.

2ε \textcircled{z}

[1994/12/01] Umschließt das übergebene Zeichen z mit einem Kreis. Dies kann bei Großbuchstaben zu Überschneidungen führen. Beispiele:

\textcircled{s} = Ⓢ, \textsircled{M} = Ⓜ

[2ε] \textcolor{*farb_name*}{*text*} . . . . (E.3.4) – 364
[2ε] \textcolor[*model*]{*farb_def*}{*text*} . . . . (E.3.4) – 364

Farbboxbefehl aus dem Ergänzungspaket color.sty, bei dem der übergebene Text *text* in der erklärten (1. Syntaxform) oder definierten (2. Syntaxform) Farbe auf einem Farbdrucker ausgegeben wird. S. auch \color.

[2ε] \textcompwordmark

[1994/12/01] Ausgabe eines *unsichtbaren* Zeichens zur alternativen Ligaturauflösung: f\textcomwordmark i = fi.

\textfloatsep . . . . (6.6.3) – 171

Der vertikale Abstand zwischen Gleitobjekten oben auf der Seite und dem nachfolgenden Text sowie diesem und evtl. nachfolgenden Gleitobjekten unten auf der Seite. Elastische Wertzuweisung mit \setlength und Änderung evtl. mit \addtolength:

\setlength{\textfloatsep}{20pt plus2pt minus4pt}
\addtolength{\textfloatsep}{5pt plus1pt minus2pt}

\textfraction . . . . (6.6.3) – 170

Der Bruchteil einer Seite mit Text und Gleitobjekten, der für den Text mindestens zur Verfügung steht. Wertzuweisung mit

\renewcommand{\textfraction}{*dezimal_bruch*}.

\textheight [v] . . . . (3.2.5) – 35

Gesamthöhe für den Seitentext. Wertzuweisung mit \setlength, die bevorzugt als ganzzahliges Vielfaches von \baselineskip gewählt wird. Änderung oder Ergänzung mit \addtolength:

\setlength{\textheight}{45\baselineskip}
\addtolength{\textheight}{\topskip}

[2ε] \textit{*text*} . . . . (4.1.4) – 62

Schriftumschaltung für das übergebene Textargument *text* auf das Formatattribut it (genauer \itdefault) unter Beibehaltung des Familien-, Serien-, Kodier- und Größenattributs. Gleichwertig mit {\itshape *text*}.

[2ε] \textmd{*text*} . . . . (4.1.4) – 62

Schriftumschaltung für das übergebene Textargument *text* auf das Serienattribut m (genauer \mddefault) unter Beibehaltung des Familien-, Form-, Kodier- und Größenattributs. Gleichwertig mit {\mdseries *text*}.

[2ε] \textnormal{*text*} . . . . (4.1.3) – 61

Schriftumschaltung für das übergebene Textargument *text* auf die LATEX-Standardschrift mit den Attributen \encodingdefault, \familydefault, \seriesdefault und \shapedefault sowie dem aktuellen Größenattribut. Gleichwertig mit {\normalfont *text*}.

[2ε] \textrm{*text*} . . . . (4.1.4) – 62

Schriftumschaltung für das übergebene Textargument *text* auf das Familienattribut cmr (genauer \rmdefault) unter Beibehaltung des Serien-, Form-, Kodier- und Größenattributs. Gleichwertig mit {\rmfamily *text*}.

[2ε] \textsc{*text*} . . . . (4.1.4) – 62

Schriftumschaltung für das übergebene Textargument *text* auf das Formatattribut sc (genauer \scdefault) unter Beibehaltung des Familien-, Serien-, Kodier- und Größenattributs. Gleichwertig mit {\scshape *text*}.

[2ε] \textsf{*text*} . . . . (4.1.4) – 62

Schriftumschaltung für das übergebene Textargument *text* auf das Familienattribut cmss (genauer \sfdefault) unter Beibehaltung des Serien-, Form-, Kodier- und Größenattributs. Gleichwertig mit {\sffamily *text*}.

[2ε] \textsl{*text*} . . . . (4.1.4) – 62

Schriftumschaltung für das übergebene Textargument *text* auf das Formatattribut sl (genauer \sldefault) unter Beibehaltung des Familien-, Serien-, Kodier- und Größenattributs. Gleichwertig mit {\slshape *text*}.

\textstyle [m] . . . . (5.5.2) – 138

Umschaltung auf Schriftgröße \textstyle als *aktive* Schrift innerhalb einer Formel.

[2ε] \texttt{*text*} . . . . (4.1.4) – 62

Schriftumschaltung für das übergebene Textargument *text* auf das Familienattribut cmtt (genauer \ttdefault) unter Beibehaltung des Serien-, Form-, Kodier- und Größenattributs. Gleichwertig mit {\ttfamily *text*}.

[2ε] \textup{*text*} . . . . (4.1.4) – 62

Schriftumschaltung für das übergebene Textargument *text* auf das Formatattribut n (genauer \updefault) unter Beibehaltung des Familien-, Serien-, Kodier- und Größenattributs. Gleichwertig mit {\upshape *text*}.

\textwidth [v] . . . . (3.2.5) – 35

Textbreite für den Seitentext. Wertzuweisung mit \setlength oder relative Änderung mit \addtolength:
```
\setlength{\textwidth}{130mm}
\addtolength{\textwidth}{-5mm}
```

\thanks{*Fußnotentext*} . . . . (3.3.1) – 37

Erzeugt eine Fußnote auf einer mit \maketitle erzeugten Titelseite.

\the*zähler* . . . . (7.1.4) – 179

Interner Standardbefehl, mit dem der Wert eines Zählers, evtl. mit Zusatzangaben, ausgedruckt wird, z. B. \theenumii. Mit \renewcommand{\the*zähler*}{*def*} kann die bestehende Einstellung jederzeit geändert werden.

\Theta [m] erzeugt Θ. . . . . (5.3.1) – 120
\theta [m] erzeugt θ. . . . . (5.3.1) – 120
\thicklines . . . . (6.5.1) – 160

Nach diesem Befehl innerhalb der picture-Umgebung erscheinen geneigte Linien und Pfeile, Kreise und Ovale in dicker Strichstärke.

\thinlines . . . . (6.5.1) – 160

Umkehrbefehl zu \thicklines und Standardstrichstärke in der picture-Umgebung für geneigte Linien, Pfeile, Kreise und Ovale.

KURZBESCHREIBUNG DER BEFEHLE

\thispagestyle{*stil*} . . . . (3.2) – 31
   Bestimmt den Stil der laufenden Seite in Bezug auf Kopf- und Fußzeile. Für *stil* können gewählt werden: plain, empty, headings und myheadings.

\tilde{*x*} [m] . . . . (5.3.9) – 124
   Tilde über math. Variable *x*: \tilde{a} = $\tilde{a}$.

\tiny . . . . (4.1.2) – 58
   Umschaltung auf die kleinste Schriftgröße \tiny. Noch kleiner als \scriptsize.

\times [m] erzeugt ×. . . . . (5.3.3) – 121

\title{*text*} . . . . (3.3.1) – 37
   Der Titeltext *text* für eine durch \maketitle erzeugte Titelseite.

\to [m] erzeugt →. . . . . (5.3.5) – 122

\today . . . . (2.5.9), (D.1.7) – 18, 343
   Erzeugt das aktuelle Datum beim Original in amerikanischer Schreibweise. Mit german.sty erscheint das Datum in der mit \selectlanguage gewählten Sprache.

\top [m] erzeugt ⊤. . . . . (5.3.6) – 122

\topfigrule . . . . (6.6.3) – 171
   Standardmäßiger Leerbefehl, der stets aufgerufen wird, wenn ein Gleitobjekt am oberen Seiten- oder Spaltenende vor dem nachfolgenden Seitentext platziert wird. Mit einer Neudefinition, z. B. als
   \renewcommand{\topfigrule}{\vspace*{-.4pt}
       \rule{\columnwidth}{.4pt}}
   wird zwischen dem nachfolgenden Seitentext und dem letzten Gleitobjekt am oberen Seitenende zur besseren Abgrenzung ein horizontaler Strich über die gesamte Spaltenbreite gesetzt. Der Befehl darf keinen zusätzlichen vertikalen Zwischenraum erzeugen, daher das vorangesetzte \vspace*{-.4pt}.

\topfraction . . . . (6.6.3) – 170
   Bruchteil einer Seite, bis zu dem Gleitobjekte am oberen Seitenende angebracht werden können: \renewcommand{\topfraction}{*dezimal_bruch*}.

\topmargin [v] . . . . (3.2.5) – 35
   Bestimmt den oberen Seitenrand bis zur Oberkante der Kopfzeile. Wertzuweisung mit \setlength und Änderung evtl. mit \addtolength:
       \setlength{\topmargin}{.5in}   \addtolength{\topmargin}{.1in}

topnumber . . . . (6.6.3) – 170
   Maximale Anzahl von Gleitobjekten, die am oberen Seitenende angebracht werden können. Wertzuweisung durch \setcounter{topnumber}{*num*}.

\topsep . . . . (4.4.2), (5.5.6) – 76, 143
   Vertikaler Standardzwischenraum zusätzlich zu \parsep vor und nach einer listenartigen Umgebung sowie bei abgesetzten mathematischen Formeln, wenn die Dokumentoption fleqn gesetzt wurde. Elastische Wertzuweisung mit \setlength und evtl. Änderung mit \addtolength:
       \setlength{\topsep}{4pt plus2pt minus2pt}
       \addtolength{\topsep}{2pt plus1pt minus.5pt}

\topskip [v] .... (3.2.5) – 35
    Abstand von der Oberkante des Seitenrumpfes bis zur Grundlinie der ersten Textzeile. Wertzuweisung mit \setlength und Änderung evtl. mit \addtolength:
    \setlength{\topskip}{10pt}   \addtolength{\topskip}{2pt}

[2ε] \totalheight .... (4.7.1), (4.7.4) – 86, 90
    Referenzmaßbefehl, der die Gesamthöhe einer Box, d. h. ihre Abmessung von der Boxoberkante bis zur Boxunterkante, zurückliefert. Auf dieses Maß kann zur Breiteneinstellung einer LR-Box in \makebox, \framebox oder \savebox sowie zur Höheneinstellung in \parbox oder der minipage-Umgebung zurückgegriffen werden. Beispiel:
    \framebox[5\totalheight]{*text*}

totalnumber .... (6.6.3) – 170
    Maximale Anzahl von Gleitobjekten, die, unabhängig von ihrer Positionierung, auf einer Seite angebracht werden können.
    Wertzuweisung durch \setcounter{totalnumber}{*num*}.

\triangle [m] erzeugt △. .... (5.3.6) – 122
\triangleleft [m] erzeugt ◁. .... (5.3.3) – 121
\triangleright [m] erzeugt ▷. .... (5.3.3) – 121

[2.09] \tt .... (4.1.5) – 63
    Schriftumschaltung auf ‚Typewriter = Schreibmaschinenschrift' (Typewriter/medium/aufrecht).

[2ε] \ttdefault .... (8.5.2) – 236
    LaTeX 2ε-Definitionsbefehl, mit dem das für den Befehl \ttfamily zugewiesene Familienattribut festgelegt wird. Die Standardzuweisung cmtt kann mit \renewcommand verändert werden, z. B. \renewcommand{\ttdefault}{cmtt}.

[2ε] \ttfamily .... (4.1.3) – 59
    Schriftumschaltbefehl für das Familienattribut cmtt (genauer \ttdefault) unter Beibehaltung des Serien-, Form-, Kodier- und Größenattributs.

\twocolumn[*text*] .... (3.2.6) – 36
    Beginnt eine neue Seite mit zweispaltiger Formatierung. Der optionale Inhalt von *text* erscheint zu Beginn der Seite und reicht über beide Spalten.

\typein[*befehl*]{*nachricht*} .... (8.1.3) – 206
    Erzeugt auf dem Bildschirm den Inhalt von *nachricht*, wenn bei der Bearbeitung der \typein-Befehl erreicht wird. Der optionale Parameter *befehl* ist ein Befehlsname, der unten auf dem Bildschirm erscheint, wonach LaTeX auf eine Anwendereingabe wartet. Der danach eingegebene Text bis zur Returntaste wird als Definition für den Befehlsnamen interpretiert. Ohne die Option erscheint unten auf dem Bildschirm @typein=, und der darauf eingegebene Text bis zur Returntaste wird an der Stelle des \typein-Befehls in den laufenden Text einbezogen.

\typeout{*nachricht*} .... (8.1.3) – 206
    Erzeugt auf dem Bildschirm den Inhalt von *nachricht*, wenn bei der Bearbeitung der \typeout-Befehl erreicht wird. Der Inhalt von *nachricht* wird zusätzlich in das .log-File geschrieben.

\u{*zeichen*} . . . . (2.5.7) – 18
  Erzeugt einen „Breve-Akzent" über *Zeichen*: \u{o} = ŏ.

\umlauthigh [g] . . . . (D.1.2) – 340
  Interner Befehl aus german.sty, mit dem die Umlautpunkte höher als bei deutschen Standardumlauten angebracht werden. Vgl. das Ergebnis von \umlauthigh "a "o "u ä ö ü mit ä ö ü, den deutschen Umlauten.

\umlautlow [g] . . . . (D.1.2) – 340
  Interner Befehl aus german.sty, mit dem der deutsche Standardabstand der Umlautpunkte zum darunterstehenden Umlautvokal eingestellt wird. Nach einem vorangegangenen \umlauthigh kann mit \umlautlow auf das Standardverhalten zurückgeschaltet werden.

\unboldmath . . . . (5.4.9) – 136
  Rückschaltbefehl zu \boldmath. Der Befehl muss außerhalb des mathematischen Modus gesetzt werden. Danach werden Formeln wieder standardmäßig in „*Math. Italic*" geschrieben.

\underbrace{*formelteil*} [m] . . . . (5.4.4) – 130
  Erzeugt eine horizontale geschweifte Klammer unter einem Formelteil: Anschließende Tiefstellung erfolgt zentriert unter horizontaler Klammer.
  \underbrace{a+b}: $\underbrace{a+b}$ \underbrace{x+y+z}_{\xi\eta\zeta}: $\underbrace{x+y+z}_{\xi\eta\zeta}$

\underline{*text*} . . . . (5.4.4) – 130
  Erzeugt eine horizontale Linie unter *text* sowohl im math. Modus für Teilformeln als auch für normalen Text: \underline{Text} = Text.

\unitlength . . . . (6.1) – 148
  Erklärt die Längeneinheit für die nachfolgenden picture-Umgebungen. Wertzuweisung mit \setlength. Beispiel: \setlength{\unitlength}{1.2cm} bestimmt als Längeneinheit 1.2 cm.

\unlhd [m] erzeugt ⊴. . . . . (5.3.3) – 121
\unrhd [m] erzeugt ⊵. . . . . (5.3.3) – 121
\Uparrow [m] erzeugt ⇑. . . . . (5.3.5) – 122
\uparrow [m] erzeugt ↑. . . . . (5.3.5) – 122
[2ε] \updefault . . . . (8.5.2) – 236
  LaTeX 2ε-Definitionsbefehl, mit dem das für den Befehl \upshape zugewiesene Formattribut festgelegt wird. Die Standardzuweisung n kann mit \renewcommand verändert werden, z. B. \renewcommand{\updefault}{sl}.

\Updownarrow [m] erzeugt ⇕. . . . . (5.3.5) – 122
\updownarrow [m] erzeugt ↕. . . . . (5.3.5) – 122
\uplus [m] erzeugt ⊎. . . . . (5.3.3) – 121
[2ε] \upshape . . . . (4.1.3) – 59
  Schriftumschaltbefehl für das Formattribut ‚n' (aufrecht, genauer \updefault) unter Beibehaltung des Familien-, Serien-, Kodier- und Größenattributs.

\Upsilon [m] erzeugt Υ. (5.3.1) – 120
\upsilon [m] erzeugt υ. (5.3.1) – 120
\usebox{\boxname} . . . . (4.7.2) – 87
    Erzeugt den Inhalt von \boxname, der mit \newsavebox{\boxname} eingerichtet und mit \sbox- oder \savebox-Befehlen gefüllt und abgespeichert worden war.

\usecounter{zähler} . . . . (4.4.1) – 76
    Befehl in der Listenerklärung einer list-Umgebung, der bewirkt, dass der in der Standardmarke benutzte *zähler* mit jedem item-Befehl um eins erhöht wird.

2ε \usefont{code}{fam}{st_br}{form} . . . . (8.5.1) – 234
    Aktiviert den Zeichensatz, der die angegebenen Attribute Kodierung *code*, Familie *fam*, Serie *st_br* und Form *form* sowie das aktuelle Größenattribut erfüllt.

USenglish [g] . . . . (D.1.7) – 343
    Umschaltungsname auf US-englische Sprachstrukturen mit \selectlanguage.

2ε \usepackage [optionen] {erg_pakete} [version] . . . . (3.1.4) – 29
    Einbindung eines oder mehrerer Ergänzungspakete durch Angabe einer durch Kommata getrennten Liste der Filegrundnamen für *erg_pakete*. Die Filenamen von Ergänzungspaketen sind durch den Anhang .sty gekennzeichnet.

    In der Optionsliste *optionen* angegebene Optionen wirken *lokal* auf alle Ergänzungspakete aus *erg_pakete*, falls diese auf die Optionen vorbereitet sind. Optionen aus der Optionsliste eines \usepackage-Befehls wirken dagegen nicht auf Ergänzungspakete aus anderen \usepackage-Befehlen. Optionsangaben aus dem \documentclass-Befehl wirken dagegen *global* auf alle mit \usepackage eingelesenen Ergänzungspakete, falls diese auf entsprechende Optionen vorbereitet sind.

    Mit *version* kann ein Versionsdatum in der Form *Jahr/Monat/Tag*, z. B. [1994/12/01] gefordert werden. Hat das eingelesene Ergänzungspaket ein älteres Versionsdatum, so wird bei der Bearbeitung eine entsprechende Bildschirmwarnung ausgegeben und gleichzeitig im Protokollfile abgelegt.

    Beispiel: \usepackage[dvips]{color,german,ifthen}[1994/06/01]

\v{zeichen} . . . . (2.5.7) – 18
    Erzeugt einen „Háček-Akzent" über *zeichen*: \v{o} = ǒ.

\value{zähler} . . . . (7.1.3) – 179
    Stellt den augenblicklichen Wert von *zähler* zur Verfügung, so wird z. B. mit \setcounter{zähler1}{\value{zähler2}} der Wert von *zähler2* an *zähler1* übergeben.

\varepsilon [m] erzeugt ε. . . . . (5.3.1) – 120
\varphi [m] erzeugt φ. (5.3.1) – 120
\varpi [m] erzeugt ϖ. (5.3.1) – 120
\varrho [m] erzeugt ϱ. (5.3.1) – 120
\varsigma [m] erzeugt ς. . . . . (5.3.1) – 120
\vartheta [m] erzeugt ϑ. . . . . (5.3.1) – 120
\vdash [m] erzeugt ⊢. (5.3.6) – 122
\vdots [m] erzeugt ⋮. (5.2.6) – 119

KURZBESCHREIBUNG DER BEFEHLE

\vec{x} [m] .... (5.3.9) – 124
    Vektor-Symbol über math. Variable x: \vec{a} = $\vec{a}$.

\vector($\Delta x, \Delta y$){*länge*} .... (6.4.4) – 154
    Bildobjektbefehl innerhalb der picture-Umgebung zur Erzeugung beliebiger horizontaler und vertikaler Pfeile sowie einer begrenzten Zahl geneigter Pfeile. Bei hor. und vert. Pfeilen stellt *länge* die Länge in den mit \unitlength gesetzten Längeneinheiten dar. Bei geneigten Pfeilen bedeutet *länge* die Projektion der Pfeillänge auf die x-Achse. Die Neigung wird durch das Neigungspaar ($\Delta x, \Delta y$) bestimmt, das nur ganzzahlige Werte $-4 \leq \Delta x \leq 4$ und $-4 \leq \Delta y \leq 4$ annehmen darf.

\vee [m] erzeugt ∨. .... (5.3.3) – 121

\verb/*text_original*/ .... (4.10.1) – 111
    Der durch / / eingeschachtelte Text wird in Schreibmaschinenschrift so ausgegeben, wie er im Original eingegeben ist. Für / darf jedes Zeichen, das nicht im Originaltext auftritt, mit Ausnahme von *, benutzt werden. Es übernimmt die Funktion der Einschachtelung von *text_original*.

\verb*/*text_original*/ .... (4.10.1) – 111
    Wie \verb, jedoch werden bei der *-Form Leerzeichen zur deutlicheren Kennzeichnung als ␣ ausgegeben.

\vfill .... (3.5.3) – 49
    Vertikaler Zwischenraum beliebiger Dehnbarkeit bzw. Auffüllung einer Seite zur vollen Seitenhöhe mit Leerraum. Der Befehl steht als Abkürzung für \vspace{\fill}.

$\boxed{2\varepsilon}$ \visible .... (E.1.3) – 357
    LATEX-Befehl aus der Bearbeitungsklasse slides zur Formatierung und Positionierung eines sichtbaren Textes in slide- und overlay-Umgebungen (s. auch \invisible).

\vline .... (4.8.1) – 96
    Vertikaler Zwischenstrich innerhalb eines Spalteneintrags bei einer Tabelle.

\voffset [v] 488, 489
    Bestimmt den oberen Bezugsrand bei der Seitenformatierung. Standardwert ist 0 pt, der Bezugsrand ist damit gleich dem physikalischen Druckerrand. Wertzuweisung mit \setlength. Der zugewiesene Wert ist zur Kompensation der Druckerzufügung von einem Zoll häufig eine negative Maßangabe: \setlength{\voffset}{-1in}.

\vspace{*abstand*} .... (3.5.3) – 49
    Erzeugt vertikalen Zwischenraum der Länge *abstand*. Zwischenraum am Anfang oder Ende einer Seite wird unterdrückt.

\vspace*{*abstand*} .... (3.5.3) – 49
    Erzeugt vertikalen Zwischenraum der Länge *abstand*, auch wenn der Befehl am Anfang oder Ende einer Seite steht. Mit \vspace*{\fill} kann beliebig dehnbarer Zwischenraum auch am Seitenanfang eingerichtet werden.

\wedge [m] erzeugt ∧. . . . . (5.3.3) – 121
\whiledo{*test*}{*schleifen_text*} . . . . (7.4) – 189

    Bedingungsabhängiger LATEX-Befehl aus dem Ergänzungspaket ifthen.sty, bei dem die Angaben aus *schleifen_text* ausgeführt werden, wenn die Testprüfung *test* den logischen Wert ‚wahr' hat. Andernfalls wird die LATEX-Bearbeitung mit dem auf *schleifen_text* folgenden Eingabetext fortgesetzt. Nach einer evtl. Ausführung von *schleifen_text* erfolgt eine erneute Testprüfung *test* mit der gleichen Wirkung wie beim Ersteintritt.

    Dies setzt implizit voraus, dass Teile der Testabfrage *test* im Schleifentext verändert werden, da andernfalls eine positive Testprüfung zu einer Endlosschleife führen würde. Zur Syntax und den verfügbaren Abfragemöglichkeiten von *test* wird auf die Kurzbeschreibung von \ifthenelse verwiesen, die hier vollständig wiederholt werden könnte.

\widehat{*arg*} [m] . . . . (5.3.9) – 124

    Erzeugt ein breites \hat-Symbol über mehreren Zeichen: \widehat{xyz} = $\widehat{xyz}$.

\widetilde{*arg*} [m] . . . . (5.3.9) – 124

    Erzeugt ein breites \tilde-Symbol über mehreren Zeichen: \widetilde{xyz} = $\widetilde{xyz}$

[2ε] \width . . . . (4.7.1), (4.7.4) – 86, 90

    Referenzmaßbefehl, der die Breite einer Box zurückliefert. Auf dieses Maß kann zur Breiteneinstellung einer LR-Box in \makebox, \framebox oder \savebox sowie zur Höheneinstellung in \parbox oder der minipage-Umgebung zurückgegriffen werden. Beispiel: \framebox[2\width]{*text*}.

\wp [m] erzeugt ℘. . . . . (5.3.6) – 122
\wr [m] erzeugt ≀. . . . . (5.3.3) – 121

\Xi [m] erzeugt Ξ. . . . . (5.3.1) – 120
\xi [m] erzeugt ξ. . . . . (5.3.1) – 120

\ymail{*datum*} [p] . . . . (A.2) – 281

    In der letter-Umgebung Angabe für das Datum des Briefes, auf den geantwortet wird. Voraussetzung: Benutzeranpassung gem. Seite 286.

\yref{*ihr_zeichen*} [p] . . . . (A.2) – 281

    In der letter-Umgebung Angabe für das Referenzzeichen des Briefes, auf den geantwortet wird. Voraussetzung: Benutzeranpassung gem. Seite 286.

\zeta [m] erzeugt ζ. . . . . (5.3.1) – 120

Zusammenfassende Tabellen und Diagramme

\rmfamily	\textrm{*text*}	Roman Standardschrift
\sffamily	\textsf{*text*}	Sans Serif, serifenlos
\ttfamily	\texttt{*text*}	typewriter, Schreibmaschine
\mdseries	\textmd{*text*}	medium, mittlere Stärke
\bfseries	\textbf{*text*}	**bold, fett verbreitert**
\upshape	\textup{*text*}	aufrechte Form
\itshape	\textit{*text*}	*kursive Schriftform*
\slshape	\textsl{*text*}	*geneigte Schriftform*
\scshape	\textsc{*text*}	KAPITÄLCHEN-SCHRIFT

Tabelle 1: Schriftumschaltungen mit LaTeX 2_ε (4.1.3), (4.1.4) – S. 59, 62

\mathrm{*text*}   \mathtt{*text*}   \mathbf{*text*}   \mathnormal{*text*}
\mathsf{*text*}   \mathit{*text*}   \mathcal{*text*}

Tabelle 2: mathematische Schriftumschaltungen mit LaTeX 2_ε (5.5.4) – S. 141

\rm	Roman	\it	*Italic*	\sc	SMALL CAPS
\bf	**Bold Face**	\sl	*Slanted*	\sf	Sans Serif
\tt	Typewriter	\mit	$\Gamma\Pi\Phi$	\cal	$\mathcal{CAL}$

Tabelle 3: Schrifterklärungen mit LaTeX 2.09 (4.1.5) – S. 63

\tiny	Winzig	\Large	Größer
\scriptsize	Sehr Klein	\LARGE	Noch Größer
\footnotesize	Fußnote	\huge	Riesig
\small	Klein	\Huge	Gigantisch
\normalsize	Normal		
\large	Groß		

Tabelle 4: Schriftgrößen (4.1.2) – S. 58

mm	Millimeter	pt	Punkt (1 in = 72.27 pt)	dd	(1157 dd = 1238 pt)
cm	Zentimeter	pc	Pica (1 pc = 12 pt)	cc	Cicero (1 cc = 12 dd)
in	Inch (1 in = 2.54 cm)	bp	big point (1 in = 72 bp)	sp	(1 pt = 65536 sp)
em	Die Breite des Geviertstrichs — im jeweils aktiven Zeichensatz				
ex	Die Höhe eines „x" im jeweils aktiven Zeichensatz				

Tabelle 5: Maßeinheiten (2.4) – S. 14

ò=\\`o   ó=\\'o   ô=\\^o   ö =\\"o   õ=\\~o   ō=\\=o   ȯ=\\.o
ŏ=\\u{o}   ǒ=\\v{o}   ő=\\H{o}   o͡o=\\t{oo}   o̧=\\c{o}   ọ=\\d{o}   o̱=\\b{o}
o̊=\\r{o}

Tabelle 6: Akzente (2.5.7) – S. 18

Œ={\OE}   Æ={\AE}   Å={\AA}   Ø={\O}   SS={\SS}   Ł={L}   ¡=!`
œ={\oe}   æ={\ae}   å={\aa}   ø={\o}   ß={\ss}   ł={l}   ¿=?`

Tabelle 7: Sonderbuchstaben in Fremdsprachen   (2.5.6) – S. 17

† \dag   § \S   © \copyright $ \$ % \%   { \{   _ _
‡ \ddag   ¶ \P   £ \pounds   & \&   # \#   } \}

Tabelle 8: Sonderzeichen (2.5.5) – S. 17   **Tabelle 9**: Befehlszeichen (2.5.4) – S. 17

```
abstract       eqnarray       flushright   picture     tabular*
appendix       eqnarray*      fussypar     quotation   thebibliography
array          equation       itemize      quote       theindex
center         figure         letter       sloppypar   titlepage
description    figure*        list         tabbing     trivlist
displaymath    filecontents   lrbox        table       verbatim
document       filecontents*  math         table*      verbatim*
enumerate      flushleft      minipage     tabular     verse
```

Tabelle 10: Umgebungsnamen

Kleinbuchstaben

α	\alpha	θ	\theta	o	o	τ	\tau
β	\beta	ϑ	\vartheta	π	\pi	υ	\upsilon
γ	\gamma	ι	\iota	ϖ	\varpi	ϕ	\phi
δ	\delta	κ	\kappa	ρ	\rho	φ	\varphi
ϵ	\epsilon	λ	\lambda	ϱ	\varrho	χ	\chi
ε	\varepsilon	μ	\mu	σ	\sigma	ψ	\psi
ζ	\zeta	ν	\nu	ς	\varsigma	ω	\omega
η	\eta	ξ	\xi				

Großbuchstaben

Γ	\Gamma	Λ	\Lambda	Σ	\Sigma	Ψ	\Psi
Δ	\Delta	Ξ	\Xi	Υ	\Upsilon	Ω	\Omega
Θ	\Theta	Π	\Pi	Φ	\Phi		

Tabelle 11: Griechische Buchstaben   (5.3.1) – S. 120

$\pm$	\pm	$\cap$	\cap	$\circ$	\circ	$\bigcirc$	\bigcirc
$\mp$	\mp	$\cup$	\cup	$\bullet$	\bullet	$\Box$	\Box
$\times$	\times	$\uplus$	\uplus	$\diamond$	\diamond	$\Diamond$	\Diamond
$\div$	\div	$\sqcap$	\sqcap	$\lhd$	\lhd	$\bigtriangleup$	\bigtriangleup
$\cdot$	\cdot	$\sqcup$	\sqcup	$\rhd$	\rhd	$\bigtriangledown$	\bigtriangledown
$\ast$	\ast	$\vee$	\vee	$\unlhd$	\unlhd	$\triangleleft$	\triangleleft
$\star$	\star	$\wedge$	\wedge	$\unrhd$	\unrhd	$\triangleright$	\triangleright
$\dagger$	\dagger	$\setminus$	\setminus	$\oslash$	\oslash	$\oplus$	\oplus
$\ddagger$	\ddagger	$\wr$	\wr	$\odot$	\odot	$\ominus$	\ominus
$\amalg$	\amalg					$\otimes$	\otimes

Tabelle 12: Binäre Operationssymbole   (5.3.3) – S. 121

$\le$	\le \leq	$\ge$	\ge \geq	$\neq$	\neq	$\sim$	\sim
$\ll$	\ll	$\gg$	\gg	$\doteq$	\doteq	$\simeq$	\simeq
$\subset$	\subset	$\supset$	\supset	$\approx$	\approx	$\asymp$	\asymp
$\subseteq$	\subseteq	$\supseteq$	\supseteq	$\cong$	\cong	$\smile$	\smile
$\sqsubset$	\sqsubset	$\sqsupset$	\sqsupset	$\equiv$	\equiv	$\frown$	\frown
$\sqsubseteq$	\sqsubseteq	$\sqsupseteq$	\sqsupseteq	$\propto$	\propto	$\bowtie$	\bowtie
$\in$	\in	$\ni$	\ni	$\prec$	\prec	$\succ$	\succ
$\vdash$	\vdash	$\dashv$	\dashv	$\preceq$	\preceq	$\succeq$	\succeq
$\models$	\models	$\perp$	\perp	$\parallel$	\parallel |	$\mid$	\mid	

Tabelle 13: Mathematische Vergleichssymbole   (5.3.4) – S. 121

$\not<$	\not<	$\not>$	\not>	$\neq$	\not=
$\not\le$	\not\le	$\not\ge$	\not\ge	$\not\equiv$	\not\equiv
$\not\prec$	\not\prec	$\not\succ$	\not\succ	$\not\sim$	\not\sim
$\not\preceq$	\not\preceq	$\not\succeq$	\not\succeq	$\not\simeq$	\not\simeq
$\not\subset$	\not\subset	$\not\supset$	\not\supset	$\not\approx$	\not\approx
$\not\subseteq$	\not\subseteq	$\not\supseteq$	\not\supseteq	$\not\cong$	\not\cong
$\not\sqsubseteq$	\not\sqsubseteq	$\not\sqsupseteq$	\not\sqsupseteq	$\not\asymp$	\not\asymp
$\not\in$	\not\in	$\notin$	\notin		

Tabelle 14: Negierte Vergleichssymbole   (5.3.4) – S. 122

$\leftarrow$	\leftarrow	\gets	$\longleftarrow$	\longleftarrow	$\uparrow$	\uparrow
$\Leftarrow$	\Leftarrow		$\Longleftarrow$	\Longleftarrow	$\Uparrow$	\Uparrow
$\rightarrow$	\rightarrow	\to	$\longrightarrow$	\longrightarrow	$\downarrow$	\downarrow
$\Rightarrow$	\Rightarrow		$\Longrightarrow$	\Longrightarrow	$\Downarrow$	\Downarrow
$\leftrightarrow$	\leftrightarrow		$\longleftrightarrow$	\longleftrightarrow	$\updownarrow$	\updownarrow
$\Leftrightarrow$	\Leftrightarrow		$\Longleftrightarrow$	\Longleftrightarrow	$\Updownarrow$	\Updownarrow
$\mapsto$	\mapsto		$\longmapsto$	\longmapsto	$\nearrow$	\nearrow
$\hookleftarrow$	\hookleftarrow		$\hookrightarrow$	\hookrightarrow	$\searrow$	\searrow
$\leftharpoonup$	\leftharpoonup		$\rightharpoonup$	\rightharpoonup	$\swarrow$	\swarrow
$\leftharpoondown$	\leftharpoondown		$\rightharpoondown$	\rightharpoondown	$\nwarrow$	\nwarrow
$\rightleftharpoons$	\rightleftharpoons		$\leadsto$	\leadsto		

Tabelle 15: Pfeil- und Zeigersymbole   (5.3.5) – S. 122

$\aleph$	\aleph	$\prime$	\prime	$\forall$	\forall	$\Box$	\Box
$\hbar$	\hbar	$\emptyset$	\emptyset	$\exists$	\exists	$\Diamond$	\Diamond
$\imath$	\imath	∇	\nabla	$\neg$	\neg	$\triangle$	\triangle
$\jmath$	\jmath	$\surd$	\surd	$\flat$	\flat	$\clubsuit$	\clubsuit
ℓ	\ell	∂	\partial	$\natural$	\natural	$\diamondsuit$	\diamondsuit
$\wp$	\wp	$\top$	\top	$\sharp$	\sharp	$\heartsuit$	\heartsuit
$\Re$	\Re	$\bot$	\bot	$\|$	|	$\spadesuit$	\spadesuit
$\Im$	\Im	$\vdash$	\vdash	$\angle$	\angle	$\Join$	\Join
$\mho$	\mho	$\dashv$	\dashv	$\backslash$	\backslash	∞	\infty

Tabelle 16: Sonstige mathematische Symbole   (5.3.6) – S. 122

$\sum \sum$	\sum	$\cap \bigcap$	\bigcap	$\odot \bigodot$	\bigodot		
$\int \int$	\int	$\cup \bigcup$	\bigcup	$\otimes \bigotimes$	\bigotimes		
$\oint \oint$	\oint	$\sqcup \bigsqcup$	\bigsqcup	$\oplus \bigoplus$	\bigoplus		
$\prod \prod$	\prod	$\vee \bigvee$	\bigvee	$\uplus \biguplus$	\biguplus		
$\coprod \coprod$	\coprod	$\wedge \bigwedge$	\bigwedge				

Tabelle 17: Mathematische Symbole in zwei Größen (5.3.7) – S. 123

\arccos	\cos	\csc	\exp	\ker	\limsup	\min	\sinh
\arcsin	\cosh	\deg	\gcd	\lg	\ln	\Pr	\sup
\arctan	\cot	\det	\hom	\lim	\log	\sec	\tan
\arg	\coth	\dim	\inf	\liminf	\max	\sin	\tanh

Tabelle 18: Funktionsnamen (5.3.8) – S. 123

$\hat{a}$	\hat{a}	$\breve{a}$	\breve{a}	$\grave{a}$	\grave{a}	$\bar{a}$	\bar{a}	$\dot{a}$	\dot{a}
$\check{a}$	\check{a}	$\acute{a}$	\acute{a}	$\tilde{a}$	\tilde{a}	$\vec{a}$	\vec{a}	$\ddot{a}$	\ddot{a}

Tabelle 19: Mathematische Akzente (5.3.9) – S. 124

(	(	)	)	$\lfloor$	\lfloor	$\rfloor$	\rfloor
[	[	]	]	$\lceil$	\lceil	$\rceil$	\rceil
{	\{	}	\}	$\langle$	\langle	$\rangle$	\rangle
|	|	$\|$	|	$\uparrow$	\uparrow	$\Uparrow$	\Uparrow
/	/	$\backslash$	\backslash	$\downarrow$	\downarrow	$\Downarrow$	\Downarrow
				$\updownarrow$	\updownarrow	$\Updownarrow$	\Updownarrow

Tabelle 20: Klammersymbole (5.4.1) – S. 126

cmr5	cmti9	cmssq8	cmu10	cmmi5
cmr6	cmti10	cmss8	cmff10	cmmi6
cmr7	cmti12	cmss9	cmfi10	cmmi7
cmr8	cmbx5	cmss10	cmdunh10	cmmi8
cmr9	cmbx6	cmss12	cmtt8	cmmi9
cmr10	cmbx7	cmss17	cmtt9	cmmi10
cmr12	cmbx8	cmssqi8	cmtt10	cmmi12
cmr17	cmbx9	cmssi8	cmtt12	cmmib10
cmcsc10	cmbx10	cmssi9	cmtcsc10	cmsy5
cmsl8	cmbx12	cmssi10	cmsltt10	cmsy6
cmsl9	cmb10	cmssi12	cmitt10	cmsy7
cmsl10	cmfib8	cmssi17	cmtex8	cmsy8
cmsl12	cmbxsl10	cmssdc10	cmtex9	cmsy9
cmti7	cmbxti10	cmssbx10	cmtex10	cmsy10
cmti8	cminch	cmvtt10	cmex10	cmbsy10

Tabelle 21: Die Grundnamen der TeX-Standardzeichensätze (C.8.1) – S. 332

```
lasy5      lasy8      line10     lcircle10
lasy6      lasy9      linew10    lcirclew10   (LaTeX-Schriften)
lasy7      lasy10     lasyb10

lcmss8     ilcmss8    ilasy8     icmtt8
lcmssb8    ilcmssb8   icmmi8     icmex10      (SLiTeX-Schriften)
lcmssi8    ilcmssi8   icmsy8     icmcsc10
```

Tabelle 22: Die Grundnamen der LaTeX- und SLiTeX-Zusatzschriften (C.8.1) – S. 332 und (E.2) – S. 360

Vergr.-Stufe	Skal.-Faktor	Vergr.-Stufe	Skal.-Faktor	Vergr.-Stufe	Skal.-Faktor
1.0	1000	1.2^2	1440	1.2^5	2488
$\sqrt{1.2}$	1095	1.2^3	1728	1.2^6	2986
1.2	1200	1.2^4	2074	1.2^7	3583

Tabelle 23: Vergrößerungsstufen und Skalierungsfaktoren (C.8.2) – S. 333

Größenoption	10pt			11pt			12pt		
Schriftgröße	abs.	skal.	abst.	abs.	skal.	abst.	abs.	skal.	abst.
\tiny	5.0 pt	500	6.0 pt	6.0 pt	600	7.0 pt	6.0 pt	600	7.0 pt
\scriptsize	7.0 pt	700	8.0 pt	8.0 pt	800	9.5 pt	8.0 pt	800	9.5 pt
\footnotesize	8.0 pt	800	9.5 pt	9.0 pt	900	11.0 pt	10.0 pt	1000	12.0 pt
\small	9.0 pt	900	11.0 pt	10 pt	1000	12.0 pt	10.95 pt	1095	13.6 pt
\normalsize	10.0 pt	1000	12.0 pt	10.95 pt	1095	13.6 pt	12.0 pt	1200	14.5 pt
\large	12.0 pt	1200	14.0 pt	12.0 pt	1200	14.0 pt	14.4 pt	1440	18.0 pt
\Large	14.4 pt	1440	18.0 pt	14.4 pt	1440	18.0 pt	17.28 pt	1728	22.0 pt
\LARGE	17.28 pt	1728	22.0 pt	17.28 pt	1728	22.0 pt	20.74 pt	2074	25.0 pt
\huge	20.74 pt	2074	25.0 pt	20.74 pt	2074	25.0 pt	24.88 pt	2488	30.0 pt
\Huge	24.88 pt	2488	30.0 pt	24.88 pt	2488	30.0 pt	24.88 pt	2488	30.0 pt

Tabelle 24: Beziehungen zwischen den relativen und den internen absoluten LaTeX-Schriftgrößenbefehlen (*abs.*), einschließlich der eingestellten Zeilenabstände (*abst.*) in Abhängigkeit von der gewählten Größenoption. Falls Schriften in den Entwurfsgrößen für die absoluten Größen existieren, werden diese bei der LaTeX-Bearbeitung gewählt, andernfalls werden die Schriften mit der Entwurfsgröße 10 pt durch die angegebene Skalierung (*skal.*) gewonnen.

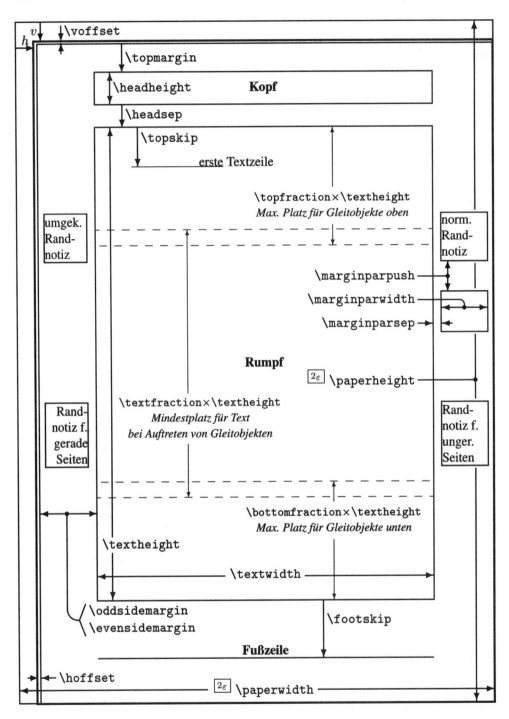

Diagramm 1: Einspaltiges Seitenformat
(3.2.5), S. 35 – (4.9.7), S. 111 – (6.6.3), S. 170

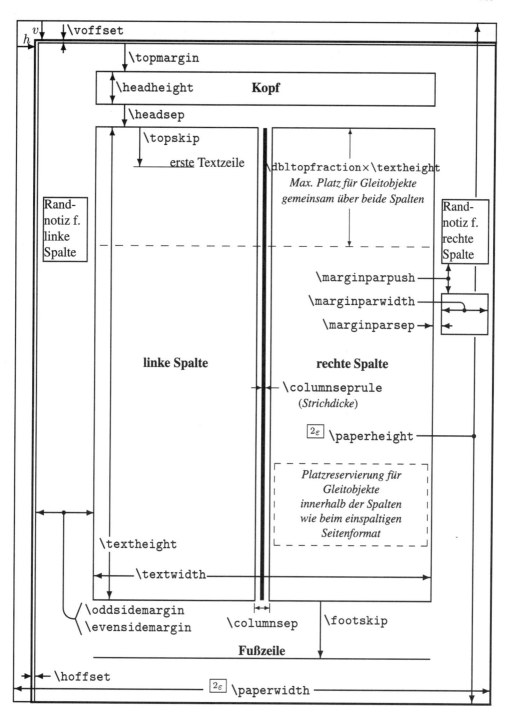

Diagramm 2: Zweispaltiges Seitenformat
(3.2.5), S. 35 – (3.1.3), S. 28 – (4.9.7), S. 111 – (6.6.3), S. 170

Anmerkung zu den Seitenformatdiagrammen

Bezugskanten für die LaTeX-Bearbeitung sind die durch \hoffset und \voffset geschaffenen Ränder gegenüber den *logischen* Seitenrändern. Diese entstehen aus den *physikalischen* Seitenrändern durch Einfügen von h und v durch die DVI-Treiber. Standardmäßig sind \hoffset und \voffset auf 0 pt gesetzt. Die Bezugsränder für die Bearbeitung sind damit die *logischen* Seitenränder. Die Druckereinfügungen h und v sind üblicherweise 1 in. Die logischen Seitenränder sind damit links und oben gegenüber dem physikalischen Blattrand um 1 Zoll verschoben. Dies kann ggf. durch benutzereigene Angaben für \hoffset und \voffset kompensiert werden.

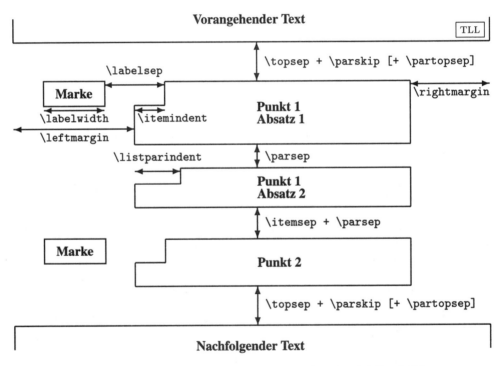

Diagramm 3: Listenformat der list-Umgebung (4.4.2) – S. 76

Anmerkung 1: Standardmäßig sind die Werte von \itemindent, \listparindent und \rightmargin auf 0 pt gesetzt.

Anmerkung 2: Bei der trivlist-Umgebung sind die Werte von \itemindent, \leftmargin, \rightmargin und \labelwidth auf 0 pt gesetzt und \parsep und \listparindent haben die Standardwerte von \parskip bzw. \parindent zugewiesen bekommen.

Verbotene TeX-Befehle [TLL]

Die allermeisten TeX-Befehle können auch in LaTeX-Dokumenten verwendet werden, auch wenn hierfür gewöhnlich kein Bedarf besteht. Einige TeX-Befehle sind in LaTeX jedoch nicht erlaubt. Ihre Verwendung führt zu Fehlermeldungen. Im Folgenden sind die nicht erlaubten TeX-Befehle so in Gruppen zusammengefasst, dass die ersetzenden LaTeX-Konstrukte leicht zu erkennen sind.

TeX-Tabulator-Befehle

Die folgenden TeX-Tabulator-Befehle sind in einem LaTeX-Dokument nicht erlaubt und müssen durch die entsprechende LaTeX-tabbing-Umgebung und deren Befehle ersetzt werden:

```
\tabs   \tabset   \tabsdone   \cleartabs   \settabs   \tabalign   \+
```

Seitenformatierung, Fußnoten und Gleitobjekte

Die folgenden TeX-Befehle stehen nicht zur Verfügung:

```
\advancepageno   \footstrut      \nopagenumbers   \pageno
\dosupereject    \headline       \normalbottom    \plainoutput
\endinsert       \makefootline   \pagebody        \topins
\folio           \makeheadline   \pagecontents    \topinsert
\footline        \midinsert      \pageinsert      \vfootnote
```

Diese sind durch die Wahl des Seitenstils in \pagestyle sowie durch die LaTeX-Fußnotenbefehle und die figure- bzw. table-Umgebung zu ersetzen.

TeX- und interne LaTeX 2.09-Zeichensatzbefehle

In plain.tex werden 16 Zeichensatzbefehle definiert, deren Befehlsnamen aus einer ausgeschriebenen Zahl und einer Typkennung bestehen, wie \fivesy, \sevenbf, \tentt u. ä. LaTeX 2.09 kannte rund 70 interne Zeichensatzbefehle der gleichen Namenskonvention, wie \tenrm, \elvbf, \twlsf usw. Von den TeX-Zeichensatzbefehlen waren in LaTeX 2.09 nur

```
\fivei    \fiverm    \fivesy    \fivebf
\seveni   \sevenbf   \sevensy   \teni      \oldstyle
```

unbekannt. In LaTeX 2_ε sind alle 16 TeX-Zeichensatzbefehle aus plain.tex sowie die weiteren internen LaTeX 2.09-Zeichensatzbefehle nicht definiert und damit unbekannt. Dies gilt auch für den LaTeX 2.09-Kompatibilitätsmodus aus LaTeX 2_ε. Die den Zeichensatzbefehlen aus TeX und LaTeX 2.09 zugeordneten Zeichensätze sind mit den flexiblen Zeichensatzauswahlbefehlen aus LaTeX 2_ε anzusprechen. Enthalten ehemalige LaTeX-Files solche internen LaTeX- oder Plain-TeX-Zeichensatzbefehle, so sind sie ohne Textänderung nicht mit LaTeX 2_ε zu bearbeiten, auch nicht im 2.09-Kompatibilitätsmodus.

Unter den LATEX-Ergänzungen [5b] gibt es das Ergänzungspaket rawfonts.sty. Wird dieses mit \usepackage{rawfonts} aktiviert, dann können die früheren internen LATEX-Zeichensatzbefehle verwendet werden. Diese Lösung sollte nur als letztes Mittel zur Anwendung kommen, weil damit zusätzlicher Speicherplatz und Rechenzeit erforderlich wird. Das Ergänzungspaket rawfonts.sty lädt alle rund 70 Zeichensätze, die in LATEX 2.09 definiert wurden, beim Bearbeitungsaufruf hinzu, unabhängig davon, welche dieser definierten Zeichensätze bei der Bearbeitung tatsächlich benötigt werden.

Das Ergänzungspaket raufonts.sty kennt deshalb einen Kompromiss mit dem Aufruf

\usepackage[only,*int_zs1*,*int_zs2*,...]{rawfonts}

Mit diesem Aufruf werden nur diejenigen Zeichensätze, die den aufgelisteten internen Zeichensatzbefehlen *int_zs1*, *int_zs2*, ... entsprechen, hinzugeladen.

Mathematische Befehle

Von den mathematischen TEX-Befehlen sind lediglich

\eqalign   \eqalignno   \leqalignno

in LATEX nicht erlaubt. Diese Befehle werden durch die LATEX-Umgebungen eqnarray und eqnarray* abgedeckt.

Sonstiges

Plain-TEX's \beginsection wird durch die LATEX-Gliederungsbefehle, die Befehle \end und \bye sind durch \end{document} ersetzt. TEX's \centering entspricht dem gleichnamigen LATEX-Befehl. Der Name des TEX-Befehls \line ist durch den LATEX-Namen \line besetzt, der jedoch etwas ganz anderes bedeutet, nämlich das Zeichnen einer Linie in der picture-Umgebung. Die meisten Anwendungen von \line innerhalb von TEX können in LATEX mit \center, \flushleft und \flushright erzielt werden.

Der TEX-Befehl \magnification hat kein LATEX-Äquivalent. Es ist jedoch möglich und effizienter, eine entsprechende Vergrößerungsoption bei den .dvi-Treibern einzurichten. Ob eine solche vorhanden ist, muss beim jeweiligen Rechenzentrum erfragt oder dem Treibermanual entnommen werden.

Abgesetzte mathematische Formeln werden mit Plain-TEX durch Einschluss in ein Doppel-$-Paar in der Form $$*math. Text*$$ erzeugt. Diese TEX-Konstruktion sollte in LATEX-Eingabetexten vermieden und durch \[... \] ersetzt werden. Der $$-Umschaltbefehl arbeitet in LATEX nur teilweise korrekt, so dass Unzulänglichkeiten nicht auszuschließen sind.

Stichwortverzeichnis

Unterstrichene Seitenzahlen bei den nachfolgenden Stichwörtern verweisen auf diejenigen Stellen, an denen der zugehörige Begriff oder Befehl eingeführt und erläutert oder definiert wird. Kursive Seitenzahlen verweisen auf die Befehlskurzbeschreibung. Seitenzahlen in der Schriftart \sl (*geneigt*) beziehen sich auf die zusammenfassenden Tabellen und Diagramme.

Das Stichwortverzeichnis ist vielfach in Haupt- und zweistufige Unterbegriffe gegliedert. Tritt ein Stichwort nicht bei den Hauptbegriffen auf, so sollte zunächst nach einem Oberbegriff gesucht werden, unter dem das gesuchte Stichwort evtl. als Untereintrag zu finden ist. Solche umfassenden Oberbegriffe sind vor allem die Haupteinträge

Befehl, Befehlsdefinitionen, Bilder, Boxen, Briefe, Fehlermeldungen, Formeln, Fußnoten, Gleitobjekte, Gliederungsbefehle, LaTeX, Listen, Literaturverzeichnis, Projektionsvorlagen, Symbole, Tabellen, Tabellenbeispiele, Tabulator, Text, Umgebungen, Verweise, Zeichensätze und Zusammenfassungen.

! (MakeIndex), 215, *419*
!', 17, *419*
"", 341, *420*
"" (MakeIndex), 217, *420*
"', 16, 342, *420*
"-, 54, 341, *420*
"<, 342, *420*
"=, 341, *420*
">, 342, *420*
" (BibTeX), 293, *420*
" (MakeIndex), 217, *420*
"', 16, 342, *420*
"ck (deutsche Trennungshilfe), 55, 341, *420*
" (deutsch), 15, 22, 340, *420*
"e (Umlaute, fremde), 340, *420*
" (Original), 16, 344, *420*
"s (ß, deutsch), 15, 340, *421*
"tt (deutsche Trennungshilfe), 55, 341, *421*
"u (Umlaute, deutsch), 15, 22, 340, *421*
"z (ß, deutsch), 340, *421*
"|, 341, *421*
"~, 341, *421*
#, 11, 183, 184, 186, 187, 193, 198, 200, 201, *421*
##, 199, 200, *421*

$, 11, 115, *421*
%, 11, 113, *421*
&, 11, 95, 96, 132, *421*
', 16
'', 16
(, 126, 148, 293, *422*
), 126, 148, 293, *422*
*-Form, *siehe* Befehl
-, 17
--, 17
---, 17
/, 126
?', 17, *421*
@-Ausdrücke, 20, 95, 99, 105, 256
@ (BibTeX), 293–295, *421*
@ (MakeIndex), 217, *421*
[, 12, 126, *422*
\␣, 45, *422*
\!, 137, *422*
\" (Umlaute, orig.), 16, 344, *422*
\#, 17, *422*
\$, 17, *422*
\%, 17, *422*
\&, 17, *422*
\' (Akut-Akzent), 18, *422*

\' (Tabulator), 83, *422*
\(, 115, *422*
\), 115, *423*
\+, 82, 83, 258, *423*
\,, 45, 118, 137, *423*
\- (Tabulator), 82, 83, 258, *423*
\- (Trennungshilfe), 54, *423*
\. (Punkt-Akzent), 18, *423*
\/, 45, 46, *423*
\3 (ß, deutsch), 340, *423*
\:, 128, 137, *423*
\;, 128, 137, *423*
\<, 82, 254, 258, *423*
\= (Makron-Akzent), 18, *423*
\= (Tabulator), 81, 82, 83, *423*
\>, 81, 83, 84, 258, *423*
\@, 45, *423*
\[, 116, *423*
\\, 48, 66, 81, 84, 95, 98, 102, 109, 132, 158, 258, *424*
*, 48, *424*
\], 116, *424*
\^ (Circumflex), 18, *424*
_, 17, *424*
\` (Gravis-Akzent), 18, *424*
\` (Tabulator), 83, *424*
\a=, 83, *424*
\a', 83, *424*
\a`, 83, *424*
\{, 17, 116, 126, *424*
\}, 17, 116, 126, *424*
\|, 121, 122, 126, *424*
\~ (Tilde-Akzent), 18, *424*
], 12, 126, *422*
^, 11, 117, *421*
_, 11, 117, *421*
', 16
'', 16
}, 11, 293, *422*
{, 11, 293, *422*
|, 121, 126, *421*
| (MakeIndex), 216, *422*
~, 11, 45, *422*
10pt-Klassenoption, 26
11pt-Klassenoption, 26, 28, 57
12pt-Klassenoption, 26, 28, 57
32-bit-WINDOWS, 376, 383, 391, 397–399

"A, 15, 340, *421*
"a, 15, 340, *421*
\a', 83, *424*

a4paper-Klassenoption, 27
a5paper-Klassenoption, 27
\a=, 83, *424*
\a`, 83, *424*
\AA, 17, *424*
\aa, 17, *424*
Abbildungsverzeichnis, 45
ABDELHAMID, RAMES, 415
Abfragen, logische, 189–190
abgesetzte Formeln, 115
\abovedisplayshortskip, 143, *424*
\abovedisplayskip, 143, *424*
ABRAHAMS, PAUL W., 416
Absatzmodus, 7
Absatz, 5, 50
    Boxen, 85, 87
Absatzabstand, 5, 15, 34, 49
    zusätzlicher, 49
Absatzende
    mit Leerzeile, 5, 50
    mit \par, 50
Absatzkennzeichnung
    Einrücken 1. Zeile, 6, 34
        Einrücktiefe, 14, 34
        nach Gliederungsbefehl, 50
        unterdrücken, 50
    vergr. Abstand, 6, 15, 34
Abstract, 39
\abstractname, 343, 349, *425*
abstract-Umgebung, 39, *427*
\active (TEX), 22
\acute, 124, *425*
\addcontentsline, 19, 44, 172, *425*
\address, 277, 279, *425*
\addtime, 358, *425*
\addtocontents, 19, 44, 172, *425*
\addtocounter, 14, 108, 111, 178, 179, *425*
\addtolength, 180, 196, 200, 201, *425*
\addvspace, *425*
\AE, 17, *425*
\ae, 17, *425*
Akut-Akzent, 18, *422*, *424*
Akzente
    allgemein, 18, *483*
    in tabbing-Umgebung, 83
    mathematische, 124, *486*
    vereinfachte Eingabe, 18
\aleph, 122, *425*
alltt.sty, 29, 112
alltt-Umgebung, 112, *427*
\Alph, 72, 107, 179, *425*

STICHWORTVERZEICHNIS

Alph, 32
\alph, 72, 107, 179, 186, *425*
alph, 32
\alpha, 120, *425*
\alsoname, 350, *425*
\amalg, 121, *426*
Amiga-TEX, 403
\and, 37, 38, 190, *426*
Anführungsstriche, 16, 342
    deutsche, 16, 342
    englische, 16
    französische, 342
    ganze, 16, 342
    halbe, 16, 342
\angle, 122, *426*
Anhang, 42
anwendereigene
    Befehle, *siehe* Befehlsdefinitionen, anwendereigene
    Längenbefehle, *siehe* Längenbefehle, anwendereigene
    Umgebungen, *siehe* Umgebungen, anwendereigene
    Zähler, *siehe* Zähler, anwendereigene
APPELT, WOLFGANG, 416
\appendixname, 349, *426*
appendix-Umgebung, 42, *427*
\approx, 121, *426*
\arabic, 72, 75, 77, 78, 107, 179, 186, 192, 193, 201, *426*
arabic, 32, 45, 205
\arccos, 123, *426*
\arcsin, 123, *426*
\arctan, 123, *426*
\arg, 123, *426*
Argument, 12, 183
    in anwendereigenen Befehlen, 183, 184
    in anwendereigenen Umgebungen, 193, 194
    mehrfach, 12, 183
    mit Längenbegrenzung, 197
    optional, 12
    zwingend, 12
Argumentbegrenzung, 197
arithmetische Vergleiche, 190
ARMBRUSTER, D., 339
\arraycolsep, 96, 143, *426*
\arrayrulewidth, 96, *426*
\arraystretch, 97, *426*

array-Umgebung, 94, 126–129, 138, 139, 143, 144, *427*
article-Bearbeitungsklasse, 25, 28, 33, 36, 39, 125, 172, 179, 212
\ast, 121, *426*
\asymp, 121, *426*
Atari-TEX, 402
\atop (TEX), 131, 138, 139, *426*
Aufzählungen, 69–73
    verschachtelte, 70, 71
Aufzählungsmarkierung, 69
austrian, 343, 348, *426*
\author, 37, 38, 68, *426*
.aux-Files, 21, 210, 228, 229
Axiom, 80

\b (Unterstrich-Akzent), 18, *427*
b5paper-Klassenoption, 27
\backmatter, 42
backslash, *siehe* Rückstrich, *siehe* Rückstrich
\backslash, 122, 126, *427*
Balkenbox, 85, 91
\bar, 124, *427*
\baselineskip, 34, 59, 65, *427*
\baselinestretch, 34, 59, *427*
Basisfiles, *siehe* METAFONT-Basisfiles
.bbl-Files, 229
Bearbeitungsklasse, 25
Bearbeitungsmodus
    Absatzmodus, 7
    LR-Modus, 7
    Mathematischer Modus, 7, 115
    Paragraph-Modus, 7
BECHTOLSHEIM, STEPHAN VON, 416
bedingte Verzweigung, 189
Befehl, 6, 11
    *-Form, 12
    deutsche Mindestergänzungen, 339
    Einzeichenbefehle, 11
    Leerzeichen nach, 12, 182
    Mehrzeichenbefehle, 11
    Namensbefehle, 349
    robust, 19, 20
    spezielle, 11
    Sprachbefehle, 348
    Sternform, 12
    Syntax, 12
    Unterscheidung zum Text, 6
    Wortbefehle, 11
    zerbrechlich, 19, 20
    Zweizeichenbefehle, 11

Befehlsdefinitionen, anwendereigene, 181–187
    abspeichern, 196
    allg. Anmerkungen, 196
    als Abkürzung, 197
    Beispiele
        1: Fußnotenänderung, 185
        2: TEX nach LATEX, 186
        3: Gleichungsnummerierung, 186
        4: Textumrahmung, 187
        5: chemische Formeln, 187
    für math. und Textmodi, 182
    LATEX 2_ε-Verbesserung, 185
    Leerzeichen
        nach Befehlsaufruf, 182
        ungewollte, 199
    mit Argumenten, 183, 184
        Aufruf, 183
        weitergereichte, 198
    mit einem opt. Argument, 184
    ohne Argumente, 181, 182
        Aufruf, 181
    Reichweite, 197
        global, 197
        lokal, 197
    Reihenfolge, 198
    verschachtelte, 199
Befehlssyntax, 12
Befehlszeichen, Ausdruck von, 17, *484*
\begin, 13, 19, 254
\begin{abstract}, 39, *427*
\begin{alltt}, 112, *427*
\begin{appendix}, 42, *427*
\begin{array}, 94, 126–129, 132, 144, *427*
\begin{center}, 66, 96, 149, 174, *428*
\begin{description}, 69, 70, *428*
\begin{displaymath}, 115, 145, *428*
\begin{document}, 7, 33, 204, 228, 278, *428*
\begin{enumerate}, 69, 71, *428*
\begin{eqnarray}, 116, 132, 135, *428*
\begin{eqnarray*}, 116, 132, 135, *428*
\begin{equation}, 115, 145, *428*
\begin{figure}, 168, *428*
\begin{figure*}, 168, *428*
\begin{filecontents}, *428*
\begin{filecontents*}, *429*
\begin{flushleft}, 66, *429*
\begin{flushright}, 66, *429*
\begin{fussypar}, 55, *429*
\begin{itemize}, 69, 71, *429*

\begin{letter}, 20, 278, 281, *429*
\begin{list}, 75, 77, 78, 200, 201, *429*
\begin{lrbox}, 87, *429*
\begin{math}, 115, *429*
\begin{minipage}, 88, 89, 92, 135, *429*
\begin{note}, 357, *430*
\begin{overlay}, 357, *430*
\begin{picture}, 148, 154, 155, 159, 161, 164, *430*
\begin{quotation}, 67, *430*
\begin{quote}, 13, 67, 192, 193, *430*
\begin{samepage}, 52, *430*
\begin{slide}, 356, *430*
\begin{sloppypar}, 55, 193, *430*
\begin{small}, 111, *427*
\begin{tabbing}, 81, 82, 83, *431*
\begin{table}, 104, 105, 168, *431*
\begin{table*}, 168, *431*
\begin{tabular}, 5, 94, 97, 98, 100, 102, *431*
\begin{tabular*}, 94, 105, *431*
\begin{thebibliography}, 73, 74, 210, 291, *431*
\begin{theindex}, 212, *431*
\begin{*theorem*}, 80, *431*
\begin{titlepage}, 37, *432*
\begin{trivlist}, 79, *432*
\begin{verbatim}, 111, *432*
\begin{verbatim*}, 111, *432*
\begin{verse}, 68, *432*
\belowdisplayshortskip, 143, *432*
\belowdisplayskip, 143, *432*
\beta, 120, *432*
Beziehungsoperator, 121, 140
\bezier, *432*
Bezier-Kurven, 157
Bezüge, *siehe* Verweise
\bf, 31, 63, *432*, *483*
\bfdefault, 237, *432*
\bfseries, 14, 60, 68, 235, *432*, *483*
.bib-Files, 211, 230, 291
\bibitem, 19, 74, 210, *433*
Bibliographie, *siehe* Literaturverzeichnis
\bibliography, 211, 229, 291, 292, *433*
\bibliographystyle, 292, *433*
\bibname, 349, *433*
BIBTEX, 75, 211, 229, 291–292, 389
\Big (TEX), 140, *433*
\big (TEX), 140, *433*
big point, 14
\bigcap, 123, *433*

STICHWORTVERZEICHNIS 497

\bigcirc, <u>121</u>, *433*
\bigcup, <u>123</u>, *433*
\Bigg (TeX), <u>140</u>, *433*
\bigg (TeX), <u>140</u>, *433*
\Biggl (TeX), <u>140</u>, *433*
\biggl (TeX), <u>140</u>, *433*
\Biggm (TeX), <u>140</u>, *433*
\biggm (TeX), <u>140</u>, *433*
\Biggr (TeX), <u>140</u>, *433*
\biggr (TeX), <u>140</u>, *433*
\Bigl (TeX), <u>140</u>, *433*
\bigl (TeX), <u>140</u>, *433*
\Bigm (TeX), <u>140</u>, *434*
\bigm (TeX), <u>140</u>, *433*
\bigodot, <u>123</u>, *434*
\bigoplus, <u>123</u>, *434*
\bigotimes, <u>123</u>, *434*
\Bigr (TeX), <u>140</u>, *434*
\bigr (TeX), <u>140</u>, *434*
\bigskip, <u>50</u>, *434*
\bigskipamount, *434*
\bigsqcup, <u>123</u>, *434*
BIGTeX, 382, 383
\bigtriangledown, <u>121</u>, *434*
\bigtriangleup, <u>121</u>, *434*
\biguplus, <u>123</u>, *434*
\bigvee, <u>123</u>, *434*
\bigwedge, <u>123</u>, *434*
Bilder
    abspeichern, 161–163
    allg. Empfehlungen, 167
    Beispiele, weitere
        Gitternetz, 165
        IC-Symbol, 165
        wiederholte Elemente, 165
    Bildbefehle, 148–160
    Bildelemente, 148
        Bezier-Kurven, 157
        Boxen, 150–152
        Gitternetze, 166
        Halbkreise, 156
        Kreise, 155
        Linien, 153, 154
        Linien, beliebige, 158
        Ovale, 155
        Pfeile, 154
        positionieren, 149
        Teilovale, 155
        Text, 150
        Viertelkreise, 156
        wiederholte, 149
    Boxen, 150–152
        Beispiele, 151, 152
        gerahmt, 150, 151
        gestrichelt, 150, 152
        mit Text, 150
        Par-Box in, 152
        Positionierungsparameter, 150, 151
        ungerahmt, 150, 151
    gleitende, *siehe* Gleitobjekte
    Halbkreise, 156
    Koordinatensystem, 147
    Kreise, 155
        Bezugspunkt, 155
        gefüllt, 155
        offen, 155
    Längeneinheit, 147, 148
    Linien, 153, 154
        erlaubte Neigungen, 153
        geneigt, 153
        horizontal, 153
        Mindestlänge, 154
        vertikal, 153
    Nummerierung, *siehe* Gleitobjekte
    Ovale, 155
        Beispiele, 155, 156
        Bezugspunkt, 155
        Teiloval, 155
    Pfeile, 154
        erlaubte Neigungen, 154
        Mindestlänge, 154
    Positionierungsangaben in Bildern, 147
    Positionierungsbefehle, 149
    Speicherung, 161–163
        Beispiele, 162, 163
    Strichstärke, 148, <u>160</u>
    Teilovale, 155
    Text in Bildern, 150
    Text mehrzeilig, 150
        Bezugspunkt, 150
    Text vertikal, 158
    Textrahmen, 159
        Bezugspunkt, 159
    Überschriften, *siehe* Gleitobjekte
    Unterschriften, *siehe* Gleitobjekte
    verschachtelte, 160, 161
        Bezugspunkt für, 160
        var. Längeneinheiten, 160
    verschobene, 164
    Viertelkreise, 156
    x-Achse, 147
    y-Achse, 147

Bildschirmausgabe, 206
Bindestrich, 17
Binomialkoeffizienten, 131
BIRKHAHN, LUTZ, 402
.bit-Files, 9, 228
.blg-Files, 229
Blocksatz, beidseitig eingerückt, 67
\bmod, <u>124</u>, *434*
\boldmath, 141, 144, *434*
book-Bearbeitungsklasse, <u>25</u>, 28, 39, 40, 125, 172, 179, 212
\boolean, *434*
\bot, <u>122</u>, *434*
\botfigrule, 171, *434*
\bottomfraction, <u>170</u>, *435*
bottomnumber, <u>170</u>, *435*
\bowtie, <u>121</u>, *435*
\Box, <u>121</u>, 122, *435*
Boxen, 85–93
    Aufruf, 87
    Balkenbox, 85, 91
    hor. Verschiebung, 92
    LR-Box, 85, 87
    Positionierungsparameter
        horizontal, 85
        innerer, 89
        vertikal, 88, 89
    Speicherung, 86
    Stilparameter, 93
    TEX-Grundelement, 85
    umrahmte, 85
    verschachtelte, 92
    vert. Verschiebung, 87, 92
    vertikale, 85, 87–91
        Breiteneinstellung, 88
        Höheneinstellung, 89
        LATEX 2_ε, 89
        Positionierungsprobleme, 90
bp, 14
BRAUNE, KLAUS, 401, 405, 417
BREITENLOHNER, PETER, 339
\breve, <u>124</u>, *435*
Breve-Akzent, 18, *479*
Briefe, 277–290
    Absenderanschrift, 277
    Absendername, 277
    amerikanisches Original, 277–281
    Anhang, 279
    Anlagen, 279
    Anrede, 278
    anwendereigene, 284–290

Aufkleber, 281
Befehle
    spezielle, 281
    Standard, 277–281
    unerlaubte, 277
    zusätzliche, 281
Betreff-Angaben, 281
Brieffuß, anwendereigener, 288
Briefkopf, anwendereigener, 287
Empfängerangaben, 278
erste Briefseite, anwendereigene, 288
Folgeseiten, anwendereigene, 289
Grußformel, 278
    in Englisch, 282
Klassenoptionen
    unerlaubte, 277
Referenzangaben, 281
Verteilerliste, 278
vertikaler Leerraum, variabel, 290
    Vermeidung, 290
Brüche, 117
BRÜGEMANN-KLEIN, ANNE, 417
.bst-Systemfiles, 231
Buchstaben
    griechische, 120, *484*
    kalligraphische, 120, *483*
    mathematische, *483*
Buchuntergliederung, zusätzliche, 42
\bullet, <u>121</u>, *435*

\c (Cedille), <u>18</u>, *435*
\cal, <u>120</u>, *435*, *483*
\cap, <u>121</u>, *435*
\caption, 19, 45, 169, <u>171</u>, 178, *435*
\captionsenglish, <u>349</u>
\captionsfrench, <u>349</u>
\captionsgerman, <u>349</u>
\captions*sprache*, <u>349</u>, *435*
CARLISLE, DAVID, 189
\catcode (TEX), 22
cc, 14
\cc, <u>278</u>, *435*
\ccname, <u>350</u>, *435*
\cdot, <u>121</u>, *435*
\cdots, 119, 127, 131, *435*
CD-ROM, TEX auf, 399, 400, 414
Cedille, 18, *435*
\centering, <u>66</u>, 68, 79, *435*
\centerline (TEX), 66, 174, *435*
center-Umgebung, <u>66</u>, 68, 79, 149, *428*
cfgguide.tex, 238, 389

STICHWORTVERZEICHNIS

.cfg-Systemfiles, 230
\chapter, 40, 42, 436
\chapter*, 40, 436
\chaptername, 349, 436
chapter-Zähler, 41, 177, 179
\check, 124, 436
chemische Formeln, 136, 187
CHEN, PEHONG, 214, 223, 390
\chi, 120, 436
\choose (TeX), 131, 138, 139, 436
Cicero, 14
\circ, 121, 436
\circle, 155, 159, 436
\circle*, 155, 161, 436
Circumflex-Akzent, 18, 424
\cite, 74, 75, 211, 292, 436
"ck, 55, 341
\cleardoublepage, 51, 169, 205, 436
\clearpage, 51, 169, 204, 436
    unerlaubt, 83
\cline, 96, 100, 436
.clo-Systemfiles, 21, 30, 230
\closing, 278, 436
clsguide.tex, 238, 389
.cls-Systemfiles, 21, 30, 230
\clubpenalty (TeX), 53
\clubsuit, 122, 437
cm, 14
CM-Schriften, 300–316, 318–322
\color, 364, 437, 462
\colorbox, 364, 437
\columnsep, 28, 437
\columnseprule, 28, 437
\cong, 121, 437
\contentsline, 437
\contentsname, 349, 437
\coprod, 123, 437
\copyright, 17, 437
Copyright-Zeichen, 17
\copyrightspace, 39, 437
Cork, TeX-Konferenz in, 323
Cork, Zeichensatzerweiterungsvorschlag, 323
\cos, 123, 437
\cosh, 123, 437
\cot, 123, 438
\coth, 123, 438
\csc, 123, 438
csTeX, 402
CTAN, 408
\cup, 121, 438

\d (Unterpunkt-Akzent), 18, 438
\dag, 17, 438
\dagger, 121, 438
DALY, PATRICK W., 415
danp.sty, 15, 18, 22
DANTE e. V., 402, 413
    Anschrift, 413
    TeX-Fileserver, 413
\dashbox, 150, 152, 160, 438
\dashv, 121, 122, 438
\date, 37, 38, 68, 438
\date (Briefe), 282, 438
\dateaustrian, 343, 348
\dateenglish, 343, 348
\datefrench, 343, 348
\dategerman, 343, 348
\date*sprache*, 343, 438
\dateUSenglish, 343, 348
Datum, 18, 282, 343, 348
    Befehle, 343, 348
    Sprachanpassung, 18, 343, 348
Datumsbefehle, 343, 348
\dblfigrule, 171, 438
\dblfloatpagefraction, 170, 439
\dblfloatsep, 171, 439
\dbltextfloatsep, 171, 439
\dbltopfraction, 170, 439
dbltopnumber, 170, 439
dc-Schriften, 324
dd, 14
\ddag, 17, 439
\ddagger, 121, 439
\ddot, 124, 439
\ddots, 119, 439
declaration, 13
\def (TeX), 22
\definecolor, 363, 439
.def-Systemfiles, 230
\deg, 123, 439
Dehnwert, *siehe* elastische Maße
dehyphn.tex, 54, 56, 346
dehypht.tex, 54, 56, 346
\DeleteShortVerb, 113, 440
\Delta, 120, 440
\delta, 120, 440
\depth, 86, 90, 440
description-Umgebung, 69, 75, 79, 214, 428
\det, 123, 124, 440
Determinanten, 127–129

Diagramme
　　Listenaufbau, 76, *490*
　　Seitenaufbau, 35, *488*, *489*
　　　　einspaltig, 35, *488*
　　　　zweispaltig, *489*
\Diamond, 121, 122, *440*
\diamond, 121, *440*
\diamondsuit, 122, *440*
Diavorlagen, *siehe* Projektionsvorlagen
Didot, 14
\dim, 123, *440*
DirectTEX, 403
\discretionary, 54, *440*
displaymath-Umgebung, 115, *428*
\displaystyle, 138, 139, 144, 145, *440*
\div, 121, *440*
doc.sty, 29
\documentclass, 6, 7, 25, 28, 33, 36, 39, 277, 292, *440*
\documentstyle, 30, *441*
document-Umgebung, 7, *428*
Dokumentklasse, 25
　　Klassenarten, 25
　　Optionen, 25–27
Dollar-Zeichen, 17
Doppelakut, 18, *447*
Doppelkreuzzeichen, 17
doppelseitige Formatierung, 26
　　linker Rand, 35
\dot, 124, *441*
dot-under-Akzent, 18, *438*
\doteq, 121
\dotfill, 48, 84, 127, 128, *441*
\doublerulesep, 96, *441*
\Downarrow, 122, 126, *441*
\downarrow, 122, 126, *441*
\dq, *441*
draft-Klassenoption, 26
Druckerauflösung, 333
Druckertreiber, 8, 335, 385
Druckerzeichensätze, 385
.dtx-Installationsfiles, 231
DVI-File, 8
.dvi-Files, 8, 21, 228

"E, 340, *420*
"e, 340, *420*
ec-Schriften, 324–329
　　Aktivierung, 325
　　Installation, 324

　　Namenskonventionen, 328–329
　　Sprachabdeckung mit, 323
　　Zeichenbelegung, 327
EIJKHOUT, VICTOR, 416
einspaltige Seitenformatierung, 26
　　für Einzelseiten, 36
Einzeichenbefehle, 11
elastische Maße, 15
elastischer Leerraum
　　horizontaler, 47
　　vertikaler, 50
\ell, 122, *441*
Ellipsen, 119
\em, 31, 64, *441*
em, 14
\emailhost (Briefe), 286, *441*
\emailid (Briefe), 286, *441*
\emph, 57, 58, 100
empty-Seitenstil, 31
\emptyset, 122, *441*
emTEX, 391–397
　　Benutzeroberflächen, 396
　　Dokumentation, 395, 396
　　Format- und Basisfiles, 395
　　Installationshinweise, 394
　　Strukturbeschreibung, 392
　　Zeichensatzfiles, 396
\encl, 279, *442*
\enclname, 350, *442*
\encodingdefault, 236
\end, 13, 19, 254, *442*
\end{...}-Befehle, *siehe* \begin-Befehle
\end{document}, 7, 74, 169, 204, 228, *428*
\end{letter}, 278, 279, 281
english, 343, 348, *442*
\enlargethispage, 52, *442*
\enlargethispage*, 52, *442*
\ensuremath, 185, *442*
Entwurfsgröße, 300, 301
enumerate-Umgebung, 69, 70, 72, 73, 75, 79, *428*
enum*n*-Zähler, 72, 177
environment, 13
\epsilon, 120, *442*
eqnarray-Umgebung, 116, *428*
eqnarray*-Umgebung, 116, *428*
\equal, 189, 190, *442*
equation-Umgebung, 115, 119, *428*
equation-Zähler, 177
\equiv, 121, *442*

STICHWORTVERZEICHNIS

Ergänzungspakete, 29
    alltt.sty, 29, 112
    doc.sty, 29
    exscale.sty, 29, 141
    flafter.sty, 29, 170
    fontenc.sty, 29
    german.sty, 339–345
    graphpap.sty, 29, 166
    ifthen.sty, 29, 189–191
    inputenc.sty, 29, 352
    latexsym.sty, 29, 121
    makeidx.sty, 29, 214, 215
    newlfont.sty, 29
    ngerman.sty, 340–345
    oldlfont.sty, 29
    pict2e.sty, 29
    shortvrb.sty, 29, 113
    showidx.sty, 29, 213
    syntonly.sty, 29, 262
    t1enc.sty, 29, 237
    textcomp.sty, 29
    tracefnt.sty, 29, 262
Erklärung, 13
    globale, 14
    lokale, 13
    Reichweite einer, 13
\eta, 120, 442
ε-TeX, 377, 401, 404
\evensidemargin, 23, 35, 36, 442
ex, 14
executivepaper-Klassenoption, 27
\exists, 122, 442
\exp, 123, 442
Exponenten, 117
exscale.sty, 29, 141, 142
\extracolsep, 94, 95, 105, 442
\extrasgerman, 351
\extras*sprache*, 351

Familienattribut, 232, 233
\familydefault, 236
Farbdruck, 363–365
    Sonderbefehle
        \color, 364
        \colorbox, 364
        \definecolor, 363
        \fcolorbox, 365
        \pagecolor, 364
        \textcolor, 364
    Voraussetzungen, 363
\fbox, 85, 91–93, 108, 135, 145, 159, 442

\fboxrule, 93, 145, 442
\fboxsep, 93, 145, 159, 443
\fcolorbox, 365, 443
.fdd-Installationsfiles, 231
.fd-Systemfiles, 230, 234, 333
Fehlermeldungen
    Anwenderreaktion
        Editorrücksprung, 241
        Empfehlung, 245
        Hilfe-Anforderung, 241
        Korrektur, 241
        Programmfortsetzung, 240
    aus LaTeX, 242–245
    aus TeX, 239–241
    aus TeX-Makros, 245
    bei Mehrfiletexten, 253
    Fehlerfortpflanzung, 247–251
    Fehlerindikator, 240
    Fehlersuche bei Nichterkennung, 272
    Fehlersuche, Hilfswerkzeuge zur, 262
    Fehlerzeile, 240
    Grundstruktur für LaTeX, 242
    Grundstruktur für TeX, 241
    Hilfswerkzeuge zur Fehlersuche, 262
    mathematische, 251, 252
    Notausstieg, 251
    Programmabbruch
        mit 'I\stop', 241, 249
        mit 'X', 241, 249
        mit Editorrücksprung, 241
    Programmfortsetzung
        alle Fehler, 240
        Einzelfehler, 240
        meiste Fehler, 240
        ohne Meldungen, 240
    Verzeichnis
        aller LaTeX-Fehler, 253–262
        aus LaTeX-Kern, 254–259
        aus Stil- und Klassenfiles, 259–260
        aus Zeichensatzauswahl, 260–262
        häufiger TeX-Fehler, 263–267
    Warnungen
        aus LaTeX-Kern, 268–270
        aus Stil- und Klassenfiles, 270
        aus TeX, 271, 272
        aus Zeichensatzauswahl, 271
Fehlersuche, Hilfswerkzeuge zur, 262
Felder, 127–129
Felder, Konstruktion, *siehe* Tabellenkonstruktion
feste Maße, 14

Fettdruck im Text, 60–62
Fettdruck in Formeln, 136
"ff, 55, 341
\figurename, 349, 443
figure-Umgebung, 45, 168, 172, 178, 428
figure*-Umgebung, 168, 428
figure-Zähler, 177
filecontents-Umgebung, 33, 428
filecontents*-Umgebung, 429
Fileserver, siehe TeX-Fileserver
Filesystem, siehe TeX-Filesystem
\fill, 15, 47, 50, 94, 105, 443
final-Klassenoption, 26
flafter.sty, 29, 170
\flat, 122, 443
fleqn-Klassenoption, 26, 116, 119
\floatpagefraction, 170, 443
\floatsep, 171, 443
\flq, 342, 443
\flqq, 342, 443
\flushbottom, 36, 443
flushleft-Umgebung, 66, 429
flushright-Umgebung, 66, 429
.fmt-Formatfile, 21, 230, 370
\fnsymbol, 107, 179, 185, 443
fntguide.tex, 231, 238, 389
\fontdimen*n* (TeX), 187
\fontencoding, 232, 234, 444
fontenc.sty, 29
\fontfamily, 232, 233, 234, 444
Fonts, siehe Zeichensätze
\fontseries, 232, 233, 234, 444
\fontshape, 232, 233, 444
\fontsize, 232–234, 444
\footnote, 106, 109, 185, 444
\footnotemark, 108, 109, 444
\footnoterule, 107, 444
\footnotesep, 107, 444
\footnotesize, 58, 236, 445, 483
\footnotetext, 108, 109, 111, 445
footnote-Zähler, 106, 177
\footskip, 35, 445
\forall, 122, 445
Formatfile, 3
    Erstellung, 370
    LaTeX, 388
    latex.fmt, 388
    Plain-TeX, 370
    plain.fmt, 371, 374
        Erstellungsvoraussetzungen, 371
    TeX-Einbindung, 374, 389

Trennmustereinbindung
    latex.fmt, 388
    mehrsprachig, 373, 388
    plain.fmt, 372, 373
    Standard, 372
Formatierungshilfen bei Formeln, 137–140
    hor. Abstandsbefehle, 137
    Klammeranpassung, 140
    Schriftgrößen, 138–140
Formatierungsprogramm, 1
Formattribut, 233
Formelgruppen, 116, 132–134
Formeln, 115
    abgesetzte, 115
        linksbündig eingerückt, 116
        zentriert, 116
    Brüche, 117
    chemische, 136, 187
    Ellipsen, 119
    Exponenten, 117
    Felder, 127–129
    Fettdruck in, 136
    Formatierungshilfen, 137–140
        hor. Abstandsbefehle, 137
        Klammeranpassung, 140
        Schriftgrößen, 138–140
    Fortsetzungspunkte, 119
    Funktionsnamen in, 123
    gerahmte, 135, 145
    Grenzangaben
        bei Funktionsnamen, 123
        bei Zweigrößensymbolen, 123
        Positionierungsänderung, 118, 123
    griech. Buchstaben, 120
    Gruppen, 116
    Hochstellung in, 117
    hor. Abstandsbefehle, 118, 128, 137
    Indizes, 117
    Integrale, 118
    kalligr. Buchstaben, 120
    Kettenbrüche, 139, 143
    Konstante, 116
    Leerzeichen in, 116
    linksbündig, 26
        eingerückt, 28
    Matrizen, 127–129
    mehrzeilige, 132–134
        Klammeranpassung, 133, 140
        linksb. Ausrichtung, 133
        nummeriert, 132
        Spaltentrennung, 132

STICHWORTVERZEICHNIS

Umbruch, 132
Vorzeichen nach Umbruch, 133
zentr. Ausrichtung, 132
nebeneinanderstehende, 135
nummeriert, 116
Schriftgrößen in, 117, <u>138</u>
Schriftgrößen in Formeln
  vereinfacht, 138
  vollständig, 140
math. Stilparameter, 143
Summen, 118
Symbole in, *siehe* Symbole
zus. TEX-Befehle, 131
Text in, 127
Text-, 115
Tiefstellung in, 117
Überklammern, 130
Überstreichen, 130
Unterklammern, 130
Unterstreichen, 130
Variable, 116
Wurzeln, 118
zentriert, 26
Formelnummern
  Anwenderanpassung, 186
  linksbündig, 26, 116
  rechtsbündig, 26, 116
  Standard, 125
  vert. zentriert, 135
Formeltext, 115
Fortsetzungspunkte, 119
\frac, 139, *445*
\frame, 159, 162, *445*
\framebox, <u>85</u>, 86, 93, 103, 187, *445*
\framebox (Bildbefehl), <u>150</u>, 151, 159, 161, *445*
fremdsprachige Sonderbuchstaben, 17
french, <u>343</u>, 348, *445*
\frenchspacing, <u>46</u>, *445*
\frontmatter, <u>42</u>, *445*
\frown, <u>121</u>, *445*
\frq, <u>342</u>, *445*
\frqq, <u>342</u>, *446*
Füllbefehle, 48
Funktionsnamen, 123, *486*
\fussy, <u>55</u>, *446*
fussypar-Umgebung, <u>55</u>, *429*
Fußnoten, 106–109
  Abweichung vom Standard, 106
  Bezifferungsstil, 107
  in Minipage, 106, <u>109</u>

in Tabellen, 109
Markierung ohne Text, 108
Markierungsänderung, 107
Standardform, 106
  unerlaubte Modi, 106
Standardmarkierung, 106
Stiländerung, 107
Text außerhalb unerlaubter Modi, 108
unerlaubte Modi, 108
Lösung, 108

\Gamma, <u>120</u>, *446*
\gamma, <u>120</u>, *446*
\gcd, <u>123</u>, 124, *446*
\ge, <u>121</u>, *446*
Gedankenstrich, 17
Gedicht, 68
\geq, <u>121</u>, *446*
gerahmte Formeln, 135, 145
gerahmte Tabellen, 98
gerahmter Text, 85
german, *446*
german-Briefklassenoption, 282
german-Ergänzungspaket, 6, 15, 18, 40, 42, 54, 339–345
german, <u>343</u>, 348
german.sty, 6, 15, 18, 55, 217, 339–345
\germanTeX, <u>344</u>, *446*
\gets, <u>122</u>, *446*
\gg, <u>121</u>, *446*
GhostScript, 399
GhostView, 399
Gitternetze, 166
Gleichheit von Zeichenketten, *siehe* \equal
Gleichungssysteme, 127
Gleitbilder, *siehe* Gleitobjekte
Gleitobjekte, 105, 168–175
  Beispiele, 105, 173–175
  Beschreibung, 171
    Breiteneinstellung, 172
    längere, 172
  Nummerierung, 172
  Platzierung, 105, 168
    Auswahlregeln, 169
  Stilparameter, 170
  Überschriften, 105, 171
  Unterschriften, 105, 171
  zweispaltige, 168
Gleittabellen, *siehe* Gleitobjekte

Gliederungsbefehle, 37–42
    Hierarchie, 40
    Nummerierung, 40
        Nummerierungstiefe, 40
        secnumdepth, 40
        Unterdrückung, 40
    Sternform, 40
    Überschriften, 40
        Kurzform, 40, 42
        zerbrechlich, 19, 45
    Untergliederungen, 40
    zusätzliche (Buch), 42
Gliederungshierarchie, 40
Gliederungsüberschriften, 40, 42
    Kurzform, 40
.glo-Files, 214, 229
Glossar, 214
\glossary, 214, 220, 446
\glossaryentry, 214, 220, 229, 446
\glq, 342, 446
\glqq, 342, 446
GOOSSENS, MICHEL, 415
\graphpaper, 166, 446
graphpap.sty, 29
\grave, 124, 446
Gravis-Akzent, 18, 424
grfguide.tex, 389
griechische Buchstaben, 120
Größenattribut, 233
\grq, 342, 447
\grqq, 342, 447

\H (Doppelakut), 18, 447
Háček-Akzent, 18, 480
HARRISON, MICHAEL A., 223
\hat, 124, 447
\hbar, 122, 447
\headheight, 35, 447
headings-Seitenstil, 31, 40, 42
\headsep, 35, 447
\headtoname, 350, 447
\heartsuit, 122, 447
\height, 86, 447
HESSMANN, GEORG, 403
\hfill, 47, 49, 77, 84, 88, 110, 135, 143, 192, 193, 447
Hilfssatz, 80
\hline, 95, 98, 100, 103, 447
Hochstellung
    in Formeln, *siehe* Formeln
Hochstellung von Text, *siehe* Text

\hoffset, 447
HOFMANN, T., 339
\hom, 123, 448
HOMMES, FERDINAND, 339
\hookleftarrow, 122, 448
\hookrightarrow, 122, 448
\hrulefill, 48, 84, 90, 448
\hspace, 47, 81, 92, 95, 103–105, 448
\hspace*, 47, 82, 193, 448
\Huge, 58, 236, 448, 483
\huge, 58, 236, 448, 483
HYNA, IRENE, 416
\hyphenation, 55, 448

"I, 340, 420
"i, 340, 420
\i, 18, 448
.idx-Files, 213–215, 229
idx.tex, 213
\ifcase (TeX), 348
\iff, 122, 448
\ifthenelse, 189, 448
ifthen.sty, 29, 189–191
.ilg-Files, 229, 230
\Im, 122, 449
\imath, 122, 124, 449
\in, 121, 449
\include, 204, 205, 227, 228, 256, 449
\includeonly, 204, 205, 206, 449
\indent, 50, 449
\index, 212, 215, 449
Indexeinträge, 215
Indexeinträge, Kontrollausgabe, 213
\indexentry, 213, 229, 449
\indexname, 349, 449
Indexregister, 212–227
\indexspace, 449
Indexvorspann, einspaltiger, 226
.ind-Files, 214, 215, 229, 230
Indizes, 117
\inf, 123, 124, 449
\infty, 122, 449
Inhaltsverzeichnis, 43
    Ausdruck, 44
    autom. Eintrag, 43
    Eintragtiefe, 43
        tocdepth, 43
    für Bilder, 45
    für Tabellen, 45
    manueller Eintrag, 44
    zusätz. Eintrag, 44

STICHWORTVERZEICHNIS 505

INIMF, 383, 384
INITEX, 370, 386, 387
Initialisierungsbefehle, für Schriften, 236
\input, 203, 204, 227, 449
\input-Befehle, verschachtelt, 204
inputenc.sty, 16, 29, 352
.ins-Installationsfiles, 231
Installation von unzip.exe, 393
\int, 118, 123, 449
Integralzeichen, 118
\intextsep, 171, 449
\invisible, 357, 450
\iota, 120, 450
\isodd, 450
\it, 31, 63, 450, 483
Italic-Korrektur, 46, 58
\itdefault, 237, 450
\item, 69, 75–77, 212, 215, 256, 257, 450
\item[opt], 70, 72, 79, 450
\itemindent, 76, 77, 79, 450
itemize-Umgebung, 69, 70–73, 75, 79, 429
\itemsep, 76, 77, 78, 200, 201, 450
\itshape, 59, 235, 450, 483

\j, 18, 450
JEFFREY, ALAN, 379
\jmath, 122, 124, 450
\Join, 122, 450
\jot, 143, 450

Kalligraphische Buchstaben, 120
\kappa, 120, 451
\ker, 123, 451
Kettenbrüche, 139, 143
\kill, 81, 451
Klammersymbole, *siehe* Symbole
Klassenoptionen, 26, 27
KNAPPEN, JÖRG, 339, 416
KNUTH, DONALD E., 2, 317, 323, 335, 337, 370, 375, 399, 416
Kodierungsattribut, 232
KOFLER, MICHAEL, 401, 416
Kommentare, 113
Kommentarzeichen, 113
Kompatibilitätsmodus, 4, 30
Konstante, *siehe* Formeln
Kopfzeilen auf Seiten, 32
KOPKA, HELMUT, 415
Kreuzreferenzen, *siehe* Verweise auf
Kreuzzeichen, 17

\L, 17, 451
\l, 17, 451
\label, 175, 178, 209, 210, 451
\labelenum*n*, 72, 451
\labelitem*n*, 72, 451
\labelsep, 76, 77, 196, 200, 201, 451
\labelwidth, 76, 77, 79, 196, 200, 201, 451
lablst.tex, 210
\Lambda, 120, 451
\lambda, 120, 451
LAMPORT, LESLIE, 2, 3, 73, 74, 142, 167, 197, 212, 214, 223, 298, 390, 415
Längenbefehle, 20, 180
Längenbefehle, anwendereigene
  Addition, 180
  Einrichtung, 180
  Vervielfachung, 180
  Weitenerrechnung von Text, 180
  Wertzuweisung, 180
Längenerklärung, 14
Längenvergleiche, 190
\langle, 126, 451
\language, 451
\LARGE, 58, 236, 451, 483
\Large, 41, 58, 68, 236, 452, 483
\large, 58, 236, 452, 483
LaTeX, 2, 3, 6
  Bearbeitungsmodi, 7
  deutsche Anpassung, 15, 22, 339–345
  deutsche Ergänzung, 6
  Dokument, 6
  File, 6
  Internationalisierung, 3
  Kompatibilitätsmodus, 4, 30
  Local Guide, 7
  Logo, 12
  neuer Standard, 4
  Philosophie, 2, 24
  Programmaufruf, 8
  Schriften, 57–65
  Stilfiles, 3
LaTeX 2.09, 3
LaTeX 2_ε-Schriftbefehle, *siehe* LaTeX-Schriftbefehle
LaTeX 2_ε-Schrifterklärungen, 235
LaTeX 2_ε-Testversion, 4
LaTeX3-Projekt, 3
LaTeX-Anpassungen
  deutschsprachige, 15, 22
  mit german.sty, 339–345
  mit ngerman.sty, 340–345

\LaTeX, 12, 452
LaTeX, Beseitigung einer Schwäche, 141
LaTeX, beigefügte Dokumentation, 389
LaTeX 2_ε, beigefügte Dokumentation, 238
\LaTeXe, 452
LaTeX-Entwicklungsgeschichte, 3
LaTeX-Fehlermeldungen, *siehe* Fehlermeldungen
LaTeX-Files, 227
latex.fmt, 56, 388
LaTeX-Grundsystem, 386–390
LaTeX-Installationsfiles, 231
LaTeX-Interfacebefehle, 237
LaTeX-Schriftbefehle
    argumentbehaftete, 62, 235, 236
        \textbf, 62
        \textit, 62
        \textmd, 62
        \textnormal, 62
        \textrm, 62, 236
        \textsc, 62
        \textsf, 62
        \textsl, 62
        \texttt, 62
        \textup, 62
    Erklärungen, 59, 235
        \bfseries, 60, 235
        \itshape, 59, 235
        \mdseries, 60, 235
        \normalfont, 61
        \rmfamily, 59, 235
        \scshape, 59, 235
        \sffamily, 59, 235
        \slshape, 59, 235
        \ttfamily, 59, 235
        \upshape, 59, 235
    Grundbefehle
        \fontencoding, 232
        \fontfamily, 232, 233
        \fontseries, 232, 233
        \fontshape, 232, 233
        \fontsize, 232, 233
    Initialisierungsbefehle, 236
    \selectfont, 234
    \usefont, 234
latexsym.sty, 29, 121
LaTeX-Systemfiles, 230
LaTeX-System, vollständig, 389, 390
LaTeX-Umschaltung
    deutsch, 344
    Original, 344

LaTeX-Warnungen, *siehe* Fehlermeldungen
LaTeX-Zähler
    chapter, 41, 177, 179
    enum$n$, 72, 177
    equation, 177
    figure, 177
    footnote, 106, 177
    mpfootnote, 109, 177
    page, 33, 177, 179
    paragraph, 41, 177
    part, 41, 177
    secnumpdepth, 41
    section, 41, 177, 179
    subparagraph, 41, 177
    subsection, 41, 177
    subsubsection, 41, 177
    table, 177
    tocdepth, 43
    zusätzliche, 177
Layout, 9
\lceil, 126, 452
\ldots, 119, 131, 452
\le, 121, 452
\leadsto, 122, 452
Leerraum
    horizontaler, 47
        elastischer, 47
        Zeilenanfang, 47
    vertikaler, 49
        elastischer, 50
        Seitenanfang, 49
        zwischen Absätzen, 49
        zwischen Zeilen, 49
Leerzeichen, 5
    nach Befehlen, 12, 182
    ungewollte, 199
\left, 126, 128, 131, 133, 452
\Leftarrow, 122, 452
\leftarrow, 122, 452
\lefteqn, 133, 452
\leftharpoondown, 122, 452
\leftharpoonup, 122, 452
\lefthyphenmin, 351
\leftline (TeX), 67, 452
\leftmargin, 76, 77, 79, 80, 200, 201, 452
\leftmargin$n$, 80, 452
\Leftrightarrow, 122, 452
\leftrightarrow, 122, 452
legalpaper-Klassenoption, 27
\lengthtest, 452
\leq, 121, 452

STICHWORTVERZEICHNIS

`leqno`-Klassenoption, <u>26</u>, 116
`\let` (TeX), 22
`letter`-Bearbeitungsklasse, 25, <u>277</u>
    anwendereigene, 284–290
`letter.cls`, 277
`letterpaper`-Klassenoption, <u>27</u>
`letter`-Umgebung, 20, <u>278</u>, 279, 281, *429*
`\lfloor`, <u>126</u>, *452*
`\lg`, <u>123</u>, *452*
`\lhd`, <u>121</u>, *452*
LIANG, FRANK M., 56
Ligaturen, 18
    Ausschaltung von, 47, <u>341</u>
    Trennungshilfe für, <u>341</u>
`\lim`, <u>123</u>, *452*
`\liminf`, <u>123</u>, 124, *453*
`\limits`, 118, <u>123</u>, *453*
`\limsup`, <u>123</u>, 124, *453*
LINDNER, STEFAN, 402
`\line` (Bildbefehl), <u>153</u>, 154, 254, *453*
`\linebreak`, <u>49</u>, 102, *453*
`\linepenalty` (TeX), 53
`\linethickness`, <u>160</u>, *453*
linker Textrand, 35
    doppelseitig, 35
Listen, 75–80
    anwendereigene Umgebung, 78
    Aufbaudiagramm, 76, *490*
    Einstellwerte, 76
    Erklärungen, 76
    nummerierte, 76
    Standardmarke, 75
    triviale, 79
    verschachtelte, 79
Listenpunkt, 75
`\listfigurename`, <u>349</u>, *453*
`\listfiles`, <u>230</u>, *453*
`\listoffigures`, <u>45</u>, 229, *453*
`\listoftables`, <u>45</u>, 229, *453*
`\listparindent`, <u>76</u>, 77, 79, 201, *453*
`\listtablename`, <u>349</u>, *453*
`list`-Umgebung, <u>75</u>, 77–80, 214, *429*
Literaturdatenbanken, 291
    Eingabetypen, 293–295
    Eintragfelder, 293, 294
        Format allg., 295, 296
        Format spez., 296–298
        optionale, 293, 295
        überflüssige, 293
        Verzeichnis aller, 295
        zwingende, 293, 295

    Erstellung, 293
    Feldformate, spez.
        Abkürzungen, 298
        Namen, 296
        Überschriften, 297
    Struktur, 293
Literaturfiles, *siehe* Literaturdatenbanken
Literaturverzeichnis, 73, 74, 210, 291–298
    Anordnung im, 292
    aus Datenbanken, *siehe* Literaturdatenbanken
    Bezüge, 74, 210, 292
    Bezugsmarkierung, 210
    BIBTeX, 75, 211, 291–292
    Markierung im, 73, 210
    Stilarten, 292
"ll, 55, <u>341</u>
`\ll`, <u>121</u>, *454*
`\ln`, <u>123</u>, *454*
Local Guide, 7
`\location`, <u>281</u>, *454*
`.lof`-Files, 45, 229
`\log`, <u>123</u>, *454*
`.log`-Files, 21, 228, 240
logische Ausdrücke, 190
    arithmetische Vergleiche, 190
    Gleichheit von Zeichenketten, 190
    Klammerung, 190
    Längenvergleiche, 190
    oder-Verknüpfung, 190
    und-Verknüpfung, 190
    ungerade Zahleninhalte, 190
    Verneinung, 190
logische Schalter, 190
logische Verneinung, 190
`\Longleftarrow`, <u>122</u>, *454*
`\longleftarrow`, <u>122</u>, *454*
`\Longleftrightarrow`, <u>122</u>, *454*
`\longleftrightarrow`, <u>122</u>, *454*
`\longmapsto`, <u>122</u>, *454*
`\Longrightarrow`, 110, <u>122</u>, *454*
`\longrightarrow`, <u>122</u>, *454*
`.lot`-Files, 45, 229
`\lq`, *454*
LR-Box, 85
`lrbox`-Umgebung, <u>87</u>, *429*
`ltxdoc`-Bearbeitungsklasse, 25
`ltxguide`-Bearbeitungsklasse, 25
`.ltx`-Installationsfiles, 231
`ltxnews`-Bearbeitungsklasse, 25

Macintosh-TEX, 403
\mainmatter, 42, 454
\makebox, 85, 86, 454
\makebox (Bildbefehl), 150, 151, 159, 161, 163, 454
\makeglossary, 214, 229, 454
makeidx.sty, 29
MakeIndex, 214–223, 230, 389, 449
    Fehlermeldungen, 273–276
        Formatänderungen, aus, 274
        Lesephase, aus, 274
        Schreibphase, aus, 275
    Fehlerprotokoll, 230
    Formatänderungsfile, 219
        Ausgabephase, fur die, 220
        Eingabephase, fur die, 219, 220
        Kontextgruppe, 220
        Reihenfolge unterschielicher Seitennummertypen, 223
        Seiteneintragungsgruppe, 222
        Stichwortunterteilungsgruppe, 221
\makeindex, 213, 227, 229, 454
\makelabel, 76, 77, 200, 454
\makelabels, 20, 281, 454
\MakeShortVerb, 113, 455
\maketitle, 38, 68, 455
Makron-Akzent, 18, 423, 424
\mapsto, 122, 455
\marginpar, 109, 110, 455
\marginparpush, 111, 455
\marginparsep, 111, 455
\marginparwidth, 111, 455
\markboth, 20, 32, 455
Markierung
    in Aufzählungen, 69
    in Listen, 75
    im Literaturverzeichnis, 73
Markierungsänderungen, 72
\markright, 20, 32, 41, 43, 455
Maskierung, 217
Maßangaben, 14, 29, 34, 36, 77
Maßbefehle, 180
Maße, 14
    elastische, 15, 77
    feste, 14
Maßeinheiten, 14, 483
\mathbf, 136, 141, 455, 483
\mathcal, 120, 141, 455, 483
mathematische Akzente, 124

mathematische Formatierungshilfen, *siehe* Formeln und Formatierungshilfen bei Formeln
mathematische Formeln, *siehe* Formeln
mathematische Stilparameter, 143
mathematische Symbole, *siehe* Symbole
mathematische Variablen, *siehe* Formeln
\mathindent, 28, 116, 119, 135, 143, 456
\mathit, 141, 456, 483
\mathnormal, 120, 141, 456, 483
\mathrm, 136, 141, 456, 483
\mathsf, 141, 456, 483
\mathtt, 141, 483
math-Umgebung, 115, 429
\mathversion, 141, 456
Matrizen, 127–129
    kleine in Textformeln, 131
MATTES, EBERHARD, 16, 385, 392
\max, 123, 124, 456
\mbox, 49, 85, 127, 136, 144, 456
\mddefault, 237, 456
\mdseries, 60, 235, 457, 483
\medskip, 50, 457
\medskipamount, 457
Mehrfachfiles, 203
    selektive Bearbeitung, 204
    Zusammenfügung, 203
Mehrzeichenbefehle, 11
METAFONT, 2, 142, 335–337, 383, 384
    Basisfiles, 383
        Erstellung, 383
    Geräteanpasssung, 337
    Geräteanpassung, 384
    lokale Druckeranpassung, 337, 384
    Minimalsystem, 383, 384
    modes.mf, 337, 384
    plain.mf, 383
    .pool-File, 383
MEYER-LERBS, LOTHAR, 403
\mho, 122, 457
\mid, 121, 457
MiKTEX, 398
MiKTEX-Benutzeroberfläche WinEdt, 398
\min, 123, 124, 457
minimal-Bearbeitungsklasse, 25
Minipage, 88, 89, 92, 96
minipage-Umgebung, 88, 89, 92, 135, 145, 429
minus, 15, 35, 77, 78
\mit, 120, 457, 483

MITTELBACH, FRANK, 3, 81, 96, 195, 234, 339, 415
mm, 14
"mm, 55, 341
\models, 121, 457
modes.mf, 337, 384
Modus, *siehe* Bearbeitungsmodus
\mp, 121, 457
mpfootnote-Zähler, 109, 177
\mu, 120, 457
MultiTeX, 402
\multicolumn, 96, 99–101, 103, 104, 127, 145, 457
\multiput, 149, 154, 160, 457
Musterzeile (Tabulator), 81
myheadings-Seitenstil, 31, 33, 41
\myref (Briefe), 282, 286, 457

\nabla, 122, 457
\name, 277, 279, 281, 457
namenlose Umgebung, 13, 58
Namensbefehle, 349
\natural, 122, 457
naustrian, 343
\ne, 121
\nearrow, 122, 457
\neg, 122, 457
Negationssymbole, 121, 485
\negthinspace, 345, 457
\neq, 121, 457
\newboolean, 190, 284, 458
\newcommand, 101, 139, 146, 181, 182, 183, 185–187, 196, 197, 206, 458
\newcommand*, 198, 458
\newcounter, 14, 75, 77, 178, 185, 192, 193, 197, 201, 458
\newcounter, Verbot bei \include, 205
\newenvironment, 78, 191, 192, 193, 196, 197, 200, 201, 458
\newenvironment*, 198, 458
\newfont, 64, 300, 301, 333, 459
\newlength, 14, 180, 201, 459
newlfont.sty, 29
\newline, 49, 102, 258, 459
\newpage, 45, 51, 459
    unerlaubt, 83
\newsavebox, 14, 86, 93, 103, 161, 194, 196, 197, 459
\newtheorem, 80, 177, 459
NFSS, 3
ngerman-Ergänzungspaket, 340–345

ngerman, 343
ngerman.sty, 340–345
\ni, 121, 459
"nn, 55, 341
\nocite, 75, 211, 292, 459
\nocorr, 62, 459
\noextrasgerman, 351
\noextras*sprache*, 351
\nofiles, 227, 228, 229, 459
\noindent, 50, 192, 193, 460
\nolimits, 123, 460
\nolinebreak, 49, 460
\nonfrenchspacing, 46, 460
\nonumber, 132, 135, 460
\nopagebreak, 50, 52, 195, 460
\normalcolor, 460
\normalfont, 61, 460
\normalmarginpar, 111, 460
\normalsize, 58, 59, 236, 460, 483
\not, 121, 190, 460
note-Umgebung, 357, 430
notitlepage-Klassenoption, 26
\notin, 121, 122, 460
\nu, 120, 461
\numberline, 44, 461
Nummerierung in Listen, 76
\nwarrow, 122, 461

"O, 15, 340, 421
\O, 17, 461
"o, 15, 340, 421
\o, 17, 461
oberer Textrand, 35
\oddsidemargin, 23, 35, 36, 461
\odot, 121, 461
\OE, 17, 461
\oe, 17, 461
\oint, 123, 461
oldlfont.sty, 29
Omega, 377, 401, 404
\Omega, 120, 461
\omega, 120, 461
\ominus, 121, 461
\onecolumn, 36, 461
onecolumn-Klassenoption, 26
oneside-Klassenoption, 26
\onlynotes, 362, 461
\onlyslides, 362, 461
openany-Klassenoption, 27
openbib-Klassenoption, 26, 75
\opening, 278, 281, 461

openright-Klassenoption, 27
Operationssymbole, 121, *484*
\oplus, 121, *461*
\or, 190, *461*
\originalTeX, 344, *461*
Originaltext
    Ausdruck von, 111
    eingeschränkte Ausgabe, 112
    vereinfachte Ausgabe, 113
\oslash, 121, *461*
\otimes, 121, *461*
\oval, 155, 156, *461*
\overbrace, 130, *462*
overlay-Umgebung, 357, *430*
\overline, 130, *462*
OzTeX, 403

\P, 17, *462*
\pagebreak, 50, 52, *462*
    wirkungslos, 83
\pagecolor, 364
\pagename, 350, *462*
\pagenumbering, 14, 32, 41, 45, 205, *462*
\pageref, 175, 209, 210, *462*
\pagestyle, 31, 33, 41, 42, *462*
page-Zähler, 33, 177, 179
\paperheight, 35, *462*
\paperwidth, 35, *463*
\par, 50, *463*
\paragraph, 40, *463*
\paragraph*, 40, *463*
Paragraph-Zeichen, 17
paragraph-Zähler, 41, 177
\parallel, 121, *463*
Parbox, 88, 89, 92, 96, 145
\parbox, 87, 89, 92, 135, 145, 150, 172, *463*
\parindent, 14, 34, 50, 79, *463*
\parsep, 76, 77, 78, 79, 200, 201, *463*
\parskip, 15, 34, 79, *463*
\part, 40, *464*
\part*, 40, *464*
\partial, 122, *464*
PARTL, HUBERT, 339, 416
\partname, 349, *464*
\partopsep, 76, *464*
part-Zähler, 41, 177
PATASHNIK, OREN, 298
pc, 14
PD, *siehe* Public-Domain
pdfTeX, 377, 400, 404
\penalty (TeX), 53

\perp, 121, *464*
Pfeilsymbole, 122, *485*
Pfund-Zeichen, 17
\Phi, 120, *464*
\phi, 120, *464*
\Pi, 120, *464*
\pi, 120, *464*
Picas, 14
pict2e.sty, 29, 154, 166
picture-Umgebung, 93, 148, 149, *430*
    abgespeichert, 163
    erweiterte Syntax, 164
.pk-Druckerfiles, 231, 385
plain-Seitenstil, 31
plain.fmt, 371
    Erstellungsvoraussetzungen, 371
plain.mf, 383
plus, 15, 35, 77, 78
\pm, 121, *464*
\pmod, 124, *464*
.poo-File, 369, 383
.pool-File, 369, 383
\poptabs, 83, 257, *464*
\pounds, 17, *464*
"pp, 55, 341
\Pr, 123, 124, *464*
\prec, 121, *464*
\preceq, 121, *464*
\prefacename, 349, *464*
\prime, 122, *464*
\printindex, 214, 215, 230, *464*
PRISTOVSEK, MARKUS, 402
proc-Bearbeitungsklasse, 39
proc-Bearbeitungsklasse, 25, 43
\prod, 123, 131, *465*
Programmschleifen, 189
Programmverzweigungen, 189
Projektionsvorlagen, 355–368
    Anmerkungsseiten, 357
    Beispiel, ein vollständiges, 358–360
    Folienvorlagen, 356–358
    Schriftarten, 360–361
    Schriftgrößen, 360–361
    Seitenstilarten, 361
    selektive Bearbeitung, 362
    Vortexte, 356
    Wechselfolien, 357
        Positionierungsprobleme, 365–368
    Zusatzbefehle
        \addtime, 358
        \invisible, 357, 367

note-Umgebung, <u>357</u>
overlay-Umgebung, <u>357</u>, 367
\settime, <u>358</u>
slide-Umgebung, <u>356</u>, 367
\visible, <u>357</u>, 367
\propto, <u>121</u>, *465*
\protect, <u>19</u>, 44, 45, 179, *465*
Protokollfile, 21, 228
\providecommand, <u>181</u>, *465*
\providecommand*, <u>198</u>, *465*
\ps, <u>279</u>, *465*
.ps-Files, 9
\Psi, <u>120</u>, *465*
\psi, <u>120</u>, *465*
Public-Domain, 391
Punkt (Maßeinheit), 14
Punkt-Akzent, 18, *423*
\pushtabs, 83, 257, *465*
\put, <u>149</u>, 151, 153–156, 158, 159, 161, *465*

\qbezier, 157, *465*
\qquad, <u>48</u>, *465*
\quad, <u>48</u>, *465*
Querbezüge, *siehe* Verweise auf
Querverweise, *siehe* Verweise auf
quotation-Umgebung, <u>67</u>, 79, *430*
quotes, *siehe* Anführungsstriche
quote-Umgebung, 13, <u>67</u>, 79, *430*

\r (Ring-Akzent), <u>18</u>, *465*
\raggedbottom, <u>36</u>, *465*
\raggedleft, <u>67</u>, *466*
\raggedright, <u>67</u>, *466*
RAHTZ, SEBASTIAN, 414, 415
RAICHLE, BERND, 54
RAICHLE, BERND, 339, 347
\raisebox, <u>87</u>, 92, 100, 101, *466*
Randeinstellungen, 35
Randmarken, 110
Randnotizen, 109–111
    Anordnung
        bei twocolumn, 110
        bei twoside, 110
        Standard, 110
        Standardumkehrung, 111
        Stiländerungen, 111
\rangle, <u>126</u>, *466*
\rceil, <u>126</u>, *466*
\Re, <u>122</u>, *466*
\ref, 175, 178, <u>209</u>, 210, *466*
\refname, <u>349</u>, *466*

\refstepcounter, <u>178</u>, *466*
Regelsätze, 80
\renewcommand, 34, 59, 72, 76, 97, 107, <u>181</u>, 182, 185, 186, 197, 200, 206, *466*
\renewcommand*, <u>198</u>, *466*
\renewenvironment, <u>191</u>, 193, 197, *467*
\renewenvironment*, <u>198</u>, *467*
report-Bearbeitungsklasse, <u>25</u>, 28, 40, 42, 125, 172, 179, 212
Return-Taste, <u>5</u>
\reversemarginpar, <u>111</u>, *467*
\rfloor, <u>126</u>, *467*
\rhd, <u>121</u>, *467*
\rho, <u>120</u>, *467*
RICKEN, WILFRIED, 403
\right, <u>126</u>, 128, 131, 133, *467*
\Rightarrow, 75, <u>122</u>, *467*
\rightarrow, <u>122</u>, *467*
\rightharpoondown, <u>122</u>, *467*
\rightharpoonup, <u>122</u>, *467*
\righthyphenmin, 351
\rightleftharpoons, <u>122</u>, *467*
\rightline (TeX), 67, *467*
\rightmargin, <u>76</u>, <u>77</u>, 79, 201, *467*
Ring-Akzent, 18
\rm, <u>31</u>, <u>63</u>, *467*, *483*
\rmdefault, 236, *468*
\rmfamily, 59, <u>235</u>, *468*, *483*
ROKICKI, TOMAS, 9, 228, 335, 379, 385
\Roman, <u>72</u>, 76, 107, <u>179</u>, *468*
Roman, 32, 41
\roman, <u>72</u>, 107, <u>179</u>, *468*
roman, <u>32</u>, 45, 205
\rq, *468*
"rr, 55, <u>341</u>
Rückstrich, 6, <u>11</u>
\rule, 12, <u>91</u>, 103, 110, *468*

\S, <u>17</u>, *468*
"s, <u>15</u>, <u>340</u>, *421*
SAMARIN, ALEXANDER, 415
\samepage, <u>52</u>, *468*
samepage-Umgebung, 52, 195, *430*
\savebox, <u>87</u>, 92, *468*
\savebox (Bildbefehl), <u>161</u>, 162, 163, *468*
\sb, *468*
\sbox, <u>87</u>, 92, 93, 103, 194, *468*
\sc, <u>31</u>, <u>63</u>, *468*, *483*
scaled point, 14
\scdefault, 237, *469*
SCHLEGEL, ELISABETH, 416

SCHLEGELMILCH, JÜRGEN, 396
SCHMIDT, WALTER, 54
SCHÖPF, RAINER M., 3, 111, 234, 339
Schriftaktivierung, 233
Schriftarten, 59, 62, *483*
    Initialisierungsbefehle, 236
    LaTeX-, 59, 62, *483*
    LaTeX 2.09-, 63, *483*
    Standard-, *483*
    Zeilenabstand für Standardschriften, 59
    Zeilenabstand für Zusatzschriften, 65
    s. auch \newfont, *459*
    zusätzliche, 64
Schriftattribute, 59, 232
    Familie, 59, 232
        \rmfamily, 59
        \sffamily, 59
        \ttfamily, 59
    Form, 59, 233
        \itshape, 59
        \scshape, 59
        \slshape, 59
        \upshape, 59
    Größe, 233
    Initialisierungsbefehle, 236
    Kodierung, 232
    \normalfont, 61
    Rückschaltung, 61
    Serie, 60, 233
        \bfseries, 60
        \mdseries, 60
    Umschaltung, 59
Schriftgrößen, 58, 236, *483*
    in Formeln, 117, 138
        vereinfacht, 138
        vollständig, 140
    Maßzuordnungen, 236
    Umschaltung, 58, 236
    Zeilenabstand für Standardschriften, 59
    Zeilenabstand für Zusatzschriften, 65
    s. auch \newfont, *459*
Schriftgrößenoptionen, 26
Schriftstilkodierung, 300
Schriftumgebung, 64
Schriftumschaltung
    als Erklärung
        \bfseries, 60, 235
        \itshape, 59, 235
        \mdseries, 60, 235
        \rmfamily, 59, 235
        \scshape, 59, 235

\sffamily, 59, 235
\slshape, 59, 235
\ttfamily, 59, 235
\upshape, 59, 235
für Textargumente, 62
    \textbf, 62
    \textit, 62
    \textmd, 62
    \textnormal, 62
    \textrm, 62
    \textsc, 62
    \textsf, 62
    \textsl, 62
    \texttt, 62
    \textup, 62
Grundbefehle
    \fontencoding, 232
    \fontfamily, 232
    \fontseries, 232, 233
    \fontshape, 232, 233
    \fontsize, 232, 233
Hervorhebung, 57
in math. Formeln, 141
LaTeX 2.09, 63
Standardumschaltung, 57
SCHROD, JOACHIM, 339
Schrumpfwert, *siehe* elastische Maße
SCHWARZ, NORBERT, 54, 339, 416
\scriptscriptstyle, 138, *469*
\scriptsize, 58, 236, *469*, *483*
\scriptstyle, 138, *469*
\scshape, 59, 235, *469*, *483*
\searrow, 122, *469*
\sec, 123, *469*
secnumdepth-Zähler, 40
\section, 40, 42, *469*
\section*, 40, *469*
section-Zähler, 41, 177, 179
\see, 214, 216, *469*
\seename, 350, *469*
Seitenaufbau
    Diagramme, 35, *488*, *489*
    einspaltig, 35, *488*
    zweispaltig, *489*
Seitenformatierung
    doppelseitig, 26
    einspaltig, 26, 36
    Einstellwerte, 35
    mit Tabulator, 83
    zweispaltig, 26, 36
Seitenfuß, 35

Seitengliederung, 35
Seitenhöhe, 35
Seitenkopf, 32, 35
    Einstellwerte, 35
    linker, 32
    rechter, 32
Seitennummer, Setzen der, 32
Seitennummerierung
    alphabetisch, groß, 32
    alphabetisch, klein, 32
    Änderung, 32
    arabisch, 14, 32
    in Kopfzeilen, 31
    römisch, groß, 32
    römisch, klein, 14, 32
    Unterdrückung, 31
Seitenrumpf, 35
Seitenstil, 31
    empty, 31
    headings, 31, 40, 42
    myheadings, 31, 33, 41
    plain, 31
Seitenumbruch, 6, 50
    bei Bildern und Tabellen, 51
    bei zweispaltigen Seiten, 51
    doppelseitig, 51
    eingeschränkt, 52
    erleichtert, 50
    erschwert, 50
    erzwungen
        mit Randausgleich, 50
        ohne Randausgleich, 51
\selectfont, 234, 469
\selectlanguage, 343, 469
selektive Filebearbeitung, 204
    Steuerungsmöglichkeiten, 204, 205, 207
Serienattribut, 233
\seriesdefault, 236
\setboolean, 190, 284, 470
\setcounter, 14, 33, 41, 43, 106, 178, 179, 185, 186, 470
\setlength, 15, 29, 34, 36, 59, 77, 83, 93, 96, 107, 111, 171, 180, 196, 201, 470
\setminus, 121, 470
\settime, 358, 470
\settodepth, 180, 470
\settoheight, 180, 470
\settowidth, 180, 187, 196, 200, 201, 470
\sf, 31, 63, 470, 483
\sfdefault, 236, 470
\sffamily, 59, 235, 470, 483

\shapedefault, 236
Shareware, 391
\sharp, 122, 470
\shortstack, 158, 159, 470
shortvrb.sty, 29, 113
\showhyphens, 56, 471
showidx.sty, 29
\Sigma, 120, 471
\sigma, 120, 471
\signature, 277, 279, 471
\sim, 121, 471
\simeq, 121, 471
SIMONIC, ALEKSANDER, 399
\sin, 123, 471
\sinh, 123, 471
Skalierungsfaktor, 64, 301, 333
\sl, 31, 63, 471, 483
\sldefault, 237, 471
slides-Bearbeitungsklasse, 25, 355
slide-Umgebung, 356, 430
\sloppy, 55, 88, 471
sloppypar-Umgebung, 55, 430
\slshape, 59, 77, 78, 235, 471, 483
\small, 13, 58, 59, 236, 471, 483
\smallskip, 50, 471
\smallskipamount, 471
\smile, 121, 472
SNOW, WYNTER, 416
Sollwert, *siehe* elastische Maße
Sonderbuchstaben, fremdsprachige, 17, 484
Sonderzeichen, 17, 484
SOWA, FRIEDHELM, 176
sp, 14
\sp, 472
\spadesuit, 122, 472
Spaltenabstand bei zweisp. Seiten, 28
Spaltenstrich bei zweisp. Seiten, 28
Spaltentrennzeichen, 95, 96, 132
Spaltenumbruch bei zweisp. Seiten, 51
\special (TEX), 208, 472
SPIVAK, MICHAEL, 416
Sprachbefehle, 348
Sprachnamen, 343
Sprachschalter
    mehrsprachig, 339, 343
Sprachumschaltung, 343
\sqcap, 121, 472
\sqcup, 121, 472
\sqrt, 118, 472
\sqsubset, 121, 472
\sqsubseteq, 121, 472

\sqsupset, 121, 472
\sqsupseteq, 121, 472
\SS, 17, 472
\ss, 16, 17, 22, 472
\stackrel, 130, 472
Standardschriften, 483
\star, 121, 472
\stepcounter, 108, 111, 178, 185, 192, 193, 472
Sternform, *siehe* Befehl
Stichwortverzeichnis, 212–227
Stilparameter
    Boxrahmen, 93
    Fußnoten, 107
    Gleitobjekte, 170
    mathematische, 143
    Randnotizen, 111
    Tabellen, 96
    Tabulator, 83
Streckenstrich, 17
\stretch, 180, 472
Striche, 17
    Bindestrich, 17
    Gedankenstrich, 17
    hor. beliebig, 91
    Minuszeichen, 17
    Streckenstrich, 17
    Trennstrich, 17
    vert. beliebig, 91
STRUNK, CHR., 402
strut (engl.), 91
Stütze, 91
.sty-Systemfiles, 6, 21, 29, 30, 230
\subitem, 212, 215, 472
\subject (Briefe), 282, 286, 472
\subparagraph, 40, 472
\subparagraph*, 40, 472
subparagraph-Zähler, 41, 177
\subsection, 40, 473
\subsection*, 40, 473
subsection-Zähler, 41, 177
\subset, 121, 473
\subseteq, 121, 473
\subsubitem, 212, 215, 473
\subsubsection, 40, 473
\subsubsection*, 40, 473
subsubsection-Zähler, 41, 177
\succ, 121, 473
\succeq, 121, 473
\sum, 118, 123, 131, 473
Summenzeichen, 118

\sup, 123, 124, 473
\suppressfloats, 170, 473
\supset, 121, 473
\supseteq, 121, 473
\surd, 122, 473
\swarrow, 122, 473
\symbol, 65, 88, 473
Symbole
    Akzente, 486
    aufgestockte, 130
    Buchstaben
        griechische, 120, 484
        kalligraphische, 120, 483
        mathematische, 483
    Funktionsnamen, 123, 486
    Grenzangaben bei, 123
    Integrale, 118
    Klammern, 126, 486
        bei mehrzeiligen Formeln, 133, 140
        Größenanpassung, autom., 126
        Größenanpassung, manuell, 140
        unsichtbare, 126
    Negations-, 121, 485
    Operations-, 121, 484
    Pfeil-, 122, 485
    sonstige, 122, 485
    Summen, 118
    Tastensymbole, 116
    übereinandergestellt, 130
    Vergleichs-, 121, 485
    Wurzel, 118
    Zeiger-, 122, 485
    Zweigrößen-, 123, 486
syntonly.sty, 29, 262
ß, 15, 340
    deutsche Anpassung, 15, 22, 340
    Originalerzeugung, 16
    Tasteneingabe, direkt, 352

\t (Verbindungs-Akzent), 18, 473
t1enc-Ergänzungspaket, 55
t1enc.sty, 29, 55
\tabbingsep, 83, 473
tabbing-Umgebung, 81, 84, 431
\tabcolsep, 96, 104, 474
Tabellen, 94–105
    Änderung
        Doppellinienabstand, 96
        Spaltenzwischenraum, 96
        Strichstärke, 96
        Zeilenabstand, 97

STICHWORTVERZEICHNIS

Beispiele, *siehe* Tabellenbeispiele
Breiteneinstellung, 94
Fußnoten, 109
   gleitende, *siehe* Gleitobjekte
Konstruktion, 94–96
   @-Ausdrücke, 95, 99, 105
   Absatzspalte, 94, 101
   hor. Doppellinie, 95
   hor. Teilstrich, 96
   hor. Trennstrich, 95
   math. Felder, 127–129
   Spaltenformate, 94, 95
   Spaltentrennzeichen, 95, 96
   Spaltenwiederholungen, 95, 128
   Spaltenzusammenfassung, 96, 99
   vert. Doppellinien, 95
   vert. Positionierung, 94
   vert. Trennstrich, 95
   vert. Zwischenstrich, 96
mathematische, 127–129
Nummerierung, *siehe* Gleitobjekte
Sonderausrichtung von Spalten, 99
Spaltenzwischenraum, 95
Stilparameter, 96
Überschriften, *siehe* Gleitobjekte
Unterschriften, *siehe* Gleitobjekte
Tabellenbeispiele, 97–104
   @-Ausdrücke, 105
   Absatzspalten, 101
      Zeilenumbruch in, 102
   Breite vorgegeben, 105
   freie Felder, 103
   gerahmt, 98
   Gleittabelle, 105
   hor. Teilstriche, 100
   hor. Trennlinien, 98
   mathem. Felder, 127–129
   mit allen Tabellenstrukturen, 103
   Schriftänderung, 100
   Sonderausrichtung von Spalten, 99
   Spaltenformatierungsfeld, 97
   Spaltenwiederholungen, 128
   Spaltenzusammenfassung, 99
   Stützen, Verwendung von, 101
   Text zwischen Spalten, 99
   ungerahmt, 97
   vert. Eintragsverschiebung, 100
   vert. Trennlinien, 98
   vert. Zwischenstriche, 103
   Zeilentrennung, 98
Tabellenverzeichnis, 45

\tablename, 349, *474*
\tableofcontents, 44, 45, 205, 227, 229, *474*
table-Umgebung, 45, 104, 168, 172, 178, *431*
table*-Umgebung, 168, *431*
table-Zähler, 177
Tabstop, 81
\tabularnewline, 96, *474*
tabular-Umgebung, 5, 94, 109, *431*
tabular*-Umgebung, 94, 105, *431*
Tabulator, 81–84
   abspeichern, 83
   Akzente in, 83
   Einstellung, 81
   Erklärungen, 83
   linker Rand, 82
      einstellen, 82
      rücksetzen, 82
   Musterzeile, 81
   Rücksprung, 82
   Seitenumbruch mit, 83
   Verschachtelung, 84
   Zeilenende, 81, 84
   Zusatzbefehle, 83
\tan, 123, *474*
\tanh, 123, *474*
Tastatur, deutsche, 16, 352
Tastensymbole, 116
\tau, 120, *474*
tc-Zeichensätze, 329, 330
   Zeichenbelegung, 331
Teilseiten als Boxen, 87
\telephone, 281, *474*
Terminalausgabe, 206
Terminaleingabe, 206
\TeX, 12, *474*
TeX, 2, 6
   Logo, 12
TeX für 32-bit-WINDOWS-Systeme, 398
TeX-Anwendervereinigungen, 413
TeX auf CDs, 399, 400, 414
TeX auf Workstations, 405–408
TeX-Befehle, 208, *491*, *492*
   erlaubte, 208, *491*
   verbotene, *491*, *492*
      math. Gruppenbefehle, *492*
      Seitenformatierung, *491*
      Tabulator, *491*
      Vergrößerungen, *492*
      Zeichensätze, *491*
      Zeilenformatierung, *492*

zusätzliche
 \atop, 131, 138, 139
 \brace, 187
 \brack, 187
 \centerline, 66
 \choose, 131, 138, 139, 187
 Größeneinstellung bei Klammersymbolen, 140
 \leftline, 67
 \rightline, 67
 \special, 208
TeX-Fehlermeldungen, *siehe* Fehlermeldungen
.tex-Files, 8, 20, 228
TeX-Fileserver, 408
 Anforderungen mit E-Mail, 411
 Anforderungen mit ftp, 409–411
 Filesuche, 409
 Inhalts-Auflistung, 409
 offizielle, 408
TeX-Filesystem, 376–381
TeX-Filesystem
 TDS (TeX-Directory-Structure), 376
.tex-Installationsfiles, 231
TeX-Minimalsystem, 369–374
TeX-Quellenfiles, 386
.tex-Systemfiles, 231
Text
 Befehle im Text, 6
 beidseitig eingerückt, 67
 Bestandteile, 5
 gerahmter, 85
 Hochstellung, 87
 in Bildern, 150
 in Formeln, 127
 Kommentare im, 113
 Längenerrechnung, 180
 linksbündig, 66
 mathematischer, 115
 aus Mehrfachfiles, 203
 Originalausdruck, 111
  eingeschränkt, 112
  vereinfacht, 113
 rechtsbündig, 66
 selektive Bearbeitung, 204
 Tiefstellung, 87
 umrahmter, 85
 unterstreichen, 130
 vertikal aufgestockt, 158
 zentriert, 66
 Zusammenfügung, 203
Text-Modi, 7

Textausrichtung, 66–68
 eingerückter Blocksatz, 67
 linksbündig, 66
 rechtsbündig, 66
 verschachtelte, 68
 Zeilenumbruch, 66
 zentriert, 66
\textbf, 62, 78, 100, 201, *474*, *483*
\textbullet, *474*
\textcircled, *474*
\textcolor, 364, *475*
textcomp.sty, 29
\textcomwordmark, *475*
\textemdash, *474*
\textendash, *474*
\textexclamdown, *474*
\textfloatsep, 171, *475*
Textformeln, 115
\textfraction, 170, *475*
\textheight, 23, 35, *475*
\textit, 62, *475*, *483*
\textmd, 62, *475*, *483*
\textnormal, 62, *475*
\textperiodcentered, *474*
\textquestiondown, *474*
\textquotedblleft, *474*
\textquotedblright, *474*
\textquoteleft, *474*
\textquoteright, *474*
Textränder, 35
\textrm, 62, *475*, *483*
\textsc, 62, *476*, *483*
\textsf, 62, *476*, *483*
\textsl, 41, 62, *476*, *483*
\textstyle, 138, 139, *476*
Textteil, 6
\texttt, 62, 88, 200, *476*, *483*
\textup, 62, *476*, *483*
\textvisiblespace, *474*
\textwidth, 15, 23, 35, *476*
TeX-Warnungen, *siehe* Fehlermeldungen
TeX-Zusatzzeichensätze
 dc-Schriften, 324
 ec-Schriften, 324–329
 tc-Schriften, 329, 330
.tfm-Metrikfiles, 231, 300, 332, 336, 385
\thanks, 20, 37, 38, *476*
thebibliography-Umgebung, 73, 74, 211, 293, *431*
\theequation, 186
\thefootnote, 107, 109, 185

STICHWORTVERZEICHNIS 517

theindex-Umgebung, <u>212</u>, 215, *431*
theorem-Umgebung, <u>80</u>, *431*
\thepage, 179
\thesection, 179
\Theta, <u>120</u>, *476*
\theta, <u>120</u>, *476*
\the*zähler*, 179, *476*
\thicklines, 148, 153, 154, <u>160</u>, 161, *476*
\thinlines, 148, <u>160</u>, 161, *476*
\thispagestyle, <u>32</u>, *477*
Tiefstellung
 in Formeln, *siehe* Formeln
 von Text, *siehe* Text
\tilde, <u>124</u>, *477*
Tilde-Akzent, 18, *424*
\times, <u>121</u>, *477*
\tiny, <u>58</u>, 236, *477*, *483*
Titelseite, 37
 festes Format, 37
 freies Format, 38
\title, <u>37</u>, 38, 68, 257, *477*
titlepage-Klassenoption, <u>26</u>, <u>39</u>
titlepage-Umgebung, <u>37</u>, 38, 68, *432*
\to, <u>122</u>, *477*
\toaddress, 282
tocdepth-Zähler, <u>43</u>
.toc-Files, 44, 229
\today, 18, 39, 343, 348, *477*
\toname, 282
\top, <u>122</u>, *477*
\topfigrule, 171, *477*
\topfraction, <u>170</u>, *477*
\topmargin, <u>35</u>, 36, *477*
topnumber, <u>170</u>, *477*
\topsep, <u>76</u>, <u>143</u>, 201, *477*
\topskip, <u>35</u>, *478*
TORVALDS, LINUS, 401
\totalheight, 86, 90, *478*
totalnumber, <u>170</u>, *478*
tracefnt.sty, 29, <u>262</u>
Trennstrich, 17
Trennungen
 Ausnahmeverzeichnis, 56
 Bildschirmausgabe, 56
 Vermeidung von, 55
Trennungshilfen, 54, 341
 deutsche Besonderheiten, 54, 341
 direkte, 54, 341
 für Ligaturen, 341
 mit german.sty, 55, 341
 mit Trennliste, 55
 ohne Trennungszeichen, 341
 Vermeidung von Trennungen, 55
Trennungsverzeichnis, 56
 Ausnahmen, 56
 deutsch, 56
 englisch, 56
TREVORROW, ANDREW, 403
\triangle, <u>122</u>, *478*
\triangleleft, <u>121</u>, *478*
\triangleright, <u>121</u>, *478*
triviale Listen, 79
trivlist-Umgebung, <u>79</u>, *432*
"tt, 55, <u>341</u>
\tt, <u>31</u>, <u>63</u>, *478*, *483*
\ttdefault, 237, *478*
\ttfamily, 59, <u>235</u>, *478*, *483*
TUG, Anschrift, 412
TUTELAERS, PIET, 379
\twocolumn, <u>36</u>, 51, *478*
twocolumn-Klassenoption, <u>26</u>, 28, 51
twoside-Klassenoption, <u>26</u>, 32, 36, 42, 51
.txt-Installationsfiles, 231
\typein, 19, <u>206</u>, *478*
\typeout, 19, <u>206</u>, *478*

"U, 15, <u>340</u>, *421*
"u, 15, <u>340</u>, *421*
\u (Breve-Akzent), <u>18</u>, *479*
Überklammern von Teilformeln, 130
Überschriften
 Bild-, 171
 Gliederungs-, 40
 Tabellen-, 171
Überstreichen von Teilformeln, 130
Überstreichungs-Akzent, *siehe* Makron-Akzent
Übungen, 20
 Kap. 2, 20, 23
 Kap. 3, 28, 33, 35, 36, 39, 41, 43, 45, 51
 Kap. 4, 68, 71, 73, 74, 78, 84, 93, 101, 102, 105, 109, 112, 114
 Kap. 5, 116, 119, 124, 127, 129, 130, 134, 143, 144
 Kap. 6, 150, 152, 154, 156, 163, 166
 Kap. 7, 179, 182, 188, 195, 201
 Kap. 8, 204, 207
Umgebung, 13, *427*
 Befehlsnamen als, 13, *427*
 mathematische, 115
 namenlose, <u>13</u>, 58

Umgebungen, anwendereigene, 191–195
  Abspeichern, 196
  allg. Anmerkungen, 196
  Beispiele, weitere
    genlist, 201
    ttscript, 200
  mit Argumenten, 193, 194
  mit einem opt. Argument, 194
  ohne Argumente, 192
  Reichweite, 197
    global, 197
    lokal, 197
Umlaute, 15
  deutsche Anpassung, 15, 22, 340
  fremdprachige, 340
  Originalerzeugung, 16
  Tasteneingabe, direkt, 352
\umlauthigh, 340, *479*
\umlautlow, 340, *479*
\unboldmath, 136, 141, *479*
\underbrace, 130, *479*
\underline, 130, *479*
\unitlength, 148, 149, 150, 161, *479*
\unlhd, 121, *479*
\unrhd, 121, *479*
unterer Textrand, 36
Unterklammern von Teilformeln, 130
Unterpunkt-Akzent, 18, *438*
Unterstreichen
  von Teilformeln, 130
  von Textteilen, 130
Unterstrich-Akzent, 18, *427*
unzip.exe-Installation, 393
\Uparrow, 122, 126, *479*
\uparrow, 122, 126, *479*
\updefault, 237, *479*
\Updownarrow, 122, *479*
\updownarrow, 122, *479*
\uplus, 121, *479*
\upshape, 59, 235, *479*, *483*
\Upsilon, 120, *480*
\upsilon, 120, *480*
URBAN, MICHAEL, 416
\usebox, 87, 92, 103, 161, 163, 194, *480*
\usecounter, 76, 77, 78, 201, *480*
\usefont, 234, *480*
USenglish, 343, 348, *480*
\usepackage, 7, 29, *480*
ushyph.tex, 56
usrguide.tex, 238, 389

\v (Háček-Akzent), 18, *480*
\value, 20, 179, 185, 186, 189, *480*
\varepsilon, 120, *480*
Variable, math., *siehe* Formeln
\varphi, 120, *480*
\varpi, 120, *480*
\varrho, 120, *480*
\varsigma, 120, *480*
\vartheta, 120, *480*
\vdash, 121, 122, *480*
\vdots, 119, *480*
\vec, 124, *481*
\vector, 154, 155, 159, 161, 254, *481*
\vee, 121, *481*
\verb, 111, *481*
\verb*, 111, *481*
verbatim-Umgebung, 111, *432*
verbatim*-Umgebung, 111, *432*
Verbindungs-Akzent, 18, *473*
Vergleichssymbole, 121, *485*
Vergrößerungsstufen, 64, 301, 333, 336
Verse, 68
verse-Umgebung, 68, 79, *432*
Verweise auf, 209
    Aufzählungsnummern, 209
    Bilder, 175, 209
    Formelnummern, 209
    Gliederungsnummern, 209
    Literaturverzeichnis, 74, 210
    Regelsätze, 209
    Seitennummern, 209
    Tabellen, 175, 209
    Textstellen, 209
    Zählerstände, 178
Verweise, Kontrollausgabe, 210
.vf-Druckerfiles, 231
\vfill, 50, *481*
VIRMF, 383, 384
VIRTEX, 370, 374, 386, 389
\visible, 357, *481*
\vline, 96, 103, 104, *481*
\voffset, *481*
Vorspann, 6, 29, 34, 36, 204
Vorspannbefehle, 29
\vspace, 49, 53, 91, 110, *481*
\vspace*, 49, 68, *481*

Warnungen, *siehe* Fehlermeldungen
\wedge, 121, *482*
\whiledo, 189, *482*
WICHURA, MICHAEL J., 176, 416

STICHWORTVERZEICHNIS

\widehat, 124, *482*
\widetilde, 124, *482*
\widowpenalty (TEX), 53
\width, 86, *482*
WIECHERN, HARTMUT, 402
WINDOWS 9x, 376, 383, 391, 397–399
WINDOWS NT, 376, 383, 391, 397–399
WinEdt, 398
WONNEBERGER, R., 416
Workstations, TEX auf, 405–408
Wortabstand, 5, 45, 46
    \frenchspacing, 46
    manuelle Hilfen, 45
    nach Satzende, 46
    nach Satzzeichen, 45
Wortbefehle, 11
Wortprozessor, 1
\wp, 122, *482*
\wr, 121, *482*
Wurzelzeichen, 118

\Xi, 120, *482*
\xi, 120, *482*

\ymail (Briefe), 282, 286, *482*
\yref (Briefe), 282, 286, *482*

"z, 340, *421*
Zahlenerklärung, 14
Zähler, anwendereigene, 178
    Einrichtung, 178
    Einstellung, 178
    Inkrementierung, 178
    Rücksetzung, autom., 178
    Veränderung, 178
Zähler, LATEX-, *siehe* LATEX-Zähler
Zählerstände
    Ausdruck, 179
    Mehrfachausdruck, 179
    Werteabruf, 179
Zeichenabstand, 45
    Rücksetzung, 47
    Unterschneidung, 45, 47
    Zusatzzwischenraum, 46
Zeichenkennzeichnung, 65
    dezimal, 65
    hexadezimal, 65
    oktal, 65
Zeichenketten, Gleichheit von, *siehe* \equal

Zeichensätze
    Anordnung der Zeichen, *siehe* Zeichenordnung
    Attribute, 232
    cm-Schriften, 300–316, 318–322
    Computer Modern, 300
    Druckerauflösung, 333
    ec-Schriften
        Zeichenordnung, 327
        Zeichenumfang, 327
    Entwurfsgröße, 300, 301, 332
    erweiterte, 323–326
        Sprachabdeckung mit, 323
    Filenamen, 300, 332
        Grundnamen, 300, 332, *486*
        Verzeichnis, 332
        vollständig, 301, 333
    Fixschriften
        aufrechte, 312
        geneigte, 313
        Großschreibung, 313
        Kapitälchen, 313
        mathematische, 313
    gepackte Kodierung, 335
    Klassifizierung, 300
        Fixschriften, 301, 312, 313
        math. Schriften, 301, 314–316
        Proportionalschriften, 301–311
    Kodierung, 301, 333
        gf, 336
        pk, 301, 333, 335
        pxl, 301, 333, 334
    Logos, 317
    math. Schriften, *siehe* Symbolschriften
    Pixel-Kodierung, 334
        Inhaltsverzeichnis, 334
        Kennwort, 334
        Maßangaben, 334
    Proportionalschriften
        Bold Face (fett), 305, 306
        Großschreibung, 303
        Italic (kursiv), 304, 305
        Kapitälchen, 303
        Roman, 302–304
        Sans-Serif aufrecht, 307, 308
        Sans-Serif fett, 309
        Sans-Serif geneigt, 308, 309
        Sans-Serif-Inch, 309, 310
        Slanted (geneigt), 304
    Zierschriften, 311

Schreibmaschine, *siehe* Fixschriften
Schriftstilkodierung, 300
Skalierungsfaktor, 301, 333, *487*
Symbolschriften
    LaTeX, 317
    math. Symbole, 315, 316
    math. Symbole, fett, 316
    math. Text, 314, 315
    math. Text, fett, 315
    variable Symbole, 316
tc-Schriften
    Zeichenordnung, 331
    Zeichenumfang, 331
vergrößerte, 332, 333
Vergrößerungsstufen, 301, 333, *487*
Zeichenordnung, 318–322
    ASCII, 318
    `cmcsc10` (Kapitälchen), 319
    `cmex10` (var. Symb.), 322
    `cmmi10` (math. Text), 321
    `cmr10` (Standard), 318
    `cmsy10` (math. Symb.), 321
    `cmtex10` (math. Schreibmasch.), 320
    `cmti10` (Text Italic), 319
    `cmtt10` (Schreibmaschine), 320
    ec-Schriften, 326
zusätzliche TeX-
    dc-Schriften, 324
    ec-Schriften, 324–329
    tc-Schriften, 330
Zeichensatzauswahl
    Attributbefehle, 235
    Familienattribut, 232, 233
    Formatattribut, 233
    Größenattribut, 233
    Grundidee für NFSS, 232
    Kodierungsattribut, 232
    NFSS, 3, 232
    Schriftaktivierung, 233
    Serienattribut, 233
    vereinfachte, 235
    Zuordnung, feste, 3
Zeigersymbole, 122, *485*
Zeilenabstand, 6, 34, 49
    Absatzende, 34
    für Standardschriften, 59
    für Zusatzschriften, 65
    lokale Änderung, 49
    variieren, 34
Zeilenbreite, 35

Zeilenumbruch, 6, 48
    bei linksb. Text, 66
    bei rechtsb. Text, 66
    bei zentriertem Text, 66
    erleichtert, 49
    erschwert, 49
    erzwungen, 48
        mit Randausgleich, 49
        ohne Randausgleich, 48
    mit Zusatzzwischenraum, 48
    nicht möglich, 49
    Verbot zwischen bestimmten Wörtern, 46
\zeta, 120, *482*
ZIELINSKI, MICHAEL, 403
Zirkumflex-Akzent, 18, *424*
Zusammenfassungen
    Akzente, math., Tab. 19, *486*
    Akzente, Tab. 6, *483*
    Befehlszeichen, Tab. 9, *484*
    Funktionsnamen, Tab. 18, *486*
    griech. Buchst., Tab. 11, *484*
    Klammersymbole, Tab. 20, *486*
    Maßeinheiten, Tab. 5, 483
    math. Schriftarten, Tab. 2, *483*
    Negationssymbole, Tab. 14, *485*
    Operationssymbole, Tab. 12, *484*
    Pfeilsymbole, Tab. 15, *485*
    Schriftarten, Tab. 1, *483*
    Schrifterklärungen mit LaTeX 2.09, Tab. 3, *483*
    Schriftgrößen, Tab. 4, *483*
    Schriftgrößen, Zahlenwerte, Tab. 24, *487*
    Skalierungsfaktoren, Tab. 23, *487*
    Sonderbuchstaben, Tab. 7, *484*
    Sonderzeichen, Tab. 8, *484*
    sonst. Symbole, Tab. 16, *485*
    Umgebungsnamen, Tab. 10, 484
    var. Symbole, Tab. 17, *486*
    Vergleichssymbole, Tab. 13, *485*
    Vergrößerungsstufen, Tab. 23, *487*
    Zeichensatzgrundnamen, LaTeX, Tab. 22, *487*
    Zeichensatzgrundnamen, TeX, Tab. 21, *486*
    Zeigersymbole, Tab. 15, *485*
Zusatzschriften, 64
    Zeilenabstand bei
    s. auch \newfont, *459*
    Zeilenabstand für, 64
Zweigrößensymbole, 123, *486*

STICHWORTVERZEICHNIS

zweispaltige Seitenformatierung, 26
    für Einzelseiten, 36
    Spaltenabstand, 28
    Spaltenstrich, 28
Zweizeichenbefehle, 11
Zwischenraum
    horizontaler, 47
    vertikaler, 48, 49

Zwischenraumauffüllung
    mit Balken, 48
    mit Leerraum, 48
    mit Punkten, 48
Zwischenraumbefehle
    horizontale, 48
    vertikale, 50

Der L^AT_EX Begleiter

Michel Goossens, Frank Mittelbach,
Alexander Samarin

Zum Buch:

Das Buch enthält eine systematische Darstellung einer Vielzahl von Fragestellungen, auf die jeder L^AT_EX-Benutzter früher oder später stößt, z.B. die Anpassung des Layouts an eigene Vorstellungen, die Verwendung verschiedener Zeichensätze, das Erstellen von komplexer Grafiken, Tabellen, die Generierung eines Indexes oder einer Bibliographie vieles andere. Es ist damit Begleiter zu allen L^AT_EX-Einführungen.

Aus dem Inhalt:

- Einleitung
- Die Struktur eines Dokumentes
- Formatierungswerkzeuge
- Das Seitenlayout
- Tabellen
- Gleitobjekte
- Zeichnsatzauswahl
- Höhere Mathematik
- L^AT_EX in einer mehrsprachigen Umgebung
- Ausgabenunabhängige Grafiken in L^AT_EX
- PostScript
- Indexerstellung
- Literaturverzeichniserstellung
- Dokumentationswerkzeuge für L^AT_EX-Paketdateien
- L^AT_EX- Ein Überblick
- Informationen zu T_EX-Software und Benutzergruppen

Über die Autoren:

Alle drei Autoren sind seit vielen Jahren mit der Entwicklung von L^AT_EX sowie in der Betreuung seiner Benutzer beschäftigt. *Frank Mittelbach* ist einer der *Entwickler des offiziellen L^AT_EX*. Er ist Autor und Koautor vieler weitverbreiteter L^AT_EX-Erweiterungen.

ISBN: 3-8273-7044-2
3., überarbeitete Auflage
€ 39,95 [D], sFr 62,50
550 Seiten

scientific tools

Pearson-Studium-Produkte erhalten Sie im Buchhandel und Fachhandel
Pearson Education Deutschland GmbH • Martin-Kollar-Str. 10 – 12 • D-81829 München
Tel. (089) 46 00 3 - 222 • Fax (089) 46 00 3 - 100 • www.pearson-studium.de

LaTeX

Band 3: Erweiterungen

Helmut Kopka

Zum Buch:

Der dritte Band dieses beliebten Standardwerks schließt das Gesamtwerk. Das Buch gewährt dem bereits erfahrenen Anwender Einblicke in die Interna dieses Schriftsatzprogramms und versetzt ihn in die Lage, eigene Erweiterungen zu erstellen. Zu jeder T$_E$X-Installation gehört eine Vielzahl von Werkzeugen, die vielen L^{A}T$_E$X-Anwendern unbekannt sind, aber für eigene Erweiterungen sehr nützlich sein können. In einem umfangreichen Anhang werden daher alle T$_E$X-Zusatzwerkzeuge mit Beispielen für ihr Nutzung dargestellt.

Aus dem Inhalt:

– L^{A}T$_E$X-Weiterentwicklungen
– Das T$_E$X-Gesamtsystem
– L^{A}T$_E$X im Detail
– Darstellung der Standardklassenfiles
– L^{A}T$_E$X 2.09.im Detail
– Ein T$_E$X-Strukturüberblick
– Layoutentwicklungen
– Das Web-Programmsystem
– Das T$_E$X-Programmpaket
– Ein Drucker-Hilfsprogramm

Über die Autoren:

Als langjähriger Mitarbeiter des *Max-Planck-Institutes für Aeronomie* hat *Helmut Kopka* als einer der ersten den Rechner als Instrument für die wissenschaftliche Arbeit eingesetzt und L^{A}T$_E$X für die Dokumentation und Publikation der Forschungsergebnisse eingeführt.

ISBN: 3-8273-7043-4
3., überarbeitete Auflage
€ 39,95 [D], sFr 62,50
512 Seiten

scientific tools

Pearson-Studium-Produkte erhalten Sie im Buchhandel und Fachhandel
Pearson Education Deutschland GmbH • Martin-Kollar-Str. 10–12 • D-81829 München
Tel. (089) 46 00 3 - 222 • Fax (089) 46 00 3 - 100 • www.pearson-studium.de

LaTeX

Band 2: Ergänzungen

Helmut Kopka

Zum Buch:
Der zweite Band dieses beliebten Standardwerks stellt Erweiterungen für alle Anwender dar, die über die Möglichkeit einer Standardinstallation hinausgehen wollen, ohne selbst zu programmieren.
Diese Auflage bietet Neuerungen gegenüber der Vorauflage in den Bereichen Dokumentationen von Spielen und Musiknotensatz.

Aus dem Inhalt:
– LaTeX Weiterentwicklungen
– TeX-Zusatzzeichensätze
– Spieledokumentation
– Musiknotensatz mit LaTeX
– PostScript-Schriften
– LaTeX und Grafik
– PICTEX
– METAFONT-Kurzeinführung

Über die Autoren:
Als langjähriger Mitarbeiter des *Max-Planck-Institutes für Aeronomie* hat *Helmut Kopka* als einer der ersten den Rechner als Instrument für die wissenschaftliche Arbeit eingesetzt und LaTeX für die Dokumentation und Publikation der Forschungsergebnisse eingeführt.

ISBN: 3-8273-7039-6
3., überarbeitete Auflage
€ 39,95 [D], sFr 62,50
540 Seiten mit einer CD-ROM

scientific tools

Pearson-Studium-Produkte erhalten Sie im Buchhandel und Fachhandel
Pearson Education Deutschland GmbH • Martin-Kollar-Str. 10–12 • D-81829 München
Tel. (089) 46 00 3 -222 • Fax (089) 46 00 3 -100 • www.pearson-studium.de